中国物流年鉴

CHINA LOGISTICS YEARBOOK 2010

CFLP

中国物流与采购联合会编

中国物资出版社
CHINA LOGISTICS PUBLISHING HOUSE

图书在版编目（CIP）数据

中国物流年鉴．2010／中国物流与采购联合会编．—北京：中国物资出版社，2010.10

ISBN 978-7-5047-3579-9

Ⅰ．①中…　Ⅱ．①中…　Ⅲ．①物流—中国—2010—年鉴　Ⅳ．①F259.22-54

中国版本图书馆CIP数据核字（2010）第193208号

策划编辑　马　军

责任编辑　朱　琳

责任印制　何崇杭

责任校对　孙会香　杨小静　梁　凡

中国物资出版社出版发行

网址：http：//www.clph.cn

社址：北京市西城区月坛北街25号

电话：（010）68589540　邮政编码：100834

全国新华书店经销

北京华美扬铭印刷技术有限公司印刷

开本：889mm×1194mm　1/16　印张：47　字数：1264千字

2010年10月第1版　2010年10月第1次印刷

书号：ISBN 978-7-5047-3579-9/F·1416

定价：400.00元

长久物流
CHANGJIU LOGISTICS
長久
行 天 下 長 久 遠
北京奥运火炬传递(中国)全程物流服务唯一合作伙伴
北京长久物流有限公司创立于1992年至今已有18年的商品车物流管理经验
长久物流全国范围内现有分支机构20个 覆盖国内主要汽车产销地区
长久物流在全国建立了5个仓储基地 仓储面积超过130万平方米
长久物流自有商品车运输车辆1300余台
全年发运量突破百万台
北京市顺义区南彩镇彩园工业区2号
电话：010-89479458
www.changjiu.com.cn

定日达
DAY DEFINITE
天地华宇首推中国高端公路快运服务——“定日达”！
作为全球四大快递巨头之一的TNT在华全资子公司和中国公路运输的“龙头”企业，天地华宇于2010年3月成功建成首个“定日达”全国骨干网，凭借在中国15年服务上百个行业的服务经验，根据您的行业属性，为您的企业度身定制物流解决方案；为您提供具有超高准时率、超低货损率、以客为尊及具备欧美标准的高端物流服务！
全国客服热线：400-808-6666　www.hoau.net

说到做到，定日必达！
日达
AY DEFINITE
现在就为您的企业选择领先的物流伙伴，请拨打客服热线：
400-808-6666
天地华宇
中国公路快运领导者

FOTON
福田物流
物流行业
优秀的整体物流方案
提供商
FOTON
福田物流

北京宝供福田物流有限公司（简称宝供福田物流）创建于2002年5月6日，总部设在北京，是经北京市有关部门批准的有限责任公司，注册资金8000万元，员工1400余人，现有资产2.9亿元，营业收入11.4亿元。公司以总部为管理中心，下设6个分公司、9个销售物流部、11个生产物流部、17个办事处和3个中转库，拥有丰富的物流资源，物流网络遍布全国。

公司定位于发展汽车供应链物流服务，致力于为客户提供优质高效的供应链服务，为员工和股东创造价值，为行业的进步做出贡献。在8年的发展历程中，宝供福田物流创新经营、探索前进，从一个注册资金258万元，员工总数仅33人的单一型运输公司，发展成为拥有现代物流特色的企业管理模式和信息化策略，深入仓储、生产物流、销售物流、供应物流各领域的全方位、综合型物流企业，在中国汽车物流的快车道上一路奔跑，一路超越！

公司地址：北京市海淀区丰秀中路1号　邮编：100094
电话：(010) 58710730
传真：(010) 58710730
网址：www.ft56.com

宅急送
ZJS EXPRESS

4006789000
全国统一客服热线

珍重承諾
送物传情

快递 便捷百姓生活 推动商业发展

主营产品：当日递｜次日递｜隔日递｜限时递｜代收货款

宅急送集物流、信息流、资金流于一身。纵横交错的陆空网络24小时不间断的将宅急送快件传递到全国2000多个城市和地区。当日递、次日递、隔日递等快递产品，月代收额超过3亿元的电子商务业务，为快运客户量身定制的个性化物流解决方案，多种客户端货物跟踪查询模式，全方位的满足了不同客户多层次的快递需求。

公司在全国有3000多个经营网点，网络覆盖全国2000多个城市和地区；分别在华北、华东、华南、华中、东北、西北、西南设有7个物流基地，40个运转中心，75000平米的配送中心,同时拥有42个航空口岸，360条航线，近1500个航班，620条物流班车线。依托成熟的快运平台，宅急送每年进出港货物逾亿件，真正做到了物畅其流，货通天下。

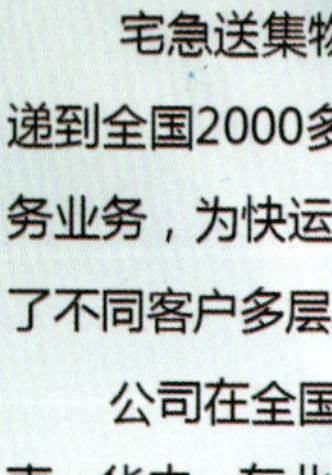
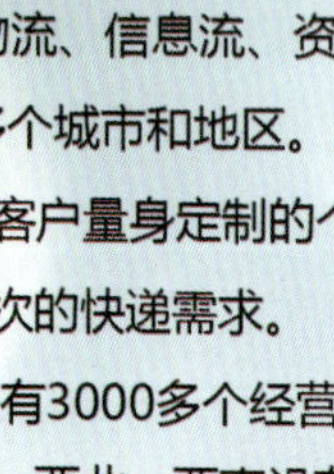
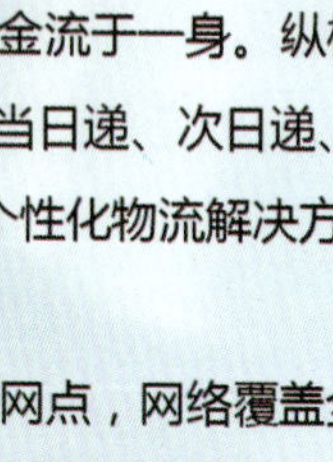
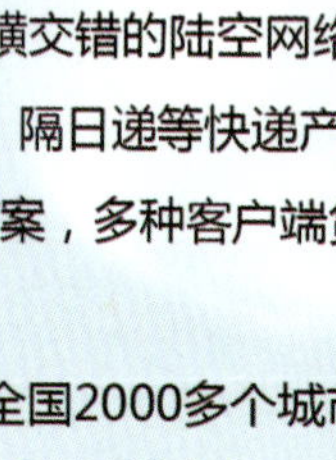
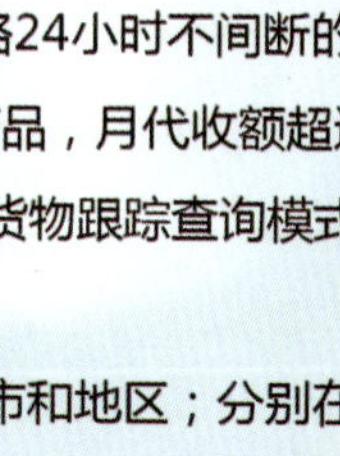
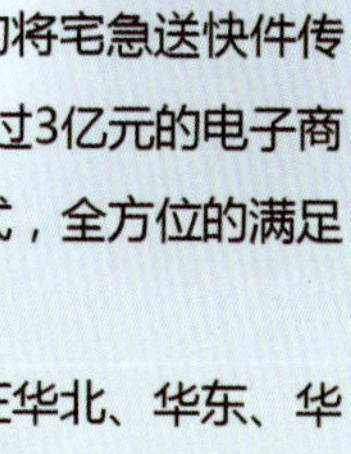

宅急送
No.000127
规格：33×25×10
宅急送
ZJS EXPRESS
规格：33×25×10
宅急送

其中远成综合物流（YCIL）则已具备“以铁路干线运输，公路快运、区域配送等相结合”的多层次、广覆盖的物流网络，形成了独具特色的物流运输服务网络体系。

经 20 多年的发展，远成集团现已拥有直属一级分公司 34 家，二级分公司上百家，营业网点近 600 个，自有车辆近 2000 台，可控车辆 4000 多台，员工人数近 10000 人，仓储面积近 40 多万平米。

荣誉：已通过国际质量管理体系 ISO9001 和环境管理体系 ISO14001 认证；

中国首批 5A 级“综合服务型物流企业”、并荣获“2009 年物流百强第 6 名”、“2009 年度最佳服务质量物流企业奖”、“2009 年全国就业与社会保障先进民营企业”、“中国物流示范基地”、“中国物流改革开放 30 年旗帜企业”、“中国物流学会产学研基地”

远成集团严格按现代物流操作流程进行标准化运作，在向客户提供专业高效的物流服务同时，还斥巨资积极引进先进的物流信息网络技术。集团先后开发和应用了远成物流信息系统（YCLIS），车辆全球定位系统（GPS），财务金蝶 EAS 系统、仓储 INFOR WMS 系统及自行研发 TMS 运输系统。这些信息化技术的普遍应用，有效地满足了现代化物流查询、监控、跟踪、结算、配送等需求，让客户选择远成时，更无后顾之忧。

大气度决定大格局，大眼光决定大前途。

远成集团有信心、有能力与所有合作伙伴一道，共同为实现中国现代化物流跻身于国际先进行列，加油加力。实现远成人“以心传递，畅达天下”的服务理念。

集团新动向——B2C业务

华运通·达 作为华运通旗下的快递品牌，以电子商务物流为导向，以快递、代收货款、逆向物流、仓储和流通加工一条龙服务。

随着B2C业务优势的凸显，公司高度重视物流信息实时、自动化应用，相继采TMS、WMS、EDI 、DPS和自动分拣机等先进技术，打造信息网络平台，为电子商务类型的客户，提供定制的多样化的物流服务。

2010年更迎来了淘宝网的青睐，共同出资组建快递企业，正式将华运通达的快递品牌独立运营，自2009年开始运作截止至2010年7月，当年即实现每年2000万吨的营业额的突破，促使公司从战略高度重视B2C业务的发展，力争3年内实现上市。

华运通背景

- 成立于1999年4月
- 多次被国家著名咨询公司和投资银行评为“中国领先的第三方物流企业”
- 总部设在上海，拥有7家分公司和30个物流中心
- 物流网络覆盖了全国所有的地级和县级城市
- 100万吨年货运输吞吐能力
- 30万平方米专业化管理的仓库
- 50多家世界500强企业选择华运通为长期供应链管理及**服务伙伴**
- 500多个全国主要城市机构的华运通物流网络

荣誉和资质

- 国家级4A级物流企业
- 获得ISO 9001：2008公司质量管理体系认证
- 中国物流发展重点联系企业
- 被国际著名管理咨询公司美世咨询（Mercer）评为中国知名的第三方物流企业
- 荣获美国供应链协会（CSCMP）颁发的“2006年度优秀供应链管理解决方案及应用案例”奖
- 指定的税务试点物流企业之一
- 中国物流与采购联合会会员单位

地址：上海市青浦区华新镇新协路1189号
邮编：201708
电话：+86 21 60829100
传真：+86 21 60829101
网址：www.cnlgroup.cn
邮箱：gm@hurrytop.com

广州市商业储运公司
GUANGZHOU LOGISTICS

广州百货企业集团公司副总经理、
广州市商业储运公司总经理 高艺林

3000吨货轮泊位专用码头

1.72公里的双股铁路专用线

运输配送车队

现代化立体仓库

广州市商业储运公司创建于1953年，是广东省国有商业龙头广百集团下属企业，现已发展成为华南地区最具规模的第三方物流骨干企业之一。连续21年获得“守合同重信用企业”称号，被确定为国家 “发展商品物流配送重点企业”。

公司资产总额超3亿元，自有物流基地面积50万平方米，各类仓库21万平方米，拥有1.72公里连接京广铁路的双股铁路专用线和可停泊3000吨货轮的专用码头，自有营运车辆超过260台，有效整合调度社会运输车辆资源超过1000台。在广州市及珠三角设立了多个大型物流运作网点，与国内主要城市多家大型物流企业建立了战略合作关系，构建了以广州为中心，以珠三角为依托，辐射华南面向全国的物流运作网络。

服务理念：安全、便捷、优质、诚信。

公司主营业务：仓储、运输、装卸、包装、流通加工、配送、国际货代、保税物流、多式联运、物流策划、信息管理、质押货物监管、物流金融、采购分销及货款结算一体化等业务，服务的行业涉及家电、服装、百货、食品、通信、化工、纸业、钢材等。

服务的主要客户：中国烟草、中油BP、中石化、吉利汽车、广药、百特药业、联想电脑、松下电器、安桥音响、美的电器、志高空调、中国联通、和记黄埔、联合利华等。

面对快速发展的物流市场，广州市商业储运公司以供应链一体化业务整合提供商为发展目标，以打造高中端物流业务为发展方向，以大型高端客户为拓展重点，积极构建以大型物流基地为依托的配送网络，大力发展城市配送、干线运输、物流金融和供应链一体化业务，积极推动物流产业的升级换代，实现企业平稳快速发展。

企业品牌荣誉

1998年在全国同业首家通过ISO国际质量管理体系认证
2002年、2007年分别荣获全国“用户满意服务”、“用户满意企业”
2006年荣获“国家4A级物流企业”
2008年荣获“国家四星级仓库”
2009年荣获“全国通用仓储企业第四名”
2009年荣任“中国物流与采购联合会副会长单位”
2009年荣获“广东省高新科技企业”

公司地址：广州市沿江东路406号港口中心五楼/十楼　邮编：510100
公司网址：www.gz-logistics.com
业务咨询：+86（020）83051726、83051780
业务传真：+86（020）83050479
客　　服：+86（020）83051735

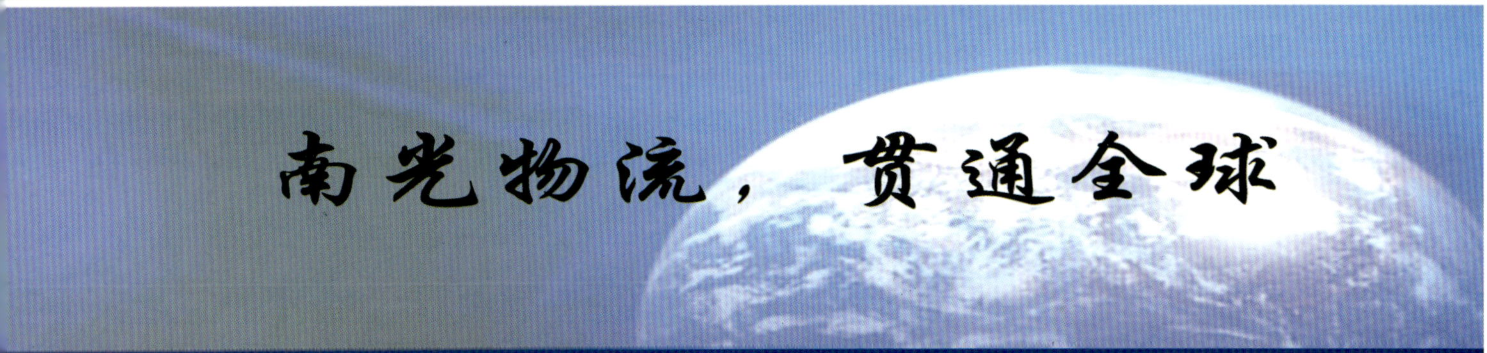

南光物流，贯通全球

开滦集团国际物流有限责任公司

Kailuan Group International Logistics Co.,Ltd

开滦集团副总经理
国际物流公司执行董事 李敏

开滦集团始建于1878年，迄今已有132年历史，有“中国煤炭工业源头”之称。伴随百年开滦的发展，开滦物流如影随行，昭示了中国煤炭物流的开始。历经从小到大、由弱到强、由传统到现代的嬗变，已实现从企业物流到物流企业的成功转型，由企业物流向社会物流到专业物流的产业升级。2009年在全国物流百强企业评比中，开滦集团国际物流有限责任公司进入前十强，排列第九名。

2008年开滦调整企业发展战略，将现代物流作为企业转型发展的支柱产业之一，明确实施大物流战略，加快向生产服务型、综合服务型、以煤炭专业化物流为特色的大型物流企业集团发展。

开滦集团构建了“煤炭供应链管理、煤炭市场交易体系、煤炭储备体系”三位一体发展新模式。其目标是：基于煤炭供应链管理思想，实施全球采购、整合煤炭资源，服务国家战略储备和能源安全，保证常态均衡供煤和应急需求，稳定煤炭价格；依托数字化储配煤基地，既满足个性化煤炭需求，也能输出标准化煤炭产品，助推国家产运销衔接向“安全经济、环保低碳、优质高效、集成共赢”的方向发展；借助市场交易体系建设，实现煤炭供应链资金流、信息流、物流、商流一体化运作，建立供应链联盟，与客户共创价值，努力实现从单一企业销售商转变为供应链管理服务商。

公司通过不断优化调整物流产业发展规划，构建了一个中心（现代物流产业组织管理中心），两大体系（对内生产服务型物流保障体系，对外专业化物流服务网络体系），三大特色（国有特大型煤炭企业生产服务性企业物流剥离，煤炭供应链管理、煤炭战略储备、煤炭市场交易“三位一体”专业物流发展新模式，煤路港航物流一体化运作），四大园区（唐山古冶物流中心、唐山海港开发区煤化工产业物流配送中心、曹妃甸国家级数字化煤炭储配基地、空港国际物流园区），五大区域（河北、内蒙古、山西、新疆、海外），六大板块（煤炭专业物流；物资仓储加工和逆向物流；公路、铁路、航运等运输服务物流；汽车物流；空港物流；国际物流）的物流产业体系，实施煤炭供应链管理服务、第三方物流、物资超市、逆向物流服务、多种运输服务、公共信息化平台与电子商务、汽车物流、国际采购与贸易等多种服务并举。2008年物流产业收入达到103亿元，2009年物流产业收入达到275亿元，占集团公司营业总收入的半壁江山，成为集团公司的重要支柱产业。

展望未来，开滦集团国际物流有限责任公司以生产服务型、综合服务型国际化物流领军企业为目标，以“三位一体”新模式为指导，以现代信息集成技术为手段，以四大园区建设为支撑，充分利用冀东物流大通道和国家物流节点城市的区位优势，全面融入区域经济发展，做大做强做高，将开滦物流打造成专业化、一体化、国际化、网络化的大型物流企业集团。

数字化煤炭储配基地

京唐港开发区煤化工产业物流配送中心

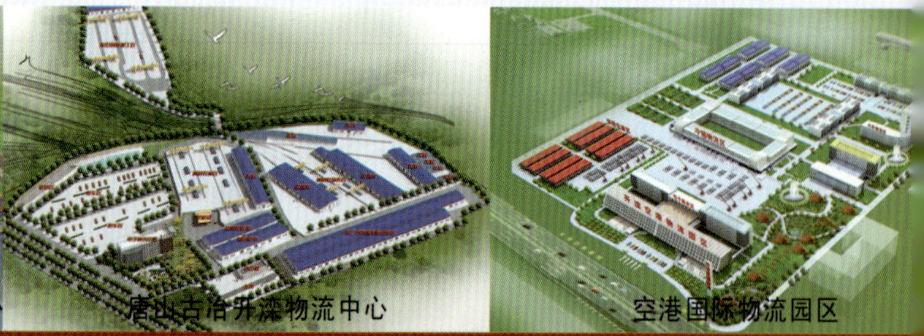
唐山古冶开滦物流中心

空港国际物流园区

地址：河北省唐山市新华西道132号

网址：www.kailuan.com.cn

上港物流是上港国际港务（集团）股份有限公司（以下简称"上港集团"）全资拥有的港口物流领域的核心企业。上港物流作为5A级物流企业，注册资本25亿元，总资产达47亿元，下属分公司9家及所属投资企业28家。

上港物流整合了上港集团旗下的港口物流产业资源，拥有得天独厚的港口物流优势。经营范围涵盖了工程物流、化工物流、国际货运代理、船舶代理、仓储堆存、公路运输、危险品储运、重大件货物接运、散杂货码头装卸、多式联运、集装箱拼装拆箱、集装箱洗修等全方位物流业务。

上港物流以开发完善的港口物流服务链为核心，重点发展第三方物流和物流增值业务，以"大客户、大项目、大平台"为切入点，聚焦工程项目物流以及包括各类化工、电子产品等在内的产品物流服务领域，不断完善国内、国际物流网络，为广大客户提供"一站式"便捷的物流服务。

上港物流坚持以客户需求为导向，秉承"以人为本、诚信经营"理念，力争发展成为卓越的港口物流经营商和国内著名的第三方物流服务商，为客户提供完善的物流解决方案和物流服务。

上港集团物流有限公司
SIPG LOGISTICS CO.,LTD.

托付上港 物流八方

地址：上海市东大名路358号国际港务大厦22和23F 电话：021-35308856 传真：021-35308810 邮编：200080

中港物流
ZHONGGANG LOGISTICS

中港企业是以物流、港口、贸易为主的集港口投资、物流地产、建材、光电科技为一体的现代企业，中港物流（厦门）有限公司依托中港企业集团的优势，立足于以厦工机械、立晶光电为龙头的金龙汽车生产基地、机电工业制造基地、光电产业链基地，致力于打造中国制造业物流供应链中心。

公司以现代供应链物流的先进理念，坚持创新，整合物流资源，优化组合，致力于打造以采购物流、销售物流、生产物流、工程物流、物流金融、物流配送、电子商务、展示交易为一体的物流供应链运营商。

公司位于厦门工业集中区、杏林物流园区、中国八大汽车及零部件出口基地、十大工程机械和大中型客车生产基地——厦门机械工业集中区，地处距沈海高速公路杏林站3公里，福建省最大的前场铁路货场1.5公里，东渡港区和海沧港区各约15公里，厦门国际机场13公里，是集高速公路、铁路、港口、机场为一体的交通运输枢纽中心、物流中心、制造中心。

2009中国物流十大年度人物
——丁元振

丁元振和他的团队共收获了——

- ★ 中国物流百强企业
- ★ 2009中国物流十大年度人物
- ★ 中国物流学会产学研基地
- ★ 建国60年中国物流行业十大荣誉贡献奖
  2009中国物流业大奖——经典物流（机电供应链）解决方案奖
- ★ 中国十佳电子商务物流服务企业
- ★ 中国物流企业管理十大杰出人物

等荣誉。

人不能哪有利就往哪跑，认定一个目标，就要十年如一日，二十年如一日的坚持下去。

一个人如果没有奋斗历史，死了以后就是一张白纸。

“物流”绝不是舶来品，它深深地打着中华文明的印记，与现代物流有着异曲同工之妙。

中港物流（厦门）有限公司
ZHONGGANG LOGISTICS CO.,LTD
地址：厦门市灌口金龙路9号汽车城中港物流大厦
邮编：361023 电话：0592-5748855 传真：0592-5667073
邮箱：zgwl56@163.com 网址：www.zgwl5656.com

中国物流

中国物流公司是国资委所属中国诚通集团的全资子公司，致力于为国内外广大客户提供现代物流服务、公路运输和铁路集装箱全程门到门运输和代理、企业供应链管理、综合物流中心管理、国际集装箱多式联运等综合服务。

公司在全国主要交通枢纽城市设有分支机构40余家，现有集装箱堆场面积120多万平方米，各种运输车辆1000余台，仓库20多万平方米，另有9条铁路专用线和若干公路配货网点。在内地重点城市重庆、成都、常州、武汉、乌鲁木齐、霍尔果斯等地均建有大型集装箱中转站，在沿海主要港口设立了集装箱进出口中转代理机构。公司以创新的企业经营理念和企业文化为先导，在全系统树立"客户的需求就是我们工作的出发点"的经营理念和"安全、高效、准确、规范"的工作准则。

社会信誉

- 公司及所属企业全部通过ISO9001服务质量管理体系的认证
- 《中华人民共和国物流术语国家标准》起草与编审单位之一
- 国家AAAA级物流企业
- 2004年以来，中国物流公司的资产规模、主营业务收入、利润以及业务量均以30%以上的速度增长，不到3年时间各项经营指标都翻了一番，2006年被中国物流媒体联盟评为"中国最具成长性物流企业"
- 中国物流技术协会物流知名品牌企业
- 中国交通运输协会等八个行业协会评定为"中国物流百强企业"第18位
- 云南省政府运输重点保障单位
- 铁路集装箱运输大客户
- 拥有铁道部批准的铁路系统外仅有的4个集装箱办理站之一
- 世界货代联盟（WCA）、中国全球物流联盟（CGLN）、中国物流与采购联合会、中国交通运输协会、中国国际货代协会等多家国际、国内协会理事、常务理事

核心业务

- **铁路集装箱运输**
  公司稳步发展铁路集装箱五定班列业务，独家或与相关单位合作开行重庆—上海/青岛、成都—深圳、厦门—武汉、哈尔滨—武汉等多条班列和技术直达专列。
- **国际货代和海铁联运**
  公司分布在全国各主要港口城市及重点城市的专业货运代理机构，依托重庆—上海/青岛、常州—上海、成都—深圳等多条铁路集装箱班列及海关监管车队和海关监管堆场，为客户开辟畅通无阻的海铁联运通道。
- **综合物流服务及供应链管理**
  公司为客户提供集仓储、运输、配送、信息化管理于一体的整套物流解决方案。
- **公路运输**
  公司依托高速公路网，逐步建立完整畅顺的国内城际干线运输快速通道，通过以城市为中心向全国各地区集中配送服务体系、区域型的集中配送体系和对点城市的公路干线运输三种模式相结合。

主要客户

A.O.SMITH 史密斯、Brilliance Auto 华晨汽车、长安汽车、SONY、SHARP、JIALING、米其林轮胎 MICHELIN、Jahwa、蒙牛、Coca-Cola、伊利、WAL*MART 沃尔玛、中国石化 SINOPEC

中国新兴交通物流总公司

中国新兴交通物流总公司（简称“新兴交通物流”）隶属于中国新兴（集团）总公司，是由新兴集团两家下属企业（均为1993年设立）合并重组而成，为中国物流与采购联合会常务理事单位和中国国防交通协会常务理事单位。

新兴交通物流是一家国际化综合服务型物流企业，主营业务为物流、国际贸易和医药。公司以先进的信息管理系统为平台、以现代物流技术为手段，构建了综合运输网络和集货配送物流体系，建立了以铁、铝、煤、油等大宗工业原材料为主导的采购物流供应链。已与北京、辽宁、天津、河北、内蒙、上海、江苏、山东、山西、四川、深圳、广州、海口等经济中心及资源大省的多家大型工业企业和运输企业建立了战略合作伙伴关系。同时，新兴交通物流具有专业的应急保障、抢修抢建和集成民用运力服务能力。公司拥有散货船、化学品油船、公路运输车队，以及配套的铁路专用线、港口码头、物流仓储基地和加工生产基地等物流设施。

新兴交通物流医药板块包括医药生产和医药批发，下属药厂是我国500家最大的医药工业企业之一，企业具有完备的质量保证和质量检验体系，通过了GMP认证。企业不断加大医药科研、技改等投资力度，创新医药品种，提高产能，建立药品生产基地及药品仓储批发基地，努力完善医药物流配送网络。

公司以发展现代物流为己任，以科学管理为手段，以高素质人才队伍为基石，通过为大型工业企业提供生产所需的基础性物流服务，为终端客户提供一体化的物流集成解决方案，致力于国家物流产业振兴规划建设，成为不断做大做强的综合性、多功能的交通物流企业。

公司愿与社会各届同仁“价值共创，价值共享”，携手打造中国新兴交通物流总公司的辉煌明天！

天津市物流货运中心

天津市物流货运中心是天津第一个公路主枢纽重点交通基础设施项目。主枢纽工程立项并建设于1996年10月， 2001年8月正式投入使用。

天津市物流货运中心是“天津物流七大示范形象工程”之一、天津市优秀企业，是交通人精心打造的享誉国内外的“金字品牌”。被评为“无忧运输企业”、“中国物流百强企业”，交通运输协会的“全国交通行业物流理事会副理事长单位”。

十几年来，天津市物流货运中心在程进祥总经理的组织和带领下，已昂首步入高标准、高规范的国际化物流行列。拥有物流中心总部物流园、金钟物流园、西青物流园、北辰物流园、中北物流园、高科技商贸物流园六个国际化物流标准的现代化基地并成为天津最具规模实力的专事“IT+物流”全方位的大型物流企业，总占地面积930亩，总资产达到12.8个亿。

物流中心生产经营能力实力强劲，年物流量达到了5.2亿吨，车流量达到120.38万台次，商流量达到90万人次，信息流量实现每天发布信息46000条左右，社会资金总流量达到3.6亿元，综合收入达16亿元。全国32个省市75个地区的运输企业、物流企业、货运企业共计5000多家进驻经营，通过与各省市的合作经营，不仅收到了良好的经济效益，同时还将物流中心的品牌声誉叫响国际市场，确立了天津物流极高品牌地位，成为天津物流在全国最具影响力的品牌企业之一。

“十年砺剑著霸主雄图”，不断发展壮大的天津市物流货运中心将继续在中国现代物流行业中处于领跑地位。展望未来，天津市物流中心豪情满怀、充满信心，乘天津滨海新区开发放开的难得的历史机遇之大势，继续坚定不移地为中国和天津经济社会又好又快发展做出历史性的重大贡献！

总经理、党委书记、高级工程师 程进祥

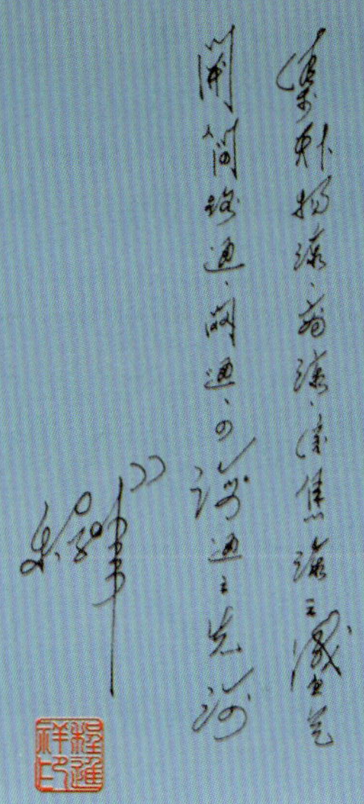

信息大厅　龙门　高台库　宾馆正门

北辰物流园

高科技商贸物流园

主要品牌榜：

国家公路主枢纽重点单位

天津市人民政府优秀企业

天津市现代物流示范形象工程

中国现代物流百强企业

地址：天津市河北区金钟河大街与外环线交口　邮编：300240

联系电话：022—26320322 传真：022—26150283

网址：www.tj56zx.cn

武汉商贸职业学院物流学院

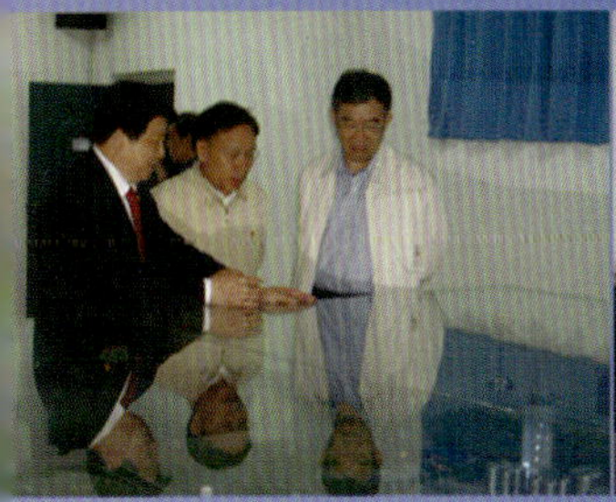

产学研结合，为培养物流人才作贡献
丁俊发

地址：武汉市东湖新技术开发区光谷二路88号
邮编：430205
电话：027—81627258
传真：027—81627252
网址：www.whicu.com
邮箱：wuhanfenfang@163.com

*中国物流与采购联合会会员单位
*中国物流技术协会副理事长单位
*湖北省教育厅教育教学改革试点专业
*中国物流学会产学研基地
*中国物流技术协会先进单位
*中国物流与采购联合会物流师湖北地区培训中心
*湖北省教育厅高职院校物流专业实训中心建设单位
*湖北省高等教育学会高职高专分会物流管理专业牵头学院

武汉商贸职业学院物流学院成立于2002年9月。现有专业教师26人，下设物流管理、仓储与配送、企业物流、速递物流四个方向。武汉商贸职业学院现代物流研究所为中国物流学会物流研究机构协作网成员单位。

院长周建亚教授，为中国物流学会常务理事、特约研究员、中国物流技术协会特约研究员、湖北长江教育研究院职教专家、中国物流技术协会校企协作办公室主任。

学院坚持“工学结合、校企合作”办学模式，与广大物流企业紧密联系，注重加强学生的生产实习和社会实践，不断改革以学校和课堂为中心的传统人才培养模式。

建院九年来，学院已培养合格毕业生4250人，96%的毕业生在物流企业或企业的物流岗位工作，深受用人单位欢迎。

上海海洋大学

上海海洋大学经济管理学院物流管理系

上海海洋大学物流管理系建于2004年，是依托物流管理专业而设的基层教学组织，并成为上海市教委第一、第四批教育高地建设单位。目前，我系设有2个普通物流管理专业班，1个食品物流管理专业方向，每年招生人数稳定在100人左右，在校学生400多人。

我系现有在编教师9名，教授3名，副教授2名，讲师4名，其中5人拥有博士学位，外聘兼职教授3名。我系教师在《管理世界》、《管理学报》等国内外著名刊物上公开发表论文共计100多篇，其中EI收录11篇，CSSCI收录18篇。主持纵向科研项目共25项，其中国家级1项，省部级14项；主持横向项目共13项；出版教材、专著5本。

我系与中国食品科学学会食品物流技术分会、上海物流学会、中国物流与采购联合会、中国系统工程学会建立了良好的关系，其中郑锦荣博士担任中国食品科学学会食品物流技术分会副理事长。

已建立多层次、多维度的教学实训基地：建成了6个实习基地，其中物流企业3个，食品流通行业2个，食品生产企业1个。拥有200多平方米的物流实验室和实训室，能满足学生的实验和实训要求；并已成为上海紧缺人才培训事务中心实训基地，设有“现代物流”专业水平认证的考点。

我系物流管理专业已有三届毕业生，有近80%的毕业生从事物流相关工作，如马士基、宜家、东方海外、TNT公司、欧尚超市、好德、美特斯·邦威、来伊份等大型企业的物流部门工作；还有许多毕业生去海外继续进行物流管理专业方面的深造，如美国、英国、日本、澳大利亚、中国香港等国家和地区的知名大学。

我系与美国的华盛顿州立大学、北达科达大学、特拉华大学，加拿大劳埃尔大学等建立长期合作交流机制，互派教师和学生进行研究、学习和访问。

我系在物流规划与设计领域具有很深的造诣，先后为上海临港建设物流园区、上海外高桥保税区、上海渔人码头、浙江舟山渔港规划、江苏无锡优势产业布局、上海市西郊农业交易市场规划等多个项目提供咨询和建议。

上海海洋大学经管学院物流系愿与社会同人精诚合作，在物流管理专业建设、企业人事培训、物流规划与设计咨询等方面积极开拓，为打造物流教育新明天而努力奋斗！

首届百联配送杯物流创意大赛

吴启迪参观物流实验室

上海海洋大学经管学院物流系
上海市浦东新区临港新城沪城环路999号
教务咨询电话：021-61900862
办公咨询电话：021-61900856
邮　　箱：jrzheng@shou.edu.cn ； hbguan@shou.edu.cn

广西玉柴物流集团有限公司

广西玉柴物流集团有限公司（下称公司）在全国各省市设立有40家分（子）公司。在职员工910人，总资产10.5亿元，注册资金6700万元，为国有法人独资企业。总部位于广西壮族自治区首府南宁市。2009年公司完成营业收入23.85亿元，同比增长69.18%。

公司是国家一级道路货物运输资质的企业，是重点联系的道路运输企业、中国道路运输协会会员、中国物流与采购联合会常务理事会员单位、当地政府重点扶持的物流企业。玉柴物流拥有多家商用车品牌的广西总代理权和4家乘用车品牌的4S店。

公司拥有各种货运汽车6000多辆，所有分（子）公司均拥有配送车辆，为客户提供方便快捷的“门到门”优质配送服务。并率先在行业内通过了ISO9001：2000标准的质量管理体系认证，目前已进行ISO9001：2008标准的质量管理体系认证。

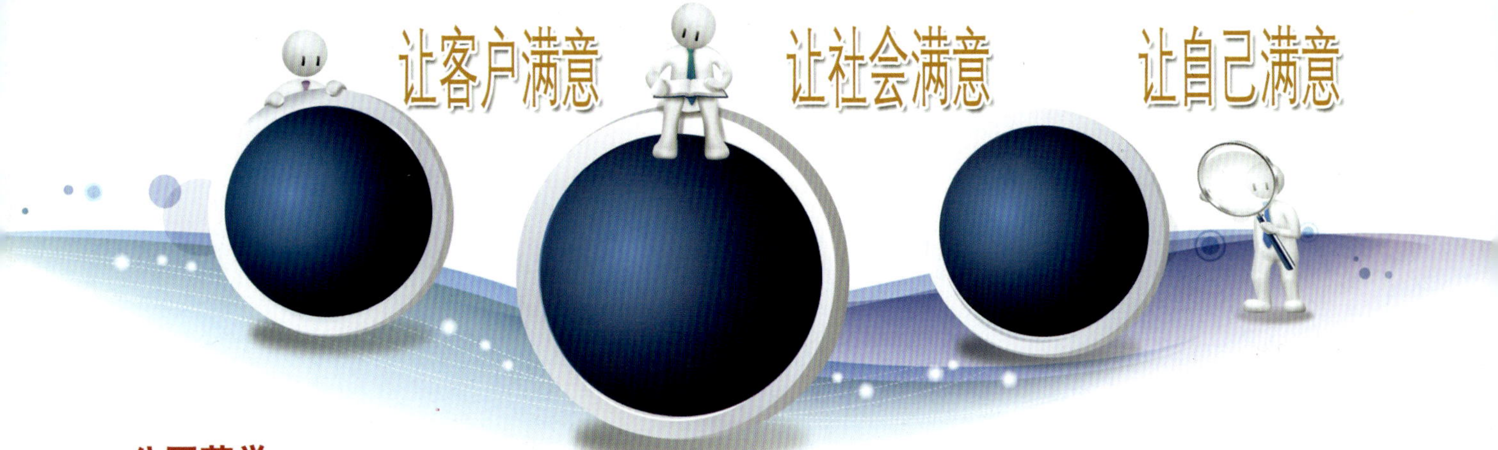

公司荣誉：

2009年被评选为”中国百强物流企业”，排名第38位。

2009年获得“中国物流专线十大品牌”荣誉称号。

2009年荣获中国物流行业协会和中国（深圳）国际物流与运输博览会联合颁发的“优质服务奖”。

玉柴物流走“以运联贸，以贸促运”的多种经营道路。以道路货运专线、零担快运、集装箱运输、跨国运输、物流信息服务和无船承运等为物流主要业务；以汽车销售、二手车交易市场、汽车租赁，机电产品销售、金融按揭等为汽车主要业务。为客户实行代收货款（现金、支票）、代垫运费、代办货物运输保险等增值延伸的售后服务。通过 GPS 卫星跟踪系统，构建以广西为中心辐射华东、华南、华北、东北、华中、云贵川的物流专线运输网络体系，为广大客户进行实时查询货物运行轨迹提供优质、快捷的服务。为汽车信贷消费或现款购买商用车的客户提供委托管理的服务。在广西区域提供汽车维修、配件销售和其他售后服务。

公司致力于完善交通安全服务管理体系，为及时配合交警部门处理交通事故和定期对司机、调度员、客服员工等进行安全教育培训提供了有效平台，并为客户办理保险索赔、交通事故善后处理等提供个性化服务。

公司获得广西首家货物运输企业跨国运输的资格，道路营运车辆可直达越南、老挝、缅甸、泰国、柬埔寨、马来西亚、新加坡等东南亚各国进行道路货物运输，积极开发煤炭、矿石砂、整车、机械配件进出口贸易和无船承运业务。在广西南宁市投资建设的300亩大型物流基地已于2010年3月28日开业营运，为推进国际商贸物流一体化进程奠定了基础。玉柴物流将借助东盟及北部湾经济发展的有利时机，打造成为国际商贸物流的品牌企业。

2010年3月28日，玉柴物流董事长李志荣（左）与清华大学工业工程系党委书记郑力（右）签订物流供应链项目合作协议。

玉柴物流董事长李志荣（前排左）与清华大学工业工程系党委书记郑力（前排右）互相握手祝贺。

玉柴集团董事局主席晏平（剪彩嘉宾左五）与自治区政府和玉柴集团、玉柴物流相关领导为玉柴物流南宁基地开业剪彩。

法人代表：李志荣

总 经 理：陈旭南

业务咨询：0771－2370018； 客户服务：0771－2370033

传　　真：0771－3813442

地　　址：广西南宁市厢竹大道63号

兴宁区政府服务中心大楼三、四层

邮　　编：530000

陆通 物流
FOTON
AUMAN

中国西部现代物流港

省市领导视察物流港开发建设情况

中国西部现代物流港位于成渝经济中心结点城市——遂宁市，是四川省三大物流基地之一，属于省重点项目。2009年，被中国物流与采购联合会评为“中国物流实验基地”，相关部门授予了遂宁市“中国流通领域现代物流示范城市”的殊荣。园区规划面积18.66平方公里，总投资300亿元，其中基础设施建设54亿元。

作为新时期内陆开放型城市的一部分，园区充分发挥1.5小时覆盖成渝两特大城市在内的37座城市区位优势和通江达海的交通枢纽辐射优势，着力打造成商流、物流、信息流、资金流、人流的“聚集地”，强势形成交通发展物流、物流助推经济、经济夯实产业的良性循环形态。

园区坚持与成渝错位发展，主动承接东部及沿海产业转移，集合商贸流通与生产发展要素，大力发展现代物流、电子、商贸流通产业。目前，医药产业园、现代物流园、粮食物流园雏形形成，西部华源一期、东正物流一期竣工运营，入驻西部华源医药销售企业达300余家，销售药品种类到30000余种；入驻东正现代物流基地的第三方物流企业达42家，物流辐射半径达2500公里，年物流量近200万吨。电子产业园、汽车产业园、现代商贸中心正按规划逐步实施，特别是铁路物流园、现代物流信息平台、报关报检保税等功能正加紧完善，环境打造日臻成熟，推动着园区现代绿色物流产业与新型城市建设和谐推进、竞相发展。园区正以科学发展观为引领，倾力打造诚信园区、法制园区、效率园区、效益园区，借智聚力，赶乘成渝经济发展的大好形势，努力建设功能更加完善，管理更加科学，技术更加先进，环境更加优美的现代化物流园区，致力于成为西部现代物流产业发展的新引擎。

临沂天源国际物流园

李庄社区党总支书记、居委会主任
临沂天源国际物流有限公司董事长　赵玉玺

天源国际物流园由兰山区李庄社区投资兴建，是省、市、区三级政府重点建设项目，园区总占地面积约800亩，建筑面积49万平方米，总投资7.6亿元，分三期建设。整个项目建成后，将成为山东省最大的现代物流园区，直接增加就业岗位1万多个，间接拉动就业10万人次，实现年收入1亿元以上！承担临沂各批发市场60%的货物运输，实现年交易额300亿元。

天源国际物流园一期工程，于2008年5月12日入驻使用，占地230亩，建筑面积12万平方米，投资1.6亿元，业户现在入驻率100%，经营线路覆盖了全国各地，沿街北侧为汽配、修理服务区，沿街南侧为餐饮、住宿区，十路沿街为综合服务区，目前，园区附近已形成了很高的人气、商气，交通便捷，服务到位。

天源国际物流园二期工程，于2009年6月20日开工。工程占地291亩，建筑面积20.2万平方米，投资3亿元。二期工程在一期的配载基础上，增加了仓储功能，提高了土地使用率，降低了经营业务的运输成本，符合广大业户的需求，实现山东省首例物流配载与仓储为一体的完美设计，同时，还将建成一座13层的信息服务大楼和一座11层的综合办公大楼，为业户提供全方位的第三方物流服务。天源国际物流园三期工程，于2010年下半年动工建设，将增设加油站、旅游等物流增值服务配套设施。

园区大棚采用网架结构，三十年不落后，设计起点高、档次优，防风防雨，国内领先。园区各项服务设施设备完善，功能配套齐全，园区配有专业叉车、装卸、宣传栏、服务岗等便民服务点，在服务大厅，可以为业户提供信息咨询、收缴费用、保险、医疗、招商广告等贴心服务。保卫实施24小时全天候巡逻，排除安全隐患，数字化智能监控，也能24小时监控园区的各个位置，为业户安全经营解除后顾之忧。公司管理理念领先，服务质量好，创造性地提出了“管家式”服务模式，为业户提供星级服务。

公司秉承“卓越优质的服务，诚信铸就辉煌，基业立足沂蒙，面向全国物流，放眼未来世界”的经营宗旨，诚信经营、优质服务，努力打造中国第一物流社区——李庄社区！

地址：山东省临沂市兰山区临西十路与双岭路交汇处天源国际物流园
电话（传真）：0539-3119606
招商电话：0539-3119666/3119777
邮箱：ty3119606@163.com
网址：tywly@163.com

中铁快运
客户服务中心
CLIENT SERVICE CENTER

NJ2-0047
NJ2-0049

金色谷

超市管理有限公司

金色谷超市管理有限公司（简称金色谷）是根据关于《全国金色谷农资连锁超市为农服务工程项目》的批复，由中华供销总社所属企业与几家民营企业联手注册成立的有限责任公司。公司创立于2000年6月，注册资金7800万元人民币。是首家以统一品牌和连锁超市形式，通过股份制合作、战略结盟、特许经营等方式组建的跨地区、跨部门、跨所有制并具有进出口权的全国性商贸流通企业。也是“万村千乡”市场工程的全国优秀承建企业之一。

金色谷是成功地将连锁超市经营商业模式引入农资流通领域的公司。公司采用控股加盟作为企业战略扩张的有机组成部分。金色谷特有的连锁超市网络是一个双层网络系统。在每个具有战略地位的地区或县，公司都将建立一个一级超市，叫做“地区中心超市”。每个地区中心超市的周围，遍布着能够深入到乡、镇、村一级的二级超市，叫做“便利店”。所有的地区中心超市都将具备物流配送分销的完备功能。目前，金色谷在全国拥有控股的“地区中心超市”经营公司5家，特许的地区加盟商、生产品加盟商91家，各类遍布到乡、镇、村的便利店超过1500个。累计销售额已突破50亿元人民币。

金色谷农村物流配送分销中心工程项目，是“万村千乡市场工程”和“金色谷农资连锁超市为农服务工程”系统建设中的第二期工程。即通过新建或对当地已有库房设施的改、扩、建工程在5~8年内建成遍布全国、与金色谷连锁超市一体化的综合商品物流配送分销中心，辐射并覆盖周边的城镇、乡村地区。用金色谷的现代运营管理模式，实现农资、日用品和农产品“三网合一”的物流配送分销运作平台。并根据不同地域，有针对性的解决流通环节的保值、增值问题；最终以点（物流配送分销中心）带面（连锁销售网络），点面结合，形成跨地区、跨部门的全国范围内的现代化农村物流体系。在帮助中国农民走向“小康”的同时，实现项目经济效益和社会效益的最大化。

北京市朝阳区小营路19号财富嘉园B座8层

邮编：100101　**电话**：010－58239011/12

传真：010－58239002　**网址**：www.jsg.cn

山东省物流与采购协会

山东省物流与采购协会（原山东省物资流通商会），1993年9月经省政府批准成立，现由山东省商业集团有限公司（鲁商集团）主管。目前已发展会员近400家，涉及各类仓储、运输、综合服务、科研等多个领域。连续5年被山东省社会团体管理局评为山东省优秀社团。

山东省物流与采购协会以国家农产品现代物流工程技术研究中心的雄厚的技术力量为支撑，以鲁商集团13万人强大的商贸物流为依托，以集团所属的山东商业职业技术学院等四所大专院校（在校师生5万人）师资培训力量为保证，遵照服务企业、服务行业、服务社会、振兴产业的根本宗旨，促进山东省物流业与制造业、农业、流通业的互动发展，致力于打造科技协会、特色协会，为创建“物流大省、大省物流”做出不懈努力。

物流行业作为一个新兴行业，“散、小、弱、差”的物流现状令人担忧，物流行业急需一种规范和标准来指明方向。协会深知自己的历史使命和工作任务，在业务上始终与国家对口行业协会保持高度一致：为贯彻《物流企业分类与评估指标》(GB/T19680-2005)国家标准，受中国物流与采购联合会的委托，设立了“山东省物流企业综合评估委员会”和“审核办公室”；为贯彻落实《通用仓库等级》（GB/T21072-2007）和《仓储服务质量要求》（GB/T21071-2007）两项国家标准，我们在中国仓储协会的指导下，设立了“通用仓库等级评定办公室”和“仓储服务质量达标评鉴办公室”，并积极开展相关工作。

协会创办了会刊《物流界》，建立了网站（www.sdwl.org），主办了四期物流论坛，组织开展山东省物流与采购行业综合实力五十强评比活动。2005年向省政府提交了关于《整合物流资源，促进我省现代物流业发展》的研究报告，王仁元副省长作了重要批示，认为研究报告很好，要求抓紧研究具体意见，专题讨论；2006年在“鲁港经贸活动周”期间在香港举办了鲁港物流暨商贸洽谈会，签订引资协议82亿元。

继往开来，在未来的一两年内，协会将从以下几个方面展开工作：

一、借国务院《物流业调整和振兴规划》颁布实施和各级政府重视的有利契机，抓住机遇，竭尽全力为行业的发展，用足、用活、用好各类政策，为全省物流企业争取更大的发展空间和行业利益。

二、千方百计把协会办成物流企业之家，协会的工作人员要成为行业服务的公仆，一定要与时俱进不断创新，掌握为行业企业服务的手段和本领。要多做一些政府管不了，企业自己又做不好的事情，更好地发挥政府与企业之间的桥梁纽带作用，努力提高协会的生命力和凝聚力。

三、以信息化带动现代化，以科技进步推动传统物流向现代物流的升级和产品新物流与物流新产品的发展，以信息技术为先导，努力打造高效实用的信息平台，为广大物流企业在政策信息发布、科技咨询、项目申报、供求信息等方面提供优质高效的服务。在抓好生产资料物流的同时，重点做好农产品物流、冷链物流、特色物流，彰显出山东物流大省、大省物流的实力，创出山东物流产业的特色。

四、以广泛开展国家A级物流企业评估工作作为促进行业企业发展的有力支撑点，提升企业整体素质。用足、用好各级政府和有关部门已经出台的相关扶持政策，进一步争取各级政府的大力支持，为企业创造良好的外部环境。

五、继续做好全省物流企业五十强评比工作，并逐步完善。通过组织协会的各类活动，加强与兄弟省市、国外物流企业和物协的交流，努力打造山东物流企业的国际品牌。

地址：山东省济南市历山路2号
邮编：250013
电话（传真）：0531-86998760
网址：www.sdwl.org
邮箱：sdswlxh@126.com

上海外高桥物流中心有限公司

网址：www.wblz.com.cn 联系电话：021-38751008 021-38751637

上海外高桥保税物流园区位于我国改革开放最前沿的浦东地区，与外高桥港区连成一体，距保税区仅有3公里。园区是全国首批“区港联动”试点区域，是上海市“十五”期间重点规划的三大物流基地之一。园区在2004年4月15日通过验收，被赋予了国际中转、国际采购、国际配送、国际转口的四大功能。园区在营运中以管理创新、功能创新、技术创新为动力，优化营运环境为目标，构筑出航运、港口、物流园区联动发展的新框架。经过5年的开发建设，形成了区港联动和区域发展的雏形。建成38万平方米仓库，14万平方米的集装箱转运区；09年完成进出区货值510亿美金，海关税收65亿元人民币，工商税收1亿元人民币；先后引进了MOL、DHL、世天威等跨国物流企业，累计引进中外物流企业83家，吸引外资2.8亿美元。

依托“区港联动”的政策优势，园区大力推进了海运直通式功能覆盖上海全关区，提升了区港联动的整合功能，推进了长三角通关一体化的具体实施。贯彻国务院物流产业调整和振兴规划，大力发展现代服务业与先进制造业，加快了上海国际航运中心、金融中心两个中心的建设步伐，实现物流产业与制造业的联动发展和融合发展，到2010年物流园区将实现“四个一”的目标：建设成100万平方米的仓库与场地，引进100家中外物流公司，实现年集装箱综合处理量100万TEU，实现年进出区货值达1000亿美元。

在创新中发展的天津市物资集团

天津市物资集团（以下简称天物集团）是天津市大型国有生产资料流通企业，年经营规模超过1000亿元，经营领域包括金属、能源、矿产、化工、汽车及机电、现代物流、房地产、金融服务和中职教育等。天物集团主要采取供应链经营模式，着力推进工贸结合和内外贸一体化，同时积极发展资源、资产和资本三种经营。经营区域覆盖华北、华东、华南、东北、西北等全国大部分地区，并在境外建立了8家分支公司，进出口贸易额超过15亿美元。与鞍钢集团、首钢、吉林铁合金厂、葫芦岛锌厂、一汽集团、神华集团等国内大型企业都建立了长期稳定的合作伙伴关系。

在2009年中国企业500强排名中，名列第73位，在中国服务业500强中名列第31位，是2009年中国生产资料内外贸易批发、零售业第1名（连续五年保持全国第一）。集团还成功入选了2009年度“世界著名品牌500强”。2004年国家商务部就把天物集团列为全国重点培育的流通领域20家大企业集团之一。

2009年，天物集团面对国际金融危机持续蔓延，世界经济严重衰退，我国经济社会发展遇到严重困难，主要生产资料价格大幅下滑的严峻形势，集团上下坚定信心、迎难而上，发挥生产性服务业的特点，全力扩大国内短缺能源和资源性产品进口，主动服务大型工业企业和大项目，按照供应链模式与工业企业开展合作，中标天津地铁2号和3号线钢轨采购项目、天津市文化中心交通枢纽工程建材供应项目、于家堡金融中心钢材供应项目、滨海新区吹沙造田项目，使集团销售收入不但没有萎缩，还实现了大幅增长。2009年集团完成销售收入1079亿元，同比增长47%，提前三年实现了千亿元集团的目标。

网址：www.tewoo.com

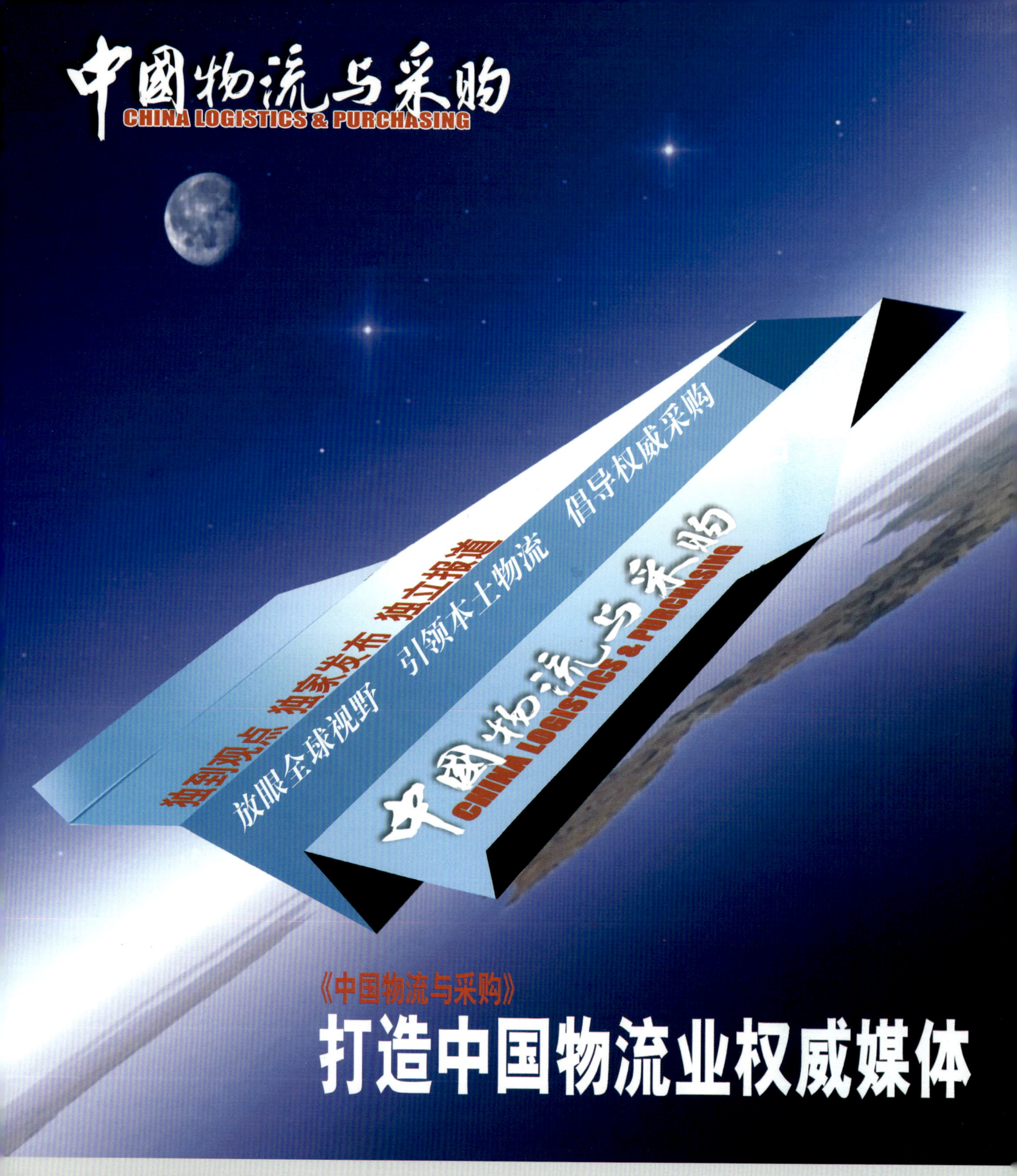
中国物流与采购
CHINA LOGISTICS & PURCHASING
独到观点 独家发布 独立报道
放眼全球视野 引领本土物流 倡导权威采购
中国物流与采购
CHINA LOGISTICS & PURCHASING
《中国物流与采购》
打造中国物流业权威媒体

中国物流与采购
2007物流风云

中国物流与采购网
——您真心的朋友
中国物流与采购联合会官方网站
中国物流与采购行业门户网站
中国物流与采购网
http://www.cflp.org.cn
中国物流与采购联合会
China Federation of Logistics & Purchasing
中国物流与采购网
http://www.chinawuliu.com.cn

锦程物流网
活动最终解释权归锦程物流网所有
锦程物流网携您加入
108届秋季广交会
万商云集 无限商机
加入方式
■上海 / 021-63251008
■大连 / 0411-39735618
■青岛 / 0532-85019011

领航
依托物流业国内唯一公开发行报纸媒体优势，
全力打造钢铁物流版、综合物流版、
中国物流产业网两报一网格局
引领行业发展，为行为发展服务
现代物流报
www.xd56b.com
中国物流与采购联合会主管媒体 钢铁物流17-67 综合物流17-72
电话：010-68536740
致电11185国内邮局（所）均可订阅

《中国物流年鉴》(2010)
广告总目录

彩色广告

戴姆勒东北亚投资有限公司
黑龙江省五洲华宇恒业物流有限公司
北京宝供福田物流有限公司
中铁现代物流科技股份有限公司
北京宅急送快运股份有限公司
远成集团有限公司
上海华运通仓储配送有限公司
北京长久物流有限公司
广州市商业储运公司
南光物流有限公司
开滦集团国际物流有限公司
上港集团物流有限公司
上海中石化工物流有限公司
中铁特货汽车物流有限责任公司
中港物流(厦门)有限公司
沃尔沃(中国)投资有限公司
东风柳州汽车有限公司
山东盖世国际物流集团有限公司
中国物流公司
国药集团医药物流有限公司
吉林龙谷物流有限公司
中山市物资集团有限公司
中国新兴交通物流总公司
天津市物流货运中心
中南物流园
武汉商贸职业学院物流学院
上海海洋大学经管学院
中山市秦粤物流有限公司
广西玉柴物流集团有限公司
浙江陆通物流有限公司
中国西部现代物流港
浙江传化物流基地有限公司
临沂天源国际物流有限公司
中铁快运股份有限公司
大冶有色物流有限公司
金色谷超市管理有限公司
江西鄱阳湖现代物流园
上海惠尔物流有限公司
中国水利电力物资流通协会
山东省物流与采购协会
天津市交通与物流协会
湖南星沙物流投资有限公司
上海江桥现代物流发展有限公司
四川凌云物流有限公司
上海山汉国际物流有限公司
上海外高桥物流中心有限公司
《中国物流与采购》杂志
中国物流与采购网
锦程物流网
现代物流报
《物流》杂志
《大市场·西部物流》杂志

黑白广告

天津市物资集团总公司

《中国物流年鉴》（2010）编委会

顾　问

王忠禹　　中国企业联合会会长、中国物流与采购联合会名誉会长
徐匡迪　　中国工程院院长、中国工业经济联合会会长
陈邦柱　　中国质量协会会长、中国物流与采购联合会名誉会长
石万鹏　　中国包装协会会长、中国物流与采购联合会名誉会长
李德水　　全国政协经济委员会副主任、中国物流与采购联合会顾问
何济海　　中国商业联合会会长
徐寿波　　北京交通大学物流研究院院长、中国工程院院士
李京文　　北京工业大学经济与管理学院院长、中国工程院院士

编委会主任

陆　江　　中国物流与采购联合会会长

编委会副主任（按姓氏笔画排序）

丁俊发　　中国物流与采购联合会首席顾问
万典武　　中商商业经济研究中心研究员
马正武　　中国诚通控股集团有限公司董事长
马军胜　　国家邮政局局长
王庆云　　国家物资储备局局长
王德荣　　中国交通运输协会常务副会长
沈绍基　　中国仓储协会会长
任豪祥　　中国物流与采购联合会副会长
刘占芳　　中国国际货运代理协会副会长
刘景福　　中铁现代物流科技股份有限公司董事长
李　扬　　国家发展和改革委员会经济运行局局长
张建卫　　中国外运股份有限公司执行董事兼总裁
何黎明　　中国物流与采购联合会常务副会长
宋　玲　　中国电子商务协会理事长
宋耀华　　中国华星集团公司总经理
邸建凯　　商务部商贸服务管理司司长
周林燕　　中国物流与采购联合会副会长

陈文玲	国务院研究室综合司司长、研究员
陈显宝	北京宅急送快运股份有限公司总裁
周建亚	武汉商贸学院物流学院院长
赵方宽	中国一汽集团公司党委书记、副总经理
赵玉玺	临沂天源国际物流有限公司董事长
郑锦荣	上海海洋大学教授，中国食品科学学会食品物流技术分会副理事长
洪　涛	北京工商大学经济学院贸易经济系主任、教授
洪水坤	中国诚通控股集团有限公司总裁
钟荣钦	台湾物流协会秘书长
胡江潮	浙江物产集团董事长
姜超峰	中国物资储运协会会长
徐乐江	宝钢集团公司董事长
贾宝军	武汉钢铁（集团）公司副总经理
倪东生	北京物资学院教授
高会恩	北京宝供福田物流有限公司总经理
高　峰	中铁特货汽车物流有限责任公司董事长兼总经理
高艺林	广州百货企业集团公司副总经理、广州市商业储运公司总经理
黄辅华	香港物流协会原会长
黄有方	上海海事大学副校长、教授、博导
黄远成	远成集团董事长兼总裁
韩继志	国家粮食局政策法规司副司长
靳　伟	中国物流与采购联合会托盘专业委员会常务副主任
赖展京	南光物流有限公司总经理
薄世久	长久集团董事长
魏振中	中国航空运输协会秘书长

特别支持单位

Mercedes-Benz	戴姆勒东北亚投资有限公司
宅急送 ZJS EXPRESS	北京宅急送快运股份有限公司
中国远洋物流有限公司 COSCO LOGISTICS	中国远洋物流有限公司

《中国物流年鉴》（2010）

主　　办　中国物流与采购联合会
承　　办　《中国物流与采购》杂志社
主　　编　丁俊发
副 主 编　蔡　进　方平生
编辑部主任　徐小青
编　　辑　崔　冬　张　俭　吴海波　李鸿宝　王　林　祁　玉
　　　　　宇　颖　杜　林　贾　丽
发　　行　高　威
广告设计　阳光设计工作室

联系方式
编 辑 部　010－68391393　010－68392774
邮　　箱　xxq6429@yahoo.com.cn
　　　　　gwrshk@126.com　zgwlnj@126.com
发　　行　010－68391021　010－68392774
传　　真　010－68391021　010－63738995

《中国物流年鉴》（2010）供稿者

（按姓氏笔画排序）

于冰心	万　莹	文德华	王国文	王继祥	马增荣	韦智伟	龙少海	白丽君	叶正富
厉方奎	孙　炜	孙　敏	闫淑君	刘长庆	刘占芳	刘清利	刘璟琳	刘　敏	刘宇航
刘伟华	朱光前	朱华斌	吉爱平	李惠红	李素彩	李　钝	沈绍基	陈秀芝	张　洁
张　铎	张晓东	张艳芳	张　喆	张　蕊	张庭友	张国会	苏明德	严文萃	邹建军
是　青	陆成云	周志成	周锦宇	武美燕	洪　涛	赵靖宇	施　蓉	杨天清	贺登才
姜　旭	倪东升	徐　东	徐　勇	高　伟	黄久久	黄有方	黄定政	晏庆华	龚卫锋
蒋长兵	韩永生	韩继志	谢　岩	赖展京	靳　伟	颜　肃	潘　华	穆宏宇	魏重德

国家发展和改革委员会经济运行局、国家统计局贸易外经司、国家粮食局政策法规司、铁道部运输局、北京市统计局服务业处、上海市商务委员会、重庆市物流协会、江苏省经济贸易委员会交通运输处、四川省现代物流协会、湖南省经信委交通处、吉林省物流与采购联合会、苏州市发展和改革委员会、青岛市交通委员会物流业发展处、宁波市发展和改革委员会、扬州市发展和改革委员会、全国物流信息管理标准化技术委员会、中国国际货运代理协会、中国散装水泥推广发展协会、中国工程机械工业协会工业车辆分会、中国物资再生协会、中国木材流通协会、中国物流与采购联合会行业事务部、中国物流与采购联合会研究室、中国物流与采购联合会物流标委会、中国物流与采购联合会科技信息部、中国物流与采购联合会生产资料市场专业委员会、中国物流与采购联合会汽车物流分会、中国物流与采购联合会物流企业综合评估委员会审核办、中国物流学会、中国物流信息中心、上海海事大学、北京工商大学、解放军后勤指挥学院、北京物资学院物流学院、《中国物流与采购》杂志社

编 辑 说 明

一、《中国物流年鉴》（以下简称《年鉴》）是中国物流与采购联合会主办、《中国物流与采购》杂志社承办的大型文献类工具书。自2002年出版发行至今，《年鉴》发行量和发行范围不断扩大，得到业界广泛好评。为使《年鉴》越办越好，我们制定了明确的目标，不断提高《年鉴》的编辑质量，使其更具权威性、可读性和资料性，便于业界人士查询、引用、论证、存档，成为名副其实的“工具”。

二、2010版《年鉴》的框架结构和主体内容基本参照2009版《年鉴》，只对个别栏目内容进行了调整，我们力图通过不断调整扩充相关内容，使《年鉴》能够更真实、更全面地反映行业的发展变化，与行业共同成长。

三、2010版《年鉴》的组稿、编纂工作得到了国家发展和改革委员会、商务部、交通部、国家统计局等中央部委和部分省、自治区、市地方政府部门，物流行业团体，相关行业专业协会，中国物流信息中心，全国物流标准化技术委员会等专门机构，以及中邮物流、中远、中铁现代、中铁特货、中铁联合等知名企业的大力支持，对此我们表示衷心的感谢。

四、对不符合《年鉴》编辑要求的来稿，编辑人员作了谨慎认真的删改，由于时间原因这部分稿件来不及返回作者核校，请作者给予谅解。

五、编辑部人员水平有限，如有不妥之处，恳请批评指正。欢迎大家继续对2011版《年鉴》的组稿和编辑工作给予支持！

《中国物流年鉴》编辑部

前　言

2009 年，国务院发布《物流业调整和振兴规划》（以下简称《规划》），这是中国经济发展史上的一个里程碑。《规划》发布后，举国上下掀起了新一轮物流热，政府推动加温、物流企业整合重组、物流业与产业联动发展加快、物流业的基础性工作扎实推进，物流业出现了令人可喜的局面。我认为，这一切对物流业的调整和振兴仅仅是良好的开端，我们更需要切实地贯彻落实。只有贯彻落实到位了，物流业的调整和振兴目标才能最终实现，我国的物流业才能够实现新的飞跃。

进入 21 世纪以来，我国物流总成本与 GDP 的比率一直在 18% 徘徊，高于发达国家 10% 左右的水平。1991—2001 年，物流总费用与 GDP 的比率从 24% 下降至 19.4%，9 年下降了 4.6 个百分点，应该是比较理想的。但 2001—2009 年，这一比率从 18.8% 下降至 18.1%，8 年才下降了 0.7 个百分点，结果令人难以接受。难道这几年我国物流业的发展没有起作用吗？我认为，根源在于我国的经济发展方式以及经济结构性矛盾。经济增长过多地依赖投资拉动，服务业发展缓慢。我国处于重化工后期，城镇化建设正在加速，但物流业发展不成熟，而且国际油价的上升，这些都影响了物流总费用与 GDP 比率的降低速度。

纵观我国物流业的发展，可以说宏观物流即政府层面和全社会层面的情况比较好，通过物流统计，可以看到一个全貌（当然还不完善）；微观物流即企业物流，越来越受到企业家的重视；而中观物流，即行业物流或产业物流，却没有得到足够的重视，在中国物流与采购联合会编辑出版的《中国物流业发展报告》与《中国物流年鉴》中，行业物流部分都看不到一个物流的总概念，物流业是一个服务性行业，它是为各种产业服务的。因为产业物流是一个“短腿”，加上我国物流业本身结构性缺陷，使我国物流业还没有完全进入良性循环。

因此，物流业要大发展除了要解决经济发展方式以及经济结构性矛盾，更要解决我国物流业本身结构性缺陷的问题。目前，物流业要提高竞争力，须做好下述五项工作：

一要提高物流企业的集中度。到现在为止，我国 A 级物流企业还不到 1000 家，物流主营业务能达到 500 亿以上的只有 10 多家，排到第 50 位的只有 7 亿人民币，缺少有国际竞争力的物流企业集团。

二要加快形成全国、区域、城乡的物流节点空间布局与信息网络布局，使流式、流量、流速、流向趋于科学化与合理化。

三要加快推进物流与工业、农业、服务业的互动发展，推进商流、物流、信息流、资金流的融合。

四要按低碳经济的要求，物流业首当其冲，要在运输、冷链、仓储等方面推进节能减排。

五要推进物流市场的规范化运作，降低政府物流管理成本。

《规划》明确提出："物流业自身需要转变发展模式，向以信息化技术和供应链管理为核心的现代物流业发展，通过提供低成本、高效率、多样化、专业化的物流服务，适应复杂多变的市场环境，提高自身竞争力。"可以预期，我国的物流业在未来的10~20年，仍然是一个快速发展期，同时也是一个结构调整和产业提升期。怎样在这个时期发展壮大，是物流领域的同人志士必须面对的课题。我国物流业要实现《规划》确定的目标，不但需要业界同人携手共同努力，更需要物流企业勇于积聚、善于集成，抓住时机，做大做强。这是时代赋予我们的责任。

《中国物流年鉴》是中国物流与采购联合会主办、《中国物流与采购》杂志社承办的大型文献类工具书，肩负着真实记录物流行业发展变化的轨迹，客观反映物流行业成长历程的历史责任。面对物流业的快速发展，《中国物流年鉴》将不懈地改革创新，使其越做越精、越做越好。

丁俊发

2010 年 8 月 10 日

目 录

第一部分 物流综合

第二部分　物流统计

第三部分　物流产业

第四部分　行业物流

第五部分　地区物流

第六部分　物流技术与装备

第七部分　政府采购

第八部分　物流教育、信息化、标准化

第九部分　部分优秀物流企业综观及经典案例

第十部分　附　　录

第一部分

物流综合

2009 年领导讲话

坚定信心，把握机遇，推动物流业又好又快发展

今年 3 月，国务院发布《物流业调整和振兴规划》，我国物流业发展迎来重大机遇。河南地处中原，人杰地灵，是中华文明的重要发祥地。改革开放以来，河南经济快速发展，经济总量居中西部地区前列，在中部崛起中占有重要地位。省委、省政府重视发展服务业、物流业，正在营造有利于发展的政策环境。郑州市是国务院《规划》确定的 21 个全国性物流节点城市之一，区位优势十分明显，物流条件极为便利。近年来，市委、市政府把现代物流列入服务业发展的重点，积极推进物流业发展，取得了显著成效。在这样的背景下，我们大家聚集在这里，互相交流物流业发展的经验，共同探讨贯彻落实国务院《规划》，相信能够取得更好的成果。

2009 年，是新世纪以来我国经济发展最为困难的一年。党中央、国务院提出的促进经济平稳较快发展的“一揽子”政策，已经收到实效。1 ~9 月，我国 GDP 增长率已经达到7.7%，第三季度增长率为 8.9%，预计全年增长 8% 的目标可以实现。国内生产资料销售总额同比增长率从一季度的 2.2%，上升到 1 ~ 10 月的 10.4%；货运周转量增幅由 1 季度的 −7.9%，提高到 +6.5%；制造业采购经理人指数（PMI）连续 12 个月持续回升，连续 9 个月位于临界点 50% 以上，10 月和 11 月均为 55.2%。这些数据充分说明，中国经济总体回升的态势基本确立。

随着经济形势的发展变化，我国物流业发展也出现了新的趋势。

一是物流业整体运行持续回升向好的趋势。今年 1 ~ 3 季度，全国社会物流总额为 69.4 万亿元，可比增幅由 1 季度的 1.5% 提高到 6.9%；物流业增加值为 1.47 万亿元，增幅已由 1 季度的 1.7% 提高到 4%；物流相关行业固定资产投资为 1.89 万亿元，同比增长 55%，高出同期城镇固定资产投资近 22 个百分点；社会物流总费用为 3.92 万亿元，与 GDP 的比率为 18%。从进入 4 季度以来的情况看，继续保持了加快回升的发展趋势。

二是制造业与物流业联动发展进一步加强的趋势。越来越多的制造企业分离、分立物流资源，整合外包物流业务，与专业物流企业结成战略合作伙伴关系；越来越多的物流企业，更快、更广、更深地介入生产领域，提供供应链一体化服务，推动了物流服务的市场化和社会化。

三是流通业与物流业融合渗透进一步显现的趋势。流通企业延伸和强化物流功能；物流企业进入贸易领域，代理采购、分销，向物流加贸易过渡，现代物流在现代流通体系中发挥着越来越重要的作用。

四是物流业延伸服务进一步加快的趋势。

特别是向金融业延伸服务，使得企业物流企业的服务功能加速扩展。物流金融正在从简单的代收货款、代理结算、仓单质押融资向供应链金融等高级形式发展。

五是物流企业兼并重组进一步活跃的趋势。经过金融危机的考验，有的企业出现经营困难，甚至破产；也有的企业抢抓机遇，苦练内功，创新服务理念和经营模式；优势企业，业务整合，兼并、重组加快，物流企业的集中度进一步提高。

六是政策推动力度逐步加大的趋势。《规划》发布以来，国务院各有关部门、各地方政府都在制定出台相关的政策措施，物流业发展的政策环境逐步好转。中国物流与采购联合会，在深入调研的基础上，提出了税收、交通、投融资、支持物流企业、促进物流园区发展和推进制造业与物流业联动六个方面的“60条”政策建议，作为有关部门研究落实物流政策的参考。

11月27日中央政治局召开会议，研究了明年的经济工作。提出了“坚持把保持经济平稳较快发展作为经济工作的首要任务。坚持积极的财政政策和适度宽松的货币政策，全面实施并不断完善应对国际金融危机冲击的‘一揽子’计划”。我们要认真贯彻执行，坚定信心，把握机遇，推动物流业又好又快发展。

第一，要密切关注宏观经济形势的变化。综合各方面情况，年内“保增长”的目标可以实现，但“扩内需、调结构”的任务仍然十分艰巨。同时，也要看到物流总额上半年增长负0.8%，三季度才增长2%，扣除物价因素增长6.9%，低于GDP的增速。说明经济回升的基础还不够牢固，物流业发展的一些深层次问题尚未解决。我们要遵照中央政治局关于明年经济工作的基本精神，从经济发展的全局出发，积极应对各种困难，促进国民经济平稳较快发展。

第二，要密切关注物流业调整和振兴的政策措施落实。《规划》提出了十项任务、九大工程和九条保障措施，这些都是物流业发展的重点。各有关部门和地方政府都在研究出台相关的规划和政策，我们要结合实际，认真贯彻落实。

第三，要密切关注现代物流发展的基本趋势和方向。要进一步推广现代物流理念和供应链管理，推进制造业与物流业联动发展。要重视流通中的物流管理，进一步发挥现代物流在流通领域的核心作用。要建立健全农村物流服务体系，统筹发展城乡一体的现代物流。

第四，要密切关注经营模式创新。要根据市场变化和客户需要，开发新的经营模式，把我们的物流企业变成学习型企业，创新型企业，上下游客户离不开的服务型企业。

第五，要密切关注国外物流管理和技术的发展。要加强国内物流企业同国际物流企业的合资、合作与交流，引进和吸收国外先进经验和管理方法。要学会利用国内外两种资源、两个市场，推动我国物流企业“走出去”。

第六，要密切关注企业的社会责任。要加强行业自律，推动物流企业综合评估和信用体系建设。企业家要对客户、员工、股东和社会负责，注重企业文化建设。要积极参与行业活动，共同分享经验与成果，探讨解决困难与问题，促进物流行业携手、协商、协作，树立和维护行业整体形象。

中国物流与采购联合会作为行业社团组织，将永远与企业站在一起，努力做好服务工作，更好地发挥政府与企业的桥梁和纽带作用，为促进物流业又好又快发展作出新的更大贡献。

（本文系中国物流与采购联合会陆江会长在“第七届中国物流企业家论坛暨2009中国物流企业年会”上的致辞，全文略有删节，标题为编辑部所加）

调结构　上水平　以物流服务促进国民经济平稳较快发展

一、2009 年我国物流业发展的一些特点

2009 年是新世纪以来我国经济发展最为困难的一年。党中央、国务院审时度势，果断决策，连续推出并不断完善应对国际金融危机的“一揽子”计划和相关政策，较快扭转了经济增速下滑的局面，实现了国民经济总体回升向好。据国家统计局发布的最新数据，我国 GDP 全年增长 8.7%，全社会固定资产投资增长 30.1%，社会消费品零售总额增长 15.5%。据中国物流与采购联合会统计，全年生产资料销售总额增长 13.8%。反映宏观经济发展的先行性指标——制造业采购经理指数（PMI）已连续 12 个月回升，10 个月保持在 50% 以上，12 月达到 56.6%。

在经济总体形势回升企稳的推动下，在国务院《物流业调整和振兴规划》的精神鼓舞下，我国物流行业抓住机遇，迎难而上，运行速度止跌回稳，为国民经济较快复苏提供了有力支撑。据初步测算，2009 年，我国社会物流总额同比增长可达 7% 左右，物流业增加值同比增长在 8% 上下；社会物流总费用与 GDP 的比率比 2008 年略有下降。

回顾 2009 年我国物流业发展，有以下一些新的特点：

第一，国务院发布《物流业调整和振兴规划》，各地区、各部门共推物流业发展

2008 年四季度以后，受国际金融危机严重冲击，我国物流业需求萎缩，市场低迷，困难加剧，信心不足。2009 年 3 月，国务院发布《物流业调整和振兴规划》，把促进物流业发展纳入应对国际金融危机的“一揽子”计划，上升到国家战略层面，极大地提振了全行业的信心，提升了物流业在国民经济全局发展中的地位。

物流业发展受到国务院有关部门重视。由国家发改委牵头，包括国务院办公厅在内的 15 个部门组成联合调研组，深入长三角和珠三角地区进行专题调研，调研报告已获国务院领导同志批示。国家发改委设立专项资金，对列入《规划》的“九大工程”以贴息贷款方式予以支持。第 5 批 93 家试点物流企业经国家税务总局发文确认，物流税收试点企业总数已达 487 家。商务部组织开展了流通领域现代物流示范城市的创建和评审工作，首批 46 个示范城市名单已经上网公示。财政部设立农村物流服务体系发展专项资金、促进服务业发展专项资金和服务业聚集功能区专项资金，对农村物流、

商贸物流、物流基础设施建设等项目给予资金支持。2009年1月1日起，国务院批准实施成品油价格和税费改革。到年底已有13个省市取消了政府还贷二级公路收费，撤销站点1430个，占全国同类站点的74%。交通运输部等五部门联合下发《关于促进甩挂运输发展的通知》，以引导和推动甩挂运输的发展。教育部、科技部、工业和信息化部、铁道部、海关总署、国家工商总局、质检总局、国家统计局、国家标准委、国家邮政局、民航局等部门，都在结合自身工作职能，研究落实支持物流业发展的政策措施。中国物流与采购联合会通过深入调研，提出了税收、交通、投融资、物流企业、物流园区和制造业与物流业联动发展六个方面的"60条"政策建议，为有关部门研究制定具体政策作决策参考。

各级地方政府加大对物流业的支持力度。全国已有超过半数的省份出台了《物流业调整和振兴规划》，提出了支持物流业发展的政策措施。上海市确定物流业作为现代服务业的支柱产业，制定了八项具体扶持政策。已有47家物流企业享受了差额征收营业税的试点政策；99家物流企业享受了洋山保税港区免征物流运输等环节营业税的政策。河北省开始实施推进物流业发展的"六大工程"，并谋划100个物流重点建设项目。福建省人大立法组正加快制定《福建省促进现代物流业发展条例》，推进物流业法规建设。成都市强化物流办职能，确保规划落地。沈阳市、青岛市出台具体的财税扶持政策，鼓励工商企业分离外包物流业务。一些省市政府还成立了主管物流工作的常设机构，开始制定相应的专项法规，物流业发展的政策环境进一步好转。

第二，物流市场总体上企稳回暖，结构性变化明显

2009年，是我国物流业应对危机走向复苏的一年，也是物流格局加快调整的一年，呈现出明显的季节性和结构性变化。社会物流总额增速前低后高，一季度下降3.3%，上半年下降0.8%，三季度转为增长2%，四季度增长15%。在社会物流总额构成中，进口物流总额同比下降13%；工业品物流总额同比增长8%。在国家扩大内需政策的推动下，汽车、家电、电子产品物流高速增长；基础设施建设、灾后重建等物流需求大幅增长；农产品、食品和日用消费品等物流需求稳定增长；与此相关的城市配送、仓储中转、货运快递等保持了较快发展势头。从区域来看，东部沿海地区受外需萎缩影响较大，增速放缓；中西部地区以内需为主，加上产业转移，仍然保持了较快的增长速度。

第三，物流企业向规模化经营和专业化服务扩展

物流企业兼并重组形式多样，步伐加快。如中外运长航集团合并重组，中国邮政集团完成了速递和物流两大专业总部的整合。福建、河北、河南等地交通运输行业整合重组，辽宁、河北、山东和广西等地港口资源整合。诚通集团与中铁快运、中铁集运签署战略合作协议。江苏新宁物流作为首批创业板公司之一，开始在深交所挂牌交易。专攻医药物流的九州通和专攻冷链物流的山东荣庆等物流企业，先后获得投资机构注资。中小型物流企业探索新型联盟模式，实行组合式营销。一些物流企业与大客户结成战略联盟，在承包物流业务的同时，参与客户营销活动。一些有实力的物流企业与重点城市结盟，参与当地物流基础设施的规划、开发和运营。通过物流资源要素整合，物流企业的集中度进一步提高。2009年，中国物流企业50强主营业务收入同比增长14.7%。

物流企业走专业化服务的道路。中远物流侧重于供应链的高增值及与海运业和跨国运输相关的物流服务。中储物流以仓储资源为基础，形成现货市场、动产监管、大宗贸易、加工配送、货运代理等有机结合的综合物流业务

模式。马士基航运、普洛斯地产及四大国际快递巨头纷纷采取更加稳健务实的经营策略。远成集团在巩固铁路干线运输的同时，开辟公路新干线，发展区域配送。顺丰速运在地面网络加速覆盖的基础上，成立航空公司，首架自有飞机开始运营。许多物流企业的创新型业务和增值型服务，如供应商管理库存、供应链金融、保税物流等显示了较强的抗风险能力。

第四，产业物流加快融合互动

制造业与物流业联动发展增强了共识。国务院把物流业与其他九大产业一起列入调整和振兴的十大产业，表明物流在产业链中的地位和作用受到重视。2009 年 10 月，国家发展和改革委、云南省人民政府和中国物流与采购联合会联合举办了“第二届制造业与物流业联动发展大会”，近 500 位代表到会，100 多家企业提供了书面材料，30 多家制造企业和物流企业现场对话，交流了联动发展的做法与经验。总体来看，汽车、家电、电子等先进制造业与物流业融合速度加快，供应链一体化增强。钢铁、有色、建材等行业集中整合物流业务，与物流企业结成战略合作伙伴关系。“两业”联动逐步延伸到采购、生产、销售等环节，供应链金融介入产业链物流运作。

2009 年，在扩大内需政策的推动下，我国社会消费品零售总额和生产资料销售总额分别达到 12 万亿元和 27.74 万亿元，因此带来流通业物流量快速增长。传统的各类批发市场提升改造物流功能，连锁零售企业重构物流系统，新兴的电子商务、网上购物、期货交割等业态，越来越依赖于第三方物流企业。2009 年中央一号文件对农业物流予以重点关注，提出了具体政策。交通运输部等六部门联合下发了《关于推动农村邮政物流发展的意见》。要求各地区把农村邮政基础设施和邮政“三农”服务网点建设，纳入新农村建设规划，给予政策支持，统筹协调推动。

第五，物流基础设施建设突飞猛进

2009 年，是物流基础设施建设发展最快的一年。全国铁路全年完成基本建设投资 6000 亿元，超过“九五”和“十五”的总和；营业里程达 8.6 万公里，跃居世界第二位。全年全社会公路水路民航固定资产投资完成 1.13 万亿元，同比增长 31%。新增公路通车里程 9.8 万公里；新增万吨级以上深水泊位 96 个；改善内河航道里程 1192 公里；民用机场航站楼总建筑面积增加 66 万平方米。2009 年，我国新修通高速公路 4719 公里。到年底，高速公路通车总里程达 6.5 万公里，继续居世界第二位。

在落实《物流业调整和振兴规划》的背景下，物流园区获得新的发展机遇。根据联合会收集到的 10 个省会城市、3 个直辖市的数据，这 13 个城市规划、在建和运营的物流园区有 132 个。前几年运行情况较好的物流园区，如北京空港物流基地、苏州物流中心等实现了逆势增长；浙江传化物流基地、济南盖家沟物流园区等加速连锁复制；普罗斯中国地产被收购之后，继续发展物流地产业务，其他国外物流地产商也在加快征地建库的步伐。

第六，物流行业基础工作扎实推进

国家标准化管理委员会会同国家发改委等有关部门编制的《2009 年—2011 年物流标准专项规划》基本定稿，一批新的行业标准正在抓紧制定。依据《物流企业分类与评估指标国家标准》评审认定的 A 级物流企业已有 743 家。被评为物流行业 A 级信用的物流企业已有 92 家。社会物流统计制度定期发布，企业物流统计工作逐步扩大，采购经理人指数（PMI）受到国务院领导重视和社会广泛关注。开设物流专业的各类院校发展到 2000 余所，在校生突破 100 万人；超过 10 万人参加了物流师资格培训，其中近 7 万人取得高级物流师、物流师和助理物流师资格。物流理论研究迈上新台阶，仅第八次中国物流学术年会就收到论文 860 篇，研究课题 112 个，国内外、台港澳、产学研各界近千人参加了年度物流学术盛会。

在回顾总结2009年物流工作新进展的同时，我们也发现一些深层次矛盾依然存在。比如，企业物流“小而全”“大而全”，社会化需求不足；物流企业“散、小、差、弱”，供应服务能力不强；物流市场分割，地方保护、不规范竞争等。更为紧迫的是，《物流业调整和振兴规划》落实的进度与物流业发展的需要差距较大。比如，缺乏国家层面落实《规划》的“实施细则”，具体政策亟待落实；扶持物流业发展的专项资金不仅总量不足，而且分散使用、重点不突出；国家层面落实《规划》协调难度大，需要加强和完善综合协调机制。

二、2010年我国物流业发展需要特别关注的几个问题

2010年是实施“十一五”规划的最后一年，也是贯彻落实《物流业调整和振兴规划》的关键年。在新的一年里，我们要深入贯彻科学发展观，推动落实国务院《物流业调整和振兴规划》，加快物流业结构调整和业务转型，全面提升物流服务能力和水平，努力构建现代物流服务体系，以物流服务促进国民经济平稳较快发展。

根据物流业发展环境的变化和自身发展的实际，我们应该特别关注这样一些问题：

第一，物流总量持续增长，结构调整步伐加快

随着世界经济缓慢复苏，国家宏观经济政策保持连续性和稳定性，我国经济将会保持平稳较快增长。因此，2010年我国物流业增幅将会高于2009年。社会物流总额估计会有15%左右的增长，物流业增加值增长可达10%上下，社会物流总费用与GDP的比率将会继续有所下降。与此同时，物流业的需求结构、地区结构、行业结构等，都会加快调整的步伐，对物流服务质量的要求将进一步提高。

第二，物流服务的专业化和精细化要求越来越高

随着经济发展和结构调整，物流市场的专业细分化速度加快，物流服务需求多样化和个性化趋势明显。从供需结构来看，一般性的服务、传统的运输和仓储服务，难以满足专业化、个性化需求；专业化、定制化、供应链一体化的服务严重不足。从发展趋势看，能够适应企业专业生产需要的专业物流服务，适应精益化生产需要的精细化服务，将会获得更大发展空间；而缺乏专业特色、简单粗放的物流企业生存空间将会进一步压缩。物流与商流、信息流、资金流相配套，物流业与制造业、流通业、金融业等多业融合，供应链一体化服务需求将会快速增长。

第三，物流企业成本上升压力加大，兼并重组加速

按照目前情况分析，国际油价进入上升通道，通胀预期增强，人力成本、土地资源成本继续升高，物流企业运营所需的各种要素价格呈上涨态势。加上市场竞争加剧，服务价格难以相应提高。受成本和价格的双重挤压，物流企业的利润空间将进一步缩小。与此同时，私募基金、风险投资基金和产业投资基金，更多地向物流企业注资，推动物流企业结构调整和兼并重组。物流企业尤其是中小型物流企业出于“抱团取暖”的需要，也将进行新一轮的整合与重组。

第四，区域经济一体化与城镇化对物流业的影响

近年来，特别是2009年，国务院密集出台推进区域经济发展的规划与政策，区域经济一体化步伐加快。在经济发展的推动和国家政策鼓励下，我国每年将有1000万人口由农村进入城镇，对物流服务的数量和质量提出了新的要求。我们应该重视区域物流一体化和城镇化发展，适时调整物流服务布局。应该更多地

关注和支持中西部地区、东北老工业基地、同城化发展地区以及城乡一体化的物流服务。

第五，物流基础设施建设新格局对物流业的影响

由于国家加大基础设施投资力度，促进了综合运输体系加快形成。一批客运专线建成投用，铁路运能将快速释放，为客货分线创造了条件。高速公路网逐步形成，公路运输格局将有新的调整。公路为铁路和水运集疏运功能进一步显现，多种运输方式衔接的联运、转运枢纽面临重新布局。各地贯彻《物流业调整和振兴规划》，物流园区、配送中心建设将会加快进度。如何按照《规划》的要求，建立现代物流服务体系，同时避免重复建设，将是一个新的课题。

第六，"低碳经济"对物流业的影响

遏制气候变暖，拯救地球家园，是全人类共同的使命。我国政府为此作出庄严承诺，减排目标将作为约束性指标纳入国民经济和社会发展的中长期规划。"低碳经济"的要求已对"绿色物流"形成某种倒逼机制，物流运作模式必须作出重大改变。

此外，还有许多问题应该引起我们的关注。比如，物联网关键技术的研发和应用，外贸结构多元化带来的物流格局变化，我国企业"走出去"引发的物流需求，以及国外物流的新动向等。我们要密切关注宏观环境的变化，深入研究行业发展的趋势，在调结构、上水平方面多下工夫，以适应经济平稳较快发展的需要。

三、关于物流政策的落实问题

《物流业调整和振兴规划》提出，要抓紧解决影响当前物流业发展的土地、税收、收费、融资和交通管理等方面的问题。国务院通过《规划》已有11个月，三年规划期即将过去一年，落实物流业具体政策的时间已经相当紧迫，广大物流企业翘首以盼。我会经过深入调研，感到以下几个方面，是业内反映最为强烈的问题。

第一，适当调整物流业税收政策

按照物流业一体化运作的需要和公平税赋的原则，将物流业仓储等环节营业税税率统一调整为3%；抓紧解决物流税收试点工作中存在的主要问题，放宽"自开票纳税人"的相关规定；在三年规划期内，对试点物流企业营业税实行减半征收；仓储设施土地使用税税率，以2006年年底为基数，按照低档、下限调整；出租仓库只缴纳单一的营业税，取消库房租金适用税率；允许物流企业以营业税享受增值税转型政策，支持物流企业设备更新；允许物流企业统一计算与缴纳所得税，支持物流企业网络化经营；研究设计物流业专用发票，为"一票到底"物流业务提供方便等。

第二，改进和规范交通管理

清理各类"大吨小标"商用车辆目录，从根本上解决"大吨小标"商用车的管理问题；进一步控制收费公路规模，撤并收费站点；研究相关管理办法，为城市配送车辆进城通行停靠和装卸作业提供便利；建立集装箱多式联运管理服务体系；支持甩挂运输发展；切实解决大件运输的相关问题；借鉴国外做法，推动中置轴挂车在国内的开发和应用；清理各地不同执法标准，设立全国性的统一执法与处罚标准。

第三，切实加大投融资力度

积极引导商业银行在防范资金风险的前提下，放宽物流企业贷款融资条件，降低其融资成本。鼓励金融机构对信用记录好、有竞争力、有市场、有订单，只是暂时出现经营或财务困难的物流企业给予信贷支持。鼓励民间资本参与物流业融资，发挥民间金融在支持中小企业发展、满足民间多样化需求中的独特优势。建立支持物流企业贷款的专业担保机构，开展物流产业投资基金试点，为物流企业上

市、发行债券和其他融资创造方便条件。探讨建立“中国物流银行”。

第四，进一步完善土地政策

对纳入国家规划的物流园区土地征用给予重点保障；对重点物流企业以原划拨土地改建物流项目的，应优先办理土地出让手续；物流企业异地搬迁，原土地拍卖所得可返还用于搬迁安置；建设多层库房的，应减免相关规费。鼓励利用工业厂房、仓储用地兴办物流企业，或交给物流企业托管经营，支持盘活存量土地资源。对于资金短缺而成长性又较好的物流企业，允许其租用物流园区土地进行项目建设。重点物流项目用地，在地价上等同或低于工业用地，相关规费按照下限收取或减征、免征、先征后返。

第五，支持物流企业做强做大

要进一步明确支持物流企业做强做大的政策导向，从工商登记、财政税收、统计信息、法律事务等经济管理的各个层面，对物流企业进行界定，明确物流行业的主体地位和主管部门。制定相关政策措施，鼓励物流企业兼并重组；要允许物流企业分支机构使用总部取得的各类资质，简化国有大型物流企业内部产权转让程序；为物流企业设立分支机构提供方便，允许物流企业设立非独立核算的法人单位；加快物流企业综合评估工作进度，开展重点物流企业综合改革试点工作。

第六，促进制造业与物流业联动发展

要把“两业”联动作为推进制造业产业升级的重点工程；加快推进制造企业物流服务社会化；大力支持物流企业增强一体化服务能力；整合提升制造业集聚区物流功能；构建物流服务市场体系和公共信息平台；鼓励物流企业托管置换制造企业物流要素；促进制造业与物流业信息共享、标准对接；建立分行业的物流运行评价体系；采取鼓励联动发展的财税政策；组织实施联动发展示范工程和重点项目。

2009 年，中国物流与采购联合会经过深入调研，提出了 60 条政策建议，9 月就已提交政府有关部门。根据现在掌握的情况，国家发改委正在起草相关文件，与有关部门协调。作为行业社团组织，中国物流与采购联合会将把推动物流政策的出台和落实，作为新一年工作的头等大事，继续为政府和企业搞好相关服务工作。

（本文系中国物流与采购联合会常务副会长、中国物流学会会长何黎明在“2010 中国物流发展报告会暨 A 级物流企业授牌大会”上的讲话，略有删节）

《物流业调整和振兴规划》的重点和亮点

2月25日，温家宝总理主持召开国务院常务会议，通过了《物流业调整和振兴规划》（以下简称《规划》），至此，从1月14日通过钢铁、汽车产业振兴规划以来，用40余天时间绘就了汽车、钢铁、纺织、装备制造、船舶、电子信息、轻工、石化、有色、物流业十大产业振兴蓝图，应对全球金融危机，强化实体经济，拉开了产业结构调整与产业升级的序幕，在中国经济发展史上谱写了不平凡的一页。

一、《规划》的重点

为了便于记忆，我把《规划》的重点内容归纳为454、161、1099。即已取得的四大成绩：一是物流业规模快速增长；二是物流业发展水平显著提高；三是物流基础设施条件逐步完善；四是物流业发展环境明显好转。存在的五大问题：一是全社会物流运行效率偏低；二是社会化物流需求不足和专业化物流供给能力不足的问题同时存在；三是物流基础设施能力不足；四是地方封锁和行业垄断对资源整合和一体化运作形成障碍，物流市场还不规范；五是物流技术、人才培养和物流标准还不能完全满足需要，物流服务的组织化和集约化程度不高。面临的四个形势：第一，应对国际金融危机的迫切需要；第二，适应经济全球化趋势的客观要求；第三，国民经济持续快速发展的必要保证；第四，贯彻落实科学发展观和构造社会主义和谐社会的重要举措。一个指导思想：即“以邓小平理论和三个代表重要思想为指导，深入落实贯彻科学发展现，按照保增长、扩内需、调结构的总体部署，以应对国际金融危机为切入点，以改革开放为动力，以先进技术为支撑，以物流一体化和信息化为主线，积极营造有利于物流发展的政策环境，加快发展现代物流业，建立现代物流服务体系，以物流服务促其他产业发展，为全面建设小康社会提供坚实的物流体系保障。”六个基本原则：第一，立足应对危机，着眼长远发展；第二，市场配置资源，政府营造环境；第三，加强规划指导，注重协调联动；第四，打破分割封锁，整合现有资源；第五，建立技术标准，推进一体化运作；第六，创新服务方式，坚持科学发展。一个总体目标包括四层内容：第一，在2009年改善物流企业经营困难的状况，保持产业的稳定发展；第二，到2011年，培养一批具有国际竞争力的大型综合物流企业集团，初步建立起现代物流服务体系；第三，物流的社会化、专业化水平明显提高，物流业增加值年均增长10%以上；第四，物流整体运行效率显著提高，社会物流总费用与GDP的比率水平有所下降。第一个目标是针对今年的，后三个目标是到 2011 年的。十大任务：第一，积极扩大物流需求；第二，大力推进物流服务的社会化和专业化；第三，加快物流企业兼并重组；第四，推动重点领域物流发展，点到了石油、煤炭、粮食、棉花、汽车、烟草等十多种；第五，加快国际物流和保税物流发展；第六，优化物流业发展的区域布局，讲到了九大物流区域，十大物流通道与三级节点物流城市；第七，加强物流基础设施建设的衔接与协调；第八，提高物流信息化水平；第九，完善物流标准化体系；第十，加强物流新技术的开发和应用。九大重点工程：第一，多式联运、转运设施工程；第二，物流园区工程；第三，城市配送工程；第四，大宗商品和农村物流工程；第五，制造业和物流业联动发展工程；第六，物流标准和技术推广工程；第七，物流公共信息平台工程；第八，物流科技攻关工程；第九，应急物流工程。九个政策措施（即九大措施）：第一，加强组织和协调；第二，改革物流管理体制；第三，完善物流政策法规体系；第四，制订落实专项规划；第五，多渠道增加对物流业的投入；第六，完善物流统计指标体系；第七，继续推进物流业对外开放和国际合作；第八，加快物流人才培养；第九，发挥行业社团组织的作用。

二、《规划》的亮点

我认为《规划》的亮点体现在以下六个方面。

第一，第一次完整地、科学地提出了物流业在国民经济中的地位与作用

以前在不同文件中，在国家领导人讲话中都肯定了物流业在国民经济中的地位与作用，但这一次非常全面地作了论述。

《规划》指出："物流业是融合运输业、仓储业、货代业和信息业等的复合型服务产业，是国民经济的重要组成部分，涉及领域广、吸纳就业人数多，促进生产、拉动消费作用大，在促进产业结构调整，转变经济发展方式和增强国民经济竞争力等方面发挥着重要作用。"在《规划》的许多地方从某一方面又强调了物流业的作用，比如"物流业对其他产业的调整具有服务与支撑作用，发展第三方物流可以促进制造业和商贸业优化内部分工，专注核心业务，降低物流费用，提高这些产业的竞争力，增强其应对国际金融危机的能力。""调整和振兴物流业，有利于加快商品流通和资金周转，降低社会物流成本，优化资源配置，提高国民经济的运行质量；有利于提高服务业比重，优化产业结构，促进经济发展方式的转变；有利于增加城乡就业岗位，扩大社会就业；有利于提高运输效率，降低能源消耗和废气排放，缓解交通堵塞，实现经济和社会的协调发展；有利于促进国内外、城乡和地区间商品流通，满足人民群众对多样化、高质量的物流服务要求，扩大居民消费；有利于国家救灾应急、处理突发事件，保障经济稳定和社会安全。"六个"有利于"把物流业的地位与作用说得非常到位。

第二，明确了物流业短期和中长期的十大任务

具体说十大任务可以区分为四个层面：国家层面，区域层面，行业与产业层面和企业层面。

1. 国家层面

（1）国家将通过有效手段，推动中国物流业的发展，包括统筹规划、增加投入、示范引导、政策协调、技术推广、人才培养等，营造有利于物流发展的大环境。

（2）重点发展九大物流区域、建设十大物流通道和一批物流节点城市，优化物流业的区域布局。

2. 区域层面

（1）明确了九大区域，特别是东、中、西

部物流发展的不同要求，东部要在全国率先做强；中部要提升物流产业水平，承东启西，贯通南北；西部要加强基础设施建设，改善环境，缩小与东部差距。

（2）坚决打破行业垄断、地区封闭，强调全国一盘棋，优化组合全国资源，形成社会化大物流。

3. 行业与产业层面

（1）从大的行业划分，明确了制造业、商贸业、农业、服务业如何与物流业互动发展，提升产业水平，比如制造业要改善物流流程，实施采购、生产、销售和物品回收物流的一体化运作；流通业要合理布局城乡商业设施、完善流通网络，积极发展连锁经营、物流配送和电子商务等现代流通方式，加快流通业的现代化；农业要广泛应用现代物流管理技术，发展农产品从产地到销地的直销和配送，以及农民和农村日用消费品的统一配送。服务业中点到了运输业、通关、货代、信息、金融、标准、邮政等。

（2）从小的行业或产业划分，点到了石油、煤炭、矿业、粮食、棉花、农产品、农资、农村日用品、食品、仓储、烟草、出版、药品、汽车、废弃物、化学危险品、快递、金融、税务、海关、邮政、检验检疫、铁路、公路、水运、航空、工商管理、信息服务等部门，要求这些产业加速实现物流的社会化与专业化，或参与资源的优化整合。

4. 企业层面

（1）重点讲了推动物流企业与生产、商贸企业的互动发展，促进供应链各环节的有机结合，鼓励现有运输、仓储、货代、联运、快递企业的功能整合和服务延伸，加快向现代物流企业转型。

（2）明确物流企业要加强信息沟通、创新物流服务模式，加强资源整合，满足多样性的物流需要。鼓励物流企业通过参股、控股、兼并、联合、合资、合作等多种形式进行资产重组，培育一批服务水平高、国际竞争力强的大型现代物流企业。

第三，重点规划了九大物流工程

在九大重点工程中，可以分为三类，一类为物流基础设施建设，包括多式联运、转运设施工程，物流园区工程，应急物流工程，大宗商品和农村物流工程；二类是物流管理技术应用，包括城市配送工程、制造业与物流业联动发展工程；三类是物流基础，包括物流标准与技术推广工程、物流公共信息平台工程、物流科技攻关工程。这样划分是一个大概齐，实际上各有交叉。

这里我想重点讲几个内容：

1. 关于综合运输体系

所谓综合运输体系，就是公路、铁路、水运、航空四种运输方式的多式联运，实现“无缝衔接”；特别是与港口的衔接，要实现这一目标，一是在管理上要逐步过渡到大运输部制；二是在装备上加速铁路、公路特别是高速公路、港口、民用机场建设，建设一批集装箱多式联运中转设施和连接两种以上运输方式的转运设施；三是积极发展多式联运、集装箱、特种货物、厢式货车运输以及重点物资的散装运输等现代运输方式。加强各种运输方式，运输企业的相互协调，建立高效、安全、低成本的运输系统。对目前我国交通运输的现状，《规划》作了如下评价：“物流基础设施能力不足，尚未建立布局合理、衔接顺畅、能力充分、高效便捷的综合运输体系。”《规划》明确提出：“加强运输与物流服务的融合，为物流一体化运作与管理提供条件。”物流离不开交通运输，交通运输是物流运作最重要的基础条件。

2. 关于物流园区

按照“物流术语”国际标准，物流园区是“为了实现物流设施集约化和物流运作共同化，或者由于城市物流设施空间布局合理化的目的而在城市周边等各区域，集中建设的物流设施群与众多物流业者在地域上的物理集结地。”我以前讲过，规划建设物流园区是国际上成熟的经验，但也不是唯一的经验，如欧洲规划建设了100多个，日本规划建设了80多个，但美国就没有。2008年，中国物流与采购联合会收集分析了475家物流园区的情况，总体上看并不太理想，我个人认为太多、太乱，有些“言必称园”，真正建成的物流园廖廖无几，但物流园区在物流运作中又十分重要，所以这次《规划》明确了下述几点：

（1）物流园区必须以布局集中、用地节约、产业集聚、功能集成、经营集约为特征。

（2）建设物流园的前提是：在重要物流节点城市、制造业基地和综合交通枢纽，在土地利用总体利用规划、城市总体规划确定的城镇建设用地范围内，按照符合城市发展规划、城乡规划的要求，充分利用已有运输场站、仓储基地等基础设施，统筹规划建设。

（3）物流园区分五类，即货运服务型、生产服务型、商业服务型、国际贸易服务型和综合服务型。

（4）讲到物流园区必须提到保税物流园、保税物流中心（A型和B型）以及保税港区，主要是发展国际中转、国际采购、国际配送、国际转口贸易，并向自由贸易区发展。

3. 关于城市配送工程

目前，我国的城市配送工程有这样的特点：一是我国的经济以城市为中心，但城市配送并不限于一个城市之内，同时向农村延伸，比如“万村千乡工程”。二是我国的城市配送工程不仅仅限于一个城市，也指城市之间，在300公里配送圈内的城市都可以实施统一配送。如麦当劳，配送中心在北京，可以覆盖华北许多城市。三是在一个城市内物流的节点分三个层次，依次为：物流园、物流中心、配送中心。四是配送中心可以是企业内部的配送中心，如海尔、华联、物美等，也可以是一个工业园里的专业配送中心，也可以是城市内面向流通企业与消费者的社会化公共配送中心。五是目前一个没有解决的问题是配送车辆进城问题，公安交通部门怕城市车辆拥挤，但这个问题不解决，城市配送就是空的。

4. 关于大宗商品与农村物流

这一工程要与十大任务中的“推动重点领域物流发展”一起来解读。大宗商品是指能源产品（如石油、煤）、矿产品（如铁矿石、有色矿石）、钢铁、水泥、木材、粮食、棉花、鲜活农产品、农资等。它们的一个主要特点是量大，以散装为主，大宗商品对生产建设与人民生活极为重要，这些产品与一般工业品有所不同，目前是一个薄弱环节，必须强化这一领域的物流发展。

至于讲到农村物流，以前中央文件中提的是农业物流，我认为是一回事。我理解，农村物流包括四个方面：一是农业生产资料物流；二是农产品物流；三是参与农业生产的农民的生活资料物流；四是可回收物（如秸秆等）的物流。农产品物流必然要联系到产地、销地、集散地农副产品批发市场。它也必须用物流来加以改造与提升。当然要改造与提升的不仅仅是农副产品批发市场，还有生产资料与生活资料批发市场。

5. 关于制造业与物流业的联动发展

《规划》把制造业与物流业的联动发展突出出来，主要有三大原因：一是制造业物流总值在全国物流总值中比例最大，占到88%，在物流增加值、物流总成本中比例也最大，制造业物流发展如何对整个物流业举足轻重。二是目前我国服务业占GDP的比重太低，既有服务业滞后发展的问题，更有服务业没有从制造业中分离出来的原因，制造业与物流业的联动发展，不仅可以提升制造业的产业水平，也可以促进国民经济产业结构的调整，增加服务业的比重。三是根据国际经验，物流业发展历史是一部与制造业联动发展的历史，美国、德国、日本一讲物流都是与企业特别是工业企业联系在一起的。所以，中国物流业的发展首先从制造业突破是非常正确的。当然这并不否定物流业与商贸业、农业的联动发展。

6. 关于物流标准化、信息化与科学技术

这要与十大任务中的八、九、十联系在一起。《规划》强调了标准化的重要性以及物流标准化的内容并提出了具体要求，特别提出了对现有仓储、转运设施和运输工具的标准化改造，实现物流设施、设备的标准化，提出了托盘国家标准的运用。

信息化技术是现代物流的核心之一，《规划》强调国家与区域、行业的公共信息平台建设，实现信息共享，也鼓励企业的商业信息平台建设。

物流有无高科技，有无技术攻关与推广，一直以来都是有争议的。在现实生活中，物流分为两类，一类是物流管理；另一类是物流工程。不管是管理还是工程，都有大量的科学技术需要自主研发，如货物跟踪定位、智能交通、物流管理软件、移动物流信息服务等。对于集装单元、射频识别、货物跟踪、自动分拣、立体仓库、配送中心信息系统、冷链物流等新技术需大力推广应用。

7. 关于应急物流

我国是一个多突发性事件的国家，水灾、旱灾、地震、传染疾病流行难免发生，每项突发性事件都会产生应急物流的问题，如何协调生产、流通、运输、物流企业的关系，建立多层次的政府应急物资储备体系与应急物流保障体系，已迫在眉捷。特别是如何建立军民一体化的物流体系，达到保障生产、保障生活的功效。

第四，描绘了中国物流业点、线、面结合的三维空间布局

这一布局是全局性的、长远的，将对我国物流业的发展起到重要的指导作用。“点”即物流节点，《规划》分成三个层次，第一层次是全国性的节点城市共 21 个；第二层次是区域性的物流节点城市共 17 个；第三层次是地区物流节点城市，由省政府定。全国性与区域性物流城市的确定是根据目前经济总量与货运总量以及城市的重要性来决定的。随着时间的推移，今后肯定会有所变化。

“线”，我的理解有两条，一条是有形的，如五种运输方式；另一条是无形的，即信息线路。目前，不管是有形的无形的都是薄弱环节。《规划》提出要建设十大物流通道就是要强化“线”。

“面”，即九大物流区域，这是全国的面，每个省还有省的面。物流不能用行政区域来分割，而必须以经济区域来布局。《规划》提出九大物流区域，而不是八个、十个，是有一定理由的，比如以厦门为中心的东南沿海物流区，主要考虑了两岸三通所形成的物流要求。

九大物流区是针对国内讲的，从周边讲，还可以区分为东南亚物流区、东北亚物流区、中亚物流区等。

第五，明确了物流业本身的发展思路

1.《规划》中对物流业的十个要求

（1）物流业是融合运输业、仓储业、货代业和信息业等的复合型服务产业。

（2）物流业的调整与振兴要“以应对国际金融危机对我国经济影响为切入点，以改革开放为动力，以先进技术为支撑，以物流一体化和信息化为主线，积极营造有利于物流业发展的政策环境，加快发展现代物流业，建立现代物流服务体系，以物流服务促进其他产业发展，为全面建设小康社会提供坚实的物流体系保障。

（3）建立布局合理、技术先进、节能环保、便捷高效、安全有序并且有一定国际竞争力的现代物流服务体系。

（4）建立政企分开、决策科学、权责对等、分工合理、执行顺畅、监督有力的物流综合管理体系。

（5）逐步建立统一开放、竞争有序的全国

物流服务市场，促进物流资源的规范、公平、有序和高效流动。

（6）研究制定系统的物流产业政策。清理有关物流的行政法规，加强对物流领域的立法研究，完善物流的法律法规体系。

（7）物流业自身需要转变发展模式，向以信息技术和供应链管理为核心的现代物流业发展。

（8）要形成多种所有制、多种服务模式、多层次的物流企业群体。

（9）推动物流企业与生产、商贸企业互动发展，促进供应链各环节的有机结合。加强运输与物流服务的融合，为物流一体化运作与管理提供条件。大力发展适应现代农业要求的现代物流体系，大力发展第三方物流，提高企业竞争力。

（10）经济的全球化加速，全球采购、全球生产、全球销售的发展模式要求加快发展现代物流业，优化资源配置，提高市场响应速度和产品供给时效，降低企业物流成本，增强国民经济的竞争力。

这十个提法从不同角度明确物流业本身的前进方向和应达到的目标。

第六，物流业发展的政府作为

我国是一个政府推动力度很强的国家，除了日本政府先后颁发过三个《综合物流施策大纲》以外，我国是唯一一个把物流业作为国民经济重大产业规划与运作的国家。《规划》实际上针对三个对象，一是各级政府，告诉大家如何指导物流业的发展；二是国民经济各部门、各产业，告诉大家如何通过物流业的发展来提升自己；三是物流业，告诉大家物流业应当如何走，包括目标、途径和方法。

政府的作为，集中表现在九大政策措施：一是加强组织和协调，这是领导组织保证；二是改革物流管理体制，这是体制保证；三是完善政府法规体系，这是法律保证；四是制订落实专项规划，这是措施保证；五是多渠道增加对物流业的投入，这是财力保证；六是完善物流统计指标体系，这与标准化、信息化一样是物流的基础保证；七是继续推进物流业对外开放与国际合作，这是外部环境保证；八是加快物流人才培养，这是人力资源保证；九是发挥行业社团组织的作用，这是行业自律服务的保证。

政府如何作为，在《国务院关于印发物流业调整和振兴规划的通知》中，作了明确阐述。各地区、各部门要把思想和行动统一到党中央、国务院的决策部署上来，以邓小平理论和“三个代表”重要思想为指导，深入贯彻落实科学发展观，进一步增强大局意识、责任意识、加强领导、密切配合，切实按照《规划》要求，做好统筹协调，改革体制、完善政策、企业重组、优化布局、工程建设等各项工作，确保《规划》目标的实现，促进物流业健康发展。

各地区要按照《规划》确定的目标、任务和政策措施，结合当地实际制定具体工作方案，切实抓好组织实施，确保取得实效。国务院各有关部门要根据《规划》明确的任务分工和工作要求，做到责任到位、措施到位，加强调查研究，尽快制定和完善各项配套政策措施，切实加强对《规划》实施的指导和支持。

三、如何贯彻落实《规划》

贯彻《规划》第一要明确一个执行主体。国家层面的执行主体应该是发改委，《规划》明确指出，发挥由发改委牵头、有关部门参加的全国现代物流工作部际联席会议的作用，研究协调现代物流业发展的有关重大的问题和政策。从目前现状看，各省市政府哪个部门牵头，即成为《规划》执行主体。于是现有的《规划》执行主体很分散，有的是发改委、有的是经委、有的是商委、有的是交通委，而且协调机构也五花八门。这样显然不利于系统协调、推动。

第二要上下联动。“上”指国务院有关部委，“下”指省市区政府。国家发改委已召开有关部委会议，把任务落实到位。但地方政府千万不能等待，国务院有关部委的协调可能比省市要难得多，凡地方政府能做主的，地方应优先启动。

第三要抓好三个重点：一是九项重点工程；二是全国点、线、面三维空间布局；三是尽快出台影响物流业发展的土地、税务、收费、融资和交通管理等方面的政策。

第四要抓好四项关键工作：一是制订好煤炭、粮食、农产品冷链、物流园区、应急物流、商贸物流等专项物流规划；二是落实物流有关方面的示范工程；三是培育一批具有国际竞争力的大型综合物流企业集团，大力扶植中小物流企业发展；四是编辑出版《规划》读本，进一步统一思想，提高执行《规划》的自觉性。

《物流业调整和振兴规划》非常好，但关键在落实。我深信我们的政府是务实的政府，言必行、行必果，中国的物流业发展从来没有像现在这样充满生机，充满挑战，充满自信。我们规划的目标一定能实现。

（本文系中国物流与采购联合会首席顾问丁俊发的讲话稿，略有删节）

2009 年中国物流发展报告

一、2009 年中国物流业发展的环境

2009 年，是我国物流业应对危机走向复苏的一年。宏观环境的变化，一些重大事件的发生，深刻地影响着我国物流业发展的进程。

（一）国民经济形势总体回升向好

2009 年是 21 世纪以来我国经济发展最为困难的一年。2008 年四季度以后，国际金融危机扩散蔓延，世界经济深度衰退，我国经济受到严重冲击，经济增速陡然下滑。在异常困难的情况下，党中央、国务院审时度势，从容应对国际金融危机冲击。我国实行积极的财政政策和适度宽松的货币政策，全面实施并不断完善应对国际金融危机的“一揽子”计划，在世界率先实现经济回升向好，为物流业止跌回稳创造了较好的经济环境。

1. 国内生产总值稳步增长

2009 年国内生产总值现价总量为 340507 亿元，按不变价格计算的增长速度为 9.1%。其中，第一产业增加值为 35226 亿元，增长速度为 4.2%。第二产业增加值为 157639 亿元，增长速度为 9.9%。第三产业增加值为 147642 亿元，增长速度为 9.3%。按初步核实数计算的三次产业结构，第一产业占 10.3%，第二产业占 46.3%，第三产业占 43.4%。2005—2009 年我国国内生产总值的具体情况如图 1 所示。

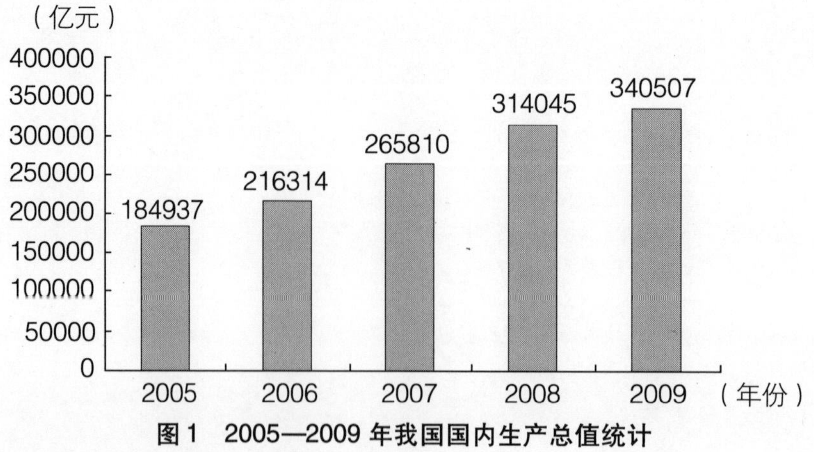

图 1 2005—2009 年我国国内生产总值统计

资料来源：《2009 年国民经济和社会发展统计公报》

2. 工业生产恢复性增长

2009 年，我国全部工业增加值为 13.46 万亿元，比 2008 年增长 8.3%。规模以上工业增加值比 2008 年增长 11.0%，其中，国有及国有控股企业增长 6.9%；集体企业增长 10.2%，股份制企业增长 13.3%，外商及港澳台商投资企业增长 6.2%；私营企业增长 18.7%。按轻重工业看，轻工业增长 9.7%，重工业增长 11.5%。2005—2009 年我国工业增加值的情况如图 2 所示。

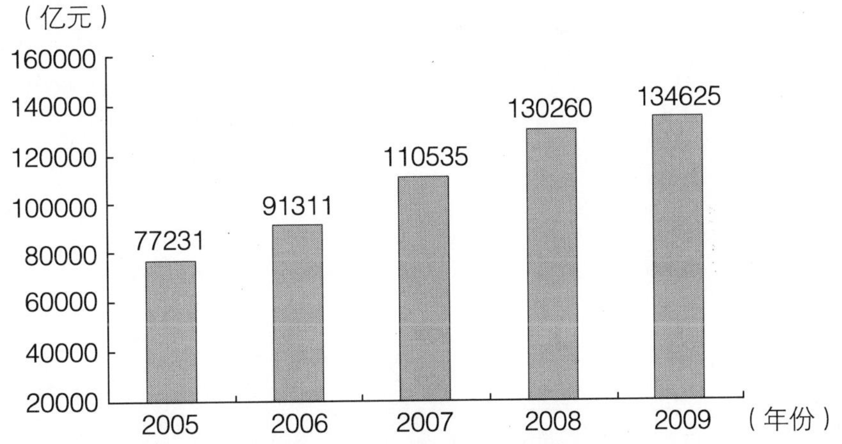

图 2　2005—2009 年我国工业增加值统计

资料来源：《2009 年国民经济和社会发展统计公报》

3. 社会消费品零售总额快速增长

2009 年，我国社会消费品零售总额达 12.53 万亿元，比 2008 年增长 15.5%。按地域看，城市消费品零售额为 8.51 万亿元，比 2008 年增长 15.5%；县及县以下消费品零售额为 4.02 万亿元，比 2008 年增长 15.7%。按行业看，批发和零售业零售额达 10.54 万亿元，比 2008 年增长 15.6%；住宿和餐饮业零售额为 1.8 万亿元，比 2008 年增长 16.8%；其他行业零售额 1932 亿元，比 2008 年增长 2.5%。2005—2009 年我国社会品零售总额的具体情况如图 3 所示。

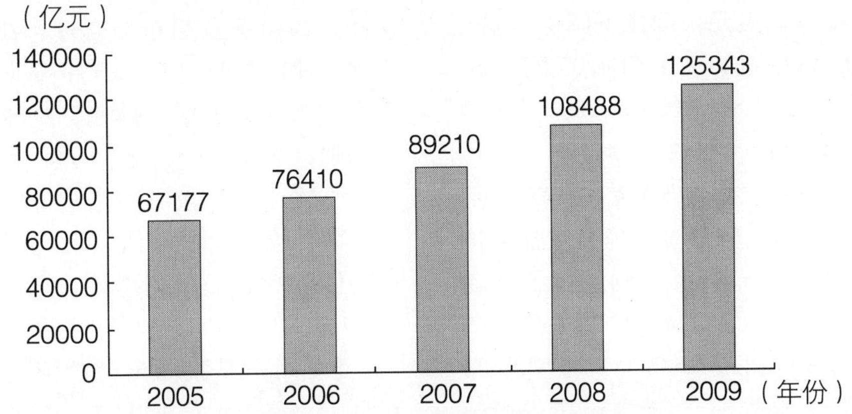

图 3　2005—2009 年我国社会品零售总额统计

资料来源：《2009 年国民经济和社会发展统计公报》

4. 固定资产投资高位运行

2009年，我国全社会固定资产投资为22.48万亿元，比2008年增长30.1%。按城乡看，城镇投资19.41万亿元，比2008年增长30.5%；农村投资3.07万亿元，比2008年增长27.5%。按地区看，东部地区投资9.5万亿元，比2008年增长23.0%；中部地区投资4.98万亿元，比2008年增长35.8%；西部地区投资4.97万亿元，比2008年增长38.1%；东北地区投资2.37万亿元，比2008年增长26.8%。在城镇投资中，第一产业投资3373亿元，比2008年增长49.9%；第二产业投资8.23万亿元，比2008年增长26.8%；第三产业投资10.85万亿元，比2008年增长33.0%。其中，以公路、铁路、机场为代表的物流基础设施建设占据了较大份额，为物流业的长远发展奠定了基础。2005—2009年我国社会固定资产投资情况如图4所示。

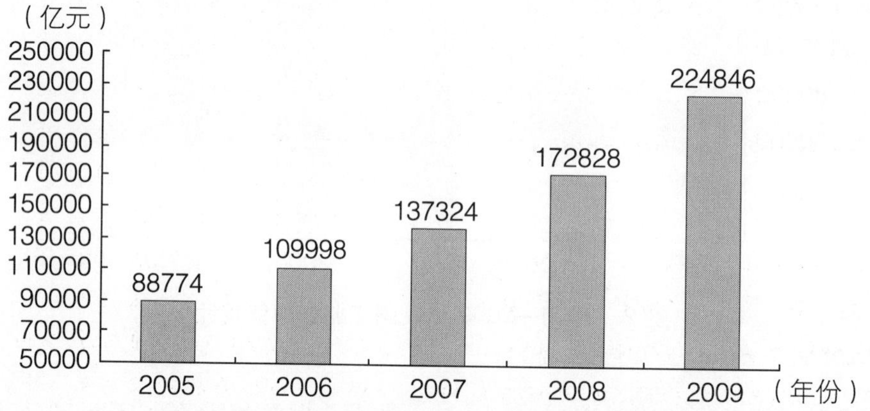

图4 2005—2009年我国社会固定资产投资情况

资料来源：《2009年国民经济和社会发展统计公报》

5. 货物进出口总额下滑明显

2009年，我国货物进出口总额达2.21万亿美元，比2008年下降13.9%。其中，货物出口额为1.2万亿美元，同比下降16.0%；货物进口额为1.01万亿美元，同比下降11.2%。进出口差额（出口减进口）1961亿美元，比2008年减少1020亿美元。2005—2009年我国货物进出口额的具体情况如图5所示。

（二）国务院发布《物流业调整和振兴规划》

2009年2月25日，国务院总理温家宝主持召开国务院常务会议，审议并原则通过了《物流业调整和振兴规划》（以下简称《规划》）。3月10日，国务院以国发［2009］8号文发布《物流业调整和振兴规划》。《规划》在“指导思想”中提出“建立现代物流服务体系，以物流服务促进其他产业发展”。《规划》提出的主要目标是：力争在2009年改善物流企业经营困难的状况，保持产业的稳定发展。到2011年，培育一批具有国际竞争力的大型综合物流企业集团，初步建立起布局合理、技术先进、节能环保、便捷高效、安全有序并具有一定国际竞争力的现代物流服务体系，物流服务能力进一步增强；物流的社会化、专业化水平明显提高，第三方物流的比重有所增加，物流业规模进一步扩大，物流业增加值年均递增10%以上；物流整体运行效率显著提高，全社会物流总费用与GDP的比率比目前的水平有所下降。

《规划》是我国出台的第一个物流业专项规划，也是十大产业中唯一的服务业规划。党中央、国务院把促进物流业发展纳入应对国际

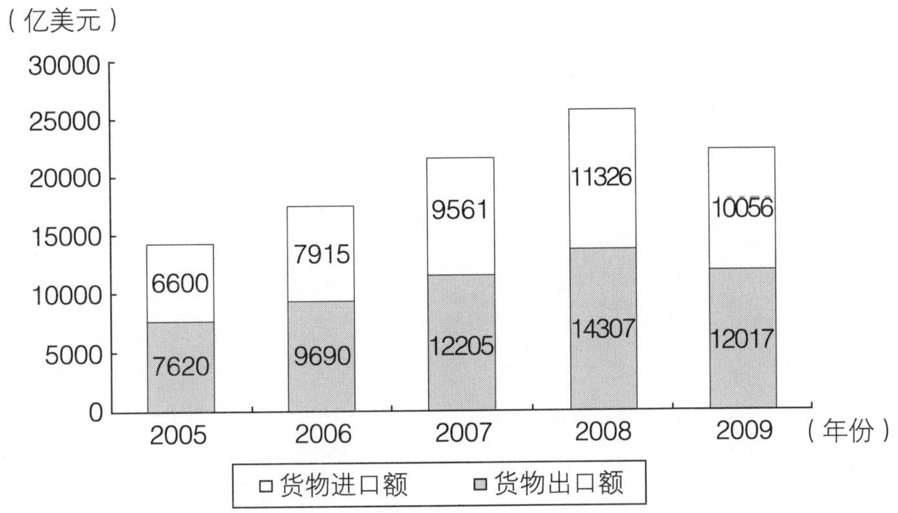

图5 2005—2009年我国货物进出口额统计情况

资料来源：《2009年国民经济和社会发展统计公报》

金融危机的“一揽子”计划，上升到国家战略层面，极大地提振了全行业的信心，提升了物流业在国民经济全局发展中的地位。

（三）各地方、各部门推动《规划》落实

1. 国务院相关部门组织协调

《规划》出台后，国家发改委牵头制定了《落实物流业调整和振兴规划部门分工方案》（发改经贸［2009］1018号），并牵头成立了落实物流业调整和振兴规划工作小组，把《规划》涉及的58个问题分解落实到33个部门和4个行业协会。年中，由国家发改委牵头，包括国务院办公厅在内的15个部门组成联合调研组，深入长三角和珠三角地区进行专题调研，调研报告已获国务院领导同志批示。

2. 各部门为落实《规划》所做的主要工作

（1）国家发改委设立专项资金。按照《规划》要求，国家发改委设立专项资金，对列入《规划》“九大工程”的200多个物流业项目，以贴息贷款方式予以支持，吸引和带动了地方及社会投资。

（2）国家发改委推进制造业与物流业联动发展，编制《应急物流专项规划》。国家发改委组织制造业与物流业联动发展相关研究，并拟定政策指导意见。2009年10月，国家发改委、云南省人民政府、中国物流与采购联合会在昆明组织召开“第二届制造业与物流业联动发展大会”，积极推进“两业联动”。同时，启动《应急物流专项规划》的研究编制工作。

（3）国家发改委、国家税务总局继续扩大税收试点。经中国物流与采购联合会推荐，国家发改委审核，国家税务总局公布了第五批试点物流企业名单（国税函［2009］663号），明确93家物流企业纳入试点范围。自2005年起，国家税务总局先后确认了5批、487家物流企业纳入营业税差额纳税试点范围。

（4）商务部推进商贸物流业发展。按照《物流业调整和振兴规划》的要求，商务部组织《商贸物流业发展专项规划》的起草制定工作。2009年8月，商务部下发《商务部关于开展流通领域现代物流示范工作的通知》（商商贸发［2009］434号），决定在全国范围内组织开展流通领域现代物流示范工作。经中国物流与采购联合会组织专家评审、实地考察和网上公示，最终确定北京等46个城市为流通领域现代物流示范城市。2009年，商务部颁布《境外投资管理办法》（商务部令2009第5

号），进一步简化境外投资核准程序。

（5）财政部分类设立专项资金。2009 年，中央财政预算安排“农村物流服务体系发展专项资金”31 亿元，重点支持了农家店改造、农村配送中心建设、农超对接、农村公共物流信息平台、电子交易平台建设等项目。2009 年，财政部发布《关于 2009 年服务业集聚功能区项目资金申报指南的通知》（财办建［2009］122 号），重点支持商贸园区、物流园区的建设和升级改造项目。共有 100 多个物流和商贸集聚功能区项目，获得财政资金支持。

（6）铁道部扩大运能、发展物流。在大规模推进路网建设的基础上，铁道部优化运输组织，积极推进战略装车点建设和路企直通运输，深化货运组织改革。到 2009 年年底，全路大客户数量已达 200 家，大客户运量占全路总运量的 40% 以上；全路战略装车点总数达 630 个，货物发送量占全路货运发送总量的 45% 以上。同时，推进运输与物流服务融合，推出一批快捷货运产品。

（7）交通运输部提出做大做强现代物流业。交通运输部鼓励和支持各地交通运输部门推动物流业发展的实践和探索。支持物流园区公共交通运输基础设施建设，培育发展物流市场，推动公共信息平台建设。交通运输部、国家发展改革委、公安部、海关总署、保监会五部门联合下发《关于促进甩挂运输发展的通知》（交运发［2009］808 号），有效引导和推动甩挂运输的发展。通知要求，完善政策和管理制度，为甩挂运输营造良好的发展环境；加大资金投入，完善枢纽站场设施；开展试点工程，发挥示范效应。同时，对大件运输中存在的问题组织调研，积极协调解决相关问题。

（8）工业和信息化部推进物流信息化建设。工信部组织力量研究起草了《运用信息技术提升改造物流业的政策措施》，开展了《工业领域物流发展监测评估体系研究》，编制了《物流信息化发展规划（2010—2015）》，明确提出了物流信息化发展的目标和主要任务。指导、支持和协调相关工业区域和领域物流发展，组织开展了物流信息化试点、示范工作。

（9）海关总署推动分类通关改革试点。2009 年 5 月，海关总署决定在北京、天津等 15 个海关开展出口货物分类通关试点改革，15 个海关于 6 月底开始相继在本关区出口现场启动了分类通关改革试点工作。随后，进口分类通关改革试点又在黄埔等海关进行。

（10）国家民航局支持航空货运发展。2009 年，国家民航局提出了《关于进一步促进航空货运发展的政策措施》（征求意见稿），进一步放宽国内航空货运市场准入，鼓励、支持航空物流企业设立和发展。到 2009 年年底，使用独立代码的 42 家航空运输企业中，已有 10 家全货运航空公司。经中航协认可的销售代理企业 10278 家，其中货运销售代理企业 2797 家。目前，我国已与 59 个国家通航，共有 16 家航空公司开辟了至 49 个国家的定期客货航班。

（11）国家邮政局加强法规建设。为配合《邮政法》实施，国家邮政局先后发布了《邮政普遍服务管理办法》《快递业务经营许可管理办法》等规章。2009 年 2 月和 6 月，又分别发布了《长江三角洲地区快递服务发展规划》和《珠江三角洲地区快递服务发展规划》，提出了今后五年区域快递发展的目标、主要任务和政策措施。

（12）国家标准委加快推动物流标准规划制定和实施。国家标准化管理委员会会同国家发改委，委托中国物流与采购联合会组织专家编制的《2009—2011 年物流标准专项规划》已基本定稿。《专项规划》确定了 2009—2011 年物流标准化工作的指导思想、主要目标，并依据国务院《规划》，提出了通用基础、公共类物流、专业类物流领域中的 13 个重点物流领域制（修）订国家标准和行业标准的任务以及具体标准计划项目，建立了新的物流标准体系框架。

（13）中国物流与采购联合会提出物流业发展“60 条”政策建议。中国物流与采购联合会按照《规划》的要求和国家发改委的委托，通过深入调研，提出了税收、交通、投融资、物流企业、物流园区和制造业与物流业联动发展六个方面的“60条”政策建议，为有关部门研究制定具体政策作决策参考。

3. 各级地方政府加大对物流业的支持力度

2009年年底，全国已有超过半数的省份出台了《物流业调整和振兴规划》，提出了支持物流业发展的政策措施。上海市确定物流业作为现代服务业的支柱产业，制定了八项具体扶持政策。已有47家物流企业享受了差额征收营业税的试点政策；99家物流企业享受了洋山保税港区免征物流运输等环节营业税的政策。河北省开始实施推进物流业发展的“六大工程”，并谋划100个物流重点建设项目。福建省人大立法组正加快制定《福建省促进现代物流业发展条例》，推进物流业法规建设。成都市强化物流办职能，确保规划落地。沈阳市、青岛市出台具体的财税扶持政策，鼓励工商企业分离外包物流业务。一些省市政府还成立了主管物流工作的常设机构，开始制定相应的专项法规，物流业发展的政策环境进一步好转。

（四）成品油价格和税费改革影响深远

2009年1月1日起，国务院批准实施成品油价格和税费改革。公路养路费等6项收费被一次性取消。到2009年年底已有13个省市取消了政府还贷二级公路收费，撤销站点1430个，减少了7.74万公里收费公路里程，占全国同类站点的74%。成品油价格和税费改革进一步理顺了税费关系，体现了多用油多负担的机制，改变了公路运输市场传统的超载赢利模式，供方议价能力增强，有利于形成合理的供需市场关系。通过提高现行成品油消费税单位税额，发挥了税收杠杆促进节能减排、环境保护和优化经济结构的积极作用，公路货运车辆选型日益向着“更低油耗、绿色环保”方向发展。此外，成品油价格和税费改革也对长期以来公路货运市场挂靠机制产生了重大影响，迫使一部分不适应新形势的挂靠公司陆续退出市场。

（五）物流要素市场价格全面提高

一是国际油价重回较高水平。受国际金融危机的影响，2009年年初国际油价一路走低。基本上在每桶39～41美元徘徊。3月下旬以后，受全球主要经济体推出一系列救市政策、大量资金流入市场的影响，国际油价开始止跌回升，并呈现出震荡上行且攀升速度逐渐加快的走势。10月21日，国际油价创下每桶81.03美元的年内高点。受美元贬值和经济复苏信心恢复的影响，整个2009年油价上涨约78%，年涨幅创下1999年以来新高。

按照改革方案确定的新成品油价格形成机制，一年来国家对成品油价格进行了“五升四降”9次调整，目前汽、柴油出厂价格分别比改革前每吨提高了620元和290元，成本压力继续增大。

二是劳动力成本显著提升。2008年1月《劳动合同法》实施两年来，各项管理细则陆续推广执行，一些不规范的劳动力使用问题得到了纠正，企业人力资源成本快速增加。由于物流业具有劳动密集、工作时间灵活、人员诚信度要求高等特点，劳动力成本上涨压力较其他行业更加明显。

三是土地使用成本增加过快。物流用地价格大大超过物流业的承受能力。建设成本成倍增加，许多物流园区已无法运作物流业务。2006年年底，国务院对《城镇土地使用税暂行条例》进行了修改，税率比原来提高了1～3倍。部分地区由于土地使用税等级范围和单位税额标准调整幅度过大，增幅甚至高达10～15倍，全额缴纳就会出现巨额亏损。其他与土地使用相关的税费，也有负担过重的问题。

（六）区域规划推动物流格局调整

2009年，国务院密集批复了《促进中部地区崛起规划》等12个上升为国家战略的区域发展规划，加大区域经济统筹协调力度。这些区域规划都不同程度地涉及区域内物流布局、体系建设、资源整合等问题。如《珠江三角洲地区改革发展规划纲要》提出，要推进白云空港、宝安空港、广州港、深圳港等一批枢纽型现代物流园区建设，完善与现代物流业相匹配的基础设施，带动广东建设世界一流的物流中心。《支持福建加快海峡西岸经济区的若干意见》提出，要加强与台湾现代服务业合作，建设海峡西岸物流中心。《辽宁沿海经济带发展规划》提出，要把沿海经济带发展成为特色突出、竞争力强、国内一流的临港产业集聚带，东北亚国际航运中心和国际物流中心。《促进中部地区崛起规划》提出，要建设一批粮食储备和中转物流设施，重点支持郑州小麦物流节点和武汉、长沙、九江等稻谷物流节点建设。这些区域规划体现了国家的战略意图和地方的比较优势，提出了本区域内物流发展的战略选择，必将对全国物流业发展格局产生重大而深远的影响。

（七）“低碳经济”对“绿色物流”形成倒逼机制

为贯彻落实科学发展观，建设资源节约型、环境友好型社会，我国“十一五”规划纲要中提出，“十一五”期间单位国内生产总值能耗降低20%左右、主要污染物排放总量减少10%。2009年11月25日，国务院常务会议决定，到2020年我国单位国内生产总值二氧化碳排放比2005年下降40%～45%，作为约束性指标纳入国民经济和社会发展中长期规划。

物流业是能源消费的重要行业，油品消耗量约占全社会油品消耗总量的1/3，是我国节能减排的重点行业。随着物流需求的快速增长，节能减排任务加重，“低碳经济”对“绿色物流”形成倒逼机制。采取多种科学方式，大力发展更加节能、环保、高效的绿色物流，已经成为我国物流产业实现可持续发展的必然选择。

（八）信息技术进步提供发展新机遇

2009年11月3日，温家宝总理在人民大会堂向首都科技界发表了题为《让科技引领中国可持续发展》的讲话，强调科学选择新兴战略性产业非常重要，并指示要着力突破传感网、物联网关键技术。

物联网具有广阔的行业应用需求，交通、物流、安防、零售、电力、金融、环保、医疗等将成为物联网行业应用的重点领域。物联网的建立将直接促进供应链可视化的实现，通过统一标准、统一标识，实现商品的实时查询、跟踪、路径优化和资源调配，大大优化全球供应链的性能，这将对物流业的发展产生革命性影响。

（九）全球海运和航空市场对我国物流的影响

1. 国际海运市场冷热不均

干散货船运输市场逆势上扬。2008年下半年开始的金融危机严重影响了2009年国际散货的贸易量，国际散货运量也随之有所减少。2009年，国际散货海运贸易量约为29亿吨，同比下降3.7%。由于发达国家的经济不景气，使得发展中国家的贸易需求成为国际贸易中的支柱，尤其是中国对铁矿石的进口成为2009年国际散货市场的一个亮点。2009年新年开市后，波罗的海干散货综合运价指数（BDI）从773点的极端低位起步，其后在2月11日、5月27日和6月2日分别突破2000点、3000点和4000点三大关口，并于11月19日再创4661点新高，率先实现从全球航运市场总体低迷困局中的突围反弹。目前，中国在全球干散货市场已经占有70%左右的份额。

2. 集装箱船运输市场缓慢复苏

由于集装箱主要用于汽车、电子产品、纺织品等下游制成品的运输，因而受金融危机的冲击最为直接，2009年全球集装箱运量估计将出现9.4%的下降幅度。另外，大量的新船仍在持续不断地交付，可用运力的规模延续近几年的上升趋势。截至2009年12月1日，世界集装箱船舶运力规模达到1283万标准箱，同比上升6.7%。持续不断的新船交付量与大幅萎缩的运输需求，导致了2009年上半年班轮运价的急剧滑坡。中国出口集装箱综合运价指数（CCFI）年初时为930.93点，而到年中6月23日已降到

763.31点，降幅达18%。随着出口市场的逐步好转，以及航运公司自律能力的加强，下半年集装箱船舶运力市场明显反弹。从7月班轮公司在东西向主干航线上宣布提价起，班轮运价水平一路走高。至12月18日，中国出口集装箱综合运价指数已回升至990.98点，超过了2008年同期的运价指数水平。

3. 国际航空货运市场反弹复苏

国际航空货运市场在2009年出现了明显的反弹，并最终演变成一种复苏。世界航空货运增幅在2008年12月出现深幅下滑，在2009年1月跌入谷底，出现25%的负增长；之后，跌幅就一路收窄。从世界范围来看，2009年航空货运最明显的特征是，国内强于国际；亚太地区、中东地区强于其他地区，拉丁美洲及加勒比海地区最弱。尤其是亚太地区，在2009年10月成功实现了正增长，增幅达到2%，如表1所示。而从累计数据来看，2009年1～10月，中东地区走势最强，与2008年同期相比，只是出现了微弱的下降幅度。

表1　2009年10月世界各地区航空货运量及增长幅度

地　区	航空货运量（吨）	同比增长（%）	年度累计（吨）	同比增长（%）
非洲	184549	-12.70	1708211	-8.40
亚太	2391685	2.00	18229246	-12.20
欧洲	1275618	-7.70	10624958	-16.50
拉丁美洲及加勒比海	279391	-10.70	2302023	-18.30
中东	323649	-0.80	2737000	-1.10
北美	1893748	-4.20	15931087	-15.10
ACI成员	6348640	-3.10	51532524	-13.70

4. 亚太市场呈现一枝独秀局面

根据国际机场协会（ACI）公布的2009年1～9月国际航空货运排名中，前四位的都是亚洲机场（中国香港、仁川、浦东、成田），而且都集中在我国周边或在我国国内，值得庆幸的是，我国上海的浦东机场位列其中，并成功跻身于第三名，如表2所示。

表2　2009年1～9月全球机场国际货量排名

排名	机场	年度累计（吨）	同比增长（%）
1	中国香港	304000	-4.3
2	仁川	204136	3.9
3	浦东	174634	3.8
4	成田	171370	-2.2
5	迪拜	161910	3.4
6	法兰克福	155230	-4.8
7	新加坡	140790	-12.5
8	中国台北	128285	6.4
9	安克雷奇	116463	-5
10	迈阿密	110707	-11.1

二、2009年中国物流业发展的特点

（一）物流业运行情况当年企稳回升，增幅比上年有所回落

1. 社会物流总额同比增长7.4%，增幅比2008年回落12.1个百分点

2009年全国社会物流总额96.65万亿元，呈

现前低后高、逐季回升的态势。其中，一季度下降3.3%，上半年下降0.8%，到三季度由降转升，增长2%，到年底同比增长7.4%。但与2008年增长19.5%相比，增幅回落12.1个百分点，是五年来最低增幅，也是自社会物流统计制度建立以来，社会物流总额首次低于GDP增长，如表3所示。其中的原因，既有国民经济统计数据调整、价格变动的因素，也有金融危机导致实体经济特别是进出口实物量下滑的影响。

表3　2005—2009年我国社会物流总额统计

年　份	社会物流总额（亿元）	同比增长（%）	需求系数
2005	481983	25.6	2.6
2006	595976	23.7	2.8
2007	752283	26.2	2.9
2008	899907	19.6	3.1
2009	966500	7.4	2.9

资料来源：中国物流与采购联合会

从构成情况看，工业品物流总额87.41万亿元，同比增长9.4%，占社会物流总额的比重为90.4%，同比提高1.7个百分点，是带动社会物流总额增长的主要因素。进口物流总额6.86万亿元，同比下降12.8%，占社会物流总额的比重为7.1%，同比下降1.6个百分点。农产品物流总额、再生资源物流总额和单位与居民物品物流总额同比分别增长4.3%、12.3%和16.4%。具体情况如表4所示。

2. 社会物流总费用增长7.2%，增幅比2008年回落9个百分点

2009年，我国社会物流总费用达6.08万亿元，同比增长7.2%，与GDP的比率为18.1%，同比持平。分季度情况看，一季度增长3.3%，上半年增长4.8%，前三季度增长6.4%，增幅呈逐季提高态势。

表4　2009年我国社会物流总额构成及增长变动情况　单位：%

项　目	同比增长	在物流总额中所占比重
农产品物流总额	4.3	2.0
工业品物流总额	9.4	90.4
进口货物物流总额	-12.8	7.1
再生资源物流总额	12.3	0.3
单位与居民物品物流总额	16.4	0.2

资料来源：中国物流与采购联合会

从构成情况看，运输费用3.36万亿元，同比增长7%，占社会物流总费用的比重为55.3%，同比下降0.1个百分点。保管费用2万亿元，同比增长7.5%，占社会物流总费用的比重为32.8%，同比提高0.1个百分点。管理费用0.72万亿元，同比增长7.4%，占社会物流总费用的比重为11.9%，同比持平。具体情况如表5所示。

表5　2005—2009年我国社会物流总费用统计

年　份	社会物流总费用（亿元）	运输费用与GDP比率（%）	保管费用与GDP比率（%）	管理费用与GDP比率（%）
2005	33860	10.2	5.8	2.5
2006	38414	10.0	6.0	2.4
2007	46954	9.8	6.0	2.4
2008	56716	9.5	6.3	2.3
2009	60800	10.0	5.9	2.2

资料来源：中国物流与采购联合会

3. 物流业增加值增长 7.3%，增幅比 2008 年回落 8.1 个百分点

2009 年，我国物流业增加值为 2.31 万亿元，同比增长 7.3%，占 GDP 的 6.9%，比 2008 年提高 0.1 个百分点；占服务业增加值的 16.1%，比 2008 年下降 0.3 个百分点。分季度情况看，一季度增长 1.2%，上半年增长 2.1%，前三季度增长 4%，增幅亦呈逐季提高态势。2005—2009 年我国物流业增加值情况如表 6 所示。

表 6　　2005—2009 年我国物流业增加值统计

年　份	物流业增加值（亿元）	同比增长（%）	占服务业比重（%）	占 GDP 比例（%）
2005	12271	13.9	16.8	6.7
2006	14120	15.1	16.7	6.7
2007	17925	22.5	16.6	6.7
2008	21528	20.1	16.4	6.8
2009	23100	7.3	16.1	6.9

资料来源：中国物流与采购联合会

2009 年，我国交通运输、仓储和邮政业增加值为 1.71 万亿元，比 2008 年增长 3.7%。从构成情况看，交通运输业增加值为 1.68 万亿元，增长 6%；仓储业增加值增长 10.6%；贸易业、邮政业增加值分别增长 10.6% 和 14%。

4. 物流业固定资产投资同比增长 47.6%，增幅提高 25 个百分点

2009 年，我国物流业固定资产投资为 2.6 万亿元，同比增长 47.6%，增幅创近年新高，比 2008 年提高 25 个百分点，比同期全社会固定资产投资高出 18 个百分点。从投资构成看，交通运输业投资额为 1.9 万亿元，同比增长 48.4%，比 2008 年提高 29 个百分点，占物流业固定资产投资的 76%。仓储、邮政业投资额为 1766 亿元，同比增长 57.5%，贸易业投资额为 4451 亿元，同比增长 40.6%，均保持较快增长。反映出国家加大物流相关产业基础建设投资措施取得成效。

5. 货物运输总量和周转量同比分别增长 7.5% 和 9.8%

2009 年，我国完成货物运输总量为 278.8 亿吨，货物运输周转量 12.12 万亿吨公里，同比分别增加 7.5% 和 9.8%，增幅分别下降 1.9 个百分点和上升 6 个百分点。其中，公路货运量保持了较高增长，货运总量和周转量分别增长 9.4% 和 10.7%；水路货运量回升明显，货运总量和周转量分别增长 3% 和 14%；民航货运量逐步复苏，货运总量和周转量分别增长 9.3% 和 5.6%；铁路货运量增幅较小，货运总量和周转量分别增长 1.9% 和 0.5%。

全年规模以上港口完成货物吞吐量 69.1 亿吨，比 2008 年增长 8.2%，其中外贸货物吞吐量 21.4 亿吨，增长 8.6%。港口集装箱吞吐量 12082 万标准箱，同比下降 5.8%。2009 年，我国又有江阴、厦门、湛江和湖州 4 个港口进入亿吨大港之列，至此我国亿吨港的总数达到了 20 个。其中，上海港完成货物吞吐量 5.9 亿吨，继续位居世界第一。2009 年我国各种运输方式完成货物运输量的情况如表 7 所示。

表 7　2009 年我国各种运输方式完成货物运输量及其增长速度统计

指　标	绝对数	比 2008 年增长（%）
货物运输总量（亿吨）	278.8	7.5
铁路	33.3	1.9
公路	209.7	9.4
水运	31.4	3.0
民航	445.5	9.3
管道	4.4	1.3
货物运输周转量（亿吨公里）	121211.3	9.8
铁路	25239.2	0.5
公路	36383.5	10.7
水运	57439.9	14.0
民航	126.3	5.6
管道	2022.4	4.1

6. 仓储面积保有量持续增长

2009 年，我国仓储业主要指标走出了一个 U 形线路。年初下滑，年中回升，年底基本恢复到金融危机爆发前的水平。中国物资储运协会对全国 61 家大型仓储企业的调查结果显示，61 家企业中有 57 家企业赢利、4 家亏损，亏损面为 6.6%，亏损额略有降低；实现主营业务收入 180 亿元，比 2008 年下降 13.6%；实现利润 3.57 亿元，比 2008 年增长 11.7%；完成货物吞吐量 8019 万吨，比 2008 年增长 1.1%；期末社会库存 440 万吨，比 2008 年增加 27.9%；货物周转次数 9.11 次，与 2008 年基本持平；库房空仓率进一步降低，全年为 3%。

根据中国物流与采购联合会收集到的 10 个省会城市、3 个直辖市的数据，13 个城市拥有 132 个物流园区，占地 113.4 平方公里。13 座城市拥有仓储面积 5456.6 万平方米，平均每个城市为 419 万平方米。按照仓储面积与占地面积 1∶2 的比例计算，13 个城市仓储占地面积约为 10.91 亿平方米。13 个城市拥有货运站 717 个，占地面积 1135 万平方米，平均每个城市拥有货运站 55 个，平均每个货运站占地面积 1.58 万平方米。如此推算，13 个城市拥有仓储、货运站、物流园区的总占地面积约为 182 平方公里，平均每个城市为 14 平方公里。平均每平方公里每年支持的货运量（类似物流强度）为 1787.7 万吨。特种仓储面积如化工危险库、液体库、冷藏库的需求较大。13 个城市拥有特种库房 328 万平方米，占整个仓储面积的 5.67%，平均每个城市特种库房拥有量为 25.2 万平方米，仍不能满足需求。随着期货交易机构和交易品种的扩大，有色、黑色、粮食、塑料、石油的期货交易量增长较快，相应的交割库需求较大。

（二）物流市场结构性变化明显，集中度进一步提高

1. 需求结构变化较大

在国家扩大内需政策的推动下，汽车、家电、电子产品物流需求高速增长，农产品、医药、食品和日用消费品等物流需求稳定增长，与此相关的城市配送、仓储中转、货运快递等保持了较快发展势头。在原料价格上涨、劳动成本增加、金融危机影响持续的背景下，制造业、商贸业面临前所未有的生存压力，行业物流需求加快释放，对物流供应链管理进行改造提升的需求增强。在国家积极的财政政策和适度宽松的货币政策支持下，基础设施建设、农村物流、灾后重建等物流需求大幅增长。从区域来看，东部沿海地区受外需萎缩影响较大，增速放缓；中西部地区以内需为主，随着沿海地区的生产制造业务加快向内陆转移，带动社会物流需求快速上升；中西部地区物流市场面临着前所未有的发展机遇。

2. 基础性服务各有特色

（1）公路货运加快规范和整合零担市场。从2009年我国公路货运市场综合价格指数看，2008年11月—2009年1月一直在70上下徘徊；2009年2月、3月、8月更是低至66左右；2009年11月受需求回升和油价上涨的共同影响达到79.2；12月又有所回调，为78.3，环比下降0.9个百分点。由于公路货运市场进入门槛低，价格竞争激烈，市场价格提升明显低于成本上涨幅度。为改变零担货运市场无序低价竞争的局面，一些规模企业加快推出“城际货运班车”品牌，如天地华宇集团启动“定日达”公路快运服务、远成集团推出“公路运输新干线”运营模式、上海佳吉快运有限公司推出“红色快线”服务等，加上原有的德邦物流、新邦物流等企业，城际货运班车快速扩容，充分发挥“品牌化、集约化、精准化”的特点，服务水平显著提升。一些货运场站和物流基地逐渐成为城际货运班车的调度平台。目前，浙江传化物流基地零担快运中心有100多条零担专线，成都基地将开通200多条线路，而苏州基地规划建设运营185条线路，整个城际货车“客运化”服务网络将覆盖全国28个省市自治区，服务网点遍布220多个中心城市。

（2）水运市场出现转机。2009年，我国水运市场持续低迷。截至2009年10月，水运市场保有量约为2900万吨。全年沿海运力净增620万吨，1万吨以上的船运力上升34%。2009年，我国沿海（散货）运价前三季度一直在低位震荡前行，颓势频现。到了第四季度，沿海散货海运市场出现转机。11月中旬，沿海运输市场开始出现飙升行情，这主要是受到煤炭运输市场的拉动，接连数周保持了快速上升的态势。此外，内河水运市场得到各方面重视。内河水运既是国内能源和重要基础原材料运输的主要形式，也是国际航运通道的重要组成部分。在大宗散货运输市场上继续保持较高市场份额的同时，内河水运凭借其通江达海的优势在外贸货物和集装箱运输方面的地位也不断增强。上港集团实行“长江战略”保证了占其90%的外贸集装箱货源及60%的内贸集装箱货源能够稳定发展。占沿海运输主要市场份额的几个船公司有中海发展、长航凤凰、深圳远洋、浙江海运、宁波海运和福建冠海等。

（3）铁路货运市场逐步恢复。2009年受经济危机影响，上半年我国铁路货运市场日均发送量连续6个月同比下降。以一季度为例，全国铁路日均装车13.6万车，同比下降6%。下半年以来，随着国内经济形势企稳回升和电煤、矿石等大宗物资需求的回暖，铁路货运需求快速恢复，运力紧张的局面重新出现。铁路部门通过实行优先安排运输计划、优先配置车辆、优先装车、优先挂运、优先卸车等措施，把90%以上的运力用于煤炭、石油、粮食、农用物资、灾后重建等重点物资运输。通过积极推进战略装车点建设和路企直通运输，深化大客户战略，深入挖掘运输效率。在专业运输市场上，有关铁路运输企业自主研发了铁路45英尺冷藏集装箱，并试运成功，拓展了铁路冷链物流服务；扩大了小汽车班列开行范围，全年完成小汽车运量60万台，加快开发了汽车零配件运输物流业务。随着高速铁路和铁路物流中心的陆续投入使用，铁路货运市场的运能将持续释放，运行效率进一步提升，在普通货物运输中的比重稳步放大，将逐步发挥出运输大动脉的作用。为缓解铁路货物运输价格偏低矛盾，发改委与铁道部决定自2009年12月13日起，将国家铁路货物统一运价平均每吨公里提高0.7分钱，平均提高幅度为7.28%，其中运营价格平均提高幅度为11.09%。

（4）航空货运市场全面复苏。与世界航空货运相比较，2009年我国航空货运一枝独秀。自年初出现深达30%左右的跌幅之后，我国航空货运就开始一路反弹，并且在8月实现全面正增长。从不同的航线市场来看，国内航线在

2009年2月就实现了正增长，之后（除3月外）就一直保持正向增长的态势，并且在11月出现了高达33.7%的增幅。国际航线受金融危机影响，一直到2009年的7月才开始出现正向增长，但之后增幅一直保持在10%以上，到11月达到近40%的增长，进入12月，更是高达73.1%的增长，这是有该统计数据以来的最大涨幅。货物大量积压而航班严重不足让国内的航空货运价格大幅提高。以上海飞往欧洲的航线为例，3月的运价是21元/公斤，年底已涨到40多元/公斤，而从深圳始发的欧洲航线，报价曾一度高达50元/公斤，相比2007年的最高报价27元，接近翻了一番。为缓解运能压力，进入12月以来的短短不到半个月时间里，民航局就已经连续审核了国航、东航等递交的开通13条国际航线的申请。自2009年11月14日起，国内航线旅客运输燃油附加将由现行的“统一规定收取标准”的方式，改为“与国内航油综合采购成本实行联动，航空公司在规定范围内自主确定收取标准”，这将大幅缓解航空公司因航油价格上涨带来的成本压力。

（5）快递市场持续增长。据国家邮政局统计，2009年我国规模以上快递企业业务量累计完成18.6亿件，同比增长22.8%；业务收入累计完成479亿元，同比增长17.3%。快递市场格局初步呈现：邮政快递（EMS）及“四大国际快递”（DHL、FedEx、UPS、TNT）在国际快递市场处于主导地位；邮政快递（EMS）、顺丰速运将在国内快递的中高端市场处于主导地位，以主导商务快递为主；特许加盟模式民营快递在国内快递的经济型市场处于主导地位，以提供“网购”快递服务为主、商务快递为辅。目前，快递服务产品细分、增值服务与承诺服务正成为快递业新的竞争热点。例如，在以重时效为先的限时服务产品方面，已有多家中外快递企业推出了“当日达”、“次晨达”、“次日达”、“隔日达”、“限时达”、“上午取件下午达”、“下午取件次日达”等多样化的快递服务产品；在满足专业化快递服务方面，许多快递企业提供传统快递、电子商务配送、物流配送等多种配送服务。2009年年底民营企业涨价未遂事件，暴露了民营快递低价竞争对自身发展升级的限制，也显示了快递业由价格竞争向质量竞争转型的迫切性。2009年，顺丰速运（集团）有限公司旗下顺丰航空实现首航，标志着我国快递竞争向高端化发展。

3. 市场集中度进一步提高

大型物流企业加紧兼并重组。2009年，中外运长航集团完成重组，正式挂牌，并提出“向世界500强迈进”的阶段性目标。中国邮政集团公司旗下的中国速递服务公司和中邮物流有限责任公司，总部层面的合并2009年完成，新成立的中国速递物流公司已经注册，各地子公司的速递和物流业务也在陆续合并。中国国际航空公司以现金方式收购首都机场持有的中国国际货运航空有限公司24%的股权，国货航成为中国国航的全资子公司。2009年3月，海航集团组建的注册资金10亿元人民币、总资产50亿元的大新华物流集团在上海挂牌。大新华物流旗下已拥有5家海运公司，1家航空货运公司，1家地面物流公司，1家码头公司，1家置业公司，1家船舶管理公司和1家船员管理公司。此外，福建、河北、河南等地交通运输行业加快整合重组，辽宁、河北、山东和广西等地港口推动资源整合。

外部资本注资物流企业。随着我国金融和资本市场的成熟和物流业发展，各类基金、股权、外部资本等资金来源注资物流业，进行并购整合。2009年，新时代国际运输服务有限公司借助国际集团的财务支持，收购通成物流集团，进军国内零担货物和包裹运输市场。江苏新宁物流作为首批创业板公司之一，开始在深交所挂牌交易。专攻医药物流的九州通医药集团和专攻冷链物流的山东荣庆集团等物流企业，先后获得投资机构注资。

根据国家发改委、国家统计局和中国物流

与采购联合会联合发布的《2009年全国重点物流企业统计调查报告》显示，前50位物流企业主营业务收入共达4756亿元，比2008年增长14.7%，市场集中度进一步提升。在50强企业中，中国远洋运输（集团）总公司主营业务收入超过千亿元，中国海运集团总公司等6家企业主营业务收入超过百亿元，同比增加3家；前43家企业主营业务收入超过10亿元。排名第50位物流企业的主营业务收入达到7.6亿元，同比增长2.7%。

4. 市场监管力度加大

（1）快递市场提高准入门槛。2009年10月1日，新《邮政法》及其配套法规《快递业务经营许可管理办法》正式施行。新法规定，申请快递业务经营许可应当具备下列条件：首先要符合企业法人条件；其次在省、自治区、直辖市范围内经营的，注册资本不低于人民币50万元，跨省、自治区、直辖市经营的，注册资本不低于人民币100万元，经营国际快递业务的，注册资本不低于人民币200万元。另外，规范行为、资费、服务标准要进行公示，要把赔偿制度写进合约，明确告知用户，业务员还必须持证上岗。新法规定，各市场主体必须在2010年9月30日前取得快递业务经营许可证。截至2010年1月5日，全国已经有13家快递企业首批获得邮政管理部门颁发的快递业务经营许可证。在准入门槛抬高的情况下，一些不具备条件的快递公司将不能取得资质，快递行业将面临重新洗牌。

（2）冷链物流规范化开始起步。2009年2月28日，第十一届全国人民代表大会常务委员会第七次会议通过《食品安全法》，并于2009年6月1日起施行。《食品安全法》与我国之前施行的《食品卫生法》相比，除了安全评价系统更加严密、统一了食品安全标准等方面的差别外，还就食品运输问题做了特别阐述。《食品安全法》第二十七条规定：储存、运输和装卸食品的容器、工具、设备应当安全、无害，保持清洁，防止食品污染，并符合保证食品安全所需的温度等特殊要求。《食品安全法》对温度的明确要求，正式承认了冷链的法律地位。由于城乡居民生活水平的提高，食品安全已越来越引起全民的关注，冷链物流越来越受到重视。为规范冷链物流市场发展，国家标准化管理委员会下达了2009年第二批国家标准制（修）订计划，其中包括五项冷链物流标准，分别是《冷链物流企业服务条件评估》《水产品冷链物流服务规范》《医药生物冷藏箱通用规范》《医药生物冷链物流运作规范》和《医药物流服务规范》。这对我国冷链物流的发展，将会起到引导和规范的作用。

（三）物流企业求新求变，积极应对国际金融危机挑战

1. 经营策略调整应变

据中国物流与采购联合会对全国重点物流企业统计调查结果显示，我国重点物流企业2009年三季度经营效益虽然好于上半年，但仍呈普遍下降趋势。其中，主营业务利润额下降17%。在调查企业中，近6成企业利润额同比负增长，17%的企业亏损。面对严峻形势，物流企业积极调整经营策略，发展专业化、一体化、集成化的综合物流服务。中国远洋物流有限公司创新业务发展模式，向仓储、分拨、即时中心管理、供应商管理以及整合服务的物流服务供应链方向发展。远成集团有限公司从铁路干线运输起步，向以铁路运输、公路快运、航空海运、仓储配送及物流个性化方案策划为主导，集实业投资和国际贸易为一体的综合性现代化企业集团转型。中国物资储运总公司以仓储资源为基础，建成金属材料、建筑材料、汽车、木材、塑料、闲置设备、农副产品、化肥、日用百货等现货市场近30个，形成现货市场、动产监管、大宗贸易、加工配送、货运代理等有机结合的综合物流业务新模式。中铁快运股份有限公司依托铁路资源优势，通过实施区域经营、协同链接、客户细分、网络统一战略，打造全程服务链条，提供端到端的物流服务，把公司建设成为网络化、集约化、专业化、信息化、国际化的快捷运输企业和现代物流服务集成供应商。吉林省长久实业集团有限公司从整车物流起步，未来目标是发展成为以整车物流规划、零部件物流、普货物流、仓储、运输、配送、汽车销售、售后服务等领域的集约化综合服务集团公司。从2009年的情况看，这些物流企业通过调整经营策略，有效抵御了国际金融危机的冲击，扩大了市场份额，找到了新的生存发展空间。

2. 服务领域向供应链延伸

随着企业物流供应链一体化需求日益增强，物流企业向供应链上下游延伸服务。2009年，中远物流承接的飞利浦物流业务，从下游的成品配送业务延伸至上游采购环节的供应商管理库存（VMI）业务和生产环节的入厂上线服务，满足客户精益管理（JIT）要求。中邮物流有限责任公司与戴尔电脑公司的合作从最初为其直销模式提供供应链下游的运输配送服务，逐步延伸到其供应链上游的库存管理、货物组配以及样机管理、会议巡展、维修件返程等一系列增值服务。广东嘉诚物流集团在家电制造供应链管理过程中，以物流服务为基础，逐渐延伸至制造加工和销售代理等业务领域，推行物流、商流、资金流、信息流“四流合一”的供应链管理模式。物流与销售代理业务的无缝衔接，不仅可以向客户提供高附加值的物流管理，而且能够减少物流环节，更好地响应最终客户的需求。此外，怡亚通公司的采购与分销执行模式，越海物流的物流与分销一体化供应链管理模式等，都取得了较好效果。

3. 网络覆盖加快拓展

大型物流企业推行基地战略。2009年，浙江传化物流基地有限公司“公路港”物流平台在成都和苏州实现区域复制，两地传化物流基地先后正式运营。远成集团全国七大物流基地相继开工，布局东北、西北、西南、华中、华东、华南及重庆市场。多年来，宝供物流企业集团在全国15个经济发达城市投资建设大型现代化的综合性物流基地，网络布局逐步完善。中邮物流建立了基于八大集散中心的五大物流配送区域，并通过31个省级分拨中心，通达全国31个省、300多个城市、1800多个县。顺丰速运在国内已建有3个分拨中心、近100个中转场以及2000多个营业网点，覆盖了国内31个省近200个大中城市及900多个县级市或城镇。天地华宇公路快运服务递送网络涵盖全国56个转运中心，在2009年年底前其运营网点将增加至1500个，服务覆盖全国600个城市。为配合家电下乡业务，海尔物流有限公司建立即需即送“海尔牌物流网”，在全国设立42个配送中心，并加快从城市向农村市场延伸。

4. 合作联盟出现多种形式

联盟合作共享资源、优势互补。中国物流公司与中铁快运股份有限公司、中铁集装箱运输有限责任公司签署了战略合作协议。通过战略合作，中铁快运铁路综合运输能力和网络优势，加上中国物流公司辐射全国的物流场站、大型仓储基地、区域优势和专业运作能力，实现资源互补和共赢发展。中国外运与中国国航签订战略合作框架协议，共同推动货物运输订舱平台等的对接，探索保税物流园区货站前移业务模式的合作，共同拓展海外市场等。顺丰速运（天津）有限公司与天津市邮政速递公司签订战略合作协议。双方将充分发挥各自优势，在客户、网络等方面实现资源共享与业务共赢。阿里巴巴公司与天天快递、韵达快递、申通快递、圆通快递四家物流企业签订战略合作协议，并将其纳入“中国中小企业商务服务伙伴计划”。首批四家物流企业与阿里巴巴实现了信息平台对接，网商可直接在阿里巴巴网站选择物流企业下订单，实现下订单、分拨、配送、查询等一条龙服务。

一些有实力的物流企业与重点城市结盟，

参与当地物流基础设施的规划、开发和运营。海航集团与浙江省签订战略合作框架协议，展开全面战略合作，共同打造现代化的综合物流体系。中外运长航集团与武汉签订框架协议，以武汉新港开发建设为契机，在物流、航运、修造船、燃油贸易、规划设计、旅游等方面与武汉市进行全方位、多层次的合作。中国诚通集团与连云港市政府签订合作协议，根据协议，诚通集团将在连云港建设以现代物流中心为主体的大型综合功能园区及其配套服务设施，一期项目投资规模为50亿元。

中小企业间抱团取暖抵御危机。2009年5月，68家上海物流公司启动了中国首家“品牌物流超市”，以超市为零担货运平台，做专、做精、做深专线物流，坚持统一品牌、统一标准、统一服务质量、统一企业形象、统一价格体系的思路，逐步改变传统零担货运物流模式。珠三角300多家物流中小物流企业组建物流诚信联盟，并进行了首次评审，评出各家物流公司的诚信星级情况，其中有2家物流公司因严重违背诚信被勒令退出联盟，以联盟诚信为基础，改善了中小物流企业的信誉状况。

（四）企业物流战略性调整，促进整体竞争力提升

1. 企业物流提升战略地位

面对市场竞争的压力，物流战略对企业形成自身核心竞争力起着越来越关键的作用，许多制造企业和商贸企业将提供满意物流服务纳入企业总体长远发展战略。苏宁电器集团将物流作为自身核心竞争力之一，建立了区域配送中心、城市配送中心、转配点三级物流网络，依托WMS、TMS等先进信息系统，实现了长途配送、短途调拨与零售配送到户一体化运作，平均配送半径80~300公里，日最大配送能力17万台套，实现24小时送货到户，有效支持了企业快速响应的竞争战略。海尔集团为支持家电下乡战略，2009年推进“即需即供物流网”战略，配送网络开始由网络的广度向深度发展，从一二级城市不断向三四级城市及农村市场延伸。搭建了送货到门的村单配送模式，提出了多级配送、过站式配送、专线配送等多种物流配送模式，整合更多优质的仓储、配送资源，提升对客户订单的响应速度，实现到客户24小时即需即送的配送速度。

2. 运作模式带动物流系统变革

对于制造企业，订单驱动的生产方式越来越普及，带来了采购、物流系统的深刻变革。潍柴动力股份有限公司为适应按订单生产的模式，调整现有物流运作流程，通过应用“零库存”管理和供应商库存管理方式，柴油机物料配送储备资金占用由月产3000台时的1000万元，下降到现在的月产1万台不足15万元，仓储面积由原来的2.5万平方米的库区，减少到2000平方米。华晨金杯汽车有限公司通过委托第三方管理模式与上线自管模式并行，使配套零部件供应商发货到第三方物流公司，由第三方物流负责按照整车生产企业的生产计划组织分拣、配送到各生产线前段配送中心，再由企业内的物流部门送到各生产线，初步适应了精益管理的要求。

对于商贸企业，快速响应的商业模式，精细化、一体化管理对物流系统改造和建设提出了更高的要求。物美商业集团股份有限公司为强化产品价格优势和提升客户响应速度，加快推动主力供应商集中采购及统一配送，将采购端的进价优势转换为销售端的售价优势，使配送中心由传统的成本中心转型为利润中心。京东商城为保证客户服务的速度和质量，在全国25个城市已经建有配送队伍，并投资2000万元在上海成立“上海圆迈快递公司”，提供物流配送、货到付款、移动POS刷卡、上门取换件等服务，提升了客户整体满意度。

3. 流程再造强化物流控制力

流程再造既包含企业内部的流程再造，也包括企业外部的流程再造。通过业务的整合和模式的调整，能够减少内部的重复和浪费，降低成本，提高效率，更重要的是理顺了物流、商流、信息流和资金流在供应链中的关系，减少不确定性，实现精细化控制。上海大众汽车有限公司通过销售部门与生产计划部门的联合攻关，并在广大供应商和物流商的通力支持下，建立了短期计划的产销柔性协同机制，加强和完善了周销售和生产计划的柔性和忠诚度，更大限度地满足了短期市场变化的需求。同时推出“订单预配车”概念，客户订单在生产线上即与生产订单进行精确匹配，从而使车辆在生产时即得到客户、经销商订单信息，通过优先级区分，率先保证客户订单的生产。在此基础上，与物流商实现无缝协作，改进了日计划的模式，有效提升了运量及准确性。通过供应链各方的紧密配合，及时响应批售模式的战略性变化，在流程再造、资源规划、系统开发等方面迅速适应新的服务需求。

4. 多种方式分离外包物流业务

企业分离外包物流业务，从而将有限的资源集中到主业上，能够充分发挥社会分工的专业化优势，实现多方共赢。制造企业和商贸企业通过多种方式加快分离外包物流业务。一是主辅分离，成立专业化物流公司。在所有权不发生转移的前提下，将企业原有的运输、仓储、包装、配送等业务从主业中分离出来，设立新的物流公司，独立核算，自负盈亏，在满足企业物流服务的基础上承接社会物流业务。如上海安吉汽车物流有限公司、广州风神物流有限公司、北京三元双日物流公司等。2009年，上汽集团将旗下的物流相关业务全部整合纳入安吉汽车物流有限公司，使安吉物流成为全国最大的汽车物流服务供应商。二是合资合作，实施战略联盟。通过这种方式，企业既保留了物流资源的控制权，又共享了物流企业的专业化知识，通过深度合作，实现了自身物流运作方式的变革。如青岛啤酒招商物流有限公司、安泰达物流有限公司。青啤集团与招商局物流集团合资组建了物流公司，将所有的物流操作职能划归合资物流公司负责，2009年推广驻厂物流模式，进一步提升服务水平。三是全面外包，实现系统接管。制造企业和商贸企业把物流业务全盘委托物流企业管理，相关车辆、设备和人员由物流企业接管。海信集团将海信电器的生产基地仓库、全国各地设置的成品仓库以及全国的配送业务，外包给中远、中海、中外运3家专业的物流公司运作，3家公司占海信电器物流业务的份额分别为58%、32%和10%。物流业务外包以来，双方企业都获得了良好的效益。

5. 供应链管理能力显著提升

供应链管理的目标是实现供应链整体价值的最大化。联想集团有限公司采取一体化供应链的运作体系。把采购、生产、分销以及物流整合成一个统一的系统，从战略层、执行层在整个集团有一个统一的策略、统一的协调。近年来，联想正在加快从库存驱动模式满足客户需求向根据客户需求来确定整个供应链管理的供应模式转变，以达到采购、生产和分销的协调。首钢电装公司将自身仓库全部外包给招商局海通物流有限公司，逐步对供应商的货物实施集中管理，解决了供应商点多面广、送货不及时导致停线的问题。随着合作的进一步深入和合作范围的扩大，安排物流公司介入前置生产环节，承担原来在工厂内完成的拆箱分拣、工位配送、看板管理等流程，实现了生产与物流紧密对接和精益管理。通过对自身供应链流程的再造和整合，强化了供应链控制能力和制造企业的核心竞争力。

（五）重点行业物流加快发展，推动物流模式创新

1. 钢铁物流

（1）钢铁物流需求稳步上升。2009年，我国钢铁产量再创新高，粗钢和钢材产量分别为5.68亿吨和6.96亿吨，同比增长12.9%和15.2%；铁矿石进口达6.28亿吨，与2008年的4.436亿吨相比激增42%，钢铁物流市场需求快速上升。同时，受成本上涨和库存影响，我国钢铁行业利润大幅下滑。中钢协发布的数据显示，2009 年国内 68 户大中型钢铁企业实现利润 553.88 亿元，比 2008 年下降 31.43%。2009 年钢铁行业的平均销售利润率只有 2.43%，远远低于全国工业平均销售利润率 5.47% 的水平。

（2）钢材贸易商加快转型。据初步估算，我国现有钢铁流通企业 15 万余家，其中，销售量超过 100 万吨的有 10 多家，销售量在 10 万～100 万吨的不足 100 家，其余都是低于 10 万吨的小型经销商。2009 年，钢铁市场价格大幅波动，钢铁贸易商风险加大，传统的现货交易模式已经难以适应市场变化。钢贸企业加快向服务转型，在现货交易市场上，出现了一批集仓储、加工、包装、运输等一条龙服务的贸易商。小型企业力量薄弱的钢贸商加快采取“抱团”整合。2009 年年底，温州金属行业协会已带头整合了 70 多家钢铁流通企业。辽宁、吉林等地的钢材贸易商也正在组建联合体。

（3）钢材加工配送中心渐显规模。我国现有 300 余家钢材加工配送中心，主要分布在华南、华东、中南部等经济发达地区，主要为汽车、家电、电子、建筑、轻工、钢窗、办公设备等行业提供服务。大型钢铁企业加快投资建设钢材加工配送中心，延伸产品规格范围，提高直供用户比例，为用户提供更为便捷、优质的服务。宝钢集团目前已拥有各类剪切加工配送中心 27 家，覆盖华东、华南、东北、华北、西南、西北六大区域 18 个重点用钢城市；有实力的钢铁贸易商积极拓展经营触角，投资建设钢材剪切加工配送中心。以五矿、中钢为代表的钢材流通企业具有规模的钢材加工中心有 110 家左右；国外企业如韩国浦项、日本商社等在我国投资建设钢材剪切加工配送中心；终端用户如造船、汽车、家电等生产企业自建分条、横切、冲片、套裁、激光拼焊生产线，在满足自用后，向社会提供加工配送服务。值得关注的是，民营钢铁流通企业合资或独资建设钢材加工中心，正在成为市场上的新生力量。

（4）钢铁物流园区不断涌现。华南、华北、西南、西北、华中等区域的钢铁物流节点城市都陆续建设了钢铁物流园区。广东乐从钢铁物流基地、江苏惠龙港国际钢铁物流中心、天津国际金属物流园区等如今已成长为中国规模最大的钢铁交易园区和钢铁贸易集散地。天津北辰钢铁物流园区被列入天津市 20 项重大服务业项目和天津区县重大项目。“石家庄大型钢铁物流中心”项目被列入 2009 年河北省级重点项目。一批传统的钢铁交易市场通过设施升级改造以及钢铁贸易商的重新整合，转型为钢铁物流园区；一些大型钢铁生产企业为实现专业化、现代化管理而投资建设钢铁物流园区，如广州钢铁集团 2009 年与广州港集团签订南沙钢铁综合物流园合作意向书，正式启动综合钢铁物流园；此外，一些有实力的流通企业开始兴建现代化钢铁物流园区，实现生产和流通的有效衔接。如成都西联钢铁物流港正式开工建设，建成后将具备仓储中心、加工配送中心、钢铁交易中心、电子商务中心、中转分拨中心（铁路专用线）、融资担保中心、钢材总部基地等功能。

（5）钢铁行业电子商务发展迅猛。我国钢铁行业的电子商务日益成熟，在促进钢铁大物流的形成、活跃钢材流通市场、降低物流成本、增加信息的透明度等方面起到应有的作用。我国的钢铁行业的电子商务主要有以下四类：①以钢铁资讯为主，如兰格钢铁网、我的钢铁、中国联合钢铁网、钢之家以及中华商务网等；②以钢铁远期合约为主，国内前三甲分别是上海大宗钢铁电子交易中心、兰格钢铁电子交易市场以及中国钢铁电子交易中心；③以钢铁现货交易为主，如宝钢的东方钢铁在线、上海中金钢铁电子交易中心、西本新干线；④以钢铁产品搜索引擎为主，如兰格搜钢、上海搜钢网等。

2. 汽车物流

（1）总体规模高速增长。2009年，国家出台了一系列拉动汽车消费的政策：降低汽车成品油价格，取消养路费等六项收费；推出汽车产业振兴规划；1.6升及以下乘用车购置税减半；汽车下乡政策；鼓励农村消费；增加老旧汽车报废更新补贴资金，等等。这些政策有力地促进了汽车生产。2009年我国汽车产销分别完成1379.10万辆和1364.48万辆，同比分别增长48%和46%，其中乘用车产销分别完成1038.38万辆和1033.13万辆，同比分别增长54%和53%；商用车产销分别完成340.72万辆和331.35万辆，同比分别增长33%和28%。受此影响，汽车物流市场实现“爆发式”增长。安吉汽车物流有限公司年运输总量达300万辆，实现了30%的增长。长久物流有限公司业务量也实现了70%的增长，年运输总量达到90万辆。

（2）“两业联动”深入发展。汽车生产企业对供应链一体化、精益化管理要求较高，物流外包比较普遍，与物流商的合作往往涉及重大战略决策层面。安吉物流将从研究主机厂订单式生产方式到合理的安全库存开始，将物流运行中包括从整车和零部件的集中配送，将静态的库存管理转变为动态的配送，从本地到异地，从国内到国外等各个环节进行闭环管理的一体化的精益物流链。中远物流承接上海通用汽车外包业务，做到生产零部件JIT直送工位，准点供应，建立战略合作伙伴的关系。目前，汽车物流的发展已进入以整车物流为主、向零部件入厂物流、零部件售后物流以及进出口物流方向延伸的竞争新格局，需要汽车生产厂商和物流企业的更紧密合作。

（3）多种运输方式打造绿色物流体系。目前，公路运输凭借门到门快捷高效的服务优势，占据了80%以上的汽车物流运输市场份额。随着汽车生产企业对成本和可持续发展要求的提升，单纯依靠公路的运输方式正在发生变化。安吉物流目前拥有运输车辆3000多辆、铁路专列348节、江轮3艘、海轮5艘、专用滚装码头2座、仓库总数33座。通过与铁道部下属的中铁特货建立的上海安东、上海安北两个合资公司，从事整车铁路运输，打造覆盖各主机厂、各铁路站台的铁路运输平台。水路运输方面，安吉物流则通过建设外高桥海通码头六期项目，建立水上综合运输枢纽，形成滚装码头、整车仓储、零部件集运中心。广州本田开始尝试水运方式，采取专船专线的方式，周班运作，每班装载车辆约500台，主要负责东北三省的整车物流任务。2009年，以中铁特货公司为主的铁路汽车物流的全方位适应市场化需要，服务已覆盖除丰田外全国主要各商品汽车品牌，并形成了上汽、一汽、广本、长安、奇瑞、东风六大重点领域布局，形成了全国南北纵横、东西贯通的汽车物流运输网络。多种运输方式的综合使用，节约了物流成本，减少了物流运作中的碳排放，有助于构建更精益、更高效、更环保的绿色物流体系。

（4）物流基础设施加快布局。大连、天津、上海、广州四大沿海港口用巨资布阵汽车物流市场，竞争格局已经显现。长春、京津、武汉、上海、广州、重庆六大汽车物流集群已经形成。一汽集团在成都计划投资8.6亿元兴建长春陆捷物流有限公司成都物流基地项目与一汽集团进出口公司成都物流基地项目，为成都一汽大众提供产前、产中和产后全过程物流服务。吉利汽车有限公司将建立兰州、济南、成都三大中转库，作为吉利商品车运输的物流枢纽。捷豹路虎建立的售后备件物流中心正式开业，该中心位于苏州普洛斯物流园。长久物流在天津建立区域配送中心，承担全国转运配送工作。

3. 化工物流

（1）化工物流快速发展。2009年国家出台了《石化产业调整和振兴规划》，全年石油和化工行业经济出现了企稳回升、总体向好的发展局面。全行业工业增加值实现了两位数增长，行业工业增加值占全国工业增加值的12.00%，同比增长10.13%。我国石化产业的格局未发生大的变化，重心仍在东部沿海一带，但部分产业正由东部向中西部地区转移。在产业整体转好的带动下，2009年化工物流产业发展也呈现V形反弹，快速发展态势。国内生产的多数产品产量出现恢复性增长带动化工物流增长。主要液体化工品进口快速成长，带动化工进口物流快速成长。

（2）国内油气管道建设飞速发展。我国最长的成品油管道、中部成品油运输大动脉——中国石油兰州—郑州—长沙成品油管道全线贯通；中国石化加工原油近半实现管道运输，并实现了北起河北曹妃甸，南至浙江册子岛、大榭岛全长3000公里的中国石化东部原油管网全网连通；中国海油陆上成品油管道建设取得进展，惠州—东莞—立沙成品油管道正式打通；陕西延长石油集团建成投产了延炼—西安成品油管道；2009年年底，西气东输二线西段建成投运，并与中国—中亚输气管线成功对接。

（3）化工物流企业经济效益较好。主要从事化工品仓储的保税科技，2009年1~12月实现净利润比2008年同期增长40%~70%。主要从事化工品运输的企业——中化国际物流，2009年1~6月共实现水运量231万吨，同比增长36%；实现销售收入7.59亿元，同比增长19%；销售毛利率上升1.4%。国内另一家从事化工品运输的企业——长航油运，2009年化工品运输的营业利润率增加了6.63%。

（4）化工物流企业积极扩张。2009年，长江国际上马11.65万立方米储罐扩建工程项目，该项目建设投资为9795万元人民币、建设用地费2964万元，项目总投资1.28亿元人民币；华西村集团控股的江阴华西化工码头有限公司拟新建液体化工储罐11万立方米，投资估算6700万元人民币。中化国际截至6月底公司控制船舶37艘、控制运力30.3万吨，拥有集装罐2547个。

4. 医药物流

2009年4月，中共中央、国务院印发《关于深化医药卫生体制改革的意见》（以下简称《医改意见》）及近期重点实施方案，提出2020年医药卫生体制改革的目标、原则和政策措施，医改工作全面启动。其中，明确提出要建立健全药品供应保障体系。要求在政府宏观调控下充分发挥市场机制的作用，基本药物实行公开招标采购，统一配送，减少中间环节，保障群众基本用药。同时提出，发展药品现代物流和连锁经营，促进药品生产、流通企业的整合；建立便民惠农的农村药品供应网；完善药品储备制度。《医改意见》的出台，对下一阶段我国医药物流的发展方向和模式选择将产生深远的影响。

（1）医药物流亟须加快发展。2009年，我国药品批发企业已达1.65万家、零售企业近14万家，全国零售药店总数达12万家。但覆盖全国性的医药商业企业各自为政、分散经营，规模化、集约化、网络化的程度较低。2009年，我国出台的新医改方案将对医药物流市场的发展产生深远影响。按照国家基本药物制度的安排，基本药物实行公开招标采购、统一配送，而且对医药企业的物流能力提出了明确的要求，此举将促进流通企业的整合，使医药流通领域的集中度进一步增强。2009年，我国已有不少省份如河南、江苏等地的基本药物配送试点招标中就已提出了现代物流的若干要素，如仓库面积、RF终端数量、车辆数量等都作为评分项目。由于以现代医药物流建设的名义获取土地相对容易，所以促使不少医药企业正在积极拿地运作物流项目。

（2）医药流通企业加快兼并整合。2009年，我国大型医药商业企业在加大珠三角、长三角和首都经济圈布局的基础上，在各自的空白区域加紧通过收购或以开分公司等方式不断抢占市场份额。中国医药集团总公司（国药集团）接连收购新疆药业、宁夏医药、天津太平医药商业企业、郑州九瑞等区域性医药商业企业，联手山东当地企业高调进驻山东市场；九州通医药集团计划在三年内在全国范围逐步建立15家子公司、100家二级配送中心、5000家连锁零售店；上海医药集团通过吸收合并3家医药上市公司打造“新上药”，重组完成后，上海国资将形成统一的医药产业资源整合平台，新上药的总资产将从80亿元跃升到223亿元，销售收入将从230亿元跃升到300亿元，成为仅次于国药集团的国内第二大医药集团；安徽华源医药股份有限公司在部分省市参股、并购了一些中小商业公司。各主要医药商业企业加快布局各主要省级物流市场，为自己在医药领域争取更多的话语权。

（3）物流企业加快向供应链延伸服务。2009年，中国医药流通企业加快向专业化医药保健品供应链综合服务商转型。南京医药联合南京三宝科技股份有限公司成立的南京医药供应链管理有限公司，上海医药集团联合苏州物流中心成立的苏州上药供应链有限公司在苏州挂牌成立，新成立的南药供应链公司将以RFID技术为基础，结合南京医药商业流通主营业务模式，打造信息化的现代医药集成供应链体系。苏州上药供应链有限公司以轻结构方式，以“医药生产物流”为定位，拓展江苏、华东乃至全国市场，加强上药对上海以及长三角核心市场的掌控能力。上海九州通现代医药物流中心将采用九州通医药集团完全自主研发并拥有自主知识产权的LMIS物流管理信息系统、WCS设备控制系统、TMS车辆管理系统以及应用RFID技术的全程冷链管理系统等20多项现代物流技术。越来越多的大型医药流通企业在扩张过程中，试图利用现代物流和供应链管理技术来降低成本、打造核心竞争力。

（4）高标准的医药物流基础设施加快建设。国药集团旗下一致药业成立国控广州物流中心，加强华南的物流配送能力；国药控股甘肃有限公司计划投资1.5亿元建设医药物流中心；国药控股的湖北、湖南物流中心也相继开工建设。南京医药股份有限公司的医药物流项目奠基开工；九州通集团建成的北京现代医药物流中心投入使用；上海物流中心开工建设，陆续还将在主要城市建立一批物流中心。鉴于自建物流中心成本较高，而与专业物流公司合作建物流中心可在节省成本和时间的同时，大幅度提高扩张的效率，上海医药集团（上药集团）与普洛斯签订战略合作协议，租赁普洛斯虹桥物流园区约9400平方米的现代化物流配送设施，作为上海医药在上海西部的物流基地；上药控股的苏州上药供应链有限公司与苏州普洛斯物流园区签订租赁意向，租赁6200平方米的仓储设施作为苏州医药物流中心。

（5）联盟合作开始兴起。2009年，我国医药领域新成立的医药联盟有：齐鲁医药商业联盟、浙江社区医药服务共同体、中国蓝海医药联盟、河南圣光医药战略联盟、河北中健医药贸易集团有限公司等。由12家商业公司共同出资成立的中健医药集团，定位为发展医药卫生定点配送和终端药品配送的现代化医药物流集团，专注于药品配送，已经成为河北省较大的专业医药物流配送企业。在区域性商业联盟不断涌现的同时，联盟的触角开始伸向省外，圣光联盟与四川蓝海联盟的跨省合作也在运作中。

5. 食品冷链物流

（1）冷链物流需求难以满足。2009年，我国肉类总产量达7642万吨，比2008年增长5.0%。全年水产品产量5120万吨，同比增长4.6%。随着居民消费者消费水平的提升，食品消费总量和质量要求进入高速发展期，仅食品行业的冷链物流年需求量就在1亿吨左右，原有的冷链物流供应能力很难满足市场要求。

目前，我国商用冷藏库面积有700多万平方米、保温车约3万辆、铁路冷藏车6900辆，但设备陈旧、标准落后、操作不当，与日益增长的社会需求差距较大。

（2）一批现代化冷链设施加快建设。2009年，我国兴建了一批现代化的冷链设施，如投资10亿元的武汉白沙洲冷链食品大市场于2009年年底落成，一期6万吨低温冷库已投入使用，年冻品交易量约180万吨；投资6亿元的重庆万吨冻品交易市场扩建工程正在建设中，拟扩建低温冷库6万吨，改造冷库2万吨；北京新发地即将投入使用的7000平方米交易大厅，进一步扩大了北京冷链物流中心的中转能力；总投资6亿元的云南东盟国际冷链物流中心已开工建设。由于国家加大了农产品冷链物流体系建设的支持力度，预计我国的公共冷冻仓储设施未来五年中增长速度将超过20%。

（3）冷链物流标准加快推进。2009年，我国出台的有关政策对冷链物流发展提出了更高的要求。《物流业调整和振兴规划》提出要加强农产品质量标准体系建设，发展农产品冷链物流；6月1日实施的《食品安全法》提升了对冷链物流市场发展的要求。与之相适应，国家冷链物流标准项目加快推进，全国物流标准化技术委员会制定的《冷链食品物流包装标志运输和存储标准》《冷藏食品物流包装标志运输和存储标准》即将出台；国家标准委发布的《全国服务业标准（2009—2013年）发展规划》将冷链配送服务要求、冷链物流企业服务条件评估、冷链物流信息服务要求、水产品冷链物流服务规范、医药物流服务规范五项重要关系我国冷链物流产业未来发展的服务标准在规范中突出体现，其他11项标准项目也在开始申报。

（4）食品生产企业加快物流服务外部化。一是剥离物流业务，成立第三方物流企业。生产企业将原有已建成的食品全过程冷链设备、技术、资金和人员单独成立专业化的第三方物流企业，为更多的企业服务。如河南双汇物流投资有限公司、天津康新物流有限公司、上海光明领鲜物流有限公司等。二是与物流企业合资、合作。生产企业具有一定资金和管理实力却不具备实际操作实力和客户资源，与具有一定规模和实力的第三方物流企业合作。如由北京三元集团有限责任公司与日本双日株式会社及双日（中国）有限公司三方共同出资成立的北京三元双日物流公司等。

（5）外资加快进入我国冷链市场。2009年，澳洲太古公司与广东省食品进出口集团共同投资组建广东太古冷链物流有限公司，占据合资公司60%股权，新公司冷库容量将达到4万吨；普菲斯公司在上海建设占地2.6万平方米的单层冷库，并计划在我国战略性港口建立一个现代冷库的全面网络；敦豪全球货运物流位于浦东国际机场的温控仓库正式投入使用，仓库面积为180平方米，温控范围为15℃～25℃，旨在保证冷链物流递送的质量和时效；百胜餐饮集团中国事业部在杭州建立配销中心，提供完整的冷链物流服务。

6. 连锁零售物流

（1）配送中心和基地建设进入高潮。2009年，我国社会消费品零售总额12.5万亿元，比2008年增长15.5%，消费对经济增长的拉动作用明显增强，推动了我国连锁零售物流业加快发展。目前，我国较大型的连锁企业都在建设自己的配送中心。据中国连锁经营协会统计数据显示，国内连锁百强企业当中，有80%的企业拥有自己的配送中心，配送中心的平均面积达到9693平方米。山西美特好物流有限公司投资建设的配送中心在2009年年底投入使用；物美新的生鲜配送中心即将投用；福建永辉将在北京建立物流中心；武汉中百于2009年7月募集了6.2亿元资金主要用于新物流和配送中心的建设；步步高、山东家佳乐等超市也都在开建物流配送中心；2009年11月，苏宁电器募集资金30.55亿元，计划把约10亿元投入六地物流基地建设项目。随着连锁零售企业规模的扩大，我国物流配送中心的建设正出现新的高潮。

（2）零售商推动物流模式创新。华联配送通过越库配送的方式，将部分商品的库存周期降至2～3天。所谓越库配送，是指商品到了配送中心以后，不进库，直接在站台上向需要的客户进行配送，促使物流成本大大地降低。物美集团实行集中采购模式，供应商数量从原来的2000多家精简到1000多家。通过与主力供应商建立战略合作，形成策略联盟，目前前30名主力供应商占采购量的25%；压缩供应链，通过信息系统的建立，中间商从原来的73%下降到50%。物美和外贸企业联手，主动将玩具、服饰、小家电等外贸产品转为国内销售。

（3）物流网络覆盖面逐步扩大。苏宁电器积极推动密集布店物流基地战略，计划在2012年之前投资120亿元，在全国建设60个物流中心。目前，除了在北京、杭州、南京建成了三大物流基地外，天津、重庆、沈阳、合肥、成都、无锡、徐州等地物流基地在建，2009年新开工的物流基地增加十个以上，包括长春、济南、广州、厦门、福州、杭州、武汉、哈尔滨、西安等。物流网络布局加快向二三级市场延伸，配送范围覆盖主要三四级市场。国美在东北、华北、华南、华中、西北、西南的配送中心也已经陆续开发、建设和使用。未来通过在区域重点城市建立6～7个大区级CDC，在一级市场规划建设40个区域RDC，在二级市场以DC覆盖城镇及乡村的方式来构建国美电器的三级物流网络。作为以物流战略支撑商业模式的跨国连锁企业，沃尔玛先后在深圳、嘉兴和天津设有物流配送中心，基本覆盖了沿海经济发达的一二级市场。

（4）“农超对接”取得实效。在商务部的推动下，超市与农产品生产基地直接对接，减少中间环节，为农民和城市消费者带来实惠。目前，“农超对接”已经在全国24个省市试点。很多企业，如物美、福建永辉、家家悦等，或是建立农超之间的产业链，或通过与供销合作社等组织的密切合作，进一步提升了生鲜食品的经营水平和利润空间。

7. 电子商务物流

（1）网购物流业务规模快速增长。2009年，我国网络购物市场加速扩容。据中国互联网信息中心（CNNIC）调查统计，截至2009年年底，我国网民规模已达3.84亿，其中，有近1亿的网购用户，年增幅达45.9%，比2004年翻了近两番，规模呈持续快速增长势头。据艾瑞咨询统计，2009年全国网络购物消费金额总计为2483.5亿元，同比增长93.7%，占社会消费品零售总额2%。网民在C2C和B2C购物网站花费金额分别为2210.3亿元和273.2亿元，在C2C购物网站上的购物支出占网购总金额的89%。受网络购物市场持续高速发展带动，网购物流业务规模呈爆发式增长。据测算，2009年我国网购物流约实现100%增长，达到200亿元。

（2）网购物流服务体系加快建设。2009年，我国大型网购企业自建物流中心越来越普遍。当当网在武汉沌口新建的物流仓储中心正式落成并投入试运营，面积达1.5万平方米；卓越亚马逊入驻成都的西部运营中心，面积约1.8万平方米；京东商城也在北京、上海、广州设有配送中心，并计划在2009年内进行三地配送中心的扩建和改造工程，增加配送站点数量以实现辐射范围小、配送效率高。为便利客户交易，货到付款业务在领先企业中普遍推开。当当网开通货到付款的地区已经达到1238个，并且在很多核心城市已开通加急服务，当当网还在北京地区为联营商城商户开通了货到付款服务。凡客诚品支持货到付款的区域已经超过862个城市。其中，全境覆盖的省（含直辖市）包括北京、上海、天津、山东、江苏、浙江等。淘宝网每日新增的交易量中货到付款业务稳定在2000～3000笔的水平。

（3）网购企业和物流企业加强联盟合作。为规范网购物流市场，淘宝网积极推行“推荐物流”制度。通过与物流企业签约，签约的物流企业进入淘宝的推荐物流企业行列，可直接通过与淘宝对接的信息平台接受其用户的订单。据统计，网商中使用推荐物流的用户已经达到了70%，申通、圆通等较早加入推荐物流平台的快递企业，电子商务业务每年增长在100%以上，目前每天的业务量已经达到50万单左右。2009年10月末，B2C网站阿里巴巴分别与天天快递、韵达快运、申通快递、圆通速递等快递企业签约，四家快递公司正式成为阿里巴巴的“合作伙伴”。成为合作伙伴之后，快递企业获得了阿里巴巴的45万诚信通会员资源，阿里巴巴的诚信通会员可以在这四家物流企业市场价基础上享受6~9折不等的优惠。

（4）大宗商品电子交易市场规模不断扩大。大宗商品电子交易市场是提供大宗商品交易的第三方多对多、动态定价的B2B电子交易市场。2009年，上海大宗钢铁电子交易中心成交量达到1.128亿吨，占全国钢铁生产总量的19.8%；成交额达4141亿元，税收贡献5300多万元，其交易商包括钢铁供应链上的企业会员7100多家。广西糖网食糖批发市场2009年全年单边交收量317.5万吨，比2008年增长30.93%，占全国总产量的26%。浙江塑料城网上交易市场开业五年来，已累计成交塑料1460万吨，成交额达1638亿元。全国各地5000多家从事塑料生产、经营、加工的企业成为网上市场的交易商，交易商客户遍布全国30多个省、区、市，成为目前国内规模最大、交易品种最多的塑料电子交易中心。

（5）大宗商品电子交易市场数量快速增长。截至2009年年底，我国共有大宗商品电子交易市场128家，分布在23个省、市、自治区，其中2009年新增市场35家。其中的56家规模较大的电子交易市场2009年的交易金额达到1.8万亿元。在2009年新开业的35家电子交易市场中，有21家市场定位于农产品领域，交易的品种为农产品，占新开业市场的比例达到60%。一方面农产品生产受天气影响较大，产量不确定性较大，因而该领域的企业避险需求较为强烈；另一方面，农产品的供销渠道相对较不稳固，中小企业较多，更易于加入到电子交易行业中来。这些农产品市场交易品种包含苹果、棉花、白糖、玉米、淀粉、红枣、木材、猪肉等，涵盖种植业、畜牧业、林业、副业等多个领域。

（六）区域物流全面推进，一体化发展渐成趋势

1. 物流功能集聚区逐步形成

一批先行先试的物流功能集聚区显示了良好的社会经济效益。上海外高桥保税物流园区依托国际采购、国际配送、国际中转和国际转口贸易四大功能，初步形成了国际采购配送中心的雏形，引进了日本最大的全球百元连锁超市大创产业、酒业巨头三得利配送中心、美国工业零件ACE配送中心、日本汽车巨头尼桑零部件分拨中心等一批20余家国际物流企业。这些产业的集聚为物流园区国际物流的发展，监管体系的完善创造了条件。传化物流基地定位于“物流平台整合运营商”，通过打造以信息交易为核心、以公路运输为依托、以国内物流为基础的物流企业集群发展的平台，发挥物流集聚效应。截至2009年年底，已有480余家来自省内外的专业运输、仓储、零担、货代等物流企业进驻传化物流基地，基地整合了近40万辆的社会车源运输网络，日成交量达5000条以上，全年货物承载量达1300万吨。2009年，随着各地对整合物流资源、发挥集聚效应的重视，一批紧密结合当地产业结构，综合采购配送、产品加工、电子交易、展览展示、配套服务的产业物流集聚区纷纷开工建设和投入运营，主要涉及钢铁、粮食、煤炭、石化、冷链、农资等众多领域。如郑州市结合产业优势，建设粮食物流园区；山东省寿光市农产品物流园已经正式开业；辽宁省鞍山市北方钢铁交易中心建成投用。

2. 区域物流合作进一步加强

2009年，国务院密集批复了《促进中部地区崛起规划》等12个上升为国家战略的区域发展规划，加大区域经济统筹协调力度，推进了区域物流合作步伐。长三角公路货运一体化进程迈出坚实一步。浙江、江苏、上海联合发布“一体化发展”管理意见：自7月1日起，在三地共建的“大物流圈”内，集装箱车可互享同城待遇。“两省一市”召开2009年长三角地区现代物流联动发展大会，签署《长三角地区推进医药物流标准化工作合作备忘录》，重点推进长三角地区医药物流领域的合作与交流。浙江省还牵头发起建设11省区市间的物流公共信息平台，并在杭州签订了《省际物流公共信息平台共建协议》。深圳加快引导跨区域物流合作发展。2009年5月，深圳与福建、江西、湖南、广西、海南等省市在广州正式签署《泛珠三角区域九省、区口岸合作备忘录》；7月，深圳与东北、大连积极互动，探讨合作空间。此外，2009年6月，陕西与湖北、江苏、山东三省政府及宜昌港务集团、徐州港务集团、连云港港口集团和日照港集团签订战略合作协议，共同构建现代煤炭物流体系。区域物流一体化的推进，不仅让区内企业得到了效益，更重要的是有效地克服了区域壁垒，有利于整个区域物流服务综合竞争力的提升。

3. 国际物流中心加快推进

2009年3月，国务院常务会议通过《关于推进上海加快发展现代服务业和先进制造业，建设国际金融中心和国际航运中心的意见》，从优化现代航运集疏运体系、发展现代航运服务体系、探索建立国际航运发展综合试验区、完善现代航运发展配套支持政策等方面对建设国际航运中心提出了具体要求。作为唯一的综合试验区，洋山港加大营业税政策优惠力度，明确提出注册在洋山保税港区的纳税人从事海上国际航运业务或货物运输、仓储、装卸搬运业务取得的收入享受免征营业税政策。天津滨海新区也表示力争在5～6年初步建成服务中国北方、东北亚、中西亚的北方国际航运中心。大连则通过建设“数字口岸”，逐步向东北亚航运中心迈进。随着《深圳市综合配套改革总体方案》的公布，深港物流合作规划更具操作性，深圳与香港物流正在加强合作，通过功能互补、错位发展共建全球性物流中心。此外，随着中国—东盟自由贸易区的全面启动，带动广西区域物流格局加快调整，南宁、钦州、防城港、北海、凭祥等物流节点正在加快向区域物流中心转型。

4. 城市物流受到更多关注

城市物流是以城市为依托的区域物流，以商业配送、快递运输等业态为主，服务于城市经济发展的需要，与人民生活息息相关。随着人们消费水平的提高，城市物流服务体系建设日益受到重视。为落实《物流业调整和振兴规划》提出的“城市配送工程”，越来越多的省市出台了相关政策措施。截至2009年12月底，天津、山西、吉林、广东、上海、安徽、山东、辽宁、湖南、青海、河北等省市先后出台了相关政策，重点解决配送车辆进城通行、停靠和装卸作业等问题。此外，一些城市尝试首先从运输车辆入手，规范城市配送，着手完善城市物流体系。2009年4月，上海市在全国率先推出的《城市配送物流车营运技术规范》（以下简称《规范》）开始试行。《规范》规定了城市配送物流车辆的基本技术条件及特殊条件、车辆维护要求、运输过程控制等要求。此外，《规范》将物流企业普遍关注的整体式箱式货车正式纳入城市配送物流车的行列。

5. 保税物流全面拓展

2009年，经过两年试点全国出口加工区开始全面拓展保税物流功能和开展研发、检测、维修业务。入区企业的经营范围相应扩大，从原来只允许加工制造企业进入，扩大至允许保税仓储、设计研发、国际采购、国际配送、检测维修等企业入区经营；从原来只允许加工制造企业销售经实质性加工的产品，扩大至允许加工制造企业进行简单加工以及零配件采购和销售。2009年，海关继续推动设立综合保税区，将一些距离相近的特殊区域和保税监管场所进行优化合并，实现“强强联合”。综合保税区是设立在内陆地区具有保税港区功能的海关特殊监管区域，实行封闭管理，是目前我国开放层次最高、政策最优惠、功能最齐全的海关特殊监管区域，是国家开放金融、贸易、投资、服务、运输等领域的试验区和先行区。2009年，我国获批的综合保税区包括：海南海口、广西凭祥、黑龙江绥芬河、上海浦东机场、江苏昆山综合保税区。截至2009年年底，我国共设有海关特殊监管区域96个。其中，保税港区13个，综合保税区8个，出口加工区55个，保税物流园区6个，保税区12个，珠澳跨境工业区1个，中哈霍尔果斯边境经济合作中心中方配套区1个。2009年，这些区域实现进出口总值2794亿美元，在经受国际金融危机冲击、外需下降的困难形势下，同比降幅比全国进出口总体降幅低7.2个百分点。经过20年的发展，海关特殊监管区域已成为我国引进外资和加工贸易发展的重点区域，成为电子信息、生物制药、航空航天等先进制造业集聚区。

（七）物流基础设施建设进度加快，物流运作条件有较大改善

1. 交通运输基础设施建设大规模提速

2009年，为应对国际金融危机冲击，国家实施总额4万亿元的两年投资计划，其中，铁路、公路、水路等交通基础设施占到较大比重，建设速度明显加快。全年全社会公路、水路、民航固定资产投资完成1.13万亿元。新增公路通车里程12.1万公里，其中高速公路4391公里；新增万吨级以上深水泊位96个；改善内河航道里程1192公里。民用机场航站楼总建筑面积增加66万平方米。到年底，高速公路通车总里程达6.5万公里，继续居世界第二位。一批重点项目相继开工投入运营。大广高速公路北京至承德三期工程、连霍高速公路宝鸡至天水段、舟山跨海大桥、沪瑞高速公路坝陵河大桥、洋山深水港区三期工程、广州港出海航道二期工程、长江纳溪至娄溪沟航道工程、天津滨海机场飞行区改造工程、腾冲驼峰机场等重点项目建成投入运营。

全年铁路完成基本建设投资6000亿元，比2008年增长79%。共完成新线铺轨5461公里、复线铺轨4063公里；投产新线5557公里，其中客运专线2319公里；投产复线4129公里、电气化铁路8448公里。一大批重点工程开工建设。上海—杭州、南京—杭州、杭州—宁波、南京—安庆、西安—宝鸡等客运专线，兰新铁路第二双线、山西中南部铁路通道等区际干线，以及贵阳市域快速铁路网，武汉城市圈、中原城市群城际铁路等相继开工建设。在建工程项目进展顺利，京沪高速铁路累计完成总投资的56.2%，哈尔滨—大连、上海—南京客运专线线下工程基本完成；北京—石家庄、石家庄—武汉、天津—秦皇岛、广州—深圳（香港）、上海—杭州等客运专线和上海—武汉—成都、太原—中卫（银川）、兰州—重庆、贵阳—广州、南宁—广州等区际大通道项目加快推进。一批重点项目建成投产，宁波—台州—温州、温州—福州、福州—厦门等客运专线相继建成通车，特别是世界上里程最长、时速350公里的武广高速铁路开通运营，成为我国高速铁路发展的又一里程碑。武汉、长沙南等104座新客站投入使用，那曲物流中心竣工运营。

2. 多式联运加快推广

随着我国综合运输体系的逐步完善，为多式联运创造了条件。在各种运输方式中，铁路一直是长途运输的骨干渠道。随着近年来铁路基础设施建设加大投入，铁路运能紧张的局面逐步缓解，多式联运方式的推广面临有利机会。2009年，我国铁路物流中心发展加快推进，基于集装箱中心站的18个铁路物流中心陆续开建和运营，一些重点路局启动了局管内的铁路物流中心规划建设工作，引导公铁联运全面展开。沿海集装箱港口的海铁联运发展较快。2009年7月，东北及内蒙古地区有关各方签署了《东北铁海联运战略合作框架协议》，提出最大程度整合东北及内蒙古地区的优势资源，在大连口岸和东北内陆间形成一条快速、高效、便捷的物流黄金通道，大幅降低了东北地区的物流成本。此外，厦门港承接中海集团的海铁联运业务，主要服务福建及周边地区；青岛港转口贸易发展迅速，众多日韩轻工业产品通过青岛港转口到中亚和俄罗斯，带动青岛港海铁联运的发展；山西通过宝特国际物流中心与连云港、青岛、日照、天津等港务局建立战略联合体，实现海铁联运；宁波港与中铁联合国际集装箱有限公司签署协议，共同出资组建合资公司，经营宁波港北仑港区铁路集装箱办理站；深圳盐田港陆续将海铁联运业务由沿海向内陆地区延伸，目前已在广州大朗、江西赣州、湖南醴陵、云南昆明等7个地方开设海铁联运业务。基于航空枢纽的空铁联运也在规划中，新虹桥客运站毗邻上海虹桥机场，计划建成该地区的空铁联运综合交通枢纽。

3. 物流园区（基地、中心）成为投资热点

随着《物流业调整与振兴规划》的出台，2009年各级地方政府投入高度热情，积极制定物流业发展规划，研究部署本地区的物流基础设施，物流园区等设施日益成为国内外企业的投资热点。以物流园区、物流中心、配送中心、分拨中心、物流仓库等为主体的物流节点设施建设继续保持了旺盛的发展态势。值得关注的是，地县级区域物流园区开发热度上升，一线城市以外的开发出现大幅度增长。

（1）外资物流地产商加快收购改造。2003年以来，美国的普洛斯、美国的AMB、日本的新熙地集团、新加坡的丰树信托和腾飞集团等有物流地产背景的外资企业通过既有项目收购和新地产开发方式在我国大力开展物流地产投资，为客户提供现代化物流仓储设施租赁服务。2009年，外商继续开拓中国物流地产市场，积极寻求新的发展机遇。这些物流地产投资商逐渐由二线城市回归一线城市，不断寻求市场机会，而收购改造成为物流地产市场重要的投资方式。通过收购现有厂房设施，并将其改造为更高标准的物流仓库，提供专业化的物流仓储租赁服务，成为外资进一步抢占国内物流地产市场的重要方式。2009年3月，普洛斯公司宣布完成苏州工业园区建屋发展集团有限公司下属两家专业公司50%的股权收购，并以15亿元人民币的总投资获得苏州新加坡工业园区67万平方米的工业及物流设施。尽管我国经济总体发展趋缓，但普洛斯表示依然看好我国的物流市场前景，将重点在我国一二线城市继续扩大投资，预计未来两年大约有10亿美元的投资额度投向我国地产市场。

（2）本土物流地产商投资热情高涨。国内众多的地产巨头如美林基业、合生创展、富力地产、恒大地产、珠江投资和和记黄埔等纷纷将物流地产作为近期发展的重要方向。中储、中远、中铁、中外运、宝供等本身有物流业务的物流企业积极投身于物流基地建设，以打造通畅、高效、完善的物流基地网络，规模超过了其自用需求，成为涉足物流地产的主要力量。而深圳宝湾、浙江传化等企业则在建立伊始就主要致力于物流基地建设和提供专业的物流仓储租赁业务。2009年，在中国房地产市场迅猛发展的形势下，物流地产作为一类新兴的工业地产，受到广泛地关注，众多的国内企业投身于物流园区的建设。

（3）物流地产开发涌现新模式。在城镇化进程快速推进的过程中，城市的二次布局成为历史发展的必然选择。在这种形势下，物流地

产开发出现新的趋势，物流园区与商贸城的产业衔接推动了物流集聚区的产生和发展。物流业作为商贸业的支撑产业，为商贸业的发展提供基础服务；商贸业的不断增长，也推动着物流业的提升和转变，进一步衍生出更广泛的物流服务需求，为现代物流业注入新的活力。物流集聚区正是在这种物流与商贸良性互动的环境中产生和发展，它依托于各种产业集群或实现城市的配套服务需要，利用现代化物流设施与信息管理技术，融合多种服务业态，为全球、全国及区域性供应链提供生产、消费、流通全方位物流服务的服务地域综合体。

（八）物流技术装备业经受较大冲击，结构调整幅度较大

1. 国际金融危机对物流装备业冲击较大

国际金融危机对我国物流技术装备业影响巨大。首先，直接影响了我国物流装备产品的出口，使得2009年我国叉车等重要物流装备出口呈现自由落体式的大幅下滑。尽管四季度以来全球经济出现复苏迹象，我国物流装备产品出口的严峻形势也略有好转，但前景依然很不乐观，出口市场还未见复苏迹象。

从我国物流装备的国内市场来看，2009年国际金融危机对我国物流装备市场的不利因素远远大于有利因素，一季度我国物流装备业出现整体大幅下滑。据中国物流技术协会信息中心的调查统计：关于国际金融危机对企业物流装备采购意向的影响，回答有利的为0，说明没有企业受益；回答没有影响的占25%，主要集中在食品、烟草、医药、商贸流通等行业，这些行业主要集中在国内市场，行业特点较为特殊；回答受到较大负面影响的占51%，受到严重冲击的占24%；合计起来看：受到严重冲击和较大负面影响的企业比例达到75%。这一调研结果说明我国物流装备市场受到的国际金融危机的冲击很大。

2. 叉车生产与销售大落大起

据监测分析，我国叉车行业自2008年4月产销达到高峰以来，从2008年5月起逐月回落，到2009年1月达到谷底。产销量也从2008年4月每月产销2万台左右下降到2009年1月6000台左右，下降了近3/4。2009年2月，我国叉车企业产销开始逐月缓慢回升，3~7月在低位徘徊，8月开始回升加快，四季度月度产销出现历史新高。尽管2009年我国叉车市场增长幅度不大，但相对于国际上叉车市场的下降，我国叉车市场仍是世界最好的市场，是世界叉车市场的亮点，更是世界上发展最快的，规模最大的叉车市场。

3. 托盘与货架行业微幅增长

受国际金融危机的冲击，我国托盘与货架行业在2009年上半年也出现了一定幅度的负增长。据监测分析，托盘与货架行业也是在一季度达到谷底，二季度开始触底回升，但回升幅度有限，从三季度开始回升幅度加快，四季度出现较大幅度的增长，全年实现微幅增长。

2009年，我国托盘市场需求与货架市场类似，但上半年市场下降幅度大于货架行业。托盘行业也是从二季度开始触底回升，三季度回升加快，四季度出现加大增长，但全年也仅仅与上年持平而已。

4. 自动仓储系统平稳发展

2009年，我国自动仓储系统市场在烟草、医药、食品、铁路、电力等行业的拉动下，需求和项目建设基本保持平稳。

2009年是我国烟草行业“十一五”技改项目建设的高峰期，因此全国对自动仓储系统的需求和投资在生产物流、商业配送物流两条主线上依然需求较大。由于自动仓储系统在食品饮料行业有更多应用，同时，冷链市场逐渐升温，许多企业已着手规划和建设冷链仓库，但由于技术和成本的原因，自动化物流装备应用还较少。

机械制造行业受金融危机影响较大，影响了对自动仓储系统的需求。由于企业已感受到生产配送型零部件装配自动仓储系统的优势，预计2010年市场需求会有较大提升。

5. 输送分拣设备行业加快升级调整

2009年年初，金融危机使物流装备需求趋缓，但受合同执行周期长影响及国家振兴经济方案刺激，下半年输送分拣设备需求明显好转，呈先抑后扬态势。据初步估算，2009年输送分拣设备行业总产值增量较前几年低，为8%～15%。同时，供求关系也呈现出新的态势。

6. 行业需求从粗放式转向精益化

2009年是我国物流装备业的整合时期，也是行业从粗放式经营向精益化发展的阶段，反映在用户的投资心态更趋理性。不仅注重系统的投入产出、运行和维护成本，在系统筹建期间，还积极配合集成商参与系统规划及工艺流程设计评审，其目的是获得高性价比。

同时，金融危机引发业内企业洗牌。国内一些资金雄厚的企业借此契机开始考虑并购，在加强自身资源优势的同时，积极物色有互补技术特色（如软件、专业装备制造）的企业，通过合作、并购等形式组成战略联盟或产业整合，其目的是扩大企业规模和提供物流系统集成的全方位服务，形成国内系统集成领域的“航母”地位。

（九）物流信息化全面推进，运用成果取得实效

1. 物流企业信息化促进运营管理升级

物流企业对信息管理系统提出更高要求。中远物流根据业务发展的需要，自主开发了5156系统、船代在线、FOCUS、仓储管理等核心物流信息系统。其中，FOCUS系统有力地支持了中远物流的货运业务从分散于各个口岸货运代理向有实力的无船承运人的成功转型，并实现了总部和区域中心的集中采购、统一结算和精细化管理。远成集团已先后开发和应用了远成物流信息系统（YCLIS）、车辆全球定位系统（GPS）、财务金蝶EAS系统、仓储INFOR WMS系统。这些信息化技术的普遍应用，有效地满足了现代化物流查询、监控、跟踪、结算、配送等需求。2009年，远成集团与INFOR公司实现强强联手，在信息化建设多个领域进行密切合作。华联配送建立了一个较完善的管理信息系统，把大量的销售信息转化为对零售企业、生产企业、中间的批发都非常有用的数据和信息。把顾客的信息转化为对生产和配送的指导，并根据客户需求，完成库存的自动补货和提供储存、加工（有时需要捆绑销售）等附加服务。将库存周转天数从30天降低到18～22天。而且还能保证商品配送的及时安全，提高商品的满足率15个百分点以上。

2. 区域公共信息平台加快落实

一些地区按照规划统筹构建起来的综合物流信息平台已经初步形成。2009年7月上旬，浙江省牵头与上海等16个省市区签订物流公共信息平台共建协议；与中国电信集团签订框架协议，利用该“平台”开展3G手机物流服务业务；由浙江交通综合物流协会牵头，建立30多家企业参加的物流公共信息系统共建联盟。2009年年底，“全国物流协同平台”在惠州开通。该平台是由惠州金泽集团自主开发的物流信息技术应用平台，通过将中国电信3G通信技术、卫星定位导航技术、物流管理支撑系统等技术融合，应用3G手机、GPS、RFID、二维码、条码等技术，实现通信和物流管理的“一揽子”解决方案，能在全国范围内为物流企业和企业物流提供全程全网的综合协同服务及供应链管理服务。

3. 跨部门公共信息平台加深合作

除了物流中涉及如通关、税收、交通、保税监管等主管部门的电子政务平台建设和应用外，已经出现了一些跨部门的合作。例如，商务部与海关、银行的电子政务平台合作，正在把与内外贸业务有关的企业安全证书逐步过渡到电子口岸统一身份认证系统，建立“一卡通”和一体化服务体系。新白云机场“空港物流监管信息平台”的开发与建设，是海关与新机场合作的信息平台，该信息平台以舱单数据为依据，将卡口管理系统、仓储管理系统、快件通关系统、电子地磅等与通关系统联网。此外，在技术服务方面如数据交换平台、GPS/GIS、利用手机通信网络进行定位或跟踪的信息系统等有许多应用案例出现。

4. 公共信息平台服务功能逐步延伸

海关的电子商务和综合物流服务平台逐步开发完成，实现了由政务向商务、物流服务的延伸。在青岛，药品医疗器械电子监管网已经建立并投入运行，有效实现了对药械流通的实时监管，通过对药械的生产、经营单位的资质和物流过程实施监管，大大提高了药品监管部门的监管能力和工作效率。该网还可以通过与全国其他监管信息系统进行数据交换，实现对进出青岛市区的药械物流的远程监管，避免监管的断层。

5. 商业性公共信息平台发挥集聚效应

商业性公共信息平台以实体基地为依托。传化物流搭建平台，集聚起大批第三方物流企业和社会车辆，为他们提供货物交易信息的电子平台，打造诚信的司机信息认证系统，建立类似客运班车一样的货运班车市场，然而传化从不直接承接物流业务。在传化公路港物流基地，物流企业只需专注于自己最专长的核心业务，其余业务会通过传化的服务帮其解决。湖南天骄快车系统以货源信息的整合带动车辆资源的整合，以担保服务带动网上交易，突破了此类平台只能传信息，不能在线交易的难题。

6. 产业物流信息化加快变革

产业物流对信息化的依赖程度加深。开滦集团2009年投入使用的综合物流管理信息系统与生产、销售、财务、人力等信息系统的数据共享，在煤炭行业首开供应、销售、仓储、运输一体化管理的先河。通过搭建第三方物流电子商务公共服务平台，为各类企业贸易活动提供社会化交易平台。在有效整合企业内部信息资源的基础上，通过网络与相关企业在供应、生产、物流、需求等流程上同步集成，引入供应商管理库存模式，辅以连续补货程序，有效降低了上下游企业的库存和资金占用，提升了物流服务质量。福田物流公司应用先进的信息技术手段，通过计算机技术、网络技术、电子数据交换技术、条码技术等信息技术构建物流管理信息系统，先后配合福田汽车集团上线并应用WMS系统、CMMP系统，使得福田物流公司的管理更加自动化、高效化，运输及时性得以保证。安钢智能物流管理系统集众家所长，并紧密结合安钢自身特点，充分利用信息化资源，视频监控等技术，实现对所有进出厂车辆的监控，真正实现物流与信息流的同步，改变了传统的计量方式。通过视频监控、ID、IC卡等技术手段，对厂区汽车运输实施从开始进厂，一直到出厂的所有物流环节进行全程跟踪监控。计量员进行远程集中控制计量，保证了计量数据的准确可靠，进一步增强了防作弊能力，实现了科技保廉。河北钢铁集团在集团级产销一体化方面，集团ERP平台和各子公司ERP平台达到无缝衔接，体现出“利润中心”和“成本中心”的职能和作用，使集中管控和生产物流有效衔接。

（十）行业基础性工作扎实推进，各个领域有所突破

1. 物流标准化工作取得新进展

国家标准化管理委员会会同国家发改委等有关部门编制的《2009—2011年物流标准专项规划》基本定稿。2009年，完成并正式发布了6项物流国家标准，包括4项通用基础标准，即《第三方物流服务质量要求》《多式联运服务质量要求》《社会物流统计指标体系》和《物流中心分类与基本要求》；还有2项冷链物流标准：《冷冻食品物流包装、标志、运输和储存》和《冷藏食品物流包装、标志、运输和储存》。此外，还完成了一批行业标准的制定，即将发布，如《货架术语》《易腐食品机动车辆冷藏运输要求》《物流企业客户满意度评估规范》等。选择大型物流企业和园区部署物流标准化试点，作为国家级服务业标准化试点项目。先后成立了全国物流标准化技术委员会下属的物流作业、托盘、第三方物流服务、物流管理、冷链物流和仓储六个分技术委员会，进一步完善了技术机构建设。

2. 企业评估认证，诚信、示范评审工作持续推进

按照《物流企业分类与评估指标》国家标准评估认定的A级物流企业品牌价值不断提升。2009年参评企业非常踊跃，先后有两批共397家经评估认定为A级物流企业。到2009年年底，我国共有743家A级物流企业，其中5A级物流企业55家、4A级物流企业240家、3A级物流企业321家、2A级物流企业126家。根据商务部、国务院国资委的统一部署，按照《物流企业信用评级管理办法》，2009年评出A级物流信用企业26家。到年底，A级物流信用企业已达92家。2009年，经中国物流与采购联合会评审命名，新增中国物流示范基地3家、中国物流实验基地7家。到年底，中国物流示范基地累计23家、实验基地累计32家。

3. 物流统计工作涵盖范围继续扩大

由中国物流与采购联合会每月定期发布的制造业和非制造业采购经理指数（PMI），继2008年上半年率先发布经济下滑信号后，2009年年初又准确地预测到3月经济运行出现的拐点，受到社会各界和国内外的广泛关注。温家宝总理在参加国际会议时，首次向与会各国谈到了中国PMI指数；李克强副总理就PMI指数做了重要批示。2009年11月，国家发改委、国家统计局和中国物流与采购联合会联合组织了2009年物流统计工作会议，统一部署下一阶段物流统计工作。目前，全国已经有21个省市区开展物流统计工作，为政府和企业决策提供了重要的数据参考。中国物流与采购联合会通过统计信息，分析物流产业安全形势，据以开展物流业产业损害预警调查工作。

4. 物流教育培训工作稳步进行

据不完全统计，至2009年年底我国已有开设物流专业的各类院校2000余所，在校生突破100万人。物流师职业资格培训与认证工作自2003年11月开展以来，已有超过10万人参加了培训，接近7万人通过全国统一考试，取得了高级物流师、物流师或助理物流师资格证书。2009年，我国参加物流师职业资格培训的人员达2万多人，其中1.3万余人通过全国统一考试，取得了资格证书。

5. 物流学术理论研究和科技创新工作迈上新台阶

2009年，我国物流理论研究迈上了新台阶，仅第八次中国物流学术年会就收到论文860篇、研究课题112个，国内外、台港澳、产学研各界近千人参加了年度物流学术盛会。这些论文和课题的研究水平和质量比往届明显提升。在中国物流与采购联合会的推动下，物流理论和学术研究在产学研结合方面有了长足进展，2009年新增产学研基地33个（产学研基地总数已达62个）。在物流科技创新方面，2009年新评出获奖项目26项，其中一等奖4项、二等奖9项、三等奖13项。此外，2009年评出“宝供物流理论创新奖”、“宝供物流科技创新奖”、“宝供物流推动贡献奖”等共10项，有40所院校80名学生获得宝供物流奖学金。

三、2009年中国物流业发展存在的问题

2009年，我国物流工作取得了令人瞩目的进步，然而一些深层次矛盾依然存在，还出现了许多新的问题，对此，我们必须有清醒的认识。

1. 物流业服务能力和发展水平仍然不能满足国民经济平稳较快发展的需要

进入21世纪以来，我国物流业总体规模

快速增长，服务水平显著提高，发展的环境和条件不断改善，为进一步稳定发展奠定了基础。但从总体上来看，我国物流业的服务能力和发展水平仍然不能满足国民经济平稳较快发展的需要。特别是2008年第四季度以来，经过国际金融危机的严峻考验，更加暴露了我国物流业发展中存在的突出问题。

2009年，全国社会物流总额96.65万亿元，同比增长7.4%，增幅比2008年的19.5%回落12.1个百分点，是5年来最低增幅；也是自我国社会物流统计制度建立以来，社会物流总额首次低于GDP增长。2009年全国物流业增加值为2.31万亿元，同比增长7.3%，增幅比2008年回落8.1个百分点；占服务业增加值的16.1%，比2008年下降0.3个百分点。由此可见，我国物流业发展的基础还比较脆弱，服务能力不强，发展水平还很不稳固。

2. 物流业结构性失衡依然存在

我国物流业的服务能力和发展水平，不能够适应国民经济平稳较快发展和经济发展方式转变的需要，不仅表现在总体规模上，结构失衡的问题也很突出。

（1）供需结构不平衡。2009年，我国工业品物流总额87.41万亿元，占社会物流总额的比重为90.4%，是社会化物流需求的主要来源。而“大而全”、“小而全”的企业物流运作模式还相当普遍，社会化的物流需求增长缓慢。在金融危机的冲击下，一些企业进一步强化自营物流，需求不足的问题更加突出。与此同时，物流企业“小、散、差、弱”的问题依然存在，专业化物流供给能力不够。不少物流企业技术装备落后，标准化水平低，增值服务少，不能够满足供应链一体化的物流需求。社会化的物流需求不足和专业化的服务能力不够的矛盾同时存在，是制约我国物流业加快发展的突出问题。

（2）行业发展不平衡。汽车、家电、电子等先进制造业，需要现代物流业相配套，社会化程度比较高；烟草、医药等集中度和附加价值较高的行业，一体化运作、供应链管理等现代物流管理模式发展较快；与消费市场紧密相连的连锁零售、网上购物、城市配送、快递服务等行业物流需求旺盛，供给能力较强。处于产业链上游、资本密集型的钢材、煤炭、矿石等大宗物资物流发展相对滞后；农产品生产和流通的集中度低，季节性和保鲜度要求高，受自然条件影响大，物流发展相对滞后，也是我国物流业发展的“短板”。

（3）区域发展不平衡。东部沿海地区经济发展较快，特别是以外向型经济为主导的格局带动了旺盛的物流需求，物流基础设施相对发达，物流管理水平相对较高。同时，受国际金融危机的冲击较大。中西部地区经济以区域内生性需求为主，跨区域物流需求较低，物流基础设施和管理水平相对落后。在“稳外需、扩内需”和产业梯次转移的大背景下，区域物流发展不平衡的矛盾更加突出。随着城镇化的推进，城乡之间物流发展不平衡的问题日益显现，城乡一体化的物流服务体系应加快筹划。

3. 物流运行效率亟待提升

在我国，奇高的社会物流总费用与极低的物流企业利润，形成强烈反差。一方面，我国社会物流总费用与GDP的比率，比发达国家高出一倍左右；另一方面，我国物流企业是在“低价格、高成本、微利润”的状态下生存，发展后劲明显不足。资源利用不充分，运行效率不高，是产生这一问题的主要原因。比如，在物流基础设施方面，内资企业平均拥有量远大于外资企业。而传统的制造和商贸企业习惯于自成体系、自我服务，企业内部物流基础设施规模较大，存在物流资源闲置与浪费现象。由于标准不统一，各类企业不贯通，基本的集装单元不固定，一体化运作难度大。由于信息不对称和运输组织方面的问题，车辆空驶、迂回运输，无效运输比例较高。由于线路和节点配套性差，联运、转运设施不足，不同运输方式不能够方便地衔接和转换，海铁联运、公铁联运等比例不高。

4. 物流市场环境需要规范

物流企业的赢利能力越来越低。由于产业集中度不够，同质化竞争日益加剧，降低了物流企业自身的议价能力，形成了“低价格、低成本、低技术含量”的物流运作模式，产业自身积累能力较弱，直接影响了产业的转型升级。2009年，公路货运市场综合价格指数和沿海干散货综合运价指数长期低迷，反映出物流服务价格依然呈下降趋势。而随着石油价格上涨、劳动力成本上升以及土地获取难度加大，物流企业成本大幅上涨，利润空间大大压缩。2009年发生的快递企业集体提价未遂事件，深刻反映出依赖低价竞争的企业难以摆脱被动的价格接受者角色，在产业链博弈中难以实现自身能力的提升。

物流市场失范问题越来越严重。近年来，各地连续发生拖欠货款、货物丢失损坏、卷款逃跑等恶性事件。一些地方还存在着地方封锁和地方保护的问题。涉及跨区域的物流基础设施衔接、市场准入规定、分支机构设置、资源兼并整合等问题日益成为企业做大做强的制约因素。

5. 物流业相关政策亟待落实

2009年3月，国务院《物流业调整和振兴规划》提出，“要抓紧解决影响当前物流业发展的土地、税收、收费、融资和交通管理等方面的问题。”同年，中国物流与采购联合会经过深入调研，提出了60条政策建议。政府有关部门虽然做了大量工作，但相关的政策到年底仍未出台。物流企业最为关心的政策有以下几个方面：

第一，适当调整物流业税收政策。按照物流业一体化运作的需要和公平税赋的原则，将物流业仓储等环节营业税税率统一调整为3%；抓紧解决物流税收试点工作中存在的主要问题，放宽“自开票纳税人”的相关规定；在三年规划期内，对试点物流企业营业税实行减半征收；仓储设施土地使用税税率，以2006年年底为基数，按照低档、下限调整；出租仓库只缴纳单一的营业税，取消库房租金适用税率；允许物流企业以营业税享受增值税转型政策，支持物流企业设备更新；允许物流企业统一计算与缴纳所得税，支持物流企业网络化经营；研究设计物流业专用发票，为“一票到底”物流业务提供方便等。

第二，改进和规范交通管理。清理各类“大吨小标”商用车辆目录，从根本上解决“大吨小标”商用车的管理问题；进一步控制收费公路规模，撤并收费站点；研究相关管理办法，为城市配送车辆进城通行停靠和装卸作业提供便利；建立集装箱多式联运管理服务体系；支持甩挂运输发展；切实解决大件运输的相关问题；借鉴国外做法，推动中置轴挂车在国内的开发和应用；清理各地不同执法标准，设立全国性的统一执法与处罚标准。

第三，切实加大投融资力度。扩大物流业发展专项资金规模，加大财政支持力度，加强对项目的考核、评估、认定工作；积极引导商业银行在防范资金风险的前提下，放宽物流企业贷款融资条件，降低其融资成本。鼓励金融机构对信用记录好、有竞争力、有市场、有订单，只是暂时出现经营或财务困难的物流企业给予信贷支持。鼓励民间资本参与物流业融资，发挥民间金融在支持中小企业发展、满足民间多样化需求中的独特优势。建立支持物流企业贷款的专业担保机构，开展物流产业投资基金试点，为物流企业上市、发行债券和其他融资创造方便条件。探讨建立“中国物流银行”。

第四，进一步完善土地政策。对纳入国家规划的物流园区土地征用给予重点保障；对重点物流企业以原划拨土地改建物流项目的，应优先办理土地出让手续；物流企业异地搬迁，原土地拍卖所得可返还用于搬迁安置；建设多层库房的，应减免相关规费。鼓励利用工业厂房、仓储用地兴办物流企业，或交给物流企业托管经营，支持盘活存量土地资源。对于资金短缺而成长性又较好的物流企业，允许其租用物流园区土地进行项目建设。重点物流项目用地，在地价上等同或低于工业用地，相关规费按照下限收取或减征、免征、先征后返。

第五，支持物流企业做强做大。要进一步明确支持物流企业做强做大的政策导向，从工商登记、财政税收、统计信息、法律事务等经济管理的各个层面，对物流企业进行界定，明确物流行业的主体地位和主管部门。制定相关政策措施，鼓励物流企业兼并重组；要允许物流企业分支机构使用总部取得的各类资质，简化国有大型物流企业内部产权转让程序；为物流企业设立分支机构提供方便，允许物流企业设立非独立核算的法人单位；加快物流企业综合评估工作进度，开展重点物流企业综合改革试点工作。

第六，促进制造业与物流业联动发展。要把“两业”联动作为推进制造业产业升级的重点工程；加快推进制造企业物流服务社会化；大力支持物流企业增强一体化服务能力；整合提升制造业集聚区物流功能；构建物流服务市场体系和公共信息平台；鼓励物流企业托管置换制造企业物流要素；促进制造业与物流业信息共享、标准对接；建立分行业的物流运行评价体系；采取鼓励联动发展的财税政策；组织实施联动发展示范工程和重点项目。

物流业是复合型的服务产业，涉及几乎所有的经济管理部门，有关政策问题协调难度大。因此，必须强化综合协调机制，形成支持物流业发展的合力。

（作者：贺登才　周志成　中国物流与采购联合会）

2009年全球物流动态

伴随经济全球化和现代信息技术的高速发展，物流作为现代流通方式的主要渠道和载体，其流通生产和消费的枢纽作用不断增强，也成为衡量全球经济发展的重要指标。自2008年年底国际金融危机影响范围由虚拟经济转向实体经济后，金融危机对全球物流业的影响逐步加深，并呈现出从外贸物流向各国内生产、商贸和消费领域的传导。总体看金融危机所导致的物流市场需求降低及市场运行环境恶化，对全球物流业运行质量也产生了一定影响。

一、2009年全球物流业回顾

根据有关数据显示，2009年全球经济仍然没有走出美国金融危机带来的阴影，全球经济持续低迷令整个物流业面临着前所未有的挑战。金融危机对整个物流系统的冲击是巨大的，这是由于各行业的经济衰退最终都反映在出货量的骤减上，而出货量恰恰又是体现物流运行的重要指标，所以说物流业遭受的打击要比其他行业更为严重。

1. 全球物流成本呈下降趋势

2009年，在全球经济回暖趋势缓慢的大背景下，面临消费市场萎缩带来的货运量减少、商业库存总量下滑以及信贷市场紧缩，全球物流成本呈下降趋势。

以美国为例，根据2009年6月美国供应链管理专业协会（CSCMP）发布的《第21次美国物流状况分析报告》，2008年美国物流总成本1.1万亿美元，比2007年减少了244亿美元。经济低迷，市场需求萎缩造成新产品订单大幅减少，受货运量减少和运价下跌压力的影响，运输成本下降幅度很大。利率的持续下跌也直接导致库存持有成本下跌。2009年，美国物流总成本占名义GDP的比重下降到7.7%，这是自1981年物流年报发表以来测算的历史最低值。如图1所示。

2009年前三季度，美国商业库存总量下滑，尽管到第四季度略有反弹，库存水平仍低于衰退前的水平，如图2所示。商品库存水平的下降直接导致商品库存成本的减少。除去商业库存水平下降的因素，历史罕见的低利率也是导致商业库存成本减少的因素。

受金融危机的影响，美国物流运输成本也下降了20.2%。经济不景气导致运输能力过剩、货运量减少，业内竞争激烈又引发价格战，而价格战又导致现货市场运价低于成本。2009年，国际油价持续波动，但是燃油附加费对创收的贡献却越来越小。

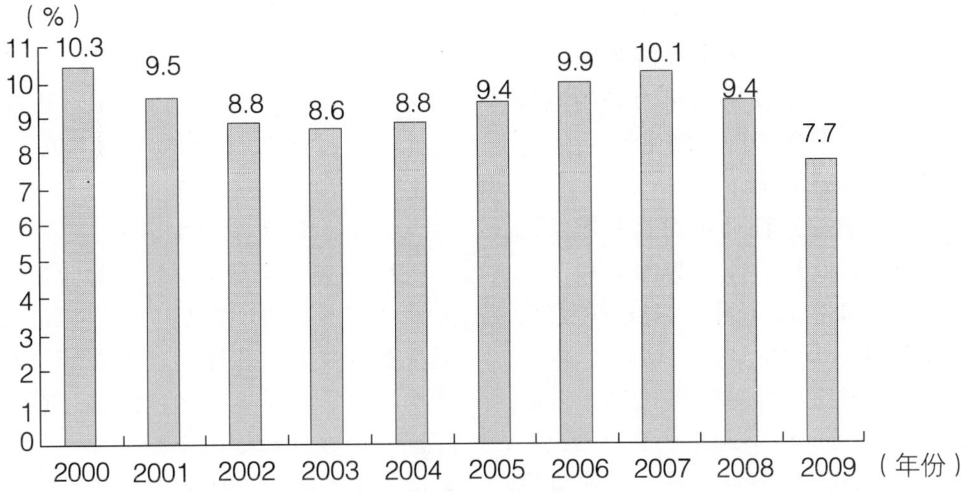

图1　2000—2009 年美国的物流成本占 GDP 的比重

资料来源:《第 21 次美国物流状况分析报告》

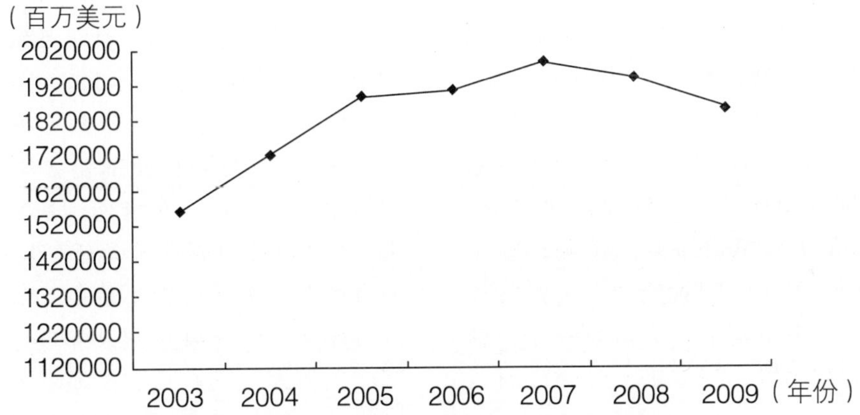

图2　2003—2009 年美国商业库存水平走势

资料来源:《第 21 次美国物流状况分析报告》

2. 陆路运输业遭受严重冲击

2009 年,对全球大多数的汽车运输公司而言,遭受的冲击是巨大的。因为,公路货运行业运力以前所未有的速度持续下降,同时,市场萎缩导致的货运量下降速度超过运力下降的速度。许多货运公司通过减少运输车辆数量实现精简运作。

在美国,大约有 2000 家货运公司在 2009 年退出公路货运市场,进一步减少了货运车辆的数量,货运企业收购合并现象增多。美国投资公司艾凡达尔(Avondale Partners)的分析师唐纳德·布劳登(Donald Broughton)预言,2010 年还将有 2000 个公司会因高运营成本和低货运服务需求而被迫退出市场。根据美国货运协会(ATA)报告,2009 年美国货运量萎缩了 12.5%。重型卡车使用率大约在 75%,而这一比率根本不足以促进新的卡车销量增长。

在欧洲一些国家,货运服务市场不景气,加上不断下滑的业绩,许多公司被推到了破产的边缘。另外,近两年一直困扰货运系统的司机流失问题在 2009 年没有引起人们太大的关注，主要原因是货运量以比司机退离行业更快的速度骤减。2009 年，来自其他经济领域（特别是建筑业）的求职者也使得司机市场的竞争激烈，货运司机们感受到了巨大的生计压力。

3. 铁路运输业需求锐减

2009 年，全球铁路运输业也面临着需求锐减的压力。在美国、欧洲、印度等国家和地区的铁路货物运输量都有所下降。以美国为例，铁路载货量下降了 16.1%，多式联运下降了 14.1%。经济增长放缓、全球暖冬气候，以及相对比较低的天然气价格引起电力需求减少，进而导致煤炭货运量下降了 10.9%。而建筑类相关产品的运输量降幅也很大，例如木材、沙子、石材、砖瓦和玻璃制品等运输量都有不同程度的减少。经济衰退对铁路的运力也产生了影响。2009 年 12 月，美国有 28.8%（将近 45 万辆）铁路运输车辆暂停使用。2009 年年底，这一数字超过 50 万辆，相当于全部车辆的 32%。而经济稳健时，通常只有 2% ~3% 的铁路货车在仓库搁置使用。美国铁路协会（The Association of American Railroads）预测，整个行业大约有 430 亿美元的闲置资产。公路货运与铁路货运行业运力下降的一大区别在于，铁路设备只是暂时被闲置，当需求上升时随时可复位。

由于运输量减少，每加仑柴油价格下降了 43.2%，一级铁路使用频率大大减少。燃油附加费的取消和激烈价格战略使铁路运营收益从 2008 年的 3.34 美分吨英里降低到 2009 年的 3.01 美分吨英里。当然，对于铁路运输业而言，利好的是作为运营费用一部分的燃油费用，从 2008 年的 25.8 下降到 2009 年的 15.3。

面对市场需求萎缩，欧洲各国也展开了铁路运输保卫战，力求通过一系列改革，发展高速铁路网络，赢得运输市场份额。2009 年 12 月，欧盟首次允许所有铁路运营商参与国际客运线路的竞争。法国、西班牙、意大利和荷兰等国家也计划通过发展高速铁路网络扩大铁路运输业的竞争力。据统计，未来 10 年里，欧洲 9 个拥有高速铁路的国家将总共投入 2000 亿美元，使目前总长为 5000 公里的铁路线延长至 1.5 万公里。

4. 海运服务业再次萎缩

2009 年，全球港口货运量也出现不同程度萎缩。美国前 10 大港口（除奥克兰外）吞吐量都有所减少。远洋运输业在经济衰退中严重受挫，并且需要很长的恢复期。总体看全球的海运公司在 2009 年损失惨重，一方面，由于承运人急需将自己的货船装满，运费特别是即期运费被压得很低，甚至低过成本；另一方面，货运量不及运力，船运公司不愿意将长期闲置的货船投入，因此航线缩短了，运货时间延长了。许多航线为省油采用减速航行，但是发货人却并不满这一结果。根据 Drewry Shipping Consultants 公司统计数字显示，2009 年第四季度，美国 1600 艘货船中只有 53% 的货船按规定时间到达，交货期远远长于经济衰退前水平。接近 1/4 的世界运输船队在 2009 年出现闲置情况。为了应对不好的市场环境，亚洲的部分船运公司靠减少集装箱船数量支撑疲软的资产负债表。据有关数据显示，2009 年七大亚洲船运公司已经取消了 16% 的船队，一半以上的公司将运输船舶当废弃材料卖掉，或是在二手市场上出售。

5. 航空运输业困难重重

由于全球性经济危机导致货运量下滑，2009 年是航空业最困难的年份之一。根据国际航空运输协会（IATA）的报告，全球航空货运量在 2008 年 12 月下降了 22.6%，降幅前所未有。2008 年，国际航空货运量下降了 4%，全球航空公司共亏损 50 亿美元。

2009 年，世界许多航空公司采取停飞方式缩减运力。来自国际航空运输协会的统计表明，世界宽体货运飞机运力下降了 22%，航空货运业整体运力下降了 12%。显然，世界航空运力的缩减导致航空运输业正经历着最严峻的运力紧张问题。运力紧张又引发航运价格猛增、货物滞留等问题出现。2009年最后一个季度，国际航空货运价格增长了一倍，是2009年年初的5倍多。这对面临高燃油成本、低需求量的航空货运公司来说，似乎又是一个有利的消息。

国际航空运输协会（IATA）中东和北非地区机构负责人萨布里（Sabri）指出，全球经济下滑影响不断深化，2009年航空运输业面临艰难局面。受影响最大是北美、欧洲等经济严重不景气地区的航空公司。相比之下，中东地区航空公司遭受的影响较小。根据相关数据显示，2008年中东地区航空公司亏损约1亿美元，造成亏损的主要原因是中东地区航空公司运力大幅增加而市场需求却逐渐萎缩。

6. 第三方物流——逆境中发展

2009年，作为给客户带来价值增值的第三方物流行业发展不尽如人意。由于全球经济衰退，第三方物流企业大多调整供应链策略，以适应市场变化和减小生存压力。根据2009年美国供应链管理专业协会（CSCMP）发布的《北美、欧洲及亚太市场第三方物流发展现状分析报告》，一方面，物流需求量急剧下降，导致许多以航海运输、航空运输、铁路运输、汽车运输方式进行物流的第三方物流企业面临破产；另一方面，金融危机给第三方物流企业带来一轮重新洗牌。现金充裕或者能从银行拿到大额授信，具有运营优势的大型第三方物流趁机在市场重组中进一步壮大自己，而那些实力较弱、不能给客户降低成本的第三方物流公司面临举步维艰、进退两难的境地，这些企业要么被兼并收购，要么申请破产。

著名咨询公司阿姆斯特朗（Armstrong & Associates）发布的2009年年度报告中显示，美国第三方物流业在2008年小有赢利后2009年大势已去。不仅国内运输管理领域收入下降14.7%，而且国际运输管理领域也下降了25.2%，与此同时，长期合同运输领域收入在2009年下降了15.2%，增值仓储和配送服务领域下降了0.7%。第三方物流企业面临的突出问题包括货运量急剧下降、运费大幅跌落、成本和金融压力很大。

与前两年不同，2009年受大环境影响，全球多数第三方物流企业放缓了兼并和重组的步伐。北美、欧洲及亚太市场第三方物流发展报告年会上，来自全球的35位第三方物流企业的CEO表示，在今后的三年里，他们预期兼并收购带来的平均收益不会超过9%。这些第三方物流企业将关注重点放在了合作双方的可持续性。有25家公司计划开发新的可持续性项目，另外，有22家表示会继续发展现有的可持续性项目，没有任何一家第三方物流企业取消现有的可持续性业务。与此同时，第三方物流企业大大加强了物流安全体系方面的建设，主要鉴于物流过程中发生的事故会造成突发性的严重损害，包括人身伤亡、设备损失、商品损失以及环境的破坏等。

二、物流与供应链的新发展

全球经济危机的爆发，给物流与供应链带来了严峻的挑战，也提供了提升和发展的机遇。按照全球著名物流专家的说法，拥有强有力和灵活性供应链的企业，将引领业界率先走出危机。随着2009年全球供应链年会的召开，在以“创意·工具·方法论”为主题的大会上，全球供应链领袖们探讨了物流和供应链在危机中的角色和地位问题。包括供应链基础、供应链现实问题、全球供应链基础设施、新兴市场、全球外包与采购、库存管理与需求计划、利用经济下滑优化的供应链、服务水平与现金流的均衡、精益制造——创意与工具、供应链流程优化提升、新趋势下的危机管理、吸引人才与留住人才、供应链领导艺术、供应链绩效指标、供应链协同、第三方物流战略、运输—挑战时代的供应链联系、仓储创新等二十多个主题，这些议题均将重点放到了物流和供应链在危机中的地位和角色方面，并从不同的角度，实现了创新和突破。

1. 供应链成本决定制造业的变局

金融危机迫使制造业转向供应链寻求核心竞争力支持，而从全球范围考虑，从供应商到最终客户的全供应链成本成为制造业变局的基本考量。从供应链的角度，不仅土地、劳动力等要素成本决定生产地点的选址，客户服务水平、税务因素、运输仓储成本、交易费用等也成为考量重点。

在后金融危机时代，全球制造业从“离岸”向“近岸”转移。出于加快交付周期、应对全球供应链风险的考虑，在金融危机爆发之后全球制造业出现了向接近最终消费者转移的趋势。LG 从中国迁移至墨西哥的主要因素，一是考虑通过 NAFTA 自由贸易区避开关税壁垒因素；二是考虑交货周期。由于采用承运人管理、简便的海关手续以及改善和工厂管理者沟通，LG 订单从墨西哥入境美国仅需 12 ~ 18 小时。卡夫食品作为 240 亿美元的公司，采用收入与现金流的平衡方法，实现了服务与现金流的平衡。由于供应链服务水平的提升，会加大供应链的成本，因此，卡夫公司通过设定供应链服务水平与现金循环周期的平衡点，实现了服务与成本的优化。

2. 打造市场上最好的供应链

财富 500 强巨头沃尔玛以管理超级供应链闻名于业界，其全球供应链能力成为隐藏在连锁零售背后的成功利器。沃尔玛的目标是打造市场上最好的供应链，而不是“世界级”的供应链。他们在全球范围管理供应链的绩效，应对超级规模的配送网络和物料处理的挑战，通过 EPC 与 RFID 的应用，通过供应链定制和优化，建立了可持续目标与里程碑。

全球供应链发展的目标，是打造市场上最好的供应链，也就是满足市场要求的供应链。沃尔玛在海外门店构建供应链的过程中，会针对在每个地区核查情况，分析诸如土地和劳动力成本、地方性法规、资产利用率以及风险等因素。在印度，沃尔玛的仓库很小，也没有实施自动化，只有货架和叉车，因为那是客户所能消费得起的；在日本，沃尔玛则运用分拣系统、射频拣货、自动起重机和轻负荷仓储系统等技术。每项技术都是以保持一定的产品质量为目标的。

3. 低碳与绿色供应链

经济危机也强化了环境意识。越来越多的企业认识到降低碳排放、打造绿色环保供应链的重要性。打造绿色供应链主要由降低排放和提高供应链效率两个途径来实现。

在降低碳排放方面，建立“碳仪表板”，控制所有供应链环节的碳排放，在采购、制造、交付等供应链环节，建立监控体系。包括使用可持续循环材料的产品，引入相应的技术降低运输、仓储、港口装卸等环节的排放。发展多式联运也是实现低排放的一个有效途径。

在提高供应链管理效率方面，业界提出了“精益就是绿”的口号，从供应链的管理流程中消除浪费。包括采用供应链分析软件和供应链网络设计软件，在最小的环境和成本代价的基础上，尽可能提高运输工具的效率。

4. 供应链标准更新，注重与绩效考量的结合

随着 21 世纪以来供应链管理流程与绩效手段的成熟，美国供应链管理专业协会编制了《供应链管理流程标准》。《供应链管理流程标准》致力于帮助企业确认供应链操作流程中的差距，为企业提供了一个进行供应链管理的通用工具和指南。业界可以借助这个工具确定供应链流程中的优势和劣势，然后将注意力集中到可以驱动最大收益的提升力上。这些结果也

可以与供应链上的其他组织分享和比较，以提升供应链的总体效果。

美国供应链管理专业协会编制的《供应链管理流程标准》包括计划、采购、制造、交付、回收、执行6个部分。其中，计划部分包括供应链计划、供应或需求协同、库存管理的3个二级流程；采购部分包括战略资源外取、供应商管理、采购、进向物料管理4个二级流程；制造部分包括产品设计工艺、伙伴和协作、产品或服务协同、制造过程、精益制造、制造基础设施、支持流程7个二级流程；交付部分包括订单管理、仓储或完善、流程整合或延迟、交付基础设施、运输、电子商务交付、管理客户伙伴关系、售后技术服务、客户数据库管理9个二级流程；回收部分包括收货和仓储、运输、维修和翻新、沟通、管理客户预期5个二级流程；执行部分包括战略和领导艺术、竞争性标杆管理、产品或服务创新、产品或服务数据库管理、过程变异与控制、度量、技术、业务管理、质量、安全、行业标准11个二级流程。

2009年9月22日，在美国供应链管理专业协会芝加哥年会上，美国供应链管理专业协会发布了《供应链管理流程标准》第二版。第二版将原来的5个流程修改为10个流程，分为5个基本流程和5个支持流程。5个基本流程分别是《建立愿景与战略》《产品与服务开发、管理》《产品、服务营销》《产品、服务交付》《客户服务管理》；5个支持流程是《人力资源开发》《信息技术管理》《财务资源管理》《环境与健康管理》《知识与变化管理》。

新版流程标准增加了40%新的内容，包括最新出现的工具和方法论，实现了与开放的绩效考量指标体系的对接。更新的标准中文版正在组织翻译，有望在2010年中旬推出。

5. 供应链技术融合

企业的竞争实际上是供应链之间的竞争，很多企业已经用供应链的视角来管理企业。因此，加快供应链新技术的研发与推广是企业提升竞争力的重要途径。

（1）公共物流信息平台（Public Logistic Information Platform，PLIP）。公共物流信息平台是为国际物流企业、国际物流需求企业和其他相关部门提供国际物流信息服务的公共的商业性平台。其本质是为国际物流生产提供信息化手段的支持和保障。建立公共物流信息平台，能够实现对客户的快速反应，加强同合作单位的协作。现代社会经济是一个服务经济的社会，建立客户快速反应系统是国际物流企业更好的服务客户的基础。

（2）RFID实施标准和“物联网”的发展。自从美国国防部和沃尔玛在2004年全球物流年会上公布RFID实施计划之后，以RFID和商品电子编码技术为代表的智能技术在全球物流领域的应用迅速地展开。经过几年的发展，这一技术形成了以“物联网”为标志的新的概念体系。

随着美国和欧洲标准化组织合并成为全球标准化组织GS1，2007年，GS1/EPC推出了RFID企业实施标准，并在北美40家企业开始实施，此举的意义与2004年推出的二代RFID（RRID Gen2）技术标准同样重大。硬件与实施标准的统一，RFID、EPC、Internet、GIS、GPS构成了使物体能够沟通连接的网络，形成了“物联网”（Internet of Things）的概念。预期未来10年，物联网将得到长足的发展，并会改变供应链的运营方式与效率。

（3）话音识别。面向供应链运营的一项语音技术（即用于免提数据输入的话音识别技术）正在经历一轮的创新与普及。话音识别技术使用户无须再盯着计算机显示器，因此有助于提高生产率。话音合成或识别功能符合开放系统和互操作性等这些更明显的IT趋势，并且可以轻松嵌入到多种传统软件包中，包括仓库管理、拣选和上架、明细记录、巡查、质量控制和其他应用。

（4）数字成像。数字成像是消费者比较熟悉的一项技术，目前已开始广泛应用于物流企业的移动计算设备。运输和配送公司使用集成到移动计算机中的数字摄像头，司机可以采集到收货证明、商家盖章的发票以及导致货物无法送达的具体情况。技术人员使用该技术来提供服务证明。其他应用还包括拍摄货架图片、监控促销活动是否符合规范、收集竞争者信息、生成检查记录、收集事故报告证据、记录损坏和使用环境（供处理保修索赔时使用）等。

三、全球物流业的未来展望

总体来看，全球物流业的振兴复苏还需要较长时间，但随着世界经济形势有所好转，未来物流业仍然有很大发展空间。2009 年下半年，世界经济开始显示出回暖势头，荷兰经济政策研究局（The Netherlands Bureau of Economic Policy Analysis）的数据表明，截至 2009 年 12 月，世界货物贸易量已连续 4 个月反弹，其中 9 月环比增幅达 5.3%，10～12 月分别增长 1.4%、1.1%和 4.8%。全球贸易 2010 年从低谷回升，意味着对物流业的需求也相应扩大。从地区分布来看，欧洲和北美的物流体系在金融危机中所受冲击要远远大于亚太和非洲地区。全球商品贸易的恢复主要得益于亚洲发展中国家贸易增长的推动，特别是中国和其他东亚经济体的贸易增长强劲。因此，这种贸易格局对全球物流服务重心以及物流经营格局也将产生重大影响。更多的物流公司将重心转移到亚太地区，中国和印度也表示，物流业发展重心将放在国内的市场。

（作者：王国文　王文博　综合开发研究院物流与供应链管理研究所）

美国物流发展动态

一、物流发展总体趋势

2009年，美国商业物流体系总成本下降了18.2%，这是自美国物流年报发表以来跌幅最大的一次。商业物流成本下降到1.1万亿美元，比2008年减少了2440亿美元。加之2008年的跌幅，美国物流总成本在经济衰退期间下降了近3000亿美元。2009年，美国物流成本占GDP的比重为7.7%，创下了历史最低点。如图1所示。

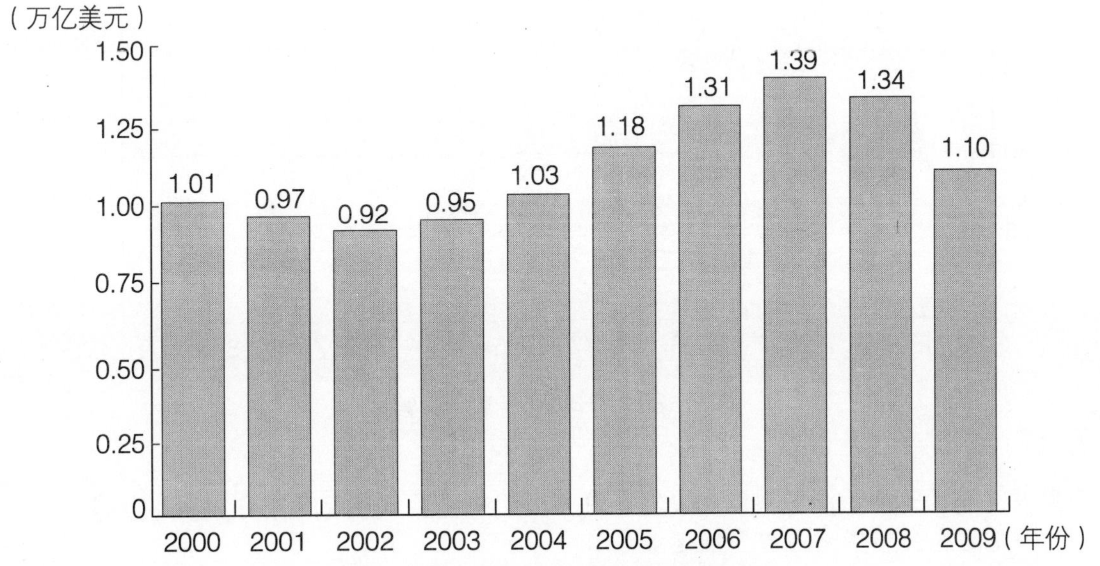

图1 2000—2009年美国商业物流成本

资料来源：第21次美国物流年报

2009年，美国物流成本的主要构成因素（库存持有成本和运输成本）都呈下降的趋势。其中，库存持有成本下降了14.1%。下降是由于库存总量（下降了4.6%）和库存持有率（下降了10%）不同程度的下降而导致。与2008年相比，运输成本跌幅较大，总体下降了20.2%；占运输总成本78%的公路货运成本下降了20.3%；其他运输方式成本总计下降了20.5%。

2009年的前三季度，全美商业库存总量持续下滑，到第四季度略有反弹。库存水平仍低于衰退前的水平。2009年，所有商业库存（农业、采矿、建筑、服务、制造、批发和零售业）的平均投资下降至1.85万亿美元，减少了890亿美元。商业库存消耗速度为30年罕见，但仍不及销售下降的速度。由于仓库和配送中心库存量少，生产商家和零售商甚至不愿意在年底前接新产品和材料的订单。

在几年相对平平的表现后，全美的存销比开始跃升，从2007年年末的1.26上升到2009年年初的1.48。这反映出库存呈急剧上升的趋势，而销量却在下降。2009年第一季度，全美库存得到了大规模清理，到2009年下半年，销量开始缓慢增长。2009年年末，全美存销比回到了1.26，而最近的一次存销比降到了1.23。由于销量见涨，这一比例还在继续下滑，但是库存补给却并没有实质性的增加。大部分企业寻求精简库存操作以控制成本，甚至减少了安全库存量。如图2所示。

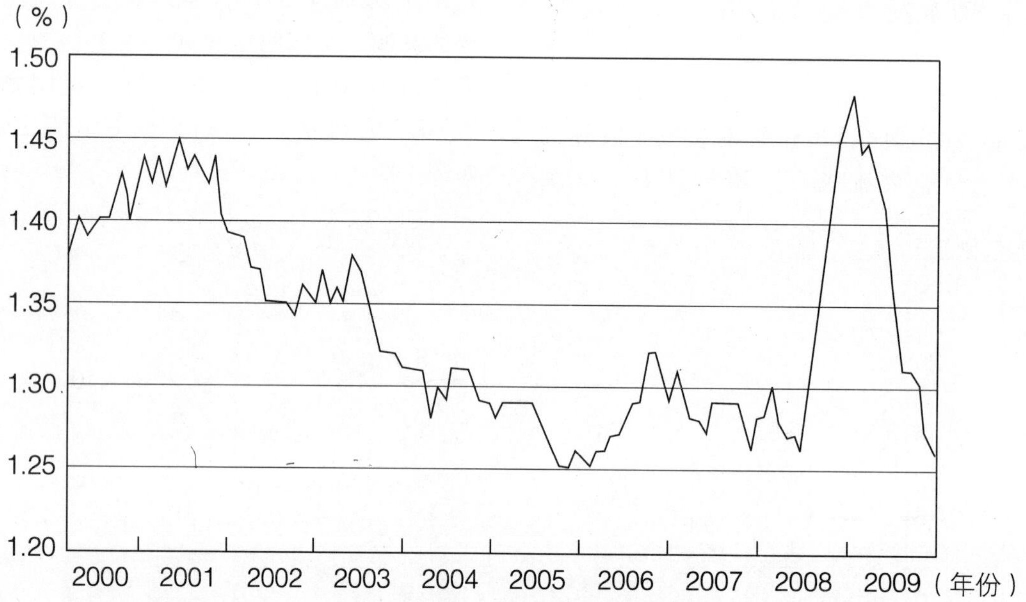

图2 2000—2009年美国存销比

资料来源：第21次美国物流年报

2009年，全美物流行业运力过剩得到了有效控制，特别是在公路货运业以及航运业。其中一部分原因是由于承运人自动退出市场的结果，更大一部分原因是受商业决策的影响。动荡的商业环境和信贷紧缩使得美国在2009年后扩大运力变得更为困难。一旦经济开始显示出更加强劲的回暖势头，美国很可能会在一些领域面临运力问题。

二、物流产业的发展趋势

2009年，美国物流运输成本下降了20.2%。对于承运人的收入来说，2009年管道运输业下降了4%；航空运输业下降了27%。除管道运输业外，其他所有运输方式都经历了两位数的下降。

1. 公路货运业备受冲击

在2009年的经济衰退期间，美国的公路货运业遭受了巨大的冲击，下降了20.3%。2009年，公路货运量比2008年下降了8.7%。激烈的竞争引发价格战，而价格战往往又导致现货市场上运价低于成本。面临降低成本的压力，许多发货人放弃与承运人的长期合作伙伴关系，反而转向现货市场，或者使用第三方物流供应商。

2009年，全美货运量下降的速度超过运力下降的速度，从而使公路货运业的运输能力过剩。许多公路货运公司借经济下滑之机，重新审视他们的商业模式，大部分承运人选择减少运输车辆数量以精简运作。2009年，美国公路货运业大约有2000个货运公司退出市场，从而进一步减少了货运车辆的数量，同时，货运企业收购合并现象增多，运作良好的企业企图借此巩固其市场地位。

2005年，美国货运协会（ATA）进行了一项调查发现，美国当时缺少2万名长途货车司机。而自2007年以来，约有14.27万名司机退出行业。2009年，由于货运量以更快的速度骤减，司机流失问题同样没有引起人们的关注。从调查的结果可以预期，美国货运业即将出现的运力问题是司机短缺。

2. 铁路运量和运力双双下降

2009年，是自1988年美国铁路协会（AAR）开始跟踪采集数据以来最糟糕的一年。与2008年相比，全年全美铁路运输成本下降了20.6%，多式联运量下降了14.1%。总体来说每一种主要货品运输量比2008年都有所下降，其中煤炭货运量下降了10.9%。煤炭运输量的下降主要是由于受经济增长放缓、暖冬气候，以及相对比较低的天然气价格的影响，电力需求大幅减少。建筑相关产品的运输量降幅也很大，如木材和木头的运输量下降了33.3%；碎石、砾石和沙子的运输量下降了22.1%；石材、砖瓦和玻璃制品的运输量下降了21.7%。机动车及零部件运输量下降了33.6%。调查显示，2009年多式联运量的减少主要是由于拖运卡车减少了33.8%。

与2008年相比，2009年美国集装箱运输量下降了8.7%。由于运输量减少，每加仑柴油价格下降了43.2%。燃油费用从2008年的25.8下降到2009年的15.3，下降了53.3%。燃油附加费的取消和激进价格战略使得每吨英里收益从2008年的3.34美分降低到2009年的3.01美分。总之，经济衰退引发公路运输量的减少直接导致一级铁路使用频率大大降低。

经济衰退对铁路运力也产生了严重的影响。2009年12月，美国有28.8%（大约为45万辆）的铁路运输车辆暂停使用。2009年，这一数字超过50万辆，相当于全部铁路运输车辆的32%。这与在经济稳健时期全美通常只有2%到3%的铁路货车在仓库闲置形成巨大反差。美国铁路协会（AAR）预测，整个行业目前约有430亿美元的资产被闲置。2009年，BP、UP和CSX分别购进了331台、127台和2台新机车。NS为机群新增了23个重建组。

3. 内河航运总体趋势有所好转

与2008年相比，2009年美国水路货运行业成本下降了21.6%，全国港口货运量再次萎缩，前10大港口（除奥克兰外）的吞吐量均有所降低。远洋运输业在这次经济衰退中严重受挫。有报告显示，7~9月，即期海运输价格上涨了18%，11月上涨了6%。截至2009年年末，全美平均海运价格仍比2007年的高值低20%。

2009年，美国内河水运体系货运量（单位：吨英里）比2008年下降了15%。美国陆军工兵团的月度吨位指标显示，2009年，内河货运水平均低于前三年。2010年第一季度的数据已经公布，3月的水平高于2008年或2009年的同期水平，总体趋势开始转好，但基础设施老化以及船闸失修仍旧阻碍着行业的发展。对内河基础设施的投资力度很小甚至为零，从而没有能够增加内河运量，通过驳船转船的集装箱运量也没有增加。更新改造内河运输体系将改善整个物流体系中的基础设施支撑。

经济危机大大减缓了美国五大湖的货运节奏，2009 年五大湖的货运量（单位：吨英里）比 2008 年下降了 32%。2009 年，美国主要承运人运输干散货数量为 6650 万吨，同比下降了 34.2%。由于发电需求减少以及对加拿大出口的减少，煤炭运输量相比 2008 年下降了 17%。建筑用材石灰岩运量下降了 28%。北美大湖运输协会的报告说，由于需求减少 7 家承运公司不得不在 2009 年暂时停运。

4. 航空运输市场需求急剧下降

与 2008 年相比，2009 年美国航空货运业的业绩下降了 27%，航空货运量下降了 11%，降幅甚至超过 2001 年的经济衰退。总体看，在 2008 年和 2009 年上半年美国航空货运业可谓损失惨重。金融危机引发的经济危机导致市场对这一价格偏高、安全性强的服务业需求急剧下降。实际上，即便是 UPS 或 FedEx 之类的包裹承运人都反映说，为了节约成本，客户正在转向成本更低的公路或铁路运输方式。大部分航空货运公司都意识到，来自中国工厂应对新增订单使航空运输出现的短暂回涨的趋势持续的时间并不会长，因而并没有增加运力或是将闲置货机重新投入使用的打算。

（作者：王国文　王文博　综合开发研究院物流与供应链管理研究所）

日本 2009 年综合物流施策大纲

一直以来，日本物流业在发展的过程中，始终得到了本国政府的鼎力扶持。尤其是日本政府根据本国和世界经济的发展趋势及需求，在不同时期制定的物流业发展目标、实施方法以及政策措施，对日本物流业的发展起到了很大的促进作用。日本政府从 1997 年开始至今，分别由经济产业省和国土交通省每四年共同制定一次《综合物流施策大纲》，可以说《综合物流施策大纲》是日本内阁会议通过并颁布的关于日本物流业的纲领性政策文件。分别于 1997 年、2001 年、2005 年和 2009 年制定的四个《综合物流施策大纲》都在不同的时期成为了引导日本物流业发展的指导性文件，为推动日本物流业的快速发展发挥了巨大的作用。

日本政府于2005 年 11 月 15 日制定的《综合物流施策大纲（2005—2009 年）》（以下简称为《2005 年大纲》），以 2009 年为目标年，提出了在物流领域要完成的四个大目标：一是实现高速无缝且价格低廉的国际国内一体化物流；二是实现绿色物流等高效率环保型物流；三是实现重视需求方的高效率物流系统；四是实现保证国民生活的安全和安心的物流系统。为了实现四大目标，日本政府实施了各种综合性物流措施从政府层面予以保证，时至今日这些措施仍在继续地发挥作用。

然而，《2005 年大纲》颁布以后，日本的经济和物流环境发生了一些变化。例如：经济构造出现了进一步的全球化；以京都议定书第一约束期间的开始为契机，需要进一步加强应对全球变暖问题的行动力度；社会各方面对确保货物安全的要求更加强烈等。这些变化要求日本政府在正确掌握 2008 年发生的全球经济危机所带来影响的同时，提出迅速且正确的应对政策。

为此，2009 年 7 月 14 日，日本政府对《综合物流施策大纲》进行了第 3 次修订，制定了新的《综合物流施策大纲》，并提出到 2013 年作为实现目标的时间要求（以下简称《2009 年大纲》）。《2009 年大纲》在总结《2005 年大纲》的目标完成情况的基础上，提出了《2009 年大纲》的必要性及新的目标措施，以综合性地、整体性地推动日本各项物流措施的实施。

一、《2005 年大纲》目标的完成情况

如上所述，《2005 年大纲》提出了在物流领域实现的四大目标。目前，四大目标的完成情况大致如下。

1. 有关“实现高速无缝且价格低廉的国际国内一体化物流”的目标完成情况

在经济构造不断走向全球化的大环境中，

日本企业把包括日本在内的亚洲市场视为一个整体，在采购、生产和销售的经济活动中，不局限于是在日本国内或是国外，而是从选择最佳区位的观点出发，在最适宜的地区开展生产和销售，尽量减少不必要的库存，在全球范围内彻底开展供应链管理。此外，日本与亚洲各国及各地区之间开展的物流活动，从运输距离来看，都是在和日本国内物流没有太大差距的区域内展开。因此，需要提高国内运输系统的效率，从而进一步实现高速无缝且价格低廉的物流服务。《2005 年大纲》正是从以上角度出发制定了此目标，并推动了各项措施的实施。

回顾过去几年日本社会和物流业为完成“实现高速无缝且价格低廉的国际国内一体化物流”的目标情况，可谓相关各方积极行动，共同推动目标的完成。

（1）提高国际物流节点——港口和机场的功能。在港口方面，为了建设超级中枢港口并促进其运营的高效化，在东京港和横滨港新修建了水深 16 米的深水集装箱码头，强化了港口功能，在一定程度上改善了港口物流的成本和取货时间。然而，尽管日本的外贸集装箱吞吐量有所增加，但是由于集装箱货船的大型化以及亚洲各国港口货物吞吐量的增加，以日本和欧美之间的远距离主干航线的运输服务频度却有所下降。为此，需要进一步强化以欧美干线航路为主的多线路、高频度、直接运输等高质量的港口服务。此外，由于部分港口难以接收一次性大量运输原材料的大型船舶，所以要进一步加强支持产业竞争力的港口等社会基础设施的建设。

在机场方面，在东京地区，进行了成田国际机场向北延伸的扩展项目和羽田国际机场的二次扩展项目。此外，在关西地区，关西国际机场的第二条飞行跑道也开始提供服务，实现了 24 小时运营。在名古屋地区，中部国际机场的第三国际货物中心也正式竣工，通过这些机场的建设，进一步强化了大城市机场的物流节点功能。由于仁川机场等周边各国主要机场的快速发展，今后在进一步加强机场建设的同时，日本通过成田机场和羽田机场之间物流的顺畅进行，强化了国际物流节点，即机场的物流功能。

（2）通过国际与国内运输模式的有效合作，构建顺畅的物流网络。在公路运输方面，改善了连接港口、机场及主要物流节点的短途运输及末端运输，推进了大城市环状公路等交通网络的修建；在国内海运方面，推广了经济环保的新一代国内航线运输船，即超级环保船的使用；在铁路运输方面，加强基础设施建设，提高了主要干线区间的运输能力。然而，为了构建海陆空一体化高水平的交通网络，今后要加强应对经济全球化的挑战，要进一步强化国际竞争力。并且，需要进一步建设有助于发展区域经济的公路运输网络，推进国内海运和船舶的利用并强化其竞争力，加强铁路货物运输能力和车站设备现代化建设的投资。

（3）在物流节点的设施中物流管理功能的高度化。为了有利于高水准国际物流的物流管理中枢的形成，根据《有关促进物流业综合化和效率化的法律》，加强与社会资源合作建设物流基础设施，并通过这些物流设施推进物流的综合化和效率化的同时，按照《有关物流业市街区建设的法律》，灵活利用物流园区及土地使用区域的划分，进行物流设施的配置和规划。此外，通过在主要港口和机场的所在地区，成立国际物流战略小组并开展工作，实现了关西国际机场与上海之间的深夜空中运输货物航班的定期化和大阪等港口的港口联合化等。

（4）促进进出口及港口手续的一次办理服务、单窗口化和企业物流业务的电子化。日本于 2008 年 10 月把海运货物报关信息处理系统和港口 EDI 系统进行统一，启动了进出口及港口相关信息处理系统，并且同时开始运营申请窗口一元化的单窗口系统（府省共通门户网站)。此外，从2008年4月开始在海关的临时办公制度中废除了手续费，并简化了办事手续。

2. 有关“实现绿色物流等高效率环保型物流”的目标完成情况

要实现环境负荷小的社会，应与物流业各相关人员进行合作，正确地应对地球的环境问题。基于以上认识，在《2005年大纲》中提出了此目标，并推动了各项措施的实施。近年来，虽然日本国内货物运输的二氧化碳排放量呈现减少趋势，但是对于仍在谈判中的2013年以后新的框架目标，今后要通过从供应链整体减少环境负荷，需要进一步开展工作。

过去几年，为“实现绿色物流等高效率环保型物流”的目标，日本政府及有关各方积极主动地采取行动，齐心推动目标的实现。

(1) 灵活运用绿色物流合作伙伴会议。灵活运用绿色物流合作伙伴会议，积极地进行减少二氧化碳排放的活动，引进相关设备，进行调查和研究，包括运输形式转换等各种提高运输效率的方法，并支持货主和物流企业开展各项合作等活动。为了货主和物流企业共享二氧化碳的减排效果，制定了《有关物流管理领域二氧化碳排放量计算方法的共同方针》，并促进了各方面对此的运用。

(2) 提高铁路和国内海运的功能。主要在以下几方面推进了此项工作的进行：增强铁路货物运输能力，提高机车的节能减排；推进了超级环保船的使用，提高了国内海运和船舶的运输质量；灵活运用了环保铁轨标志和环保船舶标志；改善了港口中船舶的货物装卸搬运到铁路上的设备；推动了运输模式的转换等。

(3) 减轻货运车辆带来的环境负荷等。一是通过采取卡车运输的大型化，即把私人用卡车换成效率良好的营业用卡车，提高了每台卡车的燃料效率及性能；二是通过引进环保驾驶管理系统等措施，使卡车的二氧化碳排放量从1996年的历史最高值之后出现了下降趋势。

在氮氧化物（NOx）及粒子状物质（PM）方面，除了对每台卡车采取尾气排放的治理措施以外，还按照《汽车NOx·PM法》推进了各项措施的进行，并根据低公害车辆的普及，以《汽车NOx·PM法》为管理对象的地区为中心，NOx和PM的排放总量也呈现下降的趋势。

在城市，针对因在道路上进行货物整理等引起交通堵塞的问题，有关各方也采取行动妥善解决。一方面，为了使城市内的交通顺畅，确保步行者的安全，通过实施细致的交通管理，建设货物整理用设施，逐渐解决了无次序的货物整理带来的交通堵塞；另一方面，根据科学的布局规划，指导物流业的设施进行集中布局。为解决频繁通车的铁路道口的阻塞问题，一方面实行了信号控制高度化等交通运输的政策；另一方面修建了环状公路，实现了十字路口交通的立体化。此外，对于各地区各自阻碍物流效率化的问题，组织货主、物流企业、行政机关等各方面相关人员进行合作，在达成协议的基础上进行协商解决。

今后，日本要求继续为减少运输部门的二氧化碳排放量进行综合性的工作，并针对个别问题进行处理解决。

(4) 推进ITS。在为驾驶员提供各项服务及帮助，并使其进行安全驾驶和合理选择路径的基础上，开发并推广出一种能够提供该项服务以外，还包括：车辆导航系统、道路交通信息通信系统（VICS）、ETC等基础服务的新一代车载设备及运营这新一代车载设备的设施。通过推进高度道路交通系统（ITS），推进了日本交通措施的实施，实现了减轻环境负荷，提高便利性。

(5) 促进物流领域能源使用的合理化，加强温室气体减排工作。推广大量减少国际海运二氧化碳排放量的节能技术，并作为国际标准，普及超级环保船的使用，开展一体化的环保海运。此外，根据《有关合理使用能源的法律》的规定，针对具有一定业务规模的运输企业和货主，规定其负有制订节能计划、汇报能源使用量的义务。鉴于货主和物流企业的二氧化碳排放量得到一定程度的削减，今后应根据节能法进一步推动各项节能工作，并且要研究如何灵活运用节能法。

（6）形成静脉物流系统。在静脉物流方面，指定了作为静脉物流网络节点之一的综合静脉物流节点港口，推进了码头、货物保管场等重点静脉物流基础设施的建设。但是，进一步降低运输成本仍是目前的最大课题。今后，在确保正确处理运输的基础上，有必要进一步推进构建高效静脉物流系统的工作。

3. 有关“实现重视需求方的高效物流系统”的目标完成情况

由于企业的经营情况越来越敏感地反映消费者等需求方的要求，企业在满足消费者多样化需求的同时，又要避免发生交通堵塞和环境问题，供需各方都迫切需要构建高效率的流通及物流系统。基于以上认识，日本政府提出了此目标，并全力推进了各项措施的实施。其中，在流通系统的标准化方面，为了在流通业实现快速高效的供应链管理，制定了最新版的EDI标准，并在2008年完成了《流通业用语标准》。今后，期待着该标准在从事流通业的相关企业之间迅速得到普及。

4. 有关“实现保证国民生活的安全和安心的物流系统”的目标完成情况

自美国发生9·11恐怖事件以后，兼顾强化安全措施和效率化成为物流领域的一大课题。此外，在发生大规模灾害时，确保安全运输的应急物流、强化信息安全等方面的问题都有待解决。基于以上认识，日本政府在《2005年大纲》中提出了此目标。总体来看，日本政府和相关部门为“实现保证国民生活的安全和安心的物流系统”目标的完成可谓尽心尽力，在政策和技术上给予支持保证。

（1）兼顾确保安全和物流高效化。在报关手续方面，自美国发生9·11恐怖事件以后，为了同时兼顾国际贸易的安全和顺畅，针对构建货物安全管理和遵守法律体制企业的货物，推进能够快速且简捷地办理报关手续的AEO制度成为国际潮流。日本也把实施AEO制度的企业依次扩展到进出口企业、仓库企业、报关企业、运输企业和生产制造企业。

此外，在航空货物运输方面，引入了KS/RA制度。通过修改航空保安对策标准及其实施，既维持了高度的安全水平，又做到了物流的高效化。今后，为了进一步灵活利用以上制度，确保法律法规的遵守，要在运输利用企业和运输企业之间进一步加强合作。

（2）确保运输安全。为了防止卡车引起的交通事故，有效利用了先进的汽车安全等技术（ASV），推进了大型卡车安全运输的各项措施，加强了安全运输管理，彻底贯彻了安全驾驶的管理制度，充实了安全运输的监察工作。今后，仍有必要继续开展确保安全运输的工作。此外，从防止货车引起交通事故的观点出发，今后，仍要加强包括修建十字路口等交通安全基础设施的工作。

在确保海运安全运输方面，日本目前已向马六甲、新加坡海峡的沿岸国家提供了支援，帮助其加强海上安保工作，并协助该海域的沿岸各国维护航行的安全。此外，日本在索马利亚周围海域也加强了对海盗的防范措施。今后，还将执行包括《有关海盗行为的处罚及处理海盗行为的法律》在内的法律法规，进行政府和企业的合作，以确保与日本相关的船舶在主要海上运输的安全。此外，在国际海运领域竞争不断上升的环境中，应作为确保稳定的国际海运核心的日本船舶数量却出现减少的趋势。为了解决此问题，日本修改了海上运输法，引进了吨数标准税制。但是，今后仍要进一步确保日本船舶的数量。

随着低出生率和高龄化等社会问题的不断

出现，在物流业现场，以卡车司机和船员作为职业的劳动力数量不断减少。因此，有必要采取有效的措施，培养并确保高质量物流业的劳动力群体。

（3）完善体制，以便在发生灾害时快速修建。为了在发生大规模灾害时维护国民生活，减轻对各产业的影响，有必要构建具有较高抵抗灾害能力的交通运输网络，以确保可以互相代替的运输手段。为此，日本政府建立了灾后公路、铁路、港口等快速修建体制，制定了继续处理业务的计划等，具体落实各项防灾减灾的措施非常重要。

（4）基于消费者需求的流通体系。在对食品安全的关注程度不断上升的环境中，有必要推进以下各项工作。例如：为了彻底保证批发市场的食品品质安全管理，要构建冷链物流系统，提高从产地到消费地一体化的品质和卫生安全管理，构建以提高流通功能的高度化为目标的流通体系。

二、制定《2009年大纲》的必要性

长期以来，日本政府制定《综合物流施策大纲》的目的在于，明确在各阶段经济社会发生变化情况下物流业的存在意义，协调各省厅之间的合作，通俗易懂地提出中长期物流业的发展政策及物流业行政管理的方向。在推进今后的物流政策时，除了要进一步加强行政内部各省厅之间的合作以及与地方公共团体的合作以外，还要加强政府和企业的合作，以及跨越不同企业的各行业合作，从而进一步得到多数国民的理解和协助。大纲作为推进各方面合作的基础，以及向国民进行说明的手段，大纲所肩负的责任越来越重大。

在《2005年大纲》的基础上，日本政府还制定了《贸易手续改革方案》和《为强化国际物流竞争力的行动计划》，推动了日本报关制度的改革，推进了很多日本企业在亚洲各国设立的生产节点在物流活动方面的效率化和绿色化。在制定新大纲时，除了包含上述的计划以外，还包括根据《新经济成长战略的维护和修改》所推进的内容，建立了更加综合性、一体化的政策推进体制。

三、《2009年大纲》的基本目标及基本方向

1. 基本目标

《2009年大纲》明确了日本2009—2013年物流发展政策及宏观管理方向，指出了有关方面进行合作的框架。《2009年大纲》提出，构筑具有国际竞争力的物流市场，创建一个能减轻环境负担的物流体系和循环型的社会；并以2013年为目标年，提出了三个目标：一是实现支持全球供应链的高效率物流；二是实现环境负荷小的物流；三是确保安全可靠的物流。此外，《2009年大纲》明确，要综合地、一体化地推进物流政策的实施。

在修建与物流相关的基础设施时，鉴于日本目前财政状况的严峻性，应严格执行工程项目的评估标准，以降低成本，并快速高效地进行建设，从而有效地实施重点项目的建设。同时，也应有效地利用现有的各种社会资源。因为2008年美国金融危机的爆发，世界经济出现了不景气的现象，物流业也受到了严重影响。今后，仍要有效地实施包括物流业相关项目的经济对策，从中长期的视角出发，确实推进以上政策的实施。

2. 基本方向

（1）实现支持全球供应链的高效物流

日本企业基于亚洲及其他新兴工业国家的经济发展，根据产品的采购、生产和销售的性质，在不断地推进供应链全球化的进程。在此过程中，日本企业为了维持并强化其国际竞争力，不仅需要进一步削减分布在包括日本在内的亚洲各地的生产经营节点的成本，如何降低

各节点之间的服务衔接成本也是非常重要的。

此外，从企业在全球范围内选择最佳区位的趋势中，为了让日本企业能够选择到具有区位优势的节点，并且可以扩大日本国内的企业在全球范围的业务，以及进一步降低从日本发送或到达日本的货物及日本国内货物的运输成本，要不断地优化日本国内的物流环境。

近年来，由于对解决恐怖事件和核扩散的国际要求不断上升，日本一方面更加注重在物流方面强化安全措施；另一方面又必须兼顾建立供应链全球化的高效率物流体系。为此，日本政府加强和亚洲各国政府、自治体、国内外的货主、物流企业、物流设施的管理者、国际机构等多方面的联系沟通，以统一认识进一步加强合作，共同解决国际国内方面在全球供应链上所存在的物流“瓶颈”问题，建立全球供应链的国际国内一体化高效率的物流体系。

一是改善亚洲广泛区域的物流环境。目前，通过中、日、韩物流部长级会议、日本ASEAN交通部长会议和国际物流竞争力合作伙伴会议的召开，提出了在亚洲地区物流业环境所存在的问题，并推进了物流人才的培养工作。今后，将继续举行包括上述内容的各级政府之间的对话，从而推动一体化综合运输系统，改善物流业的各项制度和服务内容，促进贸易手续的顺畅化，提高物流管理技术，进一步推动各项合作，不断改善物流活动的各种环境。在连接亚洲主要城市和产业聚集地的主要国际物流通道方面，按照“东亚产业大动脉构想”，通过与区域内的各国政府进行合作和协调，整体地进行社会基础设施的建设和各个产业的开发。

二是构建高效无缝的物流网络。在承担物流管理功能的港口和机场方面，为了提供快速低成本的物流服务，要从硬件和软件两方面来推动各项措施。例如：进一步加强超级中枢港口项目的建设、为解决大型船舶的运输问题，要加强兴建工业港口的基础设施、实现申请港口相关手续的电子化、通过推动航空运输的自由化来扩充航空货物运输网络、加强大城市经济圈中枢机场的物流功能等。为了实现高效率的物流网络，通过降低高速公路费用，有效利用现有高速公路的同时，需要建设有利于有效连接国际国内的各种运输手段和物流活动节点的公路网络，促进最优路径的利用。在加强铁路运输能力、国内海运和船舶的竞争力方面，也要进一步采取各项具体措施。

根据《有关促进流通务综合化和效率化的法律》，今后要不断提高与各种社会资源相关的物流基础设施的建设水平，并积极利用该设施促进物流的综合化和高效率化。根据《有关物流业务市街地建设的法律》，通过合理利用物流园区和土地的规划配置，提供各种物流服务的基础设施。

三是促进贸易手续和物流管理的IT化，构建国际信息合作平台。为了推进贸易手续和物流管理的IT化，要通过积累、共享和有效利用有关国际贸易的信息，以降低国际贸易的各种市场风险及缩短贸易时间，从而得到更大的利益。

从以上观点出发，2008年10月启动的单窗口系统今后应进一步简化手续，以便各相关企业能够实现最佳简便的业务流程。为了推进各部门共享并合理利用相关信息，要加强与国际物流系统的合作，国家及地方各级机关亦应整体地进行不断的修正。在这当中，应建立国际物流的“核心中枢系统”，明确国家发展的目标方向和优先顺序，连接NACCS与企业物流系统，构建核心中枢系统。

此外，为了推动电子标签等技术，实现国际物流信息管理的可视化，要在物流企业和货主之间，推进共享货物位置信息的物流管理条码的国际标准化，探讨构建各企业间信息交流合作的平台。

四是兼顾安全及提高物流效率。以美国9·11恐怖事件为契机，2004年7月修改后的

S0LAS 条约正式生效，各国有关部门重新认识到在确保货物安全的同时促进物流的高效率化，是21世纪国际物流领域中最重要的课题之一。在此背景下，以美国和EU为主的世界各国和各地区，不断强化了进口货物的管理体制。同时，把在国际之间各国相互认可作为重要议题，构建了为遵守各种法律条款的优秀企业提供手续简化服务的新框架。

日本为了实现在确保安全的国际贸易安全的同时，保证物流业务的顺畅进行，对于具有货物安全管理体系和遵守法律条款的企业，推进了迅速办理且简化其货物通关手续的AEO制度，并将该制度的对象依次扩展到进出口企业、仓库企业、通关企业、运输企业及生产制造企业。

今后，基于使用AEO制度和国外各项制度的基础，应在确保货物安全管理的同时，对于缩短物流活动的前置期及降低成本，应详细分析AEO制度的利用及运用状况和效果，从兼顾国际贸易的顺畅化和确保货物安全的观点出发，要不断地探讨AEO制度等保税和通关制度，从而得出其最佳模式。

此外，为了与主要贸易国实现AEO制度的相互认可，要进一步推进政府之间的协商。

在国际港口设施方面，在推进构建人员的出入境和货物的进出口管理系统的同时，应进一步探讨设置放射性物质检测功能的超级中枢港口的运营模式。

在航空货物运输方面，有必要通过正确运用KS/BA制度来确保货物运输的安全问题。

（2）实现环境负荷少的物流

一是实现低碳型物流。自京都议定书第一约束期开始后，对于目前谈判中的2013年以后的内容及目标，应进一步加强全球温暖化的治理。因此，实现低碳型物流成为了一个无法回避的重要课题。

为了实现低碳型物流，包括新技术开发，必须针对海陆空的每一种运输手段采取综合性措施，实现包括运输手段转换的高效率运输模式，构建环境负荷小的港口运输及物流系统，推进运输设备的低碳化、信息化和标准化。与此相对应，要修建环形公路和环城公路，实现十字路口交通运输的立体化，解决通车道口的堵塞问题。通过推进ITS系统，实施多样化的高速公路弹性收费政策，解决装卸搬运货物车辆的停车问题。通过实现高效的信号控制系统来治理交通运输问题，从而减轻卡车运输带来的环境负荷，推动城市物流的高效率化。

此外，对干线运输物流及配送的物流节点应集中和重新布局，并采取巡回收集货物等方法，提高物流节点与终端之间货物的收集和配送的效率，并要求有关操作人员之间开展密切的合作，如对不同的货主进行共通运输配送，通过合理设计最优路线提高运输的效率。

日本为作为用户的货主和消费者积极选择并提供低碳型物流企业，通过地方公共团体、货主和物流企业等区域内多方面相关部门及人员合作，从社会整体推动物流低碳化的进程。

为了减少全球供应链所带来的环境负荷，要在全球普及绿色物流的技术和经验，推进绿色物流的国际合作。

构建低碳型的社会不仅有助于日本减少的环境负荷，还可以使日本对全球范围的环境改善作出积极的贡献。另外，从中长期视角看，还可以不断地推进各种革新性节能环保技术的开发和应用，提高日本各个产业在国际中的竞争力。

二是构建高效率的静脉物流。在静脉物流方面，通过在沿海地区等适当的区域，集中布局循环再利用的设施和最终处理场，以实现在物流方面减少环境负荷的目标。

静脉物流的高效化和高度化将控制二氧化碳的排放，推进循环资源的利用。因此，国家和地方团体及各企业之间要进一步加强合作，通过政府和企业共同协作来实施静脉物流。

三是确保安全可靠的物流。实现安全可靠的货物运输，是物流系统中非常重要的环节之一。通过加强运输作业的协调性，获得货主的协作，并对优秀企业进行监督认定。国际物流和国内物流都要不断地采取新的对应措施，进一步贯彻并执行各项法律法规，以加强运输企业和货主之间的合作。

在卡车运输的安全方面，今后应进一步推广使用ASV技术，推动大型卡车安全运输的措施，督促卡车运输企业的安全运营管理，完善监察机制，促进运输的安全管理，实现安全安心的公路交通环境。建设重点交通安全设施，开展驾驶人员教育培训，不断深化防止交通事故的工作内容。

在主要海洋运输的安全措施方面，今后应继续和沿岸各国开展合作，维护航行安全，防御海盗活动。

随着社会各界对食品安全关注的不断上升，为了保证批发市场的食品安全及加强品质管理，应构建冷链物流系统。提高从产地到消费地的系统性品质安全和卫生管理水平，完善流通功能高度化的食品物流系统。

为了实现物流的安全和安心，要不断实施综合性防灾减灾的措施。为了预防发生大规模地震，或大雨大雪等频繁发生的自然灾害，应加强交通运输网络的抗灾能力，完善灾后快速恢复公路、铁路和港口等主要交通运输的体制。

为了实现未来长期稳定地提供高质量的物流服务，确保和培养物流业的劳动力也非常重要。为此，需要进一步改善劳动环境和劳动待遇。

3. 推进《2009年大纲》的体制模式

（1）进行合作的必要性。物流系统必须在货主、物流企业、物流设施管理者、行政机构、地区居民、消费者、国外政府及企业等多方面相关人员的共同参与下，才可以得以建立。因此，为了解决问题，必须由多方面相关人员进行紧密的合作及不断的努力，才能顺利地完成各自的任务。为此，在推进物流政策时，相关人员必须意识到物流对整个经济活动和企业活动所担负的职责，要为改善物流政策积极提出各项建议，深化各物流主体之间的合作，以便各物流主体最大限度地发挥各自的作用。多方面相关人员进行紧密的合作具体指以下三方面的合作。

一是国民的理解和合作。国民和消费者对保护地球环境、确保交通运输安全、食品安全等方面都具有极大的关注度。为了应对这些需求，应转换企业的运输模式、推广使用低公害低燃油车辆、实行共同运输配送。以简明易懂的方式介绍物流信息，从而得到国民和消费者对各项工作的理解和合作。

消费者作为积极参与改善环境问题的“绿色消费者”，要不断改变自己的生活方式，尽量减少环境负荷。为此，应按照《建设低碳社会行动计划》，导入碳足迹等制度。把商品或食品从生产到运输、再到废弃的过程中以及伴随利用服务而排放的温室气体排放量进行“可视化”管理。为方便消费者，正确地提供各种信息。由此，促进消费者更加关注企业在环境保护方面所作的努力。消费者在购买商品或接受服务时，选择对改善环境作出贡献的企业及其商品。上述行动将成为实现绿色物流和绿色经济的巨大原动力。

二是货主和物流企业、物流基础设施之间的合作。企业在市场竞争的条件下，通过实施各种具有创意的措施，不仅可以满足高度化、多样化的消费者需求。同时，还对环境问题、安全措施及解决各社会问题方面发挥作用。

为了构建高效率环境负荷小的物流系统，要通过积极组织绿色物流合作伙伴及各方相关人员召开的各种协议会，以推动此项活动的顺利进行。此外，为了避免严重超载和过度疲劳驾驶，实现安全的卡车运输，应建立货主和物流企业之间的合作伙伴关系，包括有关行政部门在内，共同开展工作，解决各种问题。

货主在进行经营管理的结构调整时，要把自己的经营资源集中到核心业务当中，把非核心业务即物流部门进行外包。在这一背景下，物流企业要不断推进3PL的发展，为货主积极地提供能够满足货主需求的高效率物流服务方案。除了物流业务以外，把流通加工、库存管理等也进行外包，以降低物流的总成本，从而扩大本企业的经营范围。

三是在区域层面加强相关人员之间的合作。为了构建国际物流和国内物流一体化的高效率综合物流体系，应该在每个地区建立由相关行政部门、货主和物流企业进行参与协商的机制。为提高主要港口、机场、公路、铁路等的交通运输效率，寻找制约其发展的“瓶颈”问题，并探讨解决瓶颈问题的具体对策，充分发挥各地区各部门的集体智慧和创造力，并具有实效的措施。

在城市物流对策方面，要建立由各区域物流相关人员协商的机制。在共同运输、设置货物装卸搬运的设备及停车地点、制定详细的停车规则、设定避开交通运输高峰期的货物收发时间段等方面制定各项措施。尤其是地方公共团体，因为在城市建设方面与物流政策的关系非常紧密，因此今后应继续积极参与。通过以上措施，可以确保安全的交通运输，缓解交通堵塞，改善环境，建设便于步行的城市，为发展城市经济、振兴城市旅游作出贡献。

（2）今后的推进体制。推进体制主要指以下两个层面的体制。

一是国家层面的推进体制。通过召开由相关省厅的负责局长等组成的“综合物流政策推进会议”，进一步加强合作，综合地、整体地推进各项物流政策的实施。对今后应推进的具体物流政策制订相应的计划方案，并努力实现。对于上述的计划方案，按照“制定目标、实施、评估、反馈”的方式，由政府和企业进行合作，检查每一年度的实施情况，并根据需要进行修改。

二是地方层面的推进体制。自《2005年大纲》制定以来，根据各地区的实际情况，各地方支局或分局、地方公共团体、货主、物流企业等不断推进相互联系的体制下，综合地促进了各项政策的实施。此外，在拥有主要中枢港口和机场的地区，由地方支局或分局、地方公共团体、经济团体、货主、物流企业等实际从事物流业务的人士成立了“国际物流战略小组”，共同探讨国际国内物流的一体化和效率化的发展，并根据各地区的实际情况推动了各项政策的实施。今后，在不断修正上述联合及合作体制的同时，为了找出物流现场所存在的问题，并有效制定实施各项政策，还要进一步加强各个方面的合作。

（作者：姜　旭　北京物资学院副教授）

国家法

中华人民共和国邮政法

（中华人民共和国主席令［2009］第12号　2009年4月24日）

（1986年12月2日第六届全国人民代表大会常务委员会第十八次会议通过2009年4月24日第十一届全国人民代表大会常务委员会第八次会议修订）

第一章　总　则

第一条　为了保障邮政普遍服务，加强对邮政市场的监督管理，维护邮政通信与信息安全，保护通信自由和通信秘密，保护用户合法权益，促进邮政业健康发展，适应经济社会发展和人民生活需要，制定本法。

第二条　国家保障中华人民共和国境内的邮政普遍服务。

邮政企业按照国家规定承担提供邮政普遍服务的义务。

国务院和地方各级人民政府及其有关部门应当采取措施，支持邮政企业提供邮政普遍服务。

本法所称邮政普遍服务，是指按照国家规定的业务范围、服务标准和资费标准，为中华人民共和国境内所有用户持续提供的邮政服务。

第三条　公民的通信自由和通信秘密受法律保护。除因国家安全或者追查刑事犯罪的需要，由公安机关、国家安全机关或者检察机关依照法律规定的程序对通信进行检查外，任何组织或者个人不得以任何理由侵犯公民的通信自由和通信秘密。

除法律另有规定外，任何组织或者个人不得检查、扣留邮件、汇款。

第四条　国务院邮政管理部门负责全国的邮政普遍服务和邮政市场的监督管理工作。

省、自治区、直辖市邮政管理机构在国务院邮政管理部门的领导下，负责本行政区域的邮政普遍服务和邮政市场的监督管理工作。

国务院邮政管理部门和省、自治区、直辖市邮政管理机构（以下统称邮政管理部门）对邮政市场实施监督管理，应当遵循公开、公平、公正以及鼓励竞争、促进发展的原则。

第五条　国务院规定范围内的信件寄递业务，由邮政企业专营。

第六条　邮政企业应当加强服务质量管理，完善安全保障措施，为用户提供迅速、准确、安全、方便的服务。

第七条　邮政管理部门、公安机关、国家安全机关和海关应当相互配合，建立健全安全保障机制，加强对邮政通信与信息安全的监督管理，确保邮政通信与信息安全。

第二章　邮政设施

第八条　邮政设施的布局和建设应当满足保障邮政普遍服务的需要。

地方各级人民政府应当将邮政设施的布局和建设纳入城乡规划，对提供邮政普遍服务的邮政设施的建设给予支持，重点扶持农村边远地区邮政设施的建设。

建设城市新区、独立工矿区、开发区、住宅区或者对旧城区进行改建，应当同时建设配套的提供邮政普遍服务的邮政设施。

提供邮政普遍服务的邮政设施等组成的邮政网络是国家重要的通信基础设施。

第九条　邮政设施应当按照国家规定的标准设置。

较大的车站、机场、港口、高等院校和宾馆应当设置提供邮政普遍服务的邮政营业场所。

邮政企业设置、撤销邮政营业场所，应当事先书面告知邮政管理部门；撤销提供邮政普遍服务的邮政营业场所，应当经邮政管理部门批准并予以公告。

第十条　机关、企业事业单位应当设置接收邮件的场所。农村地区应当逐步设置村邮站或者其他接收邮件的场所。

建设城镇居民楼应当设置接收邮件的信报箱，并按照国家规定的标准验收。建设单位未按照国家规定的标准设置信报箱的，由邮政管理部门责令限期改正；逾期未改正的，由邮政管理部门指定其他单位设置信报箱，所需费用由该居民楼的建设单位承担。

第十一条　邮件处理场所的设计和建设，应当符合国家安全机关和海关依法履行职责的要求。

第十二条　征收邮政营业场所或者邮件处理场所的，城乡规划主管部门应当根据保障邮政普遍服务的要求，对邮政营业场所或者邮件处理场所的重新设置作出妥善安排；未作出妥善安排前，不得征收。

邮政营业场所或者邮件处理场所重新设置前，邮政企业应当采取措施，保证邮政普遍服务的正常进行。

第十三条　邮政企业应当对其设置的邮政设施进行经常性维护，保证邮政设施的正常使用。

任何单位和个人不得损毁邮政设施或者影响邮政设施的正常使用。

第三章　邮政服务

第十四条　邮政企业经营下列业务：

（一）邮件寄递；

（二）邮政汇兑、邮政储蓄；

（三）邮票发行以及集邮票品制作、销售；

（四）国内报刊、图书等出版物发行；

（五）国家规定的其他业务。

第十五条　邮政企业应当对信件、单件重量不超过五千克的印刷品、单件重量不超过十千克的包裹的寄递以及邮政汇兑提供邮政普遍服务。

邮政企业按照国家规定办理机要通信、国家规定报刊的发行，以及义务兵平常信函、盲人读物和革命烈士遗物的免费寄递等特殊服务业务。

未经邮政管理部门批准，邮政企业不得停止办理或者限制办理前两款规定的业务；因不可抗力或者其他特殊原因暂时停止办理或者限制办理的，邮政企业应当及时公告，采取相应的补救措施，并向邮政管理部门报告。

邮政普遍服务标准，由国务院邮政管理部门会同国务院有关部门制定；邮政普遍服务监督管理的具体办法，由国务院邮政管理部门制定。

第十六条　国家对邮政企业提供邮政普遍服务、特殊服务给予补贴，并加强对补贴资金使用的监督。

第十七条　国家设立邮政普遍服务基金。邮政普遍服务基金征收、使用和监督管理的具体办法由国务院财政部门会同国务院有关部门制定，报国务院批准后公布施行。

第十八条　邮政企业的邮政普遍服务业务与竞争性业务应当分业经营。

第十九条　邮政企业在城市每周的营业时间应当不少于六天，投递邮件每天至少一次；在乡、镇人民政府所在地每周的营业时间应当不少于五天，投递邮件每周至少五次。

邮政企业在交通不便的边远地区和乡、镇其他地区每周的营业时间以及投递邮件的频次，国务院邮政管理部门可以另行规定。

第二十条　邮政企业寄递邮件，应当符合国务院邮政管理部门规定的寄递时限和服务规范。

第二十一条　邮政企业应当在其营业场所公示或者以其他方式公布其服务种类、营业时间、资费标准、邮件和汇款的查询及损失赔偿办法以及用户对其服务质量的投诉办法。

第二十二条　邮政企业采用其提供的格式条款确定与用户的权利义务的，该格式条款适用《中华人民共和国合同法》关于合同格式条款的规定。

第二十三条　用户交寄邮件，应当清楚、准确地填写收件人姓名、地址和邮政编码。邮政企业应当在邮政营业场所免费为用户提供邮政编码查询服务。

邮政编码由邮政企业根据国务院邮政管理部门制定的编制规则编制。邮政管理部门依法对邮政编码的编制和使用实施监督。

第二十四条　邮政企业收寄邮件和用户交寄邮件，应当遵守法律、行政法规以及国务院和国务院有关部门关于禁止寄递或者限制寄递物品的规定。

第二十五条　邮政企业应当依法建立并执行邮件收寄验视制度。

对用户交寄的信件，必要时邮政企业可以要求用户开拆，进行验视，但不得检查信件内容。用户拒绝开拆的，邮政企业不予收寄。

对信件以外的邮件，邮政企业收寄时应当当场验视内件。用户拒绝验视的，邮政企业不予收寄。

第二十六条　邮政企业发现邮件内夹带禁止寄递或者限制寄递的物品的，应当按照国家有关规定处理。

进出境邮件中夹带国家禁止进出境或者限制进出境的物品的，由海关依法处理。

第二十七条　对提供邮政普遍服务的邮政企业交运的邮件，铁路、公路、水路、航空等运输企业应当优先安排运输，车站、港口、机场应当安排装卸场所和出入通道。

第二十八条　带有邮政专用标志的车船进出港口、通过渡口时，应当优先放行。

带有邮政专用标志的车辆运递邮件，确需通过公安机关交通管理部门划定的禁行路段或者确需在禁止停车的地点停车的，经公安机关交通管理部门同意，在确保安全的前提下，可以通行或者停车。

邮政企业不得利用带有邮政专用标志的车船从事邮件运递以外的经营性活动，不得以出租等方式允许其他单位或者个人使用带有邮政专用标志的车船。

第二十九条　邮件通过海上运输时，不参与分摊共同海损。

第三十条　海关依照《中华人民共和国海关法》的规定，对进出境的国际邮袋、邮件集装箱和国际邮递物品实施监管。

第三十一条　进出境邮件的检疫，由进出境检验检疫机构依法实施。

第三十二条　邮政企业采取按址投递、用户领取或者与用户协商的其他方式投递邮件。

机关、企业事业单位、住宅小区管理单位等应当为邮政企业投递邮件提供便利。单位用户地址变更的，应当及时通知邮政企业。

第三十三条 邮政企业对无法投递的邮件，应当退回寄件人。

无法投递又无法退回的信件，自邮政企业确认无法退回之日起超过六个月无人认领的，由邮政企业在邮政管理部门的监督下销毁。无法投递又无法退回的其他邮件，按照国务院邮政管理部门的规定处理；其中无法投递又无法退回的进境国际邮递物品，由海关依照《中华人民共和国海关法》的规定处理。

第三十四条 邮政汇款的收款人应当自收到汇款通知之日起六十日内，凭有效身份证件到邮政企业兑领汇款。

收款人逾期未兑领的汇款，由邮政企业退回汇款人。自兑领汇款期限届满之日起一年内无法退回汇款人，或者汇款人自收到退汇通知之日起一年内未领取的汇款，由邮政企业上缴国库。

第三十五条 任何单位和个人不得私自开拆、隐匿、毁弃他人邮件。

除法律另有规定外，邮政企业及其从业人员不得向任何单位或者个人泄露用户使用邮政服务的信息。

第三十六条 因国家安全或者追查刑事犯罪的需要，公安机关、国家安全机关或者检察机关可以依法检查、扣留有关邮件，并可以要求邮政企业提供相关用户使用邮政服务的信息。邮政企业和有关单位应当配合，并对有关情况予以保密。

第三十七条 任何单位和个人不得利用邮件寄递含有下列内容的物品：

（一）煽动颠覆国家政权、推翻社会主义制度或者分裂国家、破坏国家统一，危害国家安全的；

（二）泄露国家秘密的；

（三）散布谣言扰乱社会秩序，破坏社会稳定的；

（四）煽动民族仇恨、民族歧视，破坏民族团结的；

（五）宣扬邪教或者迷信的；

（六）散布淫秽、赌博、恐怖信息或者教唆犯罪的；

（七）法律、行政法规禁止的其他内容。

第三十八条 任何单位和个人不得有下列行为：

（一）扰乱邮政营业场所正常秩序；

（二）阻碍邮政企业从业人员投递邮件；

（三）非法拦截、强登、扒乘带有邮政专用标志的车辆；

（四）冒用邮政企业名义或者邮政专用标志；

（五）伪造邮政专用品或者倒卖伪造的邮政专用品。

第四章 邮政资费

第三十九条 邮政普遍服务业务资费、邮政企业专营业务资费、机要通信资费以及国家规定报刊的发行资费实行政府定价，资费标准由国务院价格主管部门会同国务院财政部门、国务院邮政管理部门制定。

邮政企业的其他业务资费实行市场调节价，资费标准由邮政企业自主确定。

第四十条 制定邮政普遍服务业务资费标准和邮政企业专营业务资费标准，应当听取邮政企业、用户和其他有关方面的意见。

邮政企业应当根据国务院价格主管部门、国务院财政部门和国务院邮政管理部门的要求，提供准确、完备的业务成本数据和其他有关资料。

第四十一条 邮件资费的交付，以邮资凭证、证明邮资已付的戳记以及有关业务单据等表示。

邮资凭证包括邮票、邮资符志、邮资信

封、邮资明信片、邮资邮简、邮资信卡等。

任何单位和个人不得伪造邮资凭证或者倒卖伪造的邮资凭证，不得擅自仿印邮票和邮资图案。

第四十二条 普通邮票发行数量由邮政企业按照市场需要确定，报国务院邮政管理部门备案；纪念邮票和特种邮票发行计划由邮政企业根据市场需要提出，报国务院邮政管理部门审定。国务院邮政管理部门负责纪念邮票的选题和图案审查。

邮政管理部门依法对邮票的印制、销售实施监督。

第四十三条 邮资凭证售出后，邮资凭证持有人不得要求邮政企业兑换现金。

停止使用邮资凭证，应当经国务院邮政管理部门批准，并在停止使用九十日前予以公告，停止销售。邮资凭证持有人可以自公告之日起一年内，向邮政企业换取等值的邮资凭证。

第四十四条 下列邮资凭证不得使用：

（一）经国务院邮政管理部门批准停止使用的；

（二）盖销或者划销的；

（三）污损、残缺或者褪色、变色，难以辨认的。

从邮资信封、邮资明信片、邮资邮简、邮资信卡上剪下的邮资图案，不得作为邮资凭证使用。

第五章 损失赔偿

第四十五条 邮政普遍服务业务范围内的邮件和汇款的损失赔偿，适用本章规定。

邮政普遍服务业务范围以外的邮件的损失赔偿，适用有关民事法律的规定。

邮件的损失，是指邮件丢失、损毁或者内件短少。

第四十六条 邮政企业对平常邮件的损失不承担赔偿责任。但是，邮政企业因故意或者重大过失造成平常邮件损失的除外。

第四十七条 邮政企业对给据邮件的损失依照下列规定赔偿：

（一）保价的给据邮件丢失或者全部损毁的，按照保价额赔偿；部分损毁或者内件短少的，按照保价额与邮件全部价值的比例对邮件的实际损失予以赔偿。

（二）未保价的给据邮件丢失、损毁或者内件短少的，按照实际损失赔偿，但最高赔偿额不超过所收取资费的三倍；挂号信件丢失、损毁的，按照所收取资费的三倍予以赔偿。

邮政企业应当在营业场所的告示中和提供给用户的给据邮件单据上，以足以引起用户注意的方式载明前款规定。

邮政企业因故意或者重大过失造成给据邮件损失，或者未履行前款规定义务的，无权援用本条第一款的规定限制赔偿责任。

第四十八条 因下列原因之一造成的给据邮件损失，邮政企业不承担赔偿责任：

（一）不可抗力，但因不可抗力造成的保价的给据邮件的损失除外；

（二）所寄物品本身的自然性质或者合理损耗；

（三）寄件人、收件人的过错。

第四十九条 用户交寄给据邮件后，对国内邮件可以自交寄之日起一年内持收据向邮政企业查询，对国际邮件可以自交寄之日起一百八十日内持收据向邮政企业查询。

查询国际邮件或者查询国务院邮政管理部门规定的边远地区的邮件的，邮政企业应当自用户查询之日起六十日内将查询结果告知用户；查询其他邮件的，邮政企业应当自用户查询之日起三十日内将查询结果告知用户。查复期满未查到邮件的，邮政企业应当依照本法第四十七条的规定予以赔偿。

用户在本条第一款规定的查询期限内未向邮政企业查询又未提出赔偿要求的，邮政企业不再承担赔偿责任。

第五十条 邮政汇款的汇款人自汇款之日起一年内，可以持收据向邮政企业查询。邮政企业应当自用户查询之日起二十日内将查询结果告知汇款人。查复期满未查到汇款的，邮政企业应当向汇款人退还汇款和汇款费用。

第六章 快递业务

第五十一条 经营快递业务，应当依照本法规定取得快递业务经营许可；未经许可，任何单位和个人不得经营快递业务。

外商不得投资经营信件的国内快递业务。

国内快递业务，是指从收寄到投递的全过程均发生在中华人民共和国境内的快递业务。

第五十二条 申请快递业务经营许可，应当具备下列条件：

（一）符合企业法人条件；

（二）在省、自治区、直辖市范围内经营的，注册资本不低于人民币五十万元，跨省、自治区、直辖市经营的，注册资本不低于人民币一百万元，经营国际快递业务的，注册资本不低于人民币二百万元；

（三）有与申请经营的地域范围相适应的服务能力；

（四）有严格的服务质量管理制度和完备的业务操作规范；

（五）有健全的安全保障制度和措施；

（六）法律、行政法规规定的其他条件。

第五十三条 申请快递业务经营许可，在省、自治区、直辖市范围内经营的，应当向所在地的省、自治区、直辖市邮政管理机构提出申请，跨省、自治区、直辖市经营或者经营国际快递业务的，应当向国务院邮政管理部门提出申请；申请时应当提交申请书和有关申请材料。

受理申请的邮政管理部门应当自受理申请之日起四十五日内进行审查，作出批准或者不予批准的决定。予以批准的，颁发快递业务经营许可证；不予批准的，书面通知申请人并说明理由。

邮政管理部门审查快递业务经营许可的申请，应当考虑国家安全等因素，并征求有关部门的意见。

申请人凭快递业务经营许可证向工商行政管理部门依法办理登记后，方可经营快递业务。

第五十四条 邮政企业以外的经营快递业务的企业（以下称快递企业）设立分支机构或者合并、分立的，应当向邮政管理部门备案。

第五十五条 快递企业不得经营由邮政企业专营的信件寄递业务，不得寄递国家机关公文。

第五十六条 快递企业经营邮政企业专营业务范围以外的信件快递业务，应当在信件封套的显著位置标注信件字样。

快递企业不得将信件打包后作为包裹寄递。

第五十七条 经营国际快递业务应当接受邮政管理部门和有关部门依法实施的监管。邮政管理部门和有关部门可以要求经营国际快递业务的企业提供报关数据。

第五十八条 快递企业停止经营快递业务的，应当书面告知邮政管理部门，交回快递业务经营许可证，并对尚未投递的快件按照国务院邮政管理部门的规定妥善处理。

第五十九条 本法第六条、第二十一条、第二十二条、第二十四条、第二十五条、第二十六条第一款、第三十五条第二款、第三十六条关于邮政企业及其从业人员的规定，适用于快递企业及其从业人员；第十一条关于邮件处理场所的规定，适用于快件处理场所；第三条第二款、第二十六条第二款、第三十五条第一款、第三十六条、第三十七条关于邮件的规定，适用于快件；第四十五条第二款关于邮件的损失赔偿的规定，适用于快件的损失赔偿。

第六十条 经营快递业务的企业依法成立的行业协会，依照法律、行政法规及其章程规定，制定快递行业规范，加强行业自律，为企业提供信息、培训等方面的服务，促进快递行业的健康发展。

经营快递业务的企业应当对其从业人员加强法制教育、职业道德教育和业务技能培训。

第七章 监督检查

第六十一条 邮政管理部门依法履行监督管理职责，可以采取下列监督检查措施：

（一）进入邮政企业、快递企业或者涉嫌发生违反本法活动的其他场所实施现场检查；

（二）向有关单位和个人了解情况；

（三）查阅、复制有关文件、资料、凭证；

（四）经邮政管理部门负责人批准，查封与违反本法活动有关的场所，扣押用于违反本法活动的运输工具以及相关物品，对信件以外的涉嫌夹带禁止寄递或者限制寄递物品的邮件、快件开拆检查。

第六十二条 邮政管理部门根据履行监督管理职责的需要，可以要求邮政企业和快递企业报告有关经营情况。

第六十三条 邮政管理部门进行监督检查时，监督检查人员不得少于二人，并应当出示执法证件。对邮政管理部门依法进行的监督检查，有关单位和个人应当配合，不得拒绝、阻碍。

第六十四条 邮政管理部门工作人员对监督检查中知悉的商业秘密，负有保密义务。

第六十五条 邮政企业和快递企业应当及时、妥善处理用户对服务质量提出的异议。用户对处理结果不满意的，可以向邮政管理部门申诉，邮政管理部门应当及时依法处理，并自接到申诉之日起三十日内作出答复。

第六十六条 任何单位和个人对违反本法规定的行为，有权向邮政管理部门举报。邮政管理部门接到举报后，应当及时依法处理。

第八章 法律责任

第六十七条 邮政企业提供邮政普遍服务不符合邮政普遍服务标准的，由邮政管理部门责令改正，可以处一万元以下的罚款；情节严重的，处一万元以上五万元以下的罚款；对直接负责的主管人员和其他直接责任人员给予处分。

第六十八条 邮政企业未经邮政管理部门批准，停止办理或者限制办理邮政普遍服务业务和特殊服务业务，或者撤销提供邮政普遍服务的邮政营业场所的，由邮政管理部门责令改正，可以处二万元以下的罚款；情节严重的，处二万元以上十万元以下的罚款；对直接负责的主管人员和其他直接责任人员给予处分。

第六十九条 邮政企业利用带有邮政专用标志的车船从事邮件运递以外的经营性活动，或者以出租等方式允许其他单位或者个人使用带有邮政专用标志的车船的，由邮政管理部门责令改正，没收违法所得，可以并处二万元以下的罚款；情节严重的，并处二万元以上十万元以下的罚款；对直接负责的主管人员和其他直接责任人员给予处分。

邮政企业从业人员利用带有邮政专用标志的车船从事邮件运递以外的活动的，由邮政企业责令改正，给予处分。

第七十条 邮政企业从业人员故意延误投递邮件的，由邮政企业给予处分。

第七十一条 冒领、私自开拆、隐匿、毁弃或者非法检查他人邮件、快件，尚不构成犯罪的，依法给予治安管理处罚。

第七十二条 未取得快递业务经营许可经营快递业务，或者邮政企业以外的单位或者个人经营由邮政企业专营的信件寄递业务或者寄递国家机关公文的，由邮政管理部门或者工商行政管理部门责令改正，没收违法所得，并处五万元以上十万元以下的罚款；情节严重的，并处十万元以上二十万元以下的罚款；对快递企业，还可以责令停业整顿直至吊销其快递业务经营许可证。

违反本法第五十一条第二款的规定，经营信件的国内快递业务的，依照前款规定处罚。

第七十三条 快递企业有下列行为之一的，由邮政管理部门责令改正，可以处一万元以下的罚款；情节严重的，处一万元以上五万元以下的罚款，并可以责令停业整顿：

（一）设立分支机构、合并、分立，未向邮政管理部门备案的；

（二）未在信件封套的显著位置标注信件字样的；

（三）将信件打包后作为包裹寄递的；

（四）停止经营快递业务，未书面告知邮政管理部门并交回快递业务经营许可证，或者未按照国务院邮政管理部门的规定妥善处理尚未投递的快件的。

第七十四条 邮政企业、快递企业未按照规定向用户明示其业务资费标准，或者有其他价格违法行为的，由政府价格主管部门依照《中华人民共和国价格法》的规定处罚。

第七十五条 邮政企业、快递企业不建立或者不执行收件验视制度，或者违反法律、行政法规以及国务院和国务院有关部门关于禁止寄递或者限制寄递物品的规定收寄邮件、快件的，对邮政企业直接负责的主管人员和其他直接责任人员给予处分；对快递企业，邮政管理部门可以责令停业整顿直至吊销其快递业务经营许可证。

用户在邮件、快件中夹带禁止寄递或者限制寄递的物品，尚不构成犯罪的，依法给予治安管理处罚。

有前两款规定的违法行为，造成人身伤害或者财产损失的，依法承担赔偿责任。

邮政企业、快递企业经营国际寄递业务，以及用户交寄国际邮递物品，违反《中华人民共和国海关法》及其他有关法律、行政法规的规定的，依照有关法律、行政法规的规定处罚。

第七十六条 邮政企业、快递企业违法提供用户使用邮政服务或者快递服务的信息，尚不构成犯罪的，由邮政管理部门责令改正，没收违法所得，并处一万元以上五万元以下的罚款；对邮政企业直接负责的主管人员和其他直接责任人员给予处分；对快递企业，邮政管理部门还可以责令停业整顿直至吊销其快递业务经营许可证。

邮政企业、快递企业从业人员有前款规定的违法行为，尚不构成犯罪的，由邮政管理部门责令改正，没收违法所得，并处五千元以上一万元以下的罚款。

第七十七条 邮政企业、快递企业拒绝、阻碍依法实施的监督检查，尚不构成犯罪的，依法给予治安管理处罚；对快递企业，邮政管理部门还可以责令停业整顿直至吊销其快递业务经营许可证。

第七十八条 邮政企业及其从业人员、快递企业及其从业人员在经营活动中有危害国家安全行为的，依法追究法律责任；对快递企业，并由邮政管理部门吊销其快递业务经营许可证。

第七十九条 冒用邮政企业名义或者邮政专用标志，或者伪造邮政专用品或者倒卖伪造的邮政专用品的，由邮政管理部门责令改正，没收伪造的邮政专用品以及违法所得，并处一万元以上五万元以下的罚款。

第八十条 有下列行为之一，尚不构成犯罪的，依法给予治安管理处罚：

（一）盗窃、损毁邮政设施或者影响邮政设施正常使用的；

（二）伪造邮资凭证或者倒卖伪造的邮资凭证的；

（三）扰乱邮政营业场所、快递企业营业场所正常秩序的；

（四）非法拦截、强登、扒乘运送邮件、快件的车辆的。

第八十一条 违反本法规定被吊销快递业务经营许可证的，自快递业务经营许可证被吊销之日起三年内，不得申请经营快递业务。

快递企业被吊销快递业务经营许可证的，应当依法向工商行政管理部门办理变更登记或者注销登记。

第八十二条 违反本法规定，构成犯罪的，依法追究刑事责任。

第八十三条 邮政管理部门工作人员在监督管理工作中滥用职权、玩忽职守、徇私舞弊，构成犯罪的，依法追究刑事责任；尚不构成犯罪的，依法给予处分。

第九章 附 则

第八十四条 本法下列用语的含义：

邮政企业，是指中国邮政集团公司及其提供邮政服务的全资企业、控股企业。

寄递，是指将信件、包裹、印刷品等物品按照封装上的名址递送给特定个人或者单位的活动，包括收寄、分拣、运输、投递等环节。

快递，是指在承诺的时限内快速完成的寄递活动。

邮件，是指邮政企业寄递的信件、包裹、汇款通知、报刊和其他印刷品等。

快件，是指快递企业递送的信件、包裹、印刷品等。

信件，是指信函、明信片。信函是指以套封形式按照名址递送给特定个人或者单位的缄封的信息载体，不包括书籍、报纸、期刊等。

包裹，是指按照封装上的名址递送给特定个人或者单位的独立封装的物品，其重量不超过五十千克，任何一边的尺寸不超过一百五十厘米，长、宽、高合计不超过三百厘米。

平常邮件，是指邮政企业在收寄时不出具收据，投递时不要求收件人签收的邮件。

给据邮件，是指邮政企业在收寄时向寄件人出具收据，投递时由收件人签收的邮件。

邮政设施，是指用于提供邮政服务的邮政营业场所、邮件处理场所、邮筒（箱）、邮政报刊亭、信报箱等。

邮件处理场所，是指邮政企业专门用于邮件分拣、封发、储存、交换、转运、投递等活动的场所。

国际邮递物品，是指中华人民共和国境内的用户与其他国家或者地区的用户相互寄递的包裹和印刷品等。

邮政专用品，是指邮政日戳、邮资机、邮政业务单据、邮政夹钳、邮袋和其他邮件专用容器。

第八十五条 本法公布前按照国家有关规定，经国务院对外贸易主管部门批准或者备案，并向工商行政管理部门依法办理登记后经营国际快递业务的国际货物运输代理企业，凭批准或者备案文件以及营业执照，到国务院邮政管理部门领取快递业务经营许可证。国务院邮政管理部门应当将企业领取快递业务经营许可证的情况向其原办理登记的工商行政管理部门通报。

除前款规定的企业外，本法公布前依法向工商行政管理部门办理登记后经营快递业务的企业，不具备本法规定的经营快递业务的条件的，应当在国务院邮政管理部门规定的期限内达到本法规定的条件，逾期达不到本法规定的条件的，不得继续经营快递业务。

第八十六条 省、自治区、直辖市应当根据本地区的实际情况，制定支持邮政企业提供邮政普遍服务的具体办法。

第八十七条 本法自 2009 年 10 月 1 日起施行。

国务院及国务院办公厅发文

关于印发物流业调整和振兴规划的通知

（国发［2009］8号　2009年3月10日）

各省、自治区、直辖市人民政府，国务院各部委、各直属机构：

现将《物流业调整和振兴规划》（以下简称《规划》）印发给你们，请结合本地区、本部门实际，认真贯彻执行。

当前，国际金融危机对我国实体经济造成了较大冲击，物流业作为重要的服务产业，也受到较为严重的影响。制定实施物流业调整和振兴规划，不仅是促进物流业自身平稳较快发展和产业调整升级的需要，也是服务和支撑其他产业的调整与发展、扩大消费和吸收就业的需要，对于促进产业结构调整、转变经济发展方式和增强国民经济竞争力具有重要意义。

各地区、各部门要把思想和行动统一到党中央、国务院的决策部署上来，以邓小平理论和“三个代表”重要思想为指导，深入贯彻落实科学发展观，进一步增强大局意识、责任意识，加强领导，密切配合，切实按照《规划》要求，做好统筹协调、改革体制、完善政策、企业重组、优化布局、工程建设等各项工作，确保《规划》目标的实现，促进物流业健康发展。

各地区要按照《规划》确定的目标、任务和政策措施，结合当地实际抓紧制定具体工作方案，切实抓好组织实施，确保取得实效。国务院各有关部门要根据《规划》明确的任务分工和工作要求，做到责任到位、措施到位，加强调查研究，尽快制定和完善各项配套政策措施，切实加强对《规划》实施的指导和支持。

物流业调整和振兴规划

物流业是融合运输业、仓储业、货代业和信息业等的复合型服务产业，是国民经济的重要组成部分，涉及领域广，吸纳就业人数多，促进生产、拉动消费作用大，在促进产业结构调整、转变经济发展方式和增强国民经济竞争力等方面发挥着重要作用。

为应对国际金融危机的影响，落实党中央、国务院保增长、扩内需、调结构的总体要求，促进物流业平稳较快发展，培育新的经济增长点，特制定本规划，作为物流产业综合性应对措施的行动方案。规划期为2009—2011年。

一、发展现状与面临的形势

（一）发展现状

进入新世纪以来，我国物流业总体规模快速

增长，服务水平显著提高，发展的环境和条件不断改善，为进一步加快发展奠定了坚实基础。

1. 物流业规模快速增长。2008 年，全国社会物流总额达 89.9 万亿元，比 2000 年增长 4.2 倍，年均增长 23%；物流业实现增加值 2.0 万亿元，比 2000 年增长 1.9 倍，年均增长 14%。2008 年，物流业增加值占全部服务业增加值的比重为 16.5%，占 GDP 的比重为 6.6%。

2. 物流业发展水平显著提高。一些制造企业、商贸企业开始采用现代物流管理理念、方法和技术，实施流程再造和服务外包；传统运输、仓储、货代企业实行功能整合和服务延伸，加快向现代物流企业转型；一批新型的物流企业迅速成长，形成了多种所有制、多种服务模式、多层次的物流企业群体。全社会物流总费用与 GDP 的比率，由 2000 年的 19.4% 下降到 2008 年的 18.3%，物流费用成本呈下降趋势，促进了经济运行质量的提高。

3. 物流基础设施条件逐步完善。交通设施规模迅速扩大，为物流业发展提供了良好的设施条件。截至 2008 年年底，全国铁路营业里程 8.0 万公里，高速公路通车里程 6.03 万公里，港口泊位 3.64 万个，其中沿海万吨级以上泊位 1167 个，拥有民用机场 160 个。物流园区建设开始起步，仓储、配送设施现代化水平不断提高，一批区域性物流中心正在形成。物流技术设备加快更新换代，物流信息化建设有了突破性进展。

4. 物流业发展环境明显好转。国家“十一五”规划纲要明确提出“大力发展现代物流业”，中央和地方政府相继建立了推进现代物流业发展的综合协调机制，出台了支持现代物流业发展的规划和政策。物流统计核算和标准化工作，以及人才培养和技术创新等行业基础性工作取得明显成效。

但是，我国物流业的总体水平仍然偏低，还存在一些突出问题。一是全社会物流运行效率偏低，社会物流总费用与 GDP 的比率高出发达国家 1 倍左右；二是社会化物流需求不足和专业化物流供给能力不足的问题同时存在，“大而全”、“小而全”的企业物流运作模式还相当普遍；三是物流基础设施能力不足，尚未建立布局合理、衔接顺畅、能力充分、高效便捷的综合交通运输体系，物流园区、物流技术装备等能力有待加强；四是地方封锁和行业垄断对资源整合和一体化运作形成障碍，物流市场还不够规范；五是物流技术、人才培养和物流标准还不能完全满足需要，物流服务的组织化和集约化程度不高。

2008 年下半年以来，随着国际金融危机对我国实体经济的影响逐步加深，物流业作为重要的服务产业也受到了严重冲击。物流市场需求急剧萎缩，运输和仓储等收费价格及利润大幅度下跌，一大批中小物流企业经营出现困难，提供运输、仓储等单一服务的传统物流企业受到严重冲击。整体来看，国际金融危机不但造成物流产业自身发展的剧烈波动，而且对其他产业的物流服务供给也产生了不利影响。

（二）面临的形势

应该看到，实施物流业的调整和振兴、实现传统物流业向现代物流业的转变，不仅是物流业自身结构调整和产业升级的需要，也是整个国民经济发展的必然要求。

1. 调整和振兴物流业是应对国际金融危机的迫切需要。一是要解决当前物流企业面临的困难，需要加快企业重组步伐，做强做大，提高产业集中度和抗风险能力，保持产业的平稳发展；二是物流业自身需要转变发展模式，向以信息技术和供应链管理为核心的现代物流业发展，通过提供低成本、高效率、多样化、专业化的物流服务，适应复杂多变的市场环境，提高自身竞争力；三是物流业对其他产业的调整具有服务和支撑作用，发展第三方物流可以促进制造业和商贸业优化内部分工、专注核心业务、降低物流费用，提高这些产业的竞争力，增强其应对国际金融危机的能力。

2. 调整和振兴物流业是适应经济全球化趋势的客观要求。一是随着经济全球化的发展和我国融入世界经济的步伐加快，全球采购、全球生产和全球销售的发展模式要求加快发展现代物流业，优化资源配置，提高市场响应速度和产品供给时效，降低企业物流成本，增强国民经济的竞争力；二是为了适应国际产业分工的变化，要求加快发展现代物流业，完善物流服务体系，改善投资环境，抓住国际产业向我国转移的机遇，吸引国际投资，促进我国制造业和高技术产业的发展；三是随着全球服务贸易的迅猛发展，要求加快发展现代物流业，培育国内现代物流服务企业，提高物流服务能力，应对日益激烈的全球物流企业竞争。

3. 调整和振兴物流业是国民经济持续快速发展的必要保证。根据全面建设小康社会的新要求，我国经济规模将进一步扩大，居民消费水平将进一步提高，货物运输量、社会商品零售额、对外贸易额等将大幅度增长，农产品、工业品、能源、原材料和进出口商品的流通规模将显著增加，对全社会物流服务能力和物流效率提出了更高的要求。同时，中西部地区要求改善物流条件，缩小与东部地区的物流成本差距，承接东部沿海地区产业梯度转移，促进区域间协调和可持续发展。

4. 调整和振兴物流业是贯彻落实科学发展观和构建社会主义和谐社会的重要举措。调整和振兴物流业，有利于加快商品流通和资金周转，降低社会物流成本，优化资源配置，提高国民经济的运行质量；有利于提高服务业比重，优化产业结构，促进经济发展方式的转变；有利于增加城乡就业岗位，扩大社会就业；有利于提高运输效率，降低能源消耗和废气排放，缓解交通拥堵，实现经济和社会的协调发展；有利于促进国内外、城乡和地区间商品流通，满足人民群众对多样化、高质量的物流服务需求，扩大居民消费；有利于国家救灾应急、处理突发性事件，保障经济稳定和社会安全。

二、指导思想、原则和目标

（一）指导思想

以邓小平理论和“三个代表”重要思想为指导，深入贯彻落实科学发展观，按照保增长、扩内需、调结构的总体部署，以应对国际金融危机对我国经济的影响为切入点，以改革开放为动力，以先进技术为支撑，以物流一体化和信息化为主线，积极营造有利于物流业发展的政策环境，加快发展现代物流业，建立现代物流服务体系，以物流服务促进其他产业发展，为全面建设小康社会提供坚实的物流体系保障。

（二）基本原则

1. 立足应对危机，着眼长远发展。既要应对国际金融危机，解决当前物流业发展面临的突出问题，保先进生产力，保重点骨干企业，促进企业平稳发展；又要从产业长远发展的角度出发，解决制约物流产业振兴的体制、政策和设施瓶颈，促进产业升级，提高产业竞争力。

2. 市场配置资源，政府营造环境。充分发挥市场配置资源的作用，调动企业的积极性，从满足物流需求的实际出发，注重投资的经济效益。政府要为物流业的发展营造良好的政策环境，扶持重要的物流基础设施项目建设。

3. 加强规划指导，注重协调联动。统筹国内与国际、全国与区域、城市与农村物流协调发展，做好地区之间、行业之间和部门之间物流基础设施建设与发展的协调和衔接，走市场化、专业化、社会化的发展道路，合理布局重大项目。各地区要从本地区经济发展的实际出发，因地制宜，统筹规划，科学引导物流业的发展，防止盲目攀比和重复建设。

4. 打破分割封锁，整合现有资源。改革现行物流业相关行业管理体制，打破部门间和地区间的分割和封锁，创造公平的竞争环境，促进物流服务的社会化和资源利用的市场化，优先整合和利用现有物流资源，提高物流设施的利用率。

5. 建立技术标准，推进一体化运作。按照现代物流理念，加快技术标准体系建设，综合集成仓储、运输、货代、包装、装卸、搬运、流通加工、配送、信息处理等多种功能，推进物流一体化运作，提高物流效率。

6. 创新服务方式，坚持科学发展。以满足生产者和消费者不断增长的物流需求为出发点，不断创新物流服务方式，提升服务水平。积极推进物流服务的信息化、现代化、合理化和企业社会责任建设，坚持最严格的节约用地制度，注重节约能源，保护环境，减少废气污染和交通拥堵，保证交通安全，实现经济和社会可持续协调发展。

（三）规划目标

力争在 2009 年改善物流企业经营困难的状况，保持产业的稳定发展。到 2011 年，培育一批具有国际竞争力的大型综合物流企业集团，初步建立起布局合理、技术先进、节能环保、便捷高效、安全有序并具有一定国际竞争力的现代物流服务体系，物流服务能力进一步增强；物流的社会化、专业化水平明显提高，第三方物流的比重有所增加，物流业规模进一步扩大，物流业增加值年均递增 10% 以上；物流整体运行效率显著提高，全社会物流总费用与 GDP 的比率比目前的水平有所下降。

三、主要任务

（一）积极扩大物流市场需求

进一步推广现代物流管理，努力扩大物流市场需求。运用供应链管理与现代物流理念、技术与方法，实施采购、生产、销售和物品回收物流的一体化运作。鼓励生产企业改造物流流程，提高对市场的响应速度，降低库存，加速周转。合理布局城乡商业设施，完善流通网络，积极发展连锁经营、物流配送和电子商务等现代流通方式，促进流通企业的现代化。在农村广泛应用现代物流管理技术，发展农产品从产地到销地的直销和配送，以及农资和农村日用消费品的统一配送。

（二）大力推进物流服务的社会化和专业化

鼓励生产和商贸企业按照分工协作的原则，剥离或外包物流功能，整合物流资源，促进企业内部物流社会化。推动物流企业与生产、商贸企业互动发展，促进供应链各环节有机结合。鼓励现有运输、仓储、货代、联运、快递企业的功能整合和服务延伸，加快向现代物流企业转型。积极发展多式联运、集装箱、特种货物、厢式货车运输以及重点物资的散装运输等现代运输方式，加强各种运输方式运输企业的相互协调，建立高效、安全、低成本的运输系统。加强运输与物流服务的融合，为物流一体化运作与管理提供条件。鼓励邮政企业深化改革，做大做强快递物流业务。大力发展第三方物流，提高企业的竞争力。

（三）加快物流企业兼并重组

鼓励中小物流企业加强信息沟通，创新物流服务模式，加强资源整合，满足多样性的物流需要。加大国家对物流企业兼并重组的政策支持力度，缓解当前物流企业面临的困难，鼓励物流企业通过参股、控股、兼并、联合、合资、合作等多种形式进行资产重组，培育一批服务水平高、国际竞争力强的大型现代物流企业。

（四）推动重点领域物流发展

加强石油、煤炭、重要矿产品及相关产品物流设施建设，建立石油、煤炭、重要矿产品物流体系。加快发展粮食、棉花现代物流，推广散粮运输和棉花大包运输。加强农产品质量标准体系建设，发展农产品冷链物流。完善农资和农村日用消费品连锁经营网络，建立农村物流体系。发展城市统一配送，提高食品、食盐、烟草和出版物等的物流配送效率。实行医药集中采购和统一配送，推动医药物流发展。加强对化学危险品物流的跟踪与监控，规范化学危险品物流的安全管理。推动汽车和零配件物流发展，建立科学合理的汽车综合物流服务体系。鼓励企业加快发展产品与包装物回收物流和废弃物物流，促进资源节约与循环利用。鼓励和支持物流业节能减排，发展绿色物流。发挥邮政现有的网络优势，大力发展邮政物流，加快建立快递物流体系，方便生产生活。加强应急物流体系建设，提高应对战争、灾害、重大疫情等突发性事件的能力。

（五）加快国际物流和保税物流发展

加强主要港口、国际海运陆运集装箱中转站、多功能国际货运站、国际机场等物流节点的多式联运物流设施建设，加快发展铁海联运，提高国际货物的中转能力，加快发展适应国际中转、国际采购、国际配送、国际转口贸易业务要求的国际物流，逐步建成一批适应国际贸易发展需要的大型国际物流港，并不断增强其配套功能。在有效监管的前提下，各有关部门要简化审批手续，优化口岸通关作业流程，实行申办手续电子化和“一站式”服务，提高通关效率。充分发挥口岸联络协调机制的作用，加快“电子口岸”建设，积极推进大通关信息资源整合。统筹规划、合理布局，积极推进海关特殊监管区域整合发展和保税监管场所建设，建立既适应跨国公司全球化运作又适应加工制造业多元化发展需求的新型保税物流监管体系。积极促进口岸物流向内地物流节点城市顺畅延伸，促进内地现代物流业的发展。

（六）优化物流业发展的区域布局

根据市场需求、产业布局、商品流向、资源环境、交通条件、区域规划等因素，重点发展九大物流区域，建设十大物流通道和一批物流节点城市，优化物流业的区域布局。

九大物流区域分布为：以北京、天津为中心的华北物流区域，以沈阳、大连为中心的东北物流区域，以青岛为中心的山东半岛物流区域，以上海、南京、宁波为中心的长江三角洲物流区域，以厦门为中心的东南沿海物流区域，以广州、深圳为中心的珠江三角洲物流区域，以武汉、郑州为中心的中部物流区域，以西安、兰州、乌鲁木齐为中心的西北物流区域，以重庆、成都、南宁为中心的西南物流区域。十大物流通道为：东北地区与关内地区物流通道，东部地区南北物流通道，中部地区南北物流通道，东部沿海与西北地区物流通道，东部沿海与西南地区物流通道，西北与西南地区物流通道，西南地区出海物流通道，长江与运河物流通道，煤炭物流通道，进出口物流通道。

要打破行政区划的界限，按照经济区划和物流业发展的客观规律，促进物流区域发展。积极推进和加深不同地区之间物流领域的合作，引导物流资源的跨区域整合，逐步形成区域一体化的物流服务格局。长江三角洲、珠江三角洲物流区域和华北、山东半岛、东北、东南沿海物流区域，要加强技术自主创新，加快发展制造业物流、国际物流和商贸物流，培育一批具有国际竞争力的现代物流企业，在全国率先做强。中部物流区域要充分发挥中部地区承东启西、贯通南北的区位优势，加快培育第三方物流企业，提升物流产业发展水平，形成与东部物流区域的有机衔接。西北、西南物流区域要加快改革步伐，进一步推广现代物流管理理念和技术，按照本区域承接产业转移和发挥资源优势的需要，加快物流基础设施建设，改善区域物流环境，缩小与东中部地区差距。

物流节点城市分为全国性物流节点城市、区域性物流节点城市和地区性物流节点城市。全国性和区域性物流节点城市由国家确定，地区性物流节点城市由地方确定。全国性物流节点城市包括：北京、天津、沈阳、大连、青岛、济南、上海、南京、宁波、杭州、厦门、广州、深圳、郑州、武汉、重庆、成都、南宁、西安、兰州、乌鲁木齐共21个城市。区域性物流节点城市包括：哈尔滨、长春、包头、呼和浩特、石家庄、唐山、太原、合肥、福州、南昌、长沙、昆明、贵阳、海口、西宁、银川、拉萨共 17 个城市。物流节点城市要根据本地的产业特点、发展水平、设施状况、市场需求、功能定位等，完善城市物流设施，加强物流园区规划布局，有针对性地建设货运服务型、生产服务型、商业服务型、国际贸易服务型和综合服务型的物流园区，优化城市交通、生态环境，促进产业集聚，努力提高城市的物流服务水平，带动周边所辐射区域物流业的发展，形成全国性、区域性和地区性物流中心和三级物流节点城市网络，促进大中小城市物流业的协调发展。

（七）加强物流基础设施建设的衔接与协调

按照全国货物的主要流向及物流发展的需要，依据《综合交通网中长期发展规划》、《中长期铁路网规划》、《国家高速公路网规划》、《全国沿海港口布局规划》、《全国内河航道与港口布局规划》及《全国民用机场布局规划》，加强交通运输设施建设，完善综合运输网络布局，促进各种运输方式的衔接和配套，提高资源使用效率和物流运行效率。发展多式联运，加强集疏运体系建设，使铁路、港口码头、机场及公路实现“无缝对接”，着力提高物流设施的系统性、兼容性。充分发挥市场机制的作用，整合现有运输、仓储等物流基础设施，加快盘活存量资产，通过资源的整合、功能的拓展和服务的提升，满足物流组织与管理服务的需要。加强新建铁路、港口、公路和机场转运设施的统一规划和建设，合理布局物流园区，完善中转联运设施，防止产生新的分割和不衔接。加强仓储设施建设，在大中城市周边和制造业基地附近合理规划、改造和建设一批现代化的配送中心。

（八）提高物流信息化水平

积极推进企业物流管理信息化，促进信息技术的广泛应用。尽快制订物流信息技术标准和信息资源标准，建立物流信息采集、处理和服务的交换共享机制。加快行业物流公共信息平台建设，建立全国性公路运输信息网络和航空货运公共信息系统，以及其他运输与服务方式的信息网络。推动区域物流信息平台建设，鼓励城市间物流平台的信息共享。加快构建商务、金融、税务、海关、邮政、检验检疫、交通运输、铁路运输、航空运输和工商管理等政府部门的物流管理与服务公共信息平台，扶持一批物流信息服务企业成长。

（九）完善物流标准化体系

根据物流标准编制规划，加快制订、修订物流通用基础类、物流技术类、物流信息类、物流管理类、物流服务类等标准，完善物流标准化体系。密切关注国际发展趋势，加强重大基础标准研究。要对标准制订实施改革，加强物流标准工作的协调配合，充分发挥企业在制订物流标准中的主体作用。加快物流管理、技术和服务标准的推广，鼓励企业和有关方面采用标准化的物流计量、货物分类、物品标识、物流装备设施、工具器具、信息系统和作业流程等，提高物流的标准化程度。

（十）加强物流新技术的开发和应用

大力推广集装技术和单元化装载技术，推行托盘化单元装载运输方式，大力发展大吨位厢式货车和甩挂运输组织方式，推广网络化运输。完善并推广物品编码体系，广泛应用条形码、智能标签、无线射频识别（RFID）等自动识别、标识技术以及电子数据交换（EDI）技术，发展可视化技术、货物跟踪技术和货物快速分拣技术，加大对 RFID 和移动物流信息服务技术、标准的研发和应用的投入。积极开发和利用全球定位系统（GNSS）、地理信息系统（GIS）、道路交通信息通信系统（VICS）、不停车自动交费系统（ETC）、智能交通系统（ITS）等运输领域新技术，加强物流信息系统安全体系研究。加强物流技术装备的研发与生产，鼓励企业采用仓储运输、装卸搬运、分拣包装、条码印刷等专用物流技术装备。

四、重点工程

（一）多式联运、转运设施工程

依托已有的港口、铁路和公路货站、机场等交通运输设施，选择重点地区和综合交通枢纽，建设一批集装箱多式联运中转设施和连接两种以上运输方式的转运设施，提高铁路集装箱运输能力，重点解决港口与铁路、铁路与公路、民用航空与地面交通等枢纽不衔接以及各种交通枢纽相互分离带来的货物在运输过程中多次搬倒、拆装等问题，促进物流基础设施协调配套运行，实现多种运输方式“无缝衔接”，提高运输效率。

（二）物流园区工程

在重要物流节点城市、制造业基地和综合交通枢纽，在土地利用总体规划、城市总体规划确定的城镇建设用地范围内，按照符合城市发展规划、城乡规划的要求，充分利用已有运输场站、仓储基地等基础设施，统筹规划建设一批以布局集中、用地节约、产业集聚、功能集成、经营集约为特征的物流园区，完善专业化物流组织服务，实现长途运输与短途运输的合理衔接，优化城市配送，提高物流运作的规模效益，节约土地占用，缓解城市交通压力。物流园区建设要严格按规划进行，充分发挥铁路运输优势，综合利用已有、规划和在建的物流基础设施，完善配套设施，防止盲目投资和重复建设。

（三）城市配送工程

鼓励企业应用现代物流管理技术，适应电子商务和连锁经营发展的需要，在大中城市发展面向流通企业和消费者的社会化共同配送，促进流通的现代化，扩大居民消费。加快建设城市物流配送项目，鼓励专业运输企业开展城市配送，提高城市配送的专业化水平，解决城市快递、配送车辆进城通行、停靠和装卸作业问题，完善城市物流配送网络。

（四）大宗商品和农村物流工程

加快煤炭物流通道建设，以山西、内蒙古、陕西煤炭外运为重点，形成若干个煤电路港一体化工程，完善煤炭物流系统。加强油气码头和运输管网建设，提高油气物流能力。加强重要矿产品港口物流设施建设，改善大型装备物流设施条件。加快粮食现代物流设施建设，建设跨省粮食物流通道和重要物流节点。加大投资力度，加快建设“北粮南运”和“西煤东运”工程。加强城乡统筹，推进农村物流工程。进一步加强农副产品批发市场建设，完善鲜活农产品储藏、加工、运输和配送等冷链物流设施，提高鲜活农产品冷藏运输比例，支持发展农资和农村消费品物流配送中心。

（五）制造业与物流业联动发展工程

加强对制造业物流分离外包的指导和促进，支持制造企业改造现有业务流程，促进物流业务分离外包，提高核心竞争力。培育一批适应现代制造业物流需求的第三方物流企业，提升物流业为制造业服务的能力和水平。制定鼓励制造业与物流业联动发展的相关政策，组织实施一批制造业与物流业联动发展的示范工程和重点项目，促进现代制造业与物流业有机融合、联动发展。

（六）物流标准和技术推广工程

加快对现有仓储、转运设施和运输工具的标准化改造，鼓励企业采用标准化的物流设施和设备，实现物流设施、设备的标准化。推广实施托盘系列国家标准，鼓励企业采用标准化托盘，支持专业化企业在全国建设托盘共用系统，开展托盘的租赁回收业务，实现托盘标准化、社会化运作。鼓励企业采用集装单元、射频识别、货物跟踪、自动分拣、立体仓库、配送中心信息系统、冷链等物流新技术，提高物流运作管理水平。实施物流标准化服务示范工程，选择大型物流企业、物流园区开展物流标准化试点工作并逐步推广。

（七）物流公共信息平台工程

加快建设有利于信息资源共享的行业和区域物流公共信息平台项目，重点建设电子口岸、综合运输信息平台、物流资源交易平台和大宗商品交易平台。鼓励企业开展信息发布和信息系统外包等服务业务，建设面向中小企业的物流信息服务平台。

（八）物流科技攻关工程

加强物流新技术的自主研发，重点支持货物跟踪定位、智能交通、物流管理软件、移动物流信息服务等关键技术攻关，提高物流技术的自主创新能力。适应物流业与互联网融合发展的趋势，启动物联网的前瞻性研究工作。加快先进物流设备的研制，提高物流装备的现代化水平。

（九）应急物流工程

建立应急生产、流通、运输和物流企业信息系统，以便在突发事件发生时能够紧急调用。建立多层次的政府应急物资储备体系，保证应急调控的需要。加强应急物流设施设备建设，提高应急反应能力。选择和培育一批具有应急能力的物流企业，建立应急物流体系。

五、政策措施

（一）加强组织和协调

现代物流业是新型服务业，涉及面广。要加强对现代物流业发展的组织和协调，在相关部门各司其职、各负其责的基础上，发挥由发展改革委牵头、有关部门参加的全国现代物流工作部际联席会议的作用，研究协调现代物流业发展的有关重大问题和政策。各省、自治区、直辖市政府也要建立相应的协调机制，加强对地方现代物流业发展有关问题的研究和协调。

（二）改革物流管理体制

继续深化铁路、公路、水运、民航、邮政、货代等领域的体制改革，按照精简、统一、高效的原则和决策、执行、监督相协调的要求，建立政企分开、决策科学、权责对等、分工合理、执行顺畅、监督有力的物流综合管理体系，完善政府的公共服务职能，进一步规范运输、货代等行业的管理，促进物流服务的规范化、市场化和国际化。改革仓储企业经营体制，推进仓储设施和业务的社会化。打破行业垄断，消除地区封锁，依法制止和查处滥用行政权力阻碍或限制跨地区、跨行业物流服务的行为，逐步建立统一开放、竞争有序的全国物流服务市场，促进物流资源的规范、公平、有序和高效流动。加强监管，规范物流市场秩序，强化物流环节质量安全管理。进一步完善对物流企业的交通安全监管机制，督促企业定期对车辆技术状况、驾驶人资质进行检查，从源头上消除安全隐患，落实企业的安全生产主体责任。

（三）完善物流政策法规体系

在贯彻落实好现有推动现代物流业发展有关政策的基础上，进一步研究制定促进现代物流业发展的有关政策。加大政策支持力度，抓紧解决影响当前物流业发展的土地、税收、收费、融资和交通管理等方面的问题。引导和鼓励物流企业加强管理创新，完善公司治理结构，实施兼并重组，尽快做强做大。针对当前产业发展中出现的新情况和新问题，研究制定系统的物流产业政策。清理有关物流的行政法规，加强对物流领域的立法研究，完善物流的法律法规体系，促进物流业健康发展。

（四）制订落实专项规划

有关部门要制订专项规划，积极引导和推动重点领域和区域物流业的发展。发展改革委会同有关部门制订煤炭、粮食、农产品冷链、物流园区、应急物流等专项规划，商务部会同供销总社等有关部门制订商贸物流专项规划，国家标准委会同有关部门制订物流标准专项规划。物流业发展的重点地区，各级地方政府也要制订本地区物流业规划，指导本地区物流业的发展。

（五）多渠道增加对物流业的投入

物流业的发展，主要依靠企业自身的投入。要加快发展民营物流企业，扩大对外开放步伐，多渠道增加对物流业的投入。对列入国家和地方规划的物流基础设施建设项目，鼓励其通过银行贷款、股票上市、发行债券、增资扩股、企业兼并、中外合资等途径筹集建设资金。银行业金融机构要积极给予信贷支持。对涉及全国性、区域性重大物流基础设施项目，中央和地方政府可根据项目情况和财力状况适当安排中央和地方预算内建设投资，以投资补助、资本金注入或贷款贴息等方式给予支持，由企业进行市场化运作。

（六）完善物流统计指标体系

进一步完善物流业统计调查制度和信息管理制度，建立科学的物流业统计调查方法和指标体系。加强物流统计基础工作，开展物流统计理论和方法研究。认真贯彻实施社会物流统计核算与报表制度。积极推动地方物流统计工作，充分发挥行业组织的作用和力量，促进物流业统计信息交流，建立健全共享机制，提高统计数据的准确性和及时性。

（七）继续推进物流业对外开放和国际合作

充分利用世界贸易组织、自由贸易区和区域经济合作机制等平台，与有关国家和地区相互进一步开放与物流相关的分销、运输、仓储、货代等领域，特别是加强与日韩、东盟和中亚国家的双边和区域物流合作，开展物流方面的政策协调和技术合作，推动物流业“引进来”和“走出去”。加强国内物流企业同国际先进物流企业的合资、合作与交流，引进和吸收国外促进现代物流发展的先进经验和管理方法，提高物流业的全球化与区域化程度。加强国际物流“软环境”建设，包括鼓励运用国际惯例、推动与国际贸易规则及货代物流规则接轨、统一单证、加强风险控制和风险转移体系建设等。建立产业安全保障机制，完善物流业外资并购安全审查制度。

（八）加快物流人才培养

要采取多种形式，加快物流人才的培养。加强物流人才需求预测和调查，制订科学的培养目标和规划，发展多层次教育体系和在职人员培训体系。利用社会资源，鼓励企业与大学、科研机构合作，编写精品教材，提高实际操作能力，强化职业技能教育，开展物流领域的职业资质培训与认证工作。加强与国外物流教育与培训机构的联合与合作。

（九）发挥行业社团组织的作用

物流业社团组织应履行行业服务、自律、协调的职能，发挥在物流规划制订、政策建议、规范市场行为、统计与信息、技术合作、人才培训、咨询服务等方面的中介作用，成为政府与企业联系的桥梁和纽带。

六、规划实施

国务院各有关部门要按照《规划》的工作分工，加强沟通协商，密切配合，尽快制定和完善各项配套政策措施，明确政策措施的实施范围和进度，并加强指导和监督，确保实现物流业调整和振兴目标。有关部门要适时开展《规划》的后评价工作，及时提出评价意见。

各地区要按照《规划》确定的目标、任务和政策措施，结合当地实际抓紧制订具体工作方案，细化落实，确保取得实效。各省、自治区、直辖市要将具体工作方案和实施过程中出现的新情况、新问题及时报送发展改革委和交通运输、商务等有关部门。

关于推进上海加快发展现代服务业和先进制造业建设国际金融中心和国际航运中心的意见

（国发［2009］19 号 2009 年 4 月 14 日）

各省、自治区、直辖市人民政府，国务院各部委、各直属机构：

上海有比较完备的金融市场体系、金融机构体系和金融业务体系，有雄厚的制造业基础和技术创新能力，有先进的现代航运基础设施网络。推进上海加快发展现代服务业和先进制造业，加快建设国际金融中心、国际航运中心和现代国际大都市，是我国现代化建设和继续推动改革开放的重要举措；是贯彻落实科学发展观，转变经济发展方式，突破资源环境承载能力制约，实现全面协调可持续发展，继续发挥上海在全国的带动和示范作用的必然选择。在当前应对国际金融危机的关键时期，要站在全局和战略的高度，充分认识加快上海国际金融中心和国际航运中心建设的重要性，努力推进上海率先实现产业结构优化和升级，率先实现经济发展方式的转变。为此，提出以下意见：

一、推进上海加快发展现代服务业和先进制造业，建设国际金融中心和国际航运中心的重大意义

（一）推进上海加快发展现代服务业和先进制造业，建设国际金融中心和国际航运中心，既是上海实现又好又快发展的需要，也是更好地服务于全国发展的需要。现代服务业和先进制造业发展水平，是衡量一个国家经济社会发达程度的重要标志，是一个国家综合实力、国际竞争力和抗风险能力的集中体现。提高现代服务业和先进制造业就业比重和产值比重，提升产业附加值和国际竞争力，是推进产业结构升级、加快转变经济发展方式的必由之路；是适应全球化新格局和对外开放新形势，加快构筑新的竞争优势，提高国家整体竞争力的有效途径。推进上海加快发展现代服务业和先进制造业，建设国际金融中心和国际航运中心，有利于上海突破资源环境承载力逐渐下降的制约，增强可持续发展的能力；有利于拓展金融资源运作空间，提高金融资产配置效率，更好地维护国家经济金融安全；有利于强化航运枢纽中心地位，更好地满足周边地区和全国的国际航运要求；有利于通过改革开放和创新的先行先试，加快形成更具活力、更富效率、更加开放的体制机制，奠定科学发展的体制基础。

（二）推进上海加快发展现代服务业和先进制造业，建设国际金融中心和国际航运中

心，有利于更好地夯实并充分发挥上海的比较优势。上海具有比较完善的现代市场体系、现代金融体系、先进的港口基础设施、高效的航运服务体系，以及便捷的交通运输网络；有广泛参与全球竞争的周边经济腹地，具有加快形成国际金融中心和国际航运中心的有利条件。采取有力措施，加快推进上海国际金融中心和国际航运中心建设，大力发展金融业、航运业等现代服务业和先进制造业，率先转变经济发展方式，可以使上海更好地发挥综合优势，更好地发挥带动示范作用，更好地服务长三角地区、服务长江流域、服务全国。

二、推进上海加快发展现代服务业和先进制造业，建设国际金融中心和国际航运中心的指导思想和原则

（三）指导思想：高举中国特色社会主义伟大旗帜，以邓小平理论和“三个代表”重要思想为指导，深入贯彻落实科学发展观，进一步解放思想，进一步改革开放，进一步发挥优势，继续当好全国改革开放的排头兵，充分发挥对长三角地区乃至全国的带动和示范作用。要坚持科学发展，不断扩大发展规模，完善发展机制，提高发展水平；要在发展中优化经济结构，优先发展金融、航运等现代服务业，以及以高端制造和研发为主的先进制造业，不断增强服务功能，提高核心竞争力；要在发展中创新发展思路，坚持先行先试，不断创新体制机制，提高体制运行效率；要在发展中坚持市场化、国际化和法治化，不断改善投资环境，提高对外吸引力；要在发展中发挥比较优势，努力完善区域分工，不断扩大辐射带动效应，提高专业分工和协作水平。

（四）把握的原则：处理好深化改革与加快发展的关系，坚持以改革促发展，以改革解难题，以改革建制度，为现代服务业和先进制造业发展营造良好体制环境；处理好先行先试与制度规范的关系，通过创新和探索，加快与国际惯例接轨，为全国性的制度规范奠定实践基础，发挥示范作用；处理好突出重点与全面推进的关系，以金融业、航运业和先进制造业为重点，不断创新服务业态，不断提高制造业的核心竞争力和附加值，全面提升现代服务业和先进制造业的发展水平；处理好加快发展现代服务业与发展先进制造业的关系，形成现代服务业与先进制造业相互支撑、相互带动的产业发展格局；处理好推进金融创新与完善金融监管的关系，在推进金融改革、创新和开放过程中，努力维护金融体系的安全和稳定；处理好推进上海自身发展与区域协作发展的关系，按照国家明确的战略定位和分工，加强上海与长三角地区以及国内其他中心城市的相互协作和支持，加强与香港的优势互补和战略合作，形成分工合理、相互促进、共同发展的格局。

三、国际金融中心和国际航运中心建设的总体目标

（五）国际金融中心建设的总体目标是：到2020年，基本建成与我国经济实力以及人民币国际地位相适应的国际金融中心；基本形成国内外投资者共同参与、国际化程度较高，交易、定价和信息功能齐备的多层次金融市场体系；基本形成以具有国际竞争力和行业影响力的金融机构为主体、各类金融机构共同发展的金融机构体系；基本形成门类齐全、结构合理、流动自由的金融人力资源体系；基本形成符合发展需要和国际惯例的税收、信用和监管等法律法规体系，以及具有国际竞争力的金融发展环境。

（六）国际航运中心建设的总体目标是：到2020年，基本建成航运资源高度集聚、航运服务功能健全、航运市场环境优良、现代物流服务高效，具有全球航运资源配置能力的国际航运中心；基本形成以上海为中心、以江浙

为两翼，以长江流域为腹地，与国内其他港口合理分工、紧密协作的国际航运枢纽港；基本形成规模化、集约化、快捷高效、结构优化的现代化港口集疏运体系，以及国际航空枢纽港，实现多种运输方式一体化发展；基本形成服务优质、功能完备的现代航运服务体系，营造便捷、高效、安全、法治的口岸环境和现代国际航运服务环境，增强国际航运资源整合能力，提高综合竞争力和服务能力。

四、国际金融中心建设的主要任务和措施

（七）加强金融市场体系建设。上海国际金融中心建设的核心任务是，不断拓展金融市场的广度和深度，形成比较发达的多功能、多层次的金融市场体系。不断丰富金融市场产品和工具，大力发展企业（公司）债券、资产支持债券，开展项目收益债券试点，研究发展外币债券等其他债券品种；促进债券一、二级市场建设及其协调发展；加快银行间债券市场和交易所债券市场互联互通，推进上市商业银行进入交易所债券市场试点。根据投资者资产配置和风险管理的需要，按照高标准、稳起步和严监管的原则，研究探索并在条件成熟后推出以股指、汇率、利率、股票、债券、银行贷款等为基础的金融衍生产品。加大期货市场发展力度，做深做精现有期货品种，有序推出新的能源和金属类大宗产品期货，支持境内期货交易所在海关特殊监管区内探索开展期货保税交割业务。拓宽上市公司行业和规模覆盖面，适应多层次市场发展需要，研究建立不同市场和层次间上市公司转板机制，逐步加强上海证券交易所的主板地位和市场影响力。研究探索推进上海服务长三角地区非上市公众公司股份转让的有效途径。优化金融市场参与者结构，积极发展证券投资基金、社保基金、保险资产、企业年金、信托计划等各类机构投资者。根据国家资本账户和金融市场对外开放的总体部署，逐步扩大境外投资者参与上海金融市场的比例和规模，逐步扩大国际开发机构发行人民币债券规模，稳步推进境外企业在境内发行人民币债券，适时启动符合条件的境外企业发行人民币股票。在内地与香港金融合作框架下，积极探索上海与香港的证券产品合作，推进内地与香港的金融合作和联动发展。积极发展上海再保险市场，鼓励发展中资和中外合资的再保险公司，吸引国际知名的再保险公司在上海开设分支机构，培育发展再保险经纪人，积极探索开展离岸再保险业务。

（八）加强金融机构和业务体系建设。根据金融市场体系建设的需要，大力发展各类金融机构，重点发展投资银行、基金管理公司、资产管理公司、货币经纪公司、融资租赁公司、企业集团财务公司等有利于增强市场功能的机构。积极推进符合条件的金融企业开展综合经营试点，培育和吸引具有综合经营能力和国际竞争力的金融控股集团，在试点过程中探索建立金融监管协调机制。鼓励发展各类股权投资企业（基金）及创业投资企业，做好上海金融发展投资基金试点工作。积极拓展各类金融业务，推动私人银行、券商直投、离岸金融、信托租赁、汽车金融等业务的发展，有序开发跨机构、跨市场、跨产品的金融业务。开展商业银行并购贷款业务，为企业并购活动提供资金支持。鼓励个人购买商业养老保险，由财政部、税务总局、保监会会同上海市研究具体方案，适时开展个人税收递延型养老保险产品试点。根据国家金融对外开放总体进程，稳步推进金融服务业对外开放，支持设在上海的合资证券公司、合资基金公司率先扩大开放范围。

（九）提升金融服务水平。健全金融服务方式和手段，大力发展电子交易，促进各类金融信息系统、市场交易系统互联互通，降低交易成本，提高交易效率。完善金融服务设施和

布局规划，进一步健全为市场交易服务的登记、托管、清算、结算等统一高效的现代化金融支持体系，提高上海金融市场效率和服务能力。加强陆家嘴等重要金融集聚区的规划和建设，全面提升金融集聚区的服务功能。规范发展中介服务，加快发展信用评级、资产评估、融资担保、投资咨询、会计审计、法律服务等中介服务机构，加强监管，增强行业自律，规范执业行为。在上海建立我国金融资讯信息服务平台和全球金融信息服务市场。充分发挥上海金融市场种类齐全、金融机构体制健全、金融发展环境良好的优势，先行在上海开展金融市场、金融机构、金融产品等方面的改革和创新。制定并完善促进金融创新的政策，形成以市场需求为导向、金融市场和金融企业为主体的金融创新机制。

（十）改善金融发展环境。加强金融法制建设，加快制定既切合我国实际又符合国际惯例的金融税收和法律制度。完善金融执法体系，建立公平、公正、高效的金融纠纷审理、仲裁机制，探索建立上海金融专业法庭、仲裁机构。加强社会信用体系建设，以金融业统一征信平台为载体，完善企业和个人信用信息基础数据库建设，促进信用信息共享。适应上海金融改革和创新的需要，不断完善金融监管体系，改进监管方式，建立贴近市场、促进创新、信息共享、风险可控的金融监管平台和制度。加强跨行业、跨市场监管协作，加强地方政府与金融管理部门的协调，维护金融稳定和安全。

五、国际航运中心建设的主要任务和措施

（十一）优化现代航运集疏运体系。适应区域经济一体化要求，在继续加强港口基础设施建设基础上，整合长三角港口资源，形成分工合作、优势互补、竞争有序的港口格局，增强港口综合竞争能力。加快洋山深水港区等基础设施建设，扩大港口吞吐能力。推进内河航道、铁路和空港设施建设，优化运输资源配置，适当增加高速公路通道，大力发展中远程航空运输，增强综合运输能力。促进与内河航运的联动发展，充分利用长江黄金水道，加快江海直达船型的研发和推广，从船舶技术和安全管理方面采取措施，推动洋山深水港区的江海直达，大力发展水水中转。充分发挥上海芦潮港集装箱中心站及铁路通道作用，做好洋山深水港区铁路上岛规划研究，逐步提高铁水联运比例。

（十二）发展现代航运服务体系。积极研究采取措施，降低国际集装箱中转成本，鼓励我国外贸集装箱在上海国际航运中心转运。充分发挥上海靠近国际主航线的区位优势，以及工业基础、人才资源、商务环境等方面的综合优势，大力发展船舶交易、船舶管理、航运经纪、航运咨询、船舶技术等各类航运服务机构，拓展航运服务产业链，延伸发展现代物流等关联产业，不断完善航运服务功能。完善航运服务规划布局，进一步拓展洋山保税港区的功能，发展北外滩、陆家嘴、临港等航运服务集聚区。引导和规范船舶交易市场健康发展，充分发挥上海航运交易所的船舶交易和运价信息发布功能，加快建设全国性船舶交易信息平台，在上海形成具有示范作用的船舶交易市场。建立上海国际航运中心综合信息共享平台，促进形成便捷高效的长三角区域及长江干线港口、航运信息交换系统。

（十三）探索建立国际航运发展综合试验区。研究借鉴航运发达国家（地区）的航运支持政策，提高我国航运企业的国际竞争力。实施国际航运相关业务支持政策。将中资“方便旗”船特案减免税政策的执行截止日期由2009年6月30日延长至2011年6月30日。对注册在洋山保税港区内的航运企业从事国际航运业务取得的收入，免征营业税；对注册在洋山保

税港区内的仓储、物流等服务企业从事货物运输、仓储、装卸搬运业务取得的收入，免征营业税。允许企业开设离岸账户，为其境外业务提供资金结算便利。在完善相关监管制度和有效防止骗退税措施前提下，实施启运港退税政策，鼓励在洋山保税港区发展中转业务。探索创新海关特殊监管区域的管理制度，更好地发挥洋山保税港区的功能。

（十四）完善现代航运发展配套支持政策。加快发展航运金融服务，支持开展船舶融资、航运保险等高端服务。积极发展多种航运融资方式，探索通过设立股权投资基金等方式，为航运服务业和航运制造业提供融资服务。允许大型船舶制造企业参与组建金融租赁公司，积极稳妥鼓励金融租赁公司进入银行间市场拆借资金和发行债券。积极研究有实力的金融机构、航运企业等在上海成立专业性航运保险机构。优化航运金融服务发展环境，对注册在上海的保险企业从事国际航运保险业务取得的收入，免征营业税。积极研究从事国际航运船舶融资租赁业务的融资租赁企业的税收优惠政策，条件具备时，可先行在上海试点。研究进出口企业海上货物运输保费的有关税收政策问题。丰富航运金融产品，加快开发航运运价指数衍生品，为我国航运企业控制船运风险创造条件。

（十五）促进和规范邮轮产业发展。允许境外国际邮轮公司在上海注册设立经营性机构，开展经批准的国际航线邮轮服务业务。鼓励境外大型邮轮公司挂靠上海及其他有条件的沿海港口，逐步发展为邮轮母港。为邮轮航线经营人开展业务提供便利的经营环境。研究建立邮轮产业发展的金融服务体系，在保险、信贷等方面开设邮轮产业专项目录，促进邮轮产业健康有序发展。

六、加快推进先进制造业和技术先进型服务企业的发展

（十六）以现有制造能力为基础，以调整、优化和提高为方向，以研发、创新和增值为重点，不断提高制造业的核心竞争力和产业附加值。大力发展先进制造技术，着力提升汽车、装备、船舶、电子信息等优势制造业的研发能力和核心竞争力；加快发展航空航天、生物医药、新能源、新材料等新兴制造业和战略产业；优化发展精品钢材、石油化工等基础制造业；增强先进制造业发展的技术支撑和服务能力。在浦东新区开展鼓励技术先进型服务企业发展政策试点工作，支持从事软件研发及服务、产品技术研发及工业设计服务、信息技术研发及外包服务、技术性业务流程外包服务等业务的技术先进型服务企业的发展。自2009年1月1日起至2013年12月31日止，对符合条件的技术先进型服务企业，减按15%的税率征收企业所得税；技术先进型服务企业职工教育经费按不超过企业工资总额8%的比例据实在企业所得税税前扣除；对技术先进型服务企业离岸服务外包业务收入免征营业税。设立政府创业投资引导基金，引导创业投资企业加大对先进制造和先进技术服务领域初创期企业的资本投入。

七、加强组织领导和协调服务

（十七）建立健全上海国际金融中心和国际航运中心建设的指导协调机制。建立由发展改革委牵头，有关部门参加的协调机制，加强对上海国际金融中心和国际航运中心建设的指导、协调和服务。进一步细化相关政策措施，认真研究解决推进上海国际金融中心和国际航运中心建设过程中出现的新情况和新问题。

（十八）转变政府职能，加强政府服务，营造良好环境。上海市政府要从全局和战略的高度，充分认识上海国际金融中心和国际航运中心建设的长期性和艰巨性，增强责任感、紧迫感和使命感，精心筹划实施方案，扎实推进各项工作。要加快政府职能转变和管理创新，

加快事业单位改革，加快构建服务型政府，深入推进浦东综合配套改革，使上海成为全国行政效能最高和行政收费最少的地区，成为中介服务最发达的地区。要加快淘汰落后产业和弱势产业，积极推进产业转移和产业升级，积极推进国有企业改革和重组，完善有利于现代服务业和先进制造业加快发展的政策和体制环境。要建立健全有利于人才集聚的机制，研究制定吸引各类高层次人才的配套措施，加强职业教育和培训，营造良好、便利的工作和生活环境，使上海成为国际化高端人才的集聚地，为上海国际金融中心和国际航运中心建设提供人才支撑。

放射性物品运输安全管理条例

（中华人民共和国国务院令第562号 2009年9月14日）

第一章 总 则

第一条 为了加强对放射性物品运输的安全管理，保障人体健康，保护环境，促进核能、核技术的开发与和平利用，根据《中华人民共和国放射性污染防治法》，制定本条例。

第二条 放射性物品的运输和放射性物品运输容器的设计、制造等活动，适用本条例。

本条例所称放射性物品，是指含有放射性核素，并且其活度和比活度均高于国家规定的豁免值的物品。

第三条 根据放射性物品的特性及其对人体健康和环境的潜在危害程度，将放射性物品分为一类、二类和三类。

一类放射性物品，是指Ⅰ类放射源、高水平放射性废物、乏燃料等释放到环境后对人体健康和环境产生重大辐射影响的放射性物品。

二类放射性物品，是指Ⅱ类和Ⅲ类放射源、中等水平放射性废物等释放到环境后对人体健康和环境产生一般辐射影响的放射性物品。

三类放射性物品，是指Ⅳ类和Ⅴ类放射源、低水平放射性废物、放射性药品等释放到环境后对人体健康和环境产生较小辐射影响的放射性物品。

放射性物品的具体分类和名录，由国务院核安全监管部门会同国务院公安、卫生、海关、交通运输、铁路、民航、核工业行业主管部门制定。

第四条 国务院核安全监管部门对放射性物品运输的核与辐射安全实施监督管理。

国务院公安、交通运输、铁路、民航等有关主管部门依照本条例规定和各自的职责，负责放射性物品运输安全的有关监督管理工作。

县级以上地方人民政府环境保护主管部门和公安、交通运输等有关主管部门，依照本条例规定和各自的职责，负责本行政区域放射性物品运输安全的有关监督管理工作。

第五条 运输放射性物品，应当使用专用的放射性物品运输包装容器（以下简称运输容器）。

放射性物品的运输和放射性物品运输容器的设计、制造，应当符合国家放射性物品运输安全标准。

国家放射性物品运输安全标准，由国务院核安全监管部门制定，由国务院核安全监管部门和国务院标准化主管部门联合发布。国务院核安全监管部门制定国家放射性物品运输安全标准，应当征求国务院公安、卫生、交通运输、铁路、民航、核工业行业主管部门的意见。

第六条 放射性物品运输容器的设计、制造单位应当建立健全责任制度，加强质量管理，并对所从事的放射性物品运输容器的设计、制造活动负责。

放射性物品的托运人（以下简称托运人）应当制定核与辐射事故应急方案，在放射性物品运输中采取有效的辐射防护和安全保卫措施，并对放射性物品运输中的核与辐射安全负责。

第七条 任何单位和个人对违反本条例规定的行为，有权向国务院核安全监管部门或者其他依法履行放射性物品运输安全监督管理职责的部门举报。

接到举报的部门应当依法调查处理，并为举报人保密。

第二章 放射性物品运输容器的设计

第八条 放射性物品运输容器设计单位应当建立健全和有效实施质量保证体系，按照国家放射性物品运输安全标准进行设计，并通过试验验证或者分析论证等方式，对设计的放射性物品运输容器的安全性能进行评价。

第九条 放射性物品运输容器设计单位应当建立健全档案制度，按照质量保证体系的要求，如实记录放射性物品运输容器的设计和安全性能评价过程。

进行一类放射性物品运输容器设计，应当编制设计安全评价报告书；进行二类放射性物品运输容器设计，应当编制设计安全评价报告表。

第十条 一类放射性物品运输容器的设计，应当在首次用于制造前报国务院核安全监管部门审查批准。

申请批准一类放射性物品运输容器的设计，设计单位应当向国务院核安全监管部门提出书面申请，并提交下列材料：

（一）设计总图及其设计说明书；

（二）设计安全评价报告书；

（三）质量保证大纲。

第十一条 国务院核安全监管部门应当自受理申请之日起45个工作日内完成审查，对符合国家放射性物品运输安全标准的，颁发一类放射性物品运输容器设计批准书，并公告批准文号；对不符合国家放射性物品运输安全标准的，书面通知申请单位并说明理由。

第十二条 设计单位修改已批准的一类放射性物品运输容器设计中有关安全内容的，应当按照原申请程序向国务院核安全监管部门重新申请领取一类放射性物品运输容器设计批准书。

第十三条 二类放射性物品运输容器的设计，设计单位应当在首次用于制造前，将设计总图及其设计说明书、设计安全评价报告表报国务院核安全监管部门备案。

第十四条 三类放射性物品运输容器的设计，设计单位应当编制设计符合国家放射性物品运输安全标准的证明文件并存档备查。

第三章 放射性物品运输容器的制造与使用

第十五条 放射性物品运输容器制造单位，应当按照设计要求和国家放射性物品运输安全标准，对制造的放射性物品运输容器进行质量检验，编制质量检验报告。

未经质量检验或者经检验不合格的放射性物品运输容器，不得交付使用。

第十六条 从事一类放射性物品运输容器制造活动的单位，应当具备下列条件：

（一）有与所从事的制造活动相适应的专业技术人员；

（二）有与所从事的制造活动相适应的生产条件和检测手段；

（三）有健全的管理制度和完善的质量保证体系。

第十七条 从事一类放射性物品运输容器制造活动的单位，应当申请领取一类放射性物品运输容器制造许可证（以下简称制造许可证）。

申请领取制造许可证的单位，应当向国务院核安全监管部门提出书面申请，并提交其符合本条例第十六条规定条件的证明材料和申请制造的运输容器型号。

禁止无制造许可证或者超出制造许可证规定的范围从事一类放射性物品运输容器的制造活动。

第十八条 国务院核安全监管部门应当自受理申请之日起45个工作日内完成审查，对符合条件的，颁发制造许可证，并予以公告；对不符合条件的，书面通知申请单位并说明理由。

第十九条 制造许可证应当载明下列内容：

（一）制造单位名称、住所和法定代表人；

（二）许可制造的运输容器的型号；

（三）有效期限；

（四）发证机关、发证日期和证书编号。

第二十条 一类放射性物品运输容器制造单位变更单位名称、住所或者法定代表人的，应当自工商变更登记之日起20日内，向国务院核安全监管部门办理制造许可证变更手续。

一类放射性物品运输容器制造单位变更制造的运输容器型号的，应当按照原申请程序向国务院核安全监管部门重新申请领取制造许可证。

第二十一条 制造许可证有效期为5年。

制造许可证有效期届满，需要延续的，一类放射性物品运输容器制造单位应当于制造许可证有效期届满6个月前，向国务院核安全监管部门提出延续申请。

国务院核安全监管部门应当在制造许可证有效期届满前作出是否准予延续的决定。

第二十二条 从事二类放射性物品运输容器制造活动的单位，应当在首次制造活动开始30日前，将其具备与所从事的制造活动相适应的专业技术人员、生产条件、检测手段，以及具有健全的管理制度和完善的质量保证体系的证明材料，报国务院核安全监管部门备案。

第二十三条 一类、二类放射性物品运输容器制造单位，应当按照国务院核安全监管部门制定的编码规则，对其制造的一类、二类放射性物品运输容器统一编码，并于每年1月31日前将上一年度的运输容器编码清单报国务院核安全监管部门备案。

第二十四条 从事三类放射性物品运输容器制造活动的单位，应当于每年1月31日前将上一年度制造的运输容器的型号和数量报国务院核安全监管部门备案。

第二十五条 放射性物品运输容器使用单位应当对其使用的放射性物品运输容器定期进行保养和维护，并建立保养和维护档案；放射性物品运输容器达到设计使用年限，或者发现放射性物品运输容器存在安全隐患的，应当停止使用，进行处理。

一类放射性物品运输容器使用单位还应当对其使用的一类放射性物品运输容器每两年进行一次安全性能评价，并将评价结果报国务院核安全监管部门备案。

第二十六条 使用境外单位制造的一类放射性物品运输容器的，应当在首次使用前报国务院核安全监管部门审查批准。

申请使用境外单位制造的一类放射性物品运输容器的单位，应当向国务院核安全监管部门提出书面申请，并提交下列材料：

（一）设计单位所在国核安全监管部门颁发的设计批准文件的复印件；

（二）设计安全评价报告书；

（三）制造单位相关业绩的证明材料；

（四）质量合格证明；

（五）符合中华人民共和国法律、行政法规规定，以及国家放射性物品运输安全标准或者经国务院核安全监管部门认可的标准的说明材料。

国务院核安全监管部门应当自受理申请之日起45个工作日内完成审查，对符合国家放射性物品运输安全标准的，颁发使用批准书；对不符合国家放射性物品运输安全标准的，书面通知申请单位并说明理由。

第二十七条 使用境外单位制造的二类放射性物品运输容器的，应当在首次使用前将运输容器质量合格证明和符合中华人民共和国法律、行政法规规定，以及国家放射性物品运输安全标准或者经国务院核安全监管部门认可的标准的说明材料，报国务院核安全监管部门备案。

第二十八条 国务院核安全监管部门办理使用境外单位制造的一类、二类放射性物品运输容器审查批准和备案手续，应当同时为运输容器确定编码。

第四章 放射性物品的运输

第二十九条 托运放射性物品的，托运人应当持有生产、销售、使用或者处置放射性物品的有效证明，使用与所托运的放射性物品类别相适应的运输容器进行包装，配备必要的辐射监测设备、防护用品和防盗、防破坏设备，并编制运输说明书、核与辐射事故应急响应指南、装卸作业方法、安全防护指南。

运输说明书应当包括放射性物品的品名、数量、物理化学形态、危害风险等内容。

第三十条 托运一类放射性物品的，托运人应当委托有资质的辐射监测机构对其表面污染和辐射水平实施监测，辐射监测机构应当出具辐射监测报告。

托运二类、三类放射性物品的，托运人应当对其表面污染和辐射水平实施监测，并编制辐射监测报告。

监测结果不符合国家放射性物品运输安全标准的，不得托运。

第三十一条 承运放射性物品应当取得国家规定的运输资质。承运人的资质管理，依照有关法律、行政法规和国务院交通运输、铁路、民航、邮政主管部门的规定执行。

第三十二条 托运人和承运人应当对直接从事放射性物品运输的工作人员进行运输安全和应急响应知识的培训，并进行考核；考核不合格的，不得从事相关工作。

托运人和承运人应当按照国家放射性物品运输安全标准和国家有关规定，在放射性物品运输容器和运输工具上设置警示标志。

国家利用卫星定位系统对一类、二类放射性物品运输工具的运输过程实行在线监控。具体办法由国务院核安全监管部门会同国务院有关部门制定。

第三十三条 托运人和承运人应当按照国家职业病防治的有关规定，对直接从事放射性物品运输的工作人员进行个人剂量监测，建立个人剂量档案和职业健康监护档案。

第三十四条 托运人应当向承运人提交运输说明书、辐射监测报告、核与辐射事故应急响应指南、装卸作业方法、安全防护指南，承运人应当查验、收存。托运人提交文件不齐全的，承运人不得承运。

第三十五条 托运一类放射性物品的，托运人应当编制放射性物品运输的核与辐射安全分析报告书，报国务院核安全监管部门审查批准。

放射性物品运输的核与辐射安全分析报告书应当包括放射性物品的品名、数量、运输容器型号、运输方式、辐射防护措施、应急措施等内容。

国务院核安全监管部门应当自受理申请之日起45个工作日内完成审查，对符合国家放射性物品运输安全标准的，颁发核与辐射安全分析报告批准书；对不符合国家放射性物品运输安全标准的，书面通知申请单位并说明理由。

第三十六条 放射性物品运输的核与辐射安全分析报告批准书应当载明下列主要内容：

（一）托运人的名称、地址、法定代表人；

（二）运输放射性物品的品名、数量；

（三）运输放射性物品的运输容器型号和运输方式；

（四）批准日期和有效期限。

第三十七条 一类放射性物品启运前，托运人应当将放射性物品运输的核与辐射安全分析报告批准书、辐射监测报告，报启运地的省、自治区、直辖市人民政府环境保护主管部门备案。

收到备案材料的环境保护主管部门应当及时将有关情况通报放射性物品运输的途经地和抵达地的省、自治区、直辖市人民政府环境保护主管部门。

第三十八条 通过道路运输放射性物品的，应当经公安机关批准，按照指定的时间、路线、速度行驶，并悬挂警示标志，配备押运人员，使放射性物品处于押运人员的监管之下。

通过道路运输核反应堆乏燃料的，托运人应当报国务院公安部门批准。通过道路运输其他放射性物品的，托运人应当报启运地县级以上人民政府公安机关批准。具体办法由国务院公安部门商国务院核安全监管部门制定。

第三十九条 通过水路运输放射性物品的，按照水路危险货物运输的法律、行政法规和规章的有关规定执行。

通过铁路、航空运输放射性物品的，按照国务院铁路、民航主管部门的有关规定执行。

禁止邮寄一类、二类放射性物品。邮寄三类放射性物品的，按照国务院邮政管理部门的有关规定执行。

第四十条 生产、销售、使用或者处置放射性物品的单位，可以依照《中华人民共和国道路运输条例》的规定，向设区的市级人民政府道路运输管理机构申请非营业性道路危险货物运输资质，运输本单位的放射性物品，并承担本条例规定的托运人和承运人的义务。

申请放射性物品非营业性道路危险货物运输资质的单位，应当具备下列条件：

（一）持有生产、销售、使用或者处置放射性物品的有效证明；

（二）有符合本条例规定要求的放射性物品运输容器；

（三）有具备辐射防护与安全防护知识的专业技术人员和经考试合格的驾驶人员；

（四）有符合放射性物品运输安全防护要求，并经检测合格的运输工具、设施和设备；

（五）配备必要的防护用品和依法经定期检定合格的监测仪器；

（六）有运输安全和辐射防护管理规章制度以及核与辐射事故应急措施。

放射性物品非营业性道路危险货物运输资质的具体条件，由国务院交通运输主管部门会同国务院核安全监管部门制定。

第四十一条 一类放射性物品从境外运抵中华人民共和国境内，或者途经中华人民共和国境内运输的，托运人应当编制放射性物品运输的核与辐射安全分析报告书，报国务院核安全监管部门审查批准。审查批准程序依照本条例第三十五条第三款的规定执行。

二类、三类放射性物品从境外运抵中华人民共和国境内，或者途经中华人民共和国境内运输的，托运人应当编制放射性物品运输的辐射监测报告，报国务院核安全监管部门备案。

托运人、承运人或者其代理人向海关办理有关手续，应当提交国务院核安全监管部门颁发的放射性物品运输的核与辐射安全分析报告批准书或者放射性物品运输的辐射监测报告备案证明。

第四十二条 县级以上人民政府组织编制的突发环境事件应急预案，应当包括放射性物品运输中可能发生的核与辐射事故应急响应的内容。

第四十三条 放射性物品运输中发生核与辐射事故的，承运人、托运人应当按照核与辐射事故应急响应指南的要求，做好事故应急工作，并立即报告事故发生地的县级以上人民政府环境保护主管部门。接到报告的环境保护主管部门应当立即派人赶赴现场，进行现场调查，采取有效措施控制事故影响，并及时向本级人民政府报告，通报同级公安、卫生、交通运输等有关主管部门。

接到报告的县级以上人民政府及其有关主管部门应当按照应急预案做好应急工作，并按照国家突发事件分级报告的规定及时上报核与辐射事故信息。

核反应堆乏燃料运输的核事故应急准备与响应，还应当遵守国家核应急的有关规定。

第五章　监督检查

第四十四条　国务院核安全监管部门和其他依法履行放射性物品运输安全监督管理职责的部门，应当依据各自职责对放射性物品运输安全实施监督检查。

国务院核安全监管部门应当将其已批准或者备案的一类、二类、三类放射性物品运输容器的设计、制造情况和放射性物品运输情况通报设计、制造单位所在地和运输途经地的省、自治区、直辖市人民政府环境保护主管部门。省、自治区、直辖市人民政府环境保护主管部门应当加强对本行政区域放射性物品运输安全的监督检查和监督性监测。

被检查单位应当予以配合，如实反映情况，提供必要的资料，不得拒绝和阻碍。

第四十五条　国务院核安全监管部门和省、自治区、直辖市人民政府环境保护主管部门以及其他依法履行放射性物品运输安全监督管理职责的部门进行监督检查，监督检查人员不得少于2人，并应当出示有效的行政执法证件。

国务院核安全监管部门和省、自治区、直辖市人民政府环境保护主管部门以及其他依法履行放射性物品运输安全监督管理职责的部门的工作人员，对监督检查中知悉的商业秘密负有保密义务。

第四十六条　监督检查中发现经批准的一类放射性物品运输容器设计确有重大设计安全缺陷的，由国务院核安全监管部门责令停止该型号运输容器的制造或者使用，撤销一类放射性物品运输容器设计批准书。

第四十七条　监督检查中发现放射性物品运输活动有不符合国家放射性物品运输安全标准情形的，或者一类放射性物品运输容器制造单位有不符合制造许可证规定条件情形的，应当责令限期整改；发现放射性物品运输活动可能对人体健康和环境造成核与辐射危害的，应当责令停止运输。

第四十八条　国务院核安全监管部门和省、自治区、直辖市人民政府环境保护主管部门以及其他依法履行放射性物品运输安全监督管理职责的部门，对放射性物品运输活动实施监测，不得收取监测费用。

国务院核安全监管部门和省、自治区、直辖市人民政府环境保护主管部门以及其他依法履行放射性物品运输安全监督管理职责的部门，应当加强对监督管理人员辐射防护与安全防护知识的培训。

第六章　法律责任

第四十九条　国务院核安全监管部门和省、自治区、直辖市人民政府环境保护主管部门或者其他依法履行放射性物品运输安全监督管理职责的部门有下列行为之一的，对直接负责的主管人员和其他直接责任人员依法给予处分；直接负责的主管人员和其他直接责任人员构成犯罪的，依法追究刑事责任：

（一）未依照本条例规定作出行政许可或者办理批准文件的；

（二）发现违反本条例规定的行为不予查

处，或者接到举报不依法处理的；

（三）未依法履行放射性物品运输核与辐射事故应急职责的；

（四）对放射性物品运输活动实施监测收取监测费用的；

（五）其他不依法履行监督管理职责的行为。

第五十条 放射性物品运输容器设计、制造单位有下列行为之一的，由国务院核安全监管部门责令停止违法行为，处50万元以上100万元以下的罚款；有违法所得的，没收违法所得：

（一）将未取得设计批准书的一类放射性物品运输容器设计用于制造的；

（二）修改已批准的一类放射性物品运输容器设计中有关安全内容，未重新取得设计批准书即用于制造的。

第五十一条 放射性物品运输容器设计、制造单位有下列行为之一的，由国务院核安全监管部门责令停止违法行为，处5万元以上10万元以下的罚款；有违法所得的，没收违法所得：

（一）将不符合国家放射性物品运输安全标准的二类、三类放射性物品运输容器设计用于制造的；

（二）将未备案的二类放射性物品运输容器设计用于制造的。

第五十二条 放射性物品运输容器设计单位有下列行为之一的，由国务院核安全监管部门责令限期改正；逾期不改正的，处1万元以上5万元以下的罚款：

（一）未对二类、三类放射性物品运输容器的设计进行安全性能评价的；

（二）未如实记录二类、三类放射性物品运输容器设计和安全性能评价过程的；

（三）未编制三类放射性物品运输容器设计符合国家放射性物品运输安全标准的证明文件并存档备查的。

第五十三条 放射性物品运输容器制造单位有下列行为之一的，由国务院核安全监管部门责令停止违法行为，处50万元以上100万元以下的罚款；有违法所得的，没收违法所得：

（一）未取得制造许可证从事一类放射性物品运输容器制造活动的；

（二）制造许可证有效期届满，未按照规定办理延续手续，继续从事一类放射性物品运输容器制造活动的；

（三）超出制造许可证规定的范围从事一类放射性物品运输容器制造活动的；

（四）变更制造的一类放射性物品运输容器型号，未按照规定重新领取制造许可证的；

（五）将未经质量检验或者经检验不合格的一类放射性物品运输容器交付使用的。

有前款第（三）项、第（四）项和第（五）项行为之一，情节严重的，吊销制造许可证。

第五十四条 一类放射性物品运输容器制造单位变更单位名称、住所或者法定代表人，未依法办理制造许可证变更手续的，由国务院核安全监管部门责令限期改正；逾期不改正的，处2万元的罚款。

第五十五条 放射性物品运输容器制造单位有下列行为之一的，由国务院核安全监管部门责令停止违法行为，处5万元以上10万元以下的罚款；有违法所得的，没收违法所得：

（一）在二类放射性物品运输容器首次制造活动开始前，未按照规定将有关证明材料报国务院核安全监管部门备案的；

（二）将未经质量检验或者经检验不合格的二类、三类放射性物品运输容器交付使用的。

第五十六条 放射性物品运输容器制造单位有下列行为之一的，由国务院核安全监管部门责令限期改正；逾期不改正的，处1万元以上5万元以下的罚款：

（一）未按照规定对制造的一类、二类放

射性物品运输容器统一编码的；

（二）未按照规定将制造的一类、二类放射性物品运输容器编码清单报国务院核安全监管部门备案的；

（三）未按照规定将制造的三类放射性物品运输容器的型号和数量报国务院核安全监管部门备案的。

第五十七条 放射性物品运输容器使用单位未按照规定对使用的一类放射性物品运输容器进行安全性能评价，或者未将评价结果报国务院核安全监管部门备案的，由国务院核安全监管部门责令限期改正；逾期不改正的，处1万元以上5万元以下的罚款。

第五十八条 未按照规定取得使用批准书使用境外单位制造的一类放射性物品运输容器的，由国务院核安全监管部门责令停止违法行为，处50万元以上100万元以下的罚款。

未按照规定办理备案手续使用境外单位制造的二类放射性物品运输容器的，由国务院核安全监管部门责令停止违法行为，处5万元以上10万元以下的罚款。

第五十九条 托运人未按照规定编制放射性物品运输说明书、核与辐射事故应急响应指南、装卸作业方法、安全防护指南的，由国务院核安全监管部门责令限期改正；逾期不改正的，处1万元以上5万元以下的罚款。

托运人未按照规定将放射性物品运输的核与辐射安全分析报告批准书、辐射监测报告备案的，由启运地的省、自治区、直辖市人民政府环境保护主管部门责令限期改正；逾期不改正的，处1万元以上5万元以下的罚款。

第六十条 托运人或者承运人在放射性物品运输活动中，有违反有关法律、行政法规关于危险货物运输管理规定行为的，由交通运输、铁路、民航等有关主管部门依法予以处罚。

违反有关法律、行政法规规定邮寄放射性物品的，由公安机关和邮政管理部门依法予以处罚。在邮寄进境物品中发现放射性物品的，由海关依照有关法律、行政法规的规定处理。

第六十一条 托运人未取得放射性物品运输的核与辐射安全分析报告批准书托运一类放射性物品的，由国务院核安全监管部门责令停止违法行为，处50万元以上100万元以下的罚款。

第六十二条 通过道路运输放射性物品，有下列行为之一的，由公安机关责令限期改正，处2万元以上10万元以下的罚款；构成犯罪的，依法追究刑事责任：

（一）未经公安机关批准通过道路运输放射性物品的；

（二）运输车辆未按照指定的时间、路线、速度行驶或者未悬挂警示标志的；

（三）未配备押运人员或者放射性物品脱离押运人员监管的。

第六十三条 托运人有下列行为之一的，由启运地的省、自治区、直辖市人民政府环境保护主管部门责令停止违法行为，处5万元以上20万元以下的罚款：

（一）未按照规定对托运的放射性物品表面污染和辐射水平实施监测的；

（二）将经监测不符合国家放射性物品运输安全标准的放射性物品交付托运的；

（三）出具虚假辐射监测报告的。

第六十四条 未取得放射性物品运输的核与辐射安全分析报告批准书或者放射性物品运输的辐射监测报告备案证明，将境外的放射性物品运抵中华人民共和国境内，或者途经中华人民共和国境内运输的，由海关责令托运人退运该放射性物品，并依照海关法律、行政法规给予处罚；构成犯罪的，依法追究刑事责任。托运人不明的，由承运人承担退运该放射性物品的责任，或者承担该放射性物品的处置费用。

第六十五条 违反本条例规定，在放射性物品运输中造成核与辐射事故的，由县级以上地方人民政府环境保护主管部门处以罚款，罚款数额按照核与辐射事故造成的直接损失的20%计算；构成犯罪的，依法追究刑事责任。

托运人、承运人未按照核与辐射事故应急响应指南的要求，做好事故应急工作并报告事故的，由县级以上地方人民政府环境保护主管部门处5万元以上20万元以下的罚款。

因核与辐射事故造成他人损害的，依法承担民事责任。

第六十六条 拒绝、阻碍国务院核安全监管部门或者其他依法履行放射性物品运输安全监督管理职责的部门进行监督检查，或者在接受监督检查时弄虚作假的，由监督检查部门责令改正，处1万元以上2万元以下的罚款；构成违反治安管理行为的，由公安机关依法给予治安管理处罚；构成犯罪的，依法追究刑事责任。

第七章 附 则

第六十七条 军用放射性物品运输安全的监督管理，依照《中华人民共和国放射性污染防治法》第六十条的规定执行。

第六十八条 本条例自2010年1月1日起施行。

关于进一步加强政府采购管理工作的意见

（国办发［2009］35号　2009年4月10日）

各省、自治区、直辖市人民政府，国务院各部委、各直属机构：

近年来，各地区、各部门认真贯彻落实《中华人民共和国政府采购法》（以下简称《政府采购法》），不断加强制度建设、规范采购行为，政府采购在提高资金使用效益，维护国家和社会公益，以及防范腐败、支持节能环保和促进自主创新等方面取得了显著成效。但是，个别单位规避政府采购，操作执行环节不规范，运行机制不完善，监督处罚不到位，部分政府采购效率低价格高等问题仍然比较突出，一些违反法纪、贪污腐败的现象时有发生，造成财政资金损失浪费。为切实解决这些问题，全面深化政府采购制度改革，经国务院同意，现就进一步加强政府采购管理工作提出以下意见：

一、坚持应采尽采，进一步强化和实现依法采购

财政部门要依据政府采购需要和集中采购机构能力，研究完善政府集中采购目录和产品分类。各地区、各部门要加大推进政府采购工作的力度，扩大政府采购管理实施范围，对列入政府采购的项目应全部依法实施政府采购。尤其是要加强对部门和单位使用纳入财政管理的其他资金或使用以财政性资金作为还款来源的借（贷）款进行采购的管理；要加强工程项目的政府采购管理，政府采购工程项目除招标投标外均按《政府采购法》规定执行。

各部门、各单位要认真执行政府采购法律制度规定的工作程序和操作标准，合理确定采购需求，及时签订合同、履约验收和支付资金，不得以任何方式干预和影响采购活动。属政府集中采购目录项目要委托集中采购机构实施；达到公开招标限额标准的采购项目，未经财政部门批准不得采取其他采购方式，并严格按规定向社会公开发布采购信息，实现采购活动的公开透明。

二、坚持管采分离，进一步完善监管和运行机制

加强政府采购监督管理与操作执行相分离的体制建设，进一步完善财政部门监督管理和集中采购机构独立操作运行的机制。

财政部门要严格采购文件编制、信息公告、采购评审、采购合同格式和产品验收等环节的具体标准和程序要求；要建立统一的专家库、供应商产品信息库，逐步实现动态管理和加强违规行为的处罚；要会同国家保密部门制定保密项目采购的具体标准、范围和工作要求，防止借采购项目保密而逃避或简化政府采购的行为。

集中采购机构要严格按照《政府采购法》规定组织采购活动，规范集中采购操作行为，增强集中采购目录执行的严肃性、科学性和有效性。在组织实施中不得违反国家规定收取采购代理费用和其他费用，也不得将采购单位委托的集中采购项目再委托给社会代理机构组织实施采购。要建立健全内部监督管理制度，实现采购活动不同环节之间权责明确、岗位分离。要重视和加强专业化建设，优化集中采购实施方式和内部操作程序，实现采购价格低于市场平均价格、采购效率更高、采购质量优良和服务良好。

在集中采购业务代理活动中要适当引入竞争机制，打破现有集中采购机构完全按行政隶属关系接受委托业务的格局，允许采购单位在所在区域内择优选择集中采购机构，实现集中采购活动的良性竞争。

三、坚持预算约束，进一步提高政府采购效率和质量

各部门、各单位要按照《政府采购法》的规定和财政部门预算管理的要求，将政府采购项目全部编入部门预算，做好政府采购预算和采购计划编报的相互衔接工作，确保采购计划严格按政府采购预算的项目和数额执行。

要采取有效措施，加强监管部门、采购单位和采购代理机构间的相互衔接，通过改进管理水平和操作执行质量，不断提高采购效率。财政部门要改进管理方式，提高审批效率，整合优化采购环节，制定标准化工作程序，建立各种采购方式下的政府采购价格监测机制和采购结果社会公开披露制度，实现对采购活动及采购结果的有效监控。集中采购机构要提高业务技能和专业化操作水平，通过优化采购组织形式，科学制定价格参数和评价标准，完善评审程序，缩短采购操作时间，建立政府采购价格与市场价格的联动机制，实现采购价格和采购质量最优。

四、坚持政策功能，进一步服务好经济和社会发展大局

政府采购应当有助于实现国家的经济和社会发展政策目标。强化政府采购的政策功能作用，是建立科学政府采购制度的客观要求。各地区、各部门要从政府采购政策功能上支持国家宏观调控，贯彻好扩大内需、调整结构等经济政策，认真落实节能环保、自主创新、进口产品审核等政府采购政策；进一步扩大政府采购政策功能范围，积极研究支持促进中小企业发展等政府采购政策。加大强制采购节能产品和优先购买环保产品的力度，凡采购产品涉及节能环保和自主创新产品的，必须执行财政部会同有关部门发布的节能环保和自主创新产品政府采购清单（目录）。要严格审核进口产品的采购，凡国内产品能够满足需求的都要采购国内产品。财政部门要加强政策实施的监督，跟踪政策实施情况，建立采购效果评价体系，保证政策规定落到实处。

五、坚持依法处罚，进一步严肃法律制度约束

各级财政、监察、审计、预防腐败部门要加强对政府采购的监督管理，严格执法检查，对违法违规行为要依法追究责任并以适当方式向社会公布，对情节严重的要依法予以处罚。

要通过动态监控体系及时发现、纠正和处理采购单位逃避政府采购和其他违反政府采购制度规定的行为，追究相关单位及人员的责任。要完善评审专家责任处罚办法，对评审专家违反政府采购制度规定、评审程序和评审标准，以及在评审工作中敷衍塞责或故意影响评标结果等行为，要严肃处理。要加快供应商诚信体系建设，对供应商围标、串标和欺诈等行

为依法予以处罚并向社会公布。要加快建立对采购单位、评审专家、供应商、集中采购机构和社会代理机构的考核评价制度和不良行为公告制度，引入公开评议和社会监督机制。严格对集中采购机构的考核，考核结果要向同级人民政府报告。加强对集中采购机构整改情况的跟踪监管，对集中采购机构的违法违规行为，要严格按照法律规定予以处理。

六、坚持体系建设，进一步推进电子化政府采购

加强政府采购信息化建设，是深化政府采购制度改革的重要内容，也是实现政府采购科学化、精细化管理的手段。各地区要积极推进政府采购信息化建设，利用现代电子信息技术，实现政府采购管理和操作执行各个环节的协调联动。财政部门要切实加强对政府采购信息化建设工作的统一领导和组织，科学制订电子化政府采购体系发展建设规划，以管理功能完善、交易公开透明、操作规范统一、网络安全可靠为目标，建设全国统一的电子化政府采购管理交易平台，逐步实现政府采购业务交易信息共享和全流程电子化操作。要抓好信息系统推广运行的组织工作，制定由点到面、协调推进的实施计划。

七、坚持考核培训，进一步加强政府采购队伍建设

各地区、各部门要继续加强政府采购从业人员的职业教育、法制教育和技能培训，增强政府采购从业人员依法行政和依法采购的观念，建立系统的教育培训制度。财政部要会同有关部门研究建立政府采购从业人员执业资格制度，对采购单位、集中采购机构、社会代理机构和评审专家等从业人员实行持证上岗和执业考核，推动政府采购从业人员职业化的进程。集中采购机构要建立内部岗位标准和考核办法，形成优胜劣汰的良性机制，不断提高集中采购机构专业化操作水平。

各地区、各部门要全面把握新时期、新形势下完善政府采购制度的新要求，进一步提高对深化政府采购制度改革重要性的认识，切实加大推进政府采购管理工作的力度，加强对政府采购工作的组织领导，着力协调和解决政府采购管理中存在的突出问题，推进政府采购工作健康发展。

转发交通运输部等部门关于推动农村邮政物流发展意见的通知

（国办发［2009］42号 2009年5月23日）

各省、自治区、直辖市人民政府，国务院各部委、各直属机构：

交通运输部、发展改革委、财政部、农业部、商务部、工商总局《关于推动农村邮政物流发展的意见》已经国务院同意，现转发给你们，请认真贯彻执行。

关于推动农村邮政物流发展的意见

交通运输部 发展改革委 财政部
农业部 商务部 工商总局

随着邮政改革的不断深化和邮政物流专业化经营的加快推进，农村邮政物流已成为农村物流体系的重要组成部分，为促进农村经济发展、农业产业结构调整、增加就业和农民增收做出了重要贡献。但是，当前农村邮政基础设施仍然比较薄弱，邮政企业经营农药、种子等业务的资质不统一，业务种类和服务产品不够丰富，网络配送能力和农资储备能力不足，农村邮政物流发展受到严重制约。为进一步做大做强农村邮政物流，充分发挥邮政企业服务“三农”的作用，现提出以下意见：

一、充分认识发展农村邮政物流的重要意义

近年来，我国农村经济快速发展，农副产品生产与加工能力大幅提升，农民生活水平明显改善，但是由于农村物流体系尚未健全，农村流通渠道不畅、市场化程度低、流通方式落后、部分流通产品质量没有保证的问题日益凸显，成为影响农村经济发展的一个重要因素。进一步发挥邮政企业自有品牌、网络和服务优势，整合农资生产企业、农家店等社会资源，在农户与生产企业之间建立产品直通车，形成具有邮政特色的农资产品分销的“绿色”通道，促进农村地区商品的双向流通，是减少中间环节、降低流通成本，解决农民卖难、买难问题的有效途径，是扩大国内需求、活跃城乡市场、繁荣农村经济的迫切需要。邮政企业在农村积极发展邮政“三农”服务网点，有利于吸纳农村富余劳动力就业，促进农村地区的和谐稳定。邮政企业加强与农技部门合作，利用邮政“三农”服务网点平台宣传、普及、推广农业技术，引导农民科学种植，对于促进农业增产、农民增收，提高农民生活质量，具有重要意义。

二、推进农村邮政物流发展的指导思想和发展目标

指导思想：以邓小平理论和“三个代表”重要思想为指导，深入贯彻落实科学发展观，全面实施《中华人民共和国邮政法》，

以服务“三农”为主线，以科技为支撑，以深化改革为动力，充分发挥邮政优势，合理规划，完善布局，加快提升农村邮政物流服务能力和水平，促进社会主义新农村建设。

发展目标：着力打造管理集约化、网络规模化、服务社会化的现代农村邮政物流综合服务平台，加强基础设施建设，加强市场监管，健全完善经营机制，到2012年，基本建成“布局合理、双向高效、种类丰富、服务便利”的农村邮政物流服务体系。

三、主要任务和政策措施

（一）推进农村邮政基础设施建设。国务院有关部门要认真贯彻《中华人民共和国邮政法》和《国务院关于印发物流业调整和振兴规划的通知》（国发［2009］8号），结合邮政发展特点和农村发展需要，加快研究制订城乡邮政基础设施建设规划，完善农村邮政物流布局，切实提高农村邮政服务水平。加强邮政普遍服务的监督管理工作，建立健全邮政局所设置备案和撤并审批制度，优化邮政网络结构和网点功能。国家对农村邮政普遍服务基础设施建设项目给予支持，力争在2012年之前全部完成邮政基础设施空白乡镇的邮政局所补建工作。各地要进一步加大投入和支持力度，切实加强村邮站的建设。

（二）支持邮政进入农资市场。邮政企业及其所属加盟连锁邮政“三农”服务网点可以经营化肥等农资产品。依据《农药管理条例》，邮政企业及其所属加盟连锁邮政“三农”服务网点可以开展农药经营活动，并直接向所在地工商行政管理部门申请办理登记手续，其中，经营属于危险化学品的农药的，应按照《危险化学品安全管理条例》规定，申请办理危险化学品经营许可证。邮政企业及其所属加盟连锁邮政“三农”服务网点经营不再分装的包装种子，或者受具有种子经营许可证的种子经营者书面委托，在有效区域内代销其种子的，可以不办理种子经营许可证；经营分装种子的，应按照《中华人民共和国种子法》及《农作物种子生产经营许可证管理办法》的有关规定，申请办理种子经营许可证。商务部、邮政局支持邮政“三农”服务网点拓展经营范围，并逐步建设成集农资、邮政、电信、报刊等多类产品经营为一体的综合性服务网点。

工商行政管理部门对经营农药、种子等农资按“许可经营项目”和“一般经营项目”分类登记经营范围。对经营属于危险化学品的农药的，按照《危险化学品经营许可证》许可的项目，在“许可经营项目”中登记经营范围；对经营其他农药的，在“一般经营项目”中登记。对经营分装种子的，按照《种子经营许可证》许可的项目，在“许可经营项目”中登记经营范围；对经营不再分装的包装种子或者受托代销种子的，在“一般经营项目”中登记为“不再分装的包装种子”。

（三）鼓励发展连锁经营。发展改革委、财政部门要加大对邮政物流体系建设的支持力度，鼓励邮政企业利用网络优势，建立“连锁经营加配送到户加科技服务”的农村物流新体系，培育连锁经营龙头企业。工商行政管理部门简化连锁经营企业的登记注册手续，省级邮政企业直营门店及其所属的加盟连锁邮政“三农”服务网点，可持省级邮政企业的连锁经营相关文件和登记材料，直接到所在地工商行政管理部门申请办理登记手续，邮政企业所属的加盟连锁邮政“三农”服务网点也可由当地邮政企业代为办理登记注册手续。商务部门要支持邮政企业全面参与农村现代流通网络建设，在“万村千乡市场工程”建设中，对符合条件的邮政“三农”服务网点给予重点考虑；计划单列市邮政企业可直接向当地商务主管部门申报“万村千乡市场工程”承办企业。农资管理部门要加强工作协调，明确职责分工，强化对邮政物流配送中心的商品质量监管，避免对连锁经营企业进行多头和重复检查。

（四）完善政策扶持机制。支持将邮政企业纳入涉农企业范畴，对符合规定条件的可享受相关强农惠农政策。财政部门要支持农村邮政物流网络改造和提升配送能力，县、乡两级邮政局所改造扩建农资配送中心项目，凡符合农村物流服务体系发展专项资金支持条件的，可申请该项资金补助。发展改革、财政、农业等有关部门要完善相关规定，鼓励和支持符合条件的邮政企业申报农业产业化龙头企业，参与国家化肥淡季储备招投标。鼓励邮政储蓄银行积极为实力强、信誉好的“万村千乡市场工程”承办企业提供贷款，大力发展农村个人小额贷款，服务“三农”，促进农村物流发展。

（五）加强规划引导工作。农村邮政物流发展目前处于起步阶段，需要加强统筹规划，科学引导。各地区要把农村邮政基础设施和邮政“三农”服务网点建设，纳入新农村建设规划，给予政策支持，统筹协调推动。商务部门要支持邮政企业与有实力的大型超市、商贸企业合作，开展农产品进城等业务。支持邮政企业为“万村千乡市场工程”承办企业和农家店提供第三方物流服务，扩大和提高经营网点覆盖范围和农村商品配送能力。鼓励邮政企业与农技推广部门开展合作，农业部门要加强对邮政企业的培训和指导，普及农技知识，提高邮政科技服务“三农”的水平。交通运输部门要支持邮政企业依托交通运输平台发展农资仓储和配送业务。

四、有关要求

国务院各有关部门要按照工作分工，加强沟通协商，密切配合协作，尽快制定和完善各项配套政策，明确实施范围和进度，加强指导和监督，推进农村邮政物流加快发展。各地区要充分认识做好农村邮政物流工作的重要意义，切实加强组织领导，因地制宜出台政策措施，简化审批手续，积极扶持农村邮政物流龙头企业，确保取得实效。

邮政企业要抓住机遇，深化改革，抓紧制订具体工作方案，整合速递物流资源，完善公司治理结构，搞活经营机制，加强管理创新，全面提高竞争能力。要进一步夯实普遍服务基础，拓展服务领域，创新服务方式，增加销售品种，扩大市场份额，做大市场规模，提升服务水平，尽快成为服务当地经济发展、满足群众多元化需要的农村流通重要渠道。

关于办理再生资源增值税退税程序的补充通知

（财监［2009］7号　2009年2月13日）

各省、自治区、直辖市、计划单列市财政厅（局）、国家税务局，财政部驻各省、自治区、直辖市、计划单列市财政监察专员办事处，新疆生产建设兵团财务局：

《财政部国家税务总局关于再生资源增值税政策的通知》（财税［2008］157号）下发后，相关部门纷纷来电询问退税审核程序问题。为顺利执行该文件，规范相关部门退税行政审批行为，现将有关事项通知如下：

一、负责初审的财政部门原则上是指各地（市、区、州）财政局，实行“省直管县”财政管理体制的，各县（县级市、区、旗）财政局为初审部门；负责复审的财政部门是指各省（自治区、直辖市、计划单列市）财政厅（局）；专员办负责终审，并按规定办理退税手续。

二、负责初审、复审的财政部门应当严格按照有关规定进行审核，专员办根据复审意见进行终审。除财税［2008］157号文件规定外，专员办办理一般增值税退税事项仍按照《财政监察专员办事处一般增值税退税行政审批管理程序暂行规定》（财监［2003］110号）执行。

三、专员办、负责初审和复审的财政部门应当严格遵守各项廉政制度与工作纪律，自觉接受有关部门对退税工作的监督，不断改进和完善增值税退税审批工作。财政部将定期或不定期对再生资源增值税退税行政审批工作进行监督检查，加强和规范退税工作管理。专员办、初审和复审财政部门工作人员滥用职权、玩忽职守、徇私舞弊的，将按照有关规定进行处理。

本通知自发文之日起执行。

关于完善农业生产资料流通体系的意见

（商建发［2009］98 号　2009 年 3 月 9 日）

各省、自治区、直辖市、计划单列市及新疆生产建设兵团商务主管部门、发展改革委、物价局、工业主管部门、财政厅（局）、农业厅（局）、农委（办）、工商行政管理局、质量技术监督局、供销合作社：

为贯彻落实中央经济工作会议和《国务院办公厅关于搞活流通扩大消费的意见》（国办发［2008］134 号）精神，加快完善农业生产资料（以下简称农资）流通体系，促进农业发展和农民增收，现提出如下意见：

一、充分认识完善农资流通体系的意义

农资是重要的农业投入品，是连接工业与农业生产的桥梁，是发展现代农业的重要物资保障和基础。目前，我国农资流通方式、水平、规模与现代农业和现代市场体系的要求还有较大差距，各有关部门要高度重视，下大力气推进农资流通网络建设，完善农资流通体系。

二、指导思想和目标

（一）指导思想：认真贯彻党的十七届三中全会、2009 年中央 1 号文件和《国务院办公厅关于搞活流通扩大消费的意见》精神，树立全面、协调、可持续的科学发展观，解放思想，锐意创新，着力构建畅通高效、诚信安全、布局合理、交易方式先进的农资流通体系，以适应现代农业生产发展的需要，促进农业结构调整，增加农民收入，推进社会主义新农村建设。

（二）总体目标：培育若干家销售额超 100 亿元的大型农资流通企业，建设改造一批农资连锁门店和区域性配送中心，通过三到五年的努力，初步形成以乡、村两级经营网络为基础，以农资交易市场为平台，以大型农资龙头企业为重点，区域性连锁配送中心为骨干，布局合理、经营规范、运作高效、协调发展的多元化、连锁化农资流通体系。

三、主要任务和措施

（一）发展农资现代流通网络。引导供销、农业服务站、邮政、农资生产企业等终端网络资源加强合作，实现优势互补。鼓励农资流通企业按照《农资农家店建设与改造规范》，在重点农业产区建设和改造农资门店，扩大连锁门店覆盖面。支持农资物流配送中心建设和改造，完善配送、信息功能，提高农资统一配送率。依托农资连锁网络优势，构筑农产品收购、加工、销售和日用消费品下乡等流通渠道，提高农资流通网络“双向流通、双向开拓”的功能，实现“一网多用”。继续推动各

地连锁经营企业统一纳税，减少重复抽检等问题，促进农资连锁经营跨区域发展。

（二）培育大型农资流通企业。鼓励现有品牌农资生产经营企业通过跨行业、跨地区、跨所有制的兼并、联合等形式，进行资产和业务重组，增强核心企业的活力。供销社的农资企业要发挥主导作用，按照《新农村现代流通网络工程——农资现代经营服务网络示范要求》，提升规范化水平，做大做强龙头企业。有关部门要按照扶优扶强原则，将一批规模大、实力强、信誉好的企业纳入“万村千乡市场工程”、“新网工程”和国债等支持范围，培育成熟、稳定的经营者。

（三）完善农资多元服务功能。引导农资流通企业不断优化农药、化肥等农资品种结构，适当增加农业机械、小农具、饲料、种子以及与农业生产相关的日用杂品、科普图书的经营，按照科学施肥、用药技术规范的要求逐步完善农化服务、庄稼医院、电话咨询、农业生产科普资料发放、农机具租赁与维修等功能，为农民提供产前、产中、产后多样化服务。

（四）推进农资流通市场化。认真落实《国家发展改革委、财政部关于改革化肥价格形成机制的通知》（发改价格［2009］268号）精神，建立以市场为主导的农资价格形成机制，充分发挥市场在资源配置中的基础性作用。尽快放开农资流通渠道，允许具备条件的各类投资主体从事农资经营。发展农资信用销售，推广针对农资赊销的信用保险，对符合条件的中小商贸企业的农资赊销信用保险给予适当补贴。

（五）加强农资市场监测调控。充分发挥城乡市场信息服务平台作用，加强对农资重要品种、重点企业、重点市场的监测分析。完善储备、进出口等宏观调控手段，以提高应对市场异常波动的能力。切实做好春耕秋播季节农资市场供应工作，确保不脱销不断档。

（六）加强农资行业自律。继续推进农资行业诚信体系建设，进一步增强农资信用意识，营造良好信用环境，形成诚信经营氛围。深入开展行业信用评价试点工作，推广各地农资交易市场、经营者信用等级分类管理工作经验，逐步建立健全农资信用档案，加大对信用良好企业的扶持力度。充分发挥行业协会作用，建立和推行农资行业行为准则，加强行业自我管理、自我规范能力。

（七）加强农资市场监管。农业、工商、质检、价格等行政管理部门要加大农资市场监管力度，督促企业健全农资商品购销台账、质量承诺、问题农资产品源头追溯、明码标价等制度；完善市场预警、市场巡查、不合格农资退市等制度，充分发挥12315行政执法体系、12316三农热线、12358价格举报电话的作用，及时查处群众投诉举报案件，进一步规范农资经营行为，严厉查处、打击发布虚假广告、制售假冒伪劣农资、哄抬农资价格以及以减少成本降低产品质量进行压价竞争等各种坑农害农违法行为。

关于加快推进再生资源回收体系建设的通知

（商商贸发［2009］142 号　2009 年 3 月 27 日）

为贯彻落实《国务院办公厅关于搞活流通扩大消费的意见》（国办发［2008］134 号）要求，推行资源节约，鼓励循环消费，商务部、财政部决定加快推进再生资源回收体系建设有关工作。现通知如下：

一、原则及目标

随着我国经济的快速发展，能源和资源瓶颈问题日益凸现，再生资源回收在提高资源利用率，减少污染，保护环境方面的作用愈加重要。目前我国再生资源回收行业规模小、回收率低、技术落后、二次污染严重，部分企业和从业人员经营行为不规范等问题十分突出，与建设资源节约型、环境友好型社会的要求不相适应。因此，各地务必要从落实科学发展观的高度认识再生资源回收体系建设的重要性，把推动再生资源回收体系建设作为节能减排的重要措施，抓紧、抓实、抓出成效。

（一）指导原则

政府引导支持，企业市场化运作，以有利于提高再生资源回收利用率，有利于环境保护，有利于方便居民生活，有利于行业管理和培育规模化、规范化的龙头企业为出发点，以回收企业和集散市场为载体，立足于整合规范现有回收网络资源，通过政策支持推动改造、提升；试点先行，以点带面，实现全国再生资源回收体系建设的平稳较快发展。

（二）总体思路和目标

以城市为重点，率先选择在直辖市、计划单列市和省会城市开展试点（以下简称“试点城市”），取得经验后再逐步向地级及以下城市推开。通过完善再生资源回收的法律、标准和政策，形成再生资源回收促进体系；通过建立回收企业和从业人员培训体系，规范改造社区居民回收站点、分拣中心和集散市场，使城市90%以上回收人员纳入规范化管理，90%以上的社区设立规范的回收站点，90%以上的再生资源进入指定市场进行规范化的交易和集中处理，再生资源主要品种回收率达到 80%，逐步形成符合城市建设发展规划，布局合理、网络健全、设施适用、服务功能齐全、管理科学的再生资源回收体系，实现再生资源回收的产业化。

二、主要工作

（一）建立和完善再生资源回收管理机制

各地要结合城市建设规划制定再生资源回收体系建设规划，并通过政府或立法机关发布，使之具有法律效力；制定并形成包括法律法规、标准及财税、土地等政策在内的再生资源回收促进体系；建立对再生资源回收体系建设指导、监督和管理的组织机构和管理制度。

（二）建立和规范再生资源回收体系

各地要选择确定承担再生资源回收体系建设的龙头企业，充分发挥龙头企业作用，在充分利用、规范和整合现有再生资源回收渠道的基础上，统一规划，合理布局，规范建设，形成以社区回收站点和分拣中心为基础，集散市场为核心，加工利用为目的的再生资源回收网络体系，逐步提高回收集散加工能力，促进再生资源行业健康、有序发展。

1. 引导回收企业运用连锁经营的方式，对目前“散兵游勇”式的走街串巷回收方式进行整合和规范，按照“便于交售”的原则，合理规划布局，建设统一规划、统一标识、统一着装、统一价格、统一衡器、统一车辆、统一管理、经营规范的固定或流动社区回收点。

2. 按照再生资源回收体系建设规划，提升废纸、废塑料（废饮料瓶）、废金属等主要再生资源回收品种的综合分拣加工能力，形成运营规范、专业化、符合环保要求的分拣加工中心。

3. 对于再生资源集中度较高、交易规模较大、有较好基础、具有一定的区域辐射能力的大型跨地区的集散市场要进行规范和提升，完善其储存、集散、初级加工、交易、信息收集发布等功能，加强拆解、仓储等基础设施、环境保护设施和劳动保护设施等方面的建设。

（三）宣传教育培训

各地要根据本地的实际情况，组织编写相应的培训教材，对行政管理人员、企业管理人员和回收拆解工人进行培训，提高再生资源回收行业的管理水平和专业化、组织化、规范化程度。

（四）规范行业监督管理

建立再生资源回收统计制度，开发、完善再生资源管理信息系统，扎实推进企业及从业人员备案工作，加强对行业的监管。商务部将会同财政部对再生资源回收体系建设进行阶段性审核验收，对符合验收规范的项目，授权使用全国统一的再生资源回收体系标识，逐步形成规范完善的再生资源回收体系。

中央财政促进服务业发展专项资金将对再生资源回收体系建设给予支持，具体办法另发。

三、工作要求

各地商务主管部门要加强对再生资源回收体系建设的组织领导与管理，指导企业完善经营设施、环境保护和劳动保护设施建设，提升技术水平，组织相关从业人员培训，推动回收行业的产业化发展；财政部门要与商务主管部门加强沟通与协调，统筹安排资金使用与管理，提高资金使用效率；要加强对项目执行和资金落实情况的监督、检查工作，严禁任何单位骗取、挪用、截留资金，或擅自改变专项资金用途。有关工作进展情况请及时报商务部（商贸服务司、财务司）、财政部（经济建设司）。

附　件

试点城市再生资源回收体系建设规范

一、再生资源回收站（点）建设规范

第一条　严格按照“七统一、一规范”（统一规划、标识、着装、价格、计量、车辆、管理及经营规范）的要求进行建设。

第二条　回收站（点）经营证照及资质齐全，负责人有个人身份证明资料，无违法犯罪记录。

第三条　按照“便于交售”的原则，城区每2000户居民设置1个回收站（点）；乡、镇每2500户居民设置1个回收站（点）。

第四条 回收站（点）面积原则上不少于10平方米，门面招牌采用统一规范的站名和设计。

第五条 回收站（点）建设要符合当地城市总体规划，设计及装修与社区环境相符，社区回收站（点）采用绿色环保轻型建筑材料进行全封闭处理。

第六条 社区回收站（点）的从业人员须经过培训学习，持证上岗。

第七条 不影响当地市容市貌和环境卫生，排污设施完善，符合当地的环境保护要求。

第八条 社区回收站（点）至中转站至再生资源集散市场间配备相应的封闭式运输设备。

第九条 保证社区回收站（点）再生资源能及时运出，避免造成新的环境污染和火灾隐患，同时配备消防安全设施，符合消防安全管理规定要求。

二、再生资源集散市场建设规范

根据网络体系整体功能配置要求，市场应由“五区一中心”构成，即：商品交易区、分拣加工区、仓储配送区、商品展示区、配套服务区和培训中心。

第一条 再生资源集散市场的设置应在符合城市总体规划、土地利用总体规划和当地固体废物污染防治规划的前提下，在交通便利、基础设施齐全的近郊地区选址。

第二条 再生资源集散市场规划、设计及建设要符合环保、市容和消防安全等标准，设有隔离围墙，园区绿化，保持较好的外观环境。

第三条 市场要完善集散、交易、储存、初加工、治污减排等功能，并与再生资源综合利用相配套。市场内加工区、交易区、仓储配送区与服务区、办公区分离，加工区与交易区配备相应的环保、安全等作业设施，集中治理废弃物排放，消除二次污染。

第四条 市场的建设用地规模根据国家产业政策、城市规划要求和当地再生资源总量确定，集约用地。

第五条 市场建设要符合环保部门环保评估及生产技术标准的资质认定，具备相关废弃物的处理资质。开展易污染废物拆解加工的市场内应铺设具有防止地面水、雨水及油类混入或渗透功能的硬化地面，处理设施周围应有油类或液体的截流、收集及油水分离的环保设施或措施。

第六条 市场内各区域须符合以下要求：

1. 商品交易区应依交易产品种类进行细分，形成集约化经营，整体设计、装修及建设要符合当地环保及消防的管理要求。

2. 分拣加工区建筑面积根据当地再生资源总量而定，采用轻型建筑材料进行全封闭处理，在设计、装修方面必须符合环保及消防的要求，着重防止废弃物溢散、散发恶臭、污染地面及影响四周环境。

3. 仓储配送区建筑面积根据市场交易量而定，采用标准化、系列化、规范化的运输、仓储、装卸、搬运、包装机具设施及条形码等技术。提高整体资源利用率，降低企业运作成本。

4. 商品展示区在设计与装修上以现代化、科技化为标准，为场内交易提供商品展示服务。

5. 信息中心负责场内交易、加工等信息的统计，定期发布国内外再生资源供求信息，为当地再生资源回收各网点以及全市居民与企业提供信息服务。鼓励设立在线收废网站、统一公开的服务电话及互联网络设施，以方便居民及企事业单位预约投售。

6. 配套服务区与培训中心以培训及其他服务功能为主，按照消防、环保管理要求进行施工建设。

以上各区域应按有关法律、法规和规定，经有关部门验收、批准后运营。

关于促进汽车消费的意见

（商建发［2009］114号 2009年3月30日）

各省、自治区、直辖市、计划单列市及新疆生产建设兵团商务主管部门、工业主管部门、公安厅（局）、财政厅（局）、国税局、地税局、工商局、银监局、保监局：

汽车消费作为扩大内需的主要内容，对妥善应对国际金融危机的冲击，推动汽车产业健康发展，缓解就业压力，维护社会稳定，保持国民经济平稳增长具有重要作用。为贯彻落实《国务院办公厅关于搞活流通扩大消费的意见》（国办发［2008］134号）和汽车产业调整和振兴规划精神，保持汽车市场稳定增长，现就促进汽车消费提出如下意见：

一、积极促进汽车销售

（一）推动汽车市场健康有序发展。尽快修订《汽车品牌销售管理实施办法》，引导汽车流通业合理布局，鼓励汽车品牌销售采取多种经营模式，努力构建节约型汽车营销网络；推动建立平等和谐的工商关系，调动汽车供应商和品牌经销商两方面的积极性；进一步规范汽车经营行为，维护良好的市场秩序和交易环境，促进汽车市场稳定增长。

（二）进一步提高汽车营销和服务水平。支持有条件的汽车流通企业通过跨地区兼并重组、发展连锁经营，做强做大。引导和鼓励企业建立便捷高效的汽车营销和服务体系，健全网络，完善功能，加快创建自主服务品牌，在大型汽车交易市场设置机动车登记服务站，建立和完善经销商代办机动车牌证制度，努力为消费者提供更加优质的服务。

（三）鼓励购置节能环保型小排量汽车。贯彻落实汽车消费税调整政策和1.6升及以下排量乘用车减半征收购置税的政策，引导汽车企业提高产品质量，增加产品品种，保证相关商品货源充足，做到价格公开透明，防止以收取提车费等名目变相加价，确保消费者真正受益。

二、大力培育和规范二手车市场

（四）鼓励发展二手车流通。积极发展专业二手车经销企业，倡导汽车品牌经销商开展“以旧换新”、“以旧换旧”等二手车置换业务，清理和取消各地对二手车经销方面不合理的限制，引导交易形式多样化，简化二手车交易手续，取消交易市场不合理的收费，降低交易成本，促进二手车市场繁荣。

（五）提升交易质量和功能。建立全国性和重点地区的二手车市场公共信息服务平台，实施二手车交易市场升级改造示范工程，支持二手车交易市场进行以完善交易服务功能、建设信息服务系统为重点的技术改造，着力解决交易信息不对称的问题，尽快形成二手车信息服务网络，保证车辆信息公开透明，增强消费者信心。

（六）切实改善市场消费环境。积极推广二手车交易合同示范文本，抓紧制订《二手车流通企业设立条件》、《二手车鉴定评估规范》等标准，进一步规范二手车市场主体秩序和经营行为，加强市场监管，严厉打击交易欺诈行为。充分发挥行业协会作用，积极推进诚信体系建设，倡导行业自律发展，引导企业诚实守信、合法经营，营造良好的消费环境，促进安全消费。

三、加快老旧汽车报废更新

（七）完善报废汽车管理制度。加快建立报废汽车回收拆解与安全、环保和资源再利用相衔接的管理制度，推动《机动车强制报废标准规定》出台，严格汽车强制报废规定，防止报废汽车流向社会，逐步形成老旧汽车报废更新的良性循环。

（八）培育报废汽车回收拆解骨干企业。以贯彻落实《报废汽车回收拆解企业技术规范》为契机，引导报废汽车回收拆解企业升级改造，鼓励有条件的地区集中建立报废汽车破碎中心，逐步解决报废汽车破碎工艺分散、规模小、水平低的矛盾；支持有条件的回收拆解企业进行以清洁环保、安全生产和资源利用为重点的技术改造，提高回收拆解水平，发挥示范和带动效应；鼓励和引导有条件的汽车生产企业通过参股、并购回收拆解企业等方式开展报废汽车回收、拆解业务，推动行业技术进步。

（九）积极引导老旧汽车报废更新。及时调整鼓励老旧汽车报废更新政策，加大报废更新资金补贴支持力度，提高补贴标准，增加补贴范围，加快淘汰老旧公交车和农村客运车辆；积极研究对提前报废老旧乘用车并购买符合条件的节能环保型小排量汽车车主的鼓励政策，加快汽车消费更新换代。

四、努力开拓农村汽车市场

（十）逐步建立农村汽车流通网络。正确处理城市与农村汽车市场发展的关系，积极研究培育和发展农村汽车市场的政策和措施，探索适合农村地区发展的汽车经营模式，引导企业开发和生产适合农村地区使用的低价位节能型汽车，建立和完善农村地区汽车销售服务和回收网络，为农村居民消费创造良好条件。

（十一）促进农村汽车消费和升级换代。积极开展汽车下乡工作，加强组织领导，加大宣传力度，强化监督管理，确保汽车下乡产品质量和售后服务，严厉打击坑农害农、虚假开具报废汽车回收证明等违法行为，切实把汽车下乡政策落到实处，扩大农村地区汽车消费。

五、加大信贷支持力度

（十二）支持发展汽车信贷消费。推进汽车消费信贷管理条例制订工作，完善个人征信管理，鼓励金融机构开展新车和二手车消费信贷业务，创新信贷产品，简化信贷手续，根据借款人还款能力、资信状况等风险因素确定个人汽车贷款利率，不断扩大汽车信贷消费。

（十三）加大对流通企业的信贷支持。推动金融机构根据信贷原则和汽车流通企业的特点，制定差别化授信条件，创新担保方式，加大信贷支持力度，满足汽车流通企业的合理信贷需求。

（十四）加强汽车金融服务配套制度建设。稳步发展汽车消费贷款保证保险业务，推动保险机构与汽车消费信贷机构进一步加强合作，促进汽车消费市场平稳发展。

关于修改《中华人民共和国水路运输服务业管理规定》的决定

（交通运输部令 2009 年第 5 号　2009 年 4 月 20 日）

交通运输部决定对《中华人民共和国水路运输服务业管理规定》（交通部令 1998 年第 6 号）作如下修改：

一、第十二条第二款修改为：国务院交通运输主管部门和市（包括直辖市）交通运输主管部门（以下简称审批机关），应当自收到水路运输服务企业开业申请书和其他文件之日起 20 日内决定批准或者不批准。对批准设立的，颁发水路运输服务许可证书（以下简称许可证书）。

二、删除第二十九条和第三十二条。

此外，对条文的顺序和部分文字作了相应的调整和修改。

本决定自公布之日起施行。

《中华人民共和国水路运输服务业管理规定》根据本决定作相应修正，重新发布。

中华人民共和国水路运输服务业管理规定

（1996 年 6 月 18 日交通部发布根据 1998 年 7 月 30 日交通部《关于修改〈中华人民共和国水路运输服务业管理规定〉的决定》第一次修正根据 2009 年 4 月 20 日交通运输部《关于修改〈中华人民共和国水路运输服务业管理规定〉的决定》第二次修正）

第一章　总　则

第一条　为规范水路运输服务行为，维护水路运输市场秩序，保障旅客、托运人、收货人、承运人及其代理人的合法权益，促进水运事业发展，依据《中华人民共和国水路运输管理条例》，制定本规定。

第二条　本规定适用于在中华人民共和国境内为国内水路运输提供水路运输服务及相关业务的活动。

第三条　本规定所称水路运输服务业，是指接受旅客、托运人、收货人以及承运人的委托，以委托人的名义，为委托人办理旅客或者货物运输、港口作业以及其他相关业务手续并收取费用的行业，分为船舶代理业和客货运输代理业。

第四条　水路运输服务企业必须依法取得中华人民共和国企业法人资格。

第五条　国务院交通运输主管部门负责对全国水路运输服务业实施行业管理。

各级地方人民政府交通运输主管部门或者其设置的航运管理部门（以下简称交通运输主管部门）依照本规定，负责对本行政区域内的水路运输服务业实施行业管理。

第六条 对水路运输服务业实施管理，应当遵循布局合理、服务方便、竞争有序、适应运输市场发展需要的原则。

第七条 水路运输服务企业应当遵循方便、迅速、准确、节省的经营方针，为旅客和托运人、收货人、承运人提供服务。

水路运输服务企业应当遵守中华人民共和国的法律、法规和规章，接受主管机关的监督和管理。

第八条 任何企业从事水路运输服务业务，必须经过交通运输主管部门的批准，领取《水路运输服务许可证》后，方可经营。

外资企业、中外合资企业、中外合作企业（以下简称“三资企业”）经营水路运输服务业务，应当经国务院交通运输主管部门批准。

第二章 审批条件和程序

第九条 设立水路运输服务企业，应当具备下列条件：

（一）有稳定的水路运输客源、货源和船舶业务来源。

（二）有与经营范围相适应的组织机构和专业人员。

（三）有固定经营场所和必要的营业设施。

（四）有符合下列规定的最低限额的注册资本：

1. 经营船舶代理业务的，为 20 万元人民币；

2. 经营客货运输代理业务的，为 30 万元人民币；

3. 同时经营船舶代理和客货运输代理业务的，为 50 万元人民币。

第十条 申请设立水路运输服务企业，申请人应当向拟设立水路运输服务企业所在地的县级交通运输主管部门提出申请，由该部门审核后转市（设区的市，下同）交通运输主管部门审查批准，并报省级交通运输主管部门备案。

申请设立经营水路运输服务业务的“三资企业”，申请人应当向拟设立“三资企业”所在地的县级交通运输主管部门提出申请，经各级交通运输主管部门逐级审核后由省级交通运输主管部门转报国务院交通运输主管部门审查批准。

申请人所在地没有县级人民政府交通运输主管部门的，申请人应当直接向市（包括直辖市）交通运输主管部门提出申请。

第十一条 申请设立水路运输服务企业，应当报送下列材料：

（一）水路运输服务企业开业申请书；

（二）可行性研究报告；

（三）企业章程草案；

（四）拟注册地方工商行政管理机关签发的“企业名称预先核准通知书”；

（五）资信证明；

（六）办公经营场所产权证明（或者租赁证明、协议等）；

（七）主要出资单位同意设立企业的文件（董事会决议、联营协议或者经济担保人证明）；

（八）企业负责人和主要业务人员姓名、职务和身份证明；

（九）国务院交通运输主管部门规定的其他文件。

第十二条 县级交通运输主管部门应当自收到水路运输服务企业开业申请书和其他文件之日起 10 日内提出审核意见并转报市交通运输主管部门，或者逐级转报国务院交通运输主管部门。

国务院交通运输主管部门和市（包括直辖市）交通运输主管部门（以下简称审批机关），应当自收到水路运输服务企业开业申请书和其他文件之日起 20 日内决定批准或者不批准。对批准设立的，颁发水路运输服务许可证书（以下简称许可证书）。

第十三条 水路运输服务企业应当凭审批机关颁发的许可证书，依照有关法律和法规的规定，办理企业登记、税务登记手续。

第十四条 申请人取得许可证书后无正当理由连续180日未营业的，审批机关应当撤销其许可证书。

第十五条 许可证书有效期限为3年。

水路运输服务企业在许可证书有效期限届满时需要继续从事水路运输服务业务的，应当在许可证书届满之日前30日内，向审批机关申请换领许可证书；未按本规定申请换领许可证书的，其水路运输服务经营资格自许可证书届满之日起自动丧失，审批机关应当在办理注销手续后通知工商行政管理机关依法注销该企业营业执照或者营业执照中相关项目。

第十六条 水路运输服务企业要求变更经营范围、企业名称、住所、法定代表人和经济类型等事项，应当申请办理变更审批手续。

申请变更经营范围的，应当报送下列材料：

（一）水路运输服务企业变更申请书；

（二）可行性研究报告；

（三）修改后的企业章程；

（四）原许可证书；

（五）国务院交通运输主管部门规定的其他文件。

申请变更企业名称、经济类型等事项的，应当报送本条规定的第（一）、（三）、（四）项文件。

申请变更企业法定代表人、住所等事项的，应当报送本条规定的第（四）项文件和拟变更项目的证明文件。

第十七条 水路运输服务企业申请变更经营范围、企业名称、住所、法定代表人或者经济类型事项，应当依照本规定第十条规定的审批程序，报经原审批机关批准后，换领许可证书。企业凭换领的许可证书办理企业变更登记手续。

第十八条 水路运输服务企业终止营业，应当依照本规定第十条规定的审批程序办理停业注销手续。原审批机关应当收回许可证书，并转请工商行政管理机关依法注销企业营业执照中相关项目。

第三章 经营管理

第十九条 水路运输服务企业的业务范围包括：

（一）船舶代理业务，是指接受承运人委托，为其代办下列部分或者全部业务：

1. 承揽货源或者客源（含旅游客源）；

2. 安排和联系货物配积载、船舶装卸或者旅客乘降以及船舶作业所需拖轮、浮吊等；

3. 办理旅客中转、货物中转或者储存；

4. 代售客票或者签订运输合同，缮制运输单证、票据；

5. 结算、交付票款或者运杂费；

6. 通报船期和货物到港情况，办理承运验收、货物交付手续；

7. 联系船舶修理和船舶燃物料及其他用品供应；

8. 协助处理属于承运人责任事宜和客货运事故；

9. 办理承运人委托的其他事项。

（二）客货运输代理业务，是指接受旅客或者托运人、收货人委托，为其代办下列部分或者全部业务：

1. 联系船舶，确定舱位，签订运输合同，代订客票；

2. 联系货物装卸、储存或者驳运，签订装卸合同；

3. 办理货物提取、交付手续；

4. 结算、交纳运费票款和港口费；

5. 办理货物运输、作业所需证明；

6. 协助处理旅客或者托运人、收货人责任事宜和客货运事故；

7. 办理旅客或者托运人、收货人委托的其他事项。

第二十条 水路运输服务企业应当在批准的经营范围内从事业务活动。

第二十一条 经营港口业务的企业不得经营水路运输服务业务，但客运站除外。

第二十二条 水路运输服务企业的分支机构不得从事经营活动。

第二十三条 水路运输服务企业不得以本人名义为他人托运、承运货物，收取运费的差价。

第二十四条 水路运输服务企业不得就同一委托事项同时接受当事人双方的委托。

第二十五条 水路运输服务企业与委托方应当本着协商自愿的原则订立合同，并认真履行。由于一方责任造成另一方损失，应当由责任方负责赔偿。

第二十六条 水路运输服务企业不得未受委托强行代办业务；不得以不正当竞争手段从事经营活动。

水路运输服务企业不得出租、出借、转让或者涂改许可证书和有关货运业务单证。

第二十七条 水路运输服务企业不得为无水路运输经营资格或者超越经营范围的经营人和船舶提供水路运输服务业务。

第二十八条 水路运输服务企业代办业务应当使用统一规定的单证和票据。

第二十九条 水路运输服务企业应当分别于每年1月底和7月底以前向企业注册所在地的交通运输主管部门报送上一年度和上半年度统计报表与有关经营情况资料。

第四章 罚 则

第三十条 违反本规定第二十八条规定的，由县级以上交通运输主管部门视情节轻重给予警告或者处1万元以下的罚款。

第三十一条 违反本规定第二十六条第一款规定的，由县级以上交通运输主管部门处1万元以上10万元以下的罚款；情节严重的，并可以暂扣或者吊销许可证。

第三十二条 违反本规定第二十条、第二十一条、第二十三条规定的，由县级以上交通运输主管部门没收违法所得，并处违法所得1倍以上3倍以下的罚款；没有违法所得的，处2万元以上20万元以下的罚款。

第三十三条 违反本规定第八条、第二十二条规定的，由县级以上交通运输主管部门没收违法所得，并处违法所得1倍以上3倍以下的罚款；没有违法所得的，处3万元以上25万元以下的罚款。

第三十四条 违反本规定第二十四条规定，给被代理人造成损失的，依法承担民事责任。

第三十五条 当事人对交通运输主管部门的处罚决定不服的，可以向上一级交通运输主管部门申请复议；对上一级交通运输主管部门的复议决定不服的，可以自接到复议决定书之日起15日内向人民法院起诉。当事人逾期既不起诉又不履行处罚决定的，交通运输主管部门可以申请人民法院强制执行。

第五章 附 则

第三十六条 本规定由国务院交通运输主管部门负责解释。

第三十七条 本规定自1996年10月1日起施行。

关于修改《道路货物运输及站场管理规定》的决定

（交通运输部令2009年第3号　2009年4月21日）

交通运输部决定对《道路货物运输及站场管理规定》（交通运输部2008年第9号令）作如下修改：

删除第四十二条、第七十五条。

此外，对条文的顺序作相应的调整。

本决定自公布之日起施行。

《道路货物运输及站场管理规定》根据本决定作相应修改，重新发布。

道路货物运输及站场管理规定

（2005年6月16日交通部发布根据2008年7月23日交通运输部《关于修改〈道路货物运输及站场管理规定〉的决定》第一次修正，根据2009年4月20日交通运输部《关于修改〈道路货物运输及站场管理规定〉的决定》第二次修正）

第一章　总　则

第一条　为规范道路货物运输和道路货物运输站（场）经营活动，维护道路货物运输市场秩序，保障道路货物运输安全，保护道路货物运输和道路货物运输站（场）有关各方当事人的合法权益，根据《中华人民共和国道路运输条例》及有关法律、行政法规的规定，制定本规定。

第二条　从事道路货物运输经营和道路货物运输站（场）经营的，应当遵守本规定。

本规定所称道路货物运输经营，是指为社会提供公共服务、具有商业性质的道路货物运输活动。道路货物运输包括道路普通货运、道路货物专用运输、道路大型物件运输和道路危险货物运输。

本规定所称道路货物专用运输，是指使用集装箱、冷藏保鲜设备、罐式容器等专用车辆进行的货物运输。

本规定所称道路货物运输站（场）（以下简称“货运站”），是指以场地设施为依托，为社会提供有偿服务的具有仓储、保管、配载、信息服务、装卸、理货等功能的综合货运站（场）、零担货运站、集装箱中转站、物流中心等经营场所。

第三条　道路货物运输和货运站经营者应当依法经营，诚实信用，公平竞争。

道路货物运输管理应当公平、公正、公开和便民。

第四条　鼓励道路货物运输实行集约化、网络化经营。鼓励采用集装箱、封闭厢式车和多轴重型车运输。

第五条　交通运输部主管全国道路货物运输和货运站管理工作。

县级以上地方人民政府交通运输主管部门负责组织领导本行政区域的道路货物运输和货

运站管理工作。

县级以上道路运输管理机构具体实施本行政区域的道路货物运输和货运站管理工作。

第二章 经营许可

第六条 申请从事道路货物运输经营的，应当具备下列条件：

（一）有与其经营业务相适应并经检测合格的运输车辆：

1. 车辆技术要求：

（1）车辆技术性能应当符合国家标准《营运车辆综合性能要求和检验方法》（GB18565）的要求；

（2）车辆外廓尺寸、轴荷和载质量应当符合国家标准《道路车辆外廓尺寸、轴荷及质量限值》（GB1589）的要求。

2. 车辆其他要求：

（1）从事大型物件运输经营的，应当具有与所运输大型物件相适应的超重型车组；

（2）从事冷藏保鲜、罐式容器等专用运输的，应当具有与运输货物相适应的专用容器、设备、设施，并固定在专用车辆上；

（3）从事集装箱运输的，车辆还应当有固定集装箱的转锁装置。

（二）有符合规定条件的驾驶人员：

1. 取得与驾驶车辆相应的机动车驾驶证；

2. 年龄不超过60周岁；

3. 经设区的市级道路运输管理机构对有关道路货物运输法规、机动车维修和货物及装载保管基本知识考试合格，并取得从业资格证。

（三）有健全的安全生产管理制度，包括安全生产责任制度、安全生产业务操作规程、安全生产监督检查制度、驾驶员和车辆安全生产管理制度等。

第七条 申请从事货运站经营的，应当具备下列条件：

（一）有与其经营规模相适应的货运站房、生产调度办公室、信息管理中心、仓库、仓储库棚、场地和道路等设施，并经有关部门组织的工程竣工验收合格；

（二）有与其经营规模相适应的安全、消防、装卸、通讯、计量等设备；

（三）有与其经营规模、经营类别相适应的管理人员和专业技术人员；

（四）有健全的业务操作规程和安全生产管理制度。

第八条 申请从事道路货物运输经营的，应当向县级道路运输管理机构提出申请，并提供以下材料：

（一）《道路货物运输经营申请表》。

（二）负责人身份证明，经办人的身份证明和委托书。

（三）机动车辆行驶证、车辆检测合格证明复印件；拟投入运输车辆的承诺书，承诺书应当包括车辆数量、类型、技术性能、投入时间等内容。

（四）聘用或者拟聘用驾驶员的机动车驾驶证、从业资格证及其复印件。

（五）安全生产管理制度文本。

（六）法律、法规规定的其他材料。

第九条 申请从事货运站经营的，应当向县级道路运输管理机构提出申请，并提供以下材料：

（一）《道路货物运输站（场）经营申请表》；

（二）负责人身份证明，经办人的身份证明和委托书；

（三）经营道路货运站的土地、房屋的合法证明；

（四）货运站竣工验收证明；

（五）与业务相适应的专业人员和管理人员的身份证明、专业证书；

（六）业务操作规程和安全生产管理制度文本。

第十条 道路运输管理机构应当按照《中华人民共和国道路运输条例》、《交通行政许可实施程序规定》和本规定规范的程序实施道路货物运输经营和货运站经营的行政许可。

第十一条 道路运输管理机构对道路货运经营申请予以受理的，应当自受理之日起20日内作出许可或者不予许可的决定；道路运输管理机构对货运站经营申请予以受理的，应当自受理之日起15日内作出许可或者不予许可的决定。

第十二条 道路运输管理机构对符合法定条件的道路货物运输经营申请作出准予行政许可决定的，应当出具《道路货物运输经营行政许可决定书》，明确许可事项。在10日内向被许可人颁发《道路运输经营许可证》，在《道路运输经营许可证》上注明经营范围。

道路运输管理机构对符合法定条件的货运站经营申请作出准予行政许可决定的，应当出具《道路货物运输站（场）经营行政许可决定书》，明确许可事项。在10日内向被许可人颁发《道路运输经营许可证》，在《道路运输经营许可证》上注明经营范围。

对道路货物运输和货运站经营不予许可的，应当向申请人出具《不予交通行政许可决定书》。

第十三条 被许可人应当按照承诺书的要求投入运输车辆。购置车辆或者已有车辆经道路运输管理机构核实并符合条件的，道路运输管理机构向投入运输的车辆配发《道路运输证》。

第十四条 道路货物运输经营者和货运站经营者应当持《道路运输经营许可证》依法向工商行政管理机关办理有关登记手续。

第十五条 道路货物运输经营者设立子公司的，应当向设立地的道路运输管理机构申请经营许可；设立分公司的，应当向设立地的道路运输管理机构报备。

第十六条 从事货运代理（代办）等货运相关服务的经营者，应当依法到工商行政管理机关办理有关登记手续，并持有关登记证件到设立地的道路运输管理机构备案。

第十七条 道路货物运输和货运站经营者需要终止经营的，应当在终止经营之日30日前告知原许可的道路运输管理机构，并办理有关注销手续。

第十八条 道路货物运输经营者变更许可事项、扩大经营范围的，按本章有关许可规定办理。

道路货物运输和货运站经营者变更名称、地址等，应当向作出原许可决定的道路运输管理机构备案。

第三章　货运车辆管理

第十九条 道路货物运输经营者应当建立车辆技术管理制度，按照国家规定的技术规范对货运车辆进行定期维护，确保货运车辆技术状况良好。

货运车辆的维护作业项目和程序应当按照国家标准《汽车维护、检测、诊断技术规范》（GB18344）等有关技术标准的规定执行。

严禁任何单位和个人为道路货物运输经营者指定车辆维护企业；车辆二级维护执行情况不得作为路检路项目。

第二十条 道路货物运输经营者应当定期进行货运车辆检测，车辆检测结合车辆定期审验的频率一并进行。

道路货物运输经营者在规定时间内，到符合国家相关标准的机动车综合性能检测机构进行检测。机动车综合性能检测机构按照国家标准《营运车辆综合性能要求和检验方法》（GB18565）和《道路车辆外廓尺寸、轴荷及质量限值》（GB1589）的规定进行检测，出具全国统一式样的检测报告。并依据检测结果，对照行业标准《营运车辆技术等级划分和评定要求》（JT/T198）评定车辆技术等级。货运车辆技术等级分为一级、二级和三级。

车籍所在地县级以上道路运输管理机构应当将车辆技术等级在《道路运输证》上标明。

第二十一条 县级以上道路运输管理机构应当定期对货运车辆进行审验，每年审验一次。

审验内容包括车辆技术档案、车辆结构及尺寸变动情况和违章记录等。

审验符合要求的，道路运输管理机构在《道路运输证》审验记录中注明；不符合要求的，应当责令限期改正或者办理变更手续。

第二十二条 机动车综合性能检测机构应当使用符合标准的设施、设备，严格按照国家有关营运车辆技术检测标准对货运车辆进行检测，对出具的车辆检测报告负责，并对已检测车辆建立检测档案。

第二十三条 禁止使用报废的、擅自改装的、拼装的、检测不合格的和其他不符合国家规定的车辆从事道路货物运输经营。

第二十四条 道路货物运输经营者和县级以上道路运输管理机构应当分别建立货运车辆技术档案和管理档案，并妥善保管。对相关内容的记载应当及时、完整和准确，不得随意更改。

道路货物运输经营者车辆技术档案主要内容为：车辆基本情况、主要部件更换情况、修理和二级维护记录（含出厂合格证）、技术等级评定记录、车辆变更记录、行驶里程记录、交通事故记录等。

道路运输管理机构管理档案主要内容为：车辆基本情况、二级维护和检测情况、技术等级记录、车辆变更记录、交通事故记录等。

道路货物运输车辆办理过户变更手续时，道路货物运输经营者应当将货运车辆技术档案完整移交。县级以上道路运输管理机构对经营者车辆技术档案建立情况实施监督管理。

第二十五条 道路货物运输经营者对达到国家规定的报废标准或者经检测不符合国家强制性标准要求的货运车辆，应当及时交回《道路运输证》，不得继续从事道路货物运输经营。

第四章 货运经营管理

第二十六条 道路货物运输经营者应当按照《道路运输经营许可证》核定的经营范围从事货物运输经营，不得转让、出租道路运输经营许可证件。

第二十七条 道路货物运输经营者应当对从业人员进行经常性的安全、职业道德教育和业务知识、操作规程培训。

第二十八条 道路货物运输经营者应当按照国家有关规定在其重型货运车辆、牵引车上安装、使用行驶记录仪，并采取有效措施，防止驾驶人员连续驾驶时间超过 4 个小时。

第二十九条 道路货物运输经营者应当要求其聘用的车辆驾驶员随车携带《道路运输证》。

《道路运输证》不得转让、出租、涂改、伪造。

第三十条 道路货物运输经营者应当聘用持有从业资格证的驾驶人员。

第三十一条 营运驾驶员应当驾驶与其从业资格类别相符的车辆。驾驶营运车辆时，应当随身携带从业资格证。

第三十二条 运输的货物应当符合货运车辆核定的载质量，载物的长、宽、高不得违反装载要求。禁止货运车辆违反国家有关规定超限、超载运输。

禁止使用货运车辆运输旅客。

第三十三条 道路货物运输经营者运输大型物件，应当制定道路运输组织方案。涉及超限运输的应当按照交通部颁布的《超限运输车辆行驶公路管理规定》办理相应的审批手续。

第三十四条 从事大型物件运输的车辆，应当按照规定装置统一的标志和悬挂标志旗；

夜间行驶和停车休息时应当设置标志灯。

第三十五条 道路货物运输经营者不得运输法律、行政法规禁止运输的货物。

道路货物运输经营者在受理法律、行政法规规定限运、凭证运输的货物时，应当查验并确认有关手续齐全有效后方可运输。

货物托运人应当按照有关法律、行政法规的规定办理限运、凭证运输手续。

第三十六条 道路货物运输经营者不得采取不正当手段招揽货物、垄断货源。不得阻碍其他货运经营者开展正常的运输经营活动。

道路货物运输经营者应当采取有效措施，防止货物变质、腐烂、短少或者损失。

第三十七条 道路货物运输经营者和货物托运人应当按照《合同法》的要求，订立道路货物运输合同。

道路货物运输可以采用交通部颁布的《汽车货物运输规则》所推荐的道路货物运单签订运输合同。

第三十八条 国家鼓励实行封闭式运输。道路货物运输经营者应当采取有效的措施，防止货物脱落、扬撒等情况发生。

第三十九条 道路货物运输经营者应当制定有关交通事故、自然灾害、公共卫生以及其他突发公共事件的道路运输应急预案。应急预案应当包括报告程序、应急指挥、应急车辆和设备的储备以及处置措施等内容。

第四十条 发生交通事故、自然灾害、公共卫生以及其他突发公共事件，道路货物运输经营者应当服从县级以上人民政府或者有关部门的统一调度、指挥。

第四十一条 道路货物运输经营者应当严格遵守国家有关价格法律、法规和规章的规定，不得恶意压价竞争。

第五章 货运站经营管理

第四十二条 货运站经营者应当按照经营许可证核定的许可事项经营，不得随意改变货运站用途和服务功能。

第四十三条 货运站经营者应当依法加强安全管理，完善安全生产条件，健全和落实安全生产责任制。

货运站经营者应当对出站车辆进行安全检查，防止超载车辆或者未经安全检查的车辆出站，保证安全生产。

第四十四条 货运站经营者应当按照货物的性质、保管要求进行分类存放，危险货物应当单独存放，保证货物完好无损。

第四十五条 货物运输包装应当按照国家规定的货物运输包装标准作业，包装物和包装技术、质量要符合运输要求。

第四十六条 货运站经营者应当按照规定的业务操作规程进行货物的搬运装卸。搬运装卸作业应当轻装、轻卸，堆放整齐，防止混杂、撒漏、破损，严禁有毒、易污染物品与食品混装。

第四十七条 货运站经营者应当严格执行价格规定，在经营场所公布收费项目和收费标准。严禁乱收费。

第四十八条 进入货运站经营的经营业户及车辆，经营手续必须齐全。

货运站经营者应当公平对待使用货运站的道路货物运输经营者，禁止无证经营的车辆进站从事经营活动，无正当理由不得拒绝道路货物运输经营者进站从事经营活动。

第四十九条 货运站经营者不得垄断货源、抢装货物、扣押货物。

第五十条 货运站要保持清洁卫生，各项服务标志醒目。

第五十一条 货运站经营者经营配载服务应当坚持自愿原则，提供的货源信息和运力信息应当真实、准确。

第五十二条 货运站经营者不得超限、超载配货，不得为无道路运输经营许可证或证照不全者提供服务；不得违反国家有关规定，为运输车辆装卸国家禁运、限运的物品。

第五十三条 货运站经营者应当制定有关突发公共事件的应急预案。应急预案应当包括报告程序、应急指挥、应急车辆和设备的储备以及处置措施等内容。

第五十四条 货运站经营者应当建立和完善各类台账和档案，并按要求报送有关信息。

第六章 监督检查

第五十五条 道路运输管理机构应当加强对道路货物运输经营和货运站经营活动的监督检查。

道路运输管理机构工作人员应当严格按照职责权限和法定程序进行监督检查。

第五十六条 道路运输管理机构及其工作人员应当重点在货运站、货物集散地对道路货物运输、货运站经营活动实施监督检查。此外，根据管理需要，可以在公路路口实施监督检查，但不得随意拦截正常行驶的道路运输车辆，不得双向拦截车辆进行检查。

第五十七条 道路运输管理机构的工作人员实施监督检查时，应当有 2 名以上人员参加，并向当事人出示交通部统一制式的交通行政执法证件。

第五十八条 道路运输管理机构的工作人员可以向被检查单位和个人了解情况，查阅和复制有关材料。但是，应当保守被调查单位和个人的商业秘密。

被监督检查的单位和个人应当接受道路运输管理机构及其工作人员依法实施的监督检查，如实提供有关情况或者资料。

第五十九条 道路运输管理人员在货运站、货物集散地实施监督检查过程中，发现货运车辆有超载行为的，应当立即予以制止，装载符合标准后方可放行。

第六十条 道路货物运输经营者在许可的道路运输管理机构管辖区域外违法从事经营活动的，违法行为发生地的道路运输管理机构应当依法将当事人的违法事实、处罚结果记录到《道路运输证》上，并抄告作出道路运输经营许可的道路运输管理机构。

第六十一条 道路货物运输经营者违反本规定后拒不接受处罚的，县级以上道路运输管理机构可以暂扣其《道路运输证》等道路运输管理机构颁发的相关证件，签发待理证，待接受处罚后交还。

第六十二条 道路运输管理机构的工作人员在实施道路运输监督检查过程中，对没有《道路运输证》又无法当场提供其他有效证明的货运车辆可以予以暂扣，并出具《道路运输车辆暂扣凭证》。对暂扣车辆应当妥善保管，不得使用，不得收取或者变相收取保管费用。

违法当事人应当在暂扣凭证规定时间内到指定地点接受处理。逾期不接受处理的，道路运输管理机构可依法作出处罚决定，并将处罚决定书送达当事人。当事人无正当理由逾期不履行处罚决定的，道路运输管理机构可申请人民法院强制执行。

第七章 法律责任

第六十三条 违反本规定，有下列行为之一的，由县级以上道路运输管理机构责令停止经营；有违法所得的，没收违法所得，处违法所得 2 倍以上 10 倍以下的罚款；没有违法所得或者违法所得不足 2 万元的，处 3 万元以上 10 万元以下的罚款；构成犯罪的，依法追究刑事责任：

（一）未取得道路货物运输经营许可，擅自从事道路货物运输经营的；

（二）使用失效、伪造、变造、被注销等无效的道路运输经营许可证件从事道路货物运输经营的；

（三）超越许可的事项，从事道路货物运输经营的。

第六十四条 违反本规定，道路货物运输和货运站经营者非法转让、出租道路运输经营许可证件的，由县级以上道路运输管理机构责令停止违法行为，收缴有关证件，处2000元以上1万元以下的罚款；有违法所得的，没收违法所得。

第六十五条 违反本规定，取得道路货物运输经营许可的道路货物运输经营者使用无道路运输证的车辆参加货物运输的，由县级以上道路运输管理机构责令改正，处3000元以上1万元以下的罚款。

违反本规定，道路货物运输经营者不按照规定携带《道路运输证》的，由县级以上道路运输管理机构责令改正，处警告或者20元以上200元以下的罚款。

第六十六条 违反本规定，道路货物运输经营者、货运站经营者已不具备开业要求的有关安全条件、存在重大运输安全隐患的，由县级以上道路运输管理机构限期责令改正；在规定时间内不能按要求改正且情节严重的，由原许可机关吊销《道路运输经营许可证》或者吊销其相应的经营范围。

第六十七条 违反本规定，道路货物运输经营者有下列情形之一的，由县级以上道路运输管理机构责令改正，处1000元以上3000元以下的罚款；情节严重的，由原许可机关吊销道路运输经营许可证或者吊销其相应的经营范围：

（一）强行招揽货物的；

（二）没有采取必要措施防止货物脱落、扬撒的。

第六十八条 违反本规定，道路货物运输经营者不按规定维护和检测运输车辆的，由县级以上道路运输管理机构责令改正，处1000元以上5000元以下的罚款。

第六十九条 违反本规定，道路货物运输经营者使用擅自改装或者擅自改装已取得《道路运输证》的车辆的，由县级以上道路运输管理机构责令改正，处5000元以上2万元以下的罚款。

第七十条 违反本规定，有下列行为之一的，由县级以上道路运输管理机构责令停止经营；有违法所得的，没收违法所得，处违法所得2倍以上10倍以下的罚款；没有违法所得或者违法所得不足1万元的，处2万元以上5万元以下的罚款；构成犯罪的，依法追究刑事责任：

（一）未取得货运站经营许可，擅自从事货运站经营的；

（二）使用失效、伪造、变造、被注销等无效的道路运输经营许可证件从事货运站经营的；

（三）超越许可的事项，从事货运站经营的。

第七十一条 违反本规定，机动车综合性能检测机构不按国家有关技术规范进行检测、未经检测出具检测结果或者不如实出具检测结果的，由县级以上道路运输管理机构责令改正，没收违法所得，违法所得在5000元以上的，并处违法所得2倍以上5倍以下的罚款；没有违法所得或者违法所得不足5000元的，处5000元以上2万元以下的罚款；构成犯罪的，依法追究刑事责任。

第七十二条 违反本规定，货运站经营者对超限、超载车辆配载，放行出站的，由县级以上道路运输管理机构责令改正，处1万元以上3万元以下的罚款。

第七十三条 违反本规定，货运站经营者擅自改变道路运输站（场）的用途和服务功能，由县级以上道路运输管理机构责令改正；拒不改正的，处3000元的罚款；有违法所得的，没收违法所得。

第七十四条 违反本规定，有下列行为之一的，由县级以上道路运输管理机构责令限期整改，整改不合格的，予以通报：

（一）没有建立货运车辆技术档案的；

（二）没有按照国家有关规定在货运车辆上安装行驶记录仪的；

（三）大型物件运输车辆不按规定悬挂、标明运输标志的；

（四）发生公共突发性事件，不接受当地政府统一调度安排的；

（五）因配载造成超限、超载的；

（六）运输没有限运证明物资的；

（七）未查验禁运、限运物资证明，配载禁运、限运物资的。

第七十五条 道路运输管理机构的工作人员违反本规定，有下列情形之一的，依法给予相应的行政处分；构成犯罪的，依法追究刑事责任：

（一）不依照本规定规定的条件、程序和期限实施行政许可的；

（二）参与或者变相参与道路货物运输和货运站经营的；

（三）发现违法行为不及时查处的；

（四）违反规定拦截、检查正常行驶的道路运输车辆的；

（五）违法扣留运输车辆、《道路运输证》的；

（六）索取、收受他人财物，或者谋取其他利益的；

（七）其他违法行为。

第八章 附 则

第七十六条 道路货物运输经营者从事国际道路货物运输经营、危险货物运输活动，除一般行为规范适用本规定外，有关从业条件等特殊要求应当适用交通部制定的国际道路运输管理规定、道路危险货物运输管理规定。

第七十七条 中外合资、中外合作、独资形式投资道路货物运输和货运站经营业务的，按照《外商投资道路运输业管理规定》办理。

第七十八条 道路运输管理机构依照规定发放道路货物运输经营许可证件和《道路运输证》，可以收取工本费。工本费的具体收费标准由省级人民政府财政、价格主管部门会同同级交通运输主管部门核定。

第七十九条 本规定自2005年8月1日起施行。交通部1993年5月19日发布的《道路货物运输业户开业技术经济条件（试行）》（交运发［1993］531号）、1996年12月2日发布的《道路零担货物运输管理办法》（交公路发［1996］1039号）、1997年5月22日发布的《道路货物运单使用和管理办法》（交通部令1997年第4号）、2001年4月5日发布的《道路货物运输企业经营资质管理规定（试行）》（交公路发［2001］154号）同时废止。

附件：（略）

关于印发《农村物流服务体系发展专项资金管理办法》的通知

（财建［2009］228 号　2009 年 5 月 26 日）

各省、自治区、直辖市、计划单列市财政厅（局），新疆生产建设兵团财务局：

为推进社会主义新农村建设，健全农村流通网络体系，中央财政设立农村物流服务体系发展专项资金。为进一步加强资金管理，提高资金使用效益，根据预算管理要求及国家有关法律法规规定，我们修订了《农村物流服务体系发展专项资金管理办法》。现印发给你们，请遵照执行。

附件：农村物流服务体系发展专项资金管理办法

附　件

农村物流服务体系发展专项资金管理办法

第一章　总　则

第一条　为推进社会主义新农村建设，健全农村流通网络体系，促进农民增收，拉动农村消费，根据《中央中央国务院关于推进社会主义新农村建设的若干意见》（中发［2006］1号）和《国务院办公厅关于搞活流通扩大消费的意见》（国办发［2008］134 号）精神，中央财政设立农村物流服务体系发展专项资金（以下简称专项资金）。为规范专项资金的管理，提高资金使用效益，根据《中华人民共和国预算法》及其实施细则有关规定，制定本办法。

第二条　专项资金的安排坚持公开透明、规范合理、突出重点的原则，确保资金的使用效益。

第二章　支持范围

第三条　专项资金的支持范围包括：

（一）支持新建和改造农家店、农村综合服务社，加快农村商品配送中心建设，提升商品配送能力；

（二）支持大型连锁超市、农产品流通企业与农产品专业合作社对接，在农产品生产基地建设鲜活农产品冷链系统、快速检测系统、配送中心、物流配送体系等项目；

（三）支持大型鲜活农产品批发市场对冷链系统、质量安全可追溯系统、安全监控、废弃物处理以及仓储、分拣包装、加工配送等设施进行升级改造；

（四）支持县乡农贸市场对经营设施进行标准化改造；

（五）支持农业生产资料连锁经营，重点培育大型农业生产资料流通企业，加强农业生产资料现代仓储物流设施建设；

（六）支持家电下乡、汽车摩托车下乡农村流通网络升级改造；

（七）支持农村物流信息公共服务平台、电子交易平台建设；

（八）财政部确定的其他支持方向。

第四条 根据国家农村经济社会发展总体要求和专项资金的使用方向，财政部会同商务部、供销总社等部门明确年度专项资金支持的重点。

第三章 支持方式

第五条 专项资金采取以奖代补、贷款贴息和财政补助等支持方式。

（一）以奖代补。为了提高资金使用效益，对于能够制定具体量化评价标准的项目，采取以奖代补方式予以支持。在项目实施后，根据规定的标准，经审核符合条件的项目，安排奖励资金。

（二）贷款贴息。对于投资规模大、能够获取银行贷款的项目采取贷款贴息方式予以支持。贴息资金根据实际到位银行贷款、规定的利息率、贷款期限和实际支付的利息数计算。贴息年限一般不超过3年，年贴息率最高不超过当年国家规定的银行贷款基准利率。

（三）财政补助。对于盈利性弱、公益性强，难以量化评价，不适于以奖代补方式支持的项目采取补助方式予以支持。项目承担单位自筹资金比例较高及地方财政给予支持的优先安排。

第四章 资金审核及拨付

第六条 专项资金主要采取因素法进行分配。

第七条 财政部根据专项资金年度支持重点，按照各地相关发展指标并考虑地方财力等因素，将专项资金分配到各省级财政部门并下达资金预算指标，同时按国库支付管理的有关规定及时拨付资金。

第八条 各省级财政部门会同同级商务、供销等相关主管部门制定资金使用管理具体操作办法，根据国家规定的年度专项资金支持重点和分配的专项资金预算指标，提出具体项目安排意见，在规定时间内报财政部、商务部、供销总社等部门备案后组织实施。

第九条 省级财政部门可委托相关机构或组织专家对申报专项资金的项目进行评审。评审费用在专项资金中列支，按照不超过专项资金额度的1%掌握，从严控制支出范围。

第十条 各地可根据当地财力情况，安排资金支持农村物流服务体系建设，并与中央财政专项资金统筹使用。

第十一条 省级财政部门按照规定程序办理专项资金划拨手续，及时、足额将专项资金拨付给项目单位。

第十二条 中央直属单位根据本办法的规定和当年专项资金项目申报指南向财政部申报。财政部按规定进行审核后，下达资金预算并拨付资金。

第十三条 专项资金的申报材料一般应包括：

（一）专项资金申请文件；

（二）项目可行性研究报告；

（三）项目承担单位法人营业执照复印件，地税、国税登记证复印件；

（四）申请银行贷款财政贴息的项目，需

提供相关银行贷款合同和贷款承诺书等凭证；

（五）项目承担单位相关资质证书复印件；

（六）其他要求提供的材料。

第五章　监督管理

第十四条　财政部、商务部、供销总社等部门对专项资金管理使用情况进行不定期抽查。地方财政部门、商务部门、供销部门和中央直属单位应当加强对本地和本系统专项资金使用情况和项目执行情况的监督和检查。

第十五条　专项资金专款专用，任何单位或者个人不得滞留、截留、挤占、挪用专项资金。对以虚报、冒领等手段骗取和滞留、截留、挤占、挪用专项资金的，一经查实，财政部将收回已安排的专项资金，并按《财政违法行为处罚处分条例》（国务院令第427号）的相关规定进行处理。

第六章　附　则

第十六条　本办法自印发之日起施行。财政部印发的《农村物流服务体系专项资金管理暂行办法》（财建［2006］364号）同时废止。

第十七条　本办法由财政部负责解释。

关于修改《水路运输管理条例实施细则》的决定

（交通运输部令2009年第6号 2009年6月4日）

根据国务院《关于实施成品油价格和税费改革的通知》（国发［2008］37号）以及《国务院关于修改〈中华人民共和国水路运输管理条例〉的决定》（国务院令2008年第544号），交通运输部决定对《水路运输管理条例实施细则》作如下修改：

一、删除第二十七条第一款中的“航道养护费”及“和运输管理费”。删除第二十七条第三款中的“和运输管理费”。

二、删除第三十六条第五款中的“或计收的运输管理费”。

三、删除第三十七条第七项中的“负责对运输管理费的计收和使用管理”。

四、删除第三十九条第五项中的“运输管理费和其他”。

五、将第十条第一款、第十一条、第十二条、第十八条中的“四十天”修改为“二十日”，将第十条第二款中的“十五天”修改为“二十日”。

此外，对条文的顺序和部分文字作了相应的调整和修改。

本决定自公布之日起施行。

《水路运输管理条例实施细则》根据本决定作相应修改，重新发布。

水路运输管理条例实施细则

（1987年9月22日交通部发布根据1998年3月6日交通部《关于修改〈水路运输管理条例实施细则〉的决定》第一次修正根据2009年6月4日交通运输部《关于修改〈水路运输管理条例实施细则〉的决定》第二次修正）

第一章 总 则

第一条 根据《中华人民共和国水路运输管理条例》的规定，制定本细则。

第二条 本细则适用于从事水路营业性旅客、货物运输（含旅游、渡船运输，下同）的企业、其他单位和个人；石油、煤炭、冶金、商业（含粮食）、供销、外贸、林业、电力、化工、水产以及其他对水路运输行业管理影响较大的部门从事的非营业性运输。

第三条 中华人民共和国沿海、江河、湖泊以及其他通航水域中的旅客、货物运输，必须由中国企业、其他单位或者个人使用悬挂中华人民共和国国旗的船舶经营。未经中华人民共和国交通运输部批准，在中国注册登记的外资企业、中外合资经营企业、中外合作经营企业（以下简称“三资企业”）或者船舶，不得经营上述水域的旅客运输和货物运输。

中国企业、其他单位和个人将运输船舶租赁给“三资企业”或者租用“三资企业”的船舶经营上述水域的旅客运输和货物运输的，亦应当按前款规定，经交通运输部批准。

第四条 水路运输在国家计划指导下，实行地区、行业、部门多家经营的方针。保护正当竞争，制止非法经营。

第五条 水路运输分为营业性运输和非营业性运输。

营业性运输是指为社会服务，发生各种方式运费结算的旅客运输和货物运输，包括使用常规运输票据结算以及将运输费用计入货价内的运销结合、产运销结合、取送货制度以及承包工程单位的原材料自运等各种结算方式的运输业务在内。

非营业性运输是指为本单位或者本身服务，不发生各种方式运费结算的运输。

第六条 水路运输企业是指从事水路营业性运输，具有法人资格的专业水运企业。

第七条 从事水路运输业务的单位和个人，必须遵守国家有关的法律、法规及交通运输部发布的水路运输规章。

第二章　开业、增减运力和停业管理

第一节　开业的审批权限和条件

第八条 开业的审批权限：

（一）各部门、各单位要求设立水路运输企业或者以运输船舶经营沿海、内河省（自治区、直辖市，下同）际运输的，应当申报交通运输部批准。其中经营长江、珠江、黑龙江水系干线运输的（专营国际旅客旅游运输的除外），申报交通运输部派驻水系的航务管理局批准。

（二）各部门、各单位要求设立水路运输企业或者以运输船舶经营省内地（市）间运输的，应当申报省交通运输厅（局）或者其授权的航运管理部门批准；经营地（市）内运输的，应当申报所在地的地（市）交通运输局或者其授权的航运管理部门批准。

（三）个体（联户）船舶经营省际、省内地（市）间运输的，应当申报所在地的省交通运输厅（局）或者其授权的航运管理部门批准；经营地（市）内运输的，应当申报所在地的地（市）交通运输局或者其授权的航运管理部门批准。

（四）“三资企业”要求经营我国沿海、江河、湖泊及其他通航水域内的旅客和货物运输的，应当申报交通运输部批准。

第九条 设立水路运输企业，必须具备下列条件：

（一）具有与经营范围相适应的运输船舶，并持有船检部门签发的有效船舶证书，其驾驶、轮机人员应当持有航政部门签发的有效职务证书；

（二）在要求经营的范围内有较稳定的客源或者货源；

（三）经营客运航线的，应当申报沿线停靠港（站、点），安排落实船舶靠泊、旅客上下所必需的安全服务设施，并取得县以上航运管理部门的书面证明；

（四）有经营管理的组织机构、场所和负责人，并订有业务章程；

（五）拥有与运输业务相适应的自有流动资金。

水路运输企业以外的单位和个人从事营业性运输，必须具备上述一、二、三、五项条件，并有确定的负责人。个体（联户）船舶还必须具备船舶保险证明。

第二节　开业的申报和审批程序

第十条 申请筹建水路运输企业或者订造船舶从事营业性运输，应当向规定的审批机关提交“水路运输企业（船舶）筹建申请书”，并抄报单位所在地和航线到达地的交通运输主管部门（从事省际运输的，抄报省交通运输主管部门；从事地（市）间运输的，抄报地（市）交通运输主管部门；从事县际运输的，抄报县交通运输主管部门，下同）。各抄报单位应当于接到申请书的次日起，十天内向审批机关提出书面意见。审批机关应当根据社会运力运量综合平衡情况，于接到申请书的次日起二十天内给予批复。

经批准同意筹建水路运输企业或者订造运输船舶后，方可在批准的范围内进行筹建、订造船舶。筹建完毕，具备第九条规定的开业条件后，应当再向原审批机关提交“水路运输企业（船舶）开业申请书”。审批机关应当于接到申请书的次日起二十天内，对经审核符合条件，决定批准的发给长期或者临时的“水路运输许可证”；对不予批准的，给予答复。

第十一条 水路运输企业以外的单位要求以现有船舶从事营业性运输，应当向规定的审批机关提交“水路运输企业（船舶）开业申请书”，并抄报船舶所在地和航线到达地的交通运输主管部门。各抄报单位应当于接到申请书的次日起十天内向审批机关提出书面意见。审批机关应当于接到申请书的次日起二十天内对经审核符合条件，决定批准的发给长期或者临时的“水路运输许可证”；对不予批准的，给予答复。

第十二条 个体（联户）船舶从事营业性运输，应当持乡（镇）以上人民政府的证明，向规定的审批机关提交“水路运输企业（船舶）开业申请书”。审批机关应当于接到申请书的次日起二十天内，对经审核符合条件，决定批准的，发给长期或者临时“水路运输许可证”；对不予批准的，给予答复。

第十三条 各级交通运输主管部门在审批时，应当根据被审批的水路运输企业和其他从事营业性运输的单位和个人的管理水平、运输能力、客货源条件以及社会运力和运量总的平衡情况，审批其经营范围。

对一省的船舶长期（半年以上）要求固定在外省境内营运的，应当征得外省交通运输厅（局）的同意后，方可批准。但由于历史原因形成的除外。

第十四条 取得运输许可证的单位和个人，应当在开业前按照《工商企业登记管理条例》的规定，持许可证向工商行政管理机关申请登记，经核准领取营业执照后，方可营业。

领取营业执照的水路运输企业和其他从事营业性运输的单位和个人，应当持营业执照向原签发运输许可证的机关，按照拥有船舶的艘数领取单船长期或者临时的“船舶营业运输证”。

第十五条 各省交通运输主管部门或者其授权的航运管理部门和长江、珠江、黑龙江航务（运）管理局，应当对批准开业的水路运输企业、营业性运输船舶，每半年汇总一次报交通运输部，其中长江、珠江水系各省批准的，同时抄送所在水系的航务管理局。

第十六条 签发水路运输许可证、船舶营业运输证和水路运输服务许可证，可收取工本费。

第三节 增减运力管理

第十七条 水运运输企业和其他从事营业性运输的单位和个人，需要增减运力或者变更经营范围，应当申报下列机关审批：

（一）交通运输部直属企业、业经交通运输部准许从事国内水运运输的“三资企业”增加运力或者变更其经营范围以及其他企业和单位增加省际运输运力或者变更其省际经营范围的，由交通运输部审批。其中属于长江、黑龙江交通运输部直属企业的，由交通运输部委托其派驻水系的航务管理局审批，但国际旅客旅游运输除外；属于其他内河省际运输的，由交通运输部委托各省交通运输厅（局）在交通运输部或者交通运输部委托其派驻水系的航务管理局确定的年度新增运力额度内审批，但“三资企业”和国际旅客旅游运输除外；

（二）省内运输增加运力或者变更经营范围，按经营范围分别申报所在省、地（市）的交通运输厅（局）或者其授权的航运管理部门批准。

水路运输企业、其他单位和个人减少运力，报原审批机关备案。

第十八条 水路运输企业和其他从事营业性运输的单位和个人，要求增加运力或者变更其经营范围，应当向规定的审批机关提交“增加运力、变更经营范围申请书”，并抄报单位所在地和航线到达地的交通运输主管部门。各抄报单位应当于接到申请书的次日起十天内向审批机关提出书面意见。审批机关应当于接到申请书的次日起二十天内对经审核批准的，核发或者更换“船舶营业运输证”；对不予批准的，给予答复。

第十九条 各省交通运输主管部门或者航运管理部门和长江、珠江、黑龙江航务（运）管理局，应当对批准增加和变更的运力，每半年汇总一次报交通运输部，其中长江、珠江水系各省批准的，同时抄送所在水系的航务（运）管理局。

第四节　停业管理

第二十条 水路运输企业、从事营业性运输的其他单位和个人要求停业，应当向原审批机关和工商行政管理机关办理注销手续。要求转户时，原户主应当按停业办理，新户主应当重新办理审批和注册登记手续。

第三章　营运管理

第一节　旅客运输管理

第二十一条 经营水路营业性旅客运输的单位和个人，必须使用符合客船规范的船舶从事旅客运输。

“客船”是指载客超过十二人的船舶，不论其是否装货均视同“客船”。

第二十二条 经营水路营业性旅客运输的单位和个人，应当按核定的航线、停靠站点从事运输。开业后，未经批准，不得自行取消航线或者随意减少班次和停靠港（站、点）。如需取消或者变更时，必须向原审批机关申请批准，从批准之日起一个月后，方可取消或者变更，并由沿线各客运站、点发布公告周知。水路运输企业根据需要开设临时性的客运航线，按隶属关系报上级交通运输主管部门备案。

第二十三条 对省际间有争议的客运航线，应当本着共同经营，互惠互利，尊重历史，兼顾实际需要的精神，由相应的交通运输主管部门或者其授权的航运管理部门共同协商解决；有分歧时，报请上级交通运输主管部门协调解决。

第二节　货物运输管理

第二十四条 水路运输计划，实行分级综合平衡和市场调节相结合的原则。

需要进行综合平衡的重点物资、联运物资、外贸进出口物资的运输计划，属于全国性的，由交通运输部负责按国家计划组织综合平衡；属于长江、珠江、黑龙江干线省际间的，由交通运输部派驻水系的航务管理局组织综合平衡；属于上述水系干线以外省际间的，按有关省商定的办法组织平衡；属于省内的，由省交通运输厅（局）或者其授权的航运管理部门组织平衡。

对综合平衡下达的运输计划，负责承运的水路运输企业、运输船舶和负责装卸的港埠企业，必须按照先重点，后一般，先计划内后计划外，先到先运的原则安排作业，并与托运人或者其代理人根据《水路货物运输合同实施细则》及有关规定，签订货物运输合同，共同保证完成。

第二十五条 水路运输企业及其他从事营

业性运输的单位和个人，在保证完成综合平衡下达的运输计划前提下，可以在批准的经营范围内，自行组织货物运输，任何单位和个人均不得实行地区或者部门封锁，垄断货源。

第三节 运价、费收管理

第二十六条 水路运输企业和其他从事营业性运输的单位和个人，必须按照交通运输部和省交通运输厅（局）制定的运价规章和费率计收运杂费用。

各级交通运输主管部门可以根据本地区的实际需要和价格管理权限，在国家价格管理所允许的范围内，制订最高限价和最低保护价。

第二十七条 水路运输企业和其他从事营业性运输的单位和个人，应当按照国家规定缴纳税金、规费（船舶港务费、停泊费）。

从事非营业性运输的单位和个人，应当按照国家规定缴纳规费。

规费的计征办法，在交通部会同国务院有关主管部门统一制定前，暂按现行规定执行。

第二十八条 不论全民、集体或者个体所有制水运业，依法经营的水路运输业务，其合法权益受国家法律保护，任何单位和个人不得向其非法滥收、重收、摊派各项费用。

第四节 运输票据管理

第二十九条 水路运输企业和其他从事营业性运输的单位和个人计收客、货运输费用，必须使用交通运输部和省交通运输厅（局）规定的运输票据（货物运单、货票和客票）。任何单位和个人不得使用其他运输票据。

第三十条 水运运输票据的格式：水陆联运货物，按照全国统一规定的水陆联运货物运单、货票格式；水水联运及江海干线和跨省运输的，按照交通运输部统一规定的旅客、货物运输票据格式；省内运输的，按照省交通运输厅（局）统一规定的旅客、货物运输票据格式。

渡运的票据格式，由省交通运输厅（局）或者授权所属的航运管理部门统一规定。

第三十一条 运输票据是具有运输合同、计费依据、货物交接等多功能的票据。除经交通运输部和省交通运输厅（局）批准的，财务管理制度较健全的全民所有制企业，可以按照统一规定的格式印制自用外，其余一律由省交通运输厅（局）或者授权所属的航运管理部门按照有关规定统一印制、统一发放、统一管理。

印制运输票据的单位，必须建立票据领用管理制度。所印制的运输票据应当分类编号，列明数量，报上级交通运输主管部门和当地税务部门备案。

第五节 运输统计管理

第三十二条 水路运输企业必须按隶属系统向规定的交通运输主管部门或者其授权的航运管理部门和当地统计部门报送客、货运输统计表。

石油、煤炭、冶金、商业（含粮食）、供销、外贸、林业、电力、化工、水产部门，必须按规定向当地的交通运输主管部门或者其授权的航运管理部门和统计部门报送季度、年度营业性和非营业性客、货运输统计表；从事营业性运输的其他单位，必须按规定向当地的交通运输主管部门或者其授权的航运管理部门和统计部门报送季度、年度营业性客、货运输统计表。

从事营业性运输的个人，必须按规定向当地的交通运输主管部门或者其授权的航运管理部门报送季度、年度营业性客、货运输统计表。

第三十三条 各级交通运输主管部门或者其授权的航运管理部门，应当负责组织督促主管范围内上述营业性和非营业性运输统计报表的及时填报，并负责逐级审核、汇总上报。长江、珠江、黑龙江水系沿线各省交通运输厅

（局）或者其授权的航运管理部门，应当将汇总报送交通运输部的客货运输统计报表同时抄送交通运输部派驻水系的航务管理局。

第六节 其他管理

第三十四条 从事营业性运输的个体（联户）船舶必须按照国家规定办理船舶保险；从事旅客运输的，应当办理旅客意外伤害强制险；从事货物运输的，应当积极投保承运货物运输险。

第三十五条 海、河民用港口应当按照国家港口管理规定和计划安排，向运输船舶开放，提供港埠设施和业务服务。船舶进出港区必须遵守港章，服从港口管理部门的管理。

第四章 航运管理机构的设置及其运输行政管理职责

第三十六条 交通运输部主管全国的水路运输事业，地方各级交通运输主管部门主管本地区的水路运输事业。

交通运输部在长江、珠江、黑龙江水系分别派驻航务（运）管理局，统一负责干线的航运行政管理工作，在业务上指导水系沿线各省的航运管理工作。

各级交通运输主管部门根据水路运输管理业务繁简的实际情况，设置各级航运管理机构或者航运管理人员，负责水路运输行政的管理工作。

沿海以及“三江、两河”（长江、珠江、淮河、京杭运河）沿线水网地区各省及其所属的地区（市）、县、乡镇，根据业务需要相应设置各级航运（务）管理机构。其他各省及地区（市）、县可以在当地各级交通运输管理机构内设置主管航运管理工作的职能部门或者设置专人，承办航运行政管理工作。

各级航运（务）管理机构的人员编制，由各级政府确定。所需经费，从行政费、事业费中开支。

第三十七条 各级航运（务）管理机构及航管人员应当认真履行下列各项水路运输行政管理的职责：

（一）贯彻执行国家关于水路运输的方针、政策、法规，负责《条例》及本细则的具体实施；

（二）负责对水路运输企业、各种运输船舶开业审批、经营活动的检查和奖惩；

（三）检查水路运输企业、各种运输船舶对国家和省级人民政府下达的运输计划的执行情况，协调运输合同执行中发生的问题；

（四）对主管范围内水路运输情况进行调查研究，定期发布水运情况分析报告，负责督促汇总上报规定的运输统计报表；

（五）及时汇集和发布水运技术、经济信息，为水路运输企业和各种运输船舶提供咨询服务，组织培训水路运输管理专业人员；

（六）维护运输秩序，协调各种水运业之间、运输船舶和港埠企业之间的平衡衔接，处置纠纷；督促提高运输、服务质量，查处重大客、货运输事故；组织交流先进运输经验，提高水运管理水平。

第五章 检查与罚则

第三十八条 各级航运管理机构及航管人员要加强对水路运输的监督、检查。检查时，应当持有检查证，佩戴标志。各水路运输企业、运输船舶必须接受检查，出示有关证件，如实答复查问情况。

第三十九条 违反本细则有下列行为的，交通运输主管部门或者其委托的航运管理机构可以分别依照下列各项规定予以处罚：

（一）未经批准，擅自设立水路运输企业，或者擅自从事营业性运输的，没收违法所得，并处违法所得1倍以上3倍以下的罚款；没有违法所得的，处3万元以上25万元以下的罚款；

持伪造、涂改、租借、非法转让、失效等船舶营运证从事营业性运输的，视为未经批准，擅自从事营业性运输。

（二）水路运输企业超越经营范围从事经营活动的，没收违法所得，并处违法所得1倍以上3倍以下的罚款；没有违法所得的，处2万元以上20万元以下的罚款。

（三）违反国家有关规定收取运费的，没收违反规定收取的部分，并处2万元以上15万元以下的罚款。

（四）未使用规定的运输票据进行营业性运输的，视情节轻重给予警告或者处1万元以下的罚款。

（五）未按照规定缴纳规费的，责令限期缴纳；逾期仍不缴纳的，除责令补缴所欠费款外，处欠缴费款1倍以上3倍以下的罚款；情节严重的，并可以暂扣许可证。

（六）垄断货源，强行代办服务的，处1万元以上10万元以下的罚款；情节严重的，并可以暂扣或者吊销许可证。

第四十条 当事人对交通运输主管部门的处罚决定不服的，可以向上一级交通运输主管部门申请复议；对上一级交通运输主管部门的复议决定不服的，可以自接到复议决定书之日起15日内向人民法院起诉。当事人期满不起诉又不履行的，交通运输主管部门可以申请人民法院强制执行。

第四十一条 各级航运（务）管理机构的工作人员在工作中应当模范遵守法纪，礼貌待人，秉公办事，如有违反《条例》及本细则规定，侵犯水路运输企业或者其他从事水路运输的单位和个人的合法权益，应当由交通运输主管部门视情节轻重给予行政处分或者经济处罚。

第四十二条 违反《条例》及本细则的规定，应当受治安管理处罚的，由公安机关处理；构成犯罪的，由司法机关依法追究刑事责任。

第六章 附 则

第四十三条 本细则不适用于国际航线的水路运输和以排筏作为工具的水路运输。但各省交通运输厅（局）可另行制订省内排筏运输管理办法。

水路运输服务业的管理按《中华人民共和国水路运输服务业管理规定》执行。

第四十四条 对水路运输行业管理影响较大的非营业性运输船舶的审批办法，由交通运输部会同有关部门另行规定。

第四十五条 本细则的修改、补充及解释权属于交通运输部。

第四十六条 各省交通运输厅（局）可根据《条例》及本细则的规定制订具体实施办法，报交通运输部备案。

关于加快农产品流通网络建设推进“双百市场工程”的通知

（商建发［2009］277号　2009年6月8日）

为贯彻落实《国务院办公厅关于搞活流通扩大消费的意见》（国办发［2008］134号）精神，加快农产品现代流通体系建设，保障城乡居民“菜篮子”安全，根据《财政部商务部关于做好支持搞活流通扩大消费有关资金管理的通知》（财建［2009］16号）要求，现就继续实施“双百市场工程”有关事项通知如下：

一、主要任务与支持方向

（一）主要任务

2009年在农产品重点销区和产区，支持建设和改造200家大型鲜活农产品批发市场，引导市场与基地和农户建立紧密联系，提升市场服务水平；支持400家县、乡农贸市场进行标准化建设和改造，完善交易设施，改善交易环境；逐步形成以批发市场为核心，农贸市场为基础，覆盖城乡的农产品流通体系，不断降低流通成本，减少农产品损耗，拓宽流通渠道，解决农产品“卖难”问题，促进农民增收，保证城乡居民吃上“放心菜”。

（二）支持方向

支持农产品批发市场进行冷链、质量安全可追溯、安全监控、废弃物处理等准公益性设施以及交易厅棚、仓储物流、加工配送、分拣包装等经营性设施建设和改造；支持农贸市场进行交易厅棚、冷藏保鲜、卫生、安全、服务等设施建设和改造。

二、项目条件

各地商务、财政部门要根据本地经济发展的需要，按照公开、公正、公平的原则，择优选择市场。对于在抗击自然灾害、保障市场供应工作中做出突出贡献的市场予以优先考虑，对于已取得中央财政性资金支持的项目不得重复支持。

（一）农产品批发市场承办单位应当同时具备下列条件

1. 经县级以上人民政府或其授权部门批准设立，具有法人资格，符合当地城市建设及商业网点规划；建立了农产品流通质量安全管理等相关制度；承诺在发生突发事件时积极配合政府，保障市场供应；对农民进入市场销售自产农产品提供便利条件，并减免相关费用；承诺及时、准确填报“双百市场工程”信息服务系统。

2. 年成交额在本地区位居前列，东部地区综合市场年成交额20亿元以上，中部地区10亿元以上，西部地区5亿元以上；东部地区专业市场年成交额8亿元以上，中部地区4亿元以上，西部地区2亿元以上。

3. 对照《农产品批发市场管理技术规范》（GB/T 19575—2004）和实施细则进行综合测评，东部地区的市场综合评分应在160分以上；中、西部地区的市场应在120分以上。测评分须经省级商务、财政部门组织的专家组（5－7人）予以现场认定（应出具署名认定意见）。

4. 占地面积150亩以上，西部地区可以适当放宽到100亩以上。市场用地应取得土地使用证或者以租赁方式取得30年以上的土地使用权。

（二）农贸市场承办单位应当同时具备下列条件

1. 经乡级以上人民政府或其授权部门批准设立，具有法人资格，符合当地城市建设及商业网点规划，组织机构、规章制度健全，建立了农产品流通质量安全管理等相关制度，对农民进入市场销售自产农产品提供便利条件，农产品交易额在本县位于前列。

2. 以农产品零售交易为主，农产品交易额占市场总交易额60%以上。

3. 经营场所固定，营业面积在2000平方米以上。

三、工作要求

（一）各省级商务主管部门要会同财政部门，按照本通知要求及相关规定制定工作实施方案，明确项目申报、验收程序以及相关要求等。对于符合项目申报条件的市场，在2008年已建成，但没有享受中央财政支持的项目可列入2009年项目支持计划。

市场申请项目时应提交以下材料：项目申请书，项目建设和改造方案，市场营业执照副本复印件，税务部门出具的纳税证明，土地使用权证明，流通质量安全管理制度，对农民销售自产农产品的优惠措施等相关材料。批发市场还应提供应对突发事件保障市场供给的预案。

（二）各省级商务、财政部门应于2009年6月30日前联合将工作实施方案，以及审核通过的项目申请书和项目汇总表报商务部（市场建设司）、财政部（经建司）备案，并通过"双百市场工程"信息服务系统上传备案材料。商务部、财政部对备案项目确认后，各项目正式列入2009年度"双百市场工程"项目。

（三）各省级商务主管部门应会同财政部门对项目实施状况进行动态监管。商务部将会同财政部对项目申请、审核、建设、验收等情况进行不定期抽查。

（四）各省级商务主管部门应会同财政部门，按照农产品现代流通体系建设项目建设标准与验收规范（见《商务部关于印发2006年度农产品现代流通体系建设项目建设标准与验收规范的通知》商建发［2006］511号）、商务部下发的农贸市场建设标准和验收规范（另发）以及相关规定要求，对2009年度的农产品批发市场和农贸市场建设项目进行验收，并于2010年2月15日前将项目执行和验收情况报商务部（市场建设司）、财政部（经建司）。中央企业建设项目由商务部会同财政部组织验收。

市场申请项目验收时应提交以下材料：项目验收申请（应附具体项目清单）；固定资产投资项目验收合格文件或证书（复印件）；省级商务、财政主管部门要求的其他材料。

（五）对按本通知规定建设和改造并验收合格的农产品批发市场和农贸市场项目，中央财政农村物流服务体系发展专项资金将予以支持，具体办法另发。

（六）各地商务、财政部门要提高认识，加强组织领导，积极争取地方政府在规划、用地、用水、用电、税收、资金等方面出台优惠政策。协调相关部门落实农产品批发市场按工业用地等政策，引导金融机构加大信贷支持力度，采取措施吸引社会资金投入农产品流通基础设施建设，推动“双百市场工程”取得更大的成效。

附件：（略）

关于修改《中华人民共和国公路管理条例实施细则》的决定

（交通运输部令2009年第8号 2009年6月13日）

根据国务院《关于实施成品油价格和税费改革的通知》（国发［2008］37号）以及《国务院关于修改〈中华人民共和国公路管理条例〉的决定》（国务院2008年第543号令），交通运输部决定对《中华人民共和国公路管理条例实施细则》作如下修改：

一、删除第十条第六项中的“公路养路费”。

二、将第十四条第二款修改为：“国道和重要省道的新建、改建，由国家和地方共同投资或者用车辆购置税和国务院成品油价格和税费改革后形成的交通资金收入给予补助”，并将第三款修改为：“县道建设主要依靠地方投资与民工建勤的办法实施，可用国务院成品油价格和税费改革后形成的交通资金收入给予补助”。

三、删除第四十六条中的“公路养路费”。

四、删除第四十八条第一款和第三款。

五、删除第四十九条第一款中的“公路养路费”，删除第四十九条第二款。

六、删除第五十条中的“及公路征费稽查站卡”“和征费检查”及“也不得拒绝接受检查”。

七、删除第五十一条。

八、删除第五十三条第一款和第四款，同时将该条第三款修改为：“对收取的过渡费的使用，除以渡养渡的必要支出外，主要用作改渡为桥的建设资金”。

九、将第六十一条修改为：“对违反本《细则》第四十八条、第四十九条规定的单位和个人，根据以下规定处罚：（一）对逃缴公路规费的，责令限期补缴；对情节严重的，还应当处以相当所欠费款一至五倍的罚款。（二）对非公路主管部门或者其授权的公路管理机构的任何其他部门、单位和个人擅自征收通行费、过渡费的，应当没收全部非法所得，并处以不超过全部非法所得两倍的罚款，同时对当事者及其单位主要负责人处以相当其本人三个月工资的罚款”。

此外，对条文的顺序以及条文中引用《中华人民共和国公路管理条例》的条文顺序，根据2008年12月27日公布的《国务院关于修改〈中华人民共和国公路管理条例〉的决定》作相应调整。

本决定自公布之日起施行。

《中华人民共和国公路管理条例实施细则》根据本决定作相应修改，重新发布。

中华人民共和国公路管理条例实施细则

（1988年6月28日交通部发布根据2009年6月13日交通运输部《关于修改〈中华人民共和国公路管理条例实施细则〉的决定》修正）

第一章 总 则

第一条 根据《中华人民共和国公路管理条例》（以下简称《条例》）第三十七条的规定，制定本实施细则（以下简称《细则》）。

第二条 本《细则》所称“公路”是指在中华人民共和国境内，按照国家规定的公路工程技术标准修建，并经公路主管部门验收认定的城间、城乡间、乡间可供汽车行驶的公共道路。

第三条 公路分为国家干线公路（以下简称国道），省、自治区、直辖市干线公路（以下简称省道），县公路（以下简称县道），乡公路（以下简称乡道）和专用公路五个行政等级。

国道是指具有全国性政治、经济意义的主要干线公路，包括重要的国际公路，国防公路，联结首都与各省、自治区首府和直辖市的公路，联结各大经济中心、港站枢纽、商品生产基地和战略要地的公路。

省道是指具有全省（自治区、直辖市）政治、经济意义，联结省内中心城市和主要经济区的公路，以及不属于国道的省际间的重要公路。

县道是指具有全县（旗、县级市）政治、经济意义，联结县城和县内主要乡（镇）、主要商品生产和集散地的公路，以及不属于国道、省道的县际间的公路。

乡道是指主要为乡（镇）内部经济、文化、行政服务的公路，以及不属于县道以上公路的乡与乡之间及乡与外部联络的公路。

专用公路是指专供或者主要供厂矿、林区、油田、农场、旅游区、军事要地等与外部联络的公路。

第四条 公路与城市道路的划分，应当以是否形成街道或者近期城市发展规划区域为界限，由省级公路主管部门与当地城建部门共同商定，并随城市建设区域的发展变化进行合理调整。

第五条 当专用公路的专用性质改变时，经专用单位申请，省级公路主管部门批准，可改划为省道或者县道。

公路如因改线等情况变化，个别路线（段）失去原有作用，经上一级公路主管部门核准并办理有关手续，可改作其他用途。

第六条 各级人民政府有责任加强对公路建设、养护和管理工作的领导；要把公路的建设和发展纳入本地国民经济发展计划，统筹安排并认真组织实施；对一切违章利用、侵占和破坏公路、公路用地和公路设施的行为，要及时采取措施加以制止，确保公路完好畅通。

第七条 公民有遵守公路法规，爱护公路、公路用地和公路设施的义务；有权检举、揭发违章利用、侵占、破坏公路、公路用地和公路设施的行为。有车单位和个人，有按国家规定缴纳各项公路规费的义务。公路沿线有劳动能力的农民和车船等运输工具，有按国家规定履行公路建勤的义务。

第二章 机构与职责

第八条 中华人民共和国交通运输部主管全国公路事业，地方各级人民政府的公路主管部门主管本地区的公路事业。

第九条 各级公路主管部门可根据实际情况设置公路管理机构。公路管理机构依据公路主管部门的授权，负责公路管理工作。

第十条 各级公路主管部门和其授权的公

路管理机构应当认真履行下列各项管理职责：

（一）贯彻执行国家关于公路建设、养护、管理工作的方针、政策、法规，负责《中华人民共和国公路管理条例》及本《细则》的实施。

（二）编制公路建设、养护计划并组织实施；协调解决计划执行中发生的问题；负责公路建设、养护工作的检查和奖惩，采取措施提高路况，保证畅通。

（三）负责路政管理，处理违章，保护路产，维护公路养护施工的正常秩序。

（四）组织公路现代化养护、现代化管理技术的开发，负责交通情况调查和路况登记，培训公路专业人员，改善技术装备，交流先进经验，提高公路管理水平。

（五）调查研究和统计上报公路情况。

（六）负责通行费、过渡费等规费的征收和使用管理等。

第三章 公路建设

第十一条 公路发展规划必须遵循远近期结合、新建与改建结合、平时建设与战时需要结合、需要与可能结合的原则，全面规划，统筹安排，从整体上提高公路网络的使用效果。

第十二条 各个行政等级的公路发展规划，按《条例》规定的原则和管理权限分别制定和审批。年度计划应当与规划相衔接。凡经批准的规划有改变时，必须经原审批单位同意。

第十三条 新建公路、改建原有公路，由各级公路主管部门在各级人民政府的统一领导下组织实施。

公路新建、改建工程，应当符合国家规定的公路工程技术标准、规范、规程的要求。

第十四条 公路建设资金，根据《条例》第九条的规定筹集。

国道和重要省道的新建、改建，由国家和地方共同投资或者用车辆购置税和国务院成品油价格和税费改革后形成的交通资金收入给予补助。

县道建设主要依靠地方投资与民工建勤的办法实施，可用国务院成品油价格和税费改革后形成的交通资金收入给予补助。

乡道的建设主要由乡（镇）自办，或者以乡（镇）为主，由地方财政给予补助。

边远、贫困地区的县道、乡道建设，可实行以工代赈的办法。

边防、国防公路建设资金，另由国家专项投资解决。

第十五条 凡属新建的公路基本建设项目和改建的大中型项目，均应当按国家《公路工程基本建设管理办法》中规定的基本建设程序办理。

在符合审批制度的前提下，各项程序可根据具体情况进行合理的交叉；小型项目和乡道也可适当裁并一些程序。

第十六条 公路勘察设计任务必须由持有公路勘察设计证书的单位和法人承担。

重大公路建设项目的设计，采取招标办法，鼓励竞争，提高设计质量。

第十七条 大中型公路建设项目的施工实行招标制。

凡纳入国家或者地方财政投资的公路建设项目，实行国内公开招标。

凡利用外资和国际间贷款的公路建设项目，可实行国际招标，但必须履行规定的批准手续。

特殊公路建设工程或者不具备招标条件的公路建设项目，可采取议标、邀标或者投资包干方式组织施工。

第十八条 公路主管部门应当加强公路建筑市场管理、定额管理和工程质量监理。

承担公路工程施工任务的建筑单位必须取得经公路主管部门考核合格发给的施工证书，以及工商行政管理部门核发的施工营业执照。

第十九条 公路新建、改建工程按批准的设计文件修建完成后，应当及时按国家《公路工程竣工验收办法》的规定组织验收，办理交接手续。不符合设计要求以及公路产权资料不完备的公路工程，不得交付使用，建设单位和施工单位应当采取补救措施或者重新返工。

第二十条 现有国道、省道穿过县级市和县城的路段改建时，可按“靠城不进城”的原则，避开城区另辟新线。新线工程由当地政府负责做好协调工作，公路主管部门负责组织实施。

凡根据县级市和县城建设规划进行公路扩建的，由公路主管部门承担与现有公路技术标准相吻合部分所需的建设费用。提高公路技术标准和扩大工程规模而增加的费用，由提出或者确定提高标准和扩大规模的部门承担。

第二十一条 地级市及其以上的大中城市出入口道路与干线公路连接处，已划为城市规划范围，但尚未形成街道的路段，其建设规划、计划及其实施以当地城建主管部门为主，公路主管部门配合协助。

第二十二条 公路建设用地，应当本着节省土地、少占良田的原则，做到“全面规划，充分利用，合理安排”。

新建、改建国道、省道、县道需要征用、拨用土地的，按照《中华人民共和国土地管理法》的规定办理，具体征用、拨用标准按“社会公益设施”的实际情况，由各省、自治区、直辖市人民政府规定。

新建、改建乡道需用的土地，由乡（镇）人民政府规划、审核，报县级人民政府批准划拨。

第二十三条 根据公路发展规划，新建公路或者拓宽原有公路、增建公路设施等需要预留土地的，由公路主管部门根据《条例》规定精神提出申请，经当地人民政府批准后纳入土地利用总体规划，并造册登记，立案存档。

第二十四条 公路设计、施工应当尽量适应地形变化，并采取必要措施，减少对自然地貌的破坏，防止水土流失和环境污染。

通过名胜古迹和自然保护区的公路，应当注意与周围环境、天然景观的协调。严禁损坏历史文物。

修建公路如可能影响铁路、管道、水利、电力、邮电、军事等设施的正常使用，以及公路与铁路立交所涉及的建设原则、建设规模、建设标准、投资来源、组织实施、交接管理等事项，按国家有关规定办理。

第二十五条 新建、改建公路应当按照国务院确定的分工，同时修建公路防护、排水、养护、绿化、交通工程、环境保护等设施，高速公路还应当同时修建监控、营运、服务、救护等设施。

第四章　公路养护

第二十六条 公路养护以预防为主，防治结合，经常保持公路完好、平整、畅通、整洁、美观，及时修复损坏部分，周期性地进行大中修，逐步改善技术状况，提高公路的使用质量和抗灾能力。

第二十七条 公路养护采取下列组织形式：

国道、省道主要由固定（合同制）专业工人养护，适当利用民工建勤采备砂石材料。

县道以建勤轮换工养护为主，但每个养护道班应当至少配一名固定（合同制）养路专业工人。

乡道由乡（镇）人民政府组织群众养护。

公路养护道班一般按每十至十五公里设立一个，也可根据养路机械化程度、路面等级和养护难易程度的变化，设置大道班（或者养护工区）延长其管养里程。人烟稀少和边远地区的公路，也可实行机械化养护队定期巡回养护。

第二十八条 各级公路管理机构应当加强对公路路基、路面、桥涵等构造物、排水设备、防护设施、绿化带，以及有关交通工程设施的日常巡视和检查。实施综合治理和全面养护，防止公路环境污染，美化路容路貌，减少水毁损失。

公路、公路桥梁及其他构造物发生损坏、承载力不足或者出现险情时，公路管理机构除及时通知当地公安交通管理机关采取减速行驶、单向行驶、限载行驶或者封闭绕行的交通措施外，应当尽快落实维修、加固、修复的工程措施。

第二十九条 进行公路养护或者施工作业，应当采取措施维持交通；当影响车辆正常通行时，应当在作业处或者施工路段两端设置明显的施工标志；影响行车安全的，夜间还需设置红灯警视信号。

在交通流量大的公路上进行大中修养护或者改建施工，可能造成交通堵塞时，公路管理机构应当函告当地公安交通管理部门，共同疏导交通；需中断交通的，应当与当地公安交通管理机关事先共同发布通告。

在高等级公路或者交通流量大的公路上从事养护作业的人员，应当着统一的安全标志服。

第三十条 各级公路主管部门应当本着珍惜民力的原则，做好民工建勤工作。公路沿线农村成年劳动力每年每人不得超过三个建勤工日，车船运输工具每年每台件不得超过两个建勤工日。

第三十一条 公路遇有大量雪阻、塌方、水毁、泥石流、沙埋、地震等自然灾害致使交通受阻时，公路主管部门可及时报请当地政府动员附近驻军、机关、学校、企事业单位和城乡居民进行紧急抢救，尽快恢复通车。

当国道中断交通两天以上时，应当将阻、通情况及时报告交通运输部和省、直辖市、自治区人民政府。省道、县道、乡道中断交通的报告程序由省级公路主管部门规定。

第三十二条 在公路沿线设置公路养护专用砂石料场和施工取土场地，应当事先征得当地县（市）人民政府土地管理部门同意，并按社会公益事业需要办理长期或者临时拨用手续。

在县（市）人民政府核准、土地管理部门划拨的公路料场取土（砂）采石，任何单位和个人均不得借故阻挠或者索取价款。

公路养护工程取土采石不得影响附近建筑物和水利、电力、管道、通信、军事等设施的安全以及农田水土保持。

第三十三条 公路管理机构应当充分利用公路用地、边坡、分隔带，本着因路制宜、稳固路基、防护边坡、保障安全、美化路容、改善环境的原则实施公路绿化。

对公路花草树木，只许作抚育和更新性质的修饰或者采伐。需要更新砍伐公路树木的，国道、省道须经省级公路主管部门批准；县道须经地（州、市）公路主管部门批准；乡道须经县（旗、市）公路主管部门批准。

第五章 路政管理

第三十四条 公路主管部门和其授权的公路管理机构负责管理和保护公路、公路用地和公路设施（以下简称路产），依法查处各种违章利用、侵占、污染、毁坏路产的行为，控制公路两侧建筑红线，审理跨越公路的其他设施建筑事宜，核批公路的特殊利用、占用和超限运输，维持公路渡口和公路养护施工作业的正常秩序，保护公路管理机构及其工作人员的合法权益等。

第三十五条 公路路政管理人员在执行公务时，按国家规定着装、佩戴（中国公路路政）胸徽，并持有“中华人民共和国路政管理证”及指挥旗（灯）。路政巡查车辆须装有“路政管理”标牌和标志灯饰。

第三十六条 在公路、公路用地范围内禁止：

（一）设置电杆、变压器、地下管线及其

他类似设施。

（二）设置棚屋、摊点、维修场及其他类似临时设施。

（三）堆放垃圾、建筑材料及其他类似堆积物。

（四）挖掘、采矿、取土、引水灌溉、排放污水、种植作物、烧窑、制坯、沤肥及其他类似作业。

（五）任何违章利用、侵占、损坏路产的行为。

第三十七条 在公路大中型桥梁和渡口上下游各二百米、公路隧道上方和洞口外一百米范围内不得：

（一）采挖砂石、淘金开矿、修筑堤坝、压缩或者扩宽河床、烧荒、刷坡、爆破、取土、伐木或者进行其他类似作业。

（二）倾倒垃圾、污物，堆放或者倒运货物，停泊船只、排筏或者进行其他类似活动。

（三）有任何妨碍公路桥梁、渡口、隧道安全和畅通的行为。

第三十八条 在公路两侧从事开山、采矿、伐木和施工作业，不得危及公路、公路设施的安全；如有危及的可能时，从事作业的单位或者个人应当在作业前报告当地公路管理机构，同时采取必要的防护措施；已发生危及路产安全的，须立即停止作业，听候处理。

第三十九条 超过公路和公路桥梁、隧道、渡船限载、限高、限宽、限长标准的车辆不得任意通行；必须通行的，须经公路管理机构批准，妨碍交通的，还需经公安交通管理机关批准，并由超限运输单位承担公路管理机构为此采取技术保护措施和修复损坏部分所发生的费用。

履带车、铁轮车，以及类似可能损害路面的其他运输机具，不得在铺有路面的公路上行驶；必须通行的，按本条上款规定办理。

机动车辆制造、修理厂家不得擅自在公路上试车；必须试车的，应当事先征得当地公路管理机构的同意、签订协议，悬挂公安交通管理机关核发的试车号牌，指定路段，设置试车标志，并明确由厂方向路方缴纳公路损坏补偿费。

第四十条 兴建铁路、机场、电站、水库、水渠、地下管线或者其他建设工程，需要挖掘公路或者占用、利用公路、公路用地和公路设施时，建设单位和个人必须事先征得公路主管部门同意，签订协议，并承担按原公路技术标准修复或者商定按规划标准改建公路的费用；影响交通的，还须征得公安交通管理部门的同意。

第四十一条 修建跨越公路的各种桥梁、渡槽、管线等设施，必须考虑公路的远景发展规划、满足公路工程技术标准规定的各项几何尺寸及净空的要求；因施工造成公路及公路设施损坏的，按本《细则》第三十九条规定的原则办理。

第四十二条 在公路两侧修建永久性构造物或者设施，其建筑设施边缘与公路边沟（坡脚护坡道、坡顶截水沟）外缘的最小间距必须符合《条例》的以下规定：

国道不少于二十米、省道不少于十五米、县道不少于十米、乡道不少于五米。公路弯道内侧及平交道口附近还须满足公路长远发展规划标准的行车视距或者改作立体交叉的要求。

第四十三条 在公路上增设交叉道口，需经公路主管部门和公安交通管理机关审核批准，并按公路工程技术标准的要求设计、修建。

第四十四条 通过公路渡口的一切车辆和人员，必须服从渡口和路政管理人员的调度及指挥，遵守渡口管理规章。

第四十五条 对违反《条例》及本细则，侵犯公路合法权益、造成路产损坏或者严重危及路产安全的单位、个人或者车辆，公路路政管理人员有权对当事者和案发现场进行拍照取证和查处，并按《条例》规定，责令赔偿损失；对驾车逃逸者可通知公安交通管理人员或者赶赴交通检查站会同检查人员共同拦截，查处其违章行为。

第六章　公路规费征收和使用管理

第四十六条　各级公路主管部门应当加强对通行费、过渡费，以及其他规费征收和使用管理工作的领导。任何单位和个人不得以任何名义平调、挪用、滥用、截留、挤占公路规费。

第四十七条　各项公路规费征收标准和管理办法，由交通运输部会同国务院有关部门制定；各省（自治区、直辖市）公路主管部门可制定实施细则，报省级人民政府批准后施行。

第四十八条　凡利用贷款和需要偿还的集资修建的高等级公路和大型公路桥梁、隧道，以及经省级人民政府批准收费的公路渡口，所有车辆通过时都要按规定缴纳通行费和过渡费（属国家规定免征的除外）。

第四十九条　省级公路主管部门和其授权的公路管理机构按“收管用一体，统收统支，收支两条线，严格核查”的原则，负责通行费、过渡费的征收和使用管理工作。

第五十条　根据《条例》第三十一条规定，经省级人民政府批准，公路主管部门和其授权的公路管理机构，可以在必要的公路路口、桥头、渡口、隧道口设立收取车辆通行费的站卡，任何部门、单位和个人不得干预阻挠其征费工作。

第五十一条　各种公路规费征收票证和处罚单据，由省级公路主管部门统一印制核发。

第五十二条　收取的车辆通行费，除用于收费公路或者桥梁、隧道的养护及收费人员、设施等正常开支外，只能用于偿还贷款和需要偿还的集资。

对收取的过渡费的使用，除以渡养渡的必要支出外，主要用做改渡为桥的建设资金。

第七章　法律责任

第五十三条　公路主管部门和其授权的公路管理机构有权对违反《条例》和本《细则》规定的单位和个人，分别情况，责令其归还原物，恢复原状，赔偿损失，没收非法所得并处以罚款。

第五十四条　对违反《条例》第二十二条及本《细则》第三十六条规定的单位和个人，应当分别情况给予处罚：

（一）对尚未造成路产损失的，责令限期移出，同时恢复原状并处以罚款。

（二）对造成路产损失的，应当责令限期拆除、修复路产、赔偿损失并处以罚款。

第五十五条　对违反《条例》第二十三条、第二十四条及本《细则》第三十七条、第三十八条规定的单位和个人，按本条以下规定给予处罚：

（一）警告，责令暂停施工，待完善防护措施后复工；限期迁出规定范围。

（二）罚款。

（三）对已造成公路及公路设施损失的，责令停止施工作业，赔偿公路损失；情节严重的，另处以不超过公路损失赔偿费 20% 的罚款。

第五十六条　对违反《条例》第二十五条、第二十六条及本《细则》第三十九条、第四十四条规定或者对公路路产造成损坏的当事者和其单位，应当分别情况给予处罚：

（一）对违反规定利用公路试车、行驶履带车、铁轮车或者进行超限运输的，责令立即停驶，补办有关手续并酌情处以罚款。

（二）对违反规定行车，造成公路及其设施损坏的，限期缴纳路产损失赔偿费，并处以不超过路产损失赔偿费 100% 的罚款。

（三）对违反公路渡口管理规章的，按该规章规定处理。

第五十七条 对违反《条例》第二十七条、第二十八条、第二十九条及本《细则》第四十条、第四十一条、第四十二条规定的单位和个人，按以下规定处罚：

（一）对擅自动工的，责令停工，补办手续，并酌情处以罚款。

（二）对已造成公路路产损失的，责令赔偿损失并处以罚款。

（三）对违反《条例》第二十九条及本《细则》第四十二条规定的，立即责令停工，限期拆除。

第五十八条 对违反《条例》第三十条及本《细则》第四十三条规定的单位，参照本《细则》第五十七条的规定予以处罚。

第五十九条 对违反《条例》第二十条及本《细则》第三十三条规定，乱砍滥伐或者毁坏公路花草林木的单位和个人，按照《中华人民共和国森林法实施细则》第二十二条、第二十三条、第二十五条、第二十六条的有关规定处理。

第六十条 对违反本《细则》第四十八条、第四十九条规定的单位和个人，根据以下规定处罚：

（一）对逃缴公路规费的，责令限期补缴；对情节严重的，还应当处以相当所欠费款一至五倍的罚款。

（二）对非公路主管部门或者其授权的公路管理机构的任何其他部门、单位和个人擅自征收通行费、过渡费的，应当没收全部非法所得，并处以不超过全部非法所得两倍的罚款，同时对当事者及其单位主要负责人处以相当其本人三个月工资的罚款。

第六十一条 违反《条例》和本《细则》规定的当事者对公路主管部门或者其授权的公路管理机构给予的处罚不服的，在接到处罚通知单之日起七日内向上一级公路主管部门或者其授权的公路管理机构提出申诉；对上一级公路主管部门或者其授权的公路管理机构的处理决定还不服的，可在接到处理决定书之日起十五日内向人民法院起诉；期满不起诉又不履行处理决定的，公路主管部门或者其授权的公路管理机构可以报请人民法院强制执行。

第六十二条 对违反本《细则》第四十六条规定，属于公路征费人员的，由公路主管部门或者其授权的公路管理机构负责查处；属于公路主管部门或者其授权的公路管理机构的，由上一级公路主管部门或者有关主管部门查处。

对超出国家规定使用范围，挪用公路规费于其他建设和开支的，银行有权拒付，审计、财政部门有权追查、索赔，并按国家有关规定给予处罚。

第六十三条 各级公路管理人员违反《条例》及本《细则》规定的，由各级公路主管部门或者其授权的公路管理机构给予行政处分或者经济处罚。

公路管理人员受本单位或者上级单位负责人指使、纵容而违反《条例》和本《细则》规定的，除追究其本人责任外，并应当追究有关单位及其负责人的责任。

第六十四条 违反《条例》及本《细则》规定应当受治安管理处罚的，由公安机关处理；构成犯罪的，由司法机关依法追究刑事责任。

第八章　附　则

第六十五条 本《细则》的解释权属交通运输部。各省、自治区、直辖市公路主管部门可根据《条例》及本《细则》规定制定具体实施办法。

第六十六条 本《细则》自1988年8月1日起施行。

关于进一步做好中央单位政府集中采购工作有关问题的通知

（财库［2009］101 号 2009 年 7 月 20 日）

党中央有关部门、国务院各部委、各直属机构，全国人大常委会办公厅、全国政协办公厅、高法院、高检院、有关人民团体、中央国家机关政府采购中心、中共中央直属机关采购中心、全国人大机关采购中心：

为了进一步贯彻落实政府采购法，认真执行国务院办公厅印发的中央单位政府集中采购目录及标准和财政部有关规定，加强中央单位政府集中采购工作，促进政府采购制度改革的深化与发展，现就有关问题通知如下：

一、认真履行职责，增强集中采购目录执行的严肃性

按照国务院办公厅文件规定的属于集中采购机构采购的项目和对目录中部分细化品目，都应当由集中采购机构负责组织实施，包括海关总署机关、国家税务总局机关、中国人民银行总行机关等属于集中采购机构采购的项目。除此之外的采购项目，由中央单位按照政府采购规定自行组织实施采购，也可以委托集中采购机构或政府采购代理机构组织采购。

集中采购机构要在政府采购法管理范围内做好采购组织工作，不得拒绝属于集中采购机构采购范围的项目委托。对中央单位自愿委托集中采购机构采购目录范围外政府采购项目的，可以根据工作情况接受委托并组织实施。中央单位和集中采购机构在操作执行中有关集中采购范围和集中采购目录的问题，由财政部负责解释。

二、加强计划管理，规范政府集中采购程序

主管部门应按规定在财政部批复部门预算之日起 40 个工作日内编制年度政府采购实施计划报财政部备案，并将属于集中采购机构组织实施的计划抄送集中采购机构。中央单位要统筹安排全年采购任务，并按规定将采购项目构成、使用单位、采购数量、技术规格、服务要求、使用时间、预算金额等内容编入政府采购实施计划。采购计划内容要具体明确，采购需求符合国家有关政策规定。对年度追加和调整部门预算的，要及时补编政府采购预算和政府采购实施计划。没有政府采购预算或未编报政府采购实施计划的，应当按规定程序向财政部补报后开展采购活动。

集中采购机构及时汇总各中央单位报送的

政府采购实施计划，制定实施方案，对计划内容不明确、采购需求不符合国家有关政策规定的，要与采购单位沟通，确保采购实施计划的准确性。对未编制政府采购实施计划的，集中采购机构应拒绝采购项目委托。

三、调整适用范围，进一步完善协议供货采购制度

政府集中采购目录中规格及标准相对统一，品牌较多，日常采购频繁的小额零星通用类产品和通用类的服务类项目，可以分别实行协议供货采购和定点采购，大额采购仍应当实行集中单独采购。中央单位若采购同一品牌型号、配置和服务相同的产品价格明显低于协议供货价格，在与协议供货商未达成低价购买的情况下，或者中央单位所在地无协议供货商的，可以委托集中采购机构进行网上竞价。超出协议供货产品型号和供应商范围，以及采购限额的采购项目，由集中采购机构另行组织，不得自行采购。

网上竞价实质是询价采购，适用于协议供货范围内项目采购或者货物规格、标准统一，现货货源充足且价格变化幅度小，金额在50万元以下的集中采购项目采购，网上竞价应由中央单位委托集中采购机构进行。集中采购机构接受委托后按照中央单位提交的具体采购需求，根据询价适用条件进行网上竞价，并将竞价结果通知采购委托单位。

四、实行项目归集，积极开展批量集中采购试点工作

为了充分体现集中采购规模优势和集中效益，对部分达到一定数额的采购项目不再执行协议供货，应报集中采购机构，由集中采购机构归集形成规模后统一组织集中招标采购，切实发挥集中采购的规模优势。中央单位要按照“中央单位批量集中采购试行方案”的规定，认真做好采购项目批量集中采购试点工作，特别要做好采购实施计划提前编报工作。集中采购机构要在开展批量集中采购试点工作中，注意总结经验，逐步推广。

五、改进服务项目集中采购，中央驻京外县以下单位服务项目试行属地化采购

针对中央单位分布广、管理层次多，以及县以下中央定点供应商数量少、竞争不充分的情况，对定点服务项目实施中央集中采购与属地化采购相结合方式。中央驻京外县以下单位在执行中央集中采购定点服务项目时，如果通过自行采购或当地政府采购的服务价格低于中央定点采购价格，或价格相同服务条款优于中央定点采购条款的，以及当地无中央定点服务商的，可以按照自行采购或当地政府采购结果执行，具体执行情况应当填报“中央单位属地化采购情况汇总表”报主管部门。主管部门于每季度结束10日内报财政部备案。

六、采取有效措施，加强协议供货和定点服务的监测与管理

集中采购机构要按照与供应商签订的采购协议内容，对协议产品价格、定点服务质量、供应商执行协议情况等进行检查和监测，并淘汰考评不合格的供应商，促进供应商提高履行协议规定的质量。同时，要鼓励供应商对集中采购活动进行监督，不得以任何理由阻止相关质疑和投诉，对违反协议规定的情况要及时解决和处理。集中采购机构作为采购活动的组织者，可以对违反采购协议规定的行为向社会进行公告，但对禁止评审专家和供应商参与政府采购活动、罚款等处罚，应当由财政部依法作出决定。

七、严格委托手续，加强确定中标（成交）结果管理

中央单位将采购项目委托集中采购机构组织实施时，应当按财政部有关规定签订委托协议，委托协议可以一年一签，也可以按项目一事一签。要加强委托协议责任追究管理，凡遇有质疑投诉或举报，涉及各方责任的，按委托协议规定内容处理；凡未签订委托协议或签订内容不清的，其责任由采购单位和集中采购机构共同承担。采购单位接到集中采购机构中标（成交）通知书后应当在规定时间内予以确认，并签订采购合同。采购单位在签订采购合同时必须按照中标（成交）的规模、数量和金额签订合同。超过规定时间未确认或签订采购合同而产生的后果由采购单位负责。

为了防止不按中标（成交）协议履行的不良行为，保证采购产品质量，采购单位要本着公正、客观的原则，严格按照采购文件规定做好验收工作。凡未经过验收或经过验收而又产生与验收有关联的问题，其责任由采购单位承担。

八、加强管理，推进部门集中采购工作规范化

设立部门集中采购机构的主管部门应加强对部门集中采购的领导和管理，认真编制部门集中采购目录，明确直属系统集中采购实施范围，制定具体实施方案，做好部门集中采购品目的实施工作。部门编制的部门集中采购目录应当报财政部备案。

严格和规范中央对地方专项补助资金的采购管理。按照政府采购管理体制要求，应当由地方实施政府采购的项目，原则上不得实行主管部门集中组织采购并确定结果，由地方单位执行和支付资金的方式。确因法律法规有明确规定或情况特殊需要对地方政府采购项目实行主管部门集中采购的，主管部门应当报财政部同意后实施。

九、强化监管，建立规范的监督管理工作机制

财政部文件规定需要审批或备案的事项，中央单位和集中采购机构必须严格按规定执行，其中涉及中央单位的协议供货和定点采购等集中采购方案应当报财政部同意后实施。

建立集中采购目录执行情况报告制度，集中采购机构和设置部门集中采购机构的主管部门应当在每季度结束 10 日内，分别向财政部报送上一季度“集中采购执行情况表”和“部门集中采购执行情况表”。年度终了，集中采购机构应当在次年一月底前将上一年度工作总结报财政部，财政部组成考核组对集中采购机构全年工作进行考评。

要充分发挥监察、审计的监督管理职责和监管优势，分别从各自职责加强对集中采购工作的监督。建立不良行为社会公告制度，对中央单位、集中采购机构、供应商和评审专家等在政府采购活动中的违法违规行为，要在财政部指定的政府采购信息披露媒体上公告。

附件：（略）

流通环节食品安全监督管理办法

（国家工商行政管理总局令第43号　2009年7月30日）

第一章　总　则

第一条　为了加强流通环节食品安全监督管理，维护食品市场秩序，根据《中华人民共和国食品安全法》（以下简称《食品安全法》）、《中华人民共和国食品安全法实施条例》（以下简称《食品安全法实施条例》）等法律、法规的规定，制定本办法。

第二条　在中华人民共和国境内从事流通环节食品经营，应当遵守本办法。

第三条　食品经营者应当依照法律、法规和食品安全标准从事食品经营活动，建立健全食品安全管理制度，采取有效管理措施，保证食品安全。

食品经营者对其经营的食品安全负责，对社会和公众负责，承担社会责任。

第四条　工商行政管理机关依照法律、法规和国务院规定的职责以及本办法的规定，对流通环节食品安全进行监督管理。

第五条　县级及其以上地方工商行政管理机关在当地人民政府的统一领导下，负责本辖区内流通环节食品安全监督管理。

第六条　县级及其以上地方工商行政管理机关应当与其他食品监督管理部门加强沟通、密切配合，按照职责分工，依法行使职权，承担责任。

第七条　鼓励和支持食品经营者为提高食品安全水平采用先进技术和先进管理规范。

第八条　县级及其以上地方工商行政管理机关应当依照法律、法规和本办法的规定公布食品安全信息，为公众咨询、投诉、举报提供方便；任何组织或者个人有权向工商行政管理机关举报食品经营中违反本办法的行为，有权了解食品流通安全信息，对流通环节食品安全监督管理工作提出意见和建议。

第二章　食品经营

第九条　禁止食品经营者经营下列食品：

（一）用非食品原料生产的食品或者添加食品添加剂以外的化学物质和其他可能危害人体健康物质的食品，或者用回收食品作为原料生产的食品；

（二）致病性微生物、农药残留、兽药残留、重金属、污染物质以及其他危害人体健康的物质含量超过食品安全标准限量的食品；

（三）营养成分不符合食品安全标准的专供婴幼儿和其他特定人群的主辅食品；

（四）腐败变质、油脂酸败、霉变生虫、污秽不洁、混有异物、掺假掺杂或者感官性状异常的食品；

（五）病死、毒死或者死因不明的禽、畜、兽、水产动物肉类及其制品；

（六）未经动物卫生监督机构检疫或者检疫不合格的肉类，或者未经检验或者检验不合格的肉类制品；

（七）被包装材料、容器、运输工具等污染的食品；

（八）超过保质期的食品；

（九）无标签的预包装食品；

（十）国家为防病等特殊需要明令禁止经营的食品；

（十一）食品的标签、说明书不符合《食品安全法》第四十八条第三款规定的食品；

（十二）没有中文标签、中文说明书或者中文标签、中文说明书不符合《食品安全法》第六十六条规定的进口的预包装食品；

（十三）其他不符合食品安全标准或者要求的食品。

对因标签、标识或者说明书不符合食品安全标准而被停止经营的食品，在食品生产者采取补救措施且能保证食品安全的情况下可以继续销售；销售时应当向消费者明示生产者采取的补救措施。

第十条 从事食品经营，应当依法取得《食品流通许可证》，凭《食品流通许可证》办理工商登记，领取营业执照。未取得《食品流通许可证》和营业执照的，不得从事食品经营。

食品经营者的经营条件发生变化，不符合食品经营要求的，食品经营者应当立即采取整改措施；有发生食品安全事故的潜在风险的，应当立即停止食品经营活动，并向所在地县级工商行政管理机关报告；需要重新办理许可手续的，应当依法办理。

第十一条 食品经营企业应当建立健全本单位的食品安全管理制度，组织职工参加食品安全知识培训，学习食品安全法律、法规、规章、标准和其他食品安全知识，并建立培训档案；配备专职或者兼职食品安全管理人员，做好对所经营食品的检验工作，依法从事食品经营活动。

第十二条 食品经营者应当建立并执行从业人员健康检查制度和健康档案制度。食品经营从业人员每年应当进行健康检查，取得健康证明后方可从事食品经营，其检查项目等事项应当符合所在地省、自治区、直辖市的规定。患有《食品安全法》、《食品安全法实施条例》规定的不得从事接触直接入口食品工作疾病的从业人员，不得从事接触直接入口食品的工作。

第十三条 食品经营者采购食品，应当查验供货者的许可证、营业执照和食品合格的证明文件。

食品经营企业应当建立食品进货查验记录制度，如实记录食品的名称、规格、数量、生产批号、保质期、供货者名称及联系方式、进货日期等内容。

鼓励其他食品经营者按照前款规定建立进货查验记录制度。

实行统一配送经营方式的食品经营企业，可以由企业总部统一查验供货者的许可证、营业执照和食品合格的证明文件，进行食品进货查验记录，可将有关资料复印件留存所属相关经营企业备查，也可以采用信息化技术，联网备查。

第十四条 从事食品批发业务的经营企业销售食品，应当如实记录批发食品的名称、规格、数量、生产批号、保质期、购货者名称及联系方式、销售日期等内容，或者保留载有上述信息的销售票据。

从事批发业务的食品经营企业应当向购货者开具载有前款规定信息的销售票据或者清单，同时加盖印章或者签字。

第十五条 食品进货查验记录、批发记录或者票据应当真实，保存期限不得少于两年。

第十六条 鼓励食品经营者采用先进技术

手段，记录法律、法规及本办法要求记录的事项。

第十七条 食品经营者贮存、运输和装卸食品的容器、工具和设备应当安全、无害，保持清洁，防止食品污染，并符合保证食品安全所需的温度等特殊要求，不得将食品与有毒、有害物品一同运输。

第十八条 食品经营者对贮存、销售的食品应当定期进行检查，查验食品的生产日期和保质期，及时清理变质、超过保质期及其他不符合食品安全标准的食品，主动将其退出市场，并做好相关记录。

第十九条 食品经营者贮存散装食品，应当在贮存位置标明食品的名称、生产日期、保质期、生产者名称及联系方式等内容。

食品经营者销售散装食品，应当在散装食品的容器、外包装上标明食品的名称、生产日期、保质期、生产经营者名称及联系方式等内容。

食品经营者销售生鲜食品和熟食制品，应当符合食品安全所需要的温度、空间隔离等特殊要求，防止交叉污染。

第二十条 食品经营者销售的预包装食品的包装上，应当有标签。标签内容应当符合《食品安全法》第四十二条的规定。

食品的标签、说明书，不得含有虚假、夸大的内容，不得涉及疾病预防、治疗功能。

食品的标签、说明书应当清楚、明显，容易辨识。

食品经营者应当按照食品标签标示的警示标志、警示说明或者注意事项的要求，销售预包装食品。

第二十一条 食品经营者应当主动向消费者提供销售凭证，对不符合食品安全标准的食品履行更换、退货等义务。

鼓励食品经营者在其销售食品的包装上附加特殊身份标记，将其销售的食品与其他食品经营者销售的食品相区分。

第二十二条 食品集中交易市场的开办者、食品经营柜台的出租者和食品展销会的举办者，应当依法履行下列管理义务：

（一）审查入场食品经营者的《食品流通许可证》和营业执照；

（二）明确入场食品经营者的食品安全管理责任；

（三）定期对入场食品经营者的经营环境和条件进行检查；

（四）建立食品经营者档案，记载市场内食品经营者的基本情况、主要进货渠道、经营品种、品牌和供货商状况等信息；

（五）建立和完善食品经营管理制度，加强对食品经营者的培训；

（六）设置食品信息公示媒介，及时公开市场内或者行政机关公布的相关食品信息；

（七）其他应当履行的食品安全管理义务。

食品集中交易市场的开办者、食品经营柜台的出租者和食品展销会的举办者发现食品经营者不具备经营资格的，应当禁止其入场销售；发现食品经营者不具备与所经营食品相适应的经营环境和条件的，可以暂停或者取消其入场经营资格；发现经营不符合食品安全标准的食品或者有其他违法行为的，应当及时制止，并立即将有关情况报告辖区工商行政管理机关。

第二十三条 食品经营者应当建立并执行食品退市制度。食品经营者发现其经营的食品不符合食品安全标准，应当立即停止经营，下架单独存放，通知相关生产经营者和消费者，并记录停止经营和通知情况，将有关情况报告辖区工商行政管理机关。

食品经营者未依照前款规定停止经营不符合食品安全标准的食品的，工商行政管理机关可以责令其停止经营。

第二十四条 食品广告的内容应当真实合法，不得含有虚假或者夸大的内容，不得涉及疾病预防、治疗功能。

食品广告中不得含有食品安全监督管理部门或者承担食品检验职责的机构、食品行业协会、消费者协会向消费者推荐食品的内容。

第二十五条 社会团体或者其他组织、个人在虚假广告中向消费者推荐食品，使消费者的合法权益受到损害的，与食品生产经营者承担连带责任。

第二十六条 食品经营企业应当制定食品安全事故处置方案，定期检查本企业各项食品安全防范措施的落实情况，及时消除食品安全事故隐患。

发生食品安全事故的食品经营者对导致或者可能导致食品安全事故的食品及原料、工具、设备等，应当立即采取封存等控制措施，并自事故发生之时起 2 小时内向所在地县级人民政府卫生行政部门报告。

第二十七条 鼓励食品集中交易市场的开办者、食品经营柜台的出租者、食品展销会的举办者和有条件的食品经营企业配备必要的检测设备，对食品进行自检或者送检。

第三章　监督管理

第二十八条 县级及其以上地方工商行政管理机关应当按照当地人民政府组织制订的本行政区域的食品安全年度监督管理计划开展工作。

第二十九条 县级及其以上地方工商行政管理机关履行流通环节食品安全监督管理职责，有权采取《食品安全法》第七十七条规定的监督管理措施。

第三十条 县级及其以上地方工商行政管理机关应当严格落实监管责任，开展食品市场监督检查。食品经营者应当接受和配合工商行政管理机关的监督检查。

第三十一条 县级及其以上地方工商行政管理机关进行监督检查时，应当记录监督检查的情况，发现有违法行为的，应当如实记录，经监督检查人员和食品经营者签字后归档，并依法查处；对依法应当立案查处或者移送其他机关依法处理的，应当在监督检查记录中载明。

监督检查记录保存期限应当符合档案管理相关规定。

第三十二条 县级及其以上地方工商行政管理机关应当建立食品经营者食品安全信用档案，记录许可证照颁发、日常监督检查结果、违法行为的查处和食品经营者停止经营不符合食品安全标准的食品等情况。依托金信工程，将食品经营者的食品安全信用情况作为企业信用分类监管、个体工商户分层分类监管、市场信用分类监管制度的重要内容，对有不良信用记录的食品经营者增加监督检查频次，加强监督管理。

第三十三条 县级及其以上地方工商行政管理机关应当加强对食品经营者经营活动的日常监督检查；发现不符合食品经营要求情形的，应当责令立即纠正，并依法予以处理；不再符合经营许可条件的，应当依法撤销相关许可。

第三十四条 县级及其以上地方工商行政管理机关应当对国务院卫生行政部门公布的添加或者可能添加到食品中的非食品用化学物质和其他可能危害人体健康的物质采取相应的监督管理措施。

县级及其以上地方工商行政管理机关在监督检查中发现不符合食品安全标准的食品，责令食品经营者停止经营的，应当及时追查食品来源和流向；涉及其他地区的，应当及时报告上级工商行政管理机关，书面通报相关地工商行政管理机关依法查处。

第三十五条 县级及其以上地方工商行政管理机关在监督检查中发现食品经营者经营不符合食品安全标准的食品，其原因是由其他环节引起的，应当及时书面通报有关主管部门。

第三十六条 县级及其以上地方工商行政

管理机关应当公布本单位的电子邮件地址或者电话，接受咨询、投诉、举报；对接到的咨询、投诉、举报，应当依照《食品安全法》第八十条的规定进行答复、核实、处理，并对咨询、投诉、举报和答复、核实、处理的情况予以记录、保存。

第三十七条 县级及其以上地方工商行政管理机关应当依照《食品安全法》的有关规定和当地人民政府的食品监测计划，对流通环节食品进行定期或者不定期的抽样检验。

县级及其以上地方工商行政管理机关对当地人民政府制订的本行政区域的食品安全年度监督管理计划中确定的重点食品、消费者申（投）诉及举报比较多的食品、市场监督检查中发现问题比较集中的食品，以及根据查办案件、有关部门通报的情况，对流通环节的食品是否符合食品安全标准进行不定期抽样检验。

第三十八条 县级及其以上地方工商行政管理机关在执法工作中需要对食品进行检验的，应当委托符合《食品安全法》规定的食品检验机构进行检验，并支付相关费用。

第三十九条 县级及其以上地方工商行政管理机关实施食品抽样检验以及快速检测工作，应当购买样品，支付相关费用；不收取食品经营者的检验费和其他任何费用，所需经费由同级财政列支。

第四十条 县级及其以上地方工商行政管理机关对食品进行抽样检验时，应当制作抽样检验工作记录，现场检查所抽检食品的相关票证、货源、数量、存货量、销售量等；应当要求检验机构按照国家规定的采样规则进行取样，并将抽样检验结果通知标称的食品生产者。

第四十一条 县级及其以上地方工商行政管理机关依法开展抽样检验时，被抽样检验的经营者应当配合抽样检验工作，如实提供被抽样检验食品的相关票证、货源、数量、存货地点、存货量、销售量等信息。

第四十二条 对检验结论有异议的，可以依法进行复检。被抽样检验的经营者或者标称的生产者，应当向承担复检工作的食品检验机构申请复检，并说明理由。

复检机构名录由国务院认证认可监督管理、卫生行政、农业行政等部门共同公布。复检机构出具的复检结论为最终检验结论。

复检机构由复检申请人自行选择。复检机构与初检机构不得为同一机构。

复检结论表明食品合格的，复检费用由抽样检验的部门承担；复检结论表明食品不合格的，复检费用由食品生产经营者承担。

第四十三条 组织实施抽样检验的县级及其以上地方工商行政管理机关应当自收到检验结果五个工作日内，将抽样检验结果通知被抽样检验人，责令其停止销售不符合食品安全标准的食品，监督其他食品经营者对同一批次的食品下架退市，并按照有关规定，准确、及时、客观地公布食品安全抽样检验信息。

第四十四条 组织实施抽样检验的县级及其以上地方工商行政管理机关对抽样检验中发现的不属于自己管辖的食品安全案件线索，应当及时书面通报有管辖权的工商行政管理机关或者移送有关执法机关处理。

第四十五条 县级及其以上地方工商行政管理机关在食品安全监督管理工作中可以采用《食品安全法实施条例》第五十条的规定认定的快速检测方法对食品进行初步筛查；对初步筛查结果表明可能不符合食品安全标准的食品，应当依照《食品安全法》第六十条第三款的规定进行检验。初步筛查结果不得作为执法依据。

第四十六条 境外发生的食品安全事件可能对我国境内造成影响，或者在进口食品中发现严重食品安全问题的，县级及其以上地方工商行政管理机关接到国家出入境检验检疫部门有关通报后，应当采取相应处理措施。

县级及其以上地方工商行政管理机关接到

国家出入境检验检疫部门通报的有关进出口食品安全信息，必要时应当采取相应处理措施。

县级及其以上地方工商行政管理机关在监督检查中发现进口食品存在安全问题的，应当及时将获知的涉及进出口食品安全的信息向国家出入境检验检疫部门通报。

第四十七条 鼓励县级及其以上地方工商行政管理机关建立食品经营主体数据库、监督检查数据库、典型案例数据库，依托12315行政执法网络，运用先进技术手段加强食品监督检查工作，提高食品安全监督管理水平。

第四十八条 县级及其以上地方工商行政管理机关在日常监督管理中发现食品安全事故，或者接到有关食品安全事故的举报，应当立即向当地卫生行政部门通报。

发生食品安全事故的，事发地工商行政管理机关应当按照国务院有关部门制定的食品安全事故调查处理办法，在当地人民政府统一领导下，配合卫生行政等相关部门，及时作出反应，采取措施控制事态发展，并及时向上级工商行政管理机关报告。

调查食品安全事故，应当坚持实事求是、尊重科学的原则，及时、准确查清事故性质和原因。认定事故责任，提出整改措施。

任何单位或者个人不得对食品安全事故隐瞒、谎报、缓报，不得毁灭有关证据。

第四十九条 县级及其以上地方工商行政管理机关参与食品安全事故调查时，有权向有关单位和个人了解与食品安全事故有关的情况，要求提供相关资料和样品；有关单位和个人应当配合食品安全事故调查处理工作，按照要求提供相关资料和样品，不得拒绝。

任何单位或者个人不得阻挠、干涉食品安全的调查处理。

第五十条 县级及其以上地方工商行政管理机关可以向社会公布下列食品安全日常监督管理信息：

（一）依照《食品安全法》实施行政许可的情况；

（二）责令停止经营的食品、食品添加剂、食品相关产品的名录；

（三）查处食品经营者违法行为的情况；

（四）专项检查整治工作情况；

（五）法律、行政法规规定的其他食品安全日常监督管理信息。

县级及其以上地方工商行政管理机关依据职责公布食品安全日常监督管理信息；涉及其他食品安全监督管理部门职责的，应当联合公布。

公布食品安全日常监督管理信息，应当做到准确、及时、客观，同时对有关食品可能产生的危害进行解释、说明。

具体日常监督管理信息公布制度由省级工商行政管理机关依照本办法制定。

第五十一条 县级及其以上地方工商行政管理机关获知《食品安全法》第八十二条第一款规定的需要统一公布的信息，应当向上级工商行政管理机关报告，由上级机关立即报告国务院卫生行政部门；必要时，可以直接向国务院卫生行政部门报告。

县级及其以上地方工商行政管理机关应当与其他食品安全监督管理部门相互通报获知的食品安全信息。

第五十二条 省、自治区、直辖市工商行政管理机关应当配合同级卫生行政部门制定本行政区域的食品安全风险监测方案。

县级及其以上地方工商行政管理机关应当协助收集《食品安全法实施条例》第十三条第一款规定的食品安全风险评估信息和资料。

省、自治区、直辖市工商行政管理机关应当配合同级卫生行政部门对食品安全国家标准和食品安全地方标准的执行情况分别进行跟踪评价。

省、自治区、直辖市工商行政管理机关应当收集、汇总食品安全标准在执行过程中存在的问题，并及时向同级卫生行政部门通报。

第四章　法律责任

第五十三条　违反本办法第九条第一款第（一）、（二）、（三）、（四）、（五）、（六）、（八）、（十）、（十三）项，第二十三条第二款的规定的，没收违法所得、违法经营的食品和用于违法经营的工具、设备、原料等物品；违法经营的食品货值金额不足一万元的，并处二千元以上五万元以下罚款；货值金额一万元以上的，并处货值金额五倍以上十倍以下罚款；情节严重的，吊销许可证。

第五十四条　违反本办法第十条的规定，未经许可从事食品经营活动的，没收违法所得、违法经营的食品和用于违法经营的工具、设备等物品；违法经营的食品货值金额不足一万元的，并处二千元以上五万元以下罚款；货值金额一万元以上的，并处货值金额五倍以上十倍以下罚款。

第五十五条　违反本办法第十二条的规定，安排患有《食品安全法》第三十四条以及《食品安全法实施条例》第二十三条所列疾病的人员从事接触直接入口食品的工作，或者违反本办法第十三条第一款、第二款，第十四条第一款，第十五条，第十八条，第十九条，第二十条第二款的规定的，责令改正，给予警告；拒不改正的，处二千元以上二万元以下罚款；情节严重的，责令停产停业，直至吊销许可证。

第五十六条　违反本办法第九条第一款第（七）、（九）、（十一）、（十二）项，第二十条第一款的规定的，没收违法所得、违法经营的食品和用于违法经营的工具、设备等物品；违法经营的食品货值金额不足一万元的，并处二千元以上五万元以下罚款；货值金额一万元以上的，并处货值金额二倍以上五倍以下罚款；情节严重的，责令停产停业，直至吊销许可证。

第五十七条　违反本办法第十七条的规定，食品经营企业未按照要求进行食品运输的，责令改正，给予警告；拒不改正的，责令停产停业，并处二千元以上五万元以下罚款；情节严重的，由原发证部门吊销许可证。

第五十八条　违反本办法第二十二条第一款第（一）、（二）、（三）项及第二款的规定的，处二千元以上五万元以下罚款；造成严重后果的，责令停业，由原发证部门吊销许可证。

第五十九条　违反本办法第二十四条第一款的规定的，责令广告主停止发布广告，并以等额广告费用在相应范围内公开更正清除影响，并处广告费用一倍以上五倍以下的罚款。违反本办法第二十四条第二款的规定的，没收违法所得，依法对直接负责的主管人员和其他直接责任人员给予记大过、降级或者撤职的处分。

第六十条　违反本办法第二十六条第二款的规定，食品经营企业在发生食品安全事故后未进行处置、报告的，按照工商行政管理机关职责分工，责令改正，给予警告；毁灭有关证据的，责令停业，并处二千元以上十万元以下罚款；造成严重后果的，由原发证部门吊销许可证。

第六十一条　食品经营者的经营条件发生变化，未依照本办法第十条第二款规定处理的，责令改正，给予警告；造成严重后果的，依照《食品安全法》第八十五条的规定给予处罚。

第六十二条　有下列行为之一的，责令改正，拒不改正的，处以一万元以下罚款：

（一）食品经营者聘用未取得健康证明的人员从事食品经营的；

（二）食品经营者未主动向消费者提供销售凭证，或者拒不履行不符合食品安全标准的食品更换、退货等义务的；

（三）食品经营者拒绝工商行政管理机关

依法开展监督检查的。

第六十三条　违反本办法的规定，有下列行为之一的，责令改正，拒不改正的，处以一万元以下罚款；情节严重的，处以一万元以上三万元以下罚款：

（一）从事批发业务的食品经营企业没有向购货者开具销售票据或者清单的；

（二）食品集中交易市场的开办者、食品经营柜台的出租者和食品展销会的举办者没有建立食品经营者档案、记载市场内食品经营者的基本情况、主要进货渠道、经营品种、品牌和供货商状况等信息；没有设置食品信息公示媒介，及时公开市场内或者行政机关公布的相关食品信息的。

第六十四条　食品经营者主动消除或者减轻违法行为危害后果，或者有其他法定情形的，应当从轻、减轻处罚。

违法行为轻微并及时纠正，没有造成危害后果的，不予处罚。

第六十五条　县级及其以上地方工商行政管理机关在监督检查中发现食品经营者违反本办法规定涉嫌犯罪的，应当依法移送公安机关。

第六十六条　县级及其以上地方工商行政管理机关不履行食品安全监督管理法定职责、日常监督检查不到位或者滥用职权、玩忽职守、徇私舞弊的，依法对直接负责的主管人员和其他直接责任人员给予记大过或者降级的处分；造成严重后果的，给予撤职或者开除的处分；其主要负责人应当引咎辞职。

第五章　附　则

第六十七条　食用农产品的监督管理适用《中华人民共和国农产品质量安全法》。

第六十八条　本办法由国家工商行政管理总局负责解释。

第六十九条　本办法自公布之日起施行。

关于2009年度促进服务业发展专项资金使用管理有关问题的通知

（财办建［2009］73号　2009年8月20日）

各省、自治区、直辖市、计划单列市及新疆生产建设兵团财政（务）厅（局）、商务主管部门：

为规范2009年度中央财政促进服务业发展专项资金（以下简称“专项资金”）使用管理，根据《财政部、商务部关于做好支持搞活流通扩大消费有关资金管理的通知》（财建［2009］16号）和《财政部关于印发〈中央财政促进服务业发展专项资金管理办法〉的通知》（财建［2009］227号）以及商务部、财政部有关业务指导文件精神，现将有关事项通知如下：

一、支持重点和支持标准

2009年，专项资金重点支持“双进工程”、“早餐示范工程”、再生资源回收利用服务体系、市场监测与储备应急体系建设、流通领域市场监管公共服务体系、“放心肉”服务体系建设以及二手车市场、报废汽车回收拆解企业升级改造项目。

（一）“双进工程”支持内容和标准

“双进工程建设”包括家政服务网络中心建设、家政培训和菜市场标准化改造示范工程等项目。

1. 家政服务网络中心建设项目：采取以奖代补方式予以支持，按照《商务部、财政部关于推进家政服务网络体系建设的通知》（商商贸发［2009］149号）要求在地级以上城市建设“家政服务网络中心”，经验收合格的，每个中心原则上按200万元的标准予以支持，但不得超过项目总投资的70%。

2. 家政培训项目：采取财政补助方式予以支持，按照《商务部、财政部、全国总工会关于实施“家政服务工程”的通知》（商商贸发［2009］276号）开展家政人员培训并安排就业的，经省级商务、财政、工会部门验收合格后，予以支持。具体标准由省级财政部门会同商务、工会部门确定，于7月底前报财政部、商务部和全国总工会备案。原则上东部地区每人不超过1500元，中部地区每人不超过1300元，西部地区每人不超过1200元。

3. 标准化菜市场示范工程项目：先在北京、天津、大连、吉林、上海、宁波、厦门、江西、青岛、湖北、湖南、深圳、海南、重庆、四川、贵州、西藏、陕西和新疆兵团试点，采取以奖代补方式予以支持。按照《商务部、财政部关于实施标准化菜市场示范工程的通知》（商商贸发［2009］290号），在试点地区进行菜市场标准化改造并经验收合格的，每个项目支持30万元，但不得超过项目总投资的50%。

（二）“早餐示范工程”项目支持内容和标准

“早餐示范工程”项目先在北京、天津、辽宁、大连、江苏、浙江、宁波、福建、厦门、山东、青岛、河南、重庆、云南、西藏、宁夏试点，采取以奖代补方式，重点支持在地级以上城市建设主食加工配送中心并以连锁经营方式发展标准化早餐网。按照《商务部、财政部关于开展“早餐示范工程”试点工作的通知》（商商贸发［2009］280号）建设，经验收合格的主食加工配送中心项目，每个原则上按300万元的标准予以支持。上述项目支持标准均不得超过项目总投资的50%。

（三）再生资源回收体系建设项目支持内容和标准

再生资源回收体系建设项目先在北京市、天津市、河北省石家庄市、辽宁省沈阳市、吉林省吉林市、上海市、浙江省永康市、重庆市、四川省成都市、贵州省贵阳市、云南省昆明市、陕西省西安市试点，采取以奖代补方式，重点支持标准化社区回收点、分拣加工中心建设。此外，选择部分规模较大的跨地区集散市场，对其建设改造予以支持。按照《商务部、财政部关于加快推进再生资源回收体系建设的通知》（商商贸发［2009］142号）建设，经验收合格的每个社区回收点支持5000元，每个分拣加工中心原则上按400万元的标准予以支持（不得超过项目总投资的50%），每个跨地区集散市场原则上按1000万元的标准予以支持（不得超过项目总投资的30%）。

（四）城乡市场监测与储备应急体系建设项目支持内容

1. 城乡市场监测体系项目：按照《商务部、财政部关于进一步加强城乡市场信息服务体系建设的通知》（商运发［2009］140号）要求，对各省组织开展市场运行监测、统计分析、预测预警及商贸服务行业统计等相关工作所发生的数据收集、分析报送、信息发布、调研培训、设备购置等相关费用，予以适当补助。

2. 储备应急体系建设项目：按照《商务部、财政部关于加强储备应急体系建设的通知》（商运发［2009］139号）要求，对各省应急商品数据库重点联系企业信息报送工作予以适当补助。

（五）市场监管公共服务体系建设项目

采取以奖代补方式予以支持，支持流通领域市场监管公共服务体系建设，按照《商务部、财政部关于完善流通领域市场监管公共服务体系的通知》（商秩发［2009］271号）要求，经验收合格的直辖市流通领域市场监管公共服务体系建设项目每个原则上按200万元的标准予以支持，其他地级以上城市流通领域市场监管公共服务体系建设项目每个原则上按100万元的标准予以支持，县级流通领域市场监管公共服务体系建设项目每个支持50万元，但不得超过项目总投资的50%。

（六）“放心肉”服务体系建设项目

“放心肉”服务体系建设项目先在北京、上海、江苏、福建、厦门、山东、青岛、湖北、广州、四川试点，采取以奖代补方式，重点支持屠宰监管技术支撑系统和肉品质量信息可追溯系统建设，以及大型屠宰和肉品流通企业冷链建设。按照《商务部、财政部关于开展“放心肉”服务体系建设试点工作的通知》（商秩发［2009］273号）要求，经验收合格的省级屠宰监管技术支撑系统建设项目原则上按每个400万元的标准予以支持，直辖市屠宰监管技术支撑系统建设项目原则上按每个300万元的标准予以支持，每家安装监控终端并连通屠宰监管技术支撑系统的企业支持5万元；经验收合格的直辖市、地级市肉品质量信息可追溯系统建设项目原则上按每个300万元的标准予以支持；经验收合格的大型屠宰企业产业链延伸建设项目原则上按每个400万元的标准予以支持。上述项目支持标准均不得超过项目总投资的50%。

（七）二手车市场和报废汽车回收拆解企业升级改造项目

二手车市场升级改造项目先在北京、天津、辽宁、上海、江苏、浙江、江西、山东、湖北和深圳试点，报废汽车回收拆解企业升级改造项目先在河北、山西、内蒙古、吉林、黑龙江、安徽、河南、湖南、广东、重庆、四川、云南、陕西、新疆试点，采取以奖代补方式予以支持。对于按照商务部、财政部有关业务文件要求（另行下发），开展二手车交易市场升级改造和报废汽车回收拆解企业升级改造并经验收合格的，每个项目原则上按100万元的标准予以支持，但不得超过项目总投资的50%。

二、专项资金使用管理程序

（一）家政服务网络中心、家政就业培训、市场监测及储备应急体系建设、市场监管公共服务体系建设项目，采取因素法将专项资金先行分配到地方，具体使用管理程序如下：

1. 制定操作办法和项目安排意见。根据下达的项目建设任务、中央财政下达的专项资金（另发）及相关规定，各省级财政部门会同商务部门负责制定本地区资金使用管理具体操作办法，省级商务部门负责组织本地区项目并提出项目初步安排意见。省级财政部门终审后会同同级商务部门将项目安排意见及资金使用管理操作办法于8月31日前报财政部（经济建设司）、商务部（财务司）备案。

操作办法应明确本地资金申报、审核、拨付等具体程序、所需材料等方面的详细要求；项目安排意见应包括项目安排的原则和标准，并附项目安排一览表，列明项目名称、所在地、实施企业、项目内容、项目总投资、支持方式和拟支持额度等方面的具体内容。

2. 项目实施和验收。各省级商务部门会同有关部门组织项目实施，并及时进行验收。根据项目实施和验收情况需对具体项目安排做出调整的，应报财政部、商务部备案。

3. 拨付资金。各省级财政部门商同级商务部门，根据验收结果和规定的支持标准，按规定程序及时拨付资金。

（二）菜市场标准化改造、早餐示范工程、再生资源回收站点和分拣中心建设、“放心肉”服务体系建设、二手车市场及报废汽车回收拆解企业升级改造项目，各地试点工作方案审核通过后，再采取因素法将专项资金分配到地方，具体使用管理程序如下：

1. 确定试点工作方案。根据下达的项目建设任务及相关规定，省级商务部门会同有关部门提出试点工作方案，省级财政部门终审后会同同级商务部门于8月31日前报财政部、商务部。财政部会同商务部对试点工作方案进行确认后，财政部下达专项资金。试点工作方案应明确本地区项目安排的原则和标准、具体项目安排意见、地方配套资金等保障措施以及资金申报、审核、拨付具体程序等方面的详细要求。

2. 项目实施和验收。试点地区商务部门会同有关部门，按照批准的试点工作方案，组织项目实施，并及时进行验收（标准化菜市场示范项目申报书格式见附件3）。根据项目实施和验收情况需对具体项目安排进行调整的，应报财政部、商务部备案。

3. 拨付资金。试点地区财政部门商同级商务部门，根据验收结果按规定程序及时将专项资金拨付到项目承担单位。

（三）再生资源回收体系建设中的跨地区集散市场建设项目，采取项目法管理，具体申报程序如下：

省级财政部门会同商务、供销部门于8月

31 日前向财政部、商务部提出项目和资金支持申请，申报材料应包括申报报告、项目实施方案、实施企业基本情况表、项目建设基本情况（包括投资总额及资金来源、投入使用及经营管理情况、经济效益和社会效益等）。财政部会同商务部审核后，财政部按规定下达专项资金。

（四）各省级商务部门应于 2010 年 1 月底之前，将 2009 年项目验收和资金安排情况以正式文件报送商务部。

三、相关要求

各地要切实做好有关项目申报、评审、组织实施、审核验收和资金拨付等工作，按规定用好专项资金，相关评审工作经费应从严控制支出范围，专项用于项目评审、验收和审核等工作。商务部负责对项目建设情况实行动态监管，并组织不定期抽查。财政部对专项资金使用情况实行动态监管，并组织不定期抽查。对于未按要求开展工作、工作进度过慢或资金使用管理存在问题的地区，财政部将相应调减专项资金分配规模。

快递业务经营许可管理办法

（交通运输部以交通运输部令2009年第12号　2009年9月1日）

第一章　总　则

第一条　为规范快递业务经营许可管理，促进快递行业健康发展，根据《中华人民共和国邮政法》、《中华人民共和国行政许可法》及其他有关法律、行政法规的规定，制定本办法。

第二条　快递业务经营许可的申请、审批和监督管理，适用本办法。

第三条　国务院邮政管理部门及省、自治区、直辖市邮政管理机构（以下统称邮政管理部门）负责快递业务经营许可的管理工作。

第四条　快递业务经营许可管理，应当遵循公开、公平、公正以及便利高效的原则。

第五条　经营快递业务，应当依法取得邮政管理部门颁发的《快递业务经营许可证》，并接受邮政管理部门及其他有关部门的监督管理；未经许可，任何单位和个人不得经营快递业务。

第二章　许可条件

第六条　申请经营快递业务，应当符合《中华人民共和国邮政法》第五十二条的规定，具备下列条件：

（一）符合企业法人条件；

（二）在省、自治区、直辖市范围内经营的，注册资本不低于人民币五十万元，跨省、自治区、直辖市经营的，注册资本不低于人民币一百万元，经营国际快递业务的，注册资本不低于人民币二百万元；

（三）有本办法第七条、第八条、第九条规定的与申请经营的地域范围相适应的服务能力；

（四）有严格的服务质量管理制度，包括服务承诺、服务项目、服务价格、服务地域、赔偿办法、投诉受理办法等，有完备的业务操作规范，包括收寄验视、分拣运输、派送投递、业务查询等制度；

（五）有健全的安全保障制度和措施，包括保障寄递安全、快递服务人员和用户人身安全、用户信息安全的制度，符合国家标准的各项安全措施，开办代收货款业务的，应当以自营方式提供代收货款服务，具备完善的风险控制措施和资金结算系统，并明确与委托方和收件人之间的权利、义务；

（六）法律、行政法规规定的其他条件。

第七条　申请在省、自治区、直辖市范围内经营快递业务的，应当具备以下服务能力：

（一）具备在省、自治区、直辖市范围内经营快递业务的网络和运递能力；

（二）经营同城快递业务的，须提供寄递快件（邮件）的电话查询服务，经营省内异地快递业务的，除提供上述电话查询服务外，还应当有提供寄递快件（邮件）跟踪查询的信息网络；

（三）有符合《快递业务员国家职业技能标准》并通过资格认定的快递业务员，经营同城快递业务的，快递业务员中具备初级以上资格的不低于30%，经营省内异地快递业务的，快递业务员中具备初级以上资格的不低于40%。

第八条 申请跨省、自治区、直辖市经营快递业务的，应当具备以下服务能力：

（一）具备与申请经营地域范围相适应的网络和运递能力；

（二）有封闭的、面积适宜的快件（邮件）处理场所，符合国务院邮政管理部门及国家安全机关依法履行职责的要求，并配备相应的处理设备、监控设备和消防设施；

（三）有统一的计算机管理系统，有可提供寄递快件（邮件）跟踪查询的信息网络，并配置符合规定的数据接口，能够根据要求向邮政管理部门提供寄递快件（邮件）的有关数据；

（四）有符合《快递业务员国家职业技能标准》并通过资格认定的快递业务员，企业及其各分支机构快递业务员中，具备初级以上资格的均不低于40%。

第九条 申请经营国际快递业务的，应当具备以下服务能力：

（一）具备经营国际快递业务的网络和运递能力；

（二）有封闭的、面积适宜的快件（邮件）处理场所，符合国务院邮政管理部门及国家安全机关、海关依法履行职责的要求，并配备相应的处理设备、监控设备和消防设施；

（三）有统一的计算机管理系统，有可提供寄递快件（邮件）跟踪查询的信息网络，并配置符合规定的数据接口，能够根据要求向邮政管理部门和有关部门提供寄递快件（邮件）的报关数据；

（四）有符合《快递业务员国家职业技能标准》并通过资格认定的快递业务员，企业及其各分支机构快递业务员中，具备初级以上资格的均不低于50%；

（五）有获得专业资格的报关、报检、报验人员。

第十条 外商不得投资经营信件的国内快递业务。

国内快递业务，是指从收寄到投递的全过程均发生在中华人民共和国境内的快递业务。

邮政企业以外的经营快递业务的企业（以下称快递企业），不得经营由邮政企业专营的信件寄递业务，不得寄递国家机关公文。

第三章 审批程序

第十一条 申请快递业务经营许可，在省、自治区、直辖市范围内经营的，应当向所在地省、自治区、直辖市邮政管理机构提出申请；跨省、自治区、直辖市经营或者经营国际快递业务的，应当向国务院邮政管理部门提出申请。

第十二条 申请快递业务经营许可，应当向邮政管理部门提交下列申请材料：

（一）快递业务经营许可申请书；

（二）工商行政管理部门出具的企业名称预核准通知书或者企业法人营业执照；

（三）验资报告、场地使用证明以及本办法第六、七、八、九条规定条件的相关材料；

（四）法律、行政法规规定的其他材料。

第十三条 邮政管理部门应当自受理之日起四十五日内对申请材料审查核实，作出批准或者不予批准的决定。予以批准的，颁发《快递业务经营许可证》；不予批准的，书面通知申请人并说明理由。

邮政管理部门审查快递业务经营许可的申请，应当考虑国家安全等因素，并征求有关部门的意见。

第十四条 申请人凭《快递业务经营许可证》向工商行政管理部门办理设立或者变更登记。

第十五条 跨省、自治区、直辖市经营或者经营国际快递业务的，自企业取得《快递业务经营许可证》之日起三十日内，企业分支机构应当持《快递业务经营许可证》副本，到所在地省、自治区、直辖市邮政管理机构备案。

快递企业设立、撤销分支机构或者合并、分立的，应当向邮政管理部门备案。

第十六条 《中华人民共和国邮政法》公布前按照国家有关规定，经国务院对外贸易主管部门批准或者备案，并向工商行政管理部门依法办理登记后经营国际快递业务的国际货物运输代理企业，依照《中华人民共和国邮政法》第八十五条规定领取《快递业务经营许可证》的，应当向国务院邮政管理部门提交下列材料：

（一）《快递业务经营许可证》领取申请书；

（二）国务院对外贸易主管部门批准或备案文件；

（三）工商行政管理部门依法颁发的营业执照；

（四）分支机构名录。

第四章 许可证管理

第十七条 经营快递业务的企业，应当按照《快递业务经营许可证》的许可范围和有效期限经营快递业务。

《快递业务经营许可证》的有效期限为五年。

经营快递业务的企业，应当在《快递业务经营许可证》有效期届满三十日前向颁发许可证的邮政管理部门提出申请，换领许可证。

第十八条 《快递业务经营许可证》管理实行年度报告制度。经营快递业务的企业应当在每年四月三十日前向颁发《快递业务经营许可证》的邮政管理部门提交下列材料：

（一）年度报告书，包括年度经营情况、遵守法律法规情况等；

（二）《快递业务经营许可证》副本原件；

（三）企业法人营业执照复印件。

第十九条 《快递业务经营许可证》企业名称、企业类型、股权关系、注册资本、经营范围、经营地域和分支机构等事项发生变更的，应当报邮政管理部门办理变更手续，并换领许可证。

第二十条 快递企业在《快递业务经营许可证》有效期内停止经营的，应当提前书面告知颁发许可证的邮政管理部门，交回《快递业务经营许可证》，并按邮政管理部门规定妥善处理未投递的快件。

第二十一条 遇有下列情形之一的，邮政管理部门应当依法办理快递业务经营许可的注销手续：

（一）《快递业务经营许可证》有效期届满未延续的；

（二）企业法人资格依法终止的；

（三）申请人自取得《快递业务经营许可证》后无正当理由超过六个月未经营快递业务的，或者自行连续停业六个月以上的；

（四）《快递业务经营许可证》有效期内停止经营的；

（五）快递业务经营许可依法被撤销、撤回的，或者《快递业务经营许可证》被依法吊销的；

（六）法律、行政法规规定的其他情形。

第二十二条 邮政管理部门应当对《快递业务经营许可证》的颁发、变更、注销等事项向社会公告。

第二十三条 《快递业务经营许可证》由国务院邮政管理部门统一印制。

任何组织和个人不得伪造、涂改、冒用、

租借、买卖和转让《快递业务经营许可证》。

第五章 监督检查

第二十四条 邮政管理部门依法对取得《快递业务经营许可证》的企业进行监督检查，被检查企业应当接受和配合监督检查。

第二十五条 监督检查的主要内容：

（一）经营快递业务的企业名称、法定代表人（负责人）、经营地址、经营范围、经营地域、经营期限等重要事项，应当与《快递业务经营许可证》登记事项相符合；

（二）《快递业务经营许可证》变更、延续、注销等手续的执行和办理情况；

（三）经营快递业务的企业应当持续符合颁发《快递业务经营许可证》的条件；

（四）法律、行政法规规定的其他内容。

第二十六条 邮政管理部门进行监督检查时，监督检查人员不得少于二人，并应当出示执法证件；应当记录监督检查的情况和处理结果，由监督检查人员签字后归档。

第二十七条 邮政管理部门进行监督检查时，不得妨碍经营快递业务的企业正常的生产经营活动，不得收取任何费用。

第二十八条 公民、企业和其他组织发现邮政管理部门的工作人员在实施行政许可和监督检查过程中有违法行为，有权向邮政管理部门举报，接到举报的邮政管理部门应当及时核实，处理。

第六章 法律责任

第二十九条 违反本办法第五条、第十七条第一款规定的，依照《中华人民共和国邮政法》第七十二条规定予以处罚。

第三十条 申请快递业务经营许可时，申请人隐瞒真实情况，弄虚作假，骗取经营许可的，由邮政管理部门依法撤销经营许可，并可处以一万元以上三万元以下的罚款。

伪造、涂改、冒用、租借、买卖和转让《快递业务经营许可证》的，邮政管理部门可处以一万元以上三万元以下罚款，构成犯罪的，依法追究刑事责任。

第三十一条 快递企业设立分支机构、合并、分立，未向邮政管理部门备案的，依照《中华人民共和国邮政法》第七十三条规定予以处罚。

除前款规定外，经营快递业务的企业，未按本办法规定办理备案、变更手续，或者未按期提交年度报告书的，由邮政管理部门责令改正，并可处以一万元以下的罚款；办理备案和变更手续、提交年度报告书，隐瞒真实情况、弄虚作假的，由邮政管理部门责令改正，并可处以一万元以上三万元以下的罚款。

第三十二条 快递企业停止经营快递业务，未书面告知邮政管理部门并交回《快递业务经营许可证》，或者未按照国务院邮政管理部门的规定妥善处理尚未投递的快件的，依照《中华人民共和国邮政法》第七十三条规定予以处罚。

第三十三条 违反本办法第二十四条规定，依照《中华人民共和国邮政法》第七十七条规定予以处罚。

第三十四条 经营快递业务的企业对邮政管理部门根据本办法作出的具体行政行为不服的，可以依法申请行政复议，也可以向人民法院提起行政诉讼。

经营快递业务的企业逾期不履行行政处罚决定的，由作出行政处罚决定的邮政管理部门申请人民法院强制执行。

第三十五条 邮政管理部门工作人员在快递业务经营许可管理工作中滥用职权、玩忽职守、徇私舞弊的，由主管机关或者监察机关给予行政处分；涉嫌构成犯罪的，由司法机关追究刑事责任。

第七章　附　则

第三十六条　除本办法第十六条规定的企业外，《中华人民共和国邮政法》公布前依法向工商行政管理部门办理登记后经营快递业务的企业，不具备经营快递业务的条件的，应当自本办法实施之日起一年内达到经营快递业务的条件，并依法取得快递业务经营许可，逾期不能取得快递业务经营许可的，不得继续经营快递业务。

第三十七条　本办法自二〇〇九年十月一日起施行。

关于促进我国汽车产品出口持续健康发展的意见

（商产发［2009］523 号 2009 年 10 月 23 日）

各省、自治区、直辖市、计划单列市及新疆生产建设兵团商务主管部门、发展改革委、工信部门、财政部门，海关总署广东分署、天津、上海特派办，各直属海关，各直属出入境检验检疫局，有关企业：

汽车产业是国民经济的重要支柱产业。经过近年来的快速发展，汽车产品出口已成为我国汽车产业的重要组成部分和转变外贸增长方式的重要载体。为应对国际金融危机的影响，按照“保增长、扩内需、调结构”的总体要求，落实汽车产业调整和振兴规划，促进我国汽车及零部件出口持续健康稳定发展，现提出如下意见：

一、我国汽车产品出口现状和面临的形势

中国汽车工业经过五十多年的发展，基本建立起了比较完整的汽车工业生产体系，在改革开放政策的推动下，在强大的国内市场激励下，经过汽车业界的共同努力，获得了快速发展，目前，我国已成为世界汽车第二大生产国。近年来，我国汽车及零部件出口也呈现快速发展态势，2001—2007 年年均增长近 50%，2008 年汽车产品出口已达 302 亿美元。但从总体看，我国汽车及零部件出口与发达国家和新兴工业化国家（地区）相比仍有很大差距，目前尚处于起步阶段，出口经营粗放、品牌和营销网络缺失、自主创新能力不强、出口产品附加值不高、知识产权保护力度亟待加强等问题制约了汽车产品出口的发展。2008 年下半年以来，由于金融危机的影响，我国汽车产品出口存在的问题更为凸显，出口大幅下降，我国汽车产品出口面临严峻形势。

同时，也应看到，我国汽车产品国际比较优势依然存在，国际市场需求潜力巨大。为积极应对金融危机，必须采取切实有效措施，推动我国汽车及零部件出口持续健康发展。

二、指导思想和发展目标

（一）指导思想。根据《汽车产业调整和振兴规划》的总体要求，全面落实科学发展观，大力实施汽车产品出口战略，扩大具有自主知识产权和自主品牌的汽车产品出口，增强企业自主创新能力，加大结构调整力度，加快转变外贸出口增长方式，提高出口增长效益和质量，推动我国汽车产品出口持续健康发展。

（二）发展目标。汽车及零部件出口从2009年到2011年力争实现年均增长10%；到2015年，汽车和零部件出口达到850亿美元，年均增长约20%；到2020年实现我国汽车及零部件出口额占世界汽车产品贸易总额10%的战略目标。

“十一五”后期和“十二五”期间，继续巩固传统发展中国家整车中低端市场，拓展汽车零部件国外配套市场和发展中国家的中高端市场，稳步进入发达国家整车中低端市场。着力培育我国具有较强科技创新能力和自主核心技术的跨国汽车和零部件企业集团。大力支持自主品牌汽车产品出口。

为此，要着力推进汽车产品出口结构实现五个转变：

——出口产品结构。推动汽车整车出口从载货汽车及底盘等商用车为主向以经济型轿车、大中小型客车等乘用车、商用车并重转变。推动零部件出口从以机械类为主向机电类、电子类产品为主转变。积极支持节能和新能源汽车产品出口。

——出口市场结构。整车出口市场由发展中国家中低端市场逐步向中高端市场转变；零部件出口市场由以售后和维修市场为主向进入跨国公司全球供应配套链（ODM，即定牌设计生产/OEM，即定牌生产）市场转变。

——出口贸易结构。推动汽车出口从单一的产品出口向产品、技术和资本输出相结合转变。

——出口企业结构。推动汽车出口企业从单纯的进出口型企业向营销型企业转变。

——售后服务主体结构。推动汽车出口从依赖进口商销售网络向自主营销体系转变。

三、加快国家汽车及零部件出口基地建设，增强汽车产品出口的技术基础

（一）做好出口基地发展规划。根据国家汽车产业调整和振兴规划，结合出口基地发展状况，研究提出加快出口基地建设的长远规划。力争将国家汽车及零部件出口基地建设成为我国汽车工业自主创新、规范出口秩序和保护知识产权的示范基地，世界汽车产业转移、国际交流与合作的重要承接载体。

（二）鼓励出口基地企业自主创新和技术改造。重点支持基地企业技术创新、技术改造和新能源汽车及关键零部件发展。

（三）加大对公共服务平台支持力度。按照《国家汽车及零部件出口基地管理办法》的要求，加快出口基地建设。支持出口基地搭建技术研发、信息服务、产品认证、检验检测、人员培训等公共服务平台。

四、鼓励企业利用金融工具，提高企业国际竞争力

（一）积极发挥出口信用保险作用，引导企业充分利用出口信用保险积极开拓市场，降低企业经营风险。

（二）鼓励融资性担保机构为企业向商业银行申请贷款提供担保。简化承保和理赔程序，鼓励商业性保险机构扩大对汽车整车出口的产品责任险承保。

（三）加强汽车企业与各类金融机构的合作，搭建汽车产品出口新型融资平台。充分利用进出口买卖方信贷等措施。

（四）完善中资金融机构国外分支机构功能，向出口企业提供客户及买方银行信用咨询服务，对海外分销商及终端用户提供融资贷款支持。

五、鼓励企业增强自主创新能力，优化出口产品结构

（一）支持汽车生产企业加强研究开发体系建设，鼓励企业建立海外研究开发中心，在

消化引进技术的基础上，开发具有自主知识产权的新产品和新技术。鼓励企业积极引进国外技术、人才、营销网络，通过海内外兼并等方式掌握关键零部件等相关技术，提高研发能力。

（二）积极引导节能和新能源汽车产品出口。支持企业加快研究开发新型车辆动力蓄电池和新型混合动力汽车产品。支持推广纯电动汽车，引导推广混合动力汽车。

（三）引导企业采用国内外先进技术标准，主动接轨国际标准体系，推动产品的国际安全、质量和标准认证工作，支持企业参与国家和国际标准的制定和修订。

（四）整合研究开发资源和科研力量，建立分工协作、利益共享、共同进步的机制，鼓励科研院所和产业集聚群加强产学联合，积极吸引跨国公司在我国设立研究开发中心、采购中心和地区总部。

（五）大力实施品牌战略。重点发展一批技术含量高、市场潜力大的产品和企业，支持企业开展商标和知识产权的国外注册保护等。

六、加强知识产权保护，积极应对和化解贸易摩擦

（一）加强诚信体系建设，建立中国汽车零部件供应商名录库。对信用状况良好的汽车及零部件出口企业，以一定方式向国际采购商、国外行业协会公示和推荐。严厉打击假冒伪劣行为，保护知识产权，保护诚实守信企业。

（二）积极应对和化解国际贸易摩擦。加快建立我国汽车产品贸易摩擦预警机制。密切跟踪、收集和整理国外汽车产品贸易摩擦相关信息。充分发挥中介机构的作用，组织企业早准备、早应对，最大限度维护我国汽车出口企业的权益。

（三）加快建立符合国际通行规则的技术性贸易措施体系，完善通报协调机制。密切跟踪、收集和整理国外汽车产品相关认证及技术法规信息，引导企业按照国际规则和先进标准组织生产，增强国际竞争能力。

（四）本着互惠互利的原则积极推动与其他国家实现产品检验结果的双边互认，有步骤地推动与中东、东欧、非洲、中南美洲等我国汽车整车出口具有较大增长潜力地区签订汽车产品政府间互认协议的工作。

（五）进一步完善规范汽车整车出口秩序的办法。商务部会同有关部委完善相关办法，根据产业结构调整的目标，规范汽车出口秩序。

七、大力实施“走出去”战略，加大国际市场开拓力度

（一）鼓励有比较优势的企业或企业间联盟体对外投资，在境外建厂设点，扩大海外生产规模，贴近销售市场，带动汽车产品、技术和服务出口。

（二）支持企业建立健全海外营销体系。鼓励企业通过多种形式建立境外营销中心和营销网络，完善出口产品的零配件供应、维修服务体系。积极引导企业在国际市场加大品牌建设投入。

（三）加大贸易促进工作力度。有针对性地组织企业参加国际知名展览会，展示我国汽车零部件技术发展水平。按照专业化、国际化、市场化的原则，继续办好“中国国际汽车零部件博览会”。

（四）充分利用多双边合作机制，推动汽车零部件企业开展国际合作与交流。选择若干个与我国机电产品贸易互补性较强的市场，组织汽车及零部件企业分行业、分项目进行对口交流与合作，支持企业加大合作研究开发、引进先进技术、设备和人才的力度。

八、加强服务体系建设，全面提高服务水平

（一）按照互利双赢的原则，积极探索产业、贸易和物流有机结合的运作模式，大力推动国内汽车整车出口生产企业与国内航运企业建立长期的战略合作联盟，创建我国远洋汽车运输船队。

（二）大力实施贸易便利化。综合运用海关对企业的分类管理、分类通关、预约通关、担保验放等多项便利措施，提高货物通关效率。在对汽车出口企业商品检验实施分类管理办法的基础上，进一步强化出口汽车产品的监管，帮助企业提高质量和安全水平，积极推行汽车产品免验工作。

（三）加强培训服务。选择我主要出口目标市场及潜在市场，就政策法规、技术标准、认证、投资环境以及市场情况等内容组织专家对出口企业进行培训，指导企业开展对外贸易和海外投资。

（四）充分发挥驻外经商机构作用。各驻外经商机构要积极推进多双边经贸合作，帮助出口企业应对贸易摩擦和开拓国际市场。

关于加快流通领域电子商务发展的意见

（商商贸发［2009］540号 2009年11月30日）

各省、自治区、直辖市、计划单列市及新疆生产建设兵团商务主管部门：

为贯彻落实《国务院办公厅关于搞活流通扩大消费的意见》（国办发［2008］134号）和《国务院办公厅关于加快电子商务发展的若干意见》（国办发［2005］2号），现就当前经济形势下进一步加快流通领域电子商务发展提出以下意见：

一、充分认识加快流通领域电子商务发展的重要意义

电子商务是基于信息技术和互联网的现代流通方式。由于我国流通领域电子商务发展起步较晚、基础薄弱，流通企业和社会公众对电子商务的参与度还有待提高，网上交易的配套服务体系还不健全。当前，在党中央、国务院扩大内需拉动经济增长的战略部署下，加快流通领域电子商务发展，既可以扩大网上消费群体，培育新型消费模式和消费领域，又有助于降低流通成本，加快商品和服务价值的最终实现。因此，加快流通领域电子商务发展是当前我国应对金融危机，扩大居民消费、保持经济增长动力的有效手段，是提高商品流通效率、转变经济发展方式的必然要求。

二、明确加快流通领域电子商务发展的主要目标

加快流通领域电子商务发展的主要目标是，以市场为导向，以企业为主体，以信息化带动流通现代化为主要手段，加快流通领域电子商务应用推广进程。扶持传统流通企业应用电子商务开拓网上市场，培育一批管理运营规范、市场前景广阔的专业网络购物企业，扶持一批影响力和凝聚力较强的网上批发交易企业。提高社会公众对电子商务的认知度和参与度，开拓适宜网上交易的居民消费领域，培育和扩大网上消费群体，到“十二五”期末，力争网络购物交易额占我国社会消费品零售总额的比重提高到5%以上。

三、推动传统流通企业开拓网上市场

鼓励重点培育的大型流通企业整合资源，建设一体化的电子商务平台，提高规模经济效益和综合竞争实力。不断推进大型流通企业电子商务应用向纵深发展，形成技术改进、体系升级、价值创造和资本吸引的良性循环。扶持中小流通企业通过第三方技术服务平台进行网上销售相关技术改造与管理升级，降低商品陈设和人员、库存、资金占用等运营成本，选择灵活适宜的经营模式，满足不同消费层次和消费偏好的顾客需求。

四、促进商品批发环节应用推广网上交易

鼓励流通企业应用电子商务进行商品批发

交易，提高流通效率，扩大中间需求，带动最终需求。充分发挥大型骨干流通企业和大宗商品市场的作用，开展农产品、日用工业品和生产资料的网上批发交易。以产业集群为依托，支持面向行业的电子商务企业发展，整合产业链和供应链，为生产企业和分销企业间、批发企业和零售企业间网上交易提供第三方服务。

五、加快发展面向消费者的专业网络购物企业

培育一批知名度高、实力强、运作规范的专业网络购物企业，建设交易商品丰富、服务内容多样的新型商业网站，大力发展服装、家电、家居装潢、图书音像等适宜网上交易的商品销售，深度挖掘各类网民群体的消费需求潜力。加快发展面向消费者的第三方电子商务平台，鼓励中小企业和个人借助电子商务平台开展网上交易，促进交易双方供需衔接和交流互动，推动企业协同运作、集约化发展，形成竞争力和灵活性俱强的企业集群。鼓励社区电子商务平台建设，推动整合社区内各类商业服务资源，为社区居民提供方便、快捷的服务。

六、推动实体市场交易与网上市场交易有机结合

鼓励流通企业以网上销售带动门店销售，以门店销售支撑网上销售，不断探索“线上市场”与“线下市场”互动促销的经营方式。利用流通企业已有的品牌优势、实体网点资源和物流配送体系，为网上销售提供丰富的商品、良好的信誉和优质的服务。以网上低成本、全天候的商品展示和交易渠道，有效促进实体店铺扩大销售。鼓励各类流通企业发展移动电子商务，进行相关设施改造和管理升级。

七、完善流通领域电子商务发展扶持政策

积极利用中央服务业发展资金和中小商贸企业发展资金，推动流通领域电子商务发展薄弱环节的改进，健全流通领域电子商务政策促进体系，推动各级商务主管部门出台配套政策措施，进一步完善扶持内容，加大扶持力度。

八、开展流通领域电子商务示范引导工作

推广先进地区流通领域电子商务发展的先进经验，选择应用电子商务规范化水平高和代表性强的流通企业，研究推广成熟运作模式和优秀解决方案，带动流通企业特别是中小企业围绕电子商务提高管理水平、规范经营行为，推动整个行业的持续健康发展。

九、健全流通领域电子商务发展环境

按照保护市场活力和规范交易行为并重的原则，认真贯彻实施《电子商务模式规范》(SB/T10518－2009)、《网络交易服务规范》(SB/T10519－2009) 等国内贸易行业标准，开展相关培训交流活动。积极引导流通领域电子商务企业建立健全信用管理制度，提高服务诚信度，增强消费者信心。

十、有效防范网上交易市场风险

针对现代信息技术与传统流通方式相结合的新特点、新问题，有效维护网上交易市场秩序，防范和化解互联网虚拟性带来的各类交易风险。加强部门监管协作与信息共享，完善和

延伸现实市场监管体系，避免网上市场监管执法缺位。积极协同有关部门，依法及时取缔和曝光网上交易出现的不法行为，并从企业注册、网站备案、信息发布、资金流转、商品寄递等各环节防止违法行为的复制和扩张。

十一、建立流通领域电子商务促进工作体系

地方各级商务主管部门要建立加快流通领域电子商务发展的组织保障体系和工作机制，明确职责分工，落实目标任务。发挥电子商务行业组织的作用，做好信息服务和政策引导，为企业解决实际经营困难。整合流通企业资源，结合节庆活动进行网上展销推介，组织开展电子商务进企业、进家庭等多种形式的推广普及活动，提高居民参与热情和实际操作能力。

关于进一步完善和落实鲜活农产品运输绿色通道政策的通知

（交公路发［2009］784号　2009年12月22日）

各省、自治区、直辖市、新疆生产建设兵团交通运输厅（局、委）、发展改革委、物价局，天津市市政公路管理局：

为贯彻落实《中共中央国务院关于2009年促进农业稳定发展农民持续增收的若干意见》（中发［2009］1号）确定的“长期实行并逐步完善鲜活农产品运销绿色通道政策，推进在全国范围内免收整车合法装载鲜活农产品车辆的通行费”政策，为农村改革发展创造良好的政策环境，经研究，现就鲜活农产品运输“绿色通道”政策有关问题通知如下：

一、进一步优化和完善鲜活农产品运输“绿色通道”网络

对《全国高效率鲜活农产品流通“绿色通道”建设实施方案》（交公路发［2005］20号）中确定的国家“五纵二横”鲜活农产品运输“绿色通道”，各地要坚决落实各项相关政策，免收整车合法装载运输鲜活农产品车辆的车辆通行费。同时，各省、自治区、直辖市要按照中央一号文件精神，结合本地实际，加快构建区域性“绿色通道”，建立由国家和区域性“绿色通道”共同组成的、覆盖全国的鲜活农产品运输“绿色通道”网络，并在全国范围内对整车合法装载运输鲜活农产品的车辆免收车辆通行费。

二、明确界定“绿色通道”政策中鲜活农产品的范围

按照交公路发［2005］20号文件的有关规定，享受“绿色通道”政策的鲜活农产品是指新鲜蔬菜、水果，鲜活水产品，活的畜禽，新鲜的肉、蛋、奶。为统一政策、便于操作，交通运输部、国家发展改革委经商有关部门，对鲜活农产品具体品种进行了进一步界定，制定了《鲜活农产品品种目录》。各地应严格按照《鲜活农产品品种目录》，落实“绿色通道”车辆通行费减免政策。

畜禽、水产品、瓜果、蔬菜、肉、蛋、奶等的深加工产品，以及花、草、苗木、粮食等不属于鲜活农产品范围，不适用“绿色通道”运输政策。

三、落实配套措施，强化监管手段

（一）整车装载的含义。整车装载，是指享受“绿色通道”政策的车辆，装载鲜活农产

品应占车辆核定载质量或车厢容积的 80% 以上，且没有与非鲜活农产品混装等行为。未达到上述装载标准，或与其他货物混装的运输车辆，不享受“绿色通道”政策。

（二）规范操作程序，提高通行效率。各地交通运输主管部门要加强收费人员特别是新增“绿色通道”收费站人员的培训，进一步提高一线收费人员对“绿色通道”政策的认知和执行能力。要积极探索研究快速鉴别鲜活农产品运输车辆的方法，充分利用高科技手段，或者综合利用配货单以及农业等有关部门出具的农产品检验检疫证作为鲜活农产品运输车辆的辅助查验手段，尽量缩短鲜活农产品运输车辆查验和通过收费站的时间。

（三）规范路面执法管理，保障鲜活农产品运输车辆的通行安全。路面执法人员在执法中，对鲜活农产品运输车辆轻微违法的，应以教育为主；对严重违法的，要严格依法处罚，努力为鲜活农产品运输创造安全畅通的道路交通环境。

（四）严厉打击假冒鲜活农产品、超限超载运输鲜活农产品等违法行为。对假冒、违法超限超载运输鲜活农产品的车辆，以及有其他违法行为、拒绝通过指定车道或拒不接受查验的鲜活农产品运输车辆，可不给予“绿色通道”免收车辆通行费的优惠政策；对有故意堵塞收费道口等扰乱收费秩序行为的车辆，应按照《收费公路管理条例》等有关规定依法予以处罚。

（五）对经营性收费公路企业的影响进行研究。各地交通运输、价格等部门要对“绿色通道”政策调整对收费公路带来的影响进行认真研究和评估。对于影响较大的经营性收费公路企业，视情况给予补偿。新批收费公路项目时，要充分考虑鲜活农产品运输车辆的影响，合理确定其交通流量。

四、做好相关服务工作

（一）加强养护管理，保证道路畅通。各地交通运输主管部门和公路管理机构要切实加强公路日常养护管理，及时修复路面病害，做到路况良好、路容整齐、标志明显、绿化美化、安全畅通。要着力提高公路出行信息服务水平和应急保障能力，保障公路畅通，减少交通延误，提高鲜活农产品运输效率。

（二）规范标志设置，方便驾驶人员识认。为确保鲜活农产品运输车辆能够方便快捷地通过收费站，各收费站点应尽可能开辟“绿色通道”专用道口，并按照《关于规范鲜活农产品流通“绿色通道”标识设置工作的通知》（交公路发［2007］24 号）的有关要求，在专用道口上方设置统一的“绿色通道”专用道口指路标志，引导鲜活农产品运输车辆迅速通过专用收费道口；同时，在收费站公示牌旁以及通道沿线的醒目位置，设置政策公示牌，向驾驶人员公布“绿色通道”的有关政策规定及监督电话。

（三）广泛开展宣传，营造良好氛围。各地要通过电视、电台、网络、报刊、杂志，以及发放宣传资料、设置公告牌等多种方式进行广泛宣传，力争使“绿色通道”政策的基本内容家喻户晓、深入人心；要深入鲜活农产品生产基地、批发市场、货运集散地，加强对货主单位、承运单位和人员进行政策法规方面的宣传和教育，进一步增强从业人员依法装载、合法运营的意识，为“绿色通道”政策的实施营造良好的社会氛围。

以上，自 2010 年 1 月 1 日起实行。

附件：鲜活农产品品种目录（略）

关于促进甩挂运输发展的通知

（交运发［2009］808号 2009年12月31日）

为贯彻落实国务院《关于进一步加强节油节电工作的通知》（国发［2008］23号）和《物流业调整和振兴规划》（国发［2009］8号），促进甩挂运输发展，现就有关事项通知如下：

一、充分认识发展道路货物甩挂运输的重要意义

甩挂运输是指牵引车按照预定的运行计划，在货物装卸作业点甩下所拖的挂车，换上其他挂车继续运行的运输组织方式。牵引车与挂车的组合不受地区、企业、号牌不同的限制，但牵引车的准牵引总质量应与挂车的总质量相匹配。

与传统运输方式相比，甩挂运输具有明显优势：一是减少装卸等待时间，加速牵引车周转，提高运输效率和劳动生产率；二是减少车辆空驶和无效运输，降低能耗和废气排放；三是节省货物仓储设施，方便货主，减少物流成本；四是便于组织水路滚装运输、铁路驼背运输等多式联运，促进综合运输的发展。甩挂运输在国际上得到了广泛的推广应用，已经成为非常普遍的先进运输组织方式。目前，我国甩挂运输发展滞后，牵引车和挂车数量少，拖挂比低，道路货物运输仍然以普通单体货车为主，与节能减排和发展现代物流的要求不相适应。

发展甩挂运输，对于降低物流成本，推动现代物流和综合运输发展，促进节能减排，提升经济运行整体质量，具有重要意义。各地区、各有关部门应进一步提高认识，加强组织领导，采取切实措施，有效引导和推动甩挂运输的发展。

二、完善政策和管理制度，为甩挂运输营造良好的发展环境

1. 减少挂车检验次数。挂车应按照《道路交通安全法》及其实施条例进行定期安全技术检验，确保符合国家规定的安全运行条件及相关技术标准。道路运输管理部门不再要求对挂车进行二级维护强制保养和综合性能检测。

2. 调整挂车保险。由于挂车不具备动力，具有“可移动的集装箱”的属性，在车辆保险方面，应研究调整挂车交强险，科学设定征收对象。

3. 完善甩挂车辆海关监管制度。境内承运海关监管货物的甩挂运输车辆（集装箱拖头车）应当依照相关规定办理注册登记手续，在甩挂车辆办结海关监管手续后，经海关同意，牵引车与挂车可以分离，提高牵引车周转效率。海关依照有关规定实施监管。

4. 调整通行费征收办法。道路通行费实行

"年票制"征收的地区，对道路运输经营者所拥有的汽车列车应按照一车一挂的标准征费，对超出牵引车数量的其余挂车不再征费。

5. 推进甩挂运输车辆装备标准化。车辆装备技术的标准化是发展甩挂运输的必备条件，要组织制定和推广应用牵引车、挂车连接的相关技术标准，引导制造企业严格执行国家统一标准生产牵引车和挂车，为发展甩挂运输提供技术保障。

6. 完善挂车证件管理。按照既简便适用又有利于监管的原则，完善挂车证件携带、保管与交接管理。挂车道路运输证和机动车行驶证应随车流转。

7. 鼓励运输企业拓展运输网络。各地应消除地方保护和制约运输一体化发展的相关制度和政策障碍，鼓励和支持符合条件的道路运输企业异地设置经营网点（分支机构），逐步形成区域性或全国性的甩挂运输网络。

8. 鼓励企业加强协作。鼓励运输企业之间、运输企业与大型制造企业、商贸企业、专业商品市场、货运站之间，通过联营、参股、合作等方式加强协作，整合运力和货源资源，提高集约化、规模化、网络化、组织化程度，提高甩挂运输的运行质量和整体效益。

三、加大资金投入，完善枢纽站场设施

1. 改造传统货运站场，适应甩挂运输需要。站场设施（包括甩挂运输运行中心）是发展甩挂运输的重要基础条件，具有一定的公益性。应通过政策引导，进一步加大对站场建设的投资力度，按照甩挂运输作业和技术特点，借鉴国外经验，对传统货运站场进行升级改造，逐步构建层次清晰、功能完善、衔接顺畅的站场节点体系，支撑甩挂运输的发展。

2. 加快综合交通枢纽建设，促进公铁、公水等多种运输方式间的有效衔接和一体化运输。鼓励利用公路甩挂运输发展水路滚装运输、铁路驼背运输和集装箱多式联运，实现公铁、公水间的快速中转和无缝衔接，推进综合交通运输体系建设。

四、开展试点工程，发挥示范效应

各地交通运输部门要联合当地发展改革委等有关部门根据实际情况，选择有条件的地区和企业，组织开展甩挂运输试点，探索和总结经验，发挥示范引导作用。

各有关部门要对列入甩挂运输试点的地区和企业，加强组织领导，落实配套政策，协调解决试点过程中存在的实际问题，为甩挂运输发展创造良好的外部环境。在试点的基础上，及时进行总结，制定完善相关技术标准和服务规范，促进甩挂运输的持续健康发展。

第二部分

物流统计

2009 年全国物流运行情况通报

（国家发展和改革委员会、国家统计局、中国物流与采购联合会　2010 年 3 月 5 日）

2009 年，我国物流业以贯彻落实国务院《物流业调整和振兴规划》为契机，抓住机遇，迎接挑战，努力克服国际金融危机影响，实现了止跌企稳、加快回升的良好发展态势，为国民经济平稳较快发展提供了有力支撑。

一、社会物流总额增长由降转升

2009 年，全国社会物流总额 96.65 万亿元，同比增长 7.4%，其中第一季度下降 3.3%，上半年下降 0.8%，前三季度由降转升，增长 2%。反映出物流需求在经济增长的带动下，企稳回升步伐有所加快。

从构成情况看，工业品物流总额 87.41 万亿元，同比增长 9.4%，占社会物流总额的比重为 90.4%，同比提高 1.7 个百分点，是带动社会物流总额增长的主要因素。进口物流总额 6.86 万亿元，同比下降 12.8%，占社会物流总额的比重为 7.1%，同比下降 1.6 个百分点。农产品物流总额、再生资源物流总额和单位与居民物品物流总额同比分别增长 4.3%、12.3% 和 16.4%。

二、社会物流总费用增长 7.2%

2009 年，全国社会物流总费用 6.08 万亿元，同比增长 7.2%，与 GDP 的比率为 18.1%，同比持平。

从构成情况看，运输费用 3.36 万亿元，同比增长 7%，占社会物流总费用的比重为 55.3%，同比下降 0.1 个百分点。

保管费用 2 万亿元，同比增长 7.5%，占社会物流总费用的比重为 32.8%，同比提高 0.1 个百分点。

管理费用 0.72 万亿元，同比增长 7.4%，占社会物流总费用的比重为 11.9%，同比持平。

三、物流业增加值增长 7.3%

2009 年，全国物流业增加值为 2.31 万亿元，同比增长 7.3%，占服务业增加值的 16.1%，同比下降 0.3 个百分点。

2009 年我国物流统计工作稳步推进

2009 年，在国家发展改革委、国家统计局和中国物流与采购联合会的共同组织推动下，在有关部门、地方政府、行业协会和广大企业的积极努力下，物流统计工作继续向前推进，取得了新进展。主要表现在以下几个方面：

一、以物流运行为中心，为现代物流平稳较快发展提供统计保障

面对国际金融危机冲击下严峻复杂的国内外经济形势，物流统计工作紧紧围绕物流运行这个中心，加强物流统计核算与分析力度，在以往按季度进行统计核算的基础上，着手开展了月度试核算分析，着力提高统计监测的时效性和统计服务的针对性，充分发挥统计工作信息、咨询、监督的职能，为现代物流平稳较快发展提供统计保障。我们的物流统计数据与分析报告，被报纸、电视、网络等媒体报道转载，得到了政府有关部门、行业、企业、研究机构等社会各界的关注。许多已经开展了物流统计核算与调查的省区市，在统计数据运用和开发上也取得了新的进展。

二、以企业调查为重点，为加强行业监测提供统计依据

2009 年，重点企业物流统计调查工作有所推进。重点物流企业统计调查由年度改为季度，增加了调查频度，时效性大大提高，特别是比较及时地反映了金融危机对行业的影响。结合季度调查数据开展分析，充实了物流统计分析的内容，受到广泛关注。年度重点企业物流统计调查数据挖掘有所突破，增加了多种指标分组，调查企业数量有所增加，数据填报质量有所提高。许多省市积极配合我们做了大量工作，北京、河北、沈阳、吉林、上海、江苏、浙江、宁波、福建、厦门、江西、山东、湖北、武汉、湖南、深圳、云南、陕西、西安、宁夏，相继开展了这项调查工作，并将企业调查表报送中国物流与采购联合会，有效地扩大了调查企业的样本数量。甘肃、长春、青岛、烟台、广州等城市也在积极着手推进重点企业物流统计调查工作。

三、以统计分析为核心，深入研究数据变化的规律性和关联性

在做好物流统计定期核算分析的基础上，开展了对第二次全国经济普查有关数据的收集。目前，数据处理工作正在紧张进行。我们将深入研究数据变化的关联性和规律性，全面分析物流相关行业的运行变化特点和发展趋势。在此基础上，我们将撰写有关专题报告，编纂物流统计资料，为各级领导和决策者提供

真正可用的东西。

四、以统计制度为基础，着力做好社会物流统计核算与报表制度的贯彻落实

加强和完善服务业统计制度是当前我国统计工作的一项重要任务。国务院要求尽快建立科学、统一、全面、协调的服务业统计调查制度和信息管理制度，完善服务业统计调查方法和指标体系。物流统计作为服务业统计的重要组成部分，经过近年来的发展，已基本形成了一套相互关联、严谨科学的物流统计指标体系，可以比较及时、客观、全面地反映我国物流运行的整体情况、发展水平以及对国民经济贡献的程度。2010年，按照国家要求，根据物流业发展运行新特点以及重点企业物流统计调查表填报情况，我们对社会物流统计核算与报表制度进行了重新修订，以进一步提高物流业统计调查制度的科学性、规范性和可操作性。为了切实做好这项工作，我们向已开展物流统计工作的省市以及部分重点调查企业，通过电话、电子邮件等方式征求意见，并与国家统计局有关司局进行了多次研讨。在此基础上，我们开展了物流统计体系标准化研究，研究构建符合联合国（SNA）核算原理的物流统计体系，以监测反映全国、区域、节点、行业、企业的物流规模、水平、投入、产出、效益、设施、人力资源以及对国民经济增长的贡献等，并分期分批推出实施系列标准。

五、以省市为支撑，建立全国物流统计工作网络

2009年物流统计工作会议后，黑龙江、山东、沈阳、长春等省市，先后着手开展物流统计工作。目前，山东已经完成了物流统计数据的核算。武汉市在开展物流统计核算的同时，注意加强物流统计分析，有关文章被国家统计局网站刊载。陕西省已经获得了当地财政部门的经费支持，为开展物流工作提供了资金保障。

六、召开全国物流统计工作会议

2010年7月，国家发改委经济运行调节局、国家统计局贸易外经司、中国物流与采购联合会联合组织召开全国物流统计工作会议。全国各省市物流牵头单位、统计局和有关协会近80名代表参加了会议。会议深入分析了当前宏观经济和物流运行形势，全面总结了一年来物流统计工作取得的成绩，介绍了社会物流统计核算与报表制度的修订情况，从巩固、充实、创新、应用等方面提出了进一步提升物流统计工作水平的思路和要求，北京、河北、吉林、黑龙江、湖南、江苏、安徽、福建、江西、山东、青岛、河南、郑州、湖北、武汉、四川、宁夏等省市介绍交流了开展物流统计工作的经验和有关物流统计分析报告。全国26个省、区、市现代物流工作牵头部门，有关统计局、行业协会80多名代表参加了会议。

（供稿：中国物流信息中心）

2009 年我国物流运行情况统计分析

2009 年，我国经济摆脱了国际金融危机的阴霾，在全球率先走向复苏。在总体经济环境不断向好的形势下，我国物流业以贯彻落实国务院《物流业调整和振兴规划》为契机，抓住机遇，迎接挑战，努力克服国际金融危机影响，实现了止跌企稳、回升向好的发展态势，为国民经济较快复苏提供了有力支撑。但回升基础还不够稳固，后市发展还存在不确定、不稳定因素，物流业振兴仍面临艰巨任务。后危机时期，随着经济结构的调整升级，以及物流业调整振兴规划实施细则的陆续出台，我国物流业发展空间将得到进一步拓展。与此同时，低碳经济发展模式和物联网技术的应用与创新，也对我国物流业发展提出新的更高的要求。预计 2010 年物流运行将继续保持平稳较快发展，物流业结构调整步伐将进一步加快，物流企业竞争将更加激烈。

一、2009 年我国物流运行的基本情况

1. 社会物流需求在低谷中回升

（1）社会物流总额由降转升。2009 年，全国社会物流总额 96.7 万亿元，同比增长 7.4%。按可比价格计算，增长 11.3%。2009 年 GDP 总量与物流总额相比的物流需求系数为 2.88，同比略有缩小，即我国每单位 GDP 产出需要 2.88 个单位的物流总额来支持。社会物流总额增长与 GDP 增长的弹性系数为 1.3，虽然与经济扩张期水平相比仍然偏低，但比 2009 年上半年回升了 0.45 个点。表明物流需求在经济增长的带动下，得到很大恢复。分季度情况看，第一季度下降 3.3%，这是自 1991 年有物流统计以来出现的首次负增长；上半年下降 0.8%，降幅有所缩小；前三季度由降转升，增长 2%。物流需求呈现出明显的止跌企稳、回升加快态势。

从构成情况看，受国际金融危机影响，在需求和美元对人民币汇率双下挫的影响下，进口物流总额 6.86 万亿元，同比下降 12.8%，进口物流总额占社会物流总额的比重为 7.1%，同比下降 1.6 个百分点。与此同时，工业品物流总额 87.41 万亿元，同比增长 9.4%，占社会物流总额的比重为 90.4%，同比提高 1.6 个百分点。反映出在我国工业化中后期发展阶段，特别是在国际贸易萎缩的情况下，工业品物流更多地担当了拉动社会物流总额增长的重要力量。农产品物流总额、再生资源物流总额和单位与居民物品物流总额保持平稳较快增长，同比分别增长 4.3%、12.3% 和 16.4%，如表 1 所示。

表1　2009年社会物流总额构成及增长变动情况　　单位:%

	同比增长	在物流总额中所占比重
农产品物流总额	4.3	2.0
工业品物流总额	9.4	90.4
进口货物物流总额	-12.8	7.1
再生资源物流总额	12.3	0.3
单位与居民物品物流总额	16.4	0.2

（2）物流量需求逐月回升。2009年，国内货运量、货运周转量、港口货物吞吐量同比分别增长7.6%、9.8%和8.1%，增幅分别比前三季度提高2.6个、3.3个和2个百分点。全国规模以上快递企业业务量累计完成18.6亿件，同比增长22.8%；业务收入累计完成479亿元，同比增长17.3%。与此同时，在12月PMI调查中，反映原材料质量和配送问题的企业比例环比上升了4.1个百分点；反映运输紧张的企业比例环比上升了2.5个百分点。表明随着物流需求的逐步恢复，物流量需求也逐步回升。不过与社会物流总额11.3%的增长相比，物流量的增长仍然偏低，一定程度上反映出供需不够匹配，仍有相当商品处于库存状态，未通过流通环节进入消费领域。

2. 社会物流总费用稳中有升

2009年，全国社会物流总费用为60826亿元，同比增长7.2%，社会物流总费用与GDP的比率为18.1%，与2008年持平。分季度情况看，第一季度增长3.3%，上半年增长4.8%，前三季度增长6.4%，增幅呈逐季提高态势。

从构成情况看，运输费用为33628亿元，同比增长7%，占社会物流总费用的比重为55.3%，比2008年下降0.1个百分点；保管费用为19955亿元，同比增长7.5%，占社会物流总费用的比重为32.8%，比2008年提高0.1个百分点；管理费用为7244亿元，同比增长7.4%，占社会物流总费用的比重为11.9%，与2008年持平，如图1所示。

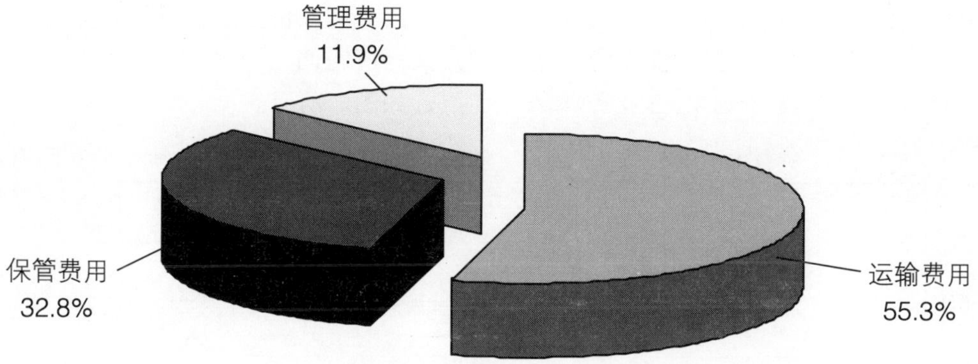

图1　2009年社会物流总费用构成

3. 物流业增加值逐季回升

2009年，全国物流业增加值为23078亿元，同比增长7.3%，占GDP的6.9%，比2008年提高0.1个百分点；占服务业增加值的16.1%，比2008年下降0.3个百分点。分季度情况看，第一季度增长1.2%，上半年增长2.1%，前三季度增长4%，增幅亦呈逐季提高态势。2009年物流业增加值增幅高出物流总费用0.1个百分点，虽然不大，但一定程度上反映出物流专业化社会化程度有所提高，制造业与物流业联动有所增强。

从构成情况看，交通运输业增加值为 1.68 万亿元，增长 6%，仓储业增加值增长 10.6%，贸易业、邮政业增加值分别增长 10.6% 和 14%。

4. 物流业固定资产投资持续快速增长

2009 年，我国物流业固定资产投资为 2.6 万亿元，同比增长 47.6%，增幅创近年新高，比 2008 年提高 25 个百分点，比同期全社会固定资产投资高出 18 个百分点。从投资构成看，交通运输业投资额为 1.9 万亿元，同比增长 48.4%，比 2008 年提高 29 个百分点，占物流业固定资产投资的 76%。仓储、邮政业投资额为 1766 亿元，同比增长 57.5%，贸易业投资额为 4451 亿元，同比增长 40.6%，均保持较快增长。反映出国家加大物流相关产业基础建设投资措施取得成效，对物流业的振兴与发展将产生良好的促进作用。

5. 重点物流企业规模有所扩大，企业集中度有所提高

2009 年重点物流企业统计调查汇总数据显示，前 50 名物流企业主营业务收入共达 4756 亿元，比 2008 年增长 14.7%。其中，中国远洋运输（集团）总公司主营业务收入超过千亿元，中国海运集团总公司等 6 家企业主营业务收入超过百亿元，前 43 家企业主营业务收入超过 10 亿元。排名第 50 名的物流企业主营业务收入达到 7.6 亿元，同比增长 2.7%。前 10 名物流企业占社会物流总收入的比重由 2008 年的 9.1% 提高到 9.3%，提高了 0.2 个百分点，企业集中度有所提高。

二、我国物流运行存在的主要问题

2009 年，虽然我国物流运行呈现探底企稳、加快回升态势，但物流业整体上还没有完全摆脱困难的局面，持续向好的基础还不稳定，成效还不巩固。主要存在以下问题：

1. 物流服务价格走低，产业发展后劲不足

2009 年，全国社会物流总费用增长 7.2%，低于同期物流量平均 8.5% 左右的增长率。反映出物流服务价格依然呈下降之势。在原材料汽柴油价格上涨和劳动力成本上升的背景下，物流服务价格走低，影响物流产业的进一步回升，发展后劲不足。

从 2009 年公路货运市场综合价格指数看，继 2008 年 11 月以来一直在 70 左右徘徊，2009 年 2 月、3 月、8 月更是低至 66 左右，11 月受需求回升和油价上涨的共同影响达到 79.2，12 月又有所回调，为 78.3，环比下降 0.9 个百分点，如图 2 所示。

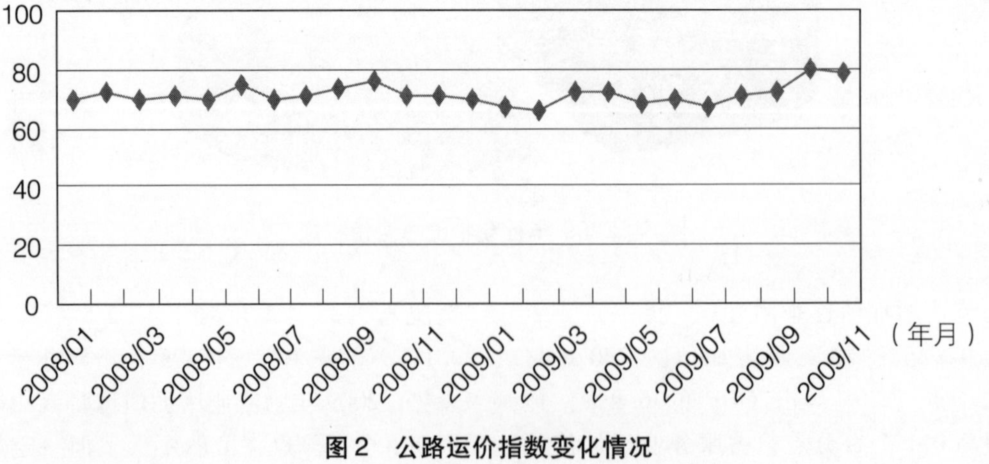

图 2　公路运价指数变化情况

2009 年，我国沿海干散货综合运价指数自 2008 年 6 月达到 2886.92 高点后，一路下滑，2008 年 11 月后在 1000 ~ 1200 点小幅波动，2009 年 11 月中旬开始出现较为明显的上升，但与 2008 年高点相比仍有 700 多点的差距，如图 3 所示。

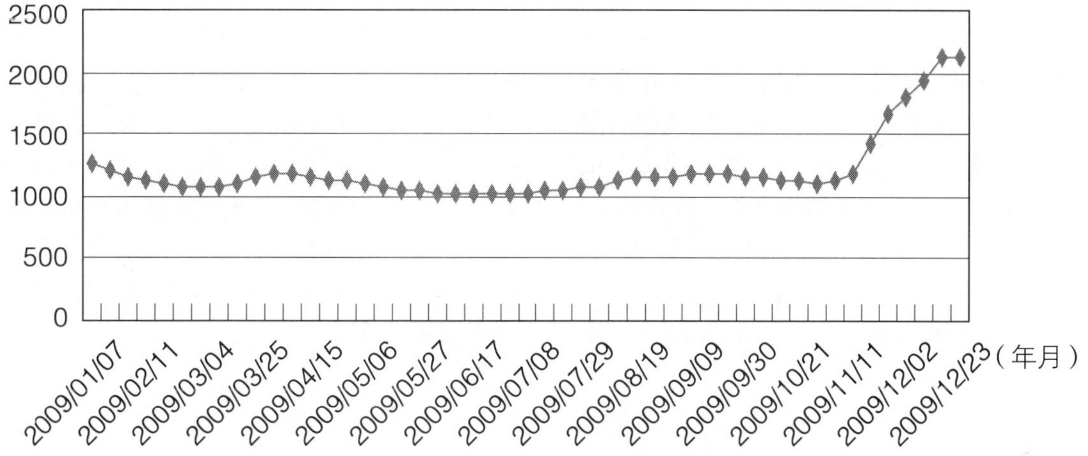

图 3　中国沿海（干散货）综合运价指数走势

受我国铁矿石、煤炭进口量大增等因素影响，波罗的海干散货运价指数 6 月出现较大幅度反弹，进入 8 月逐步回落，进入第四季度后又出现反弹，11 月中旬达到 4661 年内高点后再度下滑，12 月 24 日报收 3005 点，比反弹高点下跌近四成，如图 4 所示。

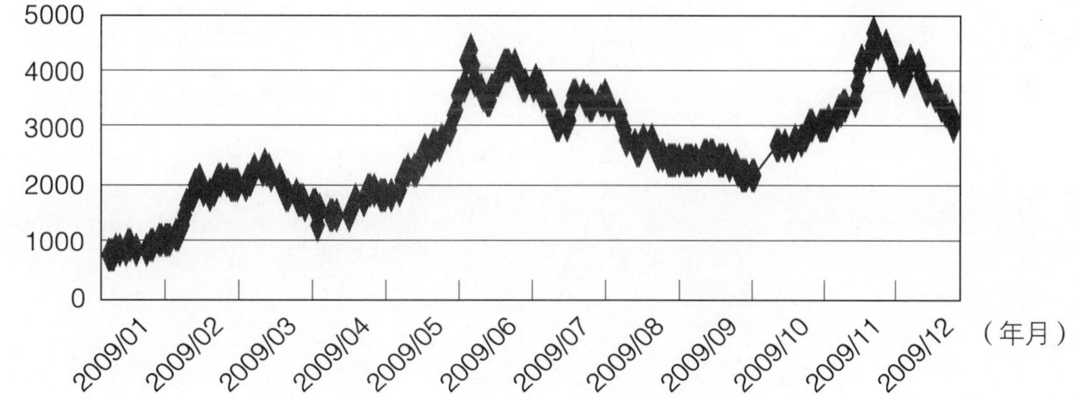

图 4　波罗的海干散货运价指数 BDI

2. 物流行业运营仍面临较大困难

从物流业总体情况看，2009 年物流业增加值虽然逐季回升，但全年同比增幅仍比 2008 年回落 8.1 个百分点。由于物流需求减缓和经营成本上升，物流业对国民经济增长贡献不断增加的趋势继续有所减缓。2009 年物流业增加值占服务业增加值的比重比 2008 年下降 0.3 个百分点。由于物流成本提高较大，而物流行业分散，竞争激烈，难以通过提价把成本压力转移给下游客户，不得不挤占行业自身利益，导致物流总体效益增势趋缓。

从物流企业经营情况看，据对全国重点物

流企业统计调查结果显示，我国重点物流企业2009年第三季度经营效益虽然好于上半年，但仍呈普遍下降之势。其中，主营业务利润额下降17%。在调查企业中，近六成企业利润额同比负增长，17%的企业亏损。扣除港口企业后的利润率只有3%左右。企业后续发展资金匮乏，后劲不足。因此，要进一步加快物流业调整和振兴规划的落实，促进现代制造业与物流业的有机融合与联动发展，提高物流企业经营效益。

3. 国际物流巨头加大在华投资并购力度，物流业竞争加剧

近年来，跨国物流企业不断加大投入，通过建设大型转运中心来提升网络实力、战略地位，形成对物流网络渠道的控制。自外资企业可以在中国自行设立分销网络以来，中国巨大的物流市场促使跨国物流公司加快了在中国的布局。尤其是在金融危机下，以中国为代表的新兴市场，成为并购行动的主要目标。跨国物流公司借助资金、技术和管理等优势，通过收购从单一业务走向综合物流业务，从集中于中心城市物流业务向构筑全国性物流网络全方位展开。不仅在高端市场领域占据了主导地位，而且向传统物流领域进行渗透和扩张，对我国经济的稳定运行势必产生重大影响，我国物流产业安全形势不容乐观，物流业必将面临越来越激烈的竞争。

（供稿：中国物流信息中心）

2009 年全国重点企业物流统计调查报告

（国家发展改革委经济运行调节局、国家统计局贸易外经司、中国物流与采购联合会　2009 年 12 月）

根据《社会物流统计核算与报表制度》的要求，2009 年 4～12 月，国家发展改革委、国家统计局和中国物流与采购联合会对 2008 年全国重点工业、批发零售业的企业物流状况和物流企业的经营情况进行了统计调查。本次调查共收到 1349 家重点企业的资料，有效报表 1206 家，报表有效率为 89.4%。其中，工业、批发零售业企业 756 家，占 63%，物流企业 450 家，占 37%。

一、工业、批发零售业企业情况

1. 物流业务需求增幅回落

调查企业汇总数据显示，2008 年工业、批发零售业企业销售总额比 2007 年增长 15.5%，继续保持较快增长，但受国际金融危机影响，增幅同比回落 4.6 个百分点。其中，工业企业销售总额比 2007 年增长 11.8%，增幅同比回落 8.9 个百分点，批发、零售业企业销售总额比 2007 年增长 21.2%，增幅同比提高 2.3 个百分点。

2. 物流业务外包有所增加

调查企业汇总数据显示，2008 年工业、批发零售业企业货运量比 2007 年增长 2.8%，其中，委托代理货运量比 2007 年增长 10.2%，增幅较自运货运量高出 5 个百分点。委托代理货运量占货运总量的比重为 49.8%，比 2007 年提高了 3.4 个百分点。其中，工业企业委托代理货运量增长 1.4%，批发零售业企业委托代理货运量增长 8.4%。一定程度上表明工商企业出于物流服务专业化以及提高物流服务速度等考虑，越来越倾向于选择将物流业务外包，而专注于自身核心业务。不过，从当前情况看，企业外包业务仍主要集中在货物运输等传统业务。

3. 物流费用较快增长

随着物流业务需求的较快发展，受燃料、劳动力成本大幅上升的影响，工业、批发零售业企业物流费用持续较快增长。调查企业汇总数据显示，2008 年物流费用比 2007 年增长 28.3%，增幅同比提高 1.8 个百分点。其中，运输费用（小于物流统计核算指标口径，以下同）增长 30.7%、仓储费用增长 43%、流通加工费用增长 27.6%、物流管理费用增长 7.9%、利息费用增长 59%、保险费用增长 26%。

在物流费用构成中，运输费用占物流费用的比重最高，为 66.2%，但比 2007 年降低 2.7 个百分点；仓储、流通加工、包装等保管费用占21.2%，同比提高7.6个百分点；管理费用占12.6%，同比降低4.9个百分点。

2008年调查企业保管费用所占比重增加，主要是仓储费用受土地价格大幅上涨、土地使用税率调整等因素影响增长突出所致。2008年仓储费用占物流费用的比重为7.3%，同比提高2.5个百分点。与此同时，受法定存款准备金率及利息提高等因素影响，利息、保险费用增长较快，增加了企业的财务费用。

4. 物流费用率水平略有上升

调查企业汇总数据显示，2008年工业、批发零售业企业物流费用率（物流费用占销售额的比重）为9.3%，同比上升0.8个百分点。其中，工业企业物流费用率为9.9%，上升0.5个百分点；批发零售业企业物流费用率为8.3%，上升0.1个百分点。

二、物流企业情况

2008年是全球经济形势急剧变化的一年。一年来，全球金融危机对实体经济的影响进一步凸现，国际贸易增速放缓，物流市场出现较大震荡。

1. 物流业务量平稳增长，物流业务收入增幅回落

调查企业汇总数据显示，2008年物流企业货运量比2007年增长7.1%，增幅同比回落18个百分点。具有现代物流特征的业务量增长较为强劲，如货代业务量增长25.5%，配送量增长30.4%，一体化物流增长26.3%。2008年物流企业主营业务收入比2007年增长13.7%，增幅同比回落11.7个百分点。其中，配送收入增长30.9%，运输收入增长21%，仓储收入增长10.8%，而包装收入、代理收入、信息及相关业务收入均比2007年有所下降。

分物流行业看，2008年综合型物流企业主营业务收入增幅最大，为36.2%，仓储型物流企业主营业务收入增长32.2%，快递型物流企业主营业务收入增长7.9%，运输型物流企业主营业务收入增长8.6%。在运输型调查企业中，铁路货物运输企业增长38.8%，道路货物运输企业增长23.5%、管道运输业企业增长21%，水上货物运输企业增长7%，航空运输企业增长0.1%。

分区域看，伴随着西部地区经济的较快增长，2008年西部地区物流企业物流业务收入增幅最大，为37.4%；中部地区物流企业物流业务收入增长34.2%；东部地区物流企业物流业务收入增长12.1%，增幅相对于中西部较低，但多数实力较强的物流企业集中东部地区，在绝对规模和实力上具有明显优势。

分登记注册类型看，2008年内资企业主营业务收入增长14.7%，其中国有企业增长8.4%，民营企业增长40.5%，港、澳、台投资及外资企业增长1.2%。

2. 物流业务成本增长快于物流收入增长，企业赢利水平有所下降

2008年，受燃料动力价格、土地价格等因素影响，物流企业主营业务成本增长较快。调查企业汇总数据显示，物流企业主营业务成本比2008年增长15.2%，增幅高于主营业务收入1.5个百分点。其中，配送成本增长35.4%，运输成本增长23.2%，装卸搬运业务成本增长19.8%。与此同时受劳动力成本上升的影响，2008年调查企业物流人员劳动报酬比2007年增长23.7%。

2008年物流企业主营业务利润额同比增长12.1%，收入利润率（主营业务利润与主营业务收入的比率）为11.1%，同比下降0.2个百分点。成本利润率（主营业务利润与主营业务成本的比率）为13.1%，同比下降0.4个百分点。这表明调查企业赢利水平有所下降。

分区域看，东部地区物流企业赢利水平存在较大优势，2008年收入利润率为11.5%，高出整体水平0.4个百分点；中部和西部地区收入利润率分别为5%和6%，低于整体水

平近6个百分点。

从分登记注册类型看，2008年外资企业、港、澳、台企业和内资企业收入利润率分别为11.5%、16.8%和10.8%，内资企业低于外资和港、澳、台企业收入利润率水平。

3. 物流企业实力继续有所增强

调查企业汇总数据显示，物流企业实力继续增强。2008年前50名物流企业主营业务收入共达4756亿元，占全国物流相关行业总收入9.9%，同比增长14.7%。在50强企业中，中国远洋运输（集团）总公司主营业务收入超过千亿元，中国海运集团总公司等6家企业主营业务收入超过百亿元，同比增加3家；前43家企业主营业务收入超过10亿元。排名第50名物流企业的主营业务收入达到7.6亿元，同比上涨2.7%。

2009 年 1 ~ 12 月份中国制造业商务活动指数通报

（中国物流与采购联合会发布）

制造业 PMI 是一个综合指数，按照国际上通用的做法，由 5 个主要扩散指数加权而成。通常 PMI 指数在 50% 以上，反映经济总体扩张；低于 50%，反映经济衰退。CFLP 中国制造业 PMI 指数的建立得到了香港利丰集团的大力支持。

1 月份

2009 年 1 月，CFLP 中国制造业采购经理指数（PMI）为 45.3%，比上月上升 4.1 个百分点。

本月中国制造业 PMI 指数明显回升。同上月相比，在 12 个指数中，只有产成品库存指数、从业人员指数下降，其余指数均明显上升，升幅多在 3 个百分点以上。其中，生产指数、新订单指数、采购量指数、进口指数、购进价格指数升势尤为明显，升幅超过 6 个百分点。中国制造业 PMI 指数虽然最近两个月连续回升，但仍然位于较低水平，除供应商配送时间指数略高于 50% 以外，其余各项指数均低于 50%，尤其以新出口订单指数为最低，只有 33.7%。

分行业来看，在 20 个行业中，烟草制品业、饮料制造业、黑色金属冶炼及压延加工业、食品加工及制造业、造纸印刷及文教体育用品制造业 5 个行业高于 50%，在 52.1% ~ 68.9%；其余 15 个行业均低于 50%，其中纺织业最低，不足 30%。

针对 1 月制造业采购经理调查情况，特约分析师张立群分析认为："1 月的 PMI 指数表明，中国经济低谷逐步回升的态势正在形成。2008 年国内外生产资料价格的大幅度波动，导致库存剧烈调整和工业生产剧烈下滑。2008 年 11 月以后，库存调整活动大体结束，国内市场部分生产资料价格，例如钢铁价格有所回升。企业由于消化库存而停顿下来的生产也开始启动。值得注意的是，扩大内需的政策，特别是积极的财政政策其效果开始通过投资品订单陆续传达到企业，春节期间国内消费市场红火，在这些因素影响下，预计中国经济在第一季度会出现回升态势。由于春节的关系，这些变化需要等待 1 ~ 2 月的经济指标公布之后才能够确定。"

新订单指数上升。本月新订单指数为 45.0%，比上月上升 7.7 个百分点，在制造业 PMI 12 个指数中升势较为明显。分行业来看，在 20 个行业中，烟草制品业、饮料制造业、黑色金属冶炼及压延加工业、食品加工及制造业、造纸印刷及文教体育用品制造业、交通运输设备制造业、电气机械及器材制造业7个行业高于50%；专用设备制造业、石油加工及炼焦业、医药制造业等13个行业低于50%，尤其以木材加工及家具制造业、纺织业为最低，不足20%。

从新出口订单指数来看，呈小幅回升。本月该指数比上月上升3.0个百分点，达到33.7%。该指数最近两个月连续回升，但依然维持较低水平，已连续六个月低于50%。在20个行业中，只有饮料制造业、石油加工及炼焦业略高于50%，其余18个行业均低于50%，尤其以化纤制造及橡胶塑料制品业、纺织业为最低，不足20%。

生产指数上升。本月该指数比上月上升6.1个百分点，达到45.5%。在20个行业中，烟草制品业、黑色金属冶炼及压延加工业、饮料制造业、食品加工及制造业、专用设备制造业、电气机械及器材制造业6个行业高于50%；交通运输设备制造业、造纸印刷及文教体育用品制造业、石油加工及炼焦业等14个行业低于50%，尤其以纺织业、木材加工及家具制造业为最低，不足20%。

生产指数回升带动采购量指数明显上扬。本月采购量比上月上升8.1个百分点，达到44.3%，在制造业PMI 12个指数中，升势显著。分行业来看，在20个行业中，只有烟草制品业、饮料制造业、黑色金属冶炼及压延加工业、食品加工及制造业、石油加工及炼焦业、电气机械及器材制造业6个行业高于50%，其余14个行业均低于50%，尤其以金属制品业、通用设备制造业、纺织业、木材加工及家具制造业为最低，不足30%。

从业人员指数继续下降，但降幅缩小。本月从业人员指数为43.0%，比上月微降0.3个百分点。该指数自2008年9月以来，已经连续五个月下降；在50%以下已经持续四个月。分行业来看，在20个行业中，只有黑色金属冶炼及压延加工业、饮料制造业略高于50%，分别为52.1%和50.4%；其余18个行业均低于50%。

购进价格指数继续回升。本月该指数继上月上升6.1个百分点以后，又上升8.8个百点，在制造业PMI 12个指数中，升势最为显著。虽然已是连续两个月回升，但分行业来看，多数行业仍然停留在50%以下。在20个行业中，只有黑色金属冶炼及压延加工业、金属制品业、烟草制品业3个行业高于50%，其余17个行业均低于50%，尤其以石油加工及炼焦业、木材加工及家具制造业为最低，不足30%。

2月份

2009年2月，CFLP中国制造业采购经理指数（PMI）为49.0%，比上月上升3.7个百分点。同上月相比，在制造业PMI指数体系（由1个合成指数和11个分项指数构成）中，各项指数均有上升，升幅多在3个百分点以上。其中，生产指数、新订单指数、新出口订单指数、积压订单指数、采购量指数、进购进价格指数升势显著，升幅超过5个百分点。中国制造业PMI指数最近三个月连续回升，目前个别指数如新订单指数、生产指数已回升到50%临界点以上，分别为50.4%和51.2%。

分行业来看，在20个行业中，交通运输设备制造业、电气机械及器材制造业、通用设备制造业等9个行业高于50%，尤其以交通运输设备制造业为最高，达到62%；专用设备制造业、造纸印刷及文教体育用品制造业、饮料制造业等11个行业低于50%，其中木材加工及家具制造业最低，只有30.8%。

针对2月制造业采购经理调查情况，特约分析师张立群分析认为："2月PMI指数表明中国经济底部回升的迹象趋于明显。目前中国经济发展形势已出现积极变化，比如补充库存活动增加、贷款快速增长、发电量恢复为正增长等，再结合2008年12月以来PMI指数的变化情况，预计1～2月中国工业增长率将高于2008年11～12月的水平。考虑到当前各项政策效果正在显现，支持经济较快增长的各类有利条件也正在积极发挥作用，中国经济可能由此进入持续回升的轨道。”

新订单指数继续上升。本月新订单指数为50.4%，比上月上升5.4个百分点，分行业来看，在20个行业中，交通运输设备制造业、电气机械及器材制造业、化学原料及化学制品制造业等8个行业高于50%，尤其以交通运输设备制造业为最高，达到74.2%；有色金属冶炼及压延加工业、通信设备计算机及其他电子设备制造业、石油加工及炼焦业等12个行业低于50%，尤其以木材加工及家具制造业为最低，不足20%。

从新出口订单指数来看，升势较为显著。本月该指数比上月上升9.7个百分点，达到43.4%。虽然该指数最近三个月连续回升，但分行业来看，绝大多数行业仍处在50%以下。在20个行业中，只有电气机械及器材制造业、交通运输设备制造业、石油加工及炼焦业、饮料制造业4个行业高于50%，为53.5%～57.5%；其余16个行业均低于50%，尤其以有色金属冶炼及压延加工业为最低，不足30%。

生产指数回升到50%以上。本月该指数比上月上升5.7个百分点，达到51.2%。在20个行业中，有10个行业高于50%，尤其以交通运输设备制造业、电气机械及器材制造业、通用设备制造业为最高，达到60%以上，其中交通运输设备制造业达到72.5%。目前，石油加工及炼焦业、造纸印刷及文教体育用品制造业、饮料制造业等10个行业仍然低于50%，尤其以烟草制品业、木材加工及家具制造业为最低，不足30%。

生产指数回升带动采购量指数明显上扬。本月采购量比上月上升5.2个百分点，达到49.5%。分行业来看，在20个行业中，有9个行业高于50%，尤其以电气机械及器材制造业、交通运输设备制造业为最高，均达到60%以上。目前，石油加工及炼焦业、医药制造业、食品加工及制造业等11个行业仍然低于50%，尤其以金属制品业、木材加工及家具制造业为最低，不足30%。

从业人员指数明显回升，但依然处在50%以下。本月从业人员指数为46.1%，比上月上升3.1个百分点。该指数自2008年9月以来，首次出现明显上升。虽然明显上升，但仍然处在50%以下，分行业来看，在20个行业中，只有黑色金属冶炼及压延加工业、饮料制造业略高于50%，其余18个行业均低于50%。

购进价格指数继续回升。本月该指数比上月再升5.0个百分点，达到46.5%。该指数已是连续三个月回升，但分行业来看，多数行业仍然停留在50%以下。在20个行业中，黑色金属冶炼及压延加工业、化纤制造及橡胶塑料制品业、化学原料及化学制品制造业、烟草制品业4个行业高于50%，其余16个行业均低于50%，其中金属制品业、木材加工及家具制造业、非金属矿物制品业3个行业低于40%。

3月份

2009年3月，CFLP中国制造业采购经理指数（PMI）为52.4%，比上月上升3.4个百分点。同上月相比，在PMI指数体系中，除产成品库存指数下降1.0个百分点以外，其余各项指数均保持上升，升幅多在3个百分点以上。其中，生产指数、新订单指数、新出口订单指数、积压订单指数、采购量指数、进口指数升势显著，升幅超过4个百分点。中国制造业PMI指数最近四个月连续回升，继上月生产指数、新订单指数之后，本月又有综合指数PMI和采购量指数回升到50%临界点以上，分别达到52.4%和54.0%。

在本月20个行业中，电气机械及器材制造业、交通运输设备制造业、通用设备制造业等14个行业高于50%；烟草制品业位于50%临界点；通信设备计算机及其他电子设备制造业、有色金属冶炼及压延加工业、黑色金属冶炼及压延加工业5个行业低于50%。

针对3月制造业采购经理调查情况，特约分析师张立群分析认为："3月PMI指数在连续六个月低于50%以后，首次超过50%，特别是生产指数和新订单指数已连续两个月保持在50%以上，预示经济增长将呈现由低转高变化。2008年12月以来，PMI指数已连续四个月提高，与经济运行情况对比表现了超前变化的特点。2009年1~2月工业增长率为3.8%，调整不可比因素后为5.2%，增幅虽然继续有所回落，但从发电量降幅持续减缓，以及投资、消费实际增幅均较上年同期明显提高，以及随天气转暖，投资开始进入活跃季节等情况看，预计3月经济增长率将有所提高。随着政策效果的显现，预计第二季度经济增长率将继续提高。综合来看，PMI指数超前反映了经济运行的变化。"

新订单指数继续上升。2009年3月新订单指数为54.6%，比上月上升4.2个百分点。在20个行业中，交通运输设备制造业、电气机械及器材制造业、通用设备制造业、化纤制造及橡胶塑料制品业、造纸印刷及文教体育用品制造业等16个行业高于50%，其中前三个行业达到60%以上；烟草制品业、服装鞋帽制造及皮毛羽绒制品业、黑色金属冶炼及压延加工业、木材加工及家具制造业4个行业低于50%。

新出口订单指数虽有上升，但仍维持在低位。2009年3月新出口订单指数为47.5%，比上月上升4.1个百分点。在20个行业中，电气机械及器材制造业、烟草制品业、造纸印刷及文教体育用品制造业、通用设备制造业、金属制品业、通信设备计算机及其他电子设备制造业6个行业高于50%，其中电气机械及器材制造业、烟草制品业达到60%以上，分别为65.5%和64.6%；交通运输设备制造业、食品加工及制造业、饮料制造业等14个行业均低于50%，尤其以黑色金属冶炼及压延加工业为最低，不足30%。

生产指数继续保持上升态势。2009年3月生产指数为56.9%，比上月上升5.7个百分点。在20个行业中，以电气机械及器材制造业、交通运输设备制造业、化纤制造及橡胶塑料制品业、通用设备制造业为首的16个行业高于50%，为首的5个行业达到60%以上，尤其以电气机械及器材制造业为最高，达到70.7%；黑色金属冶炼及压延加工业位于50%临界点；有色金属冶炼及压延加工业、服装鞋帽制造及皮毛羽绒制品业、木材加工及家具制造业3个行业低于50%。

从业人员指数继续回升，但依然处在50%以下。2009年3月从业人员指数为48.6%，比上月上升2.5个百分点。在20个行业中，交通运输设备制造业、通用设备制造业、医药制造业、化学原料及化学制品制造业、电气机械及器材制造业5个行业高于50%；烟草制品业、纺织业、石油加工及炼焦业、有色金属冶炼及压延加工业、金属制品业5个行业接近50%，均为49.8%；其余10个行业均低于50%。

购进价格指数小幅上升。2009年3月购进价格指数为48.3%，比上月上升1.8个百分点。该指数连续四个月回升。分行业来看，在20个行业中，石油加工及炼焦业、电气机械及器材制造业、木材加工及家具制造业等9个行业高于50%，其中前两个行业达到60%以上；造纸印刷及文教体育用品制造业、化纤制造及橡胶塑料制品业、非金属矿物制品业等11个行业均低于50%，其中金属制品业、黑色金属冶炼及压延加工业两个行业低于40%。

4月份

2009年4月，CFLP中国制造业采购经理指数（PMI）为53.5%，比上月上升1.1个百分点。同上月相比，在PMI指数体系中，产成品库存指数、原材料库存指数和供应商配送时间指数下降，其余各项指数均保持上升，但升幅有所缩小，多在2个百分点以内。其中，生产指数、新订单指数分别上升0.5和2.0个百分点，达到57.4%和56.6%，连续三个月保持在50%以上；购进价格指数上升3.0个百分点，达到51.3%，自2008年9月以来首次突破50%；从业人员指数上升1.7个百分点，达到50.3%，自2008年10月以来首次突破50%。

在本月20个行业中，电气机械及器材制造业、交通运输设备制造业、饮料制造业等15个行业高于50%；金属制品业、烟草制品业、化学原料及化学制品制造业、医药制造业、木材加工及家具制造业5个行业低于50%。

针对4月制造业采购经理调查情况，特约分析师张立群分析认为："4月的PMI指数预示中国经济将继续保持回升态势，从第一季度投资、消费和出口增长情况来看，也预示了这种趋势。3月我国工业增长率由1～2月的3.8%提高到8.3%，出现比较明显的提高，说明自2008年12月以后PMI指数反映的经济回升趋势是正确的，PMI指数较早地预示了经济拐点的出现，正在成为观察经济走势的重要先行指标。"

新订单指数继续上升，连续三个月保持在50%以上。本月新订单指数为56.6%，比上月上升2.0个百分点。在20个行业中，以电气机械及器材制造业、交通运输设备制造业、饮料制造业、造纸印刷及文教体育用品制造业、非金属矿物制品业、通用设备制造业、有色金属冶炼及压延加工业为首的15个行业高于50%，其中为首的7个行业达到60%以上；烟草制品业、黑色金属冶炼及压延加工业、化学原料及化学制品制造业、医药制造业、木材加工及家具制造业5个行业低于50%。

新出口订单指数逼近50%。本月新出口订单指数49.1%，比上月上升1.6个百分点。在20个行业中，烟草制品业、电气机械及器材制造业、造纸印刷及文教体育用品制造业为首的9个行业高于50%，为首的3个行业达到60%以上，尤其以烟草制品业为最高，达到72.6%；专用设备制造业、服装鞋帽制造及皮毛羽绒制品业、食品加工及制造业、纺织业、通用设备制造业等11个行业均低于50%，尤其以黑色金属冶炼及压延加工业为最低，不足30%。

生产指数继续上升，连续三个月保持在50%以上。本月生产指数为57.4%，比上月上升0.5个百分点。在20个行业中，以电气机械及器材制造业、交通运输设备制造业、饮料制造业、非金属矿物制品业、有色金属冶炼及压延加工业、纺织业为首的16个行业高于50%，为首的6个行业达到60%以上，尤其以电气机械及器材制造业为最高，达到73.2%；化学原料及化学制品制造业、金属制品业、医药制造业、木材加工及家具制造业4个行业低于50%。

从业人员指数突破50%。本月从业人员指数为50.3%，比上月上升1.7个百分点，自2008年10月以来首次突破50%。在20个行业中，造纸印刷及文教体育用品制造业、电气机械及器材制造业、交通运输设备制造业、化学原料及化学制品制造业、黑色金属冶炼及压延加工业、服装鞋帽制造及皮毛羽绒制品业6个行业高于50%，其中造纸印刷及文教体育用品制造业最高，达到61.0%；木材加工及家具制造业、石油加工及炼焦业、非金属矿物制品业、有色金属冶炼及压延加工业、通用设备制造业5个行业接近50%，均为49.9%；其余9个行业均低于50%，在43.2%~48.8%。

购进价格指数突破50%。本月购进价格指数为51.3%，比上月上升3.0个百分点，自2008年9月以来首次突破50%。分行业来看，在20个行业中，以石油加工及炼焦业、电气机械及器材制造业、饮料制造业、化纤制造及橡胶塑料制品业、纺织业、化学原料及化学制品制造业为首的9个行业高于50%，为首的6个行业达到60%以上，尤其以石油加工及炼焦业为最高，达到75%；烟草制品业位于50%；通信设备计算机及其他电子设备制造业、服装鞋帽制造及皮毛羽绒制品业、交通运输设备制造业等10个行业均低于50%。

5月份

2009年5月，CFLP中国制造业采购经理指数（PMI）为53.1%，比上月回落0.4个百分点。同上月相比，在PMI指数体系中，各分项指数虽然有升有降，但升降幅度不大。其中，新出口订单指数、产成品库存指数和购进价格指数上升，升幅在1~1.8个百分点；其余各指数均为略有回落，回落幅度多在0.5个百分点以内。

在本月20个行业中，饮料制造业、烟草制品业、石油加工及炼焦业、电气机械及器材制造业、黑色金属冶炼及压延加工业等14个行业高于50%；化学原料及化学制品制造业、通用设备制造业、木材加工及家具制造业、纺织业、金属制品业、医药制造业6个行业低于50%。化学原料及化学制品制造业、医药制造业、木材加工及家具制造业5个行业低于50%。

针对5月制造业采购经理调查情况，特约分析师张立群分析认为："5月PMI指数继续保持在50%以上，预示经济将继续保持回升态势。较上月略有回落是正常变化，PMI指数在50%以上的波动，只要不是单方向连续变化，一般不具趋势性预测意义。1~4月的经济运行情况表明，我国经济回升态势初步形成，但尚未达到较高的景气度，PMI指数在50%以上的持续提高趋于稳定，与此有很大关系。由于投资、消费需求增幅不断提高，对企业生产的拉动作用不断增强，这些在新订单指数上也有表现，预计未来经济增长水平将继续提高。"

新订单指数略有回落，但继续保持在50%以上。本月新订单指数56.2%，比上月回落0.4个百分点。在20个行业中，有14个行业高于50%，其中饮料制造业、石油加工及炼焦业、烟草制品业、黑色金属冶炼及压延加工业、电气机械及器材制造业、通信设备计算机及其他电子设备制造业、服装鞋帽制造及皮毛羽绒制品业7个行业达到60%以上；化学原料及化学制品制造业、木材加工及家具制造业、通用设备制造业、金属制品业、纺织业、医药制造业6个行业低于50%。

生产指数略有回落，但继续保持在50%以上。本月生产指数为56.9%，比上月回落0.5个百分点。在20个行业中，除造纸印刷及文教体育用品制造业、金属制品业和医药制造业低于50%以外，其余17个行业均高于50%，其中烟草制品业、饮料制造业、石油加工及炼焦业、化纤制造及橡胶塑料制品业、黑色金属冶炼及压延加工业、电气机械及器材制造业、非金属矿物制品业7个行业达到60%以上。

采购量指数略有回落。本月采购量指数为55.8%，比上月回落0.4个百分点。分行业来看，在20个行业中，14个行业高于50%，其中饮料制造业、烟草制品业、通信设备计算机及其他电子设备制造业、服装鞋帽制造及皮毛羽绒制品业、有色金属冶炼及压延加工业、石油加工及炼焦业6个行业超过60%；纺织业、通用设备制造业、金属制品业、专用设备制造业、医药制造业、木材加工及家具制造业6个行业低于50%。

购进价格指数继续上升。本月购进价格指数为53.1%，比上月上升1.8个百分点，连续六个月回升。分行业来看，在20个行业中，以石油加工及炼焦业、纺织业、化纤制造及橡胶塑料制品业为首的15个行业高于50%，为首的3个行业达到60%以上，尤其以石油加工及炼焦业为最高，达到79.1%；通用设备制造业、烟草制品业、医药制造业、黑色金属冶炼及压延加工业、木材加工及家具制造业5个行业均低于50%。

6月份

2009年6月，CFLP中国制造业采购经理指数（PMI）为53.2%，比上月微升0.1个百分点。在分项指数中，同上月相比，新订单指数、积压订单指数、产成品库存指数、采购量指数和供应商配送时间指数有所下降，其余各指数均不同程度上升，尤以新出口订单指数、原材料库存指数和购进价格指数上升较多，超过1个百分点，其中购进价格指数升幅达到4.7个百分点。从指数水平来看，目前只有积压订单指数、产成品库存指数、进口指数和原材料库存指数低于50%，其余各指数均在50%以上，尤其是以生产指数、新订单指数和购进价格指数为最高，均超过55%。

在本月20个行业中，黑色金属冶炼及压延加工业、电气机械及器材制造业、通信设备计算机及其他电子设备制造业等14个行业高于50%；通用设备制造业、服装鞋帽制造及皮毛羽绒制品业、有色金属冶炼及压延加工业、石油加工及炼焦业、烟草制品业、化学原料及化学制品制造业6个行业低于50%。

针对6月制造业采购经理调查情况，特约分析师张立群分析认为："6月的PMI指数继续保持在50%以上，并呈现稳中有升，表明经济运行继续处于景气上升状态。购进价格指数较大幅度提高，可能与国际市场初级产品期货价格上涨有关。从1~5月经济运行情况看，中国经济回升态势已经初步确立，预计6月经济增长率将继续提高。"

新订单指数有所回落。本月新订单指数55.5%，比上月回落0.7个百分点。在20个行业中，以黑色金属冶炼及压延加工业、通信设备计算机及其他电子设备制造业、电气机械及器材制造业为首的13个行业高于50%；烟草制品业、服装鞋帽制造及皮毛羽绒制品业、石油加工及炼焦业等7个行业低于50%。

在生产指数稳中略升。本月生产指数为57.1%，比上月微升0.2个百分点。20个行业中，除有色金属冶炼及压延加工业、烟草制品业、化学原料及化学制品制造业低于50%以外，其余17个行业均高于50%，其中黑色金属冶炼及压延加工业和电气机械及器材制造业等5个行业达到60%以上。

产成品库存指数回落。本月产成品库存指数为45.0%，比上月回落1.2个百分点。分行业来看，在20个行业中，医药制造业和有色金属冶炼及压延加工业等5个行业高于50%；烟草制品业和纺织业等15个行业低于50%。

购进价格指数升势明显。本月购进价格指数为57.8%，比上月上升4.7个百分点，该指数自2008年12月以来已连续七个月上升。分行业来看，在20个行业中，有16个行业高于50%，其中石油加工及炼焦业和黑色金属冶炼及压延加工业等5个行业达到60%以上；非金属矿物制品业、专用设备制造业、烟草制品业、木材加工及家具制造业4个行业低于50%。

7月份

2009年7月，CFLP中国制造业采购经理指数（PMI）为53.3%，比上月微升0.1个百分点。同上月相比，本月中国制造业PMI各项指数中只有进口指数有所下降，降幅为1个百分点；新订单指数持平；其余各指数均呈小幅上升，其中购进价格指数上升2.1个百分点，逼近60%高点，升势较为显著；生产指数、新出口订单指数、积压订单指数、采购量指数等升幅不大，均在1个百分点以内。

在本月20个行业中，黑色金属冶炼及压延加工业、通信设备计算机及其他电子设备制造业、电气机械及器材制造业等14个行业高于50%，尤其以黑色金属冶炼及压延加工业为最高，达到60%以上；交通运输设备制造业、纺织业、服装鞋帽制造及皮毛羽绒制品业等6个行业低于50%。

针对7月制造业采购经理调查情况，特约分析师张立群分析认为："7月的PMI指数表明经济运行继续保持回升态势，与上半年经济数据显示的经济走势比较一致。未来看，随着内需增长加快，预计经济将继续保持回升势头。自2008年11月以来，PMI指数保持了持续提高态势。2010年3月以来，持续保持在50%以上。PMI指数较好地预示了我国经济触底回升的拐点变化，随着时间推移和数据积累，预计未来这一指数在预测短期经济走势，特别在预测经济增长的拐点性变化方面，将会发挥越来越重要的作用。"

新订单指数保持高位平稳。本月新订单指数为55.5%，同上月持平。分行业来看，在20个行业中，有14个行业高于50%，其中黑色金属冶炼及压延加工业、非金属矿物制品业等5个行业达到60%以上；服装鞋帽制造及皮毛羽绒制品业、交通运输设备制造业、纺织业等6个行业低于50%。

新出口订单指数继续回升。本月新出口订单指数为52.1%，比上月回升0.7个百分点。在20个行业中，有10个行业高于50%，其中石油加工及炼焦业、非金属矿物制品业、烟草制品业、造纸印刷及文教体育用品制造业达到60%以上。

生产指数稳中略升。本月生产指数为57.3%，比上月微升0.2个百分点。分行业来看，在20个行业中，只有纺织业、交通运输设备制造业、医药制造业、木材加工及家具制造业低于50%，其余16个行业均高于50%，其中黑色金属冶炼及压延加工业、电气机械及器材制造业等5个行业达到60%以上。

从业人员指数小幅上升。本月从业人员指数为50.8%，比上月回升0.7个百分点。分行业来看，在20个行业中，金属制品业、饮料制造业、非金属矿物制品业等10个行业高于50%；纺织业、化纤制造及橡胶塑料制品业等10个行业低于50%。

购进价格指数继续攀升。本月购进价格指数为59.9%，比上月上升2.1个百分点。到目前为止，该指数已连续八个月上升。按行业来看，在20个行业中，只有医药制造业和木材加工及家具制造业2个行业低于50%，其余18个行业均高于50%，其中以黑色金属冶炼及压延加工业、化纤制造及橡胶塑料制品业、石油加工及炼焦业为首的8个行业达到60%以上，为首的3个行业高于70%。

8月份

2009年8月，CFLP中国制造业采购经理指数（PMI）为54.0%，比上月上升0.7个百分点。同上月相比，本月中国制造业PMI分项指数中只有供应商配送时间指数略有下降，其余各指数均有所上升。购进价格指数、进口指数、采购量指数升幅最大，超过2个百分点；积压订单指数其次，升幅为1.7个百分点；其余各项指数升幅较小，均在0.5~1个百分点。

在本月20个行业中，只有纺织业、医药制造业两个行业低于50%，其余18个行业均高于50%，尤其以饮料制造业为最高，超过60%。从产品类型看，原材料与能源、中间品、生活消费品和生产用制成品类企业均高于50%，其中中间品类企业最高，超过55%；生产用制成品类企业稍低，略高于50%。

针对8月制造业采购经理调查情况，特约分析师张立群分析认为："8月PMI指数继续在50%以上小幅提高，表明中国经济回升态势将继续保持。3月以后PMI指数曾经小幅回落，7月工业增长率回升幅度明显减小，进一步表明PMI指数对经济增长指标有较好的预测价值。8月PMI指数重新回升，表明支持经济回升的因素仍然比较强劲。但由于目前各种力量交织，有利和不利因素并存，经济回升仍然存在较大不确定性，未来 PMI 指数的走势还需密切关注。”

新订单指数小幅上升。本月新订单指数为 56.3%，比上月上升 0.8 个百分点。分行业来看，在 20 个行业中，只有化纤制造及橡胶塑料制品业、纺织业、医药制造业 3 个行业低于 50%，其余 17 个行业均高于 50%，其中饮料制造业、通用设备制造业、黑色金属冶炼及压延加工业等 6 个行业达到 60% 以上。

新出口订单指数平稳。本月新出口订单指数为 52.1%，同上月持平。在 20 个行业中，以造纸印刷及文教体育用品制造业、交通运输设备制造业、通信设备计算机及其他电子设备制造业为首的 8 个行业高于 50%，为首的 3 个行业达到 60% 以上；通用设备制造业、金属制品业、化学原料及化学制品制造业等 12 个行业低于 50%。

生产指数小幅上升。本月生产指数为 57.9%，比上月上升 0.6 个百分点。分行业来看，在 20 个行业中，造纸印刷及文教体育用品制造业、石油加工及炼焦业、木材加工及家具制造业、医药制造业 4 个行业低于 50%，其余 16 个行业均高于 50%，其中饮料制造业、有色金属冶炼及压延加工业、黑色金属冶炼及压延加工业等 7 个行业逾 60%。

进口指数明显上升。本月进口指数为 51.3%，比上月上升 2.4 个百分点。分行业来看，在 20 个行业中，通信设备计算机及其他电子设备制造业、黑色金属冶炼及压延加工业石油加工及炼焦业、专用设备制造业、交通运输设备制造业等 8 个行业高于 50%；纺织业、有色金属冶炼及压延加工业、服装鞋帽制造及皮毛羽绒制品业、化学原料及化学制品制造业等 12 个行业均低于 50%。

购进价格指数继续攀升，突破 60%。本月购进价格指数为 62.6%，比上月上升 2.7 个百分点。到目前为止，该指数已连续九个月上升。按行业来看，在 20 个行业中，只有烟草制品业、专用设备制造业 2 个行业稍微低于 50%，其余 18 个行业均高于 50%，其中有 13 个行业达到 60% 以上，4 个行业达到 70% 以上。

9 月份

2009 年 9 月，CFLP 中国制造业采购经理指数（PMI）为 54.3%，比上月微升 0.3 个百分点。同上月相比，本月中国制造业 PMI 分项指数中积压订单指数、产成品库存指数、进口指数、购进价格指数和原材料库存指数下降，其余各指数均上升。其中，新出口订单指数、从业人员指数升幅较大，超过 1 个百分点；购进价格指数最近十个月首次下降，降幅较大，达到 5.1 个百分点；其余各项指数变化幅度较小，均在 1 个百分点以内。

在本月 20 个行业中，有 15 个行业高于 50%，有 3 个行业达到 60% 以上。从产品类型看，原材料与能源类企业略低于 50%；中间品、生活消费品和生产用制成品类企业均高于 50%，其中生活消费品类企业最高，达到将近 58%。

针对 9 月制造业采购经理调查情况，特约分析师张立群分析认为：“9 月 PMI 指数在较高水平继续提高，从分类指数看，工业企业的新出口订单、从业人员指数升幅较大，这些情况表明中国经济将继续回升，而且是伴随着就业和收入较快增长的回升，回升具有可持续性。从当前的 PMI 指数变化看，预计未来中国经济增长率将继续提高。同时也要看到，当前的经济回升中政府仍在发挥较大作用，从政府支持的经济增长向企业、居民和市场支持的经济增长的转变尚未完成，经济持续较快增长的基础还不够巩固。因此宏观经济政策要继续在保增长方面着力，继续在经济结构调整方面着力，继续在深化改革方面着力。”

新订单指数小幅上升。本月新订单指数为

56.8%，比上月上升0.5个百分点。分行业来看，在20个行业中，有15个行业高于50%，其中烟草制品业、饮料制造业、食品加工及制造业等9个行业达到60%以上。从产品类型来看，原材料与能源类企业低于50%；中间品、生活消费品和生产用制成品类企业均高于50%，尤其以生活消费品类企业最高，达到60%以上。

在新出口订单指数上升。本月新出口订单指数为53.3%，比上月上升1.2个百分点。20个行业中，有11个行业高于50%，有5个行业达到60%以上。从区域来看，东、中、西部均高于50%，其中东部略低，中、西部较高，超过55%。

生产指数保持平稳。本月生产指数为58.0%，比上月微升0.1个百分点。分行业来看，在20个行业中，电气机械及器材制造业、黑色金属冶炼及压延加工业、石油加工及炼焦业3个行业低于50%，其余17个行业均高于50%，其中烟草制品业、饮料制造业、食品加工及制造业等7个行业达到60%以上。

产成品库存指数略有回落。本月产成品库存指数为46.0%，比上月回落0.5个百分点。分行业来看，在20个行业中，黑色金属冶炼及压延加工业、有色金属冶炼及压延加工业等6个行业高于50%；通用设备制造业位于50%；另有13个行业低于50%。从产品类型来看，原材料与能源类企业高于50%；中间品、生活消费品和生产用制成品类企业均低于50%。

购进价格指数回落。本月购进价格指数为57.5%，比上月回落5.1个百分点，为连续10个月以来首次下降。按行业来看，在20个行业中，金属制品业、通用设备制造业、黑色金属冶炼及压延加工业等5个行业低于50%，其余15个行业保持在50%以上。按产品类型来看，原材料与能源、中间品和生活消费品类企业继续维持较高水平，仍在58%以上；生产用制成品类型企业回落明显，略高于50%。

10月份

2009年10月，CFLP中国制造业采购经理指数（PMI）为55.2%，比上月上升0.9个百分点。本月中国制造业PMI指数总体上依然延续上升态势，升势有所加快。从分项指数来看，同上月相比，产成品库存指数、购进价格指数、从业人员指数和供应商配送时间指数下降，其余各指数均上升，升幅较为明显，多超过1个百分点，尤其以进口指数升幅为最大，达到2.1个百分点。在下降的四个指数当中，产成品库存指数降幅较大，为2.6个百分点，其余指数降幅较小，均在1个百分点以内。

在本月20个行业中，只有烟草制品业低于50%，其余19个行业均高于50%，尤其以服装鞋帽制造及皮毛羽绒制品业、食品加工及制造业为最高，达到60%以上。从产品类型看，原材料与能源、中间品、生活消费品和生产用制成品类企业均高于50%，并且差别不大，均在55%左右。

针对10月制造业采购经理调查情况，特约分析师张立群分析认为："10月PMI指数继续走高，反映中国经济在上升通道中继续向上发展。从进口指数的急升来看，国内需求在加快扩大。此外，加工贸易出口未来也将加快增长，这从新出口订单指数持续上升已经提前反映出来。这些情况都预示未来经济增长水平会继续提高，预计第四季度经济增长率将达到9.5%左右。"

新订单指数明显上升。本月新订单指数明显上升，达到58.5%，比上月上升1.7个百分点，升幅最近四个月首次超过1个百分点。分行业来看，在20个行业中，只有黑色金属冶炼及压延加工业、烟草制品业2个行业低于50%，其余18个行业均高于50%，其中金属制品业、交通运输设备制造业、石油加工及炼焦业等8个行业达到60%以上。从产品类型来看，原材料与能源、中间品、生活消费品和生产用制成品类企业均较高，在55%以上，尤以生产用制成品类企业最高，达到60%以上。

进出口订单指数双双上升，尤其以进口指数上升最为明显。本月新出口订单指数为54.5%，比上月上升1.2个百分点。在20个行业中，有13个行业高于50%，有5个行业达到60%以上。从区域来看，中、西部较高，均达到55%以上。本月进口指数为52.8%，比上月上升2.1个百分点，为2008年4月以来的最高值。在20个行业中，通信设备计算机及其他电子设备制造业、非金属矿物制品业、电气机械及器材制造业等13个行业高于50%，有3个行业达到60%以上。分产品类型来看，中间品和生活消费品类企业高于50%，原材料与能源、生产用制成品类企业低于50%。

生产指数明显上升。本月生产指数为59.3%，比上月上升1.3个百分点，升幅最近五个月首次超过1个百分点。分行业来看，在20个行业中，只有烟草制品业低于50%，其余19个行业均高于50%。其中以服装鞋帽制造及皮毛羽绒制品业、食品加工及制造业为首的9个行业高于60%。分产品类型来看，普遍较高，尤其以原材料与能源类企业为最高，达到60%以上。

产成品库存指数继续回落。本月产成品库存指数为43.4%，比上月回落2.6个百分点，最近两个月连续回落。分行业来看，在20个行业中，石油加工及炼焦业和黑色金属冶炼及压延加工业高于50%；有色金属冶炼及压延加工业位于50%；其余17个行业均低于50%。从产品类型来看，原材料与能源、中间品、生活消费品和生产用制成品类企业均低于50%。

购进价格指数继续回落。本月购进价格指数为56.9%，比上月回落0.6个百分点，最近两个月连续回落。分行业来看，在20个行业中，交通运输设备制造业、黑色金属冶炼及压延加工业、通用设备制造业、金属制品业4个行业低于50%，其余16个行业均高于50%。分产品类型来看，生产用制成品类型企业低于50%；原材料与能源、中间品和生活消费品类企业仍然较高，均在50%以上，其中生活消费品类企业达到60%以上。

11月份

2009年11月，CFLP中国制造业采购经理指数（PMI）为55.2%，同上月持平。本月中国制造业PMI指数有升有降，但总体基本平稳。从分项指数来看，新订单指数、生产指数、供应商配送时间指数基本同上月持平；积压订单指数、产成品库存指数、原材料库存指数、购进价格指数有所上升；新出口订单指数、采购量指数、进口指数、从业人员指数有所下降。

在本月20个行业中，只有造纸印刷及文教体育用品制造业、石油加工及炼焦业、饮料制造业3个行业低于50%，其余17个行业均高于50%，尤其以烟草制品业、服装鞋帽制造及皮毛羽绒制品业为最高，达到60%以上。从产品类型看，原材料与能源、中间品、生活消费品和生产用制成品类企业均高于50%，其中生产用制成品类企业最高，达到55%以上。

针对11月制造业采购经理调查情况，特约分析师张立群分析认为："11月的PMI指数与上月持平，可能预示经济景气度达到较高水平以后开始稳定，这也预示了未来经济回升态势可能趋稳。10月工业增长率达到16.1%，经济增长已经达到较高水平。未来看，政府投资的力度将逐步降低，政府力量和市场力量处于转换之中，外贸出口好转，但难出现较高增长，综合看，推动经济回升的力量在交互变化中趋于稳定，这也表明经济回升将趋稳。这一变化是积极的，表明中国经济增长的稳定性和可持续性不断提高。"

新订单指数平稳。本月新订单指数明显上

升，达到58.4%，比上月微降0.1个百分点。分行业来看，在20个行业中，只有造纸印刷及文教体育用品制造业、石油加工及炼焦业、饮料制造业3个行业低于50%，其余17个行业均高于50%，其中以纺织业、服装鞋帽制造及皮毛羽绒制品业为首的7个行业达到60%以上，为首的两个行业高于70%。从产品类型来看，中间品、生活消费品和生产用制成品类企业较高，达到60%左右。

进出口订单指数均有所回落。本月新出口订单指数为53.6%，比上月回落0.9个百分点。在20个行业中，以木材加工及家具制造业、食品加工及制造业为首的13个行业高于50%，为首的两个行业达到60%以上。从区域来看，东、中、西部均高于50%，其中中部较低，略高于50%。本月进口指数为52.2%，比上月回落0.6个百分点。在20个行业中，服装鞋帽制造及皮毛羽绒制品业、非金属矿物制品业、黑色金属冶炼及压延加工业等10个行业高于50%，其中服装鞋帽制造及皮毛羽绒制品业最高，达到60%以上。

生产指数平稳。本月生产指数为59.4%，比上月微升0.1个百分点。分行业来看，在20个行业中，只有造纸印刷及文教体育用品制造业、饮料制造业、石油加工及炼焦业3个行业低于50%，其余17个行业均高于50%。其中以烟草制品业、服装鞋帽制造及皮毛羽绒制品业为首的6个行业高于60%。分产品类型来看，中间品、生活消费品和生产用制成品类企业较高，达到60%左右；原材料与能源较低，稍高于50.0%。

从业人员指数回落。本月从业人员指数为51.1%，比上月回落1.3个百分点。分行业来看，在20个行业中，只有通信设备计算机及其他电子设备制造业、造纸印刷及文教体育用品制造业、饮料制造业3个行业低于50%；另有石油加工及炼焦业、化纤制造及橡胶塑料制品业、非金属矿物制品业、有色金属冶炼及压延加工业等7个行业位于50%；其余10个行业均高于50%。

购进价格指数反弹。本月购进价格指数为63.4%，比上月上升6.5个百分点，经过前两个月回落之后再次反弹。分行业来看，在20个行业中，只有烟草制品业略微低于50%，其余19个行业均高于50%，其中有11个行业高于60%，有5个行业高于70%。分产品类型来看，原材料与能源、中间品、生活消费品和生产用制成品类型企业均较高，达到60%左右，尤以中间品类企业为最高，接近70%。

12月份

2009年12月，CFLP中国制造业采购经理指数（PMI）为56.6%，比上月上升1.4个百分点。从分项指数来看，同上月相比，只有新出口订单指数下降，降幅为1个百分点；原材料库存指数持平；其余各项指数均不同程度上升，其中生产指数、新订单指数、采购量指数和购进价格指数升势明显，升幅均在2个百分点以上。从指数水平来看，生产指数、新订单指数、采购量指数和购进价格指数较高，均达到60%以上，尤其以购进价格指数为最高，达到66.7%。

在本月20个行业中，只有有色金属冶炼及压延加工业、化纤制造及橡胶塑料制品业、烟草制品业3个行业低于50%，其余17个行业均高于50%，尤其以金属制品业、交通运输设备制造业、电气机械及器材制造业、农副食品加工及食品制造业为最高，达到60%以上。从产品类型看，原材料与能源、中间品、生活消费品和生产用制成品类企业均高于50%，其中生产用制成品类企业最高，接近60%。

特约分析师张立群分析认为："12月中国PMI指数继续保持在50%以上，表明中国经济企稳回升态势进一步巩固。12月PMI指数较上月提高，可能是季节性波动的表现。新出口订单指数回落需要关注，表明对国际市场转好的变化不宜过早乐观。购进价格指数上升表现了企业生产成本提高，在市场转好和成本提高背景下，企业发展环境正在发生变化，应该着力提高核心竞争力，增强对成本增大的承受能力。”

新订单指数上升。本月新订单指数明显上升，达到61.0%，比上月上升2.6个百分点。分行业来看，在20个行业中，只有化纤制造及橡胶塑料制品业、烟草制品业两个行业低于50%，其余18个行业均高于50%，其中金属制品业、交通运输设备制造业、电气机械及器材制造业等行业达到60%以上。从产品类型来看，生活消费品和生产用制成品类企业较高，达到60%以上；原材料与能源和中间品类企业稍低，为54%~59%。

进口订单指数略有上升，新出口订单指数回落。本月进口指数为52.5%，比上月略升0.3个百分点。在20个行业中，金属制品业、通信设备计算机及其他电子设备制造业、电气机械及器材制造业等行业高于50%。烟草制品业、木材加工及家具制造业、有色金属冶炼及压延加工业等行业低于50%。

本月新出口订单指数为52.6%，比上月回落1.0个百分点。在20个行业中，金属制品业、石油加工及炼焦业、电气机械及器材制造业等行业高于50%，其中有4个行业达到60%以上。木材加工及家具制造业、有色金属冶炼及压延加工业等行业低于50%。从区域来看，西部稍低于50%。从产品类型来看，中间品类企业略低于50%。

生产指数上升。本月生产指数为61.4%，比上月上升2.0个百分点。在20个行业中，只有有色金属冶炼及压延加工业、化纤制造及橡胶塑料制品业、烟草制品业3个行业低于50%，其余17个行业均高于50%。其中以交通运输设备制造业、电气机械及器材制造业为首的13个行业高于60%，为首的两个行业达到70%以上。分产品类型来看，生产用制成品和生活消费品类企业较高，达到60%以上；原材料与能源和中间品类企业稍低，为56%~58%。

购进价格指数继续上升。本月购进价格指数为66.7%，比上月上升3.3个百分点。分行业来看，在20个行业中，只有烟草制品业略微低于50%，其余19个行业均高于50%，其中化学原料及化学制品制造业、化纤制造及橡胶塑料制品业、电气机械及器材制造业、有色金属冶炼及压延加工业等行业达到70%以上。分产品类型来看，原材料与能源和中间品类企业最高，达到70%以上；生活消费品和生产用制成品类型企业稍低，但也在60%以上。

2009 年 1 ~12 月份中国非制造业商务活动指数通报

（中国物流与采购联合会发布）

中国非制造业 PMI 指数体系，由商务活动、新订单、新出口订单、积压订单、存货、中间投入价格、收费价格、从业人员、供应商配送时间、业务活动预期 10 项扩散指数构成。由于没有合成指数，国际上通常用商务活动指数来反映非制造业经济发展的总体情况，一般来说该指数达到50%以上，反映非制造业经济总体上升或增长；低于 50%，反映非制造业经济下降或回落。

1 月份

2009 年 1 月，CFLP 中国非制造业商务活动指数为 51.0%。该指数从 2007 年 1 月到2008 年 10 月，除春节所在月份稍低于 50%以外，其余各月份均保持在 50%以上，2008 年11 月起连续两个月位于 50%以下，本月该指数回升至 50%以上。

按行业来看，消费性服务业商务活动指数最高，达到 59.3%；生产性服务业和消费性服务业均在 50%以下。在 20 个行业中，有 11 个行业高于 50%，其中零售业、航空运输业、餐饮业、道路运输业、环境及公共设施管理业、邮政业 6 个行业达到 60%以上，尤其以零售业为最高，达到 79.6%。居民服务业、水上运输业、房屋和土木工程建筑业、建筑装饰业和房地产业等 9 个行业低于 50%，其中：居民服务业成为所有 20 个行业中的最低。从企业注册类型来看，除集体企业、有限责任公司和私营企业低于50%以外，本月其余各企业类型指数均在 50%以上。从区域来看，中部地区最高，为 56.3%；西部地区次之，为 52.0%；东部地区则为 49.0%。

新订单指数本月在临界点以下有所回升。2009 年 1 月新订单指数为 47.7%，比上月回升3.7 个百分点。按行业来看，消费性服务业最高，为 53.5%；其次是生产性服务业，为45.5%；建筑业最低，为 34.9%。在 20 个行业中，零售业、航空运输业、邮政业、餐饮业、道路运输业等 8 个行业高于 50%，其中以零售业为最高；建筑安装业、建筑装饰业、居民服务业、房地产业等 12 个行业低于 50%。从企业注册类型来看，股份有限公司高于50%，外商及港、澳、台投资位于 50%临界点，其余各企业类型指数均低于 50%。从区域来看，中部地区最高，为 53.4%；西部次之，为 47.31%；东部地区最低，为 45.87%。

新出口订单指数环比回升。2009 年 1 月新出口订单指数为 43.0%，比上月回升 4.6 个百分点。分行业来看，建筑业最高，达到 47.4%；其次是生产性服务业，为 42.5%；消费性服务业最低，为 42.3%。20 个行业中，建筑装饰业、邮政业、零售业、电信及其他信息传输业和铁路运输业 5 个行业高于 50%，建筑装饰业最高；建筑安装及其他建筑业和航空运输业 2 个行业位于 50% 的临界点；管道及其他运输业、批发业、住宿业、房地产业、水上运输业、居民服务业、租赁业、餐饮业、环境管理及公共设施管理业、计算机服务业及软件业、道路运输业、房屋和土木工程建筑业和其他服务业 13 个行业均低于 50%，其中：管道及其他运输业成为 20 个行业中的最低。从企业注册类型来看，本月各企业类型指数均在 50% 以下。从区域来看，西部地区最高，为 54.1%；中部地区次之，为 46.4%；东部最低，为 40.8%。

中间投入价格指数本月回升至 50% 以上。2009 年 1 月中间投入价格指数为 51.5%，环比回升 4.6 个百分点。该指数自 2007 年上半年至 2008 年下半年一直维持在高位，2008 年 7 月开始回落，11 月起连续两个月回落到 50% 以下，本月该指数回升到 50% 以上。分行业来看，消费性服务业和生产性服务业保持在 50% 以上，分别为 53.4% 和 50.4%；建筑业落入 50% 以下，为 49.0%。在 20 个行业中，餐饮业、住宿业、邮政业、租赁业和零售业等 7 个行业高于 50%；本月位于 50% 临界点的是铁路运输业、建筑装饰业和建筑安装业；航空运输业、水上运输业、道路运输业、批发业、房地产业等 10 个行业均低于 50%。从企业注册类型来看，除国有企业和集体企业外，其他企业类型中间投入价格指数均在 50% 以上。从区域来看，东、中、西部地区均在 50% 以上，分别为 51.4%、52.8% 和 50.5%。

业务活动预期指数在临界点以上结束回落趋势。2009 年 1 月业务活动预期指数为 54.9%，比上月回升 1.7 个百分点，结束了连续九个月的回落势头。分行业来看，建筑业为首，达到 62.4%；生产性服务业和消费性服务业相近，分别为 54.0% 和 53.4%。在 20 个行业中，电信及其他信息传输服务业、邮政业、零售业、批发业等 13 个行业均在 50% 以上，为首的电信及其他信息传输服务业达到 67.6%；道路运输业位于 50 临界点；建筑装饰业、住宿业、租赁业等 6 个行业低于 50%。从企业注册类型来看，各企业类型均超过 50%。从区域来看，西部和中部相近，分别为 59.8% 和 59.9%；东部最低，为 51.9%。

总的来看，本月在中国非制造业 PMI 指数体系中，商务活动指数、中间投入价格、供应商配送时间指数和业务活动预期指数四个指数高于临界点，其余指数均继续位于临界点以下。除从业人员指数外，大部分指数较上月都有所回升。其中，新订单指数在临界点以下回升 3.7 个百分点；国外新订单指数环比回升 4.6 个百分点；中间投入价格指数和收费价格指数环比均有所回升，且回升幅度相近；本月从业人员指数连续三个月创出自 2007 年 1 月以来的单月新低，为本月唯一出现环比下降的指标；业务活动预期指数环比有所回升，结束了在临界点以上连续九个月的回调，本月指数为 54.9%。

2 月份

2009 年 2 月，CFLP 中国非制造业商务活动指数为 41.9%，比上月下降 9.1 个百分点，比 2008 年同期下降 5.0 个百分点。该指数继上月回升之后，本月再次下降到 50% 以下。

分行业来看，建筑业和生产性服务业商务活动指数相同，均达到 45.1%；消费性服务业商务活动指数为 40.0%。在 20 个行业中，仅有计算机服务及软件业和电信及其他信息传输服务业两个行业高于 50%。其中，以计算机服务及软件业为最高；环境及公共设施管理业的商务活动指数位于 50%；建筑装饰业、水上运输业、零售业、餐饮业等 17 个行业低于 50%，其中：建筑装饰业成为所有 20 个行业中的最低。从企业注册类型来看，国有企业、股份有限公司、有限责任公司、私营企业和外资企业等主要企业类型指数均低于50%。从区域来看，西部地区最高，为46.6%；中部地区次之，为41.5%；东部地区则为40.8%。

新订单指数本月有所下降。2009年2月新订单指数为42.4%，比上月下降5.3个百分点。分行业来看，建筑业最高，为46.4%；其次是生产性服务业，为44.4%；消费性服务业最低，为39.9%。在20个行业中，计算机服务及软件业和电信及其他信息传输服务业2个行业高于50%，其中，以计算机服务及软件业为最高；建筑装饰业、水上运输业、零售业、餐饮业等18个行业低于50%。从企业注册类型来看，仅有外商及港、澳、台投资位于50%，其余各主要企业类型指数均低于50%。从区域来看，西部地区最高，为45.4%；东部和中部地区指数较为接近，分别为41.9%和41.5%。

中间投入价格指数本月下降至50%以下。2009年2月中间投入价格指数为48.8%，环比下降2.7个百分点。该指数自2007年下半年至2008年上半年一直维持在高位，2008年7月开始回落，本月该指数继上月回升之后，再次回落到50%以下。分行业来看，建筑业保持在50%以上，为50.3%；生产性服务业和消费性服务业均落入50%以下，分别为48%和49.1%。在20个行业中，邮政业、计算机服务及软件业、道路运输业、餐饮业等9个行业高于50%；本月位于50%的行业是住宿业和居民服务业；航空运输业、水上运输业、批发业和建筑装饰业等9个行业均低于50%。从企业注册类型来看，集体企业、私营企业和外商及港、澳、台投资企业高于50%，其他企业类型均在50%以下。从区域来看，西部地区高于50%，为51.0%，东部和中部地区均低于50%，分别为48.5%和48.0%。

业务活动预期指数本月环比继续回升。2009年2月业务活动预期指数为58.6%，比上月回升3.7个百分点，延续了上月的回升势头。分行业来看，建筑业最高，为73.9%；生产性服务业次之，为60.8%；消费性服务业最低，为52.2%。20个行业中，计算机服务及软件业、建筑装饰业和邮政业等14个行业高于50%，为首的计算机服务及软件业为78.1%；水上运输业和居民服务业位于50%；住宿业和餐饮业等4个行业低于50%。从企业注册类型来看，除股份合作企业外，各主要企业类型均超过50%。从区域来看，西部最高，为67.4%；中部次之，为58.7%；东部最低，为56.2%。

总的来看，本月在中国非制造业PMI指数体系中，仅有供应商配送时间指数和业务活动预期指数两个指数高于50%，其余指数均位于50%以下。其中，商务活动指数下降较上月下降9.1个百分点；新订单指数较上月下降5.3个百分点；中间投入价格指数和收费价格指数的环比均有所下降，且下降幅度相近；本月从业人员指数虽在50%以下，但其环比回升了0.9个百分点；业务活动预期指数继续回升，本月数值为58.6%。

3月份

2009年3月，CFLP中国非制造业商务活动指数为55.7%，比上月回升13.8个百分点，比2008年同期下降4.6个百分点。该指数继本月出现了较为明显的回升。

分行业来看，建筑业商务活动指数最高，达到70.3%；其次是生产性服务业，59.3%；消费性服务业最低，为47.7%。20个行业中，房屋和土木工程建筑业、电信及其他信息传输业、水上运输业、批发业等14个行业高于50%，其中：以房屋和土木工程建筑业为最高，达到74.7%，电信及其他信息传输业和水上运输业两个行业高于60%；建筑装饰业的商务活动指数位于50%；道路运输业、餐饮业、铁路运输业、居民服务业、其他服务业5个行业低于50%，其中：道路运输业成为所有20

个行业中的最低。

新订单指数本月有较大回升。2009 年 3 月新订单指数为 52.7%，比上月回升 10.3 个百分点。分行业来看，建筑业最高，为 61.2%；其次是生产性服务业，为 55.8%；消费性服务业最低，为 47.3%。20 个行业中，电信及其他信息传输业、水上运输业、房屋和土木工程建筑业和房地产业等 10 个行业高于 50%，其中以电信及其他信息传输业为最高，达到 65.9%；道路运输业、餐饮业、建筑安装业、建筑装饰业、铁路运输业等 10 个行业低于 50%。

新出口订单指数环比有所回升，但仍处在低位。2009 年 3 月新出口订单指数为 43.6%，比上月回升 4 个百分点。分行业来看，建筑业最高，达到 48.7%；其次是生产性服务业，为 45.1%；消费性服务业最低，为 40.4%。20 个行业中，只有水上运输业和零售业 2 个行业高于 50%；建筑安装业、建筑装饰业、环境及公共设施管理业和其他服务业 4 个行业位于 50%；居民服务业、铁路运输业、餐饮业等 14 个行业均低于 50%。

中间投入价格指数本月微升。2009 年 3 月中间投入价格指数为 49.7%，环比回升 0.9 个百分点。该指数自 2007 年下半年至 2008 年上半年一直维持在高位，2008 年 7 月开始回落，本月该指数继续位于 50% 以下。分行业来看，建筑业高于 50%，为 50.5%；生产性服务业和消费性服务业均在 50% 以下，均为 49.5%。20 个行业中，计算机服务及软件业、餐饮业、租赁及商务服务业和零售业等 7 个行业高于 50%；本月位于 50% 的行业是居民服务业；管道及其他运输业等 12 个行业均低于 50%。

业务活动预期指数继续呈现回升。2009 年 3 月业务活动预期指数为 62.7%，比上月回升 4.1 个百分点，本月延续回升势头。分行业来看，建筑业最高，为 75.6%；生产性服务业次之，为 62.0%；消费性服务业最低，为 58.6%。20 个行业中，房屋及土木工程建筑业、房地产业、邮政业、建筑装饰业和零售业等 18 个行业高于 50%，为首的房屋及土木工程建筑业为 78.6%；住宿业和其他服务业两个行业低于 50%。

总的来看，本月在中国非制造业 PMI 指数体系中，商务活动指数、新订单指数、从业人员指数、供应商配送时间指数和业务活动预期指数高于 50%，其余指数均位于 50% 以下。其中，新订单指数较上月回升 10.3 个百分点；新出口订单指数的环比回升 4.0 个百分点；中间投入价格指数和收费价格指数的环比均略有回升，且回升幅度相近；本月从业人员指数重回 50% 以上，环比回升 3.7 个百分点；业务活动预期指数继续回升，本月数值为 62.7%。

4 月份

2009 年 4 月，CFLP 中国非制造业商务活动指数为 59.0%，比上月回升 3.3 个百分点，比 2008 年同期回落 3.9 个百分点。该指数本月继续保持回升态势。

分行业来看，建筑业商务活动指数最高，达到 69.8%；其次是生产性服务业，为 61.5%；消费性服务业最低，为 53.6%。20 个行业中，房屋及土木工程建筑业、邮政业、计算机服务及软件业、环境及公共设施管理业、电信及其他信息传输服务业、航空运输业、租赁及商务服务业等 16 个行业高于 50%，其中：以房屋及土木工程建筑业为最高，达到 73.2%；建筑安装业的商务活动指数位于 50%；餐饮业、居民服务业和其他服务业 3 个行业低于 50%，其中：餐饮业成为所有 20 个行业中的最低。

新订单指数本月继续回升。2009 年 4 月新订单指数为 54.6%，比上月回升 1.9 个百分点。分行业来看，建筑业最高，为 62.7%；其次是生产性服务业，为 56.1%；消费性服务业最低，为 50.6%。20 个行业中，房屋及土木工程建筑业、邮政业、住宿业、电信及其他信息传输服务业、航空运输业、租赁及商务服务业、环境及公共设施管理业14个行业高于50%，其中：以房屋及土木工程建筑业为最高，达到65.8%；位于50%的行业是计算机服务及软件业；居民服务业、餐饮业、建筑安装业、道路运输业和其他服务业5个行业低于50%。

新出口订单指数环比继续回升，但仍处在50%以下。2009年4月新出口订单指数为48.1%，比上月回升4.5个百分点。分行业来看，建筑业最高，达到56.3%；其次是生产性服务业，为48.8%；消费性服务业最低，为45.9%。20个行业中，建筑安装业、邮政业、环境及公共设施管理业、房屋和土木工程建筑业、计算机服务及软件业和住宿业6个行业高于50%；水上运输业、铁路运输业、电信及其他信息传输服务业、居民服务业和其他服务业5个行业位于50%；建筑装饰业、道路运输业、航空运输业、餐饮业、零售业、管道及其他运输业和房地产业等9个行业低于50%。

中间投入价格指数本月再次回升至50%以上。2009年4月中间投入价格指数为54.5%，环比回升4.8个百分点。分行业来看，建筑业、生产性服务业和消费性服务业的中间投入价格指数均高于50%，且指数值较为接近，分别为54.9%、54.5%和54.2%。20个行业中，住宿业、零售业、管道及其他运输业、餐饮业、电信及其他信息传输业、租赁及商务服务业、建筑装饰业、道路运输业、房屋及土木工程建筑业、铁路运输业等15个行业高于50%；本月位于50%的行业是建筑安装业和计算机服务及软件业；邮政业、水上运输业和其他服务业3个行业低于50%。

业务活动预期指数继续呈现回升。2009年4月业务活动预期指数为66.2%，比上月回升3.5个百分点，本月延续回升势头。分行业来看，建筑业最高，为77.6%；生产性服务业次之，为64.9%；消费性服务业最低，为63.5%。20个行业中，房屋及土木工程建筑业、计算服务及软件业、环境及公共设施管理业和航空运输业等18个行业高于50%，为首的房屋及土木工程建筑业为80.4%；位于50%的行业是住宿业；其他服务业低于50%。

总的来看，本月在中国非制造业PMI指数体系中，商务活动指数、新订单指数、中间投入价格指数、从业人员指数、供应商配送时间指数和业务活动预期指数高于50%，其余指数均位于50%以下。其中，新订单指数较上月回升1.9个百分点；新出口订单指数的环比回升4.5个百分点；中间投入价格指数和收费价格指数环比回升幅度均有所加大；本月从业人员指数比上月回升0.5个百分点；业务活动预期指数维持在60%以上的高位，本月数值为66.2%。

5月份

2009年5月，CFLP中国非制造业商务活动指数为60.9%，比上月回升1.9个百分点，比2008年同期回升0.4个百分点。该指数连续三个月回升。

分行业来看，建筑业商务活动指数最高，达到69.3%；其次是消费性服务业，为60%；生产性服务业最低，为57.6%。20个行业中，环境及公共设施管理业、零售业、房屋及土木工程建筑业、建筑装饰业、邮政业、航空运输业等16个行业高于50%；住宿业、建筑安装业等4个行业低于50%。从企业注册类型来看，国有企业、集体企业、股份合作企业、股份有限公司、有限责任公司、私营企业和外资企业等主要企业类型指数均高于50%。从区域来看，本月东、中、西部地区的商务活动指数均高于60%，分别为61.2%、60.1%和61.0%。

新订单指数本月继续回升。2009年5月新订单指数为56.9%，比上月回升2.3个百分点。分行业来看，建筑业最高，为63.2%；其次是消费性服务业，为56.1%；生产性服务业最低，为54.4%。20个行业中，环境及公共设施管理业、房屋及土木工程建筑业、零售业、邮政业、电信及其他信息传输服务业等 14 个行业高于 50%；建筑安装业、居民服务业、住宿业、餐饮业、道路运输业和其他服务业 6 个行业低于 50%。从企业注册类型来看，集体企业和股份合作企业位于 50%；国有企业、有限责任公司、股份有限公司和外商及港、澳、台投资企业等主要企业类型高于 50%；私营企业低于 50%。从区域来看，西部地区最高为 57.4%，中部地区和东部地区较为接近，分别为 56.5% 和 56.8%。

新出口订单指数仍在 50% 以下，环比有所回落。2009 年 5 月新出口订单指数为 47.3%，比上月回落 0.8 个百分点。分行业来看，建筑业最高，达到 57.5%；其次是生产性服务业，为 46.7%；消费性服务业最低，为 45.3%。20 个行业中，建筑安装业、计算机服务及软件业、房屋及土木工程建筑业等 7 个行业高于 50%；铁路运输业、管道及其他运输和仓储业、邮政业、电信及其他信息传输服务业等 7 个行业位于 50%；住宿业、建筑装饰业、租赁及商务服务业、批发业等 6 个行业低于 50%。从企业注册类型来看，国有企业、股份有限公司和私营企业高于 50%，其余主要企业类型低于 50%。从区域来看，中部地区位于 50%；东部和西部地区均在 50% 以下，分别为 47.6% 和 40.8%。

业务活动预期指数继续维持在高位。2009 年 5 月业务活动预期指数为 64.8%，比上月下降 1.4 个百分点。分行业来看，建筑业最高，为 74.9%；生产性服务业次之，为 64.4%；消费性服务业最低，为 61.7%。20 个行业中，建筑装饰业、房屋及土木工程建筑业、计算服务及软件业、航空运输业、铁路运输业和零售业等 18 个行业高于 50%；居民服务业和其他服务业低于 50%。从企业注册类型来看，除股份合作企业低于 50% 外，其他各主要企业类型均超过 50%。从区域来看，西部最高，为 67.7%；中部次之，为 64.3%；东部最低，为 64.2%。

总的来看，本月在中国非制造业 PMI 指数体系中，除新出口订单指数、积压订单指数和存货指数低于 50% 外，其余主要指数均高于 50%。其中，新订单指数较上月回升 2.3 个百分点；新出口订单指数的环比回落 0.8 个百分点；中间投入价格指数和收费价格指数环比继续呈现回升态势；本月从业人员指数比上月回升 1 个百分点；业务活动预期指数继续维持在 60% 以上的高位，但其环比稍有下降，本月数值为 64.8%。

6 月份

2009 年 6 月，CFLP 中国非制造业商务活动指数为 55.4%，与上月相比回落 5.5 个百分点。这是该指数自 2008 年 12 月以来（除 2009 年 2 月因节日因素影响）持续上升后首次出现回调。本月指数的变化呈现出季节性的趋势回调，如图 1 所示。

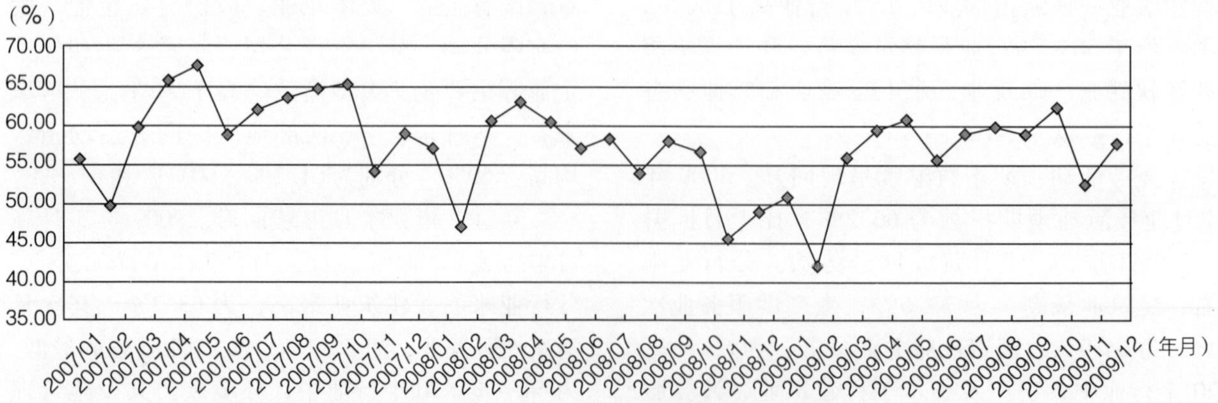

图 1　中国非制造业 PMI 商务活动指数走势

本月在中国非制造业指数体系中，商务活动指数、新订单指数、出口指数、存货指数等环比有所回调。而投入价格指数、收费价格指数、供应商配送时间及业务活动预期等指数环比均上升。

中国物流与采购联合会副会长蔡进认为：本月非制造业各项指数有所回调，但总体保持稳定增长。从行业结构来看，投资政策效应显现，推动本月建筑业强劲增长。消费品市场受季节因素影响，多数行业出现回调。同时也说明需求基础还不够牢固，保民生、扩内需的一系列政策有待进一步完善和深化。生产性服务业本月也出现回调走势。特别是物流业、生产资料批发业虽较前期有所好转，但仍处低迷状态。这种宏观经济企稳转暖，而流通总量增长乏力的现象值得关注。

新订单指数本月有所回落，表明市场需求受季节影响较前期出现减弱。2009 年 6 月，新订单指数为 51.2%，比上月回落 5.7 个百分点。20 个行业中，房屋及土木工程建筑业、邮政业、计算机服务及软件业等 8 个行业高于 50%；而居民服务业、住宿业、铁路运输业、航空运输业等 10 个行业低于 50%。

中间投入价格指数连续出现回升，预示着市场供求关系逐步改善，同时也意味着企业经营成本加大的压力在增加。2009 年 6 月，中间投入价格指数为 58.0%，环比回升 2.5 个百分点。20 个行业中，房屋及土木工程建筑业、建筑安装业、批发业、道路运输业等 19 个行业高于 50%；本月仅有唯一的其他服务业行业低于 50%。

业务活动预期指数继续维持在高位，表明消费者市场信心在不断增强。2009 年 6 月，业务活动预期指数为 65.3%，比上月上升 0.5 个百分点。分行业来看，建筑业保持最高，指数为 74.6%；生产性服务业位于第二，指数为 64.1%；消费性服务业则为 63.0%。

7 月份

2009 年 7 月，CFLP 中国非制造业商务活动指数为 58.9%，与上月相比回升 3.5 个百分点。该指数在上月出现季节性趋势回调后，本月再次呈现回升，如图 1 所示。

本月在中国非制造业指数体系中，除供应商配送指数外，商务活动指数、新订单指数、出口指数、中间投入价格指数等指数的环比均有所上升。

中国物流与采购联合会副会长蔡进认为：本月非制造业各项指数均呈向好的态势。表明整体经济走向复苏的迹象进一步显现。受益于投资和扩内需等政策因素拉动，建筑业继续呈现强劲增长；房地产、电信及传输服务、环境及公共设施管理等行业保持快速增长；生产性服务业，包括物流行业经营活动和需求均有所好转，说明投资需求的传导效应进一步显现，将有利于推动制造业和服务业的平衡发展，增强经济增长的协调性。由于这一轮投资以大企业、大项目为主，在生产资料流通中，生产企业直销比例增大，而生产资料批发业尚未有明显起色。这也反映了还需进一步完善有关政策扶植中小企业复苏发展。

新订单指数环比回升幅度最大。2009 年 7 月新订单指数为 55.2%，比上月回升 4.0 个百分点，成为本月所有指数中环比升幅最大的指标。分行业来看，建筑业最高，为 65.4%；生产性服务业次之，为 53.5%；消费性服务业最低，为 52.9%。在 20 个行业中，航空运输业、房屋及土木工程建筑业、建筑安装业等 12 个行业高于 50%；建筑装饰业位于 50%；住宿业、居民服务业、批发业等 7 个行业低于 50%。

新出口订单指数首次出现反转，回升至 50% 以上。2009 年 7 月新出口订单指数为 50.1%，比上月回升 3.2 个百分点。分行业来看，建筑业最高，达到 58.9%；其次是生产性服务业，为50.9%；消费性服务业最低，为46.9%。20个行业中，房屋及土木工程建筑业、邮政业、铁路运输业等6个行业高于50%；餐饮业、管道与其他运输及仓储业、房地产业等5个行业位于50%；建筑装饰业、居民服务业、建筑安装业等9个行业低于50%。

收费价格指数回升幅度有所增加。2009年7月收费价格指数为52.0%，比上月回升1.2个百分点。分行业来看，建筑业的收费价格指数最高，为53.2%；生产性服务业和消费性服务业的收费价格指数较为接近，分别为51.6%和51.9%。20个行业中，航空运输业、租赁及商务服务业、房地产业等7个行业的收费价格指数高于50%；铁路运输业、建筑装饰业、邮政业等6个行业位于50%；住宿业、电信及其他信息传输服务业、水上运输业7个行业低于50%。

业务活动预期指数继续维持在高位。2009年7月业务活动预期指数为67.1%，比上月回升1.8个百分点。分行业来看，建筑业最高，为75.1%；消费性服务业次之，为65.8%；消费性服务业最低，为65.1%。20个行业中，房屋及土木工程建筑业、零售业、邮政业等18个行业高于50%；居民服务业和其他服务业低于50%。

8月份

2009年8月，CFLP中国非制造业商务活动指数为59.9%，与上月相比回升1个百分点。该指数自2009年3月出现反转后，已连续六个月保持在55%以上，如图1所示。

本月中国非制造业PMI指数总体呈现回升。各分指数中，除中间投入价格、收费价格和积压订单指数环比有所回落外，其余主要指数环比均有不同程度的回升。

中国物流与采购联合会副会长蔡进认为：本月非制造业各项指数好于上月。说明季节性因素未对市场产生太大影响，而政策性措施拉动效果明显。本月生产性服务业市场需求回升明显。说明上下游产业间业务经营活动在联动，实体经济继续向企稳趋好态势发展。但目前市场需求仍不牢固，结构性矛盾依然突出。如生产性服务业的收费价格仍处于低位，而中间价格上涨较快。需要在宏观调控政策上进一步加大结构调整力度，推动经济平衡、协调发展。

新订单指数较上月小幅回升。2009年8月新订单指数为55.8%，比上月回升0.6个百分点。分行业来看，建筑业最高，为61.0%；生产性服务业次之，为55.6%；消费性服务业最低，为53.9%。20个行业中，航空运输业、房屋及土木工程建筑业、环境及公共设施管理业、零售业等12个行业高于50%；本月位于50%的行业是管道与其他运输及仓储业和邮政业等4个行业；道路运输业、居民服务业、住宿业和建筑安装业4个行业低于50%。

新出口订单指数连续两个月保持在50%以上。2009年8月新出口订单指数为51.9%，比上月回升1.8个百分点。分行业来看，建筑业最高，达到60.7%；其次是生产性服务业，为52.7%；消费性服务业最低，为49.1%。20个行业中，房屋及土木工程建筑业、铁路运输业、环境及公共设施管理业和租赁及商务服务业等10个行业高于50%；建筑安装业、建筑装饰业、计算机及软件服务业等5个行业位于50%；住宿业、房地产业、水上运输业等5个行业低于50%。

收费价格指数出现小幅回落。2009年8月收费价格指数为51.4%，比上月回落0.6个百分点。分行业来看，建筑业的收费价格指数最高，为53.2%；消费性服务业次之，为52.7%；生产性服务业最低，为48.7%。20个行业中，航空运输业、房地产业、环境及公共设施管理业等9个行业的收费价格指数高于50%；铁路运输业、管道与其他运输及仓储业、邮政业等

5 个行业位于 50%；住宿业、水上运输业、居民服务业等 6 个行业低于 50%。

业务活动预期指数继续维持在高位。2009 年 8 月业务活动预期指数为 68.8%，比上月回升 1.7 个百分点。分行业来看，建筑业最高，为 72.5%；生产性服务业次之，为 68.7%；消费性服务业最低，为 67.8%。20 个行业中，计算服务及软件业、零售业、房屋及土木工程建筑业、邮政业等 19 个行业高于 50%；其他服务业低于 50%。

9 月份

2009 年 9 月，CFLP 中国非制造业商务活动指数为 58.9%，比上月回落 1 个百分点。该指数自 2009 年 3 月出现反转后，已连续七个月保持在 55% 以上，如图 1 所示。

本月中国非制造业 PMI 各主要指数呈现涨跌互现的格局。在各分指数中，中间投入价格指数、收费价格指数、积压订单指数、存货指数和供应商配送时间指数环比均小幅回升，其余主要指数环比均有不同程度的回落。

中国物流与采购联合会副会长蔡进认为：本月非制造业 PMI 各项指数总体保持稳定。商务经营活动指数虽有波动，但自 2009 年第二季度以来持续保持较高水平，表明非制造业经营活动处于较活跃态势。本月新订单指数和出口订单指数比上月回落，反映出当前保增长的关键在于培育需求，扩大需求。在政策把握上，应适时通过调整分配结构，提高居民收入，释放有效需求，扩大社会需求，进一步巩固社会经济持续稳定增长的基础。

新订单指数较上月小幅回落。2009 年 9 月新订单指数为 55.2%，比上月回落 0.6 个百分点。分行业来看，建筑业最高，为 60.5%；消费性服务业次之，为 54.8%；生产性服务业最低，为 52.7%。20 个行业中，住宿业、电信及其他信息传输服务业和邮政业等 13 个行业高于 50%；本月位于 50% 的行业是居民服务业；环境及公共设施管理业和道路运输业等 6 个行业低于 50%。

新出口订单指数本月回落至 50% 以下。2009 年 9 月新出口订单指数为 47.5%，比上月回落 4.4 个百分点。分行业来看，建筑业最高，达到 55.8%；其次是生产性服务业，为 48.0%；消费性服务业最低，为 44.6%。20 个行业中，水上运输业、房屋及土木工程建筑业和住宿业 3 个行业高于 50%；建筑安装业、建筑装饰业和铁路运输业等 7 个行业位于 50%；房地产业、租赁及商务服务业和餐饮业等 10 个行业低于 50%。

中间投入价格指数小幅回升。2009 年 9 月中间投入价格指数为 56.6%，环比回升 0.9 个百分点。分行业来看，消费性服务业最高，为 56.9%；生产性服务业次之，为 56.8%；建筑业最低，为 54.6%。20 个行业中，道路运输业、建筑装饰业和航空运输业等 18 个行业高于 50%；本月位于 50% 的是水上运输业；其他服务业低于 50%。

业务活动预期指数本月有所回落，但继续保持在高位运行。2009 年 9 月业务活动预期指数为 64.7%，比上月回落 4.1 个百分点。分行业来看，消费性服务业最高，为 66.3%；生产性服务业次之，为 63%；建筑业最低，为 62.9%。20 个行业中，零售业、邮政业和计算服务及软件业等 17 个行业高于 50%；建筑安装业位于 50%；环境及公共设施管理业和其他服务业低于 50%。

10 月份

2009 年 10 月，中国物流与采购联合会（CFLP）发布的中国非制造业商务活动指数为 62.1%，比上月回升 3.2 个百分点。该指数自 2009 年 3 月出现反转后，已连续八个月保持在 55% 以上。

本月中国非制造业PMI各主要指数呈现涨跌互现的格局。在各分指数中，积压订单指数、中间投入价格指数、收费价格指数、从业人员指数、供应商配送时间指数和业务活动预期指数环比均小幅回落，其余主要指数环比均有不同程度的回升，如图1所示。

中国物流与采购联合会副会长蔡进认为：非制造业PMI各项指数普遍回升，特别是商务经营活动、新订单、出口订单等反映市场需求的指数，在经历了前期平稳增长后，本月凸现上升加快的势头。如果今后两个月持续这种增长势头，将预示服务业市场，特别是消费品市场的较快增长。表明中国经济复苏与增长正在由中间需求拉动转变为由最终需求拉动。这将有利于巩固我国经济平稳较快发展的基础。

新订单指数较上月小幅回升。2009年10月新订单指数为56.7%，比上月回升1.5个百分点。按行业来看，建筑业最高，为58.8%；生产性服务业次之，为56.4%；消费性服务业最低，为55.6%。20个行业中，零售业、电信及其他信息传输服务业、道路运输业和房屋及土木工程建筑业等19个行业高于50%；本月位于50%的行业是其他服务业。

新出口订单指数本月回升至50%以上。2009年10月新出口订单指数为51.9%，比上月回升4.4个百分点。按行业来看，建筑业最高，达到61%；其次是生产性服务业，为52.7%；消费性服务业最低，为48.5%。20个行业中，建筑安装业、其他服务业、邮政业、房屋及土木工程建筑业和租赁及商务服务业等12个行业高于50%；建筑装饰业和管道与其他运输及仓储业等4个行业位于50%；餐饮业和房地产业等4个行业低于50%。

收费价格指数小幅回落。2009年10月收费价格指数为51.3%，比上月回落0.3个百分点。按行业来看，消费性服务业的收费价格指数最高，为51.7%；建筑业次之，为51%；生产性服务业最低，为50.7%。20个行业中，住宿业、租赁及商务服务业、房地产业和航空运输业等9个行业的收费价格指数高于50%；建筑安装业、建筑装饰业、铁路运输业和邮政业等6个行业位于50%；水上运输业、电信及其他信息传输服务业、道路运输业等5个行业低于50%。

业务活动预期指数本月有所回落，但继续保持在高位运行。2009年10月业务活动预期指数为64.2%，比上月回落0.5个百分点。按行业来看，消费性服务业最高，为64.6%；生产性服务业次之，为64.2%；建筑业最低，为62.7%。20个行业中，零售业、邮政业、计算服务及软件业、电信及其他信息传输服务业等17个行业高于50%；环境及公共设施管理业、住宿业和其他服务业低于50%。

11月份

2009年11月，CFLP中国非制造业商务活动指数为52.3%，比上月回落9.8个百分点。该指数自2009年3月出现反转后，已连续九个月保持在50%以上。

本月在中国非制造业PMI各主要指数中，中间投入价格指数、收费价格指数、积压订单指数和业务活动预期指数四个指数的环比有所回升，其余主要指数均有不同程度的回落，如图1所示。

中国物流与采购联合会副会长蔡进认为：本月非制造业PMI呈现回调，有季节性原因，同时也反映出扩大内需的基础还需进一步加强。一方面，前一段出台的家电下乡、汽车促销等刺激消费政策效应已经得到充分释放，还需要通过调整分配结构，进一步扩大农民和城镇职工收入，完善社保机制。这是扩大内需的基础。另一方面非制造业PMI回调也表明生产型服务业发展相对薄弱，起伏较大。要注重加快发展生产型服务业，这是调整经济结构的重要内容，也是增加就业，扩大内需的重要领域。

新订单指数有所回调。2009 年 11 月新订单指数为 49.1%，比上月回落 7.6 个百分点。按行业来看，建筑业最高，为 55.9%；生产性服务业次之，为 48.0%；消费性服务业最低，为 47.4%。20 个行业中，计算机服务及软件业、邮政业、建筑装饰业等 8 个行业高于 50%；航空运输业、道路运输业、租赁及商务服务业、环境及公共设施管理业等 12 个行业低于 50%。

出口订单指数再现波动。2009 年 11 月新出口订单指数为 47.2%，比上月回落 4.7 个百分点。按行业来看，建筑业最高，达到 57.0%；其次是消费性服务业，为 46.3%；生产性服务业最低，为 45.1%。20 个行业中，计算机服务及软件业、房屋及土木工程建筑业、铁路运输业和零售业 4 个行业高于 50%；建筑安装业、建筑装饰业、邮政业等 5 个行业位于 50%；环境及公共设施管理业、租赁及商务服务业、住宿业和餐饮业等 11 个行业低于 50%。

中间投入价格指数环比增幅最大。2009 年 11 月中间投入价格指数为 59.5%，环比回升 4.5 个百分点。按行业来看，建筑业最高，为 60.7%；生产性服务业次之，为 59.4%；消费性服务业最低，为 59.0%。20 个行业中，住宿业、道路运输业、管道与其他运输及仓储业、建筑安装业等 18 个行业高于 50%；本月位于 50% 的是环境及公共设施管理业；其他服务业低于 50%。

业务活动预期继续保持在高位运行。2009 年 11 月业务活动预期指数为 64.7%，比上月回升 0.5 个百分点。分行业来看，消费性服务业最高，为 65.9%；生产性服务业次之，为 65.3%；建筑业最低，为 59.8%。20 个行业中，零售业、邮政业、计算服务及软件业、电信及其他信息传输服务业等 19 个行业高于 50%；其他服务业低于 50%。

12 月份

2009 年 12 月，CFLP 中国非制造业商务活动指数为 57.5%，比上月回升 5.2 个百分点。本月在中国非制造业 PMI 各主要指数中，除积压订单指数和收费价格指数的环比有所回落外，其余各指数均呈现回升态势，如图 1 所示。

中国物流与采购联合会副会长蔡进认为：本月非制造业 PMI 整体趋好。业务总量稳定增长，消费需求呈现扩大，经营活动预期继续上升。意味着在刺激消费政策的作用下，消费需求拉动经济回升的力量在增强。未来在巩固经济继续回升的过程中，还需要更多刺激消费的新举措，包括进一步扩大就业、调整分配机制等，不失时机地提升消费需求增长力度，实现经济向内生型增长转变。

新订单指数有较大幅度回升。2009 年 12 月新订单指数为 53.4%，比上月回升 4.3 个百分点。分行业来看，建筑业最高，为 56.8%；生产性服务业次之，为 53.2%；消费性服务业最低，为 52.1%。20 个行业中，邮政业、零售业、计算机服务及软件业和建筑安装业等行业高于 50%；本月位于 50% 的行业为住宿业；居民服务业、航空运输业、环境及公共设施管理业和租赁及商务服务业等行业低于 50%。

中间投入价格指数小幅回升。2009 年 12 月中间投入价格指数为 60.0%，环比回升 0.5 个百分点。分行业来看，建筑业最高，为 61.7%；消费性服务业次之，为 59.8%；生产性服务业最低，为 59.6%。20 个行业中，住宿业、餐饮业、建筑装饰业、管道与其他运输及仓储业、房屋及土木工程建筑业和批发业等行业高于 50%；居民服务业和其他服务业低于 50%。

收费价格指数小幅回调。2009 年 12 月收费价格指数为 52.2%，比上月回落 0.6 个百分点。分行业来看，消费性服务业的收费价格指数最高，为 52.6%；建筑业次之，为 52.2%；

生产性服务业最低，为51.6%。20个行业中，房地产业、批发业、建筑装饰业、铁路运输业和零售业等行业的收费价格指数高于50%；邮政业、计算机服务及软件业和租赁及商务服务业位于50%；航空运输业、水上运输业、建筑安装业和居民服务业等行业低于50%。

业务活动预期继续保持高位运行。2009年12月业务活动预期指数为65.7%，比上月回升1.0个百分点。分行业来看，消费性服务业最高，为66.8%；生产性服务业次之，为65.6%；建筑业最低，为63.9%。20个行业中，零售业、航空运输业、环境及公共设施管理业和铁路运输业等行业高于50%；居民服务业和其他服务业位于50%。

2009年重点生产资料流通企业经营情况统计调查

2009年，我国生产资料流通企业遭遇前所未有的恶劣形势，受国际金融危机的影响，国内外市场需求急剧减少，生产资料市场价格大幅下跌，经营萎缩，商品库存积压严重，企业效益普遍下降。据对69家重点生产资料流通企业的统计调查数据显示，2009年前九个月，流通行业整体营业收入呈持续下跌的走势，直到2009年10月，流通行业整体营业收入才出现由降转升的转折性变化，全年首次出现正增长，但全行业的营业利润全年未摆脱下滑态势。

在应对危机的过程中，生产资料流通行业中的大型企业保持平稳发展势头，在行业中继续其排头兵的领军地位；民营企业在困境中积极应对，实现了逐渐向好的发展势头。全行业继续在现代化流通战略转型、流通方式创新上下力气，积极利用信息技术扩展多种经营方式，努力构建现代化物流体系，在危机中寻找企业新的利润增长点。

2009年生产资料流通企业经营主要呈现以下几个特点。

一、企业经营规模平稳增长，大型“龙头”企业发展继续名列前茅

2009年，生产资料流通企业经营规模呈现前三季度持续下降，降幅逐渐缩小，第四季度由降转升并保持稳定增长的发展态势；企业年利润虽然降幅有所收窄，但到年底仍未摆脱下降的局面。

据对69家重点生产资料流通企业（下同）统计调查资料显示，2009年，企业经营规模继续呈稳定增长的态势，各主要生产资料类别销售量均保持稳定增长，但增幅大都有所回落，如煤炭及制品类全年销售达423.7亿元，同比增长14.4%，增幅比2008年回落近20个百分点；石油及制品类销售达1569.3亿元，同比下降10.6%；黑色金属材料类销售达2737.4亿元，同比增长14.7%，增幅回落近15个百分点；有色金属材料类销售达754.1亿元，同比增长35.5%；化工材料及制品类销售达552.6亿元，同比增长9%，增幅回落近17个百分点。

2009年69家重点生产资料流通企业全年实现营业收入8569.6亿元，比2008年增加374亿元，同比小幅增长4.6%；企业利润总额完成106.3亿元，同比减少1.9亿元，下降1.8%。其中，营业收入超百亿元的企业有14家，这14家百亿元企业的营业收入占到69家企业总和的85.9%，同比增长5.6%，增幅高于全部调查企业1个百分点，超千亿元

的企业有 3 家，营业收入占全部企业营业收入总和的 42.1%。大型“龙头”企业发展继续名列前茅，在行业保持着排头兵的领军地位。2009 年 69 家重点生产资料流通企业中商品营业收入超百亿元的企业经营情况和排序如表 1 所示。

表 1　2009 年商品营业收入超百亿元企业的经营情况及排序

排　序	企业名称	营业收入（万元）	同比增长（%）
1	中国中钢集团公司	15319761	-7.8
2	中国铁路物资总公司	10514731	4.9
3	天津市物资集团总公司	10187383	40.0
4	浙江省物产集团公司	9600006	0.2
5	百联集团有限公司生产资料事业部	4815585	37.6
6	广东物资集团公司	3987072	1.6
7	庞大汽贸集团股份有限公司	3550177	47.2
8	中国航空油料有限责任公司	3548225	-28.2
9	中国诚通控股公司	3280964	4.5
10	中国石油化工股份有限公司云南石油分公司	2444184	1.4
11	中国兵工物资总公司	2214349	9.4
12	安徽徽商集团有限公司	1536142	3.7
13	中国石油天然气股份有限公司河南销售分公司	1499950	5.6
14	中国石油天然气股份有限公司重庆销售分公司	1108691	-7.2
小　计	前 14 家企业汇总	74580863	5.6
合　计	69 家企业汇总	85696273	4.6

在 69 家重点生产资料流通企业中营业收入增长较快的前 10 家企业的经营情况和排序如表 2 所示。

表 2　　2009 年营业收入增长位居前 10 的企业情况及排序

排　序	企业名称	本期销售收入净额（万元）	同比增长（%）
1	湖南华邦物资贸易有限公司	43034	361.2
2	广西物资集团总公司	440025	219.9
3	中海油销售深圳有限公司	310317	139.6
4	云南物流产业集团有限公司	517616	115.0
5	中国石油化工股份有限公司河北唐山石油分公司	64007	94.6
6	西藏自治区物资总公司	5136	86.4
7	中国石油天然气股份有限公司浙江舟山石油销售分公司	8880	55.0
8	庞大汽贸集团股份有限公司	3550177	47.2
9	济南匡山汽车大世界有限公司	1418	42.5
10	湖南金航港务有限责任公司	198	40.4

在 69 家重点生产资料流通企业中营业收入下跌幅度较大的前 10 家企业的排序和经营情况如表 3 所示。

表 3　　2009 年营业收入下降速度位居前 10 的企业情况及排序

排　序	企业名称	本期销售收入净额（万元）	同比增长（%）
1	中国石化集团物资装备公司	36027	−62.9
2	山西省平遥县煤炭运销公司	66050	−55.1
3	浙江东菱股份有限公司	109665	−53.3
4	沈阳物资集团有限责任公司	19747	−52.2
5	广东新中源陶瓷有限公司	86801	−48.9
6	山东省物资集团总公司	14411	−34.2
7	吉林省物资集团有限责任公司	43527	−34.0
8	珠海市燃气集团有限公司	77645	−32.8
9	中国石油天然气股份有限公司山东济南销售分公司	166642	−32.0
10	连云港中油石油销售有限公司	74678	−30.1

2009年，民营生产资料流通企业面对金融危机，积极应变灵活调整经营策略，全年也保持了稳定发展的良好势头，在完善市场竞争机制、保障生产资料供应、服务生产建设需要等方面继续发挥重要作用。

在69家重点生产资料流通企业中，成立运营仅6年的大连泰德煤网股份有限公司2009年实现营业收入为38亿元，同比增长31.9%。在煤炭销售量排序中仅次于中国铁路物资总公司和浙江省物产集团公司排在第三位。南通化工轻工股份有限公司在化工材料及制品类销售情况排序中仅次于天津市物资集团总公司和浙江省物产集团公司排名第三。

庞大汽贸集团股份有限公司是以汽车销售服务为主业的大型汽车营销企业。2009年实现营业收入355亿元，比2008年增长47.2%；利润总额更是达到14.4亿元，在重点企业利润总额排序中仅次于浙江省物产集团公司位列第二，同比增长高达56%。全年销售各类汽车35.9万辆，同比增长57.2%，在汽车类销售排名中名列榜首。截至2009年年底，该公司已在我国20个省市及自治区建有509家营销网点，分、子公司及子公司的分支机构达720家，其中包括汽车专卖店352家，汽车市场149家，专业车市场8家。形成了布局合理、品牌齐全、服务优质的汽车营销网络。

二、经营成本高，销售利润率普遍偏低，市场风险大

归属于第三产业的生产资料流通服务企业，市场竞争激烈、从业人员多、经营成本高，2009年69家重点流通企业整体三项费用合计287.4亿元，同比增加4.1亿元，增长1.5%。成本方面，营业费用为128.1亿元，同比减少1716万元，下降了0.13%；管理费用为102.8亿元，同比增长6.7亿元，增加了6.7%；财务费用为56.4亿元，同比减少2.4亿元，下降了4.1%。相关情况如图1和图2所示。

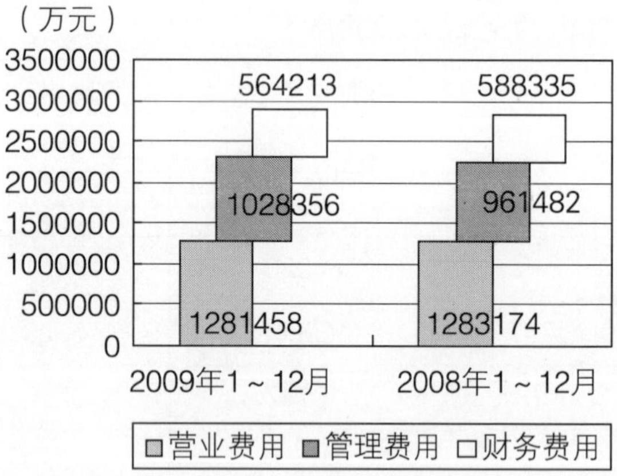

图1 重点企业成本费用构成对比

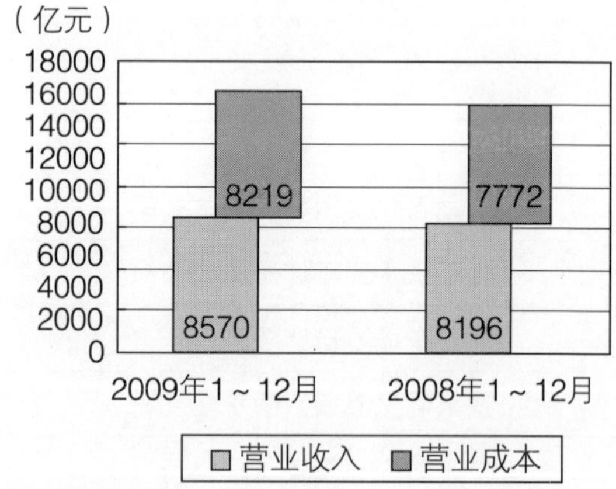

图2 重点企业营业收入与营业成本对比

2009年，生产资料流通行业平均成本费用利润率为1.25%，比2008年的1.34%小幅回落了0.09个百分点。行业整体的费用水平为3%，维持在2008年同期水平。69家重点生产资料流通企业中，成本费用利润率维持在较高水平的前10家企业的情况和排序如表4所示。

表4　　2009年成本费用利润率位居前10的企业情况及排序

排　序	企业名称	本期比率（%）	2008年同期比率（%）
1	欧姆龙工贸（大连）有限公司	32.57	22.29
2	武汉商贸国有控股集团有限公司	11.82	10.83
3	中国石油化工股份有限公司河南郑州石油分公司	9.57	3.98
4	万联能源集团有限公司	7.94	-2.79
5	贵州省物资集团有限责任公司	7.03	48.65
6	济南匡山汽车大世界有限公司	6.74	21.38
7	沈阳物资集团有限责任公司	6.01	2.82
8	大连泰德煤网股份有限公司	4.49	7.26
9	庞大汽贸集团股份有限公司	4.23	3.97
10	中国石化集团物资装备公司	3.62	6.02

2009年，流通行业面对激烈的市场竞争所做出的降低成本、节约支出、缩减费用等举措还是取得了一定的效果。然而目前生产资料流通行业的整体成本耗费还处于较高水平，作为市场竞争的主体企业，还应对成本费用的管理常抓不懈，以便进一步提高企业经营效益。

2009年，由于资源供给的相对充裕、资源方自建营销网络、资源方对流通企业大规模的资金占用、流通企业相对单一的购销模式、终端用户普遍"即用即买"的采购模式、市场价格的大幅波动等因素，都不同程度地限制了流通企业的赢利空间，导致生产资料流通行业赢利水平较低，销售利润率普遍偏低。行业整体利润总额小幅缩水，赢利由2008年的108.2亿元，减少到2009年的106.3亿元，同比下降1.8%。在69家企业中，60家赢利企业共赢利107.4亿元，赢利企业所占比重为87%，在60家赢利企业中有22家企业的利润总额同比呈不同程度下降；9家企业亏损额为1.1亿元，亏损企业所占比重为13%，在9家亏损企业当中有5家企业亏损额有所减少，2家企业亏损额有所增加，2家企业由2008年的赢利转为亏损。69家重点生产资料流通企业整体营业利润为139亿元，同比减少38.8亿元，同比下降21.8%。累计实现销售毛利351亿元，同比减少72.2亿元，同比下降17.1%。

69家重点生产资料流通企业中利润总额排在前10的企业情况和排序如表5所示。

表 5　　2009 年利润总额位居前 10 的企业情况及排序

排　序	企业名称	本期利润总额（万元）	同比增长（%）
1	浙江省物产集团公司	160767	25.4
2	庞大汽贸集团股份有限公司	143865	56.0
3	中国铁路物资总公司	112283	9.0
4	中国航空油料有限责任公司	89320	-36.2
5	中国中钢集团公司	78208	-38.4
6	中国石油化工股份有限公司河南郑州石油分公司	58783	129.4
7	中国诚通控股公司	53643	21.6
8	中国石油化工股份有限公司云南石油分公司	48781	1.3
9	天津市物资集团总公司	45545	16.8
10	中国石油天然气股份有限公司河南销售分公司	31667	146.5

2009 年行业平均销售利润率为 1.24%，比 2008 年的 1.32% 小幅回落了 0.08 个百分点。其中，销售利润率维持在较高水平的前 10 家企业的情况和排序如表 6 所示。

表 6　　2009 年销售利润率位居前 10 的企业情况及排序

排　序	企业名称	本期比率（%）	2008 年同期比率（%）
1	欧姆龙工贸（大连）有限公司	24.73	18.38
2	武汉商贸国有控股集团有限公司	10.75	9.84
3	中国石油化工股份有限公司河南郑州石油分公司	8.73	3.82
4	万联能源集团有限公司	7.45	-2.92
5	沈阳物资集团有限责任公司	7.01	3.11
6	贵州省物资集团有限责任公司	7.00	50.09
7	济南匡山汽车大世界有限公司	5.92	17.39
8	大连泰德煤网股份有限公司	4.33	6.83
9	庞大汽贸集团股份有限公司	4.05	3.82
10	中国石化集团物资装备公司	3.69	5.97

企业在取得经济效益的同时社会效益也在稳步增长，69 家重点生产资料流通企业形成的营业税金及附加为 16.61 亿元。

三、行业平均偿债能力偏低

从统计调查数据可知，2009 年 69 家重点生产资料流通企业整体的流动比率为 100.3%，比 2008 年同期下降 2 个百分点，基本维持在合理水平的最低限，和国际公认为 200% 的理想水平还有一定的差距。流动比率过低，表明企业可能难以按期偿还债务；相反流动比率过高，表明企业流动资产占用较多，会影响资金的使用效率和企业的筹资成本，进而影响获利能力。在 69 家重点生产资料流通企业中流动比率位居前 10 的企业的情况和排序如表 7 所示。

表 7　　2009 年流动比率位居前 10 的企业情况及排序

排　序	企业名称	本期比率（%）	2008 年同期比率（%）
1	山东省物资集团总公司	630.65	63.34
2	欧姆龙工贸（大连）有限公司	563.59	363.35
3	中海油销售深圳有限公司	462.45	298.99
4	西安经发经贸实业有限责任公司	315.70	111.63
5	中国石油化工股份有限公司山西临汾石油分公司	194.24	742.17
6	中国石油天然气股份有限公司山东济南销售分公司	163.57	355.60
7	贵州省物资集团有限责任公司	151.81	185.77
8	江苏省燃料总公司	146.45	117.54
9	武汉商贸国有控股集团有限公司	138.14	183.16
10	南通化工轻工股份有限公司	137.09	139.15

2009 年，69 家企业整体速动资产达 2039.4 亿元，比 2008 年同期增加 271.9 亿元，同比上涨 15.4%。速动比率为 73.5%，比 2008 年同期提高 0.2 个百分点，远未达到 100% 的正常水平。速动比率小于 100%，表明企业面临很大的偿债风险；相反速动比率大于 100%，表明企业会因现金及应收账款占用过多而增加企业的机会成本。其中，速动比率排位前 10 的企业情况和排序如表 8 所示。

表 8　　2009 年速动比率位居前 10 的企业情况及排序

排　序	企业名称	本期比率（%）	2008 年同期比率（%）
1	山东省物资集团总公司	600. 33	60. 69
2	欧姆龙工贸（大连）有限公司	472. 78	274. 19
3	中海油销售深圳有限公司	430. 81	234. 23
4	西安经发经贸实业有限责任公司	215. 69	100. 79
5	贵州省物资集团有限责任公司	140. 60	179. 42
6	中国石油化工股份有限公司河北邯郸石油分公司	130. 42	1. 26
7	江苏省燃料总公司	130. 21	104. 29
8	湖南金航港务有限责任公司	111. 59	107. 10
9	重庆港务物流集团有限公司	105. 20	101. 39
10	中国诚通控股公司	104. 66	106. 39

从数据上不难看出行业整体流动资产在短期债务到期前，可以变为现金用于偿还流动负债的能力较弱，流通行业企业短期偿债能力不强，营运资金不充足，有一定的财务风险压力。

但就个体企业而言，流动比率高的企业并不一定偿还短期债务的能力就很强，因为流动资产之中虽然现金、有价证券、应收账款变现能力很强，但是存货、待摊费用等项目的变现时间较长，特别是存货很可能发生积压、滞销等情况，流动性较差。而速动比率则能避免这种情况的发生，因为速动资产就是指流动资产中容易变现的那部分资产。一般衡量企业短期债务能力强弱，应该两个指标结合起来。总体看，资金流动性较好的企业流动比率大于 200% 且速动比率大于 100%。表 9 所列的 4 家企业就是资金流动性较好的企业。

表 9　　4 家资金流动性较好的企业情况及排序

排　序	企业名称	流动比率（%）	速动比率（%）
1	山东省物资集团总公司	630. 65	600. 33
2	欧姆龙工贸（大连）有限公司	563. 59	472. 78
3	中海油销售深圳有限公司	462. 45	430. 81
4	西安经发经贸实业有限责任公司	315. 70	215. 69

资金流动性一般的企业流动比率波动范围为 100% ~ 200%，且速动比率波动范围为 50% ~ 100%。2009 年，在 69 家重点生产资料流通企业中资金流动性一般的前 10 家企业的相关情况和排序如表 10 所示。

表 10　　10 家资金流动性一般的企业情况及排序

排　序	企业名称	流动比率（%）	速动比率（%）
1	武汉商贸国有控股集团有限公司	138.14	84.28
2	南通化工轻工股份有限公司	137.09	27.71
3	山东黑马集团有限公司	136.03	97.47
4	泉州化建股份有限公司	135.45	88.82
5	珠海市燃气集团有限公司	122.34	99.60
6	陕西东大石油化工有限公司	119.22	75.83
7	百联集团有限公司生产资料事业部	113.91	71.26
8	浙江特产集团有限公司	113.91	79.43
9	四川万家福投资管理有限公司	112.59	54.81
10	湖南华邦物资贸易有公司	112.20	97.43

一般而言，资金流动性比较差的企业流动比率小于 100% 且速动比率小于 50%。2009 年，69 家重点生产资料流通企业中资金流动性较差的前 8 家企业相关情况和排序如表 11 所示。

表 11　　8 家资金流动性较差的企业情况及排序

排　序	企业名称	流动比率（%）	速动比率（%）
1	保定市东大日化有限公司	94.79	22.16
2	中国石油天然气股份公司宁夏销售公司	77.86	17.38
3	中国石油天然气股份有限公司重庆销售分公司	67.08	15.91
4	中国石油天然气股份有限公司河南销售分公司	65.73	11.57
5	吉林省物资集团有限责任公司	61.20	45.22
6	茂名市实业发展集团公司	59.36	48.66
7	南京物资实业集团总公司	58.49	45.07
8	济南燃料集团总公司	38.76	35.66

从自有资金对偿债风险的承受能力方面看，69 家企业整体产权比率为 404.2%，表明企业的长期偿债能力较弱，债权人权益的保障程度较低，债权人承担的企业经营风险较大。

四、资产规模稳步扩大，周转速度慢，行业平均资产负债率偏高

2009年，69家重点生产资料流通企业的资产总额为4006.8亿元，同比增加687.7亿元，增长20.7%。其中流动资产合计2781.8亿元，比2008年同期增加316.6亿元，增长12.8%；存货为742.5亿元，比2008年同期增加44.7亿元，同比增长6.4%；应收账款为278.9亿元，比2008年同期减少21.1亿元，同比下降7%；负债总额为3156.4亿元，同比增加520.8亿元，增长19.8%，其中流动负债合计2774.6亿元，同比增长363.9亿元，增加15.1%。69家企业平均劳动效率为364万元/人，比2008年同期增加12万元/人，上升3.5%。

1. 流动资产周转方面

流动资产方面，全年应收账款周转率为30.7次，同比增加3.4次，周转天数（一年按365天计算）由2008年的13.4天缩短为今年的11.9天。应收账款周转次数比2008年有所加快，说明企业整体资产流动性加快，短期偿债能力上升，收账速度有所加快，账龄缩短，在一定程度上减少了坏账损失的可能性。应收账款周转率处较低水平，一方面说明生产资料流通行业的应收账款余额增长较快，应收账款中包含旧账及无价的账项较多；另一方面说明企业应收账款的变现过于缓慢而且对于应收账款的管理缺乏效率。

存货周转率为11次，比2008年同期减少0.07次，企业存货的流动性及变现速度有所减慢，存货的管理效率及存货资金的利用效率下降，营运资金投资于存货上的比例小幅上升。行业平均营业周期为44.9天。

流动资产周转率为3.08次，比2008年同期下降0.24次。在调查企业中，由于其独特的行业特征，石油化工、天然气类的企业流动资产周转率，均维持较高水平。如中国石油化工股份有限公司河北邯郸石油分公司流动资产周转率为25.1，中国石油化工股份有限公司河南郑州石油分公司流动资产周转率为311.8，中国石油天然气股份有限公司山东济南销售分公司为59.6，中国石油天然气股份有限公司重庆销售分公司流动资产周转率为27.2，中国石油化工股份有限公司云南石油分公司为25.1等。10家企业的流动资产周转率情况和排序如表12所示。

表12　　2009年流动资产周转率位居前10的企业情况及排序

排名	企业名称	本期比率（%）	2008年同期比率（%）
1	中国石油化工股份有限公司河南郑州石油分公司	311.87	352.80
2	中国石油天然气股份有限公司山东济南销售分公司	59.58	72.11
3	中国石油天然气股份有限公司重庆销售分公司	27.19	22.23
4	中国石油化工股份有限公司云南石油分公司	25.11	35.24
5	江西省物资集团公司	22.45	31.27
6	中国石油化工股份有限公司山西临汾石油分公司	19.97	5.84
7	茂名市实业发展集团公司	18.91	25.46
8	中国石油天然气股份公司宁夏销售公司	15.02	15.16
9	连云港中油石油销售有限公司	14.46	26.42
10	南通化工轻工股份有限公司	12.90	26.60

流动资产周转率不仅反映了流动资产运用效率，同时也影响着企业的赢利水平。企业流动资产周转率减慢，周转次数减少，表明企业以相同的流动资产占用实现的营业收入下降，企业流动资产的运用效率下降，进而削弱了企业的偿债能力和赢利能力。

2. 总资产周转方面

行业整体资产周转率为2.1，同比下降0.3。行业整体包括负债和所有者权益在内的全部资产，总体的获利能力有所下降，且仍处于较低水平，而且有部分资产处于闲置状态。

3. 行业整体资产负债率偏高

生产资料流通企业资金需求量大，为适应经营发展的需要，企业主要以债务融资扩大资产规模和经营规模，资产负债率普遍处于较高水平。尤其是在市场萎缩的形势下，为保住市场份额企业举债经营的情况更加突出，导致企业负债偏高、不良资产增加，给企业经营带来更大的压力。2009年，重点流通企业整体平均资产负债率（举债经营比率）为78.8%，比2008年的79.4%下降0.6个百分点，高于公认的60%的合理水平，所有者权益比率为21.2%。

资产负债率过高会影响企业融资信誉，过低则会影响企业生产扩展。所以作为一个企业来讲，应尽量把资产负债率控制在一个合理比率，这样企业才能在财务状况稳定的基础上尽可能多的利用外部资金。建议各企业在进行举债经营决策时，须在预期利润的增加和风险的增加这两点上权衡利弊，并以市场状况、经营状况的顺利与否为转移，灵活应对，及时调整。

（作者：张　喆　中国物流信息中心）

第三部分

物流产业

2009 年中国交通运输业

一、交通投资和设施里程持续增长，结构调整

（一）交通投资和设施里程持续增长

受到国际金融危机的影响，2009 年我国经济总体上呈现先抑后扬的态势，在此背景下，我国交通运输投资延续了 2008 年快速增长的趋势，2009 年我国交通基础设施投资继续快速增长，总额达到 1.97 万亿元，较 2008 年增长 30.1%，增速较 2008 年提高了约 4.2 个百分点。交通基础设施方面，截至 2009 年年底，我国综合运输网络规模超过 410 万公里（不含航空线路），较 2008 年增长 10.6 万公里，综合运输网络密度达到 42.71 公里/百平方公里。由于投资结构的持续调整，2009 年全国交通基础设施总体增速为 2.7%，较 2008 年有所降低。

（二）交通投资结构和设施结构延续 2008 年变化趋势

在交通基础设施投资总量保持高速增长的同时，交通投资结构也延续了 2008 年向铁路倾斜的变化态势。2009 年我国铁路投资比重继续上升，由 2008 年的 30% 上升为 36%，公路、水运、民航投资所占比重相应下降。基础设施里程方面，铁路里程增长尤为明显，2009 年年底我国铁路里程达到 8.6 万公里，较 2008 年增长 7.6%，增速提高了 5.2 个百分点，其中武广客运专线的投入使用，拉开了高速铁路在我国大规模进入市场的序幕，对我国的客货运结构将产生深远的影响。2007—2009 年我国交通基础设施里程的详细情况如表 1 所示。

表 1　2007—2009 年我国交通基础设施里程情况　单位：万公里

年　份	总里程	铁　路	公　路		内　河	管　道
			合　计	高速公路		
2007	383.9	7.8	358.4	5.4	12.35	5.4
2008	399.4	7.99	373.0	6.0	12.28	5.8
2009	410.0	8.6	386.0	6.5	12.28	6.0

二、交通客货运输总量持续增长，增速回落，结构调整

（一）交通客货运输总量增长

2009年我国全社会完成货运总量279亿吨，较2008年增长9.9%，增幅回落约4.9个百分点；全社会货运周转量达到12.12万亿吨公里，较2008年增长7.8%，增幅上升约1.1个百分点；全社会客运总量达到298亿人次，较2008年增长3.8%，受统计口径变化的影响，增幅回落较大；全社会客运周转量达到2.48万亿人公里，较2008年增长6.8%，增幅回落约0.6个百分点。我国近年来货运量、货运周转量、客运量、客运周转量的数据情况如表2所示。

表2　2007—2009年我国交通运输指标数据

年　份	客运量（万人）	增　速（%）	客运周转量（亿人公里）	增　速（%）	货运量（万吨）	增　速（%）	货运周转量（亿吨公里）	增　速（%）
2007	2227761	—	21592.6	—	2275822	—	101419	—
2008	2867892	28.7	23196.7	7.4	2587413	13.7	110301	8.8
2009	2977000	3.8	24773.6	6.8	2788000	7.8	121211	9.9

从年度总体发展看，2009年我国客货运输仍保持了较大的运输规模和相对平稳的增速，但增速明显放缓，这一现象与国际经济危机以及我国采取的拉动经济发展的宏观环境密切相关。

在我国应对经济危机的措施推动下，2009年我国全年经济仍保持了相对较高的增长，国内生产总值达34.05万亿元，同比增长9.1%，仅比2008年同期回落0.5个百分点，这种增长反映到运输领域表现为我国全年运输规模的持续增长。由于全球经济危机的影响具有滞后效应，因而2008年下半年的经济危机对交通运输带来的负面影响，在2009年上半年日益显现，同时，虽然我国在大规模投资等措施的刺激下，保证了经济的增长，但全球需求增长的停滞和由此带来的产业发展减缓等深层次影响，客观上减少了运输需求，从而表现为我国2009年运输规模增长的明显放缓。

（二）各交通方式运输结构调整

1. 客运结构

2009年，我国客运结构与2008年相比基本稳定，在全社会完成的客运量中，公路完成278亿人次，所占比重为93.38%，较2008年略有下降；铁路完成15.2亿人次，所占比重为5.11%，与2008年基本持平；民航完成2.3亿人次，所占比重为0.77%，较2008年略有上升；水运完成2.2亿人次，所占比重为0.74%，与2008年基本持平。2007—2009年我国客运量结构比重变化情况如表3所示。

表3　2007—2009年我国客运量结构比重变化情况　单位:%

年　份	铁　路	公　路	水　路	航　空
2007	6.1	92.1	1	0.8
2008	5.1	93.5	0.7	0.7
2009	5.1	93.4	0.7	0.8

2009年我国旅客周转量结构基本维持了"九五"以来的变化趋势，公路全年完成旅客周转量1.35万亿人公里，所占比重为54.29%，较2008年增长了1.2个百分点；铁路完成旅客周转量7878.9亿人公里，所占比重为31.8%，较2008年下降了1.73个百分点；航空完成旅客周转量3374.9亿人公里，所占比重为13.62%，较2008年增长了1.2个百分点；水运完成旅客周转量69.1亿人公里，所占比重为0.28%，较2008年略有增长。2007—2009年我国旅客周转量结构比重变化情况如表4所示。

表4　　2007—2009年我国旅客周转量结构比重变化情况　　单位:%

年份	铁路	公路	水路	航空
2007	33.42	53.29	0.36	12.93
2008	33.53	53.78	0.26	12.43
2009	31.8	54.29	0.28	13.62

2. 货运结构

2009年，在我国全社会完成的货运量中，公路完成209.7亿吨，所占比重为75.22%，较2008年提高1.14个百分点；铁路完成33.3亿吨，所占比重为11.94%，较2008年下降0.83个百分点；水运完成31.4亿吨，所占比重为11.26%，较2008年下降0.12个百分点；管道完成4.4亿吨，所占比重为1.58%，较2008年下降0.17个百分点；民航完成0.045亿吨，所占比重为0.02%，较2008年提高0.004个百分点。2007—2009年我国货运量结构比重变化情况如表5所示。

表5　　2007—2009年我国货运量结构比重变化情况　　单位:%

年份	铁路	公路	水路	管道	航空
2007	13.81	72.04	12.36	1.78	0.018
2008	12.77	74.08	11.38	1.75	0.016
2009	11.94	75.22	11.26	1.58	0.02

在货运周转量结构方面，2009年，水运完成57439.9亿吨公里，所占比重为47.39%，较2008年提高1.82个百分点；公路完成36383.5亿吨公里，所占比重为30.02%，较2008年提高0.23个百分点；铁路完成25239.2亿吨公里，所占比重为20.82%，较2008年降低1.94个百分点；管道完成2022.4亿吨公里，所占比重为1.67%，较2008年略有下降；航空完成126.3亿吨，所占比重为0.10%，较2008年略有下降。2007—2009年我国货运周转量结构比重变化情况如表6所示。

表 6　　2007—2009 年我国货运周转量结构比重变化情况　　单位:%

年 份	铁 路	公 路	水 路	管 道	航 空
2007	23.46	11.2	63.39	1.84	0.11
2008	22.76	29.79	45.57	1.76	0.11
2009	20.82	30.02	47.39	1.67	0.1

三、高速铁路建设加速推动了综合运输体系结构合理化发展

2009 年，我国铁路发展迅速，是历史上投资规模最大、投产最多的一年，这种发展趋势将对我国交通运输领域产生深远的影响。2009 年全国铁路全年完成基本建设投资约 6000 亿元，较 2008 年增长近 80%，其中客运专线投产 2319 公里，占总投产规模的 42%，以武广高速铁路的投入使用为代表，我国铁路迈入高速时代，推动了综合运输体系结构合理化的发展。

高速铁路的建设和运行，不仅仅是铁路运输自身发展方式的革命性升级，还会对整个综合运输体系的发展与构建产生深远影响，其重新划分了各种运输方式的运营范围、重新勾勒了综合运输体系的方式格局，对于加速推进综合运输体系结构的优化调整、促进不同运输方式的合理分工以及彼此间的衔接配合具有重要作用，并且由于高铁运营带来的客运规模和效率变化，释放大量的铁路运能，对于货运领域同样具有重要影响。除此之外，高速铁路的大力发展，也会带动综合运输领域乃至其他诸多产业领域的技术革新与进步（如运输装备、配套控制技术等），对于提升我国技术创新能力、加速产业升级以及发展方式转变也具有重要意义。

四、物流业增长放缓，发展趋势向好

在 2009 年 3 月颁布的《物流业调整和振兴规划》的推动下，相关部门和行业进一步重视推进物流业的发展，地方政府也加大了对物流发展的支持力度，在整体发展环境较为困难、有效需求不足的情况下，我国物流业在物流企业发展水平、企业物流、基础设施建设等各方面均取得了长足的发展，物流业自身运行指标下半年不断改善，与经济发展基本保持了同步增长，呈现逐步向好的局面。

2009 年我国社会物流总额达到 96.65 万亿元，同比增长 7.4%，较 2008 年下降 12.1 个百分点，物流业增加值为 2.31 万亿元，同比增长约 7.3%，较 2008 年下降 8.1 个百分点，社会物流总费用为 6.08 万亿元，同比增长 7.2%，与 GDP 的比率为 18.1%，与 2008 年基本持平。

（作者：陆成云　综合运输研究所）

公路运输

2009年，是全球金融危机继续蔓延的一年。为了化解国际金融危机给我国经济发展带来的影响，我国政府确定了扩大内需、促进经济增长的政策措施，公路交通作为交通基础设施建设的主力军，加快了发展步伐，取得了良好新成果，为“保增长、保民生、保稳定”作出了很大的贡献。

一、2009年我国公路投资总体情况

2009年，在国家扩大内需、加快基础设施投资的政策支持下，公路建设投资显著增长，全社会完成公路建设投资9668.75亿元，比2008年增长40.5%。其中公路重点项目完成投资4321.35亿元，比2008年增长41.7%；路网建设完成投资3214.51亿元，比2008年增长80.7%；农村公路建设完成投资2132.88亿元，比2008年增长4.0%。公路建设资金来源以国内贷款和地方自筹资金为主，占到70%。2001—2009年我国公路建设投资的基本情况如表1所示。

表1　2001—2009年我国公路建设投资一览

年　份	2001	2002	2003	2004	2005	2006	2007	2008	2009
投资额（亿元）	2670.4	3211.7	3714.9	4702.3	5485.0	6231.0	6489.9	6880.6	9668.75
比上年增长（%）	—	16.9	15.7	26.6	16.6	13.6	4.2	6.0	40.5

二、2009年我国公路建设成果回顾

2009年，在强力投资的支持下，我国公路建设规模大幅提高，公路技术等级和路面状况进一步提升，公路密度继续增加，通达水平进一步提高。至2009年年底，全国公路总里程达386.08万公里，比2008年增加13.07万公里。其中，国道15.85万公里、省道26.60万公里、县道51.95万公里、乡道101.96万公里、专用公路6.72万公里、村道183.00万公里，分别比2008年增加0.32万公里、0.28万公里、0.72万公里、0.84万公里、减少39公里和增加10.91万公里。各行政等级公路里程占公路总里程的比重比2008年年末分别下降

0.1 个、0.2 个、0.3 个、0.7 个、0.1 个百分点和提高 1.3 个百分点。2001—2009 年我国公路通车里程情况如表 2 所示；2001—2009 年我国国省干线公路建设情况如表 3 所示。

表 2　　2001—2009 年我国公路通车里程一览

年　份	2001	2002	2003	2004	2005	2006	2007	2008	2009
通车里程(万公里)	169.80	176.52	180.98	187.07	334.52	345.70	358.37	373.01	386.08
比上年增加(%)	—	6.72	4.46	6.09	147.45	11.18	12.67	14.64	13.07

注：2005 年起加入了农村公路

表 3　　2001—2009 年我国国省干线公路建设情况一览

年　份	2001	2002	2003	2004	2005	2006	2007	2008	2009
通车里程(万公里)	33.46	34.13	35.13	35.77	36.65	37.29	39.23	41.85	42.45
比上年增加(%)	—	0.67	1.00	0.64	0.88	0.64	1.94	2.62	0.6

在 386.08 公里的总里程中，等级公路里程达 305.63 万公里，比 2008 年增加 27.77 万公里，占公路总里程的 79.2%，比 2008 年提高 4.7 个百分点。其中二级及以上高等级公路里程 42.52 万公里，比 2008 年增加 2.55 万公里，占公路总里程的 11.0%，比 2008 年提高 0.3 个百分点。按公路技术等级分，各等级公路里程分别为：高速公路 6.51 万公里、一级公路 5.95 万公里、二级公路 30.07 万公里、三级公路 37.90 万公里、四级公路 225.20 万公里、等外公路 80.46 万公里，分别比 2008 年增加 0.48 万公里、0.52 万公里、1.55 万公里、0.48 万公里、24.75 万公里和减少 14.71 万公里。2001—2009 年我国高速公路建设情况如表 4 所示。全国有铺装路面和简易铺装路面公路里程 25.25 万公里，比 2008 年年末增加 25.69 万公里，占总里程的 58.3%，比 2008 年提高 4.8 个百分点。按公路路面类型分，各类型路面里程分别为：铺装路面 172.00 万公里，其中沥青混凝土路面 48.89 万公里，水泥混凝土路面 123.10 万公里，比 2008 年分别增加 25.51 万公里、4.78 万公里和 20.73 万公里；简易铺装路面 53.25 万公里，比 2008 年年末增加 0.17 万公里；未铺装路面 160.83 万公里，比 2008 年年末减少 12.62 万公里。

表 4　　2001—2009 年我国高速公路建设情况一览

年　份	2001	2002	2003	2004	2005	2006	2007	2008	2009
通车里程(万公里)	1.94	2.51	2.97	3.43	4.1	4.53	5.39	6.03	6.51
比上年增加(%)	—	0.57	0.46	0.46	0.67	0.43	0.86	0.64	0.48

至2009年年末，全国公路密度为40.22公里/百平方公里，比2008年提高1.36个百分点。全国通公路的乡（镇）占全国乡（镇）总数的99.60%，通公路的建制村占全国建制村总数的95.77%，分别比2008年年末提高0.36个和2.91个百分点。

三、2009年我国农村公路建设

2009年，我国农村公路建设投资平稳，全社会共完成农村公路建设投资2044亿元，基本与2008年持平。完成农村公路新改建里程38.1万公里，超额完成了年初确定的30万公里的目标，其中新增农村公路9.12万公里。全国新增约75个乡（镇）、2.2万个建制村通公路；新增约3559个乡（镇）、3.7万个建制村通沥青（水泥）路。截至2009年年底，全国农村公路总里程达到333.56万公里，乡镇通达率达到99.4%，通畅率达到92.7%，东、中部地区建制村通畅率达到95.6%和88.5%，西部地区建制村通达率达到90.1%。

四、2009年我国公路建设重大工程取得成果

2009年，我国公路建设取得新的推进，其中一些重大工程的开工建设和建设竣工不但创造了历史，而且令世界瞩目。一是2009年4月20日，我国西藏波密扎木至墨脱县城公路（墨脱公路）新改建工程正式开工，这就意味着墨脱将告别我国最后一个不通公路县的历史。二是包括世界上最大跨度的钢箱梁悬索桥在内的舟山连岛工程，世界上规模最大的隧桥结合工程——上海长江隧桥工程，世界第一拱桥——重庆朝天门大桥，国内第一、世界第六的大跨径钢桁架悬索桥——贵州坝陵河大桥，施工工艺达世界级水平、我国内地第一座海底隧道——厦门翔安隧道等相继竣工通车，标志着我国在由桥隧大国向桥隧强国的路上迈出了持续坚强的步伐。三是世界瞩目的港珠澳大桥于2009年年末开工。大桥将于2015—2016年建成，届时珠海至香港的公路交通将由三个小时缩短至半个小时。

五、2009年我国公路运输生产回顾

2009年，我国公路货物运输增长较快。全国营业性货运车辆完成货运量212.78亿吨、货物周转量3.72万亿吨公里，分别比2008年增长11.0%和13.1%，平均运距为174.77公里，比2008年提高1.9%。2001—2009年我国公路运输完成货运量的情况如表5所示。2001—2009年我国公路运输完成货运周转量如表6所示。

表5　2001—2009年我国公路运输完成货运量一览

年　份	2001	2002	2003	2004	2005	2006	2007	2008	2009
货运量（亿吨）	63.30	67.83	71.00	78.41	86.93	97.54	113.55	191.68	212.78
比上年增长（%）	—	7.2	4.7	10.4	10.9	12.3	16.4	68.8	11.0

表 6　　2001—2009 年我国公路运输完成货运周转量一览

年　份	货运周转量（亿吨公里）	比上年增长（%）
2001	10563. 12	—
2002	11163. 24	5. 7
2003	11599. 57	3. 9
2004	12449. 90	7. 3
2005	13417. 78	7. 8
2006	14663. 47	9. 3
2007	16394. 32	11. 8
2008	32868. 19	100. 5
2009	37188. 82	13. 1

六、2009 年我国公路运输车辆

2009 年年底，我国公路营运货车达到载货汽车 906. 56 万辆、4655. 23 万吨位，比 2008 年分别增长 19. 1% 和 26. 3%，其中普通载货汽车 859. 27 万辆、4002. 80 万吨位，比 2008 年年底分别增长 19. 3% 和 27. 5%，专用载货汽车 47. 29 万辆、652. 43 万吨位，比 2008 年年底分别增长 15. 9% 和 19. 4%。2006—2008 年我国公路货运车辆变化情况如表 7 所示。

表 7　　2006—2008 年我国公路货运车辆变化情况一览

年　份	普通载货汽车		专用载货汽车	
	数量（万辆）	吨位（万吨）	数量（万辆）	吨位（万吨）
2006	598. 43	2343. 13	17. 56	244. 96
2007	648. 01	2643. 74	36. 49	491. 94
2008	720. 18	3139. 76	40. 79	546. 44
2009	859. 27	4002. 80	47. 29	652. 43

七、2009 年我国公路改革创新的成果

2009 年，我国交通运输部门积极进行改革创新，促进了全系统的稳定发展。

一是交通运输部、中国民航局、国家邮政局“三定”规定正式公布。采取“12 + 2”设置格局，撤销公路司组建公路局，新增设道路运输司和安全监督司，各地加快了交通运输相关职能部门的整合，纷纷成立大交通管理部门。截至 2009 年年底，除在大交通方面走在前面的 4 个直辖市外，另有 23 个省份成立了交通运输厅。

二是成品油税费改革人员安置过半。2009年实行成品油价和税费改革后，各省（区、市）交通运输主管部门按照统一要求，建立人员安置工作动态监管机制。目前，全国已安置改革涉及人员过半，山东、海南、云南、宁夏四省区全部完成人员安置工作。

三是2009年成品油价格和税费改革正式启动。东中部地区逐步有序取消政府还贷二级公路收费。截至2009年年底，已有黑龙江、吉林、辽宁、山东、河北、山西、河南、江苏、安徽、湖北、湖南、福建、江西13个省份取消全部政府还贷二级公路收费，撤销站点1430个，占全国同类站点的74%。

八、2009年我国公路服务保障水平上台阶

2009年，我国交通运输部门强化市场监管，全力提升服务保障水平，有力地促进了经济建设的快速发展。

一是继续扩大绿色通道网络。2009年，交通运输部门采取各项措施确保国家和区域性鲜活农产品运输“绿色通道”网络畅通，全年减免通行费超过100亿元。

二是强化交通运输市场监管。2009年，交通运输部门在全国大力推广山西等省治超经验，加大车辆超限超载源头治理和联合治理的力度，全国干线公路货车超限率下降到6%左右。

三是服务保障能力进一步提升。2009年，我国交通运输部门采取积极措施提升了服务保障能力，在确保重点物资和城乡居民生活用品运输的基础上，有效组织铁矿石疏港和电力“迎峰度夏”、冬储煤运输，圆满完成了60周年国庆庆典活动交通运输保障任务，还圆满完成了组织抢运大陆支援台湾“莫拉克”特大水灾救灾物资的任务。

九、2009年我国交通运输部门出台环保节能新政

交通运输部《公路水路交通节能中长期规划纲要》指出，到2015年，与2005年相比，我国营运货车单位运输周转量能耗下降12%左右、营运客车单位运输周转量能耗下降3%左右；我国营运货车单位运输周转量能耗下降16%左右、营运客车单位运输周转量能耗下降5%左右。为实现道路运输行业节能减排目标，2009年6月22日交通运输部第6次部务会议审议通过了《道路运输车辆燃料消耗量检测和监督管理办法》（交通运输部令2009年第11号，以下简称《办法》），《办法》自2009年11月1日起施行。可以说，《办法》的出台，为实现节能减排总体目标提供了基础保障。实施营运车辆燃料消耗量市场准入制度，对车辆更新改造、环境保护、低碳经济实施规则管理，是交通运输部门立足从车辆源头控制营运车辆燃料消耗量，限制高耗能车辆进入道路运输市场的重要举措。

（作者：孙　炜　国家发展和改革委员会综合运输研究所）

铁路运输

2009年是我国铁路空前发展的一年。铁路部门认真贯彻落实党中央、国务院关于加快铁路发展的部署，在扩内需、保增长、保民生中发挥了重要作用。为应对国际金融危机带来的严峻挑战，铁路迅速采取了一系列坚决果断措施，在铁路建设、技术创新、运输经营、铁路改革等各方面做了大量卓有成效的工作，完成了固定资产投资7000亿元，铁路建设创历史新水平，技术装备现代化取得新的重大进展。大规模铁路建设全面开展，路网规模进一步完善，货运营销强化和运输组织加强，节能减排取得新成效，铁路物流网络化、信息化、专业化、品牌化不断提高，铁路货运服务经济社会发展的能力进一步提升，为现代物流的发展创造了良好条件。

一、2009年我国铁路物流发展的总体情况

1. 铁路基础建设全面展开

2009年是我国铁路历史上投资规模最大、投产新线最多的一年。全年全国铁路完成基本建设投资6000亿元，同比增加2650亿元，增长79%。项目前期工作加快推进，全年开展前期工作项目达200多项，批复立项75项，批复可研150项。一大批重点工程相继开工，全年新开工项目123项，在建新线规模达3.3万公里，投资规模达2.1万亿元。截至2009年年底，我国铁路营业里程达到8.6万公里，跃居世界第二位。

2. 货运生产经营主要指标稳步增长

2009年，为克服国际金融危机带来的困难，铁路货运系统全力强化货运营销，加强运输组织，实现了增运增收。通过加强大秦、侯月线和东北、西北、西南区域运输组织，通过增配和谐型大功率机车、优化调整车流径路、提高分界口能力等措施，有效提升了区域间运输能力特别是入川能力；通过认真落实重点运输保障机制，确保了煤炭、石油、粮食、灾后重建等重点物资的运输。全年全国铁路货物发送量完成33.2亿吨，同比增加6113万吨，增长1.9%；货物周转量完成2.49万亿吨公里，同比增加120.49亿吨公里，增长0.5%。日均装车完成14.52万车，同比增加294车，增长0.2%；货车净载重完成62.6吨，同比提高0.6吨。

3. 货运规模化生产和集约化经营进程日益加快

2009年，全国铁路系统坚持走规模化生产、集约化经营道路，转变粗放经营方式，向优化运输组织和推进货运组织改革创新方向稳步发展。一是战略装卸车点建设继续扎实推进，截至2009年年底，全路已建成战略装车

点635个，同比增加55个，增长21.7%，基本覆盖了全国主要煤矿、钢厂、油田、炼油厂、港口及铁路口岸，完成的货物发送量已占全路总量的45%，规模效益进一步提高。二是大客户战略取得新的进展，全路货运大客户已发展到180家，同比增加28家，增长18.4%，运量比重达到40%以上。三是路企直通运输战略扎实推进，已有220家企业实现直通运输，形成了路企双方优势互补、良性互动、合作共赢的协调发展格局。四是客车化货运直达班列开行效果显著，自2009年6月21日至2009年年底，胶济线开行客车化货物列车3191列，兑现率达92%，列车平均旅行速度由26.6公里/小时提高到54.5公里/小时，提高了105%；平均旅行时间由14小时缩短到7.15小时，压缩了49%，胶济线节约支出1472万元，济南铁路局日均货物发送量8428万吨，同期增加1.6万吨，提高3.6%。

4. “集中受理、优化装车”取得阶段性进展

2009年，全国铁路系统积极推进“集中受理、优化装车”战略取得阶段性进展。一是信息系统平台构建完成，至2009年年底全路共有17个铁路局完成了信息系统平台构建，为全路深入推进改革工作奠定了良好基础。二是网上受理服务加快推行，除部分大客户外，全路629家企业客户均成为系统首批网上受理客户；部分铁路局将铁路多经企业和专业运输公司纳入网上受理客户进行管理。三是合署办公机制取得新的进展，如成都、昆明等铁路局已实现货运计划、货工、货调人员的合署办公，共同优化确定装车方案，货源与运力资源结合更加紧密。

5. 节能减排工作取得新成效

2009年，全球气候变化和能耗污染等环境问题广受观注，为适应国家节能减排发展战略要求，全国铁路系统积极响应和发挥其独特技术经济优势，采取了一系列节能减排改善措施，使节能减排工作取得新成效，铁路单位运输工作量综合能耗、化学需氧量、二氧化硫排放量同比分别下降4.8%、2.0%和5.2%，为我国环境保护和优化资源利用工作作出了重要贡献。

6. 铁路物流节点网络初步形成

2009年，我国铁路系统结合国家及各有关省市的交通运输和物流园区发展规划，统筹考虑铁路货运场站、系统的布局和分工，进一步优化铁路物流中心规划，同时加快规划与在建物流中心的建设步伐。在全路18个铁路物流中心中，重庆、成都、郑州、大连、青岛和西安铁路物流中心的建设工作实现快速推进；深圳铁路物流中心已开工建设；那曲铁路物流中心已竣工运营，增强了青藏铁路的辐射功能；北京、呼和等部分路局已启动了局管内的铁路物流中心规划建设工作。

7. 铁路物流信息化建设积极推进

2009年，铁路系统铁路物流信息化进程不断加快，信息化建设取得新的成果。一是同步开发物流信息系统，同步研发铁路物流中心管理信息系统，开展铁路物流信息平台总体方案研究。二是加快推进完成系统方案，完成了铁路货物运单、电子货票信息系统总体方案，完成了系统研发和大秦线试点；完成了铁路客户服务中心总体技术方案，通过互联网、手机短信、电话语音三种方式提供相关信息查询服务。三是扩展完善既有系统，完成了中铁集装箱公司信息系统整合、完善了中铁特货公司信息系统应用功能、扩大了中铁快运公司行包管理系统应用。

8. 铁路专业运输与物流发展良好

2009年，中铁集装箱、特货、快运三家专业运输公司依托铁路运输优势，增强市场竞争意识，细化客户服务工作，加快了向现代物流企业的发展速度。集装箱运输方面，自主研发了铁路45英尺冷藏集装箱并试运成功，拓展了铁路冷链物流服务。特货运输方面，扩大了

小汽车班列开行范围，全年完成小汽车运量 60 万台，加快开发了汽车零配件运输物流业务。由 700 条大宗货物直达列车运行线、149 条五定班列运行线、21 对行包行邮专列和一批根据市场变化适时开行的海铁联运集装箱班列构成的铁路快捷货运网络初步形成。

9. 铁路物流品牌化初步显现

2009 年，随着铁路现代物流的快速发展，提升铁路货运服务水平越来越成为社会关注的焦点。在客货分线等新形势下，铁路系统着力探索货运营销、物流发展、货运站服务与管理模式，展示铁路物流新形象，打造铁路物流新品牌，现代化的铁路货运站初步显现。如上海闵行货运站通过实施窗口革新、简化货主办理手续，统一标志标识、塑造货运服务新形象，拓展服务功能、方便客户自助服务等手段，努力打造“装备先进、功能完善、管理科学、环境优美、效益优良”的现代化铁路货运站，取得了初步成效，成为铁路物流品牌化的代表。

二、我国铁路物流发展面临的形势

1. 政策环境对加快铁路物流发展极为有利

2009 年中央经济工作会议确定，进一步加大经济结构调整力度，加快建设资源节约型、环境友好型社会，这对于发挥铁路节约资源、有利环保的优势非常有利。2009 年 12 月在哥本哈根召开的联合国气候变化大会上形成《哥本哈根协议》之前，我国政府承诺单位国内生产总值二氧化碳排放 2020 年要比 2005 年减少 40% ~45%。显然，发展铁路运输是减少二氧化碳排放、发展低碳经济的重要方法，有助于兑现我国政府向国际社会的承诺。2009 年国务院发布了《物流业调整和振兴规划》，重点指出了要着力发展海铁联运、公铁联运，各地物流园区规划要充分发挥铁路优势。这为铁路物流发展创造了极为有利的发展环境，当前和今后一段时间，将成为铁路发展现代物流的重要时期。

2. 铁路建设处在大规模高峰时期

2010—2012 年是我国铁路现代化建设最为关键的阶段。至 2009 年年底，我国铁路在建新线里程达 3.3 万公里；在建项目投资规模 2.1 万亿元。预计 2010—2012 年，新线投入运营将达到 2.6 万公里。至 2012 年年底，我国铁路营业里程将达到 11 万公里以上。大规模铁路基础建设和新技术装备投入运用，必将为未来实现铁路物流系统升级和快速发展奠定良好的物质基础。

3. 铁路现代化建设处在由量的积累向质的飞跃的关键阶段

从铁路现代化建设进程看，未来几年，客货分线运输后的货运生产组织和服务方式将发生革命性变化，加快推进铁路货运发展是适应未来几年运输市场环境变化、提高铁路运输市场竞争力、提高发展质量和服务水平的必然选择。随着未来大规模路网建设高峰出现和客货分线运输的逐步实施，区域之间大通道能力迅速释放，铁路运输能力紧张状况将有效缓解并逐步发展到相对的宽松富余，铁路货物运输将由以满足运量需求为主向以满足质量需求为主的转变，铁路货运正处于从传统货运向现代物流方向转变的质的飞跃阶段。

（作者：张晓东　韦智伟　潘　华　北京交通大学　交通运输学院）

航空货运

受累于2008年金融危机的影响，虽然2009年我国航空货运走势在整体上并没有回到危机之前的水平，但在具体数字上却表现出明显的复苏迹象，如表1所示。2009年，我国的航空货运量与航空货运周转量分别达到了4454536吨与1262674万吨公里，较2008年分别增长了10.5%与7.3%，但与2007年的15.0%和23.5%增长速度有明显的差距。

表1　2000—2009年我国航空货运量、周转量及增长速度

年份	货邮运输量(吨)	货邮周转量(万吨公里)	货邮运输量增长(%)	货邮周转量增长(%)
2000	1967123	502683	15.4	18.7
2001	1709814	437150	-13.1	-13.0
2002	2020620	515515	18.2	17.9
2003	2190416	578976	8.4	12.3
2004	2767001	718036	26.3	24.0
2005	3067168	788954	10.8	9.9
2006	3494320	942753	13.9	19.5
2007	4018485	1163867	15.0	23.5
2008	4030151	1177000	0.3	1.1
2009	4454536	1262674	9.3	5.6

回顾2009年我国航空货运的情况，总体表现出如下的特点。

一、国内航空货运市场好于全球市场

从航空货运周转量这一指标来看，2009年的全球市场，整体上表现为10.1%的负增长。在具体的地区市场，除中东市场贡献了3.9%的增长之外，其他市场都表现出负增长。其中，传统的经济发达地区市场与经济最落后地区表现得尤为“抢眼”，欧洲、北美与非洲分别较2008年下降了16.1%、10.6%、11.2%；而世界新兴经济体所在地区的市场表现则相对好于上述地区，如中国、印度所在的亚太地区，下降了9.2%，以巴西所在拉美地区，则只下降了4%，如图1所示。

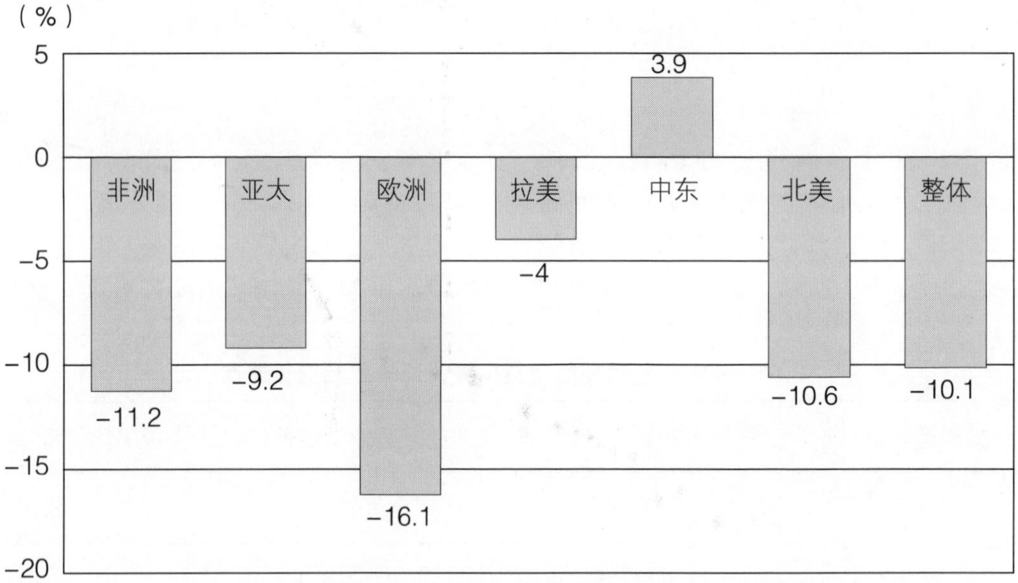

图1 2009年全球及分地区航空货运周转量与2008年比较

但在具体的分月走势上，在经历了2009年上半年的颓废走势之后，全球航空货运在2009年下半年走出了一波强劲的反弹，最高增长速度达到20%以上。而在具体区域市场，中东地区除了4月出现下降之外，几乎全年保持着正向增长；亚太与拉美地区则同时在7月开始出现正向增长，非洲地区也在8月由负转正，并在12月达到近40%的增长幅度；相应的欧洲与北美地区，则明显处于弱势，尤其是欧洲地区，仍然徘徊在下降的边缘，如图2所示。

与全球10%以上的降幅和亚太地区9.2%降幅相比，我国航空货运市场均表现出明显的优势。从全年的走势看，2009年的1月是谷底，两个指标与2008年相比，分别下降了28.5%和31.8%，但在2月就缩小到下降10%左右，在3月再次出现谷底之后，就开始走出日益强劲的复苏迹象，在2009年的6月，航空货运运输量首次出现了正向增长。随后，航空货运周转量也在7月出现正向增长，最后在11月和12月出现报复性增长，最高增长幅度分别达到了47.5%和55.6%，如图3所示。

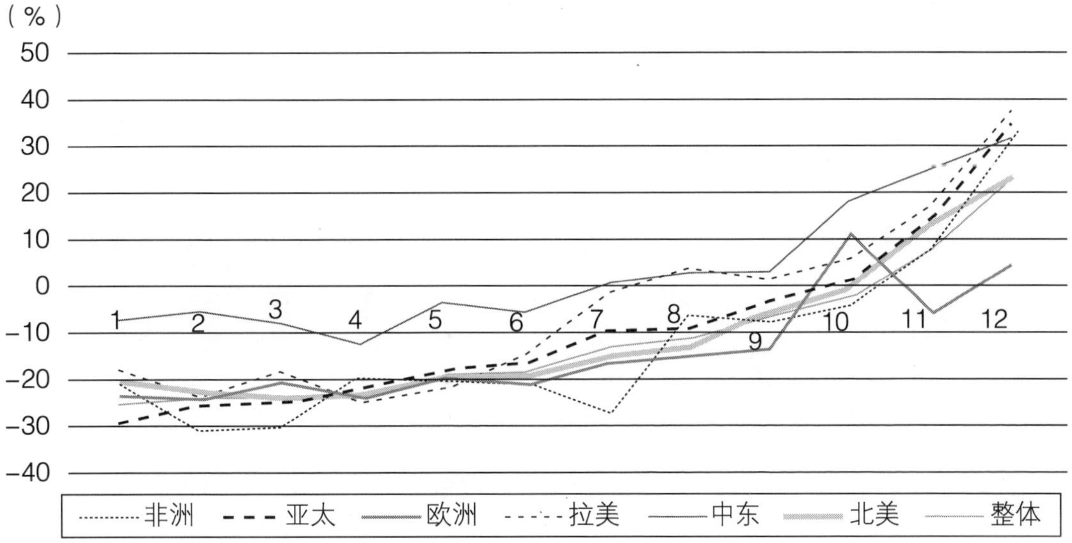

图2 2009年全球及分地区航空货运周转量与2008年分月比较

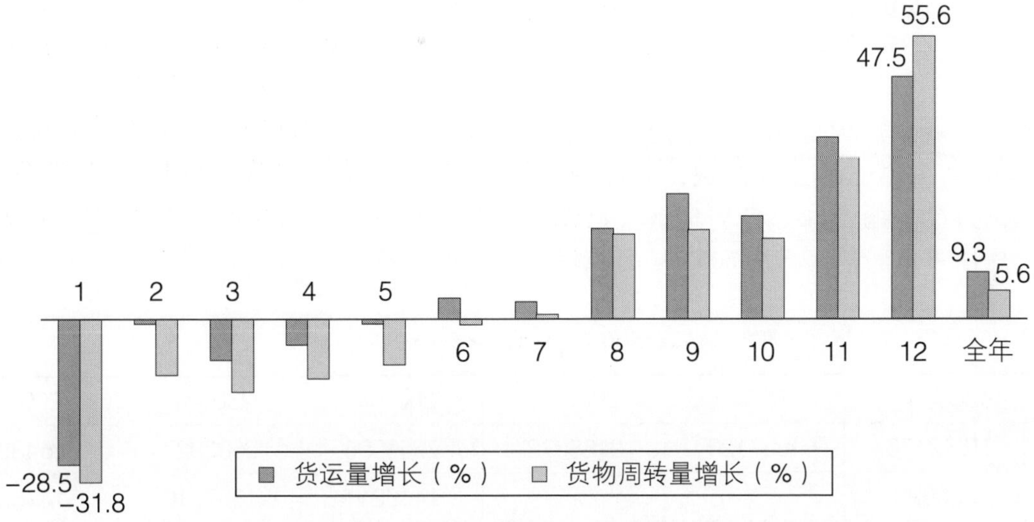

图3 2009年我国航空货运运输量、周转量与2008年分月比较

二、国内航空货运不同航线差异明显

细分我国航空市场表现出的复苏迹象即增长走势不难发现，航线市场的表现不尽一致，具体说，就是国内航线、港澳（地区）航线与国际航线的表现差异较大。国内航线市场，无论是下降幅度还是增长幅度，都表现得较为温和，基本在40%左右，但2009年全年增长幅度最高，达11.4%；表现最为激烈的港澳（地区）航线市场，在1月出现高达47%的下降幅度，之后逐渐好转，在2009年8月开始转向正增长，在11月开始走出强劲增长的独立走势，并在12月出现了高达80.2%的增长幅度，但全年增长幅度最低，仅为1.7%；国际航线市场则介于上述两者之间，于2009年7月开始出现正向增长，但在12月出现了爆破性增长，增长幅度高达

73.1%，是11月增长幅度的近两倍，全年增长幅度也达到了5.5%，如图4所示。

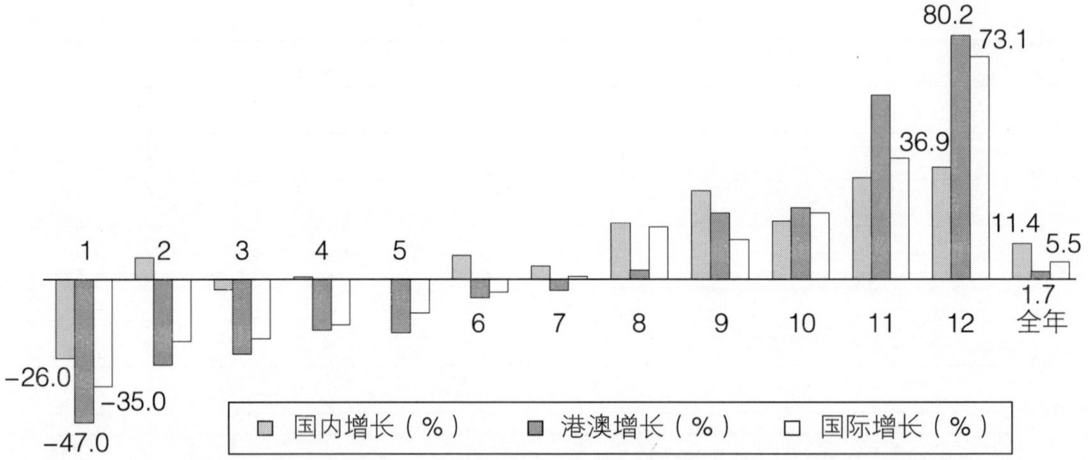

图4 2009年我国三大航线市场航空货运运输量、周转量与2008年分月比较

三、航空货运发展仍然以沪京穗深为主

2009年，我国国内地区航空货运市场的发展仍然集中在传统的三大区域，即以沪、京、穗、深为代表的长江三角洲地区、京津冀地区和珠江三角洲地区。从2009年的机场货邮吞量排名来看，排名前十位的机场，有七个属于上述三大地区，其中上海的浦东机场、北京首都机场、广州白云机场、深圳宝安机场和上海的虹桥机场排在前五位，5个机场的货邮吞量占我国机场体货邮吞总量的50%左右，占国际货运吞吐量的80%以上，如表2所示。

表2　　2004—2009年我国机场航空货邮吞量　　单位：吨

机场	2004年	2005年	2006年	2007年	2008年	2009年
浦东	1642176	1857120	2168072	2559098	2603027	2543394
北京	668690			1416211	1367710	1475657
广州	506988	600604	653261	694926	685868	955270
深圳	423271	466476	559244	616046	598036	605469
虹桥	294020	359595	363581	388812	415726	439072
成都	213040	251018	295498	325856	373067	373515
昆明	171013	196530	219198	232589	236348	258755
杭州	128209	165918	185518	195645	210793	226308
南京	117802	139369	152063	180354	187604	200099
厦门	141654	158740	175011	193574	195463	196025

数据来源：从统计看民航

四、国内航空货运运力有所增长，但外航仍然占绝对优势

与2008年相比，2009年我国航空货运企业的运力增长了约10%，但在竞争能力方面，仍然有所不足，尤其是与一些传统航空货运表现优秀的航空公司相比，我国航空公司航空货运落后的弱势明显，如表3所示。

表3　　2009年年底我国航空公司外国航空公司机队情况

公　司	货　机	宽体客机	其　他	合　计
大韩航空	22架B747400F	74	31	127
国泰航空	21架B747F（含9架改装）	97		118
汉莎航空	19架MD11F	110	190	319
新加坡航空	12架B747400F	108		120
阿联酋航空	3架B747400F	124		127
法国航空	7架B747400F	102	292	417
CARGOLUX	14架B747400F			14
中华航空	20架B747400F	36	10	66
中国国际航空	9架B747F，1架TU204	52	189	251
中国东方航空	2架B747F，2架B757F，10架MD11F，3架A300F	47	259	323
中国南方航空	2架B747F，2架B777F，1架A300F	28	280	313

注：汉莎货运公司为独立公司，此处机队仅指汉莎航空与货运航空，未包括汉莎集团其他成员

数据来源：各航空公司网站

在具体市场方面，我国国际航空运输仍然以外航为主导。以上海浦东机场为例，自1999年开航以来，上海浦东机场就成为外航争夺我国市场的焦点。在2003—2009年间，上海浦东机场国际航空货运吞吐量中，外航一直占据着60%以上的份额，其中在2006年达到76.5%的最高点，如图5所示。而在国内的其他机场如广州、厦门、深圳等，更是外航独大，占据80%以上的份额，如表4所示。

表4　　我国主要机场中中方和外方航空公司所占市场份额对比

机　场	全国	浦东	北京	广州	厦门	深圳	青岛	大连	南京
外航占比	71.7%	73.0%	50.9%	93.0%	94.1%	51.6%	85.5%	69.4%	90.6%
中方占比	28.3%	27.0%	49.1%	7.0%	5.9%	48.4%	14.5%	30.6%	9.4%

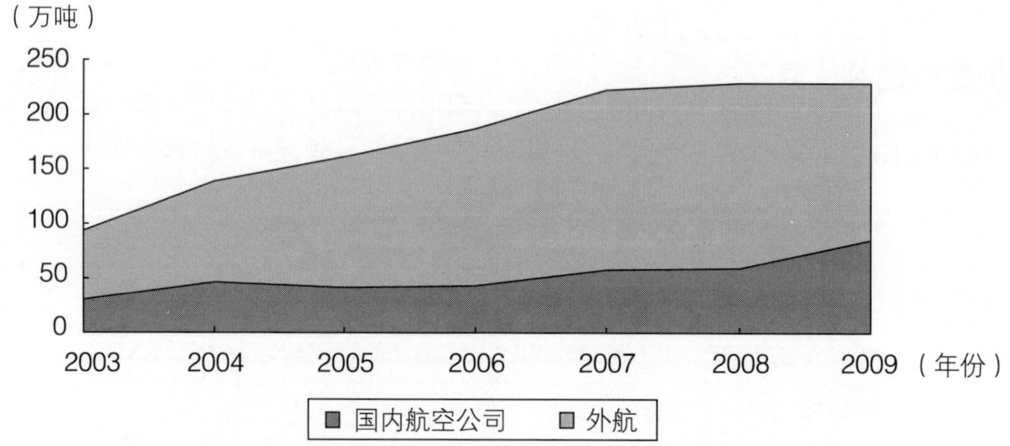

图 5　2003—2009 年上海浦东机场国内外航空公司国际货运量比较

数据来源：上海机场股份有限公司统计报表

综观 2009 年我国航空货运的发展，受益于我国经济的稳定发展与快速复苏，我国航空货运市场仍然保持着快速增长的势头，并且会进一步延续下去，在 2010 年仍然会保持快速的增长。但与市场不协调的是，我国航空货运企业的竞争力相对较弱，市场的主动权一直掌握在外航手中，这是未来数年，中国民航需要全面、系统解决的关键问题。

（作者：邹建军　中国民航管理干部学院）

2009 年中国包装业

2009 年，由美国次贷危机引发的世界金融风暴给世界经济带来巨大的冲击，我国的包装行业因此受到了较大的影响。但是，通过全行业的共同努力，克服重重困难，我国包装工业仍然保持了稳步发展。

一、2009 年我国包装总产值突破 1 万亿元大关

2009 年，我国包装行业产业结构调整取得了新进展，产品结构和生产经营方式进一步优化，一是行业继续向集群化发展，通过重点培育“龙头”企业的技术创新能力，形成了珠三角、长三角和以京津地区为核心的环渤海经济包装产业带；二是科技创新成效显著，一批具有世界先进水平的包装产品和技术、设备脱颖而出，企业的综合竞争能力有了较大幅度的提高。尽管遭遇世界金融危机的巨大影响，我国包装工业仍取得了高速发展和较快增长的好成绩。2009 年，我国包装总产值已经突破 1 万亿元大关，乐观地预测“十一五”末的 2010 年，包装总产值将达到 1.2 万亿元，包装工业将成为国民经济举足轻重的行业。2000—2009 年我国包装工业总产值增长情况如表 1 所示。

表 1　　2000—2009 年我国包装工业总产值增长情况统计

年　份	2000	2002	2004	2005	2006	2008	2009
总产值（亿元）	1900	2500	3283	4200	6000	8600	10000

由上表可知，近些年来我国包装各行业实现了超常规发展。有关资料显示，2009 年我国纸包装材料与制品产量超过 3500 万吨，瓦楞纸板超过 300 亿平方米；塑料包装、玻璃包装产量均超过 1000 万吨，金属包装达到 400 万吨以上，成为全球仅次于美国的包装材料消费大国。2009 年，我国食品与包装机械行业总产值接近 600 亿元，包装印刷产值达到 1200 亿元以上。为我国工农业产品的流通和质量安全起到了积极保障作用，也为“十二五”包装工业的发展打下了牢固的基础。

二、2009 年我国包装业的重大事件

1. 《中华人民共和国循环经济促进法》正式实施

2009 年 1 月 1 日，《中华人民共和国循环经济促进法》正式实施。《中华人民共和国循

环经济促进法》为我国社会和经济的健康和可持续发展提供了基本的法律依据。《中华人民共和国循环经济促进法》明确指出：禁止生产、进口、销售列入淘汰名录的设备、材料和产品，禁止使用列入淘汰名录的技术、工艺、设备和材料，否则将依照《中华人民共和国产品质量法》的规定，没收违法设备、材料，并处以5万元以上20万元以下的罚款；情节严重的，由县级以上人民政府循环经济发展综合管理部门提出意见，报请本级人民政府按照国务院规定的权限责令停业或者关闭。

《中华人民共和国循环经济促进法》的颁布实施，为各种包装废弃物的回收利用建立了政策基础，为解决包装物环境污染问题指明了方向。从此以后包装的"减量化、资源化、无害化、低碳化以及安全化"将成为包装行业，特别是食品包装行业的发展方向。

2.《中华人民共和国食品安全法》正式实施

2009年6月1日，《中华人民共和国食品安全法》正式实施。《中华人民共和国食品安全法》规定：任何食品添加剂以及食品容器、包装材料用添加剂目录外的物质都将不允许用于生产食品包装物；任何食品都不能免检；权益受损消费者可要求10倍赔偿。赔偿标准的大大提高，加大了经营者的违法成本，对违法经营者起到震慑作用；对食品及相关产品添加剂首先实行严格的审批管理制度，未获批准的食品包装材料及添加剂不得随意使用；对食品及相关产品的标准进行整合，食品安全有了统一标准，监管的目标和尺度将更加明确。

《中华人民共和国食品安全法》将食品包装材料、容器和生产经营的工具设备等纳入其范畴，对食品包装提出了明确要求：储存、运输和装卸食品的容器、工具和设备应当安全、无害，直接入口的食品应当有小包装或者使用无毒、清洁的包装材料、餐具，禁止生产、经营被包装材料、容器、运输工具等污染的食品，如违反将被处以没收违法所得、罚款、停产停业甚至吊销生产许可证。企业如果生产含污染的包装商品，不仅会受到相关部门的处罚，还要赔偿消费者的损失。这是由于食品包装物直接接触食品，所以食品包装的安全性直接影响着食品的质量，不合格的食品包装在使用过程中会对人体健康产生不良的影响。《中华人民共和国食品安全法》让人们认识到"食品包装安全等同食品安全"的新理念。

3. 多个食品包装容器、包装材料及添加剂标准相继实施

自2009年6月1日起，GB9685－2008《食品容器、包装材料用添加剂使用卫生标准》正式实施。标准中规定了食品容器、包装材料用959种添加剂的使用原则、使用范围、最大使用量、特定迁移量或最大残留量及其他限制性要求。该标准尤其强调：未在列表中规定的物质不得用于加工食品容器、包装材料。

自2009年8月1日起，GB/T 10004－2008《包装用塑料复合膜、袋干法复合、挤出复合》正式实施，原GB/T 10004－1998《耐蒸煮复合膜、袋》和GB/T 10005－1998《双向拉伸聚丙烯薄膜/低密度聚乙烯复合膜、袋》同时废止。该标准对塑—塑干式复合中苯类溶剂的残留量提出了应小于0.01毫克/平方米的严格要求，对印刷行业提出了严格的技术规范，对环保油墨行业的发展奠定了基础。

自2009年12月1日起，GB18006.1－2009《塑料一次性餐饮具通用技术要求》正式实施。该标准对可降解塑料餐具也提出生物降解率不得小于60%，淀粉基塑料餐具淀粉含量应达到40%以上等更加严格和具体的要求。该标准明确其"适用于以各种热塑性材料制作的一次性餐饮具"。该标准是我国首次制定的一次性塑料餐饮具国家标准，这一标准的实施结束了我国不可降解一次性塑料餐饮具的生产一直无国家统一标准可依的混乱状态，对促进我国绿色包装产业发展具有积极作用。

自 2010 年 4 月 1 日起，GB23350－2009《限制商品过度包装要求　食品和化妆品》国家标准将正式实施。新标准规定了限制食品和化妆品过度包装的要求和限量指标计算方法，并把结构当中的空隙率强制为不得超过 60%，包装层数强制为不能超过 3 层，包装成本不能超过商品零售价的 20%。

4.《食品用塑料自粘保鲜膜》新国标延期执行

由中华人民共和国国家质量监督检验检疫总局和中国国家标准化管理委员会于 2009 年 4 月17 日共同发布的新标准 GB10457－2009《食品用塑料自粘保鲜膜》，代替原标准《聚乙烯自粘保鲜膜》（GB10457－1989）并拟定于 2009 年 12 月 1 日起正式实施。新标准规定了食品用塑料自粘保鲜膜标准适用于以聚乙烯、聚氯乙烯、聚偏二氯乙烯等树脂为主要原料，通过单层挤出或多层共挤的工艺生产的食品用塑料自粘保鲜膜，为消费者选购保鲜膜提供了更具体的指导。

但是由于很多企业对新标准还不了解，加上检测设备在技术上还存在一定问题，所以原定于 2009 年 12 月 1 日起实行的这项新国标将延期至 2010 年 9 月 1 日实施。

5. 仿瓷餐具起风波

2008 年 12 月 26 日，中央电视台《新闻 30 分》栏目以《变“色”变“味”的仿瓷餐具》为题进行了报道，引起了社会各界的高度关注。此后，全国部分地区开展查处劣质仿瓷餐具活动。为了揭露国内劣质仿瓷（密胺）餐具，经过暗访调查，2009 年 4 月 12 日央视《新闻 30 分》以《部分仿瓷餐具企业继续违规使用有毒原料脲醛树脂》为题，再次披露违规现象。

2009 年 4 月 14 日，质检总局发出紧急通知，要求全国质监系统在前一阶段针对重点地区执法检查的基础上，从现在起至 5 月 15 日对生产加工仿瓷餐具再集中开展一次全国性的执法检查行动。广东、福建以及浙江等仿瓷餐具生产集中地区陆续传来查处违规、违法行为。

中华人民共和国卫生部和中国国家标准化管理委员会 2008 年 9 月 9 日发布的《GB9685－2008 食品容器、包装材料用添加剂使用卫生标准》于 2009 年 6 月 1 日起施行。由于该标准中没有将脲醛树脂列入到允许使用范围，同时该标准强调没有列入该标准的物质不得用于加工食品用容器、包装材料。因此，脲醛树脂从强制标准上就被禁止用做食品容器原辅材料。脲醛树脂不得用于仿瓷餐具生产的标准和法规的完善与实施，终于为这场仿瓷餐具风波画上了圆满的句号。同时，2009 年 9 月 1 日起，GB9690－2009《食品容器、包装材料用三聚氰胺—甲醛成型品卫生标准》正式实施。新增的标识规定中明确要求标注产品材料，并告知“食品用”和“严禁在微波炉内加热使用”。

6. 卫生部、工信部等七部委联合下文《关于开展食品包装材料清理工作的通知》

2009 年 12 月 4 日，卫生部、工信部等七部委联合下发《关于开展食品包装材料清理工作的通知》并公布了《我国现行有效的食品包装材料相关标准目录》，包括 133 项国家标准和 126 项行业标准。卫生部会同有关部门成立专家组，对行业、企业提交的材料进行科学评估。根据评估结果拟定《可用于食品包装材料的物质名单》和《禁止用于食品包装材料的物质名单》，并分批向社会公布。

根据七部委《关于开展食品包装材料清理工作的通知》的要求，政府各相关部门进一步加大日常监管的力度，采取明查暗访等方式有针对性地开展监督检查工作。政府各相关部门一方面广泛发动各行业、企业，按照《食品安全法》的规定对市场上存在的可能对人体健康有害的食品包装材料进行清理；另一方面督促食品相关产品，特别是食品容器、包装材料的生产单位，按照现行有关食品安全国家标准等相关规定组织生产，并开展自查清理。坚决打击使用有毒有害物质尤其是非法利用废旧材料生产食品包装、容器等违法行为。

《关于开展食品包装材料清理工作的通知》要求各有关部门要各生产单位在2010年6月1日前完成自查清理工作，并依照相关规定和程序对未列入食品安全国家标准的食品相关产品及新品种向卫生部申请批准。各有关部门要严厉打击违规使用有毒有害原料生产食品容器、包装材料的行为。各相关行业协会要加强自律、引导、沟通，组织本行业企业开展自查清理工作。各相关监管部门要积极指导、督促并给予帮助。行业、企业应以现有食品包装材料259项标准（国家标准133项，行业标准126项）及相关规定为依据，主动对生产经营及使用过程中存在的问题进行查纠，对认为不存在安全性问题、尚未列入我国食品包装材料标准的物质进行登记。

7. 我国政府进一步加大包装环保产业的扶持力度

2008年8月27日，财政部出台了《包装行业高新技术研发资金管理办法》，该办法明确规定包装行业研发资金应重点支持符合国家宏观政策、环境保护和循环经济政策的下列项目：

（1）由有关部门认定的具有国际领先水平或填补国内空白的新型包装制品、包装材料和包装机械的研制及产业化项目。

（2）产学研一体化高新技术研发项目、由有关部门认定的国家级新产品研制项目、在省级以上部门立项的新材料及新技术的设计开发项目、应用技术项目。

（3）保障人身健康安全及符合环境保护要求的新型环保包装材料项目。

（4）包装减量化和节能化项目、包装废弃物处理和利用项目。

（5）包装有关法规和标准化的研究、技术标准的制定和测试项目。

（6）符合国家包装行业政策的其他新技术项目。

我国政府制定包装行业高新技术研发资金管理办法，对支持包装行业积极开发新产品和采用新技术，促进循环经济和绿色环保包装产业发展具有重要意义，是国家加大包装环保产业扶持力度的具体体现。该办法明确，符合规定的企业将有机会获得最高500万元研发资金的支持。研发资金支持范围包括具有国际领先水平或填补国内空白的项目、保障人身健康安全及符合环境保护要求的新型环保包装材料项目、包装减量化和节能化项目、包装废弃物处理和利用项目等符合国家宏观政策、环境保护和循环经济政策的项目；研发资金的支持方式主要采取无偿资助和贷款贴息两种。

根据此办法的要求，2009年10月，中国包装联合会组织专家对中央企业及地方上报的2009年包装行业高新技术研发资金项目进行了评审，共有48家企业通过了包装行业高新技术研发资金项目的评审。

8. 中国举办首届绿色包装与低碳经济高端论坛

2009年11月17日，中国首届绿色包装与低碳经济高端论坛在深圳举办。论坛发表了《促进低碳经济绿色包装宣言》。当前，我国已经进入了实施建设资源节约和环境友好型社会战略以及全面推进节能减排的关键时期，此次召开的绿色包装与低碳经济高端论坛对促进我国绿色包装产业和低碳经济的发展具有十分重要的意义。

通过推广绿色包装产业战略，推广以无毒、无害、易降解和利于回收再生的材料替代耗能高污染大的传统包装材料，改进产品包装等行动，是我国发展低碳经济的重要步骤之一，也是我国包装行业助推我国低碳经济发展的一次成功探索。

9. 世界包装之星揭晓，我国作品全面丰收

（1）2009年5月，“世界之星2008”颁奖

大会在墨西哥举行。我国内地有8件优秀作品获得了“世界之星”大奖。它们是：“百年郎酒纪念酒包装”“F06手机包装盒”“天成祥酒包装”“冷鲜肉气调保鲜零售包装”“电子秤运输防护包装”“口子窖珍藏酒包装”“论道大汉春秋”茶礼纪念装“仰韶彩陶坊酒包装”。

我国此次选送作品注重了包装结构设计和包装产品的多样性，参加“世界之星”评选活动的各国代表对我国作品给予了充分肯定，很多作品都是高票通过。每年通过国内举办的“包装之星”评比向“世界之星”比赛推荐优秀作品，积极引导和促进了我国包装设计科学健康发展。

（2）2009年10月2日，由世界包装组织（WPO）主办、突尼斯包装技术中心（PACK-TEC）承办的2009年“世界学生之星”国际包装设计评审大会在突尼斯召开。

“世界之星”包装设计奖是世界包装组织在世界范围内评选出的优秀包装设计最高奖项。代表着全球包装设计发展方向。“世界学生之星”包装设计奖是世界包装组织为世界各地的在校学生设立的具有国际影响力的高水平奖项。WPO2009年“世界学生之星”国际包装设计评审活动共吸引了来自中国、英国、美国等许多国家参赛。经过评委认真评定，最终评选出104件获奖作品。其中最高奖项“世界学生之星”奖获奖作品3件。“荣誉提名奖”10件，“入围证书奖”91件。

为配合此次“世界学生之星”国际包装设计评奖活动。我国共征集了来自我国国内76所大专院校的400余件学生作品，并推荐了其中111件优秀作品参加国际评审。经过严格审评，共有62件作品获得奖项。其中“荣誉提名奖”3名；“入围证书奖”59名。

10. 制止过度包装之路仍漫长

“100元的产品，10万元的包装”这是2009年我国与包装业密切相关的新闻——南京高淳某螃蟹实业有限公司推出售价高达99990元名为“黄金龙凤蟹”的两只装螃蟹礼盒。该礼盒中有规格为300克的公蟹和规格为200克的母蟹各一只。它的外包装盒子为纯金制作，赠品为纯银的蟹八件。该公司推出的另一款名为“至尊蟹”的八只装螃蟹礼盒，其中有规格为300克的公蟹和200克母蟹各4只，售价880元。至尊蟹的外包装是塑料盒子，赠品只有一包姜茶。此事震惊国内外，过度包装在我国屡禁不止并不断升级引发人们对过度包装的深思。

过度包装一直备受人们关注。许多国家早已专门立法。可以说发达国外对于过度包装的立法有比较成熟的经验，例如欧美都有《商品包装法》，明确规定商品包装不能超过其产品价值的10%；包装空隙不得大于30%。否则就会面临处罚。我国政府一直反对过度包装，几年前还曾对包装豪华的“天价月饼”立法设限。然而，豪华月饼还未绝迹，“黄金龙凤蟹”礼盒又走上柜台，这说明我国制止过度包装的工作仍很艰巨，我国绿色包装产业和低碳经济的发展任重道远。

三、行业发展的主要问题

从我国包装行业的整体情况看，影响行业发展的长期积累的结构性、素质性、体制性矛盾尚未根本解决，此外，在国际金融危机的冲击和影响下，还暴露出了一些新问题，主要表现在以下几方面。

1. 产业发展缺乏一批世界级、高水平的“龙头”企业引领和大项目带动，抗风险能力和产品竞争力不够强

我国有包装企业数十万家，大多数包装企业规模小、产品单一，落后的融资渠道和经济基础制约了包装企业规模化、集团化发展，使产业的产品品种、质量和价格很难适应大宗商品生产企业和不断发展的新型商品包装要求。因此，我国包装行业缺乏规模效应，行业中世

界级和高水平的龙头企业不多，往往在原料采购与商品定价权上缺乏话语权，使企业利润率低、生存艰难，因而在员工待遇、技术改造、新产品开发等一系列涉及企业发展的关键问题上，缺乏与有关企业的平等协商优势，因此在激烈的市场竞争中，往往只能被动、恶性竞争，反过来又影响到行业的良性、可持续健康发展。

2. 产业增长的内动力缺乏，整体投资增长乏力；企业研发资金普遍投入少，技术创新和新产品研发能力明显不足，缺乏发展后劲

包装装备和材料是包装技术发展的基础，近10年来，虽然我国在该领域发展迅速，但与发达国家相比，在一些附加值高的产品开发应用上，仍存在较大的差距，缺乏核心竞争力。

包装机械是包装技术进步的重要基础，目前我国除了瓦楞纸箱包装机械和一些小型包装机有一定规模和优势外，其他包装机械几乎不成体系和规模，大型设备且技术含量高的设备少，低附加值、低水平的产品多，设备稳定性及耐用性与国际先进产品有差距；精度要求较高的包装机械及零部件许多依赖国外进口。特别是市场上需求量大的一些成套包装生产线，在我国包装市场中均被几家大包装机械企业（集团）所垄断。

3. 粗放型增长方式，常规型配套服务，低水平重复建设，产能过剩严重，无序竞争激烈，造成部分企业生产经营困难

我国包装工业是适应经济发展逐步建立和壮大起来的，虽然发展速度很快，但由于缺乏整体规划和引导，在功能和结构匹配上存在较多的问题。首先是产品的结构问题，简单、原始产品多，深加工和精加工产品少；普通包装产品所占比重较大，功能性包装产品发展不够；重包装制品轻包装材料，重设备轻技术，重生产轻研究开发；产品更新换代慢，导致包装产品结构不合理，不能完全适应市场需求变化。其次是包装装备与工艺发展不平衡，经过多年发展，只有很少部分企业的技术与设备达到国际先进水平，而大多数中小型企业仍沿袭传统的技术工艺，劳动强度大，工作效率低，产品质量差，市场适应、竞争力不强。最后是产品低端、低水平重复建设。在许多地方，技术成熟、资本门槛较低的包装企业多、产能大，造成压价或其他不平等竞争多，造成企业发展缺乏后劲，甚至生存困难。

4. 产品品种、技术含量、出口能力、开发创新能力，拥有自主知识产权的核心竞争力有待加强

虽然我国在包装产量和产值上已成为世界大国，但从产品品种、技术含量、出口能力、开发创新能力，尤其从拥有自主知识产权的核心竞争力等方面看，与工业发达国家相比还有较大差距，这是我们建设包装强国必须着力解决的、至关重要的问题，也是不断增强市场竞争能力的关键，要赶上发达国家包装行业的整体技术水平，仍然需要很多年的艰苦努力。

5. 包装人才严重不足，制约了我国包装工业发展

市场竞争以及现代化的企业管理和科学技术，全要依靠人才。由于包装行业发展的历史原因，我国包装行业的人才资源存量很低。近年来许多大学和高职学院中都设置了包装工程专业，但由于教育培养与行业吸引能力问题，真正毕业后从事包装工作的学生不足50%。加之包装行业人才外流现象严重，导致包装科技和管理人才严重匮乏，成为我国包装工业技术水准滞后和制约包装工业发展的瓶颈。

所有这些问题有一些还没有在包装产业界引起足够的警觉。因此，要准确把握阶段性变化特征，清醒地认识，冷静地分析，认真地研究解决这些新情况、新问题，因势利导，顺势应时，积极推进产业转型升级，努力保持行业整体的平稳较快健康发展。

（作者：韩永生　天津科技大学）

2010年中国仓储业

2009年，受全球金融危机的影响，我国仓储业增加值的增幅虽然较往年有大幅下降，但仓储业的投资额却继续保持高速增长，而且仓储企业在应对金融危机的过程中增值服务得到新拓展，经营业态有了新的创新，经济效益保持较好的增长水平。

一、我国仓储业四年来的总体情况

国家统计局2009年12月25日公布的第二次全国经济普查数据表明：2008年与2004年相比，我国仓储业发生了重大变化，行业企业规模明显扩大。根据第二次全国经济普查的各项数据，可以对我国仓储业四年来的总体情况得出以下判定。

1. 仓储企业的数量不断增加

2008年年末，我国仓储企业的数量已达17416个，比2004年的10177个增加了7239个，增长了71%。普查的原始资料表明：2004年及以前我国成立的仓储企业为11263个（比2004年普查结果多了1086个），2005年及以后成立的企业为6153个。这表明，普查的范围与对象更全面了；也说明，随着我国经济总量的增加，仓储企业的数量也确实增加了。

此外，从分析普查的原始资料可以看出在我国仓储企业中民营企业的数量接近60%，我国仓储企业的所有制结构呈情况如下：国有及国有控股企业有4747家，占仓储企业总数的27.2%，其中中央企业有614家，占仓储企业总数的3.5%；民营企业有10281家，占仓储企业总数的59%；外资企业有750家，占仓储企业总数的4.3%；其他企业有1638家，占仓储企业总数的9.4%。

2. 仓储业的从业人数不断增加

2008年，我国仓储业的从业人数已达51.1万人，比2004年的39.9万人增加了11.2万人，增长了28%。普查的原始资料表明：2004年及以前成立的仓储企业从业人员数量达37.89万人（比2004年普查结果少了2万人），2005年及以后成立的企业从业人员数量达13.19万人。这表明，新增仓储企业的就业吸纳能力较大，老的仓储企业从业人员数量呈减少趋势，这可能是国企改革减员增效与老企业自然减员的结果。

从普查资料可进一步得出我国仓储业中各类企业的从业人数呈如下分布：国有及国有控股企业有21.6万人（其中央企有5.14万人），民营企业有21.2万人，外资企业有3.4万人，其他企业有4.9万人。

3. 仓储业的资产快速增长

2008年，我国仓储业的总资产已达5694.5亿元，比2004年的2578亿元增加了3116.5亿元，增长了120%。普查的原始资料表明：2004年及以前成立的企业总资产为4403.2亿元（比2004年普查结果增加了1825.2亿元），2005年及以后成立的企业总资产为1291.3亿元；老企业与新企业各占新增资产（3116.5亿元）的58.6%与41.4%。这说明，近几年老企业虽然人员减少但资产增加较快，老企业得到了更新发展；新企业的数量虽然增加较多，但平均规模较小而且多数是民营企业。

从普查资料可进一步分析发现，我国仓储企业在资产方面有两个特点：

（1）国有及国有控股企业的资产总额约占我国仓储企业资产总额的3/5。国有及国有控股企业的资产总额为3637.5亿元，占我国仓储企业资产总额的63.9%，其中央企为2138亿元，占我国仓储企业资产总额的37.5%；民营企业的资产总额为1286亿元，占我国仓储企业资产总额的22.6%；外资企业的资产总额为487亿元，占我国仓储企业资产总额的8.6%；其他企业的资产总额为283.6亿元，占我国仓储企业资产总额的5%。

（2）资产过亿元的仓储企业有874家（其中国有及国有控股企业550家），其资产总额达4069亿元，即5%的大企业占有全行业总资产的71.4%。

4. 仓储业的营业收入增幅较大

2008年，我国仓储业的营业收入已达3020.9亿元，比2004年897亿元增加了2123.9亿元，增长了236.7%。普查原始资料表明：2004年及以前成立的企业主营业务收入为2319.6亿元，2005年及以后成立的企业主营业务收入为806亿元，老企业与新企业各占2008年全部营业收入3020.9亿元的76.8%与23.2%。这说明，近年来老企业的经营规模扩大较快、营业收入增长幅度较大。

从以上数据，可以对我国仓储业的现状做如下总体结论：

一是国有企业仍然是我国仓储业的主体。虽然国有仓储企业的数量只占全部仓储企业数量的27%，但其资产总额却占仓储企业资产总额的64%。民营企业数量虽然占全部仓储企业数量的59%，但资产总额只占仓储企业资产总额的22%；外资企业数量占全部仓储企业数量的4.3%，资产总额仅占仓储企业资产总额的8.6%。当然，这里面有一个普查范围与主营业务定位的因素。从普查原始资料可看出，国有企业除了中外运、中储等几大央企外，也包括了储备粮、储备棉、储备肉等方面的企业，而仓储地产企业没有纳入仓储业的范围（外资是仓储地产的大头），可能纳入到房地产业了。如果考虑近年来外资仓储地产业的规模因素，则国有企业可能在我国仓储业中只占有半壁江山，外资企业在我国仓储业中要占有1/3的江山。

总体看，按现有的经济普查口径分析，从仓储管理与仓储服务的角度可以得出结论：国有企业仍是我国仓储业的主体。

二是仓储业的规模化程度与集中度正在提高。我国仓储企业平均占有的资产已由2004年的2533万元增加到2008年的3270万元，增长了29%。同时，5%的亿元以上企业资产占到全行业总资产的71.4%，95%的企业资产只占全行业总资产的28.6%。另外，近年来行业新增企业多数是小企业和民营企业，大中型企业的规模呈逐步扩大的趋势。

三是全国仓储设施总量有所增加。根据此次经济普查的资料，我们以国有仓储企业资产规模占行业资产总规模的64%（主要是原五大国有流通系统在1995年有仓库面积5亿平方米左右，因市区内仓库的大批转让或改变用途约减少40%的面积，同时考虑新增的仓库面积，总体应净减30%的面积），现有仓库面积约为3.5亿平方米；民营与外资及其他企业的资产规模占行业资产总规模的36%，约有1.8亿平方米的仓库；没有纳入普查范围的仓储地产（约0.2亿平方米的立体仓库）三个因素为依据，可以推算出目前全国营业性仓库面积在5.5亿平方米左右。

四是与物流业中其他业态相比，仓储企业的规模仍然偏小、营业收入仍然偏低。这是经济普查资料显示的一个值得业界必须高度重视的结论。

2008年，全国交通运输、仓储与邮政行业，平均每家企业从业人数为69人，其中仓储企业平均只有29人；与其他业态比较，仓储企业的平均人数不仅远少于铁运、水运、航空、管道、公交等企业，也少于道路运输企业的50人，只多于装卸搬运及其他运输企业的24人。

2008年，全国交通运输、仓储与邮政行业，平均每家企业占有的资产为5044.7万元，其中仓储企业为3269.7万元，低于全行业平均值的1775万元；与其他业态比较，仓储企业平均占有的资产远低于铁运、水运、航空与管道等基础设施企业外，也低于道路运输企业的3732.2万元，但高于装卸搬运及其他运输企业的1270.7万元。

2008年，全国交通运输、仓储与邮政行业，平均每家企业营业收入2101万元，其中仓储企业平均1734万元，低于全行业平均水平，远低于铁运、水运、航空与管道等基础设施企业外，高于道路运输企业1372万元与装卸搬运及其他运输企业的1161万元。

二、2009年我国仓储业的基本态势

根据国家统计局、国家发改委与中国物流与采购联合会的统计数据，可以判定出2009年我国仓储业的基本态势是：投资额继续大幅增长，增加值大幅回落。

1. 仓储业固定资产投资力度加大

2009年，我国仓储业（含邮政业）的固定资产投资额达到1766亿元，同比增长57.5%，高于物流行业投资总增幅9.9个百分点，也高于物流业其他产业的投资增幅，比仓储业历年投资增幅最高的2007年还多了2个百分点。客观地说，这与4万亿元的国家投资不无关系，也说明在金融危机条件下因为建设成本下降刺激了各类投资主体投资仓储设施的积极性。

2. 仓储业的增加值大幅回落

2009年，我国仓储业的增加值达到1737亿元，同比增长10.6%，高于物流行业增加值的总增幅3.3个百分点，高于交通运输业4.6个百分点。但与2008年仓储业增加值的增幅相比，回落了13.4个百分点。这说明在全球金融危机条件下，仓储业也不能独善其身，其业务规模与收入急剧下降。

3. 商品库存增加

2009年，我国社会物流总费用达6.08万亿元，同比增长7.2%，其中保管费用为2万亿元，同比增长7.5%，增幅略高于物流总费用及运输费用与管理费用的增幅。这说明受金融危机的影响，全社会商品流通缓慢、商品库存增加。

三、全国规模以上仓储企业的基本情况

中国仓储协会自2009年开始开展全国规模以上仓储企业排名活动，并以仓储设施的规模排出全国通用仓储企业50强、冷库企业30强、危险品仓储（仓库）20强和危险品仓储（储罐）企业20强。以下通过对通用仓储企业50强的情况进行分析，归纳得出全国规模以上仓储企业的基本情况。

1. 企业的仓库总面积大幅增加

通用仓储企业50强中各企业的仓库总面积均呈大幅增加趋势，即由2008年的1098万平方米增加到2009年的1549万平方米，增长了41%。

2. 排名前十名的企业排位发生变化

通用仓储企业50强中的前两名企业没有

变化，但前十名的变化较大。如中外运长航集团仓库面积由2008年的310万平方米增加到2009年的330万平方米，仍居榜首；普洛斯的仓库面积由2008年的170万平方米增加到2009年的218万平方米，仍居第二；中邮物流新参加排名，以91万平方米居第三；深赤湾的仓库面积由2008年的61万平方米增加到2009年的73万平方米，但由于中邮物流的加入，只能排第四；山东盖世物流的仓库面积由2008年的28万平方米增加到2009年的60万平方米，名次提前到第五。

3. 仓库的构成发生变化

通用仓储企业50强的各企业2009年的平房仓库占仓库总量的47.8%，比2008年下降12个百分点；楼房库占仓库总量的29.4%，比2008年增加5个百分点；立体仓库占仓库总量的22.7%，比2008年增加7个百分点，仓库构成发生明显变化。

4. 新建仓库继续增加

通用仓储企业50强中仍有17家企业在2009年新建仓库，新建仓库面积达213万平方米，比2008年增加70万平方米，占17家企业现有仓库的42%。

5. 业务规模保持一定的增长速度

业务规模受到金融危机的影响，但仍保持一定的增长速度。有可比数据的30家企业，2009年的货物吞吐量增长了10%；有可比数据的25家企业，2009年的平均库存量增加了2.3%；有可比数据的19家企业，2009年的配送量增长了40%。

6. 经济效益有所改善

有可比数据的33家企业，2009年的营业收入、营业成本、营业利润（税前）分别比2008年增长27.9%、27.7%、28.9%，收入利润率达到13%。这主要代表了全国大中型仓储企业的水平，也体现了这些企业为应对金融危机而开拓创新的成果，不代表全国仓储行业的整体水平。

四、2009年仓储业发展的主要特点

（一）仓储设施建设的新特点

在20世纪，我国仓储设施基本上是由专业储运企业与批发企业拥有并投资建设，进入21世纪以来，老的仓储企业受城市规划的调整更新改造或异地新建仓库，与此同时来自三方面的力量推动了全国仓储设施的快速发展，一是专门从事仓库建设与出租的仓储地产企业；二是新兴的物流园区，在批租土地的同时自己建造仓库出租；三是原有的运输企业、轻资产型物流企业以及各类生产与商业零售企业，从自身业务的需要出发，建设了一大批仓库设施。自2009年以来，受全球金融危机、国家出台物流业调整振兴规划以及国家4万亿元投资计划三大动因的影响，我国仓储设施的投资建设呈现三个明显特点：一是外资仓储地产公司的投资明显趋缓；二是物流园区的建设出现新的高潮；三是农产品、食品、医药等各类专业性仓储设施与配送中心得到较大发展。

1. 外资仓储地产公司投资明显趋缓

仓储地产业作为现代仓储设施开发建设的新生力量，已经形成一定的产业规模。作为现代仓储业的新业态，已经形成成熟的商业模式，并形成网络化布局。在外资地产企业的带动下，仓储地产业逐渐形成外资、国有与民营共同开发的格局。然而，2009年外资企业的发展势头明显趋缓。

截至2009年年底，已经形成规模的仓储地产企业依次为：普洛斯（17个城市、60个库区、300万平方米仓库）、丰树（5个城市、87万平方米仓库）、深赤湾（宝湾，7个城市、73.3万平方米仓库）、安博（6个城市、25.7万平方米仓库）。根据仲量联行的研究报告，这些地产企业的年投资回报率平均在15.7%，最高达25%，最低为7.7%。

普洛斯于2008年年底更换投资主体后，

放慢了拓展步伐，削减了相当于2008年年底约20%的开发计划，从而采取风险较低的拓展战略。安博2009年没有新的投资或开发。宝湾的投资建设计划受金融危机的影响不大，2009年新增仓库面积21.7万平方米，2010年正在4个城市建设39.3万平方米的仓库。曾经是民营仓储地产老大的上海宇培（宇航）公司，2008年与国际地产基金EI合资后，在2009年新增仓库面积7万平方米。

2. 物流园区已经成为仓储设施建设的主要力量

除了公路货运中转型的园区外，无论是为制造企业与商贸流通服务的物流园区，还是港口与机场集散型园区，仓库都是园区的基本设施，有的园区仓库设施的规模与技术已经达到国际先进水平。

中国仓储协会调查的情况表明，上海临港物流园与无锡西站物流园区，定位准确、规划合理、规模较大，值得各地园区规划建设者借鉴。

（1）上海临港物流园位于上海220平方公里的临港产业园区内，紧临其中的设备产业园、综合产业园、奉贤产业园区，并通过东海大桥与洋山港相联，占地21平方公里，分为洋山保税港区（已封关运作面积8.14平方公里）、国际物流园区（开发面积3平方公里）与仓储转运区。该园区由上海临港国际物流发展有限公司负责开发，其中，保税港区由临港物流公司直接开发、建设仓库出租；国际物流园由临港物流公司与普洛斯公司各50%投资、建设仓库出租；仓储转运区主要是批租土地、由物流企业自行建设仓库等物流设施。该园区的主要特点是：园区占地面积大、选址科学（海港、航空、铁路、内河、公路）、规划合理；立足于工业产业与港口的需求，加上政府政策扶持，自2004年以来招商顺利，目前已经招满；仓库规模大、技术水平高，仅保税港区与国际物流园区的规划仓库面积在200万平方米以上，目前已经投入运营的仓库在100万平方米以上，这两个园区都有成规模的两层立体仓库。其中保税港区有两座4栋连体两层立体库，大的一座共15万平方米，所谓“连体”即第二层的行车道与货物装卸区将4栋仓库联结起来。这是立体仓库设计上的创新。

（2）无锡西站物流园区占地5平方公里，定位于钢材交易市场与钢材物流，已经完成规划设计与招商，目前正在进行设施建设，个别企业已经投入运营。该物流园区有几个特点：一是传承了无锡钢材流通的历史，突出了钢材的专业性；二是交通便利，公、水、铁进入园区，其中铁路专用线是专门为园区新建，河道是专为园区新挖、引古大运河之水而成；三是钢材的现货交易、网上交易与钢材仓储管理有机结合；四是设施先进、增值服务较完善。

（3）随着国家物流业调整振兴规划的出台，全国各地再次掀起物流园区规划建设的“热潮”，由沿海城市到中西部城市、由省会城市到各地级城市，甚至到县，一些专业性的园区成为其中的亮点。

——海口市政府批准投资4亿元建设占地300亩的粮食物流园区，其中粮食储备区占地143亩，建10万吨仓容的地方储备库；粮食批发市场占地104亩；粮食加工区占地53亩，建三座日加工稻谷200吨规模的加工厂，目前正在加紧筹建。

——河北省物产集团通过兼并整合沧州市5家国有物资企业、投资7亿元建设的沧州综合物流园区，主要规划项目为钢材贸易加工中心、集散货中心、化工品交易中心等，园区建成后仓储能力将达80万吨，钢材流通加工能力将达57万吨。

——中粮集团深圳食品物流园一期工程于2009年7月1日正式交付使用。该项目占地14万平方米，预计总投资约6.1亿元，规划建成5万吨−25℃低温冷藏中心、15万平方米的仓储分拨中心和5万平方米的食品加工及综合服务中心。已建成的设施包括容积为2.5万吨低温冷库（-25℃）、4000吨高温冷库（-1~5℃）、5万平方米的普通干货仓库。

——北京新发地农产品批发市场占地30多亩的“国际绿色物流区”已启动。该项目引进京郊“十区百社”的有机、绿色认证农产品，配套3000吨的冷库与现代化的检测技术以及信息追溯手段，采取会员制预约交易模式，建立了安全的农产品流通模式。

3. 各类专业性的仓储设施与配送中心进入规划建设的高峰期

专业性的仓储设施与配送中心主要体现在各类冷藏设施、农产品及农村配送中心、电子商务配送中心与医药配送中心等。

（1）近年来，商务部已累计支持903家农产品批发市场、农贸市场和农产品流通企业的1419个项目进行了建设改造，扶持新增和改扩建的冷库达到了270万吨，总扶持资金约为20亿元。若加上国家其他部委和地方政府给予支持的项目，则总数会更多。预计到“十一五”末期，再建设、改造25万家农家店和3000个区域性配送中心。

——重庆万吨冻品交易市场扩建工程于2009年启动，拟于2011年竣工。项目总投资6亿元，将建成集低温食品交易批发市场、仓储、配送、加工、展销和电子商务于一体的低温冷藏物流中心，低温冷库容量将增至10万吨，市场交易额突破150亿元。

——四川乐山蓝雁集团规划投资4.2亿元、建设占地325亩、30万吨冷库的冷链物流中心，一期项目已于2009年年初动工，新建万吨冷藏库和结冻库各1座、大型物流交易市场2个、物流服务中心1个及各项目配套设施。

——天津市水产品冷藏加工物流基地于2009年年初开工。总投资10亿元，建设冷藏量总规模达20万吨的冷库及配套设施。一期工程投资4.5亿元，主要建设1.5万平方米的水产品交易大厅、冷藏量10万吨的冷库，2009年9月完工。二期投资5.5亿元，建设10万吨低温冷库，5万平方米的配套附属服务设施。

——昆明，东盟国际冷链物流中心于2009年11月开工建设，总投资6亿元，用地200亩，包含10万吨-35~5℃不同温区的冷库以及8万平方米的冷冻食品冷藏交易区、3万平方米的冷冻食品加工区、1万平方米的商务信息交流平台和500个大小车位的停车区。

——天津市邮政公司将于2012年在全市建立1900个“三农”服务站，使全市逐步形成覆盖乡村的物流配送网络。自2009年以来分别在各区县新建改建了19个配送仓储中心。

——青海省“十一五”期间，计划建设改造连锁农家店4000~5000家，建设改造配送中心100个，确保每个县、市有配送中心两个以上，日用生活品配送率达到40%以上，农资商品配送率达到60%以上。自2009年以来正在建设改造3000家农家店和20个区域性配送中心。

（2）国家有关部门《关于进一步规范医疗机构药品集中采购工作的意见》中规定，必须委托具有现代物流能力的药品经营企业向医疗机构直接配送。上海、海南、北京、山东、南京等多个省市，已经开始试点第三方药品物流。由此推动了各大中型医药企业普遍开始规划建设医药配送中心。

——2009年3月，国药控股投资1.42亿元建立的广州物流中心投入使用。广州物流中心是国药控股继北京、上海、天津、沈阳等地后建立的又一个物流平台，也是规模最大、网络最广、模式最全的一个。2009年8月，国药控股湖北物流中心在武汉光谷生物城开工兴建。该中心占地100亩，总投资1.5亿元，拥有符合欧美冷链稽核标准的最大冷库，储备量达18万件，日均吞吐能力1.6万件。

——2009年12月，上海九州通现代医药物流中心开工建设，项目占地面积65亩，中心建成后，可存储3万多个品规、60万箱药品，每小时处理订单条目数1万条，日吞吐量8万箱，可支持年销售额100亿元，堪称亚洲最大、国内最先进的现代医药物流中心。近年来九洲通先后兴建了14家省级商业子公司（大型现代医药物流中心），分别下设3～6家地级分公司（地区配送中心），公司物流系统共有3984人，约占集团总人数的1/4。未来5年，将建成20家左右的省级现代医药物流中心、100家地级配送中心、300家终端配送点。

（3）电子商务的快速发展，仓储配送一直是其最大难题，是委托第三方还是自办配送也一直是电子商务企业的两难选择。配送外包以淘宝网为代表，自办配送以京东商城为代表。由于电子商务物流的特殊性，近年来更多企业趋向于自办物流。

——“京东商城”作为B2C的购物平台，至2009年年底已在全国25个城市建立自己的配送团队，京沪穗三地的仓储中心已达9万平方米，未来几年计划在京沪穗新建单体面积达10万平方米的配送中心，配送团队发展到50个城市。2009年4月投资2000万元成立了上海配送公司，2009年12月，与上海嘉定工业区正式签署投资协议，将在嘉定工业区建设占地260亩的京东商城华东大区总部，并建设一座15万～18万平方米的物流仓库，该库将是全国最大的单体仓储中心。

——“当当网”成都与武汉物流中心相继于2009年5月、11月投产运营，2010年4月郑州物流中心投入使用，此后还将对上海、广州物流基地进行扩容。到目前为止全国6大物流中心共有仓库面积达16万平方米。

（二）仓储经营管理方面的新特点

经过前些年的改革发展，也经过发展中的阵痛与探索，再加上为了应对全球金融危机，许多仓储企业在经营方式、增值服务与商业模式上进行创新，一批老企业走出困境、走上良性发展道路，仓储业出现一些新的经营业态与商业模式。

1. 老企业不断探索、创新

立足于本企业的实际情况与市场需要，逐渐确立本企业的市场定位与主营业务，分别取得良好效果。沈阳储运集团与天津对外储运（全程物流）公司等企业前些年通过改制已经走上良性轨道，近年来又有4家典型的代表企业。

（1）上海商储公司在计划经济时期曾是全国最大的地方储运企业，地处市区的大片仓储区被开发后，公司经营一度低迷，近年来逐渐形成了以“全方”为品牌并大量整合社会仓库的现代物流板块、城内仓库自主开发后的物业板块。目前该公司经营25个仓储区、32万平方米，其中有12个14万平方米仓库是外租仓库。

（2）济南广友物流配送公司充分挖掘城郊结合部仓储区的潜力，陆续举办钢材市场与茶叶市场，新开发4万平方米的购物广场，形成了市场物业与仓储物流并举的主业定位。

（3）武汉商储公司在城内多处仓储区被开发后，完全通过长期租用社会仓库开展现代物流业务，并与人合资成立了专门从事汽车整车运输的公司。

（4）西安商储公司在城内大片的仓储区被开发后，用开发取得的资金新建了几万平方米的立体仓库，逐步形成了以仓储为基础、辐射整个西北地区的大区域配送。

2. 增值服务有新发展

（1）仓单质押。仓单质押监管业务已由大型物流公司向大中型仓储企业发展，大型物流公司已经向供应链融资物流发展。中外运长航集团与中国物资储运2009年质押授信额度均达到500亿元，上海中远物流的“海陆仓”与“融资中转仓”成为亮点。海陆仓业务是指在传统“仓单质押”融资模式基础上，融“仓储质押监管、陆路运输监管、铁路运输监管、沿海运输监管、远洋运输监管”等任意组合的供应链全程质押融资监管模式。传统的仓单质押一般针对客户的存储在指定监管仓库中的现货进行质押，所质押的内容和监管的范围比较确定；而海陆仓业务则可以根据客户的具体业务需求，利用中远物流实施的物流、控货服务的渠道范围，结合银行的贸易融资产品，创造性地设计和组合、运用传统的和非传统的融资方式给予客户授信支持。根据苏州地区中小企业数量非常多的特点，目前正在苏州地区运作3个“中远供应链融资中转仓”，并计划在江苏各主要城市设立25~30个“监管仓”。上海中远物流启动供应链金融业务仅3年，2009年授信规模已达70亿元。

以仓储监管为依托的定向采购分销，也有人笼统地称之为“金融物流”，因为这种服务的效果也是解决中小企业的融资问题。但实际上，它在商业模式与业务流程上与上述质押监管有根本区别。质押监管，是通过监管为中小企业取得银行授信，收取的是仓储及监管费；定向采购，则是运用仓储物流企业自身的银行信誉与资金实力以及仓储管理能力，直接为下游流通企业定向采购货物，再通过仓储监管适时供应给下游流通企业，收取的是货款差价。这项业务，上海现代物流公司与广州商储公司已经形成一定规模，2008年的定向采购额分别达到5亿元和2亿元。

（2）分销配送。广东华大物流公司长期以来一直在做品牌食品的分销配送。自2008年以来广州商储公司为吉利汽车零配件所做的广东地区分销配送，规模与潜力更大，业务流程也有区别，是汽车零配件物流方式的创新。用几百万资金、完善的信息系统加上相应的仓储运输设施，为广东地区140家吉利“4S”店按订单采购配送汽车配件，吉利汽车公司按货款的一定比例返给商储公司。该项目当年取得成功，2010年广州商储公司计划将该业务复制到西南地区。

（3）越库配送。对于零担运输公司与快递公司而言，越库作业是常态，但对于一般仓储配送公司而言，在我国则是一种创新。这种方式就是：商品到达配送中心后不进仓库，而是在站台或理货区直接进行分拣后配送到零售店。这种方式可以大幅提高商品周转速度、节省储存成本。目前，我国零售企业的库存周期一般为30天左右，如果通过第三方库存周期可以压缩到20天左右。上海华联配送实业公司作为百联集团下属的第三方配送公司，运用先进的信息系统、优化作业流程、实施越库配送，可以将商品的库存周期压缩到2~3天。

（4）托盘的统一管理与共用租赁。中国需要建立托盘共用系统已经喊了许多年，一直没能建起来，即使是外资托盘共用公司进入中国后目前也只是租赁，达不到循环共用。上海现代物流公司作为百联集团的物流板块，2007年就成立了托盘共用项目组，2008年清理了集团内部47个仓储区的托盘情况，2009年3月正式建立托盘营运中心，投入560万元收购了集团内部7.5万块托盘，再面向集团内部20多家单位出租，计划10年将托盘数量增加到20万块，全面向集团卖场的大型供应商渗透，逐步由统一租赁发展到循环共用。

3. 仓储业出现了一些新的经营业态

新的经营业态意味着有新的经营方式与新的赢利模式，并且可以复制、形成产业化。近年来，仓储业的经营业态又有新的发展。

（1）金融仓储。与仓储服务企业的增值服务、开展仓单质押监管业务不同，金融仓储企业不做仓储服务，而是专门为金融机构与中小企业融资提供仓储监管服务。浙江涌金仓储股份有限公司成立2年来，不仅形成了成熟的商业模式，并且业务规模发展很快，2009年的授信额度已达15个亿，2010年的目标是达到50个亿。与此同时，2009年以来浙江各地又涌现出“和金”“长运”“银桥”“千岛湖新城”等一批与“涌金”业务定位与商业模式类似的专业仓储公司。这已经说明了“金融仓储”的市场潜力与产业化发展趋势。专家们认为：金融仓储属于金融业与仓储业的结合体，既可以定性为金融产业的衍生产业，也可以定性为现代仓储业的一种新业态，即金融仓储业。它的产业意义在于：更能取得金融机构的信任与业务外包，更有利于帮助中小企业通过动产融资；同时，也会促进仓储物流企业运用仓储管理的优势同时开展质押监管服务，还可以通过仓储企业与专业监管企业的合作，更普遍与更广泛地开展动产质押监管服务。

（2）私人仓储（Self Storage）。与传统仓储企业不同，私人仓储是提供家居用品储存、为企业提供文档与办公用品储存或为网络商铺提供时尚物品储存的专业仓储业。这种仓储业态在国外已经很普遍，美国有私人仓储公司7000多家，最大的私人仓储公司有仓库面积40万平方米，在全美各州均有仓储网点，最大的仓库网点面积达2万平方米；英国私人仓储公司有250家，法国、荷兰、西班牙等国的私人仓储网点分别约180个、110个、90个；中国香港有私人仓库网点180个。2007年，北京与上海各出现了1家由“海归”人士创办的私人仓储，但规模很小。2009年成立的仓宝阁（LOVE BOX）仓储（上海）有限公司，应该是我国第一家外资私人仓储公司，仓库位于上海名仕街“创意产业园”内一栋楼房的三层（面积3000平方米左右，有10种不同规格的仓间总计400多个），由卡森布莱特（Carson C. Block，Esq.）投资并自任总经理。布莱特认为：中国内地5年内应该有4000万人有能力使用私人仓储服务，届时国内有潜力开拓180万平方米的私人仓储面积。

（3）仓储联盟。科学地说这不算一种经营业态，应是仓储经营的新策略。早在2005年中仓协的中转运输分会（现更名为配送分会）就组织全国22家地方性的仓储公司成立了“全国仓储物流联盟”，但由于没有实体运作，联盟成员之间的资源共享与业务合作一直没能开展起来。2009年，在中仓协的倡导下，组建了中仓联物流公司，旨在组织联盟成员之间的业务合作，促进全国中小仓储企业的发展。

（三）仓储设备与技术方面有了新的进步

近年来随着立体仓库的大量建设，广大仓储企业为了改善仓储作业的绩效，在仓储设备技术改造方面做了大量工作，使得业界的仓储信息化与机械化水平逐年提高，一些仓储设备与技术的研发与生产厂家不断开发了许多新产品。基于此，2009年我国仓储业在货架、叉车、托盘、分拣与WMS系统方面取得了新的进步。

上海百联配送公司从2005年就开始在仓储环节启用RFID技术，采用RFID标签托盘，近年来通过与WMS系统、三维图像技术的结合，在为吉买盛卖场开展仓储配送中取得良好效果，上架准确率达到99.99%，收货作业时间比传统模式缩短了40%，作业速度比过去提高66%，补货与拣货速度比传统模式提高95%。

永恒力在2009年首次推出了标配RFID仓储导航设备的垂直拣选车。通过该导航设备，可与地面及仓储管理系统即时通信，仓储管理系统可以直接向堆垛机控制设备传输信息。

国家农产品保鲜工程技术研究中心2009年研发出“活体冰温储藏技术”，使新鲜的农产品保存2~3个月依然新鲜如初，达到国际先进水平。冰温储藏与普通冷库储藏相比，其最大的优点就是储藏农产品日期更长，新鲜度更高。采用冰温储藏集装箱运输，不需要水和氧气设备，只让鱼处于“休眠状态”，到异处再进行逐步升温等“唤醒程序”，鱼即可活蹦乱跳，大大的降低了储藏和运输成本。

苏州森瑞保鲜设备有限公司研制出复合气调保鲜包装技术及装备。该技术的特点是投资小、保鲜效果好，能够达到气调链和冷藏链的完美结合，从而使新鲜农产品得到较理想的保鲜期。

托盘业大打环保经济牌研制生产出植物纤维复合材料托盘、竹托盘、纸托盘、钢化塑木托盘等新材料托盘，既节省了木材也节省了成本。

五、我国仓储业长远发展必须解决的几个问题

我国仓储业近五年来得到了较大发展，但是，一些深层次的问题仍没有得到解决，仍在制约着仓储业的健康发展，如仓储业税负过重的问题、仓库的家底问题、仓储业的门槛问题、仓储设施的建设方式问题、仓单质押监管的规范问题、冷库的经营方式问题和危险品的定点储存问题等。为了尽快解决这些问题，推动我国仓储业的快速健康发展，仓储业应尽快制定行业规范等政策。

1. 按公平原则，切实调整仓储服务的营业税率

针对仓储企业的经营特点取消库房租金12%的房产税，借鉴国外经验，理性地确定仓储用地的性质和价格以及土地税率。这些是我们早就反映过的老问题，2008年以来，为落实国家物流业调整振兴规划，相关行业组织已经提出建议报告，也引起国家有关部门的重视与研究。全国广大仓储物流企业真诚希望与迫切要求，政府部门充分考虑仓储业的公共服务属性与微利经营的特点，切实解决仓储企业税负重的问题。我们认为，对于现代仓储业的健康发展，减轻税负要比提供资金支持更有长远意义。

2. 尽快制定《仓库法》

仓库是最基本的物流基础设施之一，仓储业与运输业、货代业等共同构成了现代物流业。仓库设施也是重要的社会公共设施，仓储设施的建设与仓储管理直接关系到社会公共财务与人们生活的安全。我国计划经济时间，几大流通主管部门都分别颁布过有关仓储管理的规章制度，但1998年国家机构改革以来，仓储业实际上没有明确的主管部门，十多年来仓储业处于各自为政、分散管理的状态。在这种管理状态下，仓储经营没有门槛、没有资质，仓储业的家底没有人说得清楚，没有统一的规章制度。这种状况不仅存在许多安全隐患，也与现代物流业发展的总体要求不相适应。我国有铁路法、公路法，有货代管理条例，就是没有仓库法。美国、日本等发达国家在20世纪四五十年代就制定了《仓库法》，日本的仓库法还经过许多次的修订。这些都是值得我们借鉴的。通过制定《仓库法》，明确主管部门，明确资质条件，统一基本的规章制度，对于仓储业的现代化与快速健康发展，是有重大意义的。

3. 建立完善的仓储业统计制度

国家统计局一直有仓储业的基本统计数据，即仓储业的投资额与增加值，但没有各类仓库的面积、没有仓储企业的经营数据。2004年起实施的物流业统计制度，实际上是根据统计局的相关数据进行核算的结果，也没有仓库面积与企业经营数据。中仓协每年都进行调查统计，但也只能掌握几十家大中型企业的情况，很不完善，反映不了全行业的全面情况。目前，我们正在向国家发改委、国家统计局请示，商量统计的具体办法与途径，希望能建立仓储业的专项统计。仓储业统计数据的完善，对于规划建设新的仓储设施、对于引导仓储业的健康发展都是有直接的现实意义的。

4. 合理规划与科学建设仓储设施

根据2009年经济普查的数据，我们推算出我国目前营业性仓库面积在5.5亿平方米左右，我们认为，我国通用仓库的总量已经基本能够满足市场的需要，随着经济总量的增加与人均收入的提高，高标准的立体仓库还有较大需求，目前供不应求的主要是冷库，特别是危险品仓库。但是，不论是通用仓库还是专业仓库，都应该立足各经济区域内的具体需求合理规划建设，不能“跟风”，也不宜将“物流园

区”作为仓储设施建设的主要途径甚至唯一途径，除了机场、港口与铁路等交通枢纽地可适当集中建设规模化的物流园区外，为生产制造企业与城市消费服务的仓储设施与配送中心应该按照“贴近需求、便利集散”的原则，合理布局，避免过度集中。冷库的加快建设是有需求的，但在一个点建设几十万吨的冷库容量，甚至标榜这个最大、那个第一，我们认为一定要慎重。危险品仓库也有较大缺口，但也有一个合理布局问题，与化工园区配套的仓储区可以适当集中，与化学品交易市场配套、与人们生活需要配套的危险品仓库还是应该适当分散。一个大中型城市不能控制安全隐患就只有一两家危险品定点储存单位。我们应该深刻认识两个基本逻辑：一是定点仓库越少，“地下”仓库越多，安全隐患越大；二是只要执行科学的危险品仓库建设标准、只要对危险品仓储实施规范化管理，再危险的东西就没有危险了。

5. 尽快组织制定“仓单”与《仓单质押监管规范》国家标准

这个问题之所以紧迫，主要是因为两个方面的形势：一方面，经过这几年的发展，仓储物流行业的大型央企普遍在各子公司开展了仓单质押甚至供应链金融服务，广大中小企业也认识到自身的优势，积极开展这方面的业务，甚至还产生了专门从事监管服务的金融仓储企业，但是，由于“仓单”的要素与格式不统一、质押监管的资质条件不统一、监管的流程与规范不统一，出现了许多矛盾与官司，但缺少仲裁的依据，众多中小仓储企业由于得不到银行的认可，对这项业务只能“望洋兴叹”；另一方面，我国广大中小生产流通企业又迫切需要解决融资难的问题，国务院的文件也明确提出了用动产质押解决中小企业的融资难问题，现货的仓单质押就是一种主要的动产融资方式。我国《物权法》的颁布实施已经为我们提供了动产融资的法律依据，现在关键是尽快制定相关标准。这两项标准制定实施，对于我国仓储业的健康发展、对于我国经济的整体运转都有着非常重大的意义。

（作者：沈绍基　中国仓储协会会长）

2009 年中国货代业

2009 年，借势贯彻落实物流业调整和振兴规划，我国货代物流行业抓住机遇，奋发有为，迎接挑战，努力克服国际金融危机影响，实现了止跌企稳、加快回升的良好发展态势，为我国外贸事业的科学发展作出了积极贡献，为国民经济平稳较快发展提供了有力支撑。

一、中国货代物流业企稳回升步伐有所加快

统计数据显示，2009 年全国社会物流总额达96.65 万亿元，同比增长 7.4%。其中，工业品物流总额为 87.41 万亿元，同比增长 9.4%，占社会物流总额的比重为 90.4%，同比提高 1.7 个百分点，是带动社会物流总额增长的主要因素；进口物流总额达 6.86 万亿元，同比下降12.8%，占社会物流总额的比重为 7.1%，同比下降 1.6 个百分点；农产品物流总额、再生资源物流总额和单位与居民物品物流总额同比分别增长 4.3%、12.3% 和 16.4%。2009 年前三季度，物流业增加值构成中，交通运输业增加值为 1.08 万亿元，增长 4.5%，仓储业增加值增长 13.7%，贸易业、邮政业增加值分别增长0.1% 和 2.6%。2009 年全国物流业增加值为2.31 万亿元，同比增长 7.3%，占服务业增加值的 16.1%，同比下降 0.3 个百分点。

2009 年全国社会物流总费用 6.08 万亿元，同比增长 7.2%，与 GDP 的比率为 18.1%，同比持平。其中，运输费用 3.36 万亿元，同比增长 7%，占社会物流总费用的比重为 55.3%，同比下降 0.1 个百分点；保管费用 2 万亿元，同比增长 7.5%，占社会物流总费用的比重为32.8%，同比提高 0.1 个百分点；管理费用0.72 万亿元，同比增长 7.4%，占社会物流总费用的比重为 11.9%，同比持平。

以上数据反映出，包含货代物流行业在内的物流需求在经济增长的带动下，企稳回升步伐有所加快。

二、货代物流行业发展出现的新特点

2009 年，受金融危机影响全球贸易量大幅萎缩，世界贸易形势非常严峻。据统计，2009 年我国对外贸易进出口总值为 2.21 万亿美元，同比下降 13.9%，其中出口 1.20 万亿美元，同比下降 16%；进口 1.01 万亿美元，同比下降 11.2%。全年贸易顺差为 1960.7 亿美元，同比减少 34.2%。然而在复杂、严峻的形势面前，货代物流行业的发展也出现了以下几个新特点。

1. 行业规模不断扩大

截至 2009 年年底，全国参加商务部备案

的企业有20713家，比2008年年底增加2100多家，业务备案数4500家，高于2008年500多家。

2. 行业竞争加剧

企业实力逐渐壮大。严峻的市场形势使得市场竞争加剧，行业平均利润下降，很多有实力的货代企业通过整合、并购、重组，增强了规模和实力，市场集中度有所提高。

3. 供应链管理呈加快发展趋势

供应链管理是一种全新的经营理念，代表着现代物流发展的基本趋势。近年来，随着我国现代物流迅速向采购环节延伸，我国供应链管理呈加快发展趋势。许多货代企业将供应链管理放在战略高度加以研讨，并分为几个阶段来执行，在稳健的基础上寻求快速发展。

4. 增值型业务成为新的增长点

为了在市场竞争中立于不败之地，核心竞争力的打造成为关键。在过去的一年里，行业企业加强专业化经营，增值型业务有新的发展。一些有能力的企业依托其在国内的综合延伸业务及特有的网络优势资源，以市场为导向，大力开展集装箱多式联运业务，以强化集装箱运输链增值服务。

三、发挥优势，积极参与国际交流合作

2009年，中国国际货运代理协会积极为行业企业搭建中外合作交流平台，引领企业积极参与行业的专题活动，为行业企业提供发展机遇。

1. 组团参加国际货代协会联合会（FIATA）总部工作会议和FIATA2009年年会

中国国际货运代理协会组织代表团参加了2009年3月在瑞士苏黎世FIATA总部召开的2009年工作会议，并在大会上作专题发言，介绍我国的大陆桥通道的建设以及《物流业调整与振兴规划》的颁布情况。由赵沪湘会长带队的代表团参加了2009年9月在日内瓦举行的FIATA2009年年会。会议上赵沪湘会长再次连任FIATA扩大主席团副主席，巩固了我国货代协会在FIATA这一行业国际组织中的地位。

2. 召开第六届中外货代物流洽谈会

本次洽谈会在全球金融危机冲击及甲型H1N1流感蔓延的双重影响的背景下于2009年6月在中国香港举行，中国国际货运代理协会精心策划认真组织，深入各地推介招商，共有来自100多个国家和地区的560多家企业，800多人参会，会议召开之时，恰逢世卫组织宣布甲型H1N1流感提高到最高警戒等级。三天会议期间，参会人员珍惜每一刻时间，积极预约、认真洽谈，也未出现一例甲流疫情反应，会议取得圆满成功。

3. 组团参加“两岸流通服务产业合作及交流会议”

由中国国际货运代理协会刘学德副会长兼秘书长带队，成员包括部分省市货代协会、中国物流采购联合会、综合开发研究院及部分理事会员单位的代表的代表团参加了2009年10月在台北举行的“两岸流通服务产业合作及交流会议”，会议期间中国国际货运代理协会与台湾国际物流暨供应链协会签署了合作备忘录，进一步促进两岸物流行业的合作和发展。

4. 参与中亚区域合作交流活动

2009年1～10月，中国国际货运代理协会分别参加了在广州、内蒙古、新加坡及韩国举行的中亚区域经济合作（CAREC）工作会议，对促进与中亚地区国家的同行共同发展发挥了积极作用。

四、行业组织立足发展，开拓创新

1. 加强行业调研，反映行业的呼声

中国国际货运代理协会参与国家《物流业调整和振兴规划》的具体实施，2009年4月陆

续走访了省市货代协会，同时深入企业搞调研，了解行业企业经营现状及行业存在的问题。5月在北京召开了《物流业调整和振兴规划》专题研讨会，并形成《在金融危机下货代业需国家政策和措施支持的有关建议》和《协会2009—2011年落实“规划”工作任务》等报告报送相关政府部门，受到高度重视，为下一步出台《物流规划实施细则》提供了重要的参考依据。

此外，中国国际货运代理协会还积极向国家发改委主管部门建言，将货代行业培训项目纳入国家物流人才培养规划之列；积极参与工业和信息化部物流信息发展规划，提供行业关于信息化工作情况，得到工信部主管部门的高度重视；就海关舱单传输人资格问题、防止出口伪报品等违法行为问题，积极协助商务部主管部门准备方案和建议。

2. 加强行业自律，维护行业正常经营秩序

2009年，中国国际货运代理协会承担了五项行业国家标准起草工作。其中积极参与《全国物流标准2009—2011年专项规划》的起草工作，历时9个月完成95项标准目录草案编制，并有33项（其中24项国标、9项行标）纳入规划征求意见稿。另外，积极参与服务业标准制定，最终有16项服务业标准通过国家标准委的公示。

2009年，中国国际货运代理协会积极实施已颁布的五项行业国家标准的宣贯，8月在威海召开了有北京、天津、山东、上海等8省市货代协会参加的关于“国标宣贯”专题研讨会，并将有关会议情况、标准宣讲稿和宣贯建议专题报告主管部。同时积极支持、指导地方协会因地制宜开展标准宣贯工作。

3. 做实做好信用评价体系建设工作

2009年，中国国际货运代理协会举办两期信用评价活动，第一期报名21家，最后评出AAA级2家、AA级1家、A级1家。第二期申报工作已经结束，2009年年底前将完成评定。此外，中国国际货运代理协会还对102家获级信用企业进行2008年度的年审工作，并积极做好信用评价后续推广工作。中国国际货运代理协会积极参与信用办和国资委协会办共同组织的《中国行业信用评价A级以上企业名录》的编辑工作，对企业信息进行核对，保证内容准确。

4. 加强行业服务，积极为会员企业办实事

中国国际货运代理协会于2009年7月在苏州成功举办了“2009中国国际物流发展论坛暨2008年度百强排名揭榜大会”。商务部鲁建华部长助理出席并发表了重要讲话。外贸司主管领导参加会议后，对此次活动给予了好评。

为配合中国海关试实施舱单传输人申报，中国国际货运代理协会积极向海关沟通并向商务部报告，争取将经营多式联运的货运代理企业纳入舱单传输人的范围。同时，积极参与由中国电子商务中心组织的区域协同平台、产业联盟课题研究等有关贸易物流公共信息平台的建设工作。

展望未来，中国货代物流行业的全体同仁充满信心，有《物流业调整和振兴规划》指明前进的方向，我国现代物流业一定会迎来更大的发展。

（作者：刘占芳　中国国际货运代理协会）

2009 年中国快递业

一、2009 年我国快递市场发展的总体情况

2009 年，我国快递产业呈现“上半年增速明显减缓、下半年逐月回升”的态势，虽然国际快递业务收入增长与 2008 年基本持平，但是，抑制住了连续 10 个月出现同比负增长的态势。据国家邮政局统计，2009 年快递业务量超过了 18 亿件、同比增长超过 22%，业务收入超过 470 亿元、同比增长超过 15%。其中，国际快递业务量同比略有增长、业务收入略高于 2008 年；国内异地快递受到国内电子商务“网购”的助推，快递业务量同比增长率超过 30%、快递业务收入同比增长超过 15%；国内同城快递业务量同比增长接近 10%、快递业务收入同比增长接近 10%。2009 年国家邮政局的统计数据和中国快递咨询网的统计数据都从不同的角度印证了这一点。

1. 国家邮政局的统计数据

（1）2009 年，我国规模以上快递企业业务量累计完成 18.6 亿件，同比增长 22.8%；业务收入累计完成 479 亿元，同比增长 17.3%。①

（2）2009 年，我国快递业务收入增长呈现逐月稳步上升的趋势。如图 1 所示。

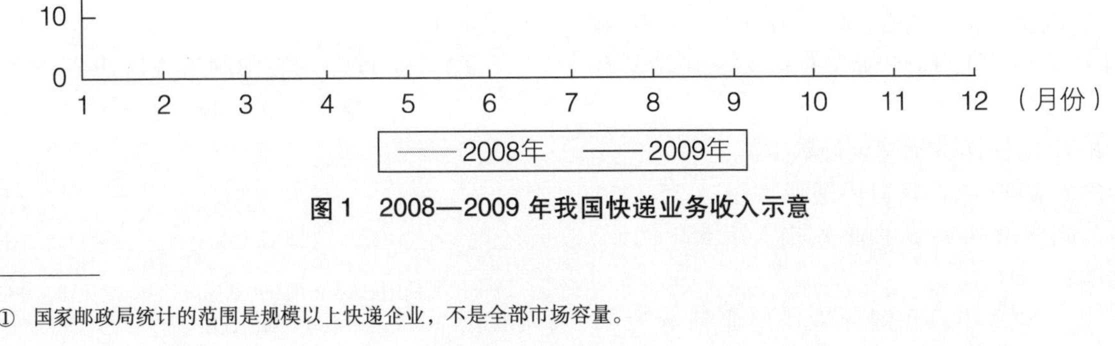

图 1　2008—2009 年我国快递业务收入示意

① 国家邮政局统计的范围是规模以上快递企业，不是全部市场容量。

（3）2009 年，我国同城、异地、国际及港澳台快递业务收入分别占全部快递收入的 7.3%、55.7% 和 31.7%；业务量分别占全部快递业务量的 23.5%、70.4% 和 6.1%。如图 2 和图 3 所示。

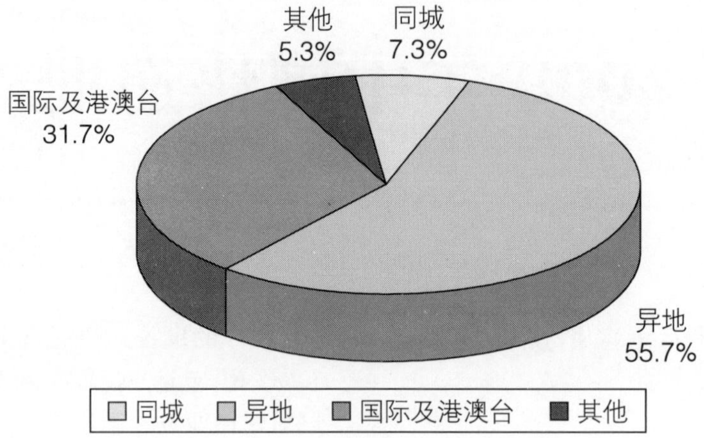

图 2　2009 年我国快递业务收入结构

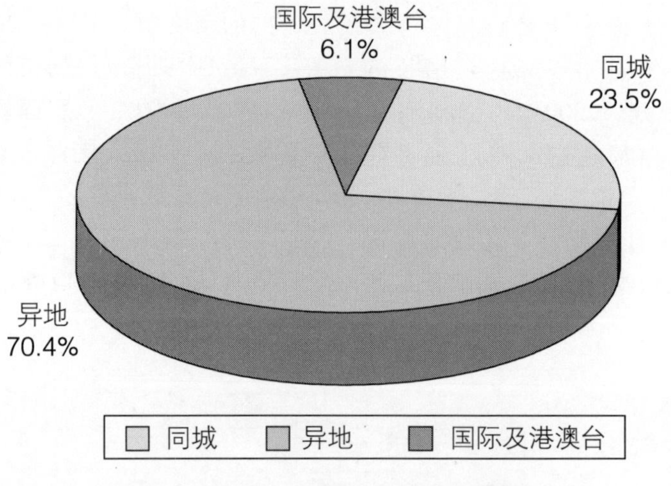

图 3　2009 年我国快递业务量结构

（4）2009 年，我国东、中、西部地区快递业务收入的比重分别为 81.1%、10% 和 8.9%，业务量比重分别为 80.2%、10.6% 和 9.2%。如图 4 和图 5 所示。

2. 中国快递咨询网统计数据

（1）2009 年，我国快递业务量达 25 亿件左右，同比增长 19%；业务收入达 650 亿元，同比增长 11%。

（2）2009 年，我国异地快递业务量为 17 亿件，同比增长 23%；业务收入达 420 亿元，同比增长 13%。[①]

（3）2009 年，我国同城快递业务量为 6 亿件，同比增长 9%；业务收入达 50 亿元，同比增长 16%。

① 在中国快递咨询网异地快递统计中，含大陆发往港澳台的快递，不含港澳台进口大陆的快递。

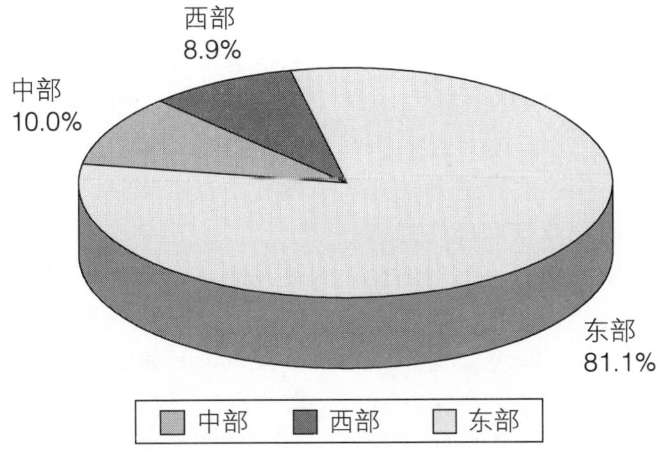

图4　2009年我国东、中、西部快递业务收入结构

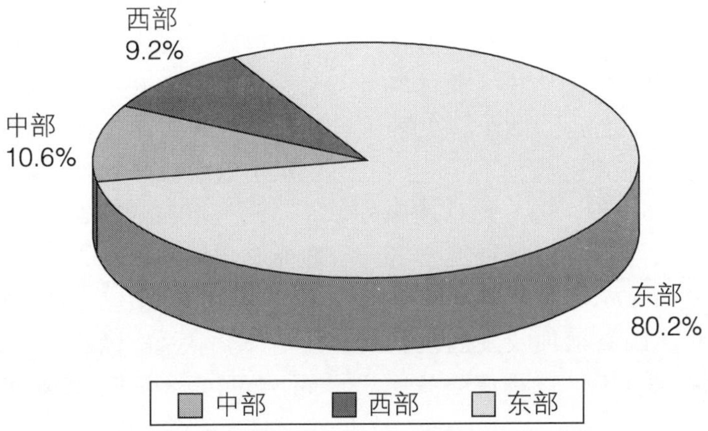

图5　2009年我国东、中、西部快递业务量结构

（4）2009年，我国国际快递业务量为1.5亿件，同比增长8%；业务收入达180亿元，同比增长6%。

（5）2009年，我国快递业务收入超过百亿元的省市分别为广东省和上海市。

（6）2009年，全国范围内北京、上海、广东、浙江、江苏5省市的快递业务量约占全国快递业务总量的70%以上，其业务收入约占全国快递业收入的60%以上。

二、2009年我国快递行业大事记

2009年，我国快递行业相继出台了一些重要的法律法规，发生了一些重大事件，它们将对我国快递业的发展产生一定的影响。

1. 政策法规

（1）《中华人民共和国邮政法》正式实施。2009年4月24日，在十一届全国人大常委会第八次会议闭幕会上，全国人大常委会表决通过了《中华人民共和国邮政法》（修订），并于2009年10月1日开始实施。①

① 在2009年4月，新的《邮政法》颁布后，国务院随即出台《邮政企业专营业务范围的规定（草案）》（以下简称《草案》）。《草案》中明确规定：将单件重量在100克以内（国家规定的特大城市市区内互寄的单件重量在50克以内）的信件国内快递业务由邮政企业专营。

（2）《快递业务经营许可管理办法》正式实施。2009年9月4日，国家邮政局召开新闻发布会宣布，国家交通运输部2009年第12号令公布的《快递业务经营许可管理办法》自2009年10月1日起正式实施。该管理办法规定，经营快递业务必须申请邮政管理部门的许可，并接受邮政管理部门及其他有关部门的监督管理。

（3）国家邮政局发布长三角快递五年规划。2009年3月5日，《长江三角洲地区快递服务发展规划（2009—2013年）》（简称《规划》）由国家邮政局正式印发。

（4）《珠江三角洲地区快递服务发展规划》正式出台。继《长江三角洲地区快递服务发展规划（2009—2013年）》之后，《珠江三角洲地区快递服务发展规划（2010—2014年）》于2009年6月上旬正式出台。

（5）物流业入围振兴规划。国务院总理温家宝于2009年2月25日主持召开国务院常务会议，审议并原则上通过了《现代物流业调整和振兴规划纲要》，并强调必须加快发展现代物流，建立现代物流服务体系，以物流服务促进其他产业发展。

（6）邮政专营范围将做调整。2009年9月22日，中央21个相关部委召开了贯彻实施新《中华人民共和国邮政法》电视电话联席会议，备受关注的"邮政专营范围"一事有了新的进展。会议上，交通运输部副部长高宏峰透露，此前规定的邮政专营范围暂时搁浅。此举意味着，一直被民营快递行业视为"生死线"的邮政专营范围将做调整。高宏峰在会上明确表示，此前公布的《草案》不会随新的《邮政法》同时执行，在新的标准出台前，民营快递公司依然可参照现行标准经营，目前有关部门正抓紧研究制定新的邮政专营范围，具体实施办法出台时间尚未确定。

2009年12月7日至9日，国务院法制办副司长董超洁带领由国务院法制办、发改委、安全部、财政部、交通运输部、国家邮政局等六部委局相关业务负责人组成的邮政专营范围联合调研组，赴湖北省开展实地调研。调研组将根据调研中了解到的情况为确定邮政专营范围提出意见和建议。

（7）国家邮政局审议通过《快递业务员职业技能鉴定办法（试行）》。2009年9月2日，国家邮政局局长马军胜主持召开局长办公会，会议审议并原则通过了《快递业务员职业技能鉴定办法（试行）》（以下简称《办法》）。《办法》的制定遵循"标准明确、程序规范、操作简便、利民便民"的原则，对快递业务员职业技能鉴定的组织管理体系、考核内容、申报条件、考试方法、证书管理等作出了全面的规定，为在邮政行业开展快递业务员的职业技能鉴定工作，提升快递业务员的服务能力和技能水平提供了依据和参考。

截至2009年12月底，各地已陆续成立了职业鉴定中心，山东、天津、江苏、安徽、河南等省、直辖市已完成了首次考试。

（8）快递车辆通行问题得到缓解。据中国快递协会的工作报告，2009年已经有10个省市解决了车辆通行难的问题，分别为山东、安徽、辽宁、广东、天津、云南、河南、河北、湖南、吉林。

（9）涉及邮政领域的四项国家标准批准发布。2009年9月，四项涉及邮政领域的国家标准，以《中华人民共和国国家标准批准发布公告》2009年第9号予以公布。其中涉及快递有《快递封装用品第1部分：封套》《快递封装用品第2部分：包装箱》《快递封装用品第3部分：包装袋》，自2009年12月1日起施行。

（10）养老金跨省转移政策出台。2009年，国务院出台关于基本养老金可以跨省转移的政策，这意味着民营快递的人力资源成木低的优势将开始消失。

2. 行业发展

（1）2009年2月11日，中国快递协会在北京成立。中国快递协会的成立，标志着我国快递管理体制和市场机制的进一步建立和完善，标志着“政府监管、行业自律、社会监督”三位一体的快递市场监管体系的建立和完善，为包括快递服务在内的邮政业的快速健康有序发展打下了良好的基础。

（2）快递行业出现价格理性回归。受寒冷天气影响，网购交易数量猛增，导致快递业务量迅速增加，尽管各快递公司都处在“满负荷运转”状态，但仍然无法解决快递邮件积压严重的难题。同时，由于人力、房租、燃油价格上涨，部分快递企业启动价格杠杆微调快递价格引发争议。自2009年11月以后，各地媒体纷纷爆出当地快递行业涨价的消息，据国家邮政局网站统计，自2009年12月1日起，河北、南京、上海、沈阳、河南、厦门、哈尔滨等省市的快递价格均有不同幅度的上调。

3. 快递企业

（1）首家民营快递航企开航。深圳诞生国内首家民营快递航空公司——顺丰航空于2009年12月底正式开航，首航深圳至杭州。

（2）EMS承诺百城互寄特快专递限时未达原银奉还。2009年2月26日，中国邮政正式向社会推出“国内特快专递邮件时限承诺”服务，对于客户在北京、上海、广州等100个承诺范围城市间互寄的标准型EMS邮件，将做到“限时未达、原银奉还”。据悉，中国邮政此次推出的国内标准EMS邮件时限承诺服务，还将随着今后市场和客户需求的变化逐步扩大范围。

（3）联邦快递亚太中心投入运营。2009年2月6日晚11时，由美国印第安纳波利斯国际机场起飞的一架联邦快递货机飞抵广州白云国际机场，标志着筹备5年多的白云国际机场联邦快递亚太转运中心正式投产运营。

（4）京东商城投资千万元成立快递公司，构架京东全国配送网络。电子商务平台京东商城于2009年3月5日发布消息，将投资2000万元成立一家独立的快递公司，负责在全国范围建立京东自己的配送网络，成为首家产业链向下延伸的电子商务平台。

（5）中外运敦豪4600万元收购中外运速递、控股全一快递。2009年7月，外运发展发布公告称，已将持有的中外运速递100%股权转让给中外运敦豪，交易价格4600万元。另外，中外运敦豪以2.5亿元左右的价格控股全一快递，持有股份达70%以上。

（6）中国邮政合并速递和物流业务。2009年9月，中国邮政集团公司旗下的中国速递服务公司（下称“EMS”）和中邮物流有限责任公司（下称“中邮物流”）进行合并和整合工作，合并后的中国速递物流公司已经注册并挂牌，并任命了总部的管理层，而中国邮政各地子公司的速递和物流业务也在陆续合并。

（7）日本快递巨头入主上海巴士物流。2009年8月，日本最大的包裹运送服务商雅玛多（Yamato）在上海表示，将通过认购上海巴士物流有限公司65%股份的方式打入上海快递市场。据了解，雅玛多将为此支付34.8亿日元（4.8亿元人民币）。

（8）陈平离开宅急送重新创业。2009年1月4日，陈平在自己的博客上发布了“给宅急送全体干部员工的一封公开信”，宣布自己将离开宅急送。宅急送将出资购买陈平所持有的所有宅急送股权。离开宅急送的陈平选择投入全部身家重新创业。新公司取名“星晨急便”，注册资本300万元，其中陈平占51%股份，其他两位出资人和公司管理层则占了49%。经营重点是30公斤以下的小件业务，主攻社会零散生意。

（9）广东东道快递华东公司倒闭。由于决策失误及资金不足，东道快递于2009年3月向华东扩张的计划失败。截至2009年12月，东道快递华东所有的公司倒闭。预计亏损4000万元左右。受此影响东道快递华南业务也开始下降。

（10）小红马快递退出市场。北京知名快

递公司之一的小红马快递服务有限公司宣布，自2009年10月1日起，正式退出中国快递市场。

三、行业受理消费者申诉情况

1. 2009年快递业受理的消费者申诉情况

2009年，国家邮政局和各省（区、市）邮政管理局通过"12305"邮政行业消费者申诉电话和国家邮政局网站共受理消费者申诉19278件，答复咨询5066件。申诉中涉及快递业务问题的14455件，占总申诉量的74.98%。已处理申诉中有效申诉（确定企业责任的）6427件，占总申诉量的33.34%。有效申诉中涉及快递业务问题的5651件，占有效申诉量的87.93%。

2. 消费者申诉的主要问题及所占比例统计

2009年，国家邮政局和各省（区、市）邮政管理局通过"12305"邮政行业消费者申诉电话和国家邮政局网受理的19278件消费者申诉问题，按申诉类型进行统计并分析其各占总问题的比例，如表1所示。

表1　消费者申诉的主要问题及所占比例统计

序　号	申诉类型	总计（件）	申诉类型占总问题的比例（%）
1	快件延误	2440	43.2
2	快件丢失及短少	1256	22.2
3	快件损毁	865	15.3
4	服务态度差	579	10.2
5	代收货款	251	4.4
6	违规收费	169	3.0
7	其　他	91	1.6

3. 2009年主要快递企业申诉率统计情况

2009年，国家邮政局和各省（区、市）邮政管理局通过"12305"邮政行业消费者申诉电话和国家邮政局网受理的19278件消费者申诉问题中，被申诉的快递企业的申诉率，如表2所示。

表2　2009年主要快递企业申诉率统计

序　号	企业名称	平均值（‰）
1	中通速递服务有限公司	0.159
2	天天快递有限公司	0.136
3	韵达货运有限公司	0.097
4	圆通速递有限公司	0.079
5	增洲实限公司（汇通快运）	0.072

续 表

序 号	企业名称	平均值（‰）
6	宅急送快运股份有限公司	0.066
7	盛彤实业有限公司（申通快递）	0.033
8	全一快递有限公司（APEX）	0.024
9	中国速递服务总公司（EMS）	0.023
10	天地运输代理（中国）有限公司（TNT）	0.012
11	联邦快递（中国）有限公司（FedEx）	0.008
12	顺丰速运（集团）有限公司	0.006
13	优比速包裹运送有限公司（UPS）	0.004
14	中外运—敦豪国际航空快件有限公司（DHL）	0.002

注：资料根据中国快递咨询网据国家邮政管理局数据统计整理

四、2009 年快递服务公众满意度情况

国家邮政局委托零点研究咨询集团，于2009年第四季度对2009年全国快递服务公众满意度进行了调查，调查的基本情况如下。

1. 基本情况

此次调查的范围包括北京、哈尔滨、沈阳、天津、济南、上海、南京、南昌、郑州、长沙、昆明、西安、兰州、重庆、广州、深圳、武汉、成都、太原、福州、苏州、青岛、大连、杭州、合肥、厦门、石家庄、乌鲁木齐28个城市。调查的企业包括邮政EMS、民航快递、申通快递、顺丰速运、宅急送、圆通快递、全一快递、天天快递、韵达快递、汇通快递、中通快递，共计11家。调查的方式为定量问卷调查和实地测试。其中，定量调查共获得有效问卷12420份，实地测试快件数量为1090件。

2. 调查结果

调查显示，2009年我国快递服务公众总体满意度平均为66.3分，比2008年提升1.4分。其中，公众满意度平均为69.2分，比2008年提升1.1分；实地测试满意度平均为63.4分，比2008年提升1.8分。

公众对快递服务比较满意的是受理服务、揽收服务和售后服务，满意度分别为71.5分、66.3分和64.3分，满意度稍低的是投递服务，满意度为63.5分。

受理服务方面，公众对普通电话接通速度、全国统一客服热线服务等给予了较高的评价，满意度较高的企业有顺丰速运、全一快递、宅急送等。公众对快递企业不能主动预约上门时间表示不满意。

揽收服务方面，公众对上门揽收人员态度热情、揽收范围不断扩大、揽收价格透明等方面给予了较高的评价，满意度较高的企业有顺丰速运、宅急送、邮政EMS等。对不按照约定时间上门取件、速度缓慢不满意。

投递服务方面，公众对送达质量、上门投递时工作人员服务态度等给予了较高的评价，满意度较高的企业有顺丰速运、邮政EMS、民航快递。对快件延误、投递后信息

反馈满意度较低。

售后服务方面，公众对查询服务给予了较高的评价，满意度较高的企业有顺丰速运、邮政 EMS、全一快递。对问题件处理和投诉受理满意度较低。

从调查结果来看，我国快递服务公众满意度比 2008 年有了稳步提升。受理和揽收服务满意度比较稳定，投递和售后服务满意度波动较大。快递服务的主要问题是快件延误和损毁，在用户投诉中所占比例分别为 69% 和 20%。

3. 结论

本次调查结果表明，我国快递服务公众满意度正在逐步提高，快递服务整体水平呈上升趋势，快递企业服务定位逐渐清晰，快递企业间的差异逐步拉大，关键服务环节亟待加强，特别是快递服务延误问题需要下大力气解决。

五、2009 年度我国最具有竞争力 20 强快递企业排行榜暨外资快递最佳服务品牌

1. 2009 年度我国（国内）快递综合竞争力 20 强企业排名

2009 年度我国（国内）快递综合竞争力 20 强企业排行情况如表 3 所示。此排名的评比依据有以下几点。

（1）国内快递市场份额。（国内快递是指国内异地快递、同城快递、港澳台快递。快件标准：每票重量低于 50 公斤、“门到门”服务、1 ~ 3 日左右服务时限、有信息跟踪）。

（2）投诉率、申诉率。

（3）服务范围（服务城市数量、一个城市的服务密度）。

（4）经营特色（在一定服务区域具有竞争力或者一些服务产品具有竞争力）。

（5）业务增长率。

（6）服务测试业绩。

表 3　2009 年度国内快递综合竞争力 20 强企业排行榜

排名位次	企业名称
1	中国邮政快递
2	顺丰速运
3	申通快递
4	圆通速递公司
5	韵达快运公司
6	天天快递
7	中通速递有限公司
8	汇通快运
9	宅急送
10	联邦快递（国内快递业务）
11	全一快递有限公司
12	希伊艾斯快递有限公司
13	快捷速递有限公司
14	鑫飞鸿快递公司
15	港中能达物流有限公司
16	联昊通快递公司
17	速尔物流有限公司
18	全日通快递
19	民航快递有限责任公司
20	优速物流有限公司

2. 2009 年度我国国际快递最佳服务服务品牌

2009 年度我国国际快递最佳服务服务品牌有：中外运敦豪（DHL）、中国邮政（EMS）、美国联邦快递（FedEx）、美国联合包裹（UPS）、天地超马赫（TNT）。需要说明的是，排名企业的名称为缩写，排名不分先后，按照第一个字母排序。

2009 年度我国国际快递最佳服务服务品牌评比的依据是：

（1）国际快递市场份额（国际快递是指中国与其他国家之间的快递。快递标准：每票重量低于50公斤、“门到门”服务、1～3日左右服务时限、有信息跟踪）。

（2）投诉率、申诉率。

（3）服务特色（在一定服务区域具有竞争力、一些服务产品具有竞争力）。

3. 2009年我国快递产业十位突出贡献人物奖

获得2009年中国快递产业十位突出贡献人物奖的10位人选是（按照姓氏第一个拼音字母排序）：保育钧、崔忠付、达瓦、贺登才、李志高、刘建新、倪玮、邵钟林、吴欣、姚欣。

需要说明的是，组织评比的单位为快递咨询网；被评选的人员为非政府公务员、非快递企业在职人员。

六、新生快递企业与倒闭快递企业

2009年，我国快递行业在激烈的竞争中涌现出了新生的企业，同时，也有企业倒闭、关闭，退出了快递市场。

1. 新生的企业

（1）优速物流：全国性网络（整合华东越丰快递、华南奇速、香港联合货运）。

（2）远长快递：上海同城快递网络。

2. 倒闭、关闭的企业

2009年，全国快递企业中倒闭、关闭的企业分别是广东东道快递上海及华东各公司和北京小红马快递服务有限公司。

七、2009年我国快递产业发展的特点

2009年，是我国经济发展受到了严重冲击的一年，是受到全球金融危机对经济发展影响最大的一年。对于我国快递产业来说，也是经受住了严峻考验的一年、逆势而上的一年、令业界最为难忘的一年，主要表现在以下方面。

1. 新《邮政法》出台，快递产业法律地位确立

2009年，新《邮政法》出台并于2009年10月1日起实施，与此同时，《快递业务经营许可管理办法》也与新《邮政法》配套同步实施。新《邮政法》第一次将快递业务纳入了法律规范，这标志着快递产业法律地位确立、标志着快递产业进入了依法规范发展时期的起点，标志着不同市场主体从事快递产业有了法律保障，标志着邮政政企分开、国家邮政局作为国家的管理职能对市场的监管有了法律依据。

2. 国际快递负增长创历史低谷、国内电子商务“网购”快递激增

2009年，受全球金融危机的影响，我国对外贸易及国内经济不景气而导致快递产业的增长呈现“上半年增速明显减缓、下半年逐月回升”的态势。2009年，我国国际快递业务增长与2008年相比，前10个月出现负增长，后2个月则呈现增长的趋势。

内资快递企业积极配合国家经济发展向扩大“内需”的转型，为电子商务“网购”提供了广阔的发展空间，不断地适应“网购”快递的特点、不断地提升服务能力，促进了“网购”交易量高激增，从而助推了“网购”快递业务量的高速增长。据中国快递咨询网统计表明，2009年我国国内同城快递、异地快递80%以上的业务增长来自“网购”快递。

3. 依托规划定方向，快递产业进入有序、健康和可持续发展态势，发展瓶颈问题正“由点向面”逐步突破

2009年，国家《物流业调整和振兴规划》《长江三角洲地区快递服务发展规划》《珠江三角洲地区快递服务发展规划》《江苏省快递服务发展规划》等相继出台，引领快递产业由无序发展、无知发展向科学发展观转型，给予了快递企业以“方向感、归属感、目标感、规范感、信心感”。据统计截至2009年年底，先后

有广东、天津、河北等8个省、直辖市邮政管理局与当地政府有关部门通过规范性文件及协作等方式在解决快递企业运输快件的车辆进城通行、停靠和装卸作业等方面取得了重要突破，提高了快件运输车辆的配送效率。部分省的邮政管理局还解决了统一税率的问题。

4. 中国快递行业协会成立，行业规范自律机制、桥梁纽带服务机制平台启动

中国快递行业协会及各省、直辖市、自治区快递行业协会在加强快递行业市场规范管理、解决城市快递车辆“通行难、停靠难”、统一营业税率、合并缴纳所得税、争取全国性的网络型快递企业在工商进行多级分支机构登记注册的政策、建立机场快件“绿色通道”、积极推进快递物流园区建设、快递企业实行不定时工作制、优化海关口岸作业流程、提高通关效率、实现快件快速通关、加强快递人才的培养等方面进行了卓有成效的调研与公关，已经在上述项目方面初见成效。

5. 中国邮政集团公司专业化改革实现重大突破

中国邮政企业改革的重点是，推进速递和物流专业化改革。已经完成中国邮政集团旗下的中国速递服务有限公司和中国邮政物流有限公司进行合并整合。合并后成立的中国速递物流公司已经注册并挂牌，并任命了总部的管理层，而其旗下各地子公司的速递和物流业务也在陆续合并。中国邮政速递和物流专业化改革能否实现“一加一大于三”的成效，关键取决于加快体制与机制的市场化程度。

6.《快递业务员职业技能鉴定办法（试行)》启动，职业培训进入规范化阶段

2009年9月2日，国家邮政局审议并原则通过了《快递业务员职业技能鉴定办法（试行)》。截至2009年年底，已有山东、广东、安徽等12个省、直辖市开始了试点工作，为未来可持续职业化、专业化、规范化培训奠定了基础。

7. 快递行业标准加快完善步伐，为快递企业做大做强奠定基础

《中华人民共和国国家标准批准发布公告》2009年第9号公布三项涉及快递的行业标准。这三项是：《快递封装用品第1部分：封套》、《快递封装用品第2部分：包装箱》、《快递封装用品第3部分：包装袋》，自2009年12月1日起施行。

同时，《快递服务》标准达标活动向纵深推进，促进快递企业规范发展。截至2009年年末，已经取得“达标”的快递企业1000家以上。由于“达标”活动的推动，各市场主体在保证国庆60周年庆典时未发生安全事故。

8. 快递基础设施建设力度加大，航空与陆路转运中心枢纽能力提升

2009年，我国新建、拟建的快递基础设施建设有：中国邮政公司与重庆市渝北区政府签订投资协议，拟在该区空港园区征地132亩，新建重庆邮政速递物流集散中心和国际快件监管中心；申通快递华东地区的枢纽转运中心启用，该中心占地面积4.5万平方米，总投资1.5亿元；圆通速递杭州新建转运中心正式启用，该转运中心占地31亩，总建筑面积达2.2万平方米；韵达快运新的上海转运中心已经启用，占地面积55亩，日处理快件可以达到30万件；DHL在上海浦东国际机场建立了东北亚枢纽，该枢纽投资1.75亿美元，建成后将成为DHL在亚洲最大的转运枢纽，同时，DHL广州正式启动新建的华南地区国内运输分拨中心；联邦快递广州亚太转运中心正式投入运营；投资1.8亿美元的UPS深圳亚太转运中心将于2010年1月在深圳正式运营；TNT将在我国投资逾10亿元建立10个分拨中心，其中，华南区的分拨中心将是最大的，已在广东选址。

9. 第三届中美邮政改革深化交流合作加深

2009年10月20日，第三届中美邮政改革和快递服务研讨会在江苏南京举行。来自两国

政府、企业、行业协会、学术机构的代表将充分利用研讨会深入了解不同体制下邮政业的改革发展情况，探讨快递服务在电子商务时代如何适应其迅猛发展的市场需求、探讨快递发展遇到的瓶颈问题的解决方案，并通过相互交流、互相学习、彼此借鉴、增强理解，为今后进一步加强交流和合作奠定基础。

10. 承诺服务成为引领快递竞争健康发展的风向标

2009 年 2 月 26 日，中国邮政正式向社会推出“国内特快专递邮件时限承诺”服务，对于客户在北京、上海、广州等 100 个承诺范围城市间互寄的标准型 EMS 邮件，将做到“限时未达、原银奉还”，此举被公众认为是为未来中国邮政速递提高时效性的竞争力进行“热身”。

2009 年 4 月 10 日起，顺丰速运推出上海与北京之间的“航空即日到”时效速递产品——1000 公里以上“即日到”。这是目前民营快递公司最快的限时快递服务（以公里计）。这款“即日到”产品已经在北京、大连、青岛、杭州、南京、广州和深圳、天津、沈阳、福州等 36 个省会城市推广。

11. 首家民营快递顺丰航空获批，标志民营快递开始在国内真正“腾飞”

2009 年 11 月 24 日，中国民航局发布公示，计划为顺丰航空有限公司颁发公共航空运输企业经营许可证。同时，国家发改委已批准其引入两架波音 B757—200 货机，第三架 B757—200 货机也已经民航局审核后报国家发改委，待批准引进。目前，第一架货机已抵达深圳宝安机场，2010 年正式投入使用。

12. 中外运敦豪收购中外运速递、控股全一快递，展现外资快递对未来中国国内快递市场充满信心

2009 年 5 月，中外运发展发布公告称，因中外运速递连续亏损，已将持有的中外运速递 100% 股权转让给中外运敦豪，交易价格 4600 万元。同时，中外运敦豪也与全一快递签订了先控股后全部并购的协议。至此，除 UPS 外，“四大国际快递”的三家成员都以并购的方式成功进入我国国内快递及快运市场。

13. 民营快递企业遇到了“规模化竞争”“融资难”“人才匮乏”的发展“瓶颈”

北京知名快递公司之一的小红马快递服务有限公司宣布，自 2009 年 10 月 1 日起，正式退出我国快递市场。小红马快递退出市场向人们警示：快递产业的暴利时代已一去不复返，微利时代要靠规模发展产生规模效益。相对于那些规模较大的国内快递企业来说小红马显得太弱小，小红马要实现规模化发展必须走扩张的路子，而在当今时代，采取“自营”连锁的模式其“融资难”和实战型管理人才匮乏成为小红马快递做大做强的“瓶颈”。

14. “网购”爆仓引发快递调价，暴露行业竞争不规范

2009 年，因燃油费涨价、网购业务爆仓、人工等其他成本上升等导致民营快递结成价格联盟，集体宣称为保证快递服务和质量，对快件价格予以调整。此举引起公众社会很大反响，有媒体称，“网购”爆仓引发快递调价，暴露行业竞争不规范。

首先，调价的本质暴露出部分民营快递企业多年以来过分依赖单一的价格竞争所带来的巨大成本压力已经到了无法承受的边缘，它就像一颗定时炸弹，终于在部分地区发生雪灾时刻爆炸了。其次，暴露了快递企业与“网商”之间存在“游戏规则”不规范的端倪。最后，暴露了部分民营快递企业的服务产品单一，单一的服务产品最容易形成同质化竞争，而同质化竞争的结果必然导致价格战。因此，多年来形成了“谁先涨价谁先死，谁不涨价谁等死”的尴尬局面。

同时，围绕“网购”爆仓引发快递调价的争议充分表明，快递业已经成为民生购物方式转型不可缺少的“物流桥梁”。

15. 快递服务公众满意度有待不断提升，特许加盟模式民营快递仍是投诉的焦点

2009 年上半年，国家邮政局委托零点调查公司对国内快递服务满意度进行了调查。调查显示，我国快递服务比 2008 年有所提升，售后服务得到了改善，前端、后端服务不平衡的“头重脚轻”现象得到缓解。

据国家邮政局消费者有关快递申诉的统计，2009 年每个月的申诉前五名基本为特许加盟民营快递企业，与 2008 年相同。这表明，特许加盟模式民营快递进入了商业模式的发展“瓶颈”。如何优化或改造特许加盟模式，成为其不可回避的课题。

（作者：徐　勇　上海朗策企业管理咨询有限公司、快递咨询网首席顾问）

第四部分

行业物流

2009年中国生产资料市场流通

2009年，通过坚持实行积极的财政政策和适度宽松的货币政策，全面实施并不断完善应对国际金融危机的“一揽子”计划，我国经济明显下滑的局面得到扭转，呈现企稳向好和加快发展的良好势头。国内生产总值第一季度增长6.2%，第二季度增长7.9%，第三季度增长9.1%，第四季度增长10.7%。在宏观经济带动下，生产资料市场摆脱了急剧回落的状况，呈现出筑底回升、高位趋稳的运行特点。

一、生产资料销售稳步增长

据中国物流信息中心统计核算，2009年全社会实现生产资料销售总额27.7万亿元（现价），按可比价格计算比2008年增长13.8%，比2008年增速提高了3.4个百分点；一季度、上半年、前三季度同比增速分别为2.2%、6.4%和9.8%，如图1和图2所示。

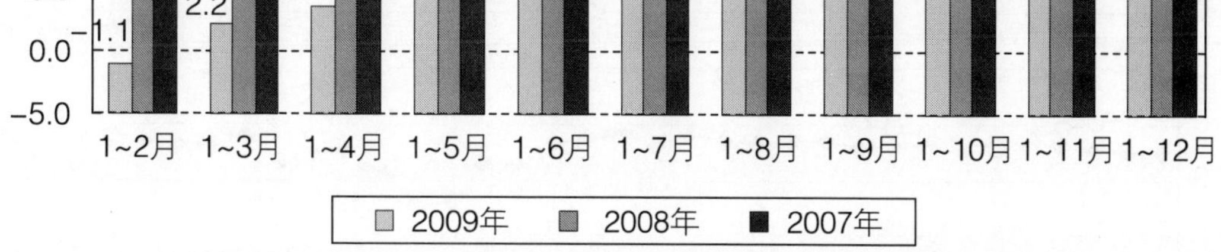

图1 2007—2009年各月累计实现生产资料销售总额同比增长情况

2009年，随着一系列扩内需、促增长政策效果的逐步显现，生产资料市场大幅下降的状况逐步得到抑制，生产资料销售总额呈现逐季加快增长趋势。从国内生产总值增长的弹性系数变化情况看，一季度仅为0.36、上半年升到0.9、前三季度继续上升到1.26，到全年已加速升至1.59，快速达到经济扩张期时的水平。反映出生产资料销售增长变化与整体经济的发展基本是一致的。

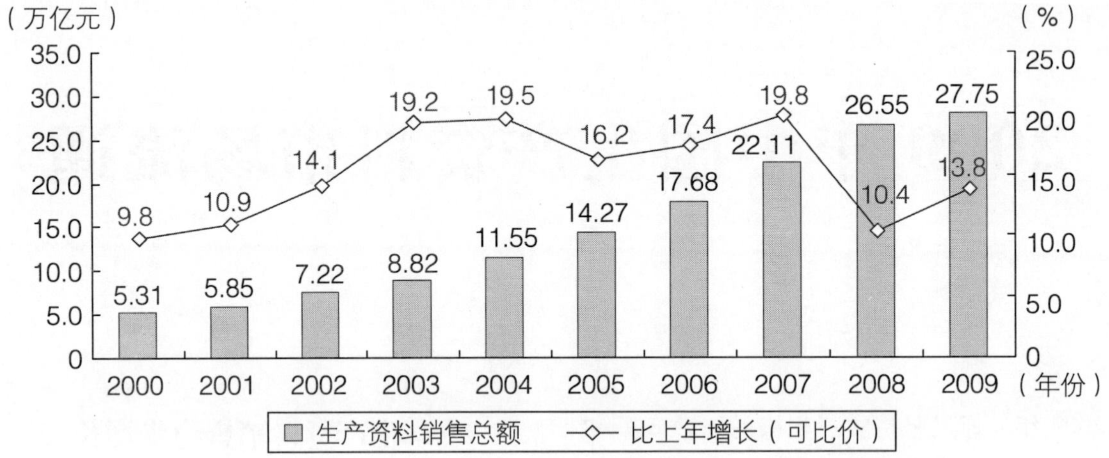

图2　2000—2009年全社会实现生产资料销售总额及增长情况

二、市场价格触底回升，完成“U”型转变

2009年第一季度我国生产资料总体价格呈现筑底趋稳的迹象；3月下旬至8月，在钢材、有色金属、原油以及煤炭等主要生产资料价格走强的带动下，市场整体价格回升速度加快；9月和10月，受钢材价格的大幅回落影响，生产资料市场价格出现回调，环比价格小幅下降；11月在市场需求不断放大的拉动下，生产资料价格再次由降转升，同比和环比分别上升4.9%和1.8%；12月更是呈现加速上升之势，同比和环比分别上升12.9%和2.5%。但全年累计平均价格比2008年下降14.5%，反映出生产资料价格仍处于恢复性回升阶段，整体价位相当于2007年四季度水平，如图3、图4及表1所示。

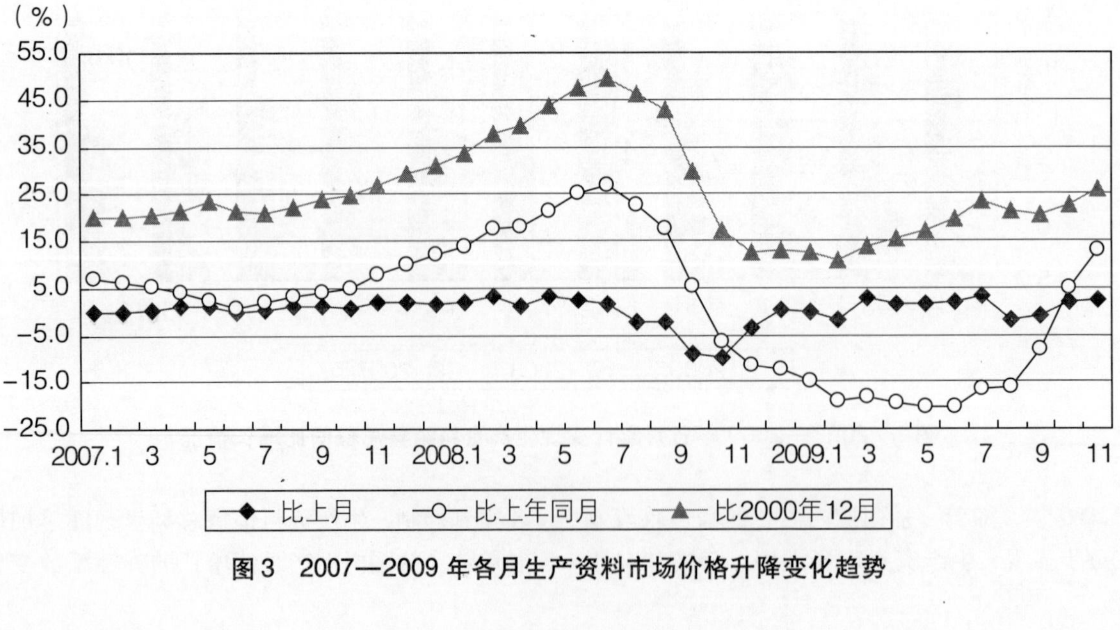

图3　2007—2009年各月生产资料市场价格升降变化趋势

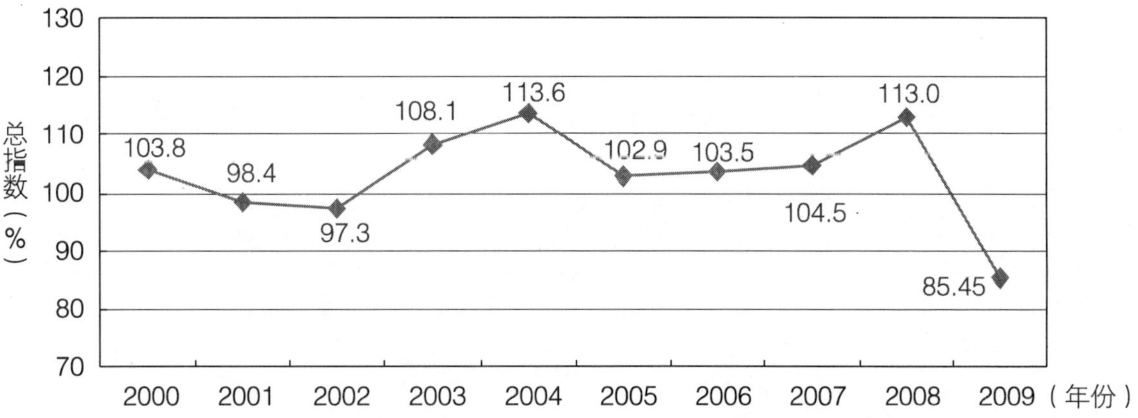

图4　2000—2009 年流通环节生产资料价格总指数趋势变化情况

表1　　2007—2009 年各月生产资料价格总指数变化情况　　单位：%

指标	年份	1月	2月	3月	4月	5月	6月	7月	8月	9月	10月	11月	12月
环比	2007	0.01	-0.02	0.3	0.9	1.2	-0.3	0.3	1.0	1.2	0.7	2.0	1.7
	2008	1.4	1.8	3.1	1.3	3.2	2.5	1.5	-2.2	-2.4	-9.2	-9.8	-3.7
	2009	0.2	-0.2	-1.7	2.7	1.4	1.7	2.0	3.3	-1.7	-0.8	1.8	2.5
同比	2007	7.0	6.0	5.3	4.0	2.4	0.7	1.9	3.3	4.0	4.9	7.7	10.0
	2008	11.9	13.9	17.3	18.1	21.4	25.3	26.9	22.5	17.5	5.4	-6.4	-11.7
	2009	-12.5	-14.8	-19.0	-18.2	-19.3	-20.5	-20.3	-16.5	-16.0	-8.2	4.9	12.9
累计同比	2007	7.0	6.5	6.5	5.5	4.8	4.0	3.7	3.6	3.6	3.7	4.0	4.5
	2008	11.9	12.9	14.4	15.3	16.7	18.1	19.4	19.7	19.5	18.0	15.6	13.0
	2009	-12.5	-13.7	-15.5	-16.3	-17.4	-18.1	-18.5	-18.3	-18.1	-17.5	-16.1	-14.5

三、市场供需日趋活跃

据对30种主要生产资料统计测算（按可比口径计算，下同），2009年资源总供给（包括国内生产+进口）比2008年增长17.1%，其中第一季度增长1.1%、第二季度增长10.1%、第三季度增长24.4%、第四季度增长32.9%；市场总需求（包括国内消费+出口）增长16.0%，其中第一季度下降0.2%、第二季度增长9.4%、第三季度增长26.4%、第四季度增长29.9%。从近两年各季度供需同比变化走势图可以看出，2009年第一季度市场供需已从2008年第四季度底部开始回升，第二和第三季度升幅呈现急速扩大之势，第四季度在保持大幅增长的同时，升势趋稳，总体发展呈现“V”型变化特征，如图5所示。

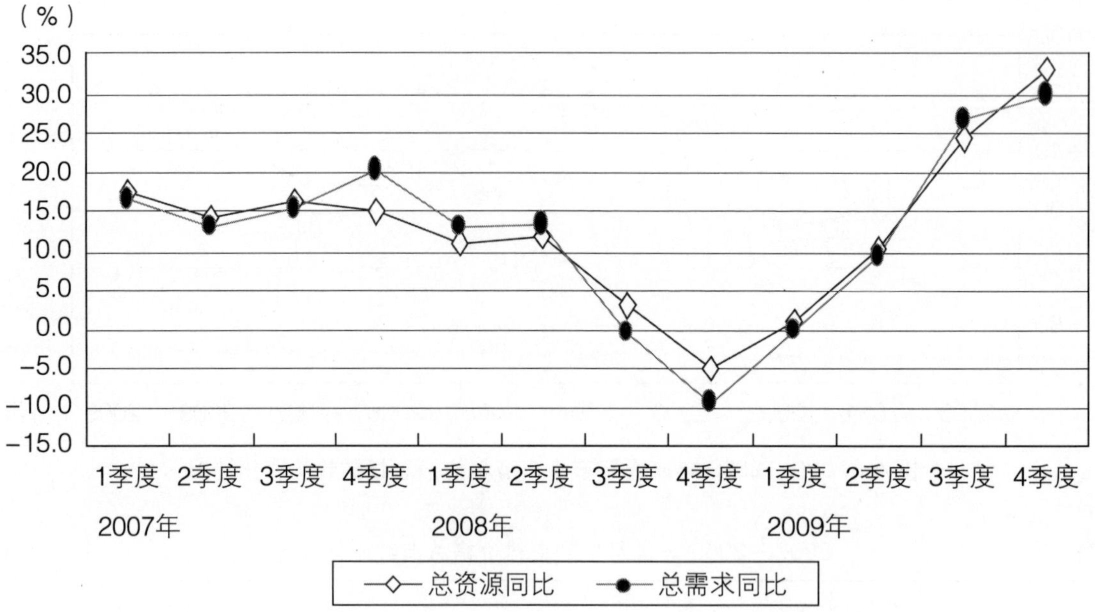

图5 2007—2009年各季度主要生产资料总资源与总需求变化情况

注：图5提到的主要生产资料均为30种主要生产资料；各种总量指标均是按可比价格计算的30种主要生产资料平均价值量；同比指与上年同期相比、环比指本季度与前一季度相比。

四、部分产品供大于求情况突出，市场供需差率明显扩大

2009年，30种主要生产资料平均供需差率上升至3.8%，达到历史最高水平。其中，铜、铅、铝材、铁矿石的资源供应大于市场需求超过两成以上，铜和铅供需差率均高达27.0%，铝材和铁矿石分别达到23.6%和25.2%；钢材的供需差率也上升到4.2%；汽车以及橡胶轮胎供需差率分别达到8%和5.9%。

生产资料供需差率明显上升的主要因素是，部分产品市场资源供给增长快于消费需求增长，导致库存急剧增加。2009年铜总资源增长达到38.3%，市场总需求仅增长17.9%，2009年年末社会库存比年初上升1.85倍；钢材及铁矿石资源分别增长18.4%和20.5%，需求分别增长12.8%和13.7%，库存分别上升52.9%和113.1%；煤炭、焦炭资源总量分别增长15.7%和10.6%，总需求分别增长15.1%和8.5%，库存分别上升51.5%和27.3%。①

五、能源及金属原材料进口加快，对外依存度提高

2009年，30种主要生产资料进口量比2008年平均上升24.7%，比2008年提高19.3个百分点；对外依存度（进口量占总资源的比重）达到9.6%，比2008年提高0.6个百分点。

对外依存度提高的主要产品：一是石油、煤炭等基础能源产品。2009年，我国煤炭进口达1.26亿吨，比2008年增长2.1倍，创历史新高。进口量占总资源的比重为4.1%，比2008年提高3.5个百分点；原油进口超过2亿吨，比2008年增长13.9%，对外依存度突破50%，达到51.8%，比2008年提高3.4个百分点；燃料油进口2407万吨，比2008年增长

① 供需差率=（资源量/需求量-1）×100%。

10.1%，对外依存度达到56.4%，比2008年提高7.6个百分点。二是有色金属产品。铜、铝、铅、锌、锡及氧化铝，进口量分别比2008年增长1.0倍、5.7倍、2.5倍、1.4倍、0.8倍和1.0倍，进口量占总资源的比重分别为44.9%、11.8%、5.0%、15.4%、15.2%和17.8%，比2008年提高14.4、9.8、3.3、7.7、5.9和7.8个百分点。三是铁矿石等钢铁原料产品。铁矿石进口6.3亿吨，比2008年增长41.6%，对外依存度达到41.6%，比2008年提高6.2个百分点。四是塑料、橡胶等基础化工原料产品。塑料原料进口2381万吨，比2008年增长34.5%，对外依存度达到39.8%，比2008年提高4.3个百分点；合成橡胶进口147.2万吨，比2008年增长22.5%，对外依存度达到34.8%，比2008年提高2.7个百分点。

六、出口大幅下降，对市场总需求的拉动作用明显减弱

2009年，30种主要生产资料出口比2008年平均下降27.8%，虽四季度出口形势有所好转，降幅有明显收窄，但全年平均降幅比2008年扩大21.9个百分点。出口占市场总需求的比重回落到3.8%，比2008年下降2.3个百分点。显示出口对市场总需求的拉动作用有了明显减弱。

出口下降明显的品种有：钢材及钢铁原料、煤炭及焦炭、铜铝锌锡等有色金属以及水泥、橡胶轮胎等产品。2009年，我国钢材出口2460万吨，比2008年减少3465万吨，降幅达到58.5%，出口占市场总需求的比重回落到3.6%，下降6.2个百分点；煤炭出口2240万吨，比2008年减少2304万吨，下降50.7%，出口占总需求的比重不足1%，比2008年下降1个百分点；铝及铝材分别出口31万吨和139.4万吨，比2008年下降63.1%和26.5%，出口占总需求的比重降至2.2%和9.4%，分别下降4.6和5.2个百分点；水泥出口1561万吨，比2008年下降40.1%，出口占总需求的比重不到1%，比2008年下降近1个百分点。

（作者：陈秀芝　中国物流信息中心综合处处长）

2009 年中国商品交易市场流通

2009 年，我国经济在一系列积极的财政政策支持下呈现健康良好的运行态势，商品交易市场得益于宏观经济的助推呈现积极活跃回暖的态势。

一、2009 年我国商品交易市场的基本情况

1. 社会消费品零售总额增长快，城乡消费差距依然较大

2009 年，我国社会消费品零售总额为 12.53 万亿元，比 2008 年增长 15.5%，扣除价格因素，实际增长 16.9%，实际增速比 2008 年同期加快 2.2 个百分点，仅仅低于最高年份 1985 年实际增长 17.2% 的增长速度，其中 1 月、5 月、8 月、9 月、10 月、11 月和 12 月的社会消费品零售总额均超过 1 万亿元。

（1）分行业看，批发和零售业消费品零售额达 10.54 万亿元，同比增长 15.6%；住宿和餐饮业消费品零售额达 1.8 万亿元，同比增长 16.8%。在限额以上批发和零售贸易业商品零售中，除通信器材类外，其他 20 类商品零售均实现较大幅度增长。其中，服装、鞋帽、针纺织品类增长 18.8%；家具类增长 35.5%；汽车类增长 32.3%。

（2）按城乡两块看，农村社会消费品零售总额为 4.02 万亿元，比 2008 年增长 15.7%；城市社会消费品零售总额为 8.51 万亿元，比 2008 年增长 15.5%。农村增长超过城市。尽管农村社会消费品零售总额增长较快，但城乡居民收入差距引致的社会消费差距依然较大。2008—2009 年，我国城乡收入差距突破 1 万元的关口。据 2008 年统计，城乡居民人均收入比为 3.31∶1、城乡人均社会消费品零售总额比为 2.12∶1；2009 年城乡居民收入比为 3.33∶1、城乡人均社会消费品零售总额 2.11∶1。很明显，我国城乡居民人均收入绝对差距由 2008 年的 1.1 万元扩大到 2009 年的 1.2 万元。2006—2009 年我国城乡人均收入差别与社会消费品零售总额差距的详细情况如表 1 所示。从表 1 可知，从 2006—2009 年，我国城乡居民人均收入差距和城乡人均社会消费品零售总额差距均呈逐年加大的趋势。此外，农村内部收入差距也在不断扩大，我国仍有 4007 万农村人口尚未脱贫。

表 1　　2006—2009 年我国城乡人均收入差距与社会消费品零售总额差距　　单位：元

年　份	城市人均收入	农村人均收入	城乡比	城市人均社会消费品零售总额	农村人均社会消费品零售总额	城乡比
2009	17175	5153	3.33∶1	85133	40210	2.11∶1
2008	15781	4761	3.31∶1	73735	34753	2.12∶1
2007	13786	4140	3.32∶1	60411	28799	2.10∶1
2006	11759	3587	3.28∶1	51543	24867	2.07∶1

注：城市人均收入指人均可支配收入，农村人均收入指人均纯收入，资料来源于国家统计局公报

2009 年，我国社会消费品零售总额超过 12.5 万亿元，是 1992 年以来 17 年跨过的第 12 个台阶，是一年跨过两个台阶的年份。在一系列强有力的政策措施的支持下，2009 年我国汽车消费市场止跌回稳并出现新一轮高速增长，连续几个月汽车销售超过 100 万辆，全年汽车销量达到 1364 万辆。

2. 生产资料销售总额持续增长

2009 年，我国实现生产资料销售总额 27.7 万亿元（现价），按可比价格计算比 2008 年的 26.55 万亿元增长 13.8%，比 2008 年增速提高了 3.4 个百分点。其中，第一季度、上半年、前三季度同比增速分别为 2.2%、6.4% 和 9.8%，如图 1 所示。

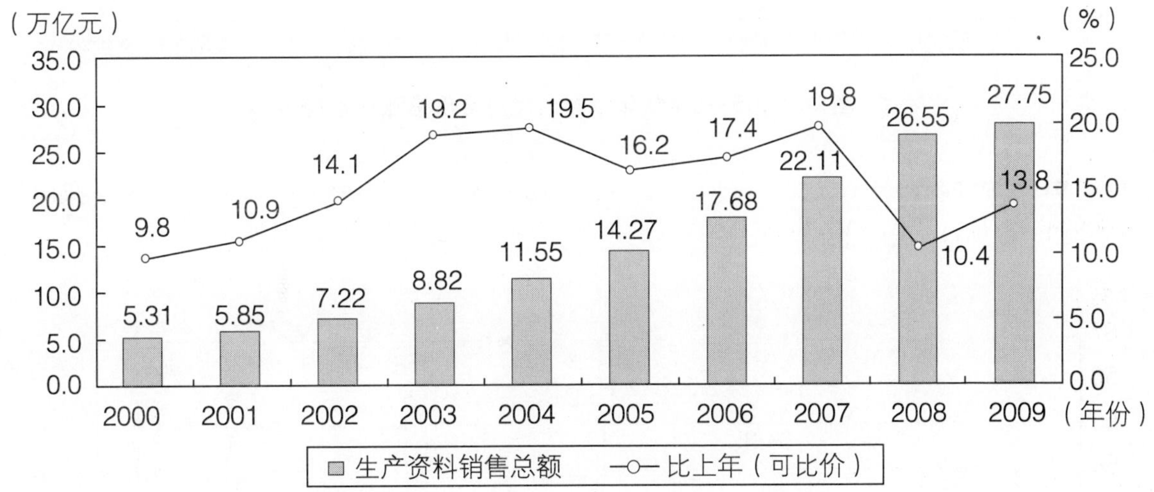

图 1　2000—2009 年我国生产资料销售情况

3. GDP 增长迅速，已赶超日本

2009 年我国 GDP 全年总增长率为 9.1%，是全球最高的增长速度。根据 2009 年世界各国 GDP 排名，我国已经超过日本成为世界第二大经济体，自此欧盟、美国、日本三大全球经济体将变为——欧盟、美国、中国。其中，美国为 14.8 万亿美元、中国为 5.2 万亿美元、日本为 5 万亿美元。预计再过 10 年我国经济总量将达到或者超过美国。

4. 年出口额赶超德国成为第一大出口国

2009 年，我国对外贸易进出口总额为 2.2 万亿美元，同比下降 13.9%，但是 10 月同期环比是

上升的。其中，出口总值为 1.2 万亿美元，同比下降 16%；进口总值为 1 万亿美元，同比下降 11.2%。2009 年全年贸易顺差 1960.7 亿美元。据德国联邦统计局公布的贸易统计数据（初值）显示，2009 年德国出口总额为 8032 亿欧元，相当于 1.12 万亿美元，比 2008 年减少了 18.4%，低于我国的 1.2 万亿美元。我国的年出口额首次赶超德国，跃居全球首位，成为世界第一大出口国。

5. 通货膨胀预期成为人们关注的热点

2009 年，尽管我国经济在宏观政策的支持下表现出良好的运行态势，但“控制过剩经济规模、结构性调整、发展方式转变、通货膨胀预期增强”四大矛盾使得人们对经济运行隐忧。总体看 2009 年我国的 CPI 增长为 -0.7%，11 月我国居民消费价格 CPI 同比上涨 0.6%，结束了连续 9 个月的同比负增长。虽然我国没有出现恶性通货膨胀，但是由于货币发行量太大，以及政府投资增长拉动型的因素，通货膨胀预期仍然是非常强的。2005—2009 年我国居民消费价格涨跌走势如图 2 所示。

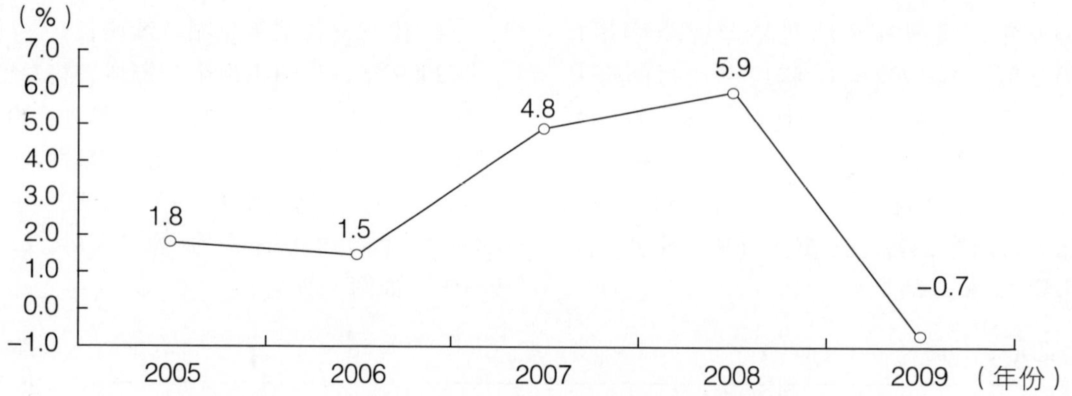

图 2　2005—2009 年我国居民消费价格涨跌走势

6. PMI 走势逐渐向好

2009 年 12 月，我国 PMI 为 56.6%，已经连续 9 个月在 50% 临界点以上，说明我国经济已经企稳回升。如图 3 所示。

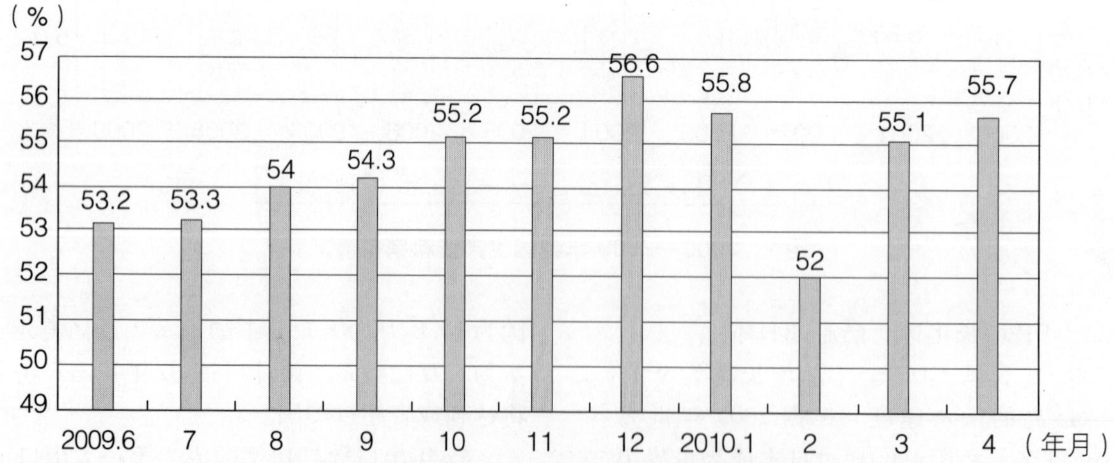

图 3　2009 年 6 月—2010 年 4 月我国 PMI 示意

二、2009 年我国商品交易市场模式创新

改革开放 31 年来我国各类商品交易市场蓬勃发展，1998 年曾经达到 10 万个，经过 10 多年的调整现在为 8 万个左右，减少了近 2 万个。但是，近几年各地商品交易市场发展十分火爆，2008 年我国亿元以上商品交易市场就达 4567 个，交易额超过 5.2 万亿元。许多市场交易额持续攀升，即使是受国际金融危机影响较大的浙江经纺城（市场群）也不例外，交易额仍达到 708 亿元，同比增长 11.5%。

2009 年以来，我国商品交易市场也在回暖，通过“中国·义乌小商品指数”、余姚“中国·塑料价格指数”、深圳华强北电子市场“中国·电子市场价格指数”、中国轻纺城“中国·柯桥纺织指数”、吴江盛泽东方丝绸市场“盛泽丝绸化纤指数”、中关村电子市场指数、中国郑州粮食价格指数、无锡不锈钢市场指数、华中商品指数等，都可以看到商品交易市场回暖已成定局。经过走低回暖的变化我国各商品交易市场在结构调整、交易方式创新、管理升级等方面进行了探索，形成了多种模式并举、百花齐放的局面。

（一）以交易性质来划分

1. 物流（即期现货）批发市场

物流批发市场是指从事现货批量交易的商品交易市场，即“一手钱一手货”的交易，至 2008 年年底，我国共有亿元以上商品交易市场 4567 个，交易额达到 5.2 万亿元，其中大多数是物流商品交易市场。

2. 商流（中远期现货）批发市场

在一些中心城市也出现了一些商流批发市场，如以中国郑州粮食批发市场为主的 42 家省会中心城市的粮食批发市场就是以商流为主的批发市场，还有许多生产资料批发市场是以商流为主的无形批发市场。

3. 电子商务交易市场（e-Marketplace）

20 世纪 90 年代以来，随着计算机和网络技术在我国的迅速普及和发展，1998 年第一笔电子商务交易的成交，我国电子商务 BtoB、BtoC、CtoC 等电子商务市场得到了迅速发展。其中，电子商务交易市场交易额占有一定的比例。e-Marketplace 主要有两种类型：一是在传统批发市场的基础上建设 e-Marketplace；二是纯粹的 e-Marketplace，一般由网络公司建立。2008 年，我国电子商务交易额超过 3.1 万亿元，到 2009 年年底，我国已有网民 3.84 亿人，网站超过 323 万个。预计 2010 年电子商务交易额将超过 15 万亿元。目前，我国各类电子商品交易市场有下述 8 种模式。

（1）跨国的网上 BtoB 交易。阿里巴巴网络有限公司为全球领先的 BtoB 电子商务公司。阿里巴巴每天通过旗下三个网上交易市场连接世界各地的买家和卖家，其国际交易市场（alibaba.com）集中服务全球的进出口商，中国交易市场（alibaba.com.cn）集中服务于我国大陆本土的贸易商，而日本交易市场（alibaba.co.jp）通过合资企业经营，主要促进日本外销及内销。三个交易市场形成了一个拥有来自 240 多个国家和地区近 3600 万名注册用户的网上社区。阿里巴巴的总部设于杭州，并在我国超过 30 个城市设有销售中心，另外在中国台湾和中国香港地区、欧洲及美国均设有办事处。

（2）中华粮网的交易模式。中华粮网的交易主要由协商交易、竞争交易、合同转让、栈单交易、自由贸易构成，其中除自由贸易外，其他交易都必须经过认证过程，以防范风险。具体交易模式如图 4 所示。

（3）现货网上中远期交易模式。浙江塑料城网上交易市场、嘉兴中国茧丝绸市场、宁波液体化工电子交易市场、绍兴中国轻纺城网上交易市场、浙江中酒酒水网上交易市场、台州金属材料电子交易市场、钱清中国轻纺原料城网上交易城 7 家网上交易市场属于这一类。这类网上交易市场的交易方式是：通过网上交易

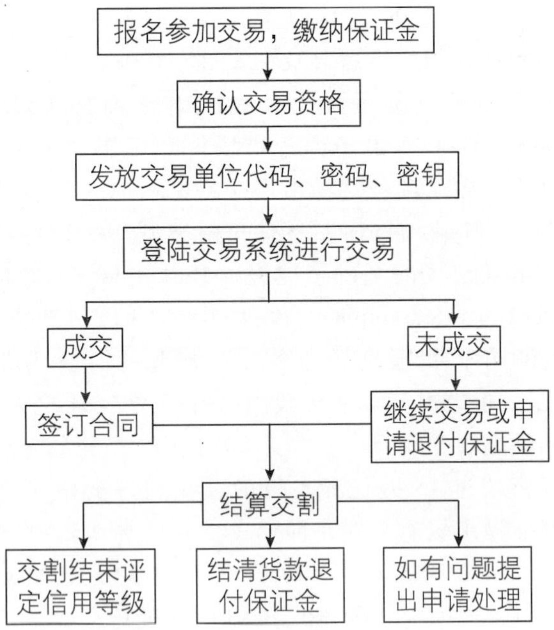

图4 中华粮网交易模式

平台开展标准化合同的网上集中竞价交易，交易达成后由网上银行实现支付，由分布在全国各地的仓库实现交货、提货，信息流、资金流、物流相互配套，形成了完整的网上交易系统。

如浙江塑料城网上交易市场，创建于2004年11月，其2005年、2006年和2007年的网上交易额分别达180亿元、380亿元和415亿元。该市场网上交易采用会员制形式，已有会员单位2500家，以中塑交易网为电子交易平台，开展中塑仓单集中竞价交易。交易达成后，卖方将货就近交到第三方仓库（现全国已有15家交货仓库），买方将货款打入银行账户，完成交易。

（4）现货网上即期交易模式。此类交易模式的代表是浙江钢铁现货电子交易市场。其交易方式为：卖家将要卖的钢铁运入市场的监管仓库，仓库验货后卖家在钢铁网上挂牌销售，买家和卖家就价格、交货方式等商议达成交易后，卖家开具“中国钢铁平台网销售提单”给买家，买家通过网上银行或支票、电汇等方式支付货款，卖家收到货款后，通知仓库出库。卖家也可以自行在网上发布信息，与买家商议并完成交易。目前，浙江钢铁现货电子交易市场有交易会员1300多家，信息会员3.3万多家，资源信息3万多条，2007年网上交易额为69.5亿元，2008年上半年已达39.57亿元，发展态势良好。

（5）网上商铺模式。浙江织里童装市场网上交易城、濮院羊毛衫网上市场属于这一类。这类市场的交易特点是：为现货市场的经营者在网上建立网上商铺，通过网上商铺发布信息、展示商品、洽谈商务、达成交易，实现有形市场与无形市场的无缝结合。浙江织里童装市场网上交易城依托织里童装市场已为199家经营户建立了网上商铺。采购商浏览商铺商品后与卖家进行在线洽谈，洽谈好后签订网上合同，采购商通过网上银行支付，卖家自行配送或通过网上市场订单合成配送。为建立可信的电子商务平台，买家、卖家和物流方通过CA中心认证三方身份，签订合同时卖家采用数字证书签章技术、采购商采用和银行共同研发的电子签名技术，支付时可以把钱打入网上市场的商城通账号。

（6）网上发布信息模式。通过网上市场发布商务信息、广告，促成交易。如瑞安怡兴房网，房网在网上发布房源供求信息，求购者浏览网页后如果对某套房子感兴趣，与经纪人联系，由经纪人带其看房，并与其具体洽谈，洽谈成功后到公司签约。

（7）大宗商品电子交易市场。即专业从事电子买卖交易套保的大宗类商品批发市场，也被称为现货市场。此类市场的交易活动的特点是基于实物商品为交易标的物的电子仓单交易。如全国棉花交易市场（1998年）、金银岛网交所（2004年）、兰格钢铁电子交易中心（2006年）、北京石油交易所（2007年）、北京国家粮食交易中心（2009年8月）和北京大宗商品电子交易市场等均是近年来在北京陆续挂牌的大宗商品电子交易市场。我国的大宗商品电子交易市场中，有些已经具备全国甚至世界的影响力，特别是在煤炭、水泥、钢材及石化产品、粮食等大宗商品市场的优势日益显现。

（8）易货网上交易市场。此类市场是将易货贸易搬上网上平台运营的一种方式，如中国易货贸易网（威海易货）、易巴特等通过网上进行批量易货贸易。

（二）以管理模式划分

1. 管委会——公司模式的市场

这类模式的市场有两种情况：一是管办合一模式，即管委会既是市场管理者，也是市场经营者；二是管办分离模式，比如中国东方丝绸市场的模式，市场管委会主要承担辖区范围内的管理职责，履行规划、指导、管理、协调、服务五大职能，而市场的开发、建设职能主要由中国东方丝绸市场股份有限公司及其他投资主体承担。市场管委会根据市场发展和建设项目实施监督，并对市场内的经营商实施指导、管理、协调和服务的职能，创造一种公正、公平、公开的竞争氛围，打造一个安全、和谐的市场环境。

2. 企业管理模式——深圳“布吉模式”

我国的商品交易市场与日本、法国等国家不一样，国家投资较少，大多数市场是采取“布吉模式”，即企业投资建市场、管理市场、经营市场，采取现代企业制度对市场进行运作与管理。

3. 股份制商品批发市场

（1）股份制商品交易市场。许多工业品交易市场采取股份制的方式，如中国（浙江）轻纺城集团股份有限公司1993年3月成立，是我国第一家大型专业批发市场，是基础改组的股份制企业，1997年1月向社会公开发行“轻纺城”股票，是我国第一个上市的股份制市场；深圳农产品股份有限公司1989年成立，1997年向社会公开发行股票；中国（义乌）小商品城2002年5月9日上市。深圳农产品股份有限公司先后在深圳、南昌、上海、寿光、长沙、北京、成都、西安、柳州、合肥、惠州、昆明、沈阳、南宁14个城市投资经营20多家市场，年交易量2000多万吨，交易额700多亿元。

（2）非上市的股份制商品批发市场。如宁波轻纺城、洪城大市场、上海百红公司于2002年10月在上海七浦路成立的“世富上海”服装批发市场（该市场是我国第一家的中外合资批发市场）。

4. 市场服务中心“再转型市场”

自1995年以来特别是2001年以来，在工商行政管理部门与所办市场实行“管办分离、管办脱钩”后，全国有1万多家商品交易市场与原工商行政管理部门脱钩成为事业单位，其组织形式有市场发展局、市场服务中心、市场管理中心、市场物业管理中心，甚至有许多直接转变为企业或企业集团来经营商品交易市场。

5. 会员制市场

如中国郑州粮食批发市场、上海华通有色金属现货中心批发市场（国家指定白银交易市场）等。

6. 单体市场、连锁商品批发市场

除了单体市场外，一些批发市场形成了自己的品牌，并利用其品牌效应向外进行品牌输出，如中国小商品城（义乌）、汉正街小商品市场、深圳布吉农产品市场等，特别是中国小商品城已在甘肃、青海、新疆、江苏、陕西等全国20多个省市区开办了30多家分市场，在南非、乌克兰、泰国、保加利亚等国家设立了6个分市场。12万义乌经商大军，其中5万人分布在全国各地，在国外经商者多达6000多人。

7. 拍卖商品批发市场

拍卖商品批发市场比较典型的代表一个是深圳福田农产品批发市场模式，另一个是山东寿光蔬菜批发市场模式。

8. 摊位租赁式市场和产权式商铺市场

摊位租赁市场是采取投资主体建设市场后，采取租赁摊位的方式经营市场，摊位的所有权属于投资主体，商户按时交纳租金。产权式商铺是采取开发商投资建设市场，然后出售商铺产权给商户，一般是40年使用权，由商户经营与管理自己的商铺。

（三）以开放状态划分

可以分为封闭型市场、开放型市场、半开放型市场。至2008年年底，在我国4567个亿元以上商品交易市场中，封闭型的市场有3148个、开放型市场772个、半开放型的市场有647个。这是根据不同商品特点而设计的不同商品交易市场。

（四）以营业形态划分

按营业状态来划分，可分为常年营业、季节性营业、其他营业状态三种形式。至2008年年底，在我国4567个亿元以上商品交易市场中，常年营业的市场有4467个、季节性的市场有92个、其他类型市场有8个。

（五）以经营形式划分

以经营形式划分可分为以批发为主的市场、以零售为主的市场和商品租赁市场三类。2008年年底，在我国4567个亿元以上商品交易市场中，以批发为主的有2576个、以零售为主的有1991个。我国纯粹的批发市场较少，大多数为批零兼营。目前，全国已建成了北京、上海、济南和无锡四大租赁市场，其中上海金海岸租赁市场及其网上租赁市场十分活跃，代表了我国租赁业的发展趋势。

（六）以产品划分

我国已形成各具特色的商品交易市场，既有生产资料市场，也有生活消费品市场，还有一些新兴的交易市场极具活力和生命力。

1. 大宗商品交易市场

据商务部统计，截至2009年年底我国有大宗商品交易市场100多家，交易的品种涉及农副产品、大宗工业原料、石化产品等105个。我国大宗商品电子交易市场诞生至今不过10余年，但是发展速度很快。2006年共有11家，2007年新成立了12家，2008年新成立了16家。2009年各地都积极建设大宗商品交易市场，1～9月新成立了14家，全年有望新建50家交易市场。据统计，2006年之后成立的大宗商品电子交易市场占市场总数的比重高达63%。2008年，大宗商品电子交易额已突破3万亿元，并且近年以80%以上的速度在增长。

2. 文化艺术、出版物、音像制品市场

这类市场比较有代表性的如广州音像城和北京图书批发市场等，这类市场具有规模大、层次高的特点。

3. 旧货市场

这类市场比较有代表性的如北京潘家园旧货市场、北京古玩城和北京报国寺文化工艺品市场等。潘家园旧货市场主要经营民间旧货、古玩字画；北京古玩城经营古玩和工艺礼品，但以古玩为主；报国寺文化工艺品市场主要经营文化工艺品旧货等。

4. 再生资源回收交易市场

目前我国在建或建成的进口再生资源加工园区已达15家，年处理废旧金属占我国进口总量的50%以上。另外，交易量较大的国内废物回收交易市场也有10家。

（七）按产品进入市场的时间划分

按产品进入市场的时间先后分为正货市场和尾货市场。所谓正货市场是指较早进入市场的产品交易的场所，尾货市场是相对滞后进入市场的产品的交易场所。2007年1月，尾货市场在北京出现，至今已经形成了北京、济南、常熟、郑州、广州、上海六大尾货中心，同时，在青岛、河北（保定）、杭州等地也出现了一些尾货市场。

（八）按空间布局划分

1. 商业街区型市场

商业街区型市场是依托商业街（步行街）区的基础上形成的市场，如北京的马连道茶叶一条街（市场），杭州的四季青服装特色街区型市场、中国（杭州）石祥路汽车贸易街区型市场、武汉汉正街市场等。商业街区型市场有三种管理模式。上述四个商业街区型市场均采取街区管委会的模式进行管理，福建的福州粮食城街区型市场则采取街区集团公司式管理，还有市场采取行业协会的管理模式进行管理。

2. 园区型市场

园区型市场是指在空间上集聚形成的市场群进行市场园区型管理。如广州从2009年1月开始将老城内249家市场分5年陆续分批改造升级，将占据广州专业市场半数的越秀区内的249家市场逐步实现园区化管理，以培育一批档次高、辐射面广、带动力强，能够形成“广州价格”的大型专业市场园区，实现商品集散、会展贸易、金融结算、信息发布和价格形成等多功能于一体的市场园区型管理。

3. 集群市场

经过30年的发展，我国许多城市已发展成为市场集群城市，集群市场中有的有几百家市场，有的甚至多达上千家市场，它们形成了我国特有的市场集群现象。如浙江绍兴柯桥中国轻纺城自2009年以来，每月新增经营户300户，与2005年相比，市场经营户增加了两倍，总投资达50亿元，市场群总成交额超过600亿元。

4. 中国商贸城

即在世界200多个国家和地区建设的中国商贸城，中国商贸城专营中国商品且以商品交易市场的形式进行商品交易。如莫斯科中国商贸城、越南中国商贸城等。2009年年末美国加州也计划建设中国商贸城。

三、市场集群和市场联盟

1. 市场集群

市场集群是指商品交易市场在一定地理空间上的集聚现象，是一群市场彼此既相互独立、又相互依存、具有特殊关系的市场群体。它是我国经济发展的一种客观的经济现象。

一个大城市的商品交易市场有500～600个甚至1000个，相对应的交易额是500～600亿元以至1000多亿元。上海市亿元市场最多，2006年和2007年亿元市场的交易额分别达到2649.95亿元和3770.8亿元，它们之间的关系是相互联系、相互竞争、共同发展。我国规模较大的商品交易市场（包括日用工业品综合市场、农副产品市场、生产资料市场）主要集中分布在环渤海湾、长江三角洲、泛珠三角洲区域内，其他分散在东北、中部省会城市、西部省会城市。

目前，我国的市场集群类型主要有以下几类：

（1）商品交易市场主导型产业集群。这类市场如汉正街市场集群、义乌市场集群、虎门市场集群、镇江市场集群、常熟市场集群、北京市场集群、柯桥市场集群、临沂市场集群等，既存在市场集群，也存在有“反市场集群现象”。2009年我国纺织服装专业市场集群的情况如表2所示。

在2008—2009年全球金融危机的冲击中，中国轻纺城市场集群最早遭遇危机，也最早走出低谷。有资料显示截至2009年12月底，轻纺城市场集群经营户达到1.92万家，其中，公司3626家、经营户新增1763家，市场集群（含钱清原料市场）成交额708亿元，同比增长11.5%。

（2）连锁市场集群。采取市场连锁经营的方式，实现各个市场之间的相互联系、相互影响、相互促进的群体关系。

（3）营销市场集群。以北京家居建材专业卖场联盟组成的营销联盟为例，2005年年底，北京十里河灯饰城、闽龙陶瓷市场、圣大暖通商城、李文锁城和十里河彩虹窗帘布艺城五家市场组建“家居建材专业卖场联盟”。

表 2　2009 年我国纺织服装专业市场集群一览

地区	数量	市场集群名称	地区	数量	市场集群名称
华北	1	北京大红门市场群	华中	1	河南郑州火车站服装市场群
	2	北京雅宝路服装市场群		2	湖北武汉汉正街服装市场群
东北	1	辽宁沈阳五爱市场群		3	湖南株州芦淞服装市场群
华东	1	上海七浦路服装市场群	华南	1	广东广州流花火车站服装市场群
	2	江苏常熟服装市场群		2	广东广州中大面料市场群
	3	江苏吴江盛泽丝绸面料市场群		3	广东东莞虎门服装市场群
	4	江苏海门叠石桥家纺市场群	西南	1	重庆朝天门服装市场群
	5	浙江杭海路服装市场群		2	四川成都荷花池服装市场群
	6	浙江绍兴轻纺面料市场群		3	四川成都青年路服装市场群
	7	浙江义乌小商品市场群	西北	1	陕西西安康复路服装市场群
	8	浙江濮院羊毛衫市场群			
	9	福建石狮服装市场群			
	10	福建石狮鸳鸯池布料市场群			
	11	山东青岛即墨针织服装市场群			

资料来源：纺织服装市场联盟 2009

（4）输出技术、管理市场集群。许多市场采取输出市场技术、管理模式实现市场集群，如东方家园、好美家等就以注入资金的方式将许多地方的原有市场经过改造后变为自己的连锁店面开展经营。天津环渤海市场通过输出技术、管理经验，开辟唐山、包头的市场，这种模式在一定程度上形成了优势互补、资源互补，有利于外地市场的开拓和发展。

（5）以资本为纽带的市场集群。采取参股、控股甚至兼并、重组的方式，强势市场对弱势市场、“空壳市场”纳入控制系统，实现市场集群发展。

（6）计算机和网络技术基础上的市场集群。如“装饰诚信通网”就是采取计算机和网络技术将许多建材、装饰、家居市场的诸多业务环节有机地结合起来，形成相互联系的市场集群。

（7）第三极市场集群。改革开放 30 年来，我国服装市场的业态演变，经历了 7 代。第一代是露天集贸型市场，如露天衣架展示形式，以农村集贸市场最为常见；第二代是棚亭式或街铺式服装批发市场；第三代是退路进亭集中式服装批发市场；第四代是高楼大厦式市场，如封闭式服装批发市场；第五代是批发、餐饮、娱乐、休闲综合 MALL 式服装批发市场；第六代是专业个性服装批发市场、主题服装批发市场，如北京天兰天尾货市场、天通宛尾货市场等；第七代是“第三极市场”，现在我国服装市场正在进入“第三极服装市场”的时代。“第三极服装市场”是指既不是以制造商为中心形成的服装市场，也不是以经营者为中心形成的服装市场，而是为服装制造商、供应商、采购商、中间经营户为服务对象的“第三方服装市场”。它为各类服装商品交易市场提供一体化、更细分的市场服务，如物流、结算、信息、科研、休闲、体验等方面的创新商务服务。第三极服装市场的架构如图5所示。

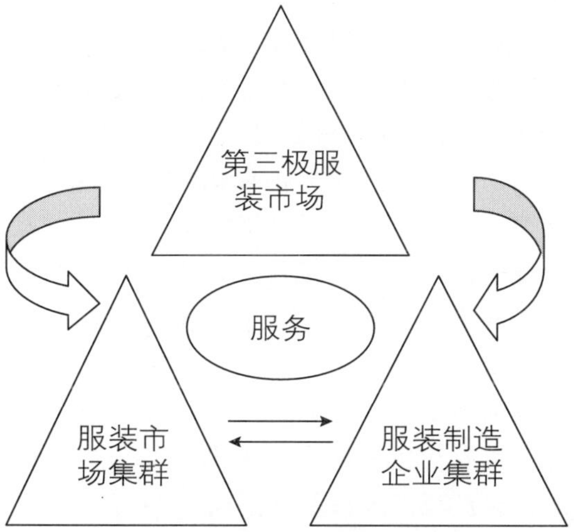

图5 第三极服装市场架构示意

2. 市场联盟

市场联盟是一种中立性的非正式组织。目前，我国比较著名的有中国纺织服装市场联盟、全国重点批发市场总裁联席会和中国建材市场联盟等市场联盟。市场联盟包括多种类型，常见的有组织上的市场联盟、网络上的市场联盟、组织和网络相结合的市场联盟。

（1）全国重点批发市场总裁联席会。这是我国最早的市场联盟，至今已经先后举办了六次全国重点批发市场总裁联席会议，发挥了市场联盟的重要的社会效应。

（2）中国纺织服装专业市场联盟。该市场联盟是中国纺织工业协会中的纺织服装专业市场联合发起，成立于2007年1月19日。目前已经拥有95家成员单位，专业市场数量超过300家。现今已经出台了《中国纺织服装专业市场建设与管理规范》。

（3）天津建材市场联盟。最早由天津环渤海建材市场发起，是国内30多家知名建材市场的联盟体。迄今为止已有4～5年，其主要任务是：沟通信息；研讨发展思路；有针对性地解决各自市场存在的具体问题。2006年由中国建材市场协会牵头，联盟体又在重庆召开会议，重新签订联盟公约，并吸收了一批新成员。2007年4月15日，中国建材流通业第一个跨区域合作组织——中国建材市场联盟在环渤海建材市场成立。这是我国建材行业第一个由跨地区的、具有独立法人资格的区域中心市场组成的全国性的市场联盟。来自北京、上海、天津、重庆、南昌、广州、沈阳、西安、杭州、南通、青岛等城市中心市场的总裁共同签署了《中国建材市场联盟章程》，成立了联盟主席团，推选了联盟执行主席和秘书长，组成了联盟常设机构执行委员会。

（4）中华市场联盟网。该网是21世纪推出的专业的、领先水平的电子商务、网上商贸平台。该网以Web站点为载体，利用国际先进商贸理念、营销谋略、电子商务技术，将国际超前沿的SEO和Web2.0网络技术与国内外商界进行完美的结合，帮助企业解决会商务却不懂网络技术的困扰。同时为企业提供了网站建设、网站宣传推广、网站维护更新等技术性较强的专业服务，企业通过该网站平台完全可以省下以上流程自行建设所需投入的数万元、数十万元甚至上百万元的开支。

（5）北京汽配市场联谊会。2006年1月，由北京西郊汽配城、北京四元桥汽配市场、北京草桥汇丰汽配市场、北京十里河新星汽配市场四大汽车配件市场组织的北京汽配市场联谊会成立，这是北京有汽车配件市场近十年来，几大汽配市场首次联手。建立一个汽配市场少则几亿元，多则十几亿元。2005年北京的整车交易市场有26家上马，互相压价、竞争无序，到2006年已经所剩无几。2006年北京的汽配市场也有这样的迹象出现，为保证行业正常有序地发展，四家联手成立联谊会可以起到市场引导作用，规范市场，加强沟通，整合资源，提高核心竞争力，做大做强北京汽配市场。

（6）绿色建材家居联盟。2007 年 3 月，河南《郑州晚报》发起建立“绿色建材家居联盟”，目前已有 14 家建材市场、超市、家居城、广场、建材港等参加，其联盟宣言：我们郑重承诺，我们经营的每项工程、每一种建材材料和产品都符合国家规定的有害物质限量标准，绝对不污染环境，绝对不危害健康。

一个市场不可能孤立存在和发展。在现代开放的市场经济条件下，一个商品交易市场不可能孤立发展，必然会受到其他市场的影响和联系，同时也影响其他市场。其他市场的不规范发展会对自身的市场形成威胁和同业损害，如果自身处于市场龙头地位也会带动其他市场的发展。优良的市场集群有利于单个市场和市场集群的发展。

四、商品交易市场值得研究的八个问题

一是中国商品交易市场 60 年的经验与教训。自新中国建立 60 年以来，我国商品交易市场经历了计划经济时期和市场经济时期，商品交易市场时开时关，经历了 7 个发展时期，甚至外资也进入商品交易市场领域。这 60 年以来，我国商品交易市场有经验，也有教训，应该认真回顾与总结。特别是国外先进批发市场模式，如中外合资批发市场“世富上海”凭着两个第一（第一家外资、第一家会员制市场）却在开业两年后退出中国。

二是网上交易市场的 8 种模式及其运作。电子商务概念进入我国已经有 17 年了，第一笔电子商务交易至今已有 12 年，现在许多传统商品交易市场通过计算机与网络进行了交易升级、管理创新的革命，许多商品交易市场进行了探索，期间虽有市场倒闭，但是，也有网上交易市场创新非常成功的案例，真正起到了网上与网下联动发展，目前网上交易市场有 8 种模式值得我们借鉴。

三是国际金融危机背景下外向型交易市场对策。2007 年美国的次贷风波引起的金融危机，使许多国家遭受到前所未有的影响，我国一些外向型商品交易市场也受到了影响，如何应对国际金融危机，如何迎接挑战，许多国际型交易市场做出了探索，取得了经验，也出现了一些问题，认真研究这个问题具有重要意义。

四是特色商品交易市场运作与管理。我国商品交易市场经过 30 多年的改革开放，已经初具规模，形成了一批亿元以上的商品交易市场，2008 年年底亿元以上商品交易市场有 4567 个，交易额超过 5.2 万亿元。未来商品交易市场不是铺摊子，而是调整结构，促进其发挥其特色，谁有特色谁就有其生命力，可以说未来商品交易市场的发展趋势是特色经营。

五是 200 多个国家中国商贸城的规范与保护。改革开放 30 多年来，我国一直提出“走出去”战略，长期被“走出去”边缘化的商品交易市场却走出国门，在 200 多个国家建起了许多各具特色的中国商贸城。但是，长期以来，得不到重视，也得不到保护，近几年来，先后出现的西班牙烧鞋事件、马来西亚驱逐商户事件，俄罗斯关闭市场、没收商品、驱逐华商事件，吉尔吉斯斯坦抢劫中国商品交易市场等事件，应引起我们的高度重视。一方面，应规范华商的经营行为，对其利益进行保护；另一方面对中国特色的商品交易市场应给予充分宣传，这需要当地政府进行积极的支持，才能发挥其“建一个市场、活一方经济、带一片企业、富一方居民”的作用。

六是商品交易市场的商业模式与管理。商品交易市场就像一个企业，需要加强管理，如对商户的服务、对商户的管理、对商户的经营，通过他们经营好商品，为消费者服务。但是，现在绝大多数市场的经营管理者对市场的管理重视不够，研究市场管理较少，如何用现代化管理提升商品交易市场的管理水平，应引

起人们的高度重视。需要深入研究市场赢利的核心，赢利点、赢利源、赢利杠杆、赢利对象、赢利屏障等“5+1”模式。

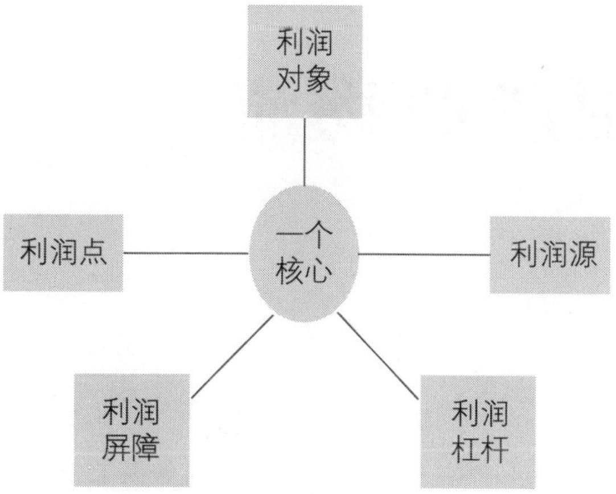

图6 “5+1”赢利模式

七是商品交易市场的栈单质押与融资。在金融危机的背景条件下，许多商品交易市场的商户资金周转不灵，而商品交易市场的栈单交易及其栈单质押交易可以较好地解决这些问题。因此，应认真引导市场进行研究，并介绍更多的方法，引导许多商品交易市场，特别是生产资料市场解决这些问题，此外还有大宗商品电子交易问题也应引起人们的高度重视。

八是如何发挥商品交易市场主流通渠道作用。商品交易市场如何与上游生产者形成供应链，如何与下游零售业态，或者与其他经济组织形成现代化的供应链关系，这些都有待进一步研究，以充分发挥当前商品交易市场60%~70%的主商品流通渠道的作用。

五、商品交易市场的发展趋势

一是商品期货交易品种多样化趋势。在现有24个品种的基础上，期货交易品种应该更加丰富，才能够发挥其功能，使现货市场与期货市场更紧密地联动起来。

二是商品电子交易市场模式多样化趋势。在现有多种电子市场模式的基础上探索更多的商品交易市场模式。

三是农产品交易市场物流与冷链体系趋势。农产品交易市场物流中心已经形成，但是目前仅仅处于初级层次，需要进一步发展，农产品市场冷链体系应与农产品交易市场紧密结合，成为不可分割的组成部分。

四是多种形式的“农超对接”发展趋势。“农超对接”不可能是单一模式，也不可能脱离农产品市场体系，更不可能脱离农产品批发市场，单独形成一个体系。

五是商品交易市场的现代化趋势。没有商品交易市场的现代化，就没有流通的现代化，在目前我国应加快商品交易市场现代化的进程。

六是商品交易市场的标准化趋势。近几年来我国先后出台了许多市场标准，如农产品、纺织品、建材、尾货等市场标准，对我国商品交易市场规范化发展奠定了基础。

七是商品交易市场的集群化趋势。一个商品交易市场不可能孤立地存在和发展，需要采取集群化的发展方式，相互联系、相互依存、和谐共存、共同发展。

八是商品交易市场的结构化趋势。商品交易市场采取大中小结构优化的发展，大型的市场越来越大，但是中小市场也应有其发展空间，许多特色市场虽然不大，也具有较强的竞争力。

九是商品交易市场的绿色化趋势。商品交易市场交易无公害商品、有机商品、绿色商品，交易过程及其交易环境的节能环保，绿色市场建设不仅仅局限于农产品市场，日用工业品、生产资料、再生资源市场也呼唤绿色环保。

十是商品交易市场外向化趋势、专业化趋势、特色化趋势、法人主体化趋势、主导供应链趋势等。

（作者：洪　涛　北京工商大学经济学院）

2009 年中国制造业物流

制造业对于我国经济发展具有举足轻重的地位。依据国家统计局2009 年 12 月 25 日发布的数据，基于国内生产总值（GDP）核算制度和第二次全国经济普查结果，修订后的2008 年全国 GDP 总量为31.4 万亿元。其中，第二产业增加值为14.9 万亿元，占GDP 的比重为47.5%；而制造业是第二产业的最主要行业，说明我国制造业在我国经济发展中占有举足轻重的地位。

一、2009 年我国经济发展总体情况分析

1. 国民经济发展的主要指标情况

2009 年，是 21 世纪以来我国经济发展最为困难的一年。由于党中央、国务院提出的促进经济平稳较快发展的“一揽子”政策收到实效，我国经济呈现明显复苏企稳态势。从表 1 中可以看出，2009 年我国国内生产总值呈现出逐步回升势头，1 ~ 9 月，我国 GDP 增长率已经达到7.7%，第三季度增长率为8.9%，全年增长 8.7%。中国物流与采购联合会发布的制造业采购经理人指数（简称 PMI）连续 12 个月持续回升，连续 9 个月位于临界点 50% 以上，12 月达到56.6%。这些数据充分说明，我国经济总体回升的态势基本确立。

表 1　　2009 年我国国民经济统计指标数据情况

指　标	2009 年第一季度		2009 年第二季度		2009 年第三季度		2009 年全年	
	绝对额（亿元）	比上年同期增长（%）	绝对额（亿元）	比上年同期增长（%）	绝对额（亿元）	比上年同期增长（%）	绝对额（亿元）	比上年同期增长（%）
国内生产总值	65745	6.1	139862	7.1	217817	7.7	335353	8.7
第一产业	4700	3.5	12025	3.8	22500	4	35477	4.2
第二产业	31968	5.3	70070	6.6	106477	7.5	156958	9.5
第三产业	29077	7.4	57767	8.3	88840	8.8	142918	8.9

资料来源：国家统计局季度统计数据

2. 2009年我国制造业的主要指标情况

2009年，我国制造业受到国际金融危机的严重冲击，产品出口持续下滑，工业品价格低位运行，生产增速在年初跌至近10年最低点。在中央“保增长、扩内需、调结构、惠民生”一揽子计划的持续作用下，制造业较快扭转了增速下滑局面，回升向好的运行态势不断明朗并得到巩固，全年制造业运行呈现出“前低后高”走势。

总体来看，据国家统计局和工业与信息化部公布的有关数据，前三季度，39个工业大类行业中27个行业利润同比实现正增长；32个行业效益状况比2008年上半年进一步改善，其中18个行业利润增幅提高，10个行业降幅收窄，4个行业利润增幅由负转正。

2009年，全国规模以上工业增加值同比增长11%，增速比2008年回落1.9个百分点，其中第一季度增长5.1%、第二季度增长9.1%、第三季度增长12.4%、第四季度增长18%，工业生产回升向好态势基本确立。轻工业增长平稳，重工业反弹强劲。轻工业受国内消费需求拉动运行平稳，全年增长9.7%，比2008年回落2.6个百分点；重工业从第二季度开始表现出强劲回升势头，全年增长11.5%，比2008年回落1.7个百分点。

2009年，在各地区工业增长中，东部地区率先回升，中西部地区实现两位数增长。东、中、西部地区工业增加值分别增长9.7%、12.1%和15.5%。东部地区增速在头两个月下滑到2.3%后触底回升，而11月和12月增速分别达到16.6%和16.4%。中部地区进入6月以后、西部地区进入10月以后加快攀升，11月增速分别达到23.3%和25.1%，12月分别达到23.6%和20.5%。

2009年，我国工业投资达8.04万亿元，同比增长26.2%，占城镇固定资产投资比重的41.4%，其中制造业投资5.88万亿元，增长26.8%。

2009年，我国工业品出口下降一成。全年规模以上工业完成出口交货值7.29万亿元，同比下降10.1%，其中前8个月降幅均在13%以上，9月以后由于2008年同期基数较低，降幅持续收窄，9月和10月分别下降9.9%和7.3%，11月和12月转为增长5.3%和12.4%。2009年2~12月我国工业增加值增长数据情况如表2所示；2009年2~12月工业增加值增长情况如图1所示。

表2　2009年2~12月我国工业增加值增长数据情况　单位：%

月份	工业增加值比去年同期增长	其中轻工业	其中重工业
2	11.00	14.4	9.6
3	8.3	8.5	8.3
4	7.3	8.2	6.9
5	8.9	9.7	8.6
6	10.7	10.2	10.90
7	10.8	9.2	11.3
8	12.3	9.8	13.2
9	13.9	11.8	14.8
10	16.1	11.3	18.1
11	19.2	12.6	22.2
12	18.5	12.1	21.4

资料来源：国家统计局月度统计数据

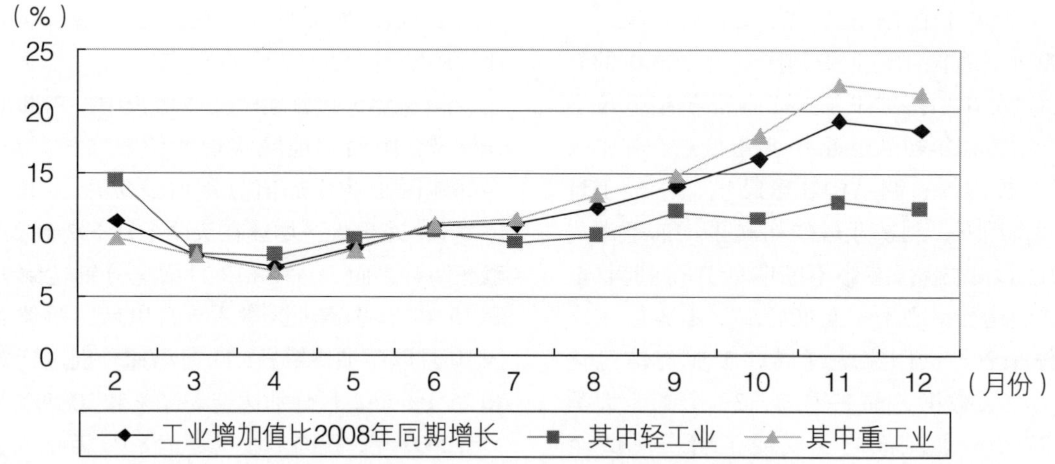

图1 2009年2~12月工业增加值增长数据

从制造业的各个大类分项来看，2009年前11个月，我国原材料工业多数行业保持较快增长。前11个月，非金属矿物制品业增速高位回调，前11个月投资增长46.6%，比前10个月回落0.8个百分点；化工行业增长基本平稳，其中化学原料及制品和橡胶制品业分别增长27.3%和31.2%，与前10个月基本持平；有色金属冶炼及压延业投资同比增长21.8%，比前10个月加快2.4个百分点；黑色金属冶炼及压延业投资增速进一步回落，同比增长0.7%。

2009年前11个月，我国装备制造业增长迅速，通用设备、专用设备、交通运输设备制造业分别增长39.3%、33.5%和34.1%，分别比前10个月回落1个、1.5个和1.1个百分点；电气机械及器材制造业增长50.8%，加快0.5个百分点。

2009年前11个月，我国消费品工业投资迅速。烟草行业投资继续保持较高增速，前11个月增长69.3%；轻工行业投资保持平稳较快增长，其中农副食品加工和食品制造业前11个月分别增长35.4%和32.9%；纺织行业投资有所加快，其中纺织业和纺织服装、鞋、帽制造业分别增长11.4%和15%，比前10个月加快1.1和1.8个百分点；化学纤维制造业下降14.3%，降幅比前10个月缩小3.6个百分点。

2009年，我国进出口逐步实现企稳回升。1~11月，全国进出口总额为1.96万亿美元，同比下降17.5%；实现贸易顺差1780亿美元，比2008年同期减少780亿美元。其中，11月全国进出口总额为2082亿美元，同比由10月下降10.7%转为增长9.8%（2008年同期基数较低），首次实现正增长。出口降幅大幅收窄，进口增速由负转正。11月出口总额为1137亿美元，同比下降1.2%，降幅比10月收窄12.6个百分点；进口总额为946亿美元，同比由10月下降6.4%转为增长26.7%。当月贸易顺差191亿美元，比10月减少49亿美元。

二、2009年我国制造业发展现状

1. 促进制造业发展的有关规划相继出台

为防止我国经济加速下滑，实现2009年“保八”目标，国务院陆续出台重要产业调整振兴规划。纺织业、钢铁业、汽车业、船舶业、装备制造业、电子信息产业、轻工业、石化产业、物流业、有色金属业十大规划全部出齐。从2009年3月20日~5月18日，已有九大规划具体实施细则陆续公布。

《船舶业调整和振兴规划》指出，船舶工业调整和振兴的主要任务包括：稳定船舶企业生产，扩大船舶市场需求，发展海洋工程装备，支持企业兼并重组，提高自主创新能力，加强企业技术改造，积极发展修船业务，努力开拓国际市场，加强船舶企业管理。

《轻工业调整和振兴规划》提出了轻工业发展规划目标：一是生产保持平稳增长。二是自主创新取得成效。三是产业结构得到优化。企业重组取得进展，再形成 10 个年销售收入 150 亿元以上的大型轻工企业集团。四是污染物排放明显下降。五是淘汰落后取得实效。六是安全质量全面提高。完善轻工业标准体系，制定、修订国家和行业标准 1000 项。

《石化调整和振兴规划》指出，2009—2011 年，石化产业保持平稳较快增长。2009 年力争实现平稳运行，经过三年调整和振兴，到 2011 年，产业结构趋于合理，发展方式明显转变，综合实力显著提高。到 2011 年，原油加工量达到 40500 万吨，成品油、乙烯产量分别达到 24750 万吨。产业布局趋于合理，成品油“北油南运”的状况得到改善。长三角、珠三角、环渤海地区产业集聚度进一步提高，建成 3～4 个 2000 万吨级炼油、200 万吨级乙烯生产基地。煤化工盲目发展的势头得到遏制。节能减排取得成效。到 2011 年，石化产业单位工业增加值能耗下降 12% 以上，污水、二氧化硫和粉尘等污染物排放量减少 6% 以上，行业特征污染物排放得到控制。

《装备制造业调整和振兴规划》指出，要继续保持装备制造业生产经营稳定，增加值占全国工业增加值的比重逐步上升，提高国产装备质量水平，扩大国内市场，国产装备国内市场满足率稳定在 70% 左右，巩固出口产品竞争优势，稳定出口市场。重大装备研制取得突破。基础配套水平提高，形成若干家具有国际竞争力的科工贸一体化大型企业集团，形成一批参与国际分工的“专、精、特”专业化零部件生产企业。

《有色金属业调整和振兴规划》提出调整和振兴的七项主要任务：一是稳定国内市场，改善出口环境。二是严格控制总量，加快淘汰落后产能。三是加强技术改造，推动技术进步。四是促进企业重组，调整产业布局。五是开发境内外资源，增强资源保障能力。六是发展循环经济，搞好再生利用。七是加强企业管理和安全监管，注重人才培养。

《纺织工业调整和振兴规划》指出，2009—2011 年，纺织工业生产保持平稳增长，产业结构进一步优化，自主创新能力、技术装备水平、品种质量有明显提高，产业布局趋于合理，自主品牌建设取得较大突破，落后产能逐步退出，由纺织大国向纺织强国转变迈出实质性步伐。到 2011 年，规模以上企业实现工业增加值 1.2 万亿元，年均增长 10%；出口总额达 2400 亿美元，年均增长 8%。

《汽车工业调整和振兴规划》提出了产业发展的具体目标，一是要实现汽车产销稳定增长。2009 年汽车产销量力争超过 1000 万辆，三年平均增长率达到 10%。二是汽车消费环境明显改善。三是市场需求结构得到优化。四是兼并重组取得重大进展。通过兼并重组，形成 2～3 家产销规模超过 200 万辆的大型汽车企业集团，4～5 家产销规模超过 100 万辆的汽车企业集团，产销规模占市场份额 90% 以上的汽车企业集团数量由目前的 14 家减少到 10 家以内。五是自主品牌汽车市场比例扩大。自主品牌乘用车国内市场份额超过 40%，其中轿车超过 30%。自主品牌汽车出口占产销量的比例接近 10%。六是电动汽车产销形成规模。七是整车研发水平大幅提高。八是关键零部件技术实现自主化。

《钢铁工业调整和振兴规划》指出，力争在 2009 年遏制钢铁产业下滑势头，保持总体稳定。要着力做好以下八个方面工作：一是保持国内市场稳定，改善出口环境。二是严格控制钢铁总量，加快淘汰落后。三是促进企业重组，提高产业集中度。四是加大技术改造力度，推动技术进步。五是优化钢铁产业布局，统筹协调发展。六是调整钢材品种结构，提高产品质量。七是保持进口铁矿石资源稳定，整顿市场秩序。八是开发国内外两种资源，保障产业安全。

《电子信息工业调整和振兴规划》（以下简称《规划》）指出，未来三年，电子信息产业销售收入保持稳定增长，产业发展对 GDP 增长的贡献不低于 0.7 个百分点，三年新增就业岗位超过 150 万个，其中新增吸纳大学生就业近 100 万人。《规划》还要求电子信息产业在调结构、谋转型方面取得明显进展，其中在核心技术领域有所突破。新一代移动通信、下一代互联网、数字广播电视等领域的应用创新要带动形成一批新的增长点，产业发展模式转型取得明显进展。

2. 制造业采购经理指数不断上升

2009 年，中国制造业采购经理指数（PMI）受到各界的广泛关注。中国的 PMI 已成为全球经济界重点关注的指标。

据中国物流与采购联合会 2010 年 1 月 1 日发布的 PMI 数据，2009 年 12 月，CFLP 中国制造业采购经理指数（PMI）为 56.6%。如图 2 所示，经过多月持续回升，中国制造业 PMI 指数在 2009 年 12 月已经达到较高水平。这表明 2009 年我国刺激经济增长的宏观调控政策收效显著，国际金融危机对我国经济发展带来的异常波动基本消除，我国经济发展正在由刺激性政策下的恢复性增长向常态下的稳定较快增长转变。

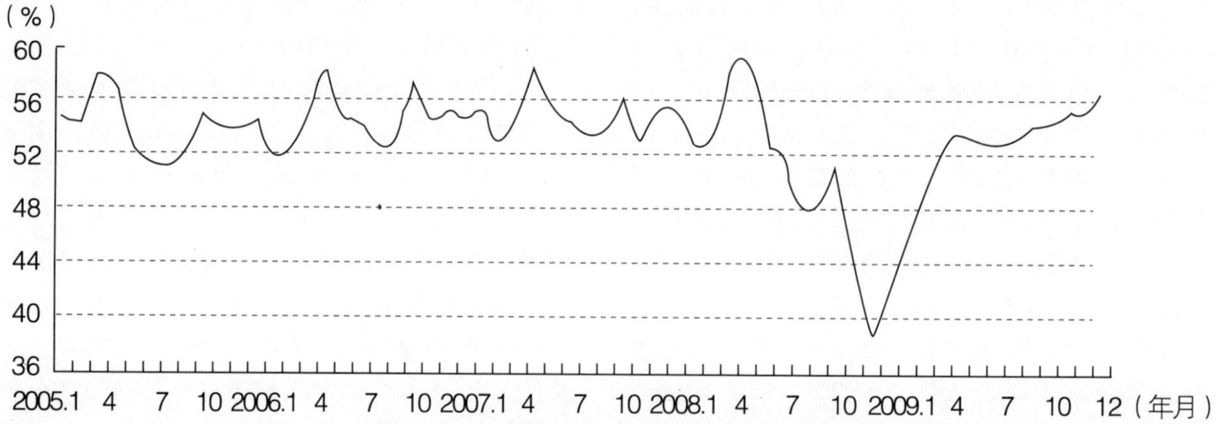

图 2 2005—2009 年中国制造业 PMI 走势

从分项指数来看，2009 年 12 月同 11 月相比，只有新出口订单指数下降，降幅为 1 个百分点；原材料库存指数持平；其余各项指数均不同程度上升，其中生产指数、新订单指数、采购量指数和购进价格指数升势明显，升幅均在 2 个百分点以上。从指数水平来看，生产指数、新订单指数、采购量指数和购进价格指数较高，均达到 60% 以上，尤其以购进价格指数为最高，达到 66.7%。

3. 制造业兼并重组加速，淘汰落后产能和产业升级成为趋势

2009 年，随着国家大规模经济刺激计划的陆续实施，制造业产能得到迅速增长。为了遏制低效落后产能的大规模扩张，实现经济增长方式转变的目标，提升我国制造业的整体竞争能力，国家有关部门和地方政府开始大规模调整制造业兼并重组，淘汰落后产能，产业升级趋势日益明显。国家从规划层面和实际操作两个角度推进制造业兼并重组。其中，钢铁、汽车、船舶等行业在 2009 年的实际调整中表现

较为突出。

从规划层面上看，国务院出台的九大制造业振兴规划中，纺织、汽车、石化、装备、船舶等行业都将兼并重组纳入三年调整和振兴规划的重点工程。

《纺织工业调整和振兴规划》指出，纺织工业淘汰落后需取得实质性进展。2011年，淘汰75亿米高能耗、高水耗、技术水平低的印染能力，淘汰230万吨化纤落后产能，加速淘汰棉纺、毛纺落后产能。《汽车工业调整和振兴》指出，鼓励一汽、东风、上汽、长安等大型汽车企业在全国范围内实施兼并重组。支持北汽、广汽、奇瑞、重汽等汽车企业实施区域性兼并重组。《石化产业调整和振兴规划》指出，淘汰工艺技术落后、产品质量差、安全隐患大、环境污染严重的落后产能。对炼油行业采取区域等量替代方式，淘汰100万吨及以下低效低质落后炼油装置，积极引导100万~200万吨炼油装置关停并转，防止以沥青、重油加工等名义新建炼油项目。对化肥行业通过上大压小，产能置换，淘汰技术落后、污染严重、资源利用不合理的产能。《装备业调整和振兴规划》将重点支持装备制造骨干企业跨行业、跨地区、跨所有制重组，逐步形成具有工程总承包、系统集成、国际贸易和融资能力的大型企业集团。同时，鼓励主机生产企业由单机制造为主向系统集成为主转变。《船舶业调整和振兴规划》将鼓励骨干船舶制造企业实施兼并重组，推动大型船舶企业与上下游企业组成战略联盟，引导中小船舶企业调整业务结构。要加强技术改造，提高自主创新能力。对散货船、油船、集装箱船三大主流船型进行优化升级，提升高技术高附加值船舶设计开发能力。

在地区工业发展规划方面，制造业兼并重组加速，淘汰落后产能和产业升级也是规划编制重点。例如，工业与信息化部网站于2009年10月10日发布了《工业和信息化部关于支持福建省加快海峡西岸经济区工业和信息化发展的意见》，意见指出，在国家工业和信息化发展总体规划、行业规划及专项规划的产业布局和重大项目安排中，充分考虑福建省尤其是海西地区优势和特色产业的发展需求，指导福建省编制特色工业发展规划，制定和完善节能降耗、淘汰落后、发展循环经济等方面的政策措施。

从实际操作层面看，各级政府在推动制造业产业结构调整和转型升级上也是不遗余力。

工业与信息化部2009年4月20日发布《关于遏制钢铁行业产量过快增长的紧急通报》，要求坚决遏制产量过快增长，主动调整品种结构，加快淘汰落后产能，严禁违规建设扩能项目，加强技术改造和企业管理，规范钢材和进口铁矿石贸易秩序。

根据《钢铁产业调整和振兴规划》要求和国务院领导指示，工业和信息化部组织制定了《钢铁行业准入条件》和《促进钢铁企业兼并重组指导意见》。其中，《促进钢铁企业兼并重组指导意见》是为了解决我国钢铁行业产业集中度低、落后产能大等结构性矛盾而制定的指导性文件，它明确提出了通过兼并重组，重点培育3~5家具有较强国际竞争力，积极推进6~7家具有较强实力的钢铁企业集团在全国范围内实施战略性兼并重组。《钢铁行业准入条件》对现有钢铁企业的生产经营从六个方面提出了准入条件，包括产品质量、环境保护、能源消耗和资源综合利用、工艺与装备、生产规模，以及安全、卫生和社会责任。总体看，至2009年年底，我国国内钢铁企业约有300~400家，其中能达到上述准入条件的大约只有80家。这意味着全国约4/5的钢铁企业将面临行业准入“生死劫”。

2009年11月6日，工业和信息化部在北京召开了钢铁企业兼并重组和准入条件座谈会。河北、山西、辽宁、江苏、山东、河南6地工业主管部门，各钢铁协会，宝钢、鞍钢、武钢、河北钢铁、山东钢铁、沙钢、渤海钢铁7家企业，冶金规划院、冶金经研中心、中钢金信咨询公司3家咨询单位参加了会议。

河北省作为我国钢铁生产第一大省，在淘汰落后钢铁产能工作上，贯彻国家钢铁产业政策，取得了一些实质性进展。2009年11月12日，河北省进行了淘汰落后钢铁产能集中行动第一战役。在集中行动第一战役，河北省共拆除高炉23座，淘汰落后炼铁产能333万吨；拆除转炉3座，淘汰落后炼钢产能50万吨。其中：秦皇岛市拆除高炉9座，唐山市拆除高炉4座，保定市拆除高炉1座，邢台市拆除高炉1座，邯郸市拆除高炉8座、转炉3座。自2009年以来，河北省共拆除高炉46座，淘汰落后炼铁产能900万吨；拆除转炉16座，淘汰落后炼钢产能400万吨。下一阶段，河北省还将在此基础上，对全省的落后钢铁产能进行系统梳理，按照钢铁产业调整和振兴规划要求，制订分期淘汰落后计划，使河北省的落后钢铁产能逐步减少，提高全省钢铁企业的整体技术和环保水平。

2009年9月22～26日，工业和信息化部原材料工业司到河南省就促进中部地区原材料工业结构调整和优化升级问题进行调研。就河南省原材料工业应对金融危机、推进结构调整、发挥比较优势、促进产业升级等问题展开交流和讨论。

中国船舶行业兼并重组步伐也逐步加快。根据最新统计数据显示，2009年前三季度，我国造船业完工量居世界第二位，为2778万载重吨，占全球市场31.2%，仅次于韩国；而新接订单和手持订单分别为1692万载重吨和1.92亿载重吨，分别占全球市场70.2%和37.6%，均居世界首位。但是，我国造船工业的发展形势依然严峻，市场竞争愈加激烈。特别是接船难、交船难、融资难的局面没有改变，而产能庞大开工率不足且产品同质性太强，也引发了低价竞争。此外，我国造船工业仍面临着结构调整的严峻考验和国际上主要造船国家的激烈竞争。

2009年，我国汽车行业的重组兼并步伐取得突破性进展。兵装集团、中航工业2009年11月签署协议重组长安汽车集团。根据重组方案，中航工业以其持有的昌河汽车、哈飞汽车、东安动力、昌河铃木、东安三菱的股权，划拨兵装集团旗下的中国长安汽车集团；兵装集团将旗下中国长安汽车集团23%的股权划拨给中航工业。两集团重组成立新的中国长安汽车集团股份有限公司，兵装集团持股77%，中航工业持股23%。重组后的长安汽车成为国内生产基地最广的汽车企业集团，汽车产销规模接近200万辆。

三、2009年我国制造业物流发展现状

1. 制造业社会物流总额和所占比例仍呈上升趋势

根据中国物流信息中心的统计数据分析，2009年，我国社会物流总额为96.65万亿元，同比增速由第一季度下降3.3%、上半年下降0.8%、第三季度增长2%，转为全年的7.4%，扭转了持续下滑势头，反映出物流需求在投资和经济增长的带动下企稳回升步伐有所加快，具体情况如表3所示。

2009年我国社会物流总额构成中，农产品物流总额占社会物流总额的比重为2.01%，工业品物流总额约占90.4%，进口物流总额约占7.1%，再生资源物流总额约占0.29%，单位与居民物品物流总额约占0.07%。工业品物流总额占社会物流总额的比重达到90%以上，比2008年的88.8%的比例有所增长，反映出在国际金融危机影响下，工业品物流仍然是拉动社会物流总额增长的重要力量。具体情况如表4所示。

表 3　　2009 年我国社会物流总额变化情况

		第一季度	前两季度	前三季度	全　年
社会物流总额（万亿元）		18.7	42.9642	69.41	96.65
社会物流总额增速		-3.3%	-0.8%	2%	7.4%
同比增速指标	农产品物流总额	0.2%	0.2%	4.0%	4.3%
	工业品物流总额	-0.1%	1.8%	4.4%	9.4%
	进口物流总额	-33.9%	-26.9%	-21.9%	-12.8%
	再生资源物流总额	10.9%	4.8%	8.8%	12.3%
	单位与居民物品物流总额	8.7%	11.2%	12.1%	16.4%

资料来源：中国物流与采购联合会

表 4　　2009 年社会物流总额构成及比例（预计）

项　　目	绝对额（万亿元）	比例（%）
社会物流总额	96.65	100
农产品物流总额	1.94	2.01
工业品物流总额	87.41	90.4
进口物流总额	6.86	7.1
再生资源物流总额	0.28	0.29
单位与居民物品物流总额	0.0654	0.07

资料来源：中国物流与采购联合会

2. 制造业物流外包开始加速

面临竞争压力的加大和经济活动的全球化与区域化，我国制造企业不得不专心于自己的核心业务，专注于自己的成本降低和运行效率的提高，集中于发展核心竞争力，而将非核心的部分业务外包。根据国家发改委和南开大学现代物流研究中心于 2009 年 1～4 月对我国工商企业物流业务外包的总体情况的调查得知，2008 年，我国物流服务外包的工商企业所占比例已达 57.64%，较 2007 年增加了 7.24%，四年来这一比例的平均年增长率为 6.88%，如图 3 所示。这表明我国工商企业已逐步认识到物流服务外包是企业降低物流成本、专注于核心竞争力的有效途径。

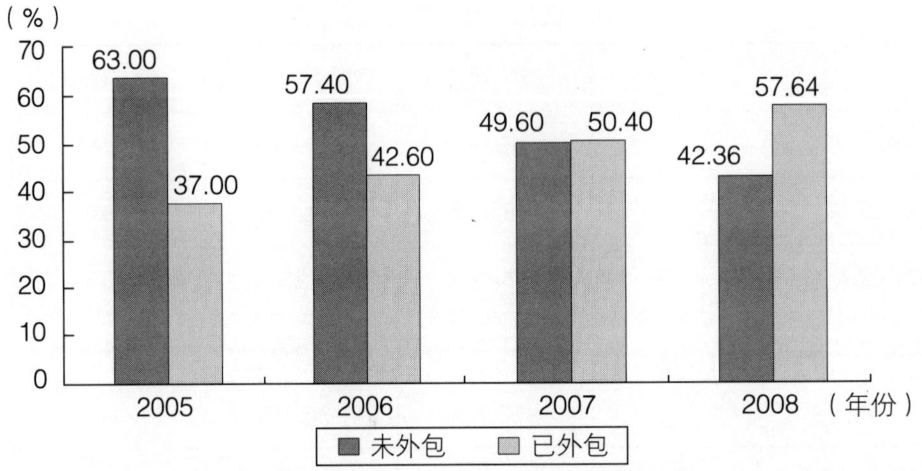

图 3 2005—2008 年我国工商企业外包情况

从物流外包的总量来看，2008 年我国工商企业物流外包业务量占企业总物流量的比例为 62.14%，较 2007 年上升 2.23%，其中外包程度在 30% 以下的比例为 22.26%，比 2007 年下降了 5.84%。这表明出于物流服务专业化、专注于自身核心业务以及提高物流服务速度等考虑，我国工商企业越来越倾向于将物流业务进行外包。详细情况如表 5 所示。

表 5 我国企业外包物流业务量占企业总物流量的比例

类 别	比例（%）		
	2006 年	2007 年	2008 年
10%及以下	13.3	11	9.92
11%~30%	15.8	17.1	12.34
31%~50%	9.7	7.3	10.75
51%~80%	19.7	20.5	21.68
80%以上	41.5	44.1	45.31
均值	57.86	59.91	62.14

资料来源：南开大学现代物流研究中心、中国现代物流发展报告

3. 现代物流信息化认识明显提高

随着我国近几年物流业的蓬勃发展，物流信息化受到了普遍重视，物流行业信息化投资规模不断扩大，物流信息技术装备水平有了较大提高。根据《中国现代物流发展报告（2009）》的调研数据，2008 年我国工商企业所采用的物流信息技术仍然主要集中于条码技术和 EDI 系统，所占比例分别为 62.18% 和 42.24%，如表 6 所示。与 2007 年相比，2008 年工商企业对各种物流信息技术所采用的比例总体呈现增长的趋势，其中条码技术增幅较大，为 3.48%。这表明条码技术作为一种经济、实用的物流信息技术，在工商企业中的应用日益广泛。

表 6 工商企业采用的物流信息技术（有多选）

类 别	比例（%）			
	2005 年	2006 年	2007 年	2008 年
条码技术	27.3	48.4	58.7	62.18
GPS 与 GIS	28.9	41.8	43.8	42.24
EDI 系统	9.1	15.4	23.3	25.38
EOS	4.5	13.2	18.5	19.69
ASS	12.1	26.4	18.5	18.52
RFID	4.5	7.3	8.3	10.32
其他	13.6	7.7	3.7	1.76

资料来源：南开大学现代物流研究中心、中国现代物流发展报告

四、2009年我国制造业与物流业联动发展的现状与问题

1. 两业联动发展环境不断优化

2009年，我国物流业与制造业的联动发展也日益受到重视，各地政府在推动制造业与物流业联动发展方面不遗余力。一些省市成立了工作领导小组，明确了牵头部门。特别是近年来一些地方把制造业与物流业联动发展与优化产业结构，着力出台了促进联动发展的相关政策措施，使联动发展进入了一个新的时期。

（1）中央各部委积极推动两业联动发展工程。制造业与物流业联动发展是《物流业调整和振兴规划》提出实施的九大工程之一。《物流业调整和振兴规划》指出，要加强对制造业物流分离外包的指导和促进，支持制造企业改造现有业务流程，促进物流业务分离外包，提高核心竞争力。培育一批适应现代制造业物流需求的第三方物流企业，提升物流业为制造业服务的能力和水平。制定鼓励制造业与物流业联动发展的相关政策，组织实施一批制造业与物流业联动发展的示范工程和重点项目，促进现代制造业与物流业有机融合、联动发展。

国家发展和改革委员会委托中国物流与采购联合会着手研究“制造业与物流业联动发展示范工作方案研究”课题，相关示范方案将于2010年出台。2009年10月，国家发展和改革委员会在昆明召开第二届全国制造业与物流业联动发展大会，来自国务院有关部门、全国性行业协会、各省区市现代物流工作牵头部门及有关物流企业和制造企业的负责同志约500人参加了大会。

2009年，商务部发布的《商务部　发展改革委　工业和信息化部　财政部　海关总署　质检总局关于促进我国汽车产品出口持续健康发展的意见》（商产发［2009］523号）指出，要加强汽车产品出口服务体系建设，全面提高服务水平，按照互利“双赢”的原则，积极探索产业、贸易和物流有机结合的运作模式，大力推动国内汽车整车出口生产企业与国内航运企业建立长期的战略合作联盟，创建我国远洋汽车运输船队。大力实施贸易便利化。综合运用海关对企业的分类管理、分类通关、预约通关、担保验放等多项便利措施，提高货物通关效率。

（2）各级地方政府积极落实两业联动发展工程。各级地方政府在落实制造业与物流业联动发展方面也是不遗余力。其中，上海、福建、山东、沈阳、湖南、广州等地表现较为突出。

上海市人民政府于2009年5月印发了《上海市服务业发展引导资金使用和管理办法》，市级财政预算每年安排2亿元作为引导资金，将鼓励制造业企业发展生产性服务业，对其重点项目给予适当补贴或贷款贴息。上海将围绕贯彻十大产业振兴规划，大力推动物流业与九大制造业产业衔接，力争到2011年，基本建成国际重要物流枢纽和亚太物流中心之一，物流业增加值年均增速保持在10%以上，物流业增加值占本市生产总值的比重超过13%，制造业物流成本进一步下降。上海市在《上海市贯彻落实国务院〈物流业调整和振兴规划〉实施工作方案》中指出，将实施“制造业物流专业化发展示范工程”，促进产业升级。一是鼓励大型制造企业整合剥离内部物流业务流程，扩大物流外包需求；二是重点发展为制造企业提供原材料采购、产品分拨配送等专业化服务的第三方物流服务；三是支持制造企业和物流企业通过参股、控股、兼并、联合、合资、合作等多种形式联合组建第三方物流企业；四是推进建立面向本市各工业区、重点制造企业以及专业物流企业的业务协同平台，扩大本市制造业物流服务范围。

福建省为推进制造企业物流分离外包，加快发展第三方物流，出台了《2009年度福建省现代物流业发展专项资金申报工作办法》，重

点扶持制造企业与物流企业形成联动发展并取得实效的对接项目，每个对接项目的补助额度上限为80万元。为确保联动项目能得实效，在资金评审过程中，省经贸委召集了联动发展项目的负责人现场接受专家评审小组的质询，并结合专家评审意见对“东南汽车与八方迅通公司汽车物流对接项目”等24个联动发展项目及配套项目给予了扶持。

福建省经贸委对今后三年（2009—2011年）物流管理知识在职集中培训工作进行了安排。围绕2009年省经贸委着力推进的制造业与物流业联动发展的工作重点，2009年着重培训第三方物流发展知识、生产物流知识和物流企业发展战略知识，并已圆满完成了南平市、三明市、福州市三个地区的在职集中培训工作，产生了很好的反响。今后两年，省经贸委将继续开展其他地区的在职集中培训工作，进一步提高物流企业和制造企业管理人员对制造业与物流业联动发展工作的认识，不断加快制造业与物流业联动进程。同时，省经贸委每年还组织省内物流业界代表赴香港进行培训，学习借鉴香港物流管理先进经验，不断提高福建省物流管理人员的业务知识和管理水平。2009年福建省经贸委又联合民建福建省委、省物流协会等单位主办了“第二届（2009）海峡物流论坛”，就制造业与物流业联动发展、两岸国际物流竞争力提升、海峡两岸经济一体化前景展望等议题进行了深入探讨，取得了较好的效果。

山东省于2009年5月印发了《山东省现代物流业振兴发展规划》（鲁政发［2009］61号），明确今后三年山东省现代物流业发展的5大区域、2个国家物流节点城市、6个省级物流节点城市、9个地区性物流节点城市，以及10大任务，8人工程，把推进行业物流和专业化物流发展，推广建立海尔物流一体化管理、潍柴动力供应商管理库存、青岛啤酒“主辅分离”物流外包等30个制造业与物流业联动发展的示范工程，扶持建立50个省级重点企业物流管理中心，促进现代制造业与物流业有机融合，联动发展作为主要任务和工程。

在《青岛物流业发展推进方案》中，则对物流业与制造业的联动发展指明了方向。青岛市将重点推进造船、汽车、机械、钢铁、石化、家电、高新技术、纺织服装、商贸流通、食品及农产品等产业物流管理与运作水平的提升。组织实施产业与物流业联动发展的示范工程和重点项目，并通过资源整合和物流业务剥离外包，促进产业物流与物流业的有机融合、联动发展。

2009年，青岛市交通委员会在国家发改委经济运行局的大力支持下，选取青岛市大型制造企业——青岛钢铁控股集团有限公司进行制造业与物流业联动改革，组织成立了由市物流专家委员会、驻青高校物流研究机构组成的调研策划小组，进驻青钢集团主要部门，对企业物流业务、物流设施、物流方式、物流流程、物流费用等情况进行了为期3个月的调研。调研策划小组以青钢集团物流流程优化再造为主线，查找出了青钢集团企业物流存在的机制未理顺、运作模式落后、物流人才匮乏、历史包袱较重等主要问题，提出了走物流重组与主营业务剥离外包发展路子的建议，并预测仅在个别环节对目前的物流流程和操作模式进行改造后，青钢集团的物流成本将降低10%以上。调研结束后，青岛交通委员会同市物流协会多次与青钢集团领导就物流改革商讨具体方案，最终确定选择专业性强、经济实力大的第三方物流公司进行合作，实现青钢集团物流业务剥离外包的工作思路。

自2008年以来，按照沈阳市市委、市政府的决策，沈阳市以北方交通重工、沈阳机床、沈重、北方重工、远大、鼓风机、沈冶修等八家大型企业为重点，推动物流外包，并取得了明显成效。沈阳北方交通重工集团有限公司将采购及运输业务委托给日本伊藤忠公司，伊藤忠公司为北方交通提供了“移库销售模式”的贴身物流服务。伊藤忠公司将所有客户的货物按发货时间、种类、数量，就近存储在他们已经签订仓储协议的中国和世界各地的港口码头、铁路运输部门、港口运输部门，确保产品采购及运输，降低用户的采购和运输成本。北方交通直接从港口提货，缩短了交货期，降低了仓储成本和采购成本。经过一年的尝试，取得了非常显著的成效，企业的生产能力、研发能力、完成订单速度和核心竞争力都得到很大提高。其中节约原材料采购成本5300多万元，运输费用280万元，人员开支217万元，车辆维护费用30万元，生产流动资金580万元。生产周期平均缩短23%，存货、产成品等周转率也有相当程度提高，企业库存成本下降33%。典型企业的成功做法，带动了更多的制造企业尝试外包。

湖南省经委根据国家《物流业调整和振兴规划》，编制出台了《湖南省物流业振兴实施规划》，重点规划建设的8个省级物流园区中，有株洲石峰、湘潭九华、岳阳城陵矶、衡阳白沙4个定位为生产服务型物流园区，为毗邻的工业园或制造业集聚区提供配套物流服务。湖南金霞、郴州湘南2个综合服务性物流园也把制造业作为主要的服务对象。湖南省财政厅、省经委制定的《湖南省现代物流业发展专项资金管理办法》，把制造企业物流剥离外包示范性项目列为重点支持范围。在实际操作中，对为制造业提供配套服务的物流企业及制造业企业分离出来的物流企业，湖南在资金支持上给予了倾斜。如2008年省物流专项资金支持的这类项目占60%，计划2009年也在50%以上。此外，技改资金也把一些物流项目作为工业技改配套给予了支持。2009年9月，湖南省经贸委又组织省内部分制造企业和物流企业，先后参加由福建厦门市、广西钦州市政府在湖南省举办的对接会，进一步加强湖南省企业与沿海城市之间的物流合作和贸易往来。

在《国家物流业调整和振兴规划》的框架下，广州市着眼于为珠三角打造世界级制造业基地提供产业物流服务，用3~5年，在广州规划建设一批制造业物流集聚发展区，重点推进省市共建产业物流集聚发展区示范基地，将提升广州产业物流为广东制造业服务的能力和水平，促进现代制造业与现代物流业有机融合、互动发展，带动和促进广州市、广东省生产服务业的发展。

2. 制造企业与物流企业联动日趋紧密

从企业层面来看，制造业与物流业联动发展进一步加强，越来越多的制造企业分离、分立物流资源，整合外包物流业务，与专业物流企业结成战略合作伙伴关系；越来越多的物流企业，更快、更广、更深地介入生产领域，提供供应链一体化服务，推动了物流服务的市场化和社会化。

例如，近年来，山东省的制造业企业物流外包呈现出不断增加的态势，突出表现为物流业务外包业务量增加、专业化程度提高、运输外包比重较大、外包环节由单一向“一体化”转变等特点。烟台张裕公司、莱钢集团、威海医用制品公司、德州棉纺集团、东营天信纺织集团、东阿阿胶集团等企业都在采购、生产、销售等不同环节实行物流业务外包。据调查，中国重汽、济南机床二厂、烟台冰轮、福田雷沃等制造企业增加物流业务外包的愿望强烈，希望物流企业提供从采购、运输、仓储、分拣、配送、反馈等一体化全过程服务。中国国人西服是一家大型服装制造企业，配有十几辆大型运输车辆和30多辆中小型配送车辆，不但物流费用高而且琐事、杂事多，不得不安排大量的人力物力负责物流工作，部分仓储、运输业务外包给中邮物流后，年物流费用下降了20%，仅安全行车事故一项就可年节约50万元，客户满意率达到100%。由于双方合作成效显著，国人西服又计划把出口服装的货运业务外包给中邮物流，企业物流外包的积极性不断提高。

3. 制造业供应链服务创新受到重视

2009年，受金融危机影响，浙江物流企业纷纷开展转型和供应链服务创新以应对经济危机，以当地特色的制造产业和公司现有的物流优势为依托，将制造业物流业务进行上下游延伸，拓展到供应链服务，形成以物流、资金流、信息流为一体的集成化服务，取得了明显的成效。其中，以浙江华瑞物流股份公司、浙江物产金属集团有限公司、浙江长运物流股份有限公司、浙江物产物流投资有限公司、浙江川山甲物流有限公司等公司为典型代表。

在经济危机情况下，浙江华瑞物流股份公司充分利用自身拥有的仓库、码头、船队和信息系统，发挥企业丰富的纺织化纤行业运作经验，根据不同客户的特点，有针对性地加强了五个方面的物流服务：一是以加快资金周转为目的的代收款总包服务；二是以解决客户融资难为目的的金融仓储服务；三是以控制原材料价格风险为目的的交割库服务；四是以提高货运速度为目的的集中快速疏港服务；五是以降低运输空载率为目的的货源整合业务。通过这些措施，公司与制造商一道，同舟共济齐心协力共渡难关，取得了显著的成效。

浙江物产金属集团有限公司根据“要素集聚、服务集成、运作集约”的经营理念切入船舶业，为江浙一带具备发展潜力的民营船厂提供船舶供应链集成服务，即为其开展船用钢材配供配送、主辅设备代理采购、船舶代理出口、预付款还款保函开具等经营业务。公司已与太平洋重工集团下属浙江造船厂、扬州大洋造船厂、台州金港船厂、台州枫叶船厂等开展广泛的战略合作。

浙江长运物流股份有限公司加大了传统产业向现代物流服务体系融合的步伐，以供应链的思路整合传统产业，着力发展城际快速专线运输、城市接驳集配、物流专业型仓储和物流增值等产业服务。公司坚持“以高附加值的快速消费品为中心，以引进项目客户为重点”的市场拓展方针，充分利用现有资源做长物流链。

浙江物产物流投资有限公司积极开展物流金融业务，已经与包括工、农、中、建四大银行在内的9家金融机构、20多家社会客户建立物流金融服务体系。2008年融资规模15亿元。物流金融业务实现了服务形式从初始的谨慎涉足单一货物监管发展到利用自有仓储资源进行货物质押监管、异地监管、买方信贷模式、融通仓模式、物流银行模式、物流企业代理采购等多种模式的结合转变。

浙江川山甲物流有限公司建立了良好的操作系统、完善的操作流程和规范化的供应链管理运作体系，与建设银行、中信银行、美国硅谷风险投资公司合资的中新力合担保公司等多家金融单位形成了战略合作伙伴，与康师傅、泰山纸业、格力电器等10多家大型企业建立了长期、稳定的合作关系。该公司2009年第一季度营业收入为3520万元，同比增长122%；利润为229万元，同比增长62.4%。

2009年10月20日，为了整合物流上下游企业各种资源，浙江省八达物流有限公司等5家单位发起成立了浙江供应链行业协会。据了解，该协会将成为浙江制造业降低物流成本的平台，金融、物流、商贸与制造业交流信息的平台；政府制定政策，反映企业需求的交流和参谋平台；外商介入浙江物流市场的中转媒介平台。浙江供应链协会将致力于融合各种社会资源之间的交流与合作平台，提升浙江省制造业与物流业联动发展，打造物流与供应链的产、研、学基地的研究水平和自主创新能力。

4. 两业联动发展存在的主要问题

2009年，我国制造业与物流业已处于快速发展时期，制造业与物流业的联动发展也取得积极进展，但同时，我国制造业与物流业的联动发展还存在不少问题，主要表现在以下方面：

（1）制造企业物流外包的开放度不够。近

年来，制造企业纷纷着手进行物流整合，加大力度进行物流外包，但是从总体来看，制造企业物流外包开放度仍然不够。一是传统制造业的“大而全”“小而全”的运作模式，使得部分制造企业很难认识到现代物流的发展对企业发展的战略性作用，导致制造企业仍然热衷于自营物流，主观上排斥社会化物流方式的选择。二是许多国有制造企业物流管理是分段管理的，如采购部管理进货物流、制造部管理生产物流、销售部管理出货物流、配件服务部管理服务物流，物流企业进入工业企业要面对多个部门的沟通，效率很慢。三是制造企业物流运作设施利用程度虽然不高，但由于物流设施资产存在各种退出障碍，因此，部分制造企业主观上存在继续实施物流自营。四是部分制造企业由于经营管理不足，手段落后，缺乏对物流外包风险进行控制的有效手段，对物流社会化外包存在心理障碍，许多国有工业企业物流工作由自己运作或自己的亲属运作，第三方物流企业根本无法进入。

（2）政策体系对联动发展存在制约。政府体制性障碍对联动发展因素的制约主要表现在以下几个方面：一是产业政策缺乏对联动发展的制约。虽然两业联动在各地取得较大发展，但是我国尚且没有明确的产业政策来推动联动发展。各地出台的不少产业政策也仍仅是针对制造企业或者物流企业，而针对联动发展的系统性政策不多。由于产业政策的缺乏，许多有益于联动发展的建议不能落到实处，这给联动发展带来不利的影响，因此需要尽快出台相关政策。二是政府部门之间缺乏协调对联动发展的制约。联动发展涉及政府的许多部门，需要政府部门之间积极进行协调。以税收为例，一项有益于联动发展的税收政策，可能经过层层审批环节，最后到国家税务部门报批时可能因为有关部门不理解物流业或者对物流税收认识程度不足，而可能导致该税收政策的“流产”。此外，在政府行为方面，政府不依法行政给企业带来高昂体制性成本。三是地方保护主义对联动发展程度的制约。物流作为网络性的一种服务行业，地方保护主义对物流联动发展程度的制约是非常明显的。地方保护在制约全国性物流企业的集团化与规模化进程的同时，也带来了市场不公平竞争。大中型国有制造企业“小而全”、“大而全”，企业物流效率低下，如有的国有企业自办车队为的是解决关系户，导致整个企业无效率，社会物流有效需求挖掘不足。

（作者：刘伟华　天津大学管理学院副教授）

2009年中国钢铁物流

2009年，面对国际金融危机的严重冲击，我国政府实行积极的财政政策和适度宽松的货币政策，全面出台和实施刺激经济增长的“一揽子”计划，较快扭转了经济增速下滑的局面，实现了国民经济总体回升向好。随着我国4万亿投资计划项目建设的顺利开展和经济的逐季恢复，我国钢材消费不断增长，刺激钢铁工业产能释放，钢铁企业逐渐实现扭亏为盈，我国钢铁行业取得了新的进步。2009年，我国生产粗钢5.68亿吨，同比增长13.5%，扭转了2008年粗钢生产增速下降的局面，钢铁工业生产再次呈现两位数的高速增长态势。总体看，2009年我国钢铁工业的快速复苏、国家十大产业振兴规划的出台，带动我国钢铁物流进入较快发展的新时代。

一、2009年我国钢铁物流发展概况

当前我国正处于工业化中期及城市化加速推进阶段，包括汽车、家电、机械设备在内的装备制造业中长期仍将保持较高增长，而城市化进程中伴随着房屋及基础设施的大量建设，建筑用钢材在未来相当长的时间内仍将在钢材产品结构中占据主导地位。我国钢铁产量和消费量的稳步增长为我国钢铁物流业带来更多发展机遇和更大的发展空间。

（一）我国钢铁物流发展现状

近年来，随着我国交通基础设施的不断完善，以及网络通信设施和信息技术的逐步扩展，我国的物流产业得以蓬勃发展，已由简单的包装、运输、装卸和仓储等传统的物流体系逐步向涵盖仓储、装卸搬运、包装、运输、流通加工、信息、配送、通关等一系列物流流程的现代物流产业体系发展。2009年，得益于4万亿投资等“一揽子”计划的拉动，我国交通基础设施建设和物流业建设都取得了显著的成果。全年新增公路通车里程9.8万公里，其中高速公路为4719公里；新增万吨级以上深水泊位96个；改善内河航道里程1192公里。截至2009年年底，我国铁路运营里程达到8.6万公里，跃居世界第二位，其中高速铁路运营里程达6552公里，居世界第一。由国家发改委、国家统计局、中国物流与采购联合会发布的统计数据显示，2009年我国社会物流总额达96.65万亿元，同比增长7.4%。

由于我国钢铁行业对现代物流是“第三利润源”的认识已经越来越明确，因而有效地推动了我国钢铁物流产业的快速发展，概括地说，钢铁物流快速发展主要侧重于以下四个方面：①传统的钢材市场注重于向现代钢铁物流发展转型；②政府和相关企业注重钢铁物流园区和钢材加工配送中心的扶持和建设；③注重

第三方钢铁物流企业的成长和发展；④注重钢铁物流的信息化建设，使钢铁物流向电子商务时代全面迈进。

从整体看我国钢铁物流的快速发展还处于较低层次的运作阶段，主要表现为：钢铁流通渠道冗长，分级不清，未形成通畅的网络；物流成本高；物流专业化程度低，缺乏专业的物流服务提供商以及专业的物流解决方案；信息化程度低；大部分钢材加工配送中心无法充分发挥专业化分工优势等。很明显，现有的低层次运作的我国钢铁物流无法满足生产和消费需求的迅速增长，成为了钢铁行业快速发展的障碍之一。

（二）2009 年我国钢铁物流取得的主要成就

2009 年，受益于国家投资拉动内需刺激，我国钢铁物流领域物流量巨大。据测算，我国钢铁产量与物流量之比为 1∶5，也就是说 2009 年我国生产 5.68 亿吨粗钢，产生了近 30 亿吨的钢铁物流量，几乎占全球钢铁物流量的一半。目前钢铁物流量居于我国国民经济各行业物流量之首。2009 年，钢铁和物流两大直接相关钢铁物流的产业振兴规划的出台和实施，也为我国钢铁物流带来新的发展机遇。

1. 中国物流与采购联合会钢铁物流专业委员会成立有助于钢铁物流行业的组织和协调工作的开展

2009 年 3 月 1 日，中国物流与采购联合会钢铁物流专业委员会成立大会预备会议在上海召开。钢铁物流专业委员会是在中国物流与采购联合会旗下、经由国务院国资委和民政部批准，由中国境内从事钢铁生产、钢铁流通、钢材深加工、钢铁消费、金融服务以及相关业务的法人、非法人机构组成的全国性的行业组织。国内大型钢铁物流联合企业——西本新干线公司成为首任会长单位。

作为横跨钢铁、物流两个产业领域，涉及众多相关产业的行业协会，钢铁物流专业委员会的成立有助于建设钢铁物流行业的信息平台，对中小企业较为集中的钢铁物流业进行有效的组织与调配，将促进钢铁供应链上的各个节点、单体进行有效交流、合作与整合，充分利用社会化的物流资源，寻找有效的手段与操作，促进相关资源的整合与共享，并能在此基础上，逐步推进钢铁物流行业标准的建设，加强行业的统一认知度，提升钢铁物流服务的专业化水平。

2. 线材和螺纹钢期货的推出，为钢材市场提供了避险工具

2009 年 3 月 27 日，我国两大钢材品种——线材和螺纹钢期货在上海期货交易所正式上市交易，钢材就此具有了金融属性。钢材电子盘和期货的日益盛行，使得钢材的金融属性更强，钢材现货价格与大宗商品、股市和汇市等联动效应增强。金融属性的凸显，钢材市场行情不仅受约于生产成本、供需关系层面的影响，更多地受到市场预期、市场心理、货币政策、财政政策的影响。

钢材期货的推出，有利于完善钢铁行业市场体系和价格形成机制，平滑钢材市场价格的大幅波动，更大程度发挥市场在资源配置中的作用；同时还有利于提高我国在钢材国际贸易中的定价影响力，使我国逐步成为国际钢材定价中心，提高我国钢铁行业的国际地位。钢铁生产、流通、消费企业可以利用钢材期货进行套期保值，规避市场价格波动风险，钢材期货成为推动我国钢铁物流发展的强大动力。

3. 钢铁物流项目乘势推进，钢铁物流园区和加工配送中心建设如火如荼

2009 年，我国钢铁产量高速增长和 4 万亿投资拉动下钢铁需求的大幅放量，带动了钢铁物流的快速发展，钢铁物流园区和钢材加工配送中心项目陆续开园建设。

（1）滨江钢铁物流园。2 月 7 日，滨江开发区钢铁物流园正式开园。滨江物流园计划用 3～5 年时间，初步形成中心商务区、商贸交易区、物流仓储区、加工配送区、综合服务区和

发展备用区，建成10个万吨级泊位码头，形成港口年吞吐量1000万吨、钢铁物流年交易额600亿元、服务半径达150公里的钢铁物流交易基地。

（2）龙港钢铁营销中心。4月27日，西部地区最大的钢铁营销中心在成都成华区龙潭工业区破土开建。该项目规划建筑面积约4.7万平方米，总投资逾5亿元。龙港钢铁营销中心为“双子星”造型，将重点打造网络信息中心、钢铁产品集散中心、工程招标中心、现货拍卖中心、电子交易中心、金融中心、加工配送中心以及商务配套服务中心8大中心，工程预计2010年完工。中心投入使用后，入驻企业及代理商将增加到500户以上，预计年交易额将超过100亿元，可实现税收8000万元，将成为西南地区钢材市场最大的贸易中心。

（3）中国长江金属交易中心。4月28日，列为全国重点物流业项目的中国长江金属交易中心正式动工建设，该金属交易中心建成后将集仓储、加工配送、运输等功能于一体，力争成为我国最大的金属现货、期货交易基地。

（4）北部湾（国际）金属物流加工配送中心。4月29日，作为北海市重点建设项目的北部湾（国际）金属物流加工配送中心项目在铁山港区正式开工。该项目预计总占地面积1562.22亩，规划建设3000吨码头泊位一个、5000吨码头泊位两个、4万吨（按5万吨设计预留）码头泊位一个。项目达产后，年加工能力将达到431万吨，可在室内、室外堆场同时存放约100万吨钢材等金属现货物料，形成每年超500万吨的仓储作业吞吐能力。

（5）成都西联钢铁物流港。6月25日，位于金牛高科技产业园内的成都西联钢铁物流港正式开工建设，该项目计划投资10亿元，占地400多亩，项目完工后年吞吐钢材量可达600多万吨、静态仓储能力30万吨以上、年钢材加工能力150万吨，具备仓储中心、加工配送中心、钢铁交易中心、电子商务中心、中转分拨中心（铁路专用线）、融资担保中心、钢材总部基地等功能，将成为集总部经济、物流、商流、信息流、资金流于一体的多功能现代化钢铁物流港。

（6）天津东丽建钢材加工配送中心。10月28日，由天津立业钢铁贸易有限公司与吉林通钢国际贸易有限公司合资建设的天津通钢立业钢材加工配送中心项目在天津市东丽区军粮城工业园区正式启建，该项目建成后将进一步提升天津市钢铁综合服务业的整体水平，打造华北地区乃至全国有重要影响力的钢铁交易中心。

（7）惠龙港国际钢铁物流基地。11月18日，江苏镇江惠龙港国际钢铁物流基地正式开业。一期工程已建成码头泊位8个，钢材加工生产线11条，库房3.5万平方米，交易配套用房4万平方米。惠龙港国际钢铁物流基地已成为中国钢材期货已核准的最大交割库、江苏省现代服务业集聚区、江苏省钢铁物流基地、中国4A级物流企业。

此外，武钢配套奇瑞80万辆轿车钢材配送中心项目和武钢柳州配送中心相继于11月正式投产，既满足了奇瑞对优质汽车钢铁的需求，也是武钢在新形势下延伸钢铁产业链，为战略用户提供贴身增值服务的重要举措。

4. 钢铁制造业和物流业取得联动发展，物流业务外包有所提升

2009年3月10日，中国铁路物资总公司与马鞍山钢铁股份有限公司签署战略合作协议和钢材销售外包合同。这是大型中央流通企业与特大型钢企沟通产需、投资联盟的首创之举，将为我国钢铁业与物流业联动发展作出贡献。此外，河北省物流集团以其优越的服务能力和实力，与河北钢铁集团签署钢材销售与原料供应战略合作协议，成为河北钢铁集团铁精粉供应和钢材产品销售的主渠道之一。钢铁物流企业与钢铁生产企业深层次的合作不但有助于物流企业发挥自身特色优势，实现物流与钢

铁的联动发展，而且还利于钢铁生产企业更好的对接市场，钢铁生产企业可借助物流企业的市场渠道和配送优势，大力提升品种质量和市场覆盖率，加快实现产品品种结构优化升级。

2009 年，邯郸、马鞍山、鞍山、湘潭等钢铁大市当地政府大力鼓励当地钢铁企业逐步将物流业务从其主业中剥离出来，交给专业物流企业经营。其中邯钢的物流业务外包率已达 70%。随着我国经济和钢铁工业的逐步发展，钢铁企业物流外包的比例将会不断加大，而第三方物流企业的运作能力也将不断提高。

二、我国钢铁物流发展趋势

钢铁物流已成为我国钢铁行业的有机组成部分，第三方、第四方物流的兴起和大型钢铁企业所属物流部门地位的不断提升，使钢铁物流已经成为我国物流行业瞩目的焦点。但我国钢铁物流业发展时间较短，对比欧美、日本较为成熟的钢铁物流产业，我国的钢铁物流产业仍属于一个新兴产业，要想达到欧美或日本的水平仍有相当长的路要走，我国钢铁物流产业还有很大的发展空间。

1. 钢铁企业向上下游拓展和延伸的趋势

钢铁企业向上下游拓展和延伸其实就是钢铁企业要建立自己的物流产业链，发展现代钢铁物流。我国钢铁企业间的竞争日益激烈，钢铁企业物流产业链的安全和效率是钢铁企业实现可持续发展的根本保证。钢铁企业现代钢铁物流的发展方向，一方面是钢铁企业新型营销模式服务定位向加工、配送转化；另一方面是钢铁企业新型采购模式向外围资源基地延伸，采购、仓储、运输三位一体。

焦炭和铁矿石是维系钢铁企业保证生产和维护发展的两大命脉，是钢铁企业发展原燃料供应链体系中的重点内容。特别是在铁矿石供应方面，钢铁企业要立足国内和国外两种资源，积极实施走出去的战略，到海外投资和开发铁矿，达到对上游铁矿石资源的实质性控制。另外，铁矿石海运费的持续高涨也是钢铁企业背负高成本的重要因素，钢铁企业积极发展海运业务，也是其延伸产业链的一个重点方向，通过自造船只或与海运企业、船舶公司、货物运输和存放港口建立长期合作关系，降低进口铁矿石的运输成本。在焦煤、电力、铁合金的供应上，要与生产方建立长期战略合作，推进煤钢一体化和其他原燃料的稳定供应。

在向下游延伸方面，钢铁企业重视与终端用户企业建立战略伙伴关系，注重建立具有针对性的加工配送中心，加强增值服务。同时，在重点用钢地区和城市设立贸易公司，并努力向国际市场挺进，在海外设立贸易公司，从而不断扩大企业自身产品在国内外市场的份额。

2. 钢铁物流中心或园区功能拓展的趋势

钢铁物流园区通过对钢铁物流的统一规划、多元化服务手段等优势，使生产成本、物流成本、原料成本降到最低，成为钢铁产业链上、下游之间的桥梁和纽带。钢铁物流园区的定位功能主要有钢材交易、仓储、剪切加工、配送运输、物流金融、信息处理、保税物流、中转分拨八大功能。目前大多数的钢铁物流园区都拥有这八大功能中的几种功能，但在这些功能上，有的也不尽完善，还有提升的空间。

在交易方面，要全方位打造电子商务平台，实现网上选货、网上交易和网上支付，实现钢铁交易的业态升级；在仓储方面，发展立体货位管理，将传统仓库向现代钢铁物流仓储中心转变，对出入库的钢材进行“信息化、条码化”管理，建立数字式立体仓库；在剪切加工方面，大力吸引钢材深加工企业落户园区，将园区的剪切加工能力从单一化向全面化和精细化发展；在配送运输方面，物流园区与运输企业结成联盟，通过电子商务平台实现统筹安排，利用海运、河运、铁路和公路运输来提供低成本的综合货运方案，促进多式联运的发展；在物流金融方面，物流园区通过应用和开发各种金融产品，使园区企业能够实现存款、贷款、抵押、贴现、保险、有价证券发行与交易，以及金融机构所办理的各类涉及物流业的中间业务等，解决园区内中小企业融资难的问题。

信息已成为提高营运效率、降低成本、增进客户服务质量的核心因素。钢铁物流园区的信息平台建设要注重钢铁物流核心业务流程的规划和设计、与相关信息系统的对接和交换以及不同层次客户对园区信息平台功能的需求等。

此外，钢铁物流园区的发展不仅仅体现在其基本功能实现上，更要表现在提供增值服务上，要发展钢铁物流园区的需求预测功能、物流咨询和培训等其他的增值服务功能，以加快园区的钢铁物流进程、降低钢铁物流成本并提高钢铁物流的效率。

3. 钢铁生产集中、流通集聚的趋势

我国钢铁产业集中度低，已成为制约我国钢铁工业发展的瓶颈。2009 年，我国粗钢产量排名前 10 的钢铁企业集团的粗钢产量占全国粗钢产量的比重为 43.49%，排名前 5 的钢铁企业集团的粗钢产量占全国粗钢产量的比重为 29.06%。2008 年，美国最大的四家钢铁公司的钢产量合计占美国总产量的 58.86%；日本最大的四家钢铁公司的钢产量占日本总产量的 77.56%；韩国最大的两家钢铁公司钢产量占韩国总产量的 77.61%。与国外钢铁业相比，我国钢铁产业集中度明显偏低。

提升钢铁产业集中度，是我国钢铁工业做大做强的必然要求。根据我国《钢铁产业发展政策》的规划，2010 年我国粗钢产量排名前 10 的钢铁生产企业的钢产量要占到全国钢产量的 50% 以上，2020 年要达到 70% 以上。《钢铁产业调整和振兴规划》也提出，到 2011 年，要形成若干个具有较强自主创新能力和国际竞争力的特大型企业，国内排名前 5 的钢铁企业的产能占全国产能的比例达到 45% 以上。

对比钢铁生产领域，钢铁流通领域的集中度要更低。据统计，全国各类钢材贸易商超过 20 万家，但年销售能力在 1000 万吨的企业寥寥无几，绝大多数企业的钢材销售量都在 10 万吨以下。《物流业调整和振兴规划》明确指出，当前的主要任务之一就是要推进物流企业的兼并重组。钢铁物流产业向集群化发展将成为主流，形成地区集群、区域集群或中心城市集群。钢铁物流企业通过参股、控股、兼并、联合、合资、合作等多种形式进行资产重组，逐步向服务水平高、国际竞争力强的大型钢铁物流企业发展。

4. 钢铁流通国际化的趋势

自 2001 年我国加入 WTO 后，我国的企业就开始了面对市场国际化的现实。经济全球化的迅速扩展，使得钢铁作为大宗国际贸易商品强烈要求钢铁流通加快走向国际化的步伐。

对于钢铁流通来说，走向国际化的企业主体有两类，一类是钢铁生产企业，另一类是钢铁物流企业。钢铁生产企业一方面通过对钢材产品的优化升级，提高产品档次和质量，提升产品在国际市场的竞争力；另一方面，注重在海外设立销售机构，并加强向海外用户宣传企业形象和产品。而钢铁物流企业可以通过与国外知名的物流企业进行合作，利用其先进的物流技术和管理理念，提升企业参与国际贸易的核心竞争力。

2009 年，我国的钢铁龙头企业宝钢在海外市场销售钢材 170 万吨，销售量名列国内同行第一。加强海外体系建设、提升全球化的组织能力，集中从事国际化经营的各种资源和力量，搭建集团钢铁和多元产业海外共享平台，塑造宝钢海外整体形象，是推进宝钢国际化经营战略的重要任务。同时，物流和资源要成为宝钢国际化经营的比较优势。在海外加工配送中心建设、区域经营定位和项目推进、多元产业进军国际市场、资源开发、国际化人才培育和储备等方面，宝钢都要在未来几年中努力实现新的突破。

5. 钢铁物流向信息化迈进的趋势

随着经济全球化和信息技术的发展，信息化在现代物流业发展中的作用日益突出。加强信息化建设和实现信息化管理是钢铁物流企业提升服务能力和创造差异化竞争优势的关键环节。信息化的实现有助于钢铁物流企业规范内部管理，提高企业在钢材采购、销售、仓储、配送、加工等各流程环节的管控水平，拥有科学的业务流程体系、成本核算体系、统计分析体系、客户管理体系及电子商务平台，提高企业物流效率，降低企业物流成本，推动整个钢铁物流业的产业升级。

目前，大部分钢铁物流企业建立了自己的企业网站，及时对外发布信息；会计电算化在钢铁物流企业中已相当普及；钢铁物流企业的电子商务平台发展较为迅速，一大批 ERP 系统正式投入使用，钢铁物流信息化思路和技术路线已经比较成熟，为钢铁物流行业信息化的进一步发展打下了良好的基础。

面对复杂多变的国际形势，我国钢铁物流企业要不断提升竞争实力，要进一步普及 ERP 系统，实现 ERP 系统和 OA 系统、电子商务系统、客户关系管理系统及企业间供应链协同系统的有机结合，打通供应链，实现企业财务业务一体化和企业内外经营数据的共享。要通过培育大型钢铁物流企业，推进钢铁供应链管理体系和物流信息化平台的建设，大力发展资源集约的钢材加工配送中心和物流基地，积极推广电子商务等现代流通方式，实现我国钢铁物流业的持续健康稳定发展。

（作者：刘长庆　中国金属流通协会副会长，兰格钢铁集团董事长）

2009 年中国农产品物流

2009 年，我国粮食总产量达到 53082 万吨，已连续第 6 年增产，实现了改革开放 30 年来最长的粮食增产周期，成为 2009 年经济社会发展的突出亮点。与此同时，受到国家惠农支农政策措施的激励，我国农产品物流也表现出一些新的积极变化。

一、2009 年我国农产品物流发展回顾

（一）2009 年我国农产品生产的基本情况

2009 年，我国国内生产总值（GDP）达到 34.05 万亿元，比 2008 年增长 9.1%。其中，第一产业增加值 3.52 万亿元，增长 4.2%。全年粮食总产量达到 5.31 亿吨，再创历史新高，我国粮食生产已连续 6 年保持增长，创造了我国 42 年来最长的粮食增产周期，不仅成为 2009 年我国经济社会发展的突出亮点，还为举国上下应对国际金融危机提振了信心，为保持国民经济平稳较快发展提供了有力的支撑。如图 1 所示。

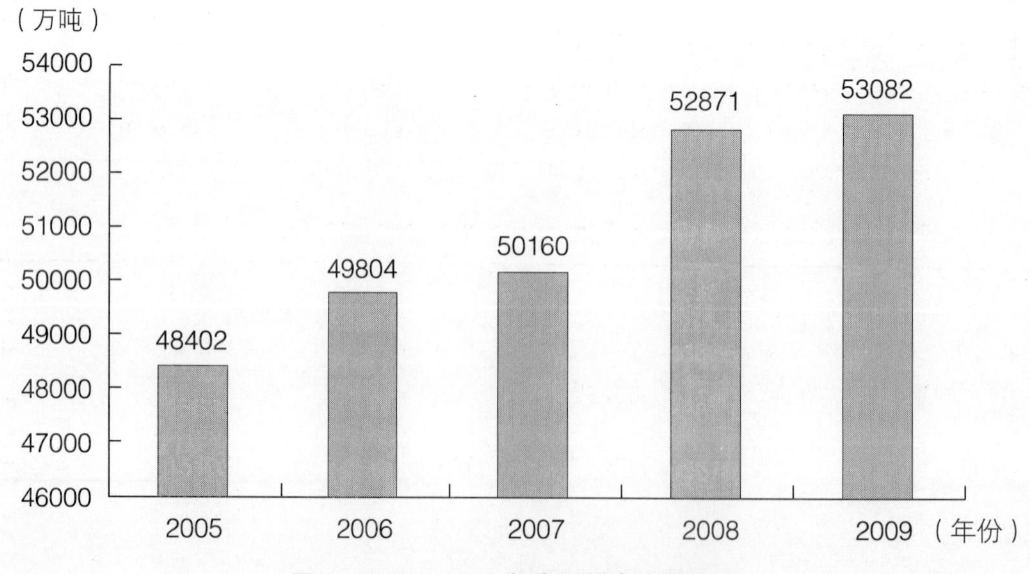

图 1　2005—2009 年我国粮食产量统计

我国是一个农产品生产大国、流通大国和消费大国。据统计数字显示，我国生产的粮食、棉花、油料、糖料、烤烟、茶叶、肉类、牛奶、禽蛋、水产品、蔬菜、水果等的总产量（不含木材），2008 年为 15.84 亿吨，2009 年总产量达到 16.42 亿吨。来自海关的统计数字显示，2009 年，我国农产品进出口贸易总值为 913.5 亿美元，比 2008 年（下同）下降 7.3%。其中，出口 391.8 亿美元，下降 2.5%；进口 521.7 亿美元，下降 10.5%。另据统计数据表明，2009 年我国仅进口大豆就达到 4225 万吨。巨大的农产品生产量和进出口贸易量，形成了巨大的农产品物流。

1. 粮食

2009 年，我国全年粮食产量达到 5.31 亿吨，比 2008 年增加 211 万吨，增产 0.4%。其中，夏粮产量 1.23 亿吨，比 2008 年增产 2.2%；早稻产量 3327 万吨，比 2008 年增产 5.3%；秋粮产量 3.74 亿吨，比 2008 年减产 0.6%。自 2004 年以来，我国粮食产量已实现连续 6 年增产。

2. 肉禽蛋奶以及水产品

2009 年，我国肉类总产量达到 7642 万吨，比 2008 年增长 5.0%。其中，猪肉产量 4889 万吨，比 2008 年增长 5.8%；牛肉产量 636 万吨，比 2008 年增长 3.6%；羊肉产量 389 万吨，比 2008 年增长 2.4%。生猪年末存栏约达 4.7 亿头，比 2008 年增长 1.5%；生猪出栏 6.45 亿头，比 2008 年增长 5.7%。牛奶产量 3518 万吨，比 2008 年下降 1.1%；禽蛋产量 2741 万吨，比 2008 年增长 1.4%。

全年水产品产量达 5120 万吨，比 2008 年增长 4.6%。其中，养殖水产品产量达 3635 万吨，比 2008 年增长 6.5%；捕捞水产品产量 1485 万吨，比 2008 年增长 0.1%。如图 2 所示。

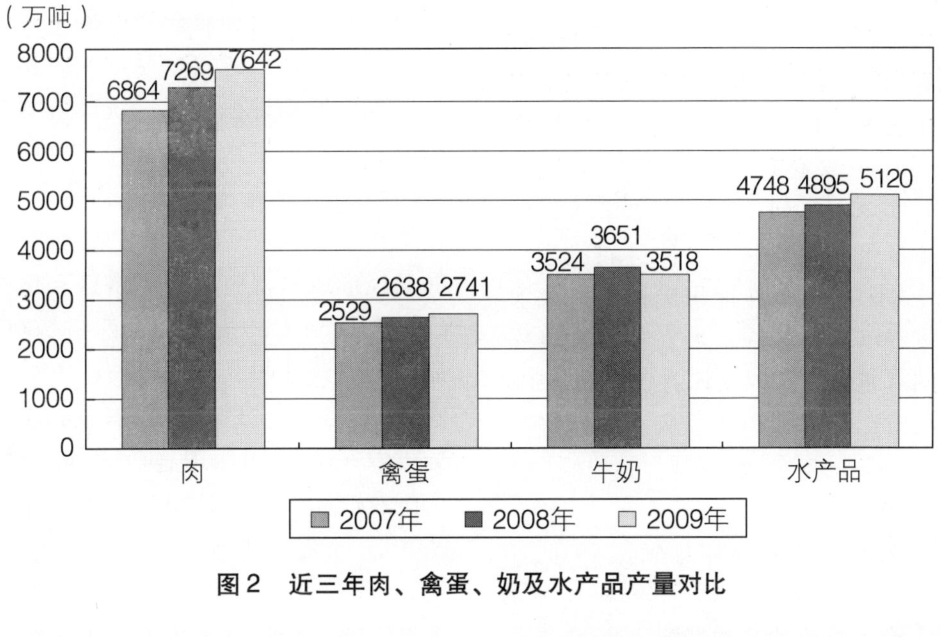

图 2　近三年肉、禽蛋、奶及水产品产量对比

3. 蔬菜水果

2009 年，我国蔬菜播种面积和产量分别占世界的 43% 和 49%，均居世界第一位；我国已经成为全球最大的“菜篮子”。2009 年，我国的蔬菜播种面积达 2.73 亿亩，同比增加 494 万亩；总产量达 6.02 亿吨，同比增加 2684 万吨；人均占有量达 440 多公斤，超出世界平均水平 200 多公斤。

2009年，我国许多水果大省的果蔬产量再创新高。陕西省作为我国水果第二生产大省（仅次于山东省）2009年的水果总产量达1150万吨，比2008年增长7.8%，其中，苹果和猕猴桃的栽种面积及产量均居全国第一。2009年，陕西省苹果栽种面积达847万亩，苹果产量达805万吨，占全国总产量的1/3；猕猴桃产量达50万吨，比2008年增长42.9%，居全国首位。

4. 其他农产品

2009年，我国棉花产量达640万吨，比2008年减产14.6%；油料产量达3100万吨，比2008年增产5.0%；糖料产量达12200万吨，比2008年减产9.1%；烤烟产量达280万吨，比2008年增产6.7%；茶叶产量达135万吨，比2008年增产7.1%。

（二）2009年我国农产品流通的基本情况

1. 收购环节

2009年，我国各类粮食经营企业总计收购粮食5753亿斤，同比减少51亿斤，其中国有粮食企业收购粮食3264亿斤，同比减少138亿斤。全年收购托市粮食（含油菜籽）1839亿斤，其中，小麦817亿斤、稻谷223亿斤、玉米550亿斤、大豆92亿斤、油菜籽157亿斤。在国家出台并实施一系列积极的利农政策的引导下，粮食市场价格明显回升，促进农民增收400多亿元，为保护农民种粮积极性、扩大农村消费、促进经济平稳较快发展发挥了积极作用。目前，国有粮食企业原粮库存已超过4500亿斤，库存消费比达40%以上，大大超过国际公认的17%～18%的安全线水平。

2. 物流环节

2009年，我国农产品物流总额达19.4万亿元，同比增长4.3%，具体情况见（三）2009年我国农产品物流的基本情况。

3. 销售环节

2009年，我国有关部门根据宏观调控的需要，合理安排政策性粮食竞价销售，累计成交1310亿斤，满足了市场需求。其中：将国家临时存储的115亿斤玉米和39亿斤大豆划转给地方作为临时储备，定向销售给加工企业，促进国产玉米和大豆的加工转化；下达181亿斤临时存储粮和1.9万吨中央储备菜籽油跨省移库计划充实销区库存，优化了库存布局；多次举办粮食产销衔接交易会、贸易洽谈会、精品展销会，签订粮食购销合同400亿斤；认真落实关内销区到东北采购粳稻（大米）运费补贴政策，采购粳稻（大米）125亿斤，有力促进了产销衔接，搞活了粮食流通。据统计，全年在限额以上批发和零售业零售额中，粮油类增长达13.0%，肉禽蛋类增长达8.3%。

4. 加工环节

2009年，我国各地政府部门对农产品加工业，尤其是食品行业的投入持续上升，使得全国农产品加工业保持了较快的增长水平，在稳定农村种植业、养殖业的发展、吸收农民转移就业和增加农民现金收入上作出了突出贡献。订单农业、公司加农户等好的生产经营模式把广大农民和企业紧密联系起来，实现了农户和企业双赢的良性循环。据统计资料显示，在农产品加工业最发达的山东省，2009年规模以上农产品加工业完成增加值约达3450亿元，同比增长12.03%，全省农产品加工业多元化格局已经形成，特色专业经济区和优势产业带已经具有相当大的规模。陕西省2009年的农产品加工业营业收入同比增长在20%以上，全省农产品加工业支付农民原料款约140亿元，为全省农民人均增加现金收入400多元。此外，全国农产品加工业比较发达的辽宁、吉林、内蒙古、河北、江苏、浙江、福建、河南、湖北、湖南、广东、四川等省也都保持了稳定的发展态势。全年全国规模以上乡镇工业中的农产品加工业累计实现增加值1.48万亿元，同比增长10.2%，其中食品工业实现增加值4500亿元，同比增长10.4%，农产品加工业依然是发展最快的行业之一。

（三）2009 年我国农产品物流的基本情况

1. 我国农产品物流总额

2009 年，我国农产品物流总额为 19.4 万亿元，同比增长 4.3%。我国农产品物流总额已连续 6 年呈现增长态势。2004—2009 年我国农产品物流发展的情况如表 1 所示。

表 1　2004—2009 年我国农产品物流发展一览

年份	农产品物流额（亿元）	社会物流总额（亿元）	农产品物流所占比例（%）	农产品物流同比增长率（以上年为基准）（%）
2004	11970	383829	3.12	6.3
2005	12748	481983	2.64	6.5
2006	13546	595976	2.27	6.3
2007	15849	752283	2.11	17.0
2008	18638	898978	2.07	17.6
2009	19439	966500	2.01	4.3

注：表中数据根据中国物流与采购联合会 2010 年资料整理

近年来我国农产品物流总额呈逐年递增趋势，2009 年再创新高突破 1.9 万亿元。与此同时我国农产品物流占全部物流总额的比重却一直呈下降趋势，2009 年这一比重已跌至 2% 左右。这说明，我国农产品物流的重要地位还没有完全建立，我国农产品物流还具有较大的发展空间。

2. 农产品进出口物流

2009 年，我国农产品进出口总额为 921.3 亿美元，同比下降 7.1%。其中，出口 395.9 亿美元，同比下降 2.3%；进口 525.5 亿美元，同比下降 10.4%。贸易逆差为 129.6 亿美元，同比下降 28.6%，连续 6 年呈现逆差走势。2009 年我国农产品物流的详细情况如表 2 所示。

表 2　2009 年我国农产品进出口物流情况一览

品种	进口量或出口量（万吨）				进口额或出口额（亿美元）			
	进口量	同比增长	出口量	同比增长	进口额	同比增长	出口额	同比增长
谷物	315.1	104.5%	137.1	-26.3%	9.0	22.7%	7.4	-5.7%
棉花	159.8	-27%	0.8831	-58.8%	21.5	-39%	0.18848	-54.9%
食糖	106.4	36.5%	6.4	2.4%	3.8	18.8%	0.33652	18.2%
食用油籽	4633.1	18.8%	109.4	-7.9%	206.8	-9.6%	11.3	-20.1%
食用植物油	950.2	16.3%	11.6	-53.6%	66.7	-25.8%	1.6	-61.6%
饼粕	—	—	167.2	122.2%	—	—	6.3	94.2%
蔬菜	8.8	-15.3%	802.7	-2.0%	1.0	-10.9%	67.7	5.2%
水果	230.9	36.5%	525.5	8.5%	16.3	37%	38.3	-9.3%
畜产品	—	—	—	—	66.0	-14.6%	39.1	-10.9%
水产品	—	—	—	—	52.6	-2.6%	107.0	1.1%

注：表中数据根据国家统计局资料整理

值得关注的是，2009 年在我国农产品贸易逆差达 129.6 亿美元的情况下，蔬菜出口却创造了 66.7 亿美元的顺差。

3. 粮食物流

2009 年，国家有关部门组织开展了全国粮食清仓查库工作。清查结果显示，截至 2009 年 3 月末全国国有粮食企业粮食总库存 4508 亿斤（原粮），账实相符率 99.7%，质量合格率 97.1%，宜存率 99.1%，全国粮食库存数量真实，质量良好，储存安全，管理比较规范，品种结构趋于合理，区域布局进一步改善。

从 2008 年第四季度到 2009 年年底，国家已安排中央补助投资 29.5 亿元用于粮油仓储物流和烘干设施专项建设，对于缓解我国食用油罐容不足和重点粮食产区仓储、烘干能力不足的压力起到了积极作用；落实仓房维修改造资金 3 亿元，改善 15 个省份实施政策性粮食收储的设施条件。此外，天津、河北、江苏、福建、广西、甘肃、新疆等地通过直接投资、补助投资或以奖代补等多种形式，加快本地粮食仓储等基础设施建设。

4. 果蔬物流

经过多年的发展，果蔬产业在我国已成为仅次于粮食产业、生产总值占第二位的农业支柱产业。我国果蔬产业已具有参与国际市场竞争的产量、价格和劳动力资源三大基础优势。然而，由于我国果蔬产业基础薄弱、农民组织化程度低、果蔬采收和流通设施落后、果蔬优质率低，造成果蔬采后腐损严重，物流成本极高。据有关部门估算，全国每年果品腐损近 1200 万吨、蔬菜腐损近 1.3 亿吨，若按每公斤一元计算，经济损失可超过上千亿元。当然，我国果蔬出口也因果蔬保鲜和物流等技术落后的困扰，致使果蔬出口价格普遍低于进口价格。总体看，借鉴国外先进果蔬物流理论和技术，建设和完善以出口果蔬为主的现代果蔬物流体系，是我国农产品物流工作者亟待解决的课题。

（四）农产品交易市场体系

2009 年，我国有关部门继续贯彻落实全国粮食市场体系建设规划，22 个省（区、市）相继出台了本地粮食市场建设规划或指导意见。国家粮食交易中心总数已达到 22 个，全国统一竞价交易平台联网市场已达 23 家，顺利完成了国家政策性粮食的销售任务。大中城市成品粮油批发市场继续呈现强劲的发展势头，浙江省已有 80% 以上的商品口粮通过批发市场中转流通；北京、上海、福建、湖北、广东、江苏、宁夏、浙江、贵州等地陆续出台优惠政策，投入专项资金扶持农产品交易市场建设。

1. 农产品批发市场

农产品批发市场是我国农产品流通的主要流通渠道，我国每年约有 70% 的农产品是通过这一渠道进行分销流通的。

（1）北京新发地农产品批发市场。北京新发地农产品批发市场是我国最大的单体农产品批发市场，供应北京市日常消费 70% 的蔬菜和 80% 的水果。2009 年，北京新发地批发市场实现交易量 90.2 亿公斤，实现交易额 302 亿元，各项指标均比 2008 年有了新的突破。新发地市场发展至今，已从量的飞跃阶段进入为质的飞跃阶段，市场上市已列为近期发展的主要任务。北京新发地农场品批发市场的管理者明确表示，要搞好市场的“内升外扩”建设，要建立新发地电子交易所和绿色有机农产品物流区，以适应市场发展的需要。

（2）山东寿光蔬菜批发市场。山东寿光蔬菜批发市场以规模大、档次高、品种全而闻名全国。该市场规划占地面积 600 亩，年成交蔬菜 40 亿公斤，交易额达 56 亿元。该市场交易品种齐全，南果北菜四季常鲜，年上市蔬菜品种可达 300 多个，全国 20 多个省、市、自治区的蔬菜均汇集该市场交易，该市场已成为我国最大的蔬菜集散中心、价格形成中心、信息交流中心和物流配送中心。

2. 农产品集贸市场

目前，我国农产品集贸市场的发展呈现广大农村以集贸市场为主、城市则以菜市场和生鲜超市为主的特点。

2009年，国家有关部门把进一步规范集贸市场，提升农产品零售市场档次作为工作重点。具体的内容包括：引入现代化的企业或市场经营管理方式，加强对集贸市场的监督管理；严格管理集贸市场经营商户的资格和经营活动，培育专业的集贸市场经营商户，帮助其扩大经营规模并树立个体声誉意识；逐步实现对现有集贸市场的升级改造，改善农贸市场的基础设施条件；将集中配送等现代物流方式引入农产品集贸市场，发展专业的农产品流通经纪人队伍和农产品物流配送公司，促进农产品快速、低成本进入集贸市场。

3. 农产品期货市场

经过20年的发展，我国的农产品期货品种已经达到13个。2009年，我国农产品期货市场成交量达到12.35亿手，占全国成交量的57.23%；成交额达到62.17万亿元，占全国市场份额的47.64%。我国农产品期货市场已经成为农业产业发展的坚实基础。

4. 农产品电子交易市场

目前，我国已经拥有1800多个农业信息网，有1212个亿元以上的农产品交易市场加入了全国市场信息网。其中“中国农产品供应信息网”“中华粮网”等皆有可观的网上交易量。以内蒙古通辽国家粮食交易中心为例，2009年的粮食交易量突破210万吨，交易额超过35亿元。2009年，山东寿光蔬菜电子交易市场交易额已经达到330亿元，2000人同时在线交易只需0.5秒。该市场计划2011年实现交易额500亿元；2015年计划实现交易额800亿元。

农产品电子交易市场利用全国交易平台资源共享的优势，结合网上交易低成本、高效益的特点，引导企业入市交易，拓宽了粮食经营企业的销售和粮食深加工企业的原料采购渠道，为农产品物流的发展奠定了良好的基础。

（五）农产品物流基础设施建设

1. 农产品物流园区

（1）寿光农产品物流园。2009年11月5日，占地总面积3000亩、总投资20亿元的亚洲最大的农产品物流航母——中国·寿光农产品物流园在山东寿光举行开园仪式。该物流园可实现年蔬菜、水果及农副产品交易量100亿公斤，为社会提供数千个商业机会和近万个就业岗位。

园区包括蔬菜果品交易区、蔬菜电子商务交易区、农资交易区、农产品加工区、物流配送区及配套服务区六大功能区，以及银行、邮局、税务、工商、交警、公安等机构，采取交易、存储、配送、商业、居住、办公、休闲多功能混合互动模式，实现多业态集聚效应，可为广大客商提供一个规模大、档次高、服务功能强、服务范围广的交易和服务平台。物流园还设有国际一流的农产品质量安全检测系统，配备完善的农药检测设备，对在园区交易的蔬菜、瓜果进行质量安全检测，形成完善的食品安全追溯链条。

（2）正定国际物流园。2009年5月16日，作为正博会配套设施的河北正定国际物流园开工奠基，园区建成后将成为集商品运输、仓储、配送加工、信息服务等功能于一体的大型社会化物流服务基地。该园区建成后，将成为北方最大物流园区。

正定国际物流园项目分国内物流园区、国际物流园区和仓储园区三期建设。被列为河北省第三批重点产业支撑项目，也是石家庄市重点扶持的现代服务业项目，是河北省石家庄市构筑大型化、集约化、信息化的配送中心和配送体系的重要载体。

（3）天津环渤海绿色农产品交易物流中心。天津环渤海绿色农产品交易物流中心项目坐落在武清开发区龙凤新河畔、翠亨路东侧，项目选址紧邻京津高速、京津塘高速两个高速路口，总占地1330亩（退线后占地1194亩），规划建筑面积32万平方米，总投资11亿元。一期占地807亩。项目整体上可以分为综合服务区、海南热带农产品交易中心、仓储物流区、综合交易区、二期仓储区、配套服务区六大板块，将建成国家级复合型农产品收储物流园区、现代农产品产地型批发市场、绿色农产品产销对接示范基地。项目于2009年启动，预计2012年全部建成，2013年投入运营。一旦该项目正常投入运营后，预计年交易量达290万吨，成交额达65亿元，直接就业2000人以上。

（4）北方农产品物流中心。2009年7月，河北省供销合作总社和石家庄市供销合作总社合作建设的北方农产品物流中心项目正式签约。该项目规划占地1174亩，总建筑面积约39万平方米，计划投资10亿元。该项目建成后，年交易量可达360万吨，交易额达120亿元。北方农产品物流中心将是一个集先进的批发交易、仓储加工、冷链物流、分拨配送、商品展示、检疫检测、电子结算、代理拍卖、信息服务等为一体的现代化、综合性、跨区域的农产品物流中心。与传统的农产品批发市场相比，该农产品物流中心突出了集散中心、冷链物流中心、配送中心、信息中心、检验检测中心、交易展示中心、交易中心、带动供销合作社基层网络建设8项功能。

2. 农产品“绿色通道”

享受“绿色通道”政策的鲜活农产品是指新鲜蔬菜、水果，鲜活水产品，活的畜禽，新鲜的肉、蛋、奶等。“绿色通道”政策既保证了城市的蔬菜供应和稳定，又提高了农产品流通效率、促进了农民增收。

2009年，国家和区域性鲜活农产品运输“绿色通道”网络畅通、运行良好，全年减免通行费超过100亿元。以浙江省为例，自该省鲜活农产品运输“绿色通道”开通以来，减免的通行费逐年上升，在2008年1月26日沪杭甬、甬台温、杭金衢、杭州绕城4条全省流量大的高速公路上开通外省鲜活农产品运输车辆“绿色通道”后，当年减免的通行费就快速上涨至4.2亿元，是2007年的2.8倍。随着车流量的增加和政策的不断推广，2009年该省鲜活农产品运输“绿色通道”减免的通行费再度上升至4.9亿元。据统计，鲜活农产品运输“绿色通道”这项“小措施、大民生”的政策自2005实行以来，已为浙江省鲜活农产品运输节省通行费12.6亿元。

2008年，新疆在收费公路广泛实施鲜活农产品“绿色通道”政策，免征鲜活农产品车辆通行费1.5亿元，有效保障了新疆区内外鲜活农产品供应和南方冰雪灾害省区物资需求。2009年，新疆进一步扩大了“绿色通道”实施范围，所有收费公路将对整车装载鲜活农产品运输车辆均免收通行费，以进一步减轻农产品流通和销售环节的负担。目前，新疆所有收费公路均设置了“绿色通道”，有近140个“绿色通道”专用道口。

3. 农产品仓储设施

2009年，国家有关部门认真落实国务院“建设粮食储备仓容1500万吨、储备油罐175万吨”的计划，两年安排中央投资42.6亿元用于粮油仓储设施建设。从2008年第四季度到2009年年底，已安排中央补助投资29.5亿元用于粮油仓储物流和烘干设施专项建设，进一步缓解我国食用油罐容不足和重点粮食产区仓储、烘干能力不足的压力。落实仓房维修改造资金3亿元，改善15个省份实施政策性粮食收储的设施条件。天津、河北、江苏、福建、广西、甘肃、新疆等地通过直接投资、补助投资或以奖代补等多种形式，加快本地粮食仓储等基础设施建设。

（六）农产品物流政府工作情况

1. 惠农工程进展

（1）“万村千乡市场工程”。“万村千乡市场工程”作为商务领域建设农村现代流通体系的重要抓手，受到了党中央、国务院以及各级政府的高度重视。2006—2009 年连续 4 年的中央 1 号文件都提出了明确要求。国务院办公厅 134 号文件把“万村千乡市场工程”作为“健全农村流通网络，拉动农村消费”的重要举措。温家宝总理两次对“万村千乡市场工程”做出批示，在 2009 年的政府工作报告中要求“加快建设万村千乡市场工程，推进连锁经营向农村延伸”。

2009 年，中央财政共安排了 13.5 亿元“万村千乡市场工程”专项资金，补贴资金规模是前几年补贴资金的总和，此外，将配送中心的支持方式由原来的贷款贴息改为直接补贴。

截至 2009 年年底，在全国已建设 42 万家农家店和 1467 个配送中心，覆盖 65% 乡镇和 50% 行政村，对改善农村流通环境，保障消费安全，拉动农村消费，促进农民增收发挥了积极作用。截至 2009 年年底，中央财政累计投入补助资金 27.1 亿元。

（2）“双百市场工程”。自 2006 年商务部在全国实施“双百市场工程”启动以来，我国农产品市场流通基础设施水平有了明显提升，农产品流通环境明显改善，农产品市场建设取得了显著成效，对完善我国农产品流通体系建设发挥了重要作用。自“双百市场工程”启动至今，商务部累计核准 365 家农产品批发市场、农贸市场和农产品流通企业的 751 个建设项目，安排资金近 9 亿元，重点支持农产品冷链、质量安全可追溯两大系统和检验检测、结算、信息、监控、废弃物处理等五大中心建设和改造。培育流通主体，拓宽农产品流通渠道，保障农产品流通安全，促进了农民增收和企业增效。2009 年 1 ~ 8 月，“双百市场工程”承办市场交易额达 3470 亿元，同比增长 16.1%。有效保障了突发事件和自然灾害等应急时期农产品收购和市场供应。

（3）“农超对接”。为帮助农民专业合作社开拓产品市场、促进农民增收，农业部把开展“农超对接”试点作为 2009 年的一项重点工作，积极组织，大力推动。截至 2009 年年底，由农业部直接帮扶实现“农超对接”的合作社已达 600 多家。从一年的试点情况看，开展“农超对接”，实现合作社直采、原产地直供，减少了农产品流通环节，降低了农产品流通成本，提高了农产品质量安全水平，在建立农产品现代流通体制、增加农民收入和促进城乡统筹协调发展等方面发挥了重要作用，现实效果明显。

为推进“农超对接”试点工作，自 2009 年以来，农业部与商务部、财政部联合出台了财政支持“农超对接”试点工作的具体政策措施；采取产品展示展销、洽谈等多种方式，帮助农民专业合作社与大型连锁超市搭建沟通对接平台；开展“农超对接”公益性培训，增强合作社食品安全和品牌意识，提高种养殖技术水平；把引导支持 500 家左右农民专业合作社开展“农超对接”作为 2009 年为农民办的 22 件实事之一。

2. 2009 年国家及有关部门对农产品物流业给予的政策支持

（1）国务院出台《物流业调整和振兴规划》。2009 年 3 月 25 日，国务院出台《物流业调整和振兴规划》（以下简称《规划》）。《规划》高度重视农业物流，明确提出：“加快发展粮食、棉花现代物流，推广散粮运输和棉花大包运输，加强农产品质量标准体系建设，发展农产品冷链物流”、“完善农资和农村日用消费品连锁经营网络，建立农村物流体系”、“进一步加强农副产品批发市场建设，完善鲜活农产品储藏、加工、运输和配送等冷链物流设施，提高鲜活农产品冷藏运输比例，支持发展农资和农村消费品物流配送中心”。同时，明确了农产品冷链要制定“专项规划”。

（2）中国物流与采购联合会提出 60 条物

流政策建议。60 条政策建议是从行业关注的六大焦点问题提出的。它们分别是：《关于物流业税收问题的政策建议》《关于物流业发展中有关交通管理问题的政策建议》《关于物流业投融资问题的政策建议》《关于推进制造业和物流业联动发展的政策建议》《关于支持物流企业做大做强的政策建议》和《关于支持物流园区发展的政策建议》。

60 条物流政策建议产生的背景：为了贯彻落实国务院《规划》精神，中国物流与采购联合会在 2009 年 5 月组织了三个调研组，分赴珠三角、长三角和中西部地区进行了调研，并就《规划》中提出的“抓紧解决影响当前物流业发展的土地、税收、融资、做大做强、交通管理及制造业和物流业联动等方面的问题”召开了专题座谈会，反复讨论修改；并于 2009 年 9 月向政府有关部门提交 60 条制约和阻碍物流行业产业升级和业务转型的政策建议。

60 条物流政策建议产生的影响：60 条物流政策建议集中反映了物流企业的政策诉求，具有普遍性和紧迫性。目前，国家发改委正在起草相关文件，与有关部门协调。为《规划》相关细则的出台提供了一个可供参考、可行性很强的蓝本。如果有关政策建议能够及早出台和落实，将进一步健全我国物流产业政策、改善产业环境。

（3）国家部委出台一系列文件，一批物流项目得到财政资金支持。2009 年 3 ~ 10 月，国家发改委和财政部先后出台了《物流业调整和振兴专项投资管理办法》《中央财政促进服务业发展专项资金管理办法》《关于 2009 年服务业聚集功能区项目资金申报指南》和《商务部关于完善商贸物流体系的意见》（即将出台），将专项资金分别用于支持《规划》中的重点物流工程；服务业的技术升级、设施改造、网点建设、系统平台建设、人员培训、公共服务等方面；商贸园区、物流园区的建设和升级改造。

部委出台文件的背景：《规划》强调物流产业结构调整和升级，而目前我国物流基础设施已经不能完全满足产业结构调整和升级的需求，对现有物流基础设施进行改造升级和规划建设一批功能完备的物流项目势在必行。

部委出台文件的影响：长期以来资金“瓶颈”一直制约着我国物流产业的发展。借国家大力扶持物流业发展的契机，设立扶持物流业发展的专项资金，有利于加快物流产业升级步伐，更为重要的是，通过专项资金扶持领域和项目的设定和国家对项目规划的大局观，避免了物流项目的重复建设，可谓“一石数鸟”。

二、2009 年我国农产品物流发展的主要问题

2009 年，我国农产品物流的发展仍然存在一些问题，主要体现在以下几方面：

一是农产品物流环节浪费严重，物流成本高居不下。与工业品不同，农产品是有生命的动物性或植物性产品，在物流过程中存在包装难、装卸难、运输难、仓储难等问题。目前，我国农产品物流多以常温物流或自然形态物流形式为主，缺乏冷冻冷藏设备和技术，导致我国水果、蔬菜等农产品在采摘、运输、储存等物流环节的损失率达 25% ~ 30%，每年约有总值 750 亿元的农产品在运输过程中腐烂、损失，与发达国家果蔬损失率控制在 5% 以下相比，我国的损失率过高。除此之外，我国还存在着大量的不合理运输（如无货运输、对流运输、迂回运输、重复运输、倒流运输等）及不合理包装的问题（如保护功能欠缺、包装规格不统一、回收利用率低等），致使农产品物流成本过高。不仅如此，现阶段我国粮食物流的成本在整个粮食生产成本构成中还占有 30% 左右的比例，而且物流成本构成在农产品价格中是一个非常不稳定的因素。

二是农产品物流信息体系不健全。目前，我国农产品物流信息体系还不健全，具体表现在广大农产品生产者了解产品信息的渠道非常少，以至于许多农业生产者连政府部门的信息资源都不易获得。由于不同的企业和监管环节具有不同的标准体系，不同企业和监管部门之间对流动的农产品的控制和监管信息缺乏共享机制，使下游机构或最终消费者难以对农产品生产情况等上游监管信息进行回溯性反馈，上游机构也无法对农产品流向进行跟踪，监管缺乏系统性和集成性。同时，由于我国农产品供应缺乏统一的物流标准和质量安全标准，导致农产品交易的高成本、低效率，不仅不利于农产品生产者整体效益的提高，也不利于农产品安全质量监控。尤其在当前新农村建设的过程中，生产者不能充分掌握农产品流通信息，不能根据相关信息安排生产，最终必然导致供应链中的产销脱节。

三是农产品物流过程增值能力弱。从农产品产业化整体来看，近年来我国对农产品生产非常重视、投入较多，但产后投入明显不足。如果能够更多关注生产、流通、加工一条龙的产业链经营，大力提升物流过程增值能力，将可发掘巨大的利润空间。有关资料显示，发达国家农产品产值与农产品加工产值的比值为1:3~1:4，而我国仅为1:1或稍多一些。水果采摘后经过储藏加工，国外增值比例为1:3.8，我国仅为1:1.8。我国蔬菜采后商品化处理比例为1%，保鲜储藏比例不足20%，加工比例不到10%。农产品附加值的真正实现是在物流过程中，我国的农产品绝大多数在生产地以原始产品的形式销售，农产品物流过程增值能力非常弱。

四是跨国粮商布局企图控制我国农产品物流。一直以来，世界四大跨国粮商（ADM、邦吉、嘉吉和路易达孚）垄断着世界粮食交易量的80%。在金融危机的背景下，它们却实现前所未有的高赢利，为了追逐更高的利润回报，跨国粮商企图通过控制仓储、物流，进而控制农民种植意向来控制我国的农产品生产。2009年，跨国粮商加快了在我国的布局速度，修建物流公司、贯通运输渠道、洽谈仓储基地，利用其原有的加工压榨布局，借助其广泛的销售网络，实现了从原料采购到产品销售的一系列的整合。显然，一旦我国的农产品物流被外资控制，我国农产品市场将会出现非常被动的局面，甚至有可能出现我国农产品价格操控在跨国粮商手中的局面。

民以食为天。我国人口众多，又是农业大国，搞好农业生产，搞好农产品流通关系着人民的生活和国家的稳定。所以，解决农产品流通中的重大问题，建立高效的农产品流通体系是业内人士责无旁贷的任务。

（作者：洪　涛　刘璟琳　北京工商大学经济学院贸易系）

2009 年中国粮食物流

2009 年，我国粮食生产实现六连增，粮食总产量达 1.06 万亿斤，粮食消费保持平稳增长，当年粮食产需基本平衡。分品种看，小麦、玉米产需平衡有余较多，稻谷总量平衡有余，大豆产需缺口较大，食用植物油对外依存度较高。“北粮南运”格局突出，畅通粮食流通渠道和加强产销衔接的任务繁重。从国际市场看，全球粮食价格回落，世界粮食生产的不确定性增大，世界粮食供给形势不容乐观。联合国粮农组织预计 2009—2010 年世界谷物产量约为 4.48 万亿斤，消费约为 4.46 万亿斤，库存约为 1.02 万亿斤，库存消费比 22.88%，为 2003 年以来次高水平。总体看，保护种粮农民利益、保障粮食供应、满足消费需要、保障粮食安全，成为粮食物流流向与流量的重要因素。

一、粮食保护性收购凸显

为保护和调动农民种粮积极性，2009 年我国政府采取了一系列积极的保护种粮农民利益的政策措施，并切实实施。一是较大幅度提高了小麦、稻谷最低收购价格水平，白小麦、红小麦、混合麦提价幅度分别为 13%、15% 和 15%，早籼稻、中晚籼稻和粳稻提价幅度分别为 17%、16% 和 16%；二是加大国家临时存储稻谷、小麦、玉米、大豆和中央储备大豆、菜子油的收储力度；三是引导加工企业入市收购，对 17 个省份的中央直属和地方油脂加工企业托市收购油菜子给予补贴，对内蒙古自治区和黑龙江、吉林、辽宁省一定规模以上的大豆压榨企业入市收购大豆给予补贴，对南方 16 个饲料消费省份的定点企业和中央直属企业到东北三省和内蒙古自治区采购玉米给予补贴；四是对江苏、安徽、山东、河南、湖北等省部分受灾地区的芽麦实行保护性收购。初步测算，上述政策的实施，拉动市场价格回升，促进农民增收 400 多亿元。

二、各类粮食市场经营主体入市收购活跃

随着多元化市场主体加入到粮食收购经营中来，我国具有粮食收购资格的经营者已达 8.55 万家，其中多元市场主体达到 6.7 万家。初步统计，2009 年我国各类粮食经营企业收购粮食达 5753 亿斤，同比减少 51 亿斤，其中国有粮食企业收购 3264 亿斤，同比减少 138 亿斤。

三、政策性粮食物流居于重要地位

2009 年，我国收购托市粮食（含油菜子）1839 亿斤，约占当年收购粮食总量的 32%。

政策性粮食竞价销售、移库和产销衔接工作力度加大，政策性粮食竞价销售累计成交 1310 亿斤，下达 181 亿斤临时存储粮和 1.9 万吨中央储备菜籽油跨省移库计划，充实销区库存。地方粮、油储备分别比 2008 年同期增加 2.8% 和 43%。

四、清仓查库摸清了粮食库存

国务院高度重视全国粮食清仓查库工作，地方各级人民政府按照部署和要求，认真开展清查工作。据统计，共清查储粮库点约 3 万个，其中对 1765 个重点非国有粮食企业和转化用粮企业的粮食库存进行了典型调查。清查结果显示，2009 年 3 月末全国国有粮食企业粮食总库存 4508 亿斤（原粮，下同），账实相符率 99.7%，质量合格率 97.1%，宜存率 99.1%，全国粮食库存数量真实，质量良好，储存安全，管理比较规范，品种结构趋于合理，区域布局进一步改善。

五、粮食流通现代化水平进一步提高

2009 年，国家粮食管理部门全力落实国务院“建设粮食储备仓容 1500 万吨、储备油罐 175 万吨”的计划，两年安排中央投资 42.6 亿元用于粮油仓储设施建设。一是从 2008 年第四季度到 2009 年年底，已安排中央补助投资 29.5 亿元用于粮油仓储物流和烘干设施专项建设，进一步缓解了我国食用油罐容不足和重点粮食产区仓储、烘干能力不足的压力。二是安排仓房维修改造资金 3 亿元，改善 15 个省份实施政策性粮食收储的设施条件。三是按照全国粮食市场体系建设规划，国家粮食交易中心总数达到 22 个，全国统一竞价交易平台联网市场已达 23 家。四是以大型“龙头”企业和粮食物流枢纽为依托，加工产业园区建设明显加快，内蒙古、江苏、山东、湖北、黑龙江等省区在推进精深加工与综合利用等方面亮点突出。五是编制农户科学储粮规划，扩大专项实施范围，安排中央补助、地方配套和农户自筹资金 6.7 亿元，为 57.2 万个农户建设标准化小型粮仓，改善农户储粮条件。六是“放心粮油”工程顺利推进，据不完全统计，全国各地放心粮油生产企业已经建立各类销售网点 17 万多个，其中农村网点 6 万多个。

六、粮食流通法制和标准建设取得新进展

颁布施行《粮油仓储管理办法》，规范粮油仓储活动，维护粮食流通秩序，规范粮食安全生产管理。抓好标准制修订工作，《稻谷》《玉米》《大豆》等国家标准相继实施。《粮食法（草案）》研究起草工作启动。

（作者：韩继志　国家粮食局政策法规司）

2009 年中国汽车物流

2009 年，在我国国民经济稳步协调发展的大背景下，在国家应对金融危机的一系列调控措施的保障下，我国汽车物流行业呈现供求关系稳定，市场集中度逐步提高，行业体系不断完善，呈稳步发展的态势。

一、2009 年出台的国家政策为汽车物流行业稳定发展提供了保障

2009 年，国家为振兴经济出台了一系列调控政策，汽车物流业受惠于相关政策的推动取得了较大发展。

一是《汽车产业调整和振兴规划》出台，加上围绕汽车消费市场陆续出台的一系列积极财政扶持政策，使得汽车市场保持繁荣发展局面，为汽车物流行业的健康发展奠定了稳定的市场基础。据中国汽车工业协会统计，2009 年我国累计生产汽车 1379.10 万辆，同比增加 48.3%；销售汽车 1364.48 万辆，同比增长 46.2%，相较我国 2002 年汽车销售同比增长 37%的历史纪录高近 10 个百分点；产销增幅同比提高了 43.3 个百分点和 39.6 个百分点。其中，乘用车产销 1038.38 万辆和 1033.13 万辆，同比增长 54.1%和 52.9%；商用车产销 340.72 万辆和 331.35 万辆，同比增长 33%和 28.4%。2009 年，我国汽车物流行业除出口型物流企业外基本没有受到金融危机的影响，并且与汽车产销规模同步增长。

二是《物流业调整和振兴规划》出台，大大提升了物流业在国民经济发展中的地位。国家和地方优秀的物流企业在政策、规划、项目、资金等方面得到国家、地方两级政府的积极支持，尤其是产业背景、技术和管理、典型专业物流的综合优势，使得大多数汽车物流企业在拥有优质市场的同时，获得国家和地方政府更多的关注和支持，因此，2009 年是我国汽车物流行业市场规模成长最好最快的年份之一。

二、以汽车生产为主导形成了覆盖全国的汽车物流行业布局

汽车物流的布局取决于汽车生产和消费两个市场。目前，汽车生产制造是我国汽车物流发展的主导，而且我国围绕汽车生产形成的汽车物流的布局趋于成熟。到 2009 年我国已经形成六大汽车物流产业集群，即以一汽集团为核心的东北汽车物流产业集群；以北汽、天津一汽为核心的京津汽车物流产业集群；以东风汽车为中心的武汉汽车物流产业集群；以上汽集团为中心的上海汽车物流产业集群；以广汽集团和东风日产为中心的广州汽车物流产业集

群；以长安为中心的西南汽车物流产业集群。

三、国家政府高度重视为汽车物流行业发展创造良好政策环境

全国现代物流部级联席会议牵头机构国家发改委对汽车物流发展高度重视，认为其在专业物流发展和两业联动中具有典型示范作用，2009年委托中物联汽车物流分会邀请各方专家，对汽车物流行业目前存在的关键政策问题进行研究，形成了《推动我国汽车物流发展的政策措施研究》报告。报告建议国家在以下几个方面给予支持：一是出台专门文件推动汽车物流协调发展；二是解决困扰整车物流的车辆运输车问题；三是建议国家立项投资建设汽车物流一体化信息平台；四是推动铁路汽车物流快速发展；五是为汽车物流标准建设提供政策保障和资金支持；六是采取政策支持汽车物流企业做强做大；七是积极推动汽车物流企业开展国际合作为我国汽车进出口提供保障；八是加快汽车物流专业人才培养；九是积极发挥行业协会的桥梁和纽带作用。

四、全国汽车物流标准化工作迈上新台阶

物流标准化是现代物流发展的基础，是提高物流效率的重要途径，在国际上物流标准化已经成为行业发展的关注焦点。据有关专家分析我国每年在物流过程中产生的损耗大约是3000亿元人民币，主要原因在于物流过程时间过长、装载次数过多，造成包括资金、场地、车辆的过多浪费，导致资源消耗过大。由中物联汽车物流分会组织的《我国汽车物流标准化发展规划研究》课题，在国内24家企业和40位专家历时两年的努力下于2009年完成。课题中的核心内容——汽车物流标准体系结构图及标准明细表为国内汽车物流专业领域首创，具有前瞻性和示范作用，达到国内领先水平，并荣获2009年度中国物流行业科技进步二等奖。课题的完成为我国汽车物流标准化工作提出了完整思路和发展步骤，对今后各项标准的制定和完善具有指导意义。2010年起行业将开始按照规划着手标准的制定和体系的完善。

五、汽车物流行业将进入全方位立体发展新阶段

2009年，在汽车物流行业组织的引领下，汽车物流行业已由发展初期的乘用车整车物流，发展到全面涉及汽车零部件、供应链管理、整车销售、售后服务备件、进出口等汽车供应链所有环节的物流，汽车物流行业即将进入全方位立体发展新阶段。

六、汽车物流细分行业市场的发展情况

2009年，我国汽车物流细分行业的发展呈现四个特点，它们基本体现了汽车物流业发展的概况。

1. 汽车整车物流进入深层次调整阶段

（1）整车物流运输价格混乱，尽快理顺迫在眉睫。2009年我国汽车整车物流领域价格混乱的问题，已经成为影响物流企业和制造企业合作、物流企业良性竞争以及行业健康发展的关键问题。解决这一问题的关键需要做好两个方面的工作，一是加强司法管理为行业企业创造公平竞争、良好发展的环境；二是加强行业自律，规避恶性竞争。前一问题国家有关政府部门已高度关注，后一问题则需要行业组织发挥作用。当然，行业发展最快的整车物流运输价格问题是最为迫切需要规范的，科学的成本和价格关系是规范解决这一问题的准绳。

（2）解决制约行业发展的车辆运输车问题有了新进展。过去两年，汽车物流行业一直把

解决车辆运输车问题的思路放在半挂车加长，规避执法部门罚款的习惯思路上，所以一直没有理想的效果。2009年经过深入调研分析，我们感觉单纯靠半挂车加长手段解决这一问题是死胡同，即便长度达到20米合法化，仍然不能满足行业需求，而继续在车辆长度上向政府管理部门提出要求显然不现实。因为，车辆长度涉及的关键指标是转弯半径，而且世界多数国家车辆运输车在20米以上的都是挂车列车。鉴于此，解决车辆运输车问题的思路只能是：积极推动挂车列车上高速行驶，从而先让标准达到行业需要的长度，比如22米或者更多，在标准能够满足行业需求后，推动国家政府部门对长度上在标准范围内的违规车辆有个过渡期，对超出标准长度的车辆和那些“变形金刚”严格执法，强制报废。

（3）铁路、水运在汽车物流市场中发挥着越来越大的作用。我国幅员辽阔，汽车工业又相对集中在长春、京津、上海、武汉、重庆、广州等少数发达地区，汽车产品对全国的辐射和国民消费的多样性，决定了汽车整车物流具有分散和纵横交织的特点，随着能源价格的持续上涨，物流装备的经济性选择是大势所趋，铁路在远距离运输上的优势已经凸显，而我国丰富的水路资源也得到汽车物流行业的青睐，但整个市场的融合尚在起步和磨合阶段，目前主导的公路运输模式更多地引入水路、铁路资源，走多式联运的道路将是我国未来汽车整车物流的必然选择。2009年，以中铁特货公司为主的铁路汽车物流的全方位适应市场化需要，服务已覆盖除丰田外全国主要各商品汽车品牌，并形成了上汽、一汽、广本、长安、奇瑞、东风六大重点领域布局，形成了全国南北纵横、东西贯通的汽车物流运输网络，在铁路汽车物流装备方面设计开发了新型50英尺板架箱，可提高运载率25%，研发的双层凹底车，可双层装运越野车等较高车型，装载量由过去的3台增加到8台，运输效率得到全面提升。在管理方式上推出了混合班列和阶梯到达专列产品，创新了铁路汽车物流运输组织模式。以深圳长航为代表的滚装物流公司在2009年投资建造了内外贸兼营的有2500个车位的“长吉隆”滚装船，此举标志着我国滚装运输向船舶大型化、经营规模化迈出了坚实的一步，有效满足了日益增长的国内滚装和汽车出口需求，一级国内汽车厂商规模化生产、降低物流成本的要求，将对我国滚装运输发展产生积极深远的影响。

（4）全国汽车整车物流信息平台呼之欲出。随着企业市场定位的稳固，以及现代信息技术的普遍应用。在全国范围内行业共享信息平台将为企业间资源整合提供保障。这一问题已经得到国家的高度关注，政府搭台、协会组织、企业参与共建全国汽车物流一体化信息网络的时代即将到来。中物联汽车物流分会与长久物流已经着手开始建设全国汽车整车物流信息平台，这对整车物流领域降低运输成本，提高运输效率，节能减排都将有积极意义。

2. 零部件物流发展进入快车道

由于零部件物流与生产关系密切，因此生产企业与物流企业的紧密对接对保障生产至关重要，并且双方共同应对供应链瑕疵，提高合作质量已成为零部件物流领域的健康发展的关键。不同品牌零部件物流只有在对照中才能发现差距，找到改善的重点。广州风神物流公司与中物联汽车物流分会共同牵头着手对汽车零部件物流KPI构成进行研究。课题完成后将有助于统一规范行业内的物流服务质量的评价体系，为客观公正评价汽车供应链的整体绩效提供依据和指导，有助于汽车供应链上的主机厂、供应商、物流商等各个节点企业识别出影响最终顾客服务的关键指标，进而有针对性地为汽车生产企业提供满意的物流服务。课题研究将制定出统一的KPI量化数学模型，将有利于行业企业对照比较，发现差距。行业今后也将以此为依据树立标杆，对推动汽车物流行业管理和技术水平提高将会产生积极作用。作为专业物流领域的第一个 KPI 研究成果，对引领其他专业物流领域的 KPI 研究也将起到示范作用。

3. 售后服务备件物流成为行业新亮点

由于售后服务备件具有面向全国市场、网点数量多、品种多等特点，做好其物流业务对推动汽车生产企业更好实现物流业务外包，为广大群众提供更满意、快捷、周到用车服务，提高汽车制造企业核心竞争力具有重要作用。售后服务备件物流与入厂和销售不同，与汽车保有量市场密切相关，从下面的情况可以预计这个盘子会越来越大，具有良好的发展前景。一是汽车保有量情况。据有关专家分析，我国汽车工业的稳步成长还会保持 10 年。2009 年年底我国汽车保有量接近 6500 万辆，10 年后我国汽车保有量将会超过 2 亿辆。二是我国汽配市场规模增长情况，2000 年汽配市场的规模是 1700 亿元，到 2009 年已增加到 1 万亿元，增长了近 6 倍。预计 2010 年年底，我国汽配市场的规模将达到 1.4 万亿元。三是汽车保养美容等市场情况，有机构分析目前我国汽车保养美容市场的产值已经达到 4000 亿元，随着我国汽车保有量的不断增加，这一数值还将增长。因此我们可以得出这样一个结论：我国汽车产业链中的服务备件业将成为今后若干年汽车物流行业中最具发展潜力的领域。

4. 汽车出口物流不仅是汽车产品国际化的保障，也是汽车物流提高国际服务能力的关键

2008 年 11 月，商务部等六部委联合出台《关于促进我国汽车产品出口持续健康发展的意见》提出：汽车及零部件出口从 2009—2011 年力争实现年均增长 10%；到 2015 年，汽车和零部件出口达到 850 亿美元，年均增长约 20%；到 2020 年实现我国汽车及零部件出口额占世界汽车产品贸易总额 10% 的战略目标，与此相关的一系列保障措施将会推行。

汽车出口是我国汽车生产企业走向国际化的第一步。物流业务如何为汽车出口保驾护航一直是行业发展的重点之一。目前此领域呈现国际、国内龙头汽车物流企业均高度关注的局面。跨国汽车物流企业认为，未来中国汽车会像日韩一样在国际汽车舞台稳占一席之地，因此占领先机可以为未来打下好的基础，同时这个过程也是实现其在中国市场填补业务空白的一个最好突破口。国内大型汽车物流企业在我国汽车工业高速成长中，获得了稳固的业务和良好的收入，积蓄了扎实的基础，汽车出口在实现自身业务规模扩大的同时也打开了国际市场通道。尽管目前我国汽车出口仍然很不稳定，但国家支持和企业成长，都推动着这项业务快速发展，为汽车出口物流业务发展提供了稳步扩大的市场资源。

七、我国汽车物流行业的发展趋势

未来几年将是《汽车产业调整和振兴规划》和《物流业调整和振兴规划》不断落实的时期，也是我国汽车工业大发展的时期，因此，可以预期我国汽车物流业将会迎来快速发展。

一是汽车市场仍将保持快速增长，汽车物流市场依旧繁荣。专家分析，2010 年我国汽车市场仍将保持 10%～20% 的增长，我国的汽车物流行业在可以预期的将来依旧是红红火火。

二是汽车产业结构近期不会出现大的调整，各品牌企业快速扩展依然是近几年的主旋律，因而我国汽车物流在未来几年不仅依旧会快速增长，而且布局的扩大也会为企业带来更多商机。

三是国际社会保护环境、降低排放的诉求，以及龙头企业的社会责任，会推动我国汽车物流加快改变增长方式转变的步伐。资源节约，节能减排，会进一步提升到国家发展战略高度。对汽车物流行业来讲，加快以公路运输为主的行业局面的改变，优化资源配置，推动

多式联运是当务之急。

四是汽车物流企业将面临更大成本压力，积极与汽车生产企业携手解决，同时抓紧推动行业自律工作，创造行业良性发展环境，已成为行业共同诉求。

五是随着传统业务利润越来越薄，行业龙头企业将会在不断完善现有业务的基础上，开拓出新的业务模式，开发出行业新的利润增长点。

六是汽车保有量的增加，会为汽车产品使用环节的物流带来巨大空间。二手车、租赁车、报废汽车、汽车维修等领域的物流业务会得到行业的关注并会快速成长。

（作者：马增荣　中国物流与采购联合会汽车物流分会）

2009年中国书业物流

2009年3月，国务院颁布《物流业调整和振兴规划》，指出要积极推进企业物流管理信息化，加快物流公共信息平台建设，建立全国性公路运输信息网络和航空货运公共信息系统，以及其他运输与服务方式的信息网络，扶持一批物流信息服务企业成长。在十大产业振兴规划中，物流业是唯一的服务业规划，体现出国家对物流业的重视。受此利好影响，中国书业物流驶入扩张、高科技建设的快车道。为摆脱低端的社会物流竞争，实现传统物流业向现代物流业转变，一些出版集团和新华发行集团利用现有的网络资源和仓储资源，共同拓展构建自己的全国物流业务。《规划》的出台也加快了大型书业第三方物流的进程，也许这会有效解决长久处于分割局势的书业物流带来的高成本运作的难题。

一、开足马力建设新物流中心

2009年，各地出版集团和新华发行集团的新型物流中心纷纷拔地而起。这些新建物流中心有的已于2009年投入使用，如浙江省新华书店集团、云南新华发行集团的新物流中心；更多的物流中心在2009年加大马力的建设下，将于2010年或2011年投入使用，如江西新华发行集团、河北省新华书店集团、山东新华书店集团、重庆新华书店集团、山西新华书店集团、湖北省新华书店集团的新物流中心。相比原有的物流中心，这些新建的物流中心不仅仓储面积大，如浙江新华物流中心的仓储面积达到12万平方米、山东新华达到11.2万平方米，而且年设计吞吐量和第三方物流流转金额都比原有的物流中心更上一层楼。总体看，新建的物流中心软硬件设施是按照“商流、物流、信息流、资金流”四流合一的高度集成标准配置，所以说“准确、高效、低成本、流畅”是这批新建物流中心追求的首要目标。新建物流中心一旦竣工投入使用，将使江西、山东、山西、河北、湖北等省的销售网点形成真正意义上的连锁经营。可以肯定，随着这批新建物流中心陆续完工及投入使用，我国书业物流的装备能力将会明显增强，从而加大了我国图书行业的整体竞争实力，预示着我国书业将迎来新一轮的繁荣发展。

2009年7月建成的浙江新华书店集团新出版物流水线与具有完整独立知识产权的ERP系统无缝连接，在一个12万平方米的单体中实现了出版业的三大物流——教材物流、出版社物流、中盘物流地有效整合。该流水线上线单体年流量41亿元、年流转品种88.5万种的设计能力，为浙江新华未来的发展奠定了坚实的基础。

2009年4月，上海世纪出版股份有限公司历时4年多建设的二期物流基地竣工营运。该出版物流基地总投资达3.5亿元人民币，占地面积8万余平方米，规划图书年吞吐量100亿码洋。基地拥有一个高24米、占地8000平方米、设有3万多个标准储位的自动化立体仓库，16台自动堆垛机能够按照电脑的指令快速准确地出入库作业；长近100米有90个下口的单册自动分拣机，能够高效准确地按图书品种和客户进行自动分拣；可储存20万种图书的小批量分拣区、中批量流利架区和大批量重型货架区，在计算机管理系统的控制下，通过电子标签和无线射频数据采集器（RF），进行上架、拣货、验货作业操作。贯穿整个作业区域总长2公里的流水线，通过电子自动识别器把整个分拣货、集货和进出货作业连成一体。

云南新华物流中心2009年3月投入使用，年流转金额12亿元～15亿元。

江西新华新的物流中心一期工程2009年6月开建，2010年将投入使用。新物流中心规划面积10万平方米，是原物流中心的2.5倍，计划年吞吐量30万吨，并且是按物流系统与集团ERP接口进行总体规划设计，从硬件建设到软件系统都将有质的飞跃，仓储问题也将迎刃而解。

山东新华物流中心——山东出版物流中心2009年仍在建设中，计划2010年投入使用。建筑面积11.2万平方米，计划年流转金额132亿元。

山西出版传媒产业园新华物流中心2009年4月底主体工程封顶，9月完成内部装修并进入设备安装阶段，计划2010年投入使用。该中心设计建筑面积5.2万平方米，计划年流转金额30亿元。

湖北省新华书店物流中心2009年仍处于建设期，基建工作按计划进展顺利，桩基部分和土建基础部分施工已完工并完成了验收工作，目前正在进行钢结构安装；仓储管理信息系统（WMS）已完成前期调研，正着手信息系统设计工作。目前正筹建新的物流公司，新公司定位为集团的分公司，实行内部独立核算。

河北出版物发行中心2009年9月开始建设，计划建筑面积9.36万平方米，仓储面积3.84万平方米。预计2011年年初主体建设完成。

此外，深圳出版发行集团2009年提出筹建新的物流基地，并抓紧完成新基地项目申报、选址、筹建等工作。

网络书店作为书业快速增长的分销力量，物流和配送一直是其“短板”。2009年，网络书店更关注物流建设，加快配送速度。如2009月11月24日，继北京、苏州、广州三大运营中心之后，卓越亚马逊（中国）宣布第四大运营中心在成都正式启用。该运营建筑面积达1.8万平方米，使卓越亚马逊在全国的仓储运营面积迅速达到10万平方米，成为国内拥有仓储运营面积最大的BtoC电子商务公司之一。卓越亚马逊此举使其希望进一步加强其全国性的物流体系布局意图更为明确。启用后的卓越亚马逊成都运营中心将主要支持四川、重庆、云南、贵州、陕西等西部省市继续采用亚马逊公司先进的全球库存管理系统，运营中心仓储能力初步可达到近百万件，同时面向全国近800个城市、1300个地区提供免费送货上门服务，满足消费者更快捷、更优质的购物需求。

二、第三方物流结硕果

2009年，各地出版发行集团物流中心钟情第三方物流的热情持续高涨。已经投入使用的物流中心通过优化资源配置，扩大经营规模，整合社会资源，努力向第三方物流发展；正在建设的物流中心考虑了未来的功能拓展，为第三方物流发展预留了空间。书业第三方物流可以将企业物流社会化，实现信息、资源的共享，提高集团整体物流效率，有可能成为多元化发展中新的赢利点的观点，通过近年的不懈实践，终于在2009年得到了印证——书业第三方物流收获了成果。

江西新华单独组建的江西新华物流有限公司，2009年实现利润3000多万元，其中完成主业发货213万件，较2008年增加12.3万件，同比增长6.13%。在保证春秋两季教材教辅和图书主业物流不受影响的前提下，利用“时间差”，探索第三方物流经营模式，利用仓储空闲期成本较低的比较优势、新华书店的品牌优势和资金优势，以及全省新华书店的网点优势，以市场需求为导向，积极参与市场竞争，特别是进入门槛相对较高的高端产品物流市场的竞争，大力挖潜开拓第三方物流业务。物流公司专门组建了市场拓展部，积极参与每一次招标。与沃尔玛、麦德龙、东风药业、江中药业、鸿宝科技、江南都市报等企业签订了运输、仓储协议，与国美电器、苏宁电器、报网商城等企业签订宅配业务合作协议，提供一体化、专业化三方物流服务，在省内市场已占有不小的份额。他们还依托自身优势，拓展省外物流市场。2009年获得了苏州华光玻璃、深圳亦禾等企业的物流配送业务，同时设立了北京办事处、天津分公司，为江西新华物流走向全国市场创造了良好的开局。此外，江西新华另一大手笔是组建江西蓝海物流科技有限公司，以没有书店业务背景、完全面向市场的专业物流公司形象参与社会竞争。取“蓝海”之名，实为取“蓝海战略”之意，希望能超越传统产业竞争创造需求，从而拓展新的非竞争性的市场空间。该平台的搭建，一方面，可以凭借自身实力和遍及江西全省的网络优势，通过与广大制造业企业和商品流通企业的互动，全面涉入物流信息科技及四方物流领域，向现代化物流企业进军；另一方面，也可借助今后蓝海物流科技的社会影响力以及市场推广能力，对江西新华物流这一传统的第三方物流企业起到拉动作用。2009年9月，蓝海物流获得江西省物流公共信息平台的承建权。

由山东省新华书店和济宁市新华书店共同出资建设的山东济宁新华物流投入使用以来，业务量每年以10%的速度递增，目前年吞吐量为30万吨，价值30亿元。2009年国家“家电下乡”的大举动，对济宁新华物流是一个利好推动，1～5月，该物流中心销售同比再度增长。济宁新华物流是山东新华书店集团投资扶持的一块第三方物流“实验田”，如今已开花、结果，并已纳入山东新华业务架构中的一大板块。在即将投入使用的山东出版物流中心内，将开展具有一定规模的第三方物流业务，将其作为重要的新经济增长点。按照规划，济宁新华物流将作为集团的鲁西发行中心，逐步形成出版物物流配送和多元货品物流配送业务相辅、资源共享的发展模式，在把二者共同做大的同时，发挥区位优势、整合现有资源，将其打造成全国出版物鲁西物流配送中心和全省规模最大的电器商品仓储配送基地及仓储式交易中心。

2009年，江苏新华发行集团统筹利用现有物流资源，大力发展第三方物流业务，以全面完成系统内出版社代理为突破口，建立符合客户需求的、符合现代物流管理的新运作机制。

广西新华书店集团2009年提出，通过多种方式筹措资金建设中国—东盟文化（出版）产品物流园区；打造集商流、物流、信息流于一体的现代物流基地，开拓第三方物流；完善以电子商务为核心的信息技术，推进网上书城、数字出版物交易平台、供货商和零售商服务系统和第三方物流信息管理系统等信息开发项目的建设。

从书业物流进入第三方物流的成功经验看，书业做第三方物流一步到位比较难，要循序渐进，利用优势，转化劣势；要把眼光放长远，做增量，如把合作方向定位在配送业务上而不是单纯的仓储资源合作上。

三、加强精细管理

现代物流是集各种现代高科技手段、网络信息通信技术，以满足客户需要建立起来的供应链一体化物流服务。因此，物流公司的管理也有别于以往，不是盲目照搬，而是有的放矢加强精细管理。因此，2009 年书业物流在加强内部管理、优化作业流程、提高作业效率方面进行了持续有效的改进。如江西新华物流公司通过强化制度建设，提升企业运营效率。首先，他们按照“制度管人、流程管事”的原则，建立了《库房管理制度》《车辆管理制度》《客户查询管理办法》《第三方合同备案制度》《第三方物流业务客户开发项目立项管理制度》等一系列管理制度，着重加强内部制度管理、流程管理和成本管理，不断提高物流服务效率和质量。其次，规范操作程序。最后，提高服务质量。通过管理创新，不但从根本上改变了传统储运多环节、高费用、低效率的被动局面，作业效率得到了大幅提高，资金周转加速，退货率、差错率大大降低，并且有效控制运作成本，每件发运成本平均下降了 20%。盘亏率控制在万分之一以下，成功实现了从粗放型管理到精细化管理的转变。

当然，面对市场化程度非常高的物流行业，书业物流仍存在自身的短板。一是专业物流人才缺乏，团队的认知水平和管理能力还有待提高；二是仓储能力有限；三是书业第三方物流发展存在独立性的约束。因为多数出版发行集团的物流中心是作为集团部门或者子公司，不具备独立法人资格，在制度上阻碍了第三方物流的发展进度。简单地说，没有主体资格的物流企业连平等参与招投标都没有资格。如果仅仅把物流作为一个部门，那就永远是企业物流，不可能变成物流企业，而企业物流是很难做第三方的。

（作者：穆宏宇　张家口教育学院）

2009 年中国回收物流

2009 年，在国家拉动内需、保增长等“一揽子”政策的有效实施下，我国原材料市场出现稳步复苏态势。

据统计，2009 年我国主要再生资源回收总量达 1.71 亿吨，较 2008 年增长 39.12%；回收总值为 4527 亿元，较 2008 年增长 9.15%。据商务部统计测算，2009 年我国再生资源回收利用共节能 1.64 亿吨标准煤，占全国总能耗量 31 亿吨标准煤的 5.29%；减少二氧化硫排放 352.58 万吨，占全国二氧化硫排放量 2214 万吨的 15.9%，减少二氧化碳排放 4.09 亿吨。其中，废铝、废纸等再生资源利用的节能减排贡献尤为突出。

2009 年 12 月在哥本哈根世界气候大会上，温家宝总理正式向世界宣布：中国将“加快转变发展方式，努力控制温室气体排放，建设资源节约型和环境友好型社会，到 2020 年前我国单位国内生产总值二氧化碳排放比 2005 年下降 40% ~45%”，这意味着我国经济的发展将尽早进入一个新的低碳经济时期。

目前，以循环经济、低碳经济、节能减排、再生利用和降低碳排放为主要代表的绿色经济是我国转变经济发展方式的主旋律，因此可以预期，我国物资再生行业将迎来加快发展的新机遇。

一、2009 年我国主要再生资源品种回收利用情况

（一）废钢铁回收利用情况

废钢铁是钢铁工业不可缺少的主要炼钢原料，同时也是节能减排的“绿色资源”，废钢铁回收利用在发展低碳经济，建设“两型”工业体系，发展“绿色钢铁”中起着重要的支撑作用。

2009 年，受金融危机的影响，全球钢铁企业普遍减产。国际钢协数据显示：与 2008 年相比，2009 年美洲钢铁产量同比下降 30.1%，欧洲钢铁产量同比下降 22.8%，亚洲钢铁产量同比增长 3.8%（其中日本同比下降 26.3%，韩国同比下降 9.4%），非洲钢铁产量同比下降 11.3%，大洋洲钢铁产量同比下降 28.6%，中东地区钢铁产量同比下降了 3.3%。此外，除中国大陆外全球粗钢产量同比下降 21.1%。中国粗钢产量同比增长 13.5%。

2009 年，在国际钢铁生产不景气的大环境下，国外大量的废钢铁流入了我国市场，为我国的废钢铁市场注入了活力，同时也带动了进口废钢铁市场的升温。

1. 废钢铁应用总量大幅增加

2009 年，我国粗钢产量为 5.68 亿吨，同比增长 13.5%，占世界钢产量 12.2 亿吨的 46.6%。

消耗废钢铁总量为8310万吨，同比增长15.4%，高于粗钢增长幅度，达到历史最好水平。

2000—2009年我国废钢铁年应用量从2900万吨增长到8310万吨，增长近3倍，平均每年以600万吨的幅度递增。2000—2009年我国废钢消耗总量与粗钢产量数据统计情况和走势分别如表1、图1和图2所示。2000—2009年我国废钢铁单耗走势如图3所示。

表1　2000—2009年我国废钢消耗总量与粗钢产量数据统计

年　份	2000	2001	2002	2003	2004	2005	2006	2007	2008	2009
粗钢产量（万吨）	12850	15103	18225	22234	27279	35579	42102	49490	50049	56784
增幅（%）	–	17.53	20.67	21.99	22.69	30.42	18.33	17.5	1.13	13.5
废钢消耗总量（万吨）	2920	3440	3920	4820	5400	6330	6720	6850	7200	8310
增幅（%）	–	17.81	13.95	22.93	12.03	17.22	6.16	1.93	5.1	15.4
综合单耗（公斤/吨）	227	226	215	217	191	178	160	140	144	146
增幅（%）	–	−0.44	−0.44	0.9	−11.98	−6.8	−10.11	−12.5	2.9	1.4
电炉单耗（公斤/吨）	833	821	731	763	716	656	548	549	546	450
增幅（%）	–	−0.01	−0.11	0.04	−0.06	−0.08	−0.16	0.002	−0.01	−0.18

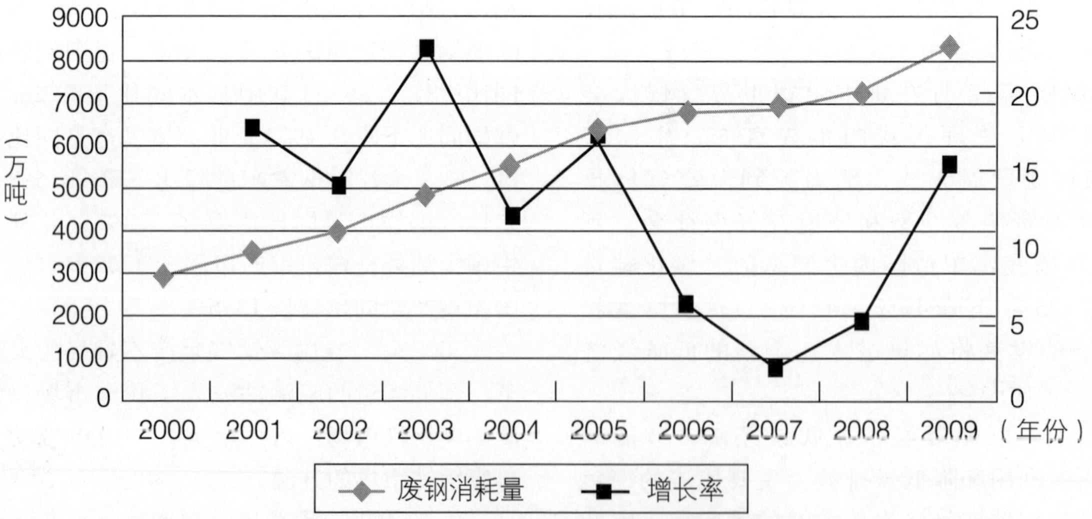

图1　2000—2009年我国废钢消耗总量走势

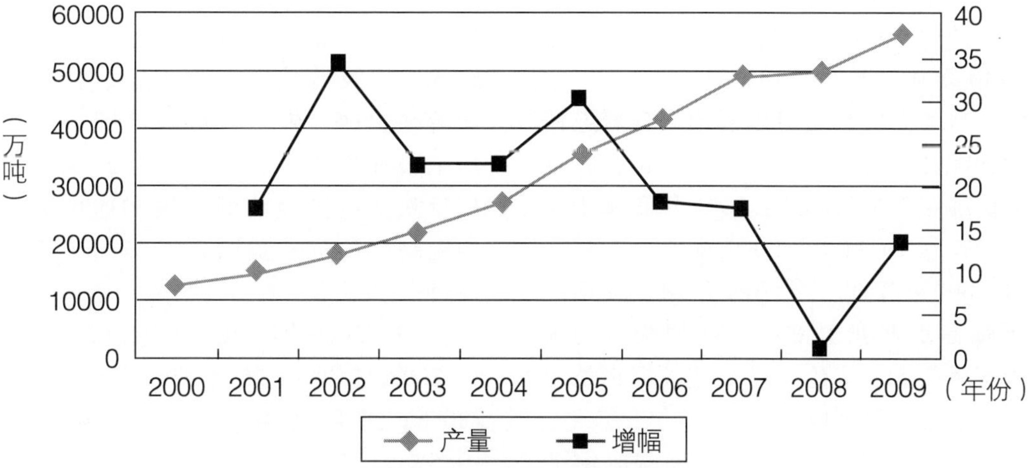

图2 2000—2009年我国粗钢产量增长走势

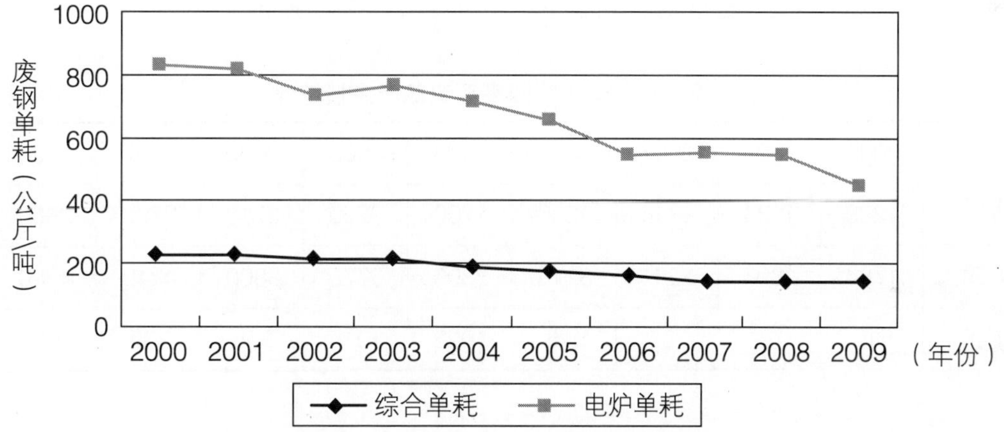

图3 2000—2009年我国废钢铁单耗走势

从图3可以看出，因废钢资源供应不足，2009年我国废钢单耗水平仍在较低水平徘徊。2000年我国废钢综合平均单耗为227公斤/吨钢，2009年降到146公斤/吨钢，2009年的废钢综合平均单耗比2000年降低了35.68%。但是，2009年的废钢综合平均单耗却比2008年增长了1.4%，尽管有所回升，但增长很慢，所以总体水平仍然很低。其中电炉钢废钢单耗从2000年的833公斤/吨钢逐年递减到2009年的450公斤/吨钢，下降了46%，但与世界电炉炼钢相比差距依然很大。

2. 废钢铁资源供应市场有所发展

我国废钢铁来源主要有三个渠道：钢铁企业自产废钢约占资源总量的35%，社会采购废钢约占50%，进口废钢约占15%。总体看，2009年三个渠道的废钢铁供应量都有所增长。

（1）2009年，我国钢企自产废钢3040万吨，同比增长6.3%。钢铁企业自产废钢主要指钢铁生产线上产生的切头、切边、废次材、注余、跑漏、渣钢及设备检修产生的废钢总量。近几年随着我国年粗钢产量的增加，钢企自产废钢总量也有所增加，2000年钢企自产废钢为 1299 万吨，2009 年钢企自产废钢达到 3040 万吨，即 2009 年钢企自产废钢比 2000 年增加了 1740 万吨，增长了 134%。

然而，从下面的数据可以看出，随着连铸比的增加和综合成材率的提高，我国钢企废钢的产生率呈逐年下降的趋势：2001 年我国钢企废钢产生率为 10.11%，2009 年为 5.35%，2009 年比 2001 年降低了 4.76%。钢企废钢产生率的下降标示着我国钢铁工业加快结构调整，淘汰落后产能，优化生产工艺，提高技术等级的措施取得了显著成效。

（2）2009 年，我国钢企社会采购废钢为 4580 万吨，同比增长 9%，比 2000 年的 1800 万吨增长了 154%，平均每年以 310 万吨的幅度递增。社会采购废钢主要指钢企从国内市场上采购的社会城乡所产生的报废机动车、非机动车、家电、器皿、生活设施等产生的废钢，以及制造业、加工业、建筑业、运输业等在生产、施工、检修过程中所产生的边角余料和报废设备等。社会废钢的产生量增加反映了我国经济的发展和居民的生活水平的提高，预示着我国正逐步向废钢产生大国迈进。

（3）2009 年，我国共进口废钢 1370 万吨，与 2008 年进口废钢 359 万吨相比增长了 280%；进口海绵铁 177 万吨，同比增长 19.5%。废钢进口量的增加反映了我国钢材市场在宏观调控下依然保持着平稳快速增长。2000—2009 年我国废钢资源产生量的具体情况如表 2 和图 4 所示。

表 2　　2000—2009 年我国废钢资源产生量统计　　单位：万吨

年　份	2000	2001	2002	2003	2004	2005	2006	2007	2008	2009
自产废钢	1299	1334	1344	1530	1700	2220	2750	2700	2860	3040
社会采购	1788	1897	2284	3216	3300	3675	3800	4310	4200	4580
进口废钢	510	979	785	945	1023	1014	538	339	359	1369

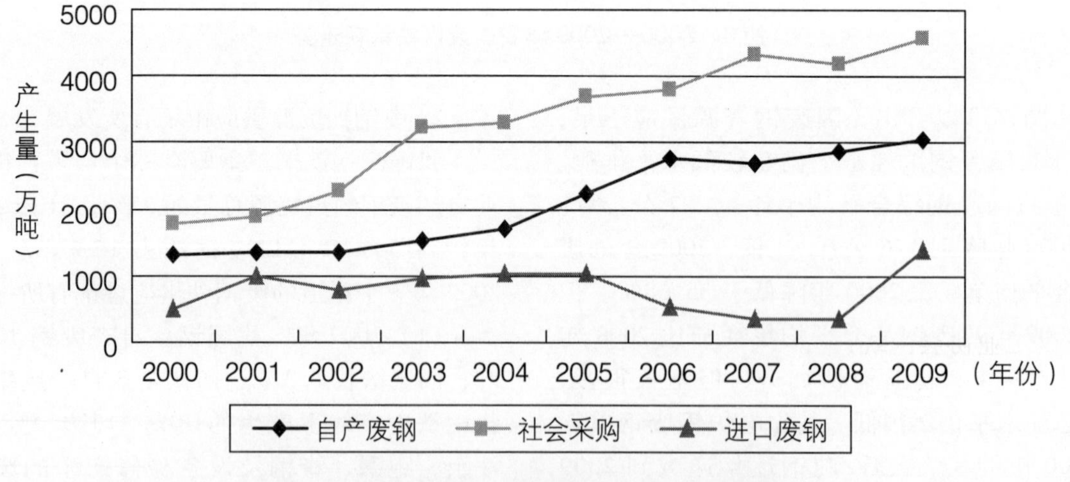

图 4　2000—2009 年我国废钢资源产生量走势

3. 2009年我国废钢铁市场运行分析

（1）国内废钢铁市场运行稳定。2008年下半年受世界金融危机的冲击，国内废钢铁市场一跌再跌年底触底，2009年年初止跌回升。一季度受钢材市场的拉动，小幅震荡，但市场反应比较理智成熟，很快恢复平静，1月重型废钢全国平均到厂价2538元/吨，12月为2604元/吨，12月比1月增长了66元，增幅为2.6%，总体呈上扬态势，振幅不大，市场运行全年比较稳定。

（2）进口废钢市场运行稳健。因受2008年金融危机的影响世界各国粗钢普遍减产，国际废钢供应商纷纷转向我国市场，使我国进口废钢铁市场在连续几年低迷之后开始复苏。

2009年，我国全年进口废钢总量为1369万吨，同比增长280%，创我国进口废钢史的最好水平。全年进口普通废钢价格呈逐月持续小幅上扬的态势，1月平均到岸价为294美元/吨，12月为424美元/吨，年底比年初增长了44%，高于国内废钢的增幅。全年进口普通废钢价格的平均价格为344.5美元/吨，总体低于国内价格，市场走势比较稳健。

2009年，我国废钢进口市场在国际废钢市场价格体系中的主导作用逐步凸现，具体表现为当我国的废钢进口量增加时国际市场的价格就随之上扬；反之，我国的废钢进口量减少时国际市场的价格就随之下跌。如何面对这一新的形势是业界应重点研究的新课题。

（二）废有色金属回收利用情况

铜、铝、铅、锌、镍、锡、锑、镁、钛、汞10种金属是最常用的有色金属，其产量基本可以表明一国有色金属的生产能力。来自我国有色金属工业协会的统计数据显示，2009年我国10种常用的有色金属总产量为2604.88万吨，同比增长3.99%。其中，精炼铜为410.95万吨，原铝为1284.60万吨，铅为370.79万吨，锌为435.67万吨，镍为16.48万吨，锡为13.45万吨，锑为16.58万吨，镁为50.08万吨，海绵钛为6.15万吨。2009年我国有色金属进出口贸易总额为831.97亿美元，同比降幅达11.27%。

自2008年国际金融危机爆发以来，我国有色金属工业受到严重影响，产量下降、出口受阻企业亏损严重。在国家一系列调控政策的大力支持下，我国有色金属工业生产从2009年第二季度开始逐步平稳回升，到2009年12月，主要有色金属产品产量已超过金融危机前的正常水平。

目前我国有色金属资源基本态势是：铜资源严重不足；铝、铅、锌、镍资源保证程度不高，对国外依赖增加；钨、锡、锑由于过度开采，资源保证程度不容乐观，优势地位在下降。有色金属矿产资源供给不足已成为我国可持续发展的重要制约因素。需要注意的是，与原生金属开采冶炼相比，再生金属能源的生产消耗和污染物排放明显少，生产再生铜、铝、铅、锌的综合能耗分别只是原生金属的18%、4.5%、27%和38%，有色金属的再生利用已成为我国循环经济建设的重要领域和有色金属工业节能减排的重要手段。

近年来，我国再生有色金属产业取得了跨越式发展，已成为有色金属工业的重要组成部分和循环经济建设的重要领域。

据统计，我国目前的再生有色金属产业已形成了珠江三角洲、长江三角洲和环渤海地区3大废旧金属循环利用加工中心。我国国内的废旧有色金属主要集中在湖南汨罗、河南长葛和山东临沂3大回收交易市场，目前这些废旧金属集散地由单纯的回收集散功能开始向产品深加工方向发展。

1. 有色金属再生产量有所回落

我国再生有色金属行业近几年来稳步发展，2008年尽管受经济危机影响再生有色金属产量有所回落，但仍达到502万吨左右。2009年，全国再生铜、再生铝、再生铅和再生锌等有色金属的产量约为453万吨，同期比减少9.76%，具体情况如表3和图5所示。

表 3　　2002—2009 年我国再生有色金属产量情况　　单位：万吨

年份	再生铜	再生铝	再生铅	再生锌	总产量
2002	88	130	17	4	239
2003	93	145	20	5	263
2004	116	166	24	8	314
2005	142	194	28	8.5	373
2006	168	235	39	11	453
2007	200	275	45	9.7	530
2008	190	260	44	8	502
2009	150	250	46	7	453

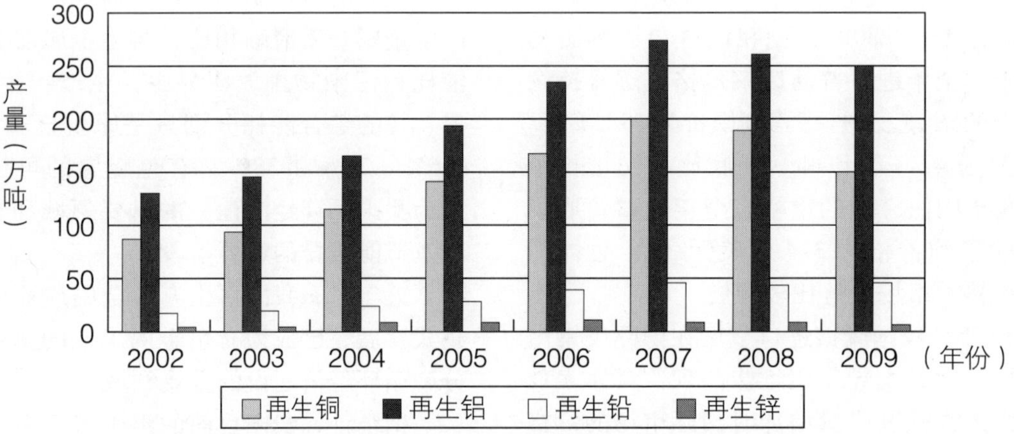

图 5　2002—2009 年我国 4 种再生有色金属的生产情况

2. 废有色金属市场波动大等不利因素，影响了行业平稳健康发展

由于废有色金属市场不稳定，致使 2009 年我国废有色金属市场整体表现不佳。总体看，影响我国废有色金属市场不稳定的主要因素有三个方面：一是经济危机造成货源紧缺和价格剧烈波动，特别是一季度的废有色金属进口和国内回收基本处于停滞状态，市场出现了前所未有的冷清；二是海关增加了废有色金属进口的查验力度，在规范废有色金属进口行为的同时，也导致企业进口废有色金属成本增加、通关速度慢和企业生产经营风险加大，以至部分企业不得不停止进口废有色金属，行业内出现以电铜代替废铜的现象，所以，尽管铜价已经恢复到相对较高的价位，但进口废铜仍没有恢复到以前的水平；三是新的再生资源回收增值税政策实施后，由于退税手续繁多、程序复杂；退税周期长，企业资金压力加大；各地财力不一样，退税数量和速度不一样等因素影响，客观上造成了行业的不平等竞争，对国内废旧金属回收造成了一定影响。2002—2009 年我国进口废铜、废铝情况如表 4 所示。

表4　　2002—2009年我国进口废铜、废铝情况统计　　单位：万吨

年　份	2002	2003	2004	2005	2006	2007	2008	2009
含铜废料	308	316	396	482	494	558	558	400
含铝废料	45	65	120	168	177	209	215	263

3. 废有色金属原料供应将趋紧

目前，仅靠国内回收废有色金属还无法满足日益发展的再生金属产业对废原料的需求，进口废有色金属在相当长一段时期内仍是我国再生废有色金属的主要原料来源。然而，由于国际社会对再生资源日益重视，废有色金属输出国对优质资源保护力度不断加大；加上印度、越南、泰国等东南亚国家的再生金属产业近年来发展迅速，导致国际废有色金属市场竞争更加激烈。由于我国废有色金属进口政策不稳定，因此，有关部门采取措施，从根本上规范和鼓励废有色金属进口，促进中国资源循环利用产业发展。

我国再生有色金属产业几年来取得了较大发展，但从发达国家经验来看，再生铜产量占铜消费量的比例普遍在50%～70%，再生铝产量占铝消费量的比例普遍在60%～80%，而我国再生铜、再生铝占铜加工材、铝消费量的比例分别仅为24.1%和17.3%，这说明我国再生有色金属产业发展的潜力和空间还很巨大。

（三）报废汽车回收拆解情况

2009年，我国汽车业获得平稳较快的增长。据中国汽车工业协会发布的统计数据显示，2009年国产汽车1379.10万辆，同比增长48.30%。其中，乘用车生产量1038.38万辆，同比增长54.11%；商用车生产量340.72万辆，同比增长33.02%。在全球经济恢复举步艰难的情况下，我国汽车工业取得了全球瞩目的成绩——汽车产量首次超过日本，跃居全球第一。

2009年，我国汽车销售量为1364.48万辆，同比增长46%。其中，乘用车销售1033.13万辆，同比增长53%；商用车销售331.35万辆，同比增长28%。我国汽车销量首次超过美国，成为世界第一汽车销售大国。2009年，世界四大汽车产销国汽车产销情况如图6所示。

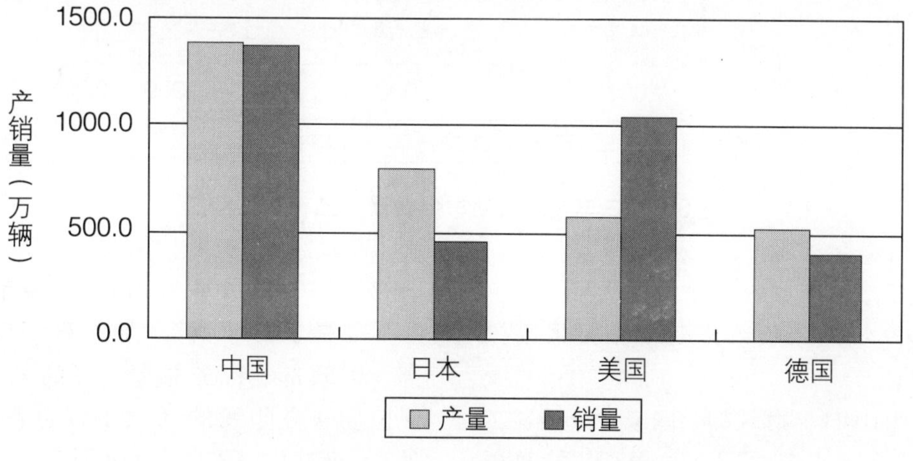

图6　世界四大汽车产销国汽车产销情况

1. 我国机动车社会保有量持续增长

随着我国国民经济的快速发展，我国社会对汽车的需求量逐年增多，特别是在国家出台的一系列促进汽车工业快速发展的方针政策的推动下，我国的汽车保有量迅速增长。据公安部交通管理局统计数字显示，截至2009年年底，我国机动车保有量为1.87亿辆，同比增长9.83%。其中，汽车7741.65万辆，同比增长17.82%；摩托车9453.07万辆，同比增长5.58%；上路行驶的拖拉机1463.35万辆，同比下降0.06%。2009年我国机动车保有量分品种构成情况如图7所示；近三年我国机动车保有量分品种增长情况如图8所示。

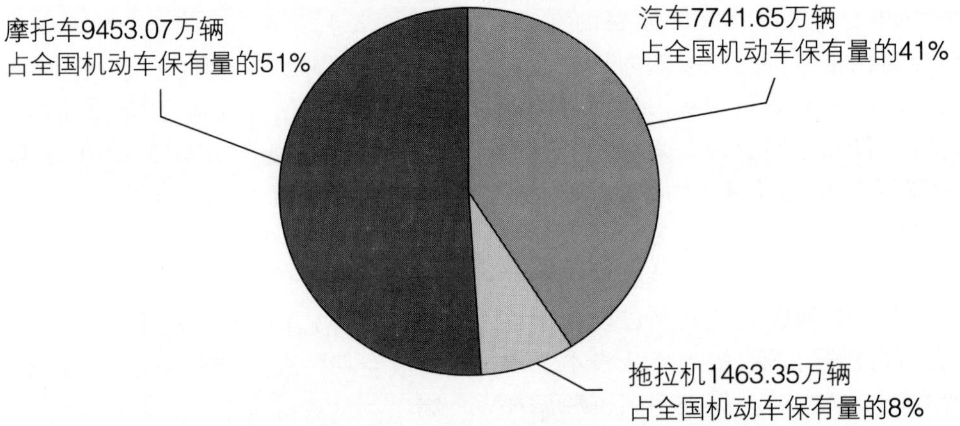

图7 2009年我国机动车保有量分品种构成

图8 近三年我国机动车保有量分品种增长情况

2. 我国报废汽车回收行业发展状况

(1) 2009年国家陆续出台了相关报废汽车类产业政策。

一是3月10日，财政部、国家发改委、工信部、公安部、商务部、工商总局、质检总局联合印发《汽车摩托车下乡实施方案》的通知（财建［2009］104号）。

二是3月30日，商务部、工信部、公安部、财政部、税务总局、工商总局、银监局、保监局联合印发的《关于促进汽车消费的意见》（商建发［2009］114号）。

三是4月13日，财政部、商务部联合颁发

的《2009年老旧汽车报废更新补贴资金发放范围及标准》公告（2009年第20号）。

四是4月28日，商务部、发展改革委、工商总局、质检总局联合下发的《关于做好汽车摩托车下乡有关工作的通知》（商建发［2009］204号）。

五是6月4日，财政部、国家发改委、工信部、公安部、商务部、工商总局、质检总局联合下发的《关于印发〈汽车摩托车下乡操作细则〉的通知》（财建［2009］248号）。

六是7月13日，财政部、商务部、中宣部、国家发改委、工信部、公安部、环保部、交通部、工商总局、质检总局联合印发的《汽车以旧换新实施办法》的通知（财建［2009］333号）。

七是7月17日，商务部、财政部联合印发的《关于开展报废汽车回收拆解企业升级改造示范工程试点的通知》（商建发［2009］4号）。

八是8月24日，环保部印发的《关于落实汽车以旧换新政策鼓励黄标车提前报废的通知》（环办［2009］104号）。

九是11月26日，商务部、公安部、环保部、交通部、工商总局联合印发的《关于加强报废汽车监督管理有关工作的通知》（商建发［2009］572号）。

十是12月28日，财政部、商务部联合下发的《关于调整汽车以旧换新补贴标准有关事项的通知》（财建［2009］995号）。

（2）国家实施汽车以旧换新政策，给报废汽车回收拆解行业带来新的生机。老旧汽车报废更新是汽车流通中的重要环节，随着汽车保有量的迅速增长，老旧汽车对交通安全、环境污染的影响日益突出，加快老旧汽车报废更新对拉动消费、改善环境、促进产业结构升级具有重要意义。因此，我国从1995年起实施老旧汽车报废更新补贴资金支持，每年安排专项资金用于汽车报废更新补贴。多年以来，财政部会同业务主管部门积极研究相关政策，及时调整老旧汽车报废更新补贴范围和标准，并于每年定期向社会公布。1995—2009年的15年间，国家共安排补贴资金近30亿元，对近90万辆老旧报废汽车的车主进行了资金补贴。2009年3月20日由国务院办公厅出台公布了《汽车产业调整振兴规划》（以下简称《规划》)。《规划》提出的开展“汽车下乡”政策措施中确定：在新增中央投资中安排50亿元资金，自2009年3月1日至12月31日，对农民购买1.3升及以下排量的微型客车，以及将三轮汽车或低速货车报废换购轻型载货车的，给予一次性财政补贴。在加快老旧汽车报废更新方面确定：调整老旧汽车报废更新财政补贴政策，加大补贴支持力度，提高补贴标准，加快淘汰老旧汽车。2009年老旧汽车报废更新补贴资金总额由2008年的6亿元增加到10亿元。2009年3月10日，财政部等五部委局联合印发了关于印发《汽车摩托车下乡实施方案》（以下简称《方案》）的通知（财建［2009］104号），《方案》规定了具体补贴标准；5月19日国务院常务会议决定：为进一步促进扩大内需，根据我国家电、汽车产业发展和消费市场实际，有必要实施鼓励汽车、家电“以旧换新”的政策措施。其中明确提出采用财政补贴方式，鼓励汽车“以旧换新”。在现有老旧汽车报废更新补贴政策基础上，扩大补贴范围，加大补贴力度。对符合一定使用年限要求的中、轻、微型载货车和部分中型载客车，适度提前报废并换购新车的，或者对提前报废污染物排放达不到国Ⅰ标准的汽油车和达不到国Ⅲ标准的柴油车，并换购新车的，按照原则上不高于同型车单辆购置税的金额给予补贴。2009年，中央财政将老旧汽车报废更新补贴资金从10亿元增加到50亿元，预计促进80万辆汽车报废更新。6月1日国务院办公厅正式下发了《关于转发发展改革委等部门促进扩大内需鼓励汽车家电以旧换新实施方案的通知》(国办发［2009］44 号)。7 月 13 日财政部、商务部、中宣部、发改委、工信部、公安部、环保部、交通部、工商总局、质检总局关于印发《汽车以旧换新实施办法》的通知(财建［2009］333 号),进一步明确了实施汽车以旧换新补贴政策的具体事宜。为完善汽车以旧换新政策,进一步加快老旧汽车报废更新,扩大汽车消费,促进节能减排和资源有效利用,12 月 28 日财政部、商务部又联合下发了《关于调整汽车以旧换新补贴标准有关事项的通知》(财建［2009］995 号),大幅度提高补贴标准。其中明确,重型载货车、大型载客车、1.35 升及以上排量轿车的补贴标准由 6000 元提高到 1.8 万元,增加了 1.2 万元,增长幅度是原标准的 2 倍;1～1.35 升轿车、中型载客车和中型载货车的补贴标准由 5000～6000 元分别提高到了 1 万元、1.1 万元和 1.3 万元,分别增加了 4000 元、6000 元和 7000 元,提高 1 倍左右;轻、微型载货车,小、微型载客车的补贴标准由 3000～5000 元提高到 5000～9000 元,增幅达 50%～80%。与此同时,为进一步完善汽车以旧换新政策,实现扩大消费与促进节能减排并举的目标,经国务院批准,2010 年 1 月 4 日财政部、商务部又联合下发了《关于允许汽车以旧换新补贴与车辆购置税减征政策同时享受的通知》(财建［2010］1 号),决定从 2010 年 1 月 1 日起,允许符合条件的车主同时享受汽车以旧换新补贴和 1.6 升及以下乘用车车辆购置税减按 7.5% 的税率征收车辆购置税政策。

总之,这一轮补贴标准的调整幅度和国家财政支持力度,都是前所未有的。国家一系列有利于实施老旧汽车报废更新补贴政策的出台,无疑对加快汽车报废更新,保证交通安全、减少环境污染、促进报废汽车回收拆解行业发展、扩大汽车消费都具有积极的作用。

(3) 报废汽车回收拆解行业基本情况。经过新中国成立以来 50 余年的发展,我国报废汽车回收拆解业已经形成了一定规模,成为我国经济建设中一支不可或缺的重要力量。截至 2009 年年底,我国报废汽车回收拆解资质企业约达 497 家、回收网点 2175 个、从业人员达 2.86 万人。2009 年我国汽车注销登记量达 202.22 万辆,同比增长 56.15%。实际回收报废机动车 85.5 万辆,同比减少 7.8%,其中回收报废汽车 41.02 万辆,同比减少 10.14%;回收报废摩托车 44.44 万辆,同比减少 5.45%。拆解报废机动车可提供废钢铁等再生资源 100 余万吨。然而,由于诸多因素影响,我国拆解报废机动车的数量与全国汽车保有量增长速度相背离,尚有大部分报废汽车流散于社会,未能及时回收拆解,成为交通安全和环境保护的隐患,也是油料资源和再生资源的浪费。

我国报废汽车回收、拆解和破碎工序合而为一,即由一家回收拆解企业承担。由于报废汽车回收量少,目前我国报废汽车回收拆解企业中仅有一家安装了一条小型报废汽车破碎生产线,但也存在"无米下锅"的尴尬境地,取而代之的是利用人工氧气割或剪切设备将车体拆解。

我国报废汽车回收拆解企业由于多年来资金投入少、技术装备低、环保意识差、拆解工人一般是进城从业的农民工,缺乏专门的技术培训、工作操作不规范,大部分回收企业缺乏专门工具、露天拆解,废油液回收采用自流式收集、回收不彻底,拆解场地残留油液随意渗入地下的现象普遍,制冷剂、安全气囊、有毒有害物质的处理缺乏相应的规范,既污染环境又易造成安全隐患。由于人工拆解劳动强度大、工作效率低,拆解的可回用零部件不足 10%,且尚未形成可回用零部件维修利用信息网络,企业经济收益基本取决于拆解废钢铁等再生资源的销售。

(4) 报废汽车回收量分析。随着汽车工业的快速发展和社会保有量的加速积累，车主的法律意识、安全意识、环保意识的逐步增强，与之相应的报废机动车，依据它的周期性运转也随之大批量产生，而且报废的时间和周期将进一步缩短。目前先进国家的汽车保有量的报废注销率平均在6%~8%，例如，日本2007年汽车保有量7899万辆，同年注销汽车550万辆（包括出口150万辆），报废量占社会保有量的6.97%。而我国2009年汽车注销登记量为202.22万辆，注销报废量占社会保有量的2.61%，而报废汽车实际回收量41.15万辆，同比下降10.27%，占汽车社会保有量的5.3‰，占注销登记量的20.3%；报废摩托车回收量44.44万辆，同比下降5.45%。可见，我国大量应当报废拆解的机动车散布于社会各个角落。究其原因主要有：新车价格相对高，报废车因销售价和维修费用低，不上保险、不用车检等因素，销售有市场；消费者的法律观念、安全意识、环保意识淡薄；报废车重新流入市场管理和执法力度不足等。这些因素导致了社会上“黑车”拥有量剧增，这必将对人身安全、环境保护、材料的合理利用等都产生不利影响，同时阻碍了报废汽车回收行业的健康、长足发展。2000—2009年我国报废汽车回收量与汽车产量及保有量增长情况如图9所示；2009年我国报废汽车分品种回收情况如表5所示；2009年我国报废汽车分品种回收情况如图10所示。

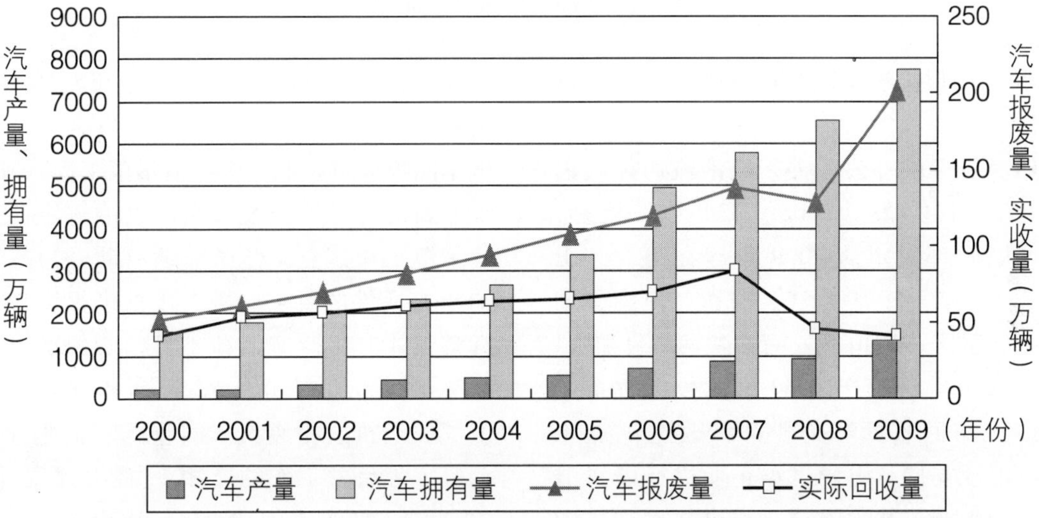

图9　2000—2009年我国报废汽车回收量与汽车产量及保有量增长情况

表5　　2009年我国报废汽车分品种回收情况

车辆类型	轿车	客车	载货车	专用作业车	三轮、低速货车	摩托车
回收量（万辆）	10.20	15.05	12.52	0.77	2.47	44.44
同比增长（%）	-8.85	-3.30	-19.80	-27.56	+11.80	-5.45

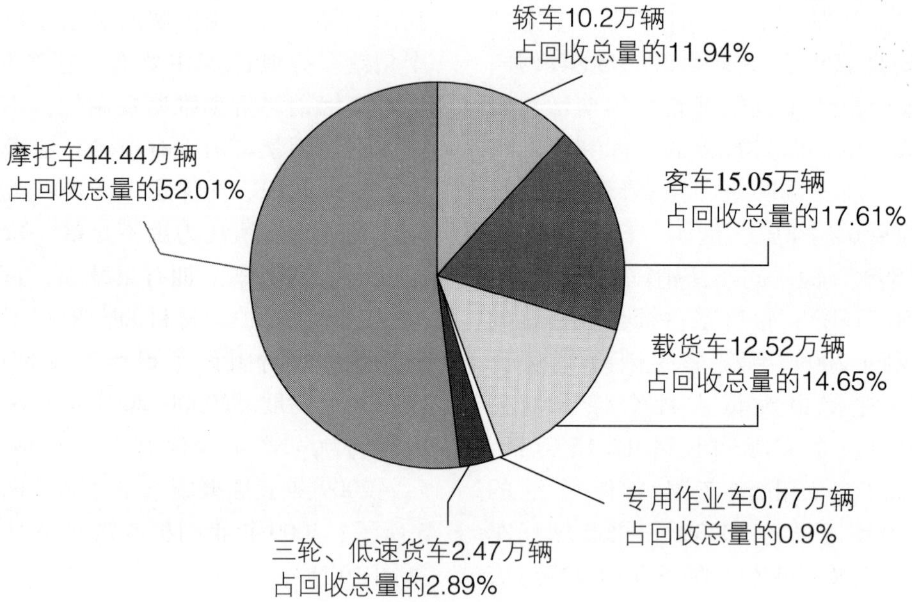

图10　2009年我国报废汽车分品种回收情况

3. 我国的报废汽车回收拆解企业升级改造试点工作

根据《国务院办公厅关于搞活流通扩大消费的意见》(国办发［2008］134号）精神，商务部、财政部决定从2009年起在河北、山西、内蒙古、吉林、黑龙江、安徽、河南、湖南、广东、重庆、四川、云南、陕西、新疆14个省（区、市）推荐产生60家回收拆解企业开展报废汽车回收拆解企业升级改造试点工作，通过财政支持，引导试点企业进行以清洁环境、安全生产、节约资源、推进技术进步和现代化管理为重点的技术改造，提高行业整体水平，促进老旧汽车报废更新。2009年7月17日，商务部、财政部联合印发了《关于开展报废汽车回收拆解企业升级改造示范工程试点的通知》(商建发［2009］4号）(以下简称《通知》)，规定了承办试点企业应具备的条件和升级改造达到的标准，通知确定：试点实施“报废汽车回收拆解企业升级改造示范工程”，达到标准并经验收合格的，中央财政促进服务业发展专项资金将给予每个试点企业100万元的资金支持，共计6000万元。《通知》还指出：鼓励有条件的地区利用地方财政资金支持“报废汽车回收拆解企业升级改造示范工程”项目。

目前，各地报废汽车回收拆解企业升级改造示范工程试点工作已陆续启动。为落实《通知》等文件的要求，进一步推进报废汽车回收拆解企业升级改造示范工程，确保试点项目尽早完工，2010年1月22日商务部办公厅印发了《关于推进报废汽车回收拆解企业升级改造示范工程有关工作的通知》(商办建函［2010］108号)，要求有关省、区、市商务主管部门要高度重视，督促试点企业严格按照《报废汽车回收拆解企业技术规范》(GB 22128—2008）抓紧项目实施，尽早完成升级改造项目。会同财政部门认真组织项目的验收工作，按照《报废汽车回收拆解企业技术规范》，对完成升级改造和已启用信息管理系统的试点项目有关内容逐一核对验收，对验收合格的项目要配合财政部门及时拨付专项资金，支持企业的发展。

4. 在全国报废汽车回收拆解行业建立“汽车以旧换新信息管理系统”

为了充分发挥网络优势，规范汽车以旧换新工作，掌握行业基本情况，提高工作效率，实现信息共享、传输、协同工作和科学决策，2009年6月开始，商务部委托中国物资再生协会对“汽车以旧换新信息管理系统”软件研究开发和网站开通，该系统已于2009年8月20日起正式投入使用。系统支持国家商务部、环保部、财政部及省级商务、环保、财政部门，地级商务、环保、财政部门，报废汽车拆解企业、报废汽车拆解企业下属网点共11种类型的填报、审核等用户功能。包括报废汽车信息录入、提交；并能自动识别补贴类型、通过互联网打印《报废汽车回收证明》单；通过互联网打印《汽车以旧换新补贴资金申请表》；支持相关单位对报废汽车回收、拆解、资金补贴的各项信息查询；支持省级商务主管部门查询本省内所有拆解企业的工作数据；查询本省内的回收、拆解、审核、资金发放的工作数据；支持省级商务主管部门对“违规拆解企业”，暂停其打印“回收证明单”权限的功能；支持省级财政主管部门查询本省内的资金发放的工作数据；支持中国物资再生协会查询全国相关部门的工作数据；负责统计汇总全国各级报废汽车回收拆解工作数据、汽车“老旧汽车报废更新”、“以旧换新”和“黄标车”的补贴资金发放工作的有关报表信息等。

系统在全国报废汽车回收拆解行业启用，对提高相关企业、管理部门的工作效率，带动拆解企业尽快达到信息录入、管理规范的企业现代化进程，推进报废汽车回收拆解行业整体发展，以至对社会经济的进步具有更深远意义。

二、再生资源回收体系试点建设稳步发展

自2006年起，为贯彻和落实国家建设节约型社会的要求，商务部在全国26个城市启动了再生资源回收体系建设试点工作。几年来，各级商务主管部门认真落实商务部关于再生资源回收体系建设的各项工作要求，在有关部门和试点城市人民政府的领导和有关方面共同努力下，再生资源回收网络体系初见雏形，社会效益、经济效益、环境效益逐步显现。商务部对部分试点城市再生资源回收体系建设情况进行了阶段性审核验收，并授权通过验收的再生资源回收体系建设项目使用“再生资源回收体系图徽标识”。2009年安排中央财政资金支持了12个试点城市和10个区域性集散市场建设。截至目前，已建成1.33万个社区回收网点、42个分拣中心，在这些地区初步形成了集回收、分拣、初加工“三位一体”的再生资源回收网络体系。

1. 对再生资源回收体系建设项目试点城市进行阶段性审核验收

为深入贯彻建设节约型社会和节能减排工作要求，稳步推进再生资源回收体系建设，自2008年开始，商务部组织相关行业专家对试点城市再生资源回收体系建设项目进行阶段性审核验收，目前为止共验收了12个试点城市，包括4个直辖市（北京、天津、上海、重庆），6个省会城市（石家庄、西安、成都、昆明、贵阳、沈阳），2个地级市（永康、吉林）。共培育55家龙头企业，配备各类回收车辆9500多辆，建立7个再生资源回收网站，1.4万个回收站点、115个专业分拣中心和58个集散市场达到了商务部制定的建设标准，并顺利通过验收，成果显著。

2. 建立了较为完善的管理体制和政策体系

（1）确立了管理体制。再生资源回收是缓解资源短缺、减轻环境污染、发展循环经济、保障经济安全的有效措施，也是一项涉及社会生产、生活方方面面的系统工程。建立再生资源回收利用网络体系，需要政府引导和市场运作，仅靠一个企业、一个部门是难以完成的，必须依靠全社会的力量各方面通力协作，才能使这项工作得以实施。验收合格的试点城市均成立了以市政府主要领导任组长，有些城市还是市长、市委书记亲自挂帅，由商务部门及发

改委、工商、公安、财政、环保、税务、规划等部门共同参与的再生资源回收利用体系建设工作领导小组，完善组织机构，统一规划部署，各部门齐抓共管，分工协作，完善了行业管理体制。同时，还制定了一系列推进再生资源回收体系建设工作的配套文件，明确了规范前端、物流配送、专业分拣的思路，确立了90%以上回收人员纳入规范化管理，90%以上的社区设立规范的回收站点，90%以上的再生资源进入指定市场进行规范化的交易和集中处理，再生资源主要品种回收率达到80%的目标，为管理和规范回收行业的健康发展奠定了基础。

各试点城市根据商务部等五部门颁布的《再生资源回收管理办法》（商务部令2007年第8号）要求，全面开展再生资源回收经营者备案工作，备案单位已达到2.38万个，北京、天津备案登记率达60%以上。此外，还开通了回收经营者网上备案系统，并准备建立回收行业管理信息系统和统计指标体系，逐步实现行业管理的电子化、信息化，填补行业管理基础的空白。

（2）完善了回收行业政策体系。建立再生资源回收利用体系是一项利在当代、功在千秋、造福人类的伟业，它是一项环境工程、一项战略工程、一项公益事业。特别是再生资源回收体系建设是一项涉及资源利用、环境保护的公益事业，涉及面广、对社会发展影响大，应给予政策的支持。验收合格的试点城市政府部门大力支持再生资源回收工作，制定了多项优惠政策措施，支持和激励了再生资源产业发展，为处于起步阶段的再生资源回收体系建设提供了有力保障。

3. 规范了再生资源回收网络体系

部分试点城市初步形成了以回收站点为基础、集散市场为核心、龙头企业为载体，多种收废方式并存的再生资源回收网络体系。

（1）收废方式更加丰富。当前，除传统的交售方式外，网络收废、电话预约收废等方式已经悄然走入百姓生活，使回收废品也变得更加时尚、也更加便利，在房间里只需动动手指就会有正规的回收人员在你规定的时间地点上门收废。如上海市新锦华公司开展了在线回收废旧物资的新功能，覆盖面达到全市9个中心城区，改进了传统的资源回收方式，利用网络手段解决了居民卖废品难的问题；贵阳市结合现代网络技术，开创收废网站，实施上门收废服务，有效地整合了资源。

（2）回收站点经营更加规范。各试点城市依据本地再生资源回收体系建设试点实施方案，按照便于交售原则，采取新建、取缔、规范等方式，在居民社区设立了“七统一、一规范”的回收站点，改变过去走街串巷散兵游勇式的回收方式，有效解决了摊点设施简陋、占道经营、污染环境、监管困难、群众意见大等问题，方便了居民及企事业单位交售废旧物资，也完善了社区服务功能、美化了环境、维护了社会稳定。如吉林市对再生资源回收亭的样式、门脸、面积和字号，实行统一的标准；江苏物联集团发展跨区域再生资源连锁经营，市场占有率不断扩大。在规范建设网点的同时，各地还积极探索创新营销方式，采取多种经营业态，调动居民交售废旧物资的积极性，实行更加便捷的服务。

（3）集散市场功能更加分明。试点城市通过加强市场基础设施和环保设施的建设，提升了行业的科技含量，逐步将原有功能单一的交易市场升级为交易、加工、集散为一体的再生资源市场。改变了原有废旧物资市场无照经营，非法经营，乱设摊点、乱收乱售的现象，形成了一批符合城市总体规划和环保要求的，具有一定规模、设施先进、专业化的集散市场，保证了资源的可控性。如天津市英驰集团不锈废钢集散基地与北方不锈钢交易市场本部对接，形成市场交易与仓储配送基地联动互补的废钢炉料、废不锈钢集散—交易—物流配送供应链，实现了对再生资源的专业分拣和产需衔接，推动了再生资源回收加工向规模化、连锁化、产业化发展；北京中兴公司引入先进的废纸打包生产线，可以将废纸进行高密度、低体积压缩，每分钟即可压缩一个约 1 立方米、重 1 吨的废纸包，不仅改善了工人的工作环境，减少了劳动强度，提高了工作效率，而且便于仓储运输、不易燃烧，推动了行业技术进步，带动了行业回收效益和加工处理水平的提高。

（4）产业链条更加清晰。长期以来，废旧物资回收一直停留在就回收做回收的单一经营格局，经营效益和发展空间狭小。近年来各地试点企业在回收体系建设的同时，发展再生资源回收的加工利用，在回收产业化方面进行了可喜的尝试。上海市再生资源回收体系建设试点工作开展以来，坚持行业高起点和市场化运作模式，鼓励再生资源专项经营，培育并形成以废玻璃、废弃电子物等为主的再生资源产业化链条。天津市将废旧轮胎回收网点与“海泰”沥青、“军超”橡胶对接；将废纸回收与天马纸业回收加工公司对接，通过将分拣中心与加工利用中心合作的方式，不仅规范了再生资源的流通，也延长了回收企业经营链条，扩大了经营规模。江苏物联利用废旧木材开发的木塑复合材料及其制品，已远销海外，并被应用于北京奥运场馆等工程，创新了产业链条，提升了回收体系的价值。

（5）“龙头”作用更加显现。在推进体系建设中，一些试点城市充分发挥骨干企业的作用，按市场规律，收编和规范个体经营户和个人，在社区内设立回收站点，采取上门及网上收购等多种方式进行回收，使经营秩序越来越好。同时，有些“龙头”企业以生产为纽带，整合网络资源，建立加工利用项目，延伸产业链条。永康市通过构建“企业主体 + 政府主导 + 行业自律 + 公众参与”的长效发展新机制，初步形成了规范、公平、有序的再生资源回收利用体系，获得了大量再生资源，解决了五金产业发展的原料来源问题，降低了企业生产成本，支撑了永康五金产业的快速发展，提升了五金产业的竞争力。

4. 取得了显著的社会经济效益和经济效益

再生资源回收是夕阳材料和朝阳产业，发展潜力巨大。我国再生资源回收起步较早的地区，再生资源回收已经成为带动城乡发展的支柱产业，社会经济效益显著。一是促进了就业。如天津市三年来安置“4050”下岗职工 300 余人，帮助 30 多户特困户减困脱贫，促进了试点城市的发展与建设。二是改善了生活环境。通过建设再生资源回收体系，解决了以往回收网点脏乱差的现象，改善了城市环境。三是提高了从业人员素质。在回收体系建设过程中，各地加强了培训工作，建立了培训制度，通过对管理人员开展回收政策、法规方面的培训，通过针对基层回收从业人员特别是农民工进行的加强思想教育和专业技能的培训，提高了从业人员的素质和服务水平。如上海市已组织 15 批 1081 人次培训，1057 人经考试合格获得了培训证书；西安市编写并发放了 6000 余份培训资料，举办培训班 26 期，免费培训 2161 人次。

通过回收体系建设，各地再生资源回收量、回收率均出现不同程度的提高，回收额不断增长，经济效益显著。如昆明市年废旧物资回收量达到 70 万吨，占全市年产废旧物资的 40%，钢铁、有色金属、纸浆等产品的原材料有 1/3 以上来自废旧物资回收，降低了生产成本；天津市年再生资源回收加工总量 540. 8 万吨，年销售额 80 多亿元；西安市建成的基础回收网络体系年完成废旧物资收购量可达 70 万吨，占市区废旧物资产出量的 80%。

三、结束语

我国经济快速发展对资源的需求在快速增加，但原生矿源是有限的，再生资源回收利用是节能减排的最有效措施之一。因此，借鉴国外先进经验对固体废弃物进行有效的处理和再生循环利用，对于改善城市环境污染、节约资源、保持经济可持续发展具有重要意义。

（作者：龙少海　中国物资再生协会）

2009 年中国散装水泥物流

2009 年是我国经济和社会发展史上重要的一年。为应对国际金融危机带来的严重困难，中央采取了积极的财政政策，加大了基础设施建设等重点领域固定资产的投资力度和灾后重建的资金支持，实现了 GDP“保八”的目标。全国水泥市场在固定资产的拉动下需求超过预期，水泥生产量快速增长，农村水泥需求有所增加；水泥出口量有所下降；全国散装水泥供应量持续增长，增长量首次突破 1 亿吨，为历史同期最高水平，散装水泥市场区域发展差距仍呈现逐步缩小趋势，全国散装水泥市场和流通发展形势继续保持良好态势。

一、2009 年我国散装水泥市场供应情况

1. 散装水泥生产继续保持增长态势

2009 年，我国水泥生产总量达 16.28 亿吨，比 2008 年同期的 13.88 亿吨增加了 2.4 亿吨，增长幅度为 17.28%，高出 2008 年 14.74 个百分点，相当于世界水泥产量排名第二和第三的国家印度（1.75 亿吨）、美国（0.81 亿吨）的年产量之和。

2009 年，我国散装水泥供应总量达到 7.53 亿吨，年增长量首次突破 1 亿吨，达到 1.17 亿吨，增长幅度为 18.44%，比 2008 年同期增幅高出 5.82 个百分点。具体情况如图 1 所示。

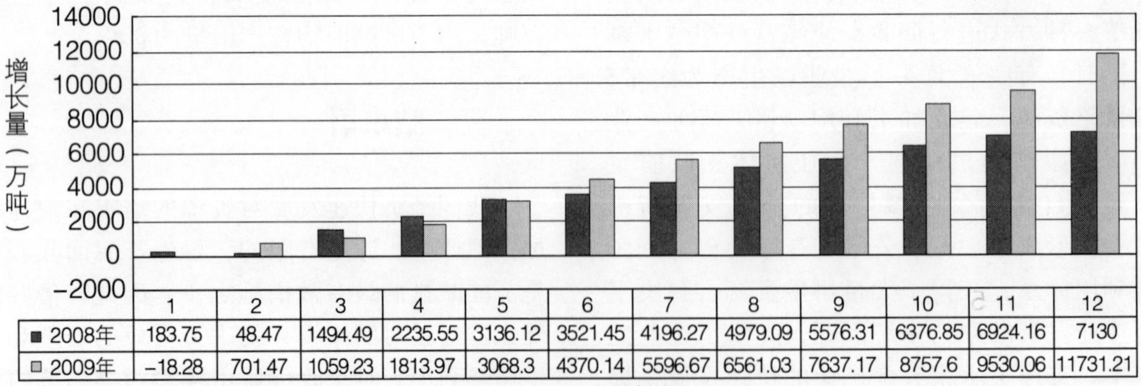

	1	2	3	4	5	6	7	8	9	10	11	12
■ 2008年	183.75	48.47	1494.49	2235.55	3136.12	3521.45	4196.27	4979.09	5576.31	6376.85	6924.16	7130
□ 2009年	−18.28	701.47	1059.23	1813.97	3068.3	4370.14	5596.67	6561.03	7637.17	8757.6	9530.06	11731.21

（月份）

■ 2008年 □ 2009年

图 1 2008 年和 2009 年全国散装水泥分月同比增长量示意

2. 东部与中西部散装水泥发展区域性差距进一步缩小

2009 年，我国东部地区散装水泥供应总量达 38972. 86 万吨，占全国总量的 51. 73%，长期占据我国散装水泥供应量的半壁江山，但增长量已不及中、西部地区，增长率日趋减缓。2009 年，东部地区散装水泥供应增长量为 3378. 01 万吨，增长率为 9. 49%，低于同期水泥增长速度 0. 46 个百分点，故散装水泥供应率也比同期下降 0. 24 个百分点。

2009 年，我国中部地区散装水泥供应增长量和水泥散装供应率增幅为三大区之首。全年中部地区散装水泥供应量为 22084. 37 万吨，比 2008 年增长了 4662. 43 万吨，增长率为 26. 76%，同比提高了 2. 41 个百分点。水泥平均散装率为 41. 51%，同比提高了 2. 21 个百分点，比全国同比提高 0. 45 个百分点的水平高出 1. 76 个百分点。

2009 年，我国西部地区散装水泥供应量增长率在三大区中领先。全国西部地区散装水泥供应量为 14283. 65 万吨，比 2008 年同期增长了 3690. 77 万吨，增长率为 34. 84%，同比提高了 11. 98 个百分点。水泥平均散装率 35. 09%，同比提高了 1. 81 个百分点，比全国同比提高 0. 45 个百分点的水平高出 1. 36 个百分点。

从 2009 年全国散装水泥发展趋势看，中、西部地区散装水泥供应量的增长量、增长率、水泥散装率提高百分点均已超过东部地区，东部与中、西部的差距呈逐年缩小态势。2009 年，全国东、中和西部地区散装水泥供应总量占全国总量的详细情况如图 2 所示。2008 和 2009 年三大地区散装水泥增长情况如图 3 所示。

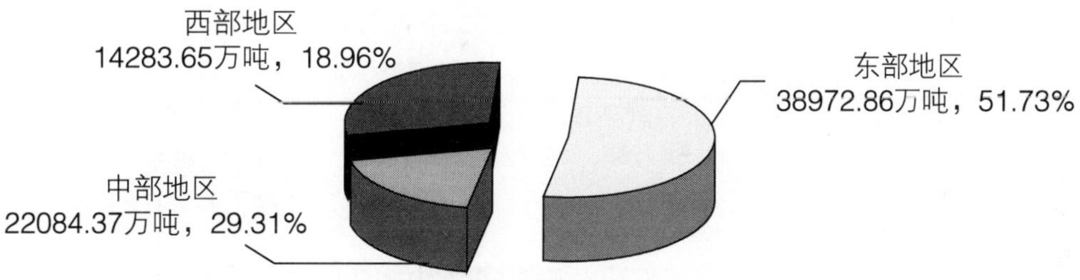

图 2　2009 年我国三大地区散装水泥供应量占全国总量比重示意

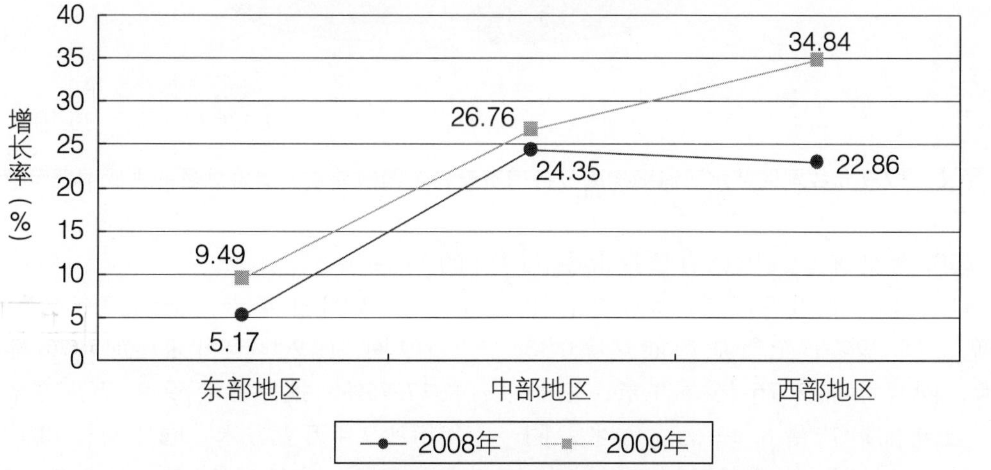

图 3　2008 年和 2009 年三大地区散装水泥增长情况

3. 水泥及散装水泥出口量有所下降

据海关统计，2009年我国累计出口水泥及水泥熟料1561万吨，比2008年下降40%；出口价值6.9亿美元，下降37.5%（据中国散协统计，全年散装水泥出口量为858.20万吨，占水泥出口总量的54.98%，比2008年减少40.92万吨，同比下降4.55%），出口平均价格为44美元/吨，上涨4.3%。

2009年，我国出口水泥绝大部分为一般贸易出口，共计1424万吨，比2008年下降41.5%，占当年全国水泥出口总量的91.2%，其中以对外承包工程出口货物方式出口的水泥为74.2万吨，同比下降45.4%。

二、2009年我国散装水泥消费情况

2009年，我国散装水泥消费仍呈现上升趋势，消费总量达到6.77亿吨，比2008年同期增加7309.19万吨，增长率为12.1%。

具体情况为：预拌混凝土消费散装水泥2.65亿吨，较2008年增加4242.84万吨，增长率为19.09%；预拌砂浆消费散装水泥212.74万吨，同比增加127.33万吨，增长率为149.08%；水泥制品消费散装水泥8610.66万吨，同比减少2233.8万，减少率为20.6%；分散用户消费散装水泥32413.6万吨，同比增加5203.66万吨，增长率为9.12%。2009年，我国散装水泥消费构成及各消费量在全国散装水泥消费总量的占比情况如图4所示。

1. 预拌混凝土消费散装水泥及物流装备情况

2009年，我国生产预拌混凝土共消费散装水泥2.65亿吨（其中：农村使用3088.11万吨，占全国总量的3.73%），同比增加4259.03万吨，同比增长19.17%，占全国散装水泥使用量的39.09%，比2008年36.77%提高了2.32个百分点。

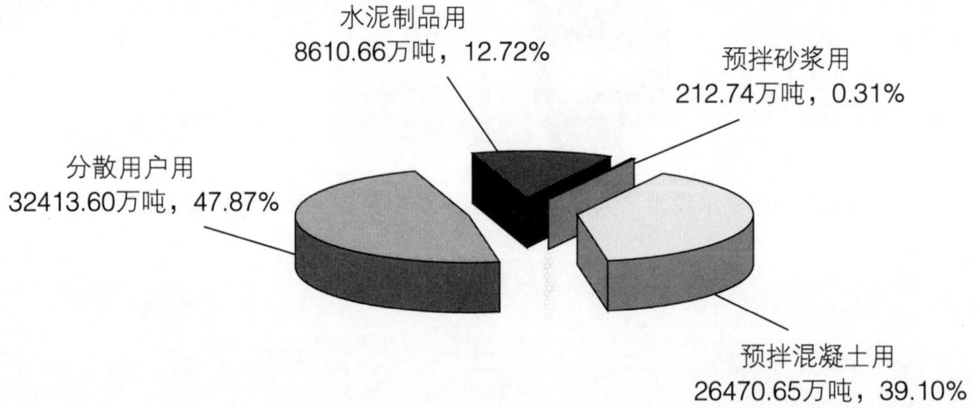

图4 2009年我国散装水泥消费构成及各消费量在全国散装水泥消费总量的占比情况示意

截至2009年年末，我国已有预拌混凝土生产企业4114个，比2008年增加561个，比2008年增长15.79%；全行业产能达23.35亿立方米，同比增加3.76亿立方米，增长19.19%；全年实际产量8.29亿立方米，同比增加1.51亿立方米，增长22.34%（其中：农村使用9481.51万立方米，占全国总量的11.44%）。

到2009年年末，全国拥有混凝土搅拌车71370辆，比2008年年末增加10762辆，同比增长17.76%；搅拌容量59.92万立方米，比2008年增加9.4万立方米，同比增长18.61%；全国拥有混凝土泵车13030辆，比2008年增加2240辆，同比增长20.36%；泵送能力91.41万立方

米，同比增加16.61万立方米，增长22.21%。

2. 预拌砂浆消费散装水泥及物流装备情况

2009年，我国生产预拌（普通）砂浆共消费散装水泥212.74万吨，比2008年增加127.33万吨，增长率为149.09%；占全国散装水泥使用量的0.31%。

另据2009年对全国18个省、自治区、直辖市的预拌砂浆发展情况统计（北京、天津、河北、辽宁、上海、江苏、浙江、江西、安徽、山东、河南、湖北、湖南、广东、四川、重庆、陕西、新疆），共有预拌砂浆（指普通预拌干混砂浆，下同）生产企业209家，比2008年年末增加31家，增长17.42%；年设计生产能力4040.25万吨，比2008年年末增加2034.45万吨，增长101.43%。全年共生产预拌砂浆531.22万吨，同比增加205.91万吨，增长率为63.29%。

到2009年年末，全国拥有干混砂浆运输车194辆，当年增加79辆，车总容量9295吨；拥有干混砂浆移动筒仓2046个，当年增加872个，总容量为6.46万吨；拥有干混砂浆背罐车74辆。

3. 农村水泥消费大幅增长，农村散装水泥消费继续增加

2009年，我国农村水泥消费量为3.91亿吨，同比增加5508.4万吨，增长率为16.4%，占全国水泥供应量的比重为24%。据测算，2008年我国农村水泥消费同比增加值为498.09万吨，增长率为1.51%，而2009年的增加值是2008年同比增加值的11.06倍，增长率为2008年同比增长率的10.86倍。由此可以看出，2009年我国农村的水泥使用量大幅增长。

2009年，我国农村散装水泥的消费量为1.23亿吨（其中：农村预拌混凝土使用3088.11万吨，水泥制品使用2513.41万吨），同比增加1572.64万吨，增长率为14.63%。全国农村散装水泥销售点已发展到6082家，比2008年年末增加1364家；全年销售散装水泥9803.48万吨，较2008年增加679.58万吨，增长7.45%。

三、散装水泥物流装备发展情况

散装水泥物流装备是实现散装水泥市场流通的重要物质基础。近年来，随着我国散装水泥市场的快速发展，散装水泥物流装备制造业已经成为散装水泥市场发展进程中的重要派生产业，技术作用和市场地位越来越突出。

到2009年年末，我国拥有散装水泥专用汽车35501辆，当年增加2419辆，同比增长7.31%；装载量达100.04万吨，比2008年增加12.07万吨，同比增长13.72%；拥有散装水泥储罐108733个，比2008年增加334个；装载量达338.85万吨，同比增加18.7万吨，增长了5.84%。

拥有铁路运输专用罐车5106节，同比减少300节，下降了5.55%。其中自备车由931节增加到1018节，路用车由4475节减少至4088节。

拥有散装水泥专用运输船1720艘，当年减少222艘，占11.43%；装载量为136.55万吨，同比减少29.3万吨，下降17.67%。

我国现有的散装水泥运输集装箱406个，当年无增减，当年实际运输量为129.09万吨。

2009年年末，我国共有散装水泥发放库14868个，年内增加了475个，同比增长3.3%；库容量达3206.28万吨，扩大了1115.34万吨，增长了53.34%；中转库数量为1620个（当年增加1个），库容量为249.65万吨，同比减少20.29万吨，占7.52%；固定接收库有18834个，当年增加1553个，增长了8.99%，库容量614.9万吨，比2008年增加18.7万吨，增长了3.14%。

统计数据表明，随着我国水泥生产能力的增强和布局的变化，水泥公路运输的比重呈加大趋势，而适合长途运输的铁路和水路运输量则呈下降趋势。

四、2009年我国水泥市场供应存在的主要问题

1. 平均散装水泥供应率提高缓慢

2009年，我国平均水泥散装供应率为

46.27%，比2008年同期仅提高0.45个百分点，低于近15年来全国散装水泥供应率平均每年提高2.25个百分点的平均水平。分析其原因主要有以下几点：

（1）固定资产投资拉动水泥市场需求旺盛，水泥产量迅猛增长。在国家4万亿投资拉动和“保增长、扩内需、调结构”等一系列政策影响下，2009年我国全社会固定资产投资达22.48万亿元，比2008年增长30.1%。固定资产投资促进了水泥市场的旺盛需求，全年水泥行业投资高达1700亿元，水泥产能和产量双增长，水泥年产量增幅达2.4亿吨，17.28%的增长率是2008年同期（增长率）的6.8倍。散装水泥供应的同期增长率为18.44%，仅是2008年同期的1.07倍。此外，年内有四个月散装水泥供应量的增速低于水泥产量的增速，且全年两者的增长率相当接近，是全国平均水泥散装供应率增幅较小的原因之一。2009年，我国水泥、散装水泥的分月同比增长情况如图5所示。

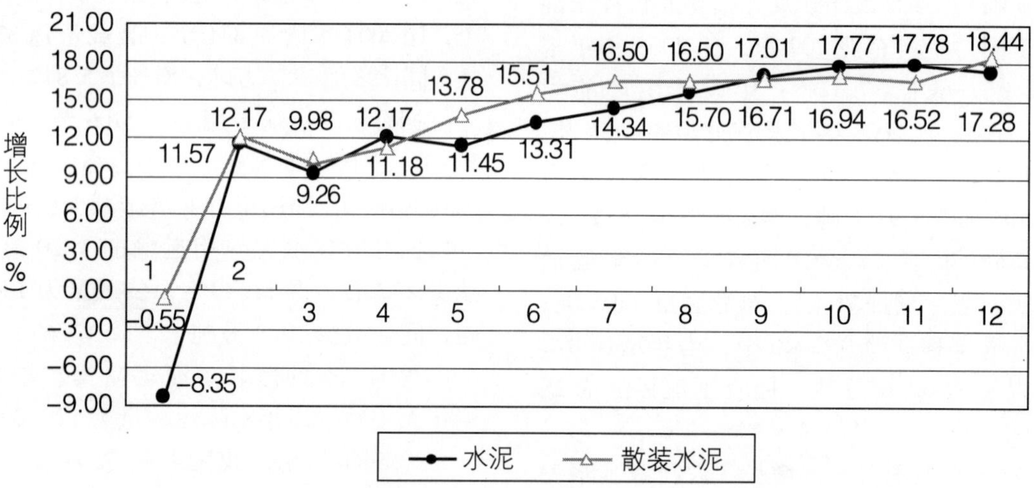

图5　2009年我国水泥、散装水泥的分月同比增长率示意

（2）我国东部地区散装水泥供应率的波动对全国产生了一定影响。2009年，我国东部地区散装水泥供应量占全国总供应量的比重由2008年的55.96%下降到51.73%；位居全国散装水泥供应量前两位的江苏、山东，以及北京、上海、天津三个直辖市（均为东部地区）的散装水泥供应量同期自比提高点均为负增长；山东省和上海市的散装水泥供应量同比分别减少418.28万吨和61.63万吨，减幅分别为4.75%和6.93%。显然，东部地区散装水泥市场的变化对全国的散装水泥供应率有举足轻重的影响。具体情况如图6所示。

（3）散装水泥物流装备的缺乏，使地震灾区及偏远地区基础设施建设袋装水泥的需求量加大。国家4万亿投资计划提升了基础设施建设的规模，带动了水泥市场需求量大增，而尚不具备散装水泥供应条件的偏远地区的建设项目，以及正在抓紧实施的四川地震灾后重建项目，由于散装水泥物流装备的缺乏而不具备散装水泥的使用条件，致使袋装水泥的使用量增加。

2. 农村袋装水泥需求量居高不下

统计表明，2009年我国农村建房和基础设施建设对水泥的使用量是2008年使用增长量的11.06倍，是2008年同比增长率的10.86倍；而全国农村散装水泥使用率为31.51%，低于全国水泥平均散装率14.76个百分点。由于农村散装水泥物流基础设施尚没有形成配套

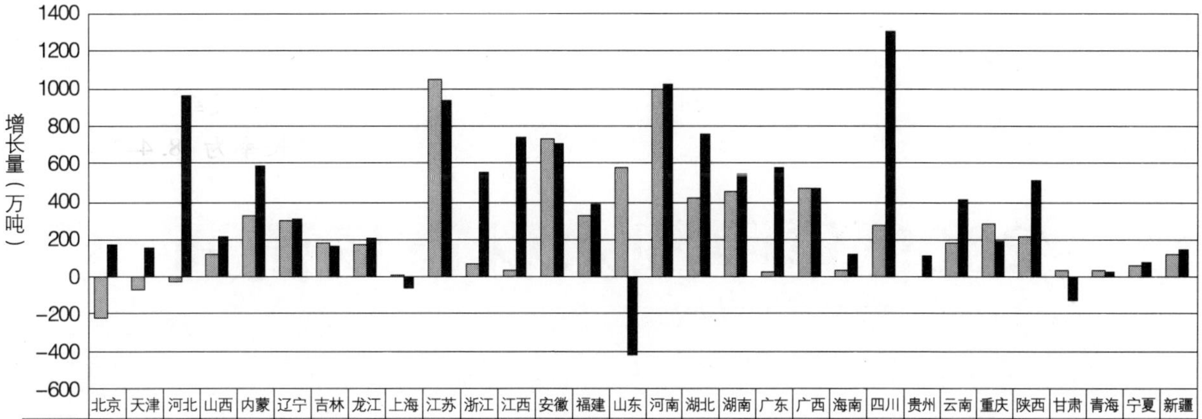

	北京	天津	河北	山西	内蒙	辽宁	吉林	龙江	上海	江苏	浙江	江西	安徽	福建	山东	河南	湖北	湖南	广东	广西	海南	四川	贵州	云南	重庆	陕西	甘肃	青海	宁夏	新疆
2008年	−217	−70.5	−34.4	121.7	320.2	298.2	178.7	170.7	3.91	1051	67.59	34.31	739.8	317.5	574.3	1000	413.2	453.9	23.07	471.2	32.4	268	−1.78	176.7	282.2	219	31.75	31.17	50	122.7
2009年	171.6	147.2	964.5	216.5	586.2	308.8	156.7	201	−61.6	934.3	557.8	748.7	706.8	384.5	−418	1019	753.5	551.2	574	473.2	124	1303	113.6	401.5	184.1	512	−124	27.11	75.68	138.9

图6　2008年和2009年我国散装水泥分省同比增长量示意

的散装水泥供应链，以供应袋装水泥为主的局面短期难以改变。

五、发展农村散装水泥市场流通的几点建议

经过几十年的发展，我国散装水泥市场流通体系建设取得了一定的成果，但目前我国水泥平均散装供应率还只有46%，距离水泥散装化70%的水平还有较大差距，这与低碳经济发展的要求极不相符。从我国散装水泥发展现状分析，目前城市水泥散装化已达到较高水平，而占全国水泥使用总量40%的农村地区，水泥散装供应率还不足10%，已经成为制约我国散装水泥市场发展的“瓶颈”。因此，大力发展农村散装水泥市场仍是相关部门的重要工作，为此，要做好以下几点工作。

（1）在“建材下乡”实施过程中，把“散装水泥下乡”作为重要内容进行部署，制定有效措施和相应政策实现散装水泥惠农利农。

（2）围绕新农村建设制订发展规划，合理布局加强农村散装水泥销售网点建设，不断完善物流配送体系，为农民供应散装水泥、预拌混凝土和预拌砂浆提供有效便捷的服务。

（3）加大专项资金投入，加强农村散装水泥物流等基础设施建设，彻底改变我国农村散装水泥配套设施设备薄弱的被动局面。

（4）积极运用现代信息技术，提高农村散装水泥技术和装备水平；全力加强散装水泥质量监测，确保散装水泥质量，让农民用上放心水泥。

（作者：武美燕　中国散装水泥推广发展协会）

2009 年中国木材市场流通

一、我国木材资源及消费构成

1. 资源

我国木材资源由国内生产和进口两部分构成。国内生产包括商品材、农民自用材和烧柴、木质纤维板和刨花板折合木材（扣除与薪材产量的重复计算部分）；进口包括原木、锯材、单板、人造板、木家具、木浆、木片、废纸、纸及纸制品及其他主要木质林产品。2009 年，我国木材资源总量约为 4.1 亿立方米，同比增长 10.1%，其中国产木材占木材资源总量的 55%，进口木材占木材资源总量的 45%。2009 年我国木材资源构成情况如表 1 和图 1 所示。

表 1　2008—2009 年我国木材资源构成及增长统计

木材资源分类	2008 年（万立方米）	2009 年（万立方米）	同比增加数量（万立方米）	同比增长（%）
国产商品原木	8108	8038	-70	-0.9
农民自用材和烧材	5281.6	5300	18.4	0.3
木质纤维板刨花板	6817.3	7800	982.7	14.4
进口原木	2957	2806	-151	-5.1
进口锯材	1001.5	1400.1	398.6	39.8
进口纸浆废纸	11445.6	13968.3	2522.7	22.0
进口其他木制品	281.3	341.1	59.8	21.3
超限额采伐及库存	1400	1400	0	0.0
资源总计	37292.3	41053.5	3761.2	10.1

2009 年，我国木材资源比 2008 年增长的原因主要来自两个方面：一是纸浆、废纸等的进口量增加了 720 万吨，折合原木约 2522 万立方米，比 2008 年增长了 22%；二是国产纤维板、刨花板的产量增加了 871 万立方米，扣除薪材原料重复计算部分，增加资源量约 982 万立方米，比 2008 年增长了 14.4%。然而总体看，国产和进口原木数量同比还略有下降。2009 年我国木材资源构成的情况如图 1 所示。

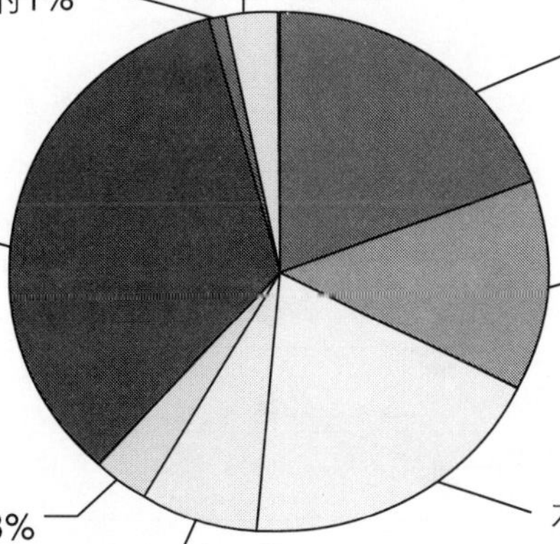

图 1　2009 年我国木材资源构成示意

2. 消费

2009 年，我国木材资源与消费基本平衡。我国木材消费由国内消费和出口两部分构成，国内消费包括工业与建筑消费、农民自用材和烧柴消费等；出口以木制品为主，主要包括木家具、胶合板、地板、木门窗及纸和纸制品等。2009 年，我国木材消费总量约为 4.1 亿立方米，比 2008 年增长 10%，其中除出口用木材下降 5%左右外，其他方面用材均有不同程度增长，特别是在国家增加 4 万亿元投资的带动下，建筑用材大幅度增长，造纸用材增长也较多。2009 年我国社会木材消费构成如图 2 所示。

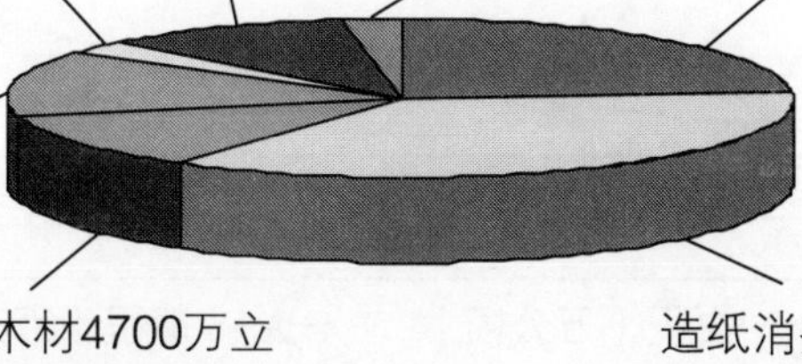

图 2　2009 年我国社会木材消费构成示意

二、我国森林资源持续发展为木材产业和流通提供了保障

根据最新的第 7 次全国森林资源清查（2004—2008 年）结果显示，我国现有森林面积 1.95 亿公顷，森林覆盖率为 20.36%，森林蓄积为 137.21 亿立方米；人工林保存面积为 0.62 亿公顷，蓄积为 19.61 亿立方米，人工林面积继续保持世界首位。2004—2009 年，我国森林蓄积净增 11.23 亿立方米（其中人工林净增 4.47 亿立方米），年均净增 2.25 亿立方米（其中人工林净增 0.9 亿立方米），继续呈现长大于消的良好态势。我国历次森林资源清查数据统计如图 3 所示。

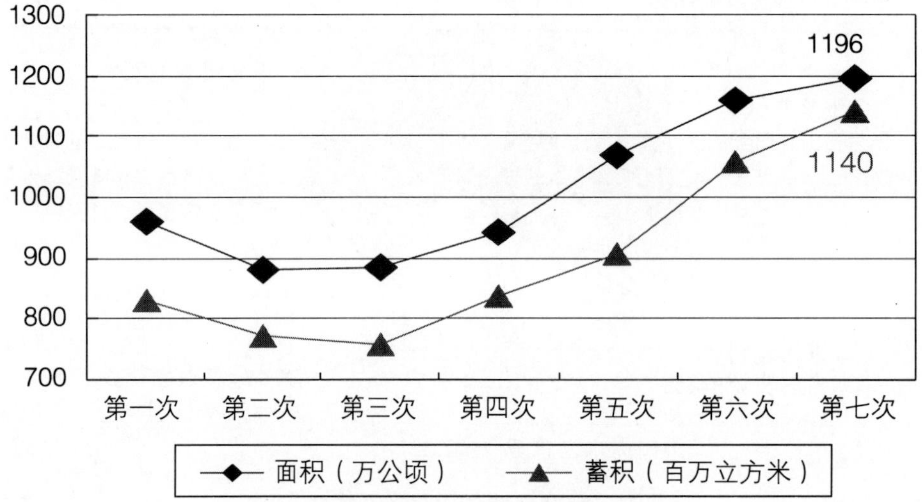

图 3　我国历次森林资源清查数据统计

我国历次森林资源清查中人工林清查数据如图 4 所示。

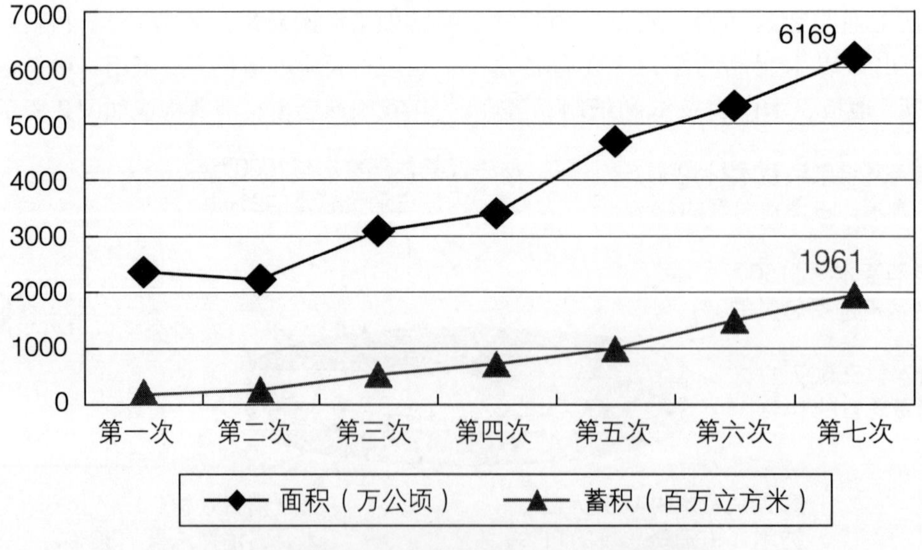

图 4　我国历次森林资源清查人工林数据统计

我国历次全国森林资源清查统计结果如表2所示。从表中数据可知，1978—2008年，我国森林蓄积增长了85%；森林面积增长了70%，森林覆盖率增加了8个百分点，其中人工林面积增长达100%。

表2 我国历次森林资源清查数据统计

清查期	森林面积（万公顷）	森林蓄积（万立方米）	森林覆盖率（%）
第一次（1973—1976年）	12186.0	865579.0	12.70
第二次（1977—1981年）	11527.7	902795.3	12.00
第三次（1984—1988年）	12465.3	914107.6	12.98
第四次（1989—1993年）	13370.4	1013700.0	13.92
第五次（1994—1998年）	15894.1	1126659.1	16.55
第六次（1999—2003年）	17490.9	1245584.6	18.21
第七次（2004—2008年）	19500.0	1372100.0	20.36

三、2009年我国国内木材及木制品生产概况

1. 国内原木生产量

2009年，我国国内商品木材生产量为8038.2万立方米，同比下降0.9%，其中工业用材为6938.2万立方米，同比下降5.7%。下降的原因是2007年的冰雪灾害产生大量雪损木材，使2008年国内商品木材产量超正常增长，基数过大所致。

2004—2009年，我国森林采伐逐步向人工林采伐转移，因此出现天然林采伐量不断下降、人工林采伐量逐年上升的态势，5年间我国人工林采伐量上升了12.27个百分点。2009年，我国人工林采伐量已占全国森林采伐量的39.44%。

我国木材工业主要集中在珠江三角洲和长江三角洲地区，距木材产区较远，过去80%以上的木材靠火车运输，现在公路发达，汽车运输虽然成本较高，但其机动灵活、到货时间快，并可直接运达用户减少中转环节，所以汽车运输的比重已超过铁路运输，并呈逐年增加的趋势。

我国主要木材产区集中在东北、华东和华南地区，东北地区以天然林为主，产量还将逐年调减；人工林以南方省区为主，其中江西、湖南和广西发展得最快。

2007—2008年我国主要木材产区的生产情况如表3所示。

2. 国内锯材生产量

2009年，我国锯材产量达3230万立方米，比2008年增长了13.8%。近几年，我国锯材生产的比重逐年增长，2000年我国锯材产量仅占原木产量的13.4%，2009年锯材产量已占原木产量的40.2%。锯材产量的提高有助于降低木材流通运输的成本。2003—2009年我国原木及锯材生产情况如图5所示。

表 3　　2007—2008 年我国主要木材产区的生产情况

木材产区	2007 年（万立方米）	2008 年（万立方米）	同比增量（万立方米）	增幅（%）
内蒙古	416.66	342.39	−74.27	−17.80
吉　林	419.29	421.24	1.95	0.50
黑龙江	550.61	549.22	32.27	4.20
福　建	702.38	757.46	55.08	7.80
江　西	491.56	610.23	118.67	24.10
湖　南	664.33	875.44	211.11	31.80
广　东	454.35	509.48	55.13	12.10
广　西	779.65	1114.85	335.2	43.00
云　南	387.93	427.52	39.59	10.20
大兴安岭	217.87	251.53	33.66	15.4

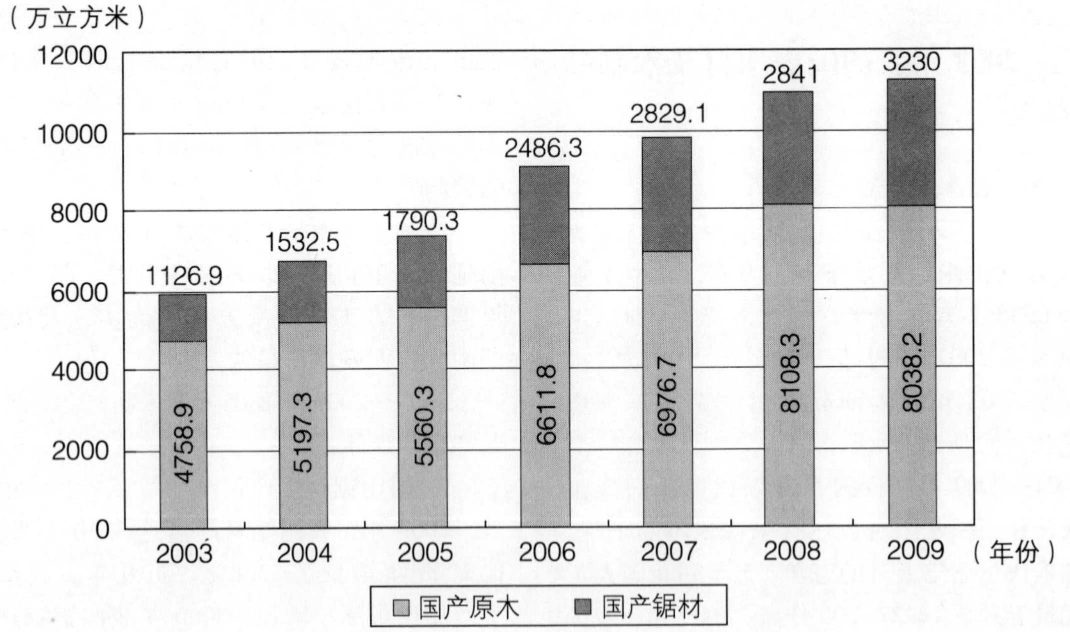

图 5　2003—2009 年我国原木及锯材生产情况

3. 国内人造板生产量

2009 年，我国人造板产量达 1.15 亿立方米，同比增长 22.7%，同时，我国人造板的产量和出口量均居世界第一位，各种类人造板生产量的增幅均在两位数以上。2009 年我国各类人造板生产情况如表 4 所示。

表 4　　2009 年我国各类人造板生产情况

产品名称	2008 年产量（万立方米）	2009 年产量（万立方米）	同比增长（万立方米）	增幅（%）
人造板合计	9409.95	11546.65	2136.7	22.7
胶合板	3540.86	4451.24	910.38	25.7
纤维板	2906.56	3488.56	582	20.0
其中：中密度	2740.52	3131.64	391.12	14.3
刨花板	1142.23	1431	288.77	25.3
其他人造板	1820.29	2175.85	355.56	19.5

由于我国的人造板生产主要集中在华东、华南地区（具体分布如图 6 所示），所以，中西部和东北地区对人造板的需求要靠长途调运。

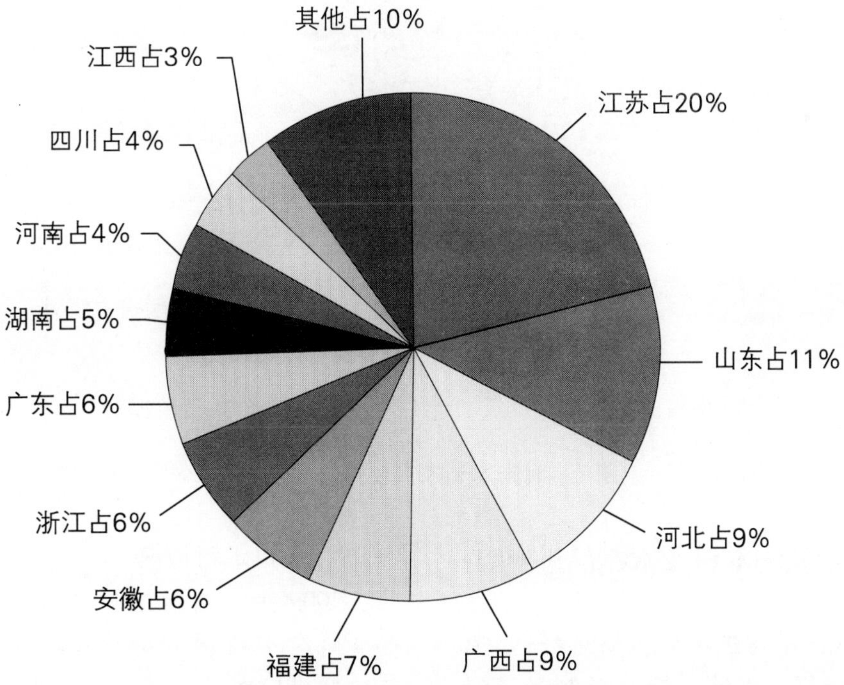

图 6　我国人造板生产的分布示意

4. 木家具、木地板的生产

2009 年，受全球经济危机影响我国木地板和木质家具的出口贸易量骤少，导致生产量下降，其中木地板产量呈负增长，木质家具产量虽然呈正增长，但增幅大幅回落，具体情况如表 5 所示。

表 5　2009 年我国木地板和木制家具生产情况

分　类	单　位	2008 年	2009 年	同比增减（%）
实木木地板	万平方米	11207.4	10456.3	-6.7
复合木地板	万平方米	30561.4	30041.9	-1.7
木质家具	万件	19618.2	20501.1	4.5

2009 年，我国规模以上家具企业生产量达 6.08 亿件，其中木质家具占 1/3，为 2.05 亿件。我国木制家具的生产主要分布在广东、山东、浙江和辽宁四省，其产量约占全国总产量的 74%。我国木制家具生产的分布如图 7 所示。

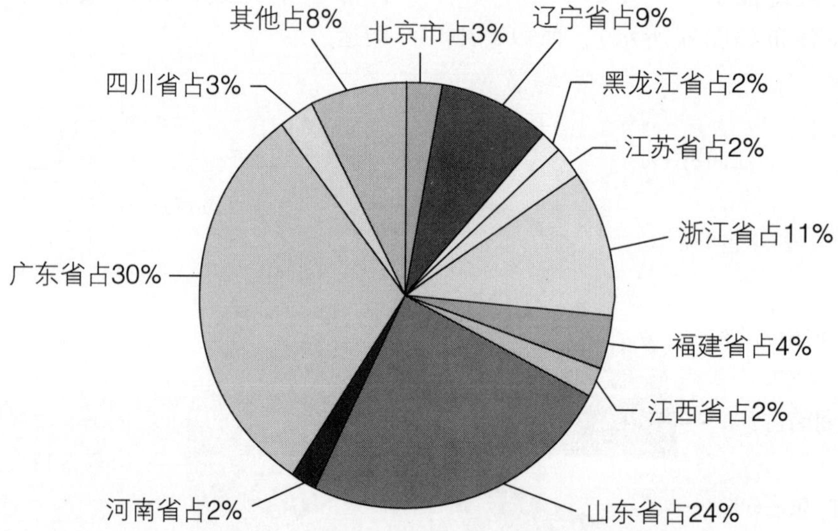

图 7　我国木制家具生产分布示意

四、2009 年我国木材及木制品进出口

2009 年，我国木材进出口贸易总额达 276 亿美元（不含废纸、纸浆、纸及纸制品等），同比下降 8.9%，其中：进口 75 亿美元，同比下降 8.8%；出口 201 亿美元，同比下降 18.3%，如图 8 所示。

1. 进口木材情况

2009 年，我国进口木材比重约达 40%。由于国产木材很大部分用于坑木、造纸和农用，而进口木材在基建、工业、装修、家具和出口等市场流通方面占主导地位，因此进口木材的变化情况，基本可以反映我国工业生产对木材的需求。

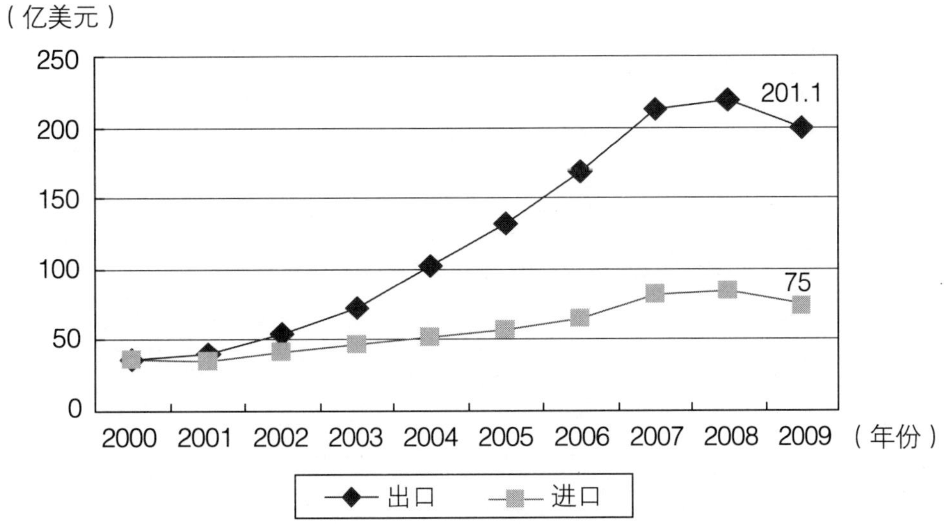

图 8　2000—2009 年我国木材及木制品进出口统计

（1）原木。2009 年，我国进口原木 2806 万立方米，同比减少 151 万立方米，下降 5.1%。其中：针叶原木进口 2029.7 万立方米，同比增长 9.5%；阔叶原木进口 776.2 万立方米，同比下降29.6%。原木进口已连续两年减少，减少的主要原因一是受金融风暴影响，木制品出口下降，需求减少；二是俄罗斯大幅提高原木出口关税，使俄罗斯原木进口口岸价格上涨了 28.7%，我国减少进口俄原木 673 万立方米。2009 年我国进口原木情况如图 9 所示。

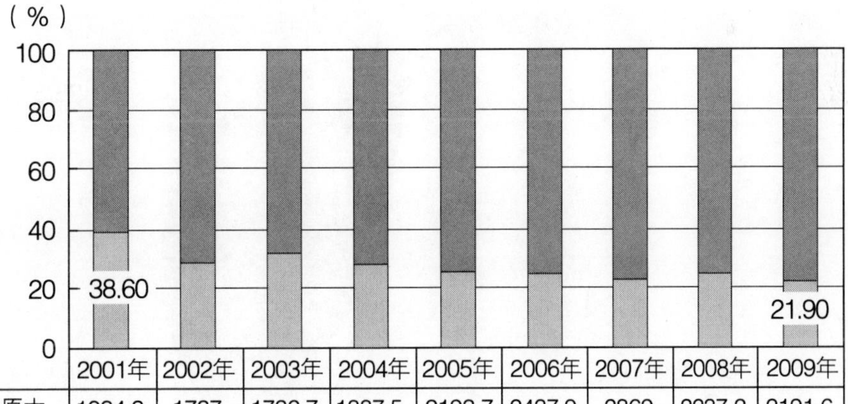

	2001年	2002年	2003年	2004年	2005年	2006年	2007年	2008年	2009年
■非热带原木	1034.3	1737	1732.7	1887.5	2193.7	2437.9	2869	2237.2	2191.6
□热带原木	651.7	696	812.3	736.5	743.3	777.1	840	719.8	614.3

□热带原木　■非热带原木

图 9　2001—2009 年我国进口原木情况

进口原木中，热带原木的比重在逐年下降，2001 年热带原木占 39%，2004 年为 28%，2009 年进一步降至 21.9%。进口针叶原木 2029.7 万立方米，同比增长 9.5%，阔叶原木 776.2 万立方米，下降 29.6%。

从进口的地区看，近年来我国从亚洲进口

原木的数量持续大幅减少，而大洋洲的原木进口数量迅速增加。2004 年，我国从亚洲进口原木 407 万立方米，占原木进口量的 15%，居各洲之首；2009 年，我国从亚洲进口原木的数量已降至 128.7 万立方米，仅占原木进口量的 4.6%，平均每年递减 23%。2009 年，我国从大洋洲进口的原木达到 793 万立方米，占我国原木进口量的 28%，平均每年递增 22%。2009 年我国从世界各洲和俄罗斯进口原木的情况如表 6 和图 10 所示。

表 6　　2009 年我国从世界各洲和俄罗斯进口原木的情况

国家和地区	2008 年（万立方米）	2009 年（万立方米）	增减数量（万立方米）	增幅（%）
大洋洲	572.68	792.95	220.27	38.5
亚　洲	152.88	128.68	-24.2	-15.8
非　洲	229.22	211.86	-17.36	-7.6
北美洲	61.26	113.77	52.51	85.7
俄罗斯	1866.51	1481.15	-385.36	-20.6
欧　洲	65.62	72.04	6.42	9.8
南美洲	8.82	5.48	-3.34	-37.9
合　计	2956.99	2805.93	-151.06	-5.1

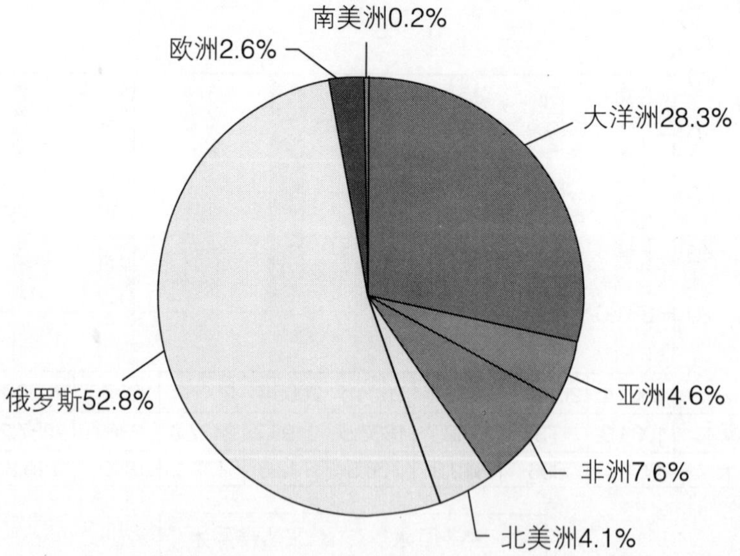

图 10　我国从各洲和俄罗斯进口原木的比例示意

从进口原木国别看：2009 年，我国进口原木量排位前 10 的国家共占我国原木进口量的 93%。我国从俄罗斯、巴新、所罗门和马来西亚进口原木的数量同比呈下降趋势；从新西兰进口原木的数量同比增长 131.2%，增幅居各国之首，绝对数量居第二位。由于许多国家为保护热带雨林，纷纷限制和减少了原木出口，所以，今后国际市场的原木出口量将逐步减少，锯材出口量将逐步增加。2009 年，我国进口原木量排位前 10 的国家及数量如表 7 所示。

表 7　　2008—2009 年我国进口原木量排位前 10 的国家及数量

排名	2008 年	2009 年			
	国　别	数量（万立方米）	国　别	数量（万立方米）	同比（%）
1	俄罗斯	1866.51	俄罗斯	1481.15	-20.7
2	巴布亚新几内亚	222.97	新西兰	441.35	131.2
3	新西兰	190.86	巴布亚新几内亚	165.95	-25.6
4	所罗门群岛	115.89	所罗门群岛	112.44	-3.0
5	加蓬	107.68	加蓬	110.3	2.4
6	马来西亚	81.67	美国	75.95	91.1
7	缅甸	49.03	澳大利亚	73.21	70.5
8	澳大利亚	42.95	马来西亚	72.17	-11.6
9	美国	39.75	刚果	43.63	10.5
10	刚果	39.48	加拿大	37.2	80.1

（2）锯材。2009 年，我国进口锯材 986.3 万立方米，比 2008 年增加 233.8 万立方米，同比增长 39.8%，其中针叶锯材进口 634.4 万立方米，比 2008 年增加 173.2 万立方米，同比增长 74%。阔叶锯材进口 351.9 万立方米，比 2008 年增加 11.1 万立方米，同比增长 3.3%。2005—2009 年我国进口锯材情况如图 11 所示。

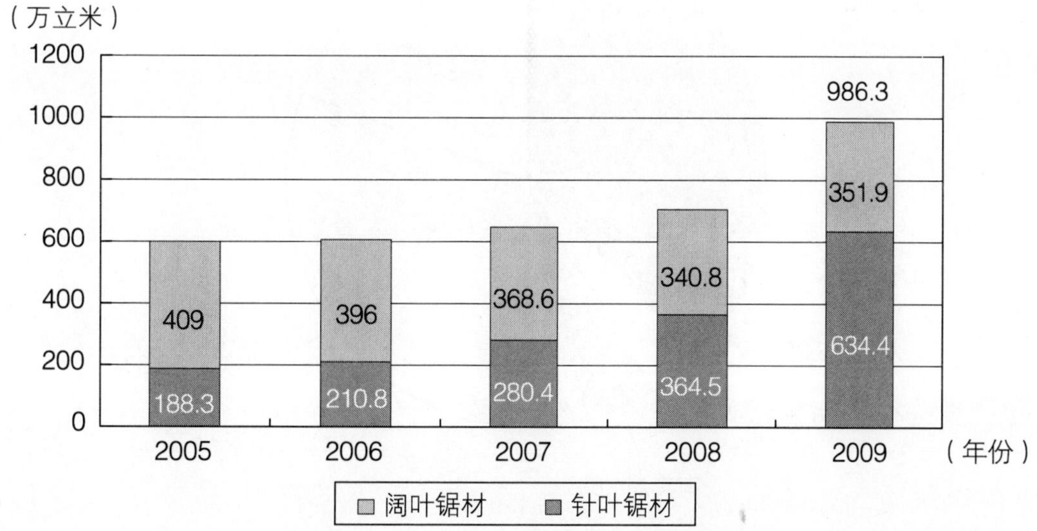

图 11　2005—2009 年我国进口锯材情况

从进口地区看，2009 年我国从北美洲进口的锯材的数量超过亚洲，位居第一位，从南美洲进口的锯材数量虽然不大，但增长幅度很大，此外进口俄罗斯锯材的数量增长也很快，具体情况如表 8 所示。2009 年我国从各大洲及俄罗斯进口锯材占比情况如图 12 所示。2003—2009 年我国从北美洲、亚洲和俄罗斯进口锯材走势如图 13 所示。

表 8　　2009 年我国从各大洲及俄罗斯进口锯材的数量统计

国家和地区	2008 年（万立方米）	2009 年（万立方米）	增减数量（万立方米）	增减（%）
亚　洲	165. 01	193. 12	28. 11	17. 0
北美洲	240. 94	338. 53	97. 59	40. 5
南美洲	28. 74	47. 17	18. 43	64. 1
欧　洲	29. 86	36. 25	6. 39	21. 4
大洋洲	32. 8	50. 86	18. 06	55. 1
非　洲	11. 01	8. 33	-2. 68	-24. 3
俄罗斯	196. 82	312. 05	115. 23	58. 5
合　计	705. 18	986. 31	281. 13	39. 9

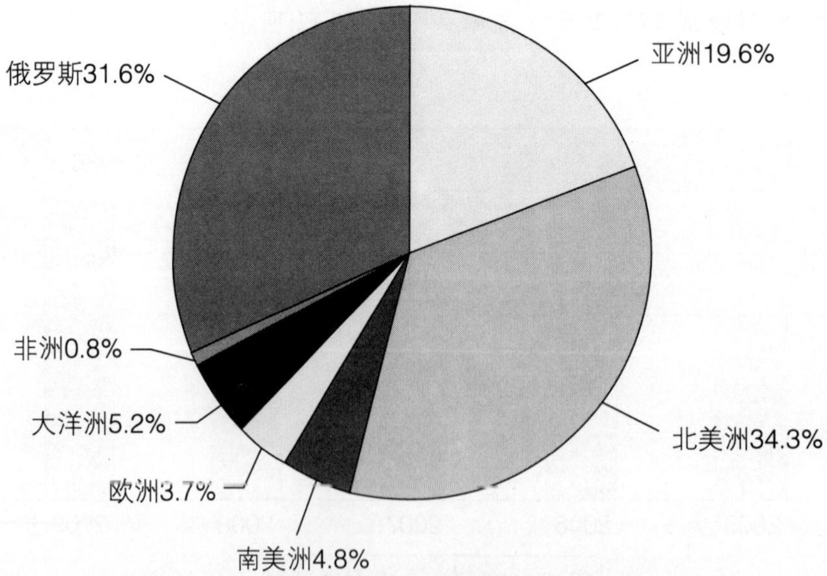

图 12　2009 年我国从各大洲及俄罗斯进口锯材占比示意

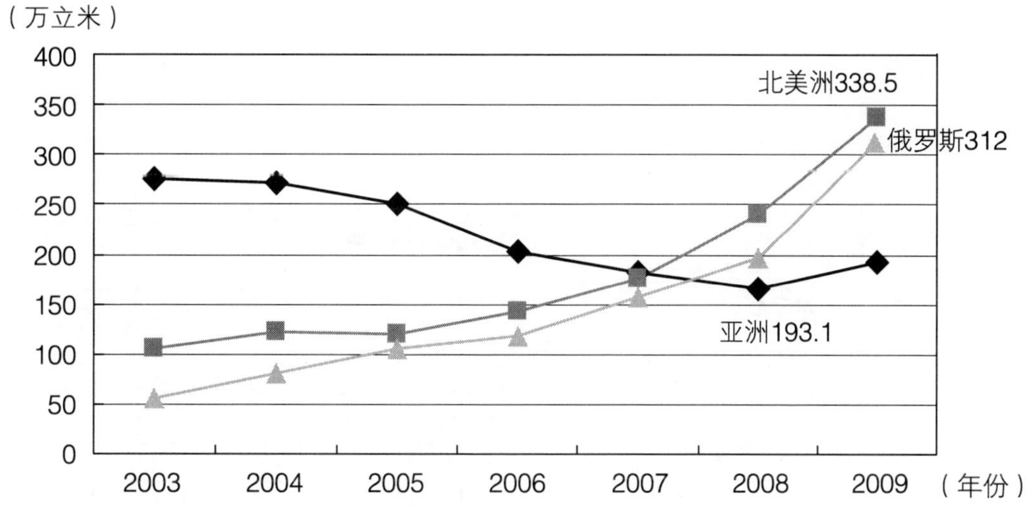

图 13　2003—2009 年我国从北美洲、亚洲和俄罗斯进口锯材的走势

从进口国别看，我国进口锯材量排位前10的国家共占进口锯材总量的90%。其中俄罗斯（阔叶锯材约占8.3%）、加拿大、新西兰主要是针叶锯材；美国、泰国、马来、印尼等主要是阔叶锯材。具体情况如表9和图14所示。

表 9　2008—2009 年我国进口锯材排位前 10 的国家及相关数据统计

排名	2008 年			2009 年				
	国别	数量（万立方米）	占总量（%）	国别	数量（万立方米）	占总量（%）	与上年同比增减	同比（%）
1	俄罗斯	196.82	27.9	俄罗斯	312.05	31.6	115.23	58.6
2	加拿大	113.36	16.1	加拿大	243.7	24.7	130.34	115.0
3	美　国	104.25	14.8	泰　国	102.44	10.4	23.37	29.6
4	泰　国	79.07	11.2	美　国	92.9	9.4	-11.35	-10.9
5	马　来	25.28	3.6	新西兰	41.78	4.2	17.87	74.7
6	新西兰	23.91	3.4	菲律宾	29.38	3.0	11.27	62.2
7	印度尼西亚	22.46	3.2	印度尼西亚	21.16	2.2	-1.3	-5.8
8	菲律宾	18.11	2.6	马　来	20.47	2.1	-4.81	-19.0
9	巴　西	16.15	2.3	智　利	19.9	2.0	3.86	24.1
10	智　利	16.04	2.3	缅　甸	11.16	1.1	1.24	12.5
总量		615.45			894.94		285.72	

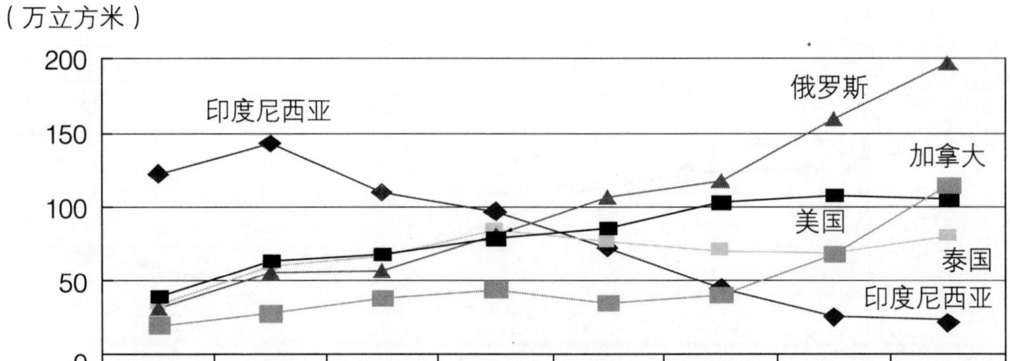

	2001年	2002年	2003年	2004年	2005年	2006年	2007年	2008年
印度尼西亚	121.76	141.97	108.77	96.14	72	45.01	25.75	22.46
泰国	33.3	59.21	67.13	83.47	76.22	70.65	69.42	79.07
俄罗斯	30.84	55.17	56.12	79.91	105.67	117.43	158.55	196.82
美国	39.3	62.68	67.69	78.24	85.26	102.19	107.33	104.25
加拿大	19.22	28.13	38.09	43.94	35.04	39.79	67.46	113.36

图 14　2001—2008 年我国进口锯材的主要国家及进口数量走势

（3）进口口岸价。2009 年，我国进口原木价格以海关美元价（相当于出厂价，下同）计算，为每立方米 145.6 美元，同比下降 16.9%，进口原木价格下降主要是受世界经济危机影响，需求减少、运费下降所致。具体情况如图 15 所示。

2009 年，我国进口锯材海关口岸价格为每立方米为 233.8 美元，同比下降 17.5%。具体情况如图 16 所示。

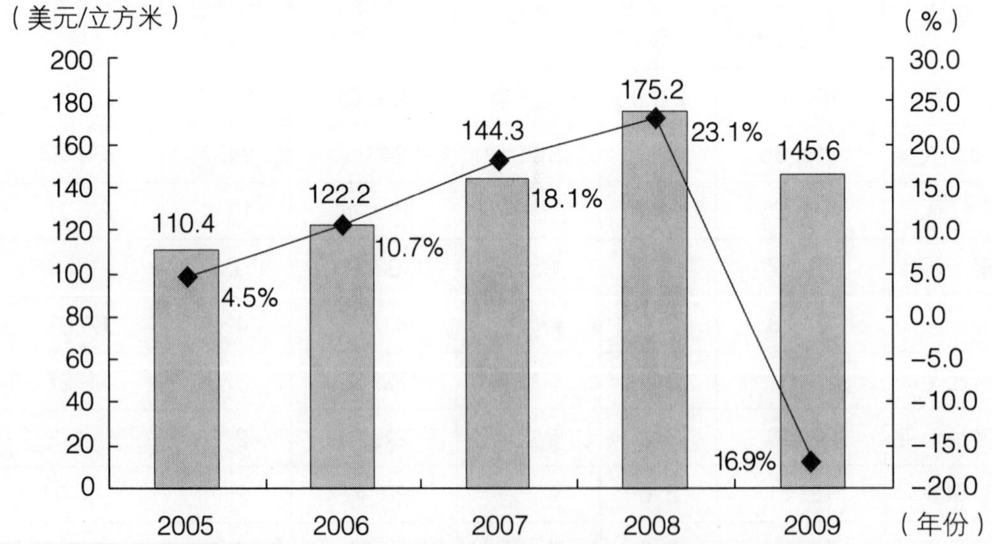

图 15　2005—2009 年我国进口原木口岸价格及增幅走势

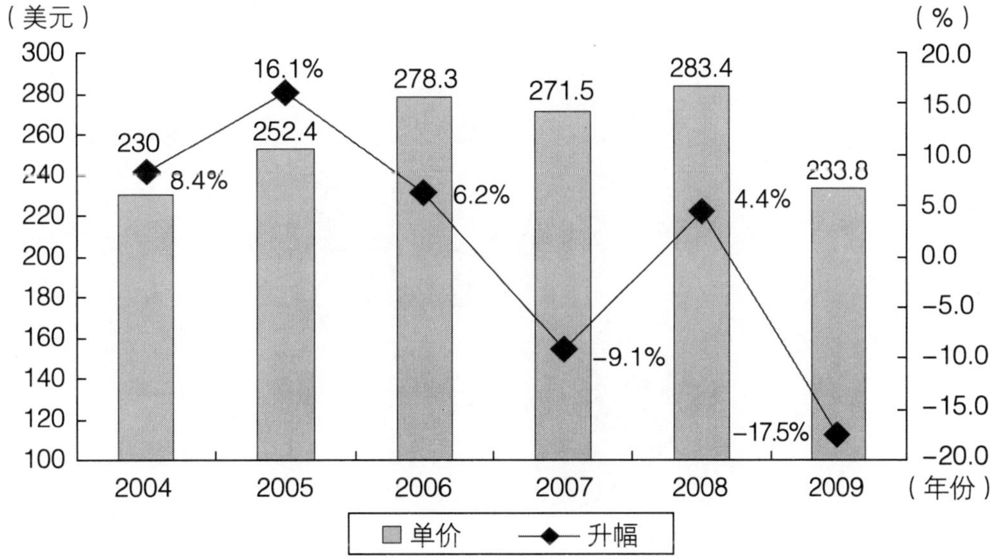

图 16　2004—2009 年我国进口锯材单价及升幅情况

木材是可再生资源，其全球资源总量和需求基本平衡，和其他不可再生原材料相比，木材的价格比较平稳。总体讲，除热带天然珍贵树种外，木材供需不会出现大的矛盾，价格也不会出现大的波动。

（4）进口木材的主要省市（口岸）。2009 年，我国进口木材的主要省区如内蒙古、黑龙江进口原木的数量减少了 397 万立方米，主要是进口俄罗斯的原木大幅减少；山东、上海和福建等省市进口原木增加了 237 万立方米，主要是辐射松原木进口量增加，如表 10 所示。总体看，内蒙古、黑龙江、江苏、上海和山东进口的原木约占总进口量的 90%，如图 17 所示。

表 10　　2009 年我国原木进口主要省区市的进口情况统计

省区市	2009 年（万立方米）	2008 年（万立方米）	增减数量（万立方米）	增减（%）
内蒙古	775. 6	896. 97	−121. 37	−13. 5
江　苏	720. 96	724. 6	−3. 64	−0. 5
黑龙江	456. 7	732. 11	−275. 41	−37. 6
山　东	266	129. 6	136. 4	105. 2
上　海	231. 78	178. 09	53. 69	30. 1
广　东	110. 91	124. 92	−14. 01	−11. 2
福　建	93. 31	46. 55	46. 76	100. 5
其　他	150. 67	124. 16	26. 51	21. 4
总　计	2805. 93	2957	−151. 07	−5. 1

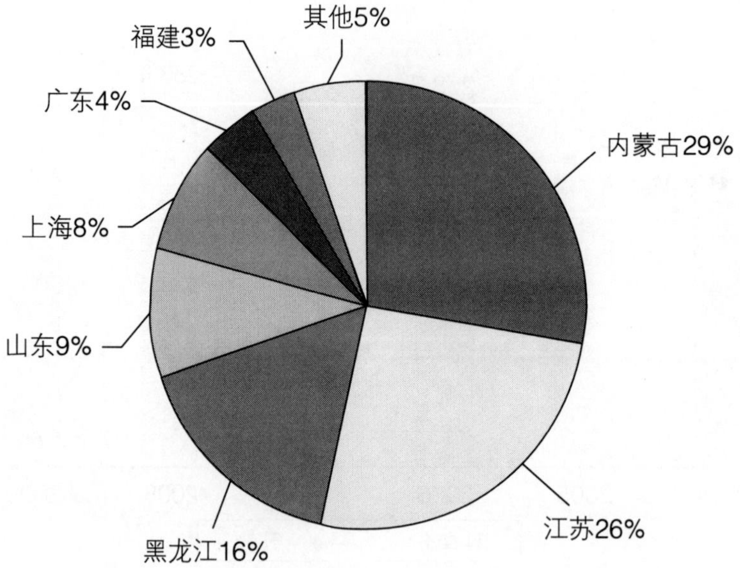

图 17 2009 年我国主要省区市原木进口量占比示意

2009 年，我国进口锯材达 986.34 万立方米。其中上海、内蒙古、广东、天津、黑龙江和山东省区市的进口量约占总进口量的 87%。具体情况如表 11 和图 18 所示。

表 11 2009 年我国主要省区市锯材进口情况统计

省区市	2009 年（万立方米）	2008 年（万立方米）	增减数量（万立方米）	增减（%）
上 海	240.37	173.79	66.58	38.3
内蒙古	233.43	165.02	68.41	41.5
广 东	208.72	193.12	15.6	8.1
天 津	66.2	37.97	28.23	74.3
黑龙江	59.2	26.07	33.13	127.1
山 东	50.9	20.76	30.14	145.2
江 苏	37.15	12.59	24.56	195.1
辽 宁	28.28	23.24	5.04	21.7
浙 江	25.27	19.45	5.82	29.9
福 建	13.9	17.52	-3.62	-20.7
其 他	22.92	15.77	7.15	45.3
总 计	986.34	705.3	281.04	39.8

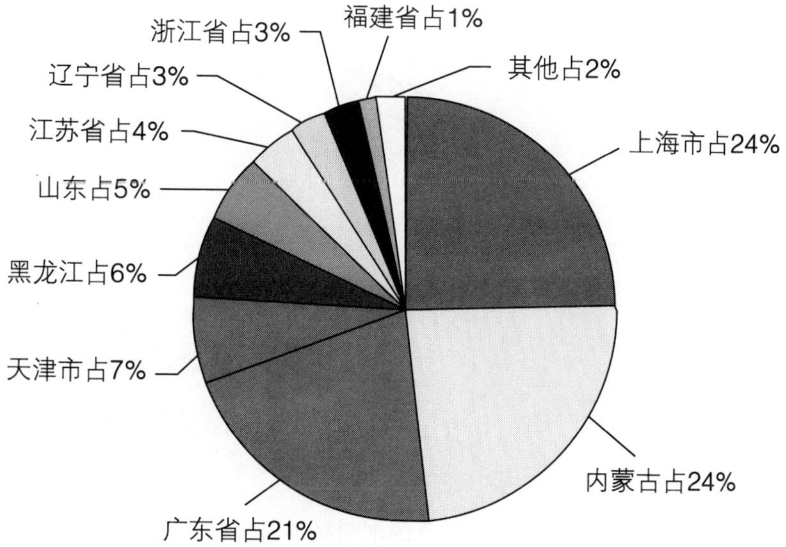

图 18　2009 年我国主要省区市进口锯材量占比示意

2. 2009 年木制品出口首现负增长

2008 年 8 月以后，我国木制品出口下降幅度急剧增长。我国是全球木制品出口数量最多的国家，出口的主要品种是木家具和各种人造板，其中木家具（含木坐具）出口占木制品出口总量的 50%。

2009 年，我国木制品出口金额达 201 亿美元，同比下降 8.4%，受世界经济危机影响首次出现负增长（如图 19 所示），其中木家具出口 1.7 亿件，同比增长 1.1%；胶合板出口 563.5 万立方米，同比下降 21.6%；纤维板出口 173.9 万立方米，同比下降 69.6%；木门出口 25.4 万吨，同比下降 16.3%。2009 年我国木制品出口品种构成如图 20 所示；2009 年我国木家具出口数量及增幅如图 21 所示；2009 年我国胶合板出口数量及增幅如图 22 所示；2009 年我国纤维板出口数量及增幅如图 23 所示；2009 年我国木门出口数量及增幅如图 24 所示。

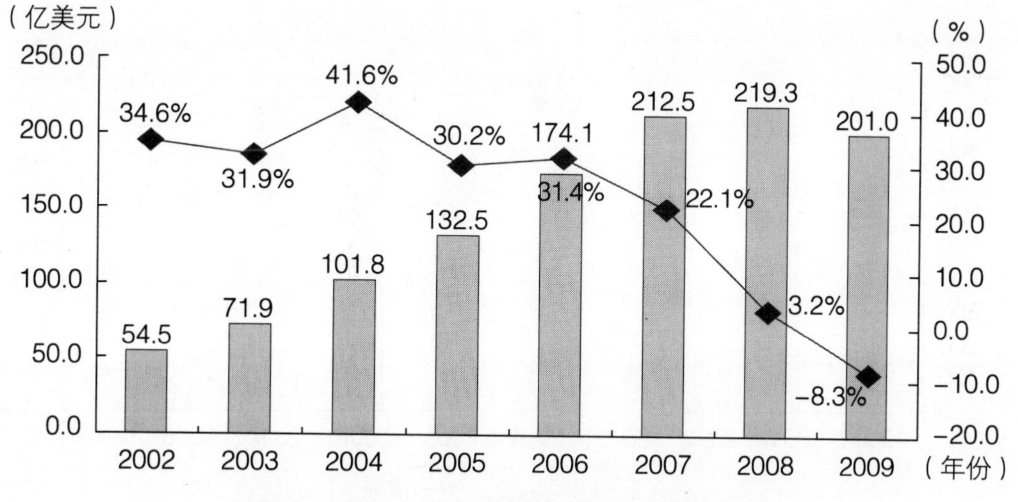

图 19　2002—2009 年我国木制品出口额走势

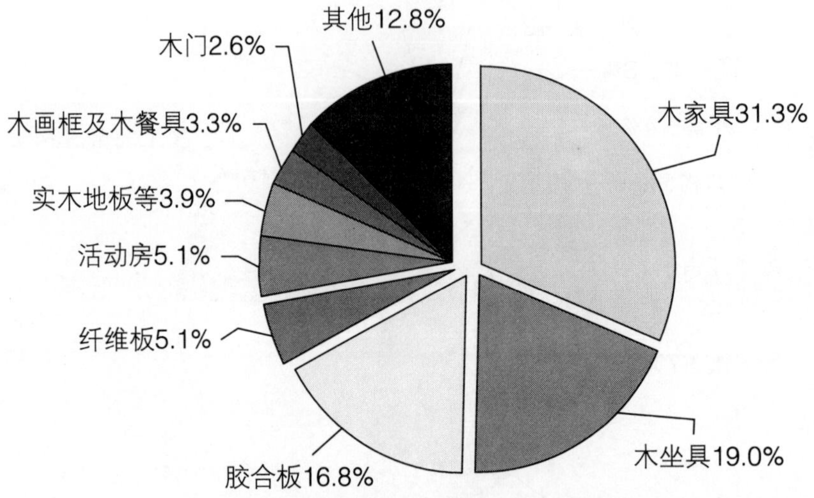

图 20　2009 年我国木制品出口品种构成

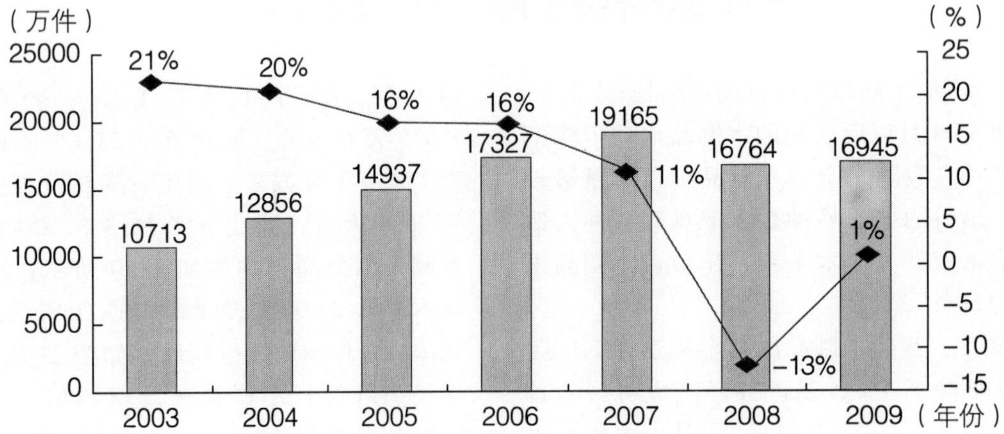

图 21　2003—2009 年我国木家具出口数量及增幅

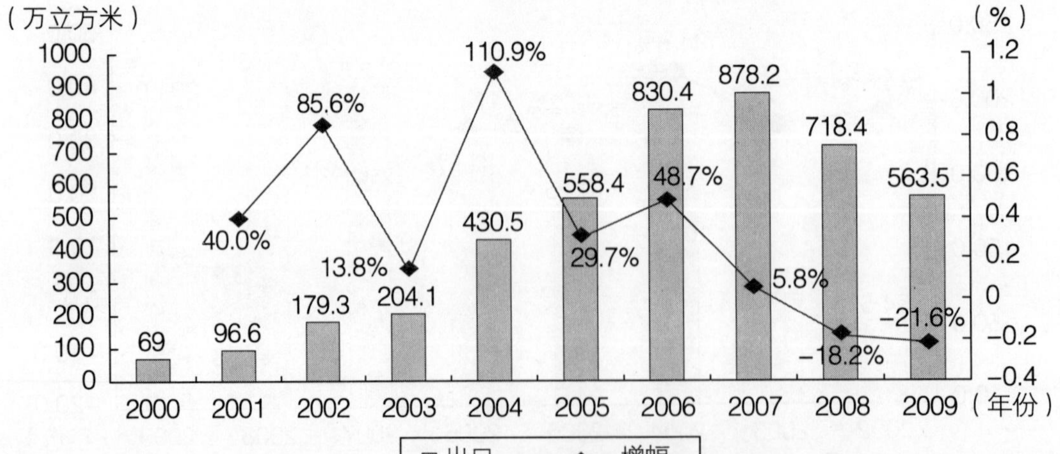

图 22　2000—2009 年我国胶合板出口数量及增幅

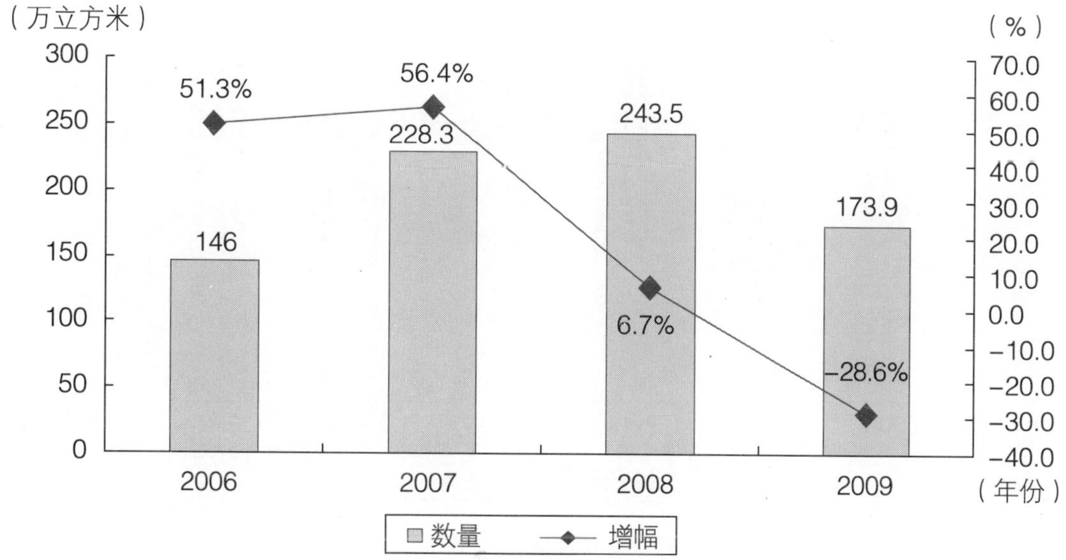

图23　2006—2009 年我国纤维板出口数量及增幅

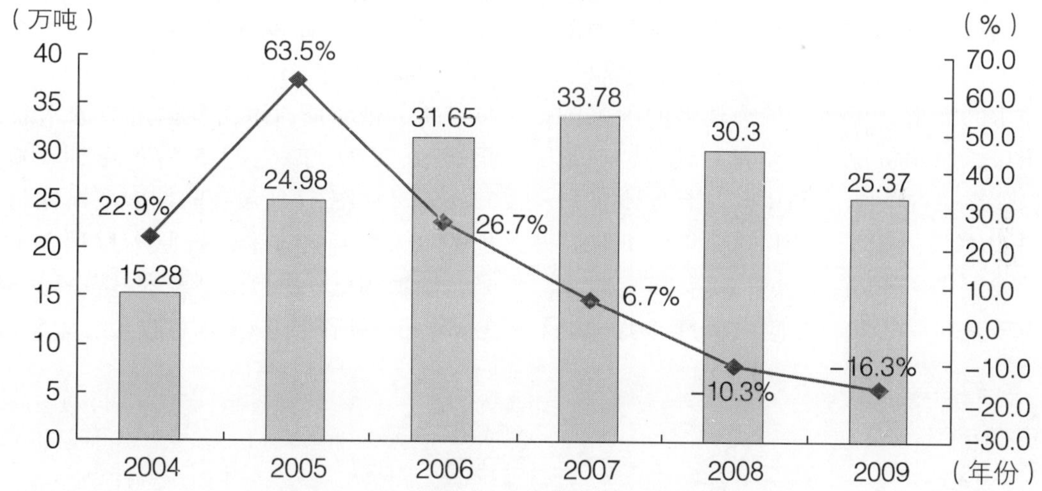

图24　2004—2009 年我国木门出口数量及增幅

3. 2009 年进口变化特点

（1）进口原木海运比重逐年增加。2005 年，我国进口原木海上运输仅占进口原木总量的1/3，但随着俄罗斯原木出口减少和大洋洲、北美洲原木出口的增加，原木海运比重逐年增长，2009 年海运比重超过进口原木总量的1/2，许多港口都在积极扩大木材进口，除原来全国进口原木最大的港口张家港以外，如江苏的靖江、太仓、常熟、扬州、泰州、大丰等以及福建的漳州，山东的岚山等都在扩大进口原木，上海港也在恢复原木进口。进口俄罗斯原木过去以从满洲绥芬河和二连口岸陆运为主，2005 年以前，海运原木仅占 10% 左右，2009 年已增加到 21. 1%。2009 年我国进口原木海运、陆运比重如图 25 所示。

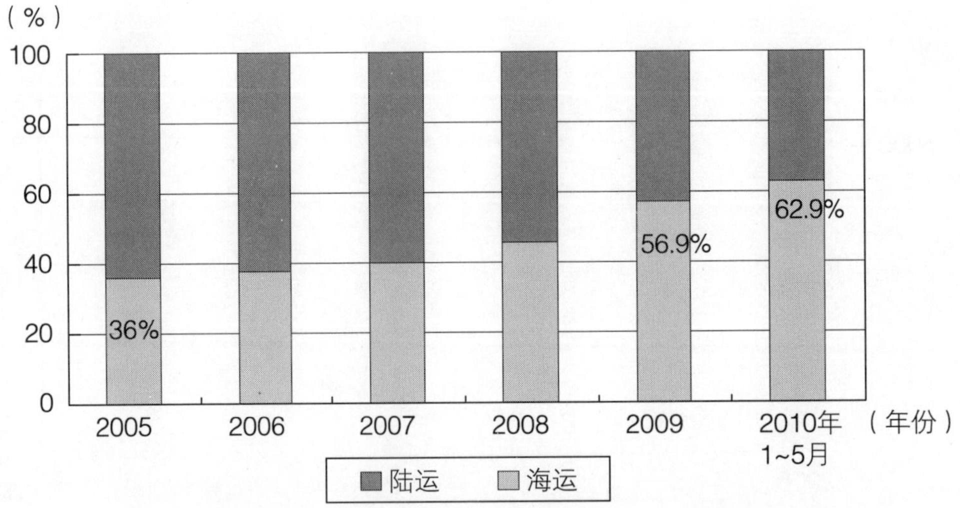

图 25　2005—2009 年我国进口原木海运、陆运比重

（2）阔叶原木进口数量大幅下降。主要是因为 2009 年受国际经济危机影响，我国木制品出口受到很大影响，需求减少，加上国内薄木（木皮）产业和科技木发展较快，也减少了对阔叶原木的需求，另外，越来越多的国家限制原木出口，原木货源相对紧张。其中，热带原木进口比重也在下降，2001 年热带原木进口占原木进口总量的 39%，到 2009 年已下降到 21.9%，减少了 17 个百分点。减少阔叶原木进口也应该是今后的发展方向。2009 年我国进口阔叶原木情况统计如图 26 所示。

（3）进口俄罗斯原木大幅下降。2009 年，我国进口俄罗斯原木达 1481.2 万立方米，比 2007 年减少了 1058 万立方米，两年下降了 41.7%，俄罗斯原木占我国进口原木总量的比重也由 2007 年的 68.5% 下降到 2009 年的 52.8%，如图 27 所示；同期俄罗斯锯材出口增加了 153.5 万立方米，折原木材积 218 万立方米，两项相抵，进口俄罗斯木材净减少 840 万立方米，俄罗斯两年减少木材收入约 9.5 亿美元。

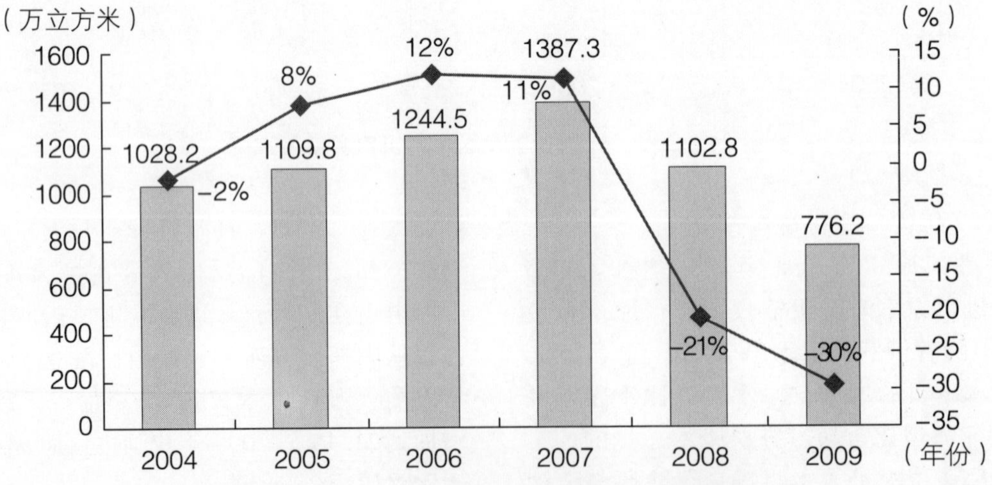

图 26　2004—2009 年我国进口阔叶原木情况统计

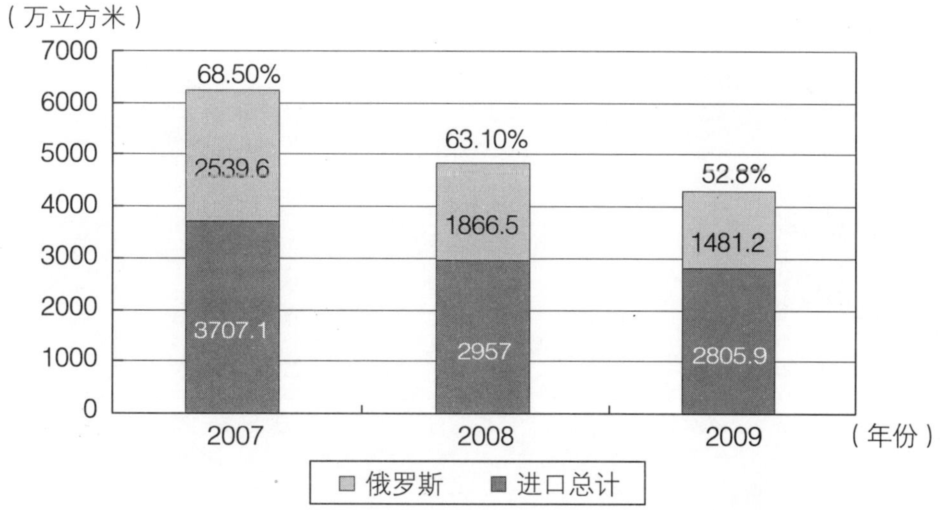

图 27　2007—2009 年我国进口俄罗斯原木变化情况

近两年，我国进口俄罗斯原木大量减少，主要有三个原因：一是受世界经济危机影响，市场需求减少；二是俄罗斯提高原木出口关税，使原木海关价格由 2002 年每立方米 66 美元增加到 2008 年的每立方米 137 美元，价格失去竞争性；三是交易方式不规范，俄罗斯不采取世界贸易通用的信用证方式，增加贸易风险，使一些贸易商逐步转向经营其他国家木材。

（4）进口辐射松原木大幅增加。由于俄罗斯 2008 年开始大幅增加原木出口关税，使其价格失去竞争力，辐射松趁机降价占领俄原木空出的市场，2009 年国际市场辐射松口岸均价为每立方米 94.7 美元，比 2008 年降低 24.7%，低于俄罗斯原木 22.8 美元，如图 28 所示。因此，2009 年，我国辐射松进口量达到 483.4 万立方米的创纪录水平，比 2008 年增长 131.9%。进口辐射松原木占进口原木总量比重也由 2005 年的 2.2% 上升到 2009 年的 17.2%。详细情况如图 29 所示。

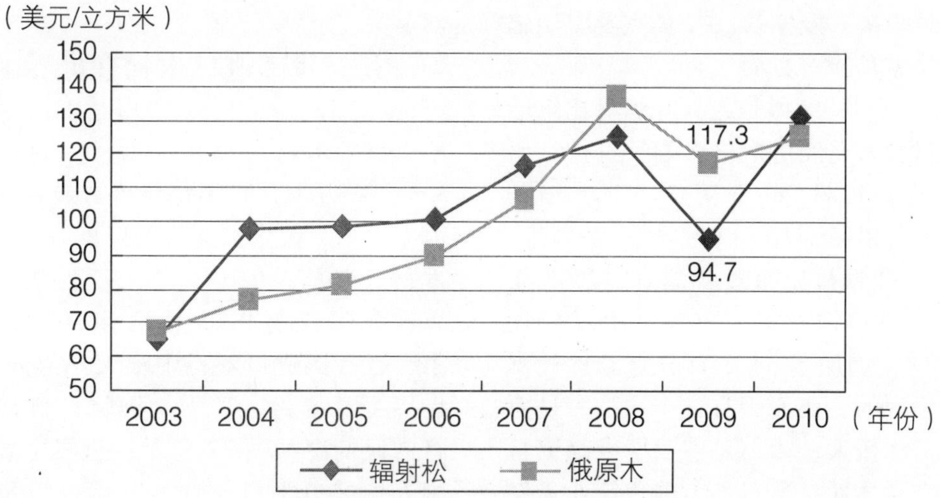

图 28　2003—2010 年我进口辐射松和俄罗斯原木的海关进口价走势

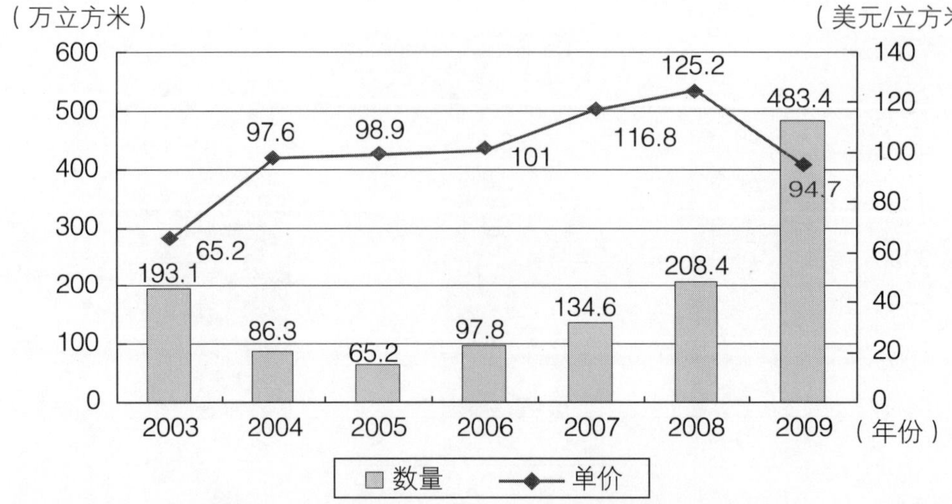

图 29　2003—2009 年我国进口辐射松数量与价格统计

我国进口辐射松原木主要来自澳洲，其中新西兰占 85%，澳大利亚占 15%。2009 年，我国进口辐射松锯材 66.9 万立方米，同比增长 57%，其中新西兰占 60%，智利占 30%。我国进口辐射松原木的省市主要集中在华东地区，其中山东进口 155.4 万立方米，比 2008 年增长 132.6%；上海进口 104.7 万立方米，比 2008 年增长 143.5%；福建进口 84.8 万立方米，比 2008 年增长 101%；江苏进口 70.8 万立方米，比 2008 年增长 75.6%。我国进口辐射松原木主要应用在建筑口料、单板旋切（做胶合板、建筑模板）及家具（如美克美家用辐射松做的高档家具）等方面。

（5）进口锯材持续增长，针叶锯材比重增加。进口锯材并未受经济危机影响一直持续增长，2009 年进口锯材 986.3 万立方米，增长 39.8%。其中针叶锯材进口 634.1 万立方米，增长 74%，针叶锯材比重逐年增加，2003 年针叶锯材仅占进口锯材量的 30%，2009 年比重已达 64.3%，增加了 34 个百分点。针叶锯材比重逐年增加的主要原因有三个：第一是由于基本建设需求量大；第二是俄罗斯鼓励锯材出口，价格有竞争性；第三是美国建筑业受经济危机影响对木材需求量大幅减少，造成加拿大出口美国的锯材比重骤降，使加拿大锯材转而大量进入我国。2006 年和 2007 年，加拿大锯材出口我国市场的比率为 1%；2008 年上升为 4%；2009 年上升为 10%，超过了在日本市场的比重，具体情况如图 30 所示。

我国过去一直以进口原木为主，现在逐步转向进口锯材，这也是世界木材市场的发展趋势，发达国家进口木材都以锯材为主，我国目前进口锯材仅占进口木材量的 1/3 左右。我国锯材进口与美国、英国、意大利和日本锯材进口占比情况如图 31 所示。

五、我国进口木材在世界的排位

世界木材（原木、锯材）每年出口量约 3.3 亿立方米，我国每年进口量在 4200～4500 万立方米，仅次于美国居世界第二位，占世界木材进口总量的 14% 左右。但按人均进口计算，我国仅为 0.03 立方米，远低于发达国家，且我国进口木材中很大一部分用于出口。世界主要木材（原木、锯材）进口国进口木材占比情况如图 32 所示；世界主要木材进口国人均进口木材（原木、锯材）量统计如表 12 所示。

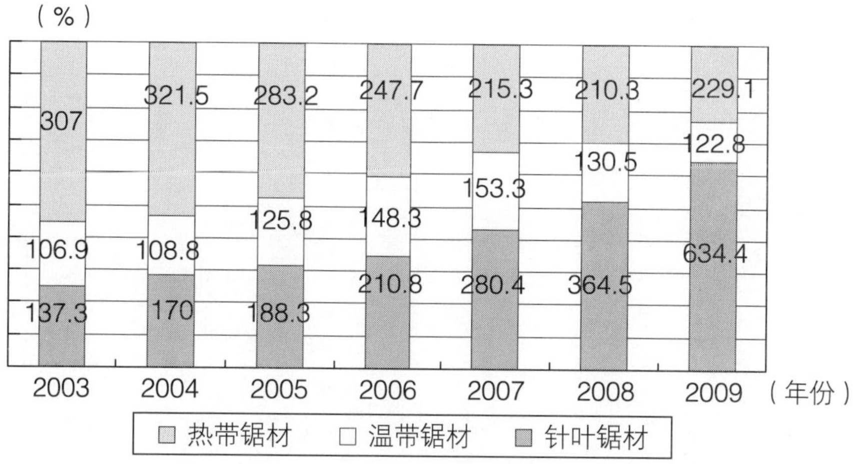

图30 2003—2009年我国进口锯材占比情况

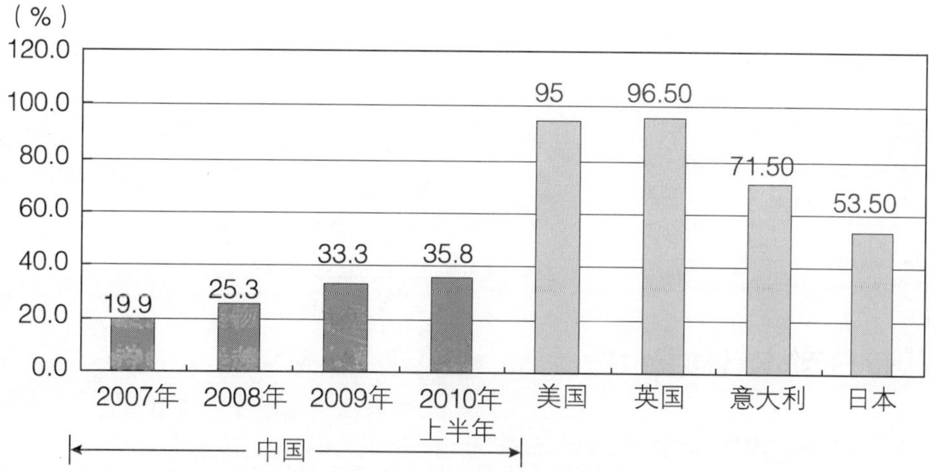

图31 我国与美、英、意、日等国锯材进口占比情况

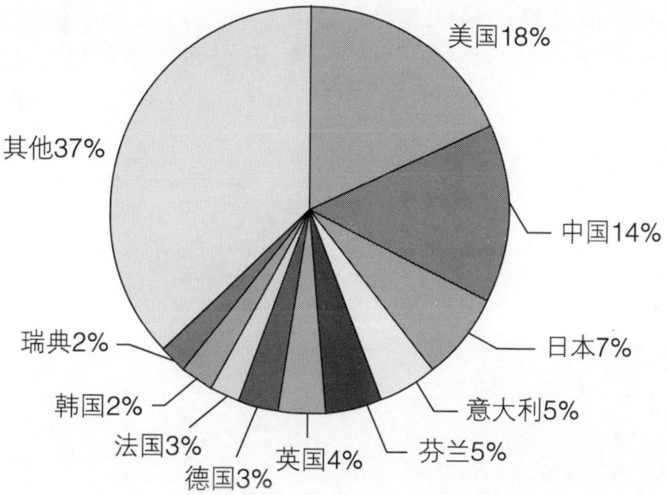

图32 世界主要木材（原木、锯材）进口国进口木材占比架构

表 12 世界主要木材进口国人均进口量统计

国　家	人均进口（立方米/(人·年)）
美　国	0.20
中　国	0.03
日　本	0.18
意大利	0.28
芬　兰	2.97
英　国	0.20
德　国	0.14
法　国	0.13
韩　国	0.15
瑞　典	0.80

六、我国的主要木材批发市场

我国木材、人造板的供应和物流运输主要靠木材市场完成，每个省市地区乃至县都有木材批发市场，较大型的木材批发市场都负责代办物流运输，表 13 列出了部分地区较大型的木材批发市场的名称和经营面积。

表 13 部分地区较大型的木材批发市场

市场名称	经营面积(万平方米)
上海福人市场	16
上海东华环球	18
广东鱼珠市场	36
广东东莞厚街人造板市场	40
广州富林木材城交易市场	5
广东东莞吉龙木材市场	25
北京名贵木材市场	38
福州上渡林产品市场	33
杭州木材市场	8
温州木材市场	10
山东德州木材市场	20
甘肃西北物资市场	20
甘肃宇臻木材集散中心	9
陕西西北木材市场	26
江苏徐州木材市场	20
河北石家庄木材交易市场	12
沈阳国际木材交易中心	64
河北正定恒山板材市场	30

（作者：朱光前　中国木材流通协会）

2009年中国军事物流

2009年，是我国发展进程中具有特殊意义的一年，也是中国军事物流建设取得显著成绩的一年，军事物流战线官兵把握新的历史机遇，全面落实“全面建设现代后勤纲要”，积极构建“军民结合的军事物流体系”，从军委、总部到军事物流相关院校都非常重视军事物流的建设与发展，军事物流事业步入了健康、高速发展的“快车道”。

一、现代军事物流体系建设深入推进

2009年，总部首长明确提出要以现代军事物流体系建设为牵引，努力完善军事物资配送式保障手段，切实改进军事物资供应商管理，积极探索“三军一体”、军民融合、面向市场、依法保障的现代军事物流保障发展路子，全面提高军事物流综合保障能力。要求军事物流人员要顺应新军事变革大势，立足我军物流建设实际，分阶段、有步骤地积极推进我国现代军事物流体系建设，并就现代军事物流体系架构、基本模式、运行机制、重点任务和实施步骤等重大问题，提出了具体构想和现实目标。要坚持军事物流科学发展的根本要求，既要与时俱进，不失时机地从军队现代化建设全局和军事物资保障全局出发，解放思想，坚定信心，坚定不移地推进我国现代军事物流体系建设科学有序发展；同时，又要实事求是，充分认识当前我军保障体制、保障机制、职能分工的客观环境和现实条件，先期可积极稳妥地推进通用物资物流体系建设，为建立更为宽泛、更高层次、更有效能的现代军事物流体系，积累有益经验、探索创新路子、奠定坚实基础。现代军事物流体系建设，涉及军队内部相关职能部门之间利益关系调整，以及军队与国家政府、地方政府、社会多个部门、多种力量有效衔接。必须坚持军民融合的发展方向，把现代军事物流体系建设纳入国家和军队发展改革规划，着眼军地物流建设协调发展，分阶段、有步骤地完成现代军事物流体系建设任务。扎实推进军事物流体系建设，需要一个循序渐进、不断实践的发展过程，不可能一蹴而就，必须立足现实、遵循规律、有序而为。全面建设现代军事物流体系是一项复杂的系统工程，必须按照国家和军队统一部署和建设要求，科学搞好顶层设计，坚定实施统一领导。

二、军事物流重点保障任务完成出色

2009年，我国军事物流部门重点抓好了国庆首都阅兵等物流保障工作。举行国庆首都阅兵，是国家和军队政治生活中一件大事，对展示国威军威、振奋民族精神、激励爱国热情，具有重要意义。军事物流部门及各保障单位按照军委、总部统一部署，以强烈的政治责任感，加强领导，严密组织，预作准备，靠前安排，准确掌握阅兵部队需求，及时解决被装、给养、油料、车辆、装备等方面的实际困难，高标准搞好供应保障，以实际行动接受党和人民的检验。

三、军事物流基础设施日趋完善

2009 年，全军物流官兵坚决贯彻落实中央军委有关指示要求，着眼有效履行新使命，完成多样化军事任务，加强军事物流中长期建设与改革，继续深化军事物流保障质量效益，按照科学发展观的要求改进和加强工作指导，走投入较少、效益较高的路子。军事物流保障实体的机械化作业程度、信息化管理水平、规模化储存能力明显增强，储备格局更趋合理，经费储备、技术储备、军地融合式储备逐步推进，管控手段日趋完善，保障机制不断创新完善，军事物流可视化水平也有了大幅提升，应急物资保障能力和水平明显跨上了一个新台阶。2009 年，军队新建了部分自动化立体库，积极搞好后方仓库、机场、军港、铁路专用线等基础设施的整修改造，储存容量逐步扩大，收发能力明显提升，军队采购局站、部队仓库等建设得到加强，基本形成了以后方仓库为依托、机场军港仓库为骨干、部队保障实体为支撑的基础设施体系。军事物流相关部门从物资采购、计划分配、收发供应、储存保管到统计核算基本实现了计算机管理，军粮供应、车辆加油实现刷卡结算，军事物流指挥自动化、保障可视化水平大幅跃升。

四、军事物流核心保障能力明显增强

2009 年，军队有关部门进一步完善了各种军事物资的供应标准，满足了部队以战略训练为重点的军事物资保障需要。军队通用物资全部实现面向市场集中招标采购，国际招标范围不断扩大，采购效益明显提升。按照“质量管用、数量够用、布局好用、管理能用”的总体要求，突出抓好通用被装、军用食品、军用油料、装备器材等军事物资储备计划落实，形成了规模适度、结构合理的军事物资储备格局。军队应急采购、物资回补机制日趋完善，生产储备、技术储备、军民融合储备稳步推进，基本满足部队用户应急保障、随机保障、支援保障的需要。各级军事物流相关部门通过重大演习演练检验，熟练掌握了军事物流相关组织指挥程序，探索了军事物流联合保障方法，为实施军事物流敏捷保障积累了实践经验。军事物流各保障实体坚持紧贴任务开展针对性训练，在执行救灾、处突、维和、军演、护航等重大军事任务中，提高了遂行任务保障能力。军事物流保障实体的人员编组、装备配备、训练计划等基本落实完，初步形成了军事物流核心保障能力。

五、军事物流保障机制不断创新完善

2009 年，军事物流相关部门大力加强军事物流相关法规制度建设，按职责、按制度、按程序办事的正规化水平有了新的提高。积极开展军事物资资源节约，政策措施更加完善，各种新技术、新产品、新材料得到推广应用，节约长效机制初步形成。被装保障，面向市场集中采购筹措，新式军服全部实行标准化实物供应，储存、收旧和洗涤、熨烫逐步规范，供应保障水平有了新的跃升。给养保障，国家特种粮储备管理机制进一步完善，饮食保障社会化改革制度日趋完善。油料保障，实行指标控制、划区保障，合力抓节油机制初步形成，基本实现标准化供应，规范化管理。军队物资采购，逐步向区域联合采购拓展，网上采购、应急采购、军事物资进口机制不断完善，进口物资长效监管机制基本建立，依法规范采购水平显著提高。

六、军事物流信息化建设水平明显提升

建设信息化军队，打赢信息化战争，是我军建设的目标。与此相适应，建设信息化军事物流，保障打赢信息化战争，是新时期我军物流建设的中心任务。建设信息化军事物流，核心是实现军事物流保障手段信息化。通过实现军事物流的高度信息化，实现保障需求实时可知、保障资源实时可视、保障方式立体机动、保障活动实时可控。

军事物流信息平台是实现军事物流精确保障的前提和基础，必须按照军民兼容、纵向一体、横向连接、互联互通、安全可靠、动态感知、实时可控的原则构建军事物流信息网络。2009 年，军事物流相关部门按照统一规划、分层实施、逐步集成的基本思路，狠抓军事物流信息系统的顶层设计、一体化研发和综合集成，加快了军事物流相关管理信息系统的拓展升级，并积极推动卫星导航定位技术、现代传感技术、宽带通信技术、自动识别技术、安全监控系统、温湿度控制技术等物联网相关技术的实际运用。有关军事物流相关部门积极研究和实施军事物流装备的信息化改造，采用嵌入、移植等方式，提高军事物流装备的信息化程度。同时，进一步加强了广大军事物流官兵的信息化素质，加快了军事物流信息化人才的培养速度，充分发挥了他们在军事物流信息化建设中的技术骨干作用。在此基础上，有关部门进一步研究信息化条件下军事物流保障机制，以保障信息流引导保障资源流，变被动接受需求报告为主动感知需求表征，变保障态势盲视为实时可视，变计划调控为动态调控，为实现军事物流保障的适时、适地、适量、适用提供可靠的信息化手段，真正实现军事物资保障的实时可知、可视、可控。

七、军事物流理论研究走向深入

2009 年，军地物流界广泛开展了军事物流与军事物流理论研究，与军事物流与军事物流的建设实践结合得越来越紧密，有力推动了军事物流理论研究走向深入。总体看军事物流理论界重点加强了以下问题的研究：现代军事物流体系建设、应急物流体系建设、多样化军事任务军事物流保障、军事供应链管理研究、RFID 在军事物流中的应用、军事物联网建设研究、军事物流基地规划与设计、军事物流信息化研究、配送式保障方式研究、军事物流管理科学化研究、军事物流保障模式研究、第三方物流企业动员研究、军事物流装备建设研究、战备物资代储建设研究、军事物流可视化研究、军事物流公共信息平台建设研究、应急物流公共信息平台建设研究等。

2009 年 10 月，第三届军事物流学术论坛在总后军事交通学院隆重召开，总后勤部相关部门领导、中国物流与采购联合会有关领导、全军相关科研院所共计 200 余人参加了会议，军事物流学论坛主席王宗喜教授作了主题发言。2 月，龚卫锋、路胜主编的《军事物流学教程》由长征出版社正式出版，有力推动了军事物流官兵的军事物流理论宣贯和实践培训。此外，2009 年军事交通学院正式成立了全军第一个军事物流系，它是我军加强军事物流教育与研究的一个佐证。

八、军事物流人才培养初具规模

随着我军物流工作现代化水平的大幅跃升，对军事物流人员的思想观念、军事素质、知识结构、专业技术等方面的要求越来越高。军事物流系统专业分工细、行业门类多，需要一支精业务、善管理的高素质人员队伍。加强

军事物流教育，是时代发展的必然要求，尤其在我军物流系统尚处于改革调整的关键阶段，更应加快军事物流人才的复合式培养。我军物流人才培养坚持院校教育与职业培训相结合，坚持军事物流专业的学员必须具有通军事、懂经济、善管理、强物流、精信息的复合式人才培养模式，毕业分配到部队的军事物流人才深受部队欢迎。根据 2009 年的情况统计，目前主要由解放军后勤指挥学院军事物流仓储教研室承担全军仓库主任班及军事物流指挥人员中短期轮训任务，重庆后勤工程学院、徐州空军学院、军械工程学院、镇江船艇学院承担军事物流生长干部培训任务，解放军后勤指挥学院、重庆后勤工程学院、军械工程学院、军事交通学院专设军事物流硕士专业，后勤指挥学院招收军事物流专业博士研究生并设有军事物流博士后流动站。除了军事物流正规教育计划内培训任务以外，军队系统物流师及采购师培训考试工作蓬勃发展。自 2003 年始，中国物流与采购联合会与全国物流标准化技术委员会授权后勤指挥学院军事物流工程实验室组织军队系统物流师职业资格认证工作，国家物流师职业资格认证军队分中心设在后勤指挥学院军事物流工程实验室，自 2007 年下半年开始，军事物流工程实验室承担了军队采购师职业资格认证军队分中心的职责。按照国家物流师与采购师资格认证工作考培分离的总要求，现由后勤指挥学院军事物流工程实验室全面负责全军物流师与采购师的考试工作，截至 2009 年年底，后勤指挥学院、后勤工程学院、军事经济学院、装甲兵工程学院、空军后勤学院、军事交通学院、车辆管理学院、军械工程学院、镇江舰艇学院九所院校负责军队物流师的培训工作，后勤指挥学院、后勤工程学院、军事经济学院负责军队采购师的培训工作，形成独特的军事物流师与采购师培训考试体系，现一直保持较大的军队物流师与采购师培训规模和较高的物流师和采购师考试合格率。2009 年，全军共有 1100 多人参加物流师和采购师考试，考试合格率为 70%～80%。

（作者：龚卫锋　孙　敏　解放军后勤指挥学院军事物流工程实验室主任助理　《后勤指挥学院学报》编辑）

2009 年中国应急物流

2009 年，全球爆发金融危机对我国实体经济造成较大冲击，物流业作为重要的服务产业，也受到较为严重的影响。国家出台一系列政策加大投资、拉动内需，应急物流借势而为，努力化危为机，逐步进入实质性发展阶段。当前，我国应急物流建设总体上尚处于起步阶段，许多领域与其他行业交叉融合，虽然在一定程度上具有优化整合的基础条件，但仍然缺乏统一规划计划和集中组织领导，应急物流保障能力严重不足，不能为政府有效应对突发事件、加强应急管理提供及时可靠的物资保障，亟需统筹规划建设。

一、应急物流写入“振兴规划”，“应急物流建设规划”呼之欲出

2009 年 2 月 25 日，国务院常务会议审议并原则通过了《物流业调整和振兴规划》，物流业成为第十个列入振兴规划的行业；3 月 10 日，国发［2009］8 号《国务院关于印发物流业调整和振兴规划的通知》正式发布。《物流业调整和振兴规划》在“主要任务”中将应急物流列为重点发展的物流领域，要求“加强应急物流体系建设，提高应对战争、灾害、重大疫情等突发性事件的能力”。并将“应急物流工程”列为九大重点工程之一，要求“建立应急生产、流通、运输和物流企业信息系统，以便在突发事件发生时能够紧急调用；建立多层次的政府应急物资储备体系，保证应急调控的需要；加强应急物流设施设备建设，提高应急反应能力。选择和培育一批具有应急能力的物流企业，建立应急物流体系”。《物流业调整和振兴规划》的制定发布，为应急物流体系建设的全面开展奠定了基础。

《物流业调整和振兴规划》中还明确要求国家发展和改革委员会会同有关部门制订应急物流专项规划。为此，国家发展和改革委员会委托中国物流与采购联合会开展了“应急物流规划研究”，为应急物流建设规划的制订提供研究思路、理论基础、编制依据和素材准备。作为应急物流建设的第一个国家级战略规划，应急物流建设规划将对“十二五”期间应急物流建设和发展进行系统的顶层设计，就应急物流指挥管理、队伍建设、设施设备建设、信息管理系统建设、标准建设以及经济补偿机制建设等方面进行规划。应有关方面的呼吁，应急物流建设规划还将对应急物流动员体系和补偿机制制定明确的制度规范，以充分调动社会各界参与应急物流组织工作的积极性和主动性。

二、应急物流标准列入“物流标准规划”，重点标准立项研究

针对应急物流标准缺失、不能满足应急物

流发展需求的现状，国家标准化管理委员会会同工业和国家发改委、工信部、商务部、交通运输部、铁道部等有关部门研究制订的《全国物流标准2009—2011年专项规划》中，已经将应急物流列入重点领域，明确主要任务是解决基础管理、物流作业、信息管理方面的标准化问题，并将《应急物流企业条件评估》《应急物流包装及标识》《应急物流仓储设施设备》作为国家标准项目。

2009年10月，由中国物流与采购联合会应急物流专业委员会牵头、湖北物资流通技术研究所参与的公益性行业科研课题《应急物流标准体系及重点标准项目研究》正式启动。课题成果包括《应急物流标准体系建设研究报告》《应急物流标准体系表》，以及《应急物流企业条件评估》《应急物流包装及标识》《应急物流仓储设施设备》3个国家标准项目的预研。其中，《应急物流企业条件评估》将规定应急物流企业的规模、信用、管理等考核、评估、认证的指标，为构建应急物流动员体系提供基本依据；《应急物流包装及标识》将规定应急物资的包装及其外观标识设置的技术要求，满足应急物资多种方式投送的需要；《应急物流仓储设施设备》将规定一定人口密度和地理区域范围内应急物流仓储设施设备建设和编配标准，用于规范应急物流仓储设施建设。

三、应急物流加快进入决策程序，政府有关部门推动实质性建设

全国政协十一届二次会议上，致公党中央提交了《关于加快构建我国应急物流体系建设的提案》(第0230号)，提案分析了我国应急物流的现状与问题，提出了构建应急物流体系的具体策略。该提案受到国家发改委的高度重视，有关人员进行了当面沟通与答复。

国务院发布《物流业调整和振兴规划》后，各地方人民政府按要求先后出台了地方规划和实施方案，细化了应急物流工程建设任务。如《贵州省贯彻落实〈物流业调整和振兴规划〉工作方案》着力推动重点领域物流发展，提出“加强应急物流体系建设，实施应急物流工程”，并在2011年前结合国家物资储备管理局实施的重点项目，推进省级应急物资储备库及物流设施建设（省发展改革委会同有关部门负责）；在应急物流工程中，规划了贵州省省级应急物资储备中心，9个市州地应急物资储备中心，省级粮食、食盐、医药储备中心等项目，并要求制订《贵州省应急物流专项规划》。《广西物流业调整和振兴规划》提出：“在自治区应急体系基础上，建立应急物流体系，整合社会应急生产、加工、储存、应急运输资源，加强应急物流系统基础设施建设，提高应急物流运输效率，各市各有关行业管理部门应建立应急物资储备体系和应急信息系统，制定应急物流预案，增强应对突发事件的能力”。《江苏省物流业调整和振兴规划纲要》提出：“逐步建立应急物流联动机制”。《湖北省物流业调整与振兴实施方案（2009—2011年)》提出：“加强应急物流研究，建立完善应急物流体系”。《抚州市物流业调整和振兴规划》提出：“为应对严重自然灾害、突发性公共卫生事件、公共安全事件及军事冲突等突发事件，建立应急物流。要建立并完善应急管理协调机制；制定并优化应急管理行动流程；制定并完善应急管理法规体系；搭建应急管理信息平台；选择和培育一批具有应急能力的物流企业，建立应急物流体系”。《潍坊市现代物流业调整振兴规划（2009—2011年)》提出：“加强物流企业的应急能力”。

2009年7月22日，经江苏省国防动员委员会经济动员办公室批准，依托高邮市诚信物流园区成立了全国第二家、江苏第一家应急物流动员中心——“江苏诚信应急物流动员中心”。该中心按照应急动员的要求，健全体系、

完善机制、规范管理、修订预案、提升应急动员保障能力，为政府应对突发事件提供优质高效服务；按照“平战结合、军民兼容”的原则，加强与地方军事部门的联系，为部队、预备役、民兵等逐步多样化军事任务提供应急物流保障；按照区域性应急物流动员中心的建设标准和要求，抓好基础设施扩建工程的组织实施，加强项目管理，加快项目进度，努力把中心建设成为以里下河地区为中心，辐射全省及全国的专业化程度较高的物流动员中心。

2009 年 10 月 15 日，黑龙江省伊春市环境保护局发布的伊环发［2009］174 号《关于建立应急专家队伍和专业应急物资储备制度的通知》，提出“建立专业应急物资储备制度，提高物资保障能力”，认为“专业应急物资是突发环境污染事件应急救援和处置的重要物质支撑”，要求“进一步加强我市环境突发事件领域应急实物储备工作，适当调整专业应急物资储备品种和数量；建立健全应急物资监测、预警、综合管理调度和配送体系”。

四、应急物流关注热度持续，社会各界继续积极参与

社会各界从不同角度、方面关注和推动应急物流建设。2009 年 10 月 27 日，中国物流与采购联合会应急物流专业委员会在上海举办了“CeMAT 论坛——军事物流与应急物流研讨会”。来自军队各大单位、军地各科研究院所和高校、各相关企业的领导和代表共计 120 余人参加了会议，解放军后勤指挥学院王宗喜教授就“军事物流与应急物流协同发展的战略思考”进行了专题交流。2009 年 12 月在天津军事交通学院举办的第三届军事物流学术论坛也专门设置了应急物流研究专题。2009 年 12 月，由王宗喜教授领衔完成的《应急物流理论创建与应用研究》，经中国物流发展专项基金“宝供物流奖”评审委员会评审，荣获 2009 年宝供物流理论创新一等奖。该课题的获奖，标志着应急物流理论研究取得了重大的阶段性成果，并获得学术界的广泛认同。

2009 年 5 月我国发生第一起输入性甲型 H1N1 流行性感冒后，各有关企业积极探索增强冷链物流的应急能力，科学储备、紧急调运甲流疫苗，有力地确保了全国疫情的有效控制和生产生活的稳定。新疆“7·5”群体性事件中，应急物流对维护社会稳定、保证市场供应也发挥了重要作用。

（作者：徐　东　黄定政　解放军后勤指挥学院副教授、博士　解放军后勤指挥学院教员）

第五部分

地区物流

北　京　市

为应对国际金融危机对物流业的冲击，国务院于2009年年初制定出台了《物流业调整和振兴规划》，对物流业调整产业结构、转变发展方式做出部署和规划。数据显示，2009年北京市物流业在国际金融危机的影响下，企业经营面临一定困难，社会物流总额、社会物流收入和社会物流费用有所下降。但总体而言，物流业运行态势正常，对全市经济的平稳运行发挥着服务和支撑作用。

一、物流业总体运行情况

2009年，北京市物流业实现增加值427.7亿元，比2008年增长1.0%（现价，下同），增幅同比回落9.4个百分点；占全市地区生产总值的比重为3.5%，同比下降0.3个百分点。其中，交通运输、邮政、仓储业实现增加值326.1亿元，增长0.6%，占物流业增加值的76.2%；流通加工、配送、包装业实现增加值101.6亿元，增长2.4%，占物流业增加值的23.8%。全市物流从业人员达到47.5万人，比2008年增长5.3%。其中，交通运输、邮政、仓储业物流从业人员为30.0万人，占物流从业人员的63.2%；采掘业、制造业、批发和零售业物流从业人员为17.5万人，占物流从业人员的36.8%。

1. 物流需求有所减少

2009年，北京市全市实现社会物流总额3.84万亿元，比2008年下降6.3%；物流需求系数为3.16，[①] 比2008年下降0.53；铁路、公路、民航和管道业全年货物周转量为441.2亿吨公里，同比下降2.9%。社会物流总额、货物周转量同比下降表明，2009年北京市物流需求明显不足，国际金融危机对物流业运行产生了较大影响，如表1所示。

表1　社会物流总额及构成情况

指　标	物流总额（亿元）		同比增长（%）
	2009年	2008年	
社会物流总额	38442.7	41005.7	-6.3
农产品	269.4	260.0	3.6
工业品	9577.9	9201.4	4.1
进口货物	11366.8	14880.6	-23.6
再生资源	67.9	288.4	-76.5
外省市流入物品	17064.1	16283.4	4.8
单位与居民物品	96.6	91.9	5.1

① 物流需求系数=社会物流总额/全市GDP总量。

从全市社会物流总额构成来看，2009年北京市农产品、工业品、外省市流入物品和单位与居民物品物流需求有所增加，物流总额分别比2008年增长3.6%、4.1%、4.8%和5.1%；进口货物和再生资源物流需求大幅减少。后两项物流总额分别比2008年下降23.6%和76.5%，是全市社会物流总额下降的主要影响因素。

2. 物流业务收入有所下降

2009年，北京市物流业务收入合计1299.8亿元，比2008年下降4.8%。其中，限额以上专业物流企业实现物流业务收入986.1亿元，[①]同比下降9.2%。限额以上铁路运输业、道路运输业和邮政业分别实现物流业务收入336.7亿元、105.0亿元和118.0亿元，分别增长2.4%、22.4%和31.7%；限额以上管道运输业、仓储业、租赁和商务服务业物流业务收入均有所增长。因外需不足，限额以上航空货物运输业和运输代理服务业受到较大影响，全年分别实现物流业务收入69.1亿元和257.8亿元，分别下降14.5%和38.1%，如表2所示。

表2　限额以上专业物流企业物流业务收入情况

行　业	物流业务收入（亿元）		增速（%）
	2009年	2008年	
合计	986.1	1086.1	-9.2
铁路运输业	336.7	328.9	2.4
道路运输业	105.0	85.8	22.4
水上运输业	1.1	1.7	-35.0
航空运输业	69.1	80.8	-14.5
管道运输业	60.7	52.4	15.9
装卸搬运和其他运输服务业	264.3	420.5	-37.2
运输代理服务	257.8	416.4	-38.1
仓储业	30.0	26.1	15.2
邮政业	118.0	89.6	31.7
租赁和商务服务业	1.2	0.3	292.7

3. 物流基础设施不断完善

截至2009年年底，北京市公路总里程达到2.08万公里，比2008年增长2.0%，其中高速公路里程达到884公里，比2008年增长13.8%；铁路运营里程达到956公里。2009年年底，全市限额以上专业物流企业、商业企业和规模以上工业企业自有仓储面积（含仓库和货场）达到2724.73万平方米，比2008年年末增长24.2%；拥有货运车辆4.16万辆，增长10.8%；拥有起重机、叉车等装卸设备为3.03万台，增长2.8%，如表3所示。

① 限额以上专业物流企业指从事专业物流活动的年营业收入500万元以上的法人单位（含北京铁路局）。

表3　　限额以上单位物流基础设施情况

指　标	专业物流企业	工业企业	商业企业	合计	同比增速（%）
自有仓库和货场面积（万平方米）	753.90	1329.73	641.10	2724.73	24.2
货运车辆数（万辆）	2.34	1.16	0.66	4.16	10.8
普通货车数（万辆）	1.82	0.72	0.52	3.06	14.7
专业货车数（万辆）	0.52	0.45	0.13	1.10	1.1
装卸设备数（万台）	1.66	1.06	0.31	3.03	2.8
铁路专用线数（条）	405	156	86	647	-2.0
物流信息管理系统数（套）	305	1054	818	2177	15.6

4. 物流相关行业固定资产投资大幅下降

2009年，物流相关行业共完成固定资产投资228.5亿元，比2008年下降37.9%。其中，航空运输业完成投资21.7亿元，下降85.0%；道路运输业完成投资91.6亿元，下降24.9%；仓储业完成投资9.5亿元，下降22.8%。铁路运输业、装卸搬运业和其他运输服务业、邮政业投资有所增加，同比分别增长15.2%、1.5倍和9.3倍，如表4所示。

表4　　物流相关行业固定资产投资完成情况

行　业	物流业务收入（亿元）		增速（%）
	2009年	2008年	
合计	228.5	367.7	-37.9
铁路运输业	102.0	88.5	15.2
道路运输业	91.6	121.9	-24.9
航空运输业	21.7	144.5	-85.0
装卸搬运和其他运输服务业	0.3	0.1	149.7
仓储业	9.5	12.3	-22.8
邮政业	3.4	0.3	931.0

二、物流业运行的主要特点

1. 物流市场集中度有所提高

2009年，北京市物流市场集中度比2008年有所提高，物流资源和市场进一步向优势企业集中，大中型物流企业市场占有量不断扩大。全市共有限额以上专业物流企业789家，其中大型企业23家、中型企业76家、小型企业690家。23家大型企业实现物流业务收入442.0亿元，占限额以上物流业务收入的比重达到44.8%，比2008年提高了1.9个百分点；76家中型企业实现物流业务收入291.3亿元，占限额以上物流业务收入的比重达到29.6%，比2008年提高了5.5个百分点；690家小型企业实现物流业务收入252.8亿元，占限额以上物流业务收入的比重仅为25.6%，同比下降7.4个百分点，如表5所示。

表5　　限额以上专业物流企业按规模划分物流业务收入情况

企业规模	单位数（个）	物流业务收入（亿元）		增速（%）	比重（%）
		2009年	2008年		
合计	789	986.1	1086.1	-9.2	100
大型企业	23	442.0	465.7	-5.1	44.8
中型企业	76	291.3	261.5	11.4	29.6
小型企业	690	252.8	358.9	-29.6	25.6

2. 物流企业利润空间明显收窄

2009年，北京市789家限额以上专业物流企业实现利润73.82亿元，同比下降15.2%。其中，大型企业下降4.7%，中型企业下降9.4%，均小于限额以上专业物流企业平均利润降幅，而小型企业利润降幅则高达54.8%，远高于限额以上专业物流企业利润降幅。利润大幅下降主要是受大环境的影响，物流需求放缓、物流业务量大幅减少，生产企业降低成本的压力进一步传导到物流环节，压缩了物流环节的利润空间，同时运输和劳动力成本增长因素的影响也不容忽视。特别是小型物流企业，由于势单力薄、产品结构单一、服务网络不完善，市场份额不断缩小，生产形势严峻，存在被兼并和退出市场的风险。

3. 物流运行效率仍处于较低水平

国际上一般用社会物流成本占GDP的比重（物流费用率）来综合衡量物流发展水平。2009年，北京市社会物流总费用为1803.6亿元，比2008年下降6.2%。其中运输环节费用为1156.5亿元，同比下降1.7%，保管环节费用为482.8亿元，下降8.1%。社会物流总费用与GDP的比率为14.8%，比2008年下降2.5个百分点，与发达国家9%～10%物流费用率比较，还存在较大差距。这说明我市物流运行效率仍处于较低水平，物流社会化程度还有待进一步提高。

三、物流业发展应关注的问题

2009年，北京市物流业发展经历了诸多困难，但困难时期也是产业调整升级、企业整合发展所支付改革成本较低的时期。激烈的市场竞争、酝酿已久的燃油税费改革，以及《物流业调整和振兴规划》和新《邮政法》的颁布实施，为物流业的发展提供了难得的历史机遇。

1. 关注燃油税费改革对物流业的影响

2009年是实施燃油税费改革的第一年，提高了成品油消费税单位税额，取消了公路养路费、航道养护费、公路运输管理费、公路客货运输附加费、水路运输管理费和水运客货运附加费6项收费，建立了既反映国际市场石油价格变化和国内市场供求关系，又考虑企业生产成本和社会各方面承受能力的价格形成机制。燃油税费改革的实施，使部分大中型道路货物运输企业运行成本有所上升，促使企业采取措施提高效率，化解成本上升的压力。但这对于有实力的大中型物流企业而言也是一次机遇，可借机整合一些竞争力弱、车况较差、依靠超载赢利、货源较少的小物流公司，拓展业务网络，促进物流业向规模化方向发展。

2. 关注新《邮政法》实施对快递业的影响

经过多年的快速发展，快递业已成为商品流通的重要通道之一。消费性快递服务市场，特别是电子商务、网络购物市场的兴起，为快递业提供了新的业务增长点。2009年，北京市限额以上专业物流企业实现快递业务收入117.9亿元，同比提高27.0%，占全市限额以上物流业务收入的比重由2008年的8.6%提高到12.0%。2009年10月，新《邮政法》的颁布实施为快递业的健康有序发展提供了法律依据。新《邮政法》规定快递业务实行经营许可制度，设置了快递行业的准入门槛，这使得数量众多的以同城快递、小件配送为主的小型民营快递企业有可能被挡在门外。小型民营快递企业在服务流通、吸纳就业方面发挥着不可或缺的作用，对新《邮政法》颁布后小型民营快递企业的生产经营情况应给予足够关注。

3. 关注物流业振兴规划的实施效果

为贯彻落实国务院《物流业调整和振兴规划》，北京市于2010年1月制定出台了《北京市物流业调整和振兴实施方案》，提出了“物流业增加值年均递增12%左右，到2011年突破600亿元，成为本市支柱产业”的振兴目标，明确了今明两年的重点工作，并对各物流业相关管理部门进行了任务分解。各有关部门应密切关注物流业调整和振兴规划的实施效果，科学评估、适时改进，为物流业的调整和振兴提供良好的制度和服务保障。

（作者：张国会　北京市统计局服务业处）

上　海　市

2009年是上海物流业发展非同寻常的一年。在贯彻落实国务院《物流业调整和振兴规划》和推进上海国际航运中心建设中，上海物流业努力克服国际金融危机的影响，按照《上海市现代物流“十一五”规划》和《上海贯彻〈物流业调整和振兴规划〉的实施方案》确定的目标和任务，加快整合物流资源，促进区域物流合作，构建物流服务体系，为上海建设“四个中心”和国际化大都市，提供有力的支撑。

一、2009年上海物流业发展现状

1. 物流业仍未摆脱金融危机的影响

2009年，上海物流业仍未摆脱金融危机的影响，物流运行还在低位徘徊。从物流规模看，截至2009年11月，上海货物运输总量为6.98亿吨，同比下降11.5%；航空发送量为265.78万吨，同比下降5.6%；港口吞吐量为5.34亿吨，同比下降1.0%；集装箱吞吐量为2260.4万标准箱，同比下降12.3%。从物流企业和物流服务的分类看，传统物流服务所受影响大，现代物流服务所受影响小；物流服务功能单一的企业所受影响大，物流服务功能综合的企业所受影响小；国际物流业务所受影响大，国内物流业务所受影响小；重化工领域物流企业所受影响大，消费领域物流企业所受影响小。

2. 物流园区功能显著增强

2009年，上海市加快推进物流园区建设的步伐，物流园区功能显著增强。从保税功能看，经国务院批准，西北综合物流园区保税物流中心和浦东空港综合保税区先后设立，这标志着上海海陆空港重点物流园区实现了保税物流功能全覆盖。从中转功能看，外高桥物流园区跨国配送和国际采购业务取得新突破，区内国际中转货值比重已达35%。浦东空港物流园区依托机场第三跑道和西货运区建设，吸引UPS上海国际航空转运中心项目落地并建成启用；DHL开始建设亚洲最大的转运枢纽。西北综合物流园区已建成陆上货运交易中心，开通了上海到全国80多个城市的回程专线，业务覆盖全国九大物流区域。从产业联动看，洋山保税港区已启动建设中国航空工业集团物流中心，积极探索制造、贸易与物流联动发展。外高桥物流中心也基本形成了汽车、钟表、医药、酒类等十个行业的进出口基地和物流运营中心。

3. 物流市场主体日趋多元

2009年，上海市物流企业在困境中不断探索发展新路，通过整合重组增强企业的竞争力，物流市场主体日趋多元化。全市已有74家物流企业达到国家A级物流企业标准，其中

4A 级及以上 41 家，有 27 家企业获“上海服务名牌”称号。从规模看，上汽集团加快整合国内外汽车物流资源，组建了综合性汽车物流公司，预计 2012 年业务收入可达百亿元。华谊大原物流与化工区物流公司强强联合，整合资源，培育具有百亿市值的专业化工物流企业。从行业看，宣传系统所属上海世纪出版集团按照国际出版业集约化经营的模式，已建成现代化物流中心，率先对发行和物流业务进行了整合和重组，大大提高了产品的市场营销和市场推广能力。从模式看，上海吉电电子技术有限公司通过外部网络平台，运用供应链管理技术，为客户提供订单管理和 VMI 备货服务，减少了三菱电梯公司的库存和运作成本。

4. 物流项目建设成效明显

2009 年，上海市物流项目建设取得硕果，从已建成项目看，外高桥粮食物流中心建成了拥有中转、加工、储存等一体化服务能力的物流设施，成为国内粮食物流布局的重要节点。从在建项目看，陆交中心作为中国物流资源交易中心第一阶段的建设重点，运行至今每天发布物流交易信息 40 多万条，有效交易运价 1.2 万条。百联现代物流运用物联网技术，推进托盘共用系统建设，试点后已节约 5000 块托盘，使托盘利用率提高了 6 倍。从立项项目看，西郊农产品交易中心将立足贸易与物流联动发展，提高农产品流通能力；亿通国际拓展“大通关”平台功能，建设工商领域供应链外部协同公共服务平台，连通供应链上下游各个环节。

5. 物流业财税支持政策力度大

2009 年，国家出台了一系列推动物流业发展的政策支持，带动了上海市物流产业政策的不断深化和细化，物流业财税支持政策力度不断加大。从税收政策看，已有 58 家物流企业享受了差额征收营业税的政策试点；99 家物流企业在洋山保税港区进行了注册。从财政政策看，国家国债专项资金和服务业引导资金，以及上海服务业引导资金、技术进步和信息化专项资金，聚焦重点支持物流园区、现代化物流设施、城市公交货运、物联网技术应用等几十个项目，其中上海服务业引导资金总额的 14% 用于支持物流业发展。

二、2009 年上海推进物流业发展的主要做法

2009 年，上海市政府及相关管理部门为推进现代物流业的发展，一方面，出台相关政策给予扶持；另一方面，开展各项活动营造有利于物流业发展的环境，积极抓项目落实。

1. 抓“物流调整和振兴规划”落实

研究制定并出台了《上海贯彻〈物流业调整和振兴规划〉的实施方案》，明确了推动物流市场需求社会化、物流服务专业化，促进物流企业培育壮大、提升能级，推动物流重点领域发展，完善物流业发展区域布局等八项任务，提出了加强组织和协调、改革相关物流管理体制、完善物流政策法规体系、多渠道增加对物流业的资金投入等八项政策措施。积极落实国际航运中心建设的国家政策，并跟踪了解政策实施情况，充分利用保税港区的政策优势，推进上海国际航运中心政策的口岸软环境建设，引导和鼓励物流企业到洋山保税港区发展，积极拓展物流增值业务，提升国际航运中心综合竞争力。

2. 抓物流布局优化

一是结合上海国际航运中心建设，成立上海综合保税区管委会，使洋山港、外高桥和浦东空港实现政策、资源、产业和功能的联动、互补，凸显“三区”作为海关特殊监管区域的整体优势。同时以“三区”联动带动“三港”联动，优化口岸物流资源配置。二是与市交通港口局联合开展调查，细化城市物流节点布局，形成物流园区、配送中心、社区配送点和小区服务点四级网络，构建高效、便捷、安全、绿色的城市配送物流服务体系，实现上海

城市配送物流"站到站""门到门"。

3. 抓物流市场建设

一是召开"上海市推进现代物流业发展大会"，就出台《上海贯彻〈物流业调整和振兴规划〉实施方案》提出要求，重点推动陆上货运交易中心暨56135. com物流交易平台，与中国移动、清华同方、交通银行三方签署了战略合作协议，建设中国物流资源交易中心，形成"大物流、大流通、大市场"。二是实施"制造业物流专业化发展示范工程"，培育第三方物流企业，促进产业转型升级，推动二三产业融合发展。三是申报流通领域现代物流示范城市，优先发展城市统一配送物流，以及医药、冷链、危化品、保税等专业物流配送，推进流通现代化建设。

4. 抓区域物流合作

一是联合苏浙物流牵头部门，完成国家发改委下达的《关于长三角地区现代物流联动发展对策研究》的课题调研任务。课题针对长三角地区经济呈现"产业成链、企业成群"的特征，提出了区域物流联动发展的目标任务以及对策措施。二是召开2009年长三角地区现代物流联动发展大会。重点推进长三角地区医药物流领域的合作与交流，签署《长三角地区推进医药物流标准化工作合作备忘录》，促进医药物流标准化工作深入开展。如2009年年底上海医药股份与苏州物流中心合资成立苏州上药供应链公司，进一步加强了上药集团在长三角地区的配送能力。此外，上海市物流协会、货代协会、交通运输协会、口岸协会都与长三角地区有关协会建立了联席会议制度。发布《中国长三角地区物流行业行规公约的实施倡议》，建立行业诚信体系。

5. 抓标准和技术推广应用

市质监局所属上海市标准化研究院坚持"先行先试、服务全国"的原则，牵头研制《物流中心作业通用规范》《物流园区分类与基本要求》等多项国家标准，累计研究各类现代物流标准达20项；全国物流标准化技术委员会第三方物流分技术委员会已落户上海。长发集团总结十多年来业务运作经验，自主研发物流信息软件，推广应用GPS、RFID等先进技术，完成世博门票国内配送、家电以旧换新回收物流等项目。新世界商城率先运用物联网技术，在南京路开设了国内第一家未来商店。锦江冷链物流结合基础设施更新改造，建设具有-60℃深冷功能变温型（-60℃～-25℃）超低温冷库。

（供稿：上海市商务委员会）

重 庆 市

2009年以来，重庆市物流业按照国家物流业调整和振兴规划的主导思想，构建国际物流大通道，打造国家级物流枢纽，加快全球物流一体化、城乡物流一体化，助推着重庆国民经济和社会获得持续良性发展。全市GDP总值达到6528亿元，比2008年增长14.9%；全市物流业实现增加值400亿元，比2008年增长11.1%。

一、构建“一江两翼三洋”国际物流大通道，打造两路寸滩保税港区和“三基地四港区”

2009年，重庆市制定的《重庆市贯彻国家物流业调整和振兴规划的实施意见》提出，构建“一江两翼三洋”国际物流大通道，即：通过长江通达太平洋；通过西北翼新建渝兰铁路，经新疆、欧洲通达大西洋；通过西南翼渝黔、黔昆铁路，经缅甸通达印度洋。打造我国内陆唯一的两路寸滩保税港区，占地8.37平方公里，具有“水港+空港”双功能叠加的优势，其一期工程已通过验收封关运行，对周边6个省20多个城市的进出口贸易产生着强烈的辐射聚集作用。“三基地”之一的沙坪坝团结村铁路物流基地，规划占地22.33平方公里，其铁路集装箱中心站已峻工投入运营，形成我国西部地区多式联运网络的中心节点。江北国际机场航空物流基地和巴南区南彭公路物流基地，也在加紧建设中。寸滩、果园、东港、黄矸四港区建成后，单是新增的集装箱年吞吐能力就多达520万标箱。其中东港港区由重庆市航发司、南岸区政府和上海国际港务集团共同出资24亿元兴建，有助于发展又快又省的江海联运。在水陆口岸建设提速的同时，重庆新开通奥地利维也纳、柬埔寨吴哥等6条国际货机航班，并创新快捷大通关模式，助推内陆开放高地建设。2009年，重庆市水陆口岸货物吞吐量比2008年增长28.7%；航空口岸出入境货物增长15%。

二、统筹城乡交通，加大农村公路建设力度，水陆空运输协调发展，重庆货运物流量又创新高

2009年，重庆市委、市政府提出建设“畅通重庆”的目标，带动了重庆交通运输的跨越式发展，形成了一个覆盖城乡的公路网络。2009年，全市投资79亿元新建农村公路1万公里，农村公路总里程也随之突破10万公里。重庆市乡镇通畅率、行政村通达率和通畅率分

别由2008年年底的83.5%、85.7%、38.9%提高到2009年年底的97.3%、96.2%、50.5%。高速公路总里程也增加到1577公里。全市货运汽车由2008年年底的28.66万辆增加到2009年年底的29.30万辆。重庆港航部门抓住三峡工程175米蓄水到位、万吨级船队直达重庆的机遇，加大航道整治力度和船舶优化力度，重庆境内长江干线515公里航道标准达到二级，全市码头泊位达到833个，共计7.01万米，港口货物吞吐能力增加到1.13亿吨，货运船舶净载重量增加到308.72万吨。连同铁路、航空的发展，重庆立体交通枢纽日趋完善，货运物流量持续增长。2009年，全市货物运输总量达6.85亿吨，货运周转量达1644.24亿吨公里，分别比2008年增长7.6%和10.6%。

三、加紧"三都"建设和"万村千乡"市场工程，完善城市配送体系，扩大内需、拉动消费成效显著

2009年，随着重庆市长江上游"购物之都""美食之都""会展之都"三都建设的稳步推进，解放碑、观音桥等"五大商圈"的销售全都突破100亿元，全市餐饮住宿业营业额突破359亿元，会展收入突破10亿元。全市"家电（汽摩）下乡"拉动消费47.6亿元。"万村千乡"市场工程建设力度加大，累计建成县级配送中心55个，乡镇超市1728个，村级便民商店约达1.83万个，在全国率先实现了"县县有配送中心、乡乡有连锁超市、村村有商贸综合服务网点"的全覆盖目标。城市配送工程全面启动，完善了5种类型的配送中心，即：服务"大商圈"的综合配送中心，服务连锁经营的专业配送中心，服务交易市场的区域配送中心，服务农超对接的冷链配送中心，服务电子商务的网购配送中心。城乡流通统筹推动着城乡商贸的持续发展。2009年，全市实现社会消费品零售总额2479亿元，比2008年增长18.6%，剔除价格因素实际增长21.9%。

四、企业网站普遍建立，社会公共平台全面启动，物流信息化、网络化建设取得新进展

2009年，重庆市发展和改革委员会委托上海博科资讯有限公司启动了重庆物流公共信息平台的建设。重庆市物流协会网站增设栏目，扩充链接，使其信息量有所增加，点击率有所提高。一些企业网站也着眼于产业链，在整合社会资源中担当着重要角色。例如，重庆龙文实业（集团）有限公司"十年磨一剑"，其研发的"重庆金属材料物流信息公共服务平台"，与重庆、成都、上海等地11家大型仓库达成合作资讯平台，"龙文钢材网"的会员发展到5000家，全年网上交易额增加到20亿元，被国家工信部确定为"重庆市国家级信息化和工业化综合试验区2009年试点示范项目"。

五、继续开展国家A级物流企业、国家星级仓库的评估、评审，开展重庆市第三届诚信物流企业的评选，重庆现代物流建设、和谐物流建设取得新进展

重庆市物流协会配合中国物流与采购联合会、中国仓储协会，按照《国家A级物流企业评估指标》《通用仓库等级》两项国标，经企业自愿申报，专家组评估、评审，先后评定重庆轮船（集团）有限公司、重庆长安民生物流股份有限公司为国家5A级物流企业（综合服务型），重庆市铁建物流有限公司丰收坝库区为国家四星级仓库。至此，重庆跻身国家5A级、4A级、3A级物流企业的单位增加到7个，跻身国家四星级、三星级仓库的库区增加到6

个，推进了物流标准化、现代化建设。在信用建设方面，重庆市第三届评选出民生物流有限公司、重庆渝叶物流有限公司等2008—2009年度重庆市“十佳”诚信物流企业、诚信物流企业共28家，把“讲诚信自律、建和谐物流”的活动推进了一步。

六、举办高职物流技能赛，进一步密切校企合作，重庆物流人才工程取得新进展

2009年4月16～17日，重庆市物流协会协同重庆市教育委员会、市人力资源和社会保障局，在重庆城市管理职业学院举办了第一届“盛宇科教杯”高等职业院校学生物流技能竞赛。参赛的8所院校、16个组、48名选手，经过物流电子沙盘对抗赛，以及物流方案仿真模型设计、展示演示和物流技能操作展演的角逐，评选出一等奖1个队、二等奖1个队、三等奖2个队。8月7～10日，在天津举办的首届全国高职院校物流技能大赛中，重庆教育学院代表队、重庆城市管理职业学院代表队双双荣获三等奖。与此同时，校企合作有所发展，共商教学计划、推荐企业专家讲课、提供实习实训场地、举办学生就业推介会等活动，累计达到98次。职业认证培训工作持续发展，全市累计有4100多人捧得助理物流师、物流师、高级物流师等职业资格证书。

七、设立专项资金，落实重点扶持政策，重庆物流业振兴得到有力支撑

《重庆市贯彻国家物流业调整和振兴规划的实施意见》提出，“市财政性资金从2010年起每年安排2亿元，设立重庆市物流业发展专项资金，扶持重点领域和薄弱环节，支持重点工程和重点企业的发展，由重庆市现代物流业工作联席会议办公室统筹安排”。并在工商登记、用地、城市建设配套费、税费、电价等方面给予一定的扶持政策。据此，重庆市物流业调整振兴规划确定的179个项目，以及先后三批认定的重庆市24家重点现代物流企业和37个重点现代物流项目，享受着不同程度的重点倾斜和扶持政策。

（作者：严文萃　重庆市物流协会）

吉 林 省

2009 年，全省各族人民在省委、省政府的正确领导下，坚持以科学发展观为统领，以“保增长、保民生、保稳定”为主线，以推动吉林加快振兴为己任，全面贯彻落实中央和国务院关于应对国际金融危机的“一揽子”计划，奋力攻坚克难，在克服金融危机的强力冲击和影响下，实现了经济的较快发展和社会的全面进步。

一、吉林省物流业发展的基本状况

1. 社会物流总额

2009 年，吉林省社会物流总额为 20136 亿元，同比增长 11.4%，保持了较快的增长态势，为全省经济又快又好发展的重要基础和支撑力量。

从社会物流总额的构成看，工业品物流总额为 14709 亿元，同比增长 11.0%，占社会物流总额的比重为 73.0%；外部购入物流总额为 4732 亿元（其中，进口物流总额为 595 亿元），占社会物流总额的比重为 13.3%，两者仍然是带动我省社会物流总额增长的主要因素；农产品物流总额为 641 亿元，同比增长 7.4%，占社会物流总额的比重为 3.2%；再生资源物流总额为 32.7%，同比增长 24.3%，占社会物流总额的比重为 0.2%；单位与居民物品物流总额为 20.8 亿元，同比增长 18.9%，占社会物流总额的比重为 0.1%。如表 1 所示。

表 1 2009 年社会物流总额构成及增长变动情况 单位：亿元

项 目	同比增长（%）	在物流总额中所占比重（%）
农产品物流总额	7.4	3.2
工业品物流总额	11.0	73.0
外部购入物流总额	13.0	13.3
其中：进口货物物流总额	因汇率因素与2008 年持平	
再生资源物流总额	28	0.2
单位与居民物品物流总额	13.8	0.1

2. 社会物流总费用

2009 年，吉林省社会物流总费用为 1302 亿元，同比增长 17.0%，增幅比 2008 年回落 4.5 个百分点。社会物流总费用与 GDP 的比率为 18.07%，比 2008 年下降 0.03% 个百分点，反映出吉林省物流支出随着规模的扩大而扩大，且效率在提高。

从社会物流总费用的构成看，运输费用为735亿元，同比增长18.1%，增幅比2008年回落13.1个百分点。占社会物流总费用的比重为56.5%，比2008年上升了1.4个百分点。其中，运输费用增幅回落以及占社会物流总费用比重的下降，反映出物流需求有所减少。

保管费用为412亿元，同比增长15.2%，增幅比2008年下降了10.5个百分点，占社会物流总费用的比重为31.6%，比2008年下降了1.1个百分点，反映出我省配送、加工等现代物流业物流供给不足，社会物流需求进一步加大，同时，现代物流业的发展明显滞后于经济发展。

管理费用为155.6亿元，同比增长11.4%，增幅比2008年下降了8.4个百分点，占社会物流总费用的比重为11.95%，同比2008年下降了0.15个百分点，反映出我省现代物流企业的管理水平有所提高。如图1所示。

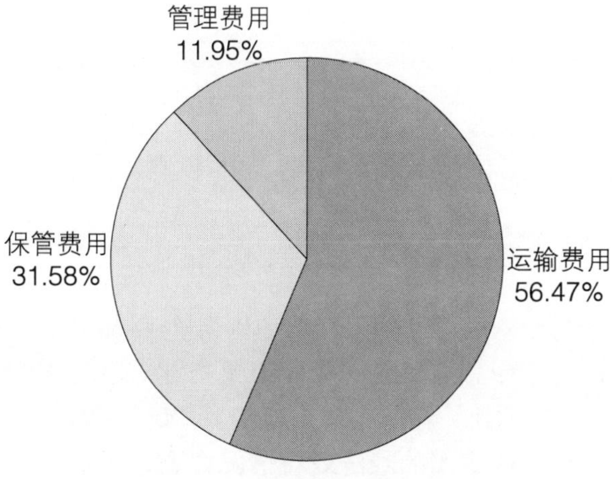

图1　2009年吉林省社会物流总费用构成

3. 物流业增加值

2009年，吉林省物流行业增加值达463亿元，同比增长16.1%，增幅与2008年同比下降5.9个百分点，占全省服务业增加值的16.96%，比2008年增加了0.11个百分点。

4. 物流行业固定资产投资状况

2009年，吉林省物流业固定资产投资增长较快，物流基础设施条件继续改善。统计数据表明，2009年全省物流相关行业固定资产投资额为492亿元，同比增长17.2%。从投资构成看，交通运输业投资额为253亿元，同比增长－13.3%，占物流相关行业固定资产总投资的51.4%；仓储业固定资产投资额为56.4亿元，同比增长121.9%；贸易业固定资产投资额为181亿元，同比增长80.1%；配送、流通加工、包装业固定资产投资额为52亿元，同比增长31.3%；邮政业固定资产投资额为1.3亿元，同比增长22%。

随着投资额的快速增长，物流业基础设施条件继续得到改善，物流业可持续发展能力得到增强。

5. 汽车物流发展状况

汽车物流是吉林省重点发展的一个产业，2009年，吉林省汽车物流业在汽车工业生产的带动下呈现出良好发展的态势。

（1）汽车物流业的规模不断壮大。汽车物流的规模随着汽车工业的发展持续扩大，自1999—2008年，吉林省累计完成汽车工业总产值达到1万亿元，2008年更是达到了2371.2亿元，同比增长21%，汽车工业占规模以上工业总产值比重已经上升到67.5%；与此同时，汽车物流业的规模也同步壮大，2008年，吉林省汽车物流总额达到4392亿元，占长春市物流总额7541亿元的58.2%；2009年预计汽车产量达到115万辆左右，汽车物流总额也将达到5094亿元，同比增长16%。

（2）对社会的贡献不断提高。长春市汽车物流企业有200多家，在数量上虽然不到全市物流企业数量的1/10，但却是全市现代物流业的支柱。2008年，长春市汽车物流对整个汽车产业的贡献率为18.6%左右，拉动汽车产业增长约3.9个百分点；对整个物流业的贡献率达63.5%左右，拉动物流业增长约14.2个百分点；汽车物流对GDP的贡献率约为4.0%，拉动经济增长0.66个百分点；2009年预计汽车物流对物流业贡献率将比2008年增长6个百分点，对经济贡献率将达到4.6%，增长0.6个百分点。汽车物流的发展在管理、运营、包装、加工、仓储、运输、信息技术等各个环节都吸纳了很多不同结构和层次的就业人员，有着很好的社会效益。

（3）汽车物流企业规模在扩大、水平在提高。吉林省现代汽车物流业是在市场经济带动下和企业改革过程中逐步形成和发展起来的。几年来，全省由民间资本自发集聚，形成了一大批中小物流企业；由外来资本的注入，形成了一些颇具实力的大型物流企业；由一汽集团和一汽大众在改革中分离出一批相对独立的物流企业，已经逐渐形成了具有很强竞争力的大型专业物流企业。在200多家汽车物流企业中，拥有200台以上专用运输车辆和20万平方米仓储面积的就有10家，居国内先进水平；拥有专用车辆在200台以下100台以上的企业有10家；其余都是中小企业，这些企业都依附于大企业开展业务。在汽车物流企业中最有代表性的企业是以下三家。

一是长春陆捷物流有限公司（以下简称陆捷）。陆捷是一汽集团的全资子公司，拥有50多万平方米的整车仓储基地、5万多平方米的高标准库房、58公里铁路专用线、3万平方米的铁路站台、4台内燃机车、50辆铁路货车、3个电气集中车站。各种运输车辆和物流设备2000余台，可控运力3290辆。2006—2010年陆捷的经济效益情况如表2所示。

表2　2006—2010年陆捷经济效益　单位：万元

项目＼年度	2006	2007	2008	2009（预计）	2010（计划）
销售收入	46900	86600	114500	118535	136555
增加值	18903	35246	46945	48955	57350
利润总额	1620	1956	2465	3596	4634
上缴所得税	492	2372	2918	2967	3012

二是吉林省长久实业集团（以下简称长久）。长久是整车物流、零部件物流、仓储、运输、配送、汽车销售、售后服务等多元化综合性服务集团公司。长久在全国各地设有50余个全资、控股子公司，10余个商品仓储基地，仓库总面积超过130万平方米，年运输能力70万辆、销售汽车3万辆。2006—2010年，长久实业集团的经济效益情况如表3所示。

表3　2006—2010年长久经济效益　单位：万元

项目＼年度	2007	2008	2009（预计）	2010（计划）
销售收入	31862	42156	43000	55500
增加值	13365	18127	19350	24980
利润总额	5635	5758	6321	7954
上缴所得税	622	990	1160	1353

三是长春一汽国际物流中心（以下简称一汽国际）。一汽国际是一汽进出口公司的全资子公司，拥有东北最大的零部件拆散中心（DC）和筐式配送中心（BC）。占地22万平方米，年集装箱吞吐能力为10万标准箱，拥有铁路专用线640米，世界上最先进的吊装设备林德4320型集装箱区正面吊、卡尔马吊车、林德T20型电动托盘车、L12型电动托盘车和现代化物流管理信息系统CYS、WMS等。主要业务包括集装箱业务、产前配送业务、出口包装业务和保税业务。一汽国际2006—2010年取得的经济效益如表4所示。

表4　　2006—2010年一汽国际经济效益　　单位：万元

项目＼年度	2006	2007	2008	2009（预计）	2010（计划）
销售收入	9342	10155	19726	26137	28751
增加值	6841	8024	12158	16109	17720
利润总额	910	1299	1893	2090	2300
上缴所得税	901	1083	1304	1437	1581

（4）汽车物流平台在逐步完善。近几年，吉林省通过不断完善的物流平台和基础设施，汽车物流投资环境得到逐步改善，外部资金连续进入。据不完全统计，2006年以来，吉林省汽车物流业固定资产投资达到58亿元，其中新建了北方汽贸城、中床汽车物流中心等一些比较大的汽车物流企业。北方汽车贸易城占地100万平方米，总投资18亿元，其中规划有物流园、汽车整车和汽车零部件贸易、汽车装潢、汽车保修等功能区和生活服务区，自2008年建成投入运营以来，已入住各类企业3000余家，年营业收入已达40亿元。中床汽车物流园区，是大连中床集团在长春建立的子公司，2007年开始建设，占地17万平方米、总投资5.4亿元，2008年7月建成开始营业，年营业收入达到4亿元，该企业在全国十几个城市构建了网络信息平台，使企业拥有的440台运输车辆的运营实现了网上统一调度，空驶率几乎为零。

6. 新农村现代流通网络工程

在推进新农村流通网络建设、加快发展新农村新型合作经济组织的工作中，吉林省力争在5年内，使新农村现代流通网络工程覆盖全省80%的行政村，逐步形成以县城为中心、以乡镇为骨干、以村级为网络的终端现代流通服务体系。

7. 投资10亿元的“东北亚农资物流园”项目正式启动

吉林省东北亚农资物流园项目于2009年6月1日破土奠基。该项目规划占地35万平方米，总投资10亿元；项目建设期限为3年，计划2012年3月投入运营。东北亚农资物流园区位于吉林省长春市长江路经济开发区北凯旋路以东，富赢路以北，它是集生产物流、进出口、服务等为一体的多功能农资大型交易中心，主营范围包括化肥、农药、农膜、种子、农机具销售（修理）、建材等农业生产资料。预计项目建成后，年经营农资产品量将达到200万吨，经营额达到40亿元，实现利税1.3亿元，将成为东北亚区域内功能最全、设备最先进的农资商品集散地。

二、吉林省物流业发展区域布局

打造“一圈二区六带”是吉林省物流产业发展的区域布局。“一圈”是以长春为中心的吉林中部城市群物流发展圈；“二区”是指吉林东部发展区和吉林西部发展区；“六带”是指汽车制造业物流产业带、石化物流产业带、农产品物流产业带、医药物流产业带、轻工物流产业带和国际物流产业带。

（一）一个物流发展圈

吉林省中部城市物流发展圈是以区域性物流节点城市长春市为核心，包括吉林、松原、四平、辽源共5个城市的吉林中部城市群，依托汽车及零部件产业、石油化工产业、农产品加工产业、生物制药和现代中药产业以及高新技术产业，加强各城市间关联，统筹各城市物流资源，构建系统化、社会化、专业化的物流基础设施平台；形成高效快捷、经济合理的现代物流服务网络体系，提高物流业的社会化、专业化和现代化水平，增强物流辐射能力，通过区域物流一体化促进区域经济一体化。

（二）两大物流发展区

一是利用边贸，突出发展国际贸易区。在东部边境口岸城市和林产资源丰富的延龙图（珲）、白山、通化等地，依托钢铁、有色金属、特色农业、林产品产业、现代医药和生物制药、口岸国际贸易等产业，重点发展商贸物流、农产品物流、绿色产品物流、医药物流及沿图们江、鸭绿江的边境口岸物流。借助珲春（中）—扎鲁比诺（俄）—新潟（日）—束草里（韩）四国陆海联运航线出海大通道，向北辐射黑龙江省，向南辐射辽宁省丹东港等地，发展对俄罗斯、朝鲜、日本、韩国跨境物流。

二是依托西部地区区位优势，建立特色物流园区。在西部松原市和白城市，依托增产百亿斤粮食工程，建设粮食物流以及杂粮杂豆等特色农产品物流园区；依托风电产业，建设风电制造业配送物流园区；依托石化、轻纺、畜牧业等特色产业，重点发展石油化工物流、商贸物流、冷链物流等特色产业园区。向西辐射内蒙古自治区，向北辐射黑龙江省，发展对蒙古、对俄罗斯跨境物流。

（三）六条物流产业带

1. 汽车制造物流产业带

依托长春一汽、吉林轻型汽车和四平改装车，结合汽车产业物流园区和汽车零部件国际物流保税园区建设，整合区域汽车制造业物流资源，建立科学合理的综合物流体系，形成统一的物流网络，全面提高吉林省汽车制造企业在生产、销售、售后服务等方面的物流水平。

2. 石化物流产业带

结合吉林市、松原市、四平市石化基地建设，建设吉林石油化工产业物流园区、松原石化物流园区和伊通石化物流园区，形成覆盖全省的集信息、展示、交易、存储、运输等功能为一体的石化物流产业带，满足石化物流需求。

3. 农产品物流产业带

长春、吉林、四平三市重点发展粮食及深加工产品的流通、仓储和运输；松原市、白城市重点发展农、畜产品及水产品的冷链物流；延边、通化和白山重点发展林产品流通、加工、配送、储藏和运输等。

4. 医药物流产业带

围绕长白山中药资源和长春、延边、通化、白山现代中药及生物制药，规划建设专业的医药物流基地。

5. 轻工物流产业带

白城地区依托皮革加工及毛纺业、吉林市依托针织业、辽源市依托袜业，重点发展皮革、亚麻制品、毛纺、棉制品等轻工产品的流通加工、配送、储藏以及运输等。

6. 国际物流产业带

依托长吉图开发开放先导区和沿江（沿图们江、鸭绿江）地区，重点发展保税物流、空港物流、边境口岸物流和互市贸易，建设以长吉图为主线、以珲春、图们、临江、集安为节点的边境口岸国际物流枢纽基地。

三、吉林省物流业发展的重点

（一）主要物流节点城市建设

物流节点城市建设是吉林省物流业发展的重点之一，它包括突出长春全国区域性物流节点城市建设和吉林、松原等省级物流节点城市建设。

1. 长春

长春市是全国区域性物流节点城市，是吉林省交通枢纽、政治、经济、文化以及物资集散中心。长春处于辽宁、吉林、黑龙江、内蒙古四省通衢的十字要冲，地理位置优越。重点发展商贸物流、汽车、客车制造、农产品加工、制药、光电子信息、皮革加工等产业物流，进一步完善国际物流体系。

2. 吉林

吉林市是长吉图开发开放先导区的重点区域，依托交通区位优势，借助汽车及零配件、石化工业、装备制造业、商贸业的产业基础，重点发展商贸物流、石油化工、食品加工、化纤纺织、建材等产业物流。

3. 松原

依托综合的区位及交通优势，加快构建“吉林省中西部综合物流中心城市”。依托松原市广阔的经济腹地、丰富的石油和玉米资源及较为完备的公路、铁路、水路、管道运输网络体系优势，通过发展现代物流园区、物流中心和专业化、社会化的第三方物流，加强与周边地区各物流中心城市的“无缝衔接”，构建连接东北三省和内蒙古东部各城市的地区性物流节点城市。重点发展石油化工、农畜产品深加工、石油配套等产业物流。

4. 延边

延边朝鲜族自治州是东北亚区域合作的前沿和边贸出口加工基地，延龙图（珲）是长吉图开发开放先导区的核心区域之一。依托能源矿产、木制品加工、化纤纺织、农产品深加工、长白山特产、烟草以及外贸出口等优势产业，重点发展商贸物流、能源物流、化纤纺织物流、农产品深加工物流、烟草物流以及口岸国际物流。

5. 白城

白城市位于吉林省西部，毗邻内蒙古东部和黑龙江的西部地区，是吉林省重要的农业、畜牧业、轻纺、造纸基地。依靠当地特色产业和自然资源，重点发展商贸物流和农产品、畜牧、轻纺等产业物流。借助省际联结的区位优势，发展省际间的过境物流。

6. 四平

四平市位于辽宁、吉林、内蒙古三省（区）交界处，是吉林省的南大门，依托资源优势，借助装备制造、农副产品深加工等资源优势产业基础，重点发展食品加工、机械制造和化工等产业物流。

7. 通化

通化逐步构筑“支柱产业+优势产业”的经济格局，初步形成“三大产业基地”和“六大优势特色产业”的产业发展战略。通化市依托其产业优势，重点发展钢铁、制药、绿色食品、长白山特产、建材和商贸等产业物流。

8. 辽源

辽源市从地理位置上位于四平—梅河铁路线之间。东邻四平，西邻梅河，南邻辽宁省西丰县，北邻伊通满族自治县。辽源市依托现有产业优势及特点，重点发展新材料、生物制药、保健品和有机食品加工业、装备制造、建材、冶金、纺织服装等产业物流。

9. 白山

白山市地处长白山腹地，是典型的山区资源型城市。其东与延边朝鲜族自治州相邻，西与通化市接壤，北与吉林市毗连，南与朝鲜民主主义人民共和国隔鸭绿江相望。白山市依托其产业优势，重点发展现代医药、绿色食品、长白山特产、矿产和商（边）贸等产业物流。

10. 主要市（县）物流节点

主要市（县）物流节点包括梅河口、珲春、双辽、集安等。

梅河口市地理位置突出，交通网络发达，是吉林省东南部的交通枢纽、商贸中心、货物流通集散地。珲春市位于中国、俄罗斯、朝鲜三国交界处，边境城市特点突出。目前，已实现与俄罗斯、朝鲜的边境物流和通过第三方与日本、韩国的口岸国际物流。双辽市地处吉林省西部的东、西辽河汇流区，是吉林、内蒙古、辽宁三省的交界处，松辽平原与科尔沁草原接壤带，主要依托双辽硅砂资源及农业资源，重点发展商贸物流和农产品、畜牧等产业物流，借助省际联结的区位优势，发展省际间的过境物流。集安市地处吉林省东南部。主要依托其农业产业优势，重点发展现代人参、山葡萄、中小药材、食用菌、蜂产品、林蛙等特色主导的产业物流。

（二）物流园区（中心）建设

规划期内，根据各市州的区位条件和经济发展状况，按照总体规划分步实施的原则，在物流节点城市、制造业基地和综合交通枢纽地区建设货运服务型、生产服务型、商业服务型、国际贸易服务型或综合服务型物流园区，重点建设5个空（陆）港物流园区，10个综合物流园区和15个专业物流中心。

1. 5个空（陆）港物流园区

（1）长春空港、陆港物流园区。一是长春空港国际物流园区，以龙嘉国际机场为依托，以生物医药、光电子等高科技高附加值精细物流为服务对象，在长春经济技术开发区建设空港国际物流园区，内设空港保税区，吸引相关物流企业入驻；二是长春内陆港综合物流园区，以长春东站二级陆路口岸为中心，根据经济开发区北扩和二道区现有物流基础，建设国际、国内集装箱兼容，保税物流中心和口岸功能为一体的内陆港区，承接大连港区功能和政策，实现大连前方港区和长春内陆港后方一体化管理，长春内陆港将与长春空港开发区以及二道物流园区、铁北综合物流园区，集成构筑大口岸、大通关、大流通、大辐射的国际物流发展支撑体系，进一步优化城市空间布局，同时，通过内陆港建设，提高城市外向度，扩大长春在国内、国际的影响度，促进沿海经济与内陆经济的融合。重点承担铁路口岸到发和中转物流，辐射周边各类生产资料批发市场和经济开发区。

（2）吉林内陆港物流园区。以吉林西站为中心，加快配套设施建设，带动吉林市以铁路运营为主的工业园区发展，并逐步完善货场监管系统、完善卡门监控系统、完善信息服务系统，以适应经济形势发展的需要。

（3）通化内陆港综合物流园区。规划占地面积20万平方米，建设成国际、国内集装箱兼容，保税物流、仓储、口岸和国际中转功能为一体的内陆港区。承接丹东港区功能，实现丹东前方港区和通化内陆港后方一体化管理，通过内陆港建设，提高城市外向度，促进沿海经济与内陆经济的融合。

（4）白城内陆港物流园区。白城市地处吉林、黑龙江、内蒙古三省区交会处，境内现有白阿、通让、长白、平齐线四条铁路交会，联合国开发计划署规划的第四条欧亚大陆桥，白城是主要枢纽城市之一，是内蒙古东部地区通往沿海省份的唯一通道，也是黑龙江西北地区入关进京的必经之地。结合白阿线改造和白城铁路西货站的建设，规划建设50万平方米内陆港综合物流园区。主要为粮食、农副产品、煤炭、石油、铜、钼、硅等资源的大量流入、流出服务。

（5）长白山空港综合物流园区。规划期内，东部山区特别是长白山区域物流业发展以长白山机场为中心，沿长白县—池南（漫江）—池西（东岗）—松江河—池北（二道白河）交通枢纽经济带，依托长白山旅游资源、特产资源优势，以机场空港为核心，以陆路（铁路和公路）运输为主体，以信息交易服务为平台，以旅游商品、特色产品加工业及商贸流通业为主要服务对象，建设长白山空港综合物流园区，开展集管理服务、信息交易、停车、仓储、配送、零担快运、产（商）品展示展销、物流商务配套服务等为一体的综合服务，打造信息化、网络化、集约化的高效公共性物流运营园区。

2. 综合物流园区

（1）东北亚物流园区。立足长春北部区域，服务吉林中部和北部地区，以信息交易为核心，以公路运输为主体，以中小型生活消费品制造业及商贸流通业为主要服务对象，以园区信息系统和物流设施设备为依托，开展集管理服务、信息交易、停车、仓储、配送、零担快运、物流设施设备展示展销、物流商务配套等服务，打造信息化、网络化、集约化的高效公共性物流运营平台。

（2）吉林龙谷物流园区。规划占地面积130万平方米，进行物流仓储、货运场站、水运码头等设施建设，形成集农业、工业、危化、商贸、港口综合物流，公路、铁路、水路互补的大型物流园区。

（3）四平市商贸物流园区。在四平市铁东区一马路南段，南六纬路至南七纬路之间，东起南四马路，西至南一马路，规划占地面积20公顷。重点发展商贸物流，承接吉林、辽宁、内蒙古三省区及东北地区中转物流，为周边城市和企业提供仓储和配送等物流服务。

（4）松原鲜丰综合物流园区。依托松原市公路主枢纽的交通优势，以公路货运为核心，建立多式联运服务平台，与松原火车站东货运站构成松原市南部重要的物流产业链，建设具有加工、运输、仓储、信息服务等功能的综合性物流园区。面向长春、沈阳方面提供交易采购、货物集散、物流配送和物流仓储等综合物流服务。

（5）通化综合物流园区。以公路运输为依托，以医药、绿色食品、长白山特产、新型建材、制造业等产业为主要服务对象，为通化及周边地区提供仓储、运输及信息等综合服务。

（6）白城市综合物流园区。主要为粮食、畜产品、农副产品、轻工、建材、化肥等物资提供仓储、搬运装卸、冷链运输、中转运输、停存车、信息配载等服务。

（7）辽源亨通物流园区。主要为药业、袜业、米业、油脂、铝业、水泥、纸业、铸造提供仓储、搬运装卸、中转运输、停存车、信息配载等服务。

（8）珲春口岸国际物流园区。以珲春出口加工区、中俄互市贸易区及边境经济合作为核心，整合“二区”政策功能，充分利用俄罗斯、朝鲜资源和港口优势，成为中朝、中俄、中蒙等国铁矿、煤炭、石油、有色金属等物资国际贸易运输中转枢纽。

（9）延边图们边境口岸物流园区。规划在图们市曲水路12号（原化工厂）、合水街2号（原油脂厂）建设图们市口岸物流园区，进一步规范货物仓储、配货和运输市场，带动图们市进出口贸易的快速发展。

（10）白山综合物流园区。主要为药业、绿色食品、新型建材、制造业等产业提供仓储、搬运装卸、中转运输、停存车、信息配载等服务，服务城市周边地区。

3. 物流中心

配合产业物流的发展需要，重点建设长春汽车产业物流中心、长春绿新汽车零部件国际物流保税中心和吉林汽车及零配件物流中心；吉林石油化工物流中心、松原石化物流中心；东北亚粮食产业物流中心、长春玉米物流中心、长春花卉物流中心、吉林市农副产品物流中心、辽源市粮食物流中心；长春医药物流中心、通化医药物流中心；长春B型保税物流中心、龙井三合保税物流中心；东北亚东北部现代航空物流中心、吉林省邮政速递物流生产作业处理中心以及建设四平红嘴制造业物流中心、汪清县物流中心、长白县靖宇物流中心、吉林省盐业配送中心等。

（三）综合运输基础设施建设

整合现有交通运输资源，通过新建、改造、配套，高标准规划建设综合运输体系，有效连接各物流节点，实现多种运输方式有效衔接、合理配置，全面提升物流一体化和网络化水平。加快连接资源富集地、产业聚集地及口岸运输通道建设，在加强省内各城市间联系的同时，重点加强吉林省与省外及国外联系的物流通道建设。

1. 公路

合理规划建设公路货运站和货运线路，发掘公路网的运输潜能，满足运输需求，充分发挥公路运输方便灵活、可以实现“门到门”运输的优势。

2. 铁路

按照现代物流要求加强铁路货运市场建设，提高铁路货运能力，满足粮食、石化等大宗商品的运输需求。

3. 港口

充分利用可利用的航线，规划建设好水运港口，发挥水运成本相对较低的优势。

4. 航空

规划建设吉林西部机场，形成货运航空物流网络。各机场配套规划建设航空货运中心（站），实现空中与地面运输方式的转换，为发挥航空货物运输快捷优势提供基础设施。

5. 管道

结合长期大输送量的油、气等特定货物的供需状况，适当规划建设管道运输项目，降低运输成本。

6. 建设区内外联系通道

（1）与辽宁、黑龙江联系通道：重点为铁路建设。新建哈大客运专线工程，实现客货分线运输；加快建设纵贯东北东部地区铁路通道，形成东北新的出海通道；规划筹建长吉城际铁路和松陶铁路、沈吉铁路复线改造。

（2）与国内其他沿海地区及国外联系通道：强化与大连东北亚重要国际航运中心的联系，建设长春和吉林内陆港，争取建设长春B型保税物流中心，打造东北地区国际物流主通道；进一步完善四国陆海联运航线，打造干线空港，发展支线航空；提升龙嘉机场的国际地位，完善机场功能，提高吞吐能力和服务水平，增加国际航线数量；加强支线机场建设，完善朝阳川、长白山支线机场，发展支线航空。

（四）物流信息化建设

加快建设全省物流公共信息网络，满足企业对物流公用信息的需求，重点发展一批社会化物流信息网络体系，推进物流企业开发和应用网络信息技术，加快物流电子商务发展，以信息化促进传统物流企业向现代物流企业转化，提高工商企业物流综合管理水平，推动全省社会物流综合成本的降低和物流系统整体效率的提升。

一是构建全省物流公共信息平台，主要连接电子政务系统中海关、税务、商检等区域内政府资源，银行、保险、通信等公共服务设施以及机场、港口和码头、铁路等物流基础服务设施，为区域内物流企业、生产制造企业和流通销售企业等提供公共的、基础的、社会性物流基础信息服务。同时，整合社会物流信息资源，实现各行业管理部门的信息系统、城市间物流公共信息、物流企业信息系统等之间的交换和共享，推动物流企业与上下游企业之间的合作，促进电子商务的发展。

二是实现行业和企业物流信息化。积极采用现代先进供应链管理、物流管理技术，引导企业在运输管理、仓储管理等信息系统的基础上，逐步发展一体化物流综合管理系统，提高企业物流综合管理的效率。加强对物流信息关键技术的研究和开发，促进物流信息标准化和规范化，推广全球卫星定位技术（GPS）、地理信息系统（GIS）、条码技术（Bar Code）、无线射频技术（RFID）、企业资源系统（ERP）、供应链管理系统（SCM）等的应用。

（五）大力发展第三方物流

第三方物流是吉林省物流现代化、专业化、社会化建设重要标志之一。规划期内，积极推动传统物流企业向现代物流企业转变，大力推动第三方物流企业的发展，引进国内外知名第三方物流企业，提升吉林省物流业层次和服务水平。

（六）绿色物流体系建设

鼓励发展绿色物流，通过对环境污染指标的限制、对包装废弃物的限制、对物料循环利用率的规定等，做到集约资源，整合现有资源，优化资源配置，提高资源利用率，减少资源消耗和浪费；实现绿色运输，对货运网点、配送中心的设置进行合理布局与规划，通过缩短配送距离和降低空载率，实现节能减排的目标；开展绿色仓储，做到仓库布局合理，减少无效物流活动；推广绿色包装，对提供包装服务的物流企业进行绿色包装改造，使用环保材料、提高材质利用率、设计折叠式包装以减少空载率、建立包装回收利用制度等；实施基于循环型经济的逆向物流战略，大力开展所有与资源循环、资源替代、资源回用和资源处置有关的物流活动，最终在全省建立包括生产商、销售商和消费者在内的绿色经济循环物流系统。

四、促进现代物流业发展的优惠政策

1. 税收政策

（1）按照国家税务总局有关规定，物流企业将承揽的运输、仓储等业务分包给其他企业并由其统一收取价款的，以该企业取得的全部收入减去其他项目支出后的余额，为营业税的计税基数。

（2）现代物流企业或国家A级物流企业按规定缴纳城镇土地使用税、房产税确有困难的，可按照税收管理权限报经批准后，减免城镇土地使用税、房产税。

（3）物流企业从事《国家重点支持的高新技术领域》和国家发改委、科技部、商务部、知识产权局等四部门发布的《当前优先发展的高技术产业化重点领域指南（2007年度）》规定项目的研究开发活动，其在一个纳税年度中实际发生的研发费用支出，允许在计算应纳税所得额时按照规定实行加计扣除，研发费用计入当期损益未形成资产，允许再按其当年研发费用实际发生额的50%，直接抵扣当年的应纳税所得额，研发费用形成无形资产的，按照该无形资产成本的150%在税前摊销。除法律另有规定外，摊销年限不得低于10年。

（4）对符合国家产业政策和国家进口税收政策的物流企业进口的设备、仪器以及按照合同随设备进口的技术（含软件）及配套件、备件，可按照国家有关规定享受减免关税和进口环节增值税。

（5）物流企业从事公共基础设施项目企业经营所得，自该项目取得第一笔生产经营收入所属纳税年度起，第一年至第三年免征企业所得税，第四年至第六年减半征收企业所得税。

（6）符合《国家税务总局关于货物运输业税收征收管理的通知》（国税发［2003］121号）规定代开条件的给予窗口货运发票开具；符合自开条件的给予货运发票后开票纳税人认定。

（7）国内外知名物流企业参与重组、兼并、收购我省物流企业，在组建物流企业过程中发生资产转换以及土地、房产、车辆过户的，符合有关契税政策的，按规定程序报批。

2. 用地政策

（1）凡符合土地利用总体规划，城市总体规划和现代物流业发展规划的物流项目用地，在土地利用年度计划内可优先安排，并对重点物流项目实行动态管理。

（2）按照物流园区规划要求，经园区管委会（公司）申报，由国土资源部门根据园区物流项目实际用地出让。国土资源部门凭相关资料依法供地，并办理权证。

（3）国土资源部门出让给物流园区的物流项目用地，按工业用地的最低价标准实行招拍挂出让，招拍挂所得土地收益，由财政部门全额返还，安排用于园区内基础设施建设，改善投资环境，扶持物流企业发展等。物流园区外资总额在1亿以上的重点物流项目用地比照物流园区用地政策执行。

（4）物流项目建设按照规划组织实施，其配套用户建筑面积原则上控制在总建筑面积的10%以内，并按照经营性用地实行招拍挂出让。已建项目因经营不善等原因关闭，其土地转让时，可优先安排用于其他重点物流项目。

3. 财政政策

（1）物流园区当年上缴税费的地方所得部分，三年内由同级财政列入预算支出，专项用于园区发展。

（2）凡进入园区的裂变物流企业均享受高新区的税费政策，所投入的资金可享受招商引资的政策。

（3）企业裂变新成立的物流企业，以上年度上缴税收为基数，三年内新增地方税收由政府投入30%支持企业发展。

（4）设立现代物流发展专项资金，并根据发展情况逐年增加该项财政预算，主要用于规划引导、政府公共信息平台打造、企业信息平台搭建、鼓励主辅分离、对重点物流企业、国家A级物流企业和重大物流项目实施以奖代投及工作经费等，大力扶持现代物流业发展。

4. 融资政策

（1）积极引导信贷资金投向物流企业，鼓励融资担保机构为物流企业提供信贷担保，在申报国债贴息资金项目优先推荐有发展潜力的国家A级物流企业。

（2）人民银行全国有关部门实行物流企业商标专用权、专利权质押贷款模式，缓解中小物流企业融资困难。

（3）支持国家A级物流企业在境内外上市融资及募股权融资，鼓励物流企业通过发行债券、增资扩股、内联引资、仓单质押、股权质押贷款及供应链融资等途径筹集项目建设资金。

5. 行政事业收费政策

（1）项目投入使用后第一年除收取国家和省定证照工本费外，对涉及行政事业性收费的部分一律免交，第二年至第五年减半收取。

（2）对物流园区内物流项目的城市基础设施配套费、价格调节基金、新菜地基金予以免收；散装水泥专项基金和新型墙体材料专项基金实行部分予以免收。物流园区外资投资总额1亿元以上的重点物流项目比照物流园区政策执行。

6. 其他政策

（1）物流企业的用水、用气价格，比照工业企业同标准执行，动力用电与普通工业用电同价格执行。

（2）海关部门实现“属地报关，快速验放”通关模式，以降低通关成本，提高通关效率。积极支持符合条件的物流园区设立公共保税仓库，物流企业通关时，可享受大型企业同等优惠政策和服务。

（3）交通部门对货运零担、快递业、物流配送专业车辆简化许可审批程序，优先办理相关营运证照，鼓励短途配送业发展。

（4）对采用物流信息系统和开展物流标准化试点的企业，优先列入科技创新资金和技术改造项目计划，享受相关优惠政策。

（5）重点农产品物流配送企业，可享受省级农业龙头企业的有关扶持政策。

（6）物流企业和物流项目的引进，参照招商引资相关政策执行。

（7）国家有关扶持政策可以和省里扶持政策同时享用。

（供稿：吉林省物流与采购联合会）

黑龙江省

2009年，黑龙江省全面落实应对国际金融危机的各项计划和政策措施，认真贯彻落实国家“扩内需、保增长、调结构、惠民生、促和谐”的方针政策，加快推进“八大经济区”和“十大工程”建设，全省经济迅速触底回升、保持了较快增长。在经济回升的带动下，黑龙江省物流业伴随着《物流业调整和振兴规划》的出台呈现出良好的发展局面，物流业主要经济指标持续增长，社会化、专业化的物流需求不断增加，物流业总体规模不断扩大，物流企业服务水平不断提高，物流业稳步较快发展。但是，在国际金融危机等因素的持续影响下，全省物流业也出现了一些新情况和新问题。

1. 物流业主要经济指标持续增长

黑龙江省发改委、省统计局和省物流行业协会联合进行的2009年度物流统计结果显示：2009年，黑龙江省物流业发展较快呈现稳步推进的态势，一是全省社会物流总额达到1.11万亿元，同比增长0.5%，比“十五”末期的2005年增长近60%，其中农产品物流总额2207.4亿元，同比增长6.1%；工业品物流总额为6292.6亿元，同比下降2.5%。二是全省物流业增加值实现539.2亿元，同比增长29.2%；物流业增加值占整个服务业增加值的16.8%，比2008年提高了2.2个百分点；占全省GDP的比重为6.5%，比2008年提高了1.05个百分点。三是全省社会物流总费用为1561.7亿元，同比下降2.6%，比2005年增长41.6%。物流总费用与GDP的比率为18.1%，比2008年下降了0.5个百分点，比2005年下降了1.7个百分点。上述指标表明，黑龙江省物流总量虽然增速放缓，但物流业贡献作用逐步增强，物流总费用与GDP的比率有所下降，但还维持在较高的水平。

2. 物流业运营主体有了较快发展

据有关部门不完全统计，2009年黑龙江省具备一定规模和实力的公司制物流企业有2231家，其中5000万元资产以上的物流企业有213家，占物流企业总数的9.5%；国有及国有控股的物流企业652家，占企业总数的29.2%；按照经营业务类型划分，运输类企业575家，占企业总数的25.8%；仓储类企业476家，占物流企业总数的21.3%；综合类物流企业1180家，占物流企业总数的52.9%。从这些物流业运营主体全年的发展状况看，主要有以下几个新的进展：一是国有大中型物流企业正在成长为行业“龙头”。通过大中型工业企业的主辅分离和物流业务的剥离重组，大庆油田物资集团、中国一重中实运业、哈电站集团动力设备物流、哈铁辐业集团等一批大型国有物流企业逐步实现了企业内部物流向物流企业的转变；通过资源整合与流程再造，黑龙江邮政速递物流、农垦北大荒物流、金谷物流、中铁快运哈尔滨分公司等一批国有第三方物流企业更具影响力和竞争力。这些国有及国有控股大中型物流企业以其雄厚的经济实力、庞大的资产规模和得天独厚的资源优势，正在成长为黑龙江物流行业的“龙头”企业。二是民营物流企业成为物流业的中坚力量。伴随着经济的快速发展和物流需求的不断扩大，黑龙江省民营物流企业如雨后春笋般发展壮大，建恒物流、神州物流、北大仓物流、振江快运、平安运输、华晟物流、来顺物流等一大批民营物流企业，凭借其创新的体制机制和灵活的经营方式，不断拓宽服务领域、不断扩大经营规模，已经占据了全省物流业的半壁江山，正在成为行业的中坚力量。三是外埠大型物流企业的进驻对全省物流行业起到了推动作用。随着物流企业规模扩张和战略布局的推进，一些省外及国外大型物流企业纷纷抢滩黑龙江省物流市场，中远、中海、中外运、中铁集装箱、招商局物流、顺丰速运、宅急送、远成物流、佳吉物流、天地华宇、联邦快递等都已在黑龙江建立了分公司、子公司或分支机构，它们以先进的物流理念和信息管理技术，以及遍布全国乃至全球的网络优势，为黑龙江省区域物流发展起到了示范和推动作用。在传统的仓储运输企业开始向现代物流企业转变、一批新型的物流企业快速成长和外埠乃至国外物流企业的大举进入的基础上，黑龙江省已经初步形成了多种经济成分、多种经营类型、多种规模层次、多种服务方式的物流企业群体。

3. 物流业经济区域正在逐步形成

综合分析 2009 年黑龙江省商品流向、产业布局、商品种类及物流特点等方面的数据资料，不难发现黑龙江省各具特色的物流集散经济区域正在逐步形成。一是以主要节点城市为特色的哈尔滨、齐齐哈尔、牡丹江、佳木斯 4 个物流圈，城乡物流双向循环，正在形成依托中心城市辐射和传导功能的城乡物流体系，其中哈尔滨作为国家布局的区域物流节点城市，不仅汇聚了全省主要的物流园区及专业物流中心，而且是全省大部分核心物流企业的总部所在地，以哈尔滨为中心形成的扇骨型辐射物流网络结构体系，正在全省物流产业总体格局中发挥着越来越重要的作用；齐齐哈尔市依托其雄厚的冶金、制造业基础和绿色食品生产基地的资源优势，基本形成了以制造业物流和涉农物流为特点的物流格局，并成为黑龙江西部物流中心，辐射区域不仅包括黑龙江省西部地区，还包括吉林省和内蒙古自治区的部分地区；牡丹江市地处哈牡绥中心位置、绥东对俄经贸带的腹地，不仅工业基础较好，而且商贸业发达，尤其是在对俄经贸方面起着重要的物流枢纽和集散中心作用；佳木斯市作为东部城市群中最具区域优势的核心城市，不仅工业、商贸物流具备良好的基础，而且依托三江平原的粮食主产区和三江沿边口岸群，以粮食、农机、农资为主的涉农物流和口岸国际物流也发展迅猛。二是以石油化工为主要特色的大庆物流城，依托石化工业及在哈、大、齐走廊的中心位置，其物流集散功能不断增强。三是以煤炭资源为特点的鸡鸭鹤和七台河物流区，围绕煤化工产业链形成了依托资源禀赋、既有合作又有分工的物流发展新格局。四是以农资粮食为主要特点的三江平原、松嫩平原物流区，依托大型农产品生产和流通企业及农资流通企业，区域间的物流合作逐步加强，一个以收纳节点、中转节点和大型粮食物流节点为骨架的粮食物流体系已初具规模。五是以木材、山特产品以及医药、绿色食品为特点的大兴安岭、伊春物流区域，以依托口岸和重要木材加工企业的对俄木材国际物流区域初具雏形。六是对外贸易为主要特点的绥芬河、黑河、东宁、同江等口岸物流带，随着口岸经济区的发展，许多围绕进出口业务的物流作业开始向口岸集中，已有两批“中—俄—中”内贸集装箱货物由牡丹江起运，经由绥芬河口岸铁路运至俄罗斯海参崴港口，再经海上运抵上海港，中俄陆海联运大通道初见成效，“中—俄—韩”国际陆海联运大通道合作亦取得进展，牡丹江市与韩国、俄罗斯等共同投资，拟在俄纳霍德卡港设立封闭型株式会社国际集散站，打通中俄陆海联运大通道已上升为国家战略。

4. 物流业基础设施建设进度加快

2009 年，黑龙江省物流基础设施建设投资 756.1 亿元，同比增长 59.1%，增幅比 2008 年提高了 26.9 个百分点。绥芬河综合保税区已经国务院正式批准，这是国务院批复的第六个综合保税区，也是我国目前获得批准的陆地边境线上的第二个综合保税区，为我省建设国际物流体系、发展口岸国际物流和保税物流奠定了基础；同时，同江界河铁路大桥、黑龙江界河公路大桥、洛古河界河公路大桥、饶河界河公路大桥、密山跨境铁路、黑瞎子岛岛上口岸公路和抚远深水码头等拓展国际物流通道项目正在紧锣密鼓的建设过程中。此外，全省物流园区及物流中心的建设呈方兴未艾之势。据不完全统计，我省有各类物流园区、物流市场 30 多个，主要分为专业性、综合性、口岸港口性三种类型。例如，综合性的有大庆综合物流园区、哈尔滨龙运物流园区、齐齐哈尔北大仓物流中心和佳木斯广源物流园等；口岸港口性的有绥芬河国际物流园区、黑河国际物流园区等；围绕制造、装备、加工和行业所形成的专业性物流园区（中心）有北大荒商贸集团物流中心、哈飞汽车物流中心、黑龙江省邮政物流中心、哈香坊粮食物流中心、禧龙商贸物流中心、商德有色金属及钢铁物流园等。这些园区或中心有的已经具备了空港保税、海关监管、集装箱运输及多式联运等功能，成为全省现代物流业健康发展的重要力量；还有相当一批物流园区和物流中心正在规划和建设之中。

5. 物流业发展环境得到较大改善

2009 年，黑龙江省物流业的发展环境得到较大改善。一是各级政府重视物流业的发展。黑龙江省政府已经提出“要把物流业培育成重要的支柱产业”的目标，第一次把物流业提升到全省的发展战略层面；全省和有关行业（如粮食物流）以及各市地的物流业发展规划正在修改论证或研究筹划中，哈尔滨市成立了市政府主要领导任组长的物流工作领导小组及市发改委牵头的物流工作协调联系机构；省发改委、省统计局和省物流行业协会联合建立的物流统计体系已经为反映物流业的基本运行情况和产业政策的制定及宏观指导发挥了作用；一些市县政府还成立了物流办，专门综合、管理物流工作，并研究出台了相关政策。二是物流行业组织对物流工作起到了推动作用。除承担物流统计任务外，省物流行业协会还认真贯彻国家物流标准、积极推进 A 级物流企业的评估认证工作，并在物流基础调研及物流规划论证等方面发挥着越来越重要的作用。三是物流教育和人才培养发展迅猛。全省有近 10 所本科院校、20 多个高职高专院校设立了物流专业，在校生总数达 8000 人，2009 年物流专业毕业的本科生为 400 多人、高职高专生超过 1500 人；此外，物流职业技能培训也取得了长足发展，省物流行业协会和各类中介培训机构积极组织物流师、采购师等职业资格和技能培训，先后有近万人取得了高级物流师、高级物流职业经理、物流师、采购师、助理物流师等职业资格，物流教育及培训事业的发展为物流业提供了强大的智力支持和人才保障。

6. 物流业发展中存在的问题

2009 年，黑龙江省物流业取得了较快发展，但从总体上还处于起步阶段，还存在着较多的问题和制约发展的因素，其中主要表现为以下四个方面：一是物流运行的总体水平不高。“十一五”期间，我省物流总额年均增长为 16.9%，低于全国平均水平 7.5 个百分点；物流业增加值年均增长为 11.7%，低于全国平均水平 2.5 个百分点；2009 年我省物流总费用与 GDP 的比率为 18.8%，仍高于全国平均水平0.7个百分点；2009年全国平均物流需求系数为1∶3，我省的物流需求系数为1∶1.34，全国平均物流需求系数高出我省的物流需求系数1.66个单位。几组数据对比结果说明我省物流总体规模扩张不快，对经济发展的贡献低于全国平均水平；结构调整和经济发展方式的转变对物流业的依存程度还不高。二是物流企业的服务能力不强。尽管我省物流企业近年来取得了长足的发展，但是相比较而言，我省物流企业“小、散、差”、资源分散、单打独斗、低水平竞争的状况仍比较突出，具有一定规模和实力的物流企业仅占全省物流企业总数的7.4%，其中大型骨干物流企业、大型物流企业集团就更少，骨干企业带动效应较差。一方面，仍有很多部门、行业和企业还没有完全打破“大而全”“小而全”的计划经济传统经营模式，社会物流需求释放困难；另一方面，真正代表现代物流发展方向的第三方物流企业发展不快，全省可以提供一体化服务的第三方物流企业寥寥无几，很难适应高端制造业和现代商贸业对物流服务的高标准、新要求。三是物流市场的体系建设不快。从总体上看，我省物流市场还处于初级、自发阶段，市场准入标准、资质认证制度、政策引导机制、法律法规体系、考核评估办法等都还不够健全，有些甚至可以说是严重缺失。由于市场调节机制、引导机制不健全，物流产业各环节、各业态严重失衡，运输企业盲目发展，出现了公路运输市场无序低端竞争的“红海”现象，造成运输价格不断下降，进而又形成了超限超载的恶性循环。四是物流发展的支持力度不够。在税收方面，由于较高的营业税和土地使用税，致使一些园区或仓储型物流企业不堪重负，物流企业税收改革试点政策也没有得到真正的落实。在信贷方面，大多数物流企业由于规模较小、利润较低，没有资产抵押，从而得不到银行的信贷支持，同时又缺乏其他融资渠道，企业发展能力很差。在投资方面，各级政府大多没有物流业项目库，缺少基金、贴息等方面的财政支持。

（供稿：黑龙江省物流行业协会、黑龙江省物流与采购联合会）

江　苏　省

2009年，面对全球金融危机带来的影响，江苏省物流业按照省委、省政府“保增长、调结构、促发展”的总体要求，认真贯彻落实《江苏省物流业调整和振兴规划纲要》，主动应战，攻坚克难，保持了持续稳定较快发展的良好态势，为全省经济社会发展提供了坚实的物流保障。

一、2009年江苏物流业发展的基本情况

1. 物流业持续较快增长，推动了江苏省国民经济又好又快发展

“十一五”前四年，江苏省社会物流总额年均增长16.6%，物流业增加值年均增长19.9%。物流业的快速发展，为全省经济又好又快发展提供了快捷通畅的物流服务，提高了全省经济发展的质量和效益，对转变经济发展方式起到了积极的推动作用。2009年，是21世纪以来我国经济发展最为困难的一年，在复杂多变的经济形势面前江苏省物流企业经受住了考验，全省物流业依然保持了平稳较快增长。2009年，全省社会物流总额达到93221.1亿元，同比增长9.6%。其中工业品物流总额为74042.8亿元，同比增长12.7%，占社会物流总额的79.4%；外省市商品购进额为8091.4亿元，同比增长15.8%，占社会物流总额的8.7%。全省社会物流总费用实现5443.6亿元，同比增长8.8%。社会物流总费用与GDP的比率为15.98%，比2008年下降0.51个百分点。其中运输费用为2951.4亿元，同比增长7.3%，占社会物流总费用的54.2%；保管费用为1868.9亿元，同比增长10.2%，占社会物流总费用的34.3%；管理费用为623.4亿元，同比增长11.4%，占社会物流总费用的11.5%。全省物流业增加值为2224.4亿元，比2008年增长13.1%，占服务业增加值的16.6%。全省货运总量为16.1亿吨，同比增长9.2%；货物周转量为5154.5亿吨公里，同比增长8.5%；港口货物吞吐量为13.3亿吨，同比增长14.2%；港口集装箱吞吐量为878万标准箱，同比增长3.1%。

2. 物流基地和企业快速成长，成为全省现代物流业快速发展的一个重要标志

近几年，江苏省内一些中心城市、交通枢纽和经济开发区，逐渐成为现代物流集中的区域，出现了一批各具特色的物流基地（园区），为全省物流业发展搭建了良好的载体平台。目前，全省已有国务院批准设立的综合保税区2个、保税港区1个，国家海关总署批准设立的B型保税物流中心5个，省级重点物流基地（园区）46家。这些基地吸引了各类物流企业

进驻，为广大工商企业提供各种优质物流服务，成为不同物流需求与多种服务方式有机对接的平台。一批具有现代物流意识的物流企业快速成长，许多传统的国有物流企业进行了改制重组，成功实现向现代物流业转型。很多民营物流企业抓住机遇，在政策的支持下得到快速发展，企业的规模不断扩大，竞争实力不断增强。目前，江苏省物流市场已形成了由多种所有制、不同经营规模和服务模式构成的物流企业群体，其中省级重点物流企业已有109家。

3. 物流运作模式不断创新，物流服务水平显著提高

在激烈的市场竞争中，一些物流企业根据市场变化和客户需要，调整优化产品结构，努力开发增值型业务和创新型服务。越来越多的物流企业从仅能提供单一的运输、仓储服务向多层次、全方位的多样化服务转变，从简单的承揽物流业务向根据客户需求开发的专业化服务转变，服务质量有了很大提高。区港联动、保税物流、金融物流、冷链物流、供应商管理库存、代收货款、电子商务等新的业务模式得到应用，显示了良好的发展前景。很多工商企业积极采用现代物流管理理念、方法和技术，实施流程再造和物流服务外包，促进了江苏省第三方物流市场的加快形成和发展。

4. 物流基础设施和装备技术水平不断提升，为现代物流业快速发展提供了强有力支撑

2009年，江苏省已具备了较为发达的立体交通网络，建成了一批货运枢纽和港口、机场等物流基础设施，形成了由公路、铁路、水运、航空和管道运输组成的综合运输基础设施体系，为物流业发展奠定了坚实的基础。目前，全省拥有“两纵三横”五条铁路主干线和数十条专用线，铁路营业里程达1642.1公里；“四纵四横四连”的高速公路网主骨架基本形成，高速公路通车里程达3755公里，密度居全国第一；航道总里程达2.46万公里，航道总里程和密度均列全国第一。此外，江苏省还拥有南京禄口、无锡硕放等7个通航机场以及连云港、南京港、南通港、苏州港4个亿吨大港，万吨级以上泊位达314个，均列全国第一。同时，全省物流装备自动化及信息化水平不断提升，条码、智能标签、射频识别（RFID）、电子数据交换（EDI）、全球定位系统（GPS）等技术应用范围不断扩大，为全省现代物流业快速发展提供了强有力的支撑。

5. 物流业发展环境得到较大改善，物流资源配置逐步优化

几年来，为支持全省现代物流业的快速发展，江苏省出台了一系列相关的政策措施。在管理体制上，建立了全省现代物流工作联席会议制度，统筹协调全省现代物流发展战略、规划和政策；在政策引导上，先后出台了一系列推进现代物流业发展的政策文件；在规范认定工作方面，实施了《江苏省重点物流基地和重点物流企业认定办法》，使各项政策得到了更好地贯彻落实；在行业基础工作方面，江苏省现代物流协会积极承担起物流统计调查、物流企业评估、物流人才培训等工作，很好地发挥了企业和政府间纽带桥梁作用；在联动发展方面，各地积极引导和推动物流业和制造业“两业”联动，促进物流社会化程度的不断提高。长三角区域物流联动有了长足发展，江苏、浙江、上海“两省一市”已联合召开了三次长三角地区物流联动发展大会，共同发布了《关于推进长三角地区现代物流联动发展的若干措施》，成立了现代物流企业合作联盟，从而加强了区域物流合作，促进了物流资源在更大范围内优化配置。

近年来，江苏省物流业取得了较快发展，但总体水平还比较落后，物流运行效率亦不够高；物流企业规模不够大，抗风险能力还较弱；物流基础设施尚不足，物流技术及装备能力有待加强；物流功能不够全，组织化和集约化程度亟待提高。这些情况一方面说明，江苏省现代物流业的发展需要上台阶，需要有新的

提升；另一方面说明，江苏省现代物流业的发展空间还很大，物流企业要做的事还很多。只要物流企业有决心有信心，借助各级政府的大力支持，江苏省现代物流业一定会取得新的发展。

二、2009年推动江苏物流业发展的主要工作

江苏省经信委作为全省推动现代物流业发展的工作牵头部门，在省委、省政府的领导下，在各地各有关部门和广大物流企业的关心支持下，在建立工作机制、突出工作重点、规范基础制度、打造发展平台等方面，积极开展工作。2009年，江苏省经信委主要抓了以下几个方面的工作：

1. 起草2009—2011年《江苏省物流业调整和振兴规划纲要》

2009年，为应对国际金融危机的影响，落实党中央、国务院“保增长、扩内需、调结构”的总体要求，促进物流业平稳较快发展，培育新的经济增长点，省经信委按照省政府的要求，根据国务院《物流业调整和振兴规划》内容，结合江苏省实际，组织起草了2009—2011年《江苏省物流业调整和振兴规划纲要》，2009年5月27日，由江苏省政府正式发布实施。《江苏省物流业调整和振兴规划纲要》进一步明确了江苏省物流业今后几年的发展思路、主要目标和重点任务，为江苏省现代物流业的快速有序发展指明了方向。

2. 组织认定省重点物流基地和省重点物流企业

为加快江苏省现代物流业整体水平的提升，组织认定了第四批省重点物流基地8家和省重点物流企业24家。目前，全省共认定了46家省重点物流基地和109家省重点物流企业，这些基地和企业在推进全省现代物流业发展中起到了很好的示范带动作用。

3. 召开了“第三届推进长三角地区现代物流联动发展大会”

为推动长三角地区物流联动再上一个新台阶，2009年10月，江苏省经信委与上海市商委、浙江省发改委在浙江宁波联合召开了“第三届推进长三角地区现代物流联动发展大会”。会上通过了《长三角地区物流业行规公约》实施意见，共同签署了《长三角地区推进医药物流标准化工作的合作备忘录》。这次会议的召开，标志着长三角地区现代物流合作取得了新的成果，联动发展又向前迈出了新的一步。

4. 举办“第三届中国国际物流科技博览会”

2009年9月，在苏州组织举办了“第三届中国国际物流科技博览会”。本届博览会是在面对国际金融危机，组织实施《江苏省物流业调整和振兴规划纲要》的新形势下召开的，是保增长、扩内需、拉动行业发展的重要举措。展会为促进物流企业国际交流与合作，搭建开放式、互助式、集约化物流企业资源共享平台发挥了积极的示范作用，对江苏乃至华东地区物流产业发展水平的整体提升起到了积极的推动作用。

5. 召开了江苏省现代物流工作会议

为进一步贯彻落实《江苏省物流业调整和振兴规划纲要》，省经信委于2009年12月在南京组织召开了全省现代物流工作会议。出席会议的代表包括全省现代物流工作联席会议各成员单位、各市经贸委和统计局、各县（市）物流主管部门、省重点物流基地和企业，以及物流行业协会等。会议总结了近年来全省物流业发展的基本情况，介绍了省经信委推动全省现代物流业发展的主要工作，分析了全省物流业发展面临的新情况、新问题、新形势，提出了下一步的工作措施。全国著名物流专家何明珂教授作了题为“国内外物流业发展新趋势与新模式”的专题报告，受到了代表的一致好评。

6. 建立物流企业省级技术中心认定制度

为推动全省物流企业提高科技含量，提升

服务水平，2009年，省经信委建立了物流企业省级技术中心认定制度，制定了《江苏省物流企业技术中心认定办法》，设置了认定物流企业省级技术中心的32项指标和评价体系，从科技创新的角度，对现代物流业的发展发挥引导和示范作用。截至2009年年底，经过专家评审和现场考察，已认定10家物流企业省级技术中心。

7. 组织第六批国家税收试点物流企业的申报工作

根据国家发改委和国家税务总局的有关要求，省经信委于2009年9月统一组织了第六批国家税收试点物流企业的申报工作。在各市推荐的基础上，对52家申报企业进行了认真筛选，并请省地税局审核了企业是否具有自开票纳税人资格等税务情况，按照规定推荐了39家物流企业。

8. 开展物流调研，摸清企业情况

积极开展物流调研，了解物流业应对国际金融危机情况，以及物流业规划情况。配合省政府发布的《物流业调整和振兴规划纲要》，细化落实物流业重点任务和政策措施，监督检查实施情况。

（供稿：江苏省经济和信息化委员会交通与物流处）

浙 江 省

2009年3月，国务院《物流产业调整与振兴规划》的出台为浙江省加快物流基础设施建设，促进物流产业的调整升级，加快构建现代物流服务体系提供了新的机遇。浙江省已成为以杭州、宁波、温州、金华—义乌四大都市区为发展核心，引领全省乃至整个长三角南翼地区的发展，连接全国甚至国际市场的重要节点。随着四大综合运输通道（环杭州湾通道、杭金衢通道、金丽温通道、甬台温通道）的基本形成，将进一步增强浙江省经济发展的活力，推动长三角地区以点及面、区域联动发展。

一、2009年浙江省经济及物流发展概况

1. 经济运行概况

2009年，浙江省深入贯彻落实科学发展观，深入实施“八八战略”和“创业富民、创新强省”总战略，大力推进“全面小康六大行动计划”，坚决贯彻落实中央刺激经济的“一揽子”计划和相关政策措施，坚持标本兼治、保稳促调，全力应对国际金融危机冲击，迅速扭转了经济增速过快下滑的势头，全省经济回升向好，社会和谐稳定。

（1）经济发展总体处于工业化高级阶段。2009年，浙江省GDP达2.28万亿元，人均GDP4.43万元（折合6490美元）。三大产业结构比是5.1∶51.9∶43。其中，第一产业增加值1162亿元、第二产业增加值1.18万亿元、第三产业增加值9827亿元，分别比2008年增长2.3%、6.8%和12.5%。数据表明，第三产业即服务业（包括物流业）相比其他产业发展迅速。浙江省正处于全面提升工业化、信息化、城市化、市场化、国际化水平的关键时期。

（2）进出口贸易有一定降幅。2009年，浙江省进出口总值达到1877.3亿美元，其中，进口547亿美元，下降3.7%；出口1330.1亿美元，下降13.8%。主要出口市场逐渐回暖，出口降幅持续收窄。自1990年以来浙江省进出口总值年均增长速度27.28%，明显高于全国19.02%的平均水平。

（3）城市社会消费品销售总额增长迅速。2009年，浙江省社会消费品零售总额为8622.3亿元，比2008年增长15.9%，扣除价格因素，实际增长17.3%。其中，城市消费品零售额5771亿元，比2008年增长16.3%；县及县以下消费品零售额2851亿元，比2008年增长14.9%。随着社会消费规模的扩大，城市配送需求规模相应扩大，同时，城市消费的升级对城市配送也提出了更高的要求；县乡配送需求也开始显现。

（4）货物量稳步回升，但增幅同比有所回落。2009 年，浙江省铁路、公路、水路等各种运输方式共同完成货运量为 16.3 亿吨，比 2008 年增长 2.6%，增幅比 2008 年回落 1.0 个百分点；货物周转量为 4918.49 亿吨公里，比 2008 年增长 0.7%，增幅比 2008 年提高 2.3 个百分点。港口完成货物吞吐量 10.3 亿吨，同比增长 9.7%，其中，沿海港口完成 7.1 亿吨、内河港口完成 3.2 亿吨，分别增长 12.6% 和 3.9%。

2. 交通运输概况

（1）公路运输。2009 年，浙江省公路通车总里程为 10.7 万公里，比 2008 年新增 3300 公里。等级公路里程继续增加，年末等级公路里程 102153 公里，比 2008 年新增 4804 公里；浙江省高等级公路比重为 6.9%，比 2008 年提高 0.3%。未来，浙江省将建设成以快速铁路和高速公路为主构筑综合交通网主骨架，连接省内机场和主要海港，合理配置各种运输方式，形成贯通各市的“两纵三横”的综合运输大通道。2009 年，浙江省完成道路旅客运输量 21 亿人、853.6 亿人公里，同比增长 2.2%、3.9%；完成道路货物运输量 9.58 亿吨、1188.7 亿吨公里，同比增长 4.6%、6.7%。

（2）水路运输。2009 年，浙江省港航生产在国内率先企稳回升，全省港口完成货物吞吐量突破 10 亿吨，达到 10.4 亿吨，同比增长 8%。其中，沿海港口完成 7.2 亿吨、内河港口完成 3.2 亿吨，分别增长 12.6%、3.9%。宁波—舟山港完成货物吞吐量 5.77 亿吨，逆势增长 10.9%，集装箱吞吐量在外贸大幅下滑形势下，仍达到 1050 万标准箱。至 2009 年年底，全省沿海港口已开辟集装箱航线 251 条，与 100 多个国家和地区的 600 多个港口通航，减轻了国际金融危机对航运市场的冲击，促进了对外开放新格局的形成。

（3）铁路运输。截至 2009 年年底，浙江省已建成铁路总里程约 1600 公里，路网密度约 1.57 公里/百平方公里，高于全国平均水平；每万人拥有铁路里程约 0.31 公里。为了创造一个良好的投资环境，浙江省将着力改善省内的交通条件，加快现代化的高速铁路的建设。到 2012 年，浙江将投入 1300 亿元增加 800 公里以上的高速铁路。届时，浙江省的高速铁路总长度将达到 1200 公里以上，占全国规划的 1/10，有望成为全国第一的高速铁路交通大省。2009 年，浙江省铁路完成客运量 6508 万人，旅客周转量 291.3 亿人公里，分别比 2008 年增长 0.9% 和 0.5%；完成货运量 3435 万吨，增长 1.1%，货物周转量 323.3 亿吨公里，比 2008 年下降 4.8%。

（4）航空运输。浙江省现有杭州萧山、宁波、温州、舟山、台州黄岩、义乌、衢州 7 个机场。2009 年，浙江省航空运输克服国际金融危机、经济发展环境趋紧等种种困难，继续保持了较好的发展势头，全省 7 个机场共完成旅客吞吐量 2546.04 万人次，同比增长 18.06%，其中萧山机场完成旅客吞吐量 1494.47 万人次，同比增长 17.9%；全省完成货邮吞吐量 32.56 万吨，同比增长 10.61%，其中萧山机场完成货邮吞吐量 22.63 万吨，同比增长 7.4%；完成起降架次 23.51 万架次，同比增长 13.46%，其中萧山机场完成起降架次 13.41 万架次，增长 13.1%。

3. 物流基地概况

如今，浙江“大物流”建设将重点抓好物流园区建设，发展多式联运，推进港区联动和产业互动，提高综合运输组织能力，以试点示范项目为机遇，加快“交通物流公共信息平台”的建设和推广，进一步推进城乡物流一体化，整合延伸综合运输服务网络，发展甩挂运输，提高运输效能和运输转换效率，大力发展港口物流。

（1）总体规模在不断扩张。2009 年，浙江省物流园区和中心的建设顺利推进，全省物流园区数量达到 51 个，位居全国第二。其中，

10 万平方米（150 亩）以上物流基地 21 个，同比增加 6 个，数量位居全国第一，现代化物流基地体系框架雏形已现。2009 年，浙江省物流园完成货运量 4.1 亿吨，占交通货运量的 27%，货运量同比增长 11.4%。

（2）空间布局进一步优化。以全省未来总体物流需求格局为导向，依托全省各类综合交通枢纽，以沿海港口为主导、以空港、陆港（公路、铁路场站）、邮政网点为支撑，力争在 2020 年，全省逐步形成“层次清晰、疏密有致、相互协调”的“一主三辅、四层次、多节点”的交通物流基地空间布局，服务于浙江省对接全球市场的国际物流以及引领全国经济和长三角一体化的区域物流和区内物流的快速发展。

4. 港口物流概况

浙江省是海洋大省，也是东南沿海建设大型深水港最理想的港址之一，建港条件全国乃至世界少有。总长 6500 公里的大陆海岸线和海岛岸线雄居全国第一，其中，333 公里是宝贵的 10 米以上深水岸线，能建万吨级以上深水泊位的岸线占全国 1/3，可建 10 万吨级深水泊位达 100 个，居全国第一。港口资源的得天独厚是扩大浙江省的对外开放，充分利用“两种资源、两个市场”，提升国际竞争力的重要基础。

目前，浙江沿海港口布局已形成了以宁舟港为中心，温州、台州、嘉兴港为骨干，其他 39 个地方小港口为配套的沿海港口群，集装箱、原油、铁矿石、煤炭四大货种运输体系初步形成。全省现有宁波—舟山、温州、台州和嘉兴 4 个沿海港口，拥有生产性泊位 1075 个（万吨级以上 143 个），港口通过能力 6.6 亿吨。另有杭州港、湖州港、嘉兴内河港、绍兴港、宁波内河港、金华兰溪港、丽水青田港 7 个内河重点港口，年通过能力 3.02 亿吨。2009 年，随着港口建设的不断完善，浙江省沿海港口已初步建立起集装箱、大宗散货和临港工业三个方面的物流系统，港口物流业已经发展成为新时期推动海洋经济转型升级的战略性产业。

二、浙江省推进现代物流业发展的主要工作

2009 年，浙江省把加快物流业发展作为优化服务业结构、促进经济转型升级的一项重要工作，以港口物流、专业市场和产业集群物流、城乡配送物流等领域为重点，以物流业重大项目建设为抓手，强化政府引导，改善发展环境，全力推进全省现代物流业发展。为贯彻落实国家《物流业调整与振兴规划》，推进浙江省现代物流业的快速发展，浙江省政府和相关部门全力开展了如下工作。

1. 深化细化物流业规划和政策

在政策方面，2009 年上半年，先后出台了《关于推进全省交通物流基地建设的意见》《关于推进物流“龙头”企业培育工作的意见》《关于推进交通物流公共信息系统建设的意见》，进一步统一了工作思路，明确了现阶段具体任务，完善了保障机制。在规划方面，为贯彻落实好国家《物流业调整与振兴规划》，结合浙江省实际，认真进行规划的深化细化，编制了《宁波—舟山港域现代物流发展规划》，对宁波—舟山港域现代物流发展进行统筹规划、科学定位和合理布局；启动了全省现代物流业发展“十二五”规划编制工作。

2. 物流公共信息平台初步形成

2009 年，浙江省政府把提高物流信息化水平作为物流业振兴的一项重要任务，积极推进物流公共信息系统建设，物流公共信息平台初步形成。浙江电子口岸、宁波电子口岸已经和浙江物流电子枢纽进行对接，实现了国际物流和国内物流信息的互联。目前，信息系统已投入 3000 万元，建成 1 个数据管理中心、2 个数

据交换服务器、3个物流通用软件、联结电子口岸等6个物流相关系统，系统正在浙江省全面推广，目前通用软件推广至400家，综合日数据交换及信息发布量已达到10万条。该信息系统很快将向全国正式推出一期工程—LOGINK1000，为全国提供物流代码、通用软件、数据交换三项服务。2009年7月，浙江省牵头与上海等16个省市区签订物流公共信息平台共建协议；与中国电信集团签订框架协议，利用该“平台”开展3G手机物流服务业务；由浙江交通综合物流协会牵头，建立30多家企业参加的物流公共信息系统共建联盟。

3. 加大物流业重大项目建设

为充分发挥重大项目的引领和带动作用，2009年，浙江省编制实施服务业重大项目计划，年初共安排了128个服务业重大项目，其中物流业是重中之重，安排项目32个，总投资311亿元。2009年计划投资26.43亿元，项目数、总投资和2009年计划投资均居服务业各行业首位。同时，积极推进物流基地建设，12个省交通运输重点扶持物流基地全部开工建设，安排资金补助项目27个，完成投资21.4亿元。

4. 综合交通网络建设快速推进

2009年，浙江省铁路建设完成投资305亿元。甬台温铁路、温福铁路开通运行，新增双线电气化铁路里程351公里，为全省“一环四射”的铁路构架的形成奠定了基础。“三线一枢纽”工程征迁速度创造了浙江省类似工程的新纪录。高速公路方面完成投资147亿元，舟山大陆连岛工程等工程已经建成，新增通车里程190公里。航道改造项目完成投资7.5亿元，嘉于硖线航道等项目进展顺利。杭州萧山国际机场二期扩建工程一阶段主体工程已经完成。连通浙沪的4条高速公路全部畅通，加上嘉绍跨江通道、钱江通道等标志性项目的全面启动，浙江已经形成辐射全省并融入长三角、畅通周边省的大开放路网。

5. 大力发展现代港口物流业

编制并实施宁波—舟山港域现代物流发展规划，将宁波—舟山港打造成我国重要的大宗散货物流枢纽港，大力发展以港口物流为重点的现代服务业，重点构筑大宗散货交易平台、海陆联动集疏运网络、金融支撑系统“三位一体”的服务体系。抓紧研究提出组织运作模式和推进机制，建设一批港口物流园区、集装箱和大型油品、矿石、粮油、LNG等大宗商品及战略物资储运基地以及若干国际航运服务集聚区，促进港口物流业发展上新水平。

6. 加快行业协会建设

2009年8月，全国首家综合型交通物流协会——浙江省综合交通物流行业协会在杭州正式成立。协会下设信息平台专业委员会、应急物流专业委员会、规划与咨询专业委员会3个专业委员会，浙江省综合交通物流协会的成立，为浙江现代物流业的发展构建了一个高效的协作平台，为贯彻落实浙江现代交通“大路网、大港口、大物流”建设战略提供了重要支撑，为浙江综合物流的发展注入了新的活力。针对我省中小企业多、民营企业多、产业集群多、供应链物流已经起步的特点，为了更好地提升我省供应链水平，2009年6月经有关部门批准成立了浙江供应链协会。浙江供应链协会的成立将为企业与企业、企业与政府搭建一个沟通交流的平台，从而推动我省企业供应链管理水平的提高，促进我省制造业与物流业联动发展。

三、浙江省推进大物流建设的主要任务

为认真贯彻国务院印发的《物流业调整和振兴规划》和《交通运输部、浙江省人民政府共同促进浙江省交通物流发展会谈纪要》精神，根据《2010年浙江省服务业工作要点》和《浙江省物流业发展三年行动计划（2010－

2012)》，结合浙江省省交通大物流建设实际，浙江省交通运输厅提出物流建设工作的主要任务。

1. 贯彻实施港航强省战略，加快发展港口现代物流

（1）充分依托我省优越的港口条件，大力推进宁波—舟山港一体化进程，加快建设适应国际中转、国际采购、国际配送、国际转口贸易业务需求的长三角国际物流港，共同打造世界级的宁波—舟山港口物流枢纽。紧紧围绕大宗散货和国际集装箱物流市场需求，全面强化宁波—舟山港域现代物流建设，重点突出梅山、六横、金塘、穿山、大榭、舟山本岛、衢山、洋山等区域港口物流发展，构建“世界一流、国内领先”的大宗散货和国际集装箱物流港口物流体系。

（2）在港口布局总体规划指导下，继续推进温州、台州、嘉兴港发展，突出核心港区，合理定位港口功能，发挥区域性优势。积极构建以宁波—舟山港为“龙头”，温台和浙北港口为两翼的全国重要的原油和成品油、煤炭、粮食、钢材等战略物资的储备基地。同时，按照港口大枢纽、航道大通道、运输大网络的要求，对全省港口物流所涉及的港口设施、物流园区、保税港区、集疏运通道和多式联运等港口物流要素进行统筹规划，构建大宗商品交易平台、海陆联动集疏运网络、金融和信息支撑系统“三位一体”的港口服务体系。

（3）加强港口设施的物流功能。按照港区联动、甩挂运输、多式联运等现代物流作业要求，对新建港站枢纽运输功能和物流功能进行统一规划，同步建设；对现有港站枢纽进行改造，积极拓展或植入物流服务功能，并加强沿海港站枢纽与内河港、后方物流园区的紧密衔接，积极拓展腹地市场。

2. 加快物流园区建设，发展多式联运，推进港区联动

（1）加快发展以港口为枢纽，陆海联动、功能完善的物流集聚区建设。积极推进宁波梅山保税物流园区、舟山金塘物流园区、嘉兴乍浦港和独山港物流园区等一批港口物流园区项目建设，加快杭州京杭大运河（二通道）沿线港口物流园区、洞头国际物流园区等一批物流园区的前期工作；加快推进杭、宁、温等中心城市和义乌、绍兴等地 28 个重点物流园区（中心）建设，依托全省大型专业市场，推进商贸业与物流业联动发展的物流中心建设，依托全省产业集聚区推进制造业与物流业联动发展的物流中心建设；推动建设一批集装箱多式联运中转设施和连接两种以上运输方式的转运设施，逐步构建水路与铁路、铁路与公路、航空与地面交通等不同运输方式间的“无缝衔接”，提高运输效率。

（2）加快物流园区“无水港”建设。在促进物流园区设施建设和功能完善的同时，推动地方政府与宁波港集团合作，在绍兴、萧山、义乌、金华等全省 10 个“无水港”基础上，拓展“无水港”的物流功能；加强与铁路部门的衔接，实现“无水港”与铁路场站的“无缝对接”，扩大港口腹地，推进区域性资源配置中心、集装箱、大宗散货集散中心建设；积极扩大宁波港集团集装箱 RFID 技术试点范围，并逐步推广到省级物流基地、大型货运场站，实现多种运输方式数据的有机衔接，提高多式联运水平。

（3）充分协调各种运输方式，促进战略物资运输通道建设。依托东南沿海和宁波—舟山港域临港石化仓储物流设施、京杭甬大运河沿线港口物流基地、舟山煤炭中转码头、宁波—舟山港中宅煤炭码头、嘉兴港富春码头等煤炭物流设施，与相关企业合作，促进原油、矿石、煤炭、粮食等战略物资运输通道建设。

3. 加快完善集疏运网络，构建物流快速通道

按浙江省交通运输工作会议确定的集疏运网络建设任务，加快实施年度建设计划，做好

高速公路、国省道干线公路、内河航道建设规划、项目、资金、实施计划与物流园区规划、建设计划的对接。加快物流园区集疏运网络建设，构建物流快速通道，提高物流效率，降低物流成本。

4. 继续培育物流“龙头”企业，推进产业互动，提高综合运输的组织能力

（1）培育发展一批物流“龙头”企业。着力改变交通行业物流企业“低小散”现状，突出市场主体建设。在已公布的 12 家省交通物流“龙头”企业的基础上，继续培育一批竞争力强、示范作用显著的大型道路、水运物流企业，特别是要选取几家有发展潜力的港口、水运物流企业作为重点扶持对象，以带动港口物流的发展。继续扶持 35 个“龙头”企业的物流发展项目建设，争取完成投资 4 亿元。

（2）分离发展一批物流企业。支持生产制造和商贸企业按照分工协作的原则，推进其主副分离，利用现有的仓储能力和库房、运输车辆等资产，组建独立的物流配送公司，或将生产物料和产品配送等服务业务从企业内部剥离，交由专业物流公司经营。

（3）引进移植一批物流企业。充分利用我省优越的物流发展条件，特别是港口物流条件，以及发达国家和地区服务产业加快转移的有利时机，面向境外引进一批国际著名物流企业，与央企合作发展一批骨干物流企业。

（4）整合提升一批物流企业。鼓励和引导现有运输、仓储、货代、联运、快递企业的功能整合和服务延伸，加大资源整合力度。鼓励和引导物流企业通过参股、兼并、联合、合资、合作等多种形式进行资产重组，加快向现代物流企业转型提升。指导组建一批跨区域、跨行业、跨所有制，服务水平高、具有较强竞争力的大型物流企业，积极参与国内外市场竞争。

（5）积极扶持发展先进运输组织方式。积极发展甩挂运输、滚装运输、江海直达运输、集装箱联运等先进运输组织方式，加强交通运输与物流服务的融合，为物流一体化运作与管理提供条件。大力发展专业物流公司，在全省选取典型的物流企业进行示范建设，各市要扶持 1～2 家企业，开展产业联动试点示范工作。

（作者：蒋长兵　浙江工商大学）

湖 南 省

一、2009年湖南省现代物流业发展情况

2009年，湖南省物流业面对国际金融危机带来的巨大冲击，采取了扩大需求、加快转型、降本增效等一系列果断措施，不仅实现了自身的企稳回升和较快发展，还为调整经济结构、转变发展方式、增强国民经济竞争力发挥了重要作用。

1. 物流业总体规模继续扩大，“龙头”企业开始涌现

2009年，湖南省各种运输方式共完成货物发送量107833.21万吨，同比增长9.1%。其中，铁路完成5563.41万吨，同比下降5.4%；公路完成92148万吨，同比增长8.8%；水运完成10118万吨，同比增长23.1%；民航完成3.8万吨，同比增长0.8%。据湖南省经信委和省统计局统计核算，2009年，全省社会物流总额达到24566.4亿元，比2008年增长8.6%；实现物流业增加值832.26亿元，同比增长15.3%；占第三产业增加值的比重为15.77%，同比提高0.19个百分点；占GDP的比重为6.44%，同比提高0.2个百分点。一批专业化程度高、竞争力强的企业开始崭露头角，年营业收入过10亿元的企业已经出现，过亿元企业达到30余家，国家A级标准物流企业46家。

2. 物流业发展水平不断提高，社会物流成本持续下降

长沙联运物流、一力物流、星沙物流、金霞粮食物流等企业实行功能整合和服务延伸，积极开展物流金融、电子商务、期货交割等新型业务，服务能力不断增强。工商业与物流业联动发展效果明显，三一、长丰、湘钢等制造企业和步步高、心连心、家润多等商贸企业，积极采用现代物流方法和技术，实施流程再造、剥离或外包企业物流业务。通信网络技术、自动识别技术、空间信息技术、物流系统自动化技术及各类物流管理信息系统在企业中得到比较广泛的应用；物流公共信息平台建设加快推进，其中全省性货运配载信息平台已基本建立；作为行业门户的《湖南物流网》运营情况良好，点击率稳步上升。物流现代化、社会化、信息化的发展，有效促进了社会物流成本的下降，2009年，湖南省社会物流总费用实现2391.41亿元，比2008年增长11.0%，与GDP的比率为18.49%，比2008年下降0.16个百分点。

3. 综合交通基础设施建设加速推进，物流运输网络不断优化

2009年，湖南省综合交通基础设施建设规模和速度前所未有。全省境内共完成铁路大中

型建设投资125.0亿元。武广铁路客运专线开通运营（湖南省境内518公里），使得现有京广线释放了部分货运能力；洛湛铁路永州至玉林段（湖南省境内187公里）开通运营；焦柳铁路洛阳至张家界电气化改造完工；长沙火车南北站搬迁工程、湘桂复线衡阳—永州段工程、衡茶吉铁路湖南段建设正在进行紧张施工，期末全省境内铁路营业总里程达到3507公里。2009年，湖南省共完成公路建设投资671.5亿元，公路总里程达到191403公里，其中，高速公路建设完成投资465.3亿元，衡炎、邵永高速公路建成通车，新增通车里程225.3公里，期末全省高速公路通车总里程达2227公里；全省新开工15个高速公路建设项目计949公里，在建项目总数达38个，总里程达3493公里，总投资2424亿元；全省在建和通车高速公路总里程达到5720公里，历史性地跨入全国靠前位置。水运建设完成投资6.5亿元，岳阳港城陵矶（松阳湖）港区一期工程建成投产，推动了全省集装箱运输的快速发展。立体综合运输网络的加快形成，为物流业发展奠定了良好的基础。

4. 现代物流平台更加完善，为物流业集聚化、规模化发展奠定了基础

长沙金霞、株洲石峰、湘潭九华、岳阳城陵矶、长沙空港、衡阳白沙、郴州湘南、怀化鹤城八大省级物流园区竞相发展。其中，金霞物流园区在长沙金霞保税物流中心封关运行的带动下，招商引资环境不断完善，入园企业发展态势良好，正在成长为区域经济发展的新引擎；郴州湘南国际物流园抓住省委、省政府支持郴州市承接产业转移先行先试的政策机遇，专门成立了纳入政府行政序列的园区管委会，加快园区基础设施建设步伐，吸引了一大批优势物流项目落户园区；其他物流园也正在抓紧规划和建设。在一批重点物流建设项目中，恩瑞国际物流中心、长沙捞霞物流中心、京阳物流中心等新建成投产；湘西南物流中心、长沙金霞粮食物流中心、湘潭荷塘物流园、湖南供港澳及出口农产品集中验放场、国药控股湖南物流中心、招商局物流长沙分发中心等正在紧锣密鼓的建设过程中；湖南家电物流中心、湖南中烟物流基地、湘潭龙畅综合物流中心、株洲芦淞服饰物流中心等一批新扩建项目也即将启动。

2009年，湖南省物流业发展取得了较好的成绩，但依然存在诸多问题，如物流基础设施布局缺乏统筹规划、投入不足、兼容性差；物流市场较为混乱、行业自律和诚信仍有待加强；物流业发展政策涉及部门多、落实难度大等。这些问题亟待我们在下一步的工作中，制定有效的措施，切实加以解决。

二、湖南省现代物流工作情况

2009年，湖南省各有关部门认真贯彻落实国家物流业调整振兴规划，按照省委、省政府的决策部署，围绕全省物流业发展做了大量积极有效的工作，开创了现代物流工作的新局面。

1. 制定出台了《湖南省物流业振兴实施规划》

为应对国际金融危机对全省物流业的影响，促进物流业平稳较快发展，根据国务院《物流业调整和振兴规划》，结合湖南省的实际情况，省经委牵头制定了《湖南省物流业振兴实施规划》（2009—2011年），2009年6月，由省政府以湘政发［2009］26号文印发实施。《湖南省物流业振兴实施规划》简要分析了全省物流业发展现状，明确了全省物流业发展思路和主要目标，并提出了下一阶段全省物流业的九大发展重点和七项政策措施。

2. 加大了对物流业发展的资金支持力度

湖南省经委、省财政厅利用省现代物流业发展专项资金，严格按照资金管理办法要求，对24个重点物流项目给予了财政资金补助，对这24个项目总投资71.4亿元，全部建成投

产后，预计新增营业收入177.6亿元，实现利润6.3亿元，上缴税金3.0亿元。此外，中央物流业调整和振兴专项投资支持了我省部分重点物流项目建设；中央和省服务业引导资金、农村物流服务体系建设资金等也加大了对物流业的支持力度。

3. 深入开展了物流业发展调研工作

2009年2月，湖南省经委和省物流与采购联合会组织了部分市州物流牵头单位、省级物流园区、重点物流企业负责人，到上海、浙江等地学习考察物流园区建设和运营经验。3～5月，甘霖副省长带领省政府办公厅、经委、发改、交通、国土、商务等部门，对全省重点地区和江苏、广东、湖北等地的物流业发展进行考察调研，多次召开政府相关部门和重点企业座谈会，充分征求各方意见，在此基础上，完成了《湖南省物流业发展调研报告》，得到了省委、省政府主要领导的高度重视和充分肯定。

4. 积极推进物流信息化工作

一是组织省内部分重点物流企业参加了全国物流与采购信息化应用大会暨CIO峰会，湖南一力物流园信息平台、湖南天骄货运配载信息平台被评为全国物流信息化应用优秀典型案例。二是组织召开了全省物流信息化工作现场经验交流会。三是完成了全省物流公共信息服务发展情况调查报告。四是初步设计了全省物流公共信息平台建设方案。五是在省委党校、省行政学院开办了全省物流信息化专题培训班。

5. 完善和优化物流业发展政策体系

2009年，湖南省有关部门相继出台了一系列政策，如省政府出台了《关于加快农产品加工及物流业发展的意见》；省政府办公厅转发了省邮政管理局等七部门制定的《关于进一步推动农村邮政物流发展实施意见》；省地税局、省邮政管理局制定出台了《关于加强快递企业税收政策支持的意见》；省优化办、省监察厅开展了优化物流业发展环境专项行动，督促有关部门按照职责分工，认真抓好《关于进一步加快现代物流业发展的若干意见》等相关政策文件的落实工作，相关政策的出台，完善和优化了物流业发展政策体系，对推动湖南省现代物流业的发展起到了积极的作用。

6. 认真做好相关工作

2009年，为确保湖南省现代物流工作有序开展，省政府有关部门继续认真做好相关工作，一是报省政府批准，成立了“湖南省促进物流业发展专家委员会”，组建了全省物流业发展的智囊团。二是继续开展全省物流统计核算工作，配合做好了在长沙召开的全国物流统计工作会议有关工作。三是积极推动国家标准A级物流企业评估工作。四是努力推动产业间、区域间合作，积极为制造业与物流业联动、湖南省与沿海地区联动搭建平台。五是组织企业参加了第二届全国物流业与制造业联动发展大会、长株潭装备工业合作洽谈会、与深圳、福建、广西等地的合作交流会和招商会，联合《物流与供应链》杂志社、IBM公司举办了“卓越企业供应链管理论坛”。六是继续做好物流税收试点企业的推荐工作。

（供稿：湖南省经信委交通处）

四 川 省

2009年，面对繁重的灾后恢复重建任务和国际金融危机的严重冲击，四川省认真落实中央应对国际金融危机的“一揽子”计划，制订实施“扩内需、保增长”计划及一系列专项政策措施，全省经济率先止滑回升、向好发展。全省GDP达到1.42万亿元，比2008年增长14.5%，增速比2008年加快3.5个百分点；全社会固定资产投资达12.02万亿元，比2008年增长58.1%；社会消费品零售总额达5758.7亿元，同比增长20%。在经济向好发展的带动下，全省物流业实现稳定发展。

一、四川省物流业发展总量大、增长快

2009年，四川省全年公路、铁路和航空等运输方式完成货物周转量达1453.9亿吨公里，同比下降4.0%。预计货运量在2008年基础上略有下降，在11亿吨左右。2009年四川省公路、铁路、航空运输方式完成运输量的情况如表1所示。

表1　2009年四川省公路、铁路、航空运输方式完成运输量

指　标	单　位	绝对数	比2008年增长（%）
货物运输周转量	亿吨公里	1453.9	-4.0
公　路	亿吨公里	779.2	-5.9
铁　路	亿吨公里	611.4	0.2
民　航	亿吨公里	6.8	7.6

1. 社会物流总额增长加快，工业品物流占主导

2009年，四川省社会物流总额为2.82万亿元，是当年国民生产总值的1.98倍，总额比2008年增长17%。自2000年以来，四川省社会物流总额增长年均保持22%的增长速度，最初几年增长较慢，后几年增长加快平均达30%左右。2001年比2000年增长了5.7%，2002年比2001年增长13.4%；此后增幅不断提高，2007年比2006年增长了35.3%，2008年受地震和国际金融危机等因素影响增速有所下降，但仍比2007年增长了28%。2000—2009年四川省社会物流总额及增速情况如图1所示。

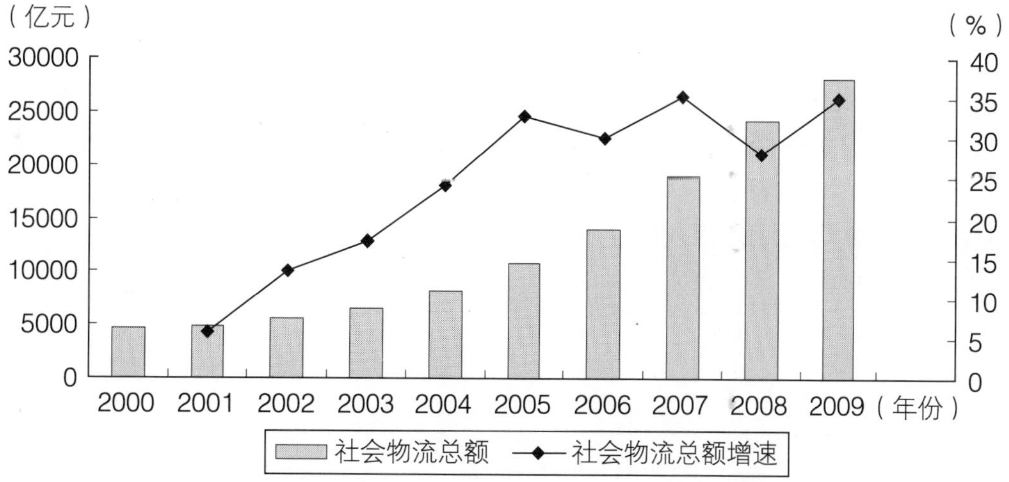

图1 2000—2009年四川省社会物流总额及增速情况

在社会物流总额中，工业物流总额所占比重最大，2009年四川省工业品物流总额为1.87万亿元，比2008年增长了17.8%，占全省社会物流总额的66.4%；其次是省外及进口流入物流总额为4881.9亿元，占全省社会物流总额的17.3%；再次是农业总产值，为3989.8亿元，占全省社会物流总额的13.1%；最低的是单位与居民物流总额，仅占0.6%。

2. 物流费用占比稳步下降

2009年，四川省物流增加值为815.7亿元，占全省服务业增加值的比重为15.69%，占全省GDP的比重为5.76%；全省物流总费用为2814.3亿元，与GDP的比率为19.9%，比2008年20%以上水平有所下降。从构成看，运输费用为2003.93亿元，占全省社会物流总费用的比重为71.2%；保管费用为592.81亿元，占全省社会物流总费用的比重为21.1%；管理费用为217.52亿元，占全省社会物流总费用的比重为7.7%。

3. 第三方物流发展加快

第三方物流企业可定义为社会化服务的物流企业。近几年，四川省物流企业发展较快，其中尤以民营物流企业发展最快。从目前初步统计情况看，四川省从事物流的法人企业接近5000家，第三方物流企业1000多家。目前，在成都设立分公司的国内较为知名的物流企业有宝供物流、远成物流、华宇物流、宅急送等。四川省第三方物流企业的发展有以下两个特点：

一是大型第三方占比不高，发展迅速。四川省物流业发展相对滞后于东部发达地区，典型意义上的第三方物流公司在行业中所占比重较小。全省5000家物流企业中第三方物流企业有1000家左右，占比接近20%。四川省第三方物流企业普遍规模小、组织结构散，因而市场秩序不理想。据调查数据的不完全统计，2008年四川省年营业额超过3000万元的第三方物流企业仅79家，仅占第三方物流企业总数的5.8%，占比情况如图2所示。

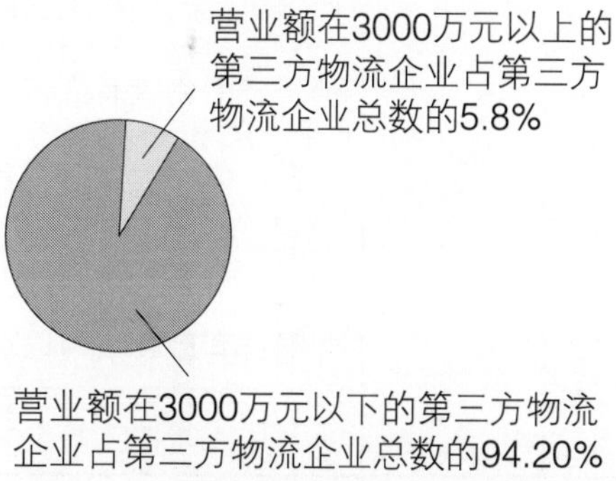

图2 2008年四川省第三方物流企业按收入划分的占比示意

近几年，第三方物流企业发展迅速，物流企业收入增幅高于社会平均业务收入增幅。据典型企业调查，2008 年 1 ~ 10 月的第三方物流企业收入与 2007 年全年第三方物流业务收入相比，增幅为 32.4%；同期社会平均物流收入增幅为 7.1%，第三方物流业务收入高于社会平均增幅 25 个百分点。第三方物流企业的比重在不断提高。

二是国家级 A 级以上物流企业是第三方物流的主力。截至 2010 年 6 月，四川省共有国家 A 级物流企业 24 家，详细情况如表 2 所示，其中 4A 级物流企业 7 家、3A 级物流企业 13 家、2A 级物流企业 4 家。A 级物流企业平均资产规模达到 3.32 亿元，年平均物流收入达到 2.68 亿元。

表 2　　四川省国家 A 级物流企业名单

序　号	级　别	企业名称	类　型	通过时间
1	AA	四川简阳川橡天发物流有限责任公司	运输型	2009 年 6 月
2		成都西联钢铁有限公司	仓储型	2008 年 6 月
3		四川弘盛物流有限公司	综合服务型	2009 年 6 月
4		泸州利普物流有限公司	运输型	2010 年 6 月
5	AAA	成都大西南铁路储运有限公司	仓储型	2009 年 6 月
6		成都铁路西南特货国际物流有限公司	运输型	2009 年 11 月
7		中国二重集团德阳万路运业有限公司	运输型	2006 年 11 月
8		四川宏盛国际物流有限公司	综合服务型	2006 年 11 月
9		德阳市东汽运业有限公司	运输型	2007 年 11 月
10		攀枝花钢城集团汉风物流有限公司	运输型	2008 年 6 月
11		攀枝花宏德现代物流有限责任公司	运输型	2008 年 6 月
12		四川航天天盛物流有限责任公司	综合服务型	2008 年 6 月
13		泸州宏图物流有限责任公司	综合服务型	2008 年 11 月
14		雅安市华峰运业有限责任公司	综合服务型	2010 年 6 月
15		德阳飞龙运业有限公司	运输型	2010 年 6 月
16		绵阳市奔驰物流有限公司	综合服务型	2010 年 6 月
17		东方电气集团大件物流有限公司	运输型	2010 年 6 月

续 表

序 号	级 别	企业名称	类 型	通过时间
18	AAAA	四川长虹民生物流有限责任公司	综合服务型	2009 年 6 月
19		四川东方物流有限公司	综合服务型	2006 年 11 月
20		四川通宇物流有限公司	综合服务型	2007 年 11 月
21		成都中铁西南国际物流有限公司	综合服务型	2006 年 11 月
22		四川安吉物流集团有限公司	综合服务型	2006 年 11 月
23		中铁二局集团物资有限公司	综合服务型	2009 年 11 月
24		四川金桥物流有限公司	综合服务型	2010 年 6 月

按照国家标准《物流企业分类与评估指标》的要求评审达到国家 A 级以上物流企业已成为四川物流企业的重要“领头羊”，涉及运输、仓储、货代、铁路、钢铁、电子、烟草、商贸等众多领域并在各自的物流领域中引领四川物流业的发展。这些 A 级物流企业是推动我省物流业发展的典范，是物流行业优质企业的代表。通过 A 级物流企业评估，初步实现了强化行业自律、规范市场秩序、改善企业经营管理、提高企业服务水平、不断做强做大企业的基本目标。

二、四川省物流业发展存在的主要问题

四川省现代物流业的发展虽然取得了不小的成绩，但是仍有一些问题制约着物流业的快速发展，这是业界必须予以重视的。

1. 物流的社会化程度低

四川省物流的社会化程度低可以从商业物流和制造企业物流两个方面反映出来。

目前，四川省商业物流的运营模式主要有以下几类：第一类是自控物流，这类运营模式是四川省商业物流的运营模式的主导，在被调查的 21 家商业企业中，有 55.6% 商业企业将物流运作外包给公司参股或控股物流公司。第二类是自主经营物流，这类运营模式在四川省商业物流的运营模式中所占份额仅次于第一类，在被调查的 21 家商业企业中，有 42.9% 的商业企业将全部物流业务交给公司内部的物流部门承担，自有（自建）车辆和仓储设施。第三类是少量物流外包，在被调查的企业中仅有 1.5% 的企业将物流业务外包给独立的三方物流企业，并且通常外包给一家企业。没有采用外包给多个独立的 3PL（第三方物流企业）或分别由公司内部不同职能部门（生产、采购、销售等）承担。由此可知，在四川省的商业企业中商业物流基本上是以自控和自营物流为主导的物流营运模式，自控与自主经营物流的比重达 98.5%。如红旗连锁、互惠连锁、WOWO 等大型商业企业集团均是自建物流，也有部分商业企业在自控自主经营物流中，由控股公司或自身物流部门将部分不具优势的业务委托外包给第三方物流公司或厂家直接配送以减少运行成本。

目前，四川省制造业生产企业的物流有两个特点：一是大型制造企业的物流大都外包给直属或关联物流企业，大型制造业企业在选择物流商时往往将物流业务交给由本企业改制、剥离、重组而成的第三方物流公司或由本企业控股或参股的物流企业。例如，德阳二重集团和万路运业、绵阳长虹电子和长虹民生、自贡东锅集团和东方物流、威钢集团和通宇物流

等。二是中小型制造企业的物流多以外协为主，即通常是有 2～3 家物流企业为一家中小型制造企业做配套物流，这种外协合作关系一经确定，在一定时期会较为稳定。中小型制造企业由于资金、企业发展计划等因素一般不建立自营物流体系。总体看，四川省工业制造业企业绝大部分采用外包方式解决物流问题，但物流外包主要仍停留在对原有分离和各种物流关系体系中，物流的社会化程度还不高。

上述情况说明，四川省还没有真正意义上的物流外包，物流的社会化程度普遍不高。

2. 物流企业规模普遍较小

据四川省物流协会 2009 年对全省物流企业的统计调查可知，四川省物流企业总体规模小，除四川长虹民生、四川金桥物流、成都中铁西南国际等个别 4A 级物流企业外，大部分企业规模在 300 人以下，并且从事公路运输的企业拥有的车辆数目也不多。企业规模过小，运输能力、仓储配送能力、服务范围都有限，造成服务成本相对较高，规模效益难以实现。据调查报告不完全统计，我省大部分物流公司仍处于普通货物运输的物流服务。另外，一些物流公司还停留在门到门到小件快递上，导致运输服务滞后，不是真正意义上的现代化的第三方物流企业。

3. 物流信息化建设滞后

据调查，目前我省大部分物流企业在信息化建设中都比较滞后，只有少部分大型企业使用了条码技术、电子数据交换技术、射频技术、地理信息系统、自动化分拣设备等专业技术。全省区域性的、综合性货运信息网也没有形成。

三、发展现代物流的建议

四川省具有发展现代物流的需求和条件，如果有关部门能够做好以下工作，四川省现代物流工作一定会更上一层楼。

一是以物流园区为载体，抓好现代物流发展。发展物流园区是物流业集约化发展的重要形式，发改委应重点抓好园区建设的规划、备案等方面的工作。目前各地发展物流园区的积极性很高，民间资金活跃，应尽快制定方案引导。

二是建立物流引导资金，引导资金投入物流。物流引导资金可从多方面筹集，首先，财政明确现有资金按比例用于物流发展，对现有政府各部门掌握的经济开发区支持资金，划一定比例（不低于 20%）用于物流园区或开发区配套的物流基地的公共设施建设；其次，按照专项的项目给予引导资金支持，如发改、商贸、交通等方面的项目资金支持；最后，财政划一部分资金用于物流专项。

三是鼓励民间资金投入物流基础建设。物流园区、物流基地建设带有相当的公益性，基础设施建设应以政府投入为主，同时也要鼓励民间资本投入，政府要给予必要的优惠政策和优惠措施。如土地开发、商业地产补偿、商贸物流并进等。

四是推进西部物流中心数码港建设。将四川省建成西部经济高地和西部物流中心，必须要在物流的信息化及信息网络建设方面领先中西部。加快建立“中国西部物流中心数码港”，以集约化的物流总部大厦为载体，把物流信息平台、物联网、物流交易系统以及物流研发、培训、会议等集聚，建立国内外物流总部公司的信息平台和集聚体。为此，政府应在土地、税收及报建费用和报批程序等方面给予支持，吸引民间资金参与建设。

五是强化重点物流企业的引导和支持。确立重点物流企业（包括重点第三方物流企业）的认定标准和程序，对确定的重点物流企业给予多方的支持和引导。

六是加快冷链物流发展。加快农产品冷链物流的发展，建立农产品冷链物流试点城市或试点企业；扩大农产品绿色通道范围至冷藏猪（牛、羊、鸡等家禽、家畜）肉。

（作者：文德华　四川省现代物流协会副会长兼秘书长）

福 建 省

近几年，福建省各级政府高度重视物流业的发展，积极加强统筹协调和规划引导，现代物流业步入了良性发展阶段。2008 年，全省 GDP 突破了 1 万亿元，达到 1.08 万亿元；社会消费品零售总额达 3828.04 亿元；进出口贸易总额达到 848.32 亿美元。2009 年，全省 GDP 达到 1.2 万亿元，比 2008 年增长 12%；全社会固定资产投资额达 5270 亿元，比 2008 年增长 22%；外贸进出口总额 848 亿美元，比 2008 年增长 13.9%。第三产业增加值 4954.2 亿元，增长 12.5%，比预期目标高 1.5 个百分点。其中批发零售业和运输仓储邮政业增加值分别增长 15.2% 和 1.2%。

一、福建省物流业的发展具有良好的机遇和条件

近年来，福建省相继出台了《关于加快现代物流业发展的意见》和《福建省“十一五”现代物流业发展专项规划》，使得福建省现代物流业呈现积极稳步的发展态势。福建省经济发展的良好局面为福建省物流业的发展创造了良好的机遇和条件。从产业结构分析，福建省的信息产业、石化、汽车及零部件生产、船舶工业、电机产业、工程机械、纺织机械、纺织服装鞋业、农林产品加工等产业的快速增长将成为带动物流业快速发展的产业基础；从基础设施和运输网络布局看，福建省正逐步形成以港口发展为枢纽，以海运为主通道，以高速公路、快速铁路为骨架，以内河为补充的综合运输体系；从区域经济发展上讲，海峡西岸经济区的加快建设，为福建省物流业的运作和发展空间的形成提供了良好的基础。

2009 年，福建省委、省政府十分重视现代物流业的发展，把物流产业放在突出的位置鼓励优先发展。为加快现代物流业发展，省政府按照国务院《物流业调整和振兴规划》要求，结合全省实际情况编制出台了《福建省物流业调整和振兴规划实施方案》，并将实施方案作为今后几年物流业发展的指导性文件。同时，进一步加快了全省物流法规体系的建设进程，省人大立法组加快了制定《福建省促进现代物流业发展条例》的步伐，并已向社会征求意见。条例的颁布实施对全省物流业的发展具有里程碑的意义，将为全省物流业发展提供强有力的法律保障。在管理体制方面，省政府在近几次政府机构改革中都保留了省经贸委，它主要承担着主管工业和内贸、负责调节近期国民经济运行的职能，既是工业内贸主管部门，又是物流发展牵头部门，因此在推进物流发展工作上具有体制和机制上的一些优势。通过几年的工作推动，福建省现代物流产业的地位逐步

明确，物流基础设施建设取得了实质性进展，物流企业发展和物流人才培养步伐明显加快，物流市场需求有了新拓展，物流业发展政策环境不断趋好，已具备全面加快发展现代物流业的各项条件，现代物流业作为复合型产业在国民经济发展中正发挥着越来越重要的作用。

总体看，福建省现代物流业的发展成效主要体现在“四快三好两加强”，即“物流规模增长快、交通基础设施建设快、运作基础设施进展快、物流企业发展快”“物流项目建设进展好、物流统计工作实施好、物流协会作用发挥好”“加强区域物流合作、加强物流人才培养”。

二、“四快”

1. 物流业规模增长“快”

2008 年，福建省社会物流总额达 2.33 万亿元，同比增长 11.9%；物流业实现增加值 713.19 亿元，同比增长 9.4%；物流业增加值占全部服务业增加值的比重达到 16.8%，占 GDP 的比重为 6.6%；社会物流总费用 1963.21 亿元，与 GDP 的比率下降到 18.1%。2009 年，全省货物周转量比 2008 年增长 4.5%；各种运输方式完成货运量 5.79 亿吨，比 2008 年增长 1.1%；完成港口货物吞吐量 3.05 亿吨，比 2008 年增长 12.7%，港口集装箱吞吐量 716.18 万标准箱，与 2008 年同期基本持平。

2. 交通运输基础设施建设“快”

经过几年的发展，福建省基本形成了以海空港口为枢纽、以铁路海运为主通道、以公路为网络、以内河为辅助的综合运输体系。“两集两散”港口建设步伐加快，厦门港进入我国集装箱干线港口行列，其集装箱吞吐量居全国第七位，福州港成为我国沿海主要港口之一。目前，福建省沿海港口千吨级以上泊位达 284 个，其中万吨级以上 111 个，集装箱专用码头 31 个；港口通过能力 2.8 亿吨，其中集装箱通过能力 1019 万标准箱。铁路干线有鹰厦、漳龙、峰福、赣龙、温福 5 条出省铁路通道与全国铁路网相连，福厦铁路已全线贯通，已建成铁路营业里程 2120 公里，龙厦铁路、厦深铁路、向莆铁路福建段等建设步伐进一步加快。同时，规划建设的罗源湾可门港支线等 7 条港口铁路支线覆盖了福建省沿海六大港口。高速公路方面已形成“一纵两横”的高速公路网主骨架，实现了与广东、江西、浙江周边省份的全面对接，全省高速公路通车里程达 1900 公里，在建里程超过 2000 公里。以福州、厦门港为起点通向江西等内陆省份的两条主通道也已全线贯通，现有 5 个进出省通道。以福州、厦漳泉、龙岩、三明、南平等国家级交通运输枢纽为中心的涵盖整个海峡西岸的“半日交通经济辐射圈”，覆盖江西、浙江西南部，广东东北部，湖南南部等地的“一日交通经济辐射圈”正加快形成。航空方面有福州长乐、厦门高崎、泉州晋江、南平武夷山、龙岩冠豸 5 个机场，三明机场正在筹备建设，莆田机场、宁德军民合用机场等项目前期工作也已启动。管道输送设施建设步伐加快，石油输送管道已从泉州向南、向北方向辅设 365 公里；LNG 输送管道已从莆田向南、向北方向辅设 360 公里。

3. 物流运作基础设施进展“快”

福建省规划建设了一批物流园区，初步形成了“综合物流园区—物流分拨中心—专业物流配送中心”三层物流节点网络；为产业集群提供“公铁水空”联运、“无缝链接”服务的物流建设项目也正加快建设中，推动了物流服务水平的提高。厦门市和福州市分别列入全国性物流节点城市和区域性物流节点城市，以福建省为主体的东南沿海物流区域和东部沿海物流通道成为国家重点建设的九大物流区域、十大物流通道之一，海峡西岸经济区物流业的区域布局进一步优化。在“区港联动”方面，“厦门保税物流园区”于 2006 年 3 月正式投入运作，为港口腹地的对外贸易提供更便捷的进出口通道；福建省第二个保税物流园区——福州保税物流园区于2008年7月正式封关运作；同年6月，国务院批准设立厦门海沧报税港区，核定规划面积9.5平方公里。加上即将获批的福州保税港区，福建省是全国唯一一个拥有两个保税物流园区和两个保税港区的省份。

4. 物流企业发展“快”

2009年，福建省有13家企业被评为2009年度中国物流百强企业；有23家（其中5A级3家）物流企业通过国家3A级及以上物流企业综合评估；有3家物流企业（其中3A级2家）获评中国物流A级信用企业；有14家物流企业列入国家物流税收试点企业。丹麦马士基、荷兰TNT邮政、法国达飞、中国香港嘉里、中国台湾长荣等国际知名物流企业纷纷进驻我省，中远物流、中海物流、中邮物流、中外运、中铁物流、招商局物流等中央企业也都在我省设立分支机构，参与我省物流市场的竞争和发展。与此同时，福建交通集团、厦门国贸、厦门港务发展、建发物流、福建盛辉物流等省内传统的运输、仓储、货代企业，依托原有的经营与资源优势，积极拓展和延伸物流服务功能，加快向现代物流企业转型。全省形成了多种所有制、多种服务模式、多层次发展的物流企业群体。

三、“三好”

1. 物流项目建设进展“好”

近几年，福建省各地抓紧物流项目特别是列入省市规划的物流项目的建设，不断推动了全省物流服务水平的提高。目前，列入省“十一五”现代物流业发展规划的64个项目特别是沿海地区的物流规划项目大部分进展顺利或已竣工，并已取得较好的经济效益，成为推动地方经济发展的重要力量。除省“十一五”物流规划项目外，各地结合当地经济发展情况和产业优势，积极培育有特色、符合当地经济发展特点的物流项目。如福州市正大力开发平潭岛，设立了平潭综合实验区港口物流园区；厦门市投资70亿元推动建设我国铁路发展综合物流体系的前沿试点——前场大型铁路货场，是我国对外贸易特别是对台贸易出海通道的重要节点，也是厦门市乃至闽西南直达中西部地区海铁联运的主要节点；整合规划的象屿、厦商城市配送中心在提供城市和城际配送服务中发挥着主力军的作用；泉州市立足纺织服装、建筑建材、机械制造、食品饮料、工艺制品等优势产业和石油化工、电子信息、汽车制造、船舶修造等新兴行业，有针对性、有重点地发展与之相适应的现代物流服务体系；漳州市依托招银港区作为全省最大的散杂货码头优势，带动浦口粮食物流园区（交易量居全省第三）和闽南饲料交易市场（交易量全省第一）的发展；利用漳州市花卉交易中心被国家评为“全国重点农产品批发市场”“全国双百市场工程”的优势，加快桥南区东部物流园区的发展。除此之外，华电、国投等大型央企在福建罗源湾、湄洲湾投资建设的煤炭储运中心，在完善福建省应急电煤储备体系的同时，亦在确保全省能源安全方面发挥了非常重要的作用。

2. 物流统计核算工作实施“好”

福建省自2005年开始着手开展全省社会物流统计核算工作，2007年正式建立全省社会物流统计核算制度，至2009年已连续三年执行了社会物流统计核算制度，并由省物流协会社会公布了全省“十五”期间物流业运行情况，由省经贸委联合省统计局发布了2006—2007年度和2008年度物流业运行情况。经过多年的摸索，福建省物流统计核算制度逐步完善、数据逐年准确，并逐步推行到各设区市，为制订现代物流业发展政策和战略规划、加强宏观调控提供了决策依据。

3. 物流协会作用发挥“好”

近几年，福建省物流协会通过组织全省物流企业赴港赴台培训、设立福建省“地方物流企业综合评估委员会”，开展福建省5A级物流企业的推荐申报和评定工作，组织申报国家税收试点物流企业，与台湾物流协会等签署合作协议书，编辑会刊《福建物流》，合办《海西物流》杂志、建立“海峡西岸物流网”网站，举办海峡物流论坛等工作，在促进物流行业规范化、标准化建设，推动物流企业间的交流合作，加强物流行业信息交流等方面都发挥了积极作用。

四、“两加强”

1. 加强区域物流合作

为加强海峡两岸物流合作对接，2006年福建省政府出台了《福建省“十一五”闽台产业对接专项规划》和《关于实施〈福建省“十一五”闽台产业对接专项规划〉的若干意见》，为闽台物流业的对接合作确定了方向和重点。有关部门近年来积极贯彻落实规划精神，推动制定相关政策措施加强我省沿海地区与台湾的合作对接，拓宽对台贸易通道，提高闽台物流业合作水平；吸引和承接台湾大型物流企业在我省落地；坚持“同等优先，适当放宽，先行先试”的原则，比照一般贸易方式，推动放开对台小额贸易船只吨位、交易金额限制，放宽经营范围限制，扩大闽台贸易。同时，省内物流行业协会和物流企业主动加强与台湾物流行业协会、企业间的交流合作。省物流协会和交通运输协会多次邀请台湾全球运筹协会、台湾造船工业同业工会等组织台湾物流企业来闽参加论坛、展览会，并应邀多次赴台湾进行现代物流考察。2006年，省物流协会与台湾物流协会签署了物流合作协议书；2009年，省物流协会再次与台湾全球运筹发展协会签订了“闽台物流交流与合作协议书”。在物流企业合作交流方面，省交通控股公司所属八方物流公司与福建拓福建材集团、台湾华冈物流公司共同投资组建福建八方拓福物流有限公司；台湾长荣集团、统一集团多次到访我省，商洽港口及物流中心合作项目；2009年，大荣货运获得福建地区沃尔玛与好又多量贩店共14家店的物流配送订单，正式进驻海西经济区；台湾京扬国际物流、台湾财团法人资讯工业策进会等台湾企业与省内有关企业签署了多个海峡两岸物流业的投资与合作项目；福州港务集团公司与基隆港务局签订了“合作意向书”。

为充分发挥我省港口特别是厦门港的资源优势，更好地为中西部省区内外贸货源服务，2006年省政府领导带队赴江西省举办海峡西岸港口推介会，并与江西省对口政府职能部门在推进物流业发展、加强运输协调、省际道路运输合作和区域通关协作等方面签订了合作备忘录。2008年，省政府领导再次带队赴江西省南昌市举办了闽赣海西港口发展合作对接会，会上两省政府签订了加强海西港口合作促进闽赣经济共同发展框架协议。为进一步扩大我省与周边省份已取得的合作成果，近两年，省经贸委通过赴江西、湖南两省开展港口经济腹地及外贸货源调研，多次召开闽赣两省海铁联运联席会议，鼓励推动省交通集团等物流“龙头”企业利用闽西北物流园区、江西向塘物流园区的建设并加强新余物流园区、昌南物流园区的前期工作进一步向内陆拓展等方式和举措，与周边省份在推动建设区域物流合作平台、引导物流企业与大宗货主业务对接等方面开展了富有成效的合作，初步实现了我省物流业的规模效应和腹地效应。

近年来，随着福建省港口推介力度的加大，港口推介作用进一步显现，尽管受到金融危机的影响，周边省份从福建省港口进出口的大宗散货仍保持较快增长，2009年，周边省从福建省港口进出口的大宗散货共完成466.38万吨，同比增长78.9%，其中铁矿石完成303.39万吨，同比增长27.7%；煤炭135.81万吨。通过厦门港中转的海铁联运集装箱14378标准箱，同比增长69.9%；通过厦门港中转的国际集装箱为17.5万标准箱，同比增长75.1%。福建省部分下设区市也通过建立闽粤赣十三市、闽西南五市和厦漳泉的区域物流协作机制，制定《闽粤赣十三市区域物流协作发展规划》和《闽西南五市区域物流发展规划》，举办闽粤赣十三市物流合作联席会和闽西南五市党政领导联席会，并采取措施促进达成的合作协议，加快推进区域物流合作，共同做大物流产业。

2. 加强物流人才培养

近几年，福建省内的厦门大学、福州大学、集美大学、华侨大学、福建省交通职业技术学院等高等院校已设立了物流专业。2008年，福州大学与省交通控股公司合办的八方物流学院正式揭牌，该学院依托企业业务资源和大学物流教学科研资源，开展不同层次的物流职业教育培训，标志着我省物流人才培养进入了新阶段。为使基层物流从业人员获得集中培训机会，省经贸委对今后三年物流管理知识培训做了安排，通过采取每年深入若干个地区开展培训的方式，逐步实现物流培训的组织化和常态化。同时，省经贸委连续组织了四期物流运作管理赴香港培训班，并于本月初组织了首期赴台培训班，依托香港和台湾的物流行业协会和大专院校对各下设区市物流牵头部门和相关单位物流从业人员开展培训。省交通运输协会等行业协会也通过开展自考物流管理专业助学培训、物流职业经理资格证书培训等方式，加大对物流人才的培养。

在福建省现代物流业发展取得较好成效的基础上，下一步我省将进一步加强组织领导，完善管理体制，充分发挥省现代物流业发展促进协调小组作用，强化工作协调机制，及时研究解决现代物流业发展中的问题，并在各自职能范围内深化扶持推进现代物流业发展的政策措施；充分发挥福建的产业优势，围绕“以产业特色为依托、优化结构为主线、社会需求为目标”的发展方向，科学规划，加快资源的整合利用，推动重大物流基础设施建设；大力发展第三方物流，进一步推进制造业与物流业联动发展，着力推动部分重点工业企业物流业务逐步或全部外包，发挥示范带头作用，并逐步推广到其他重点工业企业，不断降低制造业物流成本；加大引进和培育力度，充分发挥跨国、央属物流企业品牌和网络优势，提升产业整体发展水平，整合做强福建交通集团等本省物流企业，提高市场集中度和占有率；进一步发挥对台优势，充分发挥保税港区、保税区、保税物流园区的政策优势，积极对接台湾高雄、基隆自由贸易港区，并进一步深化落实对台优惠政策和措施，积极推动两地物流行业协会和物流企业互设办事机构，鼓励台湾海空航运企业、物流企业来闽投资兴业、开展合作，共同做大闽台两地现代物流业。随着海峡西岸经济区的加快建设，我省现代物流业必将迎来新一轮的跨越式的发展。

（供稿：福建省经贸委经济运行处）

成 都 市

按照四川省委九届四次全委会和成都市委市政府的要求，2009年成都市全面推进西部物流中心建设，在完善全市物流发展规划、加快物流集中发展区建设、推进重大物流交通基础设施建设、完善全市口岸体系、开通国际航线、物流招商、实施货运结构调整、快递业发展等方面取得了显著成效。

2009年，成都市物流业稳步发展，全市完成物流业固定资产投资44.9亿元，较2008年增长50%；新引进物流投资项目13个，协议投资金额51亿元，其中过亿元物流投资项目10个；新开通4条国际直飞航线；新都物流中心一期建成投入使用，航空物流园区（含双流物流中心）基本形成1500亩建成区，成都国际集装箱物流园区、龙泉物流中心、青白江物流园区、新津物流园区全面启动基础设施建设，机场二跑道建成投入使用，成都物流步入快速发展时期。

1. 成都市物流业发展领导机构业已完善

2009年，成都市委、市政府高度重视物流产业的发展，为加强对全市现代物流业发展的组织领导，调整和完善了成都市现代物流业发展领导小组，由市政府副市长任组长，成员单位包括28家市级部门以及海关、铁路、出入境检验检疫、机场等单位，负责全市现代物流业发展的全面组织工作。市物流办负责抓好物流规划、产业政策、物流集中发展区建设、重大物流招商引资项目的组织实施工作。相关区（市）县成立了物流推进办和物流园区（中心）管委会，重点抓好物流集中发展区的建设。2009年8月20日，葛红林市长主持召开会议，专题研究完善市物流办工作机制问题，物流办下设物流、货运和口岸3个处，相对独立开展工作。

2. 继续深化完善了物流产业发展规划

2009年，成都市现代物流管理部门按照省市政府构建西部物流中心的发展战略，结合产业布局规划，相关部门修改完善了《成都市现代物流业发展规划修编（2009—2020）》，完成了青白江物流园区、新都物流中心二期和新津物流园区控制性详规，规划物流园区（物流中心）全部完成控制性详细规划（概念规划）；2009年11月完成了《成都市物流产业发展规划（2009—2012）》编制工作；结合成都建设世界现代田园城市的发展战略，研究制定了《成都西部物流中心重要功能区发展战略规划》，并纳入成都市发展战略定位及产业功能区规划。

3. 全面推进物流园区（中心）的建设

2009年，成都市紧紧围绕加快物流园区（中心）建设，协调推进园区（中心）基础设施和物流项目建设，规划的“四园区、四中心”建设实施工作取得突破，新都物流中心传化物流基地项目和物流仓储配送区8个物流项目30万平方米的标准化仓储设施建成投运，5月20日物流中心正式开园，一期项目基本建成。成都保税物流中心正式批准成为保税物流中心（B型）并通过国家有关部委验收，正式封关运行。成都航空物流园区全面完成土地拆迁和道路管网等基础设施建设，建成口岸综合大楼和快件作业中心、嘉里大通成都物流中心和新地新华一期项目，上海新杰、圆通速递完成主体工程建设，中外运、中国邮政项目实现开工建设。成都国际集装箱物流园区形成3000亩物流用地的承载能力、保税物流功能区实现开工建设。青白江物流园区完成园区1100余亩的用地拆迁，启动园区一批次道路管网设计招标工作。新津物流园区完成园区起步区700亩土地拆迁和普兴货站用地拆迁、道路等基础设施开工建设，园区外联道路兴物1路和兴物6路形成通车能力。龙泉物流中心内部“三横五纵”道路基本形成通车能力，园区路网体系初步形成；宝湾（龙泉）国际物流中心（一期）项目和成都中融物流园项目主体工程开工建设。双流物流中心已完成拆迁总量的80%，中储、救灾物资战略储备库项目正在做开工前期准备工作。武侯区西南物流中心项目完成一期19万平方米立体仓库主体工程建设，进入设施安装阶段。

4. 快速推进重大物流交通基础设施建设

2009年，成都市现代物流管理部门积极主动协调、推进物流重大交通基础设施建设。按照“先行实施、倒排工期、问题后移、并行作业”的工作方针，强力推进机场第二跑道农户和企业拆迁，抓住关键衔接工程保工期，改变施工作业组织方式保进度，分别于9月30日完成二跑道建设、12月18日实现机场第二跑道的正式投入使用。加强成都铁路集装箱中心站的建设协调，完成集装箱中心站站坪、轨道、站房的建设，年内全面完成装卸设备安装，计划2010年2月投入使用；新兴货站、普兴货站和成昆铁路货运外绕线实现开工建设；积极协调大弯货站提前单独建设并启动经开区铁路专用线建设方案论证工作；抓住川陕路改造的契机，积极呼吁推动货运大道绕城立交的建设和大件路三河场收费站的外迁工作。

5. 推进全市口岸体系建设

为加快成都口岸体系的建设，2009年，成都市现代物流管理部门通过市政府协调成都海关，提出完善成都口岸设施的建设方案，协调确立建设成都综合保税区、成都保税物流中心、航空口岸、铁路口岸、公水联运口岸等海关集中监管区。完成了成都保税物流中心（B型）的验收并封关运行，协调口岸联检单位集中入驻成都航空物流园区，集装箱物流园区口岸联检大楼实现开工建设，龙泉物流中心公路口岸建设方案通过评审，成都综合保税区申报工作得到深入推进。

6. 大力推进基地航空的发展和国际直飞航线的开辟

2009年，成都市现代物流管理部门按照市政府的部署抓住机场第二跑道建成投运的有利时机，积极推进成都与国内航空公司的战略合作。一方面，先后与国航、机场集团签订了《共建成都航空枢纽的战略合作框架协议》；与深航签订了《加快推进深航成都运营基地建设的战略合作框架协议》；与翡翠航空签订了《开通中国香港经成都至欧洲的货运航线合作协议》；与商飞、川航进行战略合作，重组鹰联航空，成立了成都航空公司。另一方面，加强与航空公司的合作，开通更多的国际航线，扶持成都至阿姆斯特丹国际直飞航线的发展壮大，签订了《2009年夏秋季每周四班的补充协议》；与国航合作，开通了成都至巴基斯坦卡拉奇的直飞航线，初步议定于2010年2月27日开通成都至印度班加罗尔直飞航线；引入亚洲航空，开通成都至吉隆坡直飞航线；同翡翠航空合作，开通了中国香港经成都至欧洲、中东的 2 条货运航线；加强同台湾华航、长荣航空的合作，实现了台湾航班天天飞。此外，还与日本全日空、阿联酋航空、卡塔尔航空就开通成都至东京、迪拜、多哈国际航线进行了合作洽谈。

7. 加大宣传推介成都物流投资环境

2009 年，成都市现代物流管理部门利用各种机会宣传推介成都物流投资环境，广泛吸引投资者。如利用南京第五届中国国际物流节、厦门第六届海峡两岸四地物流合作与发展大会、东北地区物流联盟大会、韩国官民赴华物流考察团考察活动和成都—深圳 2009 物流企业交流合作发展座谈会，向中外物流企业推介成都物流投资环境；利用国内 40 多个城市物流代表团来蓉考察的时机，推介成都建设西部物流中心的做法和政策，扩大成都建设西部物流中心的影响力；联合国家民航总局举办了西部机场推介会，向美国、日本等 14 个国家航空公司推介西部航空枢纽的建设进度和发展潜力，为成都引进国内外知名物流企业和开辟新航线做好推介工作。全年新引进中储货物仓储分拨中心、外运发展成都空港物流中心、四川物流成都航空港物流运营中心、中储粮物流项目等 10 个投资过亿元物流项目；新引进中储粮、远成集团、中铁八局、民生物流、长久物流等 8 家知名物流企业入驻成都。在 2009 年中国国际物流节上，成都市再次荣获物流中心城市杰出成就奖；新都物流中心、成都航空物流园区和成都国际集装箱物流园区获得“中国物流园区 50 强”称号。

8. 加快道路货物运输行业结构调整工作

2009 年，成都市现代物流管理部门按照现代物流业发展对道路运输行业的结构调整的要求，大力推进货运行业的结构调整，先后完成了《成都市道路货运站（场）管理办法》的报批工作、完成了《成都市中心城区物流配送车辆技术规范》的制定工作、完成了《中心城区集中配送车辆统一外观标识》的设计工作。此外，还积极协调金牛区、成华区政府推进川陕路沿线货运停车场站的整合外迁；同新加坡叶水福物流签订了投入 400 辆标准化城市配送车辆的合作协议，同泸州市签订了两市物流合作战略协议；积极推动成都至泸州港城际集装箱货运班车的开行；联合泸州市向四川省交通厅上报了开通成都至泸州城际集装箱货运班车给予通行费优惠的请示。

9. 着力解决制约快递企业发展的突出问题和做好重点工商企业的货物运输协调保障工作

2009 年，成都市现代物流管理部门研究解决了制约快递业发展的“三难”问题，为 10 家重点快递物流企业发放了 132 个成都快递车辆专用标识，建立了成都快递车辆专用标识发放审查、监督管理的长效机制，较好地解决了影响快递业发展的“瓶颈”问题，极大地促进了我市快递业的发展。加大重点工商企业货物运输和重大建设项目设备运输保障工作力度，建立了与市农委、市经委、市商务局等单位联动协作机制，加强与铁路部门的协调和衔接，为攀成钢、川化、南玻、台玻等重点企业提供了铁路运力保障，协调帮助嘉理大通物流公司成功完成了成都京东方项目所需的国际设备批量运输任务，承担了 8 次特大件运输的组织工作。

（供稿：成都市现代物流业发展领导小组办公室）

青 岛 市

2009年，青岛市物流业实现增加值454.82亿元，同比增长4.85%，占GDP比重为9.3%；社会物流总费用为901亿元，同比增长5.71%，物流总费用与GDP比率为18.42%；社会物流总产出为918亿元，同比增长5.26%；社会物流总额为1.45万亿元，同比增长4.36%。物流业已成为青岛市经济发展的支柱产业。

2009年，青岛市完成货运量2.44亿吨，同比增长3.18%。其中公路货运量约为1.63亿吨，同比增长5.29%；水路货运量为4879.33万吨，同比下降24.26%。完成机场货邮吞吐量13.54万吨，同比增长3.75%；港口货物吞吐量3.2亿吨，同比增长3.31%；港口集装箱吞吐量1027.57万标准箱，同比下降1.01%。

一、2009年青岛市物流工作亮点

1. 首个物流业发展指导意见出台

2009年1月21日，青岛市《关于加快青岛市现代物流业发展的意见》（青政办发［2009］4号）正式出台，成为青岛市现代物流业发展方面首个指导性意见。

2. 首个物流业振兴实施方案出台

2009年6月11日，根据国家《物流业调整和振兴规划》（国发［2009］8号）要求，结合我市实际制定的《青岛市物流业发展推进方案（2009—2012）》（青政字［2009］28号）正式出台，成为我市物流业在当前金融危机背景下调整振兴的首个具体实施方案，也是我市物流业首次荣登全市经济重点推进的八大产业之一。

3. 首个物流业发展规划出台

2009年12月17日，《青岛市现代物流业发展规划（2009—2020）》印发出台，成为我市物流中长期发展首个指导性文件。

4. 在山东省率先建立物流统计核算体系

2009年7月25日，青岛市《2009年上半年青岛市物流业统计报告》出炉，标志着青岛市物流业统计核算体系正式建立，青岛市成为山东省第一个建立物流统计核算体系的县市。统计内容主要包括物流业增加值、社会物流总费用、社会物流总产出等10余项统计指标，同时包含行业运行分析、产业问题分析、趋势预测分析等内容，提供季度物流运行指标及分析。

5. 成功举行首届物流行业职业技能大赛

2009年6月6日，为进一步扭转金融危机背景下全市物流行业疲软态势，振奋精神，迎难而上，“青岛市物流行业第一届职业技能大赛”在青岛港成功举行。来自全市30余家物流企业的100余名“种子”选手参加了理论测试和实做考试。理考和实做合格选手获得了高级技工资格，各工种前6名获得了技师资格，成绩优异者被授予“青岛市职业工种状元”、“工人先锋号”及“青年岗位能手”等荣誉称号。

6. 新增38家国家A级物流企业

2009年，中国物流与采购联合会陆续公布了物流企业综合评估第八、第九批A级物流企业名单，青岛市共有38家物流企业榜上有名，其中4家5A级物流企业、11家4A级物流企业、17家3A级物流企业、5家2A级物流企业、1家1A级物流企业，一举打破我市多年来仅有1家5A级物流企业的窘况。说明我市物流企业实力不断提升，物流品牌主体加快发展壮大。

二、2009年青岛市物流工作

2009年，青岛市现代物流工作在市政府的支持下稳步扎实地进行，在物流基础设施建设、物流招商引资、物流专项资金、制造业与物流业联动发展以及海运空运业发展各个方面都取得了新的进展。

1. 物流业集聚区建设

（1）物流园区。城阳综合物流园“三通一平”等基础设施已基本建成，园区内总投资2.1亿元的中远物流仓储中心已竣工营业，总投资3亿元的青岛物流分拨交易中心1期主体工程基本完工。胶州湾国际物流园综合配套区内的管道铺设工程完成50%。前湾保税港物流园已于2009年9月1日通过了国家海关总署等八部委的联合验收，实现封关运营。

（2）物流中心。城阳空港保税物流中心（B型）已于2009年9月3日通过海关总署等六部委的联合验收，实现封关运营。西海岸出口加工区物流中心中韩物流项目1期已建成运营，正规划建设2期；即墨南泉物流中心金世纪物流2期项目正在建设中，预计年内可竣工；胶州三里河物流中心春明神鹿项目1期已开工建设。

（3）配送中心。胶州阜安配送中心、李沧中石化配送中心、莱西盐业配送中心等6个中心主体工程将于2009年年底基本建设完成。

（4）物流项目。2009年，青岛市的20余个投资过亿元的物流重点建设项目进展顺利。铁路集装箱中心站基础工程基本完工，海诺医药等8个物流项目进展顺利。

2. 物流招商引资

2009年，青岛市物流招商引资工作有了新突破。一是青岛天璇物流、蒙牛乳业、青岛北药鲁抗药品、九州通医药物流项目已签约李沧娄山物流园建设；二是青岛立晨物流、惠州物流、阔尔佳物流公司等有意投资胶州湾国际物流园；三是怡之航物流与招商局洽谈在保税港区物流园建设8万平方米冷藏仓库项目。

3. 物流专项支持资金

2009年，青岛市现代物流牵头部门通过与有关上级部门主动沟通和积极争取，有4个物流项目获国家资金补助共计1500万元、两个物流项目获省专项资金共计800万元。

4. 制造业与物流业联动发展

2009年，按照国家发改委关于加快制造业与物流业联动发展的部署要求，加快推进青岛“两业”联动发展，青岛市已将青岛南车四方车辆物流有限公司、青岛啤酒招商物流有限公司等6家企业树为全市首批工商企业物流发展示范基地。

5. 海运空运业发展

2009年，青岛市海运空运业发展成绩显著。一是增加海运航线密度工作取得了新进展，新增日韩、欧美、中东等区域21条新航线，海运航线密度的增加提升了我市海港物流综合竞争力；二是积极推进腹地空运货源基地建设成效显著，青岛机场已在烟台和潍坊两地设立了“异地货站”，大大提高了空港物流通关效率，提升了青岛空港物流核心竞争力。

（供稿：青岛市交通委物流业发展处）

苏　州　市

2009年，在江苏省委、省政府的正确领导下，苏州市各相关部门围绕苏州市委提出的建设“三区三城”的目标和“双保双扩双转”的总体要求，主动应对挑战，积极抢抓机遇，全力扩内需保增长，加快调结构促转型，使得全市经济发展出现稳定增长的态势。

一、2009年苏州市服务业和现代物流业发展的基本概况

2009年，苏州市服务业发展保持了持续稳定的良好态势。全市服务业实现增加值3050.26亿元，比2008年增长14.5%，服务业占GDP的比重达到39.4%，服务业投资保持快速增长势头，全年累计完成投资1655.86亿元，同比增长24.6%，占全社会投资比重达到55.8%。

2009年，苏州市现代物流业发展迅速，交通基础设施建设稳步推进，现代综合交通运输体系加快构建，城市公共交通发展明显提速，生产规模继续提升。全年完成交通基础设施投资166.4亿元，其中公路建设投资63.7亿元，港口建设投资26.7亿元。全年完成公路、水运客运量3.9亿人次，客运周转量167.9亿人公里，分别比2008年增长8.0%和6.4%；完成货运量1.1亿吨，货物周转量103.2亿吨公里，分别比2008年增长7.3%和11.4%。苏州港港口货物吞吐量达2.46亿吨，比2008年增长21.1%；集装箱运量271.8万标准箱，比2008年增长5.8%。

二、2009年推动苏州市现代物流业稳步发展的九项工作

1. 结合《物流振兴规划》，做好新一轮跨越发展计划

（1）结合苏州市《服务业新一轮跨越发展计划》，苏州市发改委按照市委、市政府要求，认真做好了全市物流业新一轮发展计划，编制了跨越发展的总体目标和任务，排出了一批重要载体、重点企业和重点项目，提出了具体工作和保障措施。

（2）配合国家和省物流振兴规划，做好重点物流项目汇总上报；协助市政府申报流通领域现代物流示范城市工作，做好商贸流通、现代物流、农村配送体系等方面的资料分析。市发改委从物流基础工作做起，研究全市目前现代物流业的特点和趋势，按照物流振兴规划要求共申报了42个亿元以上重点物流项目，投资总额为240多亿元，并有7家重点物流基地和12家重点项目列入江苏省物流振兴规划。

（3）认真做好“十二五”现代物流规划

前期调研。在苏州市现代物流业新一轮跨越发展计划的基础上，市发改委开展了“十二五”规划的前期调研，结合全市服务业集聚区、重点物流基地和重点物流企业，深入各地展开专题研究，根据各地物流功能分布，掌握全市物流业发展趋势和功能布局，逐步理清思路形成初稿。

2. 加快物流枢纽建设，完善物流节点功能

（1）做好物流货运站场普查工作。市交通局从 2009 年 4 月开始组织开展了“苏州市道路货运站场普查”工作。累计普查各类货运站场、物流仓储企业 40 余家。普查结果显示，目前苏州市已建成综合货运站场 21 个，累计吸纳驻场经营业户 1500 余家，基本覆盖了普通货运、仓储服务、货运代理（代办）、货运配载、搬运装卸等服务功能。

（2）张家港市加快物流资源整合，全力改善物流环境，全市物流业增加值达到 58 亿元，占服务业增加值的 11%。全市着力打造三大物流园区、七大物流板块（“三大物流园区”，即保税物流园区、冶金物流中心、省级经济开发区现代物流园。“七大功能板块”，即保税物流板块、扬子江国际化学工业园物流板块、扬子江冶金工业园物流板块、国际纺织品物流板块、现代加工工业物流园板块、城市配送物流板块、城郊水上物流园板块）。

（3）太仓市港口建设快速推进，货物运输集疏运体系日趋完备，物流业发展渐入快车道。一是太仓港物流主体地位进一步增强。已建成大小泊位 48 个，开辟航线 76 条。2009 年，太仓港完成集装箱 151.32 万标准箱、货物吞吐量 5163.91 万吨。二是物流业内部结构优化。在注册的企业中，物流、仓储运输、货运、船务和集装箱四类数占比达 80%，改变了以往物流业以小运输为主的业态。三是生产性物流企业发展快速。至 2009 年年底，苏州市共有 28 家生产性物流企业，拥有资产总额 60 亿元、固定资产 30 亿元、职工人数 1900 人，全年实现营业收入 50 亿元，同比增长 13.6%。四是项目建设形势喜人。东仓物流、耐克一期按期完工，永得利集团华东地区物流中心开工建设，丽婴房、FM 物流等一批物流项目加快建设。

（4）常熟市积极应对世界经济金融危机对物流企业的严重冲击，注重培植大型物流企业、重视政策引导、加强调查研究和市场分析，认真贯彻国务院《物流业调整和振兴规划》，抓好物流园区的规划指导和物流集聚区建设，在推进物流业发展方面取得显著成效。

（5）吴中区保税物流发展取得新突破。2009 年 7 月，吴中出口加工区实现保税物流功能叠加，到 2009 年年底已实现进出口监管货值 46 亿美元，实现海关关税 8.6 亿元。12 月签订“太仓港—苏州无水港”框架协议，在原有“区港联动、虚拟口岸”快速通关模式上完善创新，将苏州无水港直接建到吴中区。区内物流企业发展初具规模。截至 2009 年年底，吴中区共有各类交通运输仓储企业 166 家，注册资本 5.6 亿元，其中有铁洋物流、宝供物流、大鹏物运、中诚物流、苏越物流等现代物流企业 15 家，全年实现营业额 4.95 亿元。

（6）相城区充分利用区位优势独特及国道、省道、高速公路、水运发达的特点，大力发展现代物流业，全区共拥有各类仓储企业 17 家、货运企业 2181 户；拥有货车 4612 辆，总吨位 2.11 万吨。2009 年，实现货物运输量 746.6 万吨，货物周转量 6.12 亿吨/公里，分别比 2008 年同期增长 10.05%、33.43%。重点建设的苏州市望亭国际物流园，通过边拆迁、边建设、边招商，实现了超常规的发展，物流园的整体框架已初见雏形，发展已走了上良性滚动的轨道，目前已有普洛斯、盛丰、通联、点通、海联等十多家国内外知名物流企业进驻该园区，2009 年年底又有越海全球物流、盐云实业两家总投资均超十亿元物流公司签约，初步形成了一个较完备的现代物流园格局。

3. 扶持农村物流发展，树立试点示范项目

（1）市运管部门自2008年起选择了40余家道路运输企业参加农村物流试点。进入2009年后，组织开展了苏州市农村物流试点中期评估工作。从复核情况来看，试点8个多月来，各市（区）依托地方物流特色，开发出了生态农业、农村消费品、化工品、纺织品、医药、家具、港口等特色农村物流项目，试点工作取得了实际效果。在复核过程中，指导试点企业进一步规范了服务标准、健全了基础台账，初步建成了全市统一的“农村物流”服务品牌形象及品牌LOGO，市场影响力逐渐扩大。

（2）逐步丰富农村物流试点内容。按照《苏州市农村物流试点工作方案》的要求，以农产品种植基地、消费品生产企业、果蔬批发市场为重点，新增补了太仓市绿润农副产品有限公司、苏州市光明物流有限公司、常熟市海明现代农业发展有限公司、常熟市江南畜禽食品有限公司、苏州合众汽车服务有限公司、菜篮子蔬菜配送分公司等一批特色物流服务企业，参与农村物流试点，进一步扩大了试点范围。

（3）积极向上争取农村物流示范项目。2009年5月，市有关部门经反复调研确定了绿润农副产品、佳佳荣泰、光明物流等11家具备一定资产规模、管理规范、社会信誉好、信息化水平较高、物流量稳定的物流企业为农村物流示范企业上报。最终，太仓市绿润农副产品有限公司、昆山市佳佳荣泰危险品储运有限公司、昆山张大千绿色物流有限公司3家企业，被省交通厅认定为“江苏省农村交通物流示范点”，并分别获得20万元专项补贴资金。

（4）探讨农村邮政物流方案。根据江苏省交通厅、邮政管理局《关于加强交通和邮政合作推进我省农村物流和邮政业发展的意见》，苏州市交通局牵头，联合客运集团公司与邮政管理局，就农村邮政物流发展的下一步合作，特别是在城乡客运线路共享、小件快运资源整合、客货运站场功能延伸等方面达成了合作意向。目前，市交通局与邮政管理局联合推进农村邮政物流发展的贯彻实施意见已拟定。

4. 促进外贸物流发展，推出虚拟口岸直通放行和“预报即放”新模式

“虚拟口岸直通放行模式”是对现有检验检疫通关放行机制的改革。该模式旨在内陆地区建立检验检疫虚拟口岸作业管理区，在虚拟口岸内，对从特定对外开放口岸进出境的特定货物，实现“一次报检、一次检验检疫、一次放行”。

在进口检验检疫方面，“虚拟口岸直通放行模式”改变了原来需要进口货物收货人在港口和目的地两次报检，分别由港口检验检疫机构实施集装箱口岸查验和目的地检验检疫机构实施货物检验检疫的传统做法，由进口目的地检验检疫机构一次完成报检、检疫查验、货物检验、放行所有手续。在出口检验检疫方面，“虚拟口岸直通放行模式”改变了原来在出口货物企业取得产地检验检疫机构的合格凭证后，还需向口岸检验检疫机构报检申请换发“出境货物通关单”，口岸检验检疫机构按比例实施口岸查验的传统做法，由产地检验检疫机构一次完成报检、货物检验、查验、放行的所有手续。“虚拟口岸直通放行模式”能有效实现对进出境货物检验检疫监管的“前推后移”：“前推”是对出境货物、集装箱的检验检疫在发运地完成，减少在港口的停留时间，提高效率；“后移”是对进境货物、集装箱的检验检疫到达目的地后实施检验检疫，检验检疫查验彻底有效，降低物流成本，提高工作效率。

苏州检验检疫局率先开创“苏州—太仓虚拟口岸直通放行”检验检疫查验业务新机制后，又率先探索跨省口岸“苏州—上海虚拟口岸直通放行”新模式，虚拟口岸从工业园区推广到全市辖区，实现内陆与口岸的功能互补、无缝对接，帮助辖区内企业的进出口货物走上了直通放行的“高速公路”，有效提高了通关速度、降低了物流成本。目前，“虚拟口岸直

通放行”模式已在苏州地区近30家重点进出口企业全面实施。2009年，苏州市通过虚拟口岸直通放行的出入境货物共计1.55万批，4.68万标准箱，18.95亿美元，为企业节省物流费用约1000万元。

苏州工业园综合保税区自2007年8月建立后，国际跨国公司的零库存战略基地的功能日益显现。分拨配送中心物流功能实现的最关键要素是全天候、24小时对生产企业生产线或其他使用场地的即时配送。针对这一情况，苏州市在摸索中不断改革创新，推出了“预报即放”业务新模式：即在对特殊监管区具备分拨配送功能的物流仓储企业进行诚信评估和分拨出区的货物进行风险评估的基础上，对诚信企业分拨出区的低风险货物（除废物、残次品等）在入区后的第一时间进行预申报，实施预入境查验验证和预入境检验的监管模式。对预报检、预查验和预检验合格的货物，允许企业7×24小时分批分拨出区。在集中报关前，办理集中正式报检手续。

“预报即放”模式，一方面，对入境法检产品完全实现了7×24小时的全天候物流分拨配送功能；另一方面，产品实现并批报检、报关的代理费用降低，同时可以减少压仓费用。截至目前，已有苏州得尔达国际物流有限公司、苏州大田国际物流有限公司、苏州工业园区伟创物流有限公司、中外运等8家区内仓储物流企业，在进行“预报即放”模式的试点工作。在试点的一年内，完成的即时物流配送货物达3万多批次，货值8.6亿美元。不仅有效地提高了物流配送的速度，也为企业节约了150多万元的物流通关费用。

5. 推动“区港联动”发展，延伸物流服务功能

（1）2009年，太仓港不断整合优势资源，深入推广“苏太联动”模式。1月8日，正式开通了内陆拼箱点模式，利用“苏州工厂—日本工厂60小时极速海陆绿色通道”，使得苏州进出口日本货物的海运时间等同甚至少于空运，成本则下降80%；3月4日，首次实现物流企业运作“区港联动”模式的出口业务，使得该模式延展至综保区内的保税物流企业；4月27日，尝试操作“区港联动”衍生版“水水中转”模式，通过“水水中转”，初次实现了苏州“虚拟海港”与上海洋山港的无缝对接，再次大幅减少了通关时耗，降低了物流成本，提高了物流效率。

（2）积极服务太仓港区建设。5月21日，太仓首个国家级功能载体——太仓保税物流中心正式封关运作。太仓保税物流中心（B型）以海运集装箱物流为特色，中心总投资20亿元，占地1.39平方公里，能够满足年吞吐100万标准箱、2000万吨件杂货的保税物流业务需要。自封关运作以来，中心已具备进口保税、出口退税、深加工结转、转口贸易等多项功能。同时，为积极应对金融危机及税费改革，江苏省交通厅、财政厅、物价局出台了《关于对进出连云港、太仓港的集装箱运输车辆实行通行费优惠的通知》，并向苏州市17家运输企业、255辆集装箱运输车辆发放了通行费优惠卡。

（3）张家港保税物流园区基础实施更加完善，已建成液体储罐总容量135万立方米、固体仓库及堆场总面积70万平方米、万吨级以上码头泊位4个。启动了港口综合管理信息化系统工程，优化整合数字保税港区、口岸政务管理、公共物流和技术支撑四大平台，加快实现“智能新口岸、数字保税港”目标。货运总量继续攀升，张家港口岸完成货物吞吐量1.5亿吨，外贸进出口运量3896万吨，集装箱运量87万标准箱，口岸的大豆、木材、羊毛、化工品等商品的货运量继续位居全国前列，截至2009年年底已有90多家国内外物流企业入驻，包括荷兰孚宝、荷兰博斯勒、西班牙帝诺、日本日通、中远、中外运等多家全球百强物流企业。园区辐射面不断扩大，年转拨化工品300多万吨，已成为全国最大的液体化工品

集散地。纺织原料进口量占全球的20%，已成为东部沿海地区重要的分拨配送中心，进出境货物遍布全国23个省市（区），对推动长江流域经济国际化发挥了重要的辐射带动作用。2009年，苏州市保税物流园区货运总量达到907万吨、货值达71.6亿美元，海关征收税款达32.2亿元人民币。

（4）2009年5月20日，在相关部门的共同努力下，由苏州物流中心有限公司投资建设的“苏州工业园区物流配送交易中心”正式启动，该项目已入选为江苏省重点物流项目。2009年年底已有28家物流企业入驻。该项目将非保税业务与已建成的苏州工业园综合保税区的保税物流体系相结合，依托苏州物流中心现有资源，通过建设公共信息化平台和货物配送中心，促进周边物流资源的进一步整合，实现了枢纽功能延伸，有效解决了“物流服务供应商”和“物流服务需求商”之间信息不对称的矛盾，为工业园区的生产企业和商贸流通企业又提供了一个安全、诚信的物流服务平台。

6. 加快运输结构调整，促进行业节能减排

（1）加快运输结构调整，运输服务能力逐步增强。一是坚持以政策引导、市场需求为原则，进一步加大调控力度，优化运输结构。积极引导货运企业发展满足城市配送需要的环保轻型厢式货车、满足区域性长途干线运输的重型货车；大力发展专用车辆，包括集装箱车、冷藏运输车等专项运输车辆及高利用率的甩挂运输车辆。截至2009年12月，苏州市拥有道路货运车辆7.27万辆（牵引头2425辆）、载重30.25万吨，车均载重4.3吨，比2008年提高了8.04个百分点。其中，厢式车2.14万辆、载重5.65万吨；集装箱运输车2003辆、载重2.85万吨；罐式车2385辆、载重3.18万吨；专项作业车2203辆、载重2.71万吨；冷藏车180辆、载重577吨；专业化车辆比例达到了40.03%，专业化车辆载重吨位达到了47.74%。

二是配合推进船型标准化工作，加快发展专业化、标准化运输船舶。全市共拥有水路货运船舶299艘、载重10.33万吨，船均载重345.58吨，比2008年提高了38个百分点。其中，化学品船41艘、载重4787吨；油船26艘、载重5973吨；散装水泥船14艘、载重2868吨；内河标准化船舶20艘、载重5544吨；专业化船舶比例达到了总船舶数的33.78%，比2008年同期提高了3.57个百分点。在海运运力发展方面，新增一艘散货船（1.58万总吨、载重2.27万吨），累计海运船舶2艘，增长率100%。通过运力结构调整，货运行业集约化程度进一步提升，运输服务能力逐步增强，有效地促进了运输服务发展和行业节能减排。

（2）加快组织结构调整，运输企业规模不断壮大。在培育物流企业方面，市发改委按照“政府推动、企业为主、市场运作、逐步推进”的原则，制定扶持政策，鼓励货运企业向第三方物流转化。特别是在国际金融危机的影响下，货运市场机制被进一步激活，市场竞争不断加剧，一些小的货运企业逐步退出市场，传统运输企业散、小、弱的局面正在逐步改善。截至2009年12月底，苏州市专业货物运输企业已经达到了2805家，其中100辆车以上的道路货运企业60家，与2008年年底相比增加了7家。

（3）开展甩挂运输试点，节能减排工作加快推进。为促进苏州市道路货物甩挂运输与网络化运输发展，提高运输效率，减少能源消耗，引导道路运输行业向现代交通运输业转型。根据省运管局《关于推荐道路货物运输甩挂与网络化运输试点企业的通知》要求，有关部门于2009年4月组织开展了苏州市道路货物运输甩挂与网络化运输试点企业推荐工作。通过实地调查走访，进一步掌握了苏州市甩挂和网络化运输发展现状及存在的问题。最终推荐了以江苏飞力达、苏州交运、昆山交运、吴江亨通海晨等为代表的9家管理规范、社会信誉好、安全有保障、信息化水平较高的甩挂运输

企业，后经认定，江苏飞力达、苏州交运、昆山交运3家企业符合试点条件，被列为省级甩挂运输试点企业。10月，又组织了江苏飞力达、苏州交运两家运输企业撰写了甩挂运输推进方案，上报交通运输部申请全国甩挂运输试点。11月，交通运输部评审组对苏州市两家甩挂运输企业运营情况进行了现场审核，得到了充分肯定。甩挂运输试点的正式启动，通过试点企业的实际运营和示范作用，有效带动了其他运输企业参与甩挂运输的积极性。

（4）选树节能减排典型，发挥示范企业引领作用。道路运输节能减排的主体是企业，节能减排工作关键要靠企业落实。指导企业做好节能减排工作，是行业管理部门的一项重要职责。根据省运管局《关于培育和选树道路运输节能减排示范企业的通知》要求，苏州市最终确定了江苏飞力达国际物流股份有限公司、江苏瀛环国际集团宏海物流有限公司、张家港保税区沿江运输有限公司3家节能减排工作推进较好的运输企业，申请材料已报送省局评审。此外，在水路运输方面，以张家港中油泰富运输有限公司为重点，确定为“苏州市水路运输节能减排示范企业”。

7. 积极鼓励企业参加国家和省级各类资质的评估认定

截至2009年12月底，苏州市累计有国家A级物流企业35家、省重点物流基地和省重点物流企业36家、物流企业省级技术中心4家企业（全省10家），其中“3A级”以上物流企业19家，比上2008年增加了5家。省重点物流基地7家、重点物流企业28家，比2008年分别增加了1家和5家。有省“五十佳”质量信誉企业18家，比2008年增加了5家；市重点物流企业54家，比2008年增加了13家。此外，苏州市还新增服务名牌3个，其中：苏州物流中心获省级服务名牌，昆山建伟物流和新宁物流获市级服务名牌。

2009年，苏州市共有得尔达、锦海捷亚国际物流有限公司等18家物流企业通过省级技术先进型服务企业的认定，这些企业将享受减按15%的税率征收企业所得税、职工教育经费按不超过企业工资总额的8%的比例据实在企业所得税税前扣除、离岸服务外包业务收入免征营业税等优惠政策。

8. 成功举办第三届中国国际物流科技博览会

2009年9月，由江苏省经济和信息化委员会、江苏省商务厅、苏州市人民政府共同主办的“第三届中国国际物流科技博览会”在苏州国际博览中心举行，苏州市组织了60多家物流企业参展。与会专家就绿色物流、供应链金融和物流信息化等主题开展了高峰论坛。市发改委利用本届物流科技博览会时机，组织邀请了30多家本市行业协会（商会、同业公会），举办物流企业与制造业和商贸业对接沙龙，各行业协会（商会、同业公会）交流了各自特点，并就开展行业对接、降低生产成本进行了探讨，收到了较好的效果。

（供稿：苏州市发展和改革委员会）

宁　波　市

2009年，面对全球金融危机的严重冲击，宁波市物流业遇到较大冲击。尽管如此，在经济总体形势企稳回升的推动下，在国务院《物流业调整和振兴规划》的精神鼓舞下，全市上下坚持以科学发展观为指导，认真贯彻落实中央应对危机一系列政策措施，“危”中求“机”迎难而上，现代物流体系建设加快推进，物流业发展环境进一步优化，发展质量明显提升，为新形势下全市物流业的转型升级和经济社会持续健康发展奠定了基础。

一、2009年宁波市物流业发展的基本情况

1. 物流业发展速度放缓，但运行效率明显提高

2009年，受全球金融危机的冲击，与外向型经济密切相关的物流产业受到严重影响，宁波市物流业发展速度放缓。全市物流业增加值为414.27亿元，比2008年增长2.1%，涨幅大幅回落；社会物流总额为1.18万亿元，比2008年下降1.4%。但物流运行质量明显提高，物流总成本占GDP的比重由2008年的18.7%下降的到17.5%，低于全国和浙江省水平。宁波港口货物吞吐量继续保持较快增长，达到3.84亿吨，同比增长6.07%，继续保持大陆沿海港口第二位；集装箱吞吐量为1042.3万标准箱，继续保持世界第8位。宁波港在浙江开放型经济中发挥着举足轻重的作用。

2. 基础设施建设有序推进，物流设施网络加快形成

2009年，宁波市物流基础设施建设有序推进，物流设施网络加快形成，主要表现为：一是大榭港区集装箱码头、北仑五期集装箱码头、宁波梅山保税港区集装箱码头抓紧建设，“一环六射”高速公路网主骨架正在形成，甬台温铁路建成通车，海铁联运等多式联运发展具备一定条件。二是全面启动重点物流区块和项目建设。梅山保税港区、镇海大宗货物海铁联运物流枢纽港、经济技术开发区现代国际物流园区等重点区块（项目）开发建设，宁波空港物流园区实现保税物流中心的封关试运营，宁波集装箱海铁联运物流枢纽站、空港物流园区（二期）正开展规划编制等前期工作，物流业空间布局初步形成。三是全面推进“三中心”建设。国际航运服务中心一期于2009年年初正式开业，目前已有口岸部门及船舶代理、货运代理、报关、报检、法律咨询、金融服务等近70家机构及企事业单位入驻。

3. 强化市场主体培育，物流企业转型升级初显成效

2009年，宁波市加强市场主体培育，物流

企业转型升级初显成效。一是积极探索物流业与制造业联动发展的途径，制造企业物流外包和资源整合步伐加快。如吉利汽车有限公司与上海畅联国际物流有限公司合作成立第三方物流公司，优化流程整合资源，短短3个月，已为吉利汽车降低了可观的物流成本。逸盛石化投资成立物流公司，实现与制造业的分设。二是积极创新发展模式，一批物流企业逐步做大做强。如高新货柜成功获批设立大连所PVC和郑州所PTA期货交割库，大力提升仓储物流“龙头”企业品牌形象；港铃物流推行集装箱“双重”运输模式，取得明显成效；舜发物流、海联物流等加强与国内知名企业合作，拓展服务网络，企业竞争力明显增强。三是加强物流企业标准化建设。2009年全市约有一半的港口物流企业通过ISO质量管理体系认证；全国A级物流企业的数量已累计达到53家，接近浙江省总量的一半。四是推进先进物流技术应用，提升物流管理水平。如宁波港港区卡口智能化，使得集装箱车辆在码头闸口的通过时间由2分钟下降到30秒以内。

4. 加强港口联盟和区域合作，服务范围不断扩大

2009年，宁波市通过加强港口联盟和区域合作，带动了服务范围不断扩大。一是优化宁波、舟山港口码头布局，推进大型化、专业化码头建设和连岛工程建设，宁波—舟山港一体化进程加快。二是宁波港与温州港、台州港、嘉兴港、南京港加强了投资和业务合作，在区域港口联盟中发挥宁波港口的融合、带动效应。三是统筹布局省内外城市“无水港”，加强揽货体系建设，进一步拓展了港口腹地。四是积极推进海铁联运发展，2008年年底已开通每天往返宁波—温州集装箱铁路沿海快线，宁波与重庆的海铁联运工作也正在加紧推进中。向外方面，宁波港及时调整航班航线，将触角延伸到非洲、拉美、印度、东南亚等国际新兴市场，全年新增和恢复航线31条，航线总数由2008年年底的210条增加到216条。

5. 加快信息平台建设，物流信息化水平进一步提高

2009年，宁波市注重加快信息平台建设，推动了物流信息化水平进一步提高。一是宁波电子口岸致力于构筑集电子政务与电子商务于一体的口岸信息平台，已开发海关集装箱管理系统、空港物流监控系统等大型政务服务项目，推出了“外贸八达通”“企业E管家”等商务服务产品，带来显著的社会效益。二是第四方物流市场于2009年3月正式投入运营，已开发信息发布、交易匹配、合同签订、支付结算、信用评价、整体物流解决方案六大核心功能，至2009年年底该市场网上交易额突破2亿元。三是物流企业信息化加快。如九龙物流投资3000万元建设“多功能、智能化、一体化物流运行指挥中心”，在浙江省内建立多个标准化、信息化服务网点。重点物流园区加快公共信息平台建设，如宁海物流中心信息平台软件一期方案确定，园区管理系统已在开发之中。

6. 强化政务服务，物流业发展环境进一步优化

2009年，宁波市继续强化政务服务，推动物流业发展环境进一步优化。一是举办“2009年长三角物流论坛”等大型会议，引导企业逆势应对，转型升级。二是组织修编《宁波市现代物流业发展规划》，参与编制《宁波—舟山港域现代物流发展规划》，引导物流业有序发展。三是制定和出台了宁波港海铁联运政策、物流电子商务试点政策、现代贸易物流企业扶持政策、企业分离发展服务业等物流业相关政策，推进了国家税收试点物流企业申报工作，物流业政策环境进一步优化。四是口岸相关部门积极推进“通关单联网核查”、港区卡口智能化系统等建设，参与长三角通关一体化建设，区域通关环境进一步优化。五是举办“南昌·宁波周”、“重庆·宁波周”等城市推介活动，促进与中西部中心城市合作。六是组织开

展物流相关专业高校毕业生培训班、物流人才招聘会、现代物流专题研修班等人才培训和交流活动，物流人才培养工作取得明显成效。

近年来，宁波市物流业发展取得明显进展，但与先进城市相比，总体发展水平仍然偏低，特别是国际金融危机影响，世界经济发展放缓，在外需萎缩的大环境下，全市物流业发展中存在的结构性、素质性问题遭受严重考验。一是港口物流产业链、价值链没有得到深度延伸，物流增值能力偏低，物流业发展水平与港口地位不相匹配。二是虽有制造业发达的市场基础，但制造业物流剥离程度低，物流市场没有得到充分培育，对第三方物流发展造成严重制约。三是大部分物流企业规模偏小，抗风险能力较弱，且多数企业只能提供传统单一的物流服务，多功能、综合化、一体化的物流服务水平低下。四是现代化的物流设施设备缺乏，物流技术、装备和信息化水平有待加强。五是物流人才短缺，不仅一线工人的业务技能有待加强，参与高端物流竞争的高级物流人才更是奇缺，影响物流企业一体化物流服务和增值服务能力的提升。

二、宁波市物流业发展思路和重点任务

2010年是宁波市贯彻实施国家《物流业调整和振兴规划》、打造全国性物流节点城市的重要一年，也是共建上海“两中心”、抢抓现代物流业发展新机遇的关键一年。按照长三角率先发展国家战略、国家《物流业调整和振兴规划》对宁波的定位、“港航强省”战略和共建上海“两中心”对宁波提出的新要求，2010年宁波市物流业发展的总体思路是：全面贯彻落实科学发展观，紧紧围绕建设现代化国际港口城市和亚太重要门户城市的目标，以共建上海“两中心”为契机，以物流一体化为主线，以信息化和先进技术为支撑，以资源整合为手段，充分发挥港口优势和开放优势，努力推动物流业与大宗商品交易、航运服务业、金融服务业融合发展，进一步构筑“立足宁波、依托浙江、服务长三角、联合中西部、对接海内外”的现代物流体系，提升物流产业竞争力，为宁波开放型经济的全面协调可持续发展提供坚实的物流服务保障。

根据上述思路目标，2010年的重点任务是：①按照多式联运和无缝对接的要求，加强物流基础设施建设；②以增值服务为重点，推进三大业务体系（集装箱物流体系、大宗商品物流体系、保税物流体系）建设；③以引进、培育和转型为重点，强化市场主体培育；④以互联互通为特征，完善物流公共信息平台；⑤以完善配套服务为取向，积极发展航运服务业和金融服务业。

围绕上述重点任务，2010年的主要工作举措是：

1. 抓规划引导

在修编《宁波市现代物流业发展规划》（2009—2020）基础上，与国民经济和社会发展“十二五”规划相衔接，编制和实施《宁波市现代物流业发展“十二五”规划》。指导和协调县（市）、区物流业发展规划编制工作。

2. 抓政策制定和落实

抓紧出台实施《加快现代物流业发展，打造全国性物流节点城市实施意见》。根据《关于2010年拓市场调结构促消费增优势惠民生的若干政策意见》文件要求，制定和落实3000万元物流专项资金，重点支持物流公共信息平台建设、先进物流技术装备应用、先进运输组织方式推广、物流企业标准化试点和物流人才培养等。组织实施现代贸易物流企业扶持政策、电子商务试点企业扶持政策和海铁联运政策，保持政策的稳定性、持续性和有效性。

3. 抓物流分设和外包

加强工作指导和政策引导，用足用好服

务外包政策和第二、第三产分设政策，引导企业实施物流分设和外包。组织有丰富实践经验的专家团队给一些有条件、有意向的制造企业诊断供应链物流问题，帮助引入第三方物流公司，优化物流流程，促进物流服务分离和外包。

4. 抓开放与合作

建立和完善建设上海“两个中心”、打造亚太重要国际门户的组织机构和协调机制，促进两市在航运服务业和金融服务业的深度合作。强化与铁道部的合作，积极推进沪甬铁路（跨杭州湾）、甬金铁路等重大项目前期工作，抓紧开展宁波作为国家海铁联运综合试验区的试点工作，加快推进海铁联运向内陆省市延伸。加强与中西部重点城市的物流合作，积极发展海铁联运，争取开通宁波至重庆、西安等重点城市的集装箱铁路班列。继续开展对新加坡、中国香港、中国台湾等物流产业发达国家和地区的招商引资，优先引进供应链集成商和现代物流企业区域性总部。

5. 抓全流程的政务服务

口岸部门要大力开展国际物流的政务服务，努力把宁波口岸建成监管规范、通关便捷、收费合理、服务高效的国内一流口岸。工商、质监、司法机关等部门共同配合，维护良好的经营秩序和合法权益。发挥开放办、经合办、会展办等部门的作用，重点为现代物流业跨市、跨省、跨国的开放发展提供服务。加强与国家发改委、铁道部、交通部、民航总局、工业与信息化部、商务部、国家海关、国家质量检验检疫总局等部门的合作，建设战略合作关系，支持宁波参与上海“两中心”和全国性物流节点城市建设。

6. 抓物流技术和标准化推广

加强政策引导，加快先进适用物流技术和现代化物流设施设备的推广应用，支持物流信息化和物流标准化建设。充分发挥物流行业协会的作用，推进 A 级物流企业评估工作和物流企业标准化建设。

7. 抓物流人才培训

在总结经验的基础上，继续组织开展物流总裁班和物流相关专业毕业生物流培训，根据需要将培训对象扩展到企业在职员工。依托浙大软件学院教育资源，按照政府、企业、个人共同负担的原则，举办一期现代物流专业硕士班。

8. 抓物流统计

加强与省统计局的衔接，配合省里充实物流业统计样本，扩大统计范围；强化对物流企业统计工作的培训和指导，不断完善物流统计核算体系和统计网络。把物流业工作纳入到全市服务业年度工作考核中，促进各地、各有关部门加强工作合力，争取抓出重点、抓出成效。

（供稿：宁波市现代物流业发展领导小组办公室）

扬 州 市

2009年，面对复杂多变的国内外经济形势，扬州市认真贯彻党中央、国务院和市委、市政府关于加快转变经济发展方式、调整优化产业结构的战略部署，将加快发展现代物流业作为实施调整战略的重要举措和选择，与时俱进、开拓创新，不断加大工作力度，全市物流业发展取得显著成绩。全市实现公路货运量5069万吨，同比增长11.1%，货物周转量594467万吨公里，同比增长11.8%；水路货运量2932万吨，同比增长11.6%；货物周转量948264万吨公里，同比增长11.5%；沿江及运河港口吞吐量6423万吨，同比增长11%，集装箱吞吐量23.2万箱，同比下降17.1%。

一、物流园区（中心）建设进一步加快

至2009年年底，扬州市市级服务业集聚区中，已有8家市级物流园区、2家省级物流园区，各大物流园区全年共计完成投资20.2亿元，实现营业收入61.2亿元，分别比2008年增长45.7%和28.5%，物流园区的载体功能进一步提升。

1. 扬州港口物流园

作为省级现代服务业集聚区，港口物流园以开发建设全面出新为目标，一手抓基础配套建设，一手抓项目引进，使园区建设稳步推进。2009年，物流园完成业务收入28亿元，实现利税1.5亿元，完成投资1.9亿元，新增就业120余人。

（1）货物吞吐量平稳发展。在全球金融危机的大背景下，2009年扬州物流园实现货物吞吐量1139万吨，比2008年同期增加10.8%。其中，钢材43万吨，同比减少37.6%；煤炭672万吨，同比增加53.1%；木材120万立方米，同比减少34.2%；完成集装箱量22.1045万标准箱，同比减少46924标准箱、减少17.50%，扣除商品箱，完成内外贸集装箱209794标准箱，同比增长1.8%。

（2）基本建设稳步推进。4#泊位后方10万平方米堆场及检查桥、调度楼及疏港路建成投入使用，完成集装箱调度系统建设；5#泊位开工，建成后将新增集装箱吞吐能力20万标准箱/年。

（3）项目建设取得成效。开工建设新慈物流、宽瑞家电配送中心一期已建成并投入运营，配送区域涵盖苏中、苏北及安徽等地。

（4）保税物流开始运作。自2008年年底，国家九部委正式批准扬州出口加工区可拓展保税物流功能以来，在出工加工区保税物流区建设保税物流仓库，规划预留土地300亩，建设自动化立体仓库，为区内及周边区域提供保税

物流业务，保税仓库与港口连成一体，库内货物进出口手续实行一次报关、一次报备、一次放行。自保税物流业务开展以来，川奇光电、同利冷藏等十多家单位在保税区开展业务，全年累计实现保税物流资金1.7亿美元。

2. 扬州长江石化物流中心

2009年，扬州长江石化物流中心完成销售额15.1亿元，同比增长150%；实现利税1800万元，同比增长100%；完成投资5亿元，同比增长66.7%；协议外资2193万美元，同比增长166%；实际到资676万美元，同比增长40%；民资注册资本8000万元，同比增长35.4%。

在市委、市政府“石化物流业要加快发展化工品交易市场，加快物流企业进驻步伐，大力开展仓储、加工、贸易、危险品物流等业务，进一步密切与产业之间的联系”的要求下，扬州长江石化物流中心依托省重点物流基地的品牌优势，着力放大省现代服务业集聚区，明确目标、突出重点、狠抓推进，工业、物流业和石化贸易相互促进、相互配套的发展格局已经初步形成。

（1）坚持规划先行，明确发展方向。一是修编总体规划，年内对总体规划进行了修编，对长江石化物流中心空间布局进行了适度调整。二是制订产业发展规划，委托南京大学，对园区服务业（重点是石化物流产业）、石化物流产业现状及未来走势展开调研，进一步明确了物流产业发展路径、步骤和重点。三是制订保税物流规划，在对石化物流中心储罐的容量规模和发展趋势进行调研的基础上，积极开展了保税物流规划编制工作，加强与海关的工作对接，创造条件，先期启动部分重点企业保税罐申报工作。目前，已批准中化扬州等物流企业保税罐50.33万立方米，为全面开展保税物流业务夯实了基础。

（2）坚持项目推进，发展物流产业。一是推动码头仓储项目建设。物流中心强化服务意识，主动协调发改、规划、建设、安全、消防等职能部门，积极参与中化扬州23万立方米储罐和两个万吨级码头项目的竣工验收和投产工作，协调解决物流企业成品油经营资质、疏港道路建设、蒸汽供应等问题。二是加快项目建设步伐。继续推进总库容为18万立方米的润洋国泰化工仓储项目，帮助企业解决项目选址变更后所遇困难，推动项目建设；园区公共液体化工码头二期工程申报、岸线利用已获得水利部批准，已上报交通部。三是加大项目引进力度。重点围绕低温乙烯储罐、恒基达鑫码头仓储二期工程、石化交易市场二期工程项目，加快基础设施完善和配套建设，争取早日开工。

（3）以政策为导向，做大石化市场。一是大胆吸收民间资本，构筑交易平台。江苏长江石化交易市场占地86亩，2008年4月建成运营，一期工程占地23.3亩，主要建设交易大楼一幢，建设面积4670平方米、停车场5600平方米、商铺66间。2009年4月，电子交易平台建成并投入使用，2009年年底实现营业收入15亿元、利润500万元、税收400万元。二是制定政策，集聚客商。为进一步吸引贸易企业进驻，石化物流中心按照市场建设和贸易企业招商同步进行的工作思路，会同市场先后赴上海、张家港、杭州等地石化交易市场进行参观考察，开展贸易招商，参加杭州现代服务业推介会活动。园区管委会还根据省、市关于服务业发展的有关政策，研究制定了《扬州化工园区关于促进贸易企业发展暂行办法》，对凡从事石化产品贸易业务、注册地在扬州化工园区、在石化交易市场设点经营、在扬州地税六分局和仪征国税二分局进行税务登记并正常办理各项税费和基金业务的贸易企业，给予服务业引导资金扶持。石化交易市场也采取了免收租金、免费提供信息平台等多项配套措施，吸引企业入驻，截至2009年年底，已有近50家贸易企业入驻市场。三是加强综合服务，推动企业入市经营。扬州长江石化物流中心专门在园区经济发展局设立物流服务处，负责物流项目和交易市场服务，对签订入市协议的贸易企业从名称核准、注册资本开户、验资、危化品经营许可证申办、工商注册、税务登记，直到服务业引导资金申报，给予全过程、保姆式服务。

3. 扬州公铁水联运物流集聚区

公铁水联运物流集聚区以“经济发展、载体建设、资本运作、管理创新”为工作主线，狠抓重点、突破难点，努力争当生产性服务业发展示范区。

（1）持续提升经济总量。2009 年，集聚区完成注册外资 7148 万美元，注册民资 4.1 亿元，到账外资 3014 万美元，服务业投入 3.36 亿元，服务业营成额 1.165 亿元。

（2）扎实推进临港产业。以新港码头为依托，新港物流、凯通开平、荣佳混凝土、金城混凝土四个项目已全面建成投产，可形成 30 亿元/年的销售收入。注册 3.2 亿元的聚龙建材国际交易港首期商铺楼全面封顶；国药控股江苏有限公司仓储配送中心完成开工建设前的各项准备工作，投产后可形成 50 亿元/年的销售收入。

（3）载体建设步伐加快。2009 年，集聚区围绕项目落地先后征地 500 亩，其中以独立选址方式成功向省国土部门单独争取了 230 亩农用地转用指标，为钢材物流园、医药物流园、物港路二期等项目建设提供了前提条件；围绕平台搭建，开工建设物港路二期、货站路、高桥北路延伸段，园区道路框架逐步拉开。

（4）政策扶持积累建设资金。市政府批准公铁水联运物流集聚区“商住用地土地收益分成比例提高至 80%”的优惠政策，为园区开发建设提供了资金保障。

4. 扬州商贸物流园区

2009 年，以项目招商和工程建设为主线，商贸物流园在项目进园、工程建设、双资利用等方面取得了新进展。

（1）经济指标完成情况良好。通过不懈努力，双资利用取得明显成效。民资注册资本完成 2.35 亿元，合同利用外资 2000 万美元，实际利用外资已到账 150 万美元，固定资产投资完成 6.45 亿元。

（2）基础设施建设稳步推进。开发东路、运河南路、园区中心路全面通车，积极推进运河港一期工程的建设。运河港一期工程占地约 155 亩，总投资 1.3 亿元，注册资本 5000 万元，由南京固业集团全额投资，2009 年 2 月开工建设，新建 3 个 1000 吨级（兼顾 2000 吨级）、1 个 500 吨级码头泊位及配套用房设施。目前，港口建设基本完成，吊装设备基本到位，透空仓库已经建成，配套办公楼已完工，商业楼即将封顶，2010 年年初可投入试运营。原徐凝门金属材料市场 40 余家商户已迁入港区，扬州钢铁贸易协会会长单位约 10 余家与港区签了进场协议。

（3）项目建设成效明显。2009 年，园区重点建设了亚联农副产品交易中心果品区、盐业智能化配供中心、通运商贸城二期、水利物资仓储中心等项目。亚联农副产品交易中心是扬州市政府 2009 年为民办实事的重点项目之一，总投资 12 亿元，占地 547 亩，规划建成产加销一条龙、贸工农一体化，市场营销网络覆盖华东，物流配送网络覆盖全国，农产品年交易额突破 300 亿元的现代化农副产品物流中心。一期工程果品交易区，总投资 2.4 亿元，占地面积 114 亩，2009 年 12 月 28 日竣工开业，联谊、亚龙两个果品市场搬迁进园并正式运营。预计年果品吞吐量可达 100 万吨以上，交易额 20 亿 ~25 亿元，成为苏北、苏中地区规模最大的果品交易中心。

盐业智能化配供中心，占地 34.8 亩，总投资 3000 万元，总建筑面积 1.8 万平方米，目前主体已封顶，正在内外装饰。通运商贸城二期，由扬州市城建国有资产控股有限责任公司投资建设，总投资1亿元，总建筑面积约3.1万平方米，正在进行内部装饰。水利物资仓储中心，由扬州市水利物资储运站承建，总投资约2000万元，占地面积20亩，总建筑面积约8581平方米，计划2010年竣工。

（4）招商引资成效显著。园区在完成退城进园企业的搬迁和整合优化商贸资源的基础上，围绕功能定位和产业特点，开展了系列有针对性的招商活动，其中引进落实的三个项目分别是：综合食品城项目，注册资本2000万美元，总投资5000万美元，2009年10月15日正式签约，由香港星鸿置业有限公司投资兴建，目前项目注册完成，到账资金150万美元。该项目正在拆迁、交地，于2010年建成。汽配城项目，注册资本2000万美元，总投资2.2亿元人民币，由广东金地带集团香港子公司投资建设，先期作为合作平台的民资公司已注册完毕，外资公司正在办理项目注册手续。运河港二期工程，在运河港一期工程顺利实施的基础上，由固业集团投资建设运河港二期工程，注册资本5000万元人民币，总投资1.5亿元，2009年11月19日正式签约，2010年第一季度开工建设。

（5）规划布局得到完善。2009年，园区规划部门完成了控制性规划编制，对土地利用、配套设施、道路交通等进行了进一步优化和功能提升，目前二期规划正在编制中，为园区的有序发展奠定了基础。

5. 扬州槐泗运河（粮食）物流园

邗江区围绕产业特色和区位优势，在地处扬州北郊、拥有公铁水联运交通优势的槐泗镇建设扬州槐泗运河（粮食）物流园。该物流园总占地面积3000亩，目前园区发展规划已进入评审阶段。其首发项目扬州粮食加工储运中心一期工程的11幢仓储用房主体已经封顶，专用码头也已经全面开工建设，基础道路全线贯通，配套公共服务平台也有望尽快实施。该物流园拟以扬州粮食加工储运中心为切入点，积极探索产业链的延伸和完善。

6. 上汽赛克物流中心项目建设调整到位

上汽赛克物流中心主要是为上海大众、广州本田、上海汇众、上汽仪征、南汽等汽车厂家提供仓储、运输、配送及整车物流等服务，目前已形成集运输、仓储、部分零部件组装、配送一体化的经营模式。2009年，物流中心新增注册企业2个，新增建设项目4个，实现营业收入5.47亿元、税收1556万元，完成投入3800万元。物流中心建设的建筑面积达4820.73平方米的综合服务楼全部投入使用，物流中心投入2800多万元建设的公共服务信息平台，已于2009年年底正式投入使用。

由于上汽集团的战略性调整，上汽赛克物流中心的发展规划也随之调整，向南汽、上海临港方面发展，并对项目也进行了部分调整。多功能服务区面积由原拟定的占地面积100亩调整为40亩，原拟定的建筑面积8000平方米调整为5090平方米；多功能仓储中心建设主体做了调整，由扬州坤嘉公司承建投入3600万元，征地100亩，建筑面积4万平方米，现租赁给赛克物流公司经营。

7. 宝应湖粮食物流中心

2009年，宝应湖粮食物流中心有限公司实现销售收入6.42亿元，同比增长40%。实现利税2770万元，同比增长28%。实现利润1500万元，同比增长18%。宝应湖粮食物流中心是按照江苏省发展和改革委员会、江苏省粮食局制定的《江苏省粮食现代物流发展》要求规划建设的，是江苏省粮食物流框架：“二纵二横、四大枢纽、八个节点”中的重要节点之一，也是江苏省粮食局2007年的重点建设项目。该项目位于宝应县安宜工业园区金源路以北，京杭大运河以东，规划总投资10.8亿元，规划用地720亩。一期工程投资1.8亿元，用地260亩，建设10万吨仓储区，年产6万吨大米生产线和15万吨面粉生产线各一条，交易摊位330个，千吨级粮食专用码头一座，省级有机食品质量监督检验中心一座。至目前项目总投入已达2.3亿元，已建成的项目有：

（1）10万吨仓储区于2007年3月破土动工并于2007年完成且投入使用，总建筑面积近3万平方米。2008年申报并获得了中央储备和省级储备粮的存储资格，2007年为中储粮代储大豆3万吨。

（2）年产15万吨面粉生产线于2009年9月初安装调试结束，已进入正常生产阶段。为了积极利用外资最大限度地发挥其生产潜能，现与福建青芝山面粉有限公司订立了合作协议，已到账资金4000万港元，并与多个库点订立了原粮购销协议。

（3）江苏有机食品质量监督检验中心主体工程于2008年12月竣工，总建筑面积为6000多平方米，2009年年底投入使用。

此外，还有正在实施的项目有：千吨级粮食专用码头已完成《可行性研究报告》，正在办理相关的审批手续；宝应湖粮食运输公司已经成立，它不仅解决了全年粮食销售运输问题，同时还吸引了社会上一些运输车辆、船只的加盟，壮大了公司的实力，使物流中心从收购、储藏、检验、加工、销售、运输形成“一条龙”的服务链条，同时，也符合现代物流的“四散化”工作水平，减少粮食损耗，降低运营成本。

二、重点物流企业发展后劲增强

近几年，在国家有关政策的支持下，在扬州市政府的大力扶持下，扬州市重点物流企业发展后劲明显增强，一批骨干企业崭露头角。

1. 扬州三笑物流有限公司

三笑物流有限公司现已成为苏中地区规模最大、营运能力最强的第三方物流企业。拥有各种类型的运输车辆近千辆，运输配套网络覆盖全国各省、市、县，年运输产值过亿元，入库税金320万元。已经建成集物流配送中心、仓储中心、商务中心、网络信息管理中心、维修中心等配套设施于一体的大型物流营运平台——三笑物流园，占地6万平方米的立体仓储中心与多功能信息服务中心即将完工。园区可容纳商户200余户，目前已有70多个商户进场经营。

2. 扬州九洲交通物流有限公司

九洲交通物流有限公司前身是扬州市汽车运输公司，共有员工1700多人，下属20个基层单位、子公司、控股公司，注册车辆490辆，年营运额1.8亿元。公司以现代物流、商贸经营为两翼的发展战略，坚持“一业为主，多元竞合”的发展思路，形成了以九洲运输公司等8家专业运输公司为核心产业，扬州市车辆检测中心、九洲驾校、行业培训、商务服务为重点产业的五大主体板块。在整合社会车辆外挂、减少税源流失方面发挥了重要作用。九洲交通物流有限公司已整合社会车辆数十辆，通过管理，减少地方税源损失1000多万元。

3. 红太阳物流有限公司和诚信物流有限公司

红太阳物流有限公司和诚信物流有限公司两个物流企业承担了高邮市80%的物流业务。2007年，诚信物流有限公司投资建设高邮市最大的物流园——诚信物流园，2009年该物流园新建2万平方米仓储用房，新添大型物流专用车辆6辆，新增物流散户10余家；年营运额超5000万元，利税超200万元。2009年，诚信物流园获得省发改委、省军区后勤部授予的江苏省首家“应急物流动员中心”称号，并被省交通厅授予“江苏省农村交通物流示范点”称号。目前，诚信物流园正在按省应急物流标准，计划新征地100亩，建设应急物流指挥中心。红太阳物流园区完成了二期工程，建设了信息化平台、仓储等配套设施，年营运额达9000万元，利税150万元，被列入省重点物流扶持项目库。

4. 江苏戚伍水产发展股份有限公司

江苏戚伍水产发展股份有限公司是江苏省唯一出口的水产品国家注册厂家，2009 年，公司总投资 1 亿元建设的戚伍水产冷链物流项目如期进行，项目规划新建低温冷库 1 座，高温冷库 1 座，总库容达 3000 吨，日结冻能力达 100 吨以上，配套建设 500 吨制冰车间 1 座，添置各种冷链物流车辆 21 辆，年运载能力达万吨以上。项目建成后企业的竞争实力和经营规模将得到全面提升，有助于企业实现新的跨越。

5. 扬州市华鼎农产品仓储有限公司

扬州市华鼎农产品仓储有限公司位于仪征市经济开发区内，于 2009 年 3 月 16 日注册成立。一般经营项目为农产品仓储、销售。扬州市华鼎农产品仓储有限公司正在上 6 万吨肉类食品冷链物流项目。该项目用地面积 23872 平方米，规划建筑面积为 16999 平方米。

6. 江苏亲亲冷冻食品交易市场

江苏亲亲冷冻食品交易市场是江苏亲亲集团整合扬州肉联厂和亲亲冷库而创建，是苏中、苏北地区首家规模最大的冷冻、干货食品交易中心。市该场规划建设 3 万吨冷库，400 间商铺。目前，一期 1.5 万吨冷库、200 间商铺已竣工，正对外招商，二期工程项目正在建设中。

7. 扬州朝苏农副畜产品冷冻食品批发市场

扬州朝苏农副畜产品冷冻食品批发市场，是个人独资企业，占地 3.2 万平方米，总投资 4296 万元。该市场于 2006 年 12 月开始建设，一期工程冷藏容量 1 万吨于 2007 年 9 月投入使用，第二期工程于 2009 年 6 月建成运营。目前，已形成低温库储藏能力 2 万吨，保鲜库容量 4000 吨，营业用房 9300 平方米，停车场地 1 万平方米，可吸纳 100 多个商户入驻经营。

无疑，上述项目的陆续建成投入使用，将对扬州地区乃至江苏省农产品物流特别是冷冻食品交易的发展产生积极的作用。

三、扬州市现代物流业发展的问题及出路

扬州市现代物流业的发展已经取得了初步成果，但是还存在一些问题，主要表现为以下几个方面。

1. 对现代物流业的认识存在偏颇

认识是行动的先导，有什么样的认识，就会有什么样的结果。不少企业和部门对现代物流与传统物流、物流业与物流园、物流园与工业园、物流业的经济效益与社会效益等关系的理解和认识不清，致使实践中存在两种偏向：一是认为扬州的物流已基本满足经济社会发展需要，对引进现代物流理念，用现代物流替代传统物流缺乏紧迫感。二是过分夸大现代物流业的经济效益，忽视了物流对制造业的配套服务的社会效益；过分夸大园区建设的作用，忽视物流业必须要有产业支撑，必须要有物的有效需求。这些认识上的偏差，不同程度地影响了现代物流的发展。

2. 传统物流升级进度不快

从实践看，现代物流是在传统物流的基础上，引入了信息联网，并对其物流信息进行科学管理，从而加快物流速度、减少库存、降低成本、提高效益。我市现代物流取代传统物流进度不快的主要表现为：一是不少工业企业习惯于“小而全”“大而全”的运行模式，不愿将物流部分剥离、独立运营或外包，致使第三方或第四方物流企业难以生成和发展。据调查，在我市工业企业中，仅有 20% 的原材料物流和 15% 的产品销售物流由第三方物流企业承担。二是现有物流企业普遍存在“小、低、弱、散”的状况。从物流企业看，我市现有 1 万多家物流企业中，70% 以上属于传统的运输企业，平均每个企业拥有 1.5 辆车，这些企业不仅层次低、实力弱、装备设施差，而且分布比较零散。再从工业企业看，仓储运输等物流功能自有化程度高，据调查，我市企业自有仓

储占全社会仓储面积的70%以上，同时，新进项目基本上配有仓储用地，不利于工业企业的集约化经营。

3. 物流园缺乏强有力的产业支撑

众多的成功经验表明，物流业是“引致产业”，又叫“跟进产业”，是指跟着产业发展而来的，有物才有流。比如张家港保税物流园，规划面积1.53平方公里，主要依托年产值2000亿元的扬子江化工园区、40亿美元的保税区和扬子江高新技术产业园，2004年设立至今，共建有储罐96万立方米，入驻物流企业85家。浙江杭州的农副产品物流中心，2003年批准立项，规划用地6000余亩，经过近几年的规划建设，已用地3000余亩，现已形成交易、加工、仓储、配套四大功能及粮油、水产、肉类、果品、蔬菜、副食品等八大批发市场，年交易量480万吨，交易额突破200亿元。该物流园主要是靠整合搬迁散落在杭州城四周众多的各类农副产品批发市场形成的。再比如，我市赛克物流、三笑物流和宝胜物流，无一不是依托优势产业发展起来的。没有强有力的产业或有效的物流需求，就不可能有这些物流园区和第三方物流企业的发展。反观我市几个物流园区、港口物流园，虽地处市开发区，但区内临港工业欠发达，缺乏大进大出的制造业企业，再加上出口加工区尚处在成长期，物流需求不旺。公铁水物流集聚区和广陵商贸物流园由于对周边生产资料和生活资料市场整合不够，集聚效应尚未形成，对物流企业难有吸引力。石化物流中心仓储能力已超前发展，但产业发展尚不充分，物流运作尚处于启动阶段。

4. 现代物流业发展环境亟待改善

从管理体制看，目前，国内物流发达城市均已普遍建立了现代物流工作联系会议制度，基本形成了畅顺的工作网络体系，而扬州市物流业行业协会才刚刚成立，缺乏运作经营。从政策支持看，国家、省、市出台的有关物流业发展政策得不到很好的贯彻执行，乱收费、乱罚款现象比较严重，行政效率低，发展门槛高。从基础设施看，由于投入不足，有关园区的港口和外环路等设施尚未成形，园区内部路网也不够配套。此外，还存在物流业人才匮乏等问题。

扬州市将全力以赴推进物流园区建设，加快搭建物流信息网络系统，加大大中型流通企业集团引进、扶持和培育力度，全面推进《扬州市现代物流业振兴行动计划（2010—2012年）》的实施。在修编完善物流业发展规划、编制市区冷链物流发展规划、加大对振兴行动计划执行情况目标管理考核的同时，加快推进全市物流资源的整合。

总体看，近几年扬州市现代物流业的发展是颇有成效的，发展中存在一些问题也是正常的，只要我们正视问题并积极解决问题，就能确保扬州市现代物流业健康有序地发展下去。我们认为，针对目前存在的问题我们要采取积极的态度，制定有效的措施如做大做强物流园区、加快推进全市物流资源的整合、培育和发展骨干物流企业、推动物流信息和标准化进程、抓协会管理建立信息共享机制，并狠抓落实，我市现代物流业一定会实现新的发展。

（供稿：扬州市物流办）

第六部分

物流技术与装备

2009年中国物流装备业

一、2009年中国物流装备业发展环境

2009年，是我国物流装备业的发展环境呈现跌宕起伏变化的一年，也是我国物流装备业充满了危机与挑战的一年。国际金融危机的冲击、国家《物流业调整与振兴计划》的出台，宏观经济、物流业与制造业的全年增长的巨大变化，都对2009年我国物流装备业产生了直接的巨大影响。

1. 国际金融危机对我国物流装备业的冲击

国际金融危机的爆发对我国物流技术装备业影响巨大。首先最直接的影响就体现在我国许多物流装备产品的出口方面。2009年，我国叉车等物流装备出口呈现自由落体式的大幅下滑，很多企业因此受到严重影响。尽管第四季度后全球经济出现复苏迹象，我国物流装备产品出口的严峻形势有所好转，但前景依然不容乐观，市场还没有出现好转。

金融危机对我国物流装备国内市场的负面影响也很大，调查显示受金融危机冲击，2009年第一季度我国物流装备业出现整体大幅下滑。

根据调查问卷统计分析：关于国际金融危机对企业物流装备采购意向的影响，回答有利的为0，说明没有企业受益；回答没有影响的占25%，主要集中在食品、烟草、医药、商贸流通等行业，这些行业主要集中在国内市场，行业特点较为特殊；回答受到较大负面影响的占51%；受到严重冲击的占24%。总体看受到严重冲击和较大负面影响的企业比例达到75%，这一调研结果说明我国物流装备市场受到的国际金融危机的冲击很大。调查详情如图1所示。

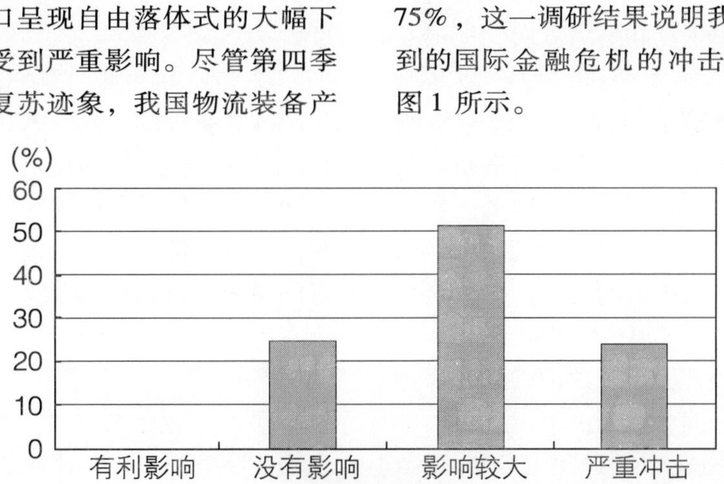

图1　国际金融危机对物流装备市场影响分析

2. 4万亿元投资拉动我国物流装备市场走出低谷

为了应对国际金融危机，我国政府及时出台了4万亿元投资保增长的计划。4万亿元的投资计划一出台，就极大地提振了我国企业对宏观经济增长的信心，也在一定程度上抑制了物流装备业的快速下滑局面，实现了物流装备业在2009年第二季度出现触底回升迹象。

国家加大固定资产投资的计划，直接拉动了物流及物流相关产业固定资产的投资增长，据统计2009年全社会固定资产投资约为22.48万亿元，比2008年增长30.1%，增幅比2008年提高4.2个百分点，根据投资增长对物流装备市场影响的效应分析，物流业固定资产投资增长必将对2009年全国物流技术装备市场需求带来巨大影响，将直接促进2010年我国物流装备市场的需求的增长。

3.《物流业调整与振兴计划》将为物流装备业长期发展带来深远影响

2009年3月10日，国务院发布了《物流业调整和振兴规划》，物流业进入了我国十大产业振兴计划行列。《物流业调整和振兴规划》的出台大大提升了物流业的地位，为物流行业长远的发展创造了一个比较好的环境。

《物流业调整与振兴计划》明确了政府推进物流业发展的工作重点和努力方向，提出了一系列的政策措施。国家相关部门在此基础上，也陆续出台了相关的配套政策及实施细则，各地政府也陆续出台了地方的促进政策与措施。这一计划的出台其影响是深远的。它不仅对2009年我国物流业发展产生了巨大影响，为物流装备业发展带来了市场机遇，更为今后物流装备业的发展创造了很多新的机遇。

4. 工业企业与物流业增长速度的强劲反弹对物流装备业影响分析

根据国家统计局发布的国民经济运行数据，2009年我国工业增加值为13.46万亿元，比2008年增长8.3%。规模以上工业增加值增长11.0%，其中国有及国有控股企业增长6.9%；集体企业增长10.2%，股份制企业增长13.3%，外商及港澳台商投资企业增长6.2%；私营企业增长18.7%。按轻重工业看，轻工业增长9.7%，重工业增长11.5%。

根据中国物流与采购联合会发布的中国物流业2009年的分析，2009年我国物流业增加值为2.31万亿元，同比增长7.3%。在物流业增加值构成中，交通运输业增加值为1.68万亿元，增长6.0%；仓储业增加值1737亿元，同比增长10.6%；贸易业增加值4035亿元，同比增长10.6%；邮政业增加值498亿元，同比增长14.06%。

根据我们对我国物流装备业发展的监测分析，我们认为，我国物流技术装备业与物流业和工业经济的发展趋势呈现出了联动、同步的正相关趋势。这说明我国工业经济的复苏和我国物流业的发展，必将对我国物流装备业产生有利影响，直接拉动我国物流装备业走出低谷实现复苏，并为2010年我国物流装备业的进一步发展打下基础。

二、2009年我国物流装备业发展分析

1. 2009年我国物流装备业的调整幅度巨大

在2008年年底，我们提出了关于2009年我国物流装备业将面临大调整的基本判断，并指出国际金融危机的冲击及影响是一个遇到的新问题，超越了我们固有的经验与知识，因此我国物流装备业受到的冲击也可能超过我们现有的预期，我们必须做最坏的打算。

2009年，我国物流装备业增长的轨迹被我们不幸言中。进入2009年，我国物流装备业就出现了大幅下滑，在2009年第一季度出现了物流装备业十多年来的首次负增长，增长幅度由过去的年度增长30%左右下降到第一季度的两位数的负增长，巨大的增长速度下滑超过

了很多业内人士的预期，企业更是遇到了前所未有的困难局面。

2009年，我国经济困难的开局直接促使国家权威部门实施了前所未有的经济刺激计划，国家陆续出台了一系列经济刺激政策，尤其是4万亿元投资计划的出台，对稳定经济增长起到了极大作用。国家4万亿元投资政策的出台，也直接给我国物流业打了一支强心剂。根据前面分析，受国家加快投资政策的影响，我国物流业第二季度的投资也达到了创纪录的增长幅度，物流业投资的增长提振了人们的信心，也拉动了对物流装备的市场需求，因此，在2009年第二季度我国物流装备业开始触底并实现了从低谷的缓慢回升。

国家的投资幅度是巨大的，物流业固定资产投资增长幅度更是超过了全国投资增长水平。受国家投资增长的影响，从第三季度开始，我国物流装备业回升幅度开始加快，到第四季度就出现了爆发式的增长。

由于2008年第四季度物流装备业开始出现了负增长，因此其基数较低，2009年我国物流装备业又从第三季度就开始了快速回升，增长速度逐步加快，到了2009年第四季度，我国物流装备业环比增长更快，加上2008年第四季度同期基数较低的因素，我国物流装备业2009年第四季度与2008年同期相比，增长速度出现了爆发式增长，第四季度增长幅度同比在38%。

从2009年全年来看，由于上半年物流装备业的负增长的影响，尽管下半年物流装备业开始走出低谷，第四季度增长加快并出现爆发式增长，但全年物流装备业与上年同比增长仅为3%左右，与我们对2009年年初的预测基本一致。

2. 2009年我国叉车生产与销售大起大落

根据我们的监测分析，我国叉车行业自2008年4月产销达到高峰以来，从2008年5月起就开始逐月回落，至2009年1月达到谷底。产销量也从2008年4月每月产销2万台左右下降到2009年1月的6000台左右，下降了近3/4。2009年2月，我国叉车企业产销开始逐月缓慢回升，2009年3～7月，我国叉车企业产在低位徘徊，8月开始回升加快，在第四季度产销出现创历史新高的局面。这一趋势表明，我国叉车行业产销在2009年出现了市场的大起大落，增长速度从增长30%以上，下降到负增长30%左右，再回复到30%以上的增长，其产销的振幅变化是前所未有的。

考虑进出口因素综合分析，尽管2009年第四季度我国叉车产销出现了爆发式增长，出现报复性反弹，但预计2009年全年叉车产销累计也难以实现正增长。

我国叉车出口市场自2009年2月达到谷底，目前虽然有所恢复，但国际市场仍然低迷，仍然未达到2008年上半年的出口水平，全年累计将处于较大幅增长的区间。从国内市场来看，我国叉车市场从2009年第二季度开始回升，第三季度回升加快，第四季度出现较大幅度的增长。

根据我国工程机械工业协会工业车辆分会的统计数据，2009年全年我国叉车总销量合计138908台，比2008年全年销售168119台减少29211台，同比负增长17%。

2009年我国叉车销售出现负增长，国内市场也出现了负增长，但相对于国际叉车市场的大幅下降的情况，我国叉车市场仍是世界最好的市场，是世界叉车市场的亮点，更是世界发展最快的、规模最大的叉车市场。

3. 2009年我国托盘与货架行业全年微幅增长

受国际金融危机的冲击，我国托盘与货架行业在2009年上半年也出现了一定幅度的负增长。根据我们监测，托盘与货架行业也是在第一季度达到谷底，第二季度开始触底回升，但回升幅度有限，从第三季度开始回升幅度加快，第四季度出现较大幅度的增长。从全年来看，产销与2008年基本持平，出现

3% 左右的增长。

2009 年上半年，我国货架市场委靡不振，销售下滑，供大于求，企业受到严重冲击。下半年以来，随着我国物流业的复苏，国家投资的逐步到位，货架市场开始出现复苏，市场需求增加，到四季度市场需求增长幅度加快，开始出现供不应求的情况。从全年看，我国工业货架行业实现微幅增长。

2009 年，我国托盘市场需求与货架市场类似，但上半年市场下降幅度大于货架行业。托盘行业也是从第二季度开是触底回升，第三季度回升加快，第四季度出现加大增长，但全年预计也仅仅与 2008 年持平而已。

4. 2009 年我国物流装备业微幅增长

2009 年，受全球金融危机影响我国物流装备出口出现大幅下降，国内市场上半年低迷不振，下半年才开始恢复增长，虽然第四季度出现较快增长，但全年的增长幅度将低于国民经济增长幅度，不考虑价格因素综合地看 2009 年我国物流装备业基本与 2008 年持平。如果剔除价格因素，综合分析，我国物流装备业全年增长 5% 左右。这是十多年来我国物流装备业最低的增长幅度。

（作者：王继祥　中国物流产品网《物流技术与应用》杂志）

2009 年中国工业车辆行业

2009 年，是世界经济遭遇严峻考验的一年，我国工业车辆受全球经济形势影响，企业经历了出口订单量大幅减少、国内市场竞争激烈的严峻挑战。总体看，国内市场在 2009 年 1 月达到自 2005 年以来单月销售量最低点，随后在国家一系列促内需、保增长措施的激励下，市场信心开始恢复，呈现出逐渐上升的走势。整体看，2009 年我国工业车辆行业呈现先抑后扬、逐渐上升的走势；而国际市场则是需求大幅下降，主要工业车辆销售市场持续低迷的态势。

一、2009 年我国工业车辆市场概况

根据工业车辆分会统计数据显示，2009 年我国机动工业车辆总销售量为 13.89 万台，与 2008 年的 16.81 万台相比，下降了 17.38%；非机动工业车辆销售量为 88 万台，与 2008 年的 228 万台相比，下降了 61%。2009 年我国机动工业车辆各月销售情况如表 1 所示。

表 1　2009 年我国机动工业车辆各月销售情况　单位：台

类别名称 / 月份	Ⅰ类	Ⅱ类	Ⅲ类	Ⅳ类＋Ⅴ类	Ⅰ～Ⅲ类电动叉车	Ⅰ＋Ⅳ＋Ⅴ类平衡重式叉车	Ⅰ～Ⅴ类工业车辆
	电动平衡重乘驾式叉车	电动乘驾式仓储叉车	电动步行式仓储叉车	内燃平衡重式叉车（实心、充气轮胎）			
1	991	229	986	4517	2206	5508	6723
2	906	278	975	6426	2159	7332	8585
3	1001	277	1240	8708	2518	9709	11226
4	827	261	1129	8144	2217	8971	10361
5	954	308	1011	7827	2273	8781	10100
6	1394	363	1201	9460	2958	10854	12418
7	1182	268	1135	8885	2585	10067	11470

续　表

类别名称 / 月份	Ⅰ　类	Ⅱ　类	Ⅲ　类	Ⅳ类 + Ⅴ类	Ⅰ ~ Ⅲ类电动叉车	Ⅰ + Ⅳ + Ⅴ类平衡重式叉车	Ⅰ ~ Ⅴ类工业车辆
	电动平衡重乘驾式叉车	电动乘驾式仓储叉车	电动步行式仓储叉车	内燃平衡重式叉车（实心、充气轮胎）			
8	1347	332	1372	10093	3051	11440	13144
9	1634	449	1469	10895	3552	12529	14447
10	1347	343	1165	9659	2855	11006	12514
11	1537	405	1226	10486	3168	12023	13654
12	1522	447	1696	10601	3665	12123	14266
合　计	14642	3960	14605	105701	33207	120343	138908

1. 内燃叉车销售情况

2009 年，我国工业车辆行业共销售内燃平衡重乘驾式叉车 10.57 万台，与 2008 年同期的 12.24 万台相比，下降了 13.66%。在销售的内燃平衡重乘驾式叉车中柴油叉车为 10.15 万台，其余为汽油叉车（含双燃料）。2009 年我国工业车辆行业各月销售内燃叉车的情况如图 1 所示。

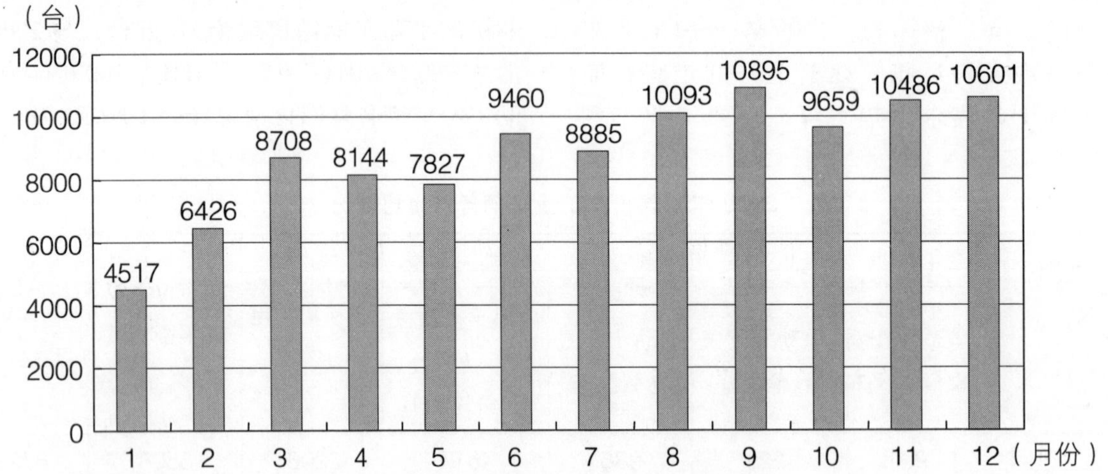

图 1　2009 年我国内燃叉车各月销售情况

从 2009 年我国内燃叉车的销售情况看，有以下特点：

（1）销量位居前 10 的企业占据了内燃平衡重乘驾式叉车销售量 80% 以上。2009 年，我国内燃叉车销售量超过 2000 台的企业依次是：安徽叉车集团有限责任公司、浙江杭叉工程机械集团股份有限公司、龙工（上海）叉车有限公司、台励福机器设备（青岛）有限公司、大连叉车有限责任公司，广西柳工机械股份有限公司、安徽江淮银联重型工程机械有限公司、凯傲宝骊（江苏）叉车有限公司、林德（中国）叉车有限公司和北京现代京城工程机械有限公司。其中排在前5位企业的销售量为7.54万台，占内燃平衡重乘驾式叉车销售量的71.35%；排在前10位企业的销售量为8.72万台，占内燃平衡重乘驾式叉车销售量的82.50%。

（2）不同重量吨位级的产品销量占比情况差距很大，无论国内销售还是出口大体情况一致。在内燃平衡重乘驾式叉车的总销量（含出口）10.57万台中，3.0～4.999吨位级的销量最多，约达总销量的75%；0.0～1.199吨位级的销量最少，只占总销量的0.19%。不同重量吨位级叉车的销量各占总销量的比例情况如表2所示。

表2　　内燃平衡重乘驾式叉车总销量（含出口）中不同重量吨位级叉车的占比情况

序　号	吨位级	销售数量（台）	占总销量的比例（%）
1	0.0～1.199	198	0.19
2	1.2～1.999	3053	2.89
3	2.0～2.999	12781	12.09
4	3.0～4.999	79159	74.89
5	5.0～9.999	8871	8.39
6	10.0～42.0以上（含正面吊）	1639	1.55

在内燃平衡重乘驾式叉车的总销量（国内）9.29万台中，3.0～4.999吨位级的销量最多，约达总销量的79%；0.0～1.199吨位级的销量最少，只占总销量的0.21%。不同重量吨位级叉车的销量各占总销量的比例情况如表3所示。

表3　　内燃平衡重乘驾式叉车总销量（国内）中不同重量吨位级叉车的占比情况

序　号	吨位级	销售数量（台）	占总销量的比例（%）
1	0.0～1.199	196	0.21
2	1.2～1.999	1770	1.9
3	2.0～2.999	8684	9.35
4	3.0～4.999	73284	78.87
5	5.0～9.999	7687	8.27
6	10.0～42.0以上（含正面吊）	1300	1.40

2009年，我国工业车辆行业销售内燃平衡重乘驾式叉车中含有空箱叉车、重箱叉车、空箱正面吊、重箱正面吊等共计171台，相比2008年的245台，下降了30.2%。销售单位主要是香港卡尔玛亚太有限公司、林德（中国）叉车有限公司、大连叉车有限责任公司、安徽叉车集团有限责任公司。

2009年销售内燃平衡重乘驾式叉车中含有侧面式叉车共计220台，相比2008年的193台，上涨了13.99%。销售单位主要是厦门叉车总厂、安叉、镇江福马叉车有限公司、杭叉、林德（中国）叉车有限公司。

2. 电动叉车销售情况

2009年，我国销售电动叉车（包括电动平衡重乘驾式叉车和各类电动仓储叉车）共计3.32万台，与2008年同期的4.57万台相比，下降了27.32%。2009年，我国电动叉车各月的销售情况如图2所示。

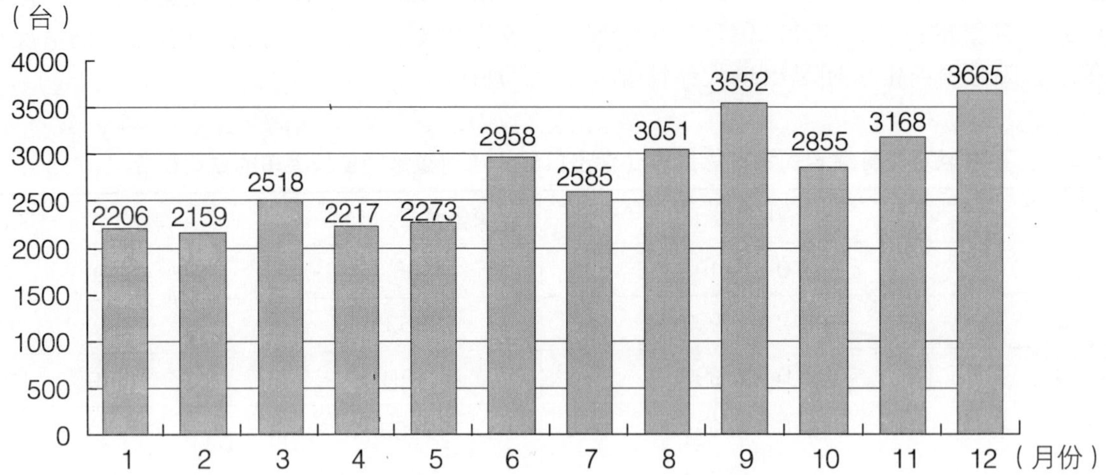

图2 2009年我国电动叉车各月销售情况

（1）电动平衡重乘驾式叉车分吨位销售情况。2009年，我国共销售电动平衡重乘驾式叉车1.46万台，与2008年同期的2.07万台相比，下降了29.37%。对电动平衡重乘驾式叉车分吨位销售情况进行分析，可以发现以下特点：

一是销售量排在前3位的企业销售量为8254台，占电动平衡重乘驾式叉车销售量的56.37%；排在前6位的企业共计销售电动平衡重乘驾式叉车超过1万台，占电动平衡重乘驾式叉车销售量的70.15%。按销售量排序，排在前6位的企业依次为：浙江杭叉工程机械集团股份有限公司、安徽叉车集团公司、林德（中国）叉车有限公司、安徽江淮银联重型工程机械有限公司、上海力至优叉车制造有限公司和台励福机器设备（青岛）有限公司。

二是1.2～1.999吨位级的电动平衡重乘驾式叉车销量居首，占总销量的40%强；0.0～1.199吨位级的销量居末，约占总销量的5%。电动平衡重乘驾式叉车按起重量吨位级分的销售情况如表4所示。

表4 电动平衡重乘驾式叉车按起重量吨位级分的销售情况

序号	吨位级	销售数量（台）	占总销量的比例（%）
1	0.0～1.199	728	4.97
2	1.2～1.999	6122	41.81
3	2.0～2.499	3850	26.29
4	2.5～2.999	1843	12.59
5	3.0以上	2099	14.34

（2）电动仓储叉车（包括电动乘驾式仓储叉车、电动步行式仓储叉车等）的销售情况。2009年，我国共销售电动仓储叉车1.86万台，与2008年同期的2.5万台相比，下降了25.62%。对电动仓储叉车（包括电动乘驾式仓储叉车、电动步行式仓储叉车等）的销售情况进行分析，可以看出销售量排在前3位企业的总销量为1.16万台，占电动仓储叉车销售量的62.35%；排在前6位企业的销售量为

1.48 万台，占电动仓储叉车销售量的 79.92%。销售量排在前 6 位的企业依次是：宁波力达物料搬运设备厂、浙江诺力机械股份有限公司、林德（中国）叉车有限公司、宁波如意股份有限公司、浙江杭叉工程机械集团股份有限公司、永恒力叉车（上海）有限公司。

3. 各地区叉车的销售情况

2009 年，我国工业车辆行业销售到国内各省、市的机动工业车辆达 11.41 万台，从市场销售的流向看，沿海地区和经济发达地区市场情况一直较好，边远地区和经济欠发达地区叉车销售市场情况逐年向好。2009 年，我国叉车销售上千台的省、市有 26 个，其销售叉车的数量和占有市场份额的顺序如表 5 所示。

表 5　26 个省、市销售叉车的数量和占有市场份额的情况

序号	省市名称	销售数量（台）	占市场份额的比例（%）	同比增长（%）
1	江苏省	13750	12.05	-8
2	广东省	12906	11.31	-1.18
3	山东省	12459	10.92	0.61
4	浙江省	10109	8.86	0.23
5	上海市	8491	7.44	-1.92
6	河北省	4551	3.99	0.8
7	福建省	4522	3.96	-0.27
8	北京市	4216	3.69	-0.95
9	辽宁省	3945	3.46	-0.87
10	天津市	3709	3.25	-0.31
11	河南省	3340	2.93	0.38
12	安徽省	3276	2.87	0.07
13	湖北省	3001	2.63	0.2
14	四川省	2982	2.61	0.46
15	陕西省	2427	2.13	0.42
16	湖南省	2369	2.08	0.36
17	山西省	2038	1.79	-0.05
18	吉林省	1926	1.69	0.46
19	广西区	1862	1.63	0.27
20	江西省	1811	1.59	0.23
21	黑龙江省	1797	1.57	0.12
22	新疆区	1599	1.40	0.07
23	重庆市	1568	1.37	0.06
24	云南省	1309	1.15	0.18
25	内蒙古	1057	0.93	-0.02
26	甘肃省	1003	0.88	
合　计		112023	98.18	

以上 26 个省、市共计销售各种叉车 11.20 万台，占全国市场份额的 98.18%。其中甘肃省首次突破千台，排名第 26 位。从以上各省市销售叉车的情况看，前几年销售比较好的省市 2009 年所占市场份额均有不同程度下降，其中尤以上海、北京、广东省下降最多，而中西部地区市场份额略有上升。

二、2009 年国内市场以及进出口情况

1. 国内市场

从 2008 年第三季度开始，受全球金融风暴影响，我国叉车销售量开始迅速下滑，从 2008 年年初的每月销售 1 万多台一直下降到 12 月的每月销售 5000 多台，在 2009 年 1 月下滑达到最低点的 4140 台，创出自 2005 年

以来单月销售最低纪录。2009 年 2 月虽然是我国传统的春节，但受国家宏观调控、拉动内需政策的鼓舞，市场信心和采购需求得到恢复，销售量开始回升，走出了令世界同行刮目相看的“V”型反转，这种趋势一直延续到 2009 年年底。根据世界工业车辆统计报告数据显示，[①] 2009 年中国市场全年销售机动工业车辆 11.5 万台，与 2008 年的 11.1 万台相比，增长了 3.6%。中国市场的销售量占亚洲叉车市场销售量 20.72 万台的 55.5%，比 2008 年增加了 14.02 个百分点，继续列亚洲第一位；占世界叉车市场总销售量 56.57 万台的 20.32%，比 2008 年增加了 8.4 个百分点。在 2009 年，中国市场首次超过美国成为世界第一大消费市场。

图 3 为 2008—2009 年各月我国工业车辆产品销售情况，通过该图表可以清楚地看到过去两年我国叉车市场的销售量的变化情况。

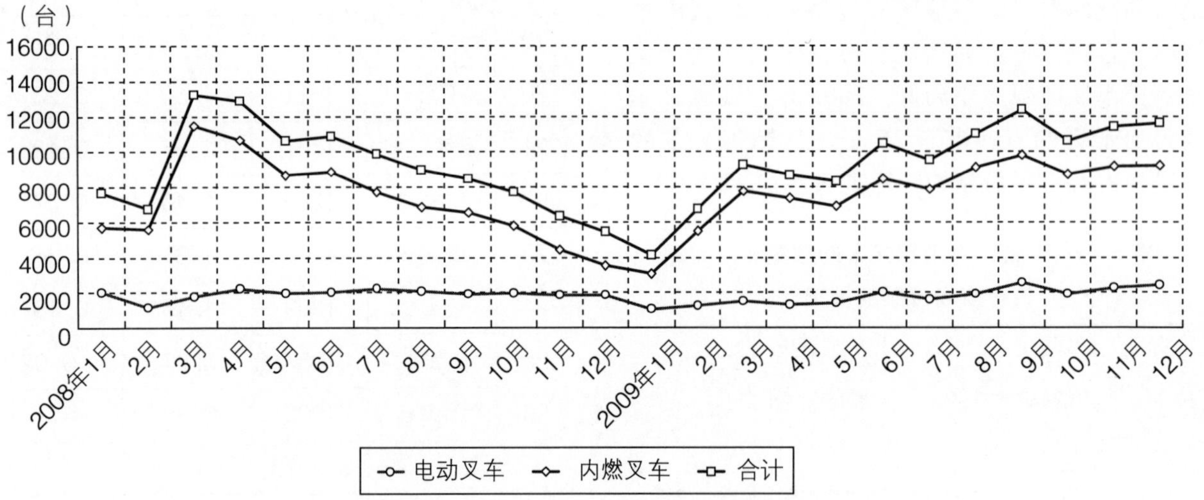

图 3　2008—2009 年我国工业车辆产品各月国内销售情况

2. 出口情况

从 2002 年开始我国工业车辆出口一直保持着稳定的增长态势，表 6 为 2002—2009 年我国机动工业车辆出口数量、金额统计情况。

从该表可以看出，在世界经济面临巨大困境的时候，我国工业车辆制造商在出口方面也受到严重影响，2009 年我国机动工业车辆出口 2.76 万台，相比 2008 年的 6.03 万台下降了 54.32%。2008 年我国工业车辆出口占到总销售量 16.81 万台的 35.9%，而 2009 年我国工业车辆出口只占总销量 13.89 万台的 17.9%，并且是自 2002 年以来出口首次出现负增长。由此可见，出口下滑是导致我国工业车辆销量下降的主要原因。

图 4 清楚显示了 2008—2009 年我国工业车辆产品各月国内销售情况，通过该图我们可以详细了解我国近两年工业车辆产品的市场走势。

① 世界工业车辆统计报告数据来源于世界工业车辆联盟所组织的统计数据，即 FEM（欧洲物料搬运机械联合会：负责欧洲、非洲、中东及附近地区等国家的会员单位）、ITA（美国工业车辆协会：负责美国、加拿大和墨西哥等国家的会员单位）、CITA（中国工程机械工业协会工业车辆分会：负责中国境内本土和联盟规定划归向 CITA 报告的独合资等叉车制造企业的会员单位）、KOCEMA（韩国建设机械协会）、ABML（巴西工业车辆协会）、JIAV（日本工业车辆协会）六个协会的世界叉车销量的统计数据汇总。

数据划分为五种类型：第Ⅰ类——电动平衡重乘驾式叉车；第Ⅱ类——电动乘驾式仓储叉车；第Ⅲ类——电动步行式仓储叉车；第Ⅳ类——内燃平衡重式叉车（实心轮胎）；第Ⅴ类——内燃平衡重式叉车（充气轮胎）。

表6　　2002—2009 年我国机动工业车辆出口数量、金额统计情况

年　份	出口数量（台）	同比增长（%）	出口金额（美元）	同比增长（%）
2002	3775	17.67	43922723	6.13
2003	4772	26.41	53985851	22.91
2004	9696	103.19	102061755	89.05
2005	16462	69.78	178385261	74.78
2006	26588	61.51	290735210	62.98
2007	48871	83.81	529515401	82.13
2008	60333	23.45	722682384	36.48
2009	27558	-54.32	309421396	-57.18

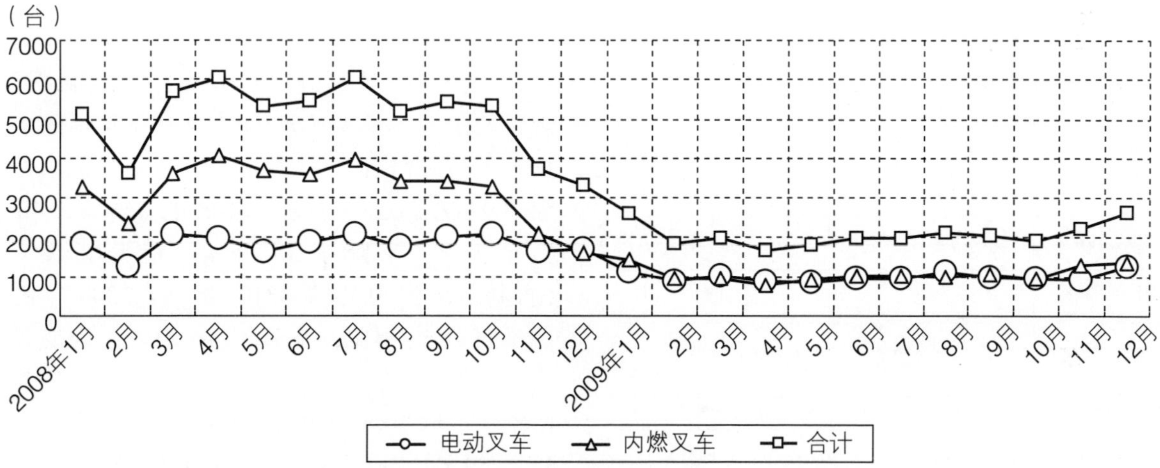

图4　2008—2009 年各月我国工业车辆产品销售情况

2009 年，我国机动工业车辆出口总量为 2.76 万台，其中欧洲占 34.69%、美洲占 23.28%、亚洲占 26.90%、非洲占 11.39%、大洋洲占 3.75%；电动叉车（含巷道堆垛机）出口达 1.2 万台，其中欧洲占 44.12%、美洲占 22.00%、亚洲占 27.11%、非洲占 2.92%、大洋洲占 3.84%；内燃叉车（含集装箱叉车）出口达 1.49 万台，其中欧洲占 26.63%、美洲占 24.38%、亚洲占 26.71%、非洲占 18.62%、大洋洲占 3.67%。2009 年我国机动工业车辆出口各洲数量比例情况如表 7 所示。

2009 年，我国出口非机动工业车辆（轻小型搬运车辆）为 91.47 万台，与 2008 年同期的 160.61 万台相比，降低了 43.05%。2009 年我国非机动工业车辆（轻小型搬运车辆）各月出口情况分别是：1 月出口 7.9 万台，2 月出口 45.3 万台，3 月出口 6.92 万台，4 月出口 6.26 万台，5 月出口 6.75 万台，6 月出口 7.01 万台，7 月出口 7.9 万台，8 月出口 7.69 万台，9 月出口 8.74 万台，10 月出口 8.08 万台，11 月出口 9.15 万台，12 月出口 10.53 万台。2009 年，我国非机动工业车辆（轻小型搬运车辆）出口各洲情况如表 8 所示。

表 7 2009 年我国机动工业车辆出口各洲数量比例情况

地 区	机动工业车辆（台）	占比（%）	电动叉车（台）	占比（%）	内燃叉车（台）	占比（%）
亚 洲	7412	26.90	3442	27.11	3970	26.71
非 洲	3138	11.39	371	2.92	2767	18.62
欧 洲	9559	34.69	5601	44.12	3958	26.63
拉丁美洲	4360	15.82	1219	9.60	3141	21.13
北美洲	2056	7.46	1574	12.40	482	3.24
大洋洲	1033	3.75	488	3.84	545	3.67
合 计	27558	100	12695	100.00	14863	100.00

表 8 2009 年我国非机动工业车辆（轻小型搬运车辆）出口各洲情况

地 区	出口数量（台）	占出口总量的比率（%）
亚 洲	178774	19.54
非 洲	27433	3.00
欧 洲	392353	42.89
拉丁美洲	60422	6.60
北美洲	234132	25.60
大洋洲	21570	2.36
合 计	914684	100.00

3. 进口情况

2009 年，我国进口叉车及装有升降或搬运装置的工业车辆共 9652 台，与 2008 年的进口量 1.38 万台相比，下降了 30.09%；进口金额为 2.94 亿美元，与 2008 年的进口金额 3.43 亿美元相比，下降了 14.45%。其中电动叉车（含巷道堆垛机）为 4310 台，与 2008 年的进口量 6978 台相比，下降了 38.23%；内燃叉车（含集装箱叉车）为 1525 台（其中集装箱叉车 18 台），与 2008 年的进口量 3723 台相比，下降了 59.04%；未列名叉车 3817 台，与 2008 年的进口量 3106 台相比，增长了 22.89%。近年来，我国外贸进出口中工业车辆进口情况如表 9 所示。

表 9 2002—2009 年我国工业车辆进口情况

年 份	进口数量（台）	同比增长（%）	进口金额（美元）	同比增长（%）
2002	17128	−1.09	141886156	13.78
2003	15630	−8.75	183873569	29.59
2004	15103	−3.37	208570176	13.43
2005	14920	−1.21	238796519	14.49
2006	14938	0.12	285835052	19.70

续 表

年 份	进口数量（台）	同比增长（%）	进口金额（美元）	同比增长（%）
2007	16549	10.78	347486220	21.57
2008	13807	16.57	343233710	-1.22
2009	9652	-30.09	293627560	-14.45

2009年，在我国进口机动工业车辆5835台中，欧洲占40.55%、美洲占10.40%、亚洲占48.38%、大洋洲占0.67%；进口的工业车辆来自23个国家和地区，从进口数量来看，日本、德国、美国、瑞典和韩国位列前5名。

三、2009年我国工业车辆行业发展的特点

过去的一年，全球经受了金融危机的考验，在持续低迷、需求大幅减少的市场环境中，各行业都受到很大影响，工业车辆行业也不例外。值得庆幸的是在我国政府一系列有效政策推动下，我国率先迎来了经济复苏的春天。工业车辆行业企业抓住机遇、迎难而上，出现了止跌回稳、逐步上升的市场走势。

与前几年的高速增长相比，2009年国内外工业车辆市场体现出一些新的特点，主要表现在：

1. 在全球金融危机影响下，国内市场对工业车辆市场需求明显下降

我国工业车辆市场销售量在2009年1月达到最低点。随后在国家宏观经济调控和扩内需、保增长等一系列政策影响下，市场形势逐渐好转，全年国内工业车辆市场销售相比2008年不仅没有下跌，还有3.6%的小幅增长，在严峻的经济形势下，实现增长，说明我国经济的持续稳定发展是推动物流装备需求的根本保证。

2. 受全球经济大环境影响，我国工业车辆出口出现负增长

2009年，世界工业车辆总销售量同比下降39.2%，欧洲、美洲、大洋洲、非洲下跌均超过40%，亚洲下降最少，为22.55%。在几大主要工业车辆市场中美国、德国、法国、日本等国家跌幅均超过30%，俄罗斯跌幅最大，达到84%。世界经济形势使我国工业车辆出口受到巨大影响，相比2005—2007年每年60%以上和2008年23%的增长，2009年出口同比下降了54%，也是自2002年以来首次出现出口的负增长。

3. 市场销售竞争更加惨烈

前些年工业车辆销售的高速增长刺激了各方力量加入到行业中来，并且产能也在不断扩张，出口受阻使很多企业转战国内市场，从而供大于求的现象逐渐加剧，销售难度加大，多数企业均采取了各种措施积极应对参与竞争，有些企业在竞争中增加了国内市场的份额，有些企业在竞争中退出了市场。

（作者：张 洁 中国工程机械工业协会工业车辆分会秘书长）

2009 年中国 RFID 技术发展

2009 年，RFID 在我国走过了 21 世纪的第一个十年。在 21 世纪的前五年，RFID 在我国处于酝酿与准备的阶段，2002—2004 年物联网传入我国，从学界到贸易界引发各方对 RFID 这个新名词的关注；2005 年，是我国 RFID 市场真正开始启动的一年；2006 年，《中国 RFID 技术政策白皮书》正式发布，它标志着我国 RFID 进入培育期；2008 年，伴随着北京奥运会等重大活动中广泛应用 RFID 技术，预示着我国 RFID 开始进入快速成长期，但由于在下半年受到全球金融危机的冲击致使速度减缓；2009 年，在全民关注“物联网”的热潮中 RFID 亦渐由业界关注转为业界积极参与和行动的上升期。

总体看，2009 年我国的 RFID 在产业发展、政策支持、技术推广、创新与融合等方面均有新的进展，比 2008 年有不同程度的突破。

一、产业前景广阔　市场潜力巨大

RFID 技术的应用领域非常广泛，从物流管理到资产跟踪、防伪识别、公共安全管理、车辆管理到人员管理等都充满了巨大商机。目前，RFID 技术已在我国的交通管理、物流、食品安全、重要资产的跟踪、防伪等众多领域开始应用。2009 年，我国 RFID 产业市场规模达 110 亿元，比 2008 年增长 36.8%，由于受到经济危机的影响，增产速度较 2008 年有所放缓。从 RFID 应答器、阅读器、软件和服务等方面获得的收入预计将突破 56 亿美元，涨幅比 2008 年提高 4.25 个百分点。

二、RFID 产业发展得到政策扶持

由于 RFID 技术与互联网、通信、传感器等信息技术相结合，可以实现全球范围内物品跟踪与信息共享，未来市场需求巨大，对我国经济和社会发展意义重大。因此，我国政府及相关部门给予了高度重视，陆续出台扶持政策，为 RFID 产业的发展提供了良好的政策、经济环境。在国家颁布的《2006—2020 年国家信息化发展战略》和《国家中长期科学和技术发展规划纲要（2006—2020）》中，不但阐述了发展 RFID 产业的重要性还明确指出，推动 RFID 技术的发展可增强我国信息产业的国际竞争能力，有助于加快建设创新型国家的进程。

2009 年年初，发改委发布了首批国家信息化试点名单，众多 RFID 企业参与其中，入选的 RFID 项目涵盖了生产、制造、物流、仓储、交通运输、食品安全、移动支付、特种设备、ETC 不停车收费等应用领域。这是政府继增值

税改革和产业调整振兴规划之后的又一重大举措，为整个 RFID 行业营造出一种示范带动效应。通过对 RFID 项目的扶持，有助于在全社会进一步推广 RFID 技术，从而促进了整个社会的信息化发展，顺利完成“十一五”规划提出的重要任务。

2009 年 11 月 3 日，《中国射频识别（RFID）技术发展与应用报告蓝皮书》（以下简称“蓝皮书”）正式发布。蓝皮书的主框架是由 1 个主报告和 4 个分报告组成。主报告全面介绍了全球 RFID 的发展现状和发展特点，概述了世界主要国家和地区最近 RFID 的战略和措施，总结了值得我国借鉴的经验。通过分析我国 RFID 现状和面临的机遇，找出了我国 RFID 存在的主要问题，建议性地提出了我国 RFID 技术发展的战略、发展重点和发展措施。主报告的核心内容是：“把握一条主线，实现三个转变，发展七个重点，落实四项措施。”一条主线是：应用为“龙头”，技术为核心，产业为基础，标准为保障。在主线的基础上实现三个转变，即技术推动型向技术推动与应用引导并重转变，工具型应用向资源型应用转变，国际基础标准为主向国家基础标准和行业应用标准并重转变。为实现三个转变，要抓好七项重点工作，即攻克核心技术，建设产业集群，推进自主标准，深挖信息资源，促进综合应用，注重效果评测，带动整体创新。为保障各项工作任务得到落实，需要完善四类措施：建立健全 RFID 保障体制和机制，创新支持 RFID 技术发展和人才引进的政策，理顺 RFID 投入和运营模式，提升全社会 RFID 环境保障体系。四个分报告分别为：应用篇、技术篇、产业篇、标准篇。分别从不同角度阐述了各自领域的发展现状、存在问题、发展重点和发展措施。希望为不同的读者提供决策参考。技术篇首次系统地对我国 RFID 自主研发创新能力进行了科学评估和详细分析，比较详细系统地梳理了我国 RFID 技术发展水平和发展方向，提出了发展基础技术和应用技术并重的技术研发路线。产业篇在分析 RFID 产业发展态势的基础上，提出了 RFID 信息服务业和 RFID 信息内容运营业等产业发展模式，供产业发展参考。应用篇在突破 RFID 工具型应用基础上，提出了从工具型应用向资源型应用转变的新思维，为我国 RFID 创新提供了参考。标准篇提出了国家基础标准和行业应用标准并重的标准制定路线，为我国标准化体系建立提供了参考。同时提出了标准先行，先内后外，有序推进的推进思路，具有较好的参考价值。蓝皮书将成为我国 RFID 产业发展的一个新的里程碑。

2009 年 8 月，交通部下发了关于征求对《关于推动公路水路交通运输行业 IC 卡和 RFID 技术应用的指导意见（征求意见稿）》的意见的通知。这个指导意见是交通部在新的历史阶段下加快推进现代交通业发展的重要战略部署，标志着 RFID 技术将广泛应用于交通运输管理部门、运输和物流企业，以实现对人、货、车、船等的有效管理，提升交通运输管理和服务的水平。指导意见的发布同时说明，在推进现代交通业发展的进程中，现代信息化技术的应用对于改造和提升传统交通业、拓展交通新兴服务功能、提高政府公共服务的能力和水平具有至关重要的作用。

三、RFID 技术应用方面

《中国射频识别（RFID）技术发展与应用报告蓝皮书》提出，我国 RFID 的发展要以应用为“龙头”。这是根据我国国情提出的有利于我国 RFID 技术发展的道路。近年来在各项政策措施的推动下，我国 RFID 技术的研发和产品设计都取得了实质性的进展，并且已经应用于多个行业。

2009 年 7 月 5 日，我国首家应用 RFID 技术的商店——世博未来商店在上海南京路正式投入运营。顾客到该店购物不需要营业员的介绍，只需在掌上电脑上轻点几下，或是通过智能购物车上的触摸屏就可以了解每件商品的含义、价值、数量并随时对商品发送订单。世博未来商店除了购物方式的全新变化外，还催生了新的商业模式设计和流程运作方法，RFID技术发展与商业应用模式设计保持同步，使RFID技术在第一时间被最合理地进行商业化应用，进一步推动了RFID技术与应用的发展。显然，对于中国RFID行业应用缺乏的多方共赢的商业模式的建立和推广起到一个良好的作用。

2009年，我国RFID应用相对成熟的领域是交通领域。城市交通一卡通继2008年创下上亿的发卡量之后，2009年仍然势头迅猛，提高了全国大中小城市承运单位的营运效率。与此同时，ETC不停车收费通道的逐年递增也在逐步改善我国的交通管理。

2009年，我国RFID的新应用是在酒类防伪领域。在白酒领域，五粮液、茅台、双沟珍宝坊在国家一系列政策的推动下，为满足高端产品对RFID标签的功能需求以及对RFID管理等系统的应用功能需求，启动了RFID在酒类防伪应用的项目。红酒的RFID应用也是齐头并进，东方电子、韩硕科技等积极研发并攻克了RFID技术在液体及金属包装环境中易受干扰的难题，张裕卡斯特酒庄酒、进口原装法国葡萄酒产品采用RFID进行全生命周期追溯应用。

2009年2月，国家发改委正式将四川省的RFID生猪项目纳入国家首批信息化试点。这是我国RFID及时应用应对甲型流感而构建的食品追溯体系。我国是世界上生猪生产和消费的大国，多年来猪肉产量一直位居世界第一。然而近几年来不断发生猪肉食品安全事件，特别是在2009年4月下旬以来全世界40多个国家先后发生甲型流感事件，使得我国生猪食品产业不断蒙受损失。甲型流感事件使得我国把建立食品追溯体系再一次提到重要的议事日程。四川省RFID生猪项目早在2006年5月就已经启动，项目建设规划是5年新建120个规模化养殖场，生产加工RFID金卡猪300万头，在成都市建设金卡猪专卖店200家，带动5000家养殖农户，力争达到年生产和销售金卡猪100万头以上。逐步将项目技术向家禽、水产业延伸。经过几年的实施该项目已经取得令人满意的效果。目前，我国很多大型肉类加工企业都已经开始着手建立自己的RFID质量追溯体系，应用RFID技术和数据库系统技术建立生猪身份证，构建能够覆盖生猪养殖、屠宰、加工和销售产业链的完整信息管理体系，完全能够有效解决生猪养殖业面临的食品安全问题，造福于社会。

2009年，RFID技术广泛应用在全运会和60年国庆庆典等重大活动的电子门票、信息采集、食品安全和其他一些领域，这是继2008年北京奥运会使用电子票务系统之后，这一系统再度在我国重大活动中成功应用，在保证我国重大活动高效进行的同时亦推进了RFID技术的扩大应用。最为重要的是，在国家重大活动为RFID技术的推广应用创造机会的同时，为RFID的应用开辟了一个相对固定的市场，对RFID技术的推广应用奠定了坚实的基础。此外，2009年在传统的交通领域里ETC和物流领域中的港口物流在的RFID应用市场也出现日趋成长和成熟的态势。

四、“物联网”的全民热潮

2009年8月，温家宝总理在讲话中谈到了物联网的概念及其发展远景，物联网上升为国家战略。这次讲话立即掀起了一股“物联网”的全民热潮，对后危机时代的我国RFID业界无疑是一场及时雨，无论是埋头研究的RFID的科研人员、孜孜以求的RFID企业还是发展壮大中的RFID的应用客户，都从有些迟疑和沉寂的状态中被重新唤醒，重拾并更进一步坚定了对RFID作为物联网核心技术的重大价值和远大前景的信心。

物联网把新一代IT技术充分运用在各行各业之中，有利于提高资源利用率和生产力水平、改善人与自然间的关系，一方面可以提高经济效益，大大节约成本；另一方面可以为全球经济的复苏提供技术动力。因此，我国政府对其发展给予了高度关注和积极扶持。工业和信息化部已会同有关部门，在新一代信息技术方面正在开展研究，以形成支持新一代信息技术发展的政策措施。可以确定，随着新的政策措施的出台将会带来RFID业界为实现跨越式发展而进行的新一轮的合作与竞技，进而加速我国RFID的发展。

五、RFID在创新与融合中大步发展

比起发达国家，我国的RFID技术在创新与融合方面一直处于相对弱势，特别是超高频领域弱势更为明显，不过近些年我国的这种弱势呈现出了积极的调整和进步态势。

2009年，中国电子信息产业集团公司所属上海华虹集成电路有限责任公司研发的中国第一枚国家自主安全算法的RFID芯片已通过国家评审、韩硕科技推出了超高频RFID酒类防伪系统；烽火联拓承担国家863项目研制“RTLS实时定位系统”并取得大量应用等表明国内企业开始对RFID技术加大投入和研究力度，步步向国际水平逼近。

2009年，华中理工大学机电工程公司设计开发了全新自主知识产权的高性能RFID倒装封装设备，并已完成样机的加工制造和装备调试。

2009年9月，我国第一家RFID上市公司远望谷与IBM实现强强联手，共同合作开发了RFID中间件适配层软件，本次合作的成功实现了远望谷RFID系统与IBM系统在技术上的无缝对接，同时对于RFID技术在各个领域的推广有着深远的影响。

2009年4月20～24日，由中国电子技术标准化研究所（CESI）和欧洲电信标准化协会（ETSI）联合主办的RFID互操作性测试活动在邮政科学研究规划院（CPST）成功举行。这是我国首次举办的国际性RFID互操作性测试，共有国内外9家RFID厂商参与了本次互操作测试，本次活动的测试项目是到目前为止全球最多最全面的一次，其中对符合ISO/IEC 18000－6D的标签的测试和密集读写器环境测试都是全球首次进行，测试对于推动RFID在中欧邮政物流以及中欧贸易中的应用具有重要的意义。

六、RFID行业的评选结果

2010年1月28日，由《RFID世界网》主办，粤港RFID产业联盟、广东RFID公共技术支持中心、上海RFID产学研联盟、香港货品编码协会等RFID各大联盟机构协办的“2009 RFID世界年度最有影响力企业、产品、应用、事件评选”活动正式揭晓。评选结果有助于人们了解我国RFID行业的基本情况和我国RFID企业的发展水平。

荣获“2009中国RFID行业年度十大最有影响力事件”奖项的事件为：国家产业调整振兴规划惠及RFID产业、温家宝指导物联网发展、华虹成功研发中国第一枚国家自主安全算法RFID芯片、发改委发布首批国家信息化试点工程项目名单十余企业RFID项目纳入、五粮液率先启动RFID电子防伪标防伪和追溯管理、中国制定的集装箱电子标签国际标准提案在德国通过、物联网上升为国家战略、RFID产业各类联盟相继成立、三大运营商跑马圈地各推支付标准和RFID列入国家发改委、工信部《电子信息产业技术进步和技术改造投资方向》重点目录。

荣获“2009中国RFID行业年度最有影响

力电子标签企业”奖项的企业为：上海复旦微电子股份有限公司、深圳市远望谷信息技术股份有限公司、北京亚仕同方科技有限公司、航天信息股份有限公司和中山达华智能科技股份有限公司。

荣获“2009中国RFID行业年度最有影响力读写设备企业”奖项的企业为：深圳市远望谷信息技术股份有限公司、中兴通讯股份有限公司、深圳市先施科技股份有限公司、江苏瑞福智能科技有限公司和北京握奇数据系统有限公司。

荣获“2009中国RFID行业年度最有影响力有源RFID企业”奖项的企业为：上海秀派电子科技有限公司、中兴通讯股份有限公司和航天信息股份有限公司。

荣获“2009中国RFID行业年度最有影响力系统集成企业”奖项的企业有：同方股份有限公司智能卡产品公司、中兴通讯股份有限公司、航天信息股份有限公司、迈前物流信息技术开发（广州）有限公司和成都九洲电子信息系统有限责任公司。

荣获“2009中国RFID行业年度最有影响力新锐RFID企业”奖项的企业为：江苏凯路威电子有限公司、西安西谷微功率数据技术有限责任公司、苏州木兰电子科技有限公司、惠州市恒睿电子科技有限公司和江苏集群信息产业（集团）股份有限公司。

荣获“2009中国RFID行业年度十大最有影响力国际品牌”奖项的企业为：恩智浦半导体（NXP）、美国德州仪器（TI）、美国意联（Alien）、易腾迈（Intermec）、意法半导体（ST）、斑马（Zebra）、艾利丹尼森（Avery Dennison）、英频杰（Impinj）、得逻辑（Psion Teklogix）和Convergence System Limited。

荣获“2009中国RFID行业年度十大最有影响力成功应用”奖项的应用案例为：香港国际机场行李追踪系统、中国科技馆新馆RFID电子门票及应用系统、亚洲最大立体公交停车射频识别定位项目、RFID技术在五粮液酒防伪与追溯管理中的应用、上海基于有源RFID的城市建筑垃圾运输付费系统、上海、江阴等地非接触CPU卡公交应用升级项目、浙江高速公路RFID二义性路径识别系统、双沟酒业珍宝坊系列白酒RFID防伪防窜系统、广州市番禺医院母婴识别防盗管理系统和冷链度系统监控平台——和路雪项目应用介绍。

荣获“2009中国RFID行业年度十大最有影响力创新产品”奖项的产品为：433MHz与13.56MHz相结合的双频电子标签、JRF9010电子钱包、RFID芯片SHC1112、迈前智能专卖店、馆外智能图书馆系统（或图书漂流亭）、S1853J Multi ID Station便携式多功能自动识别终端、C35A RFID手持机、AUTOID6工业级移动数据终端、唐芯TM一号和RFID一体化光盘。

（作者：张　铎　21世纪中国电子商务网校校长）

2009 年中国托盘行业

2009 年是中国经济经受国际金融危机的考验，率先企稳复苏的一年，也是托盘生产企业奋力拼搏，跨步向前的一年。

一、2009 年我国托盘行业的发展

2009 年第一季度，我国托盘行业的情况与制造业的情况相类似，均处于金融危机之下的“黎明前的黑暗”。大部分企业在疾风暴雨、惊涛骇浪中煎熬，尤其是出口型托盘生产企业，更是因订单减少过半而苦不堪言地艰难度日。到第二季度，托盘行业出现景气恢复迹象——订单开始增加，特别是塑料托盘，最先迎来黎明的曙光。第三季度伊始，我国经济出现明显触底企稳迹象，制造业率先恢复景气，托盘生产企业，特别是塑料托盘生产企业的订单与日俱增。上海力卡、上海庆豪、派瑞特等多家大型知名塑料托盘生产企业的业务量亦快速增长，来自用户的商品订单几乎应接不暇，生产设备 24 小时运转，企业员工需要加班加点工作。第四季度商品订单平稳上升，部分企业经营基本重回金融危机前状态。然而即便如此，托盘行业的生产量还不能与前几年相比。细分其原因大致有以下三点：一是全球金融危机还没有真正结束，对实体经济的影响还在继续；二是托盘生产企业对实体经济的依赖性很强，此轮实体经济受金融危机的冲击强烈，要真正恢复元气尚需时日，而且金融危机也难以断定是否就此休止，其影响是持续性的，不可能一下子消除；三是我国的托盘生产者大多数是中小型企业，小、弱、散、差，低端产品、粗放经营、势单力薄的先天弱点，使其自身的修复能力比较差，因而在受到剧烈冲击后很难立即复原。

2009 年，我国托盘行业虽说走出先抑后扬的轨迹，但实际情况并非像人们想象得那么好。除了塑料托盘外，木托盘仍然受困于原材料供给不足，价格持续上涨，产品比例处于下降态势；金属材料托盘紧随汽车制造业从下半年有所恢复，但因美国商务部声称要对中国产金属丝网托盘进行反倾销调查（因为 2008 年中国向美国出口的金属丝网托盘达 3.17 亿美元，比 2006 年增长 49%，因此美国要征收惩罚性关税），将对我国托盘行业产生不利的影响；复合材料托盘虽说研发新材料、新产品的积极性和热情不减，但因整个行业没有完全走出低迷处境，生产仍在谷底徘徊；出口用托盘尽管下半年部分生产企业已从停产、半停产状态中起死回生，但因制造业此前出口数量减幅过大，生产增幅仍未能改写负增长的记录；纸托盘生产的状况比其他产品稍微好一些，下半年订单增加，利润明显回升。

总之，2009 年我国托盘行业的总体情况，仍处在复苏期，但还没有恢复到金融危机前的程度。金融危机前的 2007 年，我国各类托盘生产的增长率曾高达 30%，个别类型托盘如胶合板等复合材料托盘的增长率甚至高达 40% 以上；而 2009 年，我国各类托盘生产的增长率普遍不高，甚至有负增长的情况存在。当然，从我国工业生产的全局看，托盘行业与其他行业相比整体情况还算是较好的。这是由于托盘在工业生产中的地位和作用日益被重视，托盘行业正处于快速升温时期。随着我国工业生产的全面企稳回升，托盘业将会迎来用户群体迅速扩大、总产量大幅增加、销售量增长比例持续大跨度增长的良好局面。

二、2009 年我国托盘行业发展的特点

1. 一批优秀托盘生产企业脱颖而出

近几年，在我国经济的快速发展、党和政府提出加快发展现代物流业的大背景下，有关推广应用托盘技术的宣传普及工作和行业内的相关活动蓬勃开展，加之国内外经营环境的千变万化、扑朔迷离和竞争的激化，促使一部分托盘生产企业努力提升自身素质、增强改革创新的经营理念，注重分析经营环境和发展动向、把握行业发展脉搏和态势、预测发展趋势和总体方向，准确制定企业发展战略和管理模式，使企业的竞争力得到提升，因而在困境中脱颖而出、与众不同。被评上“中国十大明星托盘企业”的上海力卡、上海庆豪、无锡前程木业、江阴丰惠包装、苏州安华物流、金华捷特包装、浙江荣信模具、仪征升泰环保材料、南京汉青竹业、芜湖金源集团钟山木业等企业就是这样的企业之代表。这些企业的共同特点是经营理念超前、管理规范化、经营模式变革、企业诚信守约、产品质量可靠，热心行业建设、顺应时代潮流。所以，企业产能不断增强、质量不断改进、产品不断升级换代、影响不断扩大，并被同行企业认可。同时，明星托盘企业的领导者能审时度势、锐意进取，改革创新意识强、拼搏奋进意志坚。正是由于有这样一批企业领军人物带领，我国托盘业表现出良好的发展态势。

2. 节能环保、可再生利用的托盘新材料、新产品研发高潮迭起

在全球气候变暖、能源问题突出、低碳经济理论兴起，各国愈发注重节能减排、生态平衡、环境保护、可持续发展的大环境中，托盘生产企业和相关科研单位、大专院校及其专家学者，积极响应政府号召，以环境保护、可持续发展为己任，脚踏实地地深入开展托盘新材料、新产品的研发工作。诸如南京汉青竹业有限公司，为了研制可节能降耗、低碳环保、循环再生的托盘新材料、新产品，耗资 2000 万元，历经两年的调研、考察、试用、验证，终于研制出了原材料资源丰富、成本低廉、减排环保的竹托盘材料和产品。该新型材料和产品一旦投入市场，既能解决以竹代木的老大难问题，又可实现低耗节约和可持续发展等带有根本性的托盘发展方向问题。近几年，一些托盘生产企业研发托盘新材料、新产品热情愈发高涨，以钢代木、以塑代木，塑钢、塑木、塑竹一体的新型托盘材料和产品层出不穷。大家十分关注国家在这方面的政策取向，也愿意参与相关研发活动，对托盘新材料、新产品开发和研制表现出越来越浓厚的兴趣。新研制的竹托盘在上海召开的年度托盘工作会议和托盘国际会议中展出时，受到与会者的青睐。南京林业大学李大纲教授，多年来矢志不渝、锲而不舍地研究托盘新材料、新产品，他带领的团队，走遍祖国大江南北、长城内外，深入企业、扎根车间，努力开发科研基地，注重理论与实践结合，成效卓著、硕果累累。为我国托盘新材料、新产品的研发作出了贡献，成为广大托盘科研人员学习的榜样。

3. 托盘标准制修订工作备受关注

自从2008年3月《联运通用平托盘主要尺寸及公差》（GB/T2934—2007）国家标准发布后，托盘生产企业越来越关注托盘标准问题。越来越多的托盘生产企业表示，愿意投身托盘标准化建设，参与托盘标准化制修订活动。如常州远东塑料机械有限公司，作为一家制造箱式托盘的企业，在长期的产品销售和为客户服务过程中，切身体会到托盘标准的重要性和贯彻实施托盘标准的必要性。两年前主动提出作为起草单位参与编制《组合式塑料托盘》（国家标准）工作，经有关部门审核批准，在全国物流标准化技术委员会托盘分技术委员会的主持和指导下，他们组织力量，聘请了知名专家，收集了国内外大量相关资料，进行了认真细致的调研，编制出了高质量的标准方案。最终，以该企业为起草单位编制的《组合式塑料托盘》（国家标准送审稿），于2009年12月在北京审查通过。作为达到国际先进水平的首个《组合式塑料托盘》（国家标准），将填补我国此项专业标准的历史空白，为我国托盘行业的标准化建设作出了应有的贡献。同时，企业也得到了锻炼，扩大了影响力和知名度。《联运通用平托盘性能要求》和《联运通用平托盘实验方法》的修订工作，目前正等待ISO/TC51投票表决。据悉，各国代表的投票工作正在进行。由全国物流标准化技术委员会主持，中国物流与采购联合会托盘专业委员会牵头组织成立的修订小组，将参考投票表决后的国际《标准》，修订我国的上述两个标准。

2009年3月31日，国家标准委员会根据国务院印发的《物流业调整和振兴规划》，会同有关部门研究讨论制订了“全国物流标准2009—2011专项规划”，并多次对“规划”中的总体框架、编制原则、指导思想、主要目标、主要任务、重点领域、主要内容进行了讨论。全国物流标准化技术委员会托盘分技术委员会参与了该“规划”的制订工作，并提出了多项有关托盘的国家标准规划参考意见。

近年来，托盘生产企业越来越关注相关标准的制定和实施，这是由于企业在实际生产活动中越来越多地感受到标准与之有着息息相关的联系，一是由于出口托盘数量大幅增加，国际贸易中这方面的要求越来越严格；二是由于托盘标准化问题在经济发展、物流运作中显得越来越重要，大势所趋，企业无力逆潮流而动，否则会失去商机、产品会失去竞争力；三是由于企业在产品销售和服务过程中，经常会遇到与托盘标准相关的问题。总之，托盘标准是物流标准化的基准，牵涉到货架、叉车、车辆、包装、装卸搬运、货物运输、仓储等方面的利用效率和协调性的问题，更涉及企业的长久发展，因此，标准的制定和实施已成为企业谋求大发展必须关注的问题。

4. 外商投资热情高涨

与国际金融危机、全球经济景气低迷形成鲜明对比的中国市场，一派欣欣向荣、持续发展的景象，良好的投资环境吸引着许多外商投资者看好我国托盘业大发展的广阔前景，对来华投资兴办企业进一步表现出高涨的热情。除了前几年进驻我国托盘行业的美国集保、澳大利亚路凯、欧洲托盘协会和韩国众力物流外，丹麦一家主营箱式托盘和货架销售租赁的Container Centralen公司，通过丹麦驻华使馆对我国的托盘市场进行调研，拟在华投资设立企业。瑞典一家木托盘生产企业也委托驻华机构了解我国木托盘生产和销售现状，探索投资的可行性，如在华销售他们生产的欧标托盘。南非的Lomold International公司是一家生产填加玻璃纤维的塑料托盘生产企业，准备在上海设立办事处，在江苏建厂生产托盘。近几年，类似的外商投资例证有很多，它们可以从一个侧面说明，外国企业越来越关注我国托盘业的发展和托盘标准、托盘质量、托盘市场的情况，越来越热心细致地调查研究我国托盘业的发展前景，而且热情日益高涨、态度越来越积极。

5. 行业团体的凝聚力增强

经过几年孜孜不倦的努力，中国物流与采购联合会托盘专业委员会（以下简称“托盘委”）在国内外托盘生产企业、大专院校、科研单位和行政部门中逐步树立起了威信，使广大会员单位对托盘委的地位和作用有了进一步的认识，对托盘委几年来做的工作给予了肯定和称赞。体会到了“托盘大家族”团结、共建、共存、共赢的深刻意义，从而积极参与配合托盘委开展的各项工作，行业团体的凝聚力明显增强。在会员单位的支持配合下，2009 年托盘委组织展开了托盘知识竞赛、《中国托盘手册》编著、托盘国际会议及展览、出国参观考察等项工作均得以顺利完成，借此托盘委的影响力、号召力、凝聚力明显增强，在国内外托盘业界的知名度也在不断扩大。

不难推测，此轮国际金融危机难以在短期内彻底消除，受其影响我国的出口贸易仍不容乐观，因而我国出口型托盘生产企业经营不可掉以轻心。木托盘依然会受原材料问题困扰，塑料托盘也可能受原油价格重上新高的影响，强劲升势受阻，金属托盘和纸托盘前景较难预料，复合材料托盘还需要有一个铺垫的过程。以结构进行分类的托盘，与平托盘相比较，上部带有结构的托盘会继续扩大用量，特别是箱式托盘。在托盘整体处于上升势头之时，产能扩大的可能性充分存在，越是在这种时候，托盘生产企业越要审时度势、未雨绸缪。着重在低碳经济、节能减排、循环持续发展、再生利用、环保和生态平衡等方面狠下工夫，多做文章。我们相信，我国托盘业的总体发展将会一年好于一年，托盘委将综观全局、高瞻远瞩，用科学发展观洞察分析发展态势，推进行业发展，引领企业紧跟时代步伐，沿着政府指引的方向前进。同时要争取政策扶持、加强行业建设、做好协调和服务工作，推动托盘行业跨越式发展。

（作者：靳　伟　中国物流与采购联合会托盘专业委员会常务副主任）

第七部分

政府采购

2009年中国政府采购

一、2009年中国政府采购概况

2009年，面对让世界颤抖的全球最大的经济危机，中国政府在利用政府采购扩大内需、加速产业振兴以及贯彻国家环保、节能和科技创新政策等方面作了许多有益的探索，在稳定经济方面发挥了不可替代的作用。2009年，中国政府采购在支持自主创新、电子化政府采购、完善法制体系、强化政策功能、提升监管水平和加强信息化建设等方面取得了新的进展。2009年，是《政府采购法》颁布7周年的历史节点，随着政府采购法的实施，我国的政府采购的规模逐年扩大，资金节约率逐年稳步提高。2009年，我国政府采购管理部门对我国政府采购政策进行了进一步的调整，使政府采购的政策功能导向作用更为突出。这表明，我国政府采购制度已从单纯的财政支出管理手段，上升为国家实现宏观经济和社会目标的公共政策工具，我国的政府采购由基础功能向政策功能转变，由初级阶段向全面发展阶段转变。

2009年，我国政府采购规模达到7413.2亿元，逐年累计节约资金3000多亿元。采购规模比2008年增长23.7%，相当于1998年改革试点时期采购规模（31亿元）的239倍之多；全年政府采购实际支出占2009年财政支出的9.8%，占2009年GDP的2.2%，与2008年同期基本持平。2009年，我国政府采购范围不断扩大，已由原来单纯的货物类采购扩大到工程和服务类采购，并且工程采购的比重呈现上升趋势。政府采购资金来源从最初的预算内安排的资金扩展到包括预算内、预算外、自筹资金在内的各种财政性资金。

二、2009年中国政府采购工作概况

1. 2009年政府采购工作的亮点

（1）政府采购作为政府克服经济衰退的主要手段之一，在稳定经济上发挥了不可替代的作用。“政府采购不仅是政府应对经济危机的重要措施，而且在我国经济社会发展进程中还将继续发挥作用。”这已经成为业内专家的共识。

（2）频频出台支持自主创新、重点产业等方面的政府采购政策。2009年4月，财政部会同质检总局、中国国家认证认可监督管理委员会，联合发布了《关于调整信息安全产品强制性认证实施要求的公告》，规定从2010年5月1日起，在《政府采购法》规定的范围内对信息安全产品实施强制认证，以加快推进我国网络与信息系统安全保障的进程。2009年9月23

日，财政部、国家发展改革委、科技部等联合出台了《关于鼓励政府和企业发包促进我国服务外包产业发展的指导意见》，首次将政府采购扶持服务外包产业作为硬指标，受到了众多国内服务外包企业的欢迎。2009年11月，财政部、科技部及发展改革委员会联合出台了《关于开展2009年国家自主创新产品认定工作的通知》，明确了国家自主创新产品认定的具体标准和程序，正式启动我国自主创新产品认定工作，政府采购扶持自主创新也有了依据。

这些政策的出台，得到了政府采购业内专家和人士的肯定。很多专家认为，2009年政府采购支持自主创新、中小企业的态度更加明朗，各项政策的及时出台更有利于构建政府采购新体系。同时，政府采购政策功能的不断发挥，对于调整振兴我国产业发展将起到不可估量的作用。

（3）政府采购法规制度的修改和完善得到进一步推进。一系列有关修改和完善政府采购法规制度的工作正在有条不紊地进行，《条例》已上报至国务院，政府采购扶持中小企业的有关办法也正在紧锣密鼓的制定中。同时，《政府采购代理机构资格认定办法》的修改完善工作以及《政府采购违法行为处罚处分办法》初稿的起草工作都已完成。

2. 2009年政府采购工作分析

（1）采购规模分析。2009年，我国政府采购规模达到7413.2亿元，比2008年增加1422.3亿元，同比增长23.7%，占2009年财政支出的9.8%，占2009年GDP的2.2%，资金节约率为11.5%。

（2）采购范围及构成分析。2009年，我国政府采购货物类规模为3010.6亿元，占采购总规模的40.61%，比2008年同期增长了17.6%；工程类采购规模为3858.4亿元，占采购总规模的52.04%，比2008年同期增长了29.5%；服务类采购规模为544.2亿元，占采购总规模的7.34%，比2008年同期增长了20%。

（3）采购模式分析。2009年通过公开招标采购方式进行的政府采购规模为5576.4亿元，占采购总规模的75.2%，比2008年增长3.6个百分点。全国集中采购机构采购5106.4亿元，比2008年同期增长26.1%；全国部门集中采购1340.5亿元，比2008年同期增长22%。2009年中央国家机关政府采购中心（简称“国采中心”）在2009年实施完成政府集中采购金额达147.42亿元，同比增长13.93%。国采中心2009年实施完成的采购金额为147.42亿元，完成采购预算为166.87亿元，比2008年的129.39亿元增加了18.03亿元，增长13.93%。其中，货物类项目采购占的比重较大，金额达99.66亿元；服务类项目采购金额24.92亿元；工程类项目采购金额22.84亿元。2009年国采中心完成的集采目录外的项目采购额达47.15亿元，同比2008年增长了96.06%。据悉，2009年国采中心完成的集采目录外的项目采购额达47.15亿元，同比2008年增长了96.06%。

3. 2009年中国政府采购存在的问题

2009年，我国的政府采购工作取得了重大进展，但仍存在一些比较严重的问题，主要体现在以下两个方面：一是政府采购体制不健全。由于体制不健全，招标和采购分属不同管理部门，就同一政策行为出台不同制度和措施。法律间的矛盾，严重影响了政府采购政策功能的发挥。对政府采购政策功能自身来说，自主创新、节能环保产品等政策功能在法律依据、组织体系、认定机制和采购支持力度等方面还存在着诸多问题，无法充分发挥政策作用。二是政府采购预算编制不完善，普遍存在漏编采购预算、超采购预算或无预算采购的问题。虽然已经建立了政府采购实施计划与预算、执行情况衔接和贯通机制。该机制利用电子化手段对中央单位政府采购计划、执行情况以及政府采购预算进行分析考核，实施后将有望解决多年来政府采购计划编报不理想的问题，从而促进单位政府采购工作科学化和精细化管理水平不断提高。但是这些机制实施的层次还比较低。

三、2009 年中国政府采购大事记

1.《国务院办公厅关于进一步加强政府采购管理工作的意见》出台

2009 年 4 月 10 日，《国务院办公厅关于进一步加强政府采购管理工作的意见》（以下简称《意见》）（国办发［2009］35 号）发布。这是继《国务院办公厅转发财政部关于全面推进政府采购制度改革的意见》（国办发［2003］74 号）后，国办再一次就政府采购工作专门发文。《意见》从七个方面对加强政府采购管理工作提出了要求：坚持应采尽采，进一步强化和实现依法采购；坚持管采分离，进一步完善监管和运行机制；坚持预算约束，进一步提高政府采购效率和质量；坚持政策功能，进一步服务好经济和社会发展大局；坚持依法处罚，进一步严肃法律制度约束；坚持体系建设，进一步推进电子化政府采购；坚持考核培训，进一步加强政府采购队伍建设。《意见》的出台，为进一步加强政府采购管理，推动政府采购制度改革指明了方向。

2. 全国政府采购工作会议在武汉市举行

2009 年 4 月 22 ~ 23 日，全国政府采购工作会议在武汉市举行。大会通报了 2008 年《政府采购协议》（以下简称“GPA”）研究谈判情况，10 个地方财政部门和集中采购机构，交流了工作经验，5 个中央部门和地方财政厅（局），对 GPA 工作情况进行了交流。来自全国各地的政府采购监管部门和集中采购机构，以及 GPA 研究工作成员单位的近 300 名代表参加了会议。

3. 国务院机关事务管理局印发《中央国家机关办公设备和办公家具配置标准（试行）》

2009 年 7 月 2 日，国务院机关事务管理局印发《中央国家机关办公设备和办公家具配置标准（试行）》（以下简称《标准》）。《标准》对中央国家机关办公设备和办公家具配备的数量、价格上限标准以及最低使用年限标准做出了具体规定。长期以来，资产配置中只有办公用房和公务用车有标准，办公设备和办公家具的具体配置标准则一直缺失，为资产配置带来了不利影响。《标准》弥补了这个“空白”，通用资产配置标准从大类上来说已经齐备。

4. 财政部就进一步做好中央单位政府集中采购工作下发通知

2009 年 7 月 20 日，《财政部关于进一步做好中央单位政府集中采购工作有关问题的通知》（财库［2009］101 号）出台，对进一步做好中央单位的政府集中采购工作提出六点要求。

5.《关于调整节能产品政府采购清单的通知》发布

2009 年 7 月 30 日，财政部、国家发展改革委联合发布《关于调整节能产品政府采购清单的通知》，并公布第六期节能产品政府采购清单，规定第六期节能清单中的空调机等九类产品为政府强制采购节能产品。

6.《关于调整环境标志产品政府采购清单的通知》发布

2009 年 8 月 31 日，财政部、环境保护部联合发布《关于调整环境标志产品政府采购清单的通知》，并公布第四期环境标志产品政府采购清单。采购人购买的产品属于政府强制采购节能产品范围的，应当按照《国务院办公厅关于建立政府强制采购节能产品制度的通知》（国办发［2007］51 号）和财政部、发展改革委公布的第六期节能产品政府采购清单，在强制采购节能产品范围内购买。

7. 国务院《关于进一步促进中小企业发展的若干意见》出台

2009 年 9 月 19 日，国务院出台《关于进一步促进中小企业发展的若干意见》，明确提

出完善政府采购支持中小企业的有关制度。制定政府采购扶持中小企业发展的具体办法，提高采购中小企业货物、工程和服务的比例。进一步提高政府采购信息发布透明度，完善政府公共服务外包制度，为中小企业创造更多的参与机会。辽宁、天津、江苏、重庆等各地探索政府采购扶持中小企业的步伐也在不断加快。

8. 《关于开展2009年国家自主创新产品认定工作的通知》发布

2009年10月30日，科学技术部、国家发展改革委、财政部联合下发《关于开展2009年国家自主创新产品认定工作的通知》，正式启动了2009年度的国家自主创新产品认定工作。财政部将会同有关部门，依据政府采购政策的需求和实际情况，在《国家自主创新产品目录》的基础上确定《政府采购自主创新产品目录》，并对目录实行动态管理。

9. 绿色采购相关机制建设受到关注

2009年11月20日，在“节能汽车产品政府采购专题研讨会”上，财政部国库司（国库支付中心）副主任王瑛提出，要进一步研究建立绿色采购的绩效评价机制和责任机制。

10. 我国首部政府采购地方法规即将实施

2009年11月26日，广东省十一届人大常委会第十四次会议表决通过了《广东省实施〈政府采购法〉办法》（以下简称《实施办法》），这是我国首部政府采购地方法规。《实施办法》首次明确了作为政府采购重要相关当事人之一的政府采购监管部门的职责，在政府集中采购机构中引入了竞争机制。《实施办法》将于2010年3月1日在广东全省开始实施。

四、中国政府采购工作的展望

2009年，我国政府采购工作以扩大内需为契机，政策功能进一步得到发挥；采购工作的整体工作水平不断提升，信息化建设迈出坚实的步伐。在这一年，财政部会同发展改革委、环保部调整扩大了环境标志产品、节能产品政府采购范围，完善了公示制度、供应商承诺机制和退出机制。然而，面对新时期的新特点和新要求，政府应做建设节约型采购的模范和楷模，坚持走可持续发展的政府采购之路，彻底实施“管采分离”，真正构建“阳光采购”体系。为此，中国政府采购工作必须从以下几个方面努力：

第一，坚持贯彻管采分离的方针，进一步提高集中采购的工作质量和服务水平。各地区要进一步加强管理与操作执行分离管理体制建设，在现行法律制度框架下，明晰管理机构与操作机构职能，不断完善机构分设、政事分开、独立运行、相互制约的工作机制。

第二，健全统一的公共采购法律制度体系。统一《招投标法》和《政府采购法》两部法律，创新制定《公共资源交易法》；尽快健全理顺公共采购法律制度体系。可以在出台《公共资源交易法》及其细则前由人大对《招投标法》和《政府采购法》作出解释，使之向公共资源交易方向靠近、向国际化靠拢。

第三，完善公共资源采购运行机制。一方面，公共资源采购要全过程执行和控制。一个公共项目采购是从采购预算到采购履约及支付的整体行为规范。必须由一个专职机构履行职权独立实施，特别是部分或核心关键环节如招投标或评审环节不能剥离出去，让渡给社会中介机构容易出现寻租空间。招标代理可以代理非关键或核心环节，起咨询作用，采购责任应该由采购专职机构承担。另一方面，明确采购权，体现采购权利义务责任相对等。如适当修改完善评审机制，减少专家自由裁量权。专家评审决策作用转为专家技术咨询和建议作用。在前期方案制定、采购文件制作、采购评审、履约验收等阶段都可以聘请专家介入。

第四，狠抓政策规定落实，进一步发挥政府采购政策功能。各地区、各部门要深刻理解政府采购支持节能环保、自主创新、中小企业发展等政策内涵和重要意义，提高执行政策规定的自觉性，加大强制采购节能产品和优先购买环保产品的力度。

第五，积极利用信息技术，进一步推进电子化政府采购建设。各地区要在政府采购法的框架下，积极推进政府采购信息化建设，利用现代电子信息技术，实现政府采购管理和操作执行各个环节的发展。财政部门要切实加强对政府采购信息化建设工作的统一领导和组织，会同集中采购机构统筹协调和制订电子化政府采购建设总体规划。根本业务需要配足配强专业人员，同时，所有采购业务流程必须有标准化规范化范本。以加强规范操作为目的，加强政府采购法律制度建设；以管采分离为核心，加大集中采购监管与操作执行力度；以专项检查为契机，加强政府采购动态监控机制建设等。

第六，实行执业资格管理，建立政府采购专业化队伍。研究建立政府采购从业人员执业资格制度，制定政府采购从业人员准则和岗位标准，持证上岗，形成教育培训的长效机制，推动政府采购从业人员职业化管理制度的建立与发展。

（作者：倪东生　张艳芳　北京物资学院商学院　北京物资学院研究生部）

2009 年中国政府采购新动向

2009 年，《国务院办公厅关于进一步加强政府采购管理工作的意见》（国办发［2009］35 号）（以下简称《意见》）出台，这是继《国务院办公厅转发财政部关于全面推进政府采购制度改革的意见》（国办发［2003］74 号）后，国办再一次就政府采购工作专门发文。在《意见》的总体思想指引下，全国各地政府采购监管部门以制定制度办法、完善政府采购法律制度体系为基础，针对政府采购中易出问题的环节和漏洞出台有针对性的监管措施，使政府采购的制度“篱笆”越扎越密，事前、事中、事后一体的监督体系日渐完备。同时，各级监管部门还注意提高工作效率，发挥服务职能，通过政府采购监管的电子化、加大对各方当事人的培训等方式，营造了一个和谐的政府采购发展环境，推动了政府采购公平公正地推进。总体说，2009 年我国政府采购监管工作呈现五大新动向。

一、政府采购制度建设取得突破

1.《意见》为政府采购工作指明了方向

2009 年，我国政府采购制度建设的最大突破毫无疑问是《意见》的出台。《意见》对进一步加强政府采购管理工作提出的七条指导意见，抓住了当前和下一步政府采购工作的重点，对推动下一步政府采购制度的改革起到指导作用。

2. 落实《意见》完善制度体系

《意见》出台后，在各地引起了强烈反响，各地纷纷结合工作实际出台落实《意见》的制度办法，山东省、四川省、内蒙古自治区、上海市等地纷纷以省政府办公厅、自治区政府办公厅、市政府办公厅的名义发布相应的落实办法。这些制度办法已成为我国政府采购法律制度体系的重要组成部分，是完善我国政府采购制度体系的具体行动。

山东省政府办公厅《关于进一步做好政府采购监管工作的意见》对政府采购监督管理提出了新的要求，要求把握政府采购文件、信息公告和合同格式范本、专家聘用管理、合同的管理等关键环节，规范操作行为。并特别提出严把“审批管理关”，要求对重大设备采购计划，要审核专家论证意见；对汽车、高档办公设备采购计划，要审核采购单位提报的购置必要性说明以及纪检等部门的审核意见。对非招标采购方式，要严格按照规定的程序、条件审批，防止规避公开招标的行为。四川省政府办公厅出台的《关于加强政府采购管理工作的实施意见》中提出要建立包括政府采购价格监测机制、采购结果社会公开披露制度、开标评标现场电子监控制度、评审结果复核制度和采购履约验收制度等一系列制度在内的事前、事中、事后全过程监督机制。上海市政府办公厅《关于本市进一步加强政府采购管理工作的实施意见》要求，财政部门进一步扩大政府采购管理实施范围，将公益性强、社会关注的基本建设、民生保障、购买服务项目等大额专项预算项目纳入政府采购管理。同时，要与市建设交通委共同研究完善本市工程项目政府采购管理体制的相关方案，明确财政和建设部门职责划分、工作内容和操作流程的衔接办法。明确集中采购机构与社会代理机构的业务范围及操作规则，统一规范市、区县两级工程项目政府采购管理体制。要求根据上海市医疗卫生制度改革进展情况，适时研究完善药品项目政府采购管理体制的相关方案。

二、扶持自主创新提速

通过政府采购手段扶持自主创新产品，在业内已经呼吁了多年，但由于产品认定难等原因，这项工作的进程一直是“步履蹒跚”。而到2009年，这项工作悄然“提速”，天津、江苏、江西、广东、上海等地纷纷发布自主创新产品清单，出台对自主创新产品的支持办法。2009年年底，国家自主创新产品认定工作也正式启动。

1. 扶持办法纷纷出台

江苏省是政府采购扶持自主创新产品工作的“先行者”，在已认定了三期自主创新产品的基础上，2009年江苏又组织了政府采购自主创新产品申报、认定工作。而在江苏之后，其他地方扶持自主创新产品的办法、措施也是陆续出台，天津、江西、广东、上海等地都出台了本地区的自主创新产品目录。

在出台目录的同时，各地也在积极制定对自主创新产品具体的扶持办法，首购、优先采购、加分优惠、价格扣除等方法被各地广泛应用。广东省规定，对“采用最低评标价法评标的项目，对自主创新产品可以在评审时对其投标价格给予5%～10%幅度不等的价格扣除”，其中“该自主创新产品近五年内获得中国专利金奖或国家科技进步一等奖的，给予10%的价格扣除”。江苏省规定，对具有较大市场潜力并需要重点扶持的试制品和首次投向市场的产品，可以由政府进行首购或订购。并通过在政府采购的相关展览中设立自主创新产品专区等方式加强对自主创新产品的宣传……

上海市的首个自主创新产品首购合同，是扶持自主创新政策在2009年开花结果的一个鲜活的例子。上海市采购中心在受理原本需要采购进口产品的上海市第十人民医院术中神经导航系统的采购需求后，发现此设备与《上海市2009年政府采购自主创新产品目录》中的首购产品用途相近、功能类似，于是该中心与上海市第十人民医院进行了沟通，介绍了扶持自主创新产品的政策和意义，最终该项目确定以首购方式采购目录内的产品，采购人对采购结果非常满意。

2. 扶持步伐进一步加快

2009年，在各地纷纷就政府采购扶持自主创新产品大力探索的同时，备受关注的国家自主创新产品认定工作也迈出了关键的一步：10月30日，科学技术部、国家发展和改革委员会、财政部联合下发《关于开展2009年国家自主创新产品认定工作的通知》（以下简称《通知》），正式启动了2009年度的国家自主创新产品认定工作。根据《通知》规定，科技部会同国家发展改革委、财政部将根据认定意见审定和发布《国家自主创新产品目录》，颁发国家自主创新产品证书，并向全社会公告。财政部将会同有关部门，依据政府采购的需求和实际情况，在《国家自主创新产品目录》的基础上确定《政府采购自主创新产品目录》，并实行动态管理。进入《政府采购自主创新产品目录》的产品可在政府采购活动中享受政策扶持。一系列举措凸显扶持步伐进一步加快。

三、电子化道路越走越宽

《政府采购法》实施多年来，我国的政府采购制度取得了很好的经济效益和社会效益，但是，受法律环境、技术手段等因素的制约与欧美国家相比存在不小差距，人们甚至认为电子化采购是遥不可及的。然而《意见》出台后，我国电子化采购建设工作全面启动，经过一年的建设运作，电子化采购已经进入了寻常采购中。

1.《意见》勾画电子化采购宏伟蓝图

《意见》指出：要坚持体系建设，进一步推进电子化采购。要建设全国统一的电子化采购管理平台，逐步实现采购业务交易信息共享和全流程电子化操作。《意见》结合当前我国电子化采购的现状，对电子化采购提出了具体的推行思路，制订出了由点到面、协调推进的实施计划，勾画出我国电子化采购宏伟蓝图。

在《意见》出台后，各地陆续启动了电子化采购建设工作。2009 年，浙江省政府采购信息管理系统（外网系统）一期项目刚刚完成，第二期项目建设便紧接着启动；西安市常务会议审核通过了《关于进一步加强西安市政府采购管理工作的意见》，明确提出要利用现代信息技术，打一场电子化采购的“攻坚战”；广东省一方面已正式通过《广东省实施“政府采购法”办法》，其中的电子政府采购的具体内容为今后广东省电子政府采购平台的使用奠定了法律基础；另一方面广东各地的电子化建设工作进入有序运行中，而且佛山、湛江、韶关等地都已经开始了电子化采购的试点。此外，2009 年安徽省政府采购网站已正式投入使用，实现了所有采购信息网上发布，协议供货、专家抽取等都在网上完成。河南对今后的电子化工作也已做出规划，自 2010 年起，全省省级公务用车、计算机等 4 项协议供货以及公务接待、办公家具等 4 项服务定点项目，均将采用电子化招投标的方式，通过电子化政府采购系统进行。

2. 开启理性建设之路

电子化采购的宏伟蓝图推动了我国电子化采购建设在各地全面铺开，面对轰轰烈烈的电子化采购建设浪潮，有关专家认为，电子化采购建设应由财政部门牵头推进，做到统一规划、统一标准和统一建设，减少低水平重复开发工作和浪费，实现不同部门在同一平台上运转。电子化采购平台建设应本着由国家投入、共同参与、集中处理、共同管理的原则，应用平台应是既具有公共性、共享性、标准性的资源平台，同时又是能支持特殊需求的个性化平台。

四、服务采购范围大拓展

2009 年，财政部、科技部等国家九部委联合下发了《关于鼓励政府和企业发包促进我国服务外包产业发展的指导意见》（以下简称《指导意见》），首次对服务外包产业在国内市场的发展做出了政策指导，扩展了服务采购的范围。业内人士认为，《指导意见》对我国服务政府采购的整体发展具有里程碑意义。不仅如此，还有助于修正长期以来人们对服务采购业“采购零散、覆盖领域有限、采购金额整体偏低”的认知。

1. 九部委联合力推服务外包

《指导意见》首次明确规定，各级政府要抓住服务外包产业发展的难得机遇，把促进政府和企业发包作为推动我国服务外包产业发展的重点。加大服务外包的宣传力度，改变国内对外包模式的传统观念，让服务外包得到各级政府和大中型企业的认可。研究建立服务外包企业服务评价制度机制，选择具有一定承接能力的信息技术服务等服务外包企业，优先承接政府服务外包业务。扶持服务外包企业做强做大，尽早形成一批服务外包“龙头”企业。进一步发挥政府采购的政策功能作用，鼓励采购人将涉及信息技术咨询、运营维护、软件开发和部署、测试、数据处理、系统集成、培训及租赁等不涉及秘密的可外包业务发包给专业企业，不断拓宽购买服务的领域。凡购买达到政府采购限额标准以上的外包服务，必须按照政府采购有关规定，采购符合国家相关标准要求、具备相应专业资质的外包企业的服务。

《指导意见》的出台，为服务采购的范围拓展带来了福音，业内专家对《指导意见》的出台给予了高度评价，认为《指导意见》恰逢其时，不仅从宏观层面表达了政府对服务外包产业的扶持，并且对我国服务政府采购的整体发展也具有里程碑意义。

2. 拓展服务采购工作处处开花

《指导意见》的出台，可谓是一石击起千层浪，2009 年 12 月 1 日，宁波市出台《政府服务外包暂行办法》，明确将电子设备、网络、软件开发和维护管理；培训教育；专业技术鉴定、检验、检测；统计、论证、咨询、课题调查研究；规划编制、法规规章等文件的起草；代履行等行政执行的辅助性工作；政府法律顾问事务；居家养老等社会公共服务；公务活动的组织、服务；后勤服务；其他依法可以外包的事项十一类项目列入服务外包范围，并对服务外包程序、服务外包实施制度、政府监管与服务等做出了相应规定。

开拓服务领域的探索也在各地纷纷展开，2009 年各地刮起了一股拓展服务采购的旋风。2009 年 10 月，广东省财政厅出台《关于开展政府购买社会组织服务试点工作的意见》，正式开启了政府购买社会组织服务的试点工作。试点工作主要涉及行业协会类、学术联谊类、咨询经纪类、鉴证评估类、公证仲裁类和公益服务类这六大领域。首批试点工作在社区卫生服务、社区养老服务、城市公交服务、咨询服务、职业培训、决策论证、成果评审等方面展开。青岛在 2009 年将工程前期服务纳入政府采购范围，对工程前期涉及的咨询、勘察、测绘、设计、造价等服务实行定点采购，青岛市财政局为此专门印发了《财政投资基建项目前期服务工作管理暂行办法》。2009 年 3 月，在广州市政府的一次例行常务会议上，《广州市政府部门聘请常年法律顾问试行办法》（以下简称《办法》）通过。该《办法》提出，采取政府“统一采购”的方式，为政府部门聘请常年法律顾问。

五、破解工程“入笼”难题

工程建设项目作为政府采购法定的三大类采购项目之一，由于《招标投标法》和《政府采购法》的同时存在，长期以来是政府采购工作的一大“软肋”。2009 年，各地继续加强工程采购的监督管理，积极探索新路，成效显著。

1. 湖南将工程纳入政府采购

2009 年 8 月，湖南省财政厅专门下发了《关于进一步明确工程政府采购有关事项的通知》（以下简称《通知》），就工程政府采购有关事项进一步明确。此举将工程全部纳入到政府采购的“大盘子”中，对于扩大政府采购的范围和规模，加强对工程项目政府采购的管理，都有着重要和积极的意义。

《通知》不但对工程政府采购的定义和范围进行了明确界定，规定了工程政府采购的招标限额及采购方式，明确“各级国家机关、事业单位和团体组织，使用财政性资金采购依法制定的集中采购目录以内的或者采购限额标准以上的”工程的行为都要纳入政府采购中。同时，《通知》还从编制工程政府采购预算、申报工程政府采购计划、委托代理机构、发布采购信息、专家抽取及项目评标、签订政府采购合同和项目资料备案七个方面对工程政府采购的实施步骤和程序做出了详细的规定，从根本上保证了工程采购能够顺利进入规范化的管理轨道中。

2. 工程“入笼”探索不断深入

除湖南省以外，2009 年，其他省份也纷纷在将工程采购纳入政采范围方面展开探索，从制度入手，明确工程管理的方式和手段，为工程类项目的纳入奠定了制度基础，指明了方向，并在工作中切实加强了对工程项目的管理。

《山东省人民政府办公厅关于进一步做好政府采购监管工作的意见》要求，工程类项目也要按照规定编制政府采购预算和政府采购计划，并将采购合同报送同级财政部门备案。财政部门要切实加强工程项目政府采购监管，进一步理顺工程类政府采购监管体制，确保工程采购按规定实施。山东还提出财政部门在审批工程采购计划时，要审核立项报告和财政投资评审意见，对工程项目如何按照政府采购程序执行做了进一步的明确。四川省要求政府采购工程项目除招标投标外均按《政府采购法》执行。与基本建设工程一起立项的货物购置，除与基本建设工程密切相关、施工中无法分离的货物招标投标可按《招标投标法》程序执行外，其余货物购置均按《政府采购法》执行。

内蒙古自治区在执行《内蒙古自治区政府采购工程管理暂行办法》过程中，对工程采购的预算、计划编制和代理机构选择、信息发布、政策功能、合同签订、资金支付等环节都做了明确的规定。通过严把预算编制关、资金审核关、项目审核关、资金支付关、政策功能关，确保工程采购走上规范化的道路。

天津市于 2009 年年初开始实施双资质管理，要求只有具备工程建设相关资质和政府采购资质的代理机构才能够负责政府集中采购目录以外的工程项目的招投标，由此将工程采购项目纳入政府采购管理范围之内，并使工程采购额呈现大幅度增长。仅 2009 年前三季度的工程项目实际采购总支出就达到 37. 3 亿元，超过 2008 年全年水平，充分体现出天津市在政府采购监管中敢于突破、创新的探索精神。

（本编辑部整理）

第八部分

物流教育、信息化、标准化

2009 年中国物流科技与教育

一、2009 年我国物流本科教育的基本情况

1. 我国高等院校物流本科专业的基本情况

2009 年，我国高等院校物流本科专业的情况有以下特点：一是物流教育规模不断扩大，物流专业发展迅猛，招生生源充足；二是物流教育质量稳步提升，师资素质有所提高，但是物流师资仍然普遍不足，师资结构不尽合理；三是尽管各地物流产业环境有差异，但各高校普遍重视提高学生实践操作能力；四是目前物流类专业毕业生就业情况比较好；五是很多高校非常重视物流科研工作，科研资助力度不断加大，学术研究水平进一步提高；六是在现有规模的基础上，需要进一步提高培养质量；七是教材内容重复较多，课程体系不尽规范。2001—2008 年我国开设物流专业院校的情况如表 1 所示。

表 1　2001—2008 年我国开设物流专业院校的情况

年份 专业	2001	2002	2003	2004	2005	2006	2007	2008	2009
物流管理	1	7	37	75	132	179	227	254	284
物流工程		2	10	22	33	39	46	54	58
总　数	1	9	47	97	165	218	273	308	342

2. 2009—2010 年我国高等教育物流人才培养工作的内容安排

2009—2010 年，我国高等教育物流人才培养工作的内容安排有如下几点：一是 2009 年和 2010 年，开展对欧美等发达国家物流高等教育的调研工作；二是完善我国物流业人才需求的预测机制；三是利用国务院学位委员会和教育部正在着手修订学科目录的契机，研究物流学科和专业的设置问题；四是在 2010 年制定出本科物流类专业的指导性专业规范；五是加强物流人才实践能力培养，支持高等本科院校建立一批物流实验室；继续将物流专业列为中央财政支持的职业教育实训基地建设项目；支持全国大学生物流设计大赛；六是加强物流

教育师资队伍建设，提高专业教师教学水平，每年举办不同层次的物流专业师资培训班、全国高校物流专业教学研讨会、物流教改教研课题立项等活动；七是继续开展专业课程与多层次教材体系建设，从 2009 年开始，启动专业教学资源库开发工作；八是配合各级各类学校开展实践创新型物流人才培养，鼓励学生毕业获取学历证书和从业人员资质证书，提高物流专业毕业生的就业率；九是加强与国外物流教育与培训机构的联合与合作，探索建立物流类师资的海外培训和引进机制。

二、2009 年我国物流科技研究的基本情况

1. 科研论文在核心期刊上发表的情况

（1）2007—2009 年，我国作者发表在核心期刊上的有关物流供应链的论文。

2007 年，我国作者在核心期刊上发表的有关物流供应链的论文超过 5000 篇。但 2008—2009 年，我国作者在核心期刊上发表的有关物流供应链的论文呈下降趋势。2009 年，在 CNKI 库中已经收录的发表在相关核心期刊上有关物流供应链的论文大约 1600 篇，至 2009 年年底预计总数为 2800 篇左右。这可能是因为在 2007 年后，大部分中国作者将相关论文转投 SCI/EI/ISTP 检索国际期刊和会议。

（2）1999—2009 年，SCI 检索的有我国作者参与的有关物流供应链的论文。

1999—2009 年，SCI 检索的中国作者发表的物流供应链论文的数量呈稳步上升的趋势。尽管 SCI 检索时间短，但 2009 年的数据依然具有明显的上升趋势。

（3）1999—2009 年，EI 检索的有中国作者参与的有关物流供应链的论文。

1999—2009 年，EI 检索的中国作者发表的有关物流供应链的论文呈稳步上升的走势。并且，由于 EI 检索时间一般在半年以上，因此 2009 年预计可能将突破 2200 篇。

2. 科研论文采用的研究方法

（1）定性分析与定量研究的对比。2009 年已经发表的物流科技论文中，物流科技定性分析的论文约占 63%；定量分析的论文约占 37%。

（2）采用的主要研究方法。按相关论文数量多少排列的主要的研究方法有：数学建模、仿真与优化算法、博弈、遗传算法、进化算法、并行 GA、实证研究、数学规划、综述研究、模糊理论、相关性分析、分类与聚类、SWOT、蚁群算法、系统动力学、AHP/ANP、案例分析等。

其他方法还有：SCOR、ABC 分析法、看板管理、可拓分析、主成分分析、统计分析、因子分析法、SVM、Anylogic 仿真研究、差分进化算法、多目标优化、神经网络、禁忌搜索算法、模拟退火、粒子群、约束规划、免疫算法、小世界网络、MAS、群决策、Steiner 树、分形、动态规划、DEA、搜索引擎。

3. 背景产业

按相关论文数量多少排列的主要研究的背景产业有：农副食品加工业、批发和零售业、食品制造业、饮料制造业、交通运输设备制造业（汽车）、农业、铁路运输业、医药制造业、废弃资源和废旧材料回收加工业等。

通过上面的分析可以看出：一是在已经发表的物流科技论文中，大部分研究并没有和具体的产业相结合，理论探讨占绝大多数，约 70%。二是物流与供应链研究的背景产业主要集中在农业、农产业与食品业、批发零售业、汽车制造业、医药和铁路运输等产业。这些产业的特征是，具有普及性或高附加值。研究物流供应链与其他产业结合的问题，能够产生大量研究课题，具有广泛的研究前景。

4. 国家自然科学基金与哲学社会科学基金项目情况

通过检索国家自然科学基金资助项目中

近5年的物流相关主题项目，去重后和排除非物流项目的数量如表2所示。从表2中数据可以看出，2009年国家自然科学基金资助的项目数量较2008年增加7.8%。近5年国家自然科学基金资助的物流类项目的数量呈上升趋势，其中2007年和2008年上升最快，近5年项目数量年平均增幅达20%。这说明，近5年我国高校的物流科研能力有了巨大进步，尤其是高水平的国家级项目的攻坚能力在逐年增强。

表2　　2005—2009年物流类国家自然科学基金资助项目一览

年　份	2005	2006	2007	2008	2009
项目数（个）	38	30	46	64	69

5. 专利情况

根据专利局网站（http：//www. sipo. gov. cn/sipo2008/zljs/）的检索结果，2009年实际申请的与物流供应链相关的专利总共32个，其中发明专利27个，实用新型5个。

专利主要集中在以下几个方面：物流与供应链信息技术与系统、集装箱运输、物流装备、标签、物流地理信息系统、货物配送监管系统和方法、全球跟踪管理方法、船舶排队模型的建模方法、物流运营通用性仿真系统、无线射频识别技术、多标签识别方法等。

6. 软件著作权情况

2009年，我国登记批准的物流供应链相关的软件著作总共有85件。涉及的领域有：运输、教学、优化与决策支持、配送、仓储、车辆管理、生产管理、生产计划、集装箱码头、保税园区、物流园区、分拣、采购、营销、快递、冷链、场站、外包服务、财务、排程等。在各类软件中，大、全、通用的软件占47%，专业性较强的占53%，面向特定功能的物流公共信息平台占13%。

三、2009年我国物流科技研究的主要热点

通过对中国期刊论文关键词分析，按照论文数量排序，近5年论文数量排名前15位的关键词共只出现19个，说明近5年物流研究领域热点问题变化不大，以物流供应链的研究最热门。除了特别出现在2009年的“物流业”和“金融危机”的研究热点外，其他的如“第三方物流”、“电子商务”、“物流管理”、“现代物流”、“逆向物流”、“绿色物流”是2009年及近几年的研究重点。

2009年，我国物流科技研究的主要热点有以下十个：一是环境与社会友好的物流与供应链；二是供应链契约、协调与激励；三是采购管理、政府采购、JIT采购、电子采购；四是产业振兴规划、政策研究；五是成本管理、物流成本核算；六是区域物流、区域经济、集群、产业链；七是供应链信息共享、供应链知识管理；八是闭环物流与供应链；九是配送路径优化、拣货路径；十是物流不确定性问题与管理。

其他研究的热点有：基于电子商务的物流与供应链、物流与供应链网络设计与优化、物流服务商或供应商的评价与选择、第三方物流、库存管理、存货管理、绩效评价与管理、逆向物流、供应链风险管理、物流信息系统与控制系统、选址与布局、港口物流与临港经济、绿色供应链、供应链集成、物流需求预测与管理、物流金融、供应链金融、联合预测与补货（CPFR）、订货与补货策略、物流（公共）信息系统平台、供应链安全、应急物流与应急供应链、金融危机的影响、服务供应链、

供应链建模与仿真、第四方物流、全球供应链、外包、VMI、物流能力与核心竞争力分析、物流与供应链创新、供应链社会责任、供应链声誉管理、供应链信任、再制造物流与供应链、柔性供应链、渠道管理、物流人才、RFID、物流服务外包、军事物流、物流与供应链监控与可视化、敏捷供应链、供应链客户关系管理、大规模定制、冷链物流、绿色物流、精益供应链、仓库管理、保税物流、物流供应链一体化、供应链重组、物流企业重组并购、物流园区、供应链质量管理与控制、供应链订货策略、多式联运、公铁联运、海铁联运、仓储堆垛问题、订单承诺、物流服务质量、物流装备设计与制造、物流保险、城市物流、物流量预测与管理、供应链收益分配、供应链品牌、供应链信息检索。

四、2009 年我国高等院校物流科技研究的国际地位

从论文发表的国家和地区分析，本文挑选了近 5 年均出现在前 10 位的美国、中国内地、中国台湾地区、英国、加拿大、德国、荷兰 7 个国家和地区，得出如表 3 所示近 5 年被 SCI 收录论文前 10 位的国家和地区论文数量情况。从表中可以看出，近 5 年来，美国高校被 SCI 收录的物流类论文数量一直遥遥领先，我国屈居第二，中国台湾地区、英国、加拿大、德国 4 个国家和地区不相上下，荷兰最少。

表 3　2005—2009 年被 SCI 收录物流主题的论文数和排名前 10 位的国家和地区及其论文数量

年　份	2005	2006	2007	2008	2009
总论文数量	662	774	912	1179	1289
美　国	268	273	387	398	400
中国内地	81	99	98	154	185
中国台湾地区	40	42	62	78	103
英　国	53	67	74	74	89
加拿大	27	46	49	76	86
德　国	34	42	34	84	73
荷　兰	34	29	30	44	51
西班牙	—	—	—	44	46
伊　朗	—	—	—	—	45
意大利	—	23	—	—	43

就 2009 年收录的论文数量而言，若以 SCI 收录论文数量多少论，我国高校物流科研能力排名第二。但是，我国距离发表论文数最多的美国还有很大差距，2009 年美国被 SCI 收录的论文为 400 篇，是我国收录论文数 185 篇的 2 倍多。因此，我国与美国的科研实力差距还比较大。而我国被 SCI 发表论文数比排名第三的中国台湾地区、第四的英国、第五的加拿大又多出许多，这也说明我国的科研能力在他们之上。荷兰、西班牙、伊朗和意大利科研能力差

不多。总体看，2009年美国的物流科研能力排名第一，我国排名第二，中国台湾地区、英国、加拿大、德国均排名第三，荷兰、西班牙、伊朗和意大利排名第四。

和SCI一样，EI（工程索引）收录的论文可代表工程领域论文的最高水平。采用与检索SCI数据库一样的方法，检索近6年被EI数据库收录的中国高校物流相关主题的论文情况。检索出的总论文数和发表论文数排名前10位的国家和地区的论文数如表4所示。

表4　2004—2009年被EI收录的物流主题的论文数和排名前10位的国家和地区及其论文数量统计

年　份	2004	2005	2006	2007	2008	2009
总论文数量	1232	1602	2046	2882	4096	2703
中国内地	115	313	493	996	2033	1021
美　国	308	360	427	501	517	460
中国台湾地区	51	68	104	134	194	163
英　国	97	101	146	182	171	140
德　国	62	62	77	111	104	97
中国香港地区	44	74	69	87	91	90
加拿大	51	72	76	84	116	87
印　度	—	—	53	63	—	83
日　本	50	56	54	—	64	68
澳大利亚	29	—	—	63	—	63

从近6年被EI收录的论文数量看，考虑到EI数据库收录时间与实际发表论文时间之间有一定的时滞，所以2009年EI收录的物流和供应链主题的论文总数应不止2703篇，与其他年份不好比较。从2004—2008年物流和供应链主题的论文数可以看出，EI收录的论文数是逐年增加的，而且增加速度很快，由数据也可以看出，2008年和2009年有接近一半的EI收录论文来自我国，说明2008—2009年我国物流高校科研尤其在工程应用方面发展迅速，科研水平取得了很大的进步。

从论文发表的国家和地区分析，挑选了出现在前10位的美国、中国内地、中国台湾地区、中国香港地区、英国、加拿大、德国、日本、印度这9个国家和地区，近6年来，我国高校被EI收录的物流类论文数量上升势头最猛，自2005年后数量超过美国成为被EI收录论文数量最多的国家；美国在2005年前被EI收录论文数量为第一，由于其论文数量上升较缓慢，自2005年后被我国超越，遂成为被EI收录论文数第二的国家。

分析2009年被EI收录的我国作者论文关键词（控制词）发现，论文数量排名前10位的关键词依次为供应链、供应链管理、物流、竞争、计算机科学、采购、优化、成本、利润、电子商务。如果把供应链管理和供应链都算作是供应链主题的话，那么可以发现，我国作者在2009年对供应链的研究远多于其他关键词。可见，物流供应链是2009年我国科研的热点，也是产生科研成果最多的领域。

将近5年论文数量排名进入前10位的关键词的论文数量求平均值，除去“物流”和“供应链”两个词本身，排名前10位的关键词依次是供应链管理、数学模型、优化、竞争、决策、利润、成本、采购、问题解决、电子商务，其中出现最多的关键词“供应链管理”年均论文305.4篇次，排名第10位的关键词“电子商务”年均论文51.4篇次。

中国期刊论文研究资助基金分析。分析近5年中文期刊论文研究资助基金的构成，其中国家级基金最多，其次是省部级基金，最少的为各领域专项基金。国家级基金包括国家自然科学基金、国家社会科学基金、国家科技攻关计划、国家高技术研究发展计划（863）和国家重点基础研究发展计划（973计划）等。

（作者：黄有方　上海海事大学副校长）

2009年我国物流与供应链领域科技论文发表情况调查统计报告

为了对2009年我国物流与供应链领域科技论文发表情况有一个大致的了解，以便判别我国科研领域对物流与供应链理论的研究动向，我们于2010年7月15日通过检索美国科学引文索引（SCI）文献库、美国工程索引（EI）文献库、科技会议论文引文索引（CPCI－S，原ISTP）文献库、中国学术文献总库（cnki）文献库以及国家自然科学基金网五个文献库得到了2008—2009年发表的物流与供应链方面的科技论文相关统计数据。

我们把检索到的2009年发表的物流与供应链方面的科技论文的数据与2008年数据作了对比分析发现，2009年我国发表的物流与供应链方面的科技论文数量多于2008年，这从一个侧面可以说明2009年我国对物流与供应链领域的关注程度高于2008年。但是，与欧美等物流发达国家相比，我国还缺少高水平的物流与供应链方面的论文。

一、2008—2009年在各文献各库中论文的发表情况

根据检索条件，汇总2008—2009年在SCI、EI、CPCI－S、自然基金网、中国学术文献各库中论文的发表情况得出表1。由于检索时间为2010年7月15日，部分论文还未进入检索系统，但从总体上看，我国近两年来物流与供应链领域科技论文发表状况总体呈现增长的趋势。

表1　　2008—2009年各文献各库中论文的发表情况统计

数据库名称	2008年（篇）	2009年（篇）	增长率（%）
SCI	3655	3960	8.3
EI	1990	2212	11.2
CPCI－S（原ISTP）	5283	5044	-4.5
自然基金网	53	61	15.1
中国学术期刊网络总库文献库	6033	6114	1.3

续 表

数据库名称	2008年（篇）	2009年（篇）	增长率（%）
中国优秀硕士博士学位论文文献库	1258	902	-28.3
中国重要报纸文献库	2877	8346	190.1
中国重要会议文献库	292	219	-25.0

表1是根据词频分析法获得。词频分析法是利用能够揭示或表达文献核心内容的关键词或主题词在某一研究领域文献中出现的频次高低，来确定该领域研究热点和发展动向的文献计量方法。由于一篇文献的关键词或主题词是文章核心内容的浓缩和提炼，因此，如果某一关键词或主题词在其所在领域的文献中反复出现，则可反映出该关键词或主题词所表征的研究主题是该领域的研究热点。

表1数据表明，2009年我国物流与供应链领域科技论文在主要数据库SCI、EI等呈平稳增长的趋势；而中国学术文献总库（cnki）文献库各个子库中数据呈现负增长，这可能是由于数据还未输入，例如中国优秀硕士博士学位论文全文数据库数据输入因要求严格，速度都较慢。

二、SCI文献库统计分析

1. 检索条件

在网站 http：//isiknowledge. com/wos 高级检索中，以关键词“物流”或“供应链”为检索条件检索，得到2008年和2009年SCI文献。我们把检索到的数据按国家地区分类制得表2。

表2　2008—2009年SCI数据库中论文发表数量最多的六个国家和地区对比

国家和地区	2008年论文数量（篇）	百分比（%）	国家和地区	2009年论文数量（篇）	百分比（%）
中国内地	239	47.80	中国内地	137	27.40
美国	74	14.80	美国	116	23.20
德国	26	5.20	英国	38	7.60
英国	23	4.60	中国台湾地区	26	5.20
法国	12	2.40	德国	21	4.20
中国台湾地区	12	2.40	荷兰	21	4.20

在高级检索中以“物流”（Logistics）为关键词，或含“供应链”（Supply Chain）并且作者地区为中国为检索条件，检索得到SCI文献。其中中国作者2008年在SCI中文献中有约2%的文献是用中文撰写，而2009年则全部文献都是英文撰写，这说明在我国，物流的受关注程度更高更广，并且我国的科研工作者注重提升自身的英语水平。另外，2009年出现在SCI中由中国作者撰写的物流与供应链领域科技论文，有29篇来自香港理工大学，排名第一。这与香港的物流运营与研究起步较早，作为亚洲一个物流集散中心物流

的受关注程度更高不无关系。

2. 作者单位及地区

从表2中可以看出，我国近两年在物流研究领域上呈迅猛发展的态势，2008年和2009年我国的科研人员在SCI中的文献数量都排名第一，并远远高于排名第二和第三的国家，走在了科研的最前端。虽然我国的物流理论研究起步较晚，但依托国内稳定繁荣的经济发展，作为服务业的物流业发展具有很强的后劲。随着我国经济发展战略的明确和相关政策的逐步落实，将会对物流发展产生深远的影响。同时，物流行业管理进一步规范，政府的物流产业政策继续向有利于贸易便利、市场公平竞争的方向发展，而物流企业运营环境也将在国民经济产业结构调整和经济全球化竞争中得到进一步的改善。移动条码识别技术、信息采集技术、企业内外信息的传输、订单的处理跟踪结算等业务，将成为物流企业提高营运效率的主要方向。企业通过供应链与客户的信息共享，实现供应链透明化，运用VMI等供应链管理技术，实现供应链伙伴之间的协同商务，是物流企业占据高端市场的必然选择，也是未来发展的主要趋势。

另外，根据检索的数据我们得知，在SCI中发表论文最多的机构依次是香港理工大学（11篇）、台湾交通大学（7篇）、国立新加坡大学（7篇）、北京交通大学（6篇）、香港城市大学（6篇）、印第安科技研究院（6篇）。虽然香港理工大学以11篇占据第一位，但总体看分布均匀，即各大院校都有发表的文献，这说明各地区都很关注物流领域的发展。

3. 发表期刊分布

SCI 2009年发表文献中，期刊《国际物流研究与应用杂志》（International Journal of Logistics Research and Applications）刊登了相关文章44篇，占全部数量的8.80%，位居第一名；刊登量第二名的是期刊《欧洲运筹学杂志》（European Journal of Operational Research），总共是34篇，占全部数量的6.80%；排名第三的《国际生产经济学杂志》（International Journal of Production Economics）刊登31篇。另外刊登量超过20篇的期刊是《风险管理及全球电子商务第3次会议，第一、第二卷》（Proceedings of The 3rd International Conference on Risk Management & Global E-Business, Vols Ⅰ and Ⅱ）和《ECBI：2009年电子商务和商业智能国际会议》（ECBI：2009 International Conference on Electronic Commerce and Business Intelligence, Proceedings）。

三、EI文献库统计分析

1. 检索条件

在EI Village中以“物流”（Logistics）或“供应链”（Supply Chain）为关键词进行检索，检索到5044篇EI文献，其中发表文献数量最多的是我国，共1935篇，如表3所示，然后依次分别是美国（共771篇）和中国台湾地区（共216篇）。数据显示，随着我国将物流业定位为十大振兴产业之后，国内学者对物流领域的发展非常关注，近两年发表文献的数量猛增，并保持良好的增长量。

表3　2008年和2009年EI数据库中中国作者发表文献的数量

年份	EI文献（篇）	EI文献——中国作者（篇）	中国作者文献百分比（%）
2008	5283	2126	40.24
2009	5044	1935	38.36

以关键词“物流”（Logistics）或含“供应链”（Supply Chain）并且作者地区为中国为检索条件，检索得到的相关EI文献共1935篇。从表3中可以看出，在近几年我国作者的文献发表数量一直保持着较大的比重。

2. 作者单位及地区

在所有文献来源中，我国以 1935 篇占据第一位，接下来分别是美国 771 篇和中国台湾地区 216 篇。从数字不难看出前三名已经出现了明显的级差，可以看出我国一直保持着很大的领先优势，跑在了科研的最前头，我国凭借近几年物流研究的迅猛发展，发表数量也遥遥领先于美国。

根据 EI 2008 年和 2009 年两组数据，汇总得出单位发表文献的排序，其中，发表文献数量排位前 10 名的单位如表 4 所示。从表 4 可知西南交通大学物流管理学院位居首位，每年都有较大的发表量；紧跟其后的是同济大学经济管理学院（27 篇）和河北工程大学经济管理学院（25 篇）。这些大学拥有较好的科研氛围和经费支持，科研关注度高，科研成果产出量较高。同时，从两组数据可发现 2009 年的文献在各大学的分布更加均匀，表明各校的研究都以从国家社会发展的需要为重点，关注发展物流产业。

表 4　　发表文献数量排位前 10 名的单位

2008 年		2009 年	
单位名称	文献数量（篇）	单位名称	文献数量（篇）
西南交通大学物流管理学院	63	西南交通大学物流管理学院	27
西南交通大学交通运输学院	40	同济大学经济管理学院	27
华中科技大学管理学院	30	河北工程大学经济管理学院	25
北京交通大学经济管理学院	28	北京交通大学经济管理学院	24
天津大学管理学院	22	华中科技大学管理学院	23
哈尔滨工业大学管理学院	22	中国南方科技大学经济和商贸学院	18
东南大学经济管理学院	21	天津大学管理学院	16
电子工程师协会会刊	20	西安理工大学工商管理学院	16
同济大学经济管理学院	19	东南大学系统工程研究所	14
中国南方科技大学工商管理学院	18	厦门大学管理学院	14

3. 发表期刊分布

在 EI 文献库中，《管理与服务科学国际会议》（International Conference on Management and Service Science）收录 182 篇，远远高于排名第二的《国际生产经济学杂志》（International Journal of Production Economics）收录 127 篇。其他期刊收录数量比较分散。《计算机科学讲义（人工智能和生物信息学系列）》[Lecture Notes in Computer Science (Including Subseries Lecture Notes in Artificial Intelligence and Lecture Notes in Bioinformatics)] 收录 120 篇，《计算机与工业工程》（Computers and Industrial Engineering）收录 92 篇，《欧洲运筹学杂志》（European Journal of Operational Research）收录 92 篇。

四、CPCI-S 文献库统计分析

1. 检索条件

在 CPCI-S 中以 2009 年“物流”（Logistics）

或“供应链”(Supply Chain) 为关键词进行检索，检索到 2212 篇文献，以 2008 年“物流”(Logistics) 或“供应链”(Supply Chain) 为关键词进行检索，检索到 1990 篇文献。与 2008 年相比 2009 年论文发表量有很大增长。

以关键词“物流”(Logistics) 或含“供应链”(Supply Chain) 并且作者地区为中国为检索条件，检索得到的相关 2009 年文献为 1379 篇，比 2008 年的 1016 篇增长了 26.32%。其中，IEEE 在两年中分别以 109 篇和 239 篇位居多产作者榜首。

2. 作者单位及地区

2009 年物流论文发表前 3 位的机构分别是武汉科技大学（10 篇）、华中科技大学（9 篇）、湖南大学（8 篇）和中国科技大学（8 篇）。与 2008 年的北京交通大学（42 篇）占据了 8.40% 相比，2009 年的数据更加分散，这表明参与物流领域研究的院校越来越多，而且研究人员开始关注中部城市的发展。近年来，我国区域物流发展很快，特别是东部沿海地区以港口为枢纽，形成了几个大的物流节点。随着西部开发、东北振兴和中部崛起战略的实施，东部地区产业正在向中西部和东北地区转移，物流市场由东向西扩散的趋势日益明显。因此，我们要顺应形势，积极推动。应该加大对中西部和东北地区物流发展的支持力度，物流企业也要随着产业的转移跟进服务。中西部和东北地区要积极营造环境，加快当地物流发展，逐步形成东中西互动、协调发展的大格局。

从表 5 中可看出，以“物流”或“供应链”为关键字查询得出的论文数量中，我国的占有率远远高于第二、第三名的国家，走在了科研的最前端。

表 5　　2008 年、2009 年 CPCI-S 数据库中有关物流、供应链论文发表数量最多的六个国家和地区对比

国家和地区	2008 年论文数量（篇）	百分比（%）	国家和地区	2009 年论文数量（篇）	百分比（%）
中国内地	375	75.00	中国内地	244	48.80
中国台湾地区	12	2.40	美国	38	7.60
美国	10	2.00	德国	24	4.80
法国	9	1.80	中国台湾地区	24	4.80
德国	9	1.80	意大利	17	3.40
英国	7	1.40	英国	16	3.20

3. 发表期刊分布

在 CPCI-S 文献库中，排名前 3 位的期刊是：《2008 年工业工程与工程管理国际会议 1-3 卷》(2008 International Conference on Industrial Engineering and Engineering Management, Vols 1-3) 发表了 43 篇，占 8.60%；《工业工程与工程管理国际会议》(International Conference on Industrial Engineering and Engineering Management) 发表了 43 篇，占 8.60%；《第 3 次风险管理及全球电子商务会议过程，第一、第二卷》(Proceedings of The 3rd International Conference on Risk Management & Global E-Business,

Vols Ⅰ and Ⅱ）发表了26篇，占5.20%。

五、国家自然基金统计分析

在网站 http：//isis. nsfc. gov. cn 项目检索中，以项目主题词为“物流”（Logistics）或“供应链”（Supply Chain）为检索条件检索2008年、2009年自然基金网批准项目。剔除不相关课题，检索结果如表6所示，总体上看，物流项目数减少而供应链项目数有较大增长，但项目数总体增长率为17.65%。

表6　2008—2009年国家自然基金批准项目数

2008年物流项目数	2009年物流项目数	2008年供应链项目数	2009年供应链项目数	2008年项目数合计	2009年项目数合计	物流项目数增长率	供应链项目数增长率	合计项目数增长率
13	11	38	49	51	60	-15.38%	28.95%	17.65%

六、中国期刊全文数据库文献统计分析

1. 中国学术期刊网络总库文献库

在 http：//www. edu. cnki. net/即中国期刊全文数据库，单独选择中国学术期刊网络总库，以“物流”或“供应链”为关键词，得到检索结果6114篇文献，检索得到的具体情况如表1所示。

中国学术期刊网络总库物流文献发表量较大，且学科类别较广。论文的科学类别中，为宏观经济管理与可持续发展的有3046篇，企业经济的有1650篇，工业经济的有882篇。其他还涉及计算机软件及计算机应用（537篇）、数学（525篇）、贸易经济（403篇）等。中国学术期刊网络总库收录的文献研究层次主要是社科类，有少数为自科内容。刊发该领域论文的主要刊物见表7。

表7　发表数量超过50篇的期刊

期刊名	发表数量（篇）
物流技术	449
物流科技	328
物流工程与管理	327
中国市场	230
商场现代化	74
中国流通经济	67
中国物流与采购	63
现代商业	53

从表8中可获知，中国期刊全文数据库中高产作者的发表数量和分布都较平均，同时拥有超过两名高产作者的单位的有北京交通大学和重庆大学。这些单位为科研工作提供良好的环境，使得科研工作中他们不但科研成果产出量大，而且论文的研究价值也较高，在一定程度上能够反映物流领域的研究水平及发展方向。跟踪和理解高产作者的研究动向及其新近的研究成果，有助于迅速了解物流领域的研究进展状况。其中，北京交通大学还以164篇的高产位居第一，与名列第二的重庆大学82篇和第三的武汉理工大学75篇拉开了很大差距。

表8　中国期刊全文数据库中发表数量超过10篇的作者

作者姓名	作者单位	发表数量（篇）
赖明勇	湖南大学	16
王耀球	北京交通大学	15
陈菊红	西安理工大学	14
刘凯	北京交通大学	14
熊中楷	重庆大学	13
黄小原	东北大学	13
张旭梅	重庆大学	12
孙宏岭	河南工业大学	11
王喜富	北京交通大学	10
史成东	山东理工大学	10
达庆利	东南大学	10
肖　伟	湖南人学	10
周永务	合肥工业大学	10
陈功玉	中山大学	10

文献中关键字代表了物流科研的主趋势，表9统计了2008年和2009年两年文献中排名前10位关键词词频出现情况。从中可以看出2008年和2009年变化不大，只是2009年“物流企业”关键词代替了2008年的“绿色物流”关键词，“绿色物流”关键词在2009年出现频率为58，排名14位。

表9　2008年和2009年文献关键词情况统计

2008年		2009年	
关键词	词　频	关键词	词　频
供应链	972	供应链	997
物　流	881	物　流	779
供应链管理	243	供应链管理	219
第三方物流	199	电子商务	155
电子商务	181	对　策	151
逆向物流	134	第三方物流	143
对　策	133	物流管理	116
物流管理	118	逆向物流	112
现代物流	100	物流企业	105
绿色物流	73	现代物流	104

2. 中国优秀硕士博士学位论文文献库

在http：//www.edu.cnki.net/即中国期刊全文数据库，单独选择中国优秀硕、博学位论文文献库，以“物流”或“供应链”为关键词检索2008年和2009年文献发表情况，检索得到具体情况如表1所示。中国优秀硕、博学位论文主要的论文类别是基础研究、职业指导、工程技术和行业技术指导。2009年物流、供应链发表数量前7位的高校如表10所示。

表 10 发表数量前 7 位的高校

高校校名	发表数量（篇）
北京交通大学	111
吉林大学	58
武汉理工大学	46
复旦大学	40
长安大学	35
合肥工业大学	23
上海交通大学	23

3. 中国重要会议文献库

在 http：//www. edu. cnki. net/即中国期刊全文数据库，单独选择中国重要会议文献库，以“物流”或“供应链”为关键词检索 2008 年和 2009 年文献发表情况，检索得到具体情况见表 1。中国重要会议上发表的物流、供应链文献多数来自各大高校，而且各单位发表数量差距也很小，北京理工大学和同济大学以 4 篇并列第一，广东商学院、清华大学、东北大学、内蒙古工业大学和中山大学都以 3 篇并列第二。

4. 中国重要报纸文献库

在 http：//www. edu. cnki. net/即中国期刊全文数据库，单独选择中国重要报纸文献库，以“物流”或“供应链”为关键词检索 2008 和 2009 年文献发表情况，检索得到具体情况见表 1。

中国重要报纸上发表的文献从 2008 年的 2877 篇增长到 2009 年的 8346 篇，增长幅度很大，文献的作者既有来自研究所、报社、高校，也有来自公司和协会，分布较散，研究层次也从行业指导（社科）、政策研究（社科）、职业指导（社科）、工程技术（自科）、行业技术指导（自科）到大众文化，跨越各个领域，表明社会对于物流的关注度很高，民众对于这个刚刚兴起的物流业有很大的兴趣，在物流渐渐渗透到人们的生活中后，人们渴望了解和应用它。文献类型以行业指导和政策研究最多。表 11 统计了各报纸的发表情况，从表中可以看出国际商报、中国邮政报在 2008 年和 2009 年对有关物流、供应链的文献刊登量非常大，与其他报纸拉开很大距离。

表 11 刊载数量前 10 位的报纸

2008 年		2009 年	
报　纸	刊载数量（篇）	报　纸	刊载数量（篇）
国际商报	58	国际商报	289
中国企业报	22	中国邮政报	170
中国邮政报	20	中国电子报	126
证券日报	19	中国企业报	107
电脑商报	16	中国工业报	89
中国包装报	15	中国国门时报	78
中国质量报	15	21 世纪经济报道	73
计算机世界	14	电脑商报	70
中国电子报	12	中国贸易报	59
中国贸易报	12	现代物流报	56

七、数据源与方法

本文对近年来公开发表的科研论文进行检索，检索数据库主要涉及五个文献库，分别是美国科学引文索引（SCI）文献库、美国工程索引（EI）文献库、科技会议论文引文索引（CPCI-S，原 ISTP）文献库、中国学术文献总库（cnki）文献库以及国家自然科学基金网。

《科学引文索引》（Science Citation Index，SCI）是美国科学情报研究所（Institute for Scientific Information，ISI）出版的一部世界著名的期刊文献检索工具。SCI 收录全世界出版的各学科的核心期刊 3600 多种，SCI 因提供世界上最重要、最有影响的研究成果而闻名于世，它所提供的分析数据是国际上通用的评价科研成果水平的重要标准，成为对科研实力进行评价的一种依据。

《工程索引》（The Engineering Index，EI）创刊于 1884 年，是美国工程信息公司（Engineering Information Inc.）出版的著名工程技术类综合性检索工具。EI 每月出版 1 期，文摘 1.3 万~1.4 万条；每期附有主题索引与作者索引；每年还另外出版年卷本和年度索引，年度索引还增加了作者单位索引。出版形式有印刷版（期刊形式）、电子版（磁带）及缩微胶片。EI 选用世界上工程技术类几十个国家和地区 15 个语种的 3500 余种期刊和 1000 余种会议录、科技报告、标准、图书等出版物，年报道文献量 16 万余条。收录文献几乎涉及工程技术各个领域。例如动力、电工、电子、自动控制、矿冶、金属工艺、机械制造、土建、水利等。它具有综合性强、资料来源广、地理覆盖面广、报道量大、报道质量高、权威性强等特点。

《科技会议论文引文索引》（Conference Proceedings Citation Index-Science，CPCI-S）创刊于 1978 年，由美国科学情报研究所编制。该索引收录生命科学、物理与化学科学、农业、生物和环境科学、工程技术和应用科学等学科的会议文献，包括一般性会议、座谈会、研究会、讨论会、发表会等。其中工程技术与应用科学类文献约占 35%。

《科学基金网络信息系统》（Intemet-based Science Information System，ISIS）是由国家自然科学基金委员会委托香港城市大学、爱瑞思软件（深圳）有限公司进行的开发项目。ISIS 可以帮助我们更有效地了解和查询有关物流与供应链的科研项目。

SCI、EI、CPCI-S 三个外文文献库，根据检索条件、作者单位、作者地区和发表期刊分布三个方面对检索结果进行深入分析，研究不同地区、单位和期刊对于物流论文的发表情况，列举了发表量最多的几个地区和单位，全面深入地阐述了物流论文的发表状况。鉴于中国期刊全文数据库的特殊性，除说明检索条件外，选择中国重要报纸、中国重要会议、中国学术期刊网络总库、中国优秀硕、博学位论文四个数据库自身的特点进行重点分析，以便了解我国物流与供应链研究领域被研究和受关注的程度。而科学基金网络信息系统可以便于我们了解查询项目申请书及批准项目内选定的资料、监察批准项目的进度。

（作者：蒋长兵　白丽君　万莹　浙江工商大学）

原文刊载于《物流科技》2010 年第 9 期

2009 年中国物流科技

现代物流业是科技含量较高的产业。回顾我国物流业发展的历程，物流业的快速发展无不伴随着科技革命与创新。正是科技上的重大突破和创新，推动经济结构的重大调整，提供新的增长引擎，使经济重新恢复平衡并提升到更高的水平。

2009 年，我国物流科技领域硕果累累，共有 26 个科技项目荣获 2009 年度物流科学技术奖。每一个获奖项目都是现代科学技术在物流领域创新的结晶，是我国物流业先进生产力的代表，是我国物流业实现腾飞的基础。科技创新一直以核心引擎的角色主导着物流行业的技术进步，更是推动我国现代物流业跨越式发展的巨大动力。

一、信息化全面展开

国家标准《物流术语》修订版是这样定义物流信息技术的："运用于物流各环节中的信息技术。根据物流的功能以及特点，物流信息技术包括计算机技术、网络技术、信息分类编码技术、条码技术、射频识别技术、电子数据交换技术、全球定位系统（GPS）、地理信息系统（GIS）等。"

根据定义，物流信息技术可以这样解读：是运用于物流管理领域的技术。具体运用于物流管理过程的各个环节（如采购、仓储、运输等，包括根据业务需要整合后的环节，如仓储和运输整合或者仓储和货代整合等，还包括决策、计算机辅助设计等）。包括了基础技术、作业技术、应用技术和安全技术，是适用于物流管理的信息技术。就是说，此时的信息技术要和物流管理与服务相结合。

近年来，我国从政府部门到企业对物流信息化重要性的认识不断提高，信息技术的巨大作用已经在物流企业得到了广泛的认同，尤其在政府部门和国有大中型企业中已经开始由传统物流方式向以信息化为主体的现代物流转型。

目前，各部委和地方政府都已经建立了电子政务平台，如银行、税务、海关、工商等，除内部管理外，还为企业和市民提供许多服务；一些地方政府还建立了物流信息平台，如上海、深圳、无锡和长三角地区的 17 个城市都已经建立了港口信息平台和交通信息平台，给物流企业提供了方便的服务，提升了物流效率。

我国大中型企业物流及第三方物流企业信息化意识普遍提高，信息化进程正在加快，大约有 74% 的企业已经建立了信息管理系统，77% 的企业已有自己的网站。同时，物流企业对现代科学技术的接受程度逐渐提高，GPS/GIS、条码、RFID 等动态信息采集技术、储存管理系统（WMS）、运输管理系统（TMS）、配送优化系统等自动控制技术也相继开始了使用。相比而言，我国的中小型物流企业的信息化程度很低，甚至还有大部分的物流配送企业仍停留在手工记录和电话交流、谈判的方式，由于我国物流行业中的中小物流企业占据较大的比例，所以整个物流业的信息化程度还是很低。

综合看我国物流业在基于条码、RFID、GPS/GIS、分拣和管理信息系统等物流信息技术应用方面已经较为普遍，对企业的物流管理的科学化促进明显。

1. 条码技术应用

物流企业如海尔集团国际物流中心较早就采用了条码技术，并把条码信息采集与物流中心管理控制系统相结合，与企业的信息化系统进行集成，从而把这一技术与现代化的物流管理有机结合在一起。二维条码也取得新的突破，尤其是以二维条码作为信息载体的西东票务业务以及防伪应用快速发展。从 2009 年第一季度开始，我国多个机场陆续推行手机登机牌服务，旅客出行将无须持纸质登机牌，只需要拿出手机在识读机具上进行扫描，就可使用彩信里的二维码登机牌轻松登机，不必为排队登机浪费时间而烦恼。2009 年年底，火车票在全国范围内升级改版，采用了二维条码的新版火车票于 12 月 10 日起全面发售。该二维条码承载了乘坐车次、座次以及购买者部分个人信息，兼具信息采集与车票防伪功能。此外，二维条码移动商务发展很快，手机电影票、手机优惠券等新的应用层出不穷。二维条码应用的发展也带动了新大陆等一批自动识别设备制造商以及一系列自主知识产权设备的发展。

2. RFID 技术应用

2009 年，RFID 技术行业取得了令人瞩目的进步，特别是随着“物联网”概念的再次唱响与《2009 中国智能卡及 RFID 产业发展蓝皮书》的发布，RFID 技术又一次成为最受瞩目的自动识别技术。此外，2009 年 9 月 3′日，RFID 技术被列入国家发改委、工业和信息化部《电子信息产业技术进步和技术改造投资方向》重点目录。作为物流网发展的排头兵，RFID 技术成为市场最为关注的技术。当前，我国 RFID 技术应用多集中于低高频段，在出入控制、证照防伪等领域得到广泛应用，国内较为成功的应用即二代身份证的使用。但在超高频段，虽因成本、商业模式等问题而在 2009 年未出现大规模应用，但仍取得诸如酒类防伪等领域的应用突破，发展势头良好。在超高频 RFID 标签与识读器研发方面，中兴通信、远望谷等企业取得了一批自主知识产权专利成果，并研发了新型 RFID 芯片、标签、识读器产品并投入商品化，标志着我国自主知识产权 RFID 技术研发与生产进入核心技术攻坚阶段。

国外 RFID 技术的使用已经进入到综合应用的层次，即关注 RFID 和其他测感技术的有效集合，强调的是多种技术的综合应用。在物流行业，关于集装箱或冷链运输也有这种应用需求，只是我国的综合应用水平还没有到达这个层次。

3. 物品及载体跟踪

目前，物流跟踪主要是指对物流的运输载体及物流活动中涉及的物品进行跟踪。物流设备跟踪的手段有多种，可以用传统的通信手段如电话等进行被动跟踪，也可以用 RFID 手段进行阶段性的跟踪，但目前国内用的最多的还是利用 GPS、GIS 与 GPRS 相结合的技术。

国内应用较为广泛的是对车辆进行跟踪和调度管理，例如，以最快的速度响应用户的乘车请求，合理分布车辆，节省运行成本。又如结合电子地图和无线通信网络，利用车载设备进行车辆定位，随时报告城市交通信息等。同时这种技术也已经在物流配送方面发挥了巨大的作用，由于 GPS、GIS 和 GPRS 技术比较稳定，国内从事物流配送的大企业都已经给运输船只、车辆和人员配备了 GPS，并且与 GPRS

等系统协同作业用于管理自己的配送系统。如广州海关利用这种技术对船舶进出境通关进行全程实时监控，进口货物在船舶航行途中即可提前报关。通过这种报关模式，货物抵港后通关时间可以缩短 1 天，真正实现当天清关。

4. 自动化控制

自动化立体仓库是现代物流技术的成果之一，其空间利用率高、仓储能力强，能够通过计算机进行控制管理，实现货物搬运、存取的机械化和自动化。它符合企业现代化管理的要求，已成为现代企业物流管理不可缺少的组成部分。而自动化控制技术中又包括自动搬运和分拣两种主要技术。

目前，国内大型物流和仓储企业、机场、烟草、邮政、医药和食品加工等行业的仓储系统一定程度上应用了自动分拣技术。如国内一些地区或县烟草配送中心采用了国产化的半自动分拣设备，而部分省市级的烟草配送中心（如北京市烟草配送中心）则采用了国产化全自动的分拣设备。立体仓库和与之配合的巷道堆垛机在国内发展迅速，在机械制造、汽车、纺织、铁路、卷烟等行业应用较广。例如昆船集团生产的巷道堆垛机在红河卷烟厂等多家企业应用了多年。近年来，国产堆垛机在其行走速度、噪声、定位精度等技术指标上有了很大的改进，运行也比较稳定。但是与国外著名厂家相比，在一些精细指标如堆垛机最低货位极限高度、高速运行时的噪声、电机减速性能等方面还存在差距。

5. 物流信息系统

基本上大型物流企业都有物流信息系统支持，例如，海尔集团采用了 SAP 公司的 ERP 和 BBP 系统。ERP 系统实施后，打破了原有的“信息孤岛”，使公司信息保持同步，加快了对供应链的响应速度。通过应用物流信息系统，海尔目前已经实现了即时采购、即时配送和即时分拨物流的同步流程，100% 的采购订单由网上下达，提高了劳动效率，以信息代替库存商品。不仅实现了“零库存”“零距离”和“零运营成本”，而且整合了内部，协同了供货商，提高了企业效益和生产力，同时更方便了客户群。

虽然我们已经逐步认识到了物流信息系统的价值，但是整体来说，在库存管理、运输管理和供应链管理等方面，我们与国外的企业还有很大的差距。例如在库存管理方面，戴尔得益于它的直销模式，并以物料的低库存与成品的零库存而声名远播，其平均物料库存只有约 5 天。在 IT 业界，与戴尔最接近的竞争对手也有 10 天以上的库存，而平均库存在 50 天的不在少数。因此，仅低库存一项就使戴尔的产品比许多竞争对手拥有了 8% 左右的价格优势。

二、供应链管理步入智能化

随着全球经济一体化和科学技术特别是信息技术的迅猛发展，企业面临的外部环境发生了巨大变化，如市场竞争加剧、产品寿命周期越来越短及品种数目越来越多、消费者对交货期的要求以及对产品和服务的期望越来越高、消费者需求日趋多元化和时尚化等，供应链可以实现的降低成本、可视化操作、满足客户个性需求等优势不能再满足现代物流发展的需要，因此，智能化和博弈理论的概念被引入了新一代的供应链管理。

在供应链的协同管理过程中，由零售商主导的供应链管理模式主要优势在于供应链对于市场需求信息的收集和反应方面。零售商是供应链中最靠近顾客的一环，只有这一环节才能够直接得到市场的需求信息。如果零售商作为供应链的核心企业，则供应链对于需求信息的获取和反应都会快捷得多。而且零售商由于掌握实时的需求信息，作出关于供应链管理的各种决策也更加理性，这种模式更加适应市场需求拉动型的供应链。在顾客地位越来越重要的趋势下，零售商主导的供应链管理模式必将获得更大的发展。例如柳州桂中海迅物流有限公司创建的现代工业物流 LRP（物流资源计划）系统，通过互联网信息技术平台及 MRPⅡ和 DRP 两种不同类型应用软件的集成，实现与各种现代化的物流技术设备数据接口，构建了现代物流企业供应链管理体系及物流配送中心信息管理集成平台，实现了工业制造企业供应链管理及物流资源的集成和高效运作，做到精益生产和物流精益配送。此外，北京泛太物流公司的“实物资产动态监管信息系统”是针对国内电信集团企业专门开发的信息管理系统，将电信企业的资产、仓储、配送环节的活动进行重新梳理，把原来散落在不同部门的多个环节的业务予以整合，并且以实时性的要求达到数据的统一共享，提高了企业一体化管理的水平。另外，他们与电信产品的供应商合作，协调电信企业关注的采购数量、到货时间、存货地点等直接影响电信企业和供应商运营效率的环节，使得整个供应链的运行更加顺畅。

三、冷链物流任重道远

随着人民生活水平的提高以及生活节奏的加快，对冷冻冷藏食品的认知度越来越高，冷饮、肉制品、速冻食品、乳制品、水产品、果蔬、花卉等产品进入了人们的日常生活中，迅速拉动了冷冻冷藏食品的需求和消费。然而与我国冷链需求发展不平衡的设备和运输体系以及政策法规的空缺是造成食品运输链条中间环节的安全问题所在。2010 年是中国冷链物流发展的规划年，提供专业物流服务的第三方物流企业在发展中遇到了“瓶颈”，迫切需要提高信息化水平帮助企业成长，以支撑食品冷链行业快速发展。我国冷链信息化进程处于起步阶段，有实力的冷链制造企业自行购置系统，而针对提供冷链服务的第三方物流企业的成熟软件产品还比较缺乏，一般是泛泛的物流软件，冷链特征不突出，也不太关注与上下游的衔接问题。国外有较为成熟的冷链第三方物流企业软件，不但售价较高，且与我国冷链第三方物流运行方式有较大差别，因此也不宜套用。

由北京泰阁明阳科技有限公司自主开发的《食品冷链第三方配送中心运营管理信息系统》，针对我国处于成长中的冷链物流企业普遍问题，结合企业实际进行抽象，其紧密结合冷链物流的需求特征，针对性及适用性强，可实现跨地域、多企业角色、多机构、多组织的物流协同应用并且提供了非专业程序人员使用的系统开发平台，易于操作。

发达国家市场中的冷藏冷冻产品与常温产品比例接近 1∶1，以这种趋势看我国食品冷链还会有较大发展空间，相应对冷链物流服务水平的提升有着更高的要求，通过专业化物流系统的推广应用，有利于促进冷链物流专业化水平的提升，更好地服务于上游厂商及下游零售商，降低其库存成本，提高订单满足率，提高整条供应链的竞争力。

四、仓储业市场起步回稳

2009 年，据中国物资储运协会对全国 61 个大型仓储企业的调查，57 家企业赢利、4 家亏损，亏损面为 6.6%，亏损额略有降低，实现主营业务收入 180 亿元。尤其在期货交割和电子商务交割的库存需求量大增，自动化立体仓库大量涌现，信息化、机械化和自动化水平以及自主创新能力都有较大提高。

在仓储控制技术方面，昆船物流信息产业有限公司研发的“虚拟视窗控制技术”作为仓储物流中一种新型有效的控制技术，在箱式自动化存储物流系统中的应用得到了良好发展。其具有实时性即物料在输送或搬运过程中的任何时间都有一个确定的位置；高效性，即本地化处理大量数据减少了系统的通信时间；并通过虚拟编码技术和实施定位跟踪技术进而降低了成本。

在仓储管理软件方面也有新的亮点，如重庆亘古计算机技术开发有限公司和成都大西南铁路储运有限公司共同开发的亘古仓储管理系统，有以下创新点：一是实现了货权管理与实物管理的分离管理。一般情况，第三方物流不拥有物品资产权，从而产生客户货权，而物流方又实际管理着物资的数量，从而产生实物管理权。此系统在生产资料物流中心，实现了货权与实物的分离管理，分离管理不是简单意义上的两本账管理，而是在系统的控制下数据共享、实时比对、及时纠错、动态跟踪达到统一。二是实现了真正意义的过程控制。将系统运行由传统业务单据推动模式，转化成生产作业推动模式，促使企业方在过程管理的基础之上，将所有仓储物流活动都采用数字信息处理方式进行描述，从而获取了最基础的原始业务数据，完成了对仓储生产全过程及业务管理全过程的严密控制和管理，并且它结合现代条码识别技术，极大地提高了实物管理过程的可控制性和可查性。三是实现了仓储生产运行数字化调度。数字化仓储生产调度系统使整个仓库的作业点得到合理的安排，使每台设备能力得到最大程度地发挥，最大限度地提高了仓库单位时间内的作业量。

五、包装趋于专业化

我国物流业的快速发展和物流服务水平的不断提高，对物流包装活动提出了新的更高的要求。要求物流包装要合理化，即合理组合和运用各种包装材料、包装技术、包装方式，避免包装不足和包装过度，使其满足运输、仓储、装卸等各作业环节的需要，保证物流运作的质量。要真正实现整个物流系统的合理、有序、低成本的运行，就必须要求物流包装的标准化、集成化和智能化。通过运输包装规格的标准化，可以提高物流运输效率，对国内、国际间的联合运输发展有着重要的意义。在运输过程中，利用托盘、集装箱等工具，把多个包装件组合成为一个整体单元进行运输，提高了运输工具的装载量。同时，可以利用先进的装卸、搬运工具进行装卸、搬运，减少了装卸、搬运次数，提高了装卸、搬运的效率，也降低了包装件在装卸、搬运过程由于不确定因素引起的货损货差事故，从而降低物品在流通过程中的成本。随着现代科学技术的发展和物流信息化程度的提高，物流信息化发展和管理的一个基础条件就是包装的智能化。因为在物流活动过程中，信息的传递大部分是包装携带的，如果包装上信息量不足或错误，将会直接影响物流管理中活动的进行。智能化的信息包装是形成物流信息化管理的有利媒介。

目前，我国的物流包装业发展尚不成熟，多数物品的包装是由生产厂家直接采购包装材料自行进行包装，很少将包装作业作为一种外包服务独立出去。企业在设计包装方案时多是从产品自身特征来考虑，很少考虑物流对包装的要求，这给运输、仓储、装卸等物流活动带来诸多不便。如果采取物流包装专业化，即把包装环节从生产厂家剥离出来，交付给专业化物流包装企业（即第三方物流包装企业）来完成，至少可以带来两个方面的效益：一是把分散的包装业务集中到一起，可以产生规模效益，降低包装成本；二是第三方物流包装企业更加熟悉各种产品的包装设计方法和托盘、集装箱等物流工具的标准尺寸，清楚运输、仓储、装卸等物流活动与包装之间的关系，在进行包装设计时，能够综合考虑产品特性、仓库堆码层数、运输过程的压力、装卸、搬运安全性等因素，提供合理的包装解决方案，从而最大限度降低物流成本，提高物流活动效率。而对于生产企业而言，采用第三方物流包装企业提供的整体包装解决方案，一方面，能使产品包装更加科学合理，有效地降低物品在流通过程中的破损率，并减少包装成本及包装材料对环境的污染，规避国外对我国出口产品设置的绿色包装贸易壁垒；另一方面，由于采用专业化的包装方案，能够减少流通过程中物品的破损，方便运输、装载和仓储，提高物品流转速度，从而降低物流管理成本，提高物流运营效率。因此，专业化物流包装正成为我国物流包装未来发展的一种趋势。

六、分拣技术逐渐成熟

自动分拣系统是先进配送中心所必需的设施条件之一，被应用于各个行业，大大提高了作业效率和准确率。近年来，自动分拣技术在国内发展日益成熟。与其他行业相比，烟草物流对自动化技术的应用一直处于领先地位。随着我国经济的持续快速发展，烟草物流行业也处于高速发展中，烟草商业流通体制的改革均推动着卷烟商业配送行业的发展，大多数卷烟商业配送中心均已进入物流自动化时期。目前，卷烟销售取得规范发展，卷烟物流也开始实现地市级公司到零售商户的“一库式”配送，颇具规模的烟草公司大多数采用“1 访 2 配 3 送”的业务模式。由云南昆船设计研究院、云南昆船第二机械有限公司研发的通道式系列分发机已成为卷烟配送系统中的关键设备。主要应用于烟草物流领域中，成功实现了对条烟的高效自动分发。其具有自动补货技术、任意条分发技术、条烟预分拣技术、不同分拣模式和补货模式的产品可通过功能模块的增减与替换实现相互转化等创新技术亮点。从烟草物流作业模式来看，通道式系列分发机代替了人工拣选作业模式，大大降低了人工劳动强度及作业人员数量，提高了作业效率，改善作业环境。从烟草物流分拣设备来看，通道式系列分发机为用户提供了多种补货模式和分拣模式，有效降低条烟补货的劳动强度，提高补货效率。通道式系列分发机成功应用于多家烟草公司。其中，具有示范项目工程的有白沙、曲靖、顺德、青岛、威海、大连、乌鲁木齐、韶关、厦门、红河、郑州、南宁等烟草公司。

此外，语音技术的应用给自动化分拣技术增添新亮点。语音技术在国外物流配送应用已经有许多成功的案例，就技术本身而言是成熟的，但在国内的应用却比较少，在国内项目实施中主要解决本地化的问题，例如方言和普通话识别播报，以及 WMS、语音中间件、ERP 接口开发。目前，青岛福兴祥物流股份有限公司将用语音拣选技术应用于配送中心，无疑开创了国内先例。

该系统将拣选作业提升到批量多客户多订单拣选的水平，并通过对双手与双眼的解放，可大大地提高整箱拣选及拆零拣选的速度，提高配送效率，有效地提高库存空间利用，降低营运成本。应用此系统将语音技术作业效率提高 20% 以上，与 RF 相比准确率提高、员工负荷减少、数据实时化等特点与零售企业的商品仓储现实要求有机地结合起来，实现对销售、仓储各环节操作的可靠管理、信息的实时有效记录，实现人、物、设备、时间、位置信息的关联和可溯。该系统的成功实施，为物流配送做出了积极成功的探索与尝试，提升了企业的信息化水平、降低了运营成本、提升了物流效率。

七、注重自主知识产权加强物流专利保护

中国物流与采购联合会科学技术奖是 2002 年经国家科技部批准设立，具有推荐获奖单位参评国家奖资格，在全国物流行业具有权威性和广泛的知名度，是我国物流行业最高级别的奖励。七年来累计评出审出 142 个获奖项目。其中一等奖 25 项，二等奖 48 项，三等奖 69 项。对于我国物流行业的科技创新与实现作出了重大贡献，主要表现为：

一是推动了企业物流科技创新。在历年获奖项目中企业创新的主体作用突出。由企业自

主开发或以企业开发为主的项目占获奖项目总数的62%，这说明企业的自主创新和开发能力在不断增强。

二是推动了产学研合作，提高了物流科技创新水平。历年由产学研联合研发完成的获奖项目占获奖项目总数的33%。这是多年来国家科技体制改革的结果，也是物流科技创新的重要力量。由产学研合作开发完成的项目往往科技含量较高，相当一部分项目获得一、二等奖，在集成创新、推广应用、经济效益和社会效益等方面都取得了显著成绩。

三是推动了制造业企业和商贸企业物流技术应用与创新。在获奖项目中，涉及钢铁、化工、石油、医药、烟草、汽车、机电、电讯、包装、商业等行业的物流技术的研发与创新，有力推动了制造业、商贸业与物流业的融合，提高了制造业和商贸业物流技术应用水平，为增强制造业和商贸业竞争力提供了保障。

四是推动了物流软科学创新。获得物流科技奖的项目还有相当一部分是有关院校和研究机构的软科学成果，约占获奖项目的5%。特别是其中为各级政府部门研制的物流规划，大多数已经被采纳与实施，对于各地区物流业发展具有重要的指导意义，也为各地区带来了巨大的经济效益和社会效益。

2009年申报中国物流与采购联合会科学技术奖发明奖的有三项，这是继2003年来6年内无物流业科技发明奖申报的重大突破，而且三个奖项中有两项分获了一、二等奖，可见我国物流行业的科技发明正在逐步崛起，应用于物流领域的原始创新和集成创新能力也在日益增强。那么如何对这些具有自主知识产权的发明成果进行保护，是我们必须要考虑和解决的首要问题。为此，中国物流与采购联合会与国家知识产权局经过一年的合作，联合开发了我国首个物流专利信息查询平台并免费对行业开放。通过专利平台不仅可以查询现有的科技发明专利，还可以对比国内外的科技成果并提供了在线翻译功能，此平台的建立为我国物流业的科技工作者了解行业科技动态提供了极大的便利。

当今世界科学技术已经成为支撑和引领社会经济发展的主导力量。我们要依靠科学技术实现社会经济可持续发展，依靠科学技术实现经济增长方式的转变。我们也要依靠科学技术推动我国物流业跨越式发展，为现代物流的发展开辟创新途径，创造新的市场机会，引领产业发展方向。我国物流业发展很快，但仍较落后。面对当前国际国内发展形势和全球科技创新与变革的前夜，我国物流业的机遇前所未有，挑战也前所未有。我们只有加快科技创新，在新的科技革命中赢得主动，才能全面提升我国物流发展水平，真正走在世界的前列。

（作者：刘宇航　中国物流信息中心科技处）

2009 年中国物流信息化

2009 年 3 月，国务院发布《物流业调整和振兴规划》，物流业列入调整和振兴的十大产业，使得我国物流行业迎来了难得的发展机遇。不仅如此，《物流业调整和振兴规划》还明确提出，加快发展现代物流业要“以先进技术为支撑，以物流一体化和信息化为主线”，把“提高物流信息化水平”作为一项主要任务，把“物流公共信息平台工程”作为提升物流信息化水平的重点工程。毋庸置疑，《物流业调整和振兴规划》的出台为我国物流业发展开创了新的发展机遇，也为物流信息化建设带来了更多的机会。一方面，能够推进各类物流信息平台的建设提速；另一方面，能够带动专业物流、供应链的信息化解决方案快速发展，并使得冷链物流、危险品物流、汽车物流等专业化程度不断提升。“值得注意的是，我国内地物流金融市场的超预期发展，促进了物流全流程的监管，也因此带动了物流信息化的建设。”

2009—2010 年是《物流业调整和振兴规划》全面落实的关键时期，也是我国物流信息化加快发展的重要时期，这一时期我国物流信息化发展的特点和动向，对提升我国物流信息化的整体水平意义重大。

一、国家对物流信息化的扶持工作进入到落实阶段

为了具体落实实施《物流业调整和振兴规划》，政府各部门相继出台了多项具体措施，形成了推进全国物流信息化工作的合力。

2009 年 10 月，工业和信息化部开始着手组织编制《物流信息化发展规划（2010—2015)》，征求意见稿中提出了八项物流信息化试点示范工程，预计此规划将于 2010 年第三季度发布。

2010 年 1 月 4 日，工业和信息化部信息化推进司发出了《关于开展物流信息化典型发现和试点示范工作的通知》，通过全国性的物流行业协会及各地方经信委推荐试点示范项目，准备在全国范围内树立典型，把好的物流信息化项目向行业内推广。

为及时掌握和了解我国物流信息化进展，准确判断和分析物流信息化发展水平和趋势，支撑物流信息化工作的科学决策，引导物流信息化的发展方向，从 2010 年 5 月开始，工业和信息化部信息化推进司制定了物流信息化发展动态监测评估工作方案，目前，此方案正在征求专家意见，预计 2010 年 8 月推出。

为推动交通运输行业物流信息系统的规范化建设，2009 年 7 月 8 日，交通运输部科技司在杭州主办“交通运输行业物流信息标准培训会”，交通运输部道路运输司相关领导对各级运管部门积极参与此次培训会所体现的对物流信息化工作的重视程度予以肯定，强调物流信息化标准是提高运输服务质量的需要、提高物流效率的需要、发展现代物流的基础，对促进

交通运输行业的物流发展和物流信息标准化意义重大。

为全面贯彻落实交通运输部党组提出的提升交通运输信息化水平，推进交通运输业转变发展方式、发展现代交通运输业的战略决策，加快研究建立科学、规范、统一的交通运输信息化发展体系。2010 年 7 月 6 日，交通运输部科技司开始了“金交工程”建设调研工作，重点了解当前行业信息化建设、应用、体制机制以及技术管理的现状、发展成果和存在问题，详细梳理了影响行业信息化协调有序发展的关键因素，研究探索了交通运输信息化发展方向、建设模式以及管理体制等问题。

为实现《物流业调整和振兴规划》提出的“要完善鲜活农产品储藏、加工、运输和配送等冷链物流设施，2015 年，我国将初步建成农产品冷链物流服务体系，使果蔬、肉类、水产品冷链流通率分别达到 20%、30%、36% 以上，流通环节产品腐损率分别降至 15%、8%、10% 以下”的目标，2010 年 6 月 18 日，国家发展改革委编制的《农产品冷链物流发展规划》（以下简称《规划》）正式印发。

《规划》在分析我国当前农产品冷链物流发展现状和问题的基础上，提出了到 2015 年我国农产品冷链物流发展的目标、主要任务、重点工程及保障措施，明确了农产品冷链物流发展的七项主要任务：一是推广现代冷链物流理念与技术，二是完善冷链物流标准体系，三是建立主要品种和重点地区农产品冷链物流体系，四是加快培育第三方冷链物流企业，五是加强冷链物流基础设施建设，六是加快冷链物流装备与技术升级，七是推动冷链物流信息化。

2010 年 6 月 12 日，国家标准化管理委员会联合国家发展和改革委员会、科学技术部、工业和信息化部、交通运输部、铁道部、商务部、国家质量监督检验检疫总局、国家粮食局、中国民用航空局、国家邮政局等部门以及全国物流标准化技术委员会、全国服务标准化技术委员会、全国物流信息管理标准化技术委员会、全国国际货运代理标准化技术委员会编制了《全国物流标准专项规划》，从我国物流业发展的实际需要出发，提出了物流技术、物流信息、物流服务、道路运输、铁路运输、国际货运代理、仓储、粮食物流、冷链物流、医药物流、汽车和零部（配）件物流、邮政（含快递）物流、应急物流 13 个重点领域的标准制修订任务，旨在推动物流业基础性、通用性标准和急需标准的制修订工作，健全物流标准体系，为我国物流行业朝着标准化、一体化、精细化、量化、智能化和优化方向发展，打造现代化的物流管理信息系统，进而为推动物流公共信息平台的建设打下基础。

另外，国家发改委、工信部、商务部、交通部等有关司局也通过召开专家座谈会及到物流企业调研等形式，为物流信息化政策的具体落实听取意见、协调指导。

二、物流企业的信息化仍然是围绕着流程优化与专业化两个基本的方向展开

1. 优化规范流程、改造业务流程、实现业务创新，企业内部的信息平台建设进入更新、提升阶段

中外运的国际水运物流业务信息系统以国际水运物流业务以及进出口船代、货代为主线，涉及进出口水运物流的诸多关键环节：委托受理、揽货、订舱、报关、转运、集港等口岸作业和单证处理及信息服务，支持广大客户和承运人的需求和供给，相当于运输业的组织者，在国际贸易与国际经济合作中发挥着不可或缺的重要作用。为利用信息化手段提升业务操作和管理运营效率、降低成本，为广大客户

提供优质高效的服务，结合系统的建设，在系统实施时，根据各地业务操作流程不标准、不规范不统一的问题，着眼于业务操作流程的标准化和规范化，进行业务操作管理流程的分析梳理，对业务流程进行改造优化。

2. 物流企业的专业化发展需要建立上下游供应链管理系统

在全球金融危机爆发后，国内外制造企业、分销商不断改进和优化其物流供应链内的运作体系，对第三方物流仓储企业和其信息系统提出更高的要求。大田集团物流仓储管理信息系统就是以仓储管理为中心向供应链的上下游延伸，覆盖物流全程将成为今后的工作重点。他们通过系统的不断升级，逐步形成物流行业内的标准仓储管理信息系统。

德利得物流有限公司的供应链物流信息系统紧密结合我国消费品制造业、分销业与物流业的实际操作实际，从物流服务的实际“瓶颈”出发，通过流程级的数据对接系统与物流操作系统的集成联动，能够明显提高整体供应链物流效率、降低供应链物流服务成本，他们的做法在行业中具有典型的示范作用，可以在我国消费品相关供应链企业中推广应用。若以北京市20%的分销与物流企业应用本项目的技术与方法，按效率平均优化8%、直接成本降低5%计算，每年可以降低社会物流成本6.3亿元，具有明显的社会效益与经济效益。

3. 物流信息化发展需要高新技术作为支撑

如今，信息系统已成为物流企业生存发展的命脉，随着物流信息技术专业化程度的日益提高，越来越多的企业认识到物流信息化的升级发展需要高新技术作为支撑。

上海菱通根据多年在供应链领域的研究和客户需求、应用的反馈，对“云服务”提出自己的见解：网络技术的进步催生了超大型计算机的诞生，网络、硬件、中间件及应用软件的共同利用，获取信息（内容等）的终端这些基础是“云服务”实现的条件；用户需求从拥有系统向使用系统转变，“云服务”是一种系统利用形态，即用户根据需要，可利用系统的所有资源并根据使用量支付费用；通过“云服务”可以给用户带来的好处有：通过共用系统资源实现系统维护成本的降低；只要能上网，无论在何处，信息信手拈来；针对瞬息万变的业务环境，可实现快速的系统化对应；不同系统间的互通效率得以提升；内部IT管理人员的削减和系统服务水准的提高。

三、物流公共信息平台的建设重点在整合与标准化建设

1. 标准化服务是整合公共信息平台最基础、最困难的部分

在多元化整合的基础上，一部分区域网络有了彼此互联互通的愿望，这样建设全国性的平台体系有了可能。在“2009中国物流与采购信息化应用大会暨物流企业CIO峰会”上，中国电信、中国配货网、湖南天骄网等单位共同发起了公共物流信息平台联盟，促进全国公路运输平台的互联互通，整合各地方的信息资源，提高物流标准化的建设水平。

物流电子枢纽在这方面做得很成功，它是在政府推进和扶持下，由行业主管部门、行业协会、物流信息系统开发商、运营商、物流企业共同建设，共同拥有在本台上可能接入各种服务，可以为制造企业、物流企业及IT企业提供服务，应用服务由参与运营的企业自己负责，目前已经有16个省市参与共建联盟，交通部也把此平台作为部省共建的推广项目。“物流电子枢纽”作为中国的物流信息基础交换和共享网络的基础，部省共推、多省共建、多方共建的“共建形式”是建设基础网络的好模式，这是一个公益的、完全免费的公共信息平台。目前，此平台工作重点在标准化建设以及基础网络的推广上。

2. 扩展新的增值服务是物流信息平台的生存之本

众所周知，公路货运是目前物流中最落后的领域之一。公路货运资源分散的优点，使它具有服务方便灵活的特点；但其资源的过于分散又导致了其无序竞争、恶性循环的致命弱点，当然，这也是公路货运成为我国物流中最落后领域的根源。如何改变我国公路货运领域的落后状况？业内普遍的共识是：要加快整合、规范我国的公路货运，形成统一的服务平台体系，提高平台的服务能力。目前，已有不少物流信息平台扩展了金融、保险、诚信、支付、电子商务等多种增值服务，明显提升了平台的生存能力。

湖南天骄物流信息科技有限公司从物流企业在交易过程中存在的实际问题出发，凭借着多年来在物流行业打拼积累的实战经验，为物流客户提供了一套诚信担保服务完全解决方案——湖南天骄诚信担保服务信息平台。该方案在充分考虑各方利益关系的基础上，消除了物流市场上交易双方因初次交易信息不对称而造成的信任危机，有效避免了欺诈行为的发生，极大地提高了货主与货运司机之间交易的成功率，为我国物流行业走上健康、高效、和谐的道路明确了发展方向。

北京汇通天下的公共信息平台成功运作的经验告诉人们：最重要的能力不仅仅是提供基础的信息，更重要的是把社会上对货运有价值的服务商整合在一起，才能完成对货运全过程的支撑，汇通天下平台就是与中国电信、公安部、GPS 厂商、保险公司建立了越来越紧密的合作，才能将这些服务商的能力转化为货运行业可用能用的产品，形成了丰富的服务能力。

3. 物流公共信息平台有从通用服务转向行业或专业服务的趋势

从 2009 年中国物流与采购联合会征集的物流信息化案例来看，大多数平台是通用型的，2010 年则更多地向专业领域拓展。比如，目前有一些平台专门提供大宗商品交易服务，包括煤炭、钢铁等；还有一个平台是专门做制造业的。

招商局物流集团易通公司的柳州市制造业物流信息平台立足于柳州，注重于物流信息平台在中重型机械制造业的应用，致力于打造优势产业链和环保、低碳供应链，同时着眼提升民族机械制造与装备业的整体水平，既符合强化自主创新和推进节能减排的政策背景，又体现了推进现代物流业发展的整体思路。该平台具有重要的现实意义和广泛的推广应用价值。柳州市制造业物流信息平台是国内首个制造业物流信息平台，体现了国家“制造业与物流业联动”的政策导向，符合柳州市及周边地区发展战略及物流行业特点。

此外，2009 年以来，平台与专业服务的结合越来越多，有一部分平台实际上已经在做产业物流了，这是一个很大的进步。

四、产业物流信息化是未来最有发展前景的领域，也是真正能够反映出物流与供应链在国民经济中的贡献的领域

1. 制造企业越来越重视企业内部物流的信息化建设

广州风神的改善中心通过自己研发的 AGV 系统，结合无线网络通信，计算机程序智能控制，可以进行多车系统集中调度、监视、管理，保证了 AGV 快速行走、精确定位，在工作区域内自由运动、自动安全避让、自动选择停止点、自动接送不同的物料等无人化智能控制，AGV 自动化物流管理在制造行业中是比较高端的应用，广州风神内部物流方面的改善在全国汽车制造业中是首家系统化应用，并且通过创新及不断开发，初步形成了自身的技术体系，目前已经通过交流及指导，在同行业同水平展开。

广州风神通过引入并开发现代化内部物流模式，借助供货模式的思维突破和低成本，自动化搬运系统实用化也发生了革命性的突破，不仅突破了传统的物流观念和物流技术，更是在物流系统设计思想的突破。这样的案例既树立了机械制造企业的标杆，也树立了物流信息化服务商的典范。

2. 企业物流正在实现向专业物流企业的转变

目前，我国提供专业物流服务的第三方物流企业还不多，随着物流业的国际化，越来越多的企业物流正在实现向专业物流企业的转变，开滦国际物流有限公司的案例是一个例证，并成为大型国有企业从企业物流到物流企业转变的典范。

开滦（集团）国际物流有限责任公司是开滦集团所属全资子公司。开滦集团是国有特大型煤炭企业，素有“中国近代煤炭工业源头”之美誉，是中国500强。2002年，按照专业化发展方向，开滦对企业内部物流业务进行剥离，重组整合，创建了经贸（物流）分公司。为加快物流产业的发展，适应物流社会化、国际化的发展方向，2009年，集团公司撤销原分公司建制，组建了开滦国际物流公司，下设铁路运输、港口储运、进出口、唐山古冶物流、通达物流、张家港保税区物流、香港、上海、深圳、华东、华南等18个分（子）公司。

我国的大型工业集团正处于一场深刻的变革之中，其中物流资源的管理相对集中、相对分离是一个重要动向。开滦国际物流有限公司就是在这样背景下的产物，独立以来发展很快，已成为专业化的5A级物流公司。他们面临的两个主要问题是：解决好煤炭物流中的专业服务与共性服务的关系；解决好母公司市场与社会市场的关系。为此他们一直注重信息化建设，目前的信息系统GS5.0就是积累的结晶。这套系统的成长历史凝聚了开滦物流从企业物流走向物流企业的过程。

3. 物流企业的专业化物流服务在广度上向供应链金融拓展

中国远洋物流有限公司的融资供应链电子商务应用项目是我国目前最先开发并实施的一套网上交易物流融资系统，该系统对广大中小型企业融资是具有重要历史意义的，使广大中小型企业融资难的问题得到很大程度的解决，这一创新的业务模式为中小企业融资带来了实质性的突破，实现了信息流、物流和现金流的“三流合一”。本套网上融资交易系统，是通过建设银行、中远物流与金银岛网交所三家具有实力的企业联合在一起，在网上全程进行电子数据交换的一套系统。意义在于：该系统为大宗商品行业的中小型商贸和流通企业提供了安全、高效的电子商务供应链融资服务，实现了融资物流业务网上全流程操作，使企业向银行贷款的门槛变低了、操作变得更加简单、快捷，节约了企业大量的时间、精力与成本。

中国外运长航集团金融物流信息化平台依托国内金融物流服务体系建设，充分利用物流服务和金融服务资源，突破两大服务业中业务管理、协调、数据交换、信息共享等关键技术，形成物流服务与金融服务业务的高度协同，信息的无缝连接，提升金融物流服务的管理自动化、智能化水平，为金融物流服务相关的银行机构、物流企业和中小企业提升了业务发展的空间，提供了及时、准确和综合的金融物流信息，建成金融物流信息共享与服务的示范工程，为实现国家物流信息化工程提供行业支撑。

同时，许多商业银行如深发展、中国民生、交通银行等都在为物流企业提供供应链金融服务。

五、物流企业对信息系统的建设越来越重视

2009年，中国物流与采购联合会网络事业部对物流企业信息化进行了调查，调查显示：

越来越多的物流企业对信息系统的建设问题给予了高度关注。以下几方面的调查结果反映了物流企业越来越重视信息系统的建设。

一是随着现代物流的理念不断深入人心，建设企业信息系统的重要作用日益为企业所认同，并积极付诸实施。在受调查中的企业中，约有67.2%的企业建立了企业的管理信息系统。

二是受调查的企业对信息系统作用的认知基本趋同，普遍认为财务管理、仓储管理、运输管理是物流信息系统最主要的功能，认知比例高达95%；而对货运代理、客户关系管理、协同办公系统、订单系统作用认知所占比例依次为72.3%、66.7%、60.4%和59%。

三是受调查企业认为，最需要改进的功能模块依次为：仓储管理、运输管理、ERP、跟踪定位、信息查询、订单系统。

四是受调查企业普遍认为，建设企业信息系统的最主要方式是购买软件和委托开发，有45%的企业认同购买软件，有31%的企业认同委托开发；还有一部分企业认同联合开发和自己开发，所占比例为19.5%；另有少数企业认同长期外包，其认同比例最低。

五是根据调查显示，系统之间没有集成的企业占11.6%，系统之间部分集成的企业占45.7%，系统之间全部集成的企业占22.1%。

六、物联网在物流行业的应用促进了物流智能化

从目前社会业界对物联网的关注看，IT界的热情明显高于其他业界，因为有专家估计，到2020年全球物—物互联的业务和人与人通信的业务的比率将达到30:1，因此，物联网是IT产业未来发展寄予厚望的新时代。值得注意的是，产业界对物联网的热潮多持冷静观望的态度，所以在相关问题的讨论或争论中，多集中在技术层面。

物流的应用驱动可以概括为“物联网促进物流智能化”。这里包含三个基本要点：一是如何部署更加广泛、及时、准确的信息采集技术，如射频识别（RFID）、各类传感器、地理定位系统、视频采集系统等；二是如何把这些信息实现互联互通，既满足专用的要求，也能实现方便的开放和共享；三是信息如何管理、加工、应用，解决各种现实问题，把虚拟世界的信息转化到实体世界的应用中来，也就是进入到IBM称之为“智慧地球”的时代。所以对物流领域来说，物联网只是技术手段，最终目标是物流的智能化。

（作者：晏庆华　中国物流与采购联合会网络事业部）

2009 年中国物流标准化建设

2009 年 3 月，国务院颁发了《物流业调整和振兴规划》（国发［2009］8 号，以下简称《振兴规划》），明确将物流标准化工作作为促进物流业平稳加快发展的重要任务和重点措施。在这一政策精神指导下，2009 年我国物流标准化工作进入了一个新的发展阶段。

一、物流标准化进一步得到重视与强调

国务院颁发的《振兴规划》对物流业的发展提出了一系列新的方针政策，物流标准化占有非常重要的地位。在《振兴规划》提出的六条基本原则中，第五条为：建立技术标准，推进一体化运作。按照现代物流理念，加快技术标准体系建设，综合集成仓储、运输、货代、包装、装卸、搬运、流通加工、配送、信息处理等多种功能，推进物流一体化运作，提高物流效率；在十项主要任务中，第九项为完善物流标准化体系：根据物流标准编制规划，加快制定、修订物流通用基础类、物流技术类、物流信息类、物流管理类、物流服务类等标准，完善物流标准化体系。密切关注国际发展趋势，加强重大基础标准研究，要对标准制定实施改革，加强物流标准工作的协调配合，充分发挥企业在制定物流标准中的主体作用。加快物流管理、技术和服务标准的推广，鼓励企业和有关方面采用标准的物流计量、货物分类、物品标识、物流装备设施、工具器具、信息系统和作业流程等，提高物流的标准化程度；在九项重点工程中，第六项为物流标准和技术推广工程：加快对现有仓储、转运设施和运输工具的标准化改造，鼓励企业采用标准化的物流设施和设备，实现物流设施、设备的标准化。推广实施托盘系列国家标准，鼓励企业采用标准化托盘，支持专业化企业在全国建设托盘共用系统，开发托盘的租赁回收业务，实现托盘标准化、社会化运作。鼓励企业采用集装单元、射频识别、货物跟踪、自动分拣、立体仓库、配送中心信息系统、冷链等物流新技术，提高物流运作管理水平。实施物流标准化服务示范工程，选择大型物流企业、物流园区开展物流标准化试点工作并逐步推广；在政策措施中提出“国家标准委会同有关部门制订物流标准专项规划”。

二、国家标准委组织制定物流标准专项规划

为贯彻落实《振兴规划》，2009 年 4 月开始，国家标准化管理委员会联合国家发展和改革委员会、科学技术部、工业和信息化部、交通运输部、铁道部、商务部、国家粮食局、中国民用航空局、国家邮政局等部门以及全国物

流标准化技术委员会、全国服务标准化技术委员会、全国物流信息管理标准化技术委员会、全国国际货运代理标准化技术委员会，组织物流领域各方面专家，总结近些年物流标准化工作经验，研究讨论新的发展思路和工作重点，探索完善新的物流标准体系，先后召开了6次研讨会，共听取各有关部门、行业50余名专家的意见，经多次修改完善，完成了《全国物流标准专项规划》编制工作，确定了到2011年物流标准化工作的指导思想、主要目标，提出了物流标准化工作的重点领域，建立了由通用基础、公共类物流、专业类物流构成的新的物流标准体系框架，提出了重点物流领域近期内标准制修订计划项目。这个专项规划将由上述10个部门会签后联合颁发。

三、一批物流国家标准正式发布与立项

2009年，6项物流国家标准正式发布，包括4项通用基础标准，即《第三方物流服务质量要求》《多式联运服务质量要求》《社会物流统计指标体系》《物流中心分类与基本要求》；2项冷链物流标准：《冷冻食品物流包装、标志、运输和储存》《冷藏食品物流包装、标志、运输和储存》。

同时，11项物流国家标准于2009年正式列入国家标准委国家标准制修订计划项目，包括冷链物流、医药物流、汽车物流、媒介物流、物流园区、物流企业等多个领域，具体项目为："冷链物流企业服务条件评估""水产品冷链物流服务规范""医药物流服务规范""医药生物冷链物流运作规范""医药生物冷藏箱通用规范""药品冷链物流技术与管理规范""汽车物流服务评价指标""商品车物流过程检验流程及要求""媒介购物物流服务质量要求""物流园区服务规范及评估指标""物流企业分类与评估指标"。

四、推进专业物流标准化

开展冷链物流标准化对外交流。中国冷链物流业的快速发展以及有关的标准化问题，得到了美国有关部门的关注，经与美国驻华使馆有关部门沟通协商，中国物流与采购联合会和美国驻华使馆农业贸易处于2009年7月21～22日在北京共同召开中美冷链标准交流会议。这次会议得到了中国国家标准化管理委员会的支持，应邀参加会议的中方机构代表包括：国家发展改革委、商务部、国家食品药品监督管理局、国家标准委、中国制冷学会等；美方机构包括美国商务部、美国食品药品管理局、美国电气制造商协会、美国交通与物流协会等。中美两国食品与农产品冷链生产、流通、物流、设备制造企业、行业组织、研究机构近200人参加了会议。会议交流了中美两国各自在食品与农产品冷链物流运作法规、标准方面的有益经验和需要解决的问题，为参会者提供一个了解两国冷链物流业发展情况以及与同行建立联系的机会，在促进和加强中美两国冷链物流领域合作方面进行了积极的探索。

家电物流标准化起步。家电物流是我国现代物流发展中的新兴物流专业领域，2008年全国家电行业总产值约为3.5万亿元。如何通过开展家电物流标准化，推动家电物流行业的进一步发展，是当前需要解决的新问题。在有关物流企业、研究机构的协助下，全国物流标准化技术委员会于2009年11月在广州组织召开了"全国家电物流标准化工作研讨会"。长虹电器、格兰仕、格力电器、美的等家电制造企业，国美电器、苏宁电器等家电流通企业，速比达物流、宝供物流、广东南方物流、湖北泓通达物流、杭州华商物流、深圳神彩物流、长虹民生物流、芜湖安得物流等多家家电物流企业，广东省标准化研究院、中山大学、华南理工大学、广东外语外贸大学、美国供应链管理协会、湖北物资流通技术研究所、广东省物流

协会、广州市物流协会、《物流》杂志社等物流研究、高校、行业机构有关负责人、专家学者参加了会议。会议交流了我国家电物流标准化的现状、主要问题、发展方向、工作建议，讨论了开展家电物流标准化的近期工作计划，包括标准项目建议以及进一步建立家电物流标准化工作交流协调机制、推动家电物流标准化工作深入发展的意见。

中国集装箱标准化工作进入国际。2009年7月，在国际集装箱标准化技术委员会（ISO）集装箱通信与识别技术分会第17次全体委员大会上，由中国提交的“集装箱货运标签国际标准提案”获得通过。这是全国集装箱标准化技术委员会自新中国成立以来第一次正式负责起草组织国际标准，具有标志性意义。

五、物流标准化基础性课题研究取得进展

按照国家标准委的统一安排，2009年7月，中国物流与采购联合会组织申报了2009年度国家质检公益性标准化科研专项课题“冷链物流等重点物流领域关键技术标准研究”，经过国家标准委、科技部、财政部审查，此项专项课题于2009年年底正式立项下达。这项课题包括6个子课题，由中国物流与采购联合会牵头承担，7个协作单位具体落实。6个子课题与承担单位分别为：冷链物流标准体系及重点标准项目研究（中国物流技术协会）、汽车物流标准体系及重点标准项目研究（中国物流与采购联合会汽车物流分会）、医药物流标准体系及重点标准项目研究（广东省标准化研究院、湖北物资流通技术研究所）、应急物流标准体系及重点标准项目研究（中国物流与采购联合会应急物流专业委员会、湖北物资流通技术研究所）、物流单证标准体系及重点标准项目研究（上海市标准化研究院）、社会物流统计标准体系及重点标准项目研究（中国物流信息中心），课题完成时间为2011年9月。

六、地方积极推进物流标准化工作

2009年以来，在全国范围内几个省级物流标准化机构相继成立，其中包括：山东省服务标准化技术委员会物流分技术委员会、浙江省交通运输标准化工作委员会、安徽省物流标准化委员会。

2009年，浙江省交通部门印发了《关于加强浙江交通运输地方标准建设工作的意见》，明确了浙江交通运输地方标准建设的目标、原则和工作分工，提出了浙江交通运输地方标准体系的基本框架。

湖南一力股份有限公司推行物流业务流程标准化。该公司对相关的部门和岗位进行明确的智能定义，规定其工作的范围、内容和要求，并在此基础上形成工作流程定义，明确工作链条中每一个环节的负责人（岗位）、所要做的工作、如何做、如何与下一环节进行交接等内容，进一步在物流系统中设置规范流程，确保在系统中只能按规定的流程开展业务，保证了业务流程的规范性，实现信息的标准化。

地方物流标准化工作的发展，对于提高现代物流标准化意识，推进物流企业标准化运作，做好物流国家标准、行业标准的宣传贯彻，提高实施物流标准的有效性，具有重要意义。

七、积极开展标准宣贯、培训工作

2009年6月，交通信息基础数据元标准宣贯会在河南郑州召开，会议要求高度重视信息化标准工作，严格执行交通运输部颁布实施的13项交通信息基础数据元标准，推动交通运输信息化健康有序发展。这13项交通基础数据元标准覆盖公路、道路运输、水运、海事各大交通管理领域，涉及建设、养护、管理、服务等方面，基本适应了行业信息系统和数据库建设

以及信息资源交换的需求，为交通运输行业建立统一数据标准的部、省、市三级数据库提供了保障，对于提高数据的规范化程度，消除数据描述和采集格式混乱的现象，保证数据的准确性、一致性和有效性，也具有重要的指导作用。

2009年7月，为了更好地促进我国物流园区的发展，结合标准项目进展情况，全国物流标准化技术委员会在徐州举办了“物流园区国家标准宣贯与物流园区评估标准研讨会”，宣贯新发布的《物流园区分类与基本要求》国家标准（GB/T 21334－2008），研讨正在制定过程中的《物流园区服务及评估指标》国家标准（讨论稿）。

2009年12月，为了贯彻实施国家标准委新颁布、2010年1月1日开始实施的GB/T 1.1－2009《标准化工作导则　第1部分：标准的结构和编写》，全国物标委在北京举办了新标准的编写培训班，参加培训的包括标委会分技术委员会秘书处、各个物流标准项目起草人员。

八、物流信息标准化工作深入发展

1. 两项物流信息基础性国家标准于2009年正式颁布

2009年5月6日，《物流管理信息系统应用开发指南》和《物流信息分类与代码》国家标准正式颁布，两项标准均于2009年11月1日开始实施。

2. 商品条码系列标准进一步完善

条码技术是现代物流信息技术的关键部分。2009年5月6日，一批新的有关商品条码的系列国家标准正式颁布，它们分别是：《商品条码　条码符号放置指南》《商品条码　应用标识符》《商品条码　物流单元编码与条码表示》《商品条码　服务关系编码与条码表示》《商品条码　资产编码与条码表示》。加上之前颁布的，目前新修订并正式颁布的商品条码系列标准已达10多项。

3. 专业领域物流信息标准编制工作抓紧进行

2009年，按照国家标准项目计划，为推进纺织服装领域物流信息标准化，提高我国服装业参与全球贸易的竞争力，有关机构组织编制了《纺织面料编码　化纤部分》和《服装条码应用规范》国家标准；为保障食品质量安全，组织编制了《食品追溯　信息编码与标识规范》《食品可追溯性通用规范》国家标准，目前，编制工作已基本完成，发布后将完善我国食品安全追溯标准化体系。

4. 物流信息标准推广应用工作深入发展

我国商品条码系列国家标准的编制与颁布，有力地推动了以商品条码为核心的物品编码与自动识别技术在重点物流领域的实际应用，使建材超市、医药物流商品条码应用得到规范；全球统一编码系统在港口物流信息标准化、医疗产品物流配送、医药物流产品信息标准数据库建设方面发挥了重要作用。

2009年，交通部启动了省际物流公共信息平台建设项目，实行物流编码标准化是其中的重要工作内容。

5. 物流信息标准化总体框架研究课题提出

2009年，以国务院颁发的《物流业调整与振兴规划》为契机，结合目前我国物流行业信息化现状，中国物品编码中心提出了《物流信息标准化总体框架研究及应用示范》课题项目，计划重点研究建立全国统一的物流对象数据库和物流资源共享数据库，解决各类物流信息解决方案底层的数据共享和兼容难题；研究建立标准化的物流信息公共交换平台，促进物流信息交换；研究建立完善的物流信息化标准体系，着力解决物流信息化当中物流企业“无标准可用”的难题，真正实现供应链各实体间物流信息的传输和识别，保障物流活动各环节间的无缝连接。该项目计划于2010年展开，并将首先在纺织行业、农资农药行业建立试点，开展应用推广工作。

（作者：黄久久　全国物流标准化技术委员会　李素彩　全国物流信息管理标准化技术委员会）

第九部分

部分优秀物流企业综观及经典案例

戴姆勒东北亚投资有限公司

黑龙江省五洲华宇恒业物流有限公司

中国远洋物流有限公司

中铁现代物流科技股份有限公司

北京宅急送快运股份有限公司

广州市商业储运公司

戴姆勒东北亚投资有限公司2009年大事纪实

大连交车仪式——暨中联向客户交付15台梅赛德斯-奔驰底盘泵车

中联重科混凝土分公司2010年举办了大型公路巡展活动。巡展大连站，中联重科向客户交付了15台梅赛德斯-奔驰泵车专用底盘改装的泵车；同时展出了17台奔驰底盘的中联泵车。此次活动，共邀请了10余家媒体和400多位客户到场。活动现场，客户先后签下了数台采用奔驰底盘的中联泵车。

此次巡展，让辽宁地区的用户很好地了解到梅赛德斯-奔驰泵车专用底盘的优良特性。是中联和梅赛德斯-奔驰战略合作的成功典范。

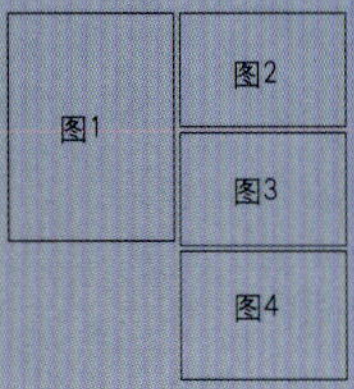

图1：大连国际金融会议中心展车
图2：用梅赛德斯-奔驰泵车专用底盘的中联展车
图3：梅赛德斯-奔驰卡车副总裁王宁先生大会致词
图4：梅赛德斯-奔驰卡车领导和中联领导共同向卡车用户交付钥匙

中铁交车仪式——暨中铁物流集团订购50台梅赛德斯-奔驰卡车

以“快速、高效”为主题衬托的梅赛德斯-奔驰卡车向中铁物流集团交付50台Actros牵引车交车仪式暨中铁物流集团开通高速运输线路启动仪式在京举行。来自合作双方的有关领导、嘉宾和新闻界的代表出席了活动。

作为双方战略合作的一部分，为了在蕴涵极大潜能的陆路物流运输行业有所建树，中铁物流计划在年内将其所采购的梅赛德斯-奔驰卡车的总数增加到100台。与此同时，梅赛德斯-奔驰卡车将为中铁物流提供其全方位的服务，包括销售、售后服务、配件及金融在内的各个环节，使客户获得周全的“一站式”服务。

京城第一家梅赛德斯-奔驰卡车经销商——北京银汉华星商贸有限公司开业

银汉华星在1995年加盟梅赛德斯-奔驰卡车中国大家庭，成为奔驰服务站之一。凭借出色的服务，银汉华星得到了广大奔驰卡车用户以及物流公司的广泛认可和赞许。2010年正式成为梅赛德斯-奔驰特约授权的卡车中心。同时，标志着第一家梅赛德斯-奔驰卡车中心在北京成立。

随着银汉华星的开业，将会向中国北方地区提供更加可靠、高效和稳定的物流解决方案。为广大客户提供多方位、高质量，和符合梅赛德斯-奔驰最高标准的服务。

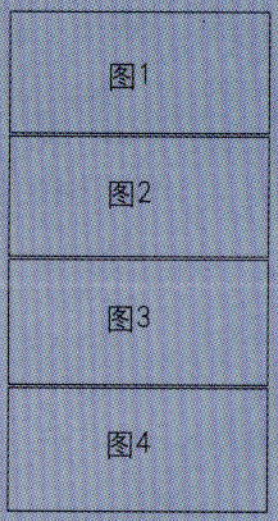

图1：梅赛德斯-奔驰领导和银汉华星相关领导为开业典礼剪彩

图2：戴姆勒卡车中国总裁兼首席执行官马克思博士为剪彩仪式致辞

图3：销售的第一台梅赛德斯-奔驰Actros牵引车

图4：梅赛德斯-奔驰卡车参加剪彩仪式的各位到场嘉宾

图1：戴姆勒卡车中国总裁兼首席执行官马克思博士为剪彩仪式致辞

图2：梅赛德斯-奔驰卡车领导和中铁物流集团领导为交车仪式剪彩

图3：中铁物流集团采购的梅赛德斯-奔驰Actros牵引车

图4：梅赛德斯-奔驰卡车领导和中铁物流集团领导座谈交流会

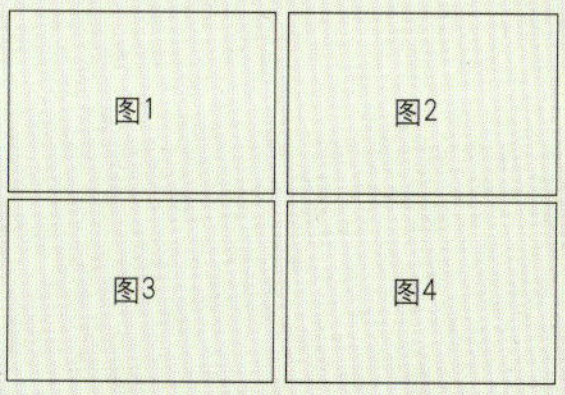

天地华宇大事纪实

2010年7月　天地华宇助玉树度难关，捐款百万兴建“天地华宇-姚基金希望小学”

青海玉树发生地震后，天地华宇集团与中国扶贫基金会合作，第一时间无偿向玉树地区提供救灾物资运输。并在之后召开的“2010姚基金慈善之旅”活动上，徐水波总裁出席并代表全体员工向玉树灾区捐款100万元，兴建“天地华宇-姚基金希望小学”。

2010年6月　校园风暴活动再次席卷全国

天地华宇集团56家子公司共同开展了校园行动，为学生提供“门到门”高端公路货运服务，此举不仅使天地华宇的品牌形象在校园中得到极大的提升，还在暑期淡季取得了创历史新高的产值。

2010年3月8日　天地华宇建成中国首个全国定日公路快运骨干网络

在推出“定日达”全国公路快运服务一年时间里，该网络已经成功拓展至26个中国主要城市，通过246条“定日达”线路，使“定日达”服务覆盖近800个运营网点，辐射环渤海湾、长江三角洲、珠江三角洲以及中西部经济活跃地区。

2010年1月1日　400-808-6666客服热线

天地华宇定日达正式开通400-808-6666全国统一客服热线，以高品质的服务标准受理定日达咨询、查询、投诉、下单、小额赔付等客户需求服务。

2009年12月30日　天地华宇推出新标识新口号

新标识的设计风格延续了TNT的品牌理念，彰显其“准时、安全、可靠”的品牌内涵。同时，定日达采用了“说到做到，定日必达” 广告语，强调“以客户为中心”的服务理念，体现了天地华宇敢于承诺和坚决执行的自信和能力。

2009年12月3日　天地华宇CEO徐水波荣获“2009中国物流十大年度人物”称号

徐水波总裁被中国物流与采购联合会评为“2009中国物流十大年度人物”，并在河南郑州召开“第七届中国物流企业家论坛暨中国物流年会”上，由中国物流与采购联合会副会长贺登才授此殊荣。

2009年9～11月　天地华宇引领校园招聘热潮

天地华宇在佳木斯、成都、太原、北京、天津等多个城市的10所高校举行招聘会，招聘大学生700名。

2009年6月18日　天地华宇武汉大型公路快运分拨中心正式启用

分拨中心的启用将显著提升天地华宇在该区域的网路运营能力与递送效率，使从武汉辐射至福建、江西、湖南、四川及重庆市的重要长途运输干线的货运时间最多可缩短近2天。

2009年2月16日　天地华宇推出“定日达”公路快运服务

该项公路快运服务以其准时、安全、高品质服务的产品特性，使天地华宇成为业界首屈一指的能够提供高附加值公路快运服务的承运商。 “定日达”将推动提升整个国内公路运输业的服务水平。

2009年2月16日　TNT正式宣布收购天地华宇成功

TNT正式宣布收购天地华宇后的整合过渡是成功的，在完成收购后的24个月内，天地华宇成功稳定了团队，并且巩固了业务发展。在未来，天地华宇将结合TNT集团丰富的国际经验，进一步加强本土化的知识专长，巩固在国内公路递送市场上的领导地位。

中国远洋物流有限公司2009年大事纪实

1.连续五次荣获中国物流百强企业榜首称号。

2.空客320项目物流解决方案和“海陆仓”供应链融资解决方案获得“2009中国物流业大奖——经典物流解决方案奖”。

3.在核能物流领域取得新突破，分别与国家核电公司、中广核集团等签署战略合作协议。

4.成功中标飞利浦原材料VMI及JIT高端电子物流业务。

5.成功中标美国最大的航空航天零部件制造商古德里奇公司（Goodrich）的航空零部件物流项目。

6.与全球前三大邮轮公司续签总代理协议。

7.为“中国当代美术精品世界行赴法展”及“2009年法兰克福书展”提供会展物流服务。

中铁现代物流科技股份有限公司2009年大事纪实

1.2009年2月，召开物流股份公司2009年工作会议暨党风建设和反腐倡廉工作会议。

2.2009年2月，根据业务需要，将供应物流三部、国际物流部并入铁路物流事业部。

3.2009年3～8月，深入开展了学习实践科学发展观活动。

4.2009年4月，北京分公司物权监管部荣获中央企业团工委“2008年度中央企业青年文明号”称号。

5.2009年5月，根据总公司要求，将原有煤炭业务迁出，总公司机电接运业务并入物流股份公司，并成立机电接运部。

6.2009年5月，在公司范围内开展中层后备人才选拔培养工作。

7.2009年7月，召开物流股份公司2009年业务研讨会。

8.2009年10月，成立鹰潭分公司。

9.2009年11月，通过中国物流采购联合会5A级综合服务型物流企业第二次复核。

10.2009年12月，与物总天津公司、物产公司、物贸公司签署合作协议

11.2009年12月，召开2009年战略规划宣贯与业务研讨会。

12.2009年12月，按照业务板块管理要求，对总部各业务部门称谓进行变更，对职责做出调整。

13.2009年12月，公司入选“中关村TOP100”实力榜。

北京宅急送快运股份有限公司2009年大事纪实

2009年　被评为“最具竞争力的快运企业”； 总裁陈显宝被评为“2009企业快乐竞争力信心领袖”及物流与采购联合会“2009中国物流十大年度人物”。

2009年　被中国物流采购联合会评为“中国物流百强企业第29名”“民企十佳企业”。

2009年　被中国商业联合会评为“中国杰出营销企业”。

2009年　公司顺利通过ISO9001质量认证，跨入高品质企业行列。

2010年　被中国品牌发展组织委员会评为“2009中国品牌社会责任贡献奖”，陈显宝总裁被评为“2009中国品牌创新人物”。

广州市商业储运公司2009年大事纪实

面对全球性金融危机的冲击，广州市商业储运公司（以下简称公司）未雨绸缪、化危为机，2009年取得历史性经营业绩和经营收入逆势增幅48.31%的佳绩。同时，在物流基地和项目开发拓展、物流业务和运营模式创新、信息技术研发和业务流程优化等方面均取得了良好的成果，企业核心竞争力显著提高。

一是把握广佛同城化契机，成功开拓具有战略意义的广佛物流中心，增加了物流经营网点，强化了在珠三角物流圈的核心竞争力。

二是创新经营模式，大力发展物流金融业务。先后与多家企业达成物流金融合作业务，带动企业采购分销与物流金融业务取得新发展，大大增强企业可持续发展的后劲。

三是成功开拓汽车备件物流一体化项目，集采购、分销、现代仓储、配送一体化经营。运营管理的汽车备件达1万种以上，运作全程信息化管理，标志企业发展供应链一体化业务，推进提升物流经营模式取得新的发展。

四是拓展广州烟草城市配送物流业务，成为广州市烟草配送业务唯一烟草配送物流商。该项目成功采用智能调度系统和配置GPS系统，实现烟草配送实时跟踪调度。

五是成立广商保税仓储有限公司，新建现代化货架式立体保税仓库，全力开拓物流金融、保税物流、国际货代业务。

六是构建物流供应链信息平台，优化办公自动化系统，自主研发仓库条码管理，运输智能管理信息系统全面上线，企业物流信息化水平不断提升。尤其是公司投资300多万元打造的公路运输智能管理信息系统（TMS）项目投入运营，为公司向现代物流企业发展夯实基础。

七是申报国家高新技术企业获得审批，成为物流行业少数高新技术企业之一。

八是2009年公司被评为“广东省服务业100强”“广州市十佳物流企业”；先后荣获“中国物流与采购联合会副会长单位”“全国通用仓储企业第四名”全国“2008—2009杰出仓储物流企业”“全国商业企业3.15荣誉企业”等多项全国物流行业荣誉称号，增强了行业影响力，提高了企业品牌价值。

九是以汽车备件项目为试点，探索服务标准化管理，物流运作流程的规范化、标准化管理取得新突破。

中远物流的供应链融资系统

融资供应链电子商务应用项目（以下简称为“供应链融资系统”）是我国目前最先开发并实施的一套网上交易物流融资系统，该系统对广大中小型企业融资具有重要历史意义，使广大中小型企业融资难的问题得到很大程度的解决，这一创新的业务模式为中小企业融资带来了实质性的突破，实现了信息流、物流和现金流的“三流合一”。本套网上融资交易系统，是通过建设银行、中远物流与金银岛网交所三家具有实力的企业联合在一起，在网上全程进行电子数据交换的一套系统。该系统能为大宗商品行业的中小型商贸和流通企业提供安全、高效的电子商务供应链融资服务，实现融资物流业务网上全流程操作，使企业向银行贷款的门槛变低、操作变得更加简单和快捷，可为企业节约大量的时间、精力与成本。

一、供应链融资系统介绍及立项意义

1. 原融资系统介绍

原融资系统主要是针对大型企业进行贷款，且贷款数额相对较大，对企业的实力要求很高。企业向银行申请贷款，需要委托物流公司对其质押物进行监管，在业务操作和管理上，中远物流接受银行的委托对企业质押给银行的质押货物进行监管，实际监管中可能是企业将质押货物存入中远物流融通仓库由中远物流公司进行监管；也可能是中远物流公司派驻人员到企业对质押货物进行监管；也可能是企业将其物流运输外包给其他物流公司，同时，中远物流公司对此进行包括运输过程的全程监管。

主要的业务流程：三方（货主、银行、中远）签订合同→申请贷款→入库、质押→银行贷款→货主还款→解压→货主提货出库。

2. 融资业务现状分析及立项原因

自从2008年金融危机以来，我国许多中小企业面临资金短缺的困境，融资已成为影响中小企业生存与否的关键要素。一直以来融资难始终是制约中小企业发展的“瓶颈”问题。我国中小企业占全国企业总数的90%，贷款却只占银行贷款余额的9%。尽管国家政策层面不断鼓励银行加大对中小企业的融资力度，但在2009年短期应急性的宽松货币政策下，我国的大多数中小企业还是不能享受银行的融资待遇。

原融资系统与银行之间是纸质操作进行交互，客户需自行去银行申请贷款，由于没有担保公司进行贷款担保，故银行对企业要求较高，能成功贷款的企业都是大型企业，故原融资系统不能帮助中小型企业进行融资贷款。另外，原融资系统还有企业贷款手续相对烦琐、物流信息处理速度较慢等缺陷。为解决上述难题，近些年来，中远物流秉承“做最强的物流服务商”的发展理念，凭借着物流服务网络覆盖广的优势，审时度势地推出了具有中远自身特色的融资物流业务。中远网络协同建设银行、金银岛网上交易平台三方共同开发了供应链融资系统，实现了融资物流业务网上全流程操作，大大提高了企业贷款的效率。供应链融资系统将物流信息系统从传统的物流服务扩展到企业融资服务领域，是物流信息系统的一种崭新应用方式，为中小企业融资提供了更快捷、更安全的融资方式，也为物流信息系统提供了全新的发展方向。

供应链融资系统的启用使得中小型企业向银行申请贷款的流程得到最大程度的简化，也为更多中小企业贷款提供了强有力的技术支持，使得之前较为困难的贷款申请变得更加简易。由于银行对中远信誉的信赖，从而才使贷款流程变得简化，也节约了融资物流业务中各方操作流程的时间成本，变相降低了企业贷款的资金成本，加快企业资金的流动速度，最终达到了增加企业竞争力的目的。

3. 供应链融资系统业务介绍

供应链融资系统是中远物流将传统的融资物流业务实现电子化的一种新型业务模式，该项目从2009年3月就已开始前期需求讨论，实际立项是2009年6月，立项后即进入开发阶段，该系统开发完成后就已支持与建设银行、金银岛平台系统对接，实现全流程网上操作的融资物流服务，2009年10月系统进行试运行阶段，2009年年底前已开始投产使用。

由金银岛批量推荐有融资需求的优质交易商进行融资，融资资金应用于指定的网上交易品种。银行采取模式化授信，简化手续，快速审批，采用动产质押作为反担保措施，并追究融资企业法人连带担保责任，中远物流向银行承担仓单出具、货物监管、质物处置责任，金银岛向中远物流承担提供价格指数和质物处置责任。

金银岛提供电子仓单管理系统、资金银行托管系统等系统，中远物流提供仓储管理系统等系统作为基本系统，在此基础之上对供应链融资平台进行了深入开发，同时双方系统实现信息共享、数据实时同步更新，所有系统对银行开放监管权限。通过上述系统实现对物流、资金流、信息流的实时全程管理监控，形成资金、货物的闭环运作，从而有效控制风险。该系统是新型的公共事业的商业模式，针对于三方系统来说，他们的利益点各不相同，建行收取收贷款利率，金银岛收取交易佣金、融资服务费，中远收取物流费（入库费、仓储费、出库费、运输费及增值服务费）、交易佣金及监管服务费，这个融资模式还会进一步推动三方的传统业务。

4. 目前系统对融资行业的推进与优化作用

供应链融资系统平台是中远物流适应市场的需求而开发的一套融资系统。通过对该平台的应用，扩大了中远物流在融资物流业务中影响力，使得中远物流可以向客户提供更加快捷的融资物流服务，可以实现由传统的线下操作模式向网络平台操作的转化，明显提高了融资企业在市场上的竞争能力。

与传统的融资物流业务模式，供应链融资系统具有以下突出的优势：一是使得更多中小企业获得贷款，解决了企业贷款难的问题，降低了企业的公关成本。二是贷款过程简捷、透明、省心；随用随放，不误急用；无须预约，不跑银行。三是中远物流在提供融资物流服务的基础上，发挥自身优势，为企业提供仓储和配送等全方位的供应链服务。四是融资物流业务中涉及的各方企业均达到了节省人员支出成本，提高项目操作效率，项目安全、平稳、运营的目的。该软件便于涉及该业务的各岗位人员掌握，使操作者一目了然，出错概率显著降低。

据不完全统计，供应链融资系统完成投入运营后的初期，使得银行对中小企业的放贷额度显著增加，近3个月企业已累计贷款额度达到1.4亿多元，银行授信达4亿多元。

二、供应链融资系统构想及解决方案

1. 供应链融资系统的构想

根据外部竞争环境及中远物流业务战略调整的需要，中远物流供应链融资系统将主要采取以下发展策略：一是整合多方信息优势，实现多方信息共享；二是为中小企业融资提供了更快捷、更安全的融资方式；三是系统采用集中式管理方式，易于维护及管理，并提供强有力的数据分析和决策支持；四是支持与银行等合作企业的EDI电子数据交换；五是与合作企业电子数据交互时，对数据进行加密及进行数字签名，构建出一个安全的系统；六是实现包含多个应用服务器的分布式环境，确保系统的吞吐量和高可用性。

2. 供应链融资系统的优势

一是在线贷款申请，安全高效；二是贷款管理，方便快捷；三是业务提醒，随时掌控业务情况；四是采用电子授信、电子仓单、电子签章等业界领先技术；五是全新界面、全新体验。

3. 供应链融资系统解决方案

针对中小企业对于资金的强烈需求和中小企业的发展现状，融资贷款将很快成为中小企业获得资金的重要方式，因此，设计开发出新型的供应链融资系统也是大势所趋。系统满足了中远与建设银行、金银岛网交所三方系统的对接及全流程网上操作的融资物流服务要求，涵盖了出入库、质押、解押、计费、商务等业务模块。

融资企业向银行贷款的流程如图1所示，融资企业首先到金银岛交易平台进行注册，发给中远质押申请，进行质押操作，银行进行贷款，其中中远对融资企业的质押物有监管权限。

图2为供应链融资系统业务运行示意图。图中涉及入库管理、质押管理、交易管理、解押管理、出库管理等重要的业务，系统还涉及计费和商务模块，全部业务都符合相应的法规和行业规定。此外，供应链融资系统在开发时，已考虑到多种客户应用的需要，开发了总部、区域公司、仓库用户等不同操作用户的需要。

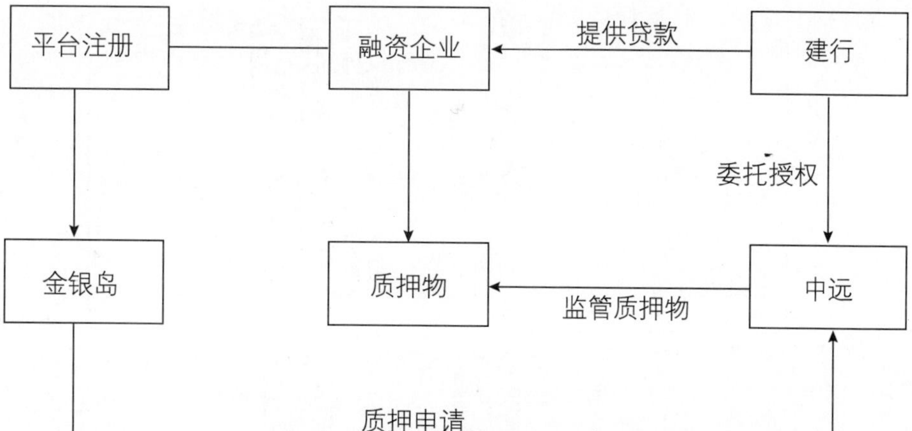

图1　融资企业向银行贷款的流程

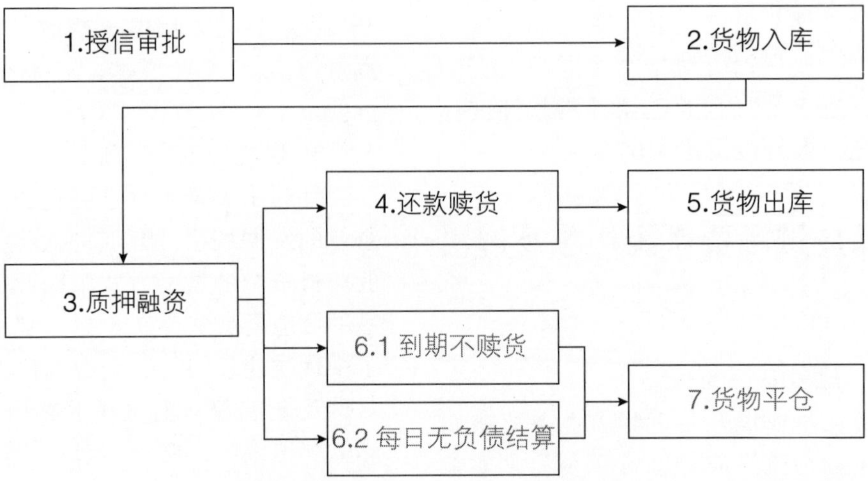

图2 供应链融资系统业务运行示意

三、供应链融资系统实施情况

（一）供应链融资系统核心技术

1. 系统架构

系统架构采用分层、组件的设计理念进行架构设计，整体架构提供了清晰的职责划分，不同的职责由不同的服务或组件实现；支持水平和垂直扩展，以满足负荷增长的需要。通过EDI接口子系统与外部资源相互访问，如支持与银行等合作企业的EDI电子数据交换。系统采用集中式管理方式，易于维护及管理，并提供强有力的数据分析和决策支持。支持“胖”客户端和Browser、移动设备等多渠道访问，系统采用XML封装请求和数据响应，底层通信协议使用标准的http协议。

（1）物理架构图。供应链融资系统的物理架构示意如图3所示。

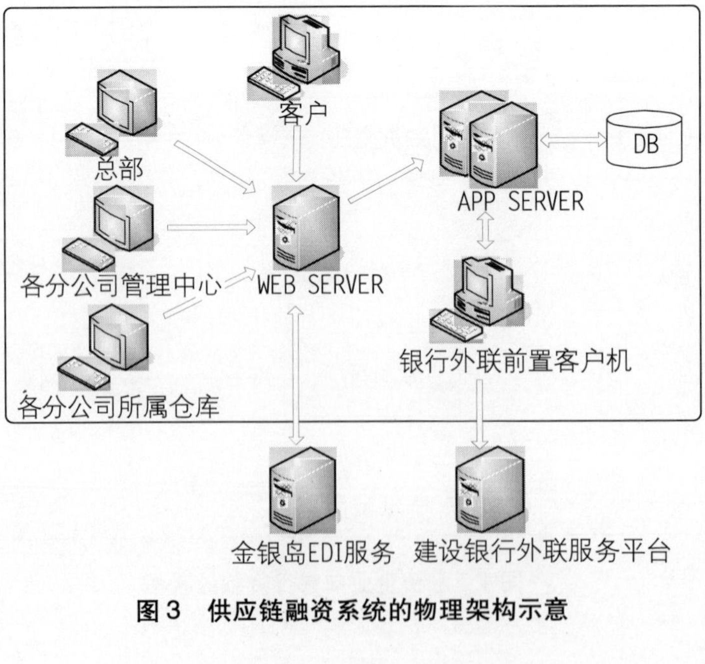

图3 供应链融资系统的物理架构示意

系统架构展现的是客户端（总部、分公司、仓库、客户）—Web Server 及 Application Server（总部平台）的两级结构，并通过总部平台与合作企业进行电子数据交互，这种架构实现了集中化管理，方便统计与维护，能够实现基础数据和报文的统一处理。

（2）发送报文至建行流程。系统面向所有业务操作员，整合所有数据传送到服务器上，服务器处理数据并存储结果数据，然后生成建行需要的报文格式，通过建行外联平台前置机客户机，将报文发送到建行。发送报文至建行流程如图 4 所示。

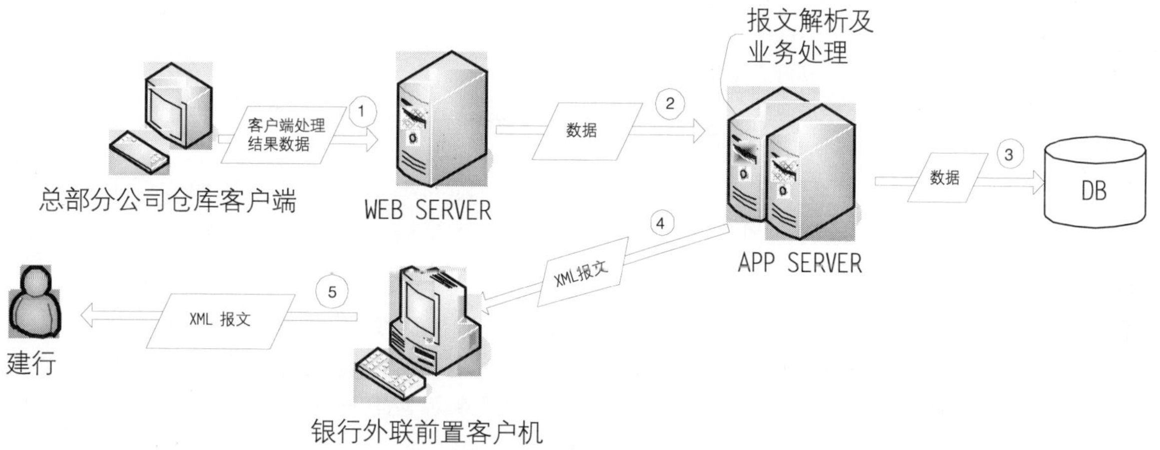

图 4　发送报文至建行流程示意

（3）读取建行报文流程。系统读取建行报文需通过建行外联平台前置机客户机进行读取，读取到的数据通过应用服务器进行处理转化后，提交到应用服务器的业务类进行处理，业务类经过业务处理将数据存入数据库之后，客户端可以展示或处理数据。读取建行报文流程示意如图 5 所示。

（4）接收金银岛报文流程。系统接收金银岛报文，金银岛需要访问中远 EDI 服务（加密），应用服务器将金银岛报文进行处理转化后，提交到应用服务器的业务类进行处理，业务类经过业务处理将数据存入数据库之后，客户端可以展示或处理数据。接收金银岛报文流程示意如图 6 所示。

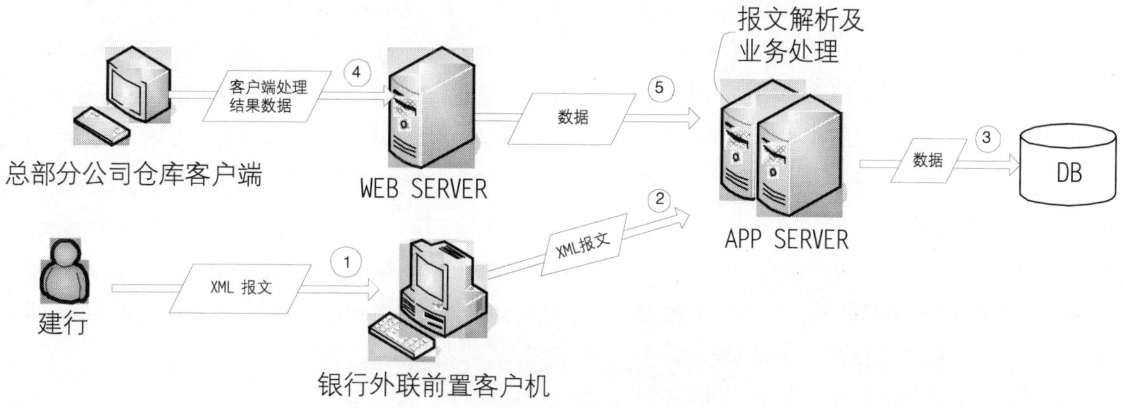

图 5　读取建行报文流程示意

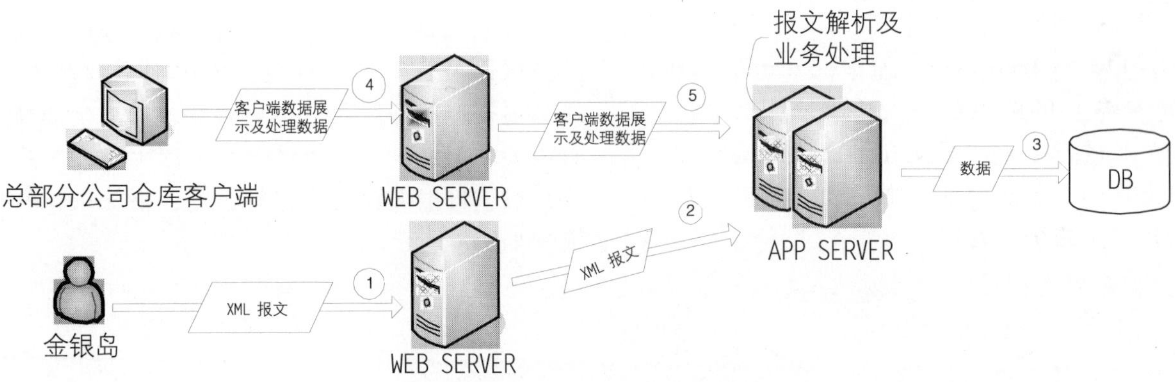

图6　接收金银岛报文流程示意

2. 硬件配置

配备 2 块或者 2 块以上的 CPU；2 × 1000MB 或者以上的高速缓存。

3. 数据安全

与合作企业电子数据交互采用 https 方式进行数据传输，对数据进行加密及数字签名技术，构建出一个安全的系统，以身份认证（身份鉴别）为基础、以数据安全（数据加密）和授权管理（访问控制）为核心，保证签名的不可抵赖性和防止数据篡改。

符合《中华人民共和国电子签名法》的要求，遵循《信息安全等级保护管理办法》和《中华人民共和国计算机信息系统安全保护条例》等有关规定。

4. 负载量及高可用性

随着业务量的增大，企业对系统的负载量和高可用性提出了更多的需求，特别是一些关键业务，需求确保系统 24 × 7 × 365 的可用性。通过 WAS ND 集群，能实现包含多个应用服务器的分布式环境，确保系统的吞吐量和高可用性。

（二）供应链融资系统特性

1. 管理特性

（1）统一的组织机构管理。通过设置总部、区域公司、仓库用户三级树状结构，定义了系统权限控制、审批路径和报表汇总路径树状结构的每个结点，能够展开形成集团内部组织架构，此组织架构可根据集团实际业务的发展而修改和扩展；部门组织架构通过公司设置的各个部门，对其公司内部的部门数据权限及管理权限进行明确规划及定义，系统通过对岗位的业务职能与权限进行了定义，明确岗位间授权与继承等业务权限，侧重于企业内部管理与控制。

集团组织架构预设的三级描述分别为：总部、区域公司和仓库用户。

（2）统一的合作伙伴信息管理。合作伙伴管理是供应链融资系统最基础的组成部分，包括银行管理、货主管理、用户管理等。它们是有效发放贷款、不断增加货源、不断提高服务质量的关键。

（3）统一的基础代码维护。基础代码作为整个系统实现的基础，为业务、商务、客户服务等各个模块的功能提供底层统一支持。基础代码的收集、整理、分类以及编码规则的制定是个长期的过程，贯穿系统实现的整个阶段，各类代码的结构状况应根据系统的需要进行设计，主要功能就是满足系统的调用。

（4）EDI 平台。通过供应链管理系统的 EDI 数据交流平台，外部合作伙伴可进行数据交互，生成或解码报错时，系统能提供对错误信息的深度解析。

2. 网上客服系统

客服系统是独立运行的客户端子系统，系

统可以与客户端和服务端交互访问。客户可以按照自己的意愿与系统进行交互，大大地简化了操作人员的工作量，提高了服务质量，从而使公司形象得到提升。

客服系统可支持登账管理下查看收费明细、统计管理下查看费用信息、库存日报以及系统管理等功能的浏览。

（三）供应链融资系统各点实施情况

目前分布在各个区域的仓库已达到30多个，如北京燕房华兴仓储公司、茂名中远仓库、中远供应链管理有限公司、中远物流包头通港库、中远物流北京大兴天云库等；所涉及的部分监管中心有供应链北京中心、供应链上海中心、供应链广东中心、供应链深圳中心、供应链厦门中心等；现有客户有80多家，如信达万通（北京）科贸有限公司、北京燕联化工有限公司、北京诚信同创商贸有限公司、北京汇能橡塑化工有限公司、北京广众益商贸有限公司、山东文远塑业有限公司、北京瑞汉通商贸有限公司、佛山市顺德区全劲贸易有限公司、北京汇通兆源工贸有限公司和北京市华天恒科技发展有限公司等；近3个月就已实现授信金额达4亿多元人民币，企业累计贷款额度达到1.4亿多元。项目目前的客户用户达87家，每月业务量达5000吨。

（四）媒体、用户反馈情况

由于供应链融资系统是一套全新的网上全流程操作系统，所以得到了很多电视台及媒体的专注。中央台新闻联播节目就在第一时间对该新型的融资模式予以了报道，并给予了极大的好评：“不仅不再需要提供实物担保，而且从提交申请到收到贷款也仅仅只花了不到半天时间，对于客户来说最大的好处就是方便和快捷。而且不需要拿房屋和其他不动产做抵押，根据客户的物流、信息流这些指标进行参照后，实现了直接在网络上就发放贷款，为客户实现便捷融资节约了大量时间、精力与成本。”北京晨报则用“破解了中小企业融资难题”为标题，对该新型的融资模式给予了充分的肯定，并提出：“相关数据显示，2009年我国网络购物延续高增长态势，交易规模升至2500亿元左右，网络购物用户总量有望突破1亿人，这背后蕴藏着巨大的融资需求，网络融资必将迎来更为广阔的发展空间”，这也给全新的融资模式的前景勾画出一幅美好的蓝图。

据不完全统计，目前一半以上的客户已成功向银行申请贷款，与此同时这些企业也发表了自己对全新融资模式的感谢。

北京博盛腾达科技有限公司负责人刘松称：“当时，就是按照要求提供了一些资料，没想到几天后就获得了建行的授信审批！这大大出乎了我们的意料！顺利拿到贷款后，马上囤了货。企业就怕资金不足，有了资金很多难题就迎刃而解了。全新的融资模式是我们解决贷款难的福音，我们也一定会借助这个产品促进公司更快更好地发展。”

北京博瑞昌商贸有限公司负责人称：“我们通过新型融资服务，轻松获得了建行400万的贷款，整个贷款操作都是在网上系统进行的，上午提交的用款申请，中午前就放款下来了，给我们公司带来很大便利。”

海口琳雄吴总说：“全新的融资模式最吸引我的就是随借随还，收费方式符合业务特点，还了钱，后面的利息就不用付了，用10天交10天的钱，用11天交11天的钱。授信额度也是循环使用，这些特点很符合做贸易的中小企业资金周转快的特性。而且息费的收取，相对来说比较合理。这笔钱我主要会用于订货，然后多接买家的订单，扩大销售。另外如果没钱我只能抬高价格，有了这笔钱，我可以把价格放得更低一点，资金一样可以周转过来！”

对全新融资模式表示感谢的企业不止这几家，还有送来锦旗表示感谢的企业。

（五）企业信息化的推动作用

企业信息化的推动，可以达到以下目的：

1. 提高工作效率和客户满意度，加强管控

根据用户企业管理要求，量身定制业务流程和业务单据、业务报表，保证使用效率；通过自动化业务管控（价格、信用、库存）和自动化财务核算（成本、应收应付），加快各个环节处理效率，并提高管控力度；通过有效的信息共享，同时兼顾信息保密性，加快部门间沟通效率；通过待处理业务自动推送，积极应对紧急任务，高效处理日常工作。

2. 管理应收应付款项，作好资金预测

通过有效信用管理（业务员信用、客户信用）、信用提示，有效减少坏账；只要货品收到、发出，都可以考虑在应收应付范围内，更加精准地对应收应付进行预估；通过灵活的结算政策和收付款期限控制，准确预测未来各月往来资金状况。

3. 管理库存水平和成本

准确核算库存成本，为经营者提供实时库存成本，避免因财务核算延迟而导致成本信息不及时；提供库存可用量查询（含在途量、在订量等），准确监控库存未来状况；通过最低库存、最高库存、可用量控制来严格监控企业库存数量与收发货质量。

4. 提供管理信息，辅助决策

提供多维度的管理报表，帮助企业经营者迅速了解经营状况，辅助决策。

通过对已经实施该系统的软件企业进行的调查显示，经过信息化应用，最直接的效益是企业的库存周转率有了大幅提升，应收账款余额也大幅下降，帮助企业加快了资金周转，带动企业利润的提高。同时，帮助企业规范了流程，加强了内控体系的建立。

（六）供应链融资系统改进方案

由于供应链融资系统已上线实施一段时间，故有一些地方能再进一步完善：一是目前供应链融资系统只能支持与建设银行进行交互，下一步做到与更多银行开展合作，进行互联互通；二是拓展新的业务方式，使更多的企业用户得到方便；三是企业客户可以从网上进行电子支付。

四、供应链融资系统实施过程中的经验及总结

一是针对于三方合作的项目，尤其是与银行有业务往来，本项目在启动过程，进行了商业论证和调研，充分听取了客户意见，从而使系统的可用性得到了一定的保障，也使得客户体验及友好度都有所提升；

二是合作三方通力合作，制定了良好的沟通策略和沟通规划。定期与银行和金银岛保持密切联系、交流情况、明确认识、解决问题、及时了解双方的进度和存在问题；

三是对于软件开发项目来说，特别是多方合作的项目，变更是经常发生的，发生变更的环节也比较多，因此变更控制显得格外重要。变更控制对项目成败有直接影响，必须确保变更朝着有利于项目成功的方向有序进行。合作三方充分认识到变更控制管理的重要性，成立了变更控制委员会，成员由三方的管理人员、业务专家和技术专家组成，变更控制委员会严格审查所有的变更请求，并批准或拒绝变更，该过程贯穿项目始终；

四是制订详细的项目计划、实施计划、开发计划，实施过程严格按照计划进行，从而达到了预期效果，得到了客户的认可；

五是针对于金融软件对质量要求相对较高，我方系统对安全性、数据准确性、稳定性要求也更高，不允许出现重大问题，对开发人员和测试人员要求也都很高，各种类型的数据、特殊字符都需要测试，考虑了可能发生的各种情况反复测试；

六是由于银行发布新版本时间固定，各方系统必须严格与银行同步发布，故提前做好发布前的测试和准备工作也是尤为重要的。

五、项目合作企业简介

1. 中国远洋物流有限公司

中国远洋物流有限公司是中远集团旗下由中国远洋控股股份有限公司、中远太平洋有限公司合资组建的规模和实力居市场领先地位的现代物流企业，是我国最大的中外合资第三方物流企业。

中国远洋物流有限公司以“做最强的物流服务商”为奋斗目标，致力于为国内外广大客户提供现代物流、国际船舶代理、国际多式联运、公共货运代理、空运代理、集装箱场站管理、仓储等服务。中国远洋物流有限公司以发展现代物流事业为己任，以领先的服务优势和全国性的物流服务体系，竭诚为中小企业融资难的问题提供全套解决方案和高效、便捷的服务。

2. 建设银行

这是一家在中国市场处于领先地位的股份制商业银行，为客户提供全面的商业银行产品与服务。主要经营领域包括公司银行业务、个人银行业务和资金业务，多种产品和服务（如基本建设贷款、住房按揭贷款和银行卡业务等）在中国银行业居于市场领先地位。建行业务负责人介绍，能够真正做到把方便快捷的融资服务惠及众多中小企业，是银行界的一件不可思议的创新。

3. 金银岛网交所

由金银岛（北京）网络科技有限公司搭建的中国大宗产品协同电子商务平台，通过专业、协同的平台组件为客户提供网络营销、商务决策、交易及融资等电子商务全方位解决方案。目前提供的产品包括：内参资讯、交易管理、供应链融资、行业圈、行业会展等。

（供稿：中国物流与采购联合会网络信息部）

湖北中烟物流联合调度平台系统

湖北中烟在中国卷烟制造销售企业享有盛誉，随着市场环境的变化，烟草行业的竞争日渐激烈，从而对烟草物流也提出了更高的要求。湖北中烟为了适应市场变化，整合旗下六大卷烟厂，搭建物流联合调度平台，资源合理利用，大大提高了物流响应速度。

湖北中烟工业公司组建于2003年8月，隶属于国家烟草专卖局（中国烟草总公司）。公司组建后，负责统一管理湖北卷烟工业企业及多元化生产经营企业，下设武汉、襄樊、三峡、红安、广水等烟厂。2007年11月，正式更名为湖北中烟工业有限责任公司，经营范围涵盖烟草制品的生产、销售，烟用物资、烟机进口和卷烟出口业务，与烟草制品生产销售相关的其他生产经营、多元化经营和资产经营等。其主要卷烟品牌为“黄鹤楼”“红金龙”，其中“黄鹤楼”是行业成长性最好的高档卷烟品牌；“红金龙”是全国三大销量过200万箱的卷烟品牌之一。

湖北中烟将技术创新作为企业由弱变强的根本途径，于2003年起借助地方政府的支持，筹建成立黄鹤楼科技园，联合20多家科研院所、近2000名社会专家的力量，构建起外延型技术创新平台，大力推进以原生态原料、天然本草香精香料、减害增香型薄片、个性化嘴棒、功能型产品设计和减害降焦技术为支点的关键技术创新，聚焦于以全叶精选、小锅小炒、木桶增香等特色工艺为基点的核心工艺创新，变执行标准为制定标准，变制造为创造，变销售传统消费品为营销专利集成品，累计申报各类专利390项，新增个性化工序工艺371道，黄鹤楼所成就的淡雅香品类于2008年6月6日被国家局正式鉴定为国内首创，达到国内领先水平，具有奠基性意义。

一、项目建设背景

烟草行业信息化建设的深入发展，对物流调度平台系统的建设提出了迫切的要求。全行业形成了“以信息化带动烟草行业现代化建设”的基本共识，初步形成了“数字烟草”的行业信息化建设格局。

项目建设之前，湖北中烟物流建设未统一规划，全省烟草物流仓储较分散、业务未集成、职能未集中、装备条件差、标准化和自动化程度低。湖北中烟高层领导立足现状，提出了全面推进湖北中烟物流系统整合和优化工作。物流整合和优化必须尽快从职能整合、业务整合和组织整合开始突破，从而拉动全面性的现代物流建设工作。具体来说就是将现有分散在研发中心、采购中心、制造中心、营销中心的物流运输职能和业务分离出来，成立湖北中烟物流办，进而将分散的物流运输通过流程设计、职能和业务整合实现集中、统一管控，以物流中心和各烟厂物流分中心的模式实现优质、高效、低成本的物流服务。

基于此，湖北中烟对新的物流联合调度平台提出了五大建设目标：一是实现对企业物流进行全过程控制；二是实现全省运输管理模式的统一；三是实现运输过程的透明化管理；四是实现物流费用的独立核算功能；五是实现对物流运行绩效指标考核工作的实施。

二、物流联合调度系统平台的解决方案

唯智公司承接项目后，根据湖北中烟管理层提出的建设目标和湖北中烟中长期的业务发展规划，确定了建立湖北中烟的物流联合调度系统的方案——引入唯智 eLOG Enterprise Suite 软件包，建立唯智 eLOG Enterprise 物流调度信息平台。

1. 物流联合调度系统平台架构

物流联合调度系统的架构如图 1 所示。整个系统采用 B/S 结构，部署在集团总部；各个分支机构、卷烟厂通过 VPN、内网等方式直接使用该系统；建立以订单管理系统 OMS、运输管理系统 TMS、计费管理系统 BMS 为基础的全程可视化运输管理平台，同时整合用友 ERP 系统。

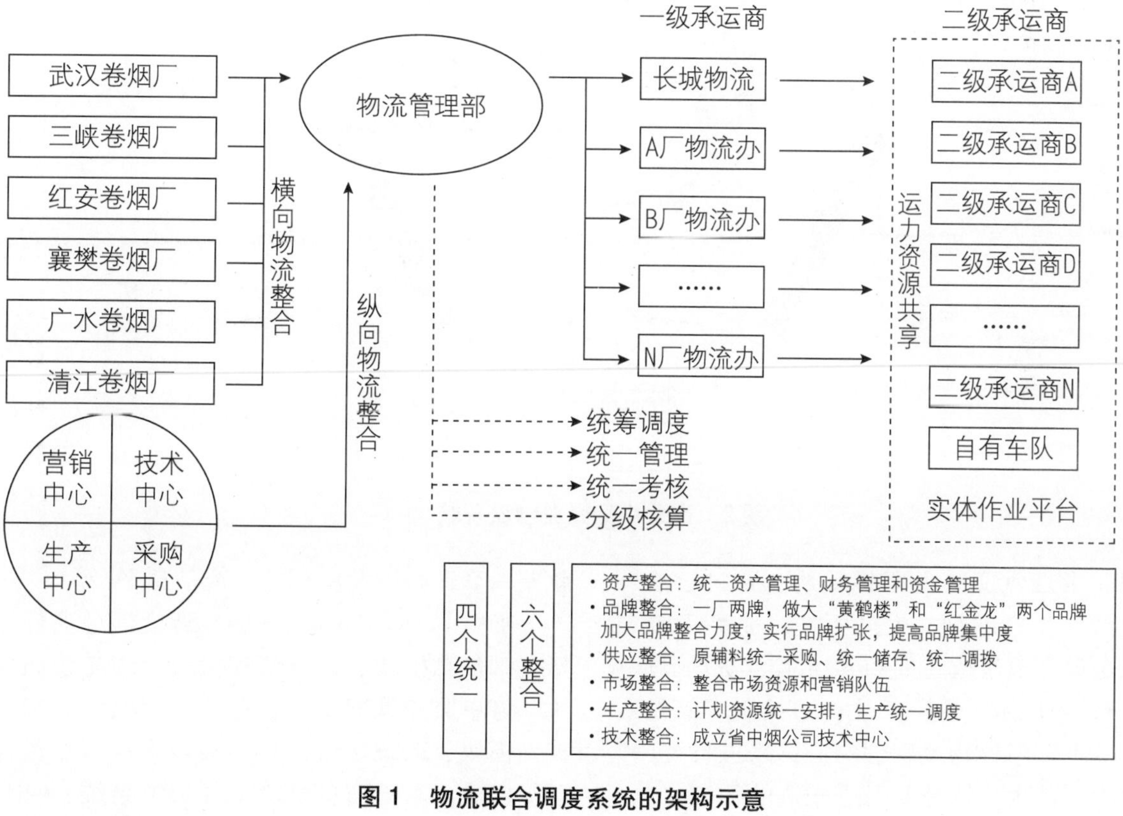

图 1　物流联合调度系统的架构示意

系统的核心为 TMS 系统；通过 OMS 系统把订单接入到物流调度平台，TMS 系统负责分派承运商，在湖北中烟，承运商分为多个层级，首先由联合调度中心把订单指派给一级承运商，一级承运商合理安排运输后，也可以把其余订单指派给二级承运商继续安排运输。在 OMS 系统里面可以实现全程的订单监控，包括订单的调度、异常处理、在

途 GPS 跟踪、回单管理、费用结算等一系列节点。在 BMS 系统里，通过灵活的自定义自然语言，可以配置湖北中烟各种复杂的计费规则，支持不同版本费率的切换，各账期账单的付款情况查询。各个系统间采用 SOA 方式衔接，有利于系统未来进一步扩展和变革。

2. 物流联合调度系统可实现对企业物流的全过程控制

经过对湖北中烟的物流现状研究分析，湖北中烟工业公司企业物流包括采购物流、生产物流和成品销售物流，物流全过程涉及中烟的技术中心、采购中心、生产中心、营销中心这四大职能中心，如图 2 所示。

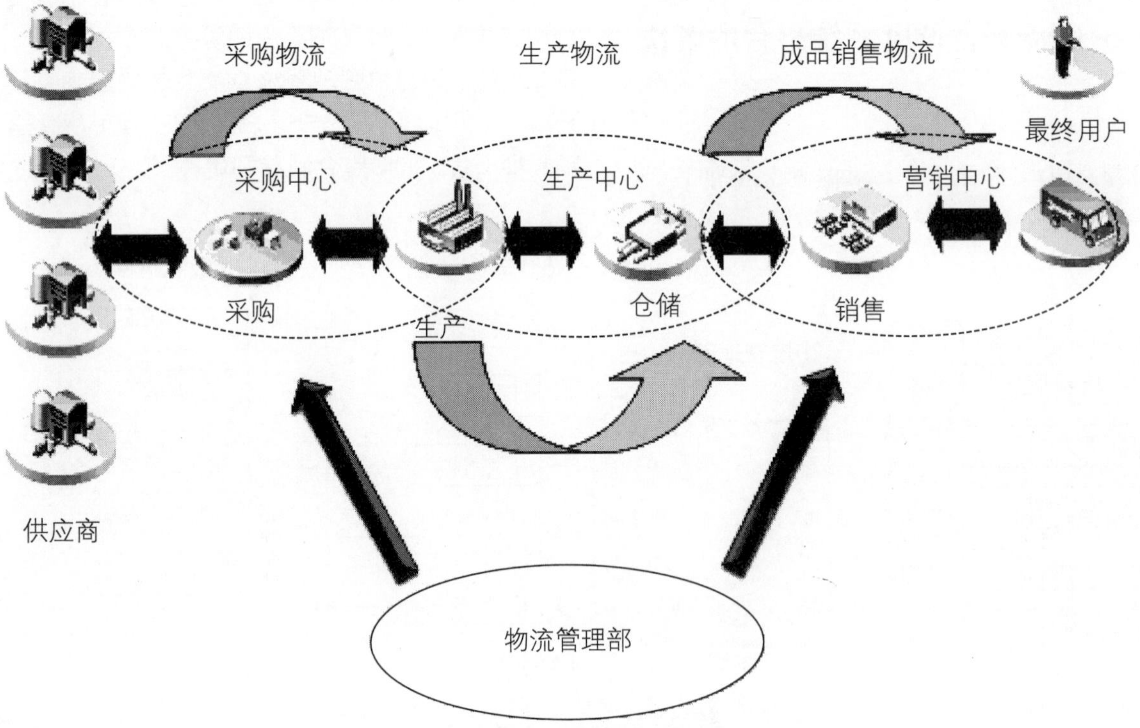

图 2　湖北中烟企业物流现状

湖北中烟供应链由原料采购、原料运输、生产上线、生产卷烟、生产下线、成品运输、成品配送等环节组成，如图 3 所示。湖北中烟要实现对企业物流进行全过程的控制。首先，要成立一个专门的物流管理中心，来进行统一协调管理；其次，就是要引进先进的物流信息平台作为企业物流全过程控制的手段；最后，结合组织架构和信息平台，对现有业务流程进行优化，实现企业物流全过程的控制。现在，物流管理中心在湖北中烟已经成立，并开始逐步发挥部门职能，所以说组织架构已经搭好，就差一套适合湖北中烟的物流信息平台。

唯智 eLOG Enterprise 物流调度信息平台包括基础信息模块、订单管理模块、调度管理模块、订单监控管理模块、在途管理模块、库存查询模块、系统接口模块、报表平台、计费管理等模块。基础信息模块能与 ERP 系统、CRM 系统的主数据进行同步，解决湖北中烟采购物流、生产物流、成品销售物流涉及到的仓库信息、货品信息、客户信息、供应商信息等物流基础信息的规范化管理；订单管理模块能够统一接收并管理采购物流、生产物流、成品销售

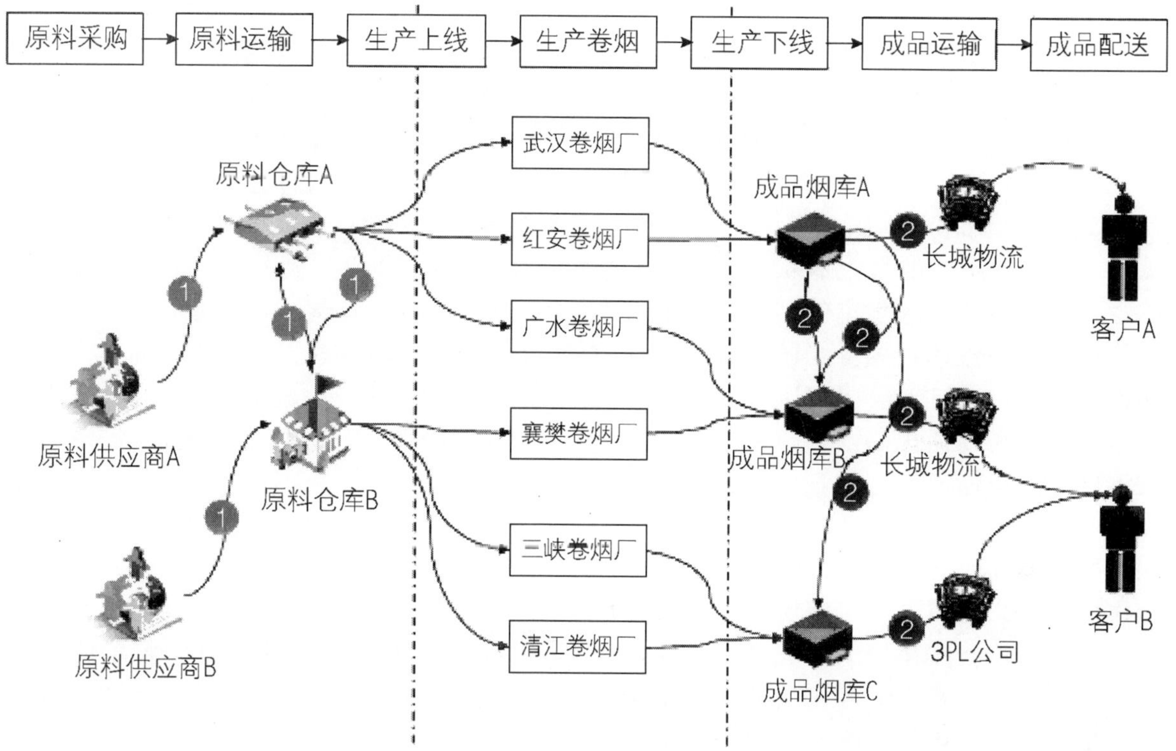

图3 湖北中烟供应链结构示意

物流的运输订单；调度管理模块，能够将订单管理模块统一接收的运输订单进行统一的调度，支持多级承运商调度，支持订单拆分与合并，支持订单分段调度，实现物流资源最优化利用；库存查询模块，与 ERP 系统进行集成，可以在 TMS 系统进行原辅料、成品的库存信息查询，方便调度；订单监控模块，能够对所有类型运输订单（采购物流运输订单、生产物流运输订单、成品销售物流运输订单等）进行统一的监控管理，能对异常订单进行报警，并能对异常订单异常处理情况进行跟踪，实现对湖北中烟企业物流的所有运输订单的全过程控制；在途管理模块与 GPS、GIS 系统进行集成，能对所有类型订单（采购物流运输订单、生产物流运输订单、成品销售物流运输订单等）进行在途信息监控与管理；唯智 eLOG Enterprise 报表平台，集成润乾报表功能，支持企业物流全过程有关报表的开发；计费管理模块，支持计费规则和费率的可配置，支持各种类型运输订单物流费用的自动计费和财务分摊，实现湖北中烟企业物流费用的全过程控制。

唯智 eLOG Enterprise 物流调度信息平台，统筹订单、调度、运力资源、费用结算的管理，充分考虑 3PL 的多式联运、多分包商、订单的全程跟踪等业务需求，支持物流企业的复杂计费模式。唯智 eLOG Enterprise 物流调度信息平台完全满足实现中烟企业物流的全过程控制要求。而且，唯智有一支强大的顾问团队和开发团队，可以实现中烟物流管理流程的优化和系统客户化订制，对中烟物流管理的提升有着重要作用。

3. 物流联合调度系统平台可实现全省运输管理模式的统一

物流管理的本质就是协调进而管理模式统一，从而解决供应链中的问题和矛盾，更好地优化供应链运作，而统一的模式使得整个供应链能够实现高效的反应。管理模式的统一能够将运输整合到供应链各成员的运营计划当中，不但使承运商减少无效运输，而且能够预见性地管理运输需求，满足订货响应时间，从而使产品及时运送到客户手中。

一直以来湖北中烟在不断整合发展的过程中始终缺少统一的物流管理平台，散布各地的卷烟厂物流体系各自为政，虽然运作模式都相对规范，但无法达到资源共享、信息共享从而提高物流规范性的目的。造成本身就不规范的运输操作更加难以协调，因而常常出现两方面的问题：一是如果承运商能力限制导致运输时间的延迟，就会破坏供应链运作效率；二是如果承运商增加运输服务质量而导致运输空载率增大，反过来会使运输成本大大增加。湖北中烟在实际管理中恰恰就被这两个问题困扰，他们意识到这就是企业整合的症结。

物流联合调度系统采用的唯智 vTradex eLOG Enterprise TMS 的技术架构完全可以成功地解决以上的问题。

（1）建立和掌握运输的最佳实践。唯智 eLOG Enterprise 物流调度信息平台的订单管理模块，能够统一接收 ERP 的调拨指令，包括原料的生产调拨指令、辅料的采购调拨指令、成品销售调拨指令等，经过湖北中烟调度办公室运输调度员审核生效后，才能进行下面的运输调度，实现全省的运输作业订单入口统一。这样就能统一地调配整个公司的承运商和车辆，达到最高效地完成运输。

最佳运输实践对于供应链的无缝连接（包括原材料从供应地送到生产线，库存在不同工厂和配送中心的转移，运输成品给客户等）起到非常重要的作用。最佳运输实践主要指良好的运输控制和集中运输管理；建立一个核心运输计划；制定正确合同条款；优化每天的运输计划；实施电子支付，撰写运输状态报告并使订单、运输和库存可视化；实施准确的货物成本配置和成本报告；进行运输成本分析等。

（2）供应链各方关系管理。各地不同级别的用户都能看到与自己相关的运输和车辆即时信息。成员之间会对共同利益的有所理解，保证一定的开放性，进行信息共享，遇到问题相互帮助，相互理解，工作努力并相互协调，进行合作；相互信任，利益共享等。

上述做法成功地保证了运输的高效，当遇到运输或者车辆的问题时能够迅速地协调解决。

4. 物流联合调度系统可应用了先进的多级调度技术

更加智能化的三级调度功能能够实现调度和配载的灵活运用，极大地降低了成本，保证运输部门的资源利用率。

唯智 eLOG Enterprise 物流调度信息平台的调度管理模块，提供三级调度功能。调度办公室调度员做总调度即一级调度，把订单调度给一级承运商，一级调度要集成原料的生产调拨指令、辅料的采购调拨指令、成品销售调拨指令，做统一的运输调度；一级调度后，被指派的一级承运商才能查询到这个订单进行调度，可直接派给自有车辆，也可派给二级承运商，此为二级调度；如果调度给二级承运商运输，则被指派的二级承运商才能查询到这个订单进行调度，可直接派给自有车辆，也可派给别的承运商（三级承运商），此为三级调度。

唯智 eLOG Enterprise 物流调度信息平台的订单监控模块，提供客服人员对湖北中烟的全省运输作业订单执行状态的统一监控，每个客服人员都可以通过监控屏给同一客户统一的回复。

对于整合湖北中烟的物流运输业务，唯智 TMS 系统能够起到引导、协调的作用，并在很长的一段整合过渡时间内充分发挥其业务模式规范、功能强大和售后研发客户化能力强的特点。

5. 物流联合调度系统可实现运输过程的透明化管理

唯智 eLOG Enterprise 物流调度信息平台，可以按照中烟的实际业务需求对运输订单的监控节点灵活配置，来达到不同程度的物流透明化管理，具体流程如图 4 所示。

（1）从管理分析层角度出发，唯智 eLOG Enterprise 物流调度信息平台提供了订单执行情况统计报表、监控报表和承运商 KPI 考核报表，管理层只需查询一下报表就能清楚企业物流运作情况和承运商表现情况。

（2）从运输执行层角度出发，唯智 eLOG Enterprise 物流调度信息平台的调度主界面，如图 5 所示，能提示需要配载的运输作业总量（包括订单数、送货点数、总重量、总立方以及总运输耗时）、配载后的每个配载的运输作业量，实现调度对运输作业量的可视化，从而达到调度最优化。此外，唯智 eLOG Enterprise 物流调度信息平台还提供与 ERP 的接口，可以实时查询库存，实现库存的可视化，方便调度。

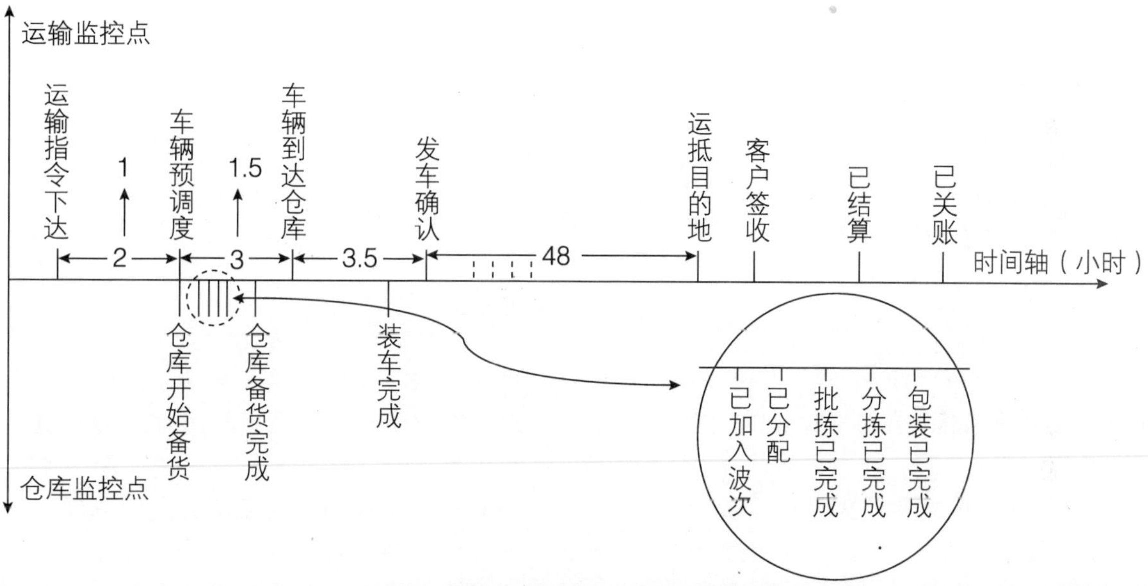

图 4 运输过程透明化管理流程示意

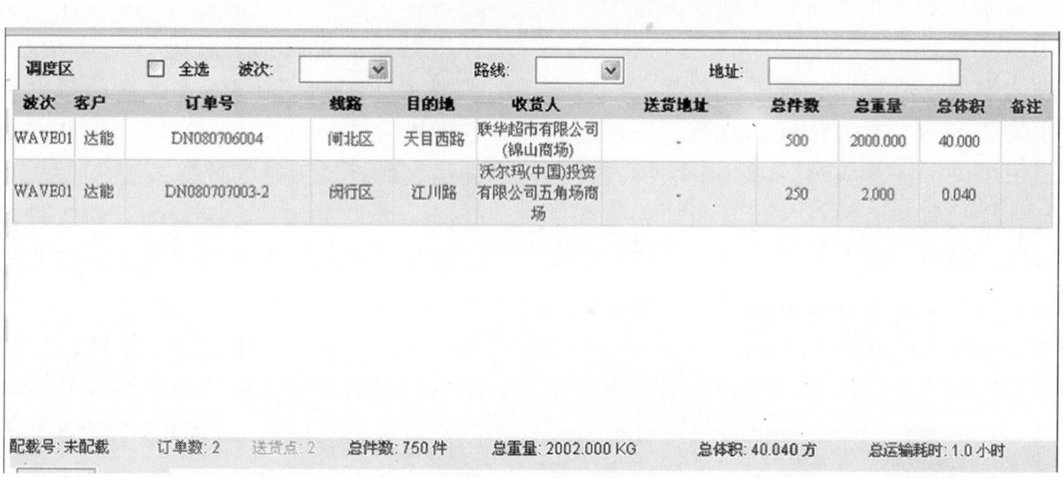

图 5 TMS 调度屏

（3）从监控层角度出发，唯智 eLOG Enterprise 物流调度信息平台的监控屏如图 6 所示，对运输订单执行过程进行了全程监控，结合集成 GPS 全球定位系统，可以完全掌握订单执行状态和车辆在途情况，实现物流真正的可视化管理。唯智 eLOG Enterprise 物流调度信息平台的监控屏还有异常订单预警功能，提醒物流管理人员对预警订单进行重点跟踪。

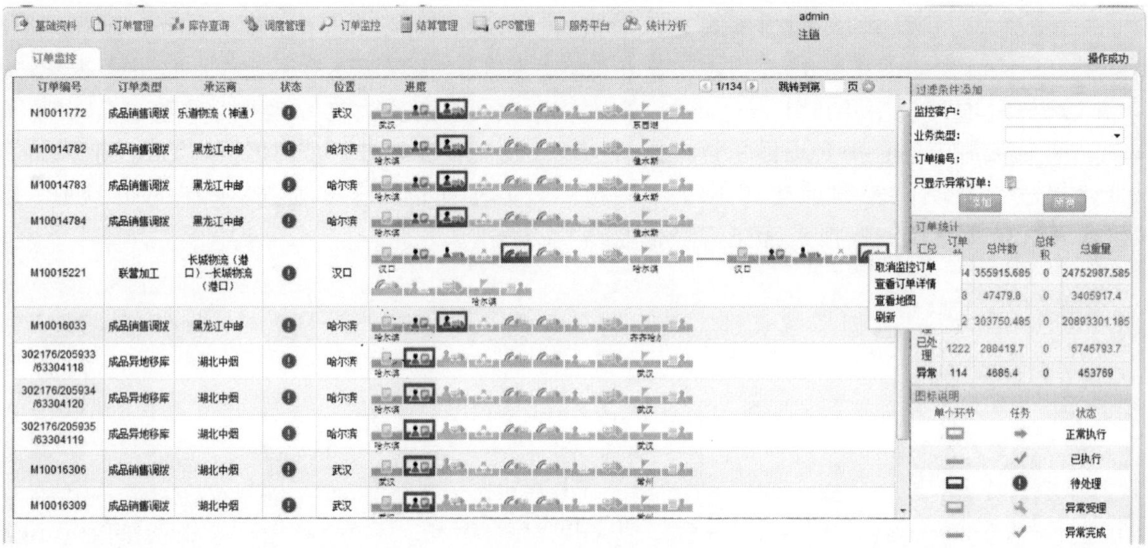

图6 订单监控屏

（4）从客户角度出发，唯智 eLOG Enterprise 物流调度信息平台的 3PL 门户，提供客户对订单执行情况的查询，让客户清楚订单执行的状态，使客户对订单执行状态实现了可视化，在提高公司服务效率的同时，节省了客服的服务时间，而且提高了客户满意度，提高了公司的品牌效应。

6. 物流联合调度系统可实现物流费用独立核算

湖北中烟物流管理部刚刚成立不久，对发生的物流费用还没有进行独立核算，依目前的情况也很难进行独立核算。湖北中烟物流管理部成为一个类似 3PL 的自负盈亏的独立核算单位，是发展趋势。物流管理部独立核算后，湖北中烟就相当于物流管理部的客户，商业公司就相当于收货人即最终客户。

要实现湖北中烟复杂多变的物流费用的正确计算，必须要有一套支持计费规则可配置的具备强大计费引擎的计费系统。大部分物流管理人员缺乏计算机语言基础，很难对计费规则进行客户化配置。而自然语言通俗易懂，可以很容易让物流管理人员掌握。如图 7 所示，唯智 eLOG Enterprise 物流调度信息平台计费框架由计费问题、计费引擎、自然语言规则配置、结果输出组成，TMS 系统将所有参数准备好以后（作为一个计费问题），传给计费引擎，由计费引擎按照规则定义进行计算并返回结果。唯智 eLOG Enterprise 物流调度信息平台的计费管理模块就是一套具备一种基于自然语言配置的强大的计费引擎的计费系统。唯智 eLOG Enterprise 物流调度信息平台的计费管理模块，可以通过基于自然语言的计费规则配置支持不同的费率和公里数设定，支持按照吨、吨公里结算，车公里结算，体积公里结算；支持折扣和商定价格结算等多种结算体系及其组合；支持电子对账；支持基于活动的计费体系，便于结算方式的扩展和调整。

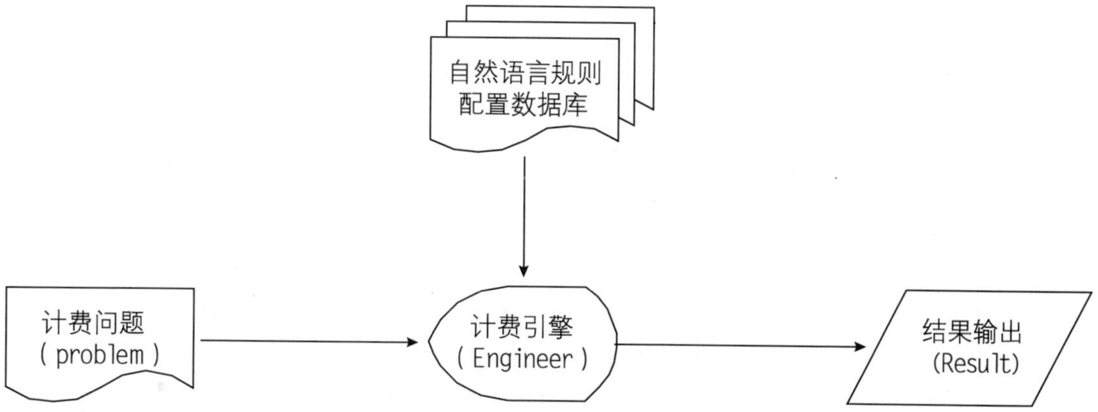

图7 唯智计费框

唯智 eLOG Enterprise 物流调度信息平台的计费管理模块，其系统计费过程如图8所示。

系统计费过程说明如下：

（1）通过 TMS 系统的订单结算功能来计算向客户应收费用或通过 TMS 系统调度单结算功能来计算向承运商应付费用，系统将单据包装为计费引擎能够识别的计费问题后，调用计费引擎接口进行费用计算；

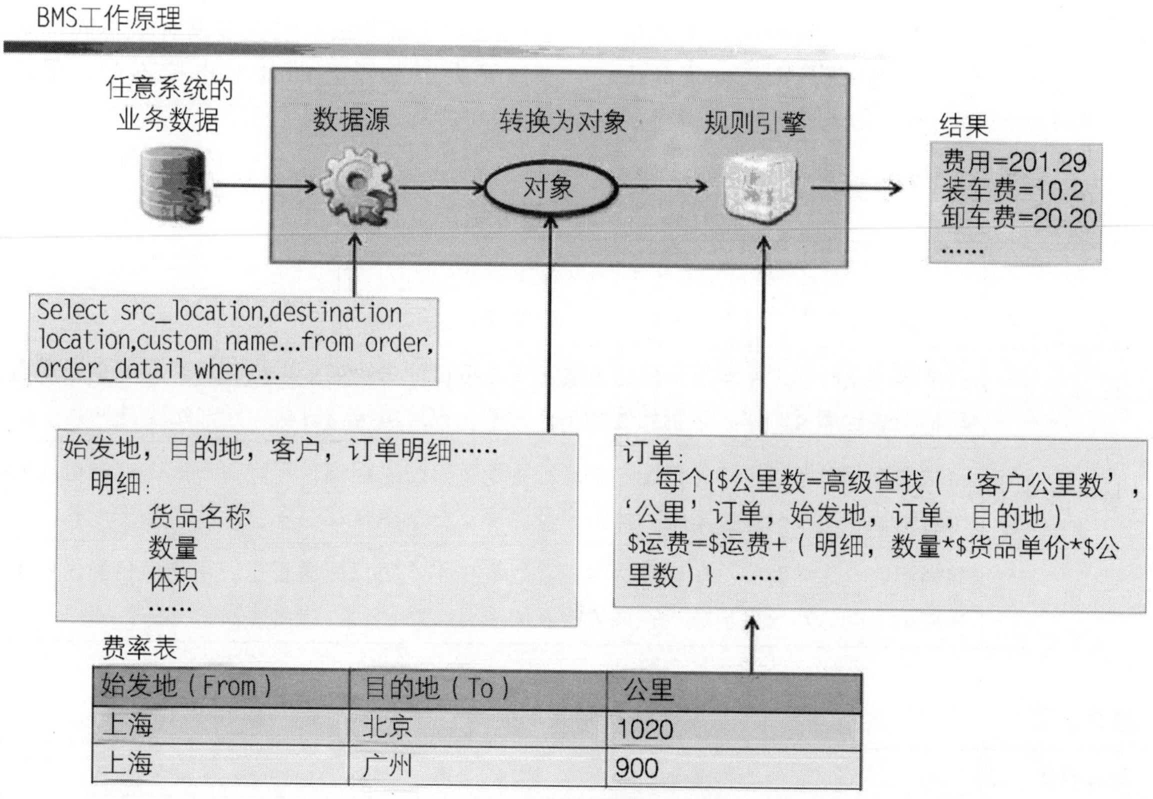

图8 唯智计费过程示意

（2）计费引擎参考计费规则进行费用计算（计费规则可灵活配置）；

（3）计费引擎将计算结果包装为固定的计费结果格式，回传给订单结算功能或调度单结算功能；

（4）订单结算功能或调度单结算功能分解计费结果，将计算费用写入费用表；

（5）在费用管理功能中对费用进行修改或增补手工费用后，对客户或承运商进行费用结算、打印结算单等。

唯智 eLOG Enterprise 物流调度信息平台的计费管理模块，除了有强大的自动计费功能外，还有物流费用财务分摊功能。在唯智 eLOG Enterprise 物流调度信息平台上调度的承运单，其运输成本可按重量或体积对该车辆装载的货品进行成本分摊，算出每种货品应该承担的物流费用；根据货品的托运人，系统将物流成本分摊到客户；根据货品的所属大类或中类，系统将物流成本分摊到货品大类或货品中类。唯智 eLOG Enterprise 物流调度信息平台的计费管理模块，可根据湖北中烟实际业务需求，产生按客户、按商品大类、按商品中类，甚至商品型号的运费成本报表，实现湖北中烟企业物流费用的独立核算。

7. 物流联合调度系统可实现对物流运行绩效指标的考核

针对湖北中烟特点设置了三大考核要素，分别为 OTD（on time delivery）考核、成本考核和质量考核。通过这三大考核要素分别对物流调度办公室、一级承运商、二级承运商、司机进行四级 KPI 考核。

（1）OTD 考核。根据考核对象不同，OTD 考核要素下面设置的基本指标不同，如表 1 所示。

（2）成本考核。根据考核对象不同，成本考核要素下面设置的基本指标不同，如表 2 所示。

（3）质量考核。根据考核对象不同，质量考核要素下面设置的基本指标不同，如表 3 所示。

表 1　　OTD 考核的基本指标

考核对象	考核要素
物流调度办公室	订单处理及时率；订单调度及时率；异常处理及时率
一级承运商	订单调度及时率；平均每日配送重量；平均每日配送距离；平均每日配送吨×公里数；车辆到达仓库及时率；车辆到达客户及时率；在途填报及时率；异常处理及时率
二级承运商	订单调度及时率；平均每日配送重量；平均每日配送距离；平均每日配送吨×公里数；车辆到达仓库及时率；车辆到达客户及时率；在途填报及时率；异常处理及时率
司机	车辆到达仓库及时率；车辆到达客户及时率；平均每日配送重量；平均每日配送距离；平均每日配送吨×公里数；在途填报及时率

表 2　　成本考核的基本指标

考核对象	考核要素
物流调度办公室	配送成本比率；每吨重配送成本；每立方米配送成本；每车次配送成本；每公里配送成本

续 表

考核对象	考核要素
一级承运商	配送成本比率；每吨重配送成本；每立方米配送成本；每车次配送成本；每公里配送成本
二级承运商	配送成本比率；每吨重配送成本；每立方米配送成本；每车次配送成本；每公里配送成本
司机	平均每日油费；平均每日工资；平均每日过路费；平均每日其他费用；平均每日配送重量；平均每日配送距离；平均每日配送吨×公里数；平均每日车次统计

表3　　质量考核的基本指标

考核对象	考核要素
物流调度办公室	客户退货率；客户投诉率；货损率；短缺率
一级承运商	客户退货率；客户投诉率；货损率；短缺率；承运商违规扣分
二级承运商	客户退货率；客户投诉率；货损率；短缺率；承运商违规扣分
司机	客户退货率；客户投诉率；货损率；短缺率；司机违规扣分

8. 物流联合调度系统的技术架构

唯智 eLOG Enterprise®产品采用纯 J2EE 标准，采用多层架构模式，具有更好的安全性、集成性和可扩展性，其技术架如图9所示。用户界面前端使用 WEB2.0 技术，同时兼具 C/S 的操作便利的特点和 B/S 系统可以远程集中式部署，以及客户端零安装的优点，符合 RIA 主流技术潮流。系统后端采用 Hibernate + Spring 架构体系，实现数据库无关性，OOA、OOD 技术在产品研发中得到深入应用，确保了系统在复杂业务环境下的可维护、可扩展性。系统平台无关，可运行与 WINDOWS，LINUX，AIX，HPUX，SOLARIS 等主流操作系统，可部署于 Weblogic、WebSphere、OC4J、Tomcat 等各种中间件。全面支持 Oracle、DB2、Sql Server、MySql、Sybase 等主流数据库。

通过 SOA 技术，新系统很好地实现了和 ERP 系统的集成，共同构建了一体化无缝衔接的信息平台。

9. 物流联合调度系统的实施效果

通过项目实施，湖北中烟在原有 ERP 系统的基础上，再次上了一个台阶；把原来的调度作业手工化、分散化变成作业自动化、智能化、集中化。使物流管理的水平得到很大的提高，更好地为湖北中烟工业公司的卷烟销售服务。

湖北中烟在项目实施前，在六个卷烟厂都设立了调度人员，每个卷烟厂分别调度自己的业务，车辆、人员都不能得到合理综合地利用。项目实施后，湖北中烟采用了集中调度的方案，即车辆统一管理、调度任务统一集中到武汉调度中心；大大节省了人力，也避免了各分厂分散管理带来的浪费。有了信息系统以后，各种考核指标清晰、及时；系统中随时可以看到承运商的运作情况，派车及时率、送货及时率、破损率等 KPI 指标一目了然。

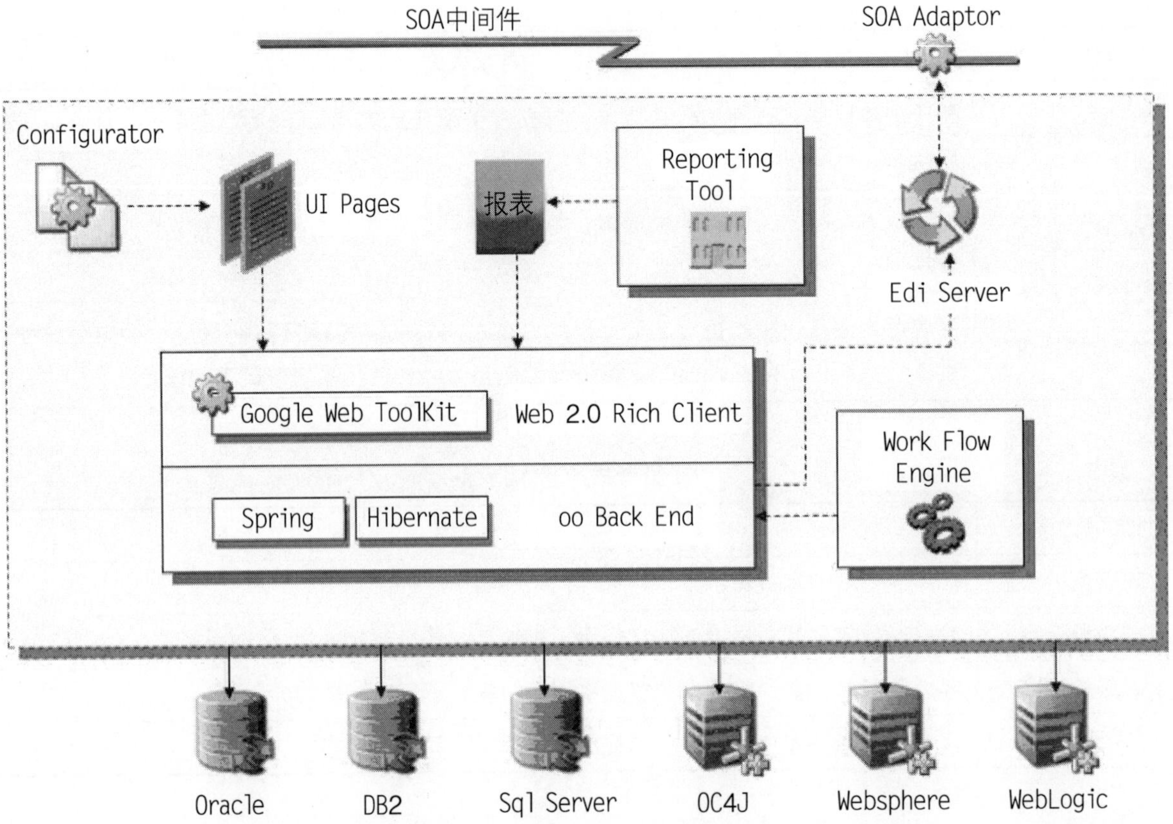

图 9　系统的技术架构示意

在大量节省人力的同时，湖北中烟获得了对于业务的全面实时监控和预警能力；订单整个执行过程完全可视、可控、可核查；大大提高了客户服务能力和服务质量；湖北中烟发展老客户在参观了湖北中烟新系统后，都纷纷表示赞赏，并希望湖北中烟能够依托该系统为客户提供更好的长期服务。

（供稿：中国物流与采购联合会网络部）

中国外运长航的金融物流信息化平台

一、中国外运长航金融物流信息化平台项目的基本情况

金融物流作为一种新兴的服务，发展迅速。金融物流是银行与物流企业合作的产物，是物流企业利用自身的物流服务能力，在为客户提供仓储、运输等物流服务的同时，接受银行委托，对客户质押给银行处于仓储、保管、运输等物流状态的货物（商品）进行监管，保证质押物始终处于银行监控之下的服务。这种物流企业与银行单位协同合作向企业提供的融资与物流的一体化服务，不仅缓解了众多中小企业融资难的问题，缓解了银行“流动性困境”，还开拓了物流企业的发展空间、延伸了服务链条，真正实现多方的共赢。中国外运长航的金融物流信息化平台（以下简称“金融物流平台”）项目就是中国外运长航金融物流的具体实践，借助这一平台中国外运长航实现了物流、资金流、信息流的“三流合一”。

1. 金融物流的实施效果

中国外运长航自2005年正式推广实施金融物流业务以来，经过不断地摸索实践，建立了完善的金融物流运营体系，开辟了全新的业务增长领域。目前，中国外运长航已与25家银行建立了金融物流业务合作关系，签订了战略合作协议。合作银行包括中国工商银行、中国银行、中国建设银行等国有银行，中信银行、深圳发展银行、兴业银行、中国民生银行等股份制银行，渤海银行、上海银行等地方银行和奥地利中央合作银行、渣打银行、法国巴黎银行等外资银行。

2009年中国外运长航开展物流监管项目共2735个，协助银行贷款授信638亿元，监管及连带业务总收入3.97亿元，同比增长91.18%。监管产品种类涉及钢铁、煤炭、矿石、油品、粮食、棉花等10余个大类。无论业务规模、产品种类还是服务水平均处在行业领先地位，已经成为国内外多家银行和客户首选的合作对象。

2. 金融物流平台建设的现状

金融物流服务需要货物、资金和信息的高度融合，在其业务处理过程中，客户、物流企业、银行三方之间及时、准确、有效的信息交互和传递是金融物流服务得以有效开展的保证。为此，从2007年开始，中国外运长航提出了开发金融物流平台的计划。

金融物流平台是中国外运长航集团全力打造的，给供应链企业、银行机构、物流企业、商业流通提供商业机会和服务的现代化、专业性、社会化的金融物流服务信息平台，它从广

大供应链企业、金融机构和物流企业的实际需求出发，秉承市场化、开放式、网络化的理念，遵循服务社会、客户至上的宗旨，集成先进管理思想和技术手段，旨在通过对与金融物流有重要关联的物流、资金流、信息流等采集和集成，为各方提供基础信息，满足各方信息交换、信息共享和交互操作的需求，真正实现“三流合一”。

金融物流平台通过整合社会资源，对解决多方信息共享起到控制业务风险、优化产品结构、提升整个供应链价值的重要作用，不仅为社会创造了很好的经济效益，还会产生很好的社会效益。对中国外运长航来说金融物流平台的建设是提高自身服务水平、增强竞争力、发展金融物流业务的必要条件，也是集团信息化规划的重要内容。

3. 金融物流平台建设实施的内容

中国外运长航金融物流平台项目建设实施包括五个方面的内容：

（1）金融物流服务的信息需求分析。在调查研究总结国内外金融物流服务的现状、成果、经验及发展趋势的基础上，研究和确定我国金融物流服务的信息模式、信息标准、服务内容、服务对象及服务流程等。

（2）建设实施金融物流业务管理系统。建立金融物流业务的信息化管理架构，实现对金融物流业务的决策、管理和操作，加强对电子信息的集中控制、集中管理和信息共享、设计推广实施金融物流业务的标准化、规范化。

（3）实现和银行融资系统的对接。充分考虑现有物流监管系统、银行融资系统互连的特性、支持异构、多用户并发访问及数据的共享以及能在满足各种功能需求条件下体系结构。从双方需求分析入手，定义详细的需求结构、业务流程标准、服务结构、逻辑结构和信息格式，实现双方的系统互联即电子化操作。

（4）金融物流平台关键技术研究。分析和研究金融物流业务信息化平台中的关键技术（如技术标准、中间件体系开发技术、安全技术、数据挖掘技术、数据仓库技术、服务模块开发技术等）。

（5）建立“大宗商品物流监管融资专项管理系统”。针对棉花、油品、矿产品、煤炭等大宗商品建立“大宗商品物流监管融资专项管理系统”。实现对大宗商品的网络信息发布、网络交易、网上支付、平台融资，质押监管、物流管理等一体化业务运作和一站式服务。

目前，该平台已经完成上述第一、第二部分的主要平台开发，并已成功运行实施一年多，效果良好，相应后续的工作内容也在按照计划进行。

二、中国外运长航金融物流平台项目的总体方案

1. 金融物流平台的主要功能

金融物流平台的应用组织架构与服务对象包括中国外运长航集团及下属单位、金融服务机构、出质人（企业）等。

金融物流平台主要包含：金融物流业务管理系统、金融物流业务分析决策系统、金融物流业务各级各类操作系统、银行信息服务系统、物流信息服务系统、大宗商品交易系统等内容。金融物流平台架构如图 1 所示。

（1）金融物流业务管理系统主要用户是实施物流监管业务的管理、操作部门，实现对物流监管项目的申请、控制等管理，对项目的日常管理，对库存的管理等功能。

（2）金融物流业务分析决策系统主要具有为管理者提供信息服务、辅助决策的功能，包括信息预测、建立模型、信息分析、查询等功能。

（3）各级各类操作系统主要针对各金融物流业务的物流管理部门，实现金融物流业务过

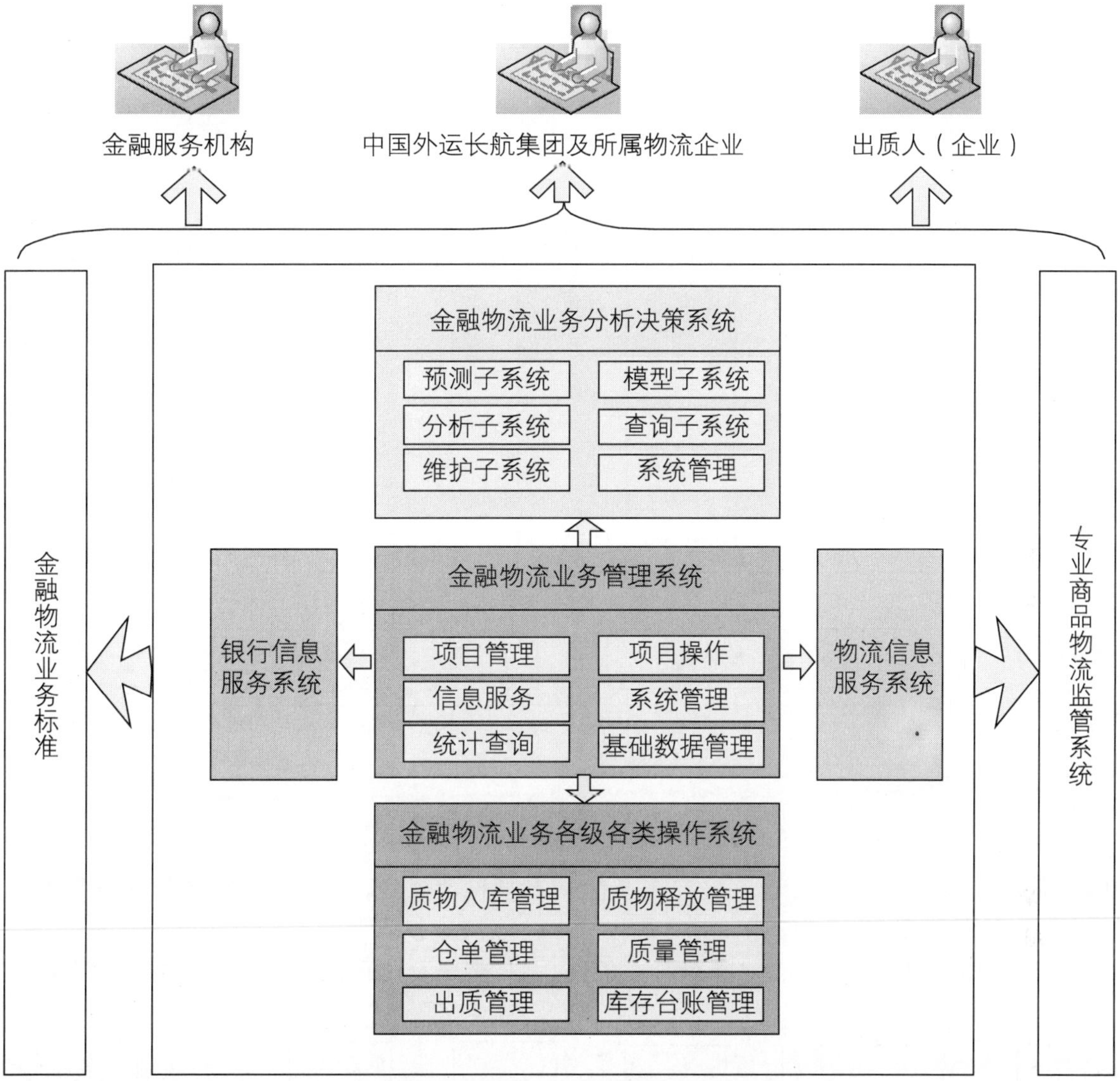

图1　金融物流平台的总体架构

程中的各类物流业务系统的管理功能，包括质物入口、释放、仓单管理、质量管理等内容。

（4）银行信息服务系统主要为银行业务部门提供物流监管信息服务，实现与银行间的数据交换。主要功能包括：系统为银行提供的项目基本情况、项目审批信息、质物动态、预警报警信息。

（5）物流信息服务系统的服务对象是：提供具体物流服务的相关企业，实现与其数据接口。主要提供：物流规划、物流状态信息、资源调配信息、物流操作相关信息等。

2. 金融物流平台的总体技术架构

（1）业务基础开发平台

为满足复杂、庞大的信息系统的开发，以支撑信息系统建设，同时为了确保未来系统能够高效、稳定、可靠地运行，并为未来业务变化及系统扩展留有余地，使信息平台具有良好的可扩展性、稳定性、前瞻性，需要成熟、可靠的技术平台来满足以上要求。金融物流平台技术支撑平台结构如图2所示。

图2 金融物流平台技术支撑平台结构

(2) 技术路线

采用B/S模式系统架构、采用轻量级J2EE架构、采用Struts + Spring + Hibernate的开源框架组合、采用成熟的服务器端产品。

(3) 技术架构

金融物流平台的技术架构如图3所示。

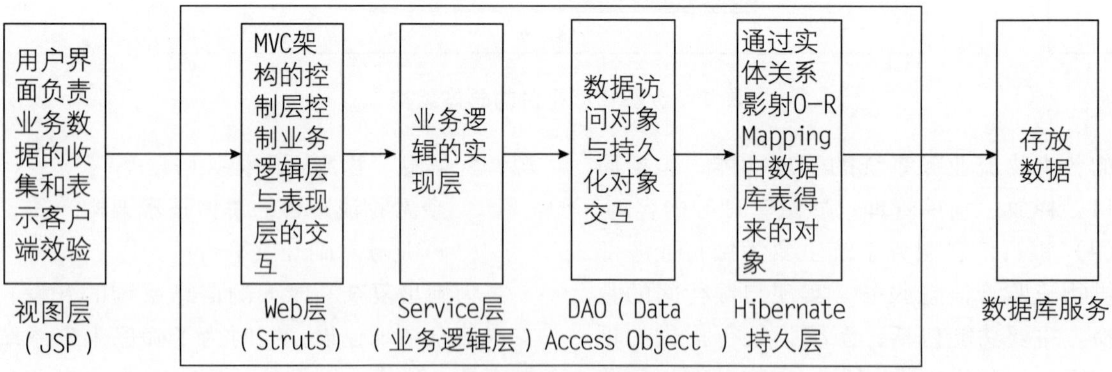

图3 金融物流平台的技术架构

本系统不仅严格按MVC模式设计，还按J2EE分层设计，将中间层严格分成业务逻辑层、DAO层及数据持久层等。MVC层的控制器禁止持久层访问，不参与业务逻辑的实现。表现层采用传统JSP技术，结合Struts的标签库，让应用的表现层层次更清晰。

将业务规则、数据访问及合法性校验等工作放在中间层处理。客户端不直接与数据库交互，而是通过组件与中间层建立连接，再由中间层与数据库交互。

3. 金融物流平台的安全体系

金融物流平台的安全体系有以下三个组成部分：

一是身份认证系统。认证应对内外网使用管理系统的各类用户所提供的身份凭证进行在线实时验证，杜绝非法访问和超权限访问；认证应能对用户信息、用户访问信息、各业务安全保护等级等内容进行有效的管理与维护。

二是授权管理系统。授权管理系统采用各级集中授权的工作模式，提供系统内的资源管理、用户角色定义和划分、权限分配和管理、权限认证等功能。

三是系统结构控制。整个系统通过三层结构的技术架构，使得用户不能直接操纵数据库，只能通过管理系统进行各种数据操作，从而增强了对用户的管理，加强了数据的安全性。

三、中国外运长航金融物流信息化平台项目的实施方案

1. 项目工程的组织分工

中国外运长航集团负责整体组织工程建设、牵头制定相关业务规范和制度，组织筹措工程建设所需资金。外包的软件公司负责提供技术平台和工程的软件开发、部署实施、培训及相关技术支持。

2. 项目工程建设的内容及进度安排

项目工程建设分为三个阶段，每个阶段都有相应的实施目标。

第一阶段：研究分析金融物流服务的业务体系拓展，进行应用需求分析，建设开发金融物流信息平台，同时确定金融物流信息平台示范的区域和用户，掌握其个性化需求。

第二阶段：示范区域金融物流信息平台的部署、实施、个性化需求和应用功能配置及相关技术支持服务等内容。

第三阶段：根据示范区域实施的经验、成果，进一步扩大示范区域。

四、中国外运长航金融物流信息化平台项目的经济分析与风险评估

1. 经济分析

据统计，2005 年全国社会物流总额为 56 万亿元、2006 年为 68 万亿元、2007 年为 75 万亿元、2008 年为 89 万亿元，社会物流总额反映了我国生产、进口商品在物流流通领域的总价值，这一价值相当我国 GDP 的 3 倍。

从以上数据可以看出，通过对商品授信开展金融物流业务，不仅可满足中小企业的融资需求，增加了银行的收入，还为物流企业以金融物流为切入点，创新了业务经营模式，开拓了业务发展的“蓝海”，带动了物流企业主营业务的发展，提高了主营业务收入。

2. 项目投资

金融物流平台建设需要投入大量资金用于需求分析、流程分析设计、软件系统规划设计和开发实施所需软硬件产品和网络安全等设施的采购部署、安装、运行维护技术支持等。

3. 风险评估

金融物流平台项目符合国家产业发展政策、满足市场需求，是缓解中小企业融资难的重要手段。国家《物流业调整和振兴规划》和《物流信息化发展规划（2010—2015）》对该项目的发展有巨大促进作用，国家相关政策不断完善，市场风险和投资风险是可控的。

中国外运长航集团经过几年发展已经实践出一套相对成熟的金融物流业务运作模式，再加上在物流信息化行业的积累的丰富实施经验，故该项目的技术风险和实施风险可控。

五、中国外运长航金融物流信息化平台项目需要的支持

目前，中国外运长航在公网上，已经完成主要用于集团内部管理和操作的物流监管业务管理系统的平台一期工程，全集团物流监管业务的申报、审批、业务管理、变更操作、银行和客户等信息集中化管理，实现了业务的全程管理和集中管控。集团依托物流监管服务、银行融资服务、物流配送服务，以及大宗商品的交易管理服务，朝着能够提供完整的金融物流服务提供商发展，因此，中国外运长航集团将金融物流平台的建设和实施作为近期信息化的重点方向。

但是，金融物流平台建设要在更大范围使用，要适用更多产业要求，还需要政府相关部门在以下方面给予大力支持。

1. 建立行业标准

根据物流标准和银行标准，结合金融物流业务的特点，制定金融物流通用基础类、技术类、信息类、管理类、服务类等标准，完善金融物流标准化体系。加快物流金融的管理、技术和服务标准的推广，鼓励各方采用标准化的方法、分类、标识、设备、信息系统和作业流程，提高金融物流的标准化程度。

2. 国家政策支持

金融物流是一个涉及物流、金融等多行业的新型服务业，目前处于发展初期，一方面需要加速发展，另一方面需要规范发展，需要政府在政策上制定准入条件、税收及财政支持及相关法律法规。

3. 加大对金融物流信息化平台建设的资金支持

金融物流信息化平台的运行后就需要不断根据市场需要增加功能，开发相关的子系统，还需对被监管企业的信息化设施进行必要的改造，以加大对金融物流业务的理论和经营管理模式进行研究和创新实践探索，不断完善金融物流业务管理的信息模型。为此，希望国家对发展金融物流业务和信息化建设建立专项建设基金，加大对开展金融物流业务企业的支持，加快全国和区域性的金融物流信息化平台建设实施。

（供稿：中国物流与采购联合会网络部）

德利得物流与菱通的“云服务”

从德利得物流成立之初，该公司就对物流企业信息化管理非常重视，把信息系统的导入和物流业务体系的构建同步进行，以这个前提为背景，德利得物流与上海菱通软件形成了跨行业的战略联盟。在企业运作伊始，就形成了比较全面的信息系统管理体系，取得了良好的效果。菱通软件的产品通过德利得公司的使用，其能够更贴近3PL业务的实际需求，不断完善自己的产品，使产品的流程变革、体系调整、设计更新、新技术应用都能在德利得物流得到实际的验证。

国际某大型电器（中国）作为德利得物流的客户，其配送网络遍布全国各地，仓储和配送服务外包给40余家第三方物流公司。各物流外包服务商的系统水平参差不齐，使得客户缺乏对整体物流业务进行管理和监控。在这些物流公司中，德利得物流系统水平和管理水平较高。

为了建立起经济、快速、有效的物流网络管理系统，全面实现和提高第三方物流服务商的系统化管理水平，实现物流作业协同化、高效化、可视化管理，从而进一步使物流成本降低的目标，并在此基础上实现国际某大型电器（中国）整体物流网络的管理和监控，进而实现各个环节业务协同、库存管理可视化、物流业务管理可视化的目标，菱通和德利得一起为国际某大型电器的物流业务设计了如下新的方案：

（1）利用LT－TMS/WMS成熟软件，采用供应链“云服务”模式为客户几十家3PL服务商提供LT－TMS/WMS信息系统支持。

（2）基于3PL服务商全面的系统化基础，建立国际某大型电器商物流管理系统（即物流网络的管理和监控系统），实现库存和物流业务可视化管理。

（3）考虑到3PL物流服务商参差的信息化水平，解决方案采取灵活的手段对应：可选择LT供应链“云服务”（既可为国际某大型电器商自己服务，也可用于为3PL服务商的其他客户服务），也可延用原有系统，建立其与国际某大型电器商物流管理系统接口（IF）。

（4）为提高国际某大型电器商的3PL服务商整体服务水平，由其成熟供应商德利得物流有限公司提供以下可选服务，以帮助先进物流模式在客户的3PL服务商中迅速推广：提供作业流程咨询服务，基于德利得的现有业务，提供现场培训。

菱通软件和德利得物流一起为国际某大型电器的物流业务设计的方案系统功能应用架构如图1所示。

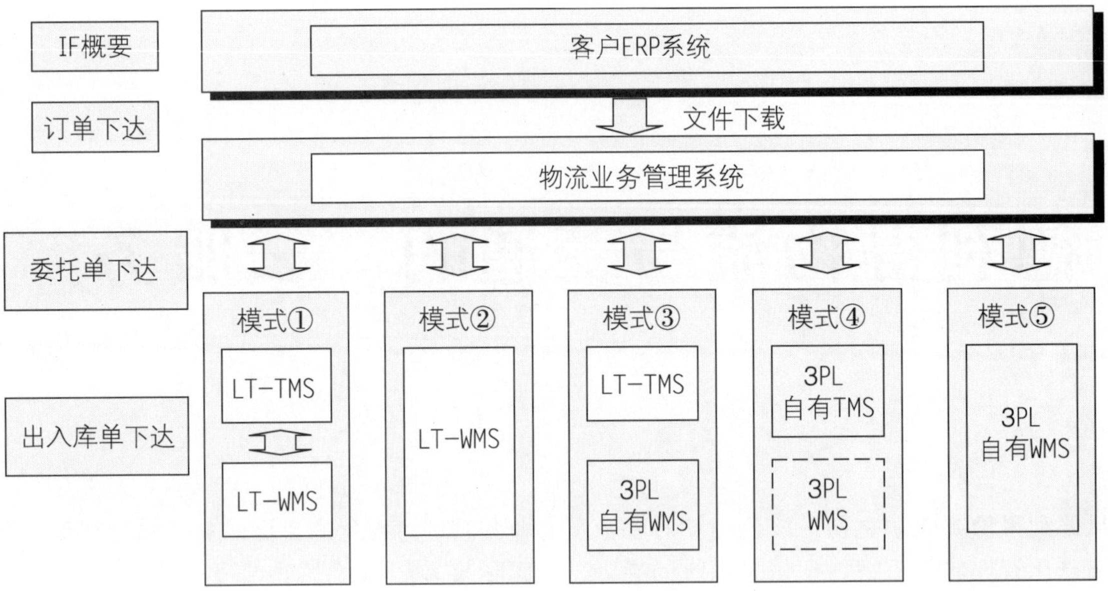

图 1　系统功能应用架构

该系统具有三个特点：一是在满足国际某大型电器商物流网络管理、监控的前提下支持多种应用模式；二是为没有系统或系统无法满足需求的 3PL 公司提供低成本系统支持；三是可为已实施系统的 3PL 公司提供与客户物流业务管理系统的 IF。

通过上述解决方案，菱通软件和德利得物流共同为国际某大型电器商物流部提供了如下帮助：一是从订单到作业的全过程系统化管理；二是物流网络库存可视化管理；三是实现对订单状态，包括对其所拆解、再外包的作业指示（相关 3PL 服务商 TMS/WMS 采用菱通解决方案时）的进行全过程监控。同时，为国际某大型电器（中国）服务的第三方物流企业（3PL）提供了灵活、成熟、经济的系统化工具。

国际某大型电器（中国）服务的第三方物流企业使用菱通软件和德利得物流提供的这一系统化工具，既可以提升信息系统管理水平，又可以享受到高质量的服务。一是 LT－TMS/LT－WMS 在行业中（包括国际某大型电器商物流供应商得利公司）已获得广泛应用并取得良好效果。与客户的 3PL 服务商的业务吻合度良好。二是可根据自身的系统化水平，灵活选用解决方案中的软件包。三是规避了传统信息系统的软硬件投资成本、降低了投资风险和资金压力。四是减省了系统维护成本。五是通过德利得公司将提供的业务咨询和现场培训服务，可迅速提高服务水平和业务管理水平。

通过德利得物流与上海菱通软件在国际某大型电器（中国）物流项目上的成功合作，使菱通软件的“云服务”理念得到了成功的验证，以供应链为单位把相关企业联结在一起，通过“云服务”提供商提供的服务呈现在人们的面前，同时对软件业的传统 IT 服务价格带来一个巨大的冲击。

对德利得物流而言，经过 3 年多共同努力，菱通“云服务”产品在德利得公司已经成熟应用，并取得了良好的经济效益，人均劳动生产率提高了 25% 以上。在推广菱通软件包（LT－WMS/TMS）中，起到了介绍和桥梁的作用，通过对其他物流企业提供的物流咨询和现场培训，使自己的企业知名度得到了提升，同时也对第三方物流企业规范化、标准化服务做出了表率。

对国际某大型电器（中国）而言，通过“云服务”得到了全国物流供应商整齐划一的高质量物流服务，达到了物流业务协同、库存管理可视化、物流业务管理可视化的目标，使得客户能够安坐公司，时刻掌握物流运营状况。客户让自己的物流供应商协作伙伴在节省了信息系统投入的同时，同样获得高质量的信息服务，成为菱通软件“云服务”的最大受益者。

案例相关背景资料

1. 关于德利得物流

德利得物流成立于2000年9月，注册资金1.5亿元人民币，旗下拥有北京、天津、上海、广州德利得物流4家全资子公司，组成了80余家全国物流配送企业加盟的德利得全国物流配送联盟。随着业务的迅速扩大，公司在北京、上海、天津等地都建立了自己的配送中心及大型仓储库房。德利得物流以优秀的团队、职业化的行为，快速、准时、安全、高效的优质服务赢得了众多客户的信赖与支持。基于德利得物流的业务特点和服务优势，已经同许多著名企业建立了稳固的合作关系，其中包括数家跨国公司：雀巢（中国）有限公司、松下电器（中国）有限公司、通用医疗电气有限公司等。

2. 关于上海菱通软件

上海菱通软件技术有限公司是以“解决方案事业和软件外包事业并举、相互融合”为基本经营方向，提供以跨国供应链管理为主的系统解决方案和从事业务、系统咨询、系统运营管理、支援的一整套系统工程服务。集团在东京、上海、北京等地设有事业机构，主要客户群以跨国企业和其在世界各地的分支企业为主，目前主要分布在日本、中国大陆以及中国台湾和中国香港地区。

经过数年的行业经验积累以及大量的人力、物力的投入，菱通软件推出了拥有自主知识产权的跨国供应链管理解决方案——LT-SOLVE，包括DCM+（销售流通/物流管理）、LT-WMS（仓库管理）、LT-TMS（运输配送管理）、LT-VMI（供应商管理库存）、Cargo Plus（货代业务管理）、LT-IEMS（国际/内贸易管理）等软件包产品，形成了与其配套的商业咨询、开发实施和售后服务体系。公司既是上海高新技术企业又是上海首批服务外包重点企业，在物流行业、服务外包领域，软件协会获得多项荣誉证书，并于2004年取得CMMI/L3认证。

上海菱通软件经过13年的发展壮大，成功积累了包括资生堂、三德利、三菱仓库、重庆医药、伊藤忠商事、夏普、富士施乐、德利得公司等众多中外大中型知名企业客户。

3. IT服务领域“云服务”现状

“云服务”总的来说属于IT服务领域，因其涉及的行业领域非常广泛，故“云服务”也显示出不同行业的不同特性，目前市场上也出现了各行业的“云服务”平台，但总体而言属于服务领域。

“云服务”有着巨大的应用与发展前景，全球技术研究和咨询公司Gartner指出，2010年全球“云服务”收入预计将达到683亿美元，与2009年586亿美元的收入相比增长16.6%。预计该行业到2014年收入将达到1488亿美元，呈现出强劲的增长势头。IT经理开始用战略性的眼光评估“云服务”部署，企业开始考虑在一个“云服务”普及的时代将实施怎样的IT运营。Gartner预计在未来5年内，企业在软件即服务（SaaS）、平台即服务（PaaS）和基础架构即服务（IaaS）上的累计花费将达1120亿美元。

对“云服务”的定义目前也是没有一个明确的规定，菱通公司根据多年在供应链领域的研究和客户需求、应用的反馈，对“云服务”提出自己的见解：网络技术的进步催生了超大型计算机的诞生，网络、硬件、中间件及应用软件的共同利用，获取信息（内容等）的终端

（IT = Information Tag）这些基础为“云服务”实现的条件；用户需求从拥有系统向使用系统转变，“云服务”是一种系统利用形态，即用户根据需要，可利用系统的所有资源并根据使用量支付费用；通过“云服务”可以给用户带来的好处有：通过共用系统资源实现系统维护成本的降低；只要能上网，无论在何处，信息信手拈来；针对瞬息万变的业务环境，可实现快速的系统化对应；不同系统间的互通效率得以提升；内部IT管理人员的削减和系统服务水准的提高。

4. 菱通软件—“云服务”

在对供应链相关信息系统进行多年的研发过程中，菱通软件的企业决策者提出了“应用系统云服务”的新理念。新理念涵盖如下内容：一是企业需要信息、信息管理和信息交流，而信息处理离不开信息系统。二是企业的信息系统需求各式各样，非个性化服务满足不了企业的需求，所以企业不得不拥有自己的信息系统。三是企业本身拥有信息系统，势必要拥有系统运行所需要的一切人员及设备，造成很大的非主营业成本。四是信息系统的“云服务”意味着用户不再拥有信息系统而只把信息系统作为一种服务产品进行使用，根据使用量来缴纳很少的系统使用费。五是信息系统不再是企业的奢侈品，中小企业，特别是为一家或多家大型企业提供服务的中小企业同样可以通过“云服务”而迅速得到信息系统的支持，减少了企业负担。六是菱通的SCM（供应链管理）系统解决方案［LT - SOLVE］就是采用了符合“云服务”模式的“松耦合”结构，并与财务管理系统有良好的系统接口。七是菱通拥有个性化服务能力，也是信息系统运服务满足大企业或供应链管理需求必不可少的核心能力。

菱通“云服务”的4个优势

（1）价格优势。目前的菱通“云服务”按用户/产品别为400元/（月·用户）。其中：100元用于产品推广，100元用于软件版本更新，100元用于系统维护，100元用于基础软件维护，年费用每个用户在5000元以内。与之动辄几十几百、上千万元的定制软件产品相比，拥有无可比拟的价格优势。

（2）时效性优势。菱通软件通过十几年在供应链信息系统中的业务和技术积累，对物流企业的业务流程非常熟悉，开发研制出的供应链软件包具有涉及面广、普通业务与特殊业务灵活对应，与物流设备以及财务系统接口平滑、完善等特点。

当今物流企业不仅有对信息系统的需求，更要求信息系统的开发时间短，能够迅速对应企业业务，而菱通的供应链“云服务”软件包具有系统实施快速、部署快速的特点，节省了物流企业的时间，大大提高了生产效率。

（3）产品种类齐全。菱通供应链“云服务”软件包，包括拥有自主开发的LT - WMS（仓库管理系统）、LT - TMS（运输配送管理系统）、DCM +（销售流通/物流管理）、LT - IEMS（国际物流/贸易管理）、LT - VMI（供应商库存管理）、Cargo Plus（货代管理系统）等门类齐全的软件包，基本包含了供应链各个环节的信息系统产品，为跨国企业商贸、3PL企业、贸易公司等各种企业提供多种选择。

（4）技术优势。菱通“云服务”的软件包主要采用Microsoft ASP. NET技术、ORACLE数据库技术，同时配套相关物流设备（条码技术、手持终端、Automated Storage/Retrieval System等）的实现系统规划、设计、开发和应用。系统开发采用ASP. NET技术，实现综合物流作业的集中管理、集中培训、集中维护。ASP. NET是一个统一的Web开发模型，帮助客户实现使用尽可能少的代码生成企业级Web应用程序所必需的各种服务。ASP. NET作为.NET Framework的一部分提供。当编写ASP. NET应用程序的代码时，可以访问.NET

Framework 中的类。通过此技术可以构建目前先进的 WEB Platform 平台，以 IE 浏览器的方式进行系统操作，同时，利用此技术中包括的安全基础结构、状态管理功能、应用程序配置、可扩展的宿主环境和应用程序生命周期管理、可扩展的设计器环境等，更便于系统的实施、培训和维护。使用 ORACLE 数据库技术，保证百万级数据处理和存储的要求。

菱通“云服务”解决方案的整体框架示意如图 2 所示。

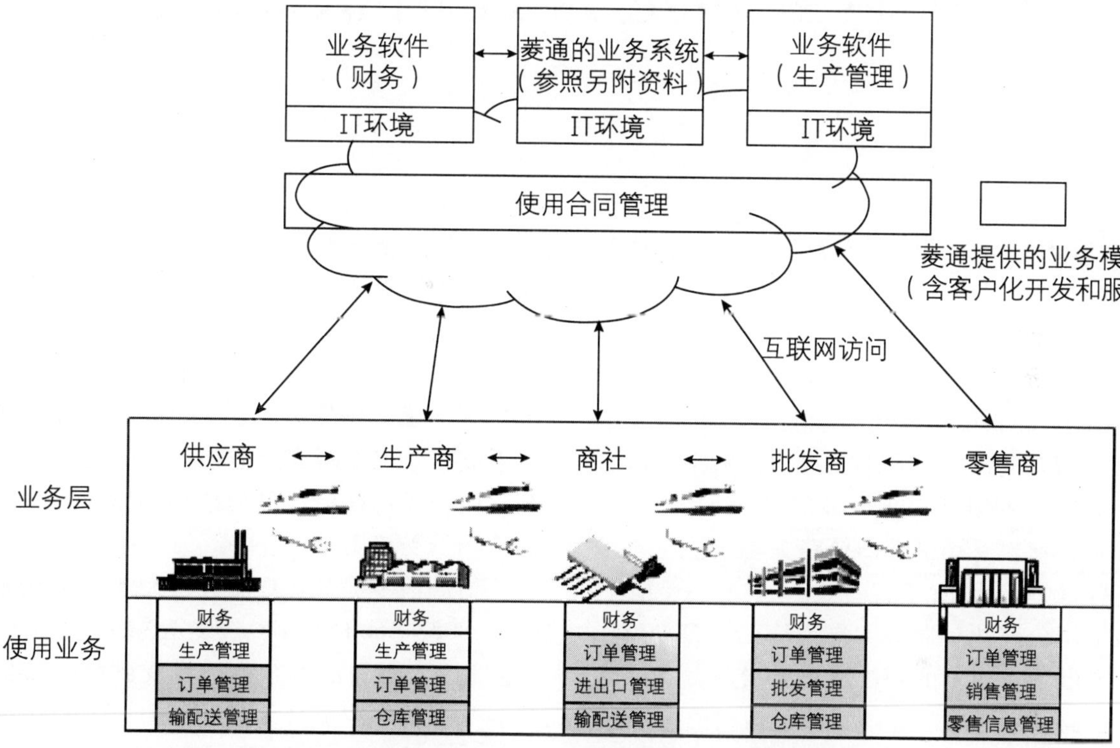

图2　菱通“云服务”解决方案的整体框架示意

（供稿：中国物流与采购联合会网络部）

天地华宇的定日公路快运网络

2010年3月8日，对天地华宇集团来说是一个值得纪念的日子，在推出“定日达”全国公路快运服务一年后，又在中国铺开首个全国公路定日快运递送网络。这个涵盖我国主要经济与商业地区的定日公路递送网络，可以确保分布在全国各地的客户能够以远低于国内航空货运的价格享受到高水准的物流服务，体会到到天地华宇准时、安全、稳定的定日公路快运服务。

自2009年推出“定日达”至今，天地华宇的全国公路快运服务的准点率已达到99%，得到了市场及客户的积极反馈。目前，“定日达”公路快运服务的客户不仅包括国内一些快速发展的中小企业，还包括许多财富500强企业，特别是那些分布在高科技、电子、汽车零配件与纺织等行业的大企业客户。

天地华宇的全国公路快运服务之所以能够实现99%的准点达到率，完全得益于其领先的国内定日公路快运递送网络。这是在推出“定日达”全国公路快运服务的一年中，天地华宇迅速建立的一个稳定、安全的公路快运递送网络。该网络延伸至26个主要城市，通过246条“定日达”线路，使“定日达”服务覆盖近800个运营网点，辐射环渤海湾、长江三角洲、珠江三角洲以及中西部经济活跃地区。

“定日达”全国公路快运服务是天地华宇利用现有网点而实现的网点到网点和“门到门”服务。为了确保服务质量，天地华宇采用了现代信息技术，从而提升了服务能力。一是通过条码技术的应用，客户可以在网上随时查询货物的运送状态，企业更好地掌控和计划货物递送，减少了供应链的成本；二是承担“定日达”干线运输的车辆全部配备了GPS全球定位系统，实现实时安全监控；三是货运使用笼箱，便于货物在运输过程中分拣作业，并能确保货物不受挤压。

为进一步提升客户服务，天地华宇开通了400－808－6666全国客户服务热线，保证使用“定日达”服务的客户能够享受到统一、稳定且高品质的客户服务。与此同时，天地华宇近期购置了第二批近400辆符合欧III标准的货车，将全部用于“定日达”服务。

正如天地华宇首席执行官徐水波所说：“‘说到做到，定日必达’是我们对‘定日达’客户的承诺。‘定日达’全国快运骨干网络的建成，进一步提升了天地华宇的服务实力，使我们更有信心帮助客户更好地撑控物流供应链，提高运营效率，进而实现真正意义上的企业整体物流成本的节约。”“我们确信，通过在服务、基础设施以及运营方面的持续投入，天地华宇将继续成为中国公路货运业的领军者，树立积极的行业标杆。”

（作者：颜　肃　黑龙江省五洲华宇恒业物流有限公司）

完美双赢的物流合作

——宅急送—三星（中国）案例

垂直整合是一种调整公司对其投入和产出分配控制水平的方法，它是公司对其生产投入、产品或服务的分配控制能力的体现。所以，垂直整合是有效降低公司管理成本的一种切实有效的管理方法。垂直整合的优势表现为，规模化管理、有效降低成本、提高竞争性、减弱供应商或顾客的威胁、高度控制完整的价值链。在垂直整合的管理理念不断深化的今天，规模型企业的行政垂直整合的管理模式已在公众的注视中悄然开始了。

一、三星（中国）与宅急送牵手

三星——全球第一的电子品牌形象，早已深入人心。三星创造的垂直整合的发展模式，令众多世界著名企业和中国企业所推崇。多年来，三星垂直整合的企业管理理念也是宅急送公司学习借鉴的楷模。正是基于行政垂直整合的管理模式奠定了三星（中国）公司和宅急送快运股份有限公司（以下简称“宅急送公司”）的牵手成功。2010 年伊始，宅急送公司受邀参与三星（中国）公司 SCIC（HHP）物料及促销品物流项目的整体物流架构和流程设计。宅急送公司认为，自有的运营管理理念与三星（中国）公司垂直整合的管理理念高度统一，为三星（中国）公司量身制定一套高效的、切实可行的物流解决方案，一定会有助于牵手公司获得“双赢”。

二、精心定制物流方案

通过近一个月的调研，宅急送公司初步摸清了三星（中国）公司 SCIC（HHP）物料及促销品物流项目的核心需求组成情况的重要信息：

（1）业务范畴：促销用 POP，日常 POP，新品上市 POP，机模，促销礼品等仓储配送业务。

（2）仓储外包：中国区共 35 个城市的库房外包。

（3）干线运输外包：从三星（中国）供应商工厂提货并运输至全国 5 个大区 RDC。

（4）大区 RDC 至区域 DC 的调拨运输外包：从 5 个大区 RDC 调拨至全国 38 个区域 DC。

（5）DC 区域配送外包：从 DC 出库配送到覆盖区域的终端客户的“门到门”服务。

根据三星（中国）公司的核心需求，结合宅急送公司的运营管理平台，宅急送公司为三星（中国）公司 SCIC（HHP）物料及促销品物流项目设计了整体物流架构思路：通过三星（中国）公司销售网及物流的整合，构筑提高顾客服务质量的基础。通过顾客满意度的提高，促进三星（中国）的销售量增加和以此相应的业务量增加为核心目标。具体需要组建专业管理团队，明确岗位职责，制定高效操作流程，开展持续优化管理。通过高效的物流配送和高品质服务，保障三星（中国）项目，提升客户满意度。宅急送公司负责组织和规划三星（中国）物流运营和物流投资并承担物流综合管理，包括物流运作有组织化，长远、合理规划三星（中国）物流体系，避免欠缺准备和合理组织造成管理和资源不足、实际需要时被动等。建立符合三星（中国）运营的物流体系，做到快速响应，及时的配送渠道，稳定可靠的信息管理系统，成本最合理化、固定投资最少、库存降低、运营费用可控。建立高效的信息对接平台，使信息实现实时、高效地处理和共享，加强异常管控和风险控制，确保项目平稳运作，有效降低项目风险。

站在以客户需求为核心的角度，宅急送公司充分发挥自身物流运营的优势，从需求管理、项目管理、操作管理、IT 支持管理、质量管理、风险管理、优化管理 7 个方面，为三星（中国）公司设计制定了 SCIC（HHP）物料及促销品物流项目的流程管理方案。方案具体包括以下 7 项内容：

（1）需求管理：明确需求，确定项目目标。

（2）项目管理：明确组织结构，确定岗位职责。

（3）操作管理：明确操作流程，确定节点责任人。

（4）IT 支持管理：明确系统对接模式，确定系统管理核心。

（5）质量管理：控制操作节点，做到监控管理到位。

（6）风险管理：在库在途保险，规避意外风险，制定紧急预案，应对突发事故。

（7）优化管理：闭环管理流程，例会制度保障优化管理执行。

三、物流体系　实现双赢

宅急送公司参照三星（中国）公司行政垂直整合的管理模式，通过与三星（中国）公司总对总的管理架构，全面实施了三星（中国）公司 SCIC（HHP）物料及促销品物流项目的整体物流架构和流程设计管理方案，取得了满意的效果。借助于一套以“四、三、二、一”为核心理念的物流体系，顺利实现了四个降低：有效地降低了管理成本、有效地降低了沟通成本、有效地降低了项目运作成本、有效地降低了客户投诉。达成了三个畅通：沟通顺畅、操作顺畅、信息顺畅。凸现了两个提高：提高了仓储管理质量、提高了项目运营质量。精心打造一条以 IT 技术为核心、管理架构为支撑、物流技术为手段的销售物流链条。

四、牵手背后的宅急送

宅急送公司是一家大型物流企业，成立于 1994 年，一直致力于为客户提供最佳的运输、仓储、包装、配送、电子商务等服务项目，运营实体包括 31 家分公司、5 家支公司、169 个独立城市营业所、2186 个营业网点，自有车辆 1950 余台，总资产达到 5.25 亿元人民币。

每天在宅急送操作平台上运送的包裹超过 15 万件。客户投诉率低于 0.1%，破损率低于 0.02%，货物丢失率低于 0.005%。

在业务运营方面，宅急送拥有国内领先的专业仓储、分拣设备，及以 ERP、CRM、WMS 等为主导的信息系统，并拥有一批专业的技术和服务人员，凭借遍布全国的 2000 多个分支机构，为客户提供及时、准确、完善的物流服务和支持。

在经营管理方面，宅急送能为客户提供最

新最好的定制化服务，不断为客户创造价值，始终不懈地保持创新以提高自己在产业链中的价值，同时与客户共享市场繁荣和成功的喜悦。

1999年，宅急送与爱普生（中国）有限公司在IT礼品、促销品礼品方面开始合作。随后爱普生（中国）的礼品、促销品全部移库至宅急送北京分公司的操作平台。至此，宅急送正式在全国架构推出了“礼品物流”服务网络，先后赢得了西安杨森、宝洁、壳牌、招商银行等数十家国际、国内企业的青睐。

宅急送公司六大核心优势是：

（1）遍布全国的自营网络，保障三星（中国）项目运作基础。

（2）创新逆向客户维护制，有效地降低客户投诉率。

（3）超强的网络配送控制，可以轻松应对突发问题。

（4）行业领先的信息系统，有效地保障信息流畅通。

（5）优秀的项目管理团队，确保沟通的顺畅无障碍。

（6）丰富的项目管理经验，保证项目切换无缝对接。

基于“换位思考”的理念，宅急送时刻站在客户需求的角度上来要求自己，设计了一整套适合本土市场环境、创新品牌的优质物流服务体系，并把它在运营管理中加以实施。截至2009年年底，与宅急送公司签约的项目型客户总数超过了3000个。这是宅急送人十几年来风雨兼程的跋涉结果，是“珍重承诺、送物传情”的理念结出的累累硕果。

宅急送公司与三星（中国）公司牵手合作的成功案例说明，规模型生产企业的发展与规模型物流企业的结合，将会成为规模型企业行政垂直整合管理路上的一个必然；而行政垂直整合管理将成为销售供应链中一个至关重要的发展趋势。

（作者：赵靖宇　北京宅急送快运股份有限公司市场部）

探寻发展新空间

三年发展靠机遇，十年发展靠战略！

一个企业如果没有发展战略，无异于盲人骑瞎马——乱闯乱撞，最终要付出惨重的代价。

一、总公司擂响跨越的战鼓

2009年年初，中国铁路物资总公司（以下简称“总公司”）通过对经营状况和内外部环境的分析，擂响了跨越式发展的战鼓，提出总公司大发展的目标——“一年一大步，三年上台阶，五年大变样”。目标让人热血沸腾，但如何实现目标，就需要更冷静的思考和更可行的方案。为此，总公司专门请了咨询公司，对总公司进行客观、理性的分析，对如何充分发挥优势、如何培育核心竞争力、如何选择并建立总中铁现代物流的业务单元等问题都做了详细的阐述。

总公司的发展战略也为中铁现代物流科技股份有限中铁现代物流（以下简称“中铁现代物流”）的发展指明了方向。总公司把物流业务放在了非常重要的位置，明确指出“物流业务是中铁物资的重要协同业务板块”，并要求中铁现代物流聚焦铁路和钢铁两大主业，踏踏实实做好物流业务，为总公司的大发展提供支撑。

总公司不仅为中铁现代物流指明了发展方向，而且实实在在地为中铁现代物流提供了很大的帮助。总公司把内部物流市场对中铁现代物流完全敞开，并把机电接运业务也划入中铁现代物流了。

总公司总经理宋玉芳非常关心中铁现代物流的发展，他多次带领总公司相关领导到中铁现代物流调研，他指出“物流是中铁现代物流的重要战略板块，要围绕主业作出更大的贡献”。他要求中铁现代物流发挥总公司物流龙头企业的作用，带动总公司物流业务板块做强做大。

二、困惑中思索前进的道路

中铁现代物流已走过了八年的风雨历程。中铁现代物流成立时制定的战略规划，指引中铁现代物流在发展的道路上取得了不少成绩。虽然战略每年都会有所微调，但显然已经难以适应中铁现代物流在激烈的竞争中进一步大发展的需要。

2006年，中铁现代物流就提出在大宗原材料领域要进一步扩大规模的发展思路。这是基于当时物流行业对中国即将进入重化工时代的分析。事实上，这与中铁现代物流新战略规划“成为国内领先的铁路及大宗生产资料物流综合服务提供商”的战略定位不谋而合。同时，这个发展思路很好地沿袭了中铁现代物流的“大客户战略”，不仅做了强化和深化，而且定位更加清晰。

2007年，中铁现代物流提出进军金融物流。这对物流企业是一个新兴的领域，当时只有几家实力雄厚的“中”字头物流企业在涉足。但中铁现代物流非常重视这一领域，全力支持开展金融物流，并要求中铁现代物流北京分公司先行试点、积累相关经验。北京分公司不负重望，在黑暗中逐步摸索出方向，为整个中铁现代物流在金融物流板块开辟了道路。随后，中铁现代物流专门成立了金融物流部。经过三年的发展，金融物流业务已经小有成绩，中铁现代物流已相继与工商银行、深圳发展银行、奥地利中央合作银行、徽商银行等15家银行签署了银企框架合作协议，获得全国性金融监管资质，初步构建了以国有商业银行、股份制银行、外资银行和区域性银行为框架的立体金融机构资源平台，监管品种涉及汽车、钢材、铁精粉、煤炭、矿石、油品等业务品种。在战略规划中，金融物流业务被定位为“战略业务”，必将在中铁现代物流今后的发展中扮演十分重要的角色。

2008年年底，中铁现代物流领导班子进行了调整。新领导班子对中铁现代物流的硬件和软件两方面进行了深刻的分析，提出中铁现代物流最大的优势其实就是铁路背景，但自身没有充分发挥这一背景优势，对铁路市场开拓力度不足。为此，中铁现代物流于2009年年初进行了资源整合，重新组建铁路物流事业部，并作为中铁现代物流今后工作的重点，全力开拓铁路业务。而且中铁现代物流进一步理顺思路，明确指出，仅靠传统的物资代理和铁路运输，难以实现较大突破，所以重中之重是要开发铁路衍生业务。

中铁现代物流在全国拥有11家分公司和1家控股子公司。多年来，中铁现代物流与分子公司之间一直难以形成真正的合力。分子公司总感觉自己在各自的地盘上单打独斗，各分子公司之间没能形成网络优势，中铁现代物流总部对分子公司的具体支持也不多，似乎“中铁现代物流”的整体品牌难以显现。

针对这一问题，中铁现代物流提出业务“上收下放”，提高总部管控能力，加强分子公司运营能力。各分子公司之间要通过有效沟通，强化分子公司之间的业务互动，提高整体协作能力。通过总分和分分互动，充分整合“中铁现代物流”的品牌，把伸开的手指紧握成一个有力的拳头，形成上下一体、网络交叉的局面，最终达到“上强下活”的效果。

为了进一步探明中铁现代物流发展方向，中铁现代物流多次召开业务研讨会。会议对中铁现代物流的各大业务板块，以及以后业务发展的方向进行了深入的分析。会议明确提出，中铁现代物流的业务将朝着金融物流、销售物流和供应物流“三流合一”的方向发展，凭借中铁现代物流强大的金融服务能力和铁路背景优势，打造具有鲜明特色的业务模式。

至此，中铁现代物流今后的发展方向基本明确，并在中铁现代物流上下达成共识。

三、业务调整先行一步

中铁现代物流的发展思路逐步清晰，2009年年初开始，各项业务调整已经开始进行。经过大半年的努力，一些新业务已经取得初步的成绩，业务调整的职责和分工已经逐步明确。

重组的铁路物流事业部在探索中已逐步发挥出自己的龙头地位，与总公司铁路建设事业部进行全方位合作，并挖掘分子中铁现代物流的网络优势，实现中铁现代物流总部与分子公司的联动开发和网络运作。2009年，针对铁路基建市场，既做好了沪宁、向莆铁路物资代理物流服务，又开发了一些新的物资代理物流服务项目。更重要的是，中铁现代物流铁路物流事业部还带动分子公司开展了铁路基建市场衍生物流业务，增强了中铁现代物流的整体合力。

中铁现代物流的相关业务“上收下放”工作已经取得显著成效。销售物流、供应物流和金融物流业务都已顺利完成。金融物流由以前的个别繁荣，现在已经变成中铁现代物流全面开花的局面。在总部的指导和带动下，很多分子公司都已经开展金融物流业务。各分子公司之间的协作能力也明显增强，中铁现代物流上下正朝着一体化服务的供应链物流模式努力。

在总公司的指导下，中铁现代物流的发展方向已经逐渐明朗。为了更客观、更全面地分析中铁现代物流所面临的环境，并形成对中铁现代物流今后的发展起指导作用的发展战略与规划，中铁现代物流专门委托了专业管理咨询公司进场咨询，并成立战略规划制定领导小组和工作小组。通过调研、讨论、修改、评审等程序，中铁现代物流的新战略规划终于出台。

战略固然重要，但更重要的是要按照战略的要求，不折不扣地执行、实施，最终才能把写在纸上的前景，变为实实在在的成果。

“雄关漫道真如铁，而今迈步从头越。”前进的方向已经明确，中铁现代物流正按照战略规划的既定部署朝着发展目标大步前进！

（供稿：中铁现代物流科技股份有限公司）

远成集团：要做现代综合物流服务商

创建于1988年的远成集团（Yuan Cheng Group），经过20多年的拼搏，已经发展成为以公路快运、铁路运输、航空海运、城际配送、仓储服务、国际货代及物流个性化方案策划等为主导，集物流服务、实业投资和国际贸易为一体的综合性现代化企业集团。今天的远程集团是中国首批5A级“综合服务型物流企业”的成员、“中国物流改革开放30年旗帜企业”，2009年位居中国物流百强企业第6名。

一、回顾：金融危机下逆势发展的远成

2009年，席卷全球的金融危机持续深入，中国物流市场也遭遇了金融风暴战火的洗礼。远成集团作为具有20多年发展历史、最具代表性的中国民族物流企业，在金融风暴的洗礼下练就了一副铮铮铁骨，于危机中敢于亮剑、敏锐把握市场发展的机遇，在行业中率先实现了金融危机下的逆势大发展。

1. 战略协同、联盟合作实现共同发展

战略协同就是指具有多个业务单位的公司在确定长期目标、发展方向和资源配置的战略管理过程中，把公司拥有的技能、资源在企业内部通过整合的方式形成优势资源和核心竞争力，并在各个业务单位之间传递和共享，从而获得公司整体战略的实现以及业绩的提升。

2009年，金融危机下的远成集团内外并举，走战略协同和联盟合作之路，实现了共同发展。对内，加强各业务单位之间战略协同发展的能力，实现了物流服务、实业投资、国际贸易等互为促进、互为发展；实现了公路运输、铁路运输、航空海运、集装箱运输、城际配送以及个性化的物流策划服务等无缝对接和协同发展。对外，加强与战略联盟的合作，以实现共同发展的目标。2009年2月23日，远成集团与光大控股私募基金签订合作协议；2009年4月28日，远成集团与福田汽车正式签署了战略联盟协议……通过一系列整合资源、联盟合作的举措，远成集团取得了共同创造市场、共同发展的实效。实践说明，加强战略协同发展的能力是远成集团一直保持稳定发展的重要因素之一。

2. 加强物流基地投资建设，完善了全国网络战略布局

远成集团之所以能够在2009年的不利环境中转危为机，在全球金融危机的恶劣情势下实现逆势发展，不仅在于远成集团对经济形势

的把握，更在于其发展综合物流的坚定信心。远成集团在CPI指数和PPI指数都呈下滑趋势、锋芒最低的时候，敢于把握住时机果断拓展市场，既有利地降低了投资成本，也争得了发展的先机，为远程集团的可持续发展奠定了坚实的基础。相信当整个经济环境好转后，远成集团正好可以大有作为。

其实，早在2008年年初，远成集团就开始注重加强物流基地的投资建设，着手完善全国的网络战略布局。其分布在全国的七大物流基地先后陆续开工，战线延伸至东北、西北、西南、华中、华东、华南及重庆。现在，远成集团已拥有超过6万多个合作伙伴、近1万多名员工；有直属一级分公司34家、二级分公司近100家，营业网点近600多个；有2000多台自有车辆和4000多台可控车辆，还有40多万平米的仓储配送中心。远成集团初步完成了在中国大陆所有省会城市及主要二级城市的物流网络布局。

3. 加强了卓越的信息化管理

随着远成集团经营能力的不断提升和业务范围的迅速扩大，迫切要求企业降低人力成本、提高对订单的跟踪完成能力和仓储管理的透明度，而所有的问题均对企业的信息管理系统提出了更高的要求。为此，远成集团大力加强信息化建设。一方面，加强集团内部信息技术人员研发力度，他们结合集团各公司业务实际需求研发的信息管理系统，具有很好的可操作性，增强了集团对各公司的统一管理力度，提升了集团的市场竞争力；另一方面，远成集团与世界著名的软件企业Infor公司联手研发，在物流信息化建设多个领域进行密切合作，使企业的信息化水平上了一个新台阶。

目前，远成集团已先后开发和应用了远成物流信息系统（YCLIS）、车辆全球定位系统（GPS）、金蝶财务EAS系统、仓储INFOR WMS系统。这些信息技术的普遍应用，有效地满足了现代化物流查询、监控、跟踪、结算、配送等需求，让客户选择远成时，安心、放心，更无后顾之忧。

4. 巩固人才队伍建设，构筑发展软实力

现代企业的发展，除了技术、资源、资金等因素外，人才也被视为影响和制约企业发展的重要因素。远成集团一直秉承“以人为本、德才兼备、知人善任”的用人理念，着力打造一支有战略眼光、能驾驭全局、为企业领航带队的决策队伍。

远成集团在引进人才的工作中，不仅加强与高等院校的合作、择优录取优秀的应届毕业生，同时，根据各省市分公司对基层岗位的人力需求，在成都、兰州、广州、上海、武汉等地举办综合性人才交流会。为配合企业未来两年发展战略，远成集团还启动了海外招聘计划，吸引了一些优秀的人才。2009年，远成集团被中华人民共和国人力资源和社会保障部、中华全国总工会、中华全国工商业联合会授予“全国就业与社会保障先进民营企业”荣誉。

5. 研发物流新产品，创新物流服务理念

创新，既是一个民族和国家进步的灵魂，也是企业发展进步的利器。远成集团20多年的发展史就是一部“创新史”，在经营好既有物流产品与服务的同时，企业一直不断地研究与开发物流服务新产品，以满足不同客户不同市场的需求，远成新干线就是企业创新发展的成果之一。远成新干线通俗的说就是“货运客运化”，它区别于一般的城际班车，是差异化的汽运服务，是汽运中的顶级产品。体现远成新干线的核心思想有三个关键词：便利、及时、优先。2009年10月12日，远成第一条新干线——成都—郑州（往返）新干线正式开通；12月20日，北京—沈阳新干线正式开通。目前，上海—南京、成都—昆明、兰州—西安、南京—北京等一批远成新干线正在规划筹备中。预计到2010年年底，远成集团将在全国开通50条汽运新干线。

二、展望：打造最具竞争力的远成，成就民族物流品牌

2009年，远成集团在全球金融危机的不利形势下，完美地实现了从“危”到“机”的转身，实现了金融风暴下企业的稳定发展。如今，站在2010年的新起点上，远成集团更加坚定目标：做民族物流品牌，成为中国最具核心竞争力的现代综合物流企业。

为此，远成集团用行动作出了最好的诠释：

其一，远成集团制订了两年发展规划，为实现集团既定战略目标提供了行动纲领。“眼界决定境界，思路决定出路”，科学的发展规划对企业的未来大发展有着重大深远的意义。2009年11月，远成集团出台了未来两年发展规划，规划对于集团在市场营销、运作管理、人力资源、财务、信息化以及分公司发展等方面都作了详细的规划。规划为远成集团以及各分公司未来两年的发展指明了方向和目标，也是各分公司推进各项工作的行动纲领。可以相信，远成集团的人员会以百折不挠的远成精神，全面落实两年发展规划。

其二，星级物流服务思想不仅提升远成集团物流服务水平，也为物流行业提升了整体的服务标准。“朝阳却很低端”，这是外界一直以来对中国物流业的评价。远成集团自创业伊始，就一直坚守“客户至上”的服务理念，事事以客户为中心，根据客户的不同需求，提供不同的载体资源、设置不同的物流方案。诸如：限时附加服务能在客户预约的时间之前送达；夜间送货附加服务能在商店开始前交货；百货公司附加服务能满足对货物送达时间、安排和操作有特殊要求的客户；药品附加服务能对医院、诊所、医疗中心和要点的药品进行专业化配送，24小时内送达，等等。

除此差异化的物流服务之外，远成集团还独特地引进星级酒店星级服务的理念与思想，并系统化地应用于远成集团各个层面，自上而下地全面推行，逐步形成服务规范。对内而言，星级物流服务的推广，让远成集团的员工精神面貌焕然一新，也大大提升了远成集团物流服务水平与效率；对外而言，远成集团率先在物流行业内提出星级服务标准和规范，某种意义上说为中国物流行业提升了服务标准。远成集团的发展特色很难复制，因为远程集团具有难以复制的资源优势、资产优势、网络优势、品牌优势和客户优势。星级物流服务就是远成最大的特色之一。

其三，品牌驱动与发展的大思路，让远成集团更具影响力和竞争力。可口可乐公司总经理伍德拉夫曾说：“即使我的工厂在一夜之间被烧光，只要我的品牌还在，我就马上能够恢复生产”。可见，品牌价值之大。品牌有助于产品销售和市场的占领，品牌亦是企业保持竞争优势的一种强有力工具。而随着我国物流业现代化、标准化、信息化程度的提升，我国现代物流在技术、实力、规模等方面与西方物流业的差距日益缩小；与西方物流企业的品牌相比，品牌影响力和知名度却相距很大。差距大的原因之一就在于企业自身对品牌的认识不足，对品牌重视的程度不够。远成集团是率先有着品牌意识与品牌认同的中国物流企业之一，而且在品牌建设等方面也是走在行业的前列。远成集团以“做民族物流品牌”为使命，内外兼修，经过20多年的经营、发展，已具有很强的品牌影响力和竞争力。而且远成集团将会继续坚持品牌驱动与发展的理念，继续整合社会和集团资源，全力建设和维护好远成集团品牌。2009年远成对集团所有运输车辆、分公司及营业网点对外形象做了统一的整改；在全国

各省市重要高速路段相继投放 70 块印有“远成物流”LOGO 字样的户外高炮广告；在全国各大报纸、杂志及门户网站等时常可以看到远成集团的报道与宣传……远程集团就是采取多种形式，以多视角、全方位地地集中全面地展现了迈向综合物流、国际物流的现代化远成形象。

“天行健，君子以自强不息！”远成集团立志“成为中国最具竞争力的现代综合物流企业”，为我国现代物流业的大发展作出积极的贡献。

（作者：施　蓉　远成集团企划部）

两业联动　打造福田新供应链联盟

2009年12月1日，由福田汽车诸城奥铃汽车厂（简称“奥铃工厂”）和北京宝供福田物流有限公司（简称“福田物流”）共同筹备的丹阳集货中心项目正式启动，这标志着以主机厂为核心，供应商、物流商多方参加的新供应链联盟正式成立，体现了福田物流积极响应国家制造业与物流业联动发展的政策导向，也是福田物流在零部件物流方面的又一大胆尝试，将为相关各方的长足发展打造新的合作平台。

汽车产业是国民经济的重要支柱产业，是整合全球资源、面向全球市场、进行全球化经营的大产业。福田汽车是我国最大的商用车生产企业，产品覆盖卡车、客车全系列和部分多功能乘用车品种，2009年，福田汽车产销量超过60万辆，销售收入达400多亿元。奥铃工厂是福田汽车集团的中心工厂之一，年产销量超过20万辆，是福田汽车集团推行“7＋3”订单管理模式和TPS丰田生产方式的样板工厂，在强化企业物流方面进行了诸多大胆的探索。

福田物流是福田汽车与广东宝供物流共同投资组建的专业化物流企业，作为福田汽车的物流总服务商，福田物流通过深入研究，展开供应链整合创新，把汽车供应链中的部分环节进行合并，采取多点取货、集中式运输、订单式供货，并通过集货中心的形式进行流程创新和模式优化，降低采购和物流成本，为主机厂和供应商提供整体物流管理与物流计划服务，减少主机厂、供应商的管理难度和投入，达到供应链充分协同、库存可视化管理的目的。

长三角地区有160多家福田汽车配套供应商，配套件品种多、数量大，是福田汽车供应链中的最重要战略合作区域。其中以丹阳及周边地区为主的苏南区域，分布着福田汽车133家供应商，主要产品包括内饰件、灯具、仪表板等，是奥铃工厂重要的零部件供应基地。

针对丹阳地区供应商厂点多、批量小、需求频次高等特点，福田物流积极创新、勇于实践，其全新的供应链物流服务模式得到了主机厂的认同，在福田汽车奥铃工厂的大力支持下，福田物流与江苏宏马物流有限公司结成战略合作伙伴，共同在丹阳国际物流中心建立福田物流丹阳集货中心，实施以循环取货模式为主、直送与集散点配送模式为辅的集货模式，达到覆盖苏南地区汽车零部件市场，满足福田汽车多个工厂生产需要的目的。

通过改善物流系统，降低供应商库存，加快资金周转，使丹阳及周边上百家零部件厂家受益；降低采购成本，提高供应件上线及时率，从而推进TPS管理，使主机厂受益；循环取货、集中运输，在相同产量条件下，运输总里程减少，运输效率与容积率提高，供应链总成本降低，使物流总承包商和物流承运商受益。最终实现主机厂、供应商、物流总包商、物流承运商四方的合作共赢，打造丹阳乃至华东地区的汽车物流发展平台，提升丹阳地区汽车零部件产业集群的市场竞争能力。

物流兴，则百业兴。丹阳集货中心是福田汽车和福田物流共同成立的第一家区域集货中心，该中心的成立是汽车供应链管理创新的集中体现，代表了制造业与物流业联动的发展方向，它对拉动上游供应商的发展、拉动汽车物流业的发展将产生积极的推动作用。展望未来福田物流将继续在福田汽车国内外其他零部件优势区域设立集货中心，建立准时、高效、专业的零部件供应物流基地，以支撑精益生产制造体系，打造全价值链竞争力，为福田汽车的全球化战略作出应有的贡献。

（作者：杨天清　北京宝供福田物流有限公司专业总师）

充分利用政策　积极寻求发展

南光物流有限公司（以下简称“南光物流”）是澳门地区具有综合物流运营实力的第三方物流服务商，隶属澳门南光（集团）有限公司。南光物流作为品牌企业，在澳门和珠海地区拥有5家实体公司，主营仓储配送、跨境运输、会展物流与搭建、港口物流，以及海、陆、空货运物流等业务。南光物流享有澳门中国保险（股份）有限公司的地区代理权，能够为客户代理财产、货运、责任和雇员意外事故等险种的承保业务。

多年来，南光物流秉承“成本低，服务优”的经营理念和品质，为客户提供全方位的服务，包括：船舶出入境澳门代理，澳门内港码头进行散货和集装箱装卸、理货与转运安排，澳门地区的普通货和冷藏货仓储与库存管理、流通加工和分拨配送，冷冻货品协助检验；珠海地区的保税仓储，进出口货运代理和货物中转安排、报关报检、海关查验和口岸监管，仓储货品的流通加工、分拨和配送服务；集装箱运输物流、集装箱库场管理与作业服务等。

南光物流有着悠久的历史，长期以来一直致力于配合国家和澳门每一个重要经济发展时期的经济建设，对我国的经济发展起到了积极的推动作用。随着南光集团“根植澳门，继续做好并延伸现有业务；进军内地，重点发展房地产、农副产品及物流业务；稳健投资，积极寻求新的效益增长点”的发展战略的逐步推进，南光物流率先将物流业务延伸到珠海及内地其他地区，业务有了明显的增长。在珠海保税区、珠澳跨境工业区和珠海高栏港等地建立了大型物流基地，通过配套齐全的“一条龙”综合物流服务建立起内地与澳门便捷、高效的物流通道；同时，也已在上海、成都、重庆等城市设点，并着手在内地经济发达地区通过投资、兼并、参股和控股等多种途径进行物流网络布局。

为充分利用珠海的特殊政策优势和带来的机遇，共同探索在“一国两制”前提下内地与澳门的一种新型合作模式，借助广东以及珠海的制造业、人才、技术和低成本的优势，实现珠澳两地优势互补、资源共享和共同发展。南光（集团）有限公司积极参与珠澳跨境工业区珠海园区的投资建设，由南光物流有限公司组建珠海通宇物流有限公司，在珠澳跨境工业区珠海园区建设综合物流服务中心（以下简称“中心”）。中心占地1.07万平方米，已建成6层仓库一座，总面积达1.6万平方米，其中内设2500平方米的恒温仓库；主要功能包括中转、保税库存及库存管理、配送以及其他增值服务。依托南光物流丰富物流资源及先进的综合物流管理信息系统，中心面向珠澳两地市场，对应客户需求的多样化，提供量身定做的物流方案，根据市场需求指定相应的综合物流解决方案。中心提供的综合物流服务包括：专业仓储服务、VMI/JMI 管理、MILK RUN 循环收货、广域物流网络管理、条码/RFID/、JIT 配送、厂内物流管理、逆向物流、供应链信息网络、内货运代理，同时亦提供包括委托检验、加工、组装、进出口代理及外汇收付、按单包装、商务代管、进出口报关、出口退税等增值服务。中心自运作以来，在跨境一日游（为客户提供进出跨境工业区专用口岸运输业务）、进口分拨中心和保税 VMI + JIT 配送等业务方面取得较好的效果。跨境一日游对于供应链上游的国内出口加工型供应商企业，货物进跨境工业区就视同出口，可以立即退税。而下游企业只需从跨境工业区进口货物，向海关以“加工贸易手册”方式申报进口，就能享受进口料件免缴关税、增值税的待遇，大大缩短了退税周期，加快了资金流转。进口分拨中心模式可将从世界各地进口的货物（其中包括国内转至保税仓的货物）暂存在南光拥有的海关特殊监管区域内仓库，进行分拣、简单加工、拆拼箱后，根据国内采购商的需求进行批量送货，以满足不同客户的多样化需求。保税 VMI + JIT 模式主要为珠海的大型加工贸易企业提供保税 VMI 服务。境外原料商的保税原材料整批存入中心保税仓库，然后根据制造企业的需求分批进行配送。中心提供的 JIT 配送满足了制造企业原材料零库存的需求；中心对存入中心保税仓库原材料实行精细化管理，符合制造企业生产线的要求；中心可为众多企业提供保税仓储与配送服务，在仓库的所有进口货物均可以在一定时期内长期存放，且不需要缴纳任何关税，直到需要进关离开中心时再进行报关征税或加工贸易手册进口。为制造企业减少库存、降低管理成本（仓库管理、通关等）及通关风险，可有效规避市场风险、最大限度地保证合格品按需纳入工厂、由“多对一”变成“一对一”使操作简化等。

南光物流上述业务的主要服务对象包括国内加工贸易型企业、海外制造商、海外贸易商社、进出口贸易商，货物涉及电子信息、通信、精密仪器、新能源、新材料等行业的各类高附加值进出口商品。

南光物流在资源不断扩大与整合优化的基础上，按照“做精澳门业务，做大做强国内业务，本着源自澳门、服务全中国的理念，致力于成为区域和特定细分行业领先的现代物流企业”的发展战略，以“服务最优、成本最低”的经营理念，竭诚为海内外客户提供快捷、安全、准确、定制化和一体化的综合性国际第三方物流服务，期望与广大合作伙伴共同发展物流事业。

（作者：赖展京　南光物流有限公司总经理）

印象九九

——访云南九九运输有限公司总经理李凤云

作为一家专门从事烟草运输的企业，云南九九运输有限公司（以下简称云南九九）经过十年的发展壮大，逐步成为国内烟草运输行业的“龙头”企业。那么云南九九运输有限公司是怎样走出了十年的发展之路的，公司总经理李凤云向记者讲述了这十年的艰辛路程。

一、艰难地完成转型，云南九九一步一个脚印

对于云南九九十年来的发展历程，跟随企业一路风雨走来的李凤云颇有感慨地回忆道：2000 年 7 月，作为体制改革的一部分，昆明卷烟厂车队剥离出来，成立了云南九九运输有限公司，开始了一条面向社会的独立经营之路。

虽然说是独立经营、自负盈亏，但毕竟背靠着昆明卷烟厂这棵“大树”，所以几乎所有人都对云南九九的前景看好。然而，在公司的现实运营中远没有想象得那么简单。

李凤云说：“首先是观念问题。”云南九九成立初期的大部分员工都是原昆明卷烟厂车队的职工，多年国企工作养尊处优的经历让这些员工普遍缺乏市场经济下的忧患意识，更为缺乏的是服务型企业赖以生存的服务意识。李凤云总经理向记者举了这样一个例子，装货时，驾驶员通常都要把车辆货箱的舱门靠近月台，以方便装卸工人搬卸货物，但是有些驾驶员就偏偏把车停得特别“恰当”，距离月台不远不近，非常不方便装卸工人工作，装卸工人要求驾驶员贴得近一些，驾驶员极不情愿，久而久之还有哪家公司愿意把货物给这样没有服务意识的驾驶员啊？

为了调动驾驶员的积极性，云南九九开始对驾驶员同样采取了独立核算的机制。“车队都独立核算、自负盈亏了，为什么驾驶员就不能呢？”李凤云如是说。在经济利益的驱动下，驾驶员的各方面态度得到了全面的转变，不仅服务意识大幅提升，还大大地强化了云南九九在烟草云行业的品牌效益，可以说，此举带来的是驾驶员和公司的双丰收。

除了“观念”问题，云南九九在发展中受到了烟草物流市场的半封闭特性的影响。何谓“半封闭”？李凤云向记者解释道，其实“半封闭”可以理解成两个方面：一方面是封闭性；一方面是开放性。烟草物流受国家烟草专卖局控制，必须在实际烟草局备案之后，方有资格进行相关运送工作，这是封闭性。这种封闭性从表面上来看，可给一个烟草运输企业带来不菲的效益。最初，云南九九也是抱有这样的想法，认定自己与昆明卷烟厂有“千丝万缕”的

联系，一定可以从中受益。然有，事实却恰恰相反，烟草物流市场的竞争却是完全开放的，任何一家只要拥有烟草运输资质的企业都可以参与到竞争中来，面对这样的竞争，对刚刚进入市场的云南九九而言，无疑带来了巨大的冲击。

这种冲击并没有击垮云南九九，反而磨炼了云南九九的意志，锻炼了云南九九的队伍，增长了云南九九的经验，提升了云南九九的凝聚力。利用云南烟草行业迅猛发展的大好时机，云南九九逐步清晰了自己的发展方向，放弃了利润低、对服务要求高的支线运输和城市配送业务，专门从事烟草干线运输，并且把目标客户定位为高端客户，从而利用自身在设备上和地理上（云南是烟草大省）的优势，一步一个脚印地稳步发展。

二、人才是企业持续发展的关键

经历了十年的风风雨雨，云南九九从最初的年产值300余万元，大幅提升至2009年的2．2亿元，一举成为云南地区烟草运输行业的“龙头”企业。能够取得这样的成绩，李凤云认为除了与云南九九背靠烟草企业这棵“大树”密不可分之外，人才成为了云南九九持续发展的关键。

在人才的储备上，云南九九分为两部分：一是外部人才的引进与吸收；一是内部员工的培养和提升。

李凤云告诉记者，市场竞争的残酷让企业发展来不得半点拖延，但是仅仅凭借原有班底的人员配置，无论是在管理水平，还是在现代物流理论的掌握上，都难以给企业提供持续的发展动力。所以，必须通过各种优惠政策吸引上至管理人员、下至普通员工的各方面人才来补充云南九九的整体实力，优化云南九九的运营模式，强化云南九九的运营模式，强化云南九九的服务意识，迅速让云南九九在市场竞争中站稳脚跟。

虽然招聘人才可以让云南九九在企业实力上迅速提升，但是这并没有阻碍云南九九对于自身员工的培养。“外部人才却是对云南九九的发展起到了积极的促进作用，但同时也存在是否适应，以及对于企业文化是否认同的问题，要想保持长期持续的发展，还得从企业自身员工的身上下工夫。”李凤云如是说。

在这样的指导思想下，云南九九首先从调动公司员工的积极性入手，像前述的驾驶员独立经营核算，提高员工的福利待遇等一系列措施。为了规范企业运营，公司还专门制定了员工行为准则和道德规范，树立员工爱岗敬业的职业道德，并制作了员工手册，人手一册，以此来要求员工做到按规章办事、凭良心做事、用真心干事。

另外，公司还进一步加快员工职业技能的学习，采用老师傅传帮带的形式，以老带新，熟练车辆驾驶维修等相关技能，整体提高员工的职业素质。

在管理人员的培养上，云南九九每年都会拿出数十万元的经费，为中层以上的干部提供到昆明市的高等学府进行物流、管理、财务等相关方面进修的机会，为公司未来的快速发展充电储能。

经过了十年的育人，李凤云很自豪地告诉记者：云南九九虽然只有130余人的职工队伍，但短小精干，从上至下的员工职业素质在烟草物流领域绝对出类拔萃，这也成为云南九九快速发展的基石。

三、梅赛德斯—奔驰让云南九九的发展驶入快车道

“云南九九要成为与国际化同步的烟草物流企业，仅仅有好的员工队伍还不够，在技术装备上也要与国际一致。”云南九九逐渐壮大之后，李凤云对于企业的长期规划有了更高的

目标。

的确，从云南九九确立主攻国内烟草干线物流，服务国内高端客户目标之时起，对于整个物流装备的标准，尤其是运输车辆的标准就被硬性地提高了。

李凤云告诉记者，云南九九刚成立的时候，公司资金实在有限，所以购进的大都是国产品牌的车辆，随着公司目标的确立，经营业绩的提升，国产品牌车辆在外观、性能和应用上都已经不能满足云南九九发展的需要，引进更高段、更可靠、更美观的车辆成了大家一致的决定。2004 年，首批国外品牌的牵引车进驻云南九九。很快，开上这批新车的驾驶员就发现，原来卡车也可以和轿车一样舒适、易于操作。不过，配件价格、服务维修成本过高的情况也无法忽视。

经过了一段时间的对比和了解，梅赛德斯—奔驰牵引车深深吸引了云南九九和李凤云，良好的性能、有益的服务以及最为关键的享誉世界的品牌效应打动了云南九九，就这样，梅赛德斯—奔驰成为了云南九九的王牌车辆。

“梅赛德斯—奔驰是世界上最好的卡车，我们运输的香烟也就是国内最好的香烟，这种品牌效益的对应一下子让我们公司形象大幅提升。梅赛德斯—奔驰卡车不但给云南九九带来运输效益的提升，也使云南九九企业形象大幅提升，这让云南九九受益匪浅。”李凤云自信地告诉记者：“是梅赛德斯—奔驰让云南九九的发展驶入了快车道。”

除了车辆之外，几乎所有装备都随之提升，GPS、管理软件、行车记录仪等一系列装备成为云南九九车队的标准配置，在大大降低驾驶员工作强度的同时，提供了整个车队的运行效率，为企业运营成本的控制带来了巨大的便利。

云南九九不仅适用梅赛德斯—奔驰卡车，而且还将业务扩展至维修保养梅赛德斯—奔驰各类车辆。“这些年，云南地区烟草运输企业选购梅赛德斯—奔驰的数量越来越多，售后维修保养正好是空缺，这是一块很有利润的市场，同时也可以方便自己车辆的维修，何乐而不为呢！”李凤云这样告诉记者。为了提高维修站的服务水平和维修能力，云南九九花费数十万元购进了先进的检测、维修设备，而且还经常邀请梅赛德斯—奔驰技术人员给员工进行培训。很快云南九九就培养出了一支维修队伍，维修服务成为公司新的利润增长点。

（作者：李　钝　戴姆勒东北亚投资有限公司市场部高级经理）

沃尔沃卡车：让危险品运输不再危险

进入 21 世纪以来，伴随着中国经济的高速发展，诸如油罐车侧翻、液氨钢瓶爆炸、罐车追尾导致泄漏等关于油气、化工危险品在储运过程中发生的重大灾害事故的报道频见报端。由于危险品独有的特性，一旦在运输过程中发生事故，其后果远比一般的交通事故要严重得多，轻则造成局部环境污染，重则危及附近群众的生命和财产安全。因此，危险品运输的安全性已广泛引起社会各界的高度关注。

如何有效避免危险品运输事故的发生？专家认为，只要加强专业人才的培养、注重作业人员的技术培训、使用优质可靠的运输工具、强化运输环节的管理，时时防患于未然，就可以大大减少和避免危险品运输事故的发生。专家强调，从事危险品运输的车辆必须具有高效率、高完好率、高吨位的品性，否则难以确保运输安全。

沃尔沃卡车公司是全球领先的卡车生产厂商，以“质量、安全、环保”的核心理念，以及在运营过程和售后服务中所体现的综合品质，为客户提供领先的运输解决方案，因而在危险品运输领域获得了极高的声誉。多年来，沃尔沃卡车公司在中国已与网络覆盖全国主要城市的中国石油天然气运输公司和以高起点、高标准进入中国危险品运输市场的宝华物流公司等建立起良好的合作关系。沃尔沃卡车公司通过不断的技术创新和优质的服务树立了良好的企业形象。2010 年 5 月，在中国机动车辆安全鉴定检测中心组织的全国评比活动中，沃尔沃 FH 系列卡车荣获“2009 年度车主最满意商用车安全车型”。在为期三个月的投票评选活动中，共有 36 万多名中国消费者参与投票，其中 33.5% 选择了沃尔沃 FH。这是中国消费者对沃尔沃卡车安全性能给予的充分肯定，也是沃尔沃卡车高效率、高完好率、高吨位的良好品质赢得中国消费者拥戴的最好例证。

一、高品质卡车，开启高质量的运输之旅

与其他行业运输不同，汽油、柴油、天然气、化工等危险品对运输工具的质量和性能的要求更严格，尤其对运输过程中平稳、快速、保全等多方面都有着严格的要求。沃尔沃卡车的优良品质，确保其轻松完成危险品运输的重任。

首先，沃尔沃卡车广泛的产品型谱为各行业选择其最适合的运输用车提供了有效的保证。例如，沃尔沃 FM 卡车就好像是专为石油、天然气运输量体裁衣之作。该款车型匹配 400

马力的发动机，动力强劲，最少可以搭载20吨的挂厢，完全能够满足区域之间的长线运输需求。也正因此，沃尔沃FM卡车吸引了中国石油天然气运输公司的目光。

其次，沃尔沃卡车的精准性、高完好率能有效确保危险品运输行业为客户提供高效、准时、准点服务的承诺。危险品运输需要车辆具有超强的减震性能，沃尔沃卡车采用世界一流的空气悬挂技术，进一步提高了公路运输的安全性和稳定性。为了加强运输途中的监控管理力度，沃尔沃卡车配置的GPS全球定位系统，可对所有在途车辆进行实时监控。为了更加安全、快捷地运输危险化学品，公司特配备有专用的应急车辆，为可能发生的一切事故提供应急救援和维修服务。

最后，在高品质保证方面，沃尔沃为用户提供的不仅仅是高品质的卡车产品，而且还包括纯正配件和快速便捷的维修、保养、检测等各项售后服务。沃尔沃卡车已有的完好率达95%以上，也就是说，在一年当中，有346天沃尔沃卡车能正常、高效运营，而一般卡车的完好率只有80%左右。“没有金刚钻，不揽瓷器活”，正是凭借沃尔沃卡车这把精良的“金刚钻”装备才保证了每次在危险品运输中都能“拉得出、打得响”，而且每次都是百发百中，顺利到达目的地。

二、全面安全体系，为危险品运输扣上双保险

危险品运输过程中，行车安全不容忽视。在安全领域一直享有盛誉的沃尔沃卡车持续致力于包括被动安全和主动安全在内全面安全体系的研发，以期将因为客观路况情况、驾驶员主观操作等因素给行车安全带来的风险降至最低。

首先，在被动安全方面（指用以保护卡车驾驶员及其他乘客安全的先进技术），沃尔沃卡车通过近几年的技术研发，于2008年推出了一系列业内独一无二的主动安全系统，这些系统可以有效防止因驾驶员困倦及疏忽这两种常见情况所导致的交通事故的发生。

其次，在与行车安全有着密切关系的车辆稳定系统方面，沃尔沃卡车的先进技术保证了驾驶员无论在多么艰难的路况条件下，依然能够有效控制车辆的整体运行情况。更值得一提的是，该系统能够同时稳定一个或多个拖车，而沃尔沃卡车则是唯一拥有此稳定系统的卡车。

最后，沃尔沃卡车配备有酒精锁（沃尔沃卡车公司是业内唯一一家提供厂家配置酒精锁的卡车制造商）。卡车启动前，驾驶员必须通过酒精锁的酒精测试，否则，车辆的控制中心会自动切断电源，导致卡车无法开动。

三、“全动感”、“一站式”服务护佑危险品运输万无一失

在运输行业，运输车辆的售后服务和维修都可谓是卡车用户共同关注的话题。为了给为危险品储运提供全面细致的保障，1999年沃尔沃卡车公司就已在中国率先实施“全金程”全面物流解决方案，并特别针对石化、危险品等危险品运输拥有专门的解决方案，内容包括：管理和操作人员的培训、考核及认证、应急措施及设备、运输管理等，以帮助客户降低运营风险和成本、提升企业的竞争力。目前，沃尔沃卡车已被国际化大型燃油、化工厂商及物流公司广为认可并使用。2006年，江苏省宝华危险品运输公司曾一次性购买了100辆沃尔沃新型卡车，服务于美孚等国际化工厂商。

由于危险品运输大部分运输距离较长，针对物流车辆的售后服务的要求水准也非同一般。为了将卡车故障排除在运输途中，沃尔沃卡车公司率先在中国各高速公路沿线密布了最

为广泛的维修服务站，并全心力打造出了“全动感”服务品牌。沃尔沃卡车的“全动感”售后服务品牌包含全覆盖、全天候、全速度、全配件、全质量、全保鲜、全心意、全贵族八项内容。透视品牌核心可以发现，沃尔沃的4S店、移动服务车、GPS构建成一张巨大的、无缝隙的全覆盖服务网络。如果车辆在危险品运输过程中出现故障，将会增加公路以及周边环境的安全隐患并将导致断货现象，沃尔沃卡车现代化智能装备的移动服务车的快速反应、Vcads Pro（电脑诊断系统）的准确判断、服务工程师的专业操作，能够确保在最短的时间内让客户的卡车正常运转，而且沃尔沃卡车的VOSP（预防性保养系统）针对车辆的运行条件和状况，量身定制了全面的保养方案，保障了沃尔沃卡车的高完好率。沃尔沃卡车的全动感体验中心，将通过网络界面平台连通全国各地的经销商，对“全动感”服务实行闭环跟踪、监督管理，全面保障沃尔沃卡车的正常运行。

在不断升级“全动感”服务品质的同时，沃尔沃卡车公司又率先在中国卡车界把过去用于高档轿车的“一站式”的服务理念演绎成“一站式”贵族服务的全新理念和服务标准。用户有修整车辆的要求只要向专家提出便可以放心喝茶了，无须再跟技术人员逐位沟通。此外，在沃尔沃售后服务中心及各维修站卡车服务顾问已代替了彬彬有礼却不懂技术的接待小姐，用户只需要对服务顾问说出自己的要求或是车辆问题所在，所有其他的烦琐事情都会由服务顾问“一站式”全程解决，既快速、又省心。这与在一般的卡车维修店，用户要费时、费力、费精神地不厌其烦地与前台、维修人员、备件人员等进行多次重复交流，申请协调处理的过程形成鲜明的对照。

这就是沃尔沃的卓越品质、全面安全、无忧服务。我们有理由相信，一直秉承“为客户创造最高的营运价值”的沃尔沃卡车将凭借这三大优势，持续为危险品运输公司提供安全、稳定、高效、优质的营运价值，让危险品不再危险。

（作者：张　蕊　沃尔沃（中国）投资有限公司品牌市场部）

第十部分

附录

中国物流与采购联合会关于贯彻落实国务院《物流业调整和振兴规划》的政策建议

（物流发展“60 条”）

2009 年 3 月，国务院《物流业调整和振兴规划》（国发［2009］8 号、以下简称《规化》）提出，“抓紧解决影响当前物流业发展的土地、税收、收费、融资和交通管理等方面的问题”。2009 年 6 月，国家发展和改革委委托中国物流与采购联合会进行“物流业发展政策措施研究”。按照《规划》的要求和国家发改委的委托，中国物流与采购联合会组成调研组，随即开始了相关政策的调研工作。

在深入调研的基础上，针对物流企业遇到的突出问题，起草了六个方面的“60 条”政策建议。建议初稿形成后，一方面通过“中国物流与采购网”等媒体，在业内外广泛征求意见；另一方面组织会员单位、业内专家、企业家及相关人士，反复讨论修改。可以说，“60 条”集中反映了物流企业的政策诉求，具有普遍性和紧迫性。

关于物流业税收问题的政策建议

（物联研字［2009］49 号）

为贯彻落实国务院《物流业调整和振兴规划》（国发［2009］8 号、以下简称《规划》）精神，我会于近期组织了三个调研组，分赴珠三角、长三角和中西部地区进行了调研，并就《规划》中提出的“抓紧解决影响当前物流业发展的土地、税收、收费、融资和交通管理等方面的问题”召开了专题座谈会。现将物流企业普遍遇到的税收问题及相关政策建议报告如下。

税收政策是调整和振兴物流业最重要的政策杠杆，也是企业最为关心的政策问题。为全面落实《规划》，促进物流业平稳较快发展，必须理顺税收政策思路。为应对国际金融危机的挑战做准备，国家应该加大对物流业税收政策的支持力度。

一、在三年《规划》期内对物流企业采取特殊支持政策

自 2008 年下半年以来，由于国际金融危机的冲击，物流市场需求萎缩，服务价格下跌，物流企业经营出现严重困难。为落实《规划》，应在三年规划期内对物流企业采取特殊的税收支持政策。

我们建议：一是给予物流企业营业税减半征收的优惠政策，帮助物流企业渡过难关。二是对物流企业所得税实行按照一定比例先征后返的政策，返还税金作为企业发展的专项基金。三是对购置物流设施设备的进项增值税予以返还，对国内急需的进口大型物流设备给予关税减免。四是允许物流设施设备加速折旧并予以税前列支。五是简化国有大型物流企业（企业集团）内部资产调拨、股权转让、重组并购等行为的审批程序，免除相关环节税金。

以上政策如果普遍实行不便界定，建议首先在按照《物流企业分类与评估指标》国家标准，经评审认定的 A 级物流企业实行。

二、将物流业各环节营业税税率统一调整为 3%

现行的营业税税目将物流业务划分为运输与服务（包括仓储、代理等）两大类。运输、装卸、搬运的营业税税率为 3%，仓储、配送、代理等的营业税税率为 5%。在实际经营中，综合型物流企业各项业务上下关联，很难区分运输与服务收入。各类业务税率不同，不仅有碍于物流业“一体化”运作，也不利于税收征管。此外，仓储业属于微利行业。据 2004 年

全国经济普查数据显示，仓储业平均业务利润率只有2.6%，资产利润率只有0.92%，而营业税税率却高于运输业。

我们建议：统一物流业各环节业务营业税适用税率，仓储等业务参照现行运输业3%税率征收。

三、抓紧解决物流税收试点工作中存在的主要问题

2005年，国家税务总局发出《关于试点物流企业有关税收政策问题的通知》（国税发［2005］208号）。到目前，已有4批、394家物流企业进入试点范围。此举体现了国家支持物流业发展的产业政策，有效解决了试点企业营业税重复纳税问题，有力地支持了物流业发展。同时，对试点中遇到的问题也需要抓紧解决，我们建议：

（一）把“纳入试点名单的物流企业及所属企业”，界定为：试点企业及其分公司、全资子公司、控股子公司和相对控股的参股公司。这些“所属企业”不论是否具有“自开票纳税人”资格，均可享受试点企业总部的相关政策。“所属企业”名单由试点企业总部提供，经中国物流与采购联合会汇总后，报国家税务总局发文确认。

（二）将物流企业在“库存分拨管理”环节完成的装卸、盘点、搬倒、分拣、加工、包装、信息服务等解释为试点政策中“仓储业务”的内涵；在“库存分拨管理”所发生的费用，比如仓库租赁费用、营运、管理、维护费用等，视同“仓储费”，允许执行相应的抵扣政策。

（三）推行试点企业对个体车辆营业税代扣代缴并代开发票的政策。由税务部门认定的物流税收试点单位在实际支付给个体运输户运费时代开发票，并按照税务部门确定的征收比例扣缴应纳税额，同时接受税务部门监管。为防止物流企业为外雇车辆代开发票时，虚开给一般纳税人能抵扣增值税进项税额的运输发票，建议在代开的普通运输发票上加注“一般纳税人不能抵扣”字样。从根本上解决试点企业有效扣除凭证“取得难”问题，又从源头上堵住个体运输经营户营业税款流失的“黑洞”。

（四）应该研究改进“自开票纳税人”的相关政策规定。首先，对于按照国家标准，经过评审认定的A级物流企业放宽限制，只要规范运作，加强管理，即使没有自备运输工具，也可以视同“自开票纳税人”对待。

（五）铁路、航空货运发票自成体系，种类繁多，部分铁路、航空业务发票，不能作为允许扣除的凭证。对于试点企业使用铁路、民航专业公司运力，所产生的重复纳税问题，应该允许抵扣。

（六）积极扩大物流税收试点。建议将按照《物流企业分类与评估指标》国家标准，经评审认定的A级物流企业，自动纳入物流税收试点企业范围。

（七）从长远来看，建议将物流业营业税纳入增值税征收范围，从根本上解决重复纳税问题。

四、仓储设施占地仍执行2006年年底的土地使用税税率

物流园区、配送中心及仓储与分拨、配送基地，是保证城市正常运转、居民消费需求以及社会安定和国家安全的基础设施。2006年年底，国务院对《城镇土地使用税暂行条例》进行了修改，修改后的土地使用税税率比原来提高了两倍。物流企业一般占地面积大，赢利能力低，过高的土地使用税使企业不堪重负。

我们建议：凡物流企业为公共服务的仓储

设施占地仍执行 2006 年年底的土地使用税税率，以维持物流企业的正常经营，使它们能够继续为社会提供相关服务。

五、取消物流企业库房租金收入适用税率

物流基础设施以长期持有、专业经营为目的，具有基础性和公益性，应该获得国家产业政策的支持和鼓励。依照现行的《房产税暂行条例》，房产出租部分，以房产租金收入为房产税的计税依据，适用税率 12%；自用部分，以房产余值计算缴纳，适用税率 1.2%。此外，物流企业出租仓库的租金收入，还要缴纳 5% 的营业税，总体税负高达 17%，并存在重复纳税的问题。

我们建议：取消物流企业库房租金收入 12% 的适用税率。物流企业所属仓库，不论是否出租，均以房产余值计算缴纳。

六、允许物流企业统一计算与缴纳所得税

2008 年新的《企业所得税法》实施后，取消了对物流企业所得税统一缴纳的规定。在全国范围内经营，设置分支机构的物流企业执行《跨省市总分机构企业所得税分配及预算管理暂行办法》（财预［2008］10 号）。该政策规定，属于中央与地方共享收入范围的跨省市总分机构企业缴纳的企业所得税实行“统一计算、分级管理、就地预缴、汇总清算、财政调库”的处理办法。“就地预缴”，是指居民企业总机构、分支机构，应按本办法规定的比例分别就地按月或者按季向所在地主管税务机关申报、预缴企业所得税。网络化经营、一体化运作是物流企业基本的运行模式，预缴企业所得税的方式，割裂了物流企业的网络关系，严重制约着物流企业做强做大。

我们建议：针对物流企业网络化经营的特点，应实行企业所得税总分机构统一申报缴纳，取消对跨省市总分机构物流企业实行“就地预缴”的政策。

七、物流企业应享受增值税转型政策

自 2009 年 1 月 1 日起实施的《增值税暂行条例》（国务院令［2009］第 538 号）规定，允许增值税一般纳税人抵扣其新购进固定资产所含的进项税额，而增值税小规模纳税人的征收率统一降低至 3%。物流业虽然需要大量的设施设备，但其主要业务均属于营业税纳税范畴，享受不到增值税转型的优惠政策。

我们建议：物流企业在新购固定资产时，享受与增值税一般纳税人相同的税收政策。即允许用新购进固定资产（运输工具以及其他与生产经营有关的设备、工具、器具等）所含增值税，扣抵当期应纳营业税，当期未抵扣完的可结转到下期继续抵扣。

八、国际物流业务的境内劳务判定标准应作调整

2009 年 1 月 1 日前，发生在境外的劳务收入，无须缴纳营业税。新的《营业税实施细则》将境内劳务的认定标准由“劳务发生在境内”调整为“提供或者接受条例规定劳务的单位在境内”。这就意味着，将未发生在中国境内的劳务纳入营业税征税范围，对国际物流业务造成巨大冲击，如国际租船、国际海运、国际快递等。

我们建议：对营业税应税劳务认定标准再进行调整，仍然以“提供的劳务发生在境内”

为应税劳务认定标准，凡发生在境外的劳务收入免缴营业税。

九、加快推进物流税收综合试点改革

已经纳入税收试点的物流企业都是物流业的龙头企业，应把物流税收试点作为培育企业做强做大的“孵化器”。建议把现有试点物流企业扩展为物流税收综合改革的试点单位，提供全方位的财税支持政策。对试点物流企业实施从经营（营业税、城市维护建设税、教育费附加、印花税）、利润分配（企业所得税）到资源（土地使用税、房产税）等“一揽子”税收综合改革政策，并对这些企业的经营及纳税情况进行跟踪，实行动态管理。

十、研究使用全国统一的物流业专用发票

目前，我国物流业使用的发票种类繁多，都有不同的使用范围、标准和要求，使不同物流业务的税收负担不均衡，也给税收征管带来难度。

我们建议：把物流业作为独立的行业对待，整合与物流业务相关的各类发票，推出统一的物流业专用发票。

以上是我们经过深入调研，提出的主要税收政策问题及建议，请国家发展和改革委员会及相关政府部门予以重视并抓紧解决。中国物流与采购联合会作为行业社团组织，将从实际出发，反映行业情况和企业诉求，协助政府有关部门，按照国务院的要求，尽快制定和完善各项配套政策措施，确保《规划》目标的实现。

关于物流业发展中有关交通管理问题的政策建议

（物联研字［2009］81 号）

2009 年 3 月，国务院《物流业调整和振兴规划》（国发［2009］8 号、以下简称《规划》）提出，“抓紧解决影响当前物流业发展的土地、税收、收费、融资和交通管理等方面的问题”。2009 年 6 月，国家发展和改革委委托我会进行“物流业发展政策措施研究”。按照《规划》的要求和发改委的安排，我会在深入调研的基础上，针对物流企业在交通管理中遇到的问题，提出以下政策建议。

一、从根本上解决“大吨小标”商用车的管理问题

“大吨小标”问题，是当前物流企业正常运营的严重障碍。由于我国长期以来实行按车辆行驶证核定载质量，来计征养路费的政策，相当部分商用车制造厂为了迎合客户少缴养路费的心理，对同样的车辆申报不同的载质量目录，形成了“大吨小标”问题。如：某汽车厂生产的一款厢式货车，厢长都是 6.1 米，容积也都是 32 立方米，采用完全相同的底盘、发动机和变速箱，却登记为两个目录。目录为“LZ5061XXYLAL”的，载质量标为 1.80 吨，每立方米容积只能运输 56 公斤货物；目录为“LZ5101XXYLAL”的，载质量标为 4.99 吨，每立方米就可以运输 156 公斤货物。

2009 年 1 月 1 日起实施燃油税改革，公路养路费等依据载质量的收费取消后，“大吨小标”车辆“假超载、真罚款”现象十分突出。这些车辆按照“大吨”装货，“小标”罚款，形成了事实上的“假超载”。“假超载”10% 以内罚款数百元，30% 以内罚款两三千元。由于“假超载”问题，出现交通事故时也成为保险公司免责的理由。

我们建议：由工业和信息部牵头，组织商用车辆生产厂商，对全国各类“大吨小标”商用车辆在用目录进行一次全面清理，对同一车型统一按已批准的最高载质量重新核定和修改目录；请公安部车辆管理部门统一办理更换行驶证，把重新核定的载质量作为检查的依据。考虑到这项工作的复杂性，建议在过渡期内，由生产厂商提出，工信部审核，在行驶证未变更前据实发放临时变更证书，尽快解决物流企业正常运营中的突出问题。

二、在燃油价格大幅度提高时对物流企业给予阶段性补贴

燃油税改革大大减轻了停驶或出勤率不高车辆的税费负担，但满勤满载的物流企业车辆成本增加较多。按目前价格计算，燃油成本约占物流企业运输成本的40%左右。在运输型物流企业平均利润率只有3%～5%的情况下，对其正常经营的影响是很大的。特别是国际原油价格已进入上升通道，我国已连续多次提高成品油价格，而受国际金融危机的影响，运输业务量持续下降，市场运价很难提升。在成本和价格的双重挤压下，物流企业的经营困难将进一步加剧。

我们建议：对物流企业运输车辆实行燃油价格补贴。在国内燃油价格提高超过5%时，对规模型物流企业进行为期3～6个月的阶段性补贴。补贴资金渠道可与营业税缴纳渠道相同，允许企业用燃油购进发票按比例抵扣营业税。为促进环保车辆加速更新，同步拉动商用车辆制造业，补贴应限于符合国家最新环保标准的绿色物流车辆。

三、全面清理撤并逐步取消高速公路收费站点

我国高速公路收费站点多，收费标准高。据物流企业反映，过路过桥费一般占运输成本1/3左右。不仅增加了企业运营成本，也影响到车辆正常通行，降低了物流效率。

我们建议：对高速公路用收费站点进行一次全面清理，进一步控制收费公路规模，撤并收费站点；根据政府财力情况，陆续回购繁忙路段经营权，减少收费站点；对一时难以撤并的站点，在三年规划期内降低收费标准；大力推行不停车收费系统，加快车辆通行速度。

四、为城市配送车辆进城通行停靠和装卸作业提供便利

城市物流配送系统，与供电、供水、供气和公交系统一样，是保证城市正常运转的动脉系统。如果物流系统运行受阻，将会影响城市人民生活和社会安定。我国大部分城市在这方面存在的主要问题有：通行证发放不透明，配送车型不统一，小型客车运货的现象比较普遍，通行的时间和路段限制太多等。不仅抬高了物流企业运营成本，降低了城市物流效率，也增加了交通管理的难度。由于货运车辆受进城通行证的限制，中小型客车载货的问题愈演愈烈。客车载货运量少，占用道路面积多，人为扩大了道路拥堵和尾气排放。

我们建议：确定城市配送车辆的标准环保车型和规模物流企业，采用公开拍卖方式，建立统一标识的“绿色车队”。在此基础上，最大限度地减少“绿色车队”的限行时间和路段，使它们能够合法、高效、放心地进行城市配送服务。

五、建立集装箱多式联运管理服务体系

集装箱多式联运是先进的运输组织方式，对降低交易费用，提高物流效率具有重要意义，已成为现代交通运输发展的趋势。而我国多式联运体系尚不完善，相关法规及服务不能够适应发展的需要。各种运输方式自成体系，基础设施配套性差；多式联运单证不统一，不能进行“一票到底”的业务；多式联运组织性差，指挥调度、信息系统和结算方式不支持一体化运作；集装箱运输的优惠政策落实不够。

我们建议：一是对各种运输方式进行统一规划，加强基础设施之间的衔接和配套；二是建立多式联运协调机制，制定支持多式联运发

展的交通管理政策；三是建立统一的信息平台和结算系统，恢复实行多式联运发票，统一各运输方式的票据；四是落实集装箱运输通行费优惠政策，建立集装箱卡车“绿色快速通道”。

六、支持甩挂运输发展

甩挂运输是指牵引车（或载货汽车）按照预定的计划，在某个装卸作业点甩下挂车，挂上其他挂车继续运行的运输组织形式。甩挂运输与传统运输相比，成本更低，效率更高，车辆周转更快，节能减排效果更好，在欧美地区和日本等发达国家已成为主流运输方式。由于在保险、牌照管理、车辆检测和海关监管等方面的制度约束，我国甩挂车辆仅用于港口集装箱集疏运，在其他领域基本没有采用。

我们建议：一是放开半挂车牌证管理，允许牵引车与挂车单独上牌，随机搭配；二是针对一个牵引头配多个挂车的情况，建立以牵引头为单位的车辆保险产品，避免牵引车、挂车单独保险，一车多挂情况下出现的重复保险现象；三是允许半挂车和牵引车分开检测，不要因为挂车检测影响牵引车运营；四是在海关监管方面，对牵引车和挂车实行分别监管。

七、切实解决大件运输的相关问题

不可解体大件货物通常是国家重点工程项目所需的核心设备，必须采用特种车辆承载运输。能否保障大件运输安全可靠、通畅便捷，直接关系到重点项目的成败。随着电力、石油、石化等行业快速发展和西部大开发的推进，我国重点工程涉及的大件运输需求快速增长，特别是公路承运的大件货物比重不断上升。而在实际运作中，大件运输“行路难、收费高”的问题十分突出。一是缺乏针对大件运输的专用管理办法及特定的通行标准，将国家重点工程急需的大件运输与非法的超限、超载相混淆。二是缺乏对跨省区大件运输的统一管理和协调，《超限运输许可证》不能够跨省区使用，导致大件运输车辆长期在省界滞留。三是通行费和道桥损坏补偿费极高且各地标准不一。有的地方补偿费相当于运费的 5 ~ 8 倍，甚至超过了大件设备的总造价。四是特种运输车辆无法取得合法的营运牌照，“违规上路”现象严重。五是现有道路桥梁及收费站设计未充分考虑大件运输的特殊需求，临时拆除、重建的情况屡有发生。

我们建议：要正确处理好整顿非法超限运输与保障正常大件运输之间的关系，确保国家重大项目建设的顺利实施。一是针对大件运输的特点和作用，按照轴载荷及分布设定全国统一的大件运输通行标准，制定大件货物运输管理办法，规范申报和审批程序，使符合条件的大件运输合法化。二是各省区相关管理部门按照统一的标准和管理办法受理和核发全程有效的《超限运输许可证》，允许跨省区使用，国家层面要有专门机构负责管理和协调相关问题。三是在科学计算和事实求是的基础上，合理降低现有道桥损坏补偿费，并制定全国统一的标准，从严控制自由裁量权。四是对大件运输液压轴线车辆及大型汽车吊与普通车辆区别对待，重新制定牌照标准。对大件运输所需的临时性特种专用车辆发放临时性牌照。五是在道路、桥梁规划、设计、改造和施工中，充分考虑大件运输的特殊需要，逐步形成覆盖全国的大件运输主要通道。

八、允许中置轴挂车列车在高速公路行驶

2008 年我国乘用车（含轿车）销售量为 676 万辆，公路车辆运输车承担着全国乘用车 83% 的运输总量。由于受专业运输车辆发展滞后等因素的影响，我国的车辆运输车多属半挂车或铰接列车。国标 GB 1589—2004 规定这类

车辆总长控制在16.5米，只能装载4辆中型轿车和6辆微型轿车，造成能源和运力资源严重浪费。目前，欧美国家已经普遍采用中置轴挂车列车，来提高公路运输能力。我们应该借鉴国外做法，推动中置轴挂车在国内的开发和应用。

从技术条件来讲，中置轴挂车列车转弯半径小，装载量大，安全性能稳定，比现有符合规定的半挂列车至少可以多装两辆轿车。以此计算，2008年可少用运输车辆28.1万次，全年可节约成品油8360万升。这对于提高物流效率，促进节能减排，维护道路交通安全以及支持汽车产业发展具有积极意义。但由于现行政策的限制，所有的中置轴挂车目前只能按全挂拖斗车上牌，一律不能上高速公路行驶。

我们建议：根据我国新型运输方式和车辆发展的实际，对中置轴挂车与一般的拖斗车区别对待，为其上牌及上高速公路行驶提供政策支持。

九、加大对物流企业购置新型环保物流装备的支持力度

从总体上来讲，我国物流企业技术装备落后，自我更新能力较弱，特别是环保型装备使用率不高。为应对国际金融危机的挑战，物流企业必须尽快更新使用新型环保车辆等设备，提高技术装备水平和服务能力，减轻物流活动对资源和环境的压力。

我们建议：国家对物流企业更新新型环保装备给予支持：一是允许物流企业用营业税享受增值税转型政策，环保型车辆购置费用可以全额抵扣营业税；二是对物流企业购置新型物流运输装备，给予购置税减半的支持政策；三是支持物流企业引进国内急需的关键物流技术和设备；四是对物流企业购置环保型设备所需资金利息，纳入财政贴息支持政策；五是支持适应我国需求的物流装备研制与开发，新技术推广和相关标准的制修订。

十、维护全国交通运输管理的统一性和权威性

近年来，我国交通运输管理法规逐步健全，执法管理得到加强，公路“三乱”现象有所遏制。但仍有不少地方还存在许多问题：公路运输超限超载执法检查，除了执行国家的统一标准外，部分地区还存在自行制定的检查与处罚标准。因此出现了此罚彼不罚、你罚我再罚的现象，物流企业因同一问题被重复罚款；有的以罚款代替执法，不纠正违法行为，陷入越罚越超的怪圈；缺乏统一的投诉平台和纠错机制，物流企业即使被错罚，宁可忍气吞声；不少企业被迫把罚款列入成本支出计划。

我们建议：清理各地不同执法标准，设立全国性的统一执法与处罚标准。同时，全国统一执法程序、统一执法规范、统一执法用语。交通执法应纠正违法现象，不能罚款后再放行，更不能把“治超”变为某些人敛财的渠道。建立全国公路执法申诉、投诉平台，对处罚有异议的，可以申诉、投诉。建立执法复核程序，对申诉、投诉限时回复。同时建立对全国公路运输执法队伍的考核程序，严厉处罚违规执法及执法舞弊现象。

以上是我们经过深入调研，提出的交通管理政策建议，请国家发改委及政府关部门予以重视并抓紧解决。中国物流与采购联合会作为行业社团组织，将从实际出发，反映行业情况和企业诉求，协助政府有关部门，按照国务院的要求，尽快制定和完善各项配套政策措施，确保《规划》目标的实现。

关于物流业投融资问题的政策建议

（物联研字［2009］91号 2009年9月1日）

投融资政策是调整和振兴物流业的重要政策杠杆，也是企业最为关心的政策问题之一。有关部门和金融机构应该采取相应措施，使适度宽松的货币政策能够惠及物流企业。通过物流业正常运作，促进其他产业发展。

为贯彻落实国务院《物流业调整和振兴规划》（国发［2009］8号、以下简称《规划》）精神，我会于近期组织了三个调研组，分赴珠三角、长三角和中西部地区进行了调研，并就《规划》中提出的“抓紧解决影响当前物流业发展的土地、税收、收费、融资和交通管理等方面的问题”召开了专题座谈会。现将物流企业普遍遇到的投融资问题及相关政策建议报告如下。

一、把物流业作为投融资政策支持的重点产业

当前，我国物流企业普遍面临融资“瓶颈”。首先，由于物流企业在提供物流服务过程中要给客户垫付大量资金，且账款回收周期较长，一般为1～3个月，有的达6个月，由此带来较大的流动资金压力和风险；其次，物流企业在基础设施建设、生产设备更新改造、信息系统建设和运营网络构建等方面，自有资金不能满足需要，银行贷款又缺乏相应的抵押物，所面临的资金短缺问题十分突出。物流业的价值，更多地体现在其他相关产业，应把物流业作为投融资政策支持的重点产业。

我们建议：要积极引导商业银行在防范资金风险的前提下，放宽物流企业贷款融资条件，降低其融资成本，缓解当前金融危机对物流企业的影响。鼓励金融机构对信用记录好、有竞争力、有市场、有订单，只是暂时出现经营或财务困难的物流企业给予信贷支持。针对资金实力比较薄弱、信用记录良好的民营物流企业，要加大在融资方面的支持力度，帮助其渡过难关。要鼓励民间资本参与物流业融资，发挥民间金融在支持中小企业发展、满足民间多样化需求中的独特优势。同时，允许物流企业将融资费用全部列入财务费用在税前扣除，以减轻其税收负担。以上政策如不便普遍实行，建议首先在按照《物流企业分类与评估指标》国家标准，经评审认定的A级物流企业中试行。

二、减轻物流基础设施建设与经营的投融资压力

物流园区（中心）等物流基础设施是带有

基础性、公益性的重要节点，具有前期投资规模大、资金占用周期长、投资回收慢的特点。目前，许多物流园区（中心）存在建设资金不足的巨大压力。部分物流园区（中心）反映，物流园区（中心）作为平台公司，承担了大量的基础设施建设任务。但是，许多地方物流园区（中心）建设无法享受工业用地政策，土地价格极高，导致园区高负债运营。

我们建议：考虑物流园区等基础设施建设投资较大且具有公益性质，应对其予以必要的融资政策支持，通过财政补贴、贷款援助、风险投资和直接融资等方式加以解决。可以考虑设立物流园区发展专项资金，对于纳入省级总体布局规划、具有发展潜力的物流园区（基地、中心）给予优先贷款和贴息。鼓励各级地方政府投资参与符合发展规划的物流基础设施建设，租赁给物流企业经营，减轻企业一次性投资的压力。

三、支持物流企业生产设备更新改造和信息系统建设投入

物流业是资金密集、劳动密集、技术密集的行业。只有加大技术创新力度，加快设备升级改造和信息系统建设，才能提升服务能力，形成差异化竞争优势。随着经营规模不断扩大，业务范围持续扩张，物流企业在技术装备及信息化建设等方面的资金压力越来越大，单靠企业自身能力无法解决。

我们建议：针对物流企业车辆设施与装卸设备更新改造、大型专业物流设备引进和IT系统平台建设等方面的资金需求，各级地方政府要予以重点项目投资补助、贷款贴息等方面的支持。支持装备生产企业采取融资租赁方式销售运输车辆及装卸、储存等设备。加大物流企业根据节能减排要求更新车辆和设备的支持力度。对于社会化的托盘或周转箱等共用系统项目的建设与运营，中央及地方政府应安排专门的资金予以支持，以进一步提升我国社会化物流系统的运行效率。

四、拓宽物流企业网络建设的投融资渠道

物流业是典型的具有网络经济特性的产业。根据客户供应链需要，集成社会资源，进行网络化经营，是现代物流企业基本的运作方式。许多大型物流企业反映，银行贷款对物流企业的网络建设支持力度不够，企业重组兼并缺乏融资渠道。

我们建议：依据银监会于2008年12月发布的《商业银行并购贷款风险管理指引》有关规定，借鉴国际经验，科学制定物流网络价值的评估标准，鼓励符合条件的商业银行积极开展面向本土物流企业的网络并购贷款业务，对物流企业拓展经营网络的战略性并购给予信贷支持。要通过安排政府贴息资金和补助资金的方式，积极支持物流企业进行网络建设，尤其是面向农村的物流网络建设。应适当增加金融机构面向中小物流企业网络建设的贷款比重。以上政策如不便普遍实行，建议首先在按照《物流企业分类与评估指标》国家标准，经评审认定的A级物流企业实行。

五、建立支持物流企业贷款的专业担保机构

银行贷款是物流企业最希望获得资金的渠道，但大多数民营物流企业在获取银行贷款过程中难度较大。其中，缺乏完善的、社会化的担保体系是造成物流企业融资难的重要原因之一。

我们建议：政府部门和行业协会可凭借其公信力和中立性，联合有实力的企业，建立面向物流企业的专业担保机构。采用“贷款平

台+担保平台+群众组织”的模式，形成行业“互保”、“联保”机制。在《物权法》规定的担保抵押物范围内，扩大物流企业动产抵押担保范围；对负债率较低、内部管理严格的民营物流企业，可适当放宽抵押担保的条件。

六、开展物流产业投资基金试点

国家“十一五”规划纲要提出：“发展创业投资，做好产业投资基金试点工作。”物流业涉及领域广，吸纳就业人数多，促进生产、拉动消费作用大，已被列入调整和振兴的十大产业。根据物流业在国民经济中的重要地位和作用，以及产业发展的需要，可积极推进产业投资基金试点工作。

我们建议：物流产业投资基金的资金来源由一定的财政补贴、金融机构及大中型国有企业、民营企业及私人的多元化投资组成，在相关法规的基础上，按照“专家管理、组合投资、利益共享、风险共担”的原则进行运营，以增加物流企业融资渠道，降低物流项目融资成本。物流产业投资基金主要配合国家物流业调整和振兴规划，投资于符合规划的物流基础设施建设和运营项目，已经发育成熟，但暂时还不能上市的物流企业，以及企业重组、并购等资金需求。

七、为物流企业上市、发行债券和其他融资创造方便条件

就物流业总体情况看，不仅直接融资困难较多，而且其他融资比例也远低于社会一般水平。

我们建议：为了帮助物流企业建立正常的融资渠道，证监会对物流企业在股票上市、企业债券发行方面可给予支持。允许有发展潜力的物流企业发行不同期限的长期债券和鼓励其推进股票上市，鼓励中小型物流企业在创业板市场发行股票融资。以上政策也可先在经评审认定的A级物流企业中试行。

八、加强物流行业信用评级工作

社会信用程度低，信用评级工作不健全，也是我国物流企业贷款难的原因之一。金融机构为了防范金融风险被迫采取严格的审查程序，并制定一系列贷款条件和担保措施，但也会将一些有强烈融资需求且信用较好的企业拒之门外。同时，多数商业银行仍然未能建立起全面、完善的物流企业信息库，而一般的物流企业信息管理系统比较落后，难以满足银行对其实时监管、快速反应的严格要求。

我们建议：政府要加快物流企业社会信用评级的推进工作，在金融机构内统一和共享物流企业信用信息，增设物流类别，增强优质物流企业获得信用贷款的能力。作为社会信用建设的重要组成部分，中国物流与采购联合会经商务部和国务院国资委批准实施的物流企业信用评级工作，实行规范化管理，已有一定规模，经银监会指导认可后可作为全国物流信用体系建设的基础之一。

九、完善有利于物流金融业务开展的政策环境

物流金融或供应链金融是一种创新业务，其通过供应链管理推动了中小生产与流通企业融资难问题的解决，我国已有相当一部分物流企业参与了物流金融服务并取得良好的经济效益和社会效益。由于我国物流金融服务是自下而上地推动发展，政府部门缺乏配套的政策支持，相应的政策制度环境亟待完善。

我们建议：依据《物权法》和《担保法》等相关法律法规，制修订并补充完善与物流金融业相关的各项法律规章制度。鼓励银行等金融机构、物流企业在物流金融业务模式上创新

和探索，支持金融机构与物流企业特别是A级物流企业联合打造物流金融服务平台。可在全国范围内构建统一的担保品登记系统，降低物流金融业务交易成本和风险；针对物流企业代收货款业务现金流量大的特点，探索开展“物流一卡通”“物流支付宝”等联网结算业务；大力发展银行商业贷款以外的金融授信业务，以及银行承兑汇票、支票、信用证、保函以及物流保理等适合现代物流业发展的融资业务；同时加强市场监管，谨防物流金融风险。

十、探讨建立“中国物流银行”

物流业是资金需求量大，且流动性较强的行业，有不同于其他行业的资金运作方式，有必要建立专业的金融机构。许多有实力的物流企业也有出资建立物流银行的意愿。

我们建议：可着手探索建立以物流企业为主要服务对象，适应物流业务发展需要的“中国物流银行”。相关政府部门、金融机构、企业共同参股，多方面筹集资金，实行市场化运作，调剂企业资金余缺，开拓物流企业融资新渠道。中国物流与采购联合会作为行业组织，将努力做好相关的联络、组织和协调工作。

以上是我们经过深入调研，提出的主要投融资问题及政策建议，请国家发改委、财政部、中国人民银行、银监会、证监会等部门在制定《规划》落实措施时参考。中国物流与采购联合会作为行业社团组织，将从实际出发，反映行业情况和企业诉求，协助政府有关部门，按照国务院的要求，尽快制定和完善各项配套政策措施，确保《规划》目标的实现。

关于推进制造业与物流业联动发展的政策建议

（物联研字［2009］98 号 2009 年 9 月 15 日）

制造业是我国国民经济的支柱产业，也是物流社会化的需求基础。物流业是重要的生产性服务业，对于促进制造业结构调整和产业升级具有重要作用。推进制造业与物流业联动发展，不仅是提升制造业核心竞争力的重要手段，也是促进物流业发展的基本途径。

国务院《物流业调整和振兴规划》（国发［2009］8 号、以下简称《规划》），提出了“积极扩大物流市场需求”和“大力推进物流服务的社会化和专业化”的主要任务，并把“制造业与物流业联动发展”列为九项重点工程之一。推进“两业”联动，要靠企业市场化运作，也需要相关政策支持。现将我们在调研中了解到的相关问题及政策建议报告如下。

一、把“两业”联动作为推进制造业产业升级的重点工程

近年来，我国制造业和物流业发展较快，但两者联动相对滞后。一方面，制造企业沿袭“大而全”“小而全”运作模式，内部资源缺乏有效整合，物流外包多有顾虑；另一方面，物流企业总体上“小、散、差、弱”，一体化服务的能力还不强。由于物流的社会化需求不足和专业化服务能力不够，缺乏必要的物流服务市场体系与政策环境，“两业”联动进展缓慢，导致物流资源利用率偏低，运作成本相对较高。

我们建议：相关企业和政府主管部门，要充分认识“两业”联动的重要性，切实把“两业”联动作为启动物流需求、推进制造业升级的重点工程。要在发挥市场机制作用，调动企业积极性的基础上，积极营造有利于“两业”联动发展的政策环境。可以考虑，首先在列入调整和振兴规划的钢铁、汽车、造船、石化、轻工、纺织、有色金属、装备制造、电子信息九个产业中，积极推进“两业”联动。要通过政策手段，鼓励制造企业转变传统观念，改造业务流程，分离外包物流业务；要有具体措施，支持物流企业采用现代物流理念，提升服务水平，提高适应制造企业需要的一体化服务能力；要引导制造企业与物流企业信息沟通，标准对接，业务联动，结成战略合作伙伴关系，共享“两业”联动发展的成果。

二、加快推进制造企业物流服务社会化

总体上来看，我国制造业物流社会化程度

偏低、自营比例较大。大量的物流需求分散在企业内部的各个部门，得不到集成整合，降低了资源使用效率。

我们建议：大中型制造企业特别是国有或国有控股的大型制造企业，物流需求量大，专业化程度高，应该作为物流服务社会化的重点。要鼓励制造企业突破“大而全”“小而全”观念束缚，整合优化业务流程，分离、分立物流资产和业务，创新物流管理模式。要鼓励制造企业调整优化物流业务管理机构，制定原材料采购、生产、销售等环节或整体的物流整合、分离、外包方案及推进措施。要积极创造条件，引导制造企业根据自身需要，将能够整合外包的物流业务外包给专业物流企业。

三、大力支持物流企业增强一体化服务能力

近年来，我国物流企业取得快速发展，产业规模不断扩大，但满足制造企业需要的专业服务能力还不强。在运输和仓储等传统服务领域，产品和服务同质化倾向严重，粗放式经营、低水平竞争愈演愈烈；而制造企业急需的增值服务、一体化服务，特别是在物流方案设计以及供应链全程服务等方面的能力严重不足。

我们建议：要鼓励现有运输、仓储、货代、联运、快递等有关企业，进行功能整合和业务延伸，加快向现代物流转型；提倡条件成熟的制造企业内部物流机构，进行社会化重组改造，开展面向社会的物流服务；支持制造企业和物流企业通过参股、控股、兼并、联合、合资、合作等多种形式进行资产重组，联合组建第三方物流企业；鼓励大型物流企业做强做大，中小物流企业做专做精，发展各类企业在专业化分工基础上的联合协作。要鼓励物流企业深入了解制造企业物流和供应链运作模式，提供定制化服务；要引导物流企业按照集成整合、便捷高效、服务增值、绿色环保的原则，不断提升一体化服务能力，实现从传统运输、仓储服务向现代物流服务提供商、供应链集成商的转变。

四、整合提升制造业集聚区物流功能

目前，制造业集聚的趋势发展很快，由此带来物流需求的大量集聚。如何按照社会化的思路，形成物流供给集聚、需求对接，整合提升制造业集聚区物流功能，是“两业”联动的重要课题。

我们建议：要积极引导工业园区、经济开发区、出口加工区、高新技术产业园区等制造业集聚区释放和集聚物流需求。要统筹规划制造业集聚区的物流服务体系，倡导集聚区内物流基础设施、物流信息平台共享共用，严格控制区内制造企业自营物流用地。鼓励区内制造企业与专业物流企业建立物流业务托管机制，凡能够集成整合、委托外包的物流资产和业务，都要实行社会化运作。生产服务型物流园区要面向周边制造企业，充分发挥园区布局集中、用地节约、功能集成、经营集约等优势，提高为制造业服务的能力和水平。

五、构建物流服务市场体系和公共信息平台

调研显示，许多地区缺乏必要的专业物流市场，公共信息平台建设滞后，“信息孤岛”、信息不对称现象比较严重。一方面，许多物流企业在运输和仓储等普通物流服务领域低价竞争；另一方面，制造企业在专业服务领域又找不到合适的合作伙伴。“两业”联动急需相应的平台和桥梁。

我们建议：要充分利用电子商务平台信息资源整合功能，促进物流服务统一大市场的建

设和发展。要建立区域性物流资源交易市场，把运输、仓储、配送、加工和联合采购、咨询服务、供应链管理等外包服务纳入市场交易。要注重各类专业物流市场，物流市场与相关要素市场，以及物流服务交易网络与政府监管信息网络的对接。要根据需要，组织形式多样的物流供需见面会、洽谈会，为制造业物流供需衔接创造机会和条件。要研究制定物流市场运作的法律法规，加强行业自律。要打破地区封锁和地方保护等行政性垄断，逐步建立统一开放、竞争有序，覆盖全国的物流服务市场，促进物流资源规范、有序、高效流动。

六、鼓励物流企业托管置换制造企业物流要素

制造企业特别是国有和国有控股企业，一般都有自己的物流管理机构、设施和人员。在推进物流社会化的进程中，这些物流要素缺乏通畅的退出机制，已成为“两业”联动的一大障碍。

我们建议：要鼓励物流企业托管置换制造企业物流要素。对制造企业将闲置物流设施进行出租的，可减征或免征租赁收入的营业税。物流企业在承接国有大中型制造企业剥离的物流设施时，应在土地置换和税收等方面予以鼓励。对物流企业租赁制造企业的仓储等闲置物流设施，允许将租赁支出一次性计入费用，降低物流企业所得税税基等。对物流企业接受原制造企业物流分流人员，或分流人员创办物流企业，应在项目审批、资金补助、税收、贷款贴息等方面给予支持政策。

七、促进制造业与物流业信息共享、标准对接

信息共享、标准对接，是促进物流社会化的重要保障。现在的问题是，制造企业和物流企业的信息系统不能互联互通，信息资源不能有效交换与共享。制造业的原材料或产成品的标准与物流业的技术设施标准缺乏有效衔接，影响了物流的运作效率。

我们建议：鼓励制造企业在企业物流管理流程规范化、核算精细化的基础上，积极推进物流管理标准化和信息化进程。支持制造企业、物流企业建立面向上下游客户的信息服务平台，实现数据实时采集和对接，并建立物流信息共享机制。加大对公共信息平台服务企业的扶植、奖励力度。建立和完善制造业物流标准体系，鼓励制造企业采用物流业相关运作标准，制修定物流信息、物流服务流程、工具器具和技术装备等领域的标准和规范。鼓励联动发展的制造企业和物流企业主动采用国家物流标准，充分发挥行业协会和龙头企业在制定和宣贯标准中的重要作用。

八、建立分行业的物流运行评价体系

由于行业特殊性，每一细分制造行业的物流需求都有不同特点，物流运作方式也各不相同。目前，我国仍然缺乏分行业的物流运行评价体系，企业之间不能相互比较物流运作成本和服务水平，不能判定企业物流运作绩效在行业中的位置和努力目标，不利于调动制造企业物流改造的积极性。

我们建议：首先选择列入国家调整和振兴规划的九大行业，对分行业的物流运行评价体系进行深入研究，建立相应的物流成本和服务水平考核绩效指标体系。选择不同规模和层次的制造企业和为其提供服务的物流企业，定期分析物流成本和服务水平的基本情况。政府部门要委托行业协会，建立分行业的物流运作评价分析制度，向社会定期发布相关信息。政府有关部门应该从资金和政

策方面给予支持。

九、采取鼓励联动发展的财税政策

推进“两业”联动发展，是关系国民经济全局的大事，应该得到国家政策的支持。有关财税政策，是最重要的政策杠杆，也是制造企业和物流企业最企盼的政策。

我们建议：一是要鼓励有条件的国有制造企业将企业的物流资产从主业中分离出来，成立独资或合资法人企业，或者整体转让。其税收减免、资产处置、债权债务、劳动关系处理等可延续享受国务院九部门联合下发的《关于国有大中型企业主辅分离辅业改制分流安置富余人员的实施办法》（国经贸企改［2002］859号）中的有关扶持政策。二是物流企业承接或租赁制造企业剥离的物流设施，在土地置换和税收等方面应予优惠；制造企业或物流企业内部重组，免缴相关税费。三是制造企业物流业务剥离经营后新增的地方税收，可由同级财政主管部门从中提取一定比例用于补助该企业。制造企业向各地税务部门提出申请，审核认定外包前物流成本平均基数，物流外包后一段时间内企业物流成本，以平均基数为标准，成本节省部分可税前列支。四是各地可根据财政状况，通过专项资金、无偿资助和贷款贴息等方式给予示范工程和重点项目承担企业以必要的财政资金支持。五是物流企业与制造企业以合同方式实行联动运行的，其用电、用水、用气等价格与工业企业同等待遇。六是对于制造企业分离外包后，所产生的物流费用应该允许按照进项税，全额抵扣增值税。

十、组织实施联动发展示范工程和重点项目

“两业”联动，是一项新的工作，需要通过试点、示范，总结经验，逐步推广，以起到“以点带面”的效果。

我们建议：选择一批不同行业、不同生产方式、不同区域的重点制造企业和物流企业，制造业物流集聚区，作为联动发展示范工程或重点项目。纳入示范工程的制造企业，主要经济指标要处于国内同行业先进水平，采用了先进的物流技术与管理方法；纳入示范工程的物流企业，必须是以为制造业企业服务为主的3A级以上物流企业。引导制造企业与物流企业结成供应链合作伙伴，形成联动发展组合；纳入示范工程的制造业物流集聚区，区内物流资源进行了整合，实现了一体化运作。联动发展的重点项目，从纳入示范工程的单位中择优确定。

示范工作由国家发展和改革委牵头，制定相应的申报和评审办法，明确示范工程和重点项目的条件、程序和规则，组织实施全国示范工作。委托中国物流与采购联合会，总结和推广联动发展的做法与经验。各省市（区）物流工作牵头部门也要组织开展本地区的示范或试点工作。示范工程和重点项目，优先享受促进物流业发展的扶持政策和激励措施。

以上是我们经过深入调研，提出的促进“两业”联动发展的政策问题及建议，请国家发展和改革委及各有关部门予以重视并抓紧解决。中国物流与采购联合会作为行业社团组织，将从实际出发，反映行业情况和企业诉求，协助政府有关部门，按照国务院的要求，尽快制定和完善各项配套政策措施，确保《规划》目标的实现。

关于支持物流企业做强做大的政策建议

（物联研字［2009］99 号　2009 年 9 月 16 日）

2009 年 3 月，国务院《物流业调整和振兴规划》（国发［2009］8 号、以下简称《规划》）提出，“到 2011 年，培育一批具有国际竞争力的大型综合物流企业集团”。按照《规划》的要求，我会在深入调研的基础上，针对物流企业做强做大中遇到的突出问题，提出以下政策建议。

一、进一步明确支持物流企业做强做大的政策导向

物流企业是推动物流业发展的主体。支持物流企业做强做大，是落实《规划》的重点任务。进入 21 世纪以来，我国专业化、社会化物流企业发展很快，多种所有制、不同服务方式的物流企业逐步成长壮大。但总体来看，多数物流企业仍处于数量扩张阶段，“小、散、差、弱”的状况没有根本性改变。物流的行业地位尚未得到相关经济工作管理部门的有效落实，一些现行具体政策仍然不支持物流企业一体化运作和网络化经营。因此，有必要进一步明确支持物流企业做强做大的政策导向。

我们建议：要从工商登记、财政税收、统计信息、法律事务等经济管理的各个层面，对物流企业进行界定，明确物流行业的主体地位和主管部门。根据物流业一体化运作、网络化经营的实际，调整现有政策思路，明确支持物流企业规模化、一体化、网络化、国际化发展。有计划、有重点、有政策，培育一批基础条件好、服务水平高、国际竞争力强的大型现代物流企业。这一思路，要落实到相关政府部门具体的管理工作当中。

二、鼓励物流企业兼并重组

近年来，我国物流企业数量发展很快，但一般来说规模较小、业务模式单一，网络化、一体化服务能力不强，与跨国物流企业相比，还有较大差距。与此同时，也有一些企业经过多年发展，积累了一定的经营实力和管理经验，具有做强做大的基本条件。

我们建议：鼓励和支持大型物流企业通过增资扩股、加盟连锁和委托管理等方式对中小物流企业进行兼并、重组和托管。有关部门应协助解决物流企业在兼并重组过程中，遇到的流动资金、债务核定、人员安置等方面的问题。对重组企业增设网点，技术改造，发行股票、债券，申请贷款等提供方便。要支持大型物流企业对场站、码头、机场、仓库、车辆等物流资源的兼并重组和整合利用。鼓励大型物

流企业加快技术改造，拓展原有业务，加快向一体化物流服务转型。要鼓励中小型物流企业与大企业规模化服务相配套，开展专业化的特色服务，满足多样化的物流需求。国家有关部门应对物流企业兼并重组提供资金支持和政策保障。

三、简化国有大型物流企业内部产权转让程序

大型国有物流企业下属分支机构众多、资源容易分散。根据业务变化，常常需要调整内部结构和资源配置，进行内部产权转让。但现行政策法规认定，国有企业内部产权转让属于交易性质，要求对转让标的企业进行审计、资产评估，并产生大量的交易费用。包括：聘请中介机构的费用、资产评估费用，以及因资产评估引起的所得税、增值税、契税、印花税等。而且上报审核需要大量的等待时间，大大增加了企业的交易成本和时间成本。

我们建议：对国有企业产权转让行为作分类处理。第一类，向社会投资者或内部员工转让企业产权、资产的行为，应严格适用现有国有资产管理关于产权转让的法律法规；第二类，国有企业内部的产权转让行为，原则上由企业自主审批，并免去专项审计、资产评估、进场交易等程序；第三类，国家国有资产监管机构组织的两个国有企业之间的重组合并行为，应采取行政手段、无偿划拨方式，帮助大型企业尽快做强做大。

四、为物流企业设立分支机构提供方便

“总部签约，分部经营”是大型物流企业集约化经营的基本模式，可以发挥网络资源优势，灵活、统一、便捷、高效地提供多样化服务。但是，各地还存在一些阻碍和限制分支机构设立和经营的问题。许多地方要求企业在当地登记注册有独立法人资格的子公司，不允许注册非独立核算的分支机构；有些地方规定，物流企业设立分支机构要在当地找“挂靠单位”，并要求进入指定地点经营；一些地区还简单地照搬运输企业的注册要求，硬性规定物流企业分支机构所需车辆的台数，或者不允许非独立核算的分支机构拥有或租赁车辆；一些地区要求运营企业缴纳一定数量的押金，增加了企业的财务负担。

我们建议：要允许物流企业异地设立非独立核算的分支机构，实行总部领导下的统一经营、统一管理、统一核算；允许物流企业自主选择经营地点，取消车辆台数的硬性规定，取消不分企业状况收取押金等不合理限制，允许分公司、营业部等非独立核算的分支机构拥有或租赁车辆，消除为物流企业设立分支机构人为设置的各种障碍。

五、允许物流企业分支机构使用总部取得的各类资质

物流运作涉及运输、仓储、货代、流通加工、配送、质押监管等多种业务环节，大型物流企业所需业务资质证明超过 30 种。随着企业相关业务的开展，各地分支机构需要具备各类资质才能完成总部分派的工作。但一些地方不承认物流企业分支机构在总部取得的经营资质，要求在当地重新登记申报，增加了企业不必要的时间和费用负担。同时，赋予总部的政策，有些分支机构还享受不到。如一些大型物流企业反映，虽然总部已经获批税收试点单位，而许多分支机构不被当地税务机关认可。

我们建议：有关部门调整物流相关业务的资质登记要求，精减相关资质证明。必须的资质证明，要允许企业分支机构在全国通用。凡赋予总部的各种优惠政策，分支机构要同样能

够享受，无须再次申报。

六、为物流企业跨区域运营提供便利

网络化经营是物流企业的基本特征，但是还有很多制约物流企业跨区域运营的问题。如企业所得税还不能够统一缴纳；企业与银行间的结算，只能在各地分支机构与当地银行间进行；许多营运证件不能跨区域使用；物流企业全国运营的车辆必须回到登记所在地办理年检；外雇车辆无法在异地缴纳税费和开具税票；一些地方设置不合理的准入门槛，人为地限制外地企业进入本地市场，甚至有黑恶势力欺行霸市行为。

我们建议：取消对跨省市总分机构物流企业实行“就地预缴”的政策，允许企业所得税总分机构统一申报缴纳；支持物流企业与银行间开展总部对总部结算模式；逐步扩大营运证件跨区域使用范围；允许物流企业全国运营的车辆异地年检；允许外雇车辆的物流企业代开发票；加强对地方保护和地区封锁等行政性垄断文件的清理整顿；放宽物流市场准入政策，加强对物流市场的监管，为物流企业异地经营提供方便。

七、引导物流企业和工商企业实行战略合作

制造业和流通业，是物流业发展的需求基础。现在的问题是，一方面，制造企业和流通企业沿袭“大而全”“小而全”运作模式，内部资源缺乏有效整合，物流外包多有顾虑；另一方面，物流企业总体上来说，一体化服务的能力还不强。迫切需要引导物流企业和工商企业实行战略合作，共同建立现代物流服务体系，以促进制造业和流通业发展。

我们建议：引导国内大型制造和商贸流通企业集中精力做强做大主业，与物流企业加强各种形式的战略合作，推进物流需求社会化。要在发挥市场机制作用，调动企业积极性的基础上，积极营造促进物流业与工商企业战略合作的政策环境。

八、支持大型物流企业“走出去”

随着对外开放的扩大，我国的物流企业开始“跟随”核心企业“走出去”，建立全球化的物流网络。但总体来看，我国物流企业“走出去”的步伐，大大落后于国外企业“走进来”。主要是我国物流企业对国外的政策和法律环境了解不够；物流企业“走出去”还缺乏相应的政策配套，如税收征管、外汇结算、人员安排等；海外基地的建设也需要大量的资金支持。

我们建议：要支持国内大型物流企业通过多种方式，整合购并国际物流资源，建立覆盖全球的物流网络；简化项目审批程序，完善信贷、外汇、财税、人员出入境等政策措施；对符合条件的大型企业，在境外投资的资本金注入、外汇使用等方面给予支持；了解和介绍国外投资环境，为“走出去”企业提供信息和法律援助。

九、加快物流企业综合评估工作进度

国家标准《物流企业分类与评估指标》（GB/T 19680—2005）在全国宣传贯彻以来，受到各地普遍重视，许多部门在相关政策文件中对 A 级物流企业予以肯定，一些地方还出台了与国家标准相挂钩的激励政策。这对于明确物流企业范围，规范和提升物流企业管理水平，促进物流行业有序健康发展，发挥了重要作用。但总体来看，通过评估的企业数量还不

多。随着行业发展，也对企业综合评估工作提出了新的要求。

我们建议：要加快物流企业综合评估工作进度，建立覆盖全国的地方评估机构；以评估认定的A级物流企业为依托，尽快建立重点企业统计直报系统；疏通企业反映问题的正常渠道，了解企业诉求和行业发展趋势；有关政府部门要明确将A级物流企业资质，作为享受物流政策的必要条件。经过几年努力，使绝大多数符合条件的物流企业进入A级物流企业序列。

十、开展重点物流企业综合改革试点工作

物流业是新行业、新产业。物流企业做强做大，需要典型引路。物流政策的推行，也需要设立试点。因此，有必要开展重点物流企业综合改革试点工作。

我们建议：从经过评审认定的3A级以上物流企业中选择一批试点企业，开展物流企业综合改革试点工作。对不同类型的企业提出不同的要求，及时总结推广试点企业的做法与经验。有关部门出台有关财税、交通、融资等政策措施时，首先在这些企业进行试点。待条件成熟时，再在全行业逐步推广。物流工作主管部门和行业协会，要建立和完善重点物流企业联系制度，为重点企业开辟“绿色通道”。

以上是我们经过深入调研，提出的影响物流企业做强做大的问题及政策建议，请国家发展和改革委及相关政府部门予以重视并抓紧解决。中国物流与采购联合会作为行业社团组织，将从实际出发，反映行业情况和企业诉求，协助政府有关部门，按照国务院的要求，尽快制定和完善各项配套政策措施，确保《规划》目标的实现。

关于促进物流园区健康发展的政策建议

（物联研字［2009］100号 2009年9月16日）

物流园区是现代物流业发展中出现的新型业态，是物流基础设施的重要组成部分，在提高物流的组织化水平和集约化程度，转变经济发展方式，促进经济发展和保障社会稳定等方面发挥着重要作用。近年来，我国物流园区有了较快发展，但也面临许多困难和问题，迫切需要相应的政策引导和支持。

国务院《物流业调整和振兴规划》（国发［2009］8号、以下简称《规划》）提出，优化物流业发展的区域布局，并把物流园区列入九项重点工程之一。我会于近期组织了三个调研组，分赴珠三角、长三角和中西部地区进行了调研。现将物流园区发展中遇到的问题及相关政策建议报告如下。

一、开展物流节点城市仓储类物流设施的调查工作

当前，我国仓储类物流设施已有一定规模。包括依托铁路、公路、航空、港口/码头等建设的货运场站，隶属于原物资、商业和供销等系统的储运设施，生产和流通企业内部仓储设施，以及近年来各地政府规划建设的物流园区、物流（配送）中心等。这些数量庞大的仓储类物流设施，是目前我国物流系统运作的重要基础。但没有一个机构负责相关信息的统计工作，其总体规模、结构布局、技术状况、功能条件、隶属关系和匹配程度等基础资料很不健全。这是当前规划建设物流园区、构建现代物流服务体系必须建立的基础工作。

我们建议：鉴于这项工作的复杂性，首先在《规划》确定的21个全国性物流节点城市和17个区域性物流节点城市，进行一次仓储类物流设施的全面调查。政府主管部门可以委托行业协会，制定统一标准和调查方法，摸清基本情况，为有针对性地制定物流园区发展规划及相关政策提供依据。在此基础上，逐步在有条件的其他地区开展调查工作。要积极创造条件，把仓储类物流基础设施信息纳入国家统计信息体系，形成定期统计制度。

二、抓紧制定全国物流园区发展专项规划

近年来，各地区、各部门普遍重视物流业发展，都在制订相关规划。这些规划，在地方和部门来看，也许是必要的。但从全局来看，很容易形成同类物流园区在同一地区有效辐射范围内的重复建设，导致土地、人力、财力和相关资源的严重浪费。在各地方、各部门重视物流业发展，布局新一轮物流基础设施的时候，更应该注意这个问题。

我们建议：由国家发展和改革委牵头，抓紧制定全国物流园区发展专项规划。第一，物流园区规划应该立足于物流业发展的实际需求，服务于经济发展的大局。第二，要在摸清现有仓储类物流设施的基础上，明确物流园区规划布局的基本标准和原则。第三，在确定总体建设规模的基础上，优先安排现有物流资源的整合利用和改造提升，特别要注意各种联运、转运设施的配套。第四，物流园区规划要体现九大物流区域、十大物流通道和三级节点城市等基本布局，各地规划要服从于全国规划。第五，铁道、交通、商务、民航、国土、规划等相关部门要参与规划制定，部门规划要与全国规划相衔接。第六，要严格相应的约束机制，全国性物流节点城市的物流园区建设规模由中央政府统一调控和管理；其他地区物流园区规划应报省级人民政府批准。对未纳入全国或省级物流园区规划的项目要严格控制。

三、整合利用现有仓储类物流设施

我国现有的物流基础设施分属不同的部门和行业，社会化程度较低、利用效率不高；布局分散、有的已被城市扩建所“包围”；新建、改建比例小，建设水平低，20 世纪五六十年代的老旧仓库甚至还在“超期服役”。总体来看，现有仓储类物流基础设施不能很好地适应现代物流业发展的需要。

我们建议：要出台鼓励整合利用、提升改造现有物流基础设施的相关政策。要支持大型优势物流企业通过资产划转、增资扩股、加盟连锁和委托管理等方式对现有分散的物流基础设施进行兼并整合重组。要简化国有大型物流企业集团内部兼并重组的审批程序，免除相关税费，推动国有大型物流企业加快内部资源整合。鼓励工业企业以老旧厂房、仓库置换物流用地或交给物流企业托管经营。要制定相关的规划和标准，限期淘汰不符合标准的老旧设施，促进其升级改造。对物流园区以外的仓储设施，应根据实际需要和自身条件，分别采取就地改造、异地搬迁或改变用途等多种措施。隶属于条条管理的部门仓储设施，要对地方和社会扩大开放。

四、妥善解决物流园区的用地问题

用地方面的障碍，导致物流园区规划难以“落地”。一是由于用地指标限制，无法取得《国有土地使用证》，不能满足银行贷款要求，进而导致项目引进的失败。二是物流用地价格大大超过物流业的承受能力。建设成本成倍增加，物流园区已无法运作物流业务。

我们建议：物流园区具有基础性、公共性和公益性特点，应该妥善解决用地问题。对纳入国家规划的物流园区土地征用给予重点保障，土地管理部门在审批用地时，要充分考虑物流工作主管部门的意见，优先计划安排。对于资金短缺而成长性又较好的物流企业，应当允许其租用物流园区土地进行项目建设，租金应适度优惠、租期适度放宽。要鼓励物流园区节约使用土地。例如，对重点物流企业以原划拨土地改建物流项目的，在办理土地出让手续时优先、优惠；重点物流企业异地搬迁，原土地拍卖所得可返还用于搬迁安置；建设多层库房的，应减免相关规费。重点物流项目用地，在地价上等同或低于工业用地，相关规费按照下限收取或减征、免征、先征后返。在保证消防安全的情况下，放宽容积率及单体库房面积的限制，消防设施的配备也要区别不同的情况。

五、拓宽物流园区建设的投融资渠道

物流园区具有高投入、低回报性质，前期投资规模大、资金占用周期长。尽管其收入来源相对稳定，但一般利润率较低，资金短缺问题相当严重。

我们建议：第一，建立支持物流园区发展的专项资金。对于纳入全国物流园区规划、具有发展潜力的物流园区给予优先贷款和贴息。鼓励各级地方政府投资参与符合发展规划的物流基础设施建设，租赁给物流企业经营，减轻企业一次性投资的压力。第二，允许有发展潜力的物流园区发行不同期限的长期债券，或在创业板市场发行股票融资。第三，依据《商业银行并购贷款风险管理指引》有关规定，鼓励符合条件的商业银行积极开展面向本土物流企业的网络并购贷款业务，对物流企业拓展物流网络的战略性并购给予信贷支持。第四，要允许金融机构投资参与物流园区建设，开展多样化的投融资服务。第五，鼓励外资和民间投资物流园区，形成多渠道、多层次的投融资环境。

六、注重物流园区周边交通运输配套设施建设

物流园区集中了大量的物流企业，特别是从事配送、运输的企业和所属车辆，这给园区临近的交通基础设施提出了较高的要求。但多数物流园区内部交通微循环和主次干道接驳不利，造成交通拥堵，极大地影响联运效率，迫切需要改善集疏运条件。

我们建议：第一，加大对物流园区道路、交通设施等部分公用基础设施的财政预算投资，对周边道路进行拓宽和扩建。第二，适当放宽入区物流企业车辆限行/禁行限制。第三，有针对性地建立进出园区的绿色通道。第四，考虑物流园区与周边的公交畅通和接驳，增加公交线路进入园区，与外部交通系统形成有效衔接。

七、实行适宜物流园区运营的税费政策

税收政策是影响物流业发展的重要政策杠杆，相关税负过重给物流园区的建设和运营带来巨大影响。例如，土地使用税是定税，不随经营状况征收，所以对拥有较大仓库和加工、配送使用场地的物流企业来讲，可以说是决定其经营和生存的关键因素。2006 年年底，国务院对《城镇土地使用税暂行条例》进行了修改，税率比原来提高了 1 ~ 3 倍。部分地区由于土地使用税等级范围和单位税额标准调整幅度过大，增幅甚至高达 10 倍，全额缴纳就会出现巨额亏损。其他相关税费，也有负担过重的问题。

我们建议：第一，凡物流企业为公共服务的仓储设施占地仍执行 2006 年年底的土地使用税税率，以维持物流企业的正常经营。第二，以物流园区为单位，进行营业税差额纳税试点。凡进驻园区的物流企业，均可享受运输、仓储营业税抵扣政策。第三，落实国家有关企业购置用于环境保护、节能节水、安全生产等专用设备投资抵免的企业所得税政策。第四，设立物流园区辅助税收征管政策。对入园物流企业所使用的小规模运输业主的统一管理与运输业发票实行代开、代征，可在有条件的物流园区先行试点。第五，物流园区用电、用水、用气等采用工业价格，取消向物流企业收取的不符合国家规定的各种收费项目，减轻税费负担。

八、建立健全物流园区考核评价体系

物流园区的健康发展有赖于规范的物流市场环境。一些地方在物流园区快速发展的同时，

也存在定位不准、规划不明、经营不善、管理不力，甚至盲目发展、重复建设的问题，严重影响了物流园区的健康发展。因此，急需建立健全相应的考核评价体系。

我们建议：第一，结合我国物流园区的发展特征，综合考虑区域经济发展、减少城市交通压力、优化城市布局、促进资源整合、减少环境污染等各项指标，建立社会化的物流园区评价体系和方法。第二，充分发挥行业协会的作用，深入开展物流园区综合评价工作，从行业自律层面强化对物流园区的管理，规范物流市场经营秩序，引导物流园区健康发展。第三，加强物流园区规划、立项后的评价工作，对于占用土地而又迟迟不开工的项目，采取有针对性的措施。

九、组织实施物流园区示范工程和重点项目

物流园区是一个新的事物，也是一项复杂的系统工程。近年来，以物流园区为代表的物流业集聚区发展很快，但也显现出良莠不齐、鱼龙混杂的局面。不仅需要加强管理和约束机制，也应该树立典型，加以引导。

我们建议：在深入调查，建立健全考核评价体系的基础上，组织实施物流园区示范工程和重点项目。示范工作由国家发展和改革委牵头，制定相应的申报和评审办法，明确示范工程和重点项目的条件、程序和规则，组织实施全国示范工作。对于示范工程和重点项目，应在土地、投融资以及税收等政策方面给予重点扶持，促其快速发展，也为其他物流园区树立标杆，起到示范和带动作用。

十、统筹协调物流园区的规划建设和运营管理

物流园区的规划建设不同于一般的城市基础设施建设，涉及发改委、国土资源、交通、铁道、建设、海关、税务、工商等多个部门，以及各省区市，必需加强协调与配合。

我们建议：中央政府层面，应由国家发展和改革委牵头，吸收相关部门参加，制定有关的规划与政策，加强对物流园区发展的指导、协调和宏观管理。各级各类物流园区应该实行分级、分类管理，重要节点城市的物流园区应该纳入全国统一规划。地方政府要服从于全国统一规划，指定专业职能部门分管物流业及物流园区相关工作。政府相关部门要委托行业协会，了解情况，参与规划，落实政策，加强行业自律。

以上是我们经过深入调研，提出的物流园区及相关政策建议，请国家有关部门予以重视并抓紧解决。中国物流与采购联合会作为行业社团组织，将从实际出发，反映行业情况和企业诉求，协助政府有关部门，按照国务院的要求，尽快制定和完善各项配套政策措施，确保《规划》目标的实现。

2009 年中国物流业界排序、表彰、奖项

2009 年中国物流企业主营业务收入前 50 名企业名单及说明

根据国家发改委、国家统计局《社会物流统计核算与报表制度》的要求，2009 年 3 ~ 12 月，中国物流与采购联合会组织实施了重点企业物流统计调查。借鉴国际通行的经验和做法，结合中国物流发展的实际情况，我们根据重点物流企业统计调查结果，提出了 2009 年中国物流企业 50 强排名，现予以通告。

2008 年前 50 名物流企业主营业务收入共达 4756 亿元，比 2007 年增长 14.7%。在 50 强企业中，中国远洋运输（集团）总公司主营业务收入超过千亿元，中国海运（集团）总公司等 6 家企业主营业务收入超过百亿元，同比增加 3 家；前 43 家企业主营业务收入超过十亿元。排名第 50 名物流企业的主营业务收入达到 7.6 亿元，同比增长 2.7%。

根据物流企业主营业务收入统计调查数据排序，2009 年已是第 5 次。这是一项公益性的活动，不向企业收取任何费用，也没有专家评审的环节，充分体现客观公正性。我们希望通过中国物流企业 50 强排名，推动我国物流企业做大做强，增强我国物流业竞争力，促进我国现代物流业发展。

2009 年中国物流企业 50 强企业名单

名　次	名　称	主营业务收入（万元）
1	中国远洋运输（集团）总公司	14796217
2	中国海运（集团）总公司	7424966
3	中国对外贸易运输（集团）总公司	6333499
4	中国物资储运总公司	2025907
5	厦门象屿集团有限公司	1762451
6	中国租船公司	1361980
7	开滦（集团）国际物流有限责任公司	1032586

续　表

名　次	名　称	主营业务收入（万元）
8	中国石油天然气运输公司	880756
9	中铁物资集团有限公司	857423
10	中铁集装箱运输有限责任公司	842105
11	中铁快运股份有限公司	749027
12	中国国际货运航空有限公司	680266
13	重庆港务物流集团有限公司	585845
14	远成集团有限公司	580921
15	顺丰速运（集团）有限公司	547020
16	北京华油天然气有限责任公司	524218
17	山西太铁联合物流有限公司	490482
18	中国石油化工股份有限公司管道储运分公司	485064
19	山东海丰国际航运集团有限公司	462087
20	东方国际物流（集团）有限公司	385759
21	中钢国际货运公司	353767
22	青岛福兴祥物流股份有限公司	325080
23	广东省航运集团有限公司	314338
24	中外运—敦豪国际航空快件有限公司	281465
25	联邦快递（中国）有限公司	241463
26	云南物流产业集团有限公司	241009
27	中国物流公司	237259
28	南京蓝燕石化储运实业有限公司	215371
29	武汉商贸国有控股集团有限公司	169426
30	中铁特货运输有限责任公司	166192
31	甘肃西部物流有限责任公司	164113
32	深圳市亦禾供应链管理有限公司	155868
33	青岛海尔物流有限公司	152639
34	招商局物流集团有限公司	141258
35	宁波海运股份有限公司	130759

续 表

名 次	名 称	主营业务收入（万元）
36	烟台交运集团有限责任公司	117756
37	五矿国际货运有限责任公司	109812
38	上海现代物流投资发展有限公司	109353
39	中国货运邮政航空有限责任公司	108564
40	江苏江阴长江港口综合物流园区交易市场有限公司	108187
41	中经得美国际快运代理有限公司	105164
42	湖南一力股份有限公司	101754
43	无锡山禾集团医药物流股份有限公司	101303
44	江苏无锡朝阳集团股份有限公司	96794
45	广东鱼珠物流基地有限公司	92524
46	南京远洋运输股份有限公司	87431
47	浙江省八达物流有限公司	83750
48	江苏远洋运输有限公司	81784
49	保定市白沟鑫通源物流有限责任公司	81679
50	南京昌昊国际贸易有限公司	76248

2009年度中国货代物流百强排名名单

序 号	企业名称	综合营业额（万元）
1	中国外运长航集团有限公司	7425970
2	中远国际货运有限公司	3024992
3	中国物资储运总公司	1774379
4	锦程国际物流集团股份有限公司	698139
5	中钢国际货运有限公司	565884
6	丹沙中福货运代理有限公司	525151
7	嘉里大通物流有限公司	487661
8	华贸国际货运有限公司	476928
9	中通远洋物流集团有限公司	439029
10	德迅（中国）货运代理有限公司	438688
11	东方国际物流（集团）有限公司	413755
12	振华物流集团有限公司	406079
13	深圳市华运国际物流有限公司	383359
14	中成国际运输有限公司	298993
15	海程邦达国际货运代理有限公司	287918
16	大连中铁外服国际货运代理有限公司	259991
17	上海亚东国际货运有限公司	255034
18	中铁联合物流股份有限公司	245624
19	嘉宏国际运输代理有限公司	232186

续 表

序 号	企业名称	综合营业额（万元）
20	天津天保国际物流集团有限公司	230819
21	建发物流集团有限公司	228619
22	民生国际货物运输代理有限公司	224074
23	江苏众诚国际物流有限公司	212806
24	天津克运国际物流有限公司	195610
25	上海恒荣国际货运有限公司	193125
26	杭州荣升国际货运代理有限公司	186333
27	中油（天津）物流有限公司	162542
28	北京近铁运通运输有限公司	157834
29	新时代国际运输服务有限公司	153087
30	青岛远洋大亚物流有限公司	146774
31	厦门国贸泰达物流有限公司	145044
32	上海远天国际物流有限公司	138934
33	日通国际物流（中国）有限公司	137644
34	宁波雅戈尔国际贸易运输有限公司	134973
35	广西运德汽车运输集团有限公司	134454
36	连云港东大国际货运有限公司	125013
37	广西超大运输集团有限责任公司	108676
38	硕达（上海）国际货运有限公司	103579
39	中铁国际多式联运有限公司	101105
40	江苏飞力达国际物流股份有限公司	93313
41	北京泽坤国际货运代理有限公司	92537
42	厦门速传物流发展股份有限公司	86882
43	中海环球空运有限公司	84829
44	中经得美国际快运代理有限公司	84054
45	天津开发区京铁鑫诚贸易有限公司	83485
46	深圳市飞马国际供应链股份有限公司	83303
47	浙江航空开发总公司	80479

续　表

序　号	企业名称	综合营业额（万元）
48	连云港凯达国际货运有限公司	80453
49	深圳市外代国际货运有限公司	80101
50	广西瑞通运输集团有限公司	78966
51	天津丰田物流有限公司	74385
52	上海青旅国际货运有限公司	69185
53	永顺国际货运有限公司	68950
54	鸿霖国际货运代理（上海）有限公司	68546
55	通用技术集团国际物流有限公司	65573
56	重庆太平洋国际货物运输代理有限公司	65320
57	宁波港东南物流有限公司	63393
58	江苏远洋新世纪货运代理有限公司	63275
59	南京新干线物流有限公司	62163
60	青岛经汉物流服务有限公司	61229
61	上海唯凯国际货物运输代理有限公司	60431
62	大连忠进国际货运有限公司	59695
63	中设国际商务运输代理有限责任公司	58000
64	环发讯通（天津）国际货运代理有限公司	57334
65	鞍钢国贸国际货运有限公司	56006
66	深圳市递四方速递有限公司	55937
67	江苏凯通国际物流有限公司	55453
68	浙江远洋宁波国际货运有限公司	53923
69	江苏远东物流有限公司	53720
70	江苏苏亚国际货运有限公司	53101
71	青岛思锐国际物流有限公司	52360
72	大连联泰国际货运代理有限公司	49612
73	大航国际货运有限公司	47257
74	长春一汽国际物流中心	45746
75	上海环世捷运物流有限公司	42992

续 表

序 号	企业名称	综合营业额（万元）
76	厦门大顺大国际货运代理有限公司	42755
77	江苏恒隆物流有限公司	42548
78	辽宁富德国际货运有限公司	41801
79	华捷国际运输代理有限公司	41663
80	辽宁朝晖骏光国际货运代理有限公司	41495
81	辽宁港捷国际物流有限公司	40428
82	嘉达货运代理有限公司	39330
83	深圳新合程供应链股份有限公司	38833
84	上海佳达航空国际货运代理有限公司	38074
85	上海东浩外服国际物流有限公司	37086
86	浙江海洲国际货运代理有限公司	34896
87	广州市商业储运公司	34809
88	上海通运国际物流有限公司	34798
89	深圳市景华峰国际货运代理有限公司	34791
90	深圳市海格物流有限公司	34637
91	航都（厦门）国际货运代理有限公司	34033
92	宁波简达国际货运代理有限公司	33911
93	江苏天行健国际物流有限公司	33555
94	上海邮申国际货运有限公司	32990
95	陕西易通国际货运有限公司	32873
96	深圳市华展国际物流有限公司	32501
97	中国铁路对外服务北京公司	32171
98	天津大港油田运输有限公司	31851
99	宁波海田国际货运有限公司	31443
100	大连周水子国际机场集团公司	31014

2009年度中国货代物流海运50强排名榜公示名单

序　号	企业名称	海运营业额（万元）
1	中国外运长航集团有限公司	5053812
2	中远国际货运有限公司	572551
3	中钢国际货运有限公司	552086
4	锦程国际物流集团股份有限公司	534992
5	中通远洋物流集团有限公司	438343
6	振华物流集团有限公司	341790
7	深圳市华运国际物流有限公司	308687
8	东方国际物流（集团）有限公司	293208
9	大连中铁外服国际货运代理有限公司	225172
10	中成国际运输有限公司	216366
11	民生国际货物运输代理有限公司	208125
12	德迅（中国）货运代理有限公司	206133
13	海程邦达国际货运代理有限公司	181726
14	华贸国际货运有限公司	179326
15	嘉宏国际运输代理有限公司	178623
16	江苏众诚国际物流有限公司	177900
17	中国物资储运总公司	170968
18	中油（天津）物流有限公司	162542

续 表

序 号	企业名称	海运营业额（万元）
19	天津克运国际物流有限公司	154000
20	天津天保国际物流集团有限公司	145946
21	杭州荣升国际货运代理有限公司	142620
22	青岛远洋大亚物流有限公司	139220
23	上海亚东国际货运有限公司	126789
24	连云港东大国际货运有限公司	125013
25	丹沙中福货运代理有限公司	120280
26	嘉里大通物流有限公司	110534
27	建发物流集团有限公司	93712
28	上海远天国际物流有限公司	81050
29	深圳市外代国际货运有限公司	70633
30	重庆太平洋国际货物运输代理有限公司	65320
31	江苏远洋新世纪货运代理有限公司	63275
32	宁波港东南物流有限公司	62944
33	青岛经汉物流服务有限公司	60373
34	中设国际商务运输代理有限责任公司	58000
35	硕达（上海）国际货运有限公司	57230
36	环发讯通（天津）国际货运代理有限公司	56779
37	江苏凯通国际物流有限公司	55453
38	浙江远洋宁波国际货运有限公司	53923
39	江苏苏亚国际货运有限公司	53101
40	大连忠进国际货运有限公司	51272
41	厦门国贸泰达物流有限公司	51017
42	上海恒荣国际货运有限公司	46095
43	江苏远东物流有限公司	43451

续 表

序 号	企业名称	海运营业额（万元）
44	青岛思锐国际物流有限公司	43166
45	江苏恒隆物流有限公司	42548
46	上海环世捷运物流有限公司	40943
47	辽宁朝晖骏光国际货运代理有限公司	38553
48	厦门速传物流发展股份有限公司	37587
49	永顺国际货运有限公司	36400
50	辽宁富德国际货运有限公司	35016

2009年度中国货代物流空运50强排名榜公示名单

序号	企业名称	空运营业额（万元）
1	嘉里大通物流有限公司	264527
2	中国外运长航集团有限公司	251365
3	华贸国际货运有限公司	221926
4	丹沙中福货运代理有限公司	213476
5	德迅（中国）货运代理有限公司	199207
6	新时代国际运输服务有限公司	153087
7	上海恒荣国际货运有限公司	133623
8	日通国际物流（中国）有限公司	103262
9	海程邦达国际货运代理有限公司	92390
10	北京泽坤国际货运代理有限公司	90140
11	北京近铁运通运输有限公司	83383
12	锦程国际物流集团股份有限公司	69644
13	中经得美国际快运代理有限公司	66871
14	鸿霖国际货运代理（上海）有限公司	64628
15	上海青旅国际货运有限公司	64295
16	上海唯凯国际货物运输代理有限公司	59976
17	深圳市递四方速递有限公司	55937
18	东方国际物流（集团）有限公司	51933

续　表

序　号	企业名称	空运营业额（万元）
19	嘉宏国际运输代理有限公司	45462
20	上海亚东国际货运有限公司	45154
21	硕达（上海）国际货运有限公司	44315
22	中海环球空运有限公司	43099
23	深圳市华运国际物流有限公司	42113
24	嘉达货运代理有限公司	38588
25	上海佳达航空国际货运代理有限公司	37739
26	江苏天行健国际物流有限公司	33160
27	华捷国际运输代理有限公司	33158
28	上海邮申国际货运有限公司	29262
29	中菲行国际货运代理（上海）有限公司	23699
30	上海华惠国际货运有限公司	22800
31	北京三源国际运输服务有限责任公司	19942
32	北京林德国际运输代理有限公司	18983
33	上海东浩外服国际物流有限公司	18885
34	广州欧华国际货运代理有限公司	17851
35	江苏飞力达国际物流股份有限公司	16760
36	北京明邦运通国际运输服务有限公司	16590
37	上海中太国际货运代理有限公司	16210
38	上海华加国际货运代理有限公司	15770
39	上海翔运国际货运有限公司	15660
40	北京腾昌国际运输代理服务有限公司	15635
41	航都（厦门）国际货运代理有限公司	15053
42	深圳机场天虎国际货运有限公司	14792
43	大连宇航国际运输代理有限责任公司	14664

续　表

序　号	企业名称	空运营业额（万元）
44	大航国际货运有限公司	12564
45	厦门速传物流发展股份有限公司	12225
46	江苏众诚国际物流有限公司	11900
47	北京外航服务公司	11743
48	上海高信国际物流有限公司	10436
49	威时沛运货运（广州）有限公司	10316
50	大连德力国际运输有限公司	10160

2009年度中国货代物流民营50强排名榜公示名单

序 号	企业名称	综合营业额（万元）
1	锦程国际物流集团股份有限公司	698139
2	中通远洋物流集团有限公司	439029
3	深圳市华运国际物流有限公司	383359
4	上海亚东国际货运有限公司	255034
5	民生国际货物运输代理有限公司	224074
6	江苏众诚国际物流有限公司	212806
7	上海恒荣国际货运有限公司	193125
8	上海远天国际物流有限公司	138934
9	广西运德汽车运输集团有限公司	134454
10	连云港东大国际货运有限公司	125013
11	广西超大运输集团有限责任公司	108676
12	江苏飞力达国际物流股份有限公司	93313
13	北京泽坤国际货运代理有限公司	92537
14	天津开发区京铁鑫诚贸易有限公司	83485
15	深圳市飞马国际供应链股份有限公司	83303
16	广西瑞通运输集团有限公司	78966
17	重庆太平洋国际货物运输代理有限公司	65320
18	青岛经汉物流服务有限公司	61229

续 表

序 号	企业名称	综合营业额（万元）
19	大连忠进国际货运有限公司	59695
20	深圳市递四方速递有限公司	55937
21	浙江远洋宁波国际货运有限公司	53923
22	江苏苏亚国际货运有限公司	53101
23	青岛思锐国际物流有限公司	52360
24	大连联泰国际货运代理有限公司	49612
25	上海环世捷运物流有限公司	42992
26	厦门大顺大国际货运代理有限公司	42755
27	江苏恒隆物流有限公司	42548
28	辽宁富德国际货运有限公司	41801
29	浙江海洲国际货运代理有限公司	34896
30	深圳市海格物流有限公司	34637
31	宁波简达国际货运代理有限公司	33911
32	江苏天行健国际物流有限公司	33555
33	陕西易通国际货运有限公司	32873
34	深圳市华展国际物流有限公司	32501
35	新景程国际物流有限公司	29950
36	浙江双马国际货运有限公司	24866
37	山东泛亚国际货运有限公司	23845
38	上海密尔克卫国际集装箱货运有限公司	23309
39	宁波市一洲货运有限公司	21297
40	天津中广物流有限公司	19797
41	天津诺亚国际货运代理有限公司	19353
42	福州万全物流有限公司	19105
43	重庆美联国际仓储运输（集团）有限公司	18891

续　表

序　号	企业名称	综合营业额（万元）
44	河南世通国际物流有限公司	17416
45	深圳市长帆国际物流有限公司	16863
46	北京东方远洋国际货运代理有限公司	16735
47	大连德力国际运输有限公司	16672
48	上海茂鸿国际货运有限公司	16582
49	深圳市森邦国际货运有限公司	16515
50	浙江金剑国际货运有限公司	15432

2009 年中国连锁百强排行名单

序号	企业名称	销售规模（万元）	增幅（%）	门店总数（个）	增幅（%）
1	苏宁电器集团	11700267	14.3	941	15.9
2	国美电器有限公司	10680165	2.1	1170	-14.1
	其中：三联商社股份有限公司	137996	-27.0	5	-37.5
3	百联集团有限公司	9791537	3.8	6153	-4.1
	其中：联华超市股份有限公司（含华联）	6716978	3.2	5599	-4.7
	华联集团吉买盛购物中心有限公司	392618	-2.9	22	4.8
	好美家装潢建材有限公司	210000	-17.0	14	-44.0
4	大商集团有限公司	7053590	12.8	160	6.7
5	华润万家有限公司	6800000	6.6	2926	8.5
	其中：苏果超市有限公司	3323600	9.5	1852	2.8
6	康成投资（中国）有限公司（大润发）	4043169	20.5	121	19.8
7	家乐福（中国）管理咨询服务有限公司	3660000	8.2	156	16.4
8	安徽省徽商集团有限公司	3437883	13.5	2884	15.5
	其中：安徽商之都股份有限公司	726413	14.6	928	41.9
	安徽徽商农家福有限公司	184490	4.9	1918	6.2
9	沃尔玛（中国）投资有限公司	3400000	22.2	175	45.8
10	物美控股集团有限公司	* 3270000	6.7	2333	16.1
	其中：北京美廉美连锁商业有限公司	436596	6.6	35	12.9
	浙江供销超市有限公司	220207	10.1	2000	4.2

续 表

序号	企业名称	销售规模（万元）	增幅（%）	门店总数（个）	增幅（%）
11	重庆商社（集团）有限公司	3004698	14.4	313	6.5
	其中：重庆商社新世纪百货有限公司	1380065	32.1	115	8.5
	重庆百货大楼股份有限公司	834285	13.0	123	5.1
12	新合作商贸连锁集团有限公司	3000000	76.5	88653	24.8
	其中：江苏新合作常客隆连锁超市有限公司	172115	12.8	816	22.5
13	百胜餐饮集团中国事业部	2880000	9.9	3200	18.5
14	农工商超市（集团）有限公司	2673800	0.2	3331	0.0
15	百思买（中国内地）	* 2570000		262	
	其中：江苏五星电器有限公司	2470000	7.4	256	0.0
16	山东省商业集团总公司（银座集团）	2564116	37.0	206	25.6
17	合肥百货大楼集团股份有限公司	2090000	7.7	136	8.8
	其中：合肥百大合家福连锁超市有限责任公司	202560	12.4	102	15.9
18	新一佳超市有限公司	1723600	-2.0	109	3.8
19	武汉中百集团股份有限公司	1685519	18.4	674	7.0
	其中：武汉中百连锁仓储超市有限公司	1050606	25.4	139	13.9
	武汉中百便民超市连锁有限公司	272760	8.1	500	4.6
20	好又多管理咨询服务（上海）有限公司	* 1650000	0.6	104	0.0
21	宏图三胞高科技术有限公司	1593775	-11.2	170	-11.5
22	文峰大世界连锁发展股份有限公司	1566457	11.1	978	7.2
23	利群集团股份有限公司	1516622	9.4	890	3.9
24	新世界百货中国有限公司	* 1500000	1.4	34	3.0
25	武汉武商集团股份有限公司	* 1352248	17.6	75	27.1
	其中：武汉武商量贩连锁有限公司	* 730790	23.8	69	30.2
26	长春欧亚集团股份有限公司	1347068	11.0	30	66.7
27	TESCO（中国内地）	* 1330000	15.7	79	29.5
28	北京王府井百货（集团）股份有限公司	* 1327000	10.6	19	18.8
29	易初莲花	* 1300000	0.0	77	1.3

续 表

序号	企业名称	销售规模（万元）	增幅（%）	门店总数（个）	增幅（%）
30	百盛商业集团有限公司	1237000	15.7	44	10.0
31	锦江麦德龙现购自运有限公司	1202277	−4.9	42	10.5
32	石家庄北国人百集团有限责任公司	1167541	37.3	80	14.3
33	天虹商场股份有限公司	1161990	22.7	37	15.6
34	永辉集团有限公司	1021800	45.6	268	30.7
35	山东家家悦集团有限公司	1012021	18.6	489	7.2
36	北京京客隆商业集团股份有限公司	1006410	1.9	247	1.6
37	人人乐连锁商业集团股份有限公司	1003779	13.8	90	25.0
38	山东新星集团有限公司	987787	17.6	532	13.2
39	欧尚（中国）投资有限公司	986000	21.0	35	12.9
40	山东潍坊百货集团股份有限公司	952521	14.0	318	0.3
41	金鹰商贸集团有限公司	* 936000	33.9	17	30.8
42	江苏时代超市有限公司	929590	2.8	68	1.5
43	武汉中商集团股份有限公司	880687	14.2	42	2.4
	其中：武汉中商集团股份有限公司——平价连锁分公司	424249	3.7	32	3.2
44	永旺（中国内地）	861077	11.7	21	16.7
45	银泰百货（集团）有限公司	758659	34.9	22	46.7
46	郑州丹尼斯百货有限公司	* 710000	16.2	50	8.7
47	福建新华都购物广场股份有限公司	694678	29.2	75	44.2
48	北京新燕莎控股（集团）有限责任公司	690988	12.4	10	0.0
49	北京迪信通商贸有限公司	687255	4.0	1310	2.0
50	麦当劳（中国）有限公司	* 650000	6.6	1100	10.0
51	广州市广百股份有限公司	643690	9.7	19	58.3
52	辽宁兴隆大家庭商业集团	639159	16.6	15	36.4
53	内蒙古小肥羊餐饮连锁有限公司	621700	2.1	431	9.7
54	步步高商业连锁股份有限公司	572400	10.0	123	11.8

续　表

序号	企业名称	销售规模（万元）	增幅（%）	门店总数（个）	增幅（%）
55	湖南友谊阿波罗股份有限公司	519861	11.9	22	15.8
	其中：湖南家润多超市有限公司	147099	2.4	15	25.0
56	成都红旗连锁有限公司	502938	7.0	980	14.2
57	三江购物俱乐部股份有限公司	496362	10.4	127	19.8
58	海航商业控股有限公司	470841	14.2	64	4.9
59	四川省互惠商业有限责任公司	450000	7.1	1200	50.0
60	南京中央商场股份有限公司	* 448000	17.9	7	0.0
61	百佳超市（中国内地）	358106	-9.5	39	-9.3
62	成都伊藤洋华堂有限公司	351380	21.9	3	0.0
63	易买得	* 351000	9.7	20	11.1
64	东方家园家居建材商业有限公司	350000	21.6	25	0.0
65	青岛维客集团股份有限公司	328135	6.5	828	-1.4
66	广州友谊集团股份有限公司	320000	6.7	4	0.0
67	北京市顺义国泰商业大厦	316000	25.1	12	20.0
68	宜家家居	* 312000	15.6	7	16.7
69	北京翠微大厦股份有限公司	311214	11.7	3	0.0
70	深圳市海王星辰医药有限公司	310000	10.7	2867	5.8
71	山西美特好连锁超市股份有限公司	306800	14.2	27	28.6
72	加贝物流股份有限公司	305000	22.0	314	0.3
73	河北保龙仓商业连锁经营有限公司	302000	14.8	14	7.7
74	江西洪客隆实业有限公司	300000	18.1	26	23.8
75	北京西单友谊集团	294137	5.9	222	16.2
76	湖南佳惠百货有限责任公司	288000	13.1	200	4.2
77	邯郸市阳光百货集团总公司	272404	23.9	60	130.8
78	华糖洋华堂商业有限公司	271000	-4.9	9	12.5
79	湖南老百姓医药连锁有限公司	268000	5.1	350	66.7
80	北京超市发连锁股份有限公司	264381	14.5	80	21.2

续　表

序号	企业名称	销售规模（万元）	增幅（%）	门店总数（个）	增幅（%）
81	山东全福元商业集团有限责任公司（原寿光百货大楼）	261808	36.3	72	16.1
82	上海如家酒店管理有限公司	260064	39.0	616	30.8
83	浙江人本超市有限公司	258426	13.2	599	54.8
84	深圳岁宝百货有限公司	250085	8.1	11	22.2
85	浙江华联商厦有限公司	248000	15.9	221	-5.2
86	山西省太原唐久超市有限公司	238673	5.6	1006	10.7
87	长沙通程控股股份有限公司	230000	27.0	56	21.7
88	话机世界数码连锁集团股份有限公司	225000	1.6	283	14.1
89	中国全聚德（集团）股份有限公司	219627	8.6	85	6.3
90	雄风集团有限公司	200775	4.5	115	8.5
91	味千（中国）控股有限公司（中国内地）	* 199409	35.7	380	35.7
92	重庆和平药房连锁有限责任公司	198000	15.1	2460	0.8
93	阜阳华联集团股份有限公司	192660	9.5	555	17.8
94	广西南城百货股份有限公司	191250	28.5	17	112.5
95	上海华氏大药房有限公司	190362	34.9	811	47.2
96	成商集团股份有限公司	172224	20.8	11	22.2
97	深圳市百佳华百货有限公司	171595	14.8	18	20.0
98	哈尔滨中央红集团股份有限公司	163833	9.0	183	24.5
99	济南华联超市有限公司	161181	61.1	15	25.0
100	家得宝（中国内地）	* 160000	4.6	12	0.0
合　计		135787144	13.5	136880	18.9

注：1. 数字前面带 * 为估计值。

2. 表中所指销售规模包括直营店、加盟店、输出管理等以公司品牌经营的连锁店销售额。

3. 销售规模或门店数量以特许加盟为主的企业不列入本表，将纳入之后发布的“2009 年特许百强”榜。

2009 年中国特许经营连锁 120 强名单

行业	业 态	企业名称	品 牌	总店数	销售规模（万元）	加盟店数
综合零售	超市、便利店	联华超市股份有限公司	联华	5599	6716978	3773
	超市、便利店	浙江供销超市有限公司	浙江供销	2000	220207	1897
	超市、便利店	苏果超市有限公司	苏果	1852	3323600	1060
	超市、便利店	文峰大世界连锁发展股份有限公司	文峰	978	1566457	937
	超市、便利店	安徽省徽商红府连锁超市有限责任公司	红府	894	134928	874
	便利店	东莞市糖酒集团美宜佳便利店有限公司	美宜佳	2380	169734	2378
	便利店	东莞市星瀚商贸有限公司	上好	1059	58051	1054
	便利店	山西省太原唐久超市有限公司	唐久	1006	238673	720
	便利店	河北国大连锁商业有限公司	国大 36524	710	87850	640
	便利店	上海良友金伴便利连锁有限公司	良友	537	141730	264
服装专卖	体育	李宁（中国）体育用品有限公司※	李宁	7249	838691	6854
	体育	中国动向（kappa）集团有限公司※	kappa	3511	397041	
	休闲	上海美特斯邦威服饰股份有限公司▲	美特斯邦威	2979		2435
	休闲	堡狮龙国际集团有限公司	堡狮龙	1178	225400	640
	休闲	佐丹奴国际有限公司※	佐丹奴	1017	423300	
	裤装	山西百圆裤业连锁经营股份有限公司	百圆	1292	55521	1242
	内衣	上海欧迪芬内衣精品有限公司	欧迪芬	1035	40445	547
	婴幼	深圳市丑丑婴儿用品有限公司	丑丑	601	10100	470

续 表

行业	业 态	企业名称	品 牌	总店数	销售规模（万元）	加盟店数
农资连锁	化肥	天盟农资连锁有限责任公司	天盟	7586	1150000	7486
	化肥	安徽徽商农家福有限公司	农家福	1918	184490	1812
	化肥	北京雷力绿色肥业连锁经营有限公司	雷力	280	22000	280
	农机	吉峰农机连锁股份有限公司	吉峰农机	678	162861	592
	兽药	中牧农业连锁发展有限公司	中牧	181	7570	161
其他零售	冷鲜肉专卖	临沂新程金锣肉制品集团有限公司	金锣	13691	2709157	13682
	冷鲜肉专卖	漯河双汇商业连锁有限公司	双汇	4379	253149	3846
	特色食品	长沙绝味轩企业管理有限公司	绝味轩	2269	109200	1953
	特色食品	南京桂花鸭（集团）有限公司	桂花鸭	220	97617	203
	特色食品	浙江五芳斋实业股份有限公司	五芳斋	203	68142	140
	烘焙食品	北京好利来企业投资管理有限公司	好利来	800	200000	480
	营养保健品	北京百花蜂产品科技发展有限公司	百花	545	23000	530
	营养保健品	厦门市双丹马实业发展有限公司	燕之屋	316	34638	303
	营养保健品	大连海晏堂生物有限公司	海晏堂	294	32340	198
	营养保健品	大连獐子岛渔业集团股份有限公司	獐子岛	125	151254	109
	茶叶	厦门山国饮艺茶业有限公司	山国饮艺	240	6000	220
	茶叶	北京吴裕泰茶业股份有限公司	吴裕泰	204	54017	162
	茶叶	福建九峰农业发展有限公司	九峰茗茶	182	8312	166
	药店	重庆和平药房连锁有限责任公司	和平	2460	198000	800
	药店	上海华氏大药房有限公司	华氏	811	190362	304
	药店	北京金象大药房医药连锁有限责任公司	金象	320	70000	121
	葡萄酒	名品世家（北京）酒业连锁有限公司	名品世家	350	9600	250
	葡萄酒	浙江名庄传奇葡萄酒有限公司	名庄传奇	52	9500	47
	居家塑料容器	特百惠（中国）有限公司	特百惠	3010	55000	3001
	香薰品	广州汇美舍天然用品连锁有限公司	汇美舍	728	20000	698
	动漫品	广东缤果动漫连锁管理有限公司	缤果	732	35000	489
	礼品	重庆谭木匠工艺品有限公司▲	谭木匠	870		866

续 表

行业	业 态	企业名称	品 牌	总店数	销售规模（万元）	加盟店数
其他零售	文具	上海晨光文具股份有限公司	晨光	850	87190	780
	玩具	北京卡酷全卡通动漫文化有限公司	卡酷	111	5320	104
	家纺	宁波维科家纺有限公司	维科	562	35000	290
	户外用品	北京探路者户外用品股份有限公司	探路者	458	29338	402
	化妆品	北京明弘科贸有限责任公司	LotionSPA	350	12000	199
	眼镜	南京吴良材眼镜总店	南吴眼镜	172	7000	162
	书店	光合作用文化传播有限公司	光合作用	30	9147	6
餐饮	中式正餐	陕西阿瓦山寨品牌投资有限公司	阿瓦山寨	356	141624	354
	中式正餐	湖南韶山毛家饭店发展有限公司	毛家	284	140000	179
	中式正餐	重庆东方菜根香餐饮连锁管理有限公司	菜根香	243	121152	236
	中式正餐	中国全聚德（集团）股份有限公司	全聚德	85	219627	63
	中式快餐	上海世好餐饮管理有限公司	吉祥馄饨	1070	42300	931
	中式快餐	永和食品（中国）有限公司	永和	400	86000	370
	中式快餐	马兰拉面快餐连锁有限责任公司	马兰	297	40873	187
	中式快餐	四平市李连贵风味大酒楼	李连贵	205	33120	193
	中式快餐	北京老家快餐有限责任公司	老家	106	34821	56
	火锅	重庆德庄实业（集团）有限公司	德庄	473	223911	445
	火锅	重庆秦妈餐饮管理有限公司	秦妈	470	130492	458
	火锅	内蒙古小肥羊餐饮连锁有限公司	小肥羊	454	621700	293
	火锅	内蒙古小尾羊餐饮连锁股份有限公司	小尾羊	435	550620	373
	火锅	重庆小天鹅投资控股（集团）有限公司	小天鹅	283	443163	187
	火锅	北京市黄记煌餐饮管理有限责任公司	黄记煌	183	36600	178
	火锅	北京东来顺集团有限责任公司	东来顺	153	130000	130
	火锅	河南一尊实业有限公司	一尊皇牛	113	74292	70
	西式正餐	广州市绿茵阁餐饮连锁有限公司	绿茵阁	77	50902	54

续 表

行业	业 态	企业名称	品 牌	总店数	销售规模（万元）	加盟店数
餐饮	西式快餐	百胜餐饮集团中国事业部	肯德基	3200	2880000	118
	西式快餐	天津德克士食品开发有限公司	德克士	1140	330000	1001
	咖啡馆	上海上岛咖啡食品有限公司	上岛	945	350000	890
	咖啡馆	苏州迪欧餐饮管理有限公司	迪欧	791	208009	602
	咖啡馆	青岛耶士咖啡有限公司	SPR	484	8753	483
	休闲饮品	上海仙踪林餐饮有限公司	仙踪林	164	29800	149
经济型酒店	经济型酒店	上海如家酒店管理有限公司	如家	616	260064	226
	经济型酒店	7 天连锁酒店集团	7 天	337	121000	101
	经济型酒店	锦江之星旅馆有限公司	锦江之星	333	242699	232
	经济型酒店	汉庭酒店集团	汉庭	236	129000	63
	经济型酒店	格林豪泰酒店管理集团	格林豪泰	220	160000	120
	经济型酒店	上海驿居酒店管理有限公司	莫泰	212	205272	67
	经济型酒店	速伯艾特（北京）国际酒店管理有限公司	速 8	120	36396	110
培训教育	IT 培训	北京阿博泰克北大青鸟信息技术有限公司	北大青鸟	222	248800	207
	儿童培训	北京市东方爱婴咨询有限公司	东方爱婴	361	29645	283
	儿童培训	北京东方金子塔教育管理咨询有限公司	东方金子塔	326	21500	310
	儿童培训	北京红黄蓝儿童教育科技发展有限公司	红黄蓝	225	45331	200
	儿童培训	上海美邦教育信息咨询有限公司	新爱婴	187	23109	153
	儿童培训	精中（上海）管理咨询有限公司	金宝贝	130	38000	123
	外语培训	上海昂立投资咨询有限公司	昂立	1657	57600	1657
	外语培训	北京环球天下教育科技有限公司	环球雅思	115	49000	70
洗衣、皮革养护	洗衣	四川布兰奇洗业有限公司	布兰奇	651	32300	651
	洗衣	北京福奈特洗衣服务有限公司	福奈特	649	38000	581
	洗衣	北京荣昌科技服务有限责任公司	伊尔萨	519	39000	481

续 表

行业	业 态	企业名称	品 牌	总店数	销售规模（万元）	加盟店数
洗衣、皮革养护	洗衣	郑州市康洁洗涤有限公司	康洁	450	18000	440
	洗衣	上海象王洗衣有限公司	象王	394	15824	378
	皮革护理	北京翰皇伟业皮革清洁养护连锁服务有限公司	翰皇	2455	38605	2445
家装	家装	北京东易日盛家居装饰集团股份有限公司	东易日盛	235	240000	137
	家装	北京业之峰装饰有限公司	业之峰	170	80000	100
	家装	北京龙发建筑装饰工程有限公司	龙发	160	100000	90
	家装	北京元洲装饰有限公司	元洲	160	75600	120
	家装	深圳市居众装饰设计工程有限公司	居众	46	55320	25
	门窗销售	浙江省诸暨市中横窗业有限公司	中横	128	13300	126
休闲健康美容	美容美体	唯美度科技（北京）有限公司	唯美度	2012	8000	2000
	养生养颜	青岛植秀堂养生养颜连锁有限公司	植秀堂	180	19008	172
	足疗保健	重庆富侨保健服务有限公司	富侨	552	120000	507
	足疗保健	南京足生堂保健有限公司	足生堂	521	134870	482
	健身俱乐部	青岛英派斯大健康股份有限公司	英派斯	84	17640	73
汽车后市场	汽车美容	杭州小拇指汽车维修科技股份有限公司	小拇指	320	21613	310
	汽配销售与服务	河南贰仟家汽车服务股份有限公司	贰仟家	60	23051	53
	二手车销售	北京艾普旧车经营有限公司	艾普	44		40
	车胎销售及服务	米其林（中国）投资有限公司	驰加	528	190000	526
商务服务	有色金属	沈阳博宇有色金属炉料有限公司	博宇	44	128351	32
	广告器材	广州市联城中港广告器材股份有限公司	中港	40	12336	15
	图文制作	浙江恒晟图文制作有限公司	恒晟图文	34	7363	21
	广告制作	北京亿邦联合广告有限公司	亿邦	503	36000	498

续　表

行业	业　态	企业名称	品　牌	总店数	销售规模（万元）	加盟店数
其他服务	电子便民服务	陕西利安信息传播有限公司	利安	5000	120000	5000
	房屋中介	北京埃菲特国际特许经营咨询服务有限公司	21世纪不动产	1133	200624	835
	家政服务	北京华夏中青家政服务有限公司	华夏中青	102	6620	91
	儿童摄影	小鬼当佳国际贸易（北京）有限公司	小鬼当佳	43	7400	11

注：1. 企业填报的中国连锁经营协会2009年度行业调查。

2. 带※企业数据来源于上市公司年报，带▲企业数据为估计值。

2010年全国规模以上通用仓储企业50强排名

名　次	企业名称	仓库总面积（万平方米）
1	中国外运长航集团有限公司	330.0
2	普洛斯投资管理（中国）有限公司	326.0
3	中国邮政速递物流公司	91.9
4	深圳赤湾石油基地股份有限公司	73.3
5	山东盖世国际物流集团有限公司	60.6
6	深圳国际控股有限公司	53.4
7	长沙市实泰物流有限公司	47.0
8	北京东方信捷物流有限责任公司	39.0
9	云南物流产业集团有限公司	38.7
10	广州市商业储运公司	37.8
11	上海商业储运有限公司	34.0
12	合肥光太物流有限公司	26.0
13	建发物流集团有限公司	25.1
14	吉林龙谷物流有限公司	24.0
15	四川省宏图物流股份有限公司	22.5
16	深圳招商局海运物流有限公司	20.0
17	沈阳储运集团公司	20.0
18	上海惠尔物流有限公司	20.0
19	广西荣桂贸易公司	19.5

续 表

名 次	企业名称	仓库总面积（万平方米）
20	北京市商业储运公司	19.4
21	徐州储运有限责任公司	18.0
22	威海国际物流园发展有限公司	17.8
23	甘肃省物产集团有限责任公司	16.6
24	嘉里大通物流有限公司	16.0
25	江苏飞力达国际物流股份有限公司	15.9
26	北京宝供福田物流有限公司	15.1
27	唐山曹妃甸港口有限公司	14.8
28	开滦（集团）有限责任公司	14.1
29	武汉武钢集团汉阳钢厂	14.0
30	四川储备物资管理局四三七处	14.0
31	临沂华派克国际物流有限公司	13.0
32	陕西省商业储运总公司	12.5
33	龙口海达物流有限公司	12.0
34	上海川源国际物流有限公司	11.5
35	江苏宝通物流发展有限公司	11.4
36	广东省华大物流总公司	11.1
37	宁波市波达仓储物流有限公司	11.0
38	天津全程物流配送有限公司	10.1
39	宁波空港物流发展有限公司	10.0
40	上海华辰隆德丰企业集团有限公司	10.0
41	北京京桥仓储服务有限责任公司	10.0
42	广州市弘森商贸有限公司	10.0
43	上海晶通化轻发展有限公司	9.4
44	安徽省商业储运公司	9.0
45	河北储备物资管理局一三三处	8.4
46	上海新杰货运服务有限公司	8.2
47	济南广友物流配送集团有限公司	7.4

续　表

名　次	企业名称	仓库总面积（万平方米）
48	深圳市盐田港物流有限公司	7.3
49	天津江盛物流有限公司	7.0
50	新疆友好利通物流有限公司	6.4
51	山东储备物资管理局三三四处	6.3
52	南通棉麻有限公司	6.0
53	常熟金狮物流有限公司	5.8
54	中粮集团（深圳）有限公司	5.2
55	深圳市宝昌利外商投资服务有限公司	5.0
56	牡丹江商业储运公司	5.0
57	南京市机械五金矿产医药保健品进出口公司尧化门仓库	5.0
58	北京首发物流枢纽有限公司	5.0

注：排名是中国仓储协会根据全国规模以上各类仓储企业自愿申报为前提提供的 2009 年企业仓库设施的实际规模数据为依据，以中国仓储协会 2010 年 3 月修改发布的《全国规模以上仓储企业排名办法》为原则进行的。

2009年中国物流与采购联合会科学技术奖获奖项目完成人名单

科技发明奖

获奖等级	项目名称	项目主要完成人名单（按贡献大小排序）
一等奖	系统封装、测试的若干关键技术及装备	刘胜、罗小兵、甘志银、汪学方、陈明祥、张鸿海、王小平、杨春华、范旺生、朱福龙、王恺
二等奖	TZF－4脱硫脱硝除尘除味一体机	孙振山、武时家、顾灏庆、邢海波

科技进步奖

一等奖	全国生产资料及物流市场监测预警数据库支持系统	蔡进、江志强、何辉、陈中涛、刘树志、王芳、司亚清、陈秀芝、闫淑君、孔东昇、涂江平
一等奖	货币自动化物流系统集成	丁兴、杨灏泉、崔卫建、崔维、樊跃进、郑和平、白进松、施德华、张俊、喻锐、王响雷
一等奖	邮政物流农资连锁配送信息系统	李凯、许文英、靳德彪、韩青、张文龙、闫肃、方红雨、杨椿安
二等奖	我国汽车物流标准化发展研究	戴定一、龙少良、景伟、杨晓宇、袁刚、冯君霞、薄世久、陆薇、周啸
二等奖	实物资产动态监管信息系统	彭建春、赵彦斌、初红涛、李振宁、张立宏
二等奖	液压承载设备研制及立体施工体系的研究应用	缪谦、邹玉英、刘开、布春磊、江明、温超、白雪松、夏拥军
二等奖	中国外运智能化运输管理平台系统	陈梦槐、范赟、陈风涛、倪佳、张克非、李小龙、蒲晓丰、陈胜利、李涛
二等奖	天骄物流诚信服务信息平台	赵铁君、尹奇、易子翔、何宇明、陈爱国

续　表

获奖等级	项目名称	项目主要完成人名单（按贡献大小排序）
二等奖	食品冷链第三方配送中心运营管理信息系统	崔巍、张涵、梁晨、王微怡、温卫娟、付雪红、张瑞、万毅、朱华明
二等奖	索道运输工艺与设备研究	缪谦、白雪松、江明
二等奖	东方虹物流公共信息化平台软件	吕凤龙、王耀球、张亚东、杨志文、任庆国、肖钟、周磊、钟卫东、陈燕燕
三等奖	亘古仓储管理系统	徐德昭、唐廷元、晏翔羽、董晓华、胥清辉、万洪波、牛渝成
三等奖	智能绞紧器	阮卜琴、刘至国、牛胜良、朱正中、肖招银、阮善智、王炳昌
三等奖	通道式系列分发机	张勇、武智、包崇让、闵定勇、丁兴、张剑、黄伟
三等奖	现代工业物流 LRP（物流资源计划）系统	覃仁智、汪林波、黄乃新、苏庆强、邵铭、熊建良、邓曦
三等奖	智能语音拣选	张明钢、李明、郭绍文、王廷硕、刘升梁、孙松、韩成启
三等奖	无限极（中国）有限公司物流计划平台	柳军、许琳娜、招雪勤、薛春莲、陈玮、潘晴、程忠英
三等奖	Iwork 散货物流业务管理平台	闫美云、田金平、宋立平、文兵、陈明智 、陈献辉 、张伟
三等奖	物流作业实务	朱占峰、杨紫元、陈勇、李咏梅、李会杰、蒋清泉
三等奖	面向北京 2008 年奥运会的食品冷链物流系统研究	兰洪杰、林自葵、汝宜红、孙杰、司京成、袁浩宗、王瑞江
三等奖	零售商主导的供应链博弈与协调问题研究	瞿英、王芳、吴祈宗、丁海利、贾建、李萍、王玉恒
三等奖	长三角第四方物流平台建设中政府作用研究	王军锋、王宏斌、李书彦、肖琳、麻黎黎、冯定根
三等奖	供应链核心企业生成机理研究	卢松泉、陈嘉莉、张中强、许巧珍、张晶、梁子婧、武薇
三等奖	潍坊市物流公共信息平台系统	刘相义、高娜、王斌、刘淑敏、张永丽

（供稿：中国物流与采购联合会科学技术奖励办公室）

2009年中国物流与采购行业十件大事

1. 国务院发布《物流业调整和振兴规划》。

2. 中国物流与采购联合会提出60条物流政策建议。

3. 国务院批准自1月1日起实施成品油价格和税费改革，到年底已有13个省市取消了政府还贷二级公路收费，撤销站点1430个。

4. 国家发改委、国家税务总局委托中国物流与采购联合会推荐物流税收试点企业，并将税收试点工作常态化。

5. “落实物流业调整和振兴规划专项资金”“促进服务业发展专项资金”和“服务业聚集区专项资金”相继设立，一批物流项目得到财政资金支持。

6. 采购经理指数（PMI）准确预测经济回升势头，引起国务院领导重视和全社会广泛关注。

7. 商务部组织开展流通领域现代物流示范城市创建和评审工作。

8. 全国铁路全年完成基本建设投资6000亿元，营业里程跃居世界第二位。

9. 交通运输部等六部门联合下发《关于推动农村邮政物流发展的意见》。

10. 新修订的《邮政法》10月1日起实施。

（供稿：中国物流与采购联合会研究室）

2009 年中国物流十大年度人物名单

（以姓氏笔画为序）

丁元振　中港物流（厦门）有限公司总经理
纪少波　烟台港集团有限公司总裁
李　敏　开滦（集团）有限责任公司集团副总、国际物流公司执行董事
余　德　安吉汽车物流有限公司总经理
杨志萍　河南长通物流有限公司董事长
陈显宝　北京宅急送快运股份有限公司总裁
徐水波　TNT 大中国区天地华宇集团首席执行官
崔维星　德邦物流股份有限公司董事长兼总裁
盖守岭　山东盖世国际物流集团有限公司总经理
黄艳婷　广州嘉诚物流集团股份有限公司董事长

（供稿：中国物流与采购杂志社）

2009年"宝供物流奖"获奖名单

一、奖学金获奖者名单

1. 北京交通大学 高静晨、苏磊
2. 中山大学 王珍珍（博士研究生）、徐佳炎
3. 浙江工商大学 吕高峰、郑宇
4. 华中科技大学 唐经波、付聪
5. 南京财经大学 李林方、吴燕
6. 东南大学 张钟文、刘明（博士研究生）
7. 北京邮电大学 柴春泽、付玉
8. 解放军后勤指挥学院 李雪娇（博士研究生）、白娟（硕士研究生）
9. 西南交通大学 任建伟（硕士研究生）、舒锦屏
10. 华东交通大学 付紊藤、谷军卓（硕士研究生）
11. 上海对外贸易学院 金玥、傅燕燕
12. 武汉理工大学 王巍、何娴（硕士研究生）
13. 长安大学 董欣欣、刘艳楠
14. 深圳大学 姚逸华、刘秋红
15. 北京物资学院 安久意（硕士研究生）、张宛儿（硕士研究生）
16. 西南财经大学 黄馨、宋歌
17. 大连海事大学 徐奇（硕士研究生）、李娜（博士研究生）
18. 宁波大学 张燕、马之婧
19. 天津大学 陈茜、孙榛
20. 浙江大学 吴其蔚、王旭昞
21. 山东交通学院 刘陈语、殷姗姗
22. 北京工商大学 余慧娟（硕士研究生）、张屹然
23. 上海海事大学 张璐（硕士研究生）、许欢（硕士研究生）
24. 兰州交通大学 龚文静、尹绸环
25. 北京师范大学珠海分校 冯玉连、轧红颖
26. 河南工业大学 牛中敏、汪波
27. 武汉大学 邵校（博士研究生）、祖大为（硕士研究生）
28. 沈阳工业大学 李佳、马小云
29. 山东大学 纪斌、虞晓雯
30. 华南理工大学 李华娟、谌亮（硕士研究生）
31. 中南林业科技大学 仇艳丽、胡丽辉（硕士研究生）
32. 郑州航空工业管理学院 李翔、徐莉
33. 河北经贸大学 张培、杨玉金
34. 江西财经大学 闻静、刘茜
35. 吉林大学 马小锋、鞠峰
36. 重庆交通大学 张学勇、崔利刚（硕

士研究生）

37. 云南财经大学　刘跃怡、刘森（硕士研究生）

38. 暨南大学　张书晓、张冠治（硕士研究生）

39. 同济大学　汪达钦（博士研究生）、施晓明（硕士研究生）

40. 湖南商学院　杨赛、曾霞

二、宝供物流理论创新获奖名单

一等奖：《应急物流理论创建与应用研究》

获奖者：王宗喜

作者单位：中国物流与采购联合会应急物流专业委员会

二等奖：《供应联盟长期合作信任关系构建的支撑环境》

获奖者：王卫华

作者单位：上海对外贸易学院

三等奖：

1.《北京绿色物流研究》

获奖者：张京敏、杨浩雄

作者单位：北京工商大学

2.《区域物流论——理论、实证与案例》

获奖者：海峰

作者单位：武汉大学经济与管理学院

三、宝供物流科技创新获奖名单

一等奖：《北京奥运物流系统规划》

获奖者：张文杰

作者单位：北京交通大学经管学院物流管理系

二等奖：《FJ15000新型超高速自动化单元物料分拣线》

获奖者：冉文学

作者单位：云南财经大学商学院

三等奖：

1.《武钢物流管理公司厢式汽车运输技术的研发和应用》

获奖者：梅书荣

作者单位：武钢物流管理公司

2.《中国外运智能化运输管理平台系统——猎豹系统》

获奖者：陈风涛

作者单位：唯智信息技术上海有限公司

四、宝供物流推动贡献获奖名单

一等奖：黄有方

获奖事迹：领导教育部高等院校物流专业教育指导委员会推动物流学科建设，加快人才培育方面贡献突出

作者单位：上海海事大学

三等奖：《条码技术及商业自动化系统》

获奖者：薛红

作者单位：北京工商大学

五、宝供物流管理创新奖

空缺

（供稿：中国物流发展专项基金宝供物流奖办公室）

2009年"中国物流示范基地""中国物流实验基地"评审结果

中国物流示范基地

顺丰速运（集团）有限公司

成都传化物流基地有限公司

北京物美商业集团股份有限公司

中国物流实验基地

唐山海港远大物流有限公司

上海惠尔物流有限公司

吉林龙谷物流有限公司

吴江经济开发区物流中心

东莞市虎门港集团有限公司

中国西部现代物流港

通用技术集团国际物流有限公司

（供稿：中国物流与采购联合会行业部）

2009年物流企业信用评价A级信用企业名单

（共26家）

3A级信用企业9家：（排名不分先后）

顺丰速运（集团）有限公司
太原钢运物流有限公司
广州风神物流有限公司
吉化集团公司物流中心
上海金山石化物流有限公司
唐山海港远大物流有限公司
北京物美商业集团股份有限公司
河南物资集团公司
上海现代物流投资发展有限公司

2A级信用企业12家：（排名不分先后）

重庆瑞驰物流有限公司
长江三峡设备物资有限公司
上海无忧物流有限公司
柳州南方物流有限责任公司
上海惠尔物流有限公司
上海西上海物流有限公司
吉林龙谷物流有限公司
上海新大洲物流有限公司
宁波全通物流有限公司
上海佳吉快运有限公司
长春京铁物流有限公司
上海精裕捷星物流有限公司

1A级信用企业5家：（排名不分先后）

河南省裕华惠宝商贸有限公司
河南裕丰物流有限公司
浙江旭日国际货运代理有限公司
茂名市汇运物流有限公司
上海云峰集团物流实业有限公司

（供稿：中国物流与采购联合会行业部）

物流企业综合评估第八批 A 级物流企业名单

（共 160 家）

5A 级企业（9 家）：

天津滨海泰达物流集团股份有限公司
安吉汽车物流有限公司
全球国际货运代理（中国）有限公司
唐山海港远大物流有限公司（4A 级升 5A 级）
浙江华瑞物流股份有限公司
济南铁路经营集团有限公司（4A 级升 5A 级）
青岛铁路经营集团有限公司（4A 级升 5A 级）
中国外运山东有限公司
顺丰速运（集团）有限公司

4A 级企业（49 家）：

上海畅联国际物流有限公司
上海金山石化物流有限公司（3A 级升 4A 级）
上海新金桥国际物流有限公司（3A 级升 4A 级）
上海海通国际汽车物流有限公司
河北熙平物流股份有限公司
唐山北方物流有限公司
山西宝特国际物流有限公司
长春一汽国际物流中心
吉林省天荣工贸有限责任公司
江苏高兴达物流有限公司
张家港保税区金港物流中心有限公司
亚欧大陆桥国际商运股份有限公司
江苏欧宇物流仓储有限公司
江苏江阴港港口集团股份有限公司
江苏正大富通汽配连锁有限公司
江苏中博通信有限公司（原江苏省电信器材工业公司）（3A 级升 4A 级）
江苏徐州港务（集团）有限公司
镇江惠龙长江港务有限公司
日梱物流（中国）有限公司
杭州市货运管理服务中心
福建中邮物流有限责任公司
福建鸿达运输有限公司
福建省荣泰物流集团有限公司
山东和济集团有限公司
山东荣庆物流有限公司
山东北明全程物流有限公司
烟台中联物流园有限公司
龙口市恒通运输有限公司
青岛远洋大亚物流有限公司
青岛思锐国际物流有限公司

青岛国际机场集团有限公司
青岛交运集团
青岛福兴祥物流股份有限公司
青岛麒麟物流集团有限公司
青岛裕龙国际物流控股股份有限公司
黄冈市黄商贸易有限责任公司
湖南电力物流服务有限责任公司
长沙联运物流有限公司
大汉物流股份有限公司
湖南星沙物流投资有限公司（3A 级升 4A 级）
湖南湘钢洪盛物流有限公司
湖南全洲医药食品物流配送有限公司
湖南湘通物流有限公司
湖南中南物流有限公司
广州市穗佳物流有限公司
广州市宏峰物流有限公司（3A 级升 4A 级）
柳州市桂中海迅物流有限公司（3A 级升 4A 级）
四川长虹民生物流有限责任公司
云南鑫盛物流有限公司（原云南省金属材料总公司）（3A 级升 4A 级）

3A 级企业（60 家）：

北京首发物流枢纽有限公司
上海新发展国际物流有限公司
必胜（上海）食品有限公司
上海金陵国际物流有限公司
上海利和物流有限公司
上海新大洲物流有限公司
国药集团医药物流有限公司
河北顺邦物流有限公司（2A 级升 3A 级）
呼和浩特铁通物流有限公司
长春京铁物流有限公司
吉林市北山燃料有限责任公司
苏州工业园区报关有限公司
海安正元港务有限公司
浙江英特物流有限公司
杭州畅宇物流有限公司
振石集团浙江宇石国际物流有限公司
浙江山鹰物流有限公司
舟山豪舟物资仓储有限公司
宁波保税区高新货柜（现代物流）有限公司
宁波大港（新世纪）货柜有限公司
慈溪市定邦物流有限公司
慈溪天地物流有限公司
慈溪市杭州湾物流中心
慈溪市附海镇枢纽货运站
福州商业储运公司
福州大榕树物流有限公司
江西新华物流有限公司
安徽安达物流有限公司
铜陵有色金属集团铜冠物流有限公司
山东凯达物流有限公司
临沂天源国际物流有限公司
山东道恩物流有限公司
烟台海通联合发展有限公司
青岛闽龙仓储有限公司
青岛泽瀚物流有限公司
青岛交运联运有限公司
山东怡之航集装箱物流有限公司
山东振华物流有限公司
山东捷丰国际储运有限公司
中盐青岛盐业有限公司
青岛天璇物流有限公司
青岛陆海国际物流有限公司
中核（郑州）储运贸易公司
湖北安欣物流有限责任公司
武汉圣泽捷通物流有限公司
益阳湘运集团有限责任公司
湖南龙畅物流有限公司
湘电集团湖南物流有限公司
湖南空港实业有限公司机场航空服务分公司

湖南日安物流有限公司
广州市新易泰物流有限公司
广州长运全程物流有限公司
中山市粤通物流服务有限公司
惠州金泽集团有限公司
爱思开钢铁（东莞）有限公司
成都大西南铁路储运有限公司
云南达广商贸有限责任公司
云南天马物流有限公司
宁夏众一物流有限公司
石嘴山市骊达工贸有限公司

2A级企业（42家）：

北京新杰物流服务有限公司
上海贝叶新兄弟物流有限公司
华贸国际货运有限公司金华分公司
浙江凯悦物流有限公司
宁波保税区广盛物流有限公司
宁波市每食屋工贸有限公司
宁波市佰盛物流有限公司
宁波出口加工区物流中心有限公司
宁波经济技术开发区新新物流有限公司
宁波兴合货柜有限公司
宁波经济技术开发区大成运输有限公司
宁波经济技术开发区绅士客货运输有限公司
宁波盛悦化工有限公司
宁波中陆集装箱储运有限公司
宁波天翔货柜有限公司
宁波东港物流有限公司
慈溪市天天发物流有限公司
日照道育船货代理有限公司
烟台安德水产有限公司
中国烟台外轮代理有限公司
青岛天人物流集团有限公司
青岛港盛国际物流冷藏有限公司
招商局国际码头（青岛）有限公司
洛阳市大一物流有限公司
开封市第二运输总公司
黄冈市宏骏物流有限公司
郴州市义捷粮油现代物流有限公司
郴州市宏顺物流有限公司
郴州东汇宏力混凝土有限公司
长沙长远物流有限责任公司
邵东星沙物流股份有限公司
衡阳白沙洲物流园有限公司
湖南湘潭汽车运输总公司
湘潭市伟业物流有限公司
长沙林鸿物流有限公司
长沙恒广物流有限公司
长沙市科联物流有限公司
长沙辉成物流服务有限公司
长沙市荣通运输有限公司
湖南洪鑫物流有限公司
简阳川橡天发物流有限责任公司
云南陆航物流服务有限公司

（供稿：中国物流与采购联合会物流标委会）

物流企业综合评估第九批 A 级物流企业名单

（共 237 家）

5A 级物流企业（11 家）：

上港集团物流有限公司（4A 级升 5A 级）（原上海港国际集装箱货运有限公司）
上海中远物流有限公司
重庆轮船（集团）有限公司
重庆长安民生物流股份有限公司
冀中能源峰峰集团邯郸鼎峰物流有限公司
江苏中外运有限公司
厦门港务发展股份有限公司
厦门象屿集团有限公司
烟台港集团有限公司
青岛海尔物流有限公司
青岛远洋大亚物流有限公司（4A 级升 5A 级）

4A 级物流企业（60 家）：

中铁物流集团有限公司
北京中远物流有限公司
中国外轮代理有限公司
中远国际航空货运代理有限公司
上海景鸿国际物流股份有限公司
上海会成物流有限公司
上海顶通物流有限公司
中国上海外轮代理有限公司
河北冀铁集团公司
太原钢运物流有限公司（3A 级升 4A 级）
通辽市金播化肥储备有限责任公司
中铁物资集团东北有限公司
大连中远物流有限公司
中国一重集团中实运业有限公司
张家港市百禾医药有限公司
张家港华友钢管有限公司
江苏白杨湾物流中心有限公司
吴江经济开发区物流中心
江苏飞力达国际物流股份有限公司
张家港保税区长江国际港务有限公司
江苏恒联国际物流有限公司
江苏亚邦医药物流中心有限公司
南京新干线物流有限公司
中国张家港外轮代理有限公司
浙江新安物流有限公司
镇海石化物流有限责任公司（3A 级升 4A 级）
中国宁波外轮代理有限公司
宁波中远物流有限公司
芜湖远方物流有限公司（3A 级升 4A 级）
厦门兴荣国际物流有限公司
厦门华贸物流有限公司

厦门国贸泰达物流有限公司
厦门速传物流发展股份有限公司
山东东方海洋科技股份有限公司
山东九州通医药有限公司
山东瑞康药品配送有限公司
青岛南车四方车辆物流有限公司
青岛老船长航运有限公司
中国青岛外轮代理有限公司
青岛中远物流有限公司
青岛中远物流仓储配送有限公司
河南中博股份有限公司
河南九州通医药有限公司
郑州铁路煤炭运销有限公司
郑州铁路煤炭运销公司
河南郑铁能源运销有限公司
国药控股湖南有限公司
湖南省京阳物流有限公司
广州市嘉诚运输有限公司
广东广信通信服务有限公司（3A 级升 4A 级）
广东九州通医药有限公司（3A 级升 4A 级）
中国广州外轮代理有限公司
广州中远物流有限公司
中铁二局集团物资有限公司（3A 级升 4A 级）
宝鸡市天润金属材料有限公司
陕西黄马甲物流配送股份有限公司
甘肃储备物资管理局五三四处
青海物产物资配送有限责任公司
青海省富康医药集团有限责任公司
青海世全物资集团

3A 级物流企业（123 家）：

北京京城工业物流有限公司
中国北京外轮代理有限公司
北京中远劳捷斯物资有限公司
天津市益民实业集团有限公司
天津天荣国际货运开发有限公司
中国天津外轮代理有限公司
天津中远国际航空货运代理有限公司
中国远洋天津物流有限公司
上海柯莱国际货运有限公司
上海联达物流有限公司
上海万家物流有限公司
上海双得力国际物流有限公司
上海航空国际货物运输服务有限公司
德迅（中国）货运代理有限公司
上海康驰物流有限公司
上海熙可送物流有限公司
上海亚太国际集装箱储运有限公司
上海中远化工物流有限公司
上海中远物流配送有限公司
上海中远国际航空货运代理有限公司
上海中远物流重大件运输有限公司
中国唐山外轮代理有限公司
唐山外代国际货运有限公司
通辽市日升日美物流配送有限责任公司
开鲁县慧通物流有限责任公司
开鲁县有银食品贸易有限责任公司
中国大连外轮代理有限公司
哈尔滨中远哈飞物流有限公司
江苏凯联国际物流有限公司
昆山飞力仓储服务有限公司
昆山市建伟物流有限公司
昆山大地物流有限公司
张家港沿江国际物流有限公司
淮安市翔和翎物流有限公司
江苏省沿江物流有限公司
中国连云港外轮代理有限公司
连云港外代国际货运代理有限公司
连云港中远物流有限公司
南京中远物流有限公司
南通中远物流有限公司
中国太仓外轮代理有限公司

扬州外轮代理有限公司
镇江中远物流有限公司
常熟外代国际货运有限公司
浙江大恩物流有限公司
浙江诚毅国际物流有限公司
浙江顺天物流有限公司
桐乡市濮院物流园区发展有限公司
浙江振华物流有限公司
长兴县小浦竹山潭建材中转站
慈溪市阿六水产食品有限公司
宁波雨中雨水产实业有限公司
宁波长胜货柜有限公司
宁波市美家亮国际物流有限公司
慈溪市余慈物流中心
余姚市东方国际物流有限公司
慈溪市铁路管理处
宁波外代新华国际货运有限公司
宁波外代新扬船务有限公司
中国舟山外轮代理有限公司
安徽电信器材贸易工业有限责任公司
安徽省徽骆驼物流有限责任公司
安徽蓝宇物流有限公司
福建省四通物流集团
厦门火炬集团物流有限公司
厦门中远物流有限公司
中国厦门外轮代理有限公司
江西省通信产业服务有限公司
烟台市联民物业管理有限公司
烟台福昊物流有限公司
烟台德华物流有限公司
山东隆力源物流有限公司（2A级升3A级）
青岛长运集团有限公司
山东永盛国际货运有限公司
青岛啤酒招商物流有限公司
青岛春明神鹿物流有限公司
青岛捷成物流有限公司
青岛师帅物流有限公司
日照中远物流有限公司
青岛远洋鸿池物流有限公司
青岛中远国际航空货运代理有限公司
河南众品生鲜物流有限公司
河南贰仟家物流服务有限公司
北京郑铁经贸中心
河南省东健物流有限公司
河南郑通贸易有限公司
郑州市新兴物流有限公司
郑州铁路华东实业总公司
武汉山绿冷链物流有限公司
武汉友谊副食品商业有限责任公司
武汉恒钢物流发展有限公司
武汉市副食品商业储备有限公司
武汉中远物流有限公司
湖南红星冷冻食品有限公司
湖南嘉业物流有限公司
湖南力邦物流有限公司（2A级升3A级）
湖南天士力民生药业有限公司
广汽丰通物流有限公司
招商局物流集团广州物流有限公司
中山市亚太医药物流有限公司
广州广裕仓码有限公司
广州安泰达物流有限公司
茂名中远物流有限公司
广州中远国际航空货运代理有限公司
中国汕头外轮代理有限公司
中国湛江外轮代理有限公司
湛江中远物流有限公司
深圳联合国际船舶代理有限公司
深圳中远物流有限公司
柳州五菱物流有限公司
中国防城外轮代理有限公司
成都铁路西南特货国际物流有限公司（2A级升3A级）
贵阳鑫平运输有限公司
云南电力物资公司（2A级升3A级）
昆明中远物流有限公司

陕西东运物流有限公司
陕西储备物资管理局一五九处
西安东盈物流有限公司
甘肃省陇西物资贸易储运总公司
甘肃省万达实业总公司（2A 级升 3A 级）
西宁长丰集团物贸有限公司
宁夏伊品生物工程有限责任公司
银川长城远通物流有限公司

2A 级物流企业（42 家）：

北京大荣物流有限公司
上海锦路物流有限公司
阿尔卑斯物流（上海）有限公司
昆山安凯物流有限公司
昆山昆达货运发展有限公司
南通市百发实业股份有限公司
南京顺业船务有限公司
浙江金华甬金国际集装箱有限公司
义乌市金隆国际货运代理有限公司
浙江安信达国际货运代理有限公司
浙江德瑞物流有限公司
浙江陆港物流发展有限公司
湖州广和物流有限公司
湖州一通物流有限公司
长兴天顺物流有限公司
宁波保税区港龙仓储有限公司
宁波保税区华东进口商品市场开发有限公司
宁波太平国际贸易联运有限公司
慈溪中海物流有限公司
宁波中亚国际集装箱储运有限公司
厦门市大同物流有限公司
烟台瑞通物流有限公司
山东港天物流有限公司
青岛中韩国际物流有限公司
中国日照外轮代理有限公司
青岛联合国际船舶代理有限公司
捷富凯鸿泰武汉物流有限公司
武汉远洋大型汽车运输有限公司
常德市龙腾汽车运输有限公司
长沙好运来运输服务有限公司
湖南铁顺物资有限公司
湖南金顺物流仓储有限公司
湘潭金都股份有限公司
湖南金海农产品有限公司
广州国药药材清平医药有限公司
广州广汽木村进和仓储有限公司
珠海市格力物流有限公司
四川弘盛物流有限公司
西安市诚信三和快运有限公司
西安神州通物流有限公司
西安市华中快运有限公司
甘肃省兰州物资供应站

1A 级物流企业（1 家）：

青岛德邦物流有限公司

全国第一批A级物流企业第二次复核通过名单

（共14家）

5A级企业（8家）：

中国远洋物流有限公司
中海集团物流有限公司
中国物资储运总公司
中铁快运股份有限公司
中铁现代物流科技股份有限公司
嘉里大通物流有限公司
远成集团有限公司
安吉天地汽车物流有限公司

4A级企业（3家）：

中铁联合物流股份有限公司
上海华星国际集装箱货运有限公司
芜湖安得物流股份有限公司

3A级企业（2家）：

上海虹鑫物流有限公司
杭州八方物流有限公司

2A级企业（1家）：

浙江省中集物流有限公司

注：第一批A级物流企业共26家，通过复核的14家，晋级的9家，准备晋级的1家，延期复核的1家，由于第一次复核延期通过而未到期复核的1家。

准备晋级的1家：上海现代物流投资发展有限公司。

延期复核的1家：浙江元通物流有限公司由于企业内部整合申请延期复审。

未到复核期的1家：黑龙江华宇物流集团有限公司已更名为黑龙江省五洲华宇恒业物流有限公司，由于第一次复核延期通过，目前尚未到第二次复核期。

全国第五批 A 级物流企业复核通过名单

（共 46 家）

5A 级企业（1 家）：

振华物流集团有限公司

4A 级企业（25 家）：

志勤美集（北京）国际货运代理有限公司
上海云峰集团国际贸易有限公司
上海云峰集团物流实业有限公司
上海通贸进出口有限公司（原上海市信产通信服务有限公司物流分公司）
天津市德利得物流有限公司
天津天保国际物流集团有限公司
广东鱼珠物流基地有限公司
广州广日物流有限公司
江苏澳洋顺昌金属材料股份有限公司
南京今维宁投资发展有限公司
南京远方物流集团有限公司
江西京九物流有限责任公司
江西省邮政物流有限公司
山西太铁联合物流有限公司
陕西西部物流有限公司
赤峰中昊运输有限责任公司
武汉市正达物流有限公司
武汉中力物流有限公司
福建省盛辉物流集团有限公司
建发物流集团有限公司
漯河双汇物流投资有限公司
河南长通运输有限公司
四川通宇物流有限公司
浙江物产物流投资有限公司
山东立晨物流股份有限公司

3A 级企业（16 家）：

广州大顺发物流有限公司
广州市广石物流有限公司
广州市鑫昌物流有限公司
广州中联环宇货业储运有限公司
江苏梦兰物流园区开发有限公司
南京交运集团物流有限公司
南京万通物流有限公司
苏州工业园区联合储运有限公司
江苏神龙物流有限公司（原盐城神龙万达物流有限公司）
武汉市商业储运有限责任公司
武汉市车城物流有限公司
通辽市第一运输有限公司
郑州好易家商贸有限公司
浙江浙金物流有限公司
河南省商业储运有限公司

潍柴动力（潍坊）集约配送有限公司

2A 级企业（4 家）：

天津国际物流中心
云南省外贸万达运输公司
广州市天凯物流有限公司
宁波翔鹰投资有限公司机场货站分公司

注：第五批 A 级物流企业共 63 家，第六批提前复核 1 家。通过复核的 46 家，晋级的 5 家，准备晋级的 2 家，延期复核的 10 家，自动放弃复核的 1 家。

准备晋级的 2 家：广州市裕丰控股股份有限公司、宝鸡市华誉物资有限公司。

延期复核的 10 家：山东博远物流发展有限公司、广东德邦物流有限公司、深圳市宝鼎威物流有限公司、天津中邮物流有限责任公司、威时沛运货运（广州）有限公司、杭州华商物流有限公司、德阳市东汽运业有限责任公司、湖州长运汽车运输有限公司祥瑞物流中心、珠海市恒顺供应链物流服务有限公司、宝鸡市万千工贸有限责任公司（中铁一局集团电务工程有限公司宝鸡材料厂）由于企业内部合并重组、经营业务调整变动等原因申请延期复核。

自动放弃复核的 1 家：三联家电配送中心有限公司，由于业务调整，不再从事物流配送业务，企业申请不继续保留 A 级企业资格。

提前复核的 1 家：上海通贸进出口有限公司（原上海市信产通信服务有限公司物流分公司）（第六批），由于公司重组、更名，提前复核并通过。

（供稿：中国物流与采购联合评估办）

第五批推进流通现代化重点联系批发市场名单

1. 广东鱼珠物流基地有限公司
2. 西柳大市场
3. 天津铁闽钢材现货交易市场
4. 湖南一力物流园
5. 江苏东方钢材城
6. 浙江省农都农副产品批发交易市场
7. 沈阳炉料市场
8. 杭州中国丝绸城
9. 张家港地方义乌小商品市场
10. 淄博鲁中旧机动车交易中心

（供稿：中国物流与采购联合会生资委）